B.A.C.

Vol 3
in
2 parts
£12
Ge

22/43

Historia de la Iglesia en España

BIBLIOTECA

DE

AUTORES CRISTIANOS

Declarada de interés nacional

——————————MAIOR 21——————————

LA EDITORIAL CATOLICA, S.A. — APARTADO 466

MADRID • MCMLXXX

Historia de la Iglesia en España

DIRIGIDA POR

RICARDO GARCIA-VILLOSLADA

COMITE DE DIRECCION

VICENTE CARCEL ORTI
JAVIER FERNANDEZ CONDE
JOSE LUIS GONZALEZ NOVALIN
ANTONIO MESTRE SANCHIS

Historia de la Iglesia en España

III-2.º

La Iglesia en la España de los siglos XV y XVI

DIRIGIDO POR

JOSE LUIS GONZALEZ NOVALIN

COLABORADORES:

Melquiades Andrés • Ricardo García-Villoslada José Luis González Novalín • León Lopetegui Balbino Marcos • Alfonso Rodríguez G. de Ceballos • Samuel Rubio

BIBLIOTECA DE AUTORES CRISTIANOS
MADRID • MCMLXXX

© Biblioteca de Autores Cristianos, de La Editorial Católica, S.A. Madrid 1979
Mateo Inurria, 15. Madrid
Depósito legal M-14.416-1979 (III-2.º)
ISBN 84-220-0906-4 Obra completa
ISBN 84-220-0967-6 Tomo III-2.º
Impreso en España. Printed in Spain

DATOS BIOGRAFICOS DE LOS COLABORADORES

Melquiades Andrés Martín
Nació en Micieces de Ojeda (Palencia). Es doctor en Teología y en Filosofía y Letras, profesor de Historia de la espiritualidad en Burgos y en Salamanca, director del Seminario «F. Suárez», de la FUE (Madrid), y de la Escuela de Formación de Profesorado de EGB de Almendralejo (Badajoz). Ha escrito *Historia de la teología española*. I: «Las instituciones» (Roma 1962); *La teología española en el siglo XVI*, 2 vols. (Madrid 1976-77, BAC, Maior 13 y 14); *La supresión de las facultades de teología en las universidades españolas* (Burgos 1976); *Los alumbrados de 1525, desvelados por sus contemporáneos* (Burgos 1976); *Los recogidos. Nueva visión de la mística española (1500-1700)* (Madrid 1976), obra realizada en el Seminario «F. Suárez», de la FUE; *Pensamiento teológico y vivencia en la reforma española (1400-1600)*. Ha editado *Tercer Abecedario*, de F. de Osuna (BAC 333); ha colaborado en el volumen 26 de la *Historia de España*, de Menéndez Pidal, y ha publicado un centenar de artículos sobre historia de la teología y de la espiritualidad españolas. Tiene en prensa el volumen I de *Historia de la teología española*, obra hecha en el Seminario «F. Suárez», de la FUE.

Ricardo García-Villoslada
Nació en Los Arcos (Navarra) en 1900. Cursados los estudios de Humanidades, Filosofía y Teología en la Compañía de Jesús, estudió Historia civil y eclesiástica, respectivamente, en Munich y en Roma, doctorándose en Historia de la Iglesia por la Pontificia Universidad Gregoriana en 1934. Ha sido profesor de Historia de la Iglesia en Marneffe (Bélgica) de 1934 a 1938, en Salamanca de 1940 a 1948 y a continuación en Roma. Ha publicado numerosos libros sobre Francisco de Vitoria (tesis doctoral), Juan de Avila, Erasmo, Ignacio de Loyola, Martín Lutero, Raíces del Luteranismo, Humanismo, Poesía latina medieval, Historia de la Iglesia católica, además de frecuentes colaboraciones en revistas y diccionarios especializados.

José Luis González Novalín
Nació en Tresali (Oviedo) en 1929. Ordenado sacerdote en 1952. Doctor en Historia de la Iglesia por la Pontificia Universidad Gregoriana de Roma (1965). Canónigo Archivero de Oviedo (1963) y Vicerrector de la Iglesia Nacional Española de Santiago y Montserrat en Roma, y de su anejo Centro de Estudios (1974). Profesor en el Seminario Metropolitano de Oviedo (1954) y de las Facultades Teológicas del Norte de España (1972) y «Teresianum» de Roma (1979). Su obra principal, *El Inquisidor General Fernando de Valdés*, vol. I: *Su vida y su obra*, vol. II: *Cartas y documentos* (Oviedo 1968-71), comprende en realidad la historia de la Inquisición Española en su período más floreciente. Otros estudios sobre el mismo argumento y la vida religiosa del pueblo durante el tiempo de la Reforma figuran en revistas especializadas, como *Anthologica Annua, Hispania Sacra, Archivum Historiae Pontificiae, Anuario de Estudios Atlánticos...* Sus aportaciones a la *Historia religiosa de Asturias durante la Edad Moderna* se encuentran en obras y revistas peculiares de la región.

León Lopetegui
Nació en Azpeitia (1904). Doctor en Misionología (Roma, Gregoriana). Profesor de Historia de la Iglesia y de Historia de la Misionología y Cuestiones Misionales en la Universidad Gregoriana de Roma. Profesor de Historia de la Iglesia en la Facultad de Teología de Oña y en la de San Cugat del Vallés. Es autor de numerosos artículos y trabajos sobre Misionología y Cuestiones Misionales, así como de Historia de la Iglesia en las revistas especializadas. Entre sus obras principales: *El P. José de Acosta y las misiones americanas* (1942), *Introducción a la Historia de la Iglesia en la América Española, s. XV al s. XIX*. Ha dirigido muchos trabajos sobre Misionología y participado constantemente en las Semanas Misionales celebradas en Bérriz y Burgos.

Balbino Marcos
Nació en Piña de Esgueva (Valladolid) en 1919. Licenciado en Filosofía (1947) por la Universidad de Comillas. Doctor en Filosofía y Letras (1972) por la Universidad Complutense de Madrid. Fue profesor de Literatura Española en la Universidad de Comillas y actualmente es profesor de la misma asignatura en la Facultad de Filosofía y Letras de la Universidad de Deusto (Bilbao). Es autor de *La ascética de los jesuitas en los Autos Sacramentales de Calderón*, *El concepto de mímesis en Platón* y ha publicado numerosos estudios sobre problemas ideológicos y estilísticos de autores clásicos y modernos en *Estudios de Deusto*, *Letras de Deusto*, *Reseña de Literatura*. Es también autor de un centenar de juicios orientadores sobre los mejores libros y estudios publicados acerca de algunos autores representativos de la literatura clásica española en el volumen III de *Enciclopedia de orientación bibliográfica*.

Alfonso Rodríguez G. de Ceballos
Nació en Salamanca en 1931. Doctor en Historia por la Universidad Complutense, licenciado en Teología por la de Innsbruck (Austria) y en Filosofía por la Universidad Pontificia Comillas. Profesor adjunto numerario en la Universidad Autónoma de Madrid y profesor ordinario en la Universidad Pontificia Comillas. Es además colaborador del Instituto Diego Velázquez, del C.S.I.C., y del Instituto Histórico de la Compañía de Jesús en Roma. Ha publicado numerosos libros y estudios sobre arte del Renacimiento y del Barroco, entre los que destacan: *Bartolomé de Bustamante y los orígenes de la arquitectura jesuítica en España*, *Estudios del Barroco salmantino* (3 vols.), *Los Churriguera*, la edición facsímil y el prólogo de *Las imágenes de la Historia Evangélica de Jerónimo Nadal*.

Samuel Rubio
Nació en Posada de Osma (León) en 1912. Religioso agustino. En 1953 se licenció en Gregoriano y Música Sacra en el Instituto de Música Sagrada de Roma. Ha profundizado de modo particular en la investigación del Canto Gregoriano y la Polifonía Clásica. Desde 1972 es catedrático de Musicología y Canto Gregoriano en el Conservatorio Superior de Música de Madrid. En la actualidad reside en el Monasterio de El Escorial, donde desempeña los cargos de organista y maestro de capilla. Ha editado numerosas piezas de la polifonía clásica en la revista *Tesoro Sacro Musical* y en sus antologías castellana y latina. Entre sus obras destacan: *La polifonía clásica*. I: «Paleografía»; II: «Formas musicales» (El Escorial 1956). *Cristóbal de Morales. Estudio crítico de su polifonía* (El Escorial 1969).

INDICE GENERAL

OCTAVA PARTE

LA INQUISICION ESPAÑOLA

Por **José Luis González Novalín**

NOVENA PARTE

*PENSAMIENTO TEOLOGICO Y VIVENCIA RELIGIOSA
EN LA REFORMA ESPAÑOLA (1400-1600)*

Por **Melquiades Andrés Martín**

DÉCIMA PARTE

LA IGLESIA ESPAÑOLA Y LA HISPANOAMERICANA DE 1493 A 1810

Por **León Lopetegui**

UNDÉCIMA PARTE

LITERATURA RELIGIOSA EN EL SIGLO DE ORO ESPAÑOL

Por **Balbino Marcos**

DUODÉCIMA PARTE

LA MUSICA RELIGIOSA ESPAÑOLA EN LOS SIGLOS XV Y XVI

Por **Samuel Rubio**

DECIMOTERCERA PARTE

ARTE RELIGIOSO DE LOS SIGLOS XV Y XVI EN ESPAÑA

Por **Alfonso Rodríguez G. de Ceballos**

HISTORIA DE LA IGLESIA EN ESPAÑA

III-2.º

La Iglesia en la España de los siglos XV y XVI

SÉPTIMA PARTE

FELIPE II Y LA CONTRARREFORMA CATOLICA

Por RICARDO GARCÍA-VILLOSLADA

INTRODUCCION BIBLIOGRAFICA

FUENTES

ALBERI: Cf. *Relazioni*.

Archivo Histórico Español. Colección de documentos inéditos, vol.2 (Madrid 1929) y vol.6 (Valladolid 1934), publ. por M. Ferrandis.

Bullarium Romanum («Bullarum, diplomatum et privilegiorum Taurinensis editio») (Turín 1857-72). Utiles para nuestro objeto, los vol.6-10.

Colección de documentos inéditos para la historia de España (Madrid 1842-95), por M. Fernández Navarrete y otros. De los 112 volúmenes, interesan particularmente los siguientes: 2 3 4 6 27-28 32-35 41 87-92, etc.

Corpus documental de Carlos V. Ed. crit. M. Fernández Alvarez (Salamanca 1973-75) válido para la juventud de Felipe.

Correspondance du cardinal de Granvelle. 1565-1568, ed. E. Poullet y C. Piot (Bruselas 1877-96), 12 vols.

J. I. DOELLINGER, *Beiträge zur pol. kirchl. und Cultur-Geschichte* (Ratisbona 1868). Sólo el vol.1 trae documentos relativos a Felipe II.

L. P. GACHARD, *Correspondance de Philippe II sur les affaires des Pays-Bas* (Bruselas 1848-79), 5 vols.

GACHARD, *Correspondance de Marguerite d'Autriche avec Philippe II* (Bruselas 1867-81) 3 vols.

— *Lettres de Philippe II à ses filles les Infantes I. et C.* (París 1884).

J. M. MARCH, *Niñez y juventud de Felipe II* (Madrid 1941), 2 tomos de documentos importantes.

Relazioni degli Ambasciatori Veneti al Senato nel secolo XVI, ed. E. Albèri (Florencia 1839-63), 15 vols. Véanse en la serie 1.ª vols.3.6.

L. SERRANO, *Correspondencia diplomática entre España y la Santa Sede durante el pontificado de Pío V* (Madrid 1914), 4 vols. Obra capital para los problemas político-eclesiásticos de aquellos años.

M. SORIANO, *Relazione inedita della corte e del regno di Filippo II scritta nel 1559* (Roma 1864).

Otros documentos en los *Apéndices* de varias obras que luego citamos; v.gr: Amezúa, Cabrera de Córdoba, Marañón, etc.

ESTUDIOS

R. ALTAMIRA, *Ensayo sobre Felipe II, hombre de Estado* (Méjico 1950); mejora su primera opinión sobre Felipe II y estudia su ideario político.

A. G. DE AMEZÚA, *Isabel de Valois, reina de España. 1546-68* (Madrid 1949), 3 tomos en 5 vols. Los vol.4 y 5 contienen casi 200 documentos.

C. BRATLI, *Philippe II roi d'Espagne.* Trad. del danés (París 1912). Existe traducción castellana (Madrid 1927). Contiene un excelente capítulo sobre «Literatura histórica concerniente a Felipe II» (p.17-55); bibliografía clasificada, casi exhaustiva hasta 1912. Fue Bratli el que inició la rehabilitación histórica de Felipe II.

F. BRAUDEL, *La Méditerranée et le monde méditerranéen à l'époque de Philippe II* (París 1949).

L. CABRERA DE CÓRDOBA, *Felipe II, rey de España* (Madrid 1876-77), 4 vols. En el vol.4 se publica la larga «Relación de las cosas de España» (1573), del veneciano Leonardo Donato (p.403-30), seguida de la «Relación de J.F. Morosini... sobre el estado de la Monarquía española» (p.481-519).

G. CATALANO, *Controversie giurisdizionali tra Chiesa e Stato nell'età di Gregorio XIII e Filippo II* (Palermo 1955).

M. FERNÁNDEZ ALVAREZ, *Política mundial de Carlos V y Felipe II* (Madrid 1966). En la segunda parte, el ideario de Felipe.

J. M. DEL ESTAL, *Felipe II y su perfil religioso en la historiografía de los siglos XVI y XVII:* Ciudad de Dios 187 (1974) 549-81.

— *Felipe II y su perfil religioso en la historiografía de los siglos XIX y XX:* Ciudad de Dios 189 (1976) 84-117.

L. FERNÁNDEZ DE RETANA, *España en tiempos de Felipe II* (Madrid 1966), dos tomos de la *Historia de España* dir. por Menéndez Pidal. Estudio amplísimo claramente apologético y poco preciso en las citas.

A. DE HERRERA, *Historia general del mundo... del tiempo del señor rey don Felipe II el Prudente* (Madrid 1601-12), 3 vols. Historiador oficioso con muchos detalles.

R. DE HINOJOSA, *Despachos de la diplomacia pontificia en España* (Madrid 1896).

— *Estudios sobre Felipe II* (Madrid 1887), trad. y recopil. por H.

G. MARAÑÓN, *Antonio Pérez. El hombre, el drama, la época* (Madrid 1947). Trata constantemente del rey, cuya psicología describe magistralmente.

R. B. MERRIMAN, *The Rise of the Spanish Empire,* vol.4 (New York 1932), con importante «Bibliographical Note» al fin de cada capítulo.

N. MOSCONI, *La Nunziatura del cremonese Cesare Speciano negli anni 1586-88 alla corte di Filippo II* (Cremona 1939).

L. PASTOR, *Geschichte der Päpste* vol.6-11 (Freiburg i. Br. 1913-27).

M. PHILIPPSON, *Philipp von Spanien und das Papstthum*: Hist. Zeits. 39 (1878) 269-315.419-57. Trad. castellana en R. Hinojosa.

B. PORREÑO, *Dichos y hechos del señor don Felipe II el Prudente* (Valladolid 1803).

L. RANKE, *Die Osmanen und die spanische Monarchie* (Berlín 1857). Hay traducción francesa y española.

J. DE SIGÜENZA, *Historia de la Orden de San Jerónimo* (Madrid 1909), en N. Bibl. Aut. Esp., vol.12. Trata espléndidamente de El Escorial y de los últimos días del rey su constructor. p.401-671.

M. VAN DURME, *El cardenal Granvela (1517-86). Imperio y revolución bajo Carlos V y Felipe II.* Trad. castellana (Barcelona 1957). Documentadísima.

L. VANDER HAMMEN Y LEON, *Don Felipe el Prudente* (Madrid 1625). Otros muchos títulos pueden verse en B. SÁNCHEZ ALONSO, *Fuentes de la historia española* (Madrid ³1956) II p.165-281.

CAPÍTULO I

LA PERSONALIDAD DEL REY FELIPE II

La figura colosal y sencilla de Felipe II llena toda la segunda mitad del siglo XVI en la historia eclesiástica y política de España. De España y de la catolicidad entera. No se debió ese colosalismo a la grandeza de su genio. No fue genial el hijo de Carlos V, aunque sí inteligente, y laborioso y exacto conocedor de personas y cosas. Si su figura adquiere en la historia proporciones de coloso, eso se debe a que rigió durante medio siglo el más vasto imperio que ha conocido la historia humana, al hecho de haber intervenido voluntaria o fatalmente en todos los grandes negocios que convulsionaban entonces a los hijos de Adán y a la suerte feliz de haber estado siempre rodeado de colaboradores, consejeros, secretarios y embajadores de alta categoría, cuyos nombres egregios formarían una lista tan larga como resplandeciente. Esto sin contar al pueblo dócil y sufrido, que pagaba los impuestos y surtía de bravos soldados a los ejércitos capitaneados por generales de la altura del duque de Alba, M. Filiberto de Saboya, Juan de Austria o Alejandro Farnese. Y no digamos nada de la aureola que le viene a Felipe II de aquella pléyade estupenda de geniales escritores, artistas, poetas, teólogos, místicos y santos que constelaron su reinado.

Que haya sido odiado, calumniado, caricaturizado, nada tiene de particular. Lo extraño sería que un dominador de tantas naciones y un propugnador infatigable de la religión católica en Europa y en todo el mundo, un monarca que se gastó a sí mismo y desgastó a su patria, desangrándola y empobreciéndola en el servicio de un ideal sobrehumano, hubiera pasado a la historia en la uniformidad del aplauso común o en la fría indiferencia de todos.

Las prepotentes personalidades históricas tienen que contar con el ditirambo y la beata adoración de muchos, y también con la execración de los que se sintieron oprimidos, de los que defendieron ideales contrarios, de los que fracasaron en la lucha y se carcomieron de envidia inextinguible, o sencillamente, no sabiendo entender la nobleza del adversario, se dedicaron a hurgar en las debilidades, fracasos parciales y errores, de los que nadie está libre. Es lo que sucedió con el Rey Católico, a quien algunos de sus súbditos y coetáneos proclamaron: «nuestro santo rey», «amigo de favorecer a los religiosos», «campeón del catolicismo», «gran defensor y ayuda para la Iglesia», «el mejor hombre y el más prudente príncipe»; y otros, «el demonio del Mediodía», «el conculcador de todas las libertades», «el peor de los tiranos», «hipócrita y cruel». Incluso modernos autores que tenían por oficio la obligación de conocerlo bien, lo designan como «sepulturero de la grandeza y de la gloria de España» (P. B. Gams), «cesaropapista y opresor del papado» (Gams y Pastor), y llegan a acusar al Rey Católico de superar al más crudo galicanismo en su empeño de independizar a la Iglesia española de la romana (Philippson), o le motejan de «tirano místico» (D. Rops), déspota, fanático, verdugo, hipócrita, pérfido, inmoral, ávido de poder. Juicios tan desmesurados en pro o en contra no hacen sino enturbiar el cristal transparente de los documentos, a través de los cuales tiene que percibir el historiador la realidad, la *vera effigies*, de aquel soberano que gobernó medio mundo durante medio siglo desde su gabinete de trabajo.

Fuera de España nació muy pronto la leyenda negra de Felipe II; sus fuentes han de buscarse en la *Apología* de Guillermo de Orange, apasionadísima caricatura de aquel rey, pintado como hipócrita, engañador y monstruo de todos los vicios juntos; en las *Relaciones* del que fue su secretario desleal, Antonio Pérez, que vendió su inteligencia y su pluma a Francia e Inglaterra, y en la *Vita di Filippo II*, escrita por el aventurero y polemista anticatólico Gregorio Leti, que no hizo sino recoger las falsedades que propalaron los enemigos del rey. No hay que decir que en ellas se inspiran los conocidos dramas de Alfieri y de Schiller, los libelistas, noveladores, etc. La rehabilitación del Rey Prudente se inició con la nueva documentación de L. P. Gachard y con la exigente crítica del protestante danés Carlos Bratli.

Para su perfecta comprensión tiene Felipe II el defecto de ser poco simpático a primera vista por su género de vida y por la cautela con que disimulaba sus sentimientos. Ya la primera vez que salió de España les pareció a los italianos y flamencos un príncipe antipático, pues ni amaba la caza, ni los torneos, ni la vida de salón, y además no se expresaba fácilmente en lenguas extranjeras. En su segundo viaje lo encontraron mucho más afable y cortesano, admirando en Bruselas su galantería y su generosidad y munificencia sin igual. Después acentuó tanto su característica prudencia, que se tornó excesivamente lento en decidir, cauteloso, reservado y poco efusivo —si no es en la intimidad familiar—; cualidades de poco atractivo humano, lo cual no fue obstáculo para que su pueblo, especialmente el pueblo de Castilla, lo amase y lo adorase. Cuando hoy leemos sus cartas a sus hijas, a San Pío V, a varios de sus embajadores, descubrimos su delicadeza de alma y ciertos aspectos profundamente humanos de su reservado carácter.

1. BIOGRAFÍA ESQUEMÁTICA. LOS CONSEJOS DEL EMPERADOR

Nació Felipe II en Valladolid el 21 de mayo de 1527, en un momento en que los teólogos españoles, congregados en aquella ciudad por el inquisidor general, ponían en tela de juicio 21 artículos extractados de los escritos erasmianos y se disponían a disputar sobre la ortodoxia del Roterodamo. Dos semanas antes, toda la nación se había conmovido con la noticia del *saco de Roma* por las tropas imperiales, el más horrendo saqueo y pillaje que jamás sufrió la Ciudad Eterna.

Hijo primogénito del emperador Carlos V y de aquella Isabel de Portugal cuya belleza inmortalizó el Tiziano, fue criado conforme a las tradiciones castellanas de seriedad moral y religiosidad profunda. Contaba doce años cuando murió su madre. Refiérese de ésta que, al darle a luz, se retorcía en silencio con grandes dolores; tanto que la comadrona le aconsejó que se desahogase con gemidos, a lo que replicó la joven emperatriz: «Naô me faléys tal, minha comadre, que eu morrerey, mas non gritarey». Y ordenó retirar la luz —gesto digno de Isabel la Católica— a fin de que nadie viera sus gestos de dolor.

Como su padre el emperador tenía que ausentarse a menudo de la Península, asoció a su hijo muy pronto al gobierno y tuvo sumo empeño en educarlo y adoctrinarlo esmeradamente como a un perfecto príncipe. Quizás ningún otro soberano tuvo en la adolescencia un maestro de política y de virtud tan experto, tan genial, tan influyente. Ese maestro que hoy nos produce estupefacción, fue su propio padre. De él aprendió todo lo bueno que después admirarán los hombres en Felipe.

Para éste, o quizá, indirectamente, para sus tutores, le dictó desde Madrid, el 5 de noviembre de 1539, unas *Instrucciones*, que empiezan con estas palabras:

> «Primeramente encargamos al dicho nuestro hijo que viva en amor y temor de Dios, nuestro Criador, y en observancia de nuestra sancta y antigua religión, unión y obediencia de la Iglesia romana y de la sancta Sede Apostólica y de sus mandamientos» [1]. Siguen algunos consejos políticos que ahora no nos interesan.

En mayo de 1543, teniendo que ausentarse de nuevo, escribe varias *Instrucciones secretas* desde Palamós para su hijo, adolescente de dieciséis años, que se distinguía por su sensatez y circunspección. En la del 1.º de mayo le encarga muy encarecidamente

«Que tenga especial cuidado de la administración de la justicia... y que tenga las consultas ordinarias del Consejo... Que...oya continuamente misa pública, y los domingos y fiestas que le pareciese salga a oír a las iglesias y monasterios... Los de la Hacienda entenderán continuamente las consignaciones y apuntamientos que yo dexo ordenado» [2].

Se refiere luego a las Indias, a los obispos que andan ocupados en la corte y a otros puntos, más desarrollados en la *Instrucción* del día 4 de mayo, en la que le inculca dos cosas principales: primera, que la Corona debe estar al servicio de Dios y de la Iglesia; segunda, que conviene evitar la privanza de un valido, procurando guardar el equilibrio entre consejeros y ministros:

«Hijo, es necesario que os esforcéis y os encomendéis a Dios para quél os favorezca, de manera que le podáis servir y, juntamente, ganar honra y fama perpetua... Habéis menester determinaros en dos cosas; la una y principal, tener a Dios delante de vuestros ojos y ofrecerle todos los trabajos y cuidados..., y lo otro, creer y ser sujeto a todo buen conse-

---

[1] Texto en F. DE LAIGLESIA, *Estudios históricos 1515-55* (Madrid 1918) I 31-39.
[2] Ibid., I 41-45; J. M. MARCH, *Niñez y juventud* II 11-22.

jo. Con estas dos proposiciones supliréis la falta de vuestra poca edad y experiencia... Sed devoto y temeroso de ofenderle [a Dios] y amalde sobre todas las cosas; sed favorecedor y sustentad su fe; favoreced la santa Inquisición... Sed afable y humilde... A los obispos mandaréis residir en sus iglesias el más tiempo que ser pudiere... Daréis, hijo, las audiencias necesarias y seréis blando en vuestras respuestas y paciente en el oír, y también habéis de tener horas para ser entre la gente visto y platicado».

Entre los consejeros a quienes más debía atender nombra a los dos que habían sido sus maestros y tutores: Juan Martínez Silíceo, obispo entonces de Cartagena, y Juan de Zúñiga, comendador de Castilla; en asuntos de guerra, al duque de Alba. «Pronto os casaréis», escribe; y, con un rigorismo que hoy parecería excesivo, le da normas sobre el modo de comportarse con su futura esposa, añadiendo lo siguiente:

> «Pues no habréis, como estoy cierto que será, tocado a otra mujer que la vuestra [*Felipe se casó uno de aquellos días*], que no os metáis en otras bellaquerías después de casado, porque sería el mal y pecado mayor» [3].

A la luz de estos sabios consejos, que Felipe recibió como preceptos, se entiende mejor la conducta posterior del Rey Prudente.

El 12 de mayo de 1543 se casó el joven soberano español con María Manuela de Portugal, que a los dos años de matrimonio murió de sobreparto al darle un hijo, el famoso don Carlos, que tantas amarguras y tristezas le había de acarrear.

Deseoso el emperador de que su hijo conociera a sus futuros súbditos y fuera conocido de ellos, le hizo emprender un viaje, que duró más de un año (1548-51), por Génova, Milán, Países Bajos y Alemania.

Concibió entonces Carlos V un ambicioso proyecto: el de casar a su hijo, viudo y joven de veintisiete años, con la reina María Tudor de Inglaterra, que ya contaba treinta y ocho y que no era precisamente una belleza. De este modo se reafirmaba el catolicismo en Inglaterra y quedaba este reino estrechamente vinculado al de España.

Salió, pues, Felipe por segunda vez de la Península para contraer matrimonio con la reina inglesa en Winchester (25 de julio de 1554). Mientras vivió con ella, el español le dio a la inglesa consejos de moderación respecto de los protestantes. Desgraciadamente, no tuvieron descendencia, y, a la muerte de María Tudor en 1558, el catolicismo inglés entraba en caminos de infortunio y de persecución.

En septiembre de 1555 acudió Felipe a Bruselas, donde su padre, abdicando el imperio a favor de Fernando I, hermano del emperador, dejó a su hijo todos los demás dominios españoles, junto con los señoríos de Italia, Países Bajos y Franco Condado. Sucedió luego la guerra contra Paulo IV, de la que trataremos a su tiempo, y la victoria de San

---

[3] *Ibid.*, I 69-79; MARCH, II 23-34. De mayor importancia es el llamado «Testamento político de Carlos V» para su hijo, escrito en Augsburg, 18 de mayo de 1548 (LAIGLESIA. *Estudios* I 93-120; P. DE SANDOVAL, *Hist. de la vida y hechos del emperador Carlos V:* BAE 82.323-37).

Quintín contra el rey francés (1557). Habiendo organizado el gobierno de los Países Bajos con espíritu contrarreformista, lo dejó en manos de su hermanastra Margarita de Parma o Austria, asesorada por Antonio Perrenot de Granvela, hábil estadista que pronto sería cardenal y arzobispo de Malinas. Y en 1559 retornó a la península Ibérica, de donde no salió más en su vida.

Firmada la paz con Enrique II de Francia, obtuvo la mano de la infanta Isabel de Valois, princesita de catorce años, que fue el mayor y más tierno amor de Felipe II, y que pronto se convirtió en el más vivo dolor de su vida, porque la amable reinecita murió en 1568, a los veintidós años y medio de edad. De ella tuvo a la infanta Isabel Clara Eugenia, futura gobernadora de los Países Bajos.

La tristeza y el luto no impidieron a aquel monarca de cuarenta y tres años correr a nuevas nupcias, constreñido por la necesidad de tener un hijo varón. La infanta Ana María, hija del emperador Maximiliano II, nacida en España, fue su última esposa. Ella le dará en 1578 un heredero.

En 1580, Felipe II se anexionó el reino de Portugal con todas sus posesiones de Ultramar, haciendo valer los derechos que le asistían por parte de su madre, hermana del rey Juan II. En vez de poner su corte en Lisboa, como hubiera sido, tal vez, lo más político, siguió en Madrid (capital del reino desde 1561) o se encerró en El Escorial, viviendo como un monje, atareado en redactar pólizas, cédulas, ordenaciones, cartas, etc., como el más perfecto burócrata de todos los reyes. Allí, en su celda monacal, falleció tras dolorosa enfermedad, soportada con heroica paciencia, el 13 de septiembre de 1598.

2. SEMBLANZA DE FELIPE II

Empecemos por traer aquí las palabras del embajador veneciano Leonardo Donato, que subraya su talento burocrático, minucioso y devoto.

«El rey negocia de buen grado mediante pólizas, y lo hace así porque no le gusta tratar con muchos y porque es más rápido en el escribir que cualquier secretario... Lee junto a la cama, a la luz de una candela, algunas horas antes de dormir. Decía el nuncio del pontífice que había estado cinco años en la corte y jamás había hablado al rey sino en su escritorio... No se enoja nunca, o da muestras de no enojarse. Recita el oficio mayor [de los clérigos]. El obispo de Cuenca, confesor del rey, decía que en los tiempos de los jubileos suele hacer el rey una confesión general. Con su ejemplo ha introducido el rey en su corte mucha modestia... Suele decir que está cansadísimo de ser rey... Trabaja con tanta asiduidad, sin tomarse una recreación, que no hay en el mundo oficial alguno, por asiduo que sea, que esté tanto tiempo en el oficio como Su Majestad... Dicen sus ministros que es tan grande su inteligencia, que no hay cosa que no sepa y que no vea. Sus secretarios le escriben dejando un margen tan ancho como el espacio que ellos llenan, a fin de que el rey, según su costumbre, pueda responder capítulo por capítulo, según más le place»[4].

Extractando los informes de los embajadores venecianos, el historiador Leopoldo Ranke compone el siguiente retrato en forma de mosaico:

> «Es la imagen misma del emperador su padre, igual la carnación, la cara y los rasgos, con aquella boca y labio caído..., pero de menor estatura» [J. MICHIEL]. «Es por naturaleza lento, flemático de complexión y también por voluntad deliberada, a fin de mostrar mayor decoro en sus cosas». «Cuando responde, se hace a todos muy amable con una leve sonrisa». «Es amigo de la verdad y enemigo de los bufones» (TIÉPOLO). «Escribe cada día de propia mano más de un quinterno de cinco folios entre pólizas, consultas y ordenaciones, tanto que produce estupor» (GRADENIGO).— «Guarda un exquisitísimo secreto en sus cosas..., pero es igualmente deseoso de descubrir los planes y secretos de otros príncipes... gastando infinita cantidad de oro en espías por todas las partes del mundo». «No sale palabra alguna de su boca ni acción de su persona que no sea muy bien ponderada y sopesada». «Modera felicísimamente todos sus afectos» (CONTARINI). Tal es la impresión que transmiten aquellos sagacísimos embajadores[5].

Reprochábanle los venecianos el dedicar mucho tiempo a las devociones, pero lo cierto es que sacaba tiempo para todo por su laboriosidad portentosa. Le bastaban dos horas de espacio para dar trabajo a secretarios y consejeros durante toda una jornada. Antes de la copia definitiva, lo volvía a leer todo por sí mismo. Felipe, extremadamente limpio y aseado en todo, quería que hasta los documentos, diplomas y cartas que salían de su secretaría fuesen correctísimos y atildados aun en el estilo cortesano. Estaba al tanto de todo mucho mejor que sus ministros. Se enteraba de la vida y carácter de sus visitantes. Cuando alguno de éstos se azoraba un poco ante la majestad real, la primera palabra del monarca era: «Sosegaos». Su gobierno era más lento que el de su padre, pero más eficiente y más centralizador.

Consciente de su dignidad real y de su deber de gobernante, aplicó la justicia severamente, conforme a las normas entonces vigentes. No nos toca a nosotros juzgar hechos de sangre, como el asesinato de Juan de Escobedo, que el rey autorizó, engañado por su desleal secretario Antonio Pérez. Por temperamento era más bien apacible que sanguinario. Nada de tétrico en su semblante, nada de despótico y cruel en su conducta, pero tampoco franqueza y apertura de corazón. No era abundoso en el hablar y nunca levantaba la voz.

Escribe Gregorio Marañón:

> «Lo bueno de Felipe II fue, como tantas veces se ha dicho, la profundidad de su conciencia y de su responsabilidad de rey y de representante de la lucha contra la Reforma. Acaso fuera un tanto pecaminosa la so-

---

[4] *Relación de las cosas de España*, texto italiano en CABRERA DE CÓRDOBA, *Felipe II*, vol.4 479-80. El modo como anotaba al margen los papeles, en la ed. de C. RIBA GARCÍA, *Correspondencia privada de Felipe II con su secretario M. Vázquez* (Madrid 1959).

[5] L. RANKE, *Die Osmanen und die spanische Monarchie* (Berlín 1857) 141-60.

berbia con que lo creía; pero ello es cuestión de teología y no de política. En su haber ha de apuntarse también su sincera piedad, su espíritu democrático, su amor a la justicia, sin reparar en clases sociales; su entusiasmo por las ciencias y las artes, su ternura de padre y de esposo..., su buen gusto y elegancia, y, en fin, la elevación de espíritu con que supo hacerse superior, como pocos hombres de su época, a las supersticiones» [6].

Parece que era algo tímido en el trato; tal vez de ahí proceda «la desconfianza ante las personalidades fuertes» que Marañón ha notado en él. Este mismo autor afirma que el supuesto maquiavelismo de Felipe II era «más tacitiano que maquiavélico».

El que desee conocer la ternura, la suave ironía, la delicadeza de sentimientos de aquel monarca, lea las 34 cartas, verdaderamente encantadoras, que dirigió a sus hijas, y que han sido publicadas por Gachard; su tierna y humilde devoción al papa late conmovedoramente en las cartas a San Pío V.

Variadísima era su cultura. Entendía de matemáticas, de pintura y dibujo (si bien no le gustaban ciertos cuadros del Greco), de escultura, de arquitectura, de música (aunque él nunca quiso cantar), de historia española, incluso de finanzas públicas. De su mecenazgo disfrutaron los grandes artistas, pintores, arquitectos, eruditos, científicos, teólogos, historiadores, literatos.

La *Biblia Poliglota de Amberes* (1569-72) o *Biblia Regia*, subvencionada por el rey, que aspiró a continuar y completar la *Complutense* de Cisneros, fue encomendada al sabio biblista, teólogo y orientalista B. Arias Montano. Por sugerencia de Juan Páez de Castro, puso manos a la creación de una gran biblioteca, no en Valladolid, como quería aquel gran humanista y erudito, sino en El Escorial, para que la majestuosidad de la «octava maravilla del mundo» se ennobleciese con el prestigio de la ciencia. Al fondo primitivo de la gran biblioteca escurialense pertenece la librería privada del monarca. A su iniciativa se debió la Academia de Matemáticas de Madrid, cuya dirección encomendó a Juan de Herrera, insigne arquitecto de El Escorial. El incomparablemente rico Archivo General de Simancas, cuyos inicios datan de Carlos V, fue Felipe II quien lo mandó ordenar y disponer, para utilidad de los siglos futuros, mediante su archivero y consejero don Diego de Ayala, haciendo que se acumulasen en aquella fortaleza solitaria todos los expedientes, despachos y documentos oficiales, que hoy vienen a consultar los historiadores de todo el mundo, con gratitud al rey que lo planeó y con la única protesta de haber depositado tan inmenso almacén de legajos y registros documentales en un lugarejo tan apartado como Simancas [7].

[6] G. MARAÑÓN, *Antonio Pérez* I 43.
[7] Del mismo modo planeó el Archivo de Indias en Sevilla, para guardar allí toda la documentación de América y Filipinas; y en Roma «un archivio da registrare... tutte la scritture che qui si espediscono» (C. Borromeo el 6 de septiembre de 1561 al humanista Verzosa). Para conocer a España en todos sus detalles mandó el rey que se hiciesen relaciones histórico-geográficas y estadísticas de todas las poblaciones. Solamente en nuestros días empezaron a publicarse por C. VIÑAS y R. PAZ, las *Relaciones de los pueblos de España*, ordenadas por Felipe II (Madrid 1949-71), 4 vols., que tan sólo comprenden los pueblos

Todo esto viene a demostrar que en el retrato del heredero de Carlos V debe prevalecer, contrariamente a lo que tantas veces ha sucedido, la clara luminosidad sobre la torva lobreguez, sin llegar al embellecimiento panegirista, cosa que hoy a todos disgustaría, ni menos a la hipérbole retórica de un historiador y tratadista político italiano, Scipione Ammirato (1531-1600), que, agradecido al rey de España por el largo período de paz que había hecho gozar a Italia (el mayor después de Octavio Augusto), paz que fomentó los estudios y buenas artes, le dirigía en 1594 estas palabras:

> «Se il medesimo Giove in terra discesso avesse voluto apparir in istato di persona reale, d'altra che della vostra non si sarebbe vestito» [7].

3. ¿TENÍA FELIPE II ALMA ESPAÑOLA?

Su semblanza física y moral nos la dan, mejor que nadie, los grandes artistas que lo retrataron, desde el Tiziano, que lo pintó quizá dos veces con exquisita elegancia juvenil, entre militar y cortesana, hasta los retratos espléndidos de Pantoja de la Cruz, que nos ponen ante los ojos la figura humana y llena de dignidad del rey anciano. Entre ambos extremos se colocan las pinturas del Greco, Sánchez Coello, Luca de Heere, Antonio Moro (van Moor), Rubens, etc. En ninguno de estos cuadros se vislumbra rasgo alguno, moral o psicológico, de la leyenda negra. Al contrario, todos dan relieve a sus atractivos humanos y a su espíritu superior, a su modestia natural y a su elegancia física.

Varios autores españoles, estudiando esa figura, se han preguntado: Pero aquel hombre de barbilla blonda y ojos garzos, aquel político cauteloso, de pocas palabras, de tanta prudencia como lentitud en resolver; aquel monarca sedentario, trabajador impenitente, metódico, aficionado al papeleo y al disimulo, fanáticamente respetuoso del protocolo, con la concepción mayestática del poder soberano, ¿puede decirse el tipo del *homo hispanus?* ¿O más bien su antítesis?

La respuesta más tajante y negativa la ha dado el gran historiador castellano Claudio Sánchez de Albornoz:

> «¿Podríamos reconocer —escribe— en ese joven rubio de ojos azules a un arquetipo físico de la pura españolía? Hijo de Carlos de Gante y de Isabel de Portugal, Felipe II tampoco fue español psíquicamente... Suele presentársele como encarnación y exponente del pueblo castellano. Tengo tal tesis por errónea, y a Felipe, sí por la antítesis de lo hispano, sí por muy poco español y por muy poco castellano. A lo menos, no mostró inclinación a seguir las trayectorias temperamentales de Castilla... Es notoria su poca sangre española» [8].

de las provincias de Madrid, Toledo y Ciudad Real. De ser completo, podría llamarse «el Pascual Madoz» del siglo XVI.

[7] FRANCO MEREGALLI, *La presencia de la España de Felipe II en Italia según Sc. Ammirato:* Hispania 33 (1973) 93.

[8] *España, un enigma histórico* (Buenos Aires 1956) II 519. En cambio, el norteamericano R. B. Merriman lo ha definido «as the typical sovereign of all time» (*The Rise of the Spanish Empire* vol.4 [New York 1934] p.3). Y mucho antes el aragonés V. de La Fuente: «Es la

Los que concedemos a la cultura, a la historia y al espíritu mayor importancia que al racismo y a la sangre, creemos que Felipe II fue «un gran español», porque, nacido en Castilla la Vieja, educado por maestros de larga tradición hispánica y nutrido espiritualmente de las más puras esencias castellanas, supo penetrar en lo más hondo y alto del alma española, comprendió sus ideales, los abrazó e hizo suyos abnegadamente, sacrificadamente. En más de una ocasión se equivocó; pero se equivocó con su pueblo, el cual lo veneraba religiosamente y gritaba bien alto qué trayectoria política había que seguir. Si Carlos V, que ni nació en España, ni tuvo padre español, ni trató tan a la larga a los españoles como su hijo, acabó por hacerse más español que cualquiera, con clara conciencia de su españolía, ¿no le acontecería otro tanto a Felipe, que pasó toda su vida en el corazón de Castilla y procuró, como rey, seguir paso a paso las normas políticas y diplomáticas que le dejó en herencia su padre? ¿O es que tampoco Carlos V fue español? Pero hoy día, cuando estudiamos a Fernando el Católico, el esposo de la grande Isabel, vemos que sus líneas políticas no se rompieron, sino que se continuaron fielmente con su nieto Carlos V, y el ideario de éste, según lo demostró R. Altamira, pasó a su hijo Felipe.

¿Y qué decir de don Juan de Austria, nacido en Ratisbona, de Bárbara Blomberg? ¿Tampoco el héroe de las Alpujarras, y de Lepanto, y de Flandes, hermanastro de Felipe II, podrá aspirar a ser el tipo del caballero español del siglo XVI? Acaso sea más exacto afirmar que el español por antonomasia no ha existido ni existirá nunca, y que tan españoles son los Quijotes como los Sanchos, y los Habsburgos como los Borbones.

4. EL VICEEMPERADOR DE LA CRISTIANDAD CATÓLICA

Cuando hablo de la cristiandad católica (también se podría decir, más simplemente, *la catolicidad*), me refiero al conjunto de países cristianos obedientes al romano pontífice en todo el ámbito dogmático y disciplinar, y muy obsecuentes a él también en otros campos que no eran estrictamente religiosos. Era esto último un residuo de la Edad Media, profundamente entrañado en el confesionalismo de los Estados católicos de aquella hora. Con Lutero, la cristiandad medieval se había roto y dividido en dos zonas, que *grosso modo* podemos denominar «boreal», o protestante, y «austral», o católica. La zona austral se había occidentalizado inmensamente con la evangelización de gran parte de América, y también se iba dilatando hacia el este y el sur por medio de las misiones de Asia, Oceanía y Africa.

Tan múltiples y vastos países en todos los continentes obedecían, en su máxima parte, a Felipe II, quien no solamente poseía los reinos de España, los Países Bajos con Luxemburgo y el Franco Condado, todo el

personificación del carácter español en el siglo XVI, con su sobria austeridad, su fe viva y ardiente, su adhesión a la Iglesia y su severa majestad» (*Hist.ecles.de España* V 205).

Milanesado, Nápoles, Sicilia, Cerdeña y la América hispana, desde el río Colorado hasta la Tierra del Fuego; las islas Filipinas y Marianas, sino que desde 1580 (año de la anexión de Portugal) dilataba sus señoríos por todo el Brasil y por las colonias portuguesas de Asia y Africa. Un monarca que tenía bajo su cetro tantos y tan populosos países, que ejercía además gran poder moral e influencia política en otras naciones, ¿no merecía el título de emperador?

En la cristiandad medieval —desde Carlomagno hasta Carlos V— existía un emperador que, *sin ninguna jurisdicción temporal sobre los demás reyes cristianos*, había recibido del papa el título de «emperador del Sacro Romano Imperio», con la obligación de ser el propugnador nato de la Iglesia *(Advocatia Ecclesiae)*, protegiendo a la persona del romano pontífice y la seguridad de sus Estados, defendiendo la fe católica contra las herejías y favoreciendo la expansión misionera de la Iglesia entre los gentiles [9].

Un imperio semejante, aunque sin nombramiento directo de los papas, vemos que surge por la fuerza misma de las cosas en el rey de España. Las circunstancias religiosas y políticas le favorecían, ya que el primer sucesor de Carlos V en el imperio alemán conservaba solamente el nombre de emperador, sin la antigua universalidad cristiana y aun con fuertes oposiciones dentro de la misma Alemania.

El segundo sucesor, en vez de proteger a la Iglesia de Roma, no disimulaba sus simpatías hacia los protestantes. Así se comprende que a Felipe II le entrase la conciencia de ser él —y no su tío Fernando I ni su primo Maximiliano II— el verdadero emperador de la cristiandad católica, si no de derecho, al menos de hecho; porque él, que era el más poderoso y universal monarca del orbe, se proclamaba públicamente, con sus palabras y con sus hechos, el único defensor y protector de la Iglesia romana. El mundo católico le reconocía esos títulos.

A él acudían los papas en todos los trances apurados y siempre que el catolicismo corría peligro en cualquier país; a él le encomendaban la persecución de la herejía en Europa y la sustentación de las misiones y los misioneros en los nuevos mundos que se descubrían. Unos le apellidaban «campeón decidido de la religión católica»; otros, «brazo derecho de la cristiandad». El mismo papa Carafa, después de hacer las paces con España, le promete a Felipe II portarse con él como padre amantísimo, y lo llama en su ayuda para todo lo que el papa tiene entre manos:

> «Lo que ahora, carísimo hijo, suplicamos a Dios es que nos prestes tu colaboración —como en verdad la esperamos— para poder realizar lo que planeamos y efectuamos en orden a la paz universal, a la represión y extirpación de las herejías, a la enmienda de las costumbres del pueblo cristiano y a la celebración del concilio convocado con ese objeto» [10].

---

[9] F. Suárez analizó magistralmente su concepto: «El emperador romano carece de potestad legislativa sobre la cristiandad entera. A lo más, obtuvo cierto realce en el honor y dignidad por su especial unión con la Sede Apostólica..., porque está especialmente ordenado a ser protector y defensor de la Iglesia y de la dignidad papal» (R. G. VILLOSLADA, *La idea del Sacro Romano Imperio según Suárez:* Razón y Fe 138 [1948] 285-311).

[10] Carta del 3 de enero de 1558, en O. RINALDI, *Annales eccles.* 1558 n.1.

San Pío V es, tal vez, el que más lo asemeja al emperador de la cristiandad medieval, declarando en una conversación con el embajador español en Roma que Felipe es «defensor único de la Santa Sede» y repitiendo a los pocos días que «de su vida depende toda la cristiandad».

«Querido hijo en Cristo —le saludaba el 20 de diciembre de 1568—, damos gracias a Dios nuestro Señor por haber dado a V. M. aquel celo religioso que desearíamos en otros príncipes cristianos y nos duele encontrarlo en pocos» [11].

Y el 8 de marzo de 1570 le exhorta a la cruzada, como si el Rey Católico fuese un emperador de tiempos medievales, con autoridad para arrastrar con su palabra y ejemplo a todos los demás reyes cristianos:

«Tú, carísimo hijo en Cristo, a quien Dios omnipotente adornó de tan egregias virtudes y enriqueció con tantos reinos opulentísimos, serás el primero en exhortar a los príncipes cristianos a confederarse contra el común enemigo. Tu autoridad será seguida por los demás reyes» [12].

Que de los labios de aquel papa santo brotaban con frecuencia alabanzas *(saepe verbis amplissimis)* a la piedad del rey, a su defensa de la religión y a su eximia obediencia a la Sede Apostólica, lo afirmó el Colegio cardenalicio el 2 de mayo de 1572 [13].

También Gregorio XIII reconoció en Felipe «un perpetuo afán por defender y propagar la santa religión» [14]. Pero quien predicó el panegírico más elocuente, en público consistorio de 9 de octubre de 1598, al tener noticia de la muerte del rey, fue el papa Clemente VIII. Luego de enaltecer todas sus admirables virtudes, aseveró que

«sus obras y palabras convenían muy bien al nombre [de católico] que tenía y por tantas razones se le debía, y que desto postrero toda la cristiandad era buen testigo... Y porque quiso reducir a la fe católica y a la obediencia desta Santa Silla los vasallos también de otros, empeñó todo su patrimonio real y gastó en esta obra los grandes tesoros que de las Indias le traían», etc. [15]

Era opinión de todos, dentro y fuera de España, que Felipe II merecía el título de protector del catolicismo y defensor y propugnador de la fe romana tanto en el Nuevo Mundo como en el Viejo. Lo decía el cardenal polaco Estanislao Hosius el 10 de junio de 1571, y dos años más tarde, el nuncio en España, Nicolás Ormanetto, ambos de santa vida y de inquebrantable adhesión a la Iglesia romana [16].

---

[11] L. SERRANO, *Correspondencia diplomática* II 520.
[12] J. DE LADERCHI, *Annales eccles.* (cont. de Baronio) XXIV 13.
[13] L. SERRANO, IV 734.
[14] A. THEINER, *Annales eccles.* (Roma 1856) I 179. Cf. ibid., I 300.
[15] Lo trae en castellano CABRERA DE CÓRDOBA, *Felipe II* II 322-24. Cf. *infra* c.3 n.60.
[16] Hosius al conde de Monteagudo: «Serenissimum regem illum, qui non minus nomine quam re, se vere catholicum declarat, satis laudare non possum. Qui quibus in locis labefactatam christianam fidem... videt, ad ea tales mittit oratores qui... de christiana fide promovenda atque tuenda sint solliciti. Servet Deus pientissimum regem... qui non solum novum quemdam orbem ad fidem christianam convertendum, verum et veterem... tanto studio retinendam curat» (LADERCHI, *Annales* XXIV 311). Ormanetto: «Questo re tanto be-

El sentir del pueblo español nadie lo expresó mejor que Santa Teresa de Avila en carta del 11 de junio de 1573 al mismo monarca:

«Su Divina Majestad —concluye— le guarde tantos años como la cristiandad ha menester. Harto alivio es... que tenga Dios nuestro Señor un tan gran defensor y ayuda para su Iglesia como Vuestra Majestad es».

«Columna de la fe segura y fuerte» lo definió Cervantes.

La conciencia de ser él un cuasiemperador se le arraigó y robusteció por múltiples causas y variadas razones; a saber: 1) Felipe sentía vivamente el honor y la gloria de ser hijo de Carlos V, último emperador digno del nombre de «protector y defensor de la Iglesia», ya que sus legítimos sucesores en el imperio no habían sido capaces de cumplir con aquellos universales deberes, propios de tan alta dignidad; en cambio él, sin título oficial, defendía la religión católica en todo el mundo, por exigencia de los papas y por íntima persuasión, mejor que cualquier emperador medieval. 2) Felipe era un Habsburgo, y el principal de los Habsburgos de su tiempo, de forma que todos los miembros de aquella dinastía lo consideraban como cabeza de la casa de Austria; esto le confería una autoridad moral muy superior a la del mismo emperador, bien se llamase Fernando I, Maximiliano II o Rodolfo II, con los cuales estaba estrechamente emparentado y a los cuales protegía y ayudaba cuanto podía; a él se debe en gran parte que Maximiliano II se mantuviese en la fe romana y que los anchiduques, hijos del emperador, recibiesen exquisita formación religiosa y se preparasen para ser luego campeones de la Contrarreforma. 3) Admirador entusiasta y absoluto de su padre el emperador, cuyas normas de gobierno había hecho propias y cuyo ideal religioso lo había mamado desde niño, Felipe II pretendió siempre pisar las huellas de Carlos V, y es fácil comprender psicológicamente que se considerase a sí mismo una continuación de su padre y emperador como él en la práctica, ya que no en el título canónico. 4) La misma vastedad incomensurable de sus dominios, que se extendían por todas las latitudes del planeta y crecían de año en año, sobre todo en América, rica en metales preciosos, daba la impresión de un imperio poderoso, que tenía algo de sacro, porque en todo él no se toleraba otra religión que la de Cristo ni otra Iglesia que la romana.

En una carta que Felipe dirigió el 8 de septiembre de 1565 al arzobispo Pedro Guerrero y a los demás prelados del concilio provincial de Granada, a la vez que les manifiesta su interés por el concilio de Trento y por su fiel aplicación, se profesa campeón de la fe católica contra las herejías y defensor de la Iglesia *en lo particular* de cada provincia y *en lo universal* de la religión católica. Aquí se vislumbra su conciencia imperial:

nemerito della Cristianità» (F. M. CARINI, *Mons. N. Ornametto* 63). Paolo Tiepolo, el 3 de mayo de 1576, decía que el papa estaba cierto «di non avere più certo e più gagliardo difensore del Re Cattolico contro gli eretici e gli infedeli» (E. ALBERI, *Le relazioni degli ambasciatori...* X 263). Y el historiador Cabrera de Córdoba habla del «Rey Católico, tenido en Roma y en todo el universo por el protector de la religión católica» (*Felipe II* v.3 439).

«Ya habéis entendido y es notorio el estado de la religión en la cristiandad y la aflicción y trabajo en que la Iglesia católica y la Santa Sede Apostólica de Roma se halla... Y habiéndose tanto extendido, y derramado, y arraigado las herejías..., habemos procurado, en cuanto nos ha sido posible, no sólo conservar y sostener en nuestros reinos, Estados y señoríos la verdadera, pura y perfecta religión, y la unión de la Iglesia católica, y la obediencia de la Santa Sede Apostólica..., mas... habemos asistido y procurado el remedio de lo universal... No habiendo con esto dejado *el cuidado de lo que toca a las otras provincias y reinos de la cristiandad*, habemos hecho, para el remedio, reducción y unión de ellas a la santa madre Iglesia, los oficios que habemos entendido convenir..., con la solicitud, diligencia y cuidado que a negocio de Dios y de su religión e Iglesia se debe tener; habiendo asimismo entendido cuánto importa a la religión, en lo universal de la cristiandad y en lo particular de todas las provincias, que lo que la Iglesia católica y la Santa Sede Apostólica de Roma, alumbrada por el Espíritu Santo, tiene de antiguo ordenado... se guarde uniformemente» [17].

5. SU IDEAL POLÍTICO-RELIGIOSO

No sería difícil recoger una antología de textos en que Felipe II promete seriamente, aun a papas que le son contrarios, como Paulo IV y Sixto V, poner todo su poderío al servicio del catolicismo y de la Sede Apostólica. ¿Lo hacía por motivos meramente políticos? Empecemos por asentar que Felipe II ni era un conquistador ni amaba la guerra. Verdad es que un monarca nunca podrá olvidar o descuidar en sus empresas el provecho temporal de sus Estados; pero los intereses políticos se entrelazan y se unen tan estrechamente con los religiosos, que no es fácil determinar cuáles preponderan y tienen la primacía. El triunfo de la herejía en el siglo XVI hubiera significado la escisión religiosa en España, la guerra civil por antagonismos de raza y religión; y la derrota y abatimiento del poderío español hubiera traído como consecuencia la derrota y abatimiento de todos los pueblos católicos, con el corolario ineluctable de la hegemonía universal de las potencias protestantes. El percibió claramente esta posibilidad y luchó por evitarla. Al obrar así luchaba por España. Retirarse del combate no era posible. Por eso tuvo que dar a su política una orientación religiosa. Si fracasó en la empresa, con grave daño de la Iglesia y de España, no fue porque él escatimara energías, actividades, diplomacias, ríos de oro y ríos de sangre, con dolorosas pérdidas y sacrificio de naves y soldados. Historiadores modernos más positivistas que los españoles del siglo XVI, hubieran deseado en aquel monarca una política más nacionalista y menos comprometida con la religión. Tal vez, la paz y la prosperidad económica de España habrían ganado mucho con una política más casera y menos ecuménica. Pero podemos preguntarnos: ¿Era eso posible a un rey que se profesaba católico y mandaba en tantas naciones? Ni siquiera el rey español de más clarividencia y astucia política, falsamente tildado de maquiavelis-

---

[17] J. TEJADA Y RAMIRO, *Colección de cánones de la Iglesia española* V 367.

mo, «el católico Fernando, el rey de mayor capacidad que ha habido», el _non plus ultra_ de los reyes, «el catedrático de prima, digo político prudente», según las agudas calificaciones de Baltasar Gracián, hubiera seguido otros caminos [18]. Y nada digamos de Carlos V, en cuya escuela se formó su hijo, fiel seguidor y ciego admirador de su padre. ¡Guerra a la herejía! ¡Favoreced la santa Inquisición!, le había recomendado el emperador.

Los que a Felipe II le reprochan el haber acometido empresas quijotescas que no respondían a la tradición política española y que resultaron perjudiciales para la nación, deben considerar que Felipe, como su padre, nunca ambicionó territorios que no le perteneciesen jurídicamente, y que aquel rey prudente y cauto hasta el exceso emprendió ciertas guerras temerarias contra su propia persuasión, a instancias de los papas, que auguraban triunfos del catolicismo, y con la aprobación general —si no con el aplauso— del pueblo español. Creyó, sin duda, que su condición de rey católico y protector de la república cristiana le imponía ese deber. A él acudían pidiendo ayuda militar o financiera los papas. Su intervención la reclamaban suplicantes los católicos amenazados en Francia y los que sufrían persecución y apuros en Inglaterra, Países Bajos y Alemania. Un historiador puramente nacionalista se lo podrá criticar con positivas razones; el historiador de la Iglesia fácilmente se deja ganar por tan altos ideales.

Sus convicciones religiosas eran inquebrantables. En su corazón no había lugar para la duda, por fugaz que fuese. Asistía devotamente a todos los actos de culto, oía misa todos los días y comulgaba con alguna frecuencia; era muy devoto de la eucaristía, devoción tradicional en los Habsburgos, y de la Santísima Virgen; trataba con su confesor los asuntos de conciencia, privados y aun públicos. Siendo aún príncipe, en 1549, recibió una carta de San Ignacio de Loyola, quien, juzgando por los rumores que hasta él han llegado y por «la mucha fama, el bueno y sancto olor que de V. A. sale», expresa su admiración ante aquella «ánima tan elegida y así visitada y esclarecida de sus inestimables gracias y dones espirituales» [19].

Escrupuloso cumplidor de sus deberes personales, se creía obligado a procurar también la salvación de las almas de los demás; de ahí su perpetua solicitud por el mantenimiento de la fe cristiana. Aquel celoso reformador de la escuela de Borromeo, monseñor Nicolás Ormanetto,

---

[18] Escribe J. M. Doussinague: «Así se nos presenta, pues, Fernando el Católico como el verdadero autor de la grandeza de España, cuyo imperio planeó con mucha mayor amplitud de lo que pudo lograrse en la realidad, además de haber sido el que, cortando el paso a la herejía y al cisma, _dejó en herencia a sus sucesores la política de defensa de la cristiandad, de la unidad de la Iglesia Católica y del mantenimiento de los principios cristianos»_ (Fernando el Católico y el cisma de Pisa [Madrid 1946] p.458, al final del último capítulo: «El imperio español, preparado por Fernando V»). El mismo Doussinague escribió: «El Rey Católico [don Fernando]... estima propios los intereses de toda la cristiandad» (_El testamento político de Fernando el Católico_ [Madrid 1950] p.35).

[19] MHSI, _Monumenta Ignatiana_ Epist.II 344.

obispo de Padua, nuncio en España desde 1572, resumía en estas palabras la impresión de sus primeras entrevistas con Felipe II:

> «He visto₁en algunas cosas particulares que, antes que consentir en una mínima cosa que pudiese ofender la pureza de la fe católica, Su Majestad dejaría todos sus Estados, y me atrevería a decir que hasta a sus hijos» [20].

[20] F. M. CARINI, *Mons. N. Ormanetto* 62.

CAPÍTULO II

FELIPE II Y LA IGLESIA ESPAÑOLA

En aquella época confesionalista, en que la Iglesia y el Estado español vivían concordemente unidos, entrelazando de común acuerdo las actividades públicas y unificando, tal vez, la legislación de uno y otro fuero, no es maravilla que un gobernante tan solícito y atento a todo como el Rey Prudente, a quien no se le escapaba el más mínimo negocio del reino, se preocupase de la buena marcha de la institución eclesiástica y siguiese con interés la acción de los prelados en sus diócesis. Y esto no por el quimérico cesaropapismo inventado por B. Gams y L. Pastor, ni movido por falsas doctrinas jurisdiccionalistas, que en España no aparecerán hasta el siglo XVIII, sino por amor a la Iglesia, de quien se sentía hijo fiel, y porque la misma Iglesia, por medio de los obispos, se lo pedía. Lo que hoy nos parece una intromisión opresiva, no lo era entonces, si no es en casos en que la Santa Sede protestó; y, aun entonces, los canonistas y juristas se ponían a discutir los límites y fronteras de la mutua jurisdicción. Hoy mismo podríamos continuar inútilmente las discusiones.

1. ANSIAS DE REFORMA Y DESCONFIANZA DE LA CURIA ROMANA

Aquel convencido paladín de la ortodoxia católica contra la herejía opinaba que la mejor muralla contra la revolución religiosa estaba en la reforma del clero y de los organismos eclesiásticos. Por eso insistió tanto en la renovación moral y espiritual de la cristiandad. Bien sabía que esta empresa concernía primariamente al romano pontífice. Pero en España, desde el siglo XV, se había hecho endémica la desconfianza de Roma en este punto.

La reforma de Fernando e Isabel se logró, en parte, luchando contra la resistencia de Sixto IV y otros papas. En el reinado de Carlos V, el teólogo Francisco de Vitoria suspiraba desconsolado: «*Desperandum est*», nadie espere que de Roma venga la reforma anhelada. Su discípulo Melchor Cano repetía: «Mal conoce a Roma quien pretende sanarla». Y así se lo decía a Felipe II, el cual solamente columbró una aurora de esperanza cuando vio que se reunía por tercera vez el concilio de Trento con propósitos seriamente reformatorios, o, por decirlo con palabras del rey, «para la reformación de los abusos, excesos y desórdenes, de que tanta necesidad había» (12-7-64).

Perentoriamente y con el mayor encarecimiento, escribió a Pío IV, por medio de su embajador, que de ningún modo pusiese el papa obstáculos a la reforma conciliar, alegando que él en Roma podría acometerla mejor que el concilio ecuménico: «Este es —añadía el monarca español— el último refugio en que la cristiandad espera hallar remedio para los males y divisiones que hay en la religión y para evitar los dannos y inconvenientes que dello han nascido» [21].

En otros *Avisos* que luego envía al romano pontífice, recalca «cuán necesaria es la reformación por el concilio en las cosas eclesiásticas y que aquélla sea de veras..., porque de otra manera todo iría perdido» [22].

La sinceridad de sus deseos es evidente. «Los desviados de nuestra santa fe, lo primero por donde comenzaron a combatir a la Iglesia fue por destruir estas órdenes, y tomando ocasión para ello del poco recogimiento y suelta vida de los religiosos», decía con discutible razón histórica [23].

La sola publicidad de nuevas revoluciones religiosas le aterrorizaban. En marzo de 1563, por medio de Luis de Avila, suplica a Pío IV no se canse de urgir la residencia de los obispos, base de toda reforma diocesana. El 5 de julio escribe el nuncio desde Madrid que el rey desea ardientemente del papa «le mande cuanto antes los capítulos o exposiciones de la reforma [tridentina], porque le son de necesidad para servicio de sus reinos» [24].

2. REFORMACIÓN DEL CLERO ESPAÑOL

Empezó por la reforma de los regulares. Como para ello se requería indispensablemente permiso especial del papa, Felipe II trató de conseguirlo por medio de su embajador en Roma Francisco de Vargas (13 de marzo de 1561). Dos meses después nombró en Madrid una junta para la reforma de aquellas órdenes religiosas que hubiesen degenerado de su espíritu primitivo. Los miembros que la integraban —el confesor del rey, el inquisidor general, el doctor Velasco y otros distinguidos personajes— se proponían acabar con los «claustrales» o conventuales reduciéndolos a la «Observancia».

Dentro de casi todas las órdenes monásticas se dibujaban tendencias reformistas, unas más moderadas, otras más rígidas. Felipe II, por convicción y carácter, se mostró generalmente partidario de la observancia más rigurosa. Las reformas planeadas se harían —permitiéndolo la Santa Sede— por medio de comisarios o vicarios del general de Roma, los cuales, residiendo en España, sin influencia de la curia, deberían obrar con más libertad e independencia. Este sistema demasiado nacionalista, que respondía a la desconfianza de la curia, tradicional en los españoles,

[21] Carta del 30 de noviembre de 1562, en TEJADA Y RAMIRO, *Colección de cánones y todos los concilios de la Iglesia de España* (Madrid 1859) IV 635.642.
[22] Ibid., IV 685.
[23] O. STEGGINK, *La reforma del Carmelo español* (Roma 1965) 77-78.
[24] J. SUSTA, *Die römische Kurie und das Konzil von Trient* (Viena 1909) IV 520.

parece que se lo inspiró, o por lo menos lo corroboró, su confesor, el franciscano fray Bernardo de Fresneda, obispo de Cuenca desde 1562, el cual aspiraba a ser un reformador de gran estilo, como el cardenal Cisneros, aunque le faltaba la austeridad y otras virtudes de su modelo; acusábanle los contemporáneos de ambicioso intrigante y apegado a las riquezas y al fausto.

Las instancias del embajador español en Roma tropezaron con serias dificultades. Los generales de las órdenes religiosas no podían tolerar la merma de su jurisdicción dentro de toda la orden, y promovieron la resistencia entre sus cardenales protectores y en otros de la curia pontificia. Aquí no se quería que el rey se adelantase a una reforma que el concilio de Trento, próximo a reanudarse, debía realizar para toda la Iglesia.

Antes de que la reforma tridentina se terminase y se hiciese pública, los españoles sospecharon que sería insuficiente y poco radical. Volvió, pues, el rey a la carga, modificando sus primeros planes con una nueva instrucción del 15 de noviembre de 1563. En vez de los comisarios o vicarios generales, ahora pedía una comisión española de personas competentes y afectas a Roma que programasen una reforma, cuya aplicación debería encomendarse a cuatro arzobispos españoles (de Zaragoza, Tarragona, Valencia, Compostela) y al obispo de Cuenca. Así lo expuso en un *Memorial de algunos cabos que se ofrescen para lo de la reforma* [25].

Una cosa que obviamente había de enojar a los frailes era la función encomendada a los obispos de hacer la visita canónica de los monasterios de cada diócesis. El embajador español Luis de Requesens actuó fielmente conforme a la instrucción que se le mandó, pero tropezó con obstáculos insuperables. El mayor de todos, el cardenal Borromeo, que creía bastar la *reformatio regularium* de Trento, por imperfecta que fuese; la férrea voluntad del joven cardenal se impuso a la de su tío, el papa Pío IV.

Este no se opuso en forma tajante y perentoria; se contentó con dar largas al asunto. «Lo de la reformación de los claustrales —escribía Requesens el 30 de abril del año siguiente— he tornado a pedir, y está cometido a algunos cardenales; y, aunque lo solicito, nunca acaban de despachallo» [26].

Por entonces, el rey dirige su más viva atención a la elevación moral e intelectual del clero secular. Lo veremos en la creación de los seminarios, en la selección de los obispos, en el deseo de que se reúnan concilios provinciales con finalidad reformatoria.

---

[25] Se conserva ms. en Simancas y en varios archivos de Roma; brevemente estudiado por H. Jedin, *Zur Vorgeschichte der Regularenreform Trid.Sess.XXV*: Röm. Quartalschrift 44(1936)269-70.

[26] Steggink, 95 n.115. Sobre la intervención del monarca en la reforma de las órdenes religiosas véase la exposición de Serrano, *Correspondencia diplomática* IV p.xxviii-l con los documentos correspondientes.

3. LOS SEMINARIOS TRIDENTINOS

El mundo clerical del Quinientos español lo podemos contemplar en dos estratos sociales muy distintos. El estrato más alto, o sea, de los obispos, de ciertos canónigos y teólogos universitarios, resplandecía ante los ojos de todas las naciones por su ciencia teológica y aun por su virtud. Así lo proclamaron repetidas veces en Trento —refiriéndose a los obispos— los legados pontificios, y con ellos Nicolás Sfondratti (futuro Gregorio XIV), el cardenal de Guisa o de Lorena, San Carlos Borromeo y otros.

¿En dónde se habían formado aquellos sabios obispos tridentinos? No en los seminarios diocesanos, que no existían, sino en universidades, como Salamanca, Alcalá, Valladolid, Sigüenza, etc.; y si eran frailes, en los propios estudios de su orden. De las universidades, con sus colegios mayores y menores, salía la flor y nata del clero español.

Pero existía, además, un inmenso rebaño de clérigos —el estrato inferior— cuya ignorancia era lamentable, porque no habían recibido otro baño de cultura que el rápido y desordenado —algo de gramática y un poco de moral— que les impartía algún párroco o canónigo amigo, al par que se ejercitaban prácticamente en los ritos y ceremonias del templo. Clérigos de esta laya constituían una turbamulta en todas las naciones, y, aunque no llegasen a la triste situación del «proletariado clerical» de Alemania en el siglo XV, no podían presentarse como dignos ministros de la Iglesia. A ellos se refería el concilio de Trento cuando el 10 de mayo de 1563 dictaminaba: «Hay que poner remedio al número desenfrenado de sacerdotes que hoy, por su misma muchedumbre, se hacen despreciables» [27].

A fin de reparar aquel grave detrimento que la Iglesia venía arrastrando a todo lo largo de la Edad Media, sabido es cómo el 15 de julio de 1563, en la sesión conciliar XXIII, los Padres de Trento votaron un decreto transcendental por el que se creaban los seminarios diocesanos, que habían de echar las bases de la reforma del clero parroquial [28].

Exactísimo cumplidor y ejecutor del concilio de Trento, Felipe II expidió una real cédula (12 de julio de 1564) declarando que los reyes y príncipes cristianos tienen obligación de cumplir los decretos y mandatos de la santa madre Iglesia, y, consiguientemente, «Nos, como rey católico y obediente hijo de la Iglesia...., recibimos el dicho sacrosanto concilio y queremos que en nuestros reinos sea guardado, cumplido y ejecutado».

Desde aquel momento, los decretos tridentinos —y entre ellos el de los seminarios— se convertían en ley del Estado.

---

[27] *Conc. Trident.* (ed.Goerresiana) IX 481. Las quejas del obispo de Mondoñedo en 1590 y del de Oviedo en 1594, en M. FERNÁNDEZ CONDE, *España y los seminarios tridentinos* (Madrid 1958) 18-19.

[28] *Novísima recopilación de las leyes de España* l.1 tít.1 ley 13. Solamente algunos cabildos se opusieron a la aplicación del concilio, porque perdían sus privilegios y exenciones. En términos muy severos escribió el rey al cabildo de León (21 noviembre 1564) porque rehusaba «sujetarse a la reformación, que tan santa y justamente se hizo en el concilio» (LA FUENTE, *Historia ecles.* V 282 284).

Grande fue la solicitud del rey por la educación del clero. Tanto o más que la elevación moral de otras clases sociales, le interesaba la espiritual y literaria de los clérigos. El 24 de octubre de 1565 escribía a Pedro Guerrero y sus sufragáneos reunidos en el concilio provincial de Granada:

> «Platicaréis..., que estos colegios o seminarios se debrían erigir, y cuántos y en qué forma, y qué tanta hazienda sería necesaria para la sustentación y entretenimiento dellos... Se ordene lo que convenga, que Nos muy de veras desseamos ayudar y favorescer esta sancta obra» [29].

Al disponerse los obispos en toda España a planear los modos de erigir y organizar los seminarios diocesanos, tropezaban unos en una dificultad, otros en otra. ¿Cómo sortear o superar los escollos que surgían? Intervino entonces el monarca, proponiendo cierta uniformidad para todos; uniformidad que atañería, sin duda, al modo de adquirir local, profesorado y recursos económicos. La solución o propuesta del rey, tal como se lee en su *Segundo memorial* a los concilios provinciales de 1565, sugería lo siguiente:

> «En el modo y sostenimiento destos seminarios y colegios y del repartimiento que para esto se ha de hacer, conforme al decreto del concilio, se representan muchos inconvenientes... Los dichos seminarios y colegios, especialmente en las tierras de las montañas, como Asturias y Galicia, las montañas de Burgos y Vizcaya, no se puede dudar serían muy provechosos... Algunos han apuntado y platicado que estos colegios o seminarios serían mejor se hiciesen e pusiesen en las universidades, y si esto hubiese de ser para que cada iglesia y obispado sostuviese allí un colegio» [30].

Esto era convertir al seminario en una especie de colegio mayor de los que funcionaban —en aquella calendas con máximo esplendor— al lado de las universidades, y ciertos obispos aprobaron esa solución; pero la mayoría, con el concilio provincial de Granada de 1566, le manifestaron al rey su voluntad, siguiendo el espíritu de Trento, «questos colegios se pongan en las ciudades principales o cabezas de obispado, donde los prelados de ordinario residen, y no en las universidades» [31].

Mientras se andaba en busca de la fórmula satisfactoria —que nunca se encontró—, la marcha fundacional de los seminarios se lentificó, a pesar de que

> «el mismo monarca, siempre constante en su celo por los seminarios, ayudó poderosamente a los obispos en el espinoso asunto de las impetraciones de los beneficios..., y tantas veces como los prelados le pedían al-

---

[29] Publicado en apéndice por A. Marín Ocete, *El concilio provincial de Granada en 1565*: Arch.Teol.Gran. 24(1961)162.

[30] Tejada y Ramiro, *Colección de cánones* V 381. En cédula del mismo año al obispo de Sigüenza le dice: «Ya sabéis lo que por uno de los decretos del sacro concilio de Trento fue estatuido... cerca de los colegios o seminarios... Y como quiera que la institución destos colegios o Seminarios... es muy justa y muy santa..., pero se representan algunas dificultades..., conviene que esto se haga y sea en una conformidad para todos... Inviarnoshéis relación de lo que cerca desto habéis fecho» (IV 673).

[31] Ibid., V 371.

gún favor para estos centros, ya fuera de asistencia moral, como en Cádiz, ya unos beneficios que unir, como en Málaga, ya un terreno para el edificio del seminario, como en Córdoba, otras tantas encontraban benévola acogida en el Rey Prudente» [32].

No contento con ayudar a los prelados, les estimulaba cuando se movían con lentitud y morosidad y les instaba a que pusiesen mano a la obra sin más demora. Así, por ejemplo, al obispo de Palencia, don Alvaro de Mendoza, le amonesta seriamente el 1.º de agosto de 1583:

«Rdo. in Christo padre... Lo que se dispuso y ordenó en el capítulo XVIII de la sesión XXIII del sancto concilio de Trento cerca de la erección y fundación de los collegios seminarios... para la criança y institución de los mochachos, que mediante ella, puedan venir a ser buenos clérigos, se ha tenido y tiene por de tanta importancia..., que desde que se acabó el dicho concilio, que —como sabéis— ha más de veinte años, he desseado que se effectuase en cada una de las iglesias destos mis reinos; y porque aún no se ha hecho..., os he querido acordar por ésta y encargaros mucho que... lo apuntéis y resolváis, de suerte que, sin diferirlo ni alargarlo más por ninguna cosa ni causa, se execute y cumpla todo lo contenido en el dicho capítulo del sancto concilio de Trento..., y por la misma causa holgaré que me aviséis de la orden que diéredes».

Y el 8 de octubre se lo vuelve a recordar:

«Rdo. in Christo padre obispo de Palencia... Vos rogamos y mandamos que luego que os fuere mostrada [esta nuestra cédula] tratéis, por la orden quel sancto concilio dispone, de la manera y forma que se podría tener... y sin alçar dello la mano lo ordenéis..., declarando cómo y dónde se ha de labrar el edificio, las personas que en él ha de haber, qué renta se les debe aplicar y lo demás que os pareciere convenir» [33].

Ante tales apremios, el seminario de Palencia se ponía en marcha al cabo de algunos meses.

Conforme a la voluntad del rey, el arzobispo Gaspar de Quiroga, presidiendo el concilio provincial de Toledo (1582-83), dictamina que «podría compelerse al metropolitano negligente a que hiciese cumplir a sus sufragáneos el decreto tridentino». Y en las Cortes de Madrid de 1586 ordena Felipe II:

«El Consejo tenga cuidado de que los prelados hagan seminarios, conforme a lo dispuesto por el sacro concilio de Trento» [34].

«El rey, nuestro señor —escribía el obispo de Jaén al embajador en Roma en 8 de marzo de 1588—, tiene tanto celo y cuidado que se hagan los seminarios, según lo ordenó el concilio Tridentino, que siempre nos pide cuenta a los obispos de lo que en esto hazemos» [35].

Y como el rey, toda España. Lo afirman las Cortes de Madrid del año 1592:

---

[32] M. FERNÁNDEZ CONDE, *España y los seminarios* 14.
[33] J. SAN MARTÍN, *Seminario (de Palencia). Documentos:* Publicaciones de la Institución Tello Téllez de Meneses 2 (1949) 69-70.71.
[34] *Novísima recopilación* l.4 tít.5 ley 4.
[35] M. FERNÁNDEZ CONDE 82-83.

«Suplica el reino humildemente a vuestra Majestad se sirva de mandar escrevir a su Santidad con instancia para que con graves penas mande a los arzobispos y obispos que dentro de un breve tiempo, que para ello les señale, los hagan, y que asimesmo se cumpla lo dispuesto por el dicho santo concilio en la anexión de los beneficios a esta obra» [36].

De hecho, bajo el reinado de Felipe II se instituyen en España 20 seminarios: Granada (1564-65), Burgos (1565), Mondoñedo (1565-73), Tarragona (1568-72), Huesca (1580), Córdoba (1583), Cuenca (1584), Palencia (1584), Valladolid (1588-98), Cádiz (1589), Gerona (1589), Avila (1591-94), Murcia (1592), Urgel (1592), Barcelona (1593), Tarazona (1593), Lugo (1593-99), Osma (1594-1601), Guadix (1595), Málaga (1597), sin contar otros intentos que sólo más tarde se lograron [37].

Si no se erigieron otros muchos, fue por dificultades del momento; dificultades físicas, económicas y morales: *a)* dificultades del rey, que proponía fundar los seminarios al lado de las universidades; *b)* dificultades de parte de las mismas universidades, que no querían colegios nuevos teniendo ya colegios mayores que atendían perfectamente a la formación del alto clero; *c)* pobreza de las diócesis, escasas de rentas y sin recursos económicos para la construcción de edificios y subvención de profesores; *d)* actitud hostil de ciertos cabildos [38].

La formación científica que se daba en estos seminarios estaba lejos de ser universitaria. Los seminarios tridentinos aspiraban a formar buenos párrocos y pastores de almas, no doctores de teología o de derecho canónico. Para esto había que acudir a las universidades. Recibiendo una educación puramente eclesiástica y pastoral bajo la inspección inmediata del obispo, la plebe clerical del estado llano se fue elevando a cotas morales más dignas.

El toledano Alonso de Villegas, que fue testigo de esa transformación paulatina, escribía no sin cierto optimismo:

«Aunque siempre hubo sacerdotes buenos en España, en general tantos buenos, nunca como de presente [al finalizar el siglo XVI]. La causa desto, bien se puede atribuir a Dios, autor de todo bien... También tienen buena parte en esto los summos pontífices Pío V, varón santísimo y reformador, de buenas costumbres, y su sucesor y hechura Gregorio XIII, en nada inferior a él. Sin esto, ayuda mucho, en general, el católico rey don Felipe, segundo de este nombre, que es muy celoso del servicio de Dios. Y assí como procura premiar a los buenos, hace también que los malos sean castigados. Por donde siempre ha pretendido que los prelados que nombra para las iglesias de sus reinos y Estados sean personas eminentes en letras y de vida ejempla-

[36] *Actas de las Cortes de Castilla* (Madrid 1864) XVI 687.
[37] F. MARTÍN HERNÁNDEZ, *Seminarios;* DHEE IV 2425, con abundante bibliografía. El obispo de Pamplona, al regresar de Trento, hizo lo posible por la erección del seminario. El 1.º de junio de 1566 pide ayuda al papa, porque las rentas de la diócesis son muy tenues, aunque el pueblo se muestra obedientísimo a la Santa Sede Apostólica, como ningún otro de la Península: «Inter Hispanicas gentes aliam fideliorem in fide Christi atque obedientiorem Sedi Apostolicae hac non puto reperire». Cit.en J. GOÑI GAZTAMBIDE, *Los navarros en el concilio de Trento* (Pamplona 1947) 234.
[38] Estos y otros obstáculos han sido estudiados por Mons. M. FERNÁNDEZ CONDE, *España y los seminarios tridentinos* (Madrid 1958).

res... Todo esto ayuda para que haya clérigos buenos en este tiempo. Ultimamente ayuda para la bondad de la clerecía el ser también, en común y universalmente, los seglares mejores que en otro tiempo, frecuentando los sacramentos», etc. [39]

4. Selección de los obispos

La facultad o privilegio de presentar a la Santa Sede los nombres de los que habían de ser obispos de las diócesis españolas no fue otorgada por los papas a los reyes hasta el 8 de septiembre de 1523, en que Adriano VI concedió a Carlos V y a todos sus sucesores «el derecho de presentar personas idóneas a todas y cada una de las iglesias metropolitanas y demás catedrales, como también a todos los beneficios consistoriales de los reinos de Castilla, León, Aragón y Valencia» [40].

Carlos V supo escogerlos entre los más señalados por su virtud y ciencia. E idénticos criterios genuinamente eclesiásticos siguió Felipe II, según lo atestiguó, a la muerte del rey, el papa Clemente VIII.

Antes de escoger una persona para cualquier episcopado, se pedían informes secretos a todos los obispos, según lo legisló el monarca en una instrucción del 6 de enero de 1588:

«La provisión de las prelacías y de las otras dignidades y prebendas de mi patronazgo conviene que no se difieran... Ternéis mucho cuidado de que se trate luego en la Cámara [de Castilla], de lo que converná consultarme... Hanse de despachar cartas mías a todos los prelados del reino pidiéndoles con gran secreto relación de personas las más beneméritas y a propósito que se les ofrecieren..., encargándoles mucho la conciencia y secreto... y advirtiéndoles que declaren en particular la limpieza, edad, virtud, caridad, buen exemplo, entendimiento, letras y agrado que tuvieren, y dónde hubieren estudiado, y cómo han gobernado lo que han tenido a su cargo» [41].

Humanamente, no se podía escrupulizar más a fin de escoger los sujetos con el mayor acierto. El resultado fue aquella pléyade de prelados insignes, como acaso nunca los haya tenido mejores el reino de España. Comentando el historiador Cabrera de Córdoba la presentación para la archidiócesis de Toledo de Gaspar de Quiroga, sucesor de Bartolomé Carranza en 1577, escribe lo siguiente:

«La elección fue loada, como las que hizo siempre don Felipe de obispos con gran cuidado... Quería que fuesen tales, que los reverenciase por su virtud y por su oficio de honor, trabajo, edificación, gobernación pacífica y suficiencia grande, prefiriendo la virtud al nacimiento ilustre... En su reinado se aplicaron todos a las letras... Otras veces presentaba para obispos canónigos tan particulares y presbíteros tan apartados no sólo de

[39] *Flos sanctorum* (Barcelona 1691) 250.
[40] El original latino, en los apénd. de este volumen. La traducción castellana, en M. González Zamora, *Regio Patronato español e indiano* (Madrid 1897) 249.
[41] *Novísima recopilación* l.1 tít.17 ley 11.

tal esperanza, mas pensamiento en sí mismos... Dio el obispado de Cuenca a fray Miguel de Alaexos, prior de San Lorenzo el Real, de singular observancia y entereza, y dixo [fray Miguel] le bastaba ser fraile para salvarse... Prefería los ancianos a los mozos, encomendando antes el ganado al chapado pastor que al lozano y diligente zagalejo. Algunas veces ocupaba los mozos de grandes esperanzas, porque no se le derramasen, en el gobierno de iglesias menores, disponiéndolos para las mayores... Así fue en el cardenal don Antonio Zapata, en don Bernardo de Rojas, arzobispo de Toledo; en don Andrés Pacheco, obispo de Cuenca; en don Juan de Ribera, dignísimo arzobispo de Valencia... Conforme a la capacidad de los súbditos, les daba los obispados. A los de las montañas, Asturias, Galicia y Castilla, menesterosos de doctrina, teólogos; a los de Extremadura y Andalucía, más litigiosos, las más de las veces canonistas y de valor...; a los de las Indias, frailes en la mayor parte, porque acetaban mejor, y en la enseñanza de los indios hicieron mucho fruto y salieron maravillosos prelados; aunque en España en aquel reinado fueron más excelentes los de bonete... Don Felipe, para asegurar su conciencia, quería tuviese el obispo ciencia de la ley de Dios, sano y fiel sentir de la escritura della..., con autoridad en· el reprehender y enseñar, misericordioso, irreprensible, con loable composición, y que su riqueza fuese el vestido, y sus tesoros pusiese en los pobres» [42].

Entre los capítulos de reforma que el concilio de Trento imponía a todos los obispos de la cristiandad, el primero, indudablemente, era el de la obligación de residir en la propia diócesis. Los más denodados campeones de este primario deber pastoral habían sido los obispos españoles en Trento. Mientras ello se discutía en el concilio, había escrito Felipe II a su diplomático en Roma, Luis de Avila y Zúñiga, encomendándole estimular al papa a no ser flojo en este punto: «no permita que los prelados estén ausentes de sus iglesias sin causa justa» [43].

Análoga importancia adquiría la fundación de seminarios y las visitas anuales en sus diócesis. Con objeto de que los cánones disciplinares del concilio no fuesen letra muerta, sino que se actuasen inmediatamente, ajustándolos con nuevos pormenores a las circunstancias de cada provincia eclesiástica, era de absoluta necesidad la celebración de concilios provinciales, en que, reunidos los obispos de cada archidiócesis, promulgaran, explicaran y completaran oportunamente las disposiciones tridentinas. Esto es lo que se preceptuó en la sesión XXIV de aquella ecuménica asamblea.

5. CONCILIOS PROVINCIALES EN ESPAÑA

No tardaron los obispos y arzobispos de España en ponerse en movimiento, sobre todo desde que en julio de 1564 leyeron la real cédula,

---

[42] CABRERA DE CÓRDOBA, *Felipe II* vol.2 353-57. Véase «un bosquejo del episcopado español en el siglo XVI» en R. ROBRES LLUCH, *San Juan de Ribera, patriarca de Antioquía, arzobispo y virrey de Valencia* (Barcelona 1960) 72-91, sin disimular algunos puntos muy oscuros, como el de Francisco de Salazar, auxiliar de Mallorca; Julián Ramírez, obispo de Guadix, y Diego de Torquemada, obispo de Tuy.

[43] A lo que Pío IV respondió el 28 de marzo de 1563: «La residenza delli vescovi ci piace et la vogliamo più d'alcuno» (SUSTA, *Die römische Kurie* III 529.534).

por la que los decretos tridentinos se convertían en leyes del reino. En cuanto a los concilios provinciales, quería el rey que fuesen convocados por los metropolitanos en todas las provincias eclesiásticas de España y América. La iglesia primada de Toledo dio los primeros pasos; pero, hallándose impedido su arzobispo, Bartolomé Carranza, a causa del proceso inquisitorial, tocábale la convocación y presidencia al sufragáneo más antiguo; en este caso, al obispo de Córdoba, Cristóbal de Rojas. Ya el 20 de marzo de 1565, Felipe II había escrito al cabildo toledano no pusiese rémoras ni tardanzas [44].

Se celebró de julio del 65 a marzo del 66, con asistencia de los obispos de Córdoba, Sigüenza, Segovia, Palencia, Cuenca y Burgo de Osma; más los procuradores de los cabildos y el delegado regio, que fue el ilustrísimo don Francisco de Toledo, amantísimo como pocos de la Iglesia y devotísimo del papa [45].

El 27 de junio, el rey se dirige a Pedro Guerrero con palabras graves, diciéndole que, si aún no ha convocado el concilio, le avise «lo que pasa en esta materia», pues la ordenación tridentina es apremiante [46]. En cartas posteriores le encarece «el gran fruto que al servicio de Dios nuestro Señor y bien de su Iglesia» acarreará el dicho concilio.

Inauguróse en Granada el 19 de noviembre de 1565 y celebró no menos de 25 sesiones, en las que se recogió la doctrina tridentina en 70 títulos y 1.273 capítulos. Asistieron los obispos de Granada, de Guadix y de Almería, con los cabildos de las tres catedrales, los procuradores de las ciudades y el delegado regio, que fue el marqués del Carpio, a quien envía Felipe II no para que intervenga en las deliberaciones, sino para «que las personas que estuvieren y concurrieren en este concilio sean bien tratadas y proveídas de lo necesario y no permitan se les haga agravio, injuria ni ofensa, y que en el concilio haya la seguridad y libertad que en tan santo negocio y congregación conviene» [47]. Las constituciones tardaron mucho en publicarse por la resistencia del cabildo.

En Valencia se abrió el concilio el 11 de noviembre de 1565 y se clausuró el 24 de febrero siguiente, bajo la presidencia del arzobispo, Martín Pérez de Ayala, asistiendo el obispo de Mallorca y el procurador de Orihuela con buen número de abades, canónigos y otros «venerables varones de esta provincia». Sus actas son ricas de contenido disciplinar, tratando en sus 106 capítulos de «corregir aquellos abusos de esta provincia... que no podían por más tiempo disimularse sin grave daño del culto divino y de las buenas costumbres», y no escasas de contenido dogmático, siguiendo a Trento.

El de Zaragoza (de septiembre de 1565 a febrero de 1566) fue convocado por el arzobispo Fernando de Aragón, quien tuvo a su lado a los obispos de Huesca-Jaca, Calahorra-La Calzada, Segorbe, Albarracín, Pamplona y el procurador de Tarazona. No consta la presencia de nin-

---

[44] Tejada y Ramiro V 221.
[45] Ibid., 221-22.
[46] A. Marín Ocete, *El concilio provincial de Granada en 1565*: Arch.Teol.Gran. 25(1962)121.
[47] Ibid.,140-41.

gún delegado regio. Sus decretos, contenidos en 10 capítulos, fueron publicados en febrero de 1566.

El arzobispo de Santiago de Compostela, Gaspar de Zúñiga y Avellaneda, celebró su concilio provincial en Salamanca (septiembre de 1565 a abril de 1566), en el que participaron los obispos de León, Plasencia, Mondoñedo, Astorga, Oviedo, Salamanca, Avila, Lugo, Badajoz, Tuy, Ciudad Rodrigo, Zamora y Orense con los procuradores de cabildos y colegiatas, así como el delegado regio, conde de Monteagudo [48].

Tarragona fue la metrópoli que con mayor frecuencia convocó concilios provinciales en los siglos XVI y XVII. Del de 1564, que hubo de suspenderse para reanudarse al año siguiente, apenas quedan rastros. Muy poco se sabe del de 1572-74, bajo el arzobispo Gaspar de Cervantes. A su sucesor, el insigne Antonio Agustín (1576-87), se le atribuyen tres concilios provinciales, y con otros tantos a su sucesor, Juan Terés (1587-1603).

Se ha criticado más de una vez la costumbre de Felipe II de enviar delegados suyos, laicos, como asistentes y observadores a los concilios provinciales, garantizando la paz y la protección real o sugiriendo, de parte del Consejo, la deliberación sobre ciertos temas, sin intervenir en los diálogos y discusiones. Se trataba de una tradición española desde los tiempos visigóticos. Con todo, fue mal vista en Roma, que varias veces manifestó su desagrado, especialmente si en las actas figuraba el nombre del delegado regio al lado de los obispos. Hay que advertir que la intención del Rey Católico no era la de imponer su criterio en cuestiones eclesiásticas, ni la de coartar la libertad e independencia de los obispos. Sabemos que de ordinario procedían de acuerdo mutuo, y los prelados agradecían al rey la ayuda y protección que les ofrecía, así como su interés por la paz y buena marcha de las sesiones. Aun teniendo los obispos de su parte al monarca, les era a veces muy difícil imponer sus decretos conciliares a los canónigos, orgullosos de sus viejos derechos [49].

El momento de mayor tensión fue al terminar el concilio de Toledo de 1582-83, convocado y presidido por el arzobispo cardenal Gaspar de Quiroga; tensión no entre el rey y la Santa Sede, sino entre Gregorio XII y el primado de España. Enviadas las actas a Roma, fueron devueltas el 5 de septiembre de 1583 con ciertas enmiendas. Parecía una aprobación de las mismas, pero he aquí que el 10 de septiembre del año siguiente el nepote del papa, F. Boncompagni, dirige una carta al cardenal Quiroga ordenando que en las actas no se hiciera mención del delegado regio, don Gómez de Avila, marqués de Celada, que figuraba en la sesión primera y en la acción de gracias al final del concilio.

Respondióle Quiroga muy doctamente, apoyándose en la historia

---

[48] TEJADA Y RAMIRO V 318-46. En la sesión segunda se dispuso: «No sólo conviene que el obispo sea doctor, sino que cultive los estudios y patrocine las buenas letras» (p.335). Y siguen ordenaciones acerca de ello.

[49] J. L. SANTOS DÍEZ, *Política conciliar postridentina en España* (Roma 1961) 26-35, con copioso apéndice documental.

eclesiástica, en Graciano, en concilios españoles y extranjeros, para demostrar que desde antiguo había sido costumbre mencionar en las actas sinodales a los legados y ministros del rey, y que, por lo tanto, se debía seguir tolerando esta costumbre tradicional; de lo contrario, se seguirían muchos inconvenientes [50].

Persistió Gregorio XIII en su decisión, y hubo que bajar la cabeza.

¿Se debió, tal vez, a este pequeño conflicto el hecho de que en adelante los concilios provinciales se convocasen raramente en España? Vicente de la Fuente piensa que no, porque ese fenómeno se advierte también en las demás naciones, y apunta otra explicación: «Los papas en el siglo XVI seguían centralizando más y más el poder espiritual, y los reyes, al mismo paso, centralizaban el temporal: cada uno miraba con suspicacia los trabajos del otro. Celosos de su respectiva majestad, veían un atentado y una usurpación en cada acto centralizador del poder opuesto. ¿No ha llamado a nadie la atención el que las Cortes fueran decayendo de su influencia en España al paso que se iban dejando de celebrar los concilios provinciales? Casi a un mismo tiempo, el cardenal de San Sixto mandaba borrar del concilio Toledano el nombre del embajador de Felipe II, y Felipe II hacía decapitar al justicia de Aragón... Era de temer que los concilios provinciales deshicieran con una mano lo que en Roma se hiciera con otra. Por eso se exigió que los concilios provinciales se sujetasen a una revisión y confirmación, desconocidas anteriormente en España, y a las que en vano trató de oponerse Felipe II... A su vez, los metropolitanos, reducidos a muy escasas facultades, sin apoyo en Roma, sin grande influencia sobre los sufragáneos, combatidos por los cabildos y los exentos, vigilados y cohibidos por la Inquisición, prefirieron dejar de celebrar los concilios provinciales antes que verse expuestos a continuos desaires» [51].

6. DEFENSA DE LA FE EN LOS DOMINIOS ESPAÑOLES

Todos los esfuerzos del monarca, en unión con sus obispos y con el romano pontífice, encaminados a la reforma de las costumbres y de la disciplina en el clero y en el pueblo, en último término apuntaban a conservar la pureza de la religión cristiana. Estaba persuadido de que la corrupción moral y la insubordinación constituían el terreno más apto para la germinación de las herejías y las revoluciones religiosas. Y él era el antihereje y el antirrevolucionario máximo. Sólo así se comprende y explica su actuación.

El odio político al protestantismo lo había heredado de su padre Carlos V, quien se lo había recomendado insistentemente, poniéndole el

---

[50] Texto latino en TEJADA Y RAMIRO V 482-85.
[51] Agudas e interesantes observaciones de La Fuente (*Hist. ecles.* V 414-16). En 1579, el obispo de Astorga Sarmiento y Mendoza dirigió a Felipe II un largo y erudito *Memorial*, «donde se persuade a S. M. que celebre concilios provinciales en todos sus reinos» (TEJADA Y RAMIRO V 180-206).

ejemplo de Alemania para que escarmentase en España: por no haber sofocado los primeros brotes del luteranismo —lamentaba tardíamente el emperador— sobrevino en el centro de Europa la escisión religiosa, y con ella la escisión política y las guerras de religión, que tantos ríos de sangre hicieron correr.

Cuando «el solitario de Yuste» recibió del inquisidor general y de su hija, la princesa gobernadora doña Juana, noticias del conciliábulo luteranizante de Valladolid (1558), tomó inmediatamente la pluma el 25 de mayo de 1558 para pedirles urgente represión con «mucho rigor y recio castigo», a fin de acabar con «este negro negocio» y conservar la unidad religiosa y política del reino. No era un temor infundado, pues los moriscos de Granada y Valencia estaban dispuestos a sublevarse, con ayuda de los piratas berberiscos, en la mejor ocasión; los judaizantes y falsos conversos constituían un fermento peligroso; no faltaban en el mapa ibérico regiones que se creían oprimidas o alimentaban disensiones políticas, y grupos de descontentos que no querían soportar los métodos centralizadores de Felipe II; si a todo esto viene a juntarse la siembra de doctrinas sospechosas y el pulular de frailes y doctores más o menos heterodoxos, bien se podía temer que cualquier condescendencia o permisividad hubiera creado en España un peligro no menor que el de Francia con los hugonotes y el de los Países Bajos con los calvinistas.

Esto no quiere decir que se vaya a tomar en serio aquella famosa baladronada de Agustín de Cazalla en el cadalso de Valladolid: «Si esperaran cuatro meses para perseguirnos, fuéramos tantos como ellos; y si seis, hiciéramos de ellos lo que ellos de nosotros» [52].

En los oídos de Felipe II resonaba incesantemente el codicilo del testamento del emperador, su padre, del que son estas palabras:

> «Le ruego y encargo, con toda instancia y vehemencia que puedo y debo, y mando, como padre que tanto lo quiero..., que los herejes sean oprimidos y castigados con toda la demostración y rigor, sin escepción de persona alguna...; favorezca y mande favorecer al Santo Oficio de la Inquisición por los muchos y grandes daños que por ella se quitan y castigan, como por mi testamento se le dejo encargado» [53].

Sintiendo aproximarse la hora de la muerte, Carlos V preguntó intranquilo y preocupado: «¿Qué se hace con los herejes de Valladolid?» Se le podría haber respondido que ya la Inquisición había tomado cartas en el asunto y que su hijo don Felipe estaba para regresar de Flandes, resuelto a meter mano al «negro negocio».

En efecto, el 21 de mayo de 1559, ocho meses después de la muerte del césar, tuvo lugar el primer auto de fe, ausente aún el joven monarca; pero el segundo, del 8 de octubre, pudo ser contemplado por Felipe II.

---

[52] M. MENÉNDEZ Y PELAYO, *Historia de los heterodoxos españoles* (BAC, Madrid 1965) I 966.
[53] P. DE SANDOVAL, *Historia de la vida y hechos del emperador Carlos V*: BAE 82.552-53.

7. FELIPE II Y LOS HETERODOXOS

Cuéntase que el inquisidor general exclamó en aquella ocasión, volviéndose al rey: *«Domine, adiuva nos!»* Y el rey sacó la espada en señal de que con ella defendería la fe. Luego, el arzobispo leyó: «Siendo por decretos apostólicos y sacros cánones ordenado que los reyes juren de favoracer la santa fe católica y religión cristiana, ¿vuestra Majestad jura por la santa cruz, donde tiene su real diestra en la espada, que dará todo el favor necesario al Santo Oficio de la Inquisición, y a sus ministros contra los reyes y cismáticos...? Y el rey dixo: 'Así lo juro'» [54].

Modernos historiadores se preguntan: La heterodoxia de aquellos luteranizantes, ¿llegaba a destruir el dogma católico? ¿O es que a Fernando de Valdés los dedos se le antojaron huéspedes, y atribuyó maciza corporeidad a lo que tan sólo eran sombras? No puede darse una respuesta categórica sin previo examen minucioso y documentado de los reos, de sus opiniones y de las circunstancias históricas. Ciertamente, la Inquisición no procedió a la ligera, se informó seriamente; acaso hubiera mitigado sus penas en algún caso particular, de haber podido conocer, como nosotros hoy, la vaga espiritualidad de un paulinismo exagerado, muy afín al luteranismo, que encandilaba a ciertas personas mal formadas en teología.

El segundo foco luteranizante —el de Sevilla— quedó ahogado entre fuego y humo en los dos autos de fe del 24 de septiembre de 1559 y 22 de diciembre de 1560. Siguieron otros de menos renombre en diversas ciudades, cuya descripción no nos incumbe, porque pertenecen a la historia de la Inquisición, que se hará en otro capítulo.

¿Cómo persiguió Felipe II a los herejes? Del mismo modo que los príncipes de su tiempo —así católicos como protestantes—, seguidores del conocido adagio político-religioso: *Cuius regio, eius et religio*, ley común de todos los Estados confesionales. Felipe II, que por temperamento y carácter estaba muy lejos de ser un déspota sanguinario, no actuó con mayor severidad que la de Calvino y de otros que se decían reformadores. «Pues ¿qué? —se pregunta el liberalísimo don Juan Valera—. En los demás países, ¿no se atenaceaba, no se quemaba viva a la gente, no se daban tormentos horribles, no se condenaba a espantosos suplicios a los que pensaban de otro modo que la mayoría?» [55]

---

[54] CABRERA DE CÓRDOBA I 275-76. Con todo, no le fue fácil extirpar la herejía, pues el 14 de junio de 1568 avisaba el nuncio a Roma: «S. M. è stata avvisata che già sono dentro di Spagna molti seduttori e predicatori de la setta Calvina, onde si fanno le diligentie possibili di trovare il capo di questo filo» (SERRANO, *Correspondencia* II 392). Para la Inquisición en España no hay obra comparable a la de E. SCHAEFER, *Beiträge zur Geschichte des spanischen Protestantismus und der Inquisition im 16. Jahrhundert* (Gutersloh 1902). El vol.3, de más de 800 págs., recoge las actas y documentos del auto de Valladolid; los de Sevilla, en el vol.1. Sobre el inquisidor Valdés véase la documentada exposición de J. L. González Novalín *(El inquisidor general F. de Valdés* [Oviedo 1968] 2 vols.) y el capítulo correspondiente de este tomo.

[55] Citado por J. JUDERÍAS, *La leyenda negra* (Barcelona 1917) 433. En esta obra, de finalidad apologética, se hallarán muchos datos sobre la intolerancia religiosa reinante en Alemania, Suiza, Inglaterra y aun en Francia. Sobre los luteranizantes quemados en Francia bajo el caballeresco Francisco I, véase mi libro *Loyola y Erasmo* (Madrid 1965) 193-95 206-208.

Bien notorio es el caso de Calvino, el teócrata de Ginebra, que, al achicharrar en la hoguera al aragonés Miguel Servet, aullante de dolor, mereció la plena aprobación de Lutero y el aplauso entusiástico del suavísimo Melanthon. Un historiador norteamericano tan rico de documentación archivística como de tendenciosidad anticatólica, se ha creído justamente obligado a declarar lo siguiente: «La creencia popular de que las cámaras de tortura inquisitorial eran escenas de excepcional refinamiento de crueldad... y de peculiar insistencia para extorsionar a los confesos, es un error debido a escritores sensacionalistas, que explotan la credulidad de sus lectores. El sistema era malo en su idea y en su ejecución, pero la Inquisición española no fue responsable de su introducción, y por regla general era menos cruel que el aplicado por los tribunales civiles» [56].

Otro tópico es el de que Felipe II se complacía en asistir a los autos de fe, señal manifiesta de sus instintos neronianos. Ciertamente presidió el más solemne de todos ellos, el de Valladolid, en octubre de 1559, y dos o tres más. Asistió a otros de menor importancia, como el de Barcelona, el de Toledo, el de Lisboa; no como quien asiste a una fiesta, sino para dar realce y seriedad al *auto de fe*, que solía ser un verdadero acto o confesión de fe, una función pública de religiosidad y de escarmiento, con sermón de algún fraile en presencia del pueblo y de ciertas autoridades.

No pocos de los reos se reconciliaban a última hora con la Iglesia, evitando así el dolorosísimo suplicio del fuego; los impenitentes eran consignados (o relajados) al brazo secular, quien los conducía a la hoguera. Mas no se crea que la muerte en las llamas tenía carácter de espectáculo popular, festivo y sangriento. No era eso la parte central, sino un consectario y apéndice del auto de fe. Del protestante alemán Ernesto Schäfer, máxima autoridad en la materia, son estas palabras:

> «Es uno de los errores más corrientes que la ejecución de los herejes que debían ser quemados tenía lugar en la plaza durante la fiesta del *auto de fe* en presencia de la muchedumbre reunida. En realidad, ésa se efectuaba, después de concluido el *auto de fe*, en un sitio destinado para ello, fuera de las puertas de la ciudad y denominado *quemadero*... A este *quemadero*, que en muchos lugares cobró un aspecto tétrico por la cruz que allí alzaba la Inquisición, eran conducidos los relajados al amparo de una escolta militar, e inmediatamente comenzaba la ejecución, a la cual, naturalmente, asistía también un numeroso grupo de gente curiosa» [57].

8. LA INQUISICIÓN, ¿INSTRUMENTO DE GOBIERNO?

¿Qué pensar de este aserto tantas veces repetido, que Felipe II hizo del tribunal de la Inquisición un instrumento de gobierno? No hay inconveniente en repetirlo, con tal de no exagerar su significado, seculari-

---

[56] H. Ch. Lea, *A History of the Inquisition of Spain* (New York 1907) III 2.
[57] S. Schaefer, *Beiträge zur Geschichte* III 175. Ya Menéndez y Pelayo protestó en sus *Heterodoxos* de la confusión entre auto de fe y quemadero.

zándolo y politizándolo en demasía. La Inquisición no era un tribunal de carácter civil o político. Perseguía a los herejes o heterodoxos, y después también castigaba ciertos crímenes morales abominables. Al perseguir a la herejía como contraria a la religión del país, consolidaba la paz y unidad nacional, lo cual, naturalmente, repercutía en favor de la política de Felipe II. Por eso, el rey prestaba al Santo Oficio toda su protección y ayuda, amplió sus antiguas facultades y le dio carta blanca para que actuase en materia religiosa con poder casi omnímodo, previo el parecer de consejeros teólogos y según la práctica jurídica tradicional y las *Instrucciones nuevas*, de Fernando de Valdés.

Merced al favor que el monarca le dispensaba y a la férrea organización del «Consejo de la Inquisición» (la *Suprema)*, este organismo eclesiástico nacional, con sus tribunales en las más importantes ciudades del reino y con la autoridad del inquisidor general, nombrado no por el papa, sino por el rey, aunque de la aprobación pontificia le venía la jurisdicción necesaria, tenía una eficiencia decisiva.

Felipe II le dejaba actuar libremente, sin entrometerse directamente en las causas y procesos. Cuando alguien, contrastando la equidad o prudencia de un decreto inquisitorial, acudía personalmente al monarca, éste se alzaba de hombros, diciendo que él no se entremezclaba en el negocio; lo único que él deseaba era que se cumpliese la justicia, según dictase el tribunal de la Inquisición.

En aras de esa justicia inquisitorial sacrificó impasible, si no las personas, por lo menos la fama de personas respetables a quienes él anteriormente había amado y estimado. Un caso —no el más grave— fue el de San Francisco de Borja, cuyos *Tratados espirituales* habían sido puestos, con infamia del autor, en el *Indice* de Valdés de 1559 [58].

Borja, amigo íntimo, familiar y favorito del emperador y adictísimo a la familia real, acudió a Felipe II, invocando su inocencia y apelando al corazón del monarca, «ni se olvidará V. M. de las muchas horas que en su tierna edad le traje en estos brazos y se adormeció en ellos» (6-2-61). La respuesta fue la de siempre; que él no quería entremezclarse en las decisiones de la Inquisición. Otro caso más grave y resonante fue el de Bartolomé Carranza, arzobispo de Toledo, cuyo proceso deseaba el papa evocar a su tribunal romano; mas el rey se resistió cuanto pudo a que la causa se sustanciase en Roma, por temor de que allí se fallase en contra de la Inquisición española, lo cual sería inferirle un golpe mortal, desprestigiándola. Bien escribe el biógrafo Cabrera de Córdoba que «en defensa de su autoridad se atropellaban virreyes y los más poderosos». Por eso, en una instrucción de 1565-66 se describe así la práctica corriente en España:

> «Que ningún negocio de la Inquisición vaya a Roma a determinarse, sino que en estos reinos, por comisión apostólica, se determinen todas las causas por prelados y letrados naturales de estos reinos, que entienden y saben condición, costumbres, trato y conversación de los naturales, y tie-

---

[58] C. DE DALMASES, *San Francisco de Borja y la Inquisición española. 1559-1561:* Arch. Hist. S.I. 41 (1972) 48-135.

nen noticia de la manera del gobierno del reino y leyes por donde se rige»[59].

Que sin el oficio de la Inquisición le hubiera sido arduo y dificultoso a Felipe II el buen gobierno de su pueblo, lo confesaban entonces todos, desde los miembros del Consejo Real hasta los embajadores venecianos y otros personajes de la corte. Sólo un papa como Pío V, ante cuya admirable santidad se rendía devotamente el monarca español, logró avocar a Roma la causa del arzobispo de Toledo.

El miedo a ser enredado en procesos de fe reprimía el atrevimiento de pensadores más o menos heterodoxos y desalentaba a ciertos levantiscos falsamente conversos.

> «En España —escribía el rey en un memorial—, después que el Oficio de la Inquisición se puso en ella, por la bondad de Dios se ha conocido el gran fruto que con ella se ha hecho cerca de la religión; y se entiende que, a no haber habido Inquisición, hubiera habido muchos más herejes y la provincia estuviera muy damnificada, como lo están las otras»[60].

Téngase presente que era una época en que todos los Estados se declaraban confesionales y religiosamente intolerantes.

Una vez aniquilado el virus en el cuerpo nacional, intentó impedir cualquier contaminación o contagio por el trato con los extranjeros, vigilando la inmigración y la emigración y tomando otras medidas preventivas. En 1558 se declara ilícita, sin el visto bueno del Consejo de Estado, la importación clandestina de libros aliénígenos que pudieran traer novedades contra la fe. Y en 1559 se prohíbe a los españoles salir a estudiar en universidades extranjeras, exceptuadas Roma, Nápoles, Coímbra o el Colegio de San Clemente, de Bolonia. Así se alcanza una compacta uniformidad ideológica, pero se cierran las ventanas al aire de Europa. Seamos justos observando que la razón de tales medidas precautorias no fue solamente —quizá ni primariamente— la defensa de la fe, sino la defensa de la economía y de las propias instituciones universitarias. Y la clausura no pudo ser total ni perdurable, porque ¿quién pone puertas al campo?

Una «quinta columna» —y casi una nación compacta y aislada, con lengua, usos y religión propia— dentro del Estado español la constituían los moriscos (antiguos (mudéjares), que, conservando en secreto su religión musulmana, conspiraban con los turcos, con los bereberes de Africa y aun con los hugonotes de Francia. En 1563 mandó Felipe II que los moriscos de Cataluña, Aragón y Valencia fueran desarmados por la fuerza pública. No menos de 16.377 casas fueron requisadas. Gracias a esta prudente medida, no les fue posible adherirse a la suble-

---

[59] SERRANO, *Correspondencia diplomática* III p.CIV. ¿Por qué ese empeño de no llevar a Roma una causa como la de Carranza? Responde el nuncio, J. B. Castagna: «Ho inteso che il [fondamento contrario] più impresso è che se questa causa si leva di Spagna, *actum est*, come dicono, del Inquisitione, perduta è l'authorità, il terrore, la segretezza» (SERRANO, *Correspondencia* I 271).
[60] Ibid., III p.CIV-CV.

vación militar de los moriscos de Granada, que desde 1568 a 1571 tuvieron en jaque a los ejércitos españoles, hasta que don Juan de Austria en brillante campaña logró desbaratarlos. Dispersos por Castilla y otros reinos, dieron mucho que hacer a la Inquisición, y sólo bajo Felipe III fueron expulsados de la Península.

La perfecta unidad político-religiosa fue la primera aspiración de Felipe II. Solamente con una nación sólidamente forjada y animada por el mismo ideal religioso del monarca podía acometer empresas internacionales y presentarse ante el romano pontífice como su protector y campeón de la catolicidad.

CAPÍTULO III

EL REY CATOLICO Y LOS PAPAS

Son muchos los historiadores católicos que arrugan la frente —aunque su número va mermando a medida que avanza la investigación— espantados de que un monarca como Felipe II, que se proclamó siempre adalid del catolicismo y defensor del pontificado romano, se enzarzase con los papas en tan repetidos conflictos. Conflictos —obsérvese bien desde el principio— de tipo jurisdiccional, político y diplomático, que tendremos que explicar despacio a lo largo de este capítulo, y a los cuales han querido dar una transcendencia casi dogmática varios historiadores alemanes, mayormente el benedictino Pío Bonifacio Gams († 1892), autor de una *Historia eclesiástica de España* en tres tomos, ya bastante anticuada, y el fervoroso neófito Ludovico Pastor († 1928), cuya monumental *Historia de los papas desde fines de la Edad Media* despertó una admiración sin límites, bien merecida, no obstante sus lagunas (particularmente en lo relativo a la Francia del siglo XV y a la España del XV y el XVI) y sus errores de interpretación; v.gr.: del humanismo renacentista italiano y de toda la política española. Seguidores ciegos van todavía por el mundo cantaleteando sus doctorales y categóricos asertos.

Examinemos aquí, con forzosa brevedad, las relaciones que mediaron entre el Rey Católico y los papas desde Paulo IV (1555-59) hasta Clemente VIII (1592-1605).

Caso único y distinto de todos los demás conflictos fue el primero que se le presentó al rey Felipe en los primeros días de su reinado, viviendo aún su padre Carlos V. No fue, como en otros pontificados, un conflicto o disputa jurisdiccional; mucho menos se rozó con la doctrina católica. Fue un encuentro puramente político, debido a las ilusiones nacionalistas y al apasionado temperamento del papa Carafa.

1. PAULO IV, CONTRA LOS ESPAÑOLES

Es lamentable que por culpa de un cardenal nepote ambicioso, sin honor y sin conciencia, se hallara el papa, de la noche a la mañana, enredado en alianzas fatales, que le arrastraron a la guerra contra el más potente y decidido defensor del catolicismo.

El hijo de Carlos V, que en el campo puramente religioso profesaba la más rendida devoción, respeto y obediencia al vicario de Cristo, sabía muy bien —por enseñanzas de su padre y por los consejos de sus teólogos— que el sumo pontífice tenía en aquellos tiempos dos personalidades absolutamente diversas: era, primaria y fundamentalmente, vicario de Cristo en el gobierno de la Iglesia y cabeza espiritual de la cristiandad, mas al mismo tiempo —por efecto de largas vicisitudes históricas— empuñaba cetro, ceñía corona, reinaba sobre un principado terreno y disponía de soldados, cañones y barcos de guerra. Como *vicario de Cristo*, podía dictaminar en lo dogmático y moral, dando preceptos a todos los cristianos según las leyes y cánones antiguos, a lo cual tanto príncipes como plebeyos tenían obligación de obedecer. Como *soberano de un Estado temporal*, estaba sujeto a la ley natural, al derecho de gentes, y, por supuesto, a las leyes divinas y preceptos evangélicos, como cualquier otro príncipe cristiano.

Si atacaba sin motivo o entraba en alianzas injustas contra alguna nación, ésta podía lícitamente guerrear contra él, como puede el hijo luchar contra su padre si éste en su demencia arremete, puñal en mano, contra él. Estas ideas las tenía bien claras y firmes Felipe II: sabía que con perfecta tranquilidad de conciencia podía ir a la guerra e invadir el Estado pontificio hasta alcanzar una paz justa.

Pero ¿qué hacer si el papa echaba mano de las armas espirituales, como la excomunión, el entredicho, etc., por motivos puramente políticos? El rey lo consultó con los teólogos de la universidad de Lovaina, y desde Bruselas, donde se hallaba entonces, escribió el 10 de julio de 1555 a su hermana doña Juana, gobernadora de España, tranquilizándola:

«Después de lo que escribí del proceder del pontífice y del aviso que se tenía de Roma, se ha entendido de nuevo quiere excomulgar al emperador, mi señor, y a mí y poner entredicho y cesación *a divinis* en nuestros reinos y Estados. Habiendo comunicado el caso con hombres doctos y graves, pareció sería no sólo fuerza... y proceder su Santidad en nuestras cosas con notoria pasión y rencor; pero que no seríamos obligados a guardar lo que cerca desto proveyese, por el gran escándalo que sería hacernos culpados no lo siendo, y pecaríamos gravemente. Por eso queda determinado que no me debo abstener de lo que los excomulgados suelen... Escribiré a los prelados, grandes, ciudades, universidades y cabezas de las órdenes de esos reinos para que estén informados, y les mandaréis que no guarden entredicho, ni cesación, ni otras censuras, porque todas son y serán de ningún valor... Tengo tomados pareceres de lo que puedo y debo hacer» [61].

No había exageración ni alarmismo de parte del rey. De aquel viejo y apasionado napolitano que era el papa Carafa, de setenta y nueve años, alto, macilento, nariz corta y ojos hundidos, pero vivísimos, los españoles podían temerlo todo. No sin causa y razón, cuando el 23 de mayo de 1555 el fundador de la Compañía de Jesús oyó sonar la campana en señal de que el cardenal Carafa había sido elegido papa, «todos los huesos se le revolvieron en el cuerpo», y entró inmediatamente en la capilla a hacer oración. Mas, dominando sus temores, confió Loyola en la Providencia, y en el poco tiempo que le restaba de vida acertó a mantener relaciones de amistad con el napolitano.

61 CABRERA DE CÓRDOBA, *Felipe II* vol.1 79-82.

Era Paulo IV de vida íntegra y piadosísima, intransigente con cualquier sombra de heterodoxia, austero y deseoso, más que nadie, de la reforma de la Iglesia. Pero en su tempestuoso corazón anidaba un fiero rencor contra los españoles, señores de Nápoles, a quienes apellidaba «herejes, cismáticos y malditos de Dios, raza de judíos y de moros [*seme di Giudei e di Mori*], hez del mundo, deplorando la suerte de la miserable Italia, que se veía forzada a servir a gente tan abyecta y vil», según testifica el veneciano B. Navagero. A Carlos V y a Felipe II les amenazó una y otra vez con la excomunión por «herejes y cismáticos».

Desde su juventud, podemos decir que desde la casa paterna, aborrecía a los «marranos», dominadores de su patria. Durante su permanencia en España como legado pontificio (1515-20) aprendió muy bien la lengua castellana, mas no aprendió a conocer ni a amar a los castellanos. Aunque Carlos V desconfiaba de él, nombróle, sin embargo, su consejero secreto y capellán mayor. Llamado a Roma en 1520, trabajó de mil maneras por la reforma eclesiástica, siendo obispo de Chieti (*Theate*) y miembro de varias comisiones romanas. En unión con el mansueto y suave San Caetano de Thiene, fundó la Orden de los Teatinos. Hasta llegó a mantener algún tiempo relaciones amistosas con Erasmo (la intransigencia con el irenismo) y fue saludado por el Roterodamo como «*decus litterarum et religionis*». También el humanista y diplomático B. Navagero encareció su vasta cultura y su conocimiento de los autores antiguos.

Todo esto demuestra que no le faltaban dotes de ciencia y de virtud y hace comprensible que el 23 de mayo de 1555 fuese elevado a la cátedra de San Pedro. Pontificó durante cuatro años autocráticamente y con severidad duramente inquisitorial. El proceso y la prisión del cardenal Morone, tan benemérito de la Iglesia, y sus propósitos de hacer lo mismo con el espiritual Reginaldo Pole, ejemplifican lo dicho.

Pero este reformador tan austero y ejecutivo, adoleció de un vicio imperdonable: el nepotismo. Viendo que sus nepotes los Carafas se adherían a la política francófila, soñó que le sería fácil, con ayuda del Rey Cristianísimo, arrebatar a los españoles el reino de Nápoles. Careciendo en absoluto de sentido político, nombró cardenal y secretario de Estado, director del gobierno y árbitro de la diplomacia vaticana a su sobrino Carlos Carafa, hombre indignísimo bajo todos los conceptos, un segundo César Borgia sin la genialidad del primero, el cual con engaños lo indujo a aliarse con Francia. Felipe II, en su consulta a los teólogos, califica al nepote de «hombre vicioso, disoluto, homicidiario, robador, assasino» [62].

Apenas iniciado el pontificado, se presentó ante Su Santidad un jesuita palentino con un programa de reforma de doce puntos, el primero de los cuales rezaba así: «Non dar el patrimonio de Christo y de la

[62] F. CABALLERO, *Conquenses ilustres* II. *Melchor Cano* (Madrid 1871) 508-13. En su vida juvenil de soldado, C. Carafa, fue también acusado de blasfemo y descreído (A. PROSPERI, *Carafa, Carlo: Diz. biogr. degli ital.* XIX 497-509).

Iglesia a parentes [*sic*], porque dicen que non bastaría el Tíber para henchir caraffa e carrafellas» [63].

Desgraciadamente, la voz humorística y amonestadora de Bobadilla no fue escuchada, y resultó fatídica, ya que, al poco tiempo, las *garrafas* napolitanas se vieron henchidas, más que del agua del Tíber, del oro, de los honores y dignidades de la curia romana.

2. UNA GUERRA ABSURDA

Que un Estado tan flaco y débil como el de la Iglesia osase lanzar el reto a la monarquía más poderosa de la tierra, podría parecer una insensatez o locura, pero lo que roza ya los límites del absurdo es que los dos jefes de la cristiandad —el espiritual y el político— se enfrentasen belicosamente, con grave perjuicio de la gran institución que ambos alardeaban de promover y proteger. El 12 de octubre de 1555, Bernardo Navagero refiere haber oído a Su Santidad estas palabras: «Seríamos el hombre más afortunado del mundo si a su divina Majestad placiese arrojar de Italia, por nuestro medio, a estos bárbaros, liberar el reino de Nápoles, el Estado de Milán; entonces podríamos decir a nuestra Serenísima Señoría y a nuestra Venecia: 'Esta es una república libre y grande'» [64].

«No hemos de ser esclavos de los españoles», le repetía el 13 de agosto de 1556.

Pero añadió que no quería ni aconsejaba a nadie la guerra.

La causa próxima de que el papa se echase en brazos de Francia fue un pequeño incidente acaecido en agosto de 1555 en Civitavecchia, en cuyo puerto fondearon dos galeras francesas, a las que el cardenal hispanófilo Guido Ascanio Sforza hizo torcer el rumbo hacia Nápoles, por lo cual Pablo IV le impuso, instigado por su nepote y por el embajador de Francia, además de la vuelta de las galeras, una multa de 200.000 escudos y la prohibición de salir de Roma. La atmósfera se caldeaba en uno y otro partido. Y el papa, olfateando la inminencia de un grave peligro, firmó con el rey francés Enrique II una secreta alianza defensiva y ofensiva (15 de diciembre de 1555), en la que, dando por descontada la victoria, se repartían anticipadamente las tierras conquistables: Nápoles y Milán, para un hijo del rey de Francia (¿y el nacionalismo patriotero de los Carafas?); Siena, Gaeta, los Abruzos, para la Santa Sede.

Felipe II se les adelanta, y ordena una y otra vez al duque de Alba, Fernando Álvarez de Toledo, que se hallaba en el norte de Italia, trasladarse inmediatamente a Nápoles para organizar el ejército. Así lo hizo el mismo día 15 de diciembre. Paulo IV repetía que él no quería la guerra, pero el 7 de febrero veía muy posible que se llegaría «*ad ultimum te-*

[63] Programa publicado por P. de Leturia en «Miscellanea historica in honorem A. Meyer» (Lovaina 1946) II 866-69. Adviértase que *Carafa,* apellido familiar del papa, se traduce en español *Garrafa.*
[64] L. PASTOR, *Geschichte* VI Apénd. p.656.

rribilium». Los meses siguientes son para los españoles de Roma de enorme inquietud y efervescencia, porque el papa procede contra los súbditos de Felipe II con terrible dureza y arbitrariedad. El marqués de Sarria, Fernando Ruiz de Castro, embajador español, se presenta el 29 de marzo de 1556, domingo de Ramos, en la capilla pontificia para participar en los oficios divinos, y es rechazado del palacio sin consideración alguna. El 4 de mayo, dos de los más conspicuos personajes del partido español, Ascanio y Marco Antonio Colonna, son excomulgados y desposeídos de sus feudos y castillos. El 9 de julio, Garcilaso de la Vega, embajador de Felipe II, es arrestado al salir del Vaticano, con violación del derecho internacional, y aprisionado en el castillo de Sant'Angelo durante quince meses. Y a otros agentes españoles les pasa lo mismo. A Carlos V lo llamaba «miserable y triste hombre, lisiado en el cuerpo como en el alma». Lo refiere B. Navagero, que lo oyó de sus labios.

El cardenal nepote, Carlos Carafa, árbitro de la política y de la guerra, se embarca en Civitavecchia el 21 de mayo, rumbo a Francia, con un séquito de 250 personas para mover a Enrique II a romper las hostilidades. Sin previa declaración de guerra, entre julio y agosto arriban a las costas pontificias 1.800 soldados franceses, y en septiembre 1.500. El duque de Alba, obedeciendo a repetidas órdenes de Felipe II, sale por fin de Nápoles y atraviesa la frontera pontificia el 4 de septiembre con 12.000 hombres bien disciplinados y con jefes aguerridos como Marco Antonio Colonna. Sin gran esfuerzo se apoderan de Terracina, Piperno (hoy Priverno), Frosinone, Pontecorvo, Ferentino, Veroli, Alatri, Anagni, etc. Al entrar en todas esas ciudades, el duque de Alba declaraba que tomaba posesión de ellas en nombre del colegio cardenalicio, dispuesto a entregarlas inmediatamente a los cardenales o al papa futuro.

Regresa por entonces (7 de septiembre) de Francia Carlos Carafa, tratando de animar al desalentado papa con vanas esperanzas de ayuda; pero se encuentra con que su antiguo prestigio había decaído mucho en el Vaticano y la ciudad de Roma se hallaba pronta a cualquier tumulto.

3. El duque de Alba a las puertas de Roma

El pánico creció cuando el duque de Alba se apoderó de Ostia y de su famoso castillo el 18 de noviembre, cortando toda comunicación externa por mar. Temiendo el duque que sus tropas saqueasen la ciudad de Roma, detuvo su marcha y ofreció a los Carafas un armisticio de diez días, que el papa y su cardenal nepote, sin fuerzas para continuar la lucha, aceptaron sin vacilar. En las conversaciones tenidas entonces entre C. Carafa y el duque de Alba, el nepote llegó a prometer un cambio decisivo en su política, pasándose al partido español a condición de que el duque le concediese el señorío de Siena. Esto no podía otorgarse sin permiso de Felipe II (desde Yuste, irritado, Carlos V protestó contra tales pactos y condescendencias), pero quedaron en que el armisticio se prolongaría por otros cuarenta días, hasta el 9 de enero de 1557. El duque procedía en todo esto con excesiva benignidad y casi con descuido, ya que, abandonando las puertas de Roma, se retiró una temporada a su virreinato de Nápoles. Le dolía guerrear contra el papa. Los Carafas trataron de ganar tiempo buscando alianzas. Con Venecia no pudieron nada. Con Francia fueron más afortunados. El 2 de mayo de 1557, el rey Enrique II declaraba la guerra a Felipe II y se proclamaba aliado de la Santa Sede. En consecuencia, mandaba al duque Francisco de Guisa pasar los Alpes al frente de un ejército y llegar a Roma para defender al papa. El 2 de marzo entraba en la Ciudad Eterna. El domingo de Pasión (4 de abril) fue invitado el francés a una cena por Paulo IV, el cual le regaló un diamante de 3.000 ducados y lo entretuvo muy afablemente de sobremesa hasta medianoche.

Cuáles fuesen los sentimientos del papa Carafa en aquellos días, lo significan con bastante claridad los hechos de aquellos días de Semana Santa, excomulgando a Carlos V el jueves santo, suprimiendo en la liturgia de viernes santo la oración de costumbre *pro Imperatore*, lo cual era declararlo peor que los herejes, cismáticos, judíos e infieles [65]; y no menos el discurso violento que la semana anterior pronunció en público consistorio (9 de abril):

> «No conviene —exclamó— que la Santa Sede mantenga nuncios y legados ante cierto Felipe, rey cismático, y un tal Carlos, de quien no sabemos si está vivo o muerto. A todos aquellos de nuestra jurisdicción que se pongan en relación con tales gentes, les haremos tal demostración de nuestra cólera, que perdure el recuerdo hasta la tercera generación... Nos, con la ayuda de los buenos cristianos, hemos resuelto castigar a ese ex rey cismático, excomulgado por Dios y por Nos» [66].

¡Y pensar que estas palabras son de un papa integérrimo y religiosísimo, amante desde su juventud de la verdad y de la justicia! Razón tenía el duque de Alba al invadir los Estados de la Iglesia: «Yo no hago la guerra a Paulo IV como a vicario de Cristo, sino como a enemigo jurado del Rey Católico» [67].

Dejando una buena guarnición en Roma, el duque de Guisa conduce sus tropas hacia el sur, soñando en la conquista de Nápoles. Llega ufano hasta Civitella, a la que pone sitio; pero el duque de Alba, que había guarnecido firmemente aquella fortaleza, acude con aguerrido ejército, obligándole a retirarse el 24 de abril. Pisándole las huellas le sigue el caudillo español, decidido a entrar ahora en Roma. Llega con 3.000 soldados a Porta Maggiore, ve la Ciudad Eterna presa del terror, y, en vez de pasar adelante, su respeto a la capital del orbe cristiano y el

---

[65] G. DURUY, *Le cardinal Carlo Carafa* (París 1882) 226. La política de los Carafas ha sido estudiada con mayor crítica por L. RIESS, *Die Politik Pauls IV und seiner Nepoten* (Berlín 1909), anulando en este sentido la obra de Duruy.

[66] B. NAVAGERO, *Relazione di Roma 1558*, en E. ALBERI, *Le relazioni degli ambasciatori veneti* serie 2.ª vol.3 396.

[67] DUQUE DE BERWICK Y DE ALBA, *Discurso leído ante la Real Acad. de la Historia* (Madrid 1919) 57.

pensamiento de que podrían desmandarse las tropas en un segundo *sacco di Roma*, le mueve a retirarse por unos días a Paliano.

Antes de que se diera la batalla decisiva, llega noticia de la apabullante victoria obtenida por los españoles sobre los franceses en San Quintín (10 de agosto de 1557) gracias a las egregias dotes militares de Manuel Filiberto de Saboya, capitán general de Felipe II, el cual se halló presente a la batalla. El duque de Guisa es llamado urgentemente al lado de su rey. El papa queda abandonado de todos, y negocia la rápida apertura de un tratado de paz por mediación de Venecia. Así se llegó a la *paz de Cave* (8 a 12 de septiembre de 1557), en que se le devolvieron al romano pontífice todos los territorios perdidos en la guerra, sin exigirle otra cosa que paz para todos, libertad para los personajes del partido español, que estaban en prisión, y sentimientos de verdadero padre para su fiel hijo Felipe II. Desde entonces, Carlos Carafa, ambicioso sin conciencia, se pasó al bando de España, esperando así medrar de nuevo.

En vez del nuevo *sacco di Roma* que se habían temido los romanos, vieron el 19 de septiembre al duque de Alba entrar en la Urbe y cruzar a caballo, con gran solemnidad, el puente de Sant'Angelo hasta el Vaticano. El vencedor iba a pedir perdón a su enemigo vencido. En la sala de Constantino le esperaba Paulo IV rodeado de cardenales. El duque de Alba se arrodilló, besó el pie del pontífice humildemente y pidióle perdón. El papa lo agasajó cuanto pudo y le dio alojamiento en las mismas espléndidas habitaciones que habían sido del cardenal nepote.

Las relaciones posteriores entre el Rey Católico y el papa Carafa fueron cordiales. Motivos de concordia y amistad no faltaban, particularmente el odio a la herejía y el amor a la Inquisición. Ambos afectos ardían más vivamente en el papa que en el rey. La carta que aquél dirigió a éste el 3 de enero de 1558 revela unos sentimientos de confianza y amistad inimaginables en el tempestuoso corazón de Paulo IV.

Dejada la política, Paulo IV se consagró enteramente a los asuntos espirituales, propios del vicario de Cristo.

También Francia y España entablaron una amistad duradera. Por la paz o tratado de Chateau-Cambresis (3 de abril de 1559), Enrique II dejó a Felipe la supremacía de Italia y le entregó a su propia hija, Isabel de Valois, por esposa [68].

El soberano español podía estar satisfecho, como rey y como cristiano. Había actuado en la guerra con el padre común de los fieles con perfecto dominio de sí mismo, con sumo respeto al vicario de Cristo, pero también conforme al deber que tienen los príncipes de proteger a sus súbditos. Y actuó en todo según la opinión de sus teólogos.

4.   EL «PARECER» DE UN TEÓLOGO

El *Parecer de fray Melchor Cano, O.P.* fue, sin duda, el más claro y rotundo, el que se expresó con mayor franqueza. Porque refleja el ánimo

---

[68] L. ROMIER, *Les origines politiques des guerres de religion* (París 1913-14) II 297-347.

del español corriente del siglo XVI, será útil extractar algunas cláusulas:

«C.R.M.—Este negocio en que V. Magestad desea ser informado tiene más dificultades en la prudencia que en la ciencia... La primera dificultad consiste en tocar este caso a la persona del papa, el cual es tan superior y... nuestro padre espiritual..., a quien debemos más respeto y reverencia que al propio que nos engendró... La segunda dificultad nace de la condición particular de nuestro muy santo Padre, que es porfiada y amiga de su parecer...; es de temer que se haya hecho no solamente de acero, mas de diamante; y assí es necesario que, si el martillo le cae encima, o quiebra o sea quebrado... Si por nuestros pecados, viendo su Beatitud que le quieren atar las manos, comenzase a disparar, los disparates serían terribles y extremados, como su ingenio lo es. La tercera dificultad hacen los tiempos, que certíssimamente son peligrosos, y más en lo que toca a esta tecla del sumo pontífice y su autoridad; la cual ninguno por maravilla ha tocado, que no desacuerde la armonía y concordia de la Iglesia, como, dexando exemplos antiguos, lo vemos ahora en los alemanes, que comenzaron la reyerta con el papa so color de reformación... Queriendo los alemanes poner el remedio de su mano y hacerse médicos de Roma sin sanar a Roma, hicieron enferma a Alemania... La quinta dificultad procede de que la dolencia que se pretende curar es, a lo que puedo entender, incurable... Mal conoce a Roma quien pretende sanarla...

Pero hay otras razones, por el contrario, tan importantes y graves, que parece obligan a V. Magestad a que ponga remedio en algunos males que, no siendo remediados, no solamente se hace ofensa y daño a estos reinos en lo temporal, mas también se destruyen las costumbres, se perturba la paz de la Iglesia, se quebrantan las leyes de Dios y peligra muy a la clara la obediencia que se debe a la misma Sede Apostólica, y, por consiguiente, la fe de Christo nuestro Señor».

(Expone cinco razones, y prosigue de este modo:)

«Siendo como es la guerra, de parte de su Santidad, injusta y agraviada, la defensa de V. Magestad es justa y debida... Para mayor claridad de la defensa y su justificación hanse de notar dos cosas. La primera, que su Santidad representa dos personas: la una es de prelado de la Iglesia universal; la otra es de príncipe temporal de las tierras que son suyas... La segunda cosa que se ha de notar es que la defensa no solamente se entiende ser legítima cuando el agresor se declaró en hacer pública la guerra, sino cuando comenzó a hacer gente o aparejos contra el inocente; que si mi enemigo está en el campo sólo conmigo y veo que carga el arcabuz, y entiendo que es contra mí, muy simple sería si le aguardo al disparar y no me amparo sino cuando viene la pelota... Por la cual razón se manifiesta la imprudencia de algunos que porque el duque de Alba salió de Nápoles camino de Roma, imaginaron que aquello era acometiendo y no defensa. ¡Pluguiera a Dios que hubiera comenzado antes!»

(Sigue dándole al rey consejos sobre las medidas defensivas de tipo social, canónico y económico, para concluir con las siguientes palabras:)

«Ya veo que en este parecer hay palabras y sentencias que no parecen muy conformes a mi hábito y teología; mas, por tanto, dixe al principio que este negocio requería más prudencia que ciencia... —Valladolid, a 1.º de noviembre de 1556 años.— Capellán de V. Magestad, *Fray Melchor Cano*» [69].

[69] F. CABALLERO, *Conquenses ilustres* II 513-23.

Tarde abrió los ojos Paulo IV para ver los inicuos y criminales pasos de sus sobrinos en la política internacional y en la vida privada. Su desengaño fue terrible, y empezó a hacer justicia, empezando por sus más maquiavélicos nepotes; el cardenal secretario de Estado, Carlos Carafa, y el capitán general de la Iglesia y comandante de las galeras pontificias: Giovanni Carafa. Ambos fueron mandados al exilio y despojados de todos sus títulos, honores y cargos (salvo el título cardenalicio de Carlos). El castigo más riguroso lo recibirán bajo el pontífice siguiente [70].

Murió Paulo IV el 19 de agosto de 1559, recomendando a los cardenales el Santo Oficio de la Inquisición. Contaba ochenta y tres años.

5. PÍO IV, PERSONA MEDIOCRE Y PONTÍFICE RESPETABLE

El milanés Gianangelo Médicis, hijo de padre médico, buen jurista, con ciertas nociones de medicina, experto conocedor de asuntos públicos por varias legaciones diplomáticas y hábil administrador de negocios curiales, fue elegido para ceñir la tiara el 25 de diciembre de 1559. Había prosperado bajo Paulo III, que le hizo cardenal; pero el silencio y la oscuridad le oprimieron bajo el papa Carafa, de quien podía decirse la antítesis. Su libertad de costumbres, que en la juventud le había hecho caer en graves deslices contra la moral cristiana y aún más tarde le dio fama de *«in voluptates pronus»* (O. Panvinio); su escaso interés por la reforma antes de reanudarse el concilio de Trento y antes de tener a su lado a aquel ángel de pureza y de mortificación su sobrino C. Borromeo, y, en fin, la simpatía de su familia por los Habsburgos, eran otros tantos motivos para que el papa Carafa lo marginase, negándole su favor.

En los seis años que pontificó, hallamos, entre él y Felipe II, recíprocos sentimientos de amistad casi constante, pese a la divergencia de caracteres, porque, si el veleidoso, enojadizo y ligero Pío IV era el reverso de la medalla de Paulo IV, cosa análoga se podría decir mirando al Rey Prudente. Este le aconsejó más de una vez tomar en serio la reforma de la Iglesia. A uno y otro los unió y los engrandeció la soberana tarea del concilio de Trento.

No significan amargor de ánimo ciertas expresiones de malhumor que soltó el pontífice al oír hablillas y rumores sobre la lentitud del rey en cosas concernientes al concilio y a Italia.

Hablando el embajador Francisco de Vargas con Su Santidad sobre la continuación del concilio de Trento, tan deseado de Felipe II, oyó que el papa encomiaba altamente al Rey Católico:

«Fuele gratísima la resolución de V. M., en quien sólo dice tener toda

---

[70] Véanse los documentados art. de A. Prosperi *(Carafa, Carlo)* y de M. Raffaeli Cammarota *(Carafa, Giovanni)* en «Dizionari biografico degli italiani» (Roma 1976) XIX 497-509 y 456-59.

su confianza, y nunca acaba de loar y estimar el ánimo y santo celo de V. M.» [71]

Cuando se llegó al punto de convocar el concilio de Trento en noviembre de 1560, presionaron fuertemente sobre Pío IV tanto el emperador como el rey de Francia, empeñados, por consideración a los protestantes, en que no había de ser una continuación, o tercera etapa, del ya celebrado concilio de Trento, sino un concilio totalmente nuevo; y lo hubieran conseguido si Felipe II no se hubiera opuesto con la mayor energía, aun a riesgo de provocar la iracundia de Pío IV; pero el papa le manifestó en confianza que internamente estaba con él, aunque en la convocación halló una fórmula ambigua que engañase diplomáticamente al emperador y al francés.

6. CORDIALIDAD DE PÍO IV CON EL REY DE ESPAÑA

El 17 de diciembre de 1560 tuvo a bien conceder al rey el subsidio llamado de las galeras. El 28 de enero de 1561, el mismo Vargas comunicaba a su señor:

> «Pocos días ha que su Santidad me dijo que deseaba ver a V. M. por estas partes para tractar juntos del remedio de las cosas y por conocer a quien tanto amaba. Respondíle, con el tiento que convino..., que yo tenía por cierto que en todo lo que V. M. pudiese le complacería y serviría, aunque fuese con trabajo o incomodidad suya. Replicóme que su deseo era el que había dicho, pero que no quería incomodar a V. M... Y con esto se acabó la plática, rogándome todavía que yo escribiese a V. M. su deseo» [72].

El 16 de julio es el mismo papa quien se dirige al rey de España con estas palabras:

> «Queridísimo hijo, salud y bendición apostólica. Le enviamos el breve, como V. M. ha suplicado, acerca de la *continuación* del concilio; tal ha sido siempre nuestra mente... De lo cual no es preciso decir más, sino lo que muchas veces hemos escrito: que V. M. confíe en Nos, como Nos confiamos en V. M.; no dudamos que siempre iremos bien unidos para servicio de Dios, de la religión y de esta Santa Sede» [73].

Después del concilio, Felipe II puso en movimiento todos sus recursos (actividad de los embajadores en Roma, peticiones de los obispos en concilio provincial) para impedir que Pío IV concediese, según le instaba el emperador, el matrimonio a los sacerdotes alemanes (*coniugium clericorum*); y lo impidió realmente; lo que no logró evitar fue la comunión *sub utraque specie* a los laicos.

Respecto a los nepotes del pontífice anterior hay que decir que Pío IV, a cuya elección habían contribuido notablemente los Carafa, no es-

---

[71] J. I. DOELLINGER, *Beiträge zur politischen...* I 337.
[72] Ibid., I 351-52.
[73] Ibid., I 366.

taba mal dispuesto contra ellos. Pero en Roma se habían creado muchos enemigos, que ahora levantaban cabeza y pedían justicia. Numerosos acreedores se alarmaban ante la vida de despilfarro y holgorio de aquellos napolitanos. Agregóse a ello el trágico asesinato de la duquesa de Paliano, cometido por sus propios parientes. Y, ante el clamoroso creciente de las acusaciones, se determinó el papa a hacer justicia. El 7 de junio de 1560 fueron arrestados los cardenales Carlos y Alfonso Carafa (sobrino aquél y resobrino éste de Paulo IV), y, casi al mismo tiempo, Juan Carafa, conde de Montorio y duque de Paliano, con otros cómplices.

Se le ha reprochado a Felipe II el no haber intervenido con su gran autoridad en favor de los Carafas, que se habían reconciliado en los últimos años con él. Por lo menos permitió que su embajador Vargas los defendiera en lo posible. El se contentó con dejar que los jueces hicieran justicia. Sólo recomendó —y esto a última hora— a los dos cardenales, logrando salvar la vida del más inocente, el jovencito Alfonso, de veinte años. Carlos, en cambio, el más intrigante, maquiavélico y aventurero, autor de la guerra antiespañola, despertado en su cama del castillo de Sant'Angelo en la noche del 5 de marzo de 1561, fue estrangulado con horrible tortura, que duró casi una hora por haberse roto la cuerda. Poco después fue decapitado Juan Carafa, duque de Paliano, adúltero y uxoricida, con otros personajes de cuenta [74].

En 1564 tuvo Felipe II un gesto de ira contra Pío IV que pareció una ruptura diplomática. Apenas llegado a Roma el distinguido embajador Luis de Requesens, se originaron disputas entre él y el embajador francés sobre cuál de los dos tendría la precedencia en las capillas papales. Tras largos y desagradables incidentes, el papa dio la preferencia al francés, lo cual irritó tanto al monarca español, que mandó a Requesens, en señal de protesta, abandonar la ciudad. También al irascible Pío IV se le removió la bilis, y el conflicto sólo pudo resolverse en el pontificado siguiente.

7. EL REY CATÓLICO Y EL PAPA SANTO

Con el papa San Pío V (enero de 1566-mayo de 1572) alcanza la Contrarreforma católica su punto cenital, que se prolongará con dignidad y brillantez en el pontificado subsiguiente. A ello contribuyó eficacísimamente la perfecta armonía y la acción conjunta de la Santa Sede y de la Corona de España. Más justo sería hablar de la afectuosa ternura del papa y del amor y sagrada veneración de parte del rey.

No es que faltasen entre la potencia espiritual y la temporal roces y altercados, pero en el contexto total del panorama histórico casi se desvanecen y pierden bulto y transcendencia, pese a la manía de ciertos

[74] Gráfica descripción del suplicio en una relación italiana del 7 de marzo (DOELLINGER, *Beiträge* I 354). La piadosa muerte de Carlos Carafa, en G. DURUY, *Le cardinal* 334-42; R. ANCEL, *La disgrâce et le procès des Carafa* (Maredsous 1909).

historiadores que no comprenden el espíritu ni la política de España en aquel siglo.

Merecen citarse las palabras de un gran investigador, sereno y objetivo, que laboró en los archivos vaticanos al lado de L. Pastor, y que, al leer luego las publicaciones de este gran historiador alemán, quedó sorprendido de que sus juicios y sus conclusiones no coincidiesen con las propias. Entonces escribió lo siguiente:

«Hará varios lustros comencé a recoger en los archivos y bibliotecas de Roma no escaso material de primera mano con destino a una obra que, bajo el título de *Felipe II y San Pío V*..., viniera a completar las otras por mí publicadas sobre este pontífice y sus relaciones con nuestra patria... Entre tanto, el moderno historiador de los papas Luis Pastor ha dado a luz dos tomos [en la traducción española] sobre San Pío V, relacionados, como es natural, con el mismo asunto y otros a él muy afines. Algunos de los conceptos y afirmaciones de esta nueva obra difieren de las de nuestro estudio; y difieren precisamente por ir fundamentados en un prejuicio constante y adverso a Felipe II y en la errónea interpretación de los documentos y sentido propio de los hechos que comenta. A mi parecer, que creo garantizado con pruebas documentales, exagera el ilustre Pastor el alcance de los roces diplomáticos entre Pío V y Felipe II; a veces no ha penetrado en la entraña de los asuntos referentes a España; otras los trata muy a la ligera y con una brevedad desconcertante, si se mira a la extensión dada a los menos principales de otros países; presenta siempre al monarca en una actitud casi de rebelión contra la Santa Sede, y, si no de rebelión, por lo menos de subido tono cesarista, casi igual al de Luis XIV y la Iglesia galicana, pero que no aparece ni asoma en la documentación oficial ni privada de España o Roma por aquel tiempo» [75].

Antes de que el cardenal Miguel Ghislieri, O.P., subiese a la cátedra de San Pedro con el nombre de Pío V (7 de enero de 1566), el embajador español, Luis de Requesens, que no había quedado muy satisfecho del pontífice anterior, en una sagaz caracterización de todos los cardenales *papabili* escrita para Felipe II, le decía: «A mi juicio, es el cardenal que en los tiempos de agora más convendría que fuese papa» [76].

Puso todos los medios a su alcance por que la elección recayese sobre él, y lo consiguió. Al comunicarle tan fausta noticia al rey el 7 de enero, decía: «Si éste no es buen papa, no sé qué se puede esperar de ninguno». Y no vacilaba en proclamarlo «papa santo», si bien reconocía su poca experiencia de los negocios seculares. Felipe II se alegró infinito de tan feliz elección; alegría y satisfacción que se desbordan en la carta que le escribió de su puño y letra el 26 de enero:

«Por un correo que me despachó el comendador mayor de Castilla, entendí la merced que Dios ha hecho a toda la cristiandad en darle por

---

[75] L. SERRANO, *Primeras negociaciones de Felipe II con el papa San Pío V*: Hispania 1 (1940) 83. La obra fundamental de dom Serrano, que tendremos que citar mil veces, consta de 4 vols. de documentos con sabias introducciones: *Correspondencia diplomática entre España y la Santa Sede durante el pontificado de Pío V* (Madrid 1914). ¡Lástima que no tengamos otras similares para el resto del siglo XVI! Las no menos serias y documentadas publicaciones de J. M. March sobre la juventud de Felipe II y sobre Requesens corrigen igualmente a Pastor.

[76] DOELLINGER, *Beiträge* I 579.

cabeça a V. S.; que en haber sido así, tengo por cierto que quiere apiadarse della, tomando a V. S. por instrumento... Yo he recibido tan particular contentamiento y alegría de ver a V. S. en esa sancta silla, que no he querido esperar a hacérselo saber con persona propia..., sino escribirle ésta para suplicar a V. S. entienda que tiene en mí el más obediente hijo que podría desear; y que, como de tal, use de mí y de todas mis fuerzas para lo que tocase al servicio de Dios y autoridad y contentamiento de su sancta persona» [77].

Desde el siglo XIII, la Iglesia universal no había tenido un papa santo. De nuevo ahora en la Ciudad Eterna amanecía Dios. Y el papa dominico venía a lavarle la cara —si es lícito hablar así— a la Roma alcoholada del Renacimiento. Y, mejor aún, empezó a purificar espiritualmente y a ungir de santidad aquel corazón tan mundanizado hasta entonces.

8. ARMONÍA Y UNIDAD DE IDEALES

Ya en la primera carta dirigida por el nuevo papa al rey de España, el 9 de enero, le manifiesta sus ideales, típicamente contrarreformistas: extirpación de las herejías, apaciguamiento de los cismas, unidad y concordia del pueblo cristiano, enmienda de las costumbres; todo lo cual no podrá realizar sin el auxilio de Felipe II y otros príncipes católicos [78]. Completaban su programa la cruzada contra el enemigo perpetuo de la cristiandad y la fiel aplicación del concilio de Trento.

No eran otros los ideales del Rey Católico en cuanto protector de la cristiandad. De ahí la atracción, simpatía y confianza que mutuamente sentían. Nos parece sumamente conmovedor el sentimiento de amor y de ternura que palpita en las cartas de uno y otro. Era muy frecuente en los papas del siglo XVI orientar su política hacia Francia y contra España, por el miedo —así decían— de que los Estados de la Iglesia fuesen oprimidos y como estrangulados por la potencia española de Nápoles, al sur, y el Milanesado, al norte. Miedo de imaginación exaltada, sin fundamento de hechos reales o seriamente presumibles. Miedo que nunca sintió Pío V.

«Nunca asomó a su mente la idea de que la preponderancia política de España en Italia pudiese entorpecer, ni menos poner obstáculos, a la libre acción de la Santa Sede; consideraba a España, y especialmente a su monarca, como el único y firme sostén de la Iglesia entre los monarcas de la cristiandad; por eso mismo procuró vivir con España en la más perfecta armonía. Si en alguna época hubo completa efusión de intereses políticos y religiosos entre el pontificado y Felipe II y fue más completa la inteligencia entre ambos, corresponde, sin duda, al gobierno de Pío V» [79].

[77] SERRANO, *Correspondencia diplomática* I 113-14.
[78] Ibid., I 80.
[79] SERRANO, *Primeras negociaciones*: Hispania 1 (1940) 92.

Apenas don Juan de Zúñiga vino a Roma como embajador en lugar de su hermano Luis de Requesens, fue recibido en audiencia del papa:

«Rescibióme con mucho amor, mostrando tenerle muy grande a todas las cosas de V. M... A los veinticuatro [días] envié a pedir audiencia a S. S... Enternecióse conmigo hablando en V. M. y en el amor que le tenía, diciendo que no tenía otro defensor esta Santa Sede y doliéndose de las cosas de Francia. Le respondí cuán aparejado estaba V. M. para la defensa della», etc. [80]

La gran preocupación de Pío V era entonces la situación religiosa de Francia, que empeoraba de día en día, porque los hugonotes, de religión calvinista, crecían como la espuma en las principales ciudades y llegaban a tener mayoría en el Consejo Real. Hacía falta mucho tacto y delicadeza para evitar que la corte de Catalina de Médicis se entregase a los herejes o pactase con los turcos. De ahí que, cuando el embajador español Requesens replanteó la cuestión y litigio de la precedencia, exigiendo para sí el privilegio que el anterior pontífice había otorgado al francés, Pío V no se atrevió a concedérselo y escribió a Felipe II una conmovedora carta autógrafa, rogándole con el corazón en la mano, por el bien de la Iglesia, renunciase por un momento a la precedencia que le correspondía.

Ruego a V. M., decía, «por las entrañas de misericordia del grande y omnipotente Dios y por la sangre que Cristo Jesús, redentor nuestro, derramó para salvar al mundo, quiera dejar a un lado esta competencia y persuádase que eso no le ha de disminuir la reputación ante el mundo, siendo más claro que la luz, como suele decirse, su grandeza, su poderío, su amplitud y multitud de reinos y dominios, de suerte que indudablemente adquiriría mayor reputación, alabanza y gloria ante el mundo, dando a conocer cuán poco estima tal precedencia... No querríamos, carísimo hijo en Cristo, se irritasen, como a veces por menor causa sucede, los ánimos de nuestros hijos débiles, imperfectos, por no decir vacilantes en la religión católica, hoy por nuestros pecados impugnada de tanta multitud de herejes y tanta diversidad de perversas sectas, no se sintiesen provocados a coligarse con el cruelísimo tirano, sediento, más que nadie, de sangre cristiana... Por eso, le rogamos quiera mandar al susodicho comendador, su fidelísimo servidor y dilectísimo hijo nuestro, que no abandone nuestra corte ni dé importancia a la cuestión de la precedencia» [81].

Felipe II, de acuerdo con el cardenal Pacheco, se sometió a la voluntad del pontífice en obsequio a la Santa Sede y al bien de la religión en Francia.

El litigio fue zanjado por Pío V el 30 de abril. España se comprometía por entonces a no remover el pleito, pero el favor de preferencia otorgado por Pío IV a Francia quedaba formalmente anulado. Los dos embajadores se presentarían ante el papa en días diferentes, no haciéndose encontradizos en los actos oficiales.

La generosidad del romano pontífice para con el monarca español

[80] Día 17 de enero de 1568, en SERRANO, *Correspondencia diplom.* II 294.
[81] Día 24 de enero de 1566, en SERRANO, *Correspondencia diplom.* I 111-12.

se mostró desde el principio de su pontificado, pues ya en enero de 1566 le concedió casi espontáneamente, por un quinquenio, el muy apetecido *subsidio de las galeras*, con el que debían sostenerse 60 galeras armadas para defensa de las naves cristianas contra piratas moros, turcos o protestantes. «Cierto —aseguraba Requesens», el papa es liberal de condición». Felipe II se lo agradeció debidamente el 30 de enero.

El susodicho subsidio era de 400.000 ducados anuales, pagaderos por las catedrales, colegiatas, parroquias, monasterios de benedictinos, cistercienses, agustinos, cartujos, jerónimos y demás órdenes religiosas que poseyesen bienes raíces o cobrasen diezmos o emolumentos eclesiásticos [82].

Y cuando el rey, cediendo a las apremiantes y paternales súplicas del papa, preparó seriamente en julio y agosto de 1567 su viaje a Flandes para sosegar con su presencia las guerras y tumultos de aquel país, se apresuró Pío V, rebosante de alegría, a facilitarle económicamente la expedición con un socorro extraordinario, que luego se llamó subsidio del «excusado», por el que se asignaba al fisco real la contribución del tercer diezmero (después fue el primero y más rico contribuyente) de cada parroquia; en total, no menos de 300.000 ducados anuales [83].

9. PRIMEROS CONFLICTOS JURISDICCIONALES. BORROMEO, EN MILÁN

Existieron, ciertamente, tensiones entre Madrid y Roma, originadas del modo de interpretar los canonistas de Roma ciertos cánones, y los juristas de Madrid, ciertos privilegios de la Corona. Siendo Felipe II tan apegado a lo tradicional y a los derechos que le correspondían y no queriendo en modo alguno perder ninguna de las ventajas o prerrogativas que había heredado del emperador su padre, resistió más de una vez a ciertas pretensiones del papa en materia de jurisdicción. Tenacísimos en esto eran, más que el rey, sus ministros de Italia.

La más ruidosa colisión del poder civil con el eclesiástico tuvo lugar en Milán. Arzobispo de aquella inmensa archidiócesis —con mucho, la mayor de Italia— era el cardenal Carlos Borromeo, un santo en quien resplandecían todas las virtudes, salvo, quizás, la moderación y la prudencia. Este nepote de Pío IV, tan activo en Roma durante el concilio de Trento, residía en Milán desde 1565, realizando una obra admirable de reforma del clero y del pueblo, no sin excesos de celo, propios de su carácter intransigente, recto e inflexible como el acero.

Gobernador del Milanesado, en nombre del rey de España, era don

[82] SERRANO, *Primeras negociaciones* 98.
[83] El breve *Circa pastoralis* (15 julio 1567) en SERRANO, *Correspondencia* II 524-25, apéndice. Con esta ocasión, el rey hizo llegar al nuncio, J. B. Castagna, unas estadísticas interesantes que dicen así: Las rentas eclesiásticas en España, lo menos en que pueden evaluarse, es en *nueve millones de ducados*, porque en España hay más de 60.000 parroquias, que a tres clérigos (echando poco) por parroquia, dan 180.000 clérigos. Suponiendo que cada clérigo percibe al menos 50 ducados de renta (y es poco), el total será de 9.000.000 de ducados anuales (SERRANO, *Correspondencia* II p.XLVIII nota).

Gabriel de la Cueva, duque de Alburquerque, a quien se le ocurrió pedir un puesto de preferencia, con reclinatorio en el presbiterio, durante las funciones litúrgicas. Puntillos de honor muy frecuentes en aquel siglo. Otro prelado se lo habría concedido sin dificultad, mas no el cardenal arzobispo Borromeo, que lo interpretó como una intrusión de lo civil en lo eclesiástico. Como el buen gobernador, animado ordinariamente de la mejor voluntad, no se engalló con arrogancia y además Felipe II le aconsejó no asistir a ciertas solemnidades, la cuestión se apaciguó muy pronto.

Empeñado Borromeo en ejecutar literalmente las prescripciones del primer concilio provincial, presidido por él en 1565, se propuso extirpar los graves e inveterados abusos del clero, imponiendo multas y castigando a los culpables por sí mismo o mediante el brazo secular. Tenía facultad de Pío V para hacerlo así. Pero el Senado milanés, enojado por tales juicios y penas, apeló al rey, alegando que no se tenían en cuenta ciertas prerrogativas del poder real. Y también Felipe II en esta ocasión, que nutría desde antiguo, respecto de Borromeo, altos sentimientos de estima y veneración por su fama de santidad, aprobó la conducta del arzobispo, aun reconociendo que las protestas del Senado no carecían totalmente de fundamento.

Acaeció un día que el alguacil mayor del arzobispo con sus satélites arrestó y encarceló a un adúltero y concubinario público. En reacción contra tal audacia, el Senado ordenó apresar al alguacil y darle en público tres tratos de cuerda. Borromeo lanzó la excomunión contra el capitán de justicia, el abogado fiscal, el notario y el agente que había arrestado al concubinario. Esta acción del Senado fue desaprobada por Felipe II.

La fuente principal de conflictos no era otra que la exigencia del cardenal-arzobispo de que las autoridades civiles le reconociesen la facultad de tener un cuerpo de gente armada (un capitán con alguaciles y esbirros), mediante los cuales forzar a todos, incluso a los seglares, a cumplir cualquier sentencia dictada por el tribunal eclesiástico. Creyendo el gobernador que eso constituía una grave merma de su poder, se opuso con decisión. Borromeo alegó los decretos del Tridentino (sess.25, *de reform.* c.3). ¿Cómo interpretar los decretos conciliares relativos a la potestad coercitiva de los obispos sobre los laicos en materias mixtas, v.gr., de moralidad pública, concubinatos, adulterios, blasfemias, contratos usurarios, trabajos serviles en días festivos, etc.? Lo que no determinó el concilio, quiso determinarlo por sí y en su favor el arzobispo.

Sabiendo que el papa Pío V estaba de su parte, empezó Borromeo a infligir encarcelamientos y otros graves castigos a los pecadores públicos y transgresores de las leyes eclesiásticas. El Senado, que tenía en su favor a gran parte de la población, apeló irritado en 1564 a Felipe II. Este dejó el examen y la decisión al tribunal de la Santa Sede, mientras Borromeo no se cansaba de lanzar excomuniones contra los violadores del *forum ecclesiasticum*. El papa citó ante su tribunal a las autoridades milanesas, que no pudieron menos de montar en cólera y descomedirse indebidamente. Comparecer ante un tribunal romano sería gran infamia para el Senado milanés. Con el fin de evitar ese deshonor, Felipe II trató de hacer obra de paz y reconciliación entendiéndose con Borromeo. Imposible. «Antes —decía— padecer el martirio que ceder lo más mínimo, con menoscabo de la autoridad eclesiástica». Pío V se persuadió de que sería mejor tratar él directamente con el rey, y, a fin de captarse su benevolencia, empezó mitigando el modo de publicar la bula *In coena Domini*.

Entretanto, la situación milanesa empeoraba. El bondadoso gobernador, duque de Alburquerque, se iba cansando del celo intolerante del arzobispo, pertinaz en sus propósitos. Así que la víspera del Corpus Domini de 1568 notificó al vicario general que al día siguiente no participaría en la procesión si asistían a ella los armados esbirros del arzobispo.

El gran escándalo ocurrió en la mañana del 31 de agosto de 1569.

Hacía tiempo que Borromeo se había enzarzado en litigios y serios conflictos con muchos clérigos, mayormente con los canónigos de Santa María *della Scala*. Y he aquí que el 31 de agosto determina el arzobispo hacer la visita de aquel cabildo. De mañanita, montado en su cabalgadura y revestido de hábitos pontificales, se dirige a aquella iglesia. Un ministro del prelado, para abrirse paso entre la multitud callejera, desenvaina la espada. Los esbirros del Senado desenvainan igualmente las suyas. Se temió una batalla sangrienta, mas no hubo más que un tumulto popular. Al llegar la comitiva episcopal al atrio, los canónigos, terminados sus maitines, corrieron a cerrarle las puertas afrentosamente, invocando sus derechos de exención, y lo excomulgaron por boca del conservador apostólico. Borromeo, por su parte, declaró excomulgado al cabildo.

Al día siguiente partían dos correos de Milán; uno para Roma, cargando la responsabilidad de todo al cabildo; otro para Madrid, diciendo que el responsable era sólo el arzobispo. El tribunal de Roma salió enérgicamente en defensa de Borromeo, y el de Madrid no le fue desfavorable. En agosto de 1571 murió en Milán el duque de Alburquerque, y el 1.º de mayo del siguiente año expiró en Roma Pío V. No se extinguieron por eso los disturbios.

10. REQUESENS, NUEVO GOBERNADOR

En 1572 entró en Milán con el cargo de gobernador el comendador mayor de Castilla, don Luis de Requesens y Zúñiga, personaje excepcional, de tan alta nobleza como religiosidad, uno de los mayores héroes de Lepanto al lado de don Juan de Austria, embajador en Roma, amigo y admirador de Pío V y a quien el mismo papa elogiaba encomiásticamente el 28 de diciembre de 1567.

Parecía el más acertado de los nombramientos. Pero entre Requesens, cuyo principal defecto era la fácil irascibilidad, y el arzobispo milanés, cuya inflexibilidad era absoluta, saltó la chispa al primer roce, causado por accidentes mínimos. Fútiles ordenaciones públicas eran elevadas en seguida al plano de la jurisdicción y del derecho. Prescribió Requesens que los cofrades no llevasen la cara cubierta en las procesiones. Replicó el arzobispo que eso era competencia del prelado. Este, por su parte, prohibía toda clase de solaces públicos en los días festivos, cosa que le pareció intolerable al gobernador. Borromeo, fácil en esgrimir la espada del anatema, excomulgó al piadosísimo Requesens a fines de agosto de 1573, cuando ya Felipe II había pensado en retirarlo de Milán, dándole un cargo de mayor responsabilidad. Doliéndose Requesens de no poder recibir los sacramentos, pidió en seguida la absolución al papa Gregorio XIII, el cual no sólo se la otorgó benignamente en el mes de septiembre, sino que poco después le concedió indulgencia plenaria para cada vez que se confesase, aunque fuese dos veces al mes y por toda la vida. Requesens se hallaba ya entonces camino de Flandes para sustituir al duque de Alba. Falleció en Bruselas el 5 de marzo de 1576. Hasta la muerte del arzobispo en 1584 no hubo serenidad en Milán.

Trazando J. M. March, en una monografía espléndidamente documentada, el paralelo entre Requesens y Borromeo, escribe:

«Ambos personajes lucharon con el noble y levantado pensamiento del cumplimiento del deber y de la defensa de los derechos anejos a su cargo. Que si ellos, al fin como hombres, se dejaron llevar de la pasión o el celo y padecieron errores, se les puede perdonar por lo mucho que ambos trabajaron por el bien público, tanto espiritual como material. Reconociólo el papa, y a ambos trató con benignidad, sin dar a ninguno de ellos toda la razón ni toda la culpa» [84].

Lo que el historiador juzga de Requesens, se puede afirmar —y con mayor razón— de Felipe II, que se portó en todos los instantes con una moderación, señorío y amor de la justicia que despiertan admiración. El nuncio de Madrid refiere el 16 de octubre de 1573 que,

«hablándome del cardenal Borromeo, me dijo Su Majestad, que no ha depuesto el buen ánimo y la opinión que tenía de la santidad y buen celo de aquel prelado, aunque añadiendo que los hombres pueden a veces engañarse en la práctica del justo buen celo» [85].

11.   BULA «IN COENA DOMINI»

La *Bula del jueves santo*, así llamada porque en ese día todos los años debía leerse públicamente en Roma y en las iglesias de otras naciones,

---

[84] *El comendador mayor de Castilla don Luis de Requesens en el gobierno de Milán* (Madrid 1943) 307-308. Acusa a Pastor de parcialidad en este punto.

[85] F. M. CARINI, *Monsignor Niccolò Ormanetto... nunzio apostolico alla corte di Filippo II* (Roma 1894) 128. Y poco antes (25 de abril) le había dicho que «sentía infinito disgusto de esos accidentes..., porque él quiere siempre estar con nuestro Señor [el papa]... y emplear sus armas y fuerzas siempre en defensa de la Santa Sede Apostólica y de la Iglesia romana» (126).

era un centón de anatemas que desde la Edad Media venía creciendo en diversos pontificados con objeto de reforzar la autoridad del papa y atemorizar con la excomunión mayor a cualquier príncipe que intentase usurpar la jurisdicción eclesiástica. Lo cual ocurría continuamente en aquellos tiempos, en que era difícil precisar las fronteras entre el fuero eclesiástico y el civil.

Nos limitaremos aquí a copiar unas frases del historiador y canonista don Vicente de la Fuente:

> «Durante el siglo XVI se agitó agriamente la cuestión acerca de la admisión de la bula *In coena Domini*, dividiéndose los pareceres en este punto. Cuando el papa Adriano VI celebró la Semana Santa en Zaragoza, la hizo leer a su presencia con gran solemnidad; pero pocos años después (1551), el emperador Carlos V, discípulo de Adriano, mandó castigar al impresor que trató de imprimirla en Zaragoza, y publicó sobre esto un bando el virrey, de acuerdo con la Audiencia. Al año siguiente se reclamó igualmente en Cataluña contra el monitorio, y, finalmente, Felipe II formalizó súplica contra ella (1572); prohibió su admisión en España..., la misma diligencia practicó en el pontificado de Gregorio XIII... San Pío V añadió algunos capítulos, con los cuales creyéronse vulnerados en sus derechos Felipe II y los demás príncipes cristianos. A la verdad, era algo duro condenar con excomunión mayor, reservada al papa, a quien inventase e impusiera tributos nuevos... El deseo de aliviar a los pueblos era muy bueno; la intención del papa, santa pero muy dura para los gobiernos, y en asunto temporal y que Jesucristo declaró del césar» [86].

Por los perjuicios que ocasionaba a algunos soberanos, restringiendo su poder en materia de tributos y amenazándolos con gravísimas penas si se entrometían en asuntos de jurisdicción eclesiástica, la bula *In coena Domini* encontró mucho más fuerte oposición en los países católicos de Alemania y de Francia que en los dominios del Rey Católico. «En España fue recibida con mucha reserva esta nueva redacción de la bula..., pero se publicó en casi todos los obispados sin la oposición de los poderes civiles» [87]. El papa Urbano VIII la suavizó, y, por fin, Clemente XIV la dio por abolida.

De otros roces que se acentuaron bajo Gregorio XIII, especialmente en Italia, por el excesivo celo de algunos ministros o representantes del rey, hablaremos en seguida.

12. La tauromaquia

Que también el papa se entrometiera alguna vez en asuntos temporales, propios del monarca, nadie se maravillará conociendo la mentalidad exageradamente clerical de aquella época. Cuando la cuestión de gobierno podía rozarse con la moral, hubiera sido más prudente acudir

[86] *Hist. ecles. de España* V 318-19. Texto de la bula en F. BERTANI *San Carlo, la bolla «Coenae», la giurisdizione ecclesiastica in Lombardia* (Milán 1888) 137-42.
[87] SERRANO, *Primeras negociaciones* 103. Al publicarse la bula, Felipe II protestó con graves razones en una *Instrucción real* dirigida a Requesens para que representase al papa los inconvenientes (SERRANO, *Correspondencia* III 2-19 y III 429).

primero al juicio de los teólogos y moralistas, que dilucidasen el problema, y no precipitarse a lanzar los rayos de los anatemas, embotando así los filos que tal arma, bien usada, podría tener.

¿Qué pensar, por ejemplo, de las corridas de toros? Era una costumbre secular que no presentaba idénticos matices en una y otras ciudades y que en su forma de rejoneo la habían tolerado en Roma algunos papas del Renacimiento.

Los teólogos moralistas no estaban de acuerdo en sus dictámenes. Ya los teólogos españoles de Trento habían insinuado en 1562 la conveniencia de suprimir las corridas de toros. Al nuncio extraordinario Pedro Camaiani (1566-67), poco simpático a los españoles, no le placía en modo alguno la fiesta taurina. Los enemigos de la tauromaquia, fundándose en los frecuentes accidentes mortales que ocurrían (ajenos muchas veces a los cornúpetas), entregaron a Camaiani un informe, para que lo llevase a Roma, en el que pedían la prohibición, bajo pecado grave, de las corridas.

Aprobado en Roma el informe, Pío V se apresuró a expedir la bula *De salute gregis* (1.º de noviembre de 1567), condenando «los cruentos y torpes espectáculos, más propios de demonios que de hombres» (¿quién le referiría tales cosas?) y reprobando semejantes corridas de toros y de otros feroces animales, «tanto a pie como a caballo». Razón en que se funda: el peligro de muerte y el hecho de que no pocos mueran en la lidia. Los que tienen esta desgracia carecerán de sepultura eclesiástica; los clérigos y religiosos que asistan a las corridas incurrirán en excomunión. Y a los príncipes les manda ejecutar fielmente estas disposiciones [88].

Hízole observar Felipe II que era muy difícil extirpar un espectáculo tan arraigado en el pueblo y que se podrían tolerar las corridas con ciertas condiciones. Levantó también su voz la universidad de Salamanca contra tal prohibición. El teólogo franciscano Antonio de Córdoba, en su libro *De cuestiones difíciles*, quiso demostrar *quod agitatio taurorum nullum sit peccatum*. Pero el libro no pudo publicarse. Y la bula pontificia hubo de cumplirse con sumo rigor, hasta que Gregorio XIII, en 1575, y Clemente VIII, en 1596, ablandaron el decreto piano, removiendo las censuras y permitiendo la lidia de toros alguna que otra vez.

Estos pequeños conflictos no turbaron lo más mínimo la entrañable amistad que reinó siempre entre Pío V y Felipe II. Un biógrafo contemporáneo del santo papa, a quien conocía íntimamente, nos dejó el siguiente testimonio:

«Como Pío V viese continuamente el ánimo religioso del rey, su obediencia respecto de la Santa Sede, el cuidado de defender la fe y extinguir las herejías..., le amó con tan paternal amor y nació entre ellos tal confianza, que parece haber querido Dios, entre tantas calamidades, unir dos almas iguales [*conformi*] en amistad estrechísima. Porque, habiendo

---

[88] *Bullarium Romanum* VII 630-31. Véase J. Pereda, *Los toros ante la Iglesia i la moral* (Bilbao 1945); R. de Hornedo, *La Universidad de Salamanca y el breve de Sixto V sobre los toros*: Razón y Fe 131 (1945) 575-87.

tenido noticia de una indisposición del rey, alzó las manos al cielo, suplicando a la divina Bondad que lo librase de aquel mal, o, más bien, le amenguase a él la salud y los años..., diciendo que la vida del rey era más útil que la propia a toda la cristiandad» [89].

¿Y éste es el monarca *cesaropapista* y sojuzgador de la Iglesia que imaginan ciertos historiadores? Probablemente desconocen el alma y carácter del rey y el clima religioso y teológico en que vivió, o se dejan impresionar de ciertos gestos iracundos, atribuyéndoles carácter de desobediencia y rebeldía. La mala opinión que en España se tenía de la curia es interpretada equivocadamente como menosprecio de la Santa Sede.

Un moderno historiador italiano, Gaetano Catalano, que sólo pretende estudiar seriamente la política filipista, aludiendo a las erróneas interpretaciones que de Felipe II hicieron B. Gams, J. Hergenroether, M. Philippson, Ludovico Pastor y otros muchos de inferior categoría, afirma que con razón se han levantado contra esa larga corriente historiográfica la mayoría de los historiadores españoles, encabezada por dom Serrano, G. Marañón, P. Leturia, J. M. March y el italiano N. Mosconi, para demostrar que la política jurisdiccionalista de Felipe II no estaba animada de tendencias cesaropapistas, ni acentuaba la independencia de la Iglesia española respecto a la Sede Apostólica en forma superior a la del galicanismo, ni puede ser tenido el hijo de Carlos V por un autócrata y un déspota cruel.

> «Aquellos autores —continúa— han equivocado la visión de conjunto y exagerado la importancia de los contrastes jurisdiccionales, sin tener la debida cuenta de la impresionante comunidad de intereses existentes entre la Sede Apostólica y Felipe II; porque, de hecho, la Santa Sede contaba únicamente con la fuerza política de España para llevar adelante la lucha contra los avances del protestantismo y atajar el peligro otomano» [90].

13. EL REY Y EL PAPA, CONTRA LA MEDIA LUNA

La amistosa unión de las dos cabezas de la cristiandad, Pío V y Felipe II, se vio coronada por una de las mayores victorias que registran los anales cristianos: Lepanto. Entre todos los enemigos del Rey Católico, tal vez el más constante y uno de los más peligrosos era siempre el imperio otomano, cuyo sultán amenazaba al imperio germánico por Hungría, dilataba su brazo armado por todo el norte de Africa, llegando hasta las costas del Levante español para azuzar las conspiraciones de los moriscos, siempre inquietos, y mandaba a sus corsarios cruzar en todas direcciones las aguas del Mediterráneo. Este mar era un incesante campo de batalla de la cruz y de la Media Luna.

Siguiendo el ideario y el testamento político de su bisabuelo Fernan-

[89] G. CATENA, *Vita del gloriosissimo Papa Pio Quinto* (Roma 1586) 85.
[90] G. CATALANO, *Controversie giurisdizionali tra Chiesa e Stato nell'età di Gregorio XIII e Filippo II* (Palermo 1955) 5-7.

do el Católico, tuvo siempre ante los ojos, como punto importantísimo de su programa, la guerra contra el Islam. Pudo dedicar a ella su atención y sus preparativos después de la paz de Château-Cambresis (1559) con el rey de Francia. Sintiéndose paladín de la catolicidad, tenía que pelear contra el mayor enemigo de la misma. Por eso, rápidamente dio órdenes al duque de Medinaceli, virrey de Sicilia, de enrumbar su flota contra las islas Gelbes (Djerba), que fueron conquistadas en 1560, aunque infortunadamente cayeron poco después bajo el temible pirata turco Dragut, gobernador de Trípoli, ayudado por galeras venidas de Constantinopla. El dominio de Felipe II en el Mediterráneo entraba en crisis, sobre todo imperando en el Cuerno de Oro de Estambul un sultán como Solimán el Magnífico.

Un sueño muy acariciado por este gran conquistador era la isla de Malta; en 1565, un año antes de morir, lanzó una poderosa armada contra aquella estratégica isla. No menos de 200 naves y 45.000 soldados le pusieron asedio, que duró del 25 de mayo al 7 de septiembre. No obstante la intrepidez y los prodigios de heroísmo realizados por el gran maestre de los caballeros de Malta, Juan P. de La Valette, el castillo de San Telmo fue tomado por asalto (donde murió Dragut), y hubiera sido trágica la situación de los asediados si Felipe II, que comprendía muy bien el valor y la importancia de Malta, no hubiera mandado naves y tropas de Sicilia, de Nápoles y otras regiones, bajo el mando supremo de García de Toledo, virrey de Nápoles, quien logró romper el cerco, deshacer la armada turca y ahuyentarla para siempre.

El mismo García de Toledo, marqués de Villafranca, se apoderó en 1567 del Peñón de Vélez de la Gomera, defendido por Kará Mustafá. El Mediterráneo entre Italia y España estaba ya limpio de piratas berberiscos, asegurando así las costas de una y otra nación.

A Solimán había sucedido Selim II, que carecía de las grandes cualidades de su padre. Pero, creyéndose omnipotente, amenazó a Venecia, que aún conservaba en el Próximo Oriente la isla de Chipre, joya de su imperio marítimo y baluarte de la cristiandad en Levante. Tembló Venecia al recibir el ultimátum del sultán. No pudiendo resistir por sí sola, pensó en aliarse con potencias extranjeras. El emperador no estaba dispuesto a intervenir en una cruzada. Y mucho menos Francia o Inglaterra. Tan sólo Felipe II y el papa podrían unirse con ella contra la Sublime Puerta. Pero entre la república de San Marcos y los Estados del sucesor de San Pedro nunca habían existido lazos de amistad. Y el Rey Católico abrigaba serios temores de que a Venecia no la movía más que el egoísmo, y de que, en caso de peligro, la Señoría pactaría secretamente con los turcos, dejando sola a España en la guerra. Venecia, por su parte, no quería en modo alguno que una victoria sobre los turcos acrecentase aún más el inmenso poderío de Felipe II, imponiéndose en toda Italia y en el norte de Africa.

Quien venció todos los obstáculos y resistencias fue el santo papa Pío V, que veía con dolor la opresión de los cristianos en Oriente y desde 1566 venía pensando en una «santa liga» de los príncipes de Occidente.

Tenía aquel pontífice un alma medieval, que le hacía soñar en una gran cruzada contra los enemigos de la cristiandad. Felipe II aceptó la idea, en parte porque había heredado de sus progenitores, aunque no en su forma típica, el espíritu cruzado, y también porque una guerra antiturca podría darle como resultado el quebrantamiento de la Media Luna en el Mediterráneo y en el norte de Africa, con la consiguiente paz y seguridad de las costas españolas.

Venecia tuvo que rendirse a las condiciones de Roma y de Madrid, porque el imperio veneciano de Levante se estaba desmoronando con la pérdida de Nicosia en 1570 y Famagusta en 1571, con lo que toda la isla de Chipre —florón de la Serenísima— cayó bajo las garras del sultán.

14.　Hacia Lepanto

Después de prolijas deliberaciones y disputas, se llegó por fin a una «liga y confederación» entre Venecia, España y la Santa Sede, que se firmó el 25 de mayo de 1571. En las *Capitulaciones* se decía: «La liga será perpetua». Para una fecha determinada deberán estar listas 200 naves de guerra *(trirremes)*, 100 naves de carga *(onerarias)* con 50.000 soldados italianos, españoles y alemanes, y 4.500 caballos con la artillería y municiones necesarias. El Rey Católico «contribuirá con las tres sextas partes», y Venecia «con las dos sextas». Su Santidad aportará «doce galeras bien provistas, además de 3.000 hombres de a pie y 270 caballeros» [91].

En algunas cosas no se alcanzó la cifra convenida. De todos modos, la armada cristiana en su conjunto era poco inferior a la turquesca, que constaba, según Guglielmotti, de 222 galeras y 60 galeotas con 750 cañones, 34.000 soldados combatientes, además de 13.000 hombres de marinería y 41.000 esclavos remeros [92].

«El generalísimo de la armada —dicen las *Capitulaciones*— - y capitán de las fuerzas de tierra será... el ilustrísimo señor Juan de Austria». Si por cualquier motivo faltase, le sustituirá «el ilustre Marco Antonio Colonna, duque de Paliano, por nombramiento de Su Majestad católica, con la aprobación de los otros confederados». Sabemos que el capitán general que comandó y organizó la flota fue don Juan de Austria, que acababa de vencer a los moriscos de las Alpujarras y gozaba de inmenso prestigio y simpatía por sus éxitos militares, por su juventud de veintiséis años y por sus ideales, que recordaban los de su padre Carlos V. El será autor principal de aquella página de la historia de España. A su

---

[91] Texto latino de la capitulación en Serrano, *Correspondencia* IV 299-309. Del mismo autor, *La Liga de Lepanto entre España, Venecia y la Santa Sede* (Madrid 1918-19), 2 vols., donde se declara que las galeras venecianas no iban bien equipadas de gente y de cañones, por lo que fue preciso que don Juan de Austria las reforzase (I 113). Otras particularidades en J. M. March, *La batalla de Lepanto y don Luis de Requesens, lugarteniente general de la mar* (Madrid 1944); A. Guglielmotti, *Storia della marina pontificia.* Vol.6: *Marcantonio Colonna alla battaglia di Lepanto* (Roma 1877).

[92] Cuadro sinóptico de las fuerzas turcas, en Guglielmotti, VI 204.

lado puso Felipe II a don Luis de Requesens, con quien debía asesorarse en todo.

Comandaba la flota de la Serenísima el veneciano Sebastián Veniero, ya viejo y terco en sus pareceres; la del papa iba al mando de Marco Antonio Colonna, duque de Paliano y súbdito del monarca español. Tres escuadrillas se pusieron bajo el mando respectivo del genovés Juan Andrés Doria, del veneciano Agustín Barbarigo y del invicto Alvaro de Bazán, marqués de Santa Cruz. Otros capitanes famosos eran Alejandro Farnese, duque de Parma, nieto de Carlos V, y García de Toledo. Bajo los estandartes de tan eximios jefes se alistó la flor y nata de la nobleza española e italiana. Todos iban llenos de santo idealismo, porque tenían conciencia de la gravedad del momento y de su incalculable transcendencia. Se iba a producir en aguas del Mediterráneo el choque frontal de dos civilizaciones, la islámica y la occidental; de dos religiones contrapuestas, la de Mahoma y la de Cristo; de los dos imperios más poderosos de aquel siglo: el de la Media Luna y el de España.

Algunos frailes franciscanos acompañaban a don Juan de Austria; capellanes jesuitas y capuchinos se encargaron de acompañar a los soldados, asistiéndolos espiritualmente y velando por la moralidad de la tropa. Pío V envió a don Juan el bastón de capitán general y el *vexillum*, o estandarte de precioso damasco, con la efigie de Cristo crucificado.

15. «LA MÁS ALTA OCASIÓN QUE VIERON LOS SIGLOS»

El 16 de septiembre zarpó la gran armada del puerto de Mesina. El domingo 7 de octubre, acercándose al golfo de Patrás, tropezó súbitamente con la flota turca, que intentaba salir del mismo. El mar estaba azul y el cielo claro. Don Juan dio la señal de ataque.

Los soldados, recibida la absolución sacramental, empezaron a clamorear llenos de fe y entusiasmo: «¡Victoria, victoria! ¡Viva Cristo!» Uno de ellos se llamaba Miguel de Cervantes; iba en una nave genovesa, y, no obstante la fiebre que le aquejaba, pidió le pusiesen en el lugar más peligroso, para morir luchando «en la más memorable y alta ocasión que vieron los siglos», según lo consignó en el *Quijote*. Una herida de mosquete le impidió para siempre el uso de la mano izquierda. La muerte de Alí Pachá, gran almirante de la flota turca, señaló el comienzo de la espantosa derrota.

No es de este lugar la descripción de la batalla, que fue una de las más señaladas y transcendentales en la historia de Europa y del catolicismo occidental.

El triunfo de los cristianos fue tan rotundo, con tan inmenso botín de naves capturadas y esclavos cristianos liberados, que las gentes se hacían cruces y casi no podían creerlo. La fama de invencibilidad que tenían los turcos se desvaneció. Durante veinte años no podrán reponerse de aquel desastre. Y si la potencia del imperio otomano no fue entonces o poco después aniquilada, fue por las disensiones hispano-venecianas y por las maniobras políticas antiespañolas de Francia y de Inglaterra.

Don Juan de Austria, al llegar triunfador a Mesina, fue visitado por dos emisarios albaneses, que le ofrecieron reconocerlo por rey de Grecia. El magnánimo príncipe no quiso aceptar sin contar antes con su hermano don Felipe, y como a éste no le pareciera oportuno, se sometió sin queja.

A los catorce días de la gran victoria de Lepanto llegó la noticia a Roma. Era la noche del 21 de octubre. Despertado Pío V, se puso de rodillas y dio gracias a Dios con lágrimas de gozo. A la mañana siguiente, en la misa que se celebró en la basílica de San Pedro, pronunció las famosas palabras: *«Fuit homo missus a Deo, cui nomen erat Ioannes»*.

Más tarde se supo en España. El 8 de noviembre se hallaba Felipe II en El Escorial rezando vísperas con los frailes en el coro, cuando entró un cortesano a avisarle con palabra emocionada que se había alcanzado una gran victoria. El rey, sereno como siempre, le atajó: «Sosegaos; entre el correo, que lo dirá mejor«. Y no permitió que se interrumpiese el oficio. Terminado el *Magnificat*, hizo que se cantara el *Te Deum*.

El papa le felicitó en seguida.

> «Ahora —le decía en carta particular— me parece que debo congratularme con vuestra Majestad Católica por la victoria, que será de eterna memoria y alabanza de V. M., y por el gran valor del señor don Juan... De ningún otro capitán de armada marítima, desde el advenimiento de nuestro Señor, se lee haber demostrado tal valor» [93].

Hubiera deseado Felipe II proseguir adelante la campaña antiturca, sin romper la Liga, porque el fin de ésta no era otro que el de aniquilar las fuerzas navales del imperio otomano [94]. Desgraciadamente no fue así. En marzo de 1573, mientras el nuevo papa intentaba rehacer la Liga santa, Venecia firmaba una paz secreta y vergonzosa con el Islam. Solamente le fue posible a don Juan de Austria, como epílogo de Lepanto, conquistar las plazas de Túnez y Bizerta en 1573, que a poco se perdieron. Ya para entonces, el inspirador y caudillo espiritual de aquella cruzada —el santo Pío V— había pasado a mejor vida (1.º de mayo de 1572). El Mediterráneo dejó de ser el palenque azul en que se enfrentaban los dos mayores imperios: Turquía y España se vuelven las espaldas. La primera tiene que defenderse al oriente contra Persia; la segunda, sobre todo desde la anexión de Portugal en 1580, mira más hacia el Occidente, hacia los inmensos y ricos dominios de América.

16. GREGORIO XIII Y EL MONARCA ESPAÑOL. EL «PLACET REGIUM»

Los pocos meses que Hugo Boncompagni residió en la corte de Felipe II en calidad de nuncio apostólico le bastaron para conocer y admirar los sentimientos profundamente religiosos del Rey Prudente. La

---

[93] SERRANO, *Correspondencia* IV 493.
[94] Comunicación del rey a Granvela, Pacheco y Requesens (13 octubre 1571), en SERRANO, *Correspondencia* IV 483-84.

prudencia era también la característica de aquel nuncio que en 1572 subió a la cátedra de San Pedro con el nombre de Gregorio XIII. Parecían llamados los dos para proceder en perfecta armonía, cooperando juntos en las grandes empresas de la Contrarreforma, que alcanzaba entonces su apogeo político-religioso.

Pero, en medio de todo, Gregorio XIII era un jurista, y quería defender el «derecho canónico», sin atender bastante a los privilegios que otros papas habían concedido a ciertos príncipes, y tener en cuenta que algunos usos de la Cámara Apostólica, por justos que fuesen en su origen, habían caído en desuso en casi todas las naciones y parecían anacrónicos; v.gr., el de los espolios y otros censos fiscales, que ya sólo se pagaban en España.

Respecto a los derechos de la Iglesia, el nuevo papa siguió la línea trazada por su antecesor Pío V, aunque con menor intensidad; de ahí que, no obstante las amistosas relaciones que fueron constantes entre el papa y el rey, se produjeran a veces conflictos jurisdiccionales o se prolongaran los originados en el pontificado anterior. Esto ocurrió principalmente en los dominios italianos, en donde nunca faltaban ministros de Felipe II que abogaban con excesivo calor y celo por el mantenimiento de antiguos privilegios o prerrogativas reales. Tales roces versaban siempre sobre los límites del foro eclesiástico (lo hemos visto en Milán bajo Pío V), la práctica del *placet regium* o *exequatur*, la legacía apostólica de Sicilia *(Monarchia Sicula)* y cuestiones de censos y beneficios.

El derecho que se habían arrogado los reyes de someter a revisión de la autoridad civil las letras pontificias practicábase en Inglaterra desde el siglo XI y pareció justificado en el siglo XIV con ocasión del cisma de Occidente, en que dos papas pretendían intervenir con sentido opuesto en el mismo negocio. Para verificar la legitimidad del documento pontificio y permitir su divulgación, se requería entonces un visado del rey, que se decía *placet* o bien *exequatur*. Luego degeneró en costumbre, y los regalistas lo quisieron convertir en derecho.

El 26 de junio de 1493, el pontífice Alejandro VI, por la bula *Inter curas* concedió el uso del *placet* a los Reyes Católicos cuando se trataba de concesiones de indulgencias, a fin de que ciertos individuos sin escrúpulos no se aprovechasen para vender indulgencias falsas [95].

En tiempos de Felipe II se sometían al regio *placet*: 1) las indulgencias expedidas por la Penitenciaría; 2) los rescriptos con privilegios de exención de jurisdicción inquisitorial; 3) las disposiciones canónicas de innovación en materia de beneficios; 4) las provisiones que violaban los privilegios del reino o del derecho de los ciudadanos [96].

---

[95] La observancia de esta bula la recalca la *Novísima recopilación de las leyes de España* (l.2 tít.3 ley 2).

[96] G. CATALANO, *Controversie giurisdizionali* 167. En el terreno beneficiario la «retención de bulas» equivalía al *placet regium*, que tantas veces se trae como prueba del regalismo español. La «retención de bulas», frecuente en todas partes y usada en España por antiguas concesiones papales, no consistía en someter las bulas a la sentencia del poder real, sino en examinar si contenían algo contrario a los derechos y a la paz de la nación (hay que pensar en la hostilidad política, no rara entonces, entre ambas partes); si la

Eso no quiere decir que muchos de esos documentos no corriesen por España sin el «visto bueno» del rey, pues en la península Ibérica no se procedía con tanto rigor como en Francia, Italia, etc. Principalmente se abusaba de esta práctica del *placet* o *exequatur* cuando se quería impedir la promulgación en cualquier país de la bula *In coena Domini*, tan poco grata a los príncipes.

17. Episodio de Logroño

Nos parece un caso típico de esos conflictos jurisdiccionales el que acaeció en Logroño en 1581. Sabido es que los canónigos, amantísimos de sus privilegios y exenciones y reacios a cualquier reforma, solían oponerse a la visita de los obispos. Pues bien, el obispo de Calahorra Juan Ochoa de Salazar intentó girar una visita a su cabildo por mandato de Felipe II. Resistieron los capitulares, alegando una antigua concordia con el prelado, en que éste renunciaba a ejercitar su derecho. El corregidor logroñés, obedeciendo órdenes del Consejo Real, secuestró los bienes de los canónigos rebeldes y a los cabecillas los desterró a Portugal.

Nada hubiera sucedido de no intervenir inconsideradamente el nuncio Filippo Sega, el cual, juzgando violados sus derechos, hizo fijar en las puertas de las catedrales de Calahorra y Logroño tres *cedulones* (palabras del rey), el primero de los cuales contenía la bula *In coena Domini*, prohibida en España; el segundo declaraba depuesto al obispo Ochoa de Salazar y vacante el obispado; el tercero lanzaba la excomunión contra el corregidor de Logroño y demás funcionarios.

Felipe II al saberlo, sin armar ruidos ni escándalo, procuró que el asunto se arreglara buenamente, «como más convenga al servicio de Dios nuestro Señor»; así se lo escribió al cardenal Granvela, presidente del Consejo de Italia, no sin criticar el proceder del nuncio, que había perturbado la paz pública violando las leyes de España. Al fin de la carta añadía de su propia mano estas doloridas expresiones:

«Estas cosas del nuncio y el colector van apretando de manera que creo que han de resultar dello grandes inconvenientes. Y es fuerte cosa que por ver que yo solo soy el que respeto a la Sede Apostólica —y [respetan] con suma veneración mis reinos—, y procuro hagan lo mismo los ajenos, en lugar de agradecérmelo como debían, se aprovecha dello para quererme usurpar la autoridad que es tan necesaria y conveniente para el servicio de Dios y para el buen gobierno de lo que Él me ha encomendado; y es bien al revés desto lo que usan con los que hacen lo contrario que yo. Y así podría ser que me forzasen a tomar nuevo camino, no apartándome de lo que debo. Y sé muy bien que no debo sufrir que estas cosas pasen tan adelante; y yo os certifico que me traen muy cansado y cerca de acabárseme la paciencia, por mucha que tengo... Y veo que, si los Estados Baxos fueran de otro, hubieran hecho maravillas por que no

publicación de la bula podía acarrear perjuicios al reino, el rey avisaba a Roma a fin de que la bula se corrigiese o se anulase (SERRANO, *Primeras negociaciones* 94).

se perdiera la religión en ellos, y por ser míos, creo que pasan por que se pierda, porque los pierda yo» [97].

18. LA LEGACÍA DEL REINO DE SICILIA («MONARCHIA SICULA»)

Una discusión, ya iniciada bajo Pío V, se desenvolvió alrededor del controvertido privilegio de la *Monarchia Sicula*. Aunque limitado a Sicilia, excluido cualquier otro dominio de Felipe II, se trataba de los máximos poderes que podían otorgar los papas a los reyes. Por eso, no pocos pontífices, ya en la Edad Media, trataron de aminorar la concesión y desde el siglo XVI deseaban revocarla o anularla del todo. A lo cual, naturalmente, resistían *unguibus et rostro* los reyes y sus juristas. Las disputas se tuvieron en Roma.

Los negociadores pontificios, frente a los representantes de Madrid, combatían la antigua concesión papal, alegando que el documento era falso o apócrifo; aun admitiendo su historicidad y genuinidad, del mismo texto se infiere —decían— que la concesión de Urbano II no es más que una promesa de no enviar a Sicilia legados apostólicos sin contar con los príncipes normandos, a cuya decisión dejaban las causas tratadas por los legados; que tal promesa no obligaba sino al papa que la había hecho; y que, de todas maneras, el rey, en el ejercicio de una potestad delegada del papa, no podía transferirla a laicos como el virrey [98].

Hoy día, ningún historiador pone en duda que el papa Urbano II, en atención a los grandes méritos de Rogerio I de Sicilia, debelador de los sarracenos, le otorgó, por una bula del 5 de julio de 1098 (*Quia propter prudentiam*), el privilegio de

«no enviar, mientras él viviese, o su hijo Simón, o cualquier otro heredero legítimo, ningún legado de la Iglesia romana a vuestra tierra contra vuestra voluntad o consejo; más aún, lo que habríamos de hacer por medio del legado, queremos ejecutarlo por tu medio, como vicelegado... Si se celebrase algún concilio, te comisionaré para que envíes al mismo los obispos y abades de tu tierra, los que quieras y cuantos quieras» [99].

¿Hasta dónde se alarga ese privilegio? Hay frases que requieren explicación. Urbano II no la dio ni pensó en ello. El cardenal Baronio, interrumpiendo sus *Annales ecclesiastici* (al llegar el año 1097), inserta una larga disquisición histórica negando apasionadamente la historicidad y genuinidad del documento.

De hecho, los soberanos de Sicilia, aun ignorando el diploma primi-

---

[97] CABRERA DE CÓRDOBA, *Felipe II, rey de España* II 684-85; R. DE HINOJOSA, *Los despachos de la diplomacia pontificia en España* 232-33.
[98] Véase el apéndice de G. CATALANO, *Controversie* 217-18. El problema y la discusión, ibid.,125-37.195.200.203-209.
[99] PH. JAFFÉ, *Regesta Pontificum Romanorum* (Leipzig 1885) I n.5706. Todo el texto, que es muy breve, en MANSI, *Concilia* XX 659 y PL 151.506. También en C. BARONIO, *Annales ecclesiastici* a.1097 n.23-24. Véase la clásica monografía de F. J. SENTIS, *Die Monarchia Sicula. Eine historisch-canonistische Untersuchung* (Freiburg i. Br.1869).

tivo, se arrogaron derechos exorbitantes durante la Edad Media. Pero sucedió que en 1508 se descubrió el texto de la bula, y desde entonces se creyeron investidos del título de legados pontificios para el gobierno eclesiástico de la isla. No es de maravillar que un papa como Pío V considerase poco menos que absurdo ese título de legado apostólico en un laico, que abría la puerta a muchas intromisiones del poder civil. Felipe II, en 1578, suplicó a Gregorio XIII la confirmación de la *Monarchia Sicula* o de la supuesta «legacía apostólica» de que se sentía investido. Y como el papa se negase decididamente, el rey instituyó un tribunal estable con un juez *(Iudex Monarchiae Siculae)*, de cuyas sentencias no hacía falta apelar a Roma. El papa, como es natural, quedó amargado y desabrido de tal proceder. De un rey tan católico como Felipe se podía esperar una actitud más blanda y condescendiente con el vicario de Cristo.

19. Negociaciones de arreglo

Viendo el rey que entre la potestad civil y la eclesiástica, tratándose de cuestiones muy variadas, surgían malentendidos y disputas, se decidió a enviar a Roma personas competentes que entablasen con el papa y sus consejeros negociaciones diplomáticas a fin de resolver de una vez los puntos cuestionados. El 10 de noviembre de 1573, el nuncio Ormanetto comunicaba al cardenal de Como que el Consejo de Estado ha resuelto mandar dos personas a Roma para tratar de asuntos de jurisdicción [100].

Con este encargo llegaron a Roma, el 6 de octubre del año siguiente, el marqués de las Navas, don Pedro de Avila, y el hábil jurisconsulto Francisco de Vera. En las instrucciones que recibieron del rey se dice:

«Así mismo nos ha parescido bien que todo el mundo entienda que por nuestra parte no ha quedado ni queda que por todos los medios posibles no se tome asiento y concordia con su Santidad, siendo Nos obligado, como hijo obediente de la Yglesia, a tener el respeto que es razón a quien representa la persona de Dios en la tierra, mayormente en tiempo que cuasi en todas partes de la cristiandad circumvicinas a nuestros reinos está tan estregado lo que toca a la religión y obediencia a la Sede Apostólica. Por lo cual, aunque pudiéramos, con rigurosos rimedios que el derecho y costumbre nos permite, defender nuestra jurisdicción real..., todavía nos ha parescido usar primero déste... de enviaros a Roma» [101].

Al marqués de las Navas, fallecido a poco de comenzar la controversia, le había sucedido don Alvaro de Borja, marqués de Alcañices. La delegación pontificia para el diálogo la componían los cardenales de Santacroce, Maffei, Sforza y Orsini, todos ellos más benignos y menos intransigentes que el pontífice. Con todo, no lograron ponerse de acuerdo; por lo cual las conversaciones, abiertas oficialmente en 1574, pero en actividad sólo desde 1578, se interrumpieron el 10 de febrero

[100] J. Olarra-M. L. Larramendi, *Indices de la correspondencia entre la Nunciatura de España y la Santa Sede durante el reinado de Felipe II* (Madrid 1948) 253 n.2074.
[101] Catalano, *Controversie* 86 nota.

de 1579, con esperanza de reanudarlas posteriormente. En efecto, recomenzaron las conversaciones en mayo de 1580, con el fin de «atajar las differencias que se tienen con su Santidad en materia de jurisdicción», según escribía el rey al marqués de Alcañices [102]. Pasaban los meses y no llegaban al deseado arreglo.

«Estos señores españoles —decía el cardenal Santacroce el 4 de febrero de 1579 en un billete al papa—... han respondido resueltamente que su Majestad ha encontrado sus reinos en este estado, y que no quiere alteraciones, si no es en remover algún abuso. Y que en esto tiene conciencia sincera» [103].

Y cinco días después informaba el secretario de Estado al nuncio en España:

«Su Santidad les dio a entender que lo del *exequatur* sea totalmente quitado del reino de Nápoles, lo cual ha encontrado en los ministros gran resistencia... En cuanto al punto de la Monarchia [sicula], estamos como antes y aún con mayores dificultades, porque, habiéndose ofrecido de parte del rey que solamente cierto género de causas viniesen a Roma..., no se ha querido aceptar, porque el sumo pontífice, como cabeza de la Iglesia universal, no debe tolerar que en las causas eclesiásticas sea reconocido como superior en parte sí y en parte no.... De modo que el negocio está encallado» [104].

La esperanza de arreglo pacífico que alimentaba Gregorio XIII, se frustró lamentablemente.

20. OBSERVACIONES FINALES SOBRE EL JURISDICCIONALISMO DE LOS AUSTRIAS

«Pero era esperanza vana —comenta G. Catalano—, porque Felipe II tenía un concepto altísimo de los deberes inherentes a su oficio de príncipe, y quería transmitir intacto a sus sucesores el patrimonio de derechos y privilegios *circa sacra* conseguidos por la Corona. Y, a la verdad, el examen de lo acaecido en las negociaciones romanas confirma de lleno el intransigente espíritu conservador de la política eclesiástica de Felipe II; característica peculiar sobre la cual conviene insistir, porque ayuda a explicar cómo las frecuentes controversias romanas nunca provocaron ni una rotura ni un empeoramiento durable de las relaciones entre la Santa Sede y Felipe II. Y la razón principal de ello está, a nuestro parecer, en el hecho que las prácticas e instituciones regalísticas impugnadas por la Santa Sede no las había introducido o perfeccionado Felipe II, sino que se remontaban a tiempos antiguos, de modo que el correr de los años había extendido sobre ellas una cierta pátina de legitimidad, que las hacía menos odiosas y más tolerables a la misma clase eclesiástica» [105].

[102] CATALANO, *Controversie* 271-72.
[103] Ibid.,250.
[104] Ibid., 252-53. La tensión entre ambas cortes persistía el 30 de abril de 1581, cuando el papa escribía a L.Taverna: «Pare che la giurisdizione sia oppugnata e li ecclesiastici peggio trattati che mai dalli ministri regii» (H. LAEMMER, *Zur Kirchengeschichte des XVI. und XVII. Jahrhunderts* [Freiburg i. Br.1863] p.69-70).
[105] CATALANO, *Controversie* 231.

Y, deshaciendo ciertas ideas cesaropapistas atribuidas erróneamente al rey de España, añade el mismo autor:

«Hay que tener presente, antes que nada, que en las provincias sometidas a la soberanía de Felipe II, las relaciones entre la autoridad espiritual y el poder civil se desenvolvían partiendo del pleno y absoluto reconocimiento de la unidad y universalidad de la legislación canónica. Se estaba, pues, muy lejos de aquella concepción monística del derecho, que concibe el Estado como único ente verdaderamente soberano y absoluto..., meta final adonde tendían, más o menos conscientemente, los sistemas jurisdiccionalistas de los siglos XVII y XVIII. En cambio, en los dominios de Felipe II se partía del presupuesto que el consorcio humano debía ser gobernado por la legislación jurídica estatal y por la de los cánones, una y otra... absolutamente incompetentes para obrar en la esfera que no les fuese propia. Tal concepción, que había sido típica del Medioevo, traía consigo, como lógica consecuencia, el pleno reconocimiento de los privilegios e inmunidades de la Iglesia, así como de la jurisdicción eclesiástica en los límites que le asignaba el derecho de las decretales... Lo cual acontecía en todos los dominios de Felipe II; por lo cual, bajo este aspecto, las posiciones de la Iglesia se presentaban solidísimas y seguras y no turbadas por el general trastorno provocado por la Reforma protestante aun en los Estados que seguían católicos. Baste pensar en las condiciones de la Iglesia de Francia, donde triunfaban tendencias episcopalistas y teorías conciliaristas; donde los decretos disciplinares del concilio de Trento eran rechazados; donde no funcionaba la Santa Inquisición; donde había caducado desde antiguo toda apariencia de inmunidad tributaria; donde la jurisdicción eclesiástica era sistemáticamente atacada por juristas y magistrados» [106].

Digamos para terminar que, si las relaciones entre Gregorio XIII y Felipe II nunca fueron ásperas ni desabridas, suavizáronse mucho en los últimos años y se hicieron más amistosas. Sus puntos de vista sobre la política europea, tanto respecto de Francia como de Inglaterra, coincidían felizmente. El sumo pontífice se mostró más generoso que sus antecesores en otorgar al Rey Católico, empeñado en las más arduas y onerosas empresas de la catolicidad, frecuentes subsidios o contribuciones, que se imponían sobre las rentas de los beneficios eclesiásticos a favor de la Corona; v.gr., el de la cruzada, el excusado, el subsidio general y aun, alguna vez, la desamortización de bienes de Iglesia. La recaudación de tales impuestos traía anualmente a las arcas del Estado varios millones de ducados. Todo era poco para tantas guerras, tantos afanes y fatigas, no buscando un poderío nacionalista, sino un ideal más alto.

Felipe II, por su parte, enriqueció al sobrino del papa, Giacomo Boncompagni, con espléndidas rentas y altos cargos españoles; la gran encomienda de Calatrava le producía al año 12.000 escudos áureos; el generalato de los gendarmes de Milán, 6.000; la capitanía de ciertos gendarmes españoles, 1.000. Otro nepote del papa, el cardenal de San Sixto, recibía una pensión de 3.000 escudos. Hay que tener también en cuenta que solamente de los espolios de las sedes de España mandaba el nun-

[106] Ibid., 232-23.

cio o colector a la Cámara Apostólica 150.000 escudos anuales, y para la Fábrica de San Pedro, no menos de 100.000 ducados cada seis años. Y el embajador español en Roma, el rumboso conde de Olivares, supo ganarse las simpatías del pontífice coadyuvando a sus planes de cruzada antiturca y ofreciéndole tropas para combatir la plaga social del bandolerismo.

21. EL REY «PRUDENTE» Y EL PAPA «TERRIBLE»

El 10 de abril de 1585 entregó el alma a Dios Gregorio XIII, y el 24 del mismo mes, el cardenal franciscano Félix Peretti (o cardenal de Montalto) se sentaba en el trono pontificio con el nombre de Sixto V. No reinó más que cinco años, pero dejó huella en la historia del pontificado romano. Era una personalidad destacada y fuerte, digna de ser esculpida por cinceles miguelangelescos. Sus rasgos fisonómicos eran de una vulgaridad plebeya y campesina, con una cabezota caída hacia adelante, bajo cuya frente rugosa chispeaban dos ojos ardientes y pequeños. La barba blanca y espesa le poblaba las mejillas, abriéndose un poco en el mentón. Despótico, justiciero, colérico, malhablado, impaciente y brusco, pero buen organizador y administrador. Por su carácter mereció de sus contemporáneos el sobrenombre de «il Terribile», como su coetáneo el zar de Rusia Iván IV. Ante la terribilidad de este papa, al rey Felipe II no le bastó toda su prudencia. Y más de una vez estalló en ira, que derramó confidencialmente en algunas epístolas al mismo Sixto, nobilísima expresión de su alma católica y dolorida.

No nos interesan ahora los méritos innegables de aquel pontífice en la urbanización de Roma, en la organización de la curia mediante las congregaciones cardenalicias y en el exterminio del bandidaje, que llenaba de víctimas los caminos y las mismas calles de la ciudad. A todos los bandoleros y criminales los fue llevando al patíbulo, en tal número, que los *Avvisi di Roma* comunicaban el 18 de septiembre de 1585 que aquel año, en el puente de Sant'Angelo, se habían visto casi más cabezas de ajusticiados que melones en el mercado.

Y por tratarse de un docto canonista español, don Martín de Zuría, sobrino del Doctor Navarro, de cuyas obras preparaba la edición, referiremos la tremenda noticia que nos dan los mismos *Avvisi di Roma*, el 11 de mayo de 1588. Hallándose don Martín en la basílica de San Pedro una mañana, reconoció a un guardia suizo que meses antes le había echado de malas maneras de las estancias vaticanas. En un momento de ira, cogió un bastón de peregrino y le propinó al suizo dos bastonazos, hiriéndole *mediocremente* en la cabeza y sacándole algo de sangre, lo suficiente para que el templo se considerase violado. Súpolo el papa, e inmediatamente lo mandó ahorcar. A las cinco de la tarde de aquel mismo día, el cuerpo del piadosísimo canonista navarro pendía trágicamente en la gran plaza de San Pedro ante una muchedumbre de 30.000 espectadores [107].

Así era de justiciero «il Terribile». ¿Podría entenderse con el rey de España? Difícilmente.

22. AVERSIÓN Y ANTIPATÍA. PODA OFICIAL DE TÍTULOS HONORÍFICOS

Sixto V ni amaba ni siquiera tenía en grande estima a Felipe II, quizá porque no gobernaba como él y además porque tenía demasiado poder, insoportable para un autócrata como el papa Peretti.

Admiraba, en cambio, a Isabel de Inglaterra, al calvinista Enrique de Navarra (futuro Enrique IV) y a la Serenísima de Venecia, que tantos sinsabores hizo tragar a la sede romana. Se le atribuye a Sixto V esta frase: «No hay más que tres personas capaces de gobernar: Isabel de Inglaterra, Enrique de Navarra y yo».

En 1585 le dijo al embajador español «que valía más la rueca de la reina de Inglaterra que la espada del rey de España». Y aunque, por ser herética y enemiga de Roma, la llamaba, a veces, «impiísima Jezabel», pero en junio de 1587 exclamaba: «¡Qué gran mujer!» *(Chè brava donna!)* Y al año siguiente: «Es una gran reina; sólo desearíamos que fuese católica, porque sería *la nostra dilettissima*» [108].

Si alguna vez, excepcionalmente, alabó a Felipe II, fue porque se hallaba en necesidad y requería su auxilio. Hay en su conducta con el rey de España variaciones y alternancias chocantes.

El hecho más baladí bastaba para hacerle montar en cólera y sulfurarlo descomedidamente. Un ejemplo: el 8 de octubre de 1586 expidió Felipe II la llamada *Pragmática de las cortesías,* en que se regulaban con nuevas normas los tratamientos que en adelante se daría oralmente o por escrito a las personas de la familia real, a los consejeros, secretarios, etcétera. El título de *excelencia,* o *señoría ilustrísima,* o *señoría reverendísima* sólo se dará a los cardenales y al primado de España. Los arzobispos, obispos, grandes de España, presidente del Consejo Real, marqueses, condes, embajadores, etc., recibirán simplemente el título de *señoría.* Incluso en las cartas o súplicas dirigidas al rey no se pondrá al principio sino *Señor.* Y al fin: *Dios guarde la católica persona de vuestra Majestad* [109].

Con esta poda de títulos se pretendía cortar las excrecencias barrocas que proliferaban en las altas esferas y establecer una mayor sencillez en el trato social. Fue increíble la irritación del papa al ver que un rey se entrometía en asuntos eclesiásticos, como era el tratamiento que se debe dar a los cardenales y obispos. Con la mayor energía exigió que

[107] M. L. LARRAMENDI DE OLARRA, *Miscelánea de noticias romanas acerca de don Martín de Azpilcueta* (Madrid 1943) 215-17. L. Pastor, que conocía de sobra la noticia, no la menciona, tal vez porque podía ensombrecer la figura de su admirado Sixto V.
[108] L. PASTOR, *Geschichte* X 299-300.
[109] Extracto de la pragmática, en italiano, por el embajador veneciano, en A. DE HUEBNER, *Sixto Quinto,* trad. ital. (Roma 1877) I 514-16.

se retirase tal *Pragmática,* porque de lo contrario la pondría en el *Index librorum prohibitorum.* Protestó contra ella en Madrid el nuncio C. Speciani, pues también su titulación honorífica quedaba rebajada, y se negó a recibirla. Replicó Felipe II que no estaba en su ánimo usurpar atribuciones de nadie.

Si la tensión entre ambas potestades no se atirantó más fue porque Sixto V estaba ya planeando la conquista de Inglaterra para el catolicismo, lo cual no podría realizarse sino mediante la conquista militar de aquel reino por Felipe II. El papa se mostró generoso en promesas de tipo financiero para tamaña empresa, promesas que luego no cumplió, aunque sí es verdad que con gran liberalidad le otorgó diversos subsidios eclesiásticos, además del excusado y la cruzada.

Mas no olvidaba Sixto V la grave ofensa que creía haber recibido del rey por la famosa *Pragmática de las cortesías*, y, al animarle a la expedición contra Inglaterra, le aconseja que antes de emprender la guerra se confiese de aquel grave pecado. Merece leerse la carta autógrafa que le escribió el 7 de agosto de 1587:

«Esta mañana he tenido consistorio y he creado cardenal a [Guillermo] Allen para dar satisfacción a V. Majestad... Me cuentan que en Roma se ha comenzado a decir: 'ahora se ponen de acuerdo por la guerra de Inglaterra'. Y esta suposición corre por todas partes. Pero V. Majestad no pierda el tiempo, a fin de no causar mayor daño a aquellos pobres cristianos... Antes de acometer esta empresa, procure V. Majestad reconciliarse bien con Dios N. S., porque el pecado de los príncipes arruina a los pueblos y destruye los reinos, y de ningún pecado se ofende a Dios más que de la usurpación de la jurisdicción eclesiástica... Le aconsejaron a V. Majestad incluir en su pragmática a obispos, arzobispos y cardenales. Eso es un gravísimo pecado, por lo cual debe sacar de la pragmática a esos ministros de Dios y hacer penitencia; de lo contrario podría venirle algún castigo de Dios. No crea a quien le aconseja lo contrario, porque forzosamente tiene que ser adulador o ateo... Si vuestros consejeros entienden de letras humanas, lean a Eutropio; si de cánones, lean la décima y la distinción 36; si de leyes, lean *de sanctissimis episcopis*; si de teología, lean el primero y segundo opúsculo de Santo Tomás... César Octaviano y otros emperadores paganos tuvieron tanto respeto de la sacra jurisdicción, que para dar alguna ley tocante a las personas sacras se hacían elegir pontífices. Por este su gran pecado, yo he derramado muchas lágrimas; y confío que se enmendará y que Dios le perdonará. Al vicario de Dios se le debe obedecer sin réplica en las cosas de la salvación» [110].

No creemos que Felipe II, antes de emprender la guerra, se confesase del gravísimo pecado de la *Pragmática de las cortesías*. La expedición contra Inglaterra tuvo lugar en 1588. Nunca estuvo muy entusiasmado con ella el Rey Prudente. Su secretario, Juan de Idiáquez, le disuadía el proyecto de invadir el reino británico antes de acabar con las rebeldías de Flandes; pero el sumo pontífice urgía, sin dar tiempo a prepararse debidamente. El fracaso de la Armada Invencible le dolió, naturalmente, al papa, no tanto por las pérdidas enormes, irreparables, de Felipe II

---

[110] Texto italiano en HUEBNER I 514-16. Introduzco levísimas variantes, tomándolas de H. LAEMMER, *Zur Kirchengeschichte* 165.

—así quedaba humillada la potencia, que él tanto temía—, cuanto por haberse malogrado para el catolicismo una ocasión que no volvería a presentarse.

En el corazón de Sixto V, que se guiaba más por las impresiones del momento que por motivos de razón, crece desde entonces, según opina Hübner, el desprecio hacia Felipe II, a quien, viéndolo derrotado, le niega el millón de escudos que le había prometido anteriormente para financiar la expedición antibritánica.

23. DIVERSIDAD DE GUSTOS EN EL VESTIR DE LOS OBISPOS

Meditabundo se hallaba el monarca español y dolorido por el fracaso de su gran armada, cuando tuvo noticia de una decisión del papa que le pareció tan indiscreta como desaconsejable. Ordenaba Sixto V que todos los prelados usasen el traje corto y violáceo de los obispos italianos. Según eso, el traje talar y negro que se usaba en España debía ser abandonado.

Felipe II se contentó con hacer desde El Escorial algunas sensatas observaciones, que transmitió a su embajador en Roma, conde de Olivares, con fecha 23 de septiembre de 1588.

> «La mudanza del traje y color —decía— que ha mandado hacer S. S. en los obispos podrá, quizá, tener más causas y consideraciones en otras tierras que por acá, donde, como sabéis, el hábito antiguo de los prelados, en el ser negro y en la hechura, es tan grave, y decente, y religioso, que ninguna mudanza se puede hacer en él que más lo sea; antes, el hacerle más corto y trocarle en morado para acá, donde se usa tan poco de colores, les quitará autoridad y podría juntamente abrir la puerta a otras ocasiones... Todo esto me hace desear mucho que no haya mudanza en ello, por tenerlo por cosa de sustancia y que no para en la ropa, sino que entra adentro... Será bien que, en recibiendo ésta, lo representaréis de mi parte a S.S., acordándole que, por la diversa cualidad de las provincias, y usos, y costumbres dellas, no todas las cosas arman generalmente a todas partes... Si S. S. lo considera y lo pesa, como lo hará con su prudencia y santo celo, no sólo espero que mandará remediarlo, sino que agradecerá mucho el haberle informado de la necesidad que hay de que así lo mande luego, ordenando que en estos reinos de España, de la Corona de Castilla y Aragón y Portugal, no se haga mudanza ninguna en el traje ordinario que los dichos obispos traen fuera de sus propias iglesias catedrales; que dentro dellas, en sus coros, y altar, y actos pontificales, muy bien será que se conformen con el uso y estilo romano» [111].

Parece que las razones del rey convencieron al papa, aunque en el fondo de su alma pensaría que era una intromisión civil en lo que no le tocaba. Como esta acusación general la repetía Sixto V a diestro y a siniestro, el 12 de junio de 1590 trató Felipe de defenderse por medio del duque de Sessa. Responde a diversas acusaciones de Su Santidad y añade:

[111] Del Archivo de Simancas lo tomó HUEBNER, *Sixto Quinto* I 534-35.

«A lo que dice que los príncipes seglares no tienen parte en las cosas eclesiásticas que allí refiere, se le puede responder que es así, que no la tienen; pero que siempre han tenido mucha en aconsejar y pedir a los papas lo que deben hacer para bien y conservación de la cristiandad, y los papas han tenido mucho respeto a sus consejos» [112].

Otro problema —acaso el más grave del pontificado— le dio ocasión a Sixto V de acercarse benignamente a Felipe y de enemistarse después furiosamente con él. Fue el de las guerras de religión en Francia. Las alternativas de su actitud política, favorables unas veces al rey de España, y otras declaradamente hostil, desesperaban a los embajadores españoles, conde de Olivares y duque de Sessa, pero se puede de algún modo explicar considerando la angustiosa situación de aquel romano pontífice, que un día miraba como inmediata la ascensión de un rey calvinista al trono de San Luis y al día siguiente se dejaba persuadir de que el candidato hugonote se convertiría al catolicismo. En consecuencia un día suplicaba ardientemente la acción militar de Felipe II para apoyar a los Guisas católicos y al candidato presentado por ellos contra el jefe de los hugonotes, y otro se imaginaba a Enrique de Navarra convertido a la fe de sus padres, y consiguientemente, como hijo fiel del papa, podría defenderlo y engrandecerlo frente a la omnipotencia de Felipe II. Con esta última esperanza murió Sixto V el 27 de agosto de 1590.

24. TRES PAPAS METEÓRICOS ANTES DE CLEMENTE VIII

En poco más de un año se celebraron en Roma no menos de cuatro conclaves, de los que salieron cuatro sumos pontífices sucesivos: primero, Urbano VII, que como nuncio en la corte de Felipe II había dado plena satisfacción a todos y cuya elección al pontificado debió de alegrar al rey de España, borrándole de la mente la pesadilla de Sixto V, pero que desgraciadamente no reinó más que trece días; segundo, Gregorio XIV, varón santo y austero, de quien se ha dicho que fue «un papa según el corazón de Felipe II», con quien se entendió mejor que nadie, pero que sólo pontificó diez meses y unos días; tercero, Inocencio IX, que prometía ser un buen papa por sus dotes intelectuales y morales, elegido el 29 de octubre y muerto el 30 de diciembre del mismo año 1591; y, por fin, Clemente VIII, que en la historia de la Iglesia cerrará dignamente el vistoso y dramático capítulo del siglo XVI.

Los ardides y manejos del conde de Olivares, embajador de España, no lograron impedir la elevación al pontificado del cardenal Hipólito Aldobrandini, que se llamó Clemente VIII (30 de enero de 1592). Advirtamos aquí que ese hábil, activo, altanero y casi desafiante embajador (padre del famoso Conde-Duque) fue acusado de entrometerse demasiado en la elección de los papas, ayudando en el conclave al partido habsbúrgico frente a las candidaturas contrarias. Eso era común a los

[112] Ibid., II 402-405.

embajadores de todas las potencias católicas, y años adelante descollará sobre todos el de Francia. Incluso los príncipes ponían, tal vez, el *veto* a un determinado cardenal, excluyéndolo de la elección. Cuando se dice que Felipe II puso alguna vez el veto, lo hizo privadamente en carta al embajador, indicándole qué nombres le agradarían y cuáles no, con objeto de que el diplomático maniobrase hábilmente en el colegio cardenalicio. Nunca se habla de verdadera simonía o compra de votos.

De todos modos, es cierto que una comisión de teólogos romanos manifestó públicamente su opinión en 1593: «que ni su Majestad podía proceder a las dichas exclusiones o inclusiones en la forma que lo hacía, ni su embajador ejecutarlas sin gravísimo perjuicio de sus conciencias». A lo que replicó el monarca ordenando que se reuniese otra comisión formada por un teólogo dominico, otro jesuita y un canonista, todos tres españoles, los cuales, examinando los principios de derecho y positivo, las varias opiniones de teólogos, etc., llegaron a la conclusión de que «ni por sus instrucciones el rey ni por sus manejos el embajador incurrían, en modo alguno, en las censuras de la Iglesia» [113].

25. EL PAPA ALDOBRANDINI

Clemente VIII era digno de la tiara por su sincera piedad, su experiencia de los negocios diplomáticos y curiales, su laboriosidad metódica, su carácter conciliador. Era lento en sus decisiones y de poca iniciativa.

Sus antecedentes no eran favorables a España, y desde el primer momento se le notó la propensión hacia Francia, como buen florentino. Pero, viendo la madeja francesa tan enmarañada y el grave peligro del catolicismo, tuvo que volver los ojos temporáneamente hacia Felipe II. Para ganarse sus simpatías, se mostró generosísimo en la concesión por cinco años de rentas eclesiásticas (subsidio, excusado y cruzada), por valor de dos millones de ducados anuales [114].

Mientras no había fundadas esperanzas de la conversión de Enrique de Navarra, candidato al trono y virtualmente rey desde la muerte de Enrique III (1.º de agosto de 1589), el papa Clemente VIII se resistía a aceptar como Rey Cristianísimo al caudillo de los hugonotes franceses. Eso le unía estrechamente a Felipe II, protector del partido católico de los Guisas. Pero cuando el 25 de julio de 1593 Enrique de Navarra, o de Borbón, abjurando el calvinismo (*«Paris vaut bien une messe»*), es absuel-

---

[113] R. DE HINOJOSA, *Los despachos* 412-13.
[114] El dato lo tomo de M. PHILIPPSON, *Philipp von Spanien* 449. Lo repite Pastor (XI 48), con alusión a un códice del Archivo de la Embajada española que probablemente no consultó, pues no da más que el título, sin precisar nada. No he podido dar con él en los *Indices* del Archivo. ¿Será igual a otro en italiano, del que hay copia en el Arch.Vatic. y en la Bibl.Corsini? Este comienza así: «La Sede Apostólica soleva in Spagna havere giurisditione quasi uguale al Re...» Trata de las rentas que el rey saca anualmente de los bienes del clero (nombramientos eclesiásticos, Ordenes Militares, cruzada, subsidios de galeras, espolio, frutos, etc.) por concesiones pontificias. Y termina con un «Ritratto di tutte l'entrate ecclesiastiche, che gode il Rè di Spagna» (SERRANO, *Correspondencia* I 447-53).

to de todas las censuras por el arzobispo de Bourges y en la grandiosa catedral gótica de Chartres es ungido con el sacro crisma, y cuando, en fin, la ciudad de París, alcázar de la resistencia, le abre sus puertas el 22 de marzo de 1594, ¿qué iba a hacer el romano pontífice sino dar por buena y sincera la conversión y admitir a aquel descarriado, por segunda vez converso, en el seno de la Iglesia?

Entretanto, la diplomacia francesa trabaja en Roma con mucha más habilidad que la española, hasta que Clemente VIII se resuelve a absolver públicamente a Enrique, reconociéndolo como legítimo rey de Francia (17 de septiembre de 1595). Duro golpe para la política del rey de España. A fin de mitigar el dolor de esta herida, el papa acrecentó en 1596 las prerrogativas de la Inquisición española y del inquisidor general.

Como Felipe II y los últimos Guisas continuaban la guerra contra Enrique IV, el romano pontífice, como padre de toda la cristiandad, quiso hacer obra de mediador, consiguiendo resolver el conflicto franco-español con la paz de Vervins (2 de mayo de 1598), que ratificaba la de Chateau-Cambresis e imponía a los dos contendientes la restitución de las plazas conquistadas (Calais para Francia, Cambrai para los Países Bajos españoles) y el olvido de todo lo pasado. Felipe, desengañado y enfermo, recortaba el horizonte de sus ambiciones.

26.   Ultimos enfados del papa

La evidente francofilia de la curia romana en los últimos años de Clemente VIII debe atribuirse —más que al pontífice— a su influyente nepote Pedro Aldobrandini, secretario de Estado.

Existen dos epístolas dirigidas a Felipe II en 1596 que apenas se creerían escritas de la mano del sereno, comedido y moderado Clemente VIII; pero la segunda de ellas es autógrafa y la primera habla de cosas por él vistas en su dos breves viajes por España. En la primera carta, del 18 de julio de 1596, deplora que la vida de los obispos españoles sea tal, que

«se deleitan en los esplendores y honores mundanos más que en el culto divino y en el trato de las cosas sagradas..., que más parecen príncipes seculares que obispos y pastores de almas... y que, siendo tanta la luz de los sagrados cánones y del concilio Tridentino, ellos, que deberían ser guías y maestros de los demás, todavía permanecen entre tinieblas. Cosa de veras acerba y luctuosa». Piensa el papa que tales defectos se encuentran en muchos y buenos obispos de la cristiandad, particularmente en los españoles, como lo observó él personalmente en sus dos largas estancias en España. Y como no se corrigen con las palabras y ejemplos del pontífice, «hemos determinado dirigir sendas cartas a todos y cada uno de ellos amonestándoles de sus deberes para que aprendan lo que significa ser obispo». Los prelados españoles tenían fama de ricos, incluso opulentos, lo cual debió de chocar al entonces monseñor Hipólito Aldobrandini, acostumbrado a las exiguas rentas de la mayoría de los obispos italianos [115]. Con todo, la acusación nos parece fuerte; no contra uno o dos obispos, sino contra todos globalmente, sin que el autor de la epístola se dé cuenta de los insignes y aun santos pastores de almas que regían entonces dignísimamente algunas diócesis españolas [116].

Aun admitiendo que el fervor y la alteza de 1560 hubiera sufrido un descenso, ¿es verosímil que a tal decadencia hubieran llegado los que poco antes eran mirados en Trento como «otros tantos Atanasios» y estimados por el rigurosísimo Carlos Borromeo como «el nervio de la cristiandad», y por el cardenal Carlos de Lorena, en 1563, como los de mayor juicio y doctrina de todo el concilio? Clemente VIII pudo conocer a unos pocos obispos españoles en su primera estancia en Madrid como compañero del cardenal Miguel Bonelli (cardenal Alessandrino) del 30 de septiembre al 18 de noviembre de 1571, es decir, mes y medio. Conjeturo que la segunda vez sería en los últimos días de diciembre y en los primeros de enero de 1572, cuando volvía el cardenal Alessandrino de Portugal para dirigirse a Francia; en total, poco más de dos semanas. ¿Basta esto para decir que ya entonces, sin pleno dominio de la lengua, se dio cuenta del género de vida «del episcopado español»?

Opina Ramón Robres que Clemente VIII se movió a escribir al rey esas acusaciones no tanto por sus conocimientos personales del estado de la Iglesia de España cuanto porque «una queja del nuncio Caetano dio motivo al papa en 1596 para escribir a todos y cada uno de los prelados españoles sobre los deberes pastorales, particularmente sobre la administración de los sacramentos y la visita de las iglesias. Quedó maravillado de la relación del nuncio... El breve dirigido a Su Majestad Católica contenía toda la artillería de la acusación de monseñor Caetano».

En las cartas a los obispos vemos —continúa Robres— que reprende a nueve y tiene palabras de elogio, a veces en alto grado, para doce; los veintitrés restantes entenderían que la filípica no la habían causado ellos [117].

---

[115] Un competente historiador moderno, refiriéndose a los años que siguen a la muerte de Felipe II, pondera «las cuantiosas limosnas, que, antes que virtud, eran consideradas como estricta obligación de los prelados y, en general, del alto clero... Estas riquezas _no eran tan grandes como parecía_, por los fuertes descuentos a que estaban sujetas las rentas episcopales en concepto de subsidio eclesiástico, pensiones, gasto de administración, etcétera. Con todo, no puede negarse que eran considerables; las del arzobispo de Toledo no solían bajar de 200.000 ducados anuales, y hubo año en que se aproximaron a 300.000, unos 90.000.000 de pesetas actuales _(año 1973)_. Sevilla sobrepasaba los 100.000; Santiago, Granada, Valencia y Zaragoza percibían alrededor de 50.000; la mayoría de los obispados ingresaban de 15 a 30.000, pero los había (Córdoba, Cuenca, Plasencia) que rebasaban esta última cifra, mientras que los había de apenas 5.000, como Almería... En conjunto, las rentas de todas las mitras españolas se calculaban en millón y medio de ducados» (A. DOMÍNGUEZ ORTIZ, _Las clases privilegiadas en la España del Antiguo Régimen_ [Madrid 1973] p.229).

[116] Parte de la epístola en PASTOR, _Geschichte_ XI 717-18. Los datos históricos recogidos por R. ROBRES, _(San Juan de Ribera... un obispo según el ideal de Trento_ [Barcelona 1960] 322-25 y 72-91) no concuerdan con el concepto de Clemente VIII sobre el episcopado español.

[117] ROBRES, _San Juan de Ribera_ 322-25. Pudo influir el informe del nuncio C. Castani, pero obsérvese que ya el 8 de julio de 1592 había amonestado el papa en el mismo sentido a los cabildos de Sevilla y Toledo. L. Pastor explica la decadencia de la Iglesia española por su falta de libertad bajo el yugo de Felipe II.

Dolor e indignación le causó a Felipe II tan áspera reprensión global; y, aunque el Consejo de la real cámara opinaba que se debía «retener» el documento, el rey no quiso impedir que circulase, si bien lo hizo acompañar de cartas reales para consolación de los destinatarios, porque

> «los prelados de este tiempo hacen lo que deben, aunque en el visitar por sus personas algunos podrían hacer más; pero, en fin, su vida es tal, que no merecía esta reprensión, y les basta amonestallos» [118].

Más comprensible nos parece la segunda carta dirigida al rey el 15 de octubre de 1596, denunciando las opresiones de la jurisdicción eclesiástica de parte de los ministros reales, particularmente en Nápoles y Milán,

> «lo cual a ratos nos hace sospechar que está próximo el día del juicio, porque una de las señales es —según la Iglesia santa— *quando conculcabitur clerus*... Lo que nos duele más en lo vivo del corazón es que para defender aquellas acciones comienzan a sembrar doctrina diabólica, semillero de herejías y cismas, hasta negar que la Iglesia tenga potestad sobre los laicos, *etiam ratione peccati*..., fundándose en argumentos que sacuden no sólo la jurisdicción eclesiástica, sino también la civil, diciendo que la defensa es de derecho natural y que al súbdito agraviado por su superior le es lícito defenderse... Y es cosa extraña que tantos reyes, incluso bárbaros, hayan dado y vuelto a dar a la Sede Apostólica media Italia, y que los príncipes del día de hoy, cuando la Iglesia tiene un castillejo [*un castelluccio*] de cuatro campesinos en sus Estados, hacen lo posible, aun por vías muy indirectas, para privarle de la jurisdicción en esas cuatro casas y cuatro campesinos, y se da más importancia a esto que a guerrear contra el Turco... Tenga por cierto V. Majestad que así se abre una grandísima puerta a las herejías y a los cismas y a mil males... Vuestra Majestad, que, como en otras ocasiones, le hemos escrito, ha sido tan favorecida del Dios bendito, está más obligada que los demás a mostrarse agradecido a su divina Majestad, y pues de Dios es tan amada la Iglesia..., debe mostrar su gratitud hacia ella» [119].

No hay que escandalizarse de ciertas frases. Nuestra mentalidad hodierna dista mucho de la vigente en el siglo XVI. Y es de notar —en alabanza de Clemente VIII— que, en medio de tantas expresiones regañonas y ásperas, se siente latir un leve sentimiento de amor y estima hacia el Rey Católico. Por eso, cuando este monarca, que se desvivió —no siempre con acierto— en la protección y defensa de la religión cristiana y de la Sede Apostólica, dejó de existir en el monasterio de El Escorial el 13 de septiembre de 1598, el papa Clemente VIII cayó en la cuenta de que le faltaba al catolicismo, en su aspecto social, militar y político, la más fuerte columna, el más seguro apoyo de los católicos contra los turcos y protestantes. Ni su sucesor en el trono español, el buenísimo y piadosísimo Felipe III; ni el emperador germánico, ni menos el rey de

---

[118] DOMÍNGUEZ ORTIZ, *Las clases privilegiadas* 238.
[119] L. PASTOR, *Geschichte* XI 719-21, apéndice.

Francia, eran capaces de llevar adelante las grandes y universales empresas de la catolicidad.

27. El más alto panegírico de Felipe II

Sólo entonces se le abrieron los ojos, y en el consistorio del 9 de octubre pronunció su más alto y brillante panegírico, diciendo

> «que, si en algún tiempo la santa Sede Apostólica tuvo ocasión de dolerse y mostrar sentimiento, era en ésta, por causa de la muerte del rey de España, que murió... dexando a todos justa causa de dolor por una pérdida tan grande, y mucho más a su Santidad, por el amor que le tenía y la estimación y caso que hacía dél... Y dixo que no ha habido rey tan prudente, tan sabio, tan amigo de hacer justicia a cualquier género de personas, aunque fuesen pobres y miserables; ni tan paciente y constante en las adversidades...; ni tan querido y reverenciado de sus vasallos y tan temido de sus enemigos; ni quien tan bien y con tanta igualdad supiese hacer mercedes y repartir lo que Dios le había concedido, *como se pareció bien en las provisiones y presentaciones de las iglesias y obispados...* Y porque quiso reducir a la fe católica y a la obediencia desta Santa Silla los vasallos también de otros, empeñó todo su patrimonio real y gastó en esta obra los grandes tesoros que de las Indias le traían... Y cuanto a la religión y santo celo de su Majestad, dixo que nadie (excepto los que están gozando de la bienaventuranza para siempre jamás, puestos en la lista de los santos) se podía comparar con su Majestad [120].

El 26 de octubre añadió el mismo pontífice en una bula que «la república cristiana había recibido una grave herida» *(grave vulnus)* con la muerte de Felipe II.

[120] Así lo trae Cabrera de Córdoba, *Felipe II* vol.2 p.323-24, y antes de él debió de transcribirlo el que fue médico de Felipe II y autor de diversas obras de medicina, doctor Cristóbal Pérez de Herrera, en su *Elogio a las esclarecidas virtudes de la Católica Real Majestad del rey nuestro señor don Felipe II* (apénd. a la obra de Cabrera de Córdoba, IV 382-84).

CAPÍTULO IV

FELIPE II, DEBELADOR DE LA HEREJIA Y PROPAGADOR DE LA FE

Dos grandes cruzadas —una al Oriente, otra al Occidente y Septentrión— le había dejado Carlos V en herencia a su hijo Felipe. La primera se dirigía contra los turcos, enemigos tradicionales del nombre cristiano desde los últimos decenios del siglo XI. Las cruzadas medievales no los habían podido vencer, y ahora, partiendo de Constantinopla y costas del mar Negro, subían Danubio arriba, amenazando al imperio germánico, mientras desde Argel y norte de Africa tenían continuamente en jaque con sus piraterías los puertos mediterráneos de Italia y España. De esta cruzada y del triunfo más resonante de Felipe II, que culminó en Lepanto, hemos dicho lo suficiente al estudiar las relaciones del rey español con San Pío V.

La segunda cruzada resultaba más difícil, porque sus frentes eran múltiples en casi toda la Europa occidental, es decir, en todos los países más o menos invadidos por la marea protestante; si en la primera halló Felipe pujantes y eficaces colaboradores, en la segunda se encontró casi solo, con la ayuda única del papa, frente a los más variados y tenaces enemigos.

Con brevedad y a vuelapluma vamos a reseñar ahora lo que el monarca español hizo por la defensa de la religión católica en Flandes, en Francia, en Inglaterra. Serán nada más que indicaciones y sugerencias, que podrán fácilmente desarrollarse con la lectura de las historias particulares de esas naciones.

Al fin añadiremos unas palabras sobre el interés que se tomó por los misioneros y por la propagación de la fe en países de infieles, particularmente en el Nuevo Mundo, pues no en vano fungía —como queda explicado— de «viceemperador de la cristiandad católica» a las órdenes del romano pontífice.

1. EL REY CATÓLICO Y LOS PAÍSES BAJOS

Sabido es que Carlos V, el emperador, era un flamenco, nacido en Gante, que, al abdicar sus dominios (1555-56), transmitió los Estados de Flandes a su hijo, pues quería que siguiesen incorporados a la Corona española.

Al embarcarse Felipe II en Vlissingen para España en 1559, dejó en Bruselas como gobernadora a su inteligente hermanastra Margarita de Parma, nacida y educada en aquel país. Asesorada por Guillermo de

Nassau, príncipe de Orange; por los condes de Egmont y de Horn, cuyos consejos eran contrarrestados por Antonio P. de Granvela, obispo de Arras, luego arzobispo de Malinas y cardenal, madama Margarita, no obstante su buena voluntad, hubo de tropezar muy pronto con graves obstáculos. Es verdad que no tenía mucha libertad de acción, porque el monarca español al retirarse había dejado los Países Bajos organizados política y religiosamente conforme a un programa contrarreformista semejante al que regía en España.

Puntos capitales de ese programa —que sirvió de base posteriormente a una magnífica reforma católica— fueron: *a)* el establecimiento de la joven Compañía de Jesús en 1556, no sin fuerte oposición; *b)* la fundación de la Universidad contrarreformista de Douai en 1559; *c)* la erección, a instancias de Felipe II, de 14 nuevos episcopados por parte de la Santa Sede (1559-61), divididos en tres provincias eclesiásticas en un país donde antes había sólo cuatro diócesis [121]; *d)* el funcionamiento de la Inquisición, más rigorista que la española, según afirmaba el propio rey.

Una de las grandes dificultades en que tropezaba la infanta gobernadora era la resistencia de los nobles a la promulgación del concilio de Trento, a la cual no dejaba de estimularla Felipe II [122].

Con la ayuda del cardenal Granvela pudo Margarita frenar el avance calvinista que venía de Francia a partir de 1559, mucho mejor organizado que el luteranismo anterior, procedente de Alemania. Pero Margarita, naturalmente conciliadora, temió perder la colaboración de sus ministros flamencos y de toda la alta nobleza si seguía con estas medidas de rigor y represión. Entonces pidió a Felipe II la retirada de Granvela, mal visto por sus tendencias absolutistas. Así se hizo en 1564, y, en consecuencia, se inició una política más mitigada, que tampoco dio buen resultado.

La marea calvinista se fue difundiendo por las ciudades comerciales y entre la nobleza inferior. Aunque la masa del pueblo se mantenía fiel a la Iglesia y obediente a España, el partido de los revoltosos iba creciendo con carácter muy heterogéneo. Había muchos que protestaban contra el régimen, pues pensaban que lo que el rey Felipe II pretendía era transformar aquella federación de provincias en un reino gobernado por un virrey español, lo cual hería su sentimiento nacional; la gran mayoría se quejaba, en aquellos días de crisis económica, de las nuevas tasas y contribuciones; no faltaban en el clero alto y bajo quienes mostraban su descontento por la nueva organización eclesiástica, más controlada por la autoridad civil; todos protestaban contra los métodos represivos de la Inquisición; y, naturalmente, los que más alto alzaban su grito de rebeldía eran los afiliados a las nuevas doctrinas protestantes.

---

[121] M. DIERICKX, *Documents inédits sur l'érection des nouveaux diocèses au Pays-Bas* (Bruselas 1960-62), 3 vols.; ID., *La politique religieuse de Philippe II dans les anciens Pays-Bas:* Hispania 16 (1956) 130-43. Los obispos de presentación regia eran dignísimos, según E. DE MOREAU, *Hist.* V 41-42.

[122] Numerosos documentos en J. DE PLAT, *Monument. ad Conc. Trident.* (Lovaina 1787) VII 1,223.

El rey estaba dispuesto a hacer concesiones políticas, mas no quería oír hablar de libertad religiosa.

> «Y assí podréis certificar a S. S. que antes que sufrir la menor quiebra del mundo en lo de la religión y del servicio de Dios, perderé todos mis Estados y cien vidas que tuviese, porque yo ni pienso ni quiero ser señor de herejes» [123].

2. LA FURIA ICONOCLASTA DE 1566

Precisamente por aquellos días se persuadió dolorosamente que la vía de las condescendencias no conducía a ninguna parte. Había que cambiar de métodos, porque en los meses de agosto y septiembre de 1566 aquel país se sintió sacudido por un terremoto de locura. Es conocido como «la furia iconoclasta» y la «dictadura demagógica de los calvinistas». Turbas fanatizadas y encendidas de odio religioso devastaron pueblos y ciudades, perpetrando mil tropelías y reduciendo a escombros lo menos un centenar de iglesias y monasterios, con destrucción de estatuas, altares, rapiña de vasos sagrados y ornamentos. Aquel sacrílego iconoclasmo, que sembró el terror por todo el país, llenó de dolor e hizo perder la paciencia al pacientísimo Felipe II. El papa Pío V insistió una y mil veces ante el monarca, rogándole se presentase él mismo en Bruselas, porque sólo él era capaz de apaciguar el país. No eran aquéllas las mejores circunstancias para el rey español, que vio morir a su único hijo varón (don Carlos) y a su adorada esposa (doña Isabel), respectivamente, en julio y octubre de 1568. Felipe, después de promesas y seguridades al papa, se decidió por fin a mandar por delante al mejor de sus generales, al más justiciero y de mayor prestigio en la guerra, en el gobierno y en la diplomacia; él le prepararía el terreno. Después, ya se vería.

Henri Pirenne explica así por qué Felipe II pasó del método de la blandura al de la extrema dureza:

> «Su longanimidad no había conseguido, de concesión en concesión, sino el más estrepitoso fracaso. En vano había retirado sus tropas, en vano había licenciado a Granvela y capitulado ante los señores. A medida que mostraba más condescendencia, la oposición se hacía más audaz».

¿Qué hacer en situación tan crítica? Llamar al hombre más capaz, más enérgico y más fiel.

El duque de Alba, al frente de 19 banderas de tercios, en total 9.000 hombres y 1.200 caballos, con una disciplina férrea y capitanes de renombre (Julián Romero de Ulloa, Sancho de Londoño, Gonzalo de Bracamonte), se puso en marcha desde Lombardía.

«Se creía ver las legiones de César en marcha a la conquista del *Belgium* —dice el erudito historiador belga—. Todo el mundo se sentía lleno de entusiasmo, los veteranos españoles sobre todo, que de antemano

---

[123] Carta del 12 de agosto de 1566, en SERRANO, *Correspondencia diplomática* I 316. Frases parecidas pronunció el duque de Alba.

se alegraban de meter en razón a las gentes de los Países Bajos, revolti-
jo de luteranos y de enemigos del rey» [124].

La que se sintió desilusionada e impotente ante aquel caudillo invencible, que tenía en su mano todos los poderes militares, fue Margarita
de Parma, que al año siguiente dimitió para retirarse a Italia.

3.   LA DURA REPRESIÓN DEL DUQUE DE ALBA

El 28 de agosto de 1567 entraba el duque en Bruselas, y en seguida
dio comienzo a la más enérgica represión de los iconoclastas, artesanos
y burgueses, y de los nobles rebeldes. Empezó creando el *Conseil des
Troubles* o «Consejo de los Disturbios», que el pueblo llamó «Tribunal
de sangre» por el tremendo rigor con que mandó al cadalso a numerosísimas personas acusadas de rebeldía a la Corona. Entre las primeras
víctimas cayeron en 1568 los condes de Egmont y de Horn, nobles católicos que habían prestado anteriormente buenos servicios a la Corona,
pero ahora se les acusaba de complicidad con el príncipe de Orange.
Este jefe principal de los calvinistas logró evadirse y traspasar la frontera, de donde volverá pronto con ejército considerable para luchar contra el duque de Alba. La responsabilidad de tal proceder, ¿debe recaer
sobre el duque o sobre el rey?

Una palabra de desprecio lanzada por un consejero de Margarita
contra los revoltosos *(ces gueux!)*, la tomaron éstos como distintivo y
como grito de guerra: *Vivent les gueux!* Los *gueux*, es decir, «los hara-
pientos o mendigos», llegaron a ser los más fanáticos. Había «mendigos
de los bosques» que saqueaban pueblos y campos con ferocidad nunca
vista, y también «mendigos del mar», o corsarios que pirateaban contra
los barcos españoles. Los 19 mártires de Gorkum (26 de junio de 1572),
hoy canonizados por la Iglesia, son los primeros testigos de la persecución sufrida por los católicos; siguieron otras bárbaras hecatombes, provocadas por los *gueux* en respuesta a las condenaciones de la Inquisición. Y obsérvese que de los ejecutados en Gorkum, ninguno era español, ni siquiera militante laico. Todos eran monjes, frailes o sacerdotes
flamencos, asesinados por defender el primado romano y el dogma de
la eucaristía [125].

Las crueldades —si así pueden llamarse— del «Consejo de los Disturbios», presidido por el duque de Alba, pierden algo de su trágico horror si se considera que el duque, aunque se distinguía ciertamente por
su severidad justiciera, no era un temperamento cruel; si castigaba con
rigor, lo hacía en cumplimiento de un deber de conciencia; su modo de
proceder se lo había impuesto Felipe II después de haber tentado inútil-

---

[124] H. PIRENNE, *Historie de Belgique* (Bruselas 1929-32) IV 8.
[125] El «martirologio eclesiástico belga» de 130 sacerdotes o religiosos, sacrificados por
los *gueux* con atroces y refinados tormentos en el espacio de veinte años (los más crueles
entre 1572 y 1578), y la devastación y saqueo de centenares de iglesias y monasterios, con
rapiñas, sacrilegios, destrucción de obras de arte, etc., véase en E. DE MOREAU, *Histoire de
l'Église en Belgique* (Bruselas 1940-52) V 122-214.

mente las medidas benignas y moderadas, y, al fin de todo, fue aprobado por el alma, también severa, pero cándida e inocente, de San Pío V.

Merece transcribirse aquí la descripción del duque, hecha por uno de los mejores historiadores de la moderna Bélgica, Enrique Pirenne, menos apasionado que el vulgo de los modernos belgas y holandeses.

«Sobrio, altivo, inasequible, no disimulaba su repugnancia aristocrática hacia la ruidosa jovialidad, las copiosas libaciones y las maneras familiares de una población cuyo carácter le era absolutamente imposible penetrar... El era todo lo contrario de un soldadote brutal. Su cortesanía glacial, pero refinada, se imponía a todo el mundo. Era perfectamente dueño de sí mismo, y los contemporáneos admiraban la prudencia de que había dado pruebas, igualmente brillantes, tanto en la guerra como en la diplomacia» [126].

De nada sirvieron los ejemplares castigos. Nadie escarmentó por ellos. Y de nada sirvieron los repetidos triunfos militares del duque sobre Luis de Nassau y Guillermo de Orange; triunfos que no pudieron llevarse hasta el cabo porque de España no venía dinero, y los soldados, sin sueldo, se amotinaban. Los censos que impuso, como el de las alcabalas, le hicieron más aborrecible. A los seis años de gobierno, el gran duque de Alba, comprendiendo que sólo había conseguido hacerse odioso a los flamencos, pidió al rey le admitiese la renuncia. Renuncia que parece más explicable en la opinión de los que piensan, como el duque de Bermick y de Alba, que aquel extremo rigor del caudillo español se debía al mandato expreso del monarca.

4. REQUESENS, JUAN DE AUSTRIA Y FARNESE

Felipe II, que ya estaba meditando en la conveniencia de emplear métodos más contemporizadores, se apresuró a relevarlo por otro de los más altos personajes españoles de aquella época: Luis de Requesens y Zúñiga, que vino a Flandes en 1573.

Ni la habilidad diplomática, ni las amnistías y perdones generales, ni la supresión del «Consejo de los Disturbios», ni las acciones de guerra llevadas a cabo por el moderado y sensato Requesens se mostraron más eficaces que la dureza del duque de Alba. Verdad es que su gobierno fue muy efímero, ya que falleció el 5 de marzo de 1576.

La administración del país y la dirección de la guerra contra «el Taciturno» (así llamaban a Guillermo, príncipe de Orange y conde de Nassau), pasaron interinamente a las manos del «Consejo de Estado» hasta que el 4 de noviembre de 1576 llegaba a los Países Bajos el nuevo gobernador, que era nada menos que don Juan de Austria, hijo natural del emperador, el vencedor de Lepanto, el capitán más aureolado de gloria y el de mayor fascinación entre los soldados y las multitudes po-

---

[126] H. PIRENNE, *Historie de Belgique* IV 6. Un juicio equilibrado de la acción del duque, en SERRANO, *Correspondencia* II p. LX-LXII.

pulares. Con aparato triunfal hará su entrada en Bruselas en mayo de 1577. Venía con amplias facultades de su hermano Felipe II para hacer generosas concesiones a los rebeldes, sin más limitaciones que la religión católica y la obediencia al rey.

Tras algunas vacilaciones, aconsejado por las autoridades eclesiásticas, admitió la *Pacificación de Gante* (5 de noviembre de 1576), convenio por el cual las siete provincias del Norte, en que dominaba el calvinismo, se comprometían con las diez del Sur, de preponderancia católica, a ayudarse mutuamente en lo político y arreglarse amistosamente en lo religioso. Para aceptar don Juan aquella *Pacificación* trató de atenuarla, puntualizando en sus cláusulas que la religión católica gozaría de libertad incluso en Holanda y Zelanda. El «Edicto perpetuo», negociado con los Estados Generales el 12 de febrero de 1577, no resolvió ningún problema. Después de obtener sobre los rebeldes la gran victoria de Gembloux (31 de enero de 1578), murió en la flor de su edad —treinta y tres años— el 1.º de octubre de 1578, sin haber logrado sus objetivos.

Mayores logros se debieron a su sucesor, Alejandro Farnese, nieto de Carlos V por su madre, Margarita de Parma, rayo de la guerra, adorado por sus tropas y eximio gobernante, en nada inferior a los precedentes. El consiguió por la *Unión de Arras* (6 de enero de 1579) la firme asociación de las provincias católicas comprometidas a defender la antigua religión y la obediencia a Felipe II. No muchos días después, los calvinistas de las provincias norteñas, bajo el caudillaje de Guillermo de Orange, firmaron la *Unión de Utrecht*, jurando fidelidad a sus doctrinas, proseguir la guerra contra el dominio español y no reconocer jamás a un príncipe extranjero. De estas dos uniones contrarias arranca la definitiva ruptura de las dos confederaciones de provincias y, en último término, la formación de dos nacionalidades: la católica Bélgica y la calvinista Holanda, cuyo refrendo internacional vendrá mucho más tarde (1648 para Holanda, 1830 para Bélgica). La conquista de Amberes, tras un largo asedio (1584-85), y la sucesiva ocupación de Bruselas y Gante aumentaron el prestigio de Farnese como guerrero invencible y consumado político.

5. PÍO V Y LA GUERRA DE FLANDES

Lo mismo Pío V que Felipe II no buscaban la guerra como medio de domeñar a los insurrectos. Lo afirmaron y lo repitieron una y otra vez. Mas tampoco la excluyeron como remedio último. Lo que el papa deseaba —y así se lo dijo al rey— era que, si se hacía la guerra, había de ser una guerra religiosa, de cruzada; no quería guerras por motivos puramente políticos. «Sepan todos —decía— que lo que el Rey Católico pretende es mantener la unidad católica de Flandes». Por ese prisma contempló él desde Roma las campañas militares del duque de Alba [127].

---

[127] Los planes que el pontífice proponía para la campaña de Flandes, en SERRANO, *Correspondencia* II 53.

La opinión del papa santo no se diferenciaba de la de tantos y tantos católicos de Europa. Leamos algunos textos de la correspondencia diplomática entre Roma y Madrid. Son informes del embajador Juan de Zúñiga [128].

«El papa... ha holgado grandemente de ver las copias de las sentencias de los condes de Agamont y de Horno... Está S. S. con gran satisfaçión de la orden con que V. M. ha mandado proçeder en las cosas de aquellos Estados y del buen modo con que el duque lo ha executado, y nunca acaba de alabar ni aprobar esto» (9 de julio de 1568).

«Alabóme al duque de Alba mucho, aprobando en gran manera todo lo que en aquellos Estados ha hecho» (21 de julio).

«A los 4 déste llegó aquí el correo que el duque de Alba despachó con aviso de la rota de Frisia; y, aunque el papa estaba ya acostado, le envié luego la carta que el duque le escribía... Holgó en gran manera desta vittoria que Dios ha dado a V. M. y mandó aquella noche intimar una proçesión para en amanesciendo, en que fue S. B. a pie, vestido de pontifical..., hasta la Minerva... y otro día fue de la mesma manera a Sancti Spiritus, y el tercero a Santiago de los españoles. Todas estas tres noches se hicieron luminarias en el castello de Sanct Angel... En mi vida vi hombre tan contento como él cuando le fui a besar el pie por ellas; no acababa de bendecir a V. M. y alabar al duque de Alba» (13 de agosto).

Hoy día podrá parecer excesiva la pena capital dictada por el duque de Alba contra el conde de Horn y aun contra el de Egmont. Eran momentos decisivos, y en aquellas circunstancias, en que se jugaba el todo por el todo, las personas imparciales no lo creyeron injusto. En el mundo católico sólo sabemos que lo llevaron a mal el emperador Maximiliano, simpatizante con el protestantismo, y el embajador de Venecia, cuya opinión fue desaprobada por Pío V.

Políticamente, nada ganó Felipe II con las campañas de Flandes, como no sea la fugaz y pirotécnica aureola de sus invencibles tercios y excelsos capitanes. Tal vez erró gravemente no presentándose él en persona para dialogar con sus súbditos flamencos, como le aconsejaba el papa. Hubiera obtenido con palabras más que el duque con las arma, pero acaso pensaba que el rigor no lo debía emplear directamente el soberano. Como defensor de la catolicidad, pudo consolarse con que el derroche de sus tesoros y el río de sangre española allí vertido fueron parte a la conservación de la mitad de los Países Bajos para el catolicismo. Bajo el gobierno de Isabel Clara Eugenia, hija de Felipe II y casada con el archiduque Alberto de Austria, el Flandes español disfrutó de largos años de esplendor y prosperidad, alcanzando el país una verdadera edad de oro, con admirable florecimiento de las artes, las ciencias y las letras.

6. INTERÉS DE FELIPE II POR EL CATOLICISMO FRANCÉS

Que el rey de España mandara a Flandes sus mejores soldados y derrochara tesoros en su empeño de combatir contra los insurrectos de los

---

[128] L. SERRANO, *Correspondencia* II 403 414 437.

Países Bajos, se comprende, ya que se trataba de territorios sometidos directamente a su señorío; pero ¿qué vínculos le ligaban a Francia? ¿Por qué se empeñó tan a fondo en la lucha contra los hugonotes? Sencillamente, porque teniendo conciencia de ser el defensor de la catolicidad, no podía desoír las voces de los papas Pío V y Gregorio XIII, que se lo rogaban insistentemente, lo mismo que el partido católico francés. Cuando después vino Sixto V, que, conforme a su política basculante, un día se lo pedía y al siguiente se lo impedía, aprovechó el rey una ocasión para decir en voz alta las intenciones de su acción en la política francesa. Lo hizo en carta al duque de Sessa con palabras reveladoras:

> «Pondera [el papa] que la pérdida del reino de Francia a nadie es más dañosa que a la Sede Apostólica. Podréisle decir que así lo entiendo yo, y por eso me duele tanto; que, si no fuera por eso y por el celo de la religión, bien se entiende que su división [en partidos opuestos] no me estaba mal, ni a mis sucesores, pero que yo no tengo de mirar, como quizá hacen otros, a fines particulares y del mundo, sino sólo a lo que tanto importa al servicio de Dios y de su religión» [129].

Más que una Francia fuertemente unida, le hubiera importado a España una Francia dividida en dos fracciones (católica y protestante), como Alemania, pero eso la conciencia del Rey Católico no lo podía sufrir.

Los orígenes del interés del monarca español por el catolicismo francés hay que ponerlo en la paz de Château-Cambresis (3 de abril de 1559), fruto de la resonante victoria de San Quintín. Aquello, más que una paz, fue una reconciliación fraterna, en orden a luchar contra la herejía y preparar la tercera fase del concilio de Trento.

Los progresos de los protestantes en Francia movieron al Rey Cristianísimo y al Rey Católico a firmar una especie de liga santa de mutua ayuda contra los protestantes, porque, al decir del cardenal de Lorena, «más de dos tercios de Francia se han vuelto luteranos», y el embajador de Ferrara escribía a su señor, con fecha 15 de noviembre de 1558, que «toda París y aun toda Francia está llena de luteranos, de suerte que, si el rey no provee, y pronto, todo este reino se tornará peor que Alemania»; y, meses después, el embajador de Venecia testificaba haber oído al duque de Saboya «que cerca de París se congregan en algunas *cavernas* casi continuamente más de 2.000 personas para las predicaciones y otros oficios que usan, según sus opiniones contrarias a la Iglesia católica» [130].

Tras no pocas dificultades diplomáticas, ya que Felipe II se resistía a ceder a los franceses la posesión inglesa de Calais, accedió por fin, muerta María Tudor, consiguiendo, en cambio, que Enrique II dejase a

---

[129] Desde El Escorial, 12 junio 1590, en HUEBNER, *Sixto Quinto*, trad.ital., II 405.
[130] Los dos primeros textos en L. ROMIER, *Les origines politiques des guerres de religion* (París 1914) II 360; el tercero, ibid., II 342. Piensa Romier que un cálculo más exacto daría «que *la tercera parte de los habitantes* del reino se había apartado de la Iglesia romana» (II 251).

España la pacífica hegemonía de la península italiana y acomodase totalmente su política a la española.

«En aquella primavera de 1559 —escribe Romier— tan gloriosa para la monarquía española, el mejor cortesano del Rey Católico era el rey de Francia... En todas partes, y en Italia más que en ninguna otra, el tratado de Château-Cambresis fue considerado como la victoria definitiva de la casa de Austria.

Y cita estas palabras de un diplomático veneciano:

«El rey Enrique II, habiendo descubierto, aunque tardíamente, el peligro en que le ponía la herejía, se vio forzado, para no perder completamente su autoridad y la obediencia de sus súbditos, a firmar la paz con el rey Felipe bajo gravísimas condiciones» [131].

En el texto oficial del tratado se incluía, por voluntad de Felipe, este artículo inicial:

«Los dos príncipes, movidos por el mismo celo y sincera voluntad, han acordado que pondrán su cuidado y emplearán todo su poder en la convocación y celebración de un santo concilio universal, tan necesario para la reforma y para la reducción de toda la Iglesia cristiana a verdadera unión y concordia» [132].

Firmada la paz por los plenipotenciarios en Château-Cambresis, pueblecito del norte de Francia, el día 3 de abril, fue promulgada solemnemente por los heraldos reales en Bruselas, donde se hallaba Felipe II, el 5 del mismo mes. La devoción del rey de España durante la misa y la procesión con el Santísimo llamó la atención de todos, y especialmente del legado pontificio, J. F. Canobio, que se lo comunicó al papa el 11 de abril [133].

Con la presencia de Felipe y de su corte, Bruselas se convirtió en la capital política de la Europa católica, según indica Romier. Todos los embajadores, agentes y delegados afluían con mensajes de felicitación y peticiones. Nunca el prestigio internacional del Rey Católico alcanzó ápice más alto.

Con sello firme y duradero de la amistad entre Francia y España, Enrique ofreció la mano de su hija Isabel a Felipe II, el cual, viudo reciente de María Tudor, la aceptó por esposa [134].

7. Conferencias de Bayona (1565)

Un doloroso infortunio turbó las alegrías de ambas cortes. El 10 de julio de 1559 moría inesperadamente Enrique II, herido mortalmente

---

[131] Ibid., II 355.

[132] Ibid., II 343.

[133] «Questa Maestà non si vede stanca di rendere gratis a Dio benedetto... et domenica passata, che fù allí VIII, dopo la celebratione della messa nella chiesa maggiore, accompagnò processionalmente per la città il Santissimo Sacramento con incredibile devotione et sempre scoperto del capo» (ROMIER, II 348 nota).

[134] Véase la espléndida y documentada historia de A. GONZÁLEZ DE AMEZÚA, *Isabel de Valois, reina de España, 1546-68* (Madrid 1949).

en un torneo. Felipe II le mandó a su más famoso médico, el flamenco A. Vesalio, mas no pudo la ciencia evitar su temprana muerte. Y Enrique, poco antes de morir, puso a su sucesor Carlos IX, niño de diez años, bajo la tutela del rey de España [135].

En Francia quedó como regente la reina madre, Catalina de Médicis, bajo cuyo gobierno, inspirado en la política tolerante y conciliadora del canciller M. de l'Hospital, el calvinismo empezó a crecer alarmantemente. Entre el canciller y la reina madre planearon un concilio nacional, que no pudo reunirse por la decidida oposición del papa Pío IV y de Felipe II. En vez del concilio, se celebró el «Coloquio de Poissy» (septiembre de 1561), en el que disputaron teólogos católicos y protestantes y del que todos salieron descontentos. Siguió la primera guerra de religión, en que el duque de Guisa, con ayuda de los «tercios de Carvajal», venció al príncipe de Condé; pero la *paz de Amboise* (1563) disgustó a Felipe II por las excesivas concesiones a los hugonotes. El rey español procuraba, por medio de su embajador en París, inducir a la equilibrista Catalina a reprimir enérgicamente la herejía.

Se pensó que lo más eficaz sería un diálogo entre las dos Coronas. La ocasión más a propósito se encontró en las *Conferencias de Bayona* de 1565, en las que se reunieron altos personajes de Francia, empezando por Catalina de Médicis, con su hijo Carlos IX, ya declarado mayor de edad, y de parte española, el embajador don Francés de Alava y otros. Catalina deseaba hablar con su yerno Felipe II sobre posibles enlaces matrimoniales; el rey, que no quería tratar esos negocios, sino solamente la situación religiosa, no se presentó, y mandó en su lugar al duque de Alba, el cual pasó el Bidasoa el 10 de junio; con él venía de Madrid la reina Isabel de Valois para hablar con su madre, y supo ayudar al duque en sus negociaciones. En una plática del duque de Montpensier con el embajador español, llegó el francés a decir que el remedio mejor para cortar el avance del calvinismo era cortar la cabeza al príncipe L. de Condé, al almirante Gaspar de Coligny y a otros tres capitostes de la secta. No consta en modo alguno que Alba sonriera ante tan criminal propuesta, ni existe fundamento para pensar que allí se incubase la matanza de la «noche de San Bartolomé». Lo que parece cierto es que Catalina de Médicis, antes de partir de Bayona a principios de julio, dio palabra al duque de Alba de obrar con energía y aun de admitir en Francia los decretos tridentinos. Palabra de una mujer astuta y maquiavélica que nunca se tradujo en actos.

El peligro no cesa. Desde Flandes, «el duque de Alba ha ofrecido —escribe Requesens desde Roma— ayuda del rey a la Reina Cristianísima, y no es pequeña la que se les da con sólo hacerles allí espalda» con-

[135] Lo afirma el propio Felipe II desde Gante, 12 de julio: «Dos días antes que el rey francés falleciese, ya cuando estaba su salud casi desesperada, me vino a hablar su embajador... y me dixo cómo tenía una carta de mano del Rey Delfín [Carlos IX], en que le mandaba que me dixese cómo el rey su padre le había mandado y encargado con mucho encarecimiento que me tuviese por padre... y que assí él, queriendo cumplir lo que su padre le había encargado..., me certificaba de su parte que me ternía en lugar de padre y hermano» (A. G. DE AMEZÚA, I 65-66).

tra los calvinistas; y en la misma carta refiere que personas conocedoras de Francia le han dicho

«que convernía que el papa... levantasse un buen golpe de gente y la enviasse al Piamonte; y que V. M. enviasse por la parte de España a la frontera de Francia otro buen golpe de gente, y que el duque de Alba tuviese bien apercibida alguna que enviar de Flandes, y que de todas estas tres partes se enviasse a decir a la reina que estaba esta gente a punto para ir a ayudarla queriendo ser ayudada, con tal que no hiciesse concierto con los herejes» [136].

Sería una manera de forzarla a obrar asegurándole el éxito. Felipe II le promete tropas en noviembre; pero Catalina, más que soldados, pide dinero. El papa Pío V manifiesta aquellos meses muy serios temores de que prevalezca en Francia el partido hugonote, pero sigue confiando en el rey de España. Este, al saber la paz firmada con los hugonotes sublevados en 1567 contra los católicos, escribe a su suegra, Catalina de Médicis, el 14 de mayo de 1579

«que era mejor haber perdido buena parte del reino que haber hecho aquella paz; y, con todo, le da ánimos para que intente librarse de los herejes, diciéndole que no tenga miedo de no tener fuerzas..., porque él le ofrece todas las suyas» [137].

Un triste acontecimiento vino a romper los vínculos de buena amistad entre Madrid y París. El 3 de octubre de 1568, la joven y encantadora reina Isabel de Valois, que había proporcionado a Felipe la mayor felicidad de su vida, falleció de sobreparto, dejando sumido al rey y a toda la nación en inconsolable tristeza. Murió pidiendo a su madre Catalina y a su hermano el rey Carlos «hagan siempre mucha estima del Rey Católico y tengan amistad con él y favorezcan siempre la religión católica» [138].

8. LA LIGA CATÓLICA

Después de esto, el influjo español en la corte de Francia fue decayendo, al mismo ritmo que las alianzas y condescendencias de la misma con los hugonotes aumentaban peligrosamente. Reacciona el partido católico de los Guisas. El almirante Coligny que era desde la muerte del príncipe L. de Condé (1569), el jefe del partido calvinista, un día, saliendo del Louvre, es herido de un arcabuzazo. Irritados los hugonotes, preparan una sublevación armada. Temerosa Catalina de perder su autoridad e influencia en la corte, decide sean asesinados Coligny y sus amigos. Engañado el rey, da su consentimiento a disgusto, diciendo: «Matadlos a todos». Tiene lugar entonces la trágica matanza de unos 2.000 hugonotes, o que se tenían por tales, en París y cerca de 8.000 en

[136] Carta del 24 de octubre de 1567, en SERRANO, *Correspondencia* II 240.
[137] Así lo escribe el nuncio de Madrid, 14 mayo, ibid., II 364.
[138] Carta del nuncio, 3 octubre, ibid., II 473.

provincias. Es la llamada «noche de San Bartolomé» (23-24 de agosto de 1572). Para entonces, el influjo de Felipe II en la corte francesa era absolutamente nulo [139].

Al joven rey Carlos IX, muerto en 1574, le sucede su hermano Enrique III, extraña mezcla de piedad supersticiosa y de inmortalidad privada. Siguiendo la política de su madre, se balanceó entre católicos y hugonotes, concediendo a éstos la libertad de culto, salvo la ciudad de París, fanáticamente católica *(paz de Monsieur*, 6 de mayo de 1576), sin conseguir otra cosa que luchas intestinas y guerras de religión. Los católicos más intransigentes se agruparon en torno al duque de Guisa o de Lorena, Enrique, caballero de prestancia física y amado del pueblo, hijo de aquel intrépido guerrero Francisco de Guisa asesinado por los hugonotes en 1563. El mismo Enrique de Guisa ostentaba en su rostro la cicatriz de sus batallas anticalvinistas; por eso le apellidaban «le Balafré», o el acuchillado. El será el caudillo de la Liga Católica», que venía organizándose desde 1576, no propiamente contra el rey, sino contra la política favorable a los hugonotes.

Muerto en junio de 1584 el duque de Anjou, hermano de Enrique III, que no tenía hijos, se preveía que la Corona de Francia recaería sobre el jefe de los calvinistas, Enrique de Navarra o de Borbón, casado con una hija de Catalina de Médicis. Sería la ruina total del catolicismo francés. ¿Qué hacer?

El duque de Guisa y el de Mayenne, su hermano, se reúnen con los plenipotenciarios de Felipe II en el castillo de *Joinville* para firmar el 31 de diciembre de 1584 un tratado de alianza contra el protestantismo. Los franceses se comprometen a extirpar la herejía de Francia y aceptar los decretos tridentinos. Felipe II les ayudará con tropas y con dinero; al día siguiente les entregó 50.000 escudos, primicia de los 300.000 que les dará en semestres sucesivos. De Joinville salió la Liga Católica perfectamente reorganizada, como partido político-militar, con la bendición de Gregorio XIII y el decidido apoyo de España.

El duque Enrique de Guisa se establece en Blois, sobre el Loira, y domina todo el norte y este de Francia; Enrique de Navarra, el Bearnés, señorea el Sudoeste con la ayuda de ingleses y protestantes alemanes y suizos; el resto de la nación permanece fiel a su rey Enrique III; pero como la mayoría de los párrocos que predican en los templos proclaman abiertamente que en el trono de San Luis no puede sentarse un hereje y la Sorbona declara al Bearnés incapaz de reinar, el rey, vacilante, se aviene a pactar con la Liga en la *paz de Nemours* (7 de julio de 1585), revocando las concesiones a los hugonotes y prohibiendo en Francia «la religión que llaman reformada».

---

[139] L. Romier, *Le royaume de Cathérine de Médicis. France à la veille des guerres de religion* (París 1925); *Catholiques et huguenots à la cour de Charles IX* (París 1924).

9. Enrique de Navarra, excomulgado y converso

Dos meses más tarde, el papa Sixto V, no por favorecer a los Guisas, sino con la esperanza de que, eliminado Enrique de Navarra, todos los católicos franceses, incluso muchos de la Liga, se pondrían incondicionalmente al lado del legítimo rey Enrique III, fulminó la excomunión contra el Bearnés, despojándole de todos los derechos de la Corona de Francia y declarándolo «herético, relapso en herejía, impenitente y caudillo de herejes... inhábil para cualquier dominio, dignidad y jurisdicción» [140].

Pronto se arrepentirá el papa de haber dado un paso tan precipitado, mayormente cuando Venecia se lo reproche como un gran favor prestado a Felipe II y cuando vea que el partido de los Guisas salta de alegría presintiendo su victoria. En el rey de España veían su padre y salvador. Así, Enrique de Guisa, el *Balafré*, escribía al embajador español en París, Bernardino de Mendoza:

«Yo tengo a Su Majestad Católica por padre común de todos los católicos de la cristiandad, y mío en particular» [141].

En momentos de euforia y optimismo, el jefe de la Liga se atreve a desafiar al legítimo monarca, que se hallaba ahora en su palacio del Louvre, ingresando en París entre los vítores del pueblo y de la Universidad que le aclaman como a su único verdadero rey.

Enrique III disimula su humillación y medita la muerte del adversario. Entretanto, Felipe II ha sufrido un terrible contratiempo con la derrota y dispersión de la Armada Invencible. Aprovechando estas circunstancias, el 23 de diciembre de 1588, Enrique III, en su palacio de Blois, convoca al duque de Guisa, diciendo que desea tratar con él. Apenas pone los pies en la cámara real, los esbirros del monarca saltan sobre el jefe católico y lo rematan a puñaladas. Al día siguiente es asesinado a sangre fría su hermano el cardenal Luis de Guisa. Y el anciano cardenal-arzobispo de Rouen, Carlos de Borbón, que había sido elegido por la Liga como candidato al trono con el nombre de Carlos X, es aprisionado [142].

Enrique III se hecha en brazos de Enrique de Navarra, y ambos juntan sus fuerzas para luchar contra la Liga, cuyo jefe es ahora el duque de Mersenne y de Lorena, hermano del Guisa asesinado. Pero el partido exaltadamente católico marcha a la guerra con más entusiasmo que nunca; su más firme alcázar es París, la gran fortaleza universitaria y teológica, a la que ponen sitio Enrique III y Enrique de Navarra. Entre los sitiados hay un joven fanático, de la Orden dominicana, que ha

---

[140] Bula *Ab immensa aeterni Regis* (9 septiembre 1585), en M. Goldast, *Monarchia S. R. Imperii* (Hannover 1610-14) III 124-26.

[141] Carta del 12 de junio de 1587, en J.de Croze, *Les Guises, les Valois et Philippe II* (París 1886) II 291.

[142] El viejo cardenal nunca llegó a reinar; murió el 8 de mayo de 1590. Cf. E. Saulnier, *Le rôle politique du cardinal de Bourbon Charles X* (París 1912) 219-51.

oído disputar escolásticamente sobre la licitud de dar muerte a un tirano; y una noche traspasa las líneas enemigas con un documento falso. Al amanecer del día siguiente, arrodillándose reverente ante el rey, le clava en el vientre un gran cuchillo puntiagudo. Aquella misma tarde (1.º de agosto de 1589), la dinastía de los Valois se extinguía en Francia. El moribundo había designado como su heredero al hugonote Enrique de Navarra o de Béarn, de la rama de Borbón.

La ciudad de París, que había invocado ardientemente el auxilio de Felipe II, llamándole protector de Francia, nada tenía que temer, porque los tercios españoles de Flandes, comandados por Alejandro Farnese, duque de Parma, no tardarían en llegar victoriosos a sus puertas (1590), haciendo huir al ejército sitiador y, no mucho después, obligando al Bearnés a levantar el sitio de Rouen (1592).

Soñaba Felipe II en poner en el trono de Francia a su hija Isabel Clara Eugenia casándola con algún príncipe; por ejemplo, un hijo del duque de Lorena, con lo cual se aseguraba el catolicismo en aquella nación; pero sus planes fueron desbaratados por el cambio de escena que se produjo con la conversión de Enrique de Navarra («París bien vale una misa»). Los franceses, a excepción de algunos liguistas, no tuvieron dificultad en aceptarlo como su rey legítimo. Consagrado rey de Francia en la catedral de Chartres (27 de febrero de 1594) y absuelto de la excomunión por el nuevo papa Clemente VIII, pudo entrar en París y por fin fue reconocido por Felipe II en la *paz de Vervins* (2 de mayo de 1598).

Antes de firmarse el tratado que cerraba absolutamente a Isabel Clara Eugenia el camino al trono francés, ya su padre la había prometido en matrimonio al archiduque Alberto de Austria. La noble infanta y archiduquesa regirá con su esposo († 1621) los florecientes Estados de Flandes, los cuales a su muerte (1633) volverán a la Corona española —según lo pactado—, por no haber tenido los archiduques descendencia [143].

10. EL REY CATÓLICO, MIRANDO A INGLATERRA. MARÍA STUART, REINA DE ESCOCIA

No son fáciles de adivinar los íntimos sentimientos del rey de España respecto a Inglaterra. Felipe II había sido rey consorte de aquel país con María Tudor. Había soñado más adelante en la quimera de tomar por esposa a la reina Isabel, hija bastarda de Enrique VIII. Las circunstancias históricas habían hecho de las dos naciones una dualidad antagónica tanto en lo religioso como en lo político. Y, sin embargo, hasta la derrota de la Invencible, siempre miró España al reino inglés como a un extraviado que había que reducirlo al redil de la fe católica. Isabel y Felipe se miraban atentamente, y podemos creer que se admiraban.

[143] H. PIRENNE, *Histoire de Belgique* IV 211-70.

Eran dos potencias hostiles que hubieran deseado no ser enemigas, aunque irremediablemente lo eran. Isabel prestaba ayuda a los insurrectos de Flandes, a los hugonotes de Francia, a todos cuantos hacían guerra a España; surcaba los mares con piratas, como Drake, hundiendo o apresando barcos españoles cargados de tesoros indianos, y metía en nuestros puertos contrabandistas y negreros. Felipe, por su parte, prestaba, análogamente, su ayuda a los súbditos católicos de Isabel, intervenía por medio de su embajador en las conspiraciones que se tramaban contra la reina y transportaba en sus buques a los audaces católicos que no temían desembarcar en las islas Británicas.

De una y otra parte se temía la guerra, y procuraban engañarse diplomáticamente. Los acontecimientos se precipitaron con la aventura, que terminó en tragedia, de María Stuart, reina de Escocia, que no pudo reinar católicamente sobre un pueblo fanatizado por el calvinismo de J. Knox. Su matrimonio en 1565 con E. Darnley, mal visto por todos, provocó una revuelta de los calvinistas. Y he aquí que, a los tres meses, María comete el desatino inexplicable de casarse con lord Bothwell, que, además de protestante, había sido cómplice del asesinato de Darnley. La infeliz reina se desacredita ante todos, incluso ante el papa Pío V, que anteriormente la favorecía de mil maneras y la ayudaba económicamente. Ahora la juzgan criminal y sospechosa en la fe. Pronto expiará sus culpas y rectificará su conducta. En lucha con la nobleza rebelde, es vencida y encarcelada. Knox pide para ella la pena capital; pero huye de la prisión y vuelve a guerrear, hasta que, derrotada en la batalla de Langside (1568), tiene la imprudencia o ingenuidad de buscar refugio en Inglaterra, confiando en que su prima la reina Isabel la defendería. Lo que hizo Isabel fue arrestarla con mucho respeto y ponerla en prisión; en una prisión cada día más estrecha, que acabará con el último suplicio al cabo de dieciocho largos años.

Los católicos ingleses, viendo en ella a la legítima heredera del trono de Inglaterra, empezaron a conspirar en su favor, entablando ocultas relaciones con el rey de España, con los Guisas de Francia y con el mismo papa San Pío V, que ya está persuadido de la inocencia y fidelidad a Roma de «su devotísima hija».

11. Conspiraciones en Inglaterra

A fines de 1568 llegó a pensar María Stuart que, si Felipe II mandaba algunas naves a las costas inglesas, todos los católicos se alzarían y en menos de tres meses la pondrían a ella en el trono. El duque de Alba era contrario a la aventura militar. A pesar de todo, la nobleza inglesa del Norte se levantó en armas bajo la dirección de Ricardo Norton, diciendo que no iban contra Isabel, sino contra sus consejeros (noviembre-diciembre de 1569); pero el movimiento fue rápidamente sofocado.

Pocos días antes, el 4 de noviembre, escribía el embajador en Roma, Juan de Zúñiga:

«Su Santidad me dixo que escribiría al duque de Alba que él viese lo que se podría hacer para echar a la reina [Isabel] de allí y poner el reino en manos de católicos... por su parte haría cuanto pudiese de muy buena gana» [144].

Pío V sentía tal estima y admiración de las geniales cualidades del duque, que daba por seguro el triunfo si Alba se encargaba de dirigir la empresa. Pero aquel gran guerrero y avisado político creía temeraria cualquier tentativa de conquista, en lo cual pensaba como Felipe II. Además le faltaban dineros para pagar las tropas. Con esto y otras «grandes razones», el papa se dejó convencer de «los inconvenientes que hay en el negocio».

Decidió entonces, bajo la presión de los católicos ingleses, que se movían activamente en Roma como en Madrid, lanzar la excomunión contra Isabel, privándola de sus derechos a la Corona, con lo cual todos los católicos ingleses le negarían la obediencia y se alzarían en guerra contra ella. Del 10 de abril de 1570 son estas palabras del embajador Zúñiga:

«Hame dicho S. S. que está determinado de declarar por hereje a la reina de Inglaterra y privarla del reino... Yo le dixe que en ninguna manera convenía hacerlo hasta que estuviesen dispuestas las cosas» [145].

A pesar de todo, la excomunión fue fulminada el 25 de febrero de 1570 [146]. En vano el embajador español, siguiendo órdenes de su rey, le aconsejó que la revocara. Pío V la mantuvo, reforzando su opinión, con nuevas impresiones que le venían de Inglaterra. Felipe II se le quejó el 11 de agosto «por haber hecho la declaración contra la reina de Inglaterra sin consultárselo primero». No cabe duda que la bula papal puso en peligro la corona de Isabel, pero la violenta e inmediata reacción de ésta imprimió a los sucesos nuevo rumbo, con gravísimos perjuicios para los católicos, los cuales se vieron ahora perseguidos con más duras leyes.

Vino luego, como medida desesperada, la conjuración del duque de Norfolk en 1571; conjuración tramada en Londres, Madrid y Bruselas por un banquero florentino, R. Ridolfi, «un gran parlanchín», según el duque de Alba, el cual no se dejó arrastrar por aquellos ilusos que todo lo veían fácil, empezando por María Stuart y por el embajador de España en Londres Guérau de Spes. El mismo Felipe II miró con buenos ojos la conjuración, dispuesto a favorecerla militarmente. Pero el Gobierno inglés, habiendo descubierto todos los hilos de aquella trama, arrestó al duque de Norfolk y lo mandó decapitar en 1572. Guérau de Spes fue expulsado de Inglaterra.

---

[144] SERRANO, *Correspondencia* III 188. La escribió, en efecto, el 3 de noviembre: «Pro tuo iuvandae catholicae religionis ardentissimo studio... nobilitatem tuam obtestamur et quo maiori possumus animi studio rogamus», que se esfuerce por la libertad de la reina de Escocia (LADERCHI, *Annales eccles.* XXIII 320).
[145] SERRANO, *Correspondencia* IV 291.
[146] «Regnans in excelsis» *(Bull.Rom.* VII 810-11). Allí se dice: «De apostolicae potestatis plenitudine declaramus praedictam Elizabetham haereticam et haereticorum fautricem... Quin immo, praetenso regni praedicti iure necnon omni et quocumque dominio, dignitate, privilegioque privatam».

Con más insistencia aún que Pío V intercedió el nuevo papa Gregorio XIII ante el rey de España, pidiéndole que tomara a pechos el negocio de liberar a María Stuart. Se lo pidió por cartas, se lo urgió por medio del nuncio ordinario N. Ormanetto; y, por si esto era poco, le mandó un legado extraordinario en la persona de Nicolás Marini, que entró en Madrid el día de la Epifanía de 1573. El rey debería aprestar un cierto número de galeras (110 en unión con las del papa). Respondió Felipe que una empresa tal no debía acometerse sino por varias naciones católicas juntas —v.gr.: España y Francia— y que su objetivo debería ser solamente la entronización de María Stuart, no la conquista de Inglaterra, porque esto lesionaría el nacionalismo inglés [147].

En septiembre de 1575 parece que el rey de España toma la cuestión más en serio, ya que su hermanastro don Juan de Austria está dispuesto a marchar contra Inglaterra desde Flandes, adonde iría pronto como gobernador, y hasta se aireó la posibilidad de su casamiento con la reina María Stuart, asegurando así el catolicismo de aquel reino. Se dan largas al asunto. Los intentos de católicos ingleses e irlandeses de desembarcar en las islas Británicas, o no tienen importancia o fracasan del todo. El embajador español, Bernardino de Mendoza, es expulsado de Londres. Felipe II no se inmuta por ello.

12. Muerte de María Stuart. La Armada Invencible

Mas de pronto las naciones católicas se conmueven, porque algo grave ocurre en Inglaterra. Un antiguo paje de María Stuart llamado Antonio Babington organiza en abril de 1586 una conspiración para asesinar a Isabel y liberar a María. Esta conoce el plan y no se opone a su realización. Interceptada la correspondencia de los conspiradores, se descubren sus designios. Babington es ejecutado con sus cómplices en septiembre de aquel año, y María Stuart, sometida a proceso, en el que se barajan falsos documentos, sale condenada a muerte. El 18 de febrero de 1587 fue decapitada por manos del verdugo. Murió como una mártir cristiana [148].

Bajo la conmoción que este golpe le produjo a Sixto V, medita el papa la invasión y conquista de Inglaterra. Aquel pontífice *terribile* no ama a Felipe II; pero ¿quién sino el rey de España es capaz de tamaña empresa? Tales fueron sus urgencias y apremios, que el Rey Prudente, tras muchas incertidumbres, se decide a aprontar una flota poderosa. Pretende dar un golpe definitivo y acabar de una vez con las piraterías y saqueos de sir Francis Drake, que no cesa de asaltar las costas españolas de América, saqueando puertos y depredando barcos.

---

[147] CARINI, *Monsignor Niccolò Ormanetto* 29-33. Buenas disposiciones de Felipe II (ibid.,82), con extracto de cartas.
[148] J. H. POLLEN, *Mary, Queen of Scots and the Babington Plot* (Edimburgo 1922); *Papal Negotiations with Mary, Queen of Scots* (Edimburgo 1901); A. DAKERS, *The Tragic Queen* (Edimburgo 1931); T. F. HENDERSON, *Mary Queen of Scots* (New York 1905), 2 vols.; M. BARING, *María Estuardo*, trad.esp. (Madrid 1966).

Llama a consejo al más capacitado y experto almirante de España, don Alvaro de Bazán, marqués de Santa Cruz, el cual responde que la empresa es fácil acometiéndola directamente desde la Península. El plan de mandar, por una parte, los barcos y luego, desde Flandes, las tropas conquistadoras no le place. El se ofrece a la jefatura suprema. Los barcos de guerra eran 130 (ó 150, según otros cómputos), que transportaban unos 20.000 soldados, más un total de 8 a 10.000 marineros y 2.460 cañones. Tan impresionante y bella se presentó aquella armada, que todos empezaron a llamarla «Invencible». Estaba para zarpar de Lisboa, cuando la muerte descargó el primer golpe, llevándose al marqués de Santa Cruz (30 de enero de 1588). El joven almirante que le sustituyó, Alfonso Pérez de Guzmán, duque de Medina-Sidonia, gozaba del favor de Felipe II, pero carecía de las cualidades que tan difícil empresa requería. Diose a la mar el 12 de julio de 1588; el 21 del mismo mes tuvo lugar el primer encuentro con las naves inglesas; otros choques ocurrieron el 23 y el 25. Los españoles, cuyas naves eran mayores, pero más pesadas y lentas, lo que deseaban era llegar siempre al abordaje, en el que estaban seguros de vencer, pero los ingleses sabían evitarlo maniobrando rápidamente y disparando desde lejos con cañones de mayor alcance. A Farnese, gobernador de Flandes, le fue imposible embarcar sus tropas para Inglaterra. Al fin de todo, los temporales vinieron a desbaratar la armada española, aumentando las bajas de hombres y de barcos.

Lo que pudiera haber sido una victoria definitiva contra la potencia inglesa y contra la herejía, semejante a la de Lepanto contra la Media Luna, se convirtió en trágica derrota, que, sin embargo, no desalentó al rey de España.

«Doy gracias a Dios, que me ha dado tanto poderío y fuerzas, que puedo aún ciertamente lanzar al mar otra armada, y no importa mucho el que se haya interrumpido un momento la corriente, con tal que el manantial de donde fluye esté intacto» [149].

Efectivamente, el soberano español pensó seriamente en repetir el golpe, aparejando nuevos barcos de guerra y organizando mejor la invasión de Inglaterra. Quiso antes asegurarse de las intenciones del papa Sixto V, el cual para el triunfo de la Invencible le había prometido de antemano un millón de escudos, que luego, al ver la derrota, se negó a pagarlos.

En 1589 volvió Felipe II, por medio de su embajador, a proponerle la posibilidad de una segunda expedición contra Isabel de Inglaterra, explorando el ánimo del papa y su disponibilidad para la gran empresa.

Sixto V, con su típico estilo desabrido, brusco y poco diplomático, le contesttó en esta forma:

«El señor conde de Olivares, embajador de V. M., varias veces, en vuestro nombre, me ha hecho instancia de tres cosas. Primera: que si,

---

[149] Lo dice en clásico latín F.STRADA, *De bello Belgico* (Budapest 1751) 315; C. FERNÁNDEZ DURO, *La Armada Invencible* (Madrid 1894-95), 2 vols.; R.B.MERRIMAN, *The Rise of the Spanish Empire* IV 515-65.

queriendo S. M. continuar la empresa de Inglaterra, me hallo yo en la misma resolución hecha el año 1587 de dar la ayuda prometida; le he respondido que sí. Segunda: si quiero anticipar la paga; le he respondido que no. Porque V. M. gasta tanto tiempo en mirar sus empresas, que, cuando es hora de ejecutarlas, no le queda ni tiempo ni dinero. Tercera: si, favoreciendo Nuestro Señor la empresa, se conquistase aquel reino, daría yo algo más de lo prometido; le he respondido que sí... —De Roma, día del glorioso apóstol Santiago, año 1589» [150].

El Rey Prudente estimó que las circunstancias no eran las más tempestivas y oportunas para un riesgo tan transcendental.

13. SEMINARIOS INGLESES E IRLANDESES EN ESPAÑA

Bien se puede suponer que la mayor desilusión y tristeza por el fracaso de la Invencible sería de los exiliados, que en España, Francia y Roma suspiraban en vano por el regreso a su amada patria. Ya que las intrigas, conspiraciones y guerras se habían demostrado ineficaces y aun contraproducentes, ¿qué medidas tomar para introducir el catolicismo en Inglaterra?

El jesuita Roberto Persons, hombre de una actividad infatigable, fecundo ideador de recursos y soluciones para cualquier situación, misionero él mismo que había visto a no pocos colegas y amigos derramar su sangre bajo la persecución de Isabel, se persuadió que lo mejor sería continuar la obra emprendida años antes por el cardenal inglés Guillermo Allen en la fundación del colegio de Douai (1568), creando, con el apoyo moral y económico del Rey Católico, nuevos seminarios, en los que se educasen para apóstoles y mártires no pocos jóvenes ingleses católicos que llevaban vida difícil en Douai, en Roma y en Reims.

Vino Persons a España en 1588. Al año siguiente se fundaba el seminario inglés de Valladolid gracias a los ricos donativos y limosnas de la ciudad, encabezados por el mismo rey. Siguieron los de Sevilla (1591), Madrid (1598), Lisboa y algún otro de menor importancia [151]. Lo mismo hacían los irlandeses en los colegios o seminarios de Salamanca (1593), Sevilla, Madrid, etc.

Aunque el rey no era el único que contribuía a la financiación de dichas instituciones, todos le consideraban como el más alto protector, y el mismo papa lo reconoció más de una vez públicamente como «fundador» [152].

---

[150] Publicada por I.GIORGI en Arch.R.Soc.Rom.St. 14(1891)172-73.
[151] A. BELLESHEIM, *Cardinal Allen und die Seminare auf dem Festlande* (Maguncia 1885) 237-48 289-91.
[152] Así Clemente VIII, 3 noviembre 1592: «Rex Catholicus, cuius egregiam et vere catholico rege dignam munificentiam et liberalitatem multi iuvenes ex illo miserrimo Angliae regno... experti sunt..., pro manutentione iuvenum certos redditus annuos assignavit» (*Bull.Rom.* IX 630-35). En consecuencia, el papa pone el Colegio de Valladolid bajo la tutela del cardenal Allen y de Felipe II, bajo la dirección académica de la Compañía de Jesús, y le otorga numerosos privilegios. Del Colegio de Sevilla dice el 15 de mayo de 1594: «Collegium Anglicum... Regis Catholici pietate institutum», y le concede iguales privilegios (ibid., X 139).

Del cariño con que Felipe II miraba la marcha y buen funcionamiento de estos planteles de misioneros, que habían de arriesgar su vida en la predicación y recatolización de las islas Británicas, tenemos una muestra conmovedora en la visita que hizo al seminario de Valladolid en agosto de 1592.

Habiendo llegado el monarca a Valladolid el 25 de junio, se le hizo saber que los superiores y estudiantes del colegio-seminario tenían deseo de ir a besarle las manos.

> «Oyó su Majestad esta petición —escribe un jesuita allí presente—, y la benigna respuesta fue que le parecía sería mejor irlos a ver en su propio colegio... Algunos días después desto vinieron a ver este Colegio algunos de los señores y personas principales de la corte... Los cuales con noticia y gusto de su Majestad... vieron el colegio todo y... fueron servidos de comer con los estudiantes en nuestro pobre refitorio, y oír así entonces, como después, diversos exercicios de teología y filosofía y variedad de lenguas, que les fue de mucho gusto».

Les impresionó leer la *fórmula del juramento* que los estudiantes hacían a los seis meses de entrar en el colegio, y se la notificaron a Felipe II. Era de este tenor:

> «Yo N. N., alumno del colegio Inglés de Valladolid, considerando los beneficios que Dios nuestro Señor me ha hecho, y aquel principalmente de haberme sacado de mi patria, que está tan trabajada de herejías, y haberme hecho miembro de su Iglesia católica..., he determinado de ofrecerme todo a su divino servicio, en cuanto yo pudiese, para cumplir el fin deste Colegio. Y así prometo y juro al omnipotente Dios que estoy aparexado con mi ánimo, cuanto su divina gracia me ayudare, para recibir a su tiempo los sacros órdenes y volver a Inglaterra a procurar ganar las almas de aquellos próximos cada y cuando que al superior deste Colegio, conforme a su instituto, le pareciere mandármelo en el Señor.-En Valladolid, año» etc.

14. FELIPE II ABRAZA A LOS SEMINARISTAS INGLESES

El 3 de agosto se presentó el rey con sus hijos y la nobleza de la corte. Salieron hasta el coche real los superiores del Colegio.

> «Estábamos los demás a la puerta con los colegiales ingleses, que son cincuenta, con sus ropas negras, con que andan fuera, que es hábito muy honesto y grave... Llegaron y vieron arrodillados delante de sí todos estos mancebos ingleses... Y así los miraron su Magestad y Altezas con rostro muy apacible y tierno. Y, entrando en la capilla, hicieron oración».

Pasaron luego a una gran sala. Allí se le fueron presentando los estudiantes, indicándole al rey «cuáles eran teólogos, y cuáles lógicos, y cuáles filósofos, y cuáles nuevamente venidos». Un alumno, «que de muy tierna edad había sido preso tres veces en Inglaterra por la confesión de la misma fee... hizo una oración latina de un cuarto de hora escaso, dando gracias a su Magestad por los beneficios hechos... Acabada esta oración, llegó luego este alumno a besar a su Magestad y Altezas las manos, y no se las quisieron dar, antes su Magestad le echó su brazo al cuello en señal de amor».

Después de escuchar otros breves discursitos y de haber recorrido las salas y galerías, adornadas de emblemas, jeroglíficos y versos en variadas lenguas, el rey se acercó a los alumnos cariñosamente para despedirse, «y a todos hizo su Magestad la merced que al primero había hecho de echarle su brazo al cuello en señal de su real benignidad, amor y clemencia» [153].

Para conocer a Felipe II no hay que olvidar semejantes facetas íntimas y familiares.

15. Rey de un Estado misionero

No vamos a tratar aquí de las misiones entre infieles promovidas por Felipe II en su largo reinado. Desde que el papa Alejandro VI encomendó a España la evangelización de las nuevas tierras descubiertas por Colón y los Reyes Católicos, éstos aceptaron de muy buen grado aquel encargo, tan honroso como oneroso, de enviar misioneros idóneos, de fundar iglesias, de suministrar a unos y otras generosamente el dinero efectivo que se requería para su vida, su manutención, sus obras de apostolado y de culto. Desde entonces puede, con razón, decirse que el Estado español se hizo misionero.

Este deber, recibido de sus progenitores, se lo apropió Felipe II con la responsabilidad de conciencia que le caracterizaba. Y miró a las vastas regiones ultramarinas con el mismo amor y justicia que a las provincias peninsulares.

Le reconoció y agradeció públicamente sus méritos el papa Clemente VIII el 25 de marzo de 1592 en una carta en que, felicitando a los prelados de Filipinas por la predicación de la fe en aquellas islas y por su firme adhesión a la Sede Apostólica, añadía:

«Os recomendamos finalmente, cuanto podemos en el Señor, la fidelidad y obediencia a nuestro carísimo hijo en Cristo Felipe, rey católico de las Españas y las Indias, vuestro soberano, a quien la Sede Apostólica... dio el encargo oficial y potestativo de procurar la salvación de esas naciones. A él y a sus ministros es mucho lo que vosotros les debéis.... El mismo rey Felipe tiene particular cuidado de que todas esas regiones, reprobando los errores de las impías supersticiones, juntamente con vosotros..., se sometan a la voluntad de Cristo Dios y libremente le sirvan» [154].

Conocía bien el romano pontífice la solicitud de aquel rey, que entre las *Leyes de Indias* incluyó ésta:

«Ordenamos que las personas a quienes se hubieren de encargar nuevos descubrimientos sean aprobadas en cristiandad, buena conciencia, ce-

---

[153] Relación inédita del P. Pedro de Guzmán (AHSI, *Castilla* 35), utilizada por F. de Leturia, *El abrazo de Felipe II a los seminaristas ingleses de Valladolid*: Razón y Fe 117 (1939) 282-98.
[154] *Bullarium Romanum* IX 528.

losas de la honra de Dios y servicio nuestro, amadoras de la paz y deseosas de la conversión de los indios» [155].

Y en las *Instrucciones secretas* de 1568 para el nuevo virrey del Perú, Francisco de Toledo, cláusula 12, escribía:

«En lo que toca a la orden que se tiene y debe tener en la conversión de los indios en los catecismos y diligencias que para instruir los adultos se hacen... y en el modo de la predicación, doctrina y institución de los indios...; os encargamos mucho que vos allá lo tratéis con los prelados, así en particular como cuando se juntaren en el sínodo provincial..., y tengáis muy particular cuenta con lo que en esto se hiciere, que por tocar tanto al servicio de Dios y descargo de mi conciencia, nos desplacería mucho que hobiese en ello falta o descuido alguno... Los religiosos que han ido a aquellas provincias y están en ellas... han sido de grande efecto para la conversión y doctrina de los indios...; es nuestra voluntad que sean muy favorecidos y se les dé cuanto para su ministerio y conversión de los indios en la doctrina sea necesario... y se les haga buen tratamiento y acogida, y vos ternéis dellos particular cuidado» [156].

No era esto un mero consejo o instrucción particular; era ley general para las Indias desde el 4 de octubre de 1563, en que el rey ordenaba:

«Mandamos y encargamos a nuestros virreyes, audiencias y gobernadores de nuestras Indias que tengan muy especial cuidado de la conversión y cristiandad de los indios y que sean bien doctrinados y enseñados en las cosas de nuestra santa fe católica y ley evangélica» [157].

Tanto se preocupaba el monarca de la evangelización de sus súbditos americanos, que en ocasiones desciende a mínimos detalles, aconsejando a los misioneros cómo debían proceder; v.gr., el 3 de julio de 1573:

«Mandamos a nuestros gobernadores y pobladores que en las partes y lugares donde los naturales no quisieren recibir la doctrina cristiana de paz, tengan el orden siguiente... Conciértense con el cacique principal que está en paz y confina con los indios de guerra que los procure atraer a su tierra a divertirse o a cosa semejante, y para entonces estén allí los predicadores... y a ellos juntos con los demás, por sus lenguas e intérpretes, comiencen a enseñar la doctrina cristiana; y para que la oigan con más veneración y admiración estén revestidos, a lo menos, con albas o sobrepellices y estolas, y con la santa cruz en las manos... Podrán usar de música de cantores y ministriles, con que conmuevan a los indios a se juntar, y de otros medios para amansar y pacificar y persuadir a los que estuvieren de guerra» [158].

¿No es esto hacerse misionero el propio rey?

[155] *Recopilación de las leyes de los reinos de las Indias* (Madrid 1791) l.4 tít.1 ley 2.
[156] C. BAYLE, *España en Indias* (Vitoria 1934) 398 y 408 nota.
[157] *Recopilación de las leyes* l.1 tít.1 ley 5.
[158] Ibid., l.1 tít.1 ley 4.

16. SUBVENCIÓN ECONÓMICA A MISIONES Y MISIONEROS

En los cuidados que se tomó por facilitar la tarea evangelizadora, financiando los gastos de los religiosos que se embarcaban para las Indias, Felipe II no hizo sino seguir los ejemplos de sus progenitores. Condensando en pocas frases las leyes y ordenanzas reales en este punto, escribe así un buen conocedor de las misiones americanas:

«Los misioneros iban a cuenta del rey y seguían viviendo del real tesoro... Apenas los religiosos, con la bendición de su prelado, tomaban la vuelta de Sevilla, puerto obligado de embarque, recibían lo que se llamaba *viático*... Dábaseles, además, un colchón, almohada, frezada y vestido completo, el de su Orden... Después se les proporcionaba el *matalotaje*, o sea, los víveres necesarios para la travesía, larga de meses, y se concertaba con el capitán de la nao el *pasaje*, cuyo precio varió con las épocas... En el siglo XVII era por cada sacerdote 49 ducados, y 36 por cada lego, que se suponía ocupar menos espacio por no llevar libros ni ornamentos...»

Felipe II, al escribir a Zúñiga, embajador en Roma, en septiembre de 1572, dice:

«Y pues los comisarios en esta corte y los religiosos que pasen a Indias, hasta llegar a donde van consignados, todo es a costa de nuestra hacienda real y la costa que allá se hacen en sus edificios y monasterios..., podéis afirmar que en cada un año se gastan más de 100.000 ducados de nuestra hacienda real» [159].

Del conocido misionólogo e historiador de las misiones J. Schmidlin transcribimos estas líneas:

«Los reyes españoles sufragaban los gastos de viaje de los misioneros, construían las iglesias y las proveían de cera, aceite, etc.; gastaban anualmente, según Solórzano, 110.000 ducados y mantenían hacia 1630 más de 70.000 iglesias en diversas provincias eclesiásticas... Según Alonso de Ovalle, pagaba el rey las medicinas y el aceite para todos los monasterios, las campanas, los paramentos litúrgicos y el vino de misa de todas las iglesias y nuevos monasterios, así como de los nuevos colegios y seminarios, gastos de viaje y manutención de los misioneros; en sólo un año expendió en Méjico 60.000 ducados» [160].

En confirmación de lo cual basta abrir las *Leyes de Indias* y leer el libro primero:

(Ordenanza de 1554:) «*Declaramos que los encomenderos tienen obligación de proveer el culto divino y a los ministros, ornamentos, vino y cera, al parecer y disposición del diocesano*» (*I 2 ley 23*).

(De 1563:) «*Mandamos que, habiéndose de fundar monasterios en pueblos de indios..., se hagan a nuestra costa y de los encomenderos*» (*I 3 ley 4*).

---

[159] C. BAYLE, *España en Indias* 410-11. Calcula este autor que cada año pasarían a Indias más de 200 religiosos a costa del Estado.
[160] J. SCHMIDLIN, *Katholische Missionsgeschichte* (Steyl 1924) 214 n.1. Más datos en R. LEVILLIER, *Organización de la Iglesia y órdenes religiosas en el virreinato del Perú* (Madrid 1919) I 442-510; II 128-77, etc.

(De 1587:) «Mandamos a los oficiales de nuestra hacienda... provean a cada una de las iglesias que se hicieren en pueblos de indios... de un ornamento, un cáliz con patena para celebrar el santo sacrificio de la misa y una campana, por una vez, al tiempo que la iglesia se fundare» (I 2 ley 7).

(De 1588:) «Las iglesias parroquiales que se hicieren en pueblos de españoles sean de edificio durable y decente, y la costa que en ellas se hiciere se reparta y pague por tercias partes; la una a costa de nuestra hacienda real» (I 2 ley 3).

Si a fines del siglo XVII, época de decadencia, un autor como Juan de Villagutierre, calculaba en 500.000 pesos lo que la «piedad regia» expendía cada año en evangelizar y mantener las misiones de las Indias, no parecerá excesivo el duplicar esa suma para el reinado de Felipe II [161].

A falta de otros datos concretos, tenemos uno de Filipinas, en las cuales, al decir del virrey de Méjico, don Martín Enríquez, en los dieciocho primeros años de la colonización (1564-82) «se ha gastado en pacificación más de 3.000.000 de pesos en soldados, navíos y otras cosas; todo para que los naturales de aquellas partes reconozcan y profesen la fe católica y el soberano señorío de V. M.» De ese virrey Enríquez se decía haber escrito a Felipe II «que, pues en estas islas se hacía más gasto que resultaba provecho, sería bien despoblarlas», o sea, abandonarlas, a lo cual respondió el Rey Católico «que no se lo escribiesen más, porque, cuando no bastasen las rentas y tesoros de las Indias, proveería de los de la vieja España». Tal respuesta se hizo famosa, porque casi todos los historiadores subsiguientes la repiten completándola:

> «Que, si no bastaban las rentas de Filipinas y de la Nueva España a mantener una ermita, si más no hubiere, que conservase el nombre y veneración de Jesucristo, enviaría las de España, con que se propagase el Evangelio» [162].

Todo lo dicho demuestra que contra el río de oro que de las minas americanas fluía hacia España para hacer posibles las empresas internacionales del rey, otro río de menor caudal, pero nada despreciable, refluía hacia aquellas lejanas costas para ayuda de la evangelización y sostén del catolicismo en el Nuevo Mundo.

Teniendo en cuenta tan grandes expensas y los caudales que a la continua salían de España en apoyo de la Contrarreforma católica en Europa (recuérdense los 300.000 escudos que Felipe concedió al partido católico de Francia en el *tratado de Joinville,* las subvenciones personales a ciertos personajes franceses, la ayuda a los seminarios ingleses, que arriba hemos brevemente indicado, para no hablar de las enormes sumas que por el canal de la Nunciatura desembocaban sin cesar en la

---

[161] Así opina C. BAYLE, *La expansión misional de España* (Barcelona 1938) 21. El testimonio de J.de Villagutierre Sotomayor (1701) en BAYLE, *España en Indias* 420.

[162] B. PORREÑO, *Dichos y hechos del señor don Felipe II* (Valladolid 1803) 69. Lo repiten Solórzano Pereira *(De Indiarum iure)* y Colin *(Labor evangélica).* Las citas, en F. J. MONTALBÁN, *El Patronato español y la conquista de Filipinas* (Burgos 1930) 7. Probablemente, Porreño, que popularizó el dicho del rey, lo tomó de L. CABRERA DE CÓRDOBA, *Historia de Felipe II* vol.1 p.504-505.

Cámara Apostólica), se entenderá mejor aquella frase, con acento de queja, que el rey escribía el 12 de junio de 1590 a su embajador en Roma, el duque de Sessa:

> «Será bien acordarle [al papa Sixto V] lo que hago en Flandes tantos años ha, a costa de tantos tesoros y vidas, por no consentir cosa en contrario de nuestra santa fe católica y obediencia desta Santa Sede» [163].

17. EL SOLITARIO DE EL ESCORIAL

Aquel gran rey en cuyos dominios no se ponía el sol vivía con mucha frecuencia, en los últimos años, casi enclaustrado en un rincón solitario de Castilla al pie de la sierra del Guadarrama y a pocas leguas de Madrid. La inmensa y majestuosa arquitectura de El Escorial, que el propio Felipe mandó construir en conmemoración de la victoria de San Quintín, responde adecuadamente al espíritu felipesco, religioso, imperial, austero y magnificente. Es su mejor símbolo. Allí venía desde la corte a orar con una devoción que edificaba y a veces sonrojaba, como confiesa fray José de Sigüenza, a los monjes jerónimos. Y en aquel lugar quiso morir, como su padre, «el solitario de Yuste», había escogido para su jornada suprema otro monasterio jeronimiano.

Aquejado por graves y molestísimas enfermedades, especialmente por el mal de gota —dolencia de los Habsburgos—, con una fiebrecilla continua, abscesos inflamatorios en los pies y purulentas llagas en los muslos, se encerró en su celda habitual a principios de julio de 1598. Con su maravilloso estilo nos ha narrado fray José de Sigüenza el acogimiento que se le dispensó al rey, su estancia en el monasterio, los espantosos sufrimientos, soportados con cristiana paciencia, y todos los pormenores de una vida que corría hacia la muerte. Su cuerpo llagado, inmóvil en la cama, presentaba la imagen del santo Job. La hidropesía acrecentó los males. De labios del rey no salían sino palabras de profunda piedad y de resignación a la voluntad divina *«Pater, non mea, sed tua*

---

[163] A. HUEBNER, *Sisto Quinto* II 404-405. Lo reconocía el italiano Scipione Ammirati cuando escribía que Felipe II no combatía en Flandes por intereses humanos, sino por celo de la fe católica, puesto que «se i danari spesi per ricoverar la Fiandra si potesser metter insieme, con essi molte Fiandre, non che una, si sarebbon potuto comprare» (F. MEREGALLI, *La presencia de la España de Felipe II en Italia:* Hispania 33[1973]90). Más de una vez se quejó el rey español de que los papas olvidaban cuanto él hacía por la cristiandad; por ejemplo, el 12 de agosto de 1566 a Requesens: «S. S. debe considerar las otras muchas y graves obligaciones y cargos que yo tengo... en la guerra continua que traigo contra los infieles y en defensa de la cristiandad..., los gastos que yo hice y el ayuda que di al rey de Francia para aquietar las cosas de la religión» (SERRANO, *Correspondencia* I 310). No todos los papas lo olvidaban. Gregorio XIII en 1574 encareció «los muy grandes e insoportables gastos que para la defensa de la república cristiana» tomaba sobre sí Felipe (J. GOÑI en *Reformada reformanda* [Munster 1965] II 344-69). Y Clemente VIII en el elogio que hizo a la muerte del rey. También debía tener en cuenta los «subsidios» o contribuciones que en favor de la Corona imponía el papa sobre los beneficios eclesiásticos (cruzada, excusado, «millones», etc.). Era un río de oro de procedencia española ciertamente, pero que, en vez de fluir hacia Roma, fluía hacia Madrid. Cf. M. ULLOA, *La hacienda real de Castilla en el reinado de Felipe II* (Madrid 1977) 371-646.

voluntas fiat»; o de anhelos del paraíso: «*Sicut cervus desiderat ad fontes aquarum*», etc. El 16 de agosto hizo llamar al nuncio y le pidió la indulgencia y la bendición papal. Con su confesor, que era fray Diego de Yepes, hizo una larga confesión. El arzobispo de Toledo, García de Loaysa, le administró la extrema unción el 1.º de septiembre, a la que se preparó leyendo y meditando las oraciones del *Ritual*. Quiso que estuviese presente su hijo, a quien le habló de la vanidad de las glorias humanas y le recomendó particularmente dos cosas: devoción y obediencia a la Iglesia católica romana y no faltar nunca a la justicia para con sus súbditos.

Aquellos días mandó distribuir grandes limosnas, muchos miles de ducados, para casar doncellas pobres, socorrer viudas y huérfanos y ayudar a ciertas obras pías. Cuando oyó que la muerte era inminente, pidió al arzobispo de Toledo le leyera la *pasión* de nuestro Señor Jesucristo según San Juan. Don Fernando de Toledo, que le asistía solícito, le puso en la mano la candela bendita de Nuestra Señora de Montserrat.

Reiteradamente se afirma que murió con el crucifijo de marfil con que había muerto su padre; pero Sigüenza, que se hallaba presente y que entendía de arte, nos describe las últimas horas con estas hermosas palabras:

> «Súbitamente abrió los ojos con una viveza extraña y los puso en el crucifijo que tenía don Fernando en las manos, *que era como aquel de su padre;* alargó la mano y tomóselo, y con gran devoción y ternura lo besó muchas veces... Las últimas palabras que pronunció y con que partió deste mundo fue decir como pudo que moría como católico en la fe y obediencia de la santa Iglesia romana; y, besando mil veces su crucifijo..., se fue acabando poco a poco... Durmió en el Señor el gran Felipe segundo, hijo del emperador Carlos quinto, en la misma casa y templo de San Lorenzo que había edificado, y casi encima de su misma sepultura, a las cinco de la mañana, cuando el alba rompía por el Oriente, trayendo el sol la luz del domingo, día de luz y del Señor de la luz, y estando cantando la misa los niños del seminario, la postrera que se dijo por su vida y la primera de su muerte» [164].

Ordenó que, al enterrarle, solamente le pusiesen colgada al cuello una cruz de palo y un rosario de cuentas de lignáloe, con el que solía rezar años antes; y que su cadáver no fuese embalsamado, ni siquiera revestido honoríficamente; bastaba una simple sábana encima de la camisa.

De todos estos detalles tuvo precisa información el papa Clemente VIII, y, aunque en vida no le había mostrado particular simpatía, se dejó conmover por las noticias del fallecimiento, y en el consistorio del 9 de octubre, delante del colegio cardenalicio, pronunció la mejor oración fúnebre y el más autorizado panegírico ensalzando las grandes virtudes de Felipe II:

---

[164] *Historia de la Orden de San Jerónimo* (Madrid 1909); BNAE 12.517. Larga descripción de la muerte, en L.FERNÁNDEZ DE RETANA, *España en tiempos de Felipe II* (Madrid 1966): *Hist. de España* dir. por MENÉNDEZ PIDAL, XIX 2 p.804-32.

«No ha habido rey tan prudente, tan sabio, tan amigo de hacer justicia... Y porque quiso reducir a la fe católica y a la obediencia desta Santa Silla los vasallos también de otros, empeñó todo su patrimonio real y gastó en esta obra los grandes tesoros que de las Indias le traían» [165].

Al año siguiente escribió una frase no menos significativa: «Con la muerte del Rey Católico, la república cristiana recibió una grave herida» (*grave vulnus*). El viceemperador de la cristiandad católica no tuvo sucesor; la Santa Sede perdió el brazo temporal que la apoyaba y defendía; la Contrarreforma entró en vías de decadencia y de enervación.

18. BALANCE DE UN REINADO

Puestos a hacer un balance histórico de aquel reinado, no juzgaremos al monarca bajo el aspecto político-nacional. No es tarea nuestra. Lo que hemos intentado estudiar aquí es su actitud ante la Iglesia y ante el papa. Se ha dicho que se preocupó más de los problemas religiosos internacionales que de los específicamente españoles. No fue ciertamente por capricho, sino por herencia de su padre, por deber de conciencia y por compromiso ante el papa y ante las naciones católicas que se lo exigían. Nótese, además, que, batallando contra los enemigos de la religión dominante en España, lo que hacía era defender a la propia España. Aquel rey que aborrecía instintivamente las guerras, se pasó toda la vida en guerra, aunque sin ir personalmente al campo de combate ni siquiera en San Quintín, donde estuvo presenciando la batalla.

Su causa fue la causa de la Contrarreforma. De una y otra se puede decir que, al fin de cuentas, fracasaron, si bien consiguieron triunfos personales y gloriosos. Felipe II no pudo evitar el predominio del protestantismo en Europa, pero lo retardó y le restó fuerza y amplitud; contribuyó eficazmente a que su sobrino Maximiliano II no abrazara la Reforma luterana; puso obstáculos insuperables a la escalada de los hugonotes en Francia, y podemos pensar que a su política en favor de la Liga se ha de atribuir, en buena parte, la conversión de Enrique IV y la consolidación de la fe católica en la nación cristianísima. Merced a los esfuerzos de Felipe II, lo que hoy es Bélgica logró conservar el catolicismo, aunque la parte de los Países Bajos que hoy es Holanda se independizara aferrándose al calvinismo. Gracias a su política religiosa e inquisitorial, las herejías protestantes no pudieron abrir brecha en el recinto peninsular y España se ahorró las guerras de religión, las desgarraduras intestinas y los ríos de sangre que sufrieron otras naciones. En fin, Felipe II prestó un incalculable servicio a Europa, hundiendo a la Media Luna en el golfo de Lepanto y facilitando el comercio libre por todo lo ancho y largo del Mediterráneo.

Se dirá que en su reinado se inició la decadencia española. Pero la

---

[165] Véase el extracto más amplio que dimos en el capítulo de *Felipe II y los papas*. Además de Cabrera de Córdoba, lo traen otros, como J. de Sigüenza, el cual se lamenta de no poseer el texto original.

decadencia de una nación nunca es achacable a un hombre solo, por grandes que sean sus desaciertos. Si los miembros están fundamentalmente sanos, no tardan en recobrar su vitalidad y pujanza. Y, de todos modos nadie dirá que en el campo religioso, teológico, literario, artístico, legislativo y colonizador la España de Felipe II presentaba señales de decadencia. Si los españoles que vinieron tras él no supieron crear ciencia, ni dar vida a la industria, ni activar el comercio; si, despreciadores del trabajo manual, se entregaron a la holganza, al necio pundonor, al formalismo vacuo, al parasitismo social, a la picaresca, a las beaterías carentes de sólida moral y aun de fundamento teológico, eso no fue culpa del Rey Prudente.

La decadencia de España pudo ser una fatalidad histórica, difícilmente evitable, como originada de mil causas diferentes. De haber tenido aquel monarca sucesores capaces y dignos, no faltando quien con visión acertada señalase las raíces del mal —y arbitristas de categoría los hubo—, tal vez con trabajo tenaz y con razonable coraje se hubiera superado la crisis. El primero en no desanimarse ante la derrota fue el propio Felipe II, quien, al tener noticia del fracaso de la Armada Invencible, respondió serenamente: «Nos han interceptado unos arroyos, pero el manantial hispánico está vivo». E inmediatamente, en lugar de cruzarse de brazos o distraerse en inútiles quejas, se puso a aparejar otra flota igual en vista del desquite.

OCTAVA PARTE

LA INQUISICION ESPAÑOLA

Por José Luis González Novalín

INTRODUCCION HISTORICA Y BIBLIOGRAFICA

La historiografía sobre la Inquisición española alcanzó, en el último cuarto del siglo pasado, un florecimiento semejante al que habían conocido poco antes los estudios sobre el Protestantismo y la Contrarreforma al cumplirse el centenario del nacimiento de Lutero. Pero así como en estos temas se conseguía, por primera vez, un tono objetivo y respetuoso, en lo tocante a la Inquisición se vio alterado el juicio histórico por la polémica suscitada en las Cortes de Cádiz en torno a la supresión del centenario organismo (1811-13).

La polémica resurgió, henchida de reivindicaciones y de nostalgias, en los primeros años de la restauración alfonsina. Fue en 1887 cuando católicos conservadores, capitaneados por Cánovas del Castillo, defendían en el Congreso la vuelta a la Inquisición como único medio para mantener la unidad religiosa de España. En el mismo clima de exaltación y de lucha se escribieron dos libros sobre la Inquisición española que llenaron de estupor a historiadores como Schäfer, deseosos de acometer con frialdad el estudio de este fenómeno:

> F. J. García Rodrigo, *Historia verdadera de la Inquisición*, 3 vols. (Madrid 1876-77).
> J. Martí y Lara, *La Inquisición* (Madrid 1877).

La primera de estas obras se presentaba como un estudio basado en abundante documentación, mientras la segunda aparecía como la compilación de una serie de artículos que previamente había publicado el autor en el diario *El Siglo Futuro*. El primero pertenecía a la nobleza y el segundo militaba en las filas de la filosofía neoescolástica; por ello mantenían uno y otro posiciones favorables al hecho inquisitorial, sobre el que no les faltaba información rigurosamente científica. De este modo se situaban ambos en la ininterrumpida tradición de fidelidad a las instituciones religiosas hispanas, que cuenta en sus filas a egregias figuras de los siglos XVI y XVII. Entre éstos merece especial mención el franciscano Luis Páramo, autor de la primera historia sistemática sobre la Inquisición española, la cual, escrita con un método apologético y escolástico, contiene, sin embargo, válidas referencias al derecho y a las costumbres vigentes en el tribunal de la fe, así como valoraciones de gestas y episodios concretos según el juicio de sus coetáneos:

> L. PÁRAMO, *De origine et progressu officii sanctae Inquisitionis eiusque dignitate et utilitate, de Romani Pontificis potestate et delegata Inquisitorum. Edicto fidei et ordine iudiciario sancti Officii, quaestiones decem, libri tres...* (Matriti... MDXCIIX).

Los defensores de la tolerancia religiosa, introducida por primera vez en España en la Constitución de 1869, eran mayoría en el Congreso de los Diputados a fines del siglo pasado, y se oponían, si bien con variedad de matices, a todo tipo de control inquisitorial. Como es lógico, no faltaban entre sus seguidores escritores que saltaran al primer plano de la polémica, aireando con carácter generalizador las deficiencias del Santo Oficio y los abusos cometidos por sus oficiales. A la vez que la historia de la Inquisición, se escribía la de la Reforma y de sus protagonistas hispanos. El relato de las persecuciones que sobre ellos se habían abatido, junto con la divulgación de sus obras, que ahora se examinaban de acuerdo con un criterio más liberal y correctamente formado, constituían el mejor alegato contra los procedimientos del Santo Oficio.

A este género hay que adscribir las obras de Böhmer y sus amigos cuáqueros Benjamín Barrón Wiffen y de Luis Usoz y Río:

> E. BOEHMER, *Bibliotheca Wiffeniana. Spanish Reformers of two centuries from 1520,* 3 vols. (Strassburg-London 1874-1904) (existe una edición anastática, publicada por Burt Franklin, New York, que es la que nosotros citamos en este estudio).
> L. USOZ Y RÍO, B. B. WIFFEN, *Reformistas antiguos españoles,* 21 vols. (Madrid-Londres 1847-1863).

La primera de estas obras contiene las semblanzas biográficas de los reformadores españoles más importantes, junto con el elenco de la producción literaria de cada uno y la indicación de las biobliotecas donde figuraban sus libros. No es necesario advertir que las noticias de Böhmer, consideradas aún como guía utilísima, no siempre responden a la realidad actual, por los avatares que durante la primera mitad de este siglo sufrieron las bibliotecas de Europa. La obra de Usoz es una publicación de textos de los autores que el mismo título determina.

Como fácilmente se deja entender, no son éstas las obras que encarnan el antagonismo a la literatura apologética de la que nos ocupábamos en los párrafos precedentes. El argumento «Inquisición española» se hizo objeto, a fines del siglo pasado, de estudios tendenciosos y falseados, con los que se podría formar una lista muy larga. Siendo nuestro cometido ocuparnos sólo de aquellos que tuvieron alguna relevancia científica, los consideramos representados por un libro que se mueve en los confines de la historia y de la novela:

> J. MELGARES MARÍN, *Procedimientos de la Inquisición, persecuciones religiosas, origen y carácter eclesiástico de la Inquisición, escándalos de los frailes*

y de los papas, terrible lucha de la Inquisición contra el pueblo español, engaños, tretas, misterios, injusticias, crímenes, sacrilegios y aberraciones del clero inquisitorial. La Inquisición y las Cortes de Cádiz. Procesos notables y originales antes inéditos y ahora por primera vez publicados, 2 vols. (Madrid 1886).

Aunque el largo título podría sugerir la impresión de que nos encontramos ante un libro de carácter panfletario, no sería justo incluirlo, sin más, entre la literatura de semejante signo. Melgares es decidido adversario de la Inquisición española, pero demuestra haber llegado a esta opción por el estudio de los fondos inquisitoriales de Valencia y Toledo, los cuales tuvo a su disposición en Alcalá de Henares, donde tenía el cargo de archivero. De hecho, publicó, como apéndice, documentos y procesos interesantes, si bien entresacándolos según su gusto y criterio.

El tratamiento hostil de la institución inquisitorial no comenzó en el siglo pasado, sino mucho antes; mas el triunfo de la Contrarreforma frenó durante siglos su difusión e incluso su divulgación dentro de la península Ibérica. El primer alegato en este sentido lo publicó en Heidelberg un emigrado español en 1567.

El autor pretendió unir en un solo libro la entusiástica historia de la penetración del protestantismo en Sevilla y de la sangrienta represión a que inmediatamente se vio sometida. Una buena parte de la obra está dedicada a las semblanzas de la vida y de la muerte de quienes padecieron persecución por la fe evangélica. Es algo así como un martirologio de la Reforma en España:

R. GONZÁLEZ MONTES, *Sanctae Inquisitionis Hispanicae artes aliquot detectae ac palam traductae. Exempla aliquot quae suo quaeque loco in ipso opere sparsa sunt, seorsum reposita, in quibus easdem inquisitorias artes veluti in tabulis quibusdam in ipso porro exercicio intueri licet. Addidimus apendicis vice quorumdam martyrum Christi elogia, qui cum mortis supplicium ob fidei confessionem christiana constantia tulerint, inquisitores eos suis artibus perfidiae ac defectionis infamarint.* REGINALDO GONSALVIO MONTANO, auctore. *Exurge, Deus, iudica causam tuam.* Heidelbergae MDLXVII.

Aunque este libro se tradujo en seguida a las principales lenguas de Europa, no apareció en español hasta que lo editó Usoz en 1851. El autor, por quien Menéndez Pelayo siente una admiración rayana en respeto, firma seguramente con un pseudónimo; se lo identifica con Casiodoro de Reina o con un hermano lego, llamado fray Benito, que huyó, lo mismo que el anterior, del monasterio de San Isidoro del Campo al comenzar la represión inquisitorial en Sevilla. El polígrafo montañés, que le atribuye condiciones de libelista y de «pamphletaire» falsario, se resiste a creer que mienta a sabiendas, y no duda en adscribir su libro al género de las memorias, tan escaso en nuestra literatura.

Al ocuparnos de las obras sistemáticas sobre la Inquisición española, hay que poner en primer lugar la más discutida de todas ellas desde el punto de vista histórico, piedra de toque hasta nuestros días para discernir la ideología y las tendencias de cuantos analizaron el hecho inquisitorial a lo largo de siglo y medio:

> J. A. LLORENTE, *Histoire critique de l'Inquisition d'Espagne, depuis l'époque de son établissement par Ferdinand V, jusqu'au règne de Ferdinand VII, tirée des pièces originales des archives du Conseil de la Suprême et de celles des Tribunaux subalternes du Saint-Office*, 4 vols. (París 1817-1818) (apareció en castellano en 1822).

Pocas obras han sido tan utilizadas y tan duramente juzgadas por sus usuarios, sobre todo cuando éstos se proponían mantener el equilibrio de estilo y de juicio al ocuparse del mismo argumento. La primera piedra la lanzó Menéndez Pelayo, que no concede a Llorente ni honradez personal, ni método histórico, ni corrección literaria, ni siquiera la capacidad de ganarse lectores con el cebo del interés y de la curiosidad. Digamos desde el principio que este juicio de Menéndez Pelayo es complexivamente injusto, aunque existan en su polémica y airada censura elementos verdaderos que no conviene ocultar. Juan Antonio Llorente, que había sido durante algunos años secretario de la Inquisición General y pudo manejar una gran cantidad de materiales de primera mano, se propuso escribir con fidelidad la vida de aquel organismo, «sin imitar —dice— el ejemplo de algunos que por respeto hacia la Inquisición nos han ocultado verdades importantes, ni el de aquellos espíritus ciegos por el resentimiento que han exagerado todo en las obras que publicaron». Pese a su afán de imparcialidad, Llorente estuvo más cerca de los segundos que de los primeros.

Al comenzar nuestro siglo, la obra de Llorente se vio eclipsada por las de dos autores, protestantes ambos, que, por haber sido escritas conforme una metodología más moderna, conservan aún su valor. Nos referimos a las publicadas por Henry C. Lea y por Ernst J. Schäfer, de las cuales alcanzó la primera notable difusión en España:

> H. Ch. LEA, *A History of Inquisition of Spain*, 4 vols. (New York 1906-1907).
>
> E. SCHAEFER, *Beiträge zur Geschichte des spanischen Protestantismus und der Inquisition im sechzehnten Jahrhundert*, 3 vols. (Gütersloh 1902).

Henry C. Lea era un investigador rico que se ocupó no sólo de la Inquisición, sino también de otros temas de historia eclesiástica, como el celibato y la penitencia; mas fueron sus estudios sobre el instituto inquisitorial los que lo hicieron universalmente famoso. Su *Historia de la Inquisición de España*, había sido precedida en 1890 por un libro de más de 500 páginas titulado *Capítulos para la historia religiosa de España relacionada con la Inquisición*. Las dos obras están basadas sobre un buen acopio documental, del que se dan en apéndice los instrumentos fundamentales; esto bastaría para que una y otra merecieran ser tratadas con admiración y respeto, tanto más cuanto que Lea escribe correctamente y abunda en datos de erudición y referencias a nuestra literatura. Lo que le atrajo la enemiga de los católicos y sospechas de tendenciosa parcialidad por parte de otros historiadores más bien eclécticos, fue su animosidad contra la iglesia romana y su incomprensión para con los ideales hispanos del siglo de oro.

Esta divergencia de apreciaciones falta completamente cuando se trata de valorar la obra de Schäfer, que mereció el elogio de la objetividad desde todos los bandos. Schäfer es, ante todo, un arsenal de documentos, extraídos en su mayor parte de los Archivos de Simancas y del Histórico Nacional. Baste decir que de los tres volúmenes de que se compone su obra, los dos últimos (más de 500 y más de 800 páginas respectivamente) contienen, traducidos al alemán, gran variedad de procesos, cartas, autos de fe, listas de libros, panfletos, testificaciones, regestos, por un total de 433 piezas.

A diferencia de Lea, el cual abarca toda la historia de la moderna Inquisición española, Schäfer estudia sólo su actividad contra las infiltraciones del protestantismo en España a lo largo del siglo XVI. Por eso, además del funcionamiento de la Inquisición, que ocupa buena parte del volumen primero, la obra incluye una síntesis de la suerte que corrieron las comunidades de Valladolid y Sevilla, a la última de las cuales había dedicado anteriormente un valioso estudio aparte.

Al mismo tiempo que Schäfer y en manifiesta oposición a Llorente, como hemos dicho, escribía Menéndez Pelayo su *Historia de los heterodoxos españoles*, en la que, sin ser su objetivo específico, habría de estar siempre presente la institución inquisitorial, sobre la cual habría de volver en otros de sus abundantes escritos.

M. MENÉNDEZ PELAYO, *Historia de los heterodoxos españoles*, 3 vols. (Madrid 1880-82) (esta primera edición fue inmediatamente corregida y aumentada, contando con sucesivas y numerosas tiradas). En nuestro estudio citamos la Edición Nacional, 8 vols. (Santander 1946-48).

Para don Marcelino, la Inquisición era el instrumento de la intolerancia en materia de religión, y ésta una consecuencia lógica de la seguridad dogmática sobre la que se asentaba en España la misma sociedad civil durante el largo período del florecimiento de este organismo.

La frecuencia con que habremos de hacer alusión a las posiciones de don Marcelino a lo largo de este capítulo, nos dispensa de dedicarle aquí una consideración más detenida.

La mentalidad menendezpelayista tuvo un claro resurgimiento durante los tres quinquenios que siguieron a la revolución española de 1936; y participaron de ella no sólo los historiadores eclesiásticos, sino cuantos se ocuparon del tema dentro de la Península, con la única diferencia en relación a su admirado maestro de que éstos ya no cuestionaban la conveniencia de la Inquisición española, sino trataban, más bien, de profundizar en las causas o motivos inmediatos de su instauración por los Reyes Católicos. En esta escuela, a la que se sumaron bastantes estudiosos extranjeros, figuran los nombres de Izquierdo Triol, Alcázar, Palacio Atard, Benito Durán, López Martínez, Walsh, Turberville... Pero es de justicia hacer especial mención de los PP. Miguel de la Pinta Llorente, O.S.A., y de Bernardino Llorca, S.I., cuya producción fue tan vasta y documentada, que sigue siendo necesario acudir a sus obras para encontrar instrumentos y testimonios que antes habían permanecido inéditos o se encontraban en libros de muy difícil acceso.

> B. LLORCA, *La Inquisición en España* (Barcelona 1946).
> —*La Inquisición española y los alumbrados (1509-1667) según las actas originales de Madrid y de otros archivos* (refundición de su obra en alemán: *Die spanische Inquisition und die «alumbrados»*) (Madrid 1936).
> M. DE LA PINTA LLORENTE, *La Inquisición española* (Madrid 1948).
> —*La Inquisición española y los problemas de la cultura y de la intolerancia* (Madrid 1958).

Yo no me atrevería a calificar a este grupo de representante del «conservadurismo apologético» o del «triunfalismo monolítico de la 'España sin problema'», como les consideró un historiador contemporáneo, en cuya obra hay que poner, por su juventud y realizaciones, una fundada esperanza; pero no se puede negar que el estilo adolece de entusiasmo posbélico; y coinciden en la tesis fundamental de concebir la Inquisición como el medio único e ineludible para mantener la unidad religiosa y política de España. Sobre este punto será necesario volver en el apartado siguiente, y por ello volveremos a ocuparnos de estos autores.

Aquí se podría poner punto a esta introducción historiográfica, si no fuera por un libro que, publicado hace doce años en Inglaterra, consiguió relanzar al ruedo de los temas históricos el argumento Inquisición española con un enfoque original y moderno, que lo hizo acreedor a gran número de ediciones y traducciones, siendo hoy la obra quizá más leída sobre la Inquisición española.

> H. KAMEN, *La Inquisición española* (Barcelona-México 1967; traducción de E. de Obregón de la obra original *The spanish Inquisition* (London 1965).

La novedad de Kamen no se encuentra en los datos ni en los documentos por él exhumados, con ser unos y otros más de los que cabría esperar en un libro de las dimensiones del suyo, sino en la convicción, incansablemente defendida, de tener que relacionar la Inquisición con la raza, haciendo de aquélla un instrumento de protección del elemento genuino español, puesto en peligro por el crecimiento de otras dos razas existentes en el país: los judíos y los árabes. Mas no se crea que Kamen entiende la raza en el sentido de etnia, aunque esta interpretación de ninguna manera queda excluida en su obra, sino, más bien, en sentido sociológico, en cuanto que las dos aludidas representaban minorías enclavadas en la vieja sociedad española, a la que, sin embargo, iban dominando con los artilugios de su actividad específica, que, en el caso de los judíos, eran las finanzas y el acaparamiento de las profesiones liberales, y, en el de los árabes, su compactismo y constantes revueltas en las provincias que últimamente se les habían conquistado.

Quince años después de la obra de Kamen, otro autor extranjero —si bien conocido por sus estudios sobre temas hispanos— salta a la palestra de la literatura inquisitorial con una visión nueva y renovadora. Se trata de Bartolomé Bennassar, con quien colaboran cinco de sus discípulos:

B. BENNASSAR, *L'Inquisition espagnole, XVᵉ-XIXᵉ siècles* (París 1979).

La novedad de la obra reside en la cuantificación, a poder ser exhaustiva, de los datos que nos han transmitido las fuentes procedentes directamente del Santo Oficio. La moderna Inquisición española se analiza, sobre todo, en su vertiente social.

Los interrogantes son los mismos que se plantearon los estudiosos de esta institución desde que sobre ella se empezó a hacer historia; mas quizá nunca se había dado tanta importancia a las cifras y a los resultados de computadora (término utilizado en el libro) como hacen los autores de la obra en cuestión. Los méritos y los límites de la misma consisten en su moderna metodología. Es verdad que las cifras no engañan y que la reducción de las causas a media docena de cargos fundamentales delimita el campo de la competencia inquisitorial; pero lo es también que el cómputo matemático es por ahora muy parcial, porque son todavía muchos los distritos cuyos documentos no se han estudiado y en todos ellos el material anterior al 1500 ofrece importantes lagunas.

No se puede negar que, durante algunos períodos, la Inquisición intervino mucho más en delitos menores, de carácter moral, que en importantes causas de fe; pero eso no quiere decir que aquéllos constituyeran su objeto específico, cuando eran, más bien, una actividad sucedánea. Las sentencias en que culminaban un gran número de denuncias, en relación a las que se publicaban al final de unos pocos y grandes procesos, eran algo así como la prisión correctiva que el Santo Oficio empleaba contra quienes infringían las inmunidades de sus personas en comparación del largo encarcelamiento en que mantenía a los herejes.

El panorama que nosotros queremos ofrecer sobre la Inquisición española hay que sobreponerlo al que presenta el conjunto de la historia de España; de aquella España de los siglos XV y XVI que se sentía heredera del emperador medieval en su condición de brazo armado de la Iglesia. La biografía que le dedicamos abarca algo más de un tercio de su global existencia; pero, afortunadamente, corresponde a la edad de su crecimiento y del logro de su madurez. El esqueleto del Santo Oficio se consolidó a lo largo de estos ciento veinte años en la brega con climas dispares de razas e ideologías; por eso, su historia es polifacética, hasta el punto de parecer trenzada por períodos discontinuos y empresas heterogéneas. En realidad es en este primer siglo en el que puede formularse con pleno derecho la pregunta de Bennassar: la Inquisición española tiene una larga historia; ¿cómo imaginar que haya podido permanecer idéntica a lo largo de toda ella?

CAPÍTULO I

EL ESTABLECIMIENTO DE LA INQUISICION MODERNA EN ESPAÑA

UN PUNTO DE PARTIDA: LA BULA FUNDACIONAL

El 1.º de noviembre de 1478 se toma como fecha fundacional de la Inquisición española, más por consenso de los historiadores que por testimonio inconcuso de las fuentes documentales. La bula *Exigit sincerae devotionis* que en tal día firmó Sixto IV, no era la primera ni habría de ser la última en ocuparse del argumento; mas, por haber sido aquella en la que se basaron los Reyes Católicos para nombrar los primeros inquisidores modernos, figura, con todo derecho, como la partida de bautismo de este organismo, sobre cuya identidad y finalidades se siguen planteando tantos y tan variados problemas.

La bula *Exigit sincerae devotionis* no se conoce en su original sino a través de unas pocas copias, entre las cuales se suele escoger la que divulgaron los primeros inquisidores nombrados para Sevilla al tomar posesión de su cargo. Estos dieron a conocer, junto con el texto de la bula del papa, un resumen de la súplica elevada a la Santa Sede por los Reyes Católicos para tal fin; y aún añadieron la copia del bando en que se contenían las primeras medidas arbitradas por ellos para comenzar su función en la región andaluza [1]. Nos dejaron así un *dossier* breve y fundamental para conocer los primeros pasos de la Inquisición española, siguiendo los cuales podremos llegar al núcleo de su misma naturaleza.

Por el tenor de estos documentos, nadie hubiera podido prever el desarrollo e influjo que estaba llamado a tener aquel organismo al que daba origen la bula, pues el contenido de los dos primeros era genérico y simple; susceptible, por tanto, de ser llevado a la práctica en muy diversa medida; y, aunque las provisiones de los inquisidores fueron realmente duras, todo parecía encaminado a fortalecer la Inquisición medieval en un reino como Castilla, donde tenía una existencia muy lánguida. Que para conseguir este fin se hubieran de introducir en aquélla algunos retoques, era cosa bien comprensible. Sin embargo, la bula papal no sólo estaba llamada a tener una vigencia de más de trescientos años, sino a convertirse en carta magna donde la política religiosa de España encontró durante tan largo período su inspiración y su apoyo.

Por ello interesa al historiador el contenido fundamental de la bula

---

[1] B. LLORCA, *Bulario pontificio de la Inquisición española* (Roma 1949) 49-59. Sobre otras copias de la misma bula, cf. T. DE AZCONA, *Isabel la Católica* (Madrid 1964) 388.

y, asimismo, el de las circunstancias concomitantes a su expedición y a su aplicación, porque sólo a base de estos extremos será posible determinar el porqué de la moderna Inquisición española y la proporcionalidad existente entre sus modestos orígenes y el opulento desarrollo que adquirió ya en los primeros decenios de su instauración.

La súplica de los reyes tomaba el punto de arranque de la existencia, «en muchas diversas partes» de sus reinos y señoríos, de un gran número de conversos que, habiendo recibido el bautismo «sin premio ni fuerza», tornaban a la observancia de las costumbres y ceremonias judaicas, ejerciendo un proselitismo tenaz no sólo entre los que pertenecían a su raza, sino también en otros que entraban en contacto con ellos. Por esta razón —de carácter religioso, tal como se presentaba— querían los reyes tener facultad para elegir y nombrar, «en cualesquier partes de los dichos nuestros reinos y señoríos», a dos o tres varones honestos que «podiesen inquirir e proceder contra los tales inculpados y maculados de la dicha infidelidad e herejía e contra los favorecedores e receptadores dellos».

Digamos ya de pasada, y sin perjuicio de retornar sobre el argumento en el sitio oportuno, que el concentrar en manos de los reyes el nombramiento de inquisidores, dejando a su arbitrio el designar los lugares donde habrían de instalarse, constituye una de las características principales de la moderna Inquisición española, en contraposición con el carácter episcopal y diocesano que correspondía a los tribunales de la Edad Media.

En lo fundamental, la bula del papa respondía a la súplica de los reyes, concediéndoles, sin limitación alguna, las facultades que pretendían; pero se mostraba todavía más explícita al enumerar los motivos de su concesión, porque a los fenómenos de la apostasía y del proselitismo judaicos se añadían los de las guerras (guerrae), matanzas (hominum caedes) y otros disturbios (aliaque incommoda) que de allí habían surgido en el territorio español. Con estas alusiones se destacaban, en un primer plano, razones de orden social, que no sólo avalaban el establecimiento de la moderna Inquisición española, sino que daban a la máquina del incipiente organismo bases más consentáneas a los intereses políticos de los Reyes Católicos. Siempre por el mismo camino, el romano pontífice avanzaba la previsión de que un cuadro semejante estaba a punto de producirse en Granada cuando fuera derrocado el último reducto del reino árabe y la mayoría de sus habitantes pasaran al cristianismo. Al poner bajo el mismo bando a moriscos y judaizantes, se ampliaba la competencia del organismo inquisitorial; pero su objetivo, específicamente religioso, quedaba contraseñado con una impronta racista, en virtud de la cual pasaba a ser el baluarte de la mayoría cristiana, aborigen, en contra de las dos estirpes infieles y advenedizas.

Los primeros inquisidores —dos jueces y un consejero— fueron nombrados para Sevilla el 26 de septiembre de 1480. Los inquisidores eran dominicos, un bachiller y un maestro de teología, que se llamaban Juan de San Martín y Miguel de Morillo. El acta de su nombramiento la dieron a conocer ellos mismos, junto con la súplica y la bula de que venimos tratando. El nombramiento del consejero Juan Ruiz de Medina, al que siguió el de un fiscal, Juan López del Barco, debió de producirse algún tiempo más tarde [2]. Estos hombres se empeñaron inmediatamente en una acción que llenó de pánico a la ciudad; pero hasta que ocurrió esto, pasados dos años de la expedición de la bula, pocos debieron de darse cuenta de que el naciente organismo era capaz de un desarrollo que nunca había alcanzado la Inquisición medieval en España. Ni siquiera la curia romana se percató del poderoso instrumento —arma de dos filos— que acababa de poner en manos de los reyes de España. Sólo cuando éste comenzó a funcionar pretendió el papa replegar velas revocando su concesión [3], mas Isabel y Fernando ya no podían permitir que se les escaparan de la mano unas atribuciones por las que se venía luchando hacía más de cuarenta años.

Este forcejeo dio pie al P. Fita para calificar de «subrepticia» la obtención de esta bula, que habría sido por ello, igual que el tribunal sevillano erigido en su nombre, «anormal o anticanónica» [4]. Aunque tales expresiones hicieron fortuna entre algunos historiadores modernos [5], nosotros no podemos compartirlas en modo alguno, ya que, aun concediendo «que la exposición de los motivos y la tramitación de la misma [fuera] genérica y confusa», el contenido era diáfano y, además de responder a las peculiares circunstancias de España, significaba el *punctum saliens* de una política en la que tantas veces había tomado partido la Santa Sede. Que el papa se asustara en seguida de las últimas consecuencias que podían derivarse de aquel documento, es una hipótesis muy probable, que tiene a su favor el hecho histórico de las frecuentes tensiones en las que, por pretendidos derechos en asuntos de inquisición, se vieron implicadas la curia romana y España.

LOS JUDAIZANTES: LA CONVIVENCIA DIFÍCIL Y LA UTOPÍA DE LA CONVERSIÓN

La Inquisición española tiene sus orígenes inmediatos en la clase de los conversos o judaizantes, que tanto influyó en el comportamiento de la sociedad española a lo largo del siglo XV. Sin este grupo humano, la Inquisición no hubiera existido o, por lo menos, no hubiera conocido el desarrollo que le cupo a partir de la época de los Reyes Católicos [6]. Nosotros vamos a acercarnos a este fenómeno sólo en la medida necesaria para explicar los forcejeos que mantuvieron los dos poderes, el pontifi-

[2] J. A. LLORENTE, *Histoire critique de l'Inquisition d'Espagne* I (París 1817) 148.
[3] Bula *Numquam dubitavimus*, del 29 de enero de 1482: LLORCA, *Bulario* 59-63.
[4] F. FITA, *La Inquisición anormal o anticanónica, planteada en Sevilla:* BRAH 15 (1889) 447-58.
[5] R. GARCÍA CÁRCEL, *Orígenes de la Inquisición española. El tribunal de Valencia. 1478-1530* (Valencia 1876) 39 y 40.
[6] Trata el argumento complexivamente N. LÓPEZ MARTÍNEZ, *Los judaizantes castellanos y la Inquisición en tiempo de Isabel la Católica* (Burgos 1954).

cio y el real español, antes de que la nueva Inquisición fuera un hecho concluso. La historia de los judíos constituye un argumento particular, al que en su totalidad no se puede dar cabida en una historia eclesiástica [7].

A principios del siglo XV, los judíos constituían en España una raza perfectamente caracterizada y contradistinta tanto de la aborigen como de la islámica, que había ocupado buena parte del territorio peninsular. Desde el concilio de Elvira (303) donde se habían dictado contra ellos medidas severas y discriminatorias [8], hasta la disputa de Tortosa (1413), en la que se intentó convencerlos para que abrazaran el cristianismo [9], habían transcurrido once siglos de errante peregrinar, sin derecho de ciudadanía ni en la parte musulmana ni en los reinos cristianos de la Península. Los judíos estaban por doquier en precario, dedicados a sus finanzas y a sus profesiones liberales y por ello expuestos a la envidia de los otros dos pueblos, a los que despreciaban y trataban de sojuzgar con la usura y su mayor competencia en el campo de la medicina y las artes. Los judíos no eran pendencieros abiertamente; pero parecía sino de su raza suscitar en los lugares donde se asentaban una violencia que ellos mismos eran los primeros en padecer. Así, aunque adquirieron suficiente estabilidad en el reino de Castilla, por su toma de partido en las contiendas dinásticas se hicieron odiosos a buena parte del pueblo, a la vez que la insolidaridad y tensiones internas les tornaron más vulnerables a las espontáneas e imprevisibles tropelías de la turba. Fruto de esta situación fue la gran matanza del año 1391, que un miércoles de ceniza comenzó en Sevilla y se extendió a Córdoba, Valencia, Mallorca, Toledo, Barcelona y otras capitales de España. Las cifras de muertos que entonces se dieron fueron muy variadas, según el número de habitantes de cada ciudad (4.000 en Sevilla..., 78 en Lérida); ciertamente, debieron de alcanzar algunos millares. A las muertes hay que añadir las destrucciones de sinagogas, aljamas, poblados, etc., que dejaron malherido el asentamiento en España de la raza judía [10]. Tal fue el triste epílogo de nuestra intolerancia racial a lo largo de la Edad Media.

Realmente, las matanzas de 1391 significaron poco en cuanto al pretendido exterminio de los judíos, porque el número total de los circuncisos debía de oscilar entre 150.000 y 200.000, que fueron afectados por la expulsión [11] un siglo más tarde. Lo que recibió un golpe de gracia fue la libertad religiosa de los hebreos, ya que había sido la profe-

---

[7] Se consideran clásicas las obras de J. AMADOR DE LOS RÍOS, *Historia social, política y religiosa de los judíos de España y Portugal*, 3 vols. (Madrid 1875-76); F. BAER, *Die Juden in christlichen Spanien*, 2 vols. (Berlín 1934). Buena síntesis para la época que tratamos aquí: B. NETANYAHU, *The Marranos of Spain from the Late 14th to the Early 16th Century* (New York 1966).

[8] Prohibición de que los cristianos se unieran a ellos en matrimonio y comieran en su compañía (can.16,49 y 50). Cf. A. PALACIOS, *La disputa de Tortosa* I 12 (cf. cita completa en nota siguiente).

[9] A. PALACIOS LÓPEZ, *La disputa de Tortosa*, 2 vols. (Madrid-Barcelona 1957). En vol.1 «Estudio histórico-crítico-doctrinal»; vol.2: «Actas».

[10] Minuciosa descripción en AMADOR DE LOS RÍOS, I 605ss.

[11] NETANYAHU, *The Marranos...* 235ss.

sión y la práctica de la ley de Moisés lo que, al menos como pretexto, había desencadenado aquellos sucesos. Nadie les prohibió seguir practicando su religión (como ni siquiera se hizo después de haberse establecido el moderno Santo Oficio), pero se limitaron sus derechos sociales y se les obligó a vivir en guetos con una sola salida. En tal coyuntura era evidente que no había autoridad civil ni eclesiástica capaz de garantizarles la quieta y pacífica posesión de su fe y de sus usos.

En estas condiciones, lo más seguro era convertirse a la religión de la mayoría, cuyas autoridades se habían empeñado en una acción evangelizadora que pretendía conmover los fundamentos mismos del judaísmo. En el reino de Aragón se orientaban en este sentido las predicaciones de San Vicente Ferrer y de sus compañeros, mientras en Castilla eran los mismos convertidos que habían alcanzado relevantes puestos de iglesia, los más celosos en abrir a sus correligionarios la senda del cristianismo. El obispo de Burgos, Pablo de Santa María, podría considerarse como cabeza de un movimiento de captación semítica en el que se verán enroladas las principales personas de su familia, que en el transcurso del siglo XV llegaron a constituir una verdadera dinastía episcopal [12]. Los papas, sobre todo el aviñonés Pedro de Luna, no se mostraron ajenos a esta empresa, considerada complemento de la cruzada contra los turcos y contra lo que quedaba del islamismo en España.

La última batalla en esta ofensiva se pretendió que fuera la disputa de Tortosa, a la que más arriba aludíamos. La promovía un converso, Yeoshua ha-Lurquí, que al abrazar el cristianismo había tomado el nombre de Jerónimo de Santa Fe. Su conversión era fruto de las discusiones que, por su condición de médico del pontífice, había tenido con los teólogos de la curia. Así esperaba que, utilizando los mismos métodos, sus hermanos de religión y de raza acabaran por aceptar los argumentos del cristianismo. El fue en realidad la figura central en las sesiones de la *disputa*, que dirigía el mismo Pedro de Luna, y, en sus ausencias, el general de los dominicos, Sancho Porta, y el cardenal Pedro de Santángel [13].

Era vano esperar que una controversia como ésta pudiera concluir con la derrota del judaísmo, religión que durante siglos había reflexionado sobre las Escrituras, convirtiéndolas en forma substancial de su vida y en aglutinante de su dispersa nación; pero lo cierto es que aquella asamblea no defraudó externamente las esperanzas que se habían puesto en ella, pues dio origen a una serie de conversiones en masa, de las que surgía, a su vez, una clase social nueva en la España del siglo XV: la clase de los conversos [14].

Los primeros en convertirse fueron los responsables de las comunidades hebreas, a quienes siguió la plebe al verse desprovista de apoyo y

---

[12] F. Cantera Burgos, *Alvar García de Santa María y su familia de conversos. Historia de la judería de Burgos y de sus conversos más egregios* (Madrid 1952); L. Serrano, *Los conversos don Pablo de Santa María y don Alonso de Cartagena* (Madrid 1942).

[13] A. Palacios, *La disputa...* I 49.

[14] B. Llorca, *Conversos o marranos:* DHEE 1 (Madrid 1972) 611-12 (buena bibliografía).

autoridad. El pueblo cristiano no creyó a los conversos, e interpretó su cambio de religión como uno de tantos artilugios para proseguir con buen éxito la escalada social que habían iniciado en los primeros decenios del siglo XV.

No es éste el lugar de analizar con minuciosidad las estructuras, profesiones y oficios donde había hecho su aparición el elemento judío y donde los conversos encontraron mayores facilidades para consolidar su posición. Por los documentos inquisitoriales, sabemos que se habían infiltrado en todos los campos, con preferencia en los de actividad económica, aunque èn algunos lugares monopolizaban también los talleres mecánicos y en otros se dedicaban a la artesanía refinada. Lo que parece que evitaban por todos los medios eran las ocupaciones serviles: «Nenguno rompía la tierra —dice el cronista Bernáldez— ni era labrador, ni carpintero, ni albañil, sino que todos buscaban oficios holgados e de modos de ganar con poco trabajo» [15].

Al margen de estas preferencias, variables de acuerdo con los lugares y tiempos, los conversos apuntaban a las clases privilegiadas de la sociedad española, y, no contentos con la media, a la que ya pertenecían la mayor parte de ellos, se emparentaron con la nobleza, y obtuvieron los principales puestos de la administración civil y eclesiástica. Los hebreos que habían permanecido fieles a su fe miraban con mezcla de admiración y escándalo esta brillante carrera, de la que se lamenta su correligionario Samuel Usque en su curiosa elegía *Consolaçam às tribulaçōes de Israel*: «Los que quedaron de fray Vicente —escribe—, con el nombre de confesos en España, de tal manera prosperaron en aquel reino, que entraron en el número de los grandes y más nobles señores que en ella había; de donde llegaron a gran representación, teniendo cargos señalados y de gran importancia en la corte con el título de condes, marqueses y obispos y de otras grandísimas dignidades» [16].

La contemplación de este cuadro dio pie a Kamen para decir que, a mediados del siglo XV, el gran número de conversos representaba un claro desafío a la vieja aristocracia y que los contemporáneos daban por sentado que la sangre de los nobles había sido contaminada por los marranos [17]. Seguramente hay en estas afirmaciones bastante exageración; mas no se puede dudar que fue entonces cuando en la sociedad española se produjo, frente a los conversos, un generalizado fenómeno de rechazo, porque los cristianos viejos, que todavía ocupaban una posición dominante en la administración civil y eclesiástica, no se plegaban a compartir el poder con hombres de raza mixta y ortodoxia dudosa. Por ello fueron estos cristianos, mejor situados, los alentadores de las revueltas que el pueblo bajo se encargaba de ejecutar. Estas culminaban, lo mismo que en la Edad Media, en episodios sangrientos, en los que cada confesión religiosa ponía todo su interés por acrecentar el martirologio de la

---

[15] A. BERNÁLDEZ, *Historia de los Reyes Católicos*, ed. C. ROSELL: Biblioteca de Autores Españoles 70 (Madrid 1953) 653.
[16] E. ASENSIO, *La España marginada de Américo Castro* (Barcelona 1976) 51.
[17] H. KAMEN, *La Inquisición española* (Barcelona-México 1967) 29.

contraria. En un principio las revueltas se desencadenaban contra los judíos fieles a su confesión; pero en seguida alcanzaban a los conversos, que seguían viviendo en las aljamas y eran considerados traidores por parte de los judíos y farsantes por parte de los cristianos. La situación se deterioraba por momentos, y cada vez se veía más claro que las autoridades del reino tenían que salir al paso. Fue así como, a lo largo del siglo XV, se abrió camino la idea de la Inquisición; una idea de imprecisos perfiles que contemplaba, ante todo, la decadente Inquisición medieval, que preveía en ella algunos retoques para comunicarle eficacia, pero que en realidad estaba lejos de la institución que más tarde se impuso por fortuita y afortunada combinación del derecho que se obtenía y del hecho que se operaba.

Tal como la veían los Reyes, la Inquisición sería el medio más eficaz para mantener en estable equilibrio la convivencia de los cristianos nuevos y viejos; en ella tendrían por lo menos un instrumento coactivo para que la minoría hebrea se conformara a las creencias y prácticas de la sociedad castellana. Mas, en realidad, la Inquisición sólo podía resolver parcialmente el problema: su competencia como tribunal religioso no alcanzaba a los que permanecían en el judaísmo, y así era que éstos habrían de seguir influyendo en los convertidos que pertenecían a su raza. La integración del converso tropezaba desde el principio con innumerables dificultades, las cuales se agigantaban al tener el respaldo o la insidia de quienes se mantenían en condición de continuadores de Israel en el espíritu y en la carne. La idea, pues, de echar fuera de la Península a quienes permanecieran en el judaísmo estaba ya a flor de labios y era seguro que habrían de expresarla un día los Reyes o los ministros del Santo Oficio; mas, entre tanto, la Inquisición debería cubrir un período de actividad que evitaba introducir un problema más radical en la coexistencia de los dos pueblos.

La represión de una minoría: fallidos intentos de establecer la Inquisición en Castilla

A decir verdad, la primera parte del siglo XV discurrió con relativa tranquilidad, si bien la convivencia de las dos razas era forzada porque tan pronto aparecían cédulas de los reyes favorables a los judíos como se promulgaban otras prohibiéndoles el acceso a los cargos públicos y el ejercicio de profesiones como la agricultura, en calidad de colonos de los cristianos, y la artesanía en casi todas sus ramas. Se les obligaba además a llevar el pelo largo y dejarse crecer la barba, manifestando su diferencia de raza hasta en su parte exterior. Esta discriminación, sancionada por un *Ordenamiento* fechado en Valladolid en 1412 y aplicado al reino de Aragón por Fernando de Antequera (1414), convertía a los hebreos en blanco de cualquier insinuación o calumnia. Y así, cuando en el 1410 se les acusó de haber profanado una hostia en la sinagoga de Segovia y cuando cinco años más tarde se lanzaron sobre los judíos de Mallorca las peores acusaciones, el pueblo hubiera tomado la justicia por su mano si la autoridad no hubiera mandado a la horca a un pequeño grupo de responsables hebreos en cada una de estas ciudades.

Tan endeble situación estaba llamada a quebrarse en cuanto fallara uno de los resortes que artificialmente la mantenían; éste saltó por fin en Toledo al comenzar el año 1449, con la particularidad de que no fueron ya los judíos, sino los conversos en cuanto tales, los que cayeron bajo las iras del pueblo. El principio de los incidentes estuvo en el gravamen de un subsidio extraordinario que el condestable don Alvaro de Luna, el gran valido del rey Juan II, quiso imponer a la ciudad, encomendando su recaudación al cristiano nuevo Alonso de Cota. Como es sabido, tales contribuciones nunca se solventaban pacíficamente. En este caso hubo reclamaciones al rey y apelaciones desatendidas, hasta el punto que los ciudadanos llegaron a sospechar que los conversos defendían, por sus particulares puntos de vista, la exigencia de aquel subsidio. Con la connivencia del alcalde, Pedro Sarmiento, y capitaneados por su secretario, el bachiller García de Mazambroz, los cristianos viejos atacaron a los conversos y no cejaron en la refriega hasta que sucumbió en ella el odiado recaudador.

El episodio no era original en aquella época y apenas hubiera tenido repercusión si no hubiera sido que el municipio promulgó una sentencia invocando sobre los conversos todas las disposiciones que el derecho anterior había dictado en contra de los judíos [18]. Consiguientemente, se les declaraba «infames, inhábiles, incapaces e indignos para haber todo oficio e beneficio público y privado», y, por consiguiente, se les privaba de cuanto «han habido e tienen en cualquier manera en esta dicha cibdad» de Toledo. Esta provisión se comunicó a las principales ciudades del reino, dando ocasión a que se produjeran parecidos conflictos, que fueron particularmente graves en Ciudad Real y en Sevilla.

Los conversos, por su parte, no se descuidaron en propalar ante el mundo los vejámenes a que les habían sometido y las medidas de excepción acordadas para adelante. Inmediatamente tuvieron el apoyo de grandes figuras de iglesia, como eran el obispo de Cuenca, don Lope Barrientos [19]; el de Burgos, Alonso de Cartagena, y el cardenal Torquemada, residente en la curia. Alonso de Cartagena pertenecía, ciertamente, a una ilustre familia conversa de la noble ciudad castellana, y así se apresuró a salir en favor de los perseguidos con un escrito titulado *Libellus* [seu] *defensorium unitatis christianae* [20], actividad a la que se sumaron los otros prelados. Pero lo más importante fue que el papa Nicolás V promulgó, en defensa de los conversos, una bula, que habría pacificado la situación si él mismo no la hubiera anulado cuando empezaba a surtir los primeros efectos.

---

[18] E. BENITO RUANO, *El «Memorial» contra los conversos del bachiller Marcos García de Mora («Marquillos de Mazambroz»):* Sefarad 17 (1957) 314-51.
[19] L. A. GETINO, *Vida y obras de fray Lope de Barrientos:* Anales Salmantinos I (Salamanca 1927).
[20] Ed. M. ALONSO (Madrid 1943); con prólogo y notas. Sobre la personalidad de Cartagena cf. supra, nt.12.

La bula, que encabezaba *Humani generis inimicus* [21], se había inspirado seguramente en los consejos y escritos del cardenal Torquemada, porque, de acuerdo con la doctrina de éste [22], apelaba a la unidad del Cuerpo místico de Cristo y a la igualdad de derechos que en él tenían los cristianos, cualquiera que hubiera sido su religión anterior. Se concedía, con todo, que, si algunos volvían a sus antiguas creencias, fueran juzgados conforme a derecho, mas en modo ninguno abandonados a las tropelías de la turba. La bula llevaba la fecha del 24 de septiembre de 1449. Cuando parecía que la situación iba a normalizarse, una segunda bula del papa *(Regis pacifici*, del 20 de noviembre de 1450) suspendía la ejecución de la anterior para evitar —decía— «las disensiones, escándalos e innumerables males» que de ella pudieran seguirse; así quedaban otra vez los conversos desprovistos del apoyo romano y expuestos, como antes, a las arbitrariedades del pueblo; los reinos hispanos volvían a la inestabilidad socio-religiosa que habían padecido en los pasados decenios.

El P. Beltrán de Heredia, que estudió minuciosamente la génesis y vicisitudes de las concesiones del papa, dejó claro que la revocación de la bula *Humani generis inimicus* no se hacía *motu proprio*, sino a instancias del condestable don Alvaro de Luna, quien, según la conveniencia de su política, se tornaba amigo o perseguidor de los neocristianos [23]. Más tarde entendió el pontífice que los problemas planteados por los conversos debían encontrar un tratamiento objetivo y estable; por ello, el 20 de noviembre de 1451, publicó una tercera bula, *Inter curas* [24], encargando al obispo de Osma de entender por vía de inquisición en semejantes negocios.

Algunos interpretan esta medida como un recrudecimiento de la discriminación racial que ya estaba en curso; pero en realidad significaba la apertura de un cauce capaz de canalizar las agitadas aguas de la convivencia social en España. Es cierto que el papa no pensaba en un organismo distinto de la Inquisición medieval, contentándose con que ésta funcionara en lugares como Castilla, en los que apenas se conocía; pero su acción tenía la ventaja de poner en manos de la Iglesia un litigio que caía de lleno bajo su competencia. Si diez años más tarde pedía el rey Enrique IV que los inquisidores fueran nombrados por la Corona [25] —y no por el papa—, no lo hacía tanto en base a una concepción más eficaz y moderna del instituto inquisitorial cuanto porque comenza-

[21] V. BELTRÁN DE HEREDIA, *Las bulas de Nicolás V acerca de los conversos de Castilla:* Sefarad 21 (1961) 22-47. El texto de la bula está incluido en el cuerpo de la *Regis pacifici* (20 de noviembre de 1450), p.41-44. Noticia de otras ediciones en p.26 nt.7.
[22] N. LÓPEZ MARTÍNEZ, *El cardenal Torquemada y la unidad de la Iglesia:* Burgense 1 (1960) 45-71. La obra de Torquemada: *Contra madianitas et ismaelitas adversarios et detractores illorum qui de populo Israeli originem traxerunt*, fue editada por N. LÓPEZ MARTÍNEZ V. PROAÑO GIL (Burgos 1957).
[23] BELTRÁN DE HEREDIA, *Las bulas...* 30ss.
[24] Cf. E. BENITO RUANO, *Toledo en el siglo XV* (Toledo 1961) 215-16.
[25] AZCONA, *Isabel la Católica* 379-82.

ba el forcejeo por el patronato regio sobre las piezas eclesiásticas que se iban creando [26].

En realidad hay que reconocer que, si las bulas del papa se hubieran llevado a efecto, la moderna Inquisición española se habría establecido treinta o cuarenta años antes, porque las formalidades que la contradistinguían de la medieval se hubieran impuesto por sí mismas y los romanos pontífices habrían transigido con ellas, como hicieron con tantas otras atribuciones que iban conquistando los reyes. Lo que ocurrió fue que tanto las súplicas como las concesiones se quedaron en fallidos intentos hasta que un cambio de la política hispana en sus relaciones con Roma hizo inevitable la actualización del proyecto.

EL PROYECTO FUNDACIONAL DE LOS REYES CATÓLICOS

Los años 1477 y 1478 fueron decisivos para el establecimiento de la Inquisición española. Desde junio del primero hasta octubre del segundo duró el viaje de los Reyes Católicos a Andalucía, donde, según su propia confesión, oyeron tantas cosas sobre el comportamiento de los conversos, que se sintieron obligados a tomar postura frente a un grupo social que hasta entonces no se había contemplado abiertamente en el programa de su política.

Es muy posible que la gota de agua que llenó el vaso, a punto de rebosar, fuera «la noticia de una execrable maldad» descubierta en Sevilla el día de Jueves Santo por un caballero de la familia de los Guzmanes, que, yendo a una cita sentimental, cayó en una reunión de conversos judaizantes que se mofaban de las ceremonias católicas [27]. El hecho fue denunciado a la reina durante su estancia en la ciudad andaluza; y como por aquellos años no conocemos otro episodio tan llamativo, es lícito relacionar con éste la súplica para el establecimiento de la Inquisición española, a la que nos referíamos al comenzar el capítulo.

Mas tal incidente no hubiera bastado por sí para poner en marcha una gestión política que no habría de llegar a su desenlace sino a costa de muchas luchas. Lo que realmente pesó en el ánimo de la reina fue la ola de hostilidad que se había desencadenado en contra de los conversos, de la cual ofrece un testimonio palmario Andrés Bernáldez, el cura de los Palacios, en su *Historia de los Reyes Católicos:* «La herética pravidad mosaica reinó gran tiempo escondida y andando por los rincones, no se osando manifestar»; pero «en los primeros años de los muy católicos e cristianos rey don Fernando e reina doña Isabel tanto empinada estaba esta herejía, que los letrados estaban a punto de la predicar la ley de Moisén, e los simples no lo podían encubrir ser judíos... O, fera pessima, fomes peccati, nutrimentum facinorum pabulum mortis!» [28]

A este ambiente general, que los reyes pudieron captar por sí mis-

---

[26] L. SUÁREZ, *Política internacional de Isabel la Católica* I (Valladolid 1965) 159ss.
[27] AMADOR DE LOS RÍOS, II 169.
[28] Ed. C. ROSELL, en Biblioteca de Autores Españoles 70 (Madrid 1953) 599.

mos, se añadió la influencia de escritos y de personas que tenían abiertas de par en par las puertas de la corte. Efectivamente, aquel año de 1478 veía la luz por primera vez el *Fortalitium fidei*, de Alonso de Espina [29], que, compuesto veinte años antes, contenía párrafos como éste: «Entraron, ¡oh Señor!, en tu rebaño los lobos rapaces. Nadie piensa en los pérfidos judíos, que blasfeman de tu nombre, ni en los infieles, que hacen en secreto malditas crueldades». «Si se hiciera en nuestro tiempo una verdadera inquisición, serían innumerables los entregados al fuego de cuantos se llaman judíos». Semejantes palabras debía de adoptar su homónimo Alonso de Hojeda, prior de los dominicos de Sevilla, que parece haber sido el denunciante de la sacrílega reunión de conversos en el 1477 [30].

Además, en aquella ocasión coincidieron en la corte varios personajes cuya participación en el proyecto inquisitorial valoran los historiadores con diferente medida; pero nadie duda que sus criterios hubieron de tenerse en cuenta a la hora de llevar adelante tan importante negocio. El primer lugar corresponde al nuncio Nicolás Franco, que llegó a España a fines del año 1475, el cual, aunque traía como primera misión conseguir relaciones pacíficas entre Portugal y Castilla, podía leer en la bula de su nombramiento un párrafo que describía a los conversos hispanos como un peligro para la fe y las costumbres del pueblo. No se le decía que estableciera la Inquisición en Castilla, pero se le recordaba que los judaizantes caían bajo su competencia y se le daban atribuciones de inquisidor pontificio [31].

Poco tiempo después comparecía en la corte el inquisidor de Sicilia, fray Felipe de Barberis, con la pretensión de que los nuevos soberanos fueran fieles a un supuesto privilegio de Federico II (1223) que concedía al tribunal de la isla determinadas atribuciones en las causas de los judíos, causas que giraban en torno a los matrimonios mixtos y a otros contactos con los cristianos [32]. Es más que probable que los reyes no disimularan ante estos hombres cuál era la situación social española que surgía de la convivencia entre las dos razas; y es probable, por consiguiente, que recibieran de éstos ánimos para llevar adelante aquella empresa, que cuantas veces había sido iniciada, otras tantas se había suspendido.

Junto a los dichos hay que contar, con una influencia más decisiva

---

[29] M. DE CASTRO cita una edición del 1464 ó 1467 (*Espina, Alonso de:* DHEE II 891. Cf. ibid., semblanza biográfica y bibliografía). La edición más conocida es la de Lyón, de 1525.

[30] KAMEN, *La Inquisición...* 45. El origen de la noticia parece estar en BERNÁLDEZ, l.c., 599.

[31] J. FERNÁNDEZ ALONSO, *Nuncios, colectores y legados pontificios en España de 1474 a 1492:* Hispania Sacra 10 (1957) 33-90. Aunque en sus instrucciones nada se le mandaba en relación con la moderna Inquisición española (ID., *Legaciones y nunciaturas en España de 1466 a 1521* [Roma 1963] 158-68), recibió, junto con su nombramiento, la bula *Cum sicut non sine displicentia*, en la que se le concedían facultades inquisitoriales para proceder contra aquellos que «pro christianis se gerentes, intus vitam et mores hebraeorum servare... ac alios ad ritus huiusmodi trahere continuo moliuntur» (ibid., 143-44).

[32] F. FITA, *Fray Felipe de Barbieri y la Inquisición española:* BRAH 16 (1890) 563-72. Incluye copia de los privilegios de Federico II.

en el ánimo de los reyes, al cardenal Pedro González de Mendoza, tan comprometido en todas las empresas de aquel matrimonio, y a fray Tomás Torquemada [33], prior del convento dominicano de Ávila y confesor de la reina, a quien se debe un memorial sobre *Las cosas que debían remediar los reyes*. Entre ellas ocupaban un lugar importante los desacatos que cometían los judíos.

Los historiadores españoles rivalizan, por lo general, en su afán por substraer a cada uno de estos personajes la iniciativa de la moderna Inquisición española, como si fuera echar sobre ellos una mancha de crueldad y escandalosa codicia, por cuanto habrían apelado también a las ventajas que supondría para las arcas reales la confiscación de los bienes de los judíos. En todo el proceso queda bien claro que estos hombres no propugnaban, con la idea de la Inquisición, el proyecto de una represión sangrienta, aparentemente avalada por la justicia; lo que buscaban era la pacificación de la sociedad española, para lo cual no conocían otros medios que los que durante siglos se había aplicado con buenos resultados en toda Europa. Estos fieles vasallos de la reina Isabel creían que la rutina y el descrédito en que había caído la Inquisición medieval se podían superar con la autoridad de los reyes y la influencia que habrían de ejercer en los inquisidores por ellos nombrados.

Esta facultad, el nombramiento real, constituyó el punto más conflictivo en las negociaciones con Roma, que salieron adelante por la habilidad de los procuradores hispanos en la curia del papa. Por esta razón hay que apuntar un buen tanto a Gonzalo García de Villadiego, auditor de la Rota [34], y a Alonso de San Cebrián, vicario de los dominicos de la Observancia en la provincia de Castilla [35]. De entrambos consta que trataron con Sixto IV asuntos de interés para los reinos peninsulares durante los años 1477 y 1479, tales como las rentas de los beneficios eclesiásticos, el nombramiento de los obispos, la exportación de dinero..., negocios todos ellos de indudable repercusión en la sociedad y relacionados algunos próximamente con la convivencia entre los cristianos viejos y nuevos.

[33] Sobre la influencia de Mendoza y de Torquemada, cf. *infra* p.126 y 133.
[34] S. GARCÍA CRUZADO, *Gonzalo García de Villadiego, canonista salmantino del siglo XV* (Roma-Madrid 1968).
[35] L. SUÁREZ, *La política...* 171ss.255ss.

CAPÍTULO II

ORGANIZACION Y PROCEDIMIENTOS DEL SANTO OFICIO

LA VACACIÓN DE LA BULA. HACIA LA PACÍFICA CONVIVENCIA Y LOS DERECHOS DE PATRONATO

Aunque la bula *Exigit sincerae devotionis* venía a ser el anhelado desenlace de unas negociaciones con Roma mantenidas a lo largo de tres reinados, los Reyes Católicos tardaron casi dos años en hacer uso de sus nuevas atribuciones, porque, como ya hemos dicho, no nombraron los primeros inquisidores hasta el 27 de septiembre de 1480 y éstos no comenzaron a actuar hasta el mes de enero de 1481. Este hecho hizo pensar a Juan Antonio Llorente que Isabel la Católica se resistía a poner en marcha el organismo inquisitorial [1]; afirmación que siguen haciendo la mayor parte de los biógrafos de la reina, quienes la ven confirmada por una pretendida intensificación de la acción misionera entre judíos y conversos que durante aquellos años realizaron algunos obispos. Instrucción y no inquisición había de ser la opción político-religiosa que por fin se adoptaba. En este cambio de última hora habría que atribuir una influencia decisiva al cardenal Pedro González de Mendoza, que por aquellos años publicaba una especie de *Catecismo cristiano* para utilidad de los fieles y de los predicadores que subían a los púlpitos tronando en contra de los conversos [2]. En esta acción de Mendoza habría que ver un intento de sustituir con un método más pastoral y evangélico el proyecto inquisitorial de los Reyes Católicos.

La vacación concedida por los soberanos a la ejecución de la bula es un hecho innegable; pero no son evidentes las razones que pudieron tener para ello. En primer lugar, no se ve que las medidas pastorales a que se alude se emprendieran como alternativa al establecimiento de la Inquisición, y que como tales las interpretaran los reyes. La predicación y la catequesis, que constituían el núcleo de la pastoral diocesana, habían experimentado un fuerte incremento a lo largo del siglo XIV, y aparecían a fines del XV como el instrumento más eficaz de la acción de la Iglesia. La primacía que se les concedió por entonces tenía su origen no en la voluntad de los reyes ni en la iniciativa de un solo obispo, sino en los sínodos diocesanos, producto de una corriente reformadora que nadie podía frenar. Catecismo y predicación eran cosas complementa-

---

[1] «Cette excellente reine ne pouvait approuver un moyen qui chanquait auvertement la douceur de son caractère» (*Histoire critique de l'Inquisition d'Espagne* I [París 1817] 145).

[2] Sobre el carácter peculiar de este escrito («tablas colocadas en las puertas de las iglesias») cf. N. LÓPEZ MARTÍNEZ, *Los judaizantes castellanos...* 230 (esp. nt.34).

rias de los sínodos, cuyo contenido fundamental no se dirigía contra la vida y costumbres de los cristianos nuevos, sino de cualquier cristiano ignorante, fuera cual fuere su raza y veteranía.

Es verdad que algunos conocidos varones, como Alonso de Espina, brillaron por su celo en el trato personal y directo con los conversos; pero esto lo hicieron antes y después de conseguirse la bula y fueron, según todos los indicios, los principales inspiradores de ella. El que sí hablaba de atender a la conversión de los judaizantes por medio de personas notables y cristianos sinceros fue Hernando del Pulgar; mas esto lo hizo cuando ya se había desencadenado la represión en Sevilla [3], y movido seguramente a compasión por la gente de su misma raza, porque hoy está demostrado que Pulgar tenía antecedentes judíos.

Por lo tanto, la morosidad con que procedió la reina Isabel hay que atribuirla a la convicción de que el Santo Oficio que se iba a instaurar no era una cosa nueva en relación con el que en otras partes había funcionado a lo largo de la Edad Media, y, por tanto, no se podían esperar de su acción resultados espectaculares y definitivos. Sólo cuando los reyes se convencieron de que la convivencia entre las dos razas estaba tan deteriorada que ponía en crisis la estabilidad de sus reinos, decidieron apelar a la Inquisición, cualesquiera que hubieran de ser sus hipotéticos resultados. Y así apareció este organismo como un resorte para la paz ciudadana, como un control oficial de los factores que la alteraban y, a la vez, como un medio de conseguir la unidad religiosa, que era entonces imprescindible para la cohesión de toda comunidad política.

Si consideramos las cosas desde el punto de vista de las relaciones diplomáticas en curso en aquel momento entre España y la Santa Sede, no se puede olvidar que por la bula *Exigit sincerae devotionis* adquirían los reyes el derecho de nombramiento de los inquisidores que convenía llevar a la práctica como anticipo y prenda del pretendido derecho de patronato. Los intentos de revocación de la bula que después hicieron los papas demuestran cuán conveniente era no descuidar el uso de las pocas atribuciones que a este propósito se habían conseguido. Y esto se hizo allí donde la sociedad española había llegado a una caótica situación; es decir, en Andalucía, y, más concretamente, en Sevilla; ello habría de dar fuerza a los soberanos para excusar, años más tarde, sus duros procedimientos: «En principio, no podimos menos hacer —decía don Fernando en 1507—, porque nos dixeron tantas cosas del Andalucía, que, si nos las dixeran del príncipe, nuestro fijo, hiciéramos aquello mismo» [4].

Las fuentes que hoy conocemos justifican esta ingenua afirmación del Rey Católico. Basta leer los escritos de Hernando de Pulgar, poco partidario de la represión implantada en la región andaluza, para convencerse no sólo del gran número de conversos que en ella había, sino también de la barrera social que les separaba del resto de los cristianos. Al decir de Pulgar, «sus hijos no sabían otra doctrina que la que vieron

[3] F. CANTERA, *Fernando de Pulgar y los conversos:* Sefarad 4 (1944) 295-348.
[4] Cit. por T. DE AZCONA, *Isabel la Católica* 387.

hacer a sus padres de puertas adentro», y todos estaban armados hasta los dientes, pudiendo tomar la iniciativa de la agresión en cualquier momento. Para colmo, los cristianos viejos eran «tan malos cristianos como eran los nuevos buenos judíos» [5], y así se denunciaban unos a otros, pidiendo para sus contrarios los más ejemplares castigos. Si los Reyes Católicos no se hubieran decidido por fin a establecer en Sevilla el tribunal de la fe (con ella se relacionaban las denuncias recíprocas de los cristianos nuevos y viejos), hubieran aparecido las matanzas y tropelías que rubricaron con sangre la convivencia de las dos razas durante la baja Edad Media. Si esto se evitó con la Inquisición o si lo que se hizo fue institucionalizar la represión sangrienta de los conversos, es y seguirá siendo el problema planteado por este organismo, al que no es posible dar una solución objetiva y desapasionada. Inevitablemente, cada uno se sentirá condicionado por las ideas que profese sobre la libertad religiosa, la unidad de la patria, el poder de los príncipes, etc. Mas no cabe la menor duda de que los Reyes Católicos con esta medida pretendieron poner en manos de la justicia las riendas de una situación ominosa y proteger con el mismo título el principio de la unidad del Estado.

Los primeros tribunales. Estalla la represión en Sevilla

En 1482 se estableció en Córdoba un segundo tribunal de la Inquisición, a semejanza del que venía funcionando en Sevilla. En 1483 se organizaron los de Jaén y Ciudad Real; este último fue trasladado a Toledo en 1485.

Por razones que más adelante vamos a esclarecer, el 2 de febrero de 1482, el papa, haciendo caso omiso de las facultades concedidas a los reyes por la bula *Exigit sincerae devotionis*, había nombrado a siete religiosos de Santo Domingo como inquisidores en el reino de Castilla [6], según la norma y costumbres anteriores a la expedición de la bula. Los Reyes Católicos, decididos a que nada se hiciera en aquel campo al margen de los derechos adquiridos por ellos, crearon inmediatamente (1483) el *Consejo de la Suprema y General Inquisición* [7], como una institución más de las que integraban el cuadro administrativo que estaban poniendo al día. Mas, lejos de enfrentar el nuevo organismo a los inquisidores nombrados por Roma, eligieron a uno de ellos, a fray Tomás de Torquemada, para que con el título de inquisidor general ocupara la presidencia del nuevo Consejo, al que estarían sometidos los inquisidores que actuaban en los demás tribunales.

Los soberanos evitaban de esta manera las fricciones con la curia ro-

[5] Carta de Pulgar al cardenal Mendoza, ed. por J. DE M. CARRIAZO, *Crónica de los Reyes Católicos* I XLIX-LI. El texto dice exactamente: «pero como los viejos sean allí tan malos cristianos, los nuevos son tan buenos judíos» (C.L.).

[6] LLORCA, *Bulario...* 63-66.

[7] F. WALSER, *Die spanische Zentralbehörden und der Staatsrat Karls V* (Göttingen 1959) 43. Cf. también A. ROUCO VARELA, *Staat und kirche im Spaniem des 16. Jahrhunderts* (München 1965) 255ss.

mana, mas no cedían un ápice de las atribuciones que habían conseguido. La curia, por su parte, tardó todavía dos años en reconocer lo realizado por los Reyes Católicos, procurando en el ínterim no sofocar la naciente Inquisición castellana, sino quitarle toda nota de novedad y reducirla al esquema jurídico que tenía en la Edad Media [8]. Influían en esta manera de proceder del pontífice no sólo la dificultad de las relaciones diplomáticas entre Castilla y la Santa Sede, sino también motivos de carácter doctrinal en torno a la autoridad y magisterio eclesiásticos. Mas, en el orden de las realizaciones concretas, el papa podía justificar su postura reaccionaria y conservadora, con la acción de los tribunales, contra los que se elevaban constantemente denuncias ante la Sede Apostólica.

El tribunal más terrible en esta primera época fue el de Sevilla, sobre cuya actividad nos dejó el cura de Los Palacios las noticias más atendibles [9]. Según su relación, los inquisidores San Martín y Morillo pusieron a la ciudad, en muy pocos días, en pie de alarma. Llenaron de presos el convento dominicano de San Pablo y habilitaron después como cárcel y sede de audiencias el castillo de Triana, de modo que, habiendo llegado a la ciudad a mediados de noviembre de 1480, el 6 de febrero de 1481 ya celebraron un auto de fe en el que quemaron a seis personas. Sabiendo que aquel espectáculo no debería ser el último, levantaron en el campo de Tablada un quemadero, gran plataforma de piedra que tenía en sus esquinas cuatro colosales estatuas de yeso que representaban a los profetas; y así se sucedieron los autos y las quemas eventuales hasta el año 1488; durante este período llegó a alcanzarse la cifra (siempre según Bernáldez) [10] de 700 personas quemadas y más de 5.000 reconciliadas.

Los conversos y sospechosos de judaizantes, por su parte, no se dispusieron pacientemente al martirio. Introducidos como estaban en todos los estamentos eclesiásticos y municipales de la ciudad, maquinaron —ya en las primeras semanas— una conspiración para asesinar a los inquisidores, la cual fue descubierta por una mujer de su raza, *la fermosa fembra*, que era amante de un cristiano viejo [11].

Este hecho tuvo como consecuencia el endurecimiento de la represión inquisitorial. Todo se conjuraba aquel año contra Sevilla. Sobre sus habitantes se abatía también la peste, y por esta razón eran muchos los que salían a buscar en el campo un ambiente menos contaminado. Am-

---

[8] A este fin se encaminaban las bulas que restablecían los derechos de los obispos en el proceso inquisitorial. Cf. LLORCA, *Bulario...* 67ss.75ss.77-79.

[9] *Historia de los Reyes Católicos...* c.44: BAE 70,600ss.

[10] «Y aquel año, desque cesó la pestilencia, volviéronse los inquisidores a Sevilla e prosiguieron su inquisición fasta todo el año de ochenta y ocho, que fueron ocho años; quemaron más de setecientas personas, y reconciliaron más de cinco mil, y echaron en cárceles perpetuas, que ovo tales y estuvieron en ellas cuatro o cinco años o más, y sacáronles y echáronles cruces e unos, san Benitillos colorados atrás y adelante, y ansí anduvieron mucho tiempo, e después se los quitaron, porque no cresciese el disfame en la tierra viendo aquello» (l.c., 600-601). Cf. las cifras más elevadas que aduce Llorente, tomándolas en su mayor parte de Mariana (*Histoire critique* I 160).

[11] AMADOR DE LOS RÍOS, *Historia... de los judíos* II 171.

parados por esta circunstancia, huyeron muchos de los conversos; y fueron acogidos por el marqués de Cádiz en sus territorios de Mairena, Marchena y Los Palacios [12]. Aunque el 2 de enero de 1481 los inquisidores despacharon una cédula dirigida al marqués y a todos los nobles para que entregaran a sus protegidos, muchos de éstos se habían escapado a Portugal y a Roma, dando así publicidad fuera de Andalucía al pánico desencadenado por el nuevo estilo de la Inquisición española.

En tal coyuntura se intensificó la acción de la Inquisición, y el tribunal sevillano extendió sus tentáculos a otros lugares de Andalucía, como Jaén y Jerez de la Frontera [13]. Inmediatamente comenzaron a organizarse los tribunales de los distritos en algunas capitales de Castilla. El alcance de la represión inquisitorial debió de ser muy fuerte, aunque hoy se consideran desorbitadas las cifras de 3.000 penitenciados y 4.000 quemados que daba a fines del siglo pasado Amador de los Ríos [14]. Mas cualquiera que haya sido su severidad, el pueblo recibió con agrado a la Inquisición en estos lugares por el odio que tenía a los conversos. Con menos rigor se procedió en el reino de Aragón, donde eran muy numerosos los que llevaban sangre judía y donde el Santo Oficio ya había funcionado regularmente a lo largo de la Edad Media. A pesar de todo, interpretando a su gusto la bula del 1.º de noviembre de 1478, Fernando el Católico nombró inquisidores para Valencia en 1482, y para Zaragoza en 1484 [15]. Los de Valencia, Guelves y Orts fueron restituidos al año siguiente por Sixto IV; y de los zaragozanos, Gaspar Juglar y Pedro Arbués, este último fue asesinado por dos sicarios ante el altar de la seo el 15 de septiembre de 1486 [16]. A su muerte, la ciudad se amotinó contra los conversos, si bien la autoridad logró mantener el orden y los asesinos fueron regularmente sentenciados en un auto de fe.

EL PRETENDIDO RETORNO DE ROMA A LA INQUISICIÓN MEDIEVAL

Las noticias de los desmanes que por una y otra parte se cometían, junto con las reclamaciones de los conversos, llegaban constantemente a los romanos pontífices. Mas ni unas ni otras debieron de ser decisivas en las medidas que se tomaron más tarde. La abundante documentación pontificia correspondiente al quinquenio institucional de la Inquisición española ofrece base para pensar que fueron los mismos obispos quienes salieron en defensa de los oprimidos, contestando la arbitrariedad y la inmunidad con que procedían algunos inquisidores.

Sus quejas tuvieron un resultado inmediato: el 29 de enero de 1482, el papa publicó la bula *Non dubitavimus*, en la que reprochaba la actuación de los inquisidores sevillanos, describiéndola con todos sus porme-

[12] BERNÁLDEZ, l.c., 601.
[13] AZCONA, o.c., 397.
[14] L.c., 173.
[15] R. GARCÍA CÁRCEL, *Orígenes de la Inquisición española* 41ss.
[16] AMADOR DE LOS RÍOS, l.c., 179ss.

nores. De ellos se decía que habían procedido con ligereza y contra derecho, decretando prisiones injustas, desproporcionados tormentos e incautación de bienes contra los herederos de los ejecutados. Por ello merecían ser destituidos de su cargo de inquisidores; mas el papa los mantenía como tales por respeto al nombramiento que les habían otorgado los reyes, obligándoles a proceder en lo sucesivo de acuerdo con los obispos.

Que esta bula prenunciaba la revocación absoluta de las gracias otorgadas a los reyes el 1.º de noviembre de 1478, quedó patente cuando un mes más tarde el mismo pontífice nombró a los siete inquisidores dominicanos que más arriba hemos dicho, con plenas atribuciones para toda Castilla. No había, pues, otra institución inquisitorial que la conocida en el Medioevo, en su doble vertiente de Inquisición episcopal y monástica [17], esta última en manos de los dominicos.

Nos haríamos demasiado prolijos si refiriéramos con todos sus pormenores la actividad diplomática de los Reyes Católicos para conseguir que Sixto IV retornara a la benevolente actitud de 1478. Bástenos decir que los dos consortes escribieron al papa por separado [18], haciéndole ver la ineficacia de la Inquisición medieval, que si apenas había funcionado en Castilla, estaba bien experimentada en el reino de Aragón, al que don Fernando quería extender los privilegios que se reclamaban ahora para el reino de su mujer.

El papa fue deponiendo su intransigencia, y de su Cancillería comenzaron a salir privilegios que gradualmente satisfacían las pretensiones de los Reyes Católicos. Esta cadena de gracias se alargaba en la misma medida en que mejoraban las relaciones diplomáticas entre la Cancillería real y la pontificia y culminó por fin el 3 de febrero de 1485, cuando el pontífice reconoció el nombramiento de inquisidor general que Torquemada había recibido de los Reyes Católicos; lo reiteró por su parte y le dio atribuciones para que designara jueces competentes para las causas de fe, siempre de acuerdo con los ordinarios. El 24 de marzo de 1486 se ampliaba su competencia al reino de Aragón y el 25 de septiembre de 1487 se le constituía juez de última instancia en cuantos litigios pudieran surgir entre los inquisidores y los ordinarios. Lo único que se reservaba la Santa Sede era la sentencia definitiva en los procesos de obispos y otras dignidades eclesiásticas [19].

Tal fue el desenlace de una contienda que había durado ocho años, durante los cuales el oficio inquisitorial funcionaba de hecho; pero sin el espaldarazo definitivo del papa. En este momento, una nueva forma de Inquisición, la moderna, sustituía definitivamente a la medieval: los obispos no perdían su función de vigilar y de proteger la fe de sus súbditos, pero ya no serían ellos los llamados a erigir tribunales de inquisi-

---

[17] Cf. H. MAISONNEUVE, *Etudes sur les origines de l'Inquisition* (París 1960) 243ss. Cf. también *infra* p.132.
[18] LLORCA, *Bulario...* 73 y 79.
[19] Ibid., 109.119.137.138: texto de las bulas correspondientes a los privilegios recogidos en este párrafo.

ción en sus territorios, porque esto pasaba a ser competencia del inquisidor general, vicario, en último término, del romano pontífice. A los ordinarios se acudiría solamente en ciertas fases de los procesos [20], en la medida estrictamente necesaria para no ofender el principio teológico en virtud del cual seguían siendo maestros y jefes de sus diocesanos. De igual manera, se transformaba la Inquisición llamada en el Medioevo monástica; es decir, aquella que había caído en manos de dominicos nombrados por el romano pontífice para que la ejercieran con independencia de los obispos. Esta caía desde ahora bajo el control de una sola persona, en la que se conjuntaban perfectamente los intereses del Estado y la Iglesia, por cuanto aquél la designaba y ésta le confería la misión canónica necesaria. Los jueces inferiores ya no saldrían de una orden religiosa determinada, sino que serían escogidos entre cualesquiera personas de letras y de conciencia, entre las cuales eran los juristas, por lo general, preferidos [21]. Por otra parte, se fue perdiendo la movilidad que caracterizaba a los tribunales de la Edad Media, que no tenían sede propia y se establecían temporalmente allí donde era necesaria su acción. Poco a poco prevaleció la sedentarización de los mismos en aquellos lugares que pasaron a ser las capitales de los distritos [22].

LA OBRA DE TORQUEMADA

Desde el nombramiento de Torquemada para la presidencia de la Inquisición general, ya no puede hacerse la historia de este organismo al margen de este hombre que contribuyó como pocos a darle una forma estable. Además, la personalidad de los inquisidores será, desde ese momento, un factor decisivo en el funcionamiento y política de la institución. Debemos, pues, preguntarnos quién era este Torquemada, convertido por la leyenda en símbolo de las mayores atrocidades.

Hijo de una distinguida familia que contaba entre sus miembros al conocido cardenal anticonciliarista Tomás Torquemada, nació en Valladolid, del único hermano de éste, en 1420 [23]. Siguiendo las huellas de su tío, entró en la Orden dominicana, aprendiendo y enseñando teología y derecho canónico en el Colegio de San Pablo, de la misma ciudad. Al constituirse la Congregación de la estricta observancia gracias a

---

[20] Las determinan taxativamente las *Instrucciones del Santo Oficio (infra* nt.36). Constituye éste, sin embargo, un punto no clarificado del todo en el proceso inquisitorial español.

[21] Sobre la cualificación profesional de los inquisidores surgió una controversia en tiempo de Carlos V. Cf. documentación fundamental en J. L. GONZÁLEZ NOVALÍN, *El inquisidor general Fernando de Valdés* II (Oviedo 1971) 154-57 (citamos en adelante esta obra por *El inquisidor general*).

[22] Plantea bien el estado de la cuestión y describe el proceso de sedentarización en un tribunal importante: J. P. DEDIEU, *Les inquisiteurs de Tolède et la visite du district. La sédentarisation d'un tribunal (1550-1630),* en «Mélanges de la Casa de Velázquez» 13 (1977) 235-56.

[23] Lo poco que se conoce acerca de su vida antes de acceder a la Inquisición es seguramente la causa de que no poseamos todavía una biografía completa sobre este personaje. Las principales son: E. LUCKA, *Torquemada und die spanische Inquisition* (Leipzig 1926); M. JOUVE, *Torquemada: Grand Inquisiteur de l'Espagne* (París 1934); R. SABATINI, *Torquemada e l'Inquisizione spagnola* (utilizamos la trad. franc. de A y H. COLLIN, París 1937).

los esfuerzos de San Cebrián (uno de los agentes en Roma para la obtención de la bula de 1478), fue designado prior de Santa Cruz, de Segovia, donde dio ejemplo de la austeridad exigida en aquella casa. Allí entró en contacto con los nobles de la ciudad, y, a través de los Dávila, llegó a conocerlo la Reina Católica, que lo hizo predicador y confesor de los reyes. Hasta este momento, Torquemada no era otra cosa que un fiel testigo de la reforma monástica, que desde entonces quería ver ampliada a otros estamentos del pueblo bajo la protección de los soberanos. La imposición de este programa debería llevarse a cabo superando cualquier dificultad, viniera de donde viniere. Tarsicio de Azcona dio a conocer a este propósito un memorial elaborado por el ya confesor de la reina sobre *Las cosas que debían remediar los Reyes*. En él tenían cabida los blasfemos, los renegadores de Dios, los hechiceros, los adivinos... Pero sobre todo se contemplaba el caso de los judíos, con quienes se deberían emplear cuantas medidas represivas fueren necesarias para disminuir su influencia. Torquemada no hablaba de instituir una inquisición; pero ofrecía, junto con la rectitud de su vida, un programa que le convertía en candidato para orientar el futuro organismo. Así, pues, a nadie podía extrañar que el prior de Segovia figurara entre los primeros inquisidores y que los Reyes lo pusieran al frente del Consejo de la Santa y Suprema Inquisición General en una fecha no precisada de 1483.

La atención de Torquemada recayó, ante todo, sobre la organización territorial, que ya había comenzado a hacerse; y así, a los tribunales de Sevilla, Jaén, Ciudad Real, Toledo, Valencia y Zaragoza, se añadieron los de Córdoba (1482), Valladolid, Cuenca, León y Palencia (1492), Teruel y Barcelona (1486), Mallorca y Murcia (1488), quedando en marcha, a la muerte del primer inquisidor general, unos 16 distritos, que no tuvieron, sin embargo, la misma vitalidad ni todos continuaron perviviendo. El cuadro se alteró muchas veces por el traslado de tribunales, la fusión de algunos de ellos, la anexión o desmembramiento de zonas, etc.; de modo que la Península no tuvo una organización definitiva a este respecto hasta fines del siglo (1570), en que contaba con 13 distritos, a los que había de añadir los insulares de Mallorca y Las Palmas.

Con una visión parcial de la historia, se atribuyó a Torquemada cuanto la Inquisición hizo desde su nombramiento hasta el 1498, que es el año de su muerte; pero aún queda mucho que investigar en torno a la responsabilidad del Inquisidor General en las actuaciones de los distritos e incluso sobre su competencia e independencia hasta el 3 de febrero de 1485, fecha en que aprobó el Romano Pontífice el nombramiento que habían extendido los Reyes. Con todo, una cosa es clara: aquel decenio fue crítico para los judíos asentados en la Península, los cuales hubieron de optar más tarde por el destierro o por el bautismo sin saber cuál de los dos extremos les iba a proporcionar una situación más segura. Efectivamente, desde 1480 se hizo imposible la vida de los conversos por las intervenciones inquisitoriales de los distritos, al mismo tiempo que las medidas de segregación y aislamiento de los judíos ortodoxos llegaban a tal extremo que ya prenunciaban su cercana expulsión.

Imposible calcular hoy el número de conversos que cayeron en manos de la Inquisición por aquellos años. Las fuentes que nos hablan de ellos (crónicas, relaciones de autos, procesos) son fragmentarias y heterogéneas. Los historiadores contemporáneos que analizaron la actuación de tribunales como Valencia y Toledo, con óptimos resultados a partir de fechas más tardías, no arrojaron aportaciones sustanciales para el tiempo de Torquemada. A la represión sevillana siguió la del tribunal de Toledo, que sacó en los autos de 1586 y 1587 alrededor de 1.000 sujetos en cada uno; pero no sabemos cuántos fueron los condenados a muerte. En 1584 y 1585 ejecutaron en Ciudad Real 52 personas sobre 2.000 encausados. En este último año murieron otras tantas en Guadalupe, y se acercaron a 70 las víctimas de Zaragoza, donde la moderación inicial de los inquisidores se vio perturbada por el asesinato de Pedro de Arbués. En 1487 hubo cuatro ejecuciones en Barcelona y en 1489 hubo 18 en Valladolid. Valencia acostumbraba proclamar frecuentes y largos períodos de gracia, con muchos reconciliados, en tanto que en Mallorca se dictaban entre 1488 y 1499, trescientas cuarenta y siete penas de' muerte [24].

EXPULSIÓN DE LOS JUDÍOS

El cuadro que resulta de las cifras que acabamos de dar no es, a primera vista, tan tétrico como el transmitido por la leyenda que ve la acción inquisitorial orientada al exterminio de los judíos; mas, si se tiene en cuenta que este programa, depurador de la fe, se estaba llevando a cabo en todas las regiones de España y que, por consiguiente, la prisión, el secuestro de bienes, la muerte y la infamia gravitaban como constante amenaza sobre todo cristiano descendiente de los hebreos, hay que reconocer que no sólo se hacía imposible la integración de los conversos en la sociedad aborigen, sino también la coexistencia de las dos razas que habitaban el mismo suelo. El judío ortodoxo y los conversos eran por lo general enemigos; pero aquéllos no podían menos de solidarizarse con éstos y de tomar represalias contra los opresores de sus hermanos. Así, pues, judíos y cristianos se atacaban recíprocamente: los primeros quebrantaban las fiestas cristianas con alevosía, los segundos ridiculizaban sus ritos; los cristianos bautizaban a la fuerza niños hebreos, los hebreos secuestraban y torturaban a los hijos de los cristianos; en una palabra, la Inquisición, que los Reyes Católicos habían previsto como un medio de obtener la pacífica convivencia de dos razas hostiles, no habría de dar resultado sin que se suprimiera una de ellas.

En este clima se forjó el decreto de expulsión de los judíos de todos los reinos peninsulares, que, promulgado en Granada el 31 de marzo de

[24] Sobre la organización de los tribunales de los distritos hasta fines del siglo XVI, cf. B. LLORCA, DHEE II, 1199ss (*Tribunales e inquisidores*, bajo el término *Inquisición*). Las listas y referencias que figuran en los manuales no siempre coincide. A la actividad de los tribunales expresada en números de causas y ejecuciones presta especial atención B. BENNASSAR, *L'inquisition espagnole, XVᵉ-XIXᵉ siècle* (París 1979) 14-51. Citas más completas de estudios y fuentes, L. SUÁREZ, *La España de los Reyes Católicos* (1474-1516) II, en *Historia de España*, dir. por R. MENÉNDEZ PIDAL, 17 (Madrid 1978) 237-240.

1492, habría de entrar en vigor a fines del junio siguiente. En su mismo texto invocaban los Reyes las razones de índole religiosa que les habían inducido a tomar tan grave medida: los judíos eran, en definitiva, un grave peligro para los cristianos, a quienes procuraban *de subtraer de nuestra santa fe católica... e pervertir a su dañada creencia.* El decreto, como es natural, no hacía distinción entre cristianos viejos y nuevos; pero es evidente que eran los segundos quienes estaban principalmente expuestos a las insidias de sus hermanos. En este contexto hay que enmarcar la expresión de Torquemada al rey Fernando el Católico, cuya benevolencia los afectados querían ganar con un subsidio de 300.000 ducados para sus guerras: «Judas vendió a Cristo por treinta monedas de plata; Vuestras Altezas piensan venderlo por treinta mil».

Es más que probable que a las razones de carácter religioso se hayan juntado otras de índole social y económica que avalaban igualmente la conveniencia de la expulsión: Kamen quiere responsabilizar en el hecho a las clases feudales envidiosas del dinero y la influencia alcanzados por los judíos; otros apelan a la ambición de los Reyes, cuyas arcas habrían de beneficiarse de los bienes de los expulsos. La historia de la Iglesia no puede pronunciarse sobre cada uno de estos problemas; debe asumir simplemente la responsabilidad que corresponde en este suceso a las instituciones por ella estudiadas, la cual consiste en haber querido extremar los recursos para cortar a los judíos, una vez convertidos, toda posibilidad de retorno a sus prácticas y creencias. En este sentido, Torquemada, al que se considera el genio malo de la expulsión, no hizo otra cosa que tutelar la eficacia del organismo que presidía.

Al decreto de expulsión del 1492 no se llegó de repente, sino después de una serie de medidas, que se manifestaron inadecuadas para el resultado que se quería conseguir [25]. Tales fueron la segregación de las aljamas, decretada ya por las cortes de Toledo en 1480, y las expulsiones previas de Andalucía y Zaragoza en 1484 y 1486. De ellas hablará también la historia civil de España. Lo que aquí nos interesa es dejar bien sentado que, si de la Península salieron entre 150.000 y 200.000 hebreos, el número de cristianos se vio acrecido dentro de ella en unos millares más de cristianos, y sobre todo que la Inquisición ya tenía competencia sobre todos los moradores de la Península, porque, eliminado también el reino musulmán de Granada, todos eran o debían ser bautizados. A este vigor que adquiría el organismo inquisitorial por la confesión religiosa de sus ciudadanos, se añadió el que provenía de su robustecimiento interior, el cual Torquemada procuraba al codificar el derecho que habría de regir en los tribunales y procesos del Santo Oficio.

[25] Sobre el problema y proceso de la expulsión de los judíos cf. el bien documentado estudio de L. SUÁREZ, o.c., 241-64.

LAS INSTRUCCIONES DEL SANTO OFICIO (1484-1561)

Contemporáneamente a la organización de los tribunales, Torquemada puso todo su empeño en dotar al naciente organismo de un cuerpo jurídico que regulara su competencia y abriera cauce a nuevos procedimientos. En los lugares donde había funcionado la Inquisición medieval, como ocurría en Aragón, las fuentes de derecho se encontraban en las decretales de los pontífices, entre las cuales sobresalían la *Vergentis in senium*, de Inocencio III, sobre los secuestros de bienes, y la de su homónimo Inocencio IV, *Ad extirpanda*, sobre los poderes policiales y el modo de ejecutar las sentencias. Junto a ellas se disponía de una literatura del género procesal, debida a glosadores como Juan Teutónico, Tancredo y Raimundo de Peñafort. En España, sin embargo, había suplantado a todos el *Directorium Inquisitorum*, de Nicolás Eymeric, que había sido inquisidor durante un período de treinta años (a partir de 1357) y había concebido su libro como un prontuario que respondiera a las principales cuestiones sobre la fe y la herejía. El éxito de Eymeric fue tan grande, que todavía a mediados del siglo XVI lo tenían y consultaban los jueces [26]. Pero es evidente que, al desaparecer como tales la Inquisición episcopal y la monástica —las dos formas que contemplaba el autor—, el *Directorium* quedaba, por el mismo hecho, anticuado.

Así, pues, con el fin de reglamentar los nuevos procedimientos, Torquemada congregó en Sevilla a los inquisidores de la ciudad y a los de los distritos de Córdoba, Ciudad Real y Jaén, juntamente con otros letrados del Consejo de Sus Altezas. De sus reuniones, tenidas en el mes de noviembre de 1484, salió la *Compilación de las instrucciones del Oficio de la Santa Inquisición*, que condensaban en 28 cláusulas el nuevo estilo del Santo Oficio [27].

Desgraciadamente, los compiladores atendieron más a la casuística que en aquellos años se había presentado que a la novedad del sistema que se imponía; mas proporcionaron un buen reglamento y testimonio para la historia sobre el secuestro de bienes, las penas pecuniarias, la infamia, la atención a los hijos menores de los presos y ejecutados, la cuestión del tormento, las atribuciones de los obispos y las inmunidades territoriales y personales.

Las lagunas que evidentemente quedaban y se ponían de manifiesto en los nuevos casos que se ofrecían, se fueron supliendo con los añadidos que el mismo Torquemada promulgó en 1485 y 1498, a los que vinieron a juntarse otros capítulos sobre la reconciliación y las personas del Santo Oficio en 1500-1503 y 1516. El autor de los dos primeros fue el nuevo inquisidor, Diego Deza, y el del tercero, Jiménez de Cisneros.

[26] En 1587 fue editado en Roma con comentarios de F. PEGNA, y en 1595 en Venecia. Sobre las fuentes del derecho inquisitorial en la Edad Media, cf. MAISONNEUVE, o.c., 156ss.309ss.

[27] Fueron impresas con las que se añadieron después y las que las sustituyeron en 1561 bajo el título *Compilación de las instrucciones del Oficio de la Santa Inquisición, hechas por ... fray Tomás de Torquemada ... e por los otros reverendísimos inquisidores generales que después sucedieron, cerca de la orden que se ha de tener en el exercicio del Santo Oficio ...* en Madrid, en la Imprenta Real, año 1630.

Pero la Inquisición española no tuvo unas instrucciones sistemáticas y precisas hasta el año 1561. El llamado a compilarlas fue el inquisidor general Fernando de Valdés, que detentó el cargo durante veinte años, después de haber pasado otros veinte relacionado, más o menos de cerca, con los negocios del Santo Oficio. La experiencia que había acumulado este hombre, su espíritu juridicista y su carácter conservador no dan pie para pensar que haya introducido por cuenta propia demasiadas modalidades en el funcionamiento de la Inquisición española. Valdés compiló, después de «practicado y conferido diversas veces con el Consejo», cuanto había surgido en relación con la Inquisición durante tres cuartos de siglo; y por ello es siguiendo estas instrucciones como debemos describir el funcionamiento de la moderna Inquisición española y sus diferencias con la medieval [28].

Las *Instrucciones* de 1561 son de carácter eminentemente práctico y se proponen reglamentar el procedimiento del Santo Oficio desde que se hallan los primeros indicios para entablar un proceso hasta que éste concluye en un auto de fe. Lo que ocurría después ya no estaba en manos de la Inquisición como tal, porque las penas de muerte las ejecutaba la justicia seglar, y las cárceles, aunque propias del Santo Oficio, tenían sus reglamentos aparte y se reajustaban contantemente por medio de las visitas. Así, pues, el curso de un proceso inquisitorial era de esta manera:

1. Diligencias para prisión

Comenzaban a hacerse en cuanto recaían sobre una persona sospechas de herejía, cualquiera que fuere el medio por donde los jueces de un tribunal hubieran llegado a ellas. Ante todo había que dejar en claro que se trataba de materia de fe; y por ello se pedía en cada caso el parecer de algunos teólogos, porque, según una disposición de los Reyes Católicos, sólo los juristas tenían acceso a las plazas del Santo Oficio. Esta primera censura no excluía que se recabaran otras más minuciosas a lo largo del proceso.

En el ámbito de la fe recaían la «ceremonia conocida de judíos o moros, herejía o fautoría manifiesta». Las calificaciones de los teólogos y las declaraciones de los primeros testigos servían de base al fiscal para presentar una denuncia de oficio, pidiendo la prisión del acusado, que debían acordar los inquisidores y consultores del tribunal correspondiente. Si las pruebas que se tenían en la mano no parecían suficientes, el reo no era «llamado ni examinado» para no precaver su postura. Si se trataba de una persona de calidad, había que consultar al Consejo [29] antes de proceder a la prisión.

2. Prisión y secuestro de bienes

La prisión la ejecutaba el alguacil de la Inquisición u otra persona explícitamente nombrada en el mandato de los inquisidores, si aquél es-

---

[28] Edición y breve estudio: P. Hinschius, *Die Anweisungen für die spanische Inquisition vom Jahre 1561*: Deutsche Zeitschrift für Kirchenrecht 7 (1897) 76-121.203-47.
[29] *Instrucciones* de 1561, n.1-5.

tuviera impedido. Juntamente con la prisión, tenía lugar el secuestro de los bienes que se hallaran en poder del encausado y no de tercera persona, con el fin de pagar con ellos el sustento del reo, de sus criados y bestias, comenzando a vender, una vez agotado el dinero contante, por los haberes superfluos. A fin de evitar cualquier fraude, el escribano debía consignar los secuestros con todo detalle, para que no se gastase más de lo justo y se devolviera lo que había sobrado, cuando hubiera lugar a ello [30].

3. La primera audiencia y la denuncia formal del fiscal

Una vez asentado el preso en la cárcel, según las formalidades previstas en los capítulos 10-12 de las *Instrucciones*, tenía lugar la primera audiencia, que se desarrollaba en un tono de moderación y buen trato, siendo interrogados los presos sobre las generales de la ley; es decir, sobre su genealogía, vida e instrucción cristiana, procurando los jueces no apretar demasiado con sus preguntas ni dar fácilmente crédito a las respuestas; «deben recelar —dicen—, para no ser engañados». Esta primera audiencia significaba poco más que una toma de contacto o un mero trámite previo.

Venía después la denuncia del fiscal, que sobre el delito de herejía acumulaba otros que arguyesen falta de cristiandad, ya que eran éstos los únicos crímenes en los cuales podían entender los inquisidores. Después de recordar al reo su juramento de declarar la verdad y pidiendo que se le aplicara tormento en caso de que sus respuestas no fueren satisfactorias, el fiscal salía de la audiencia, mientras el preso se aprestaba a responder a sus cargos [31].

La conminación con tormento es uno de los particulares que más sobrecogen al lector no iniciado de los procesos de inquisición. Dan pie para ello las conocidas formas de «potro», «garrocha» o «toca» que se aplicaron algunas veces. Mas en la Inquisición española, el tormento consistía en poco más que una amenaza para inducir al reo a que reconociera sus cargos. Juan Antonio Llorente afirma con toda sinceridad que en su época ya no se aplicaba de hecho [32], y los historiadores que evaluaron matemáticamente causas de inquisición correspondientes a los siglos XV y XVI reconocen que si bien la amenaza con la tortura constituía un paso obligado en el derecho procesal de la época, los casos en que fue realmente aplicada no llegan al 10 por 100 [33].

---

[30] Ibid., n.6-9. Cf. en n.10-12 el acomodo de los reos en prisión.

[31] Ibid., n.13-21.

[32] *Histoire critique...* I 305s: «Il est certain que la torture n'a pas été décrétée depuis long-temps par les inquisiteurs, de manière qu'on peut aujourd'hui la regarder comme abolie par le fait». «... et cependant, malgré ce scandale, il n'existe encore, après le XVIIIᵉ siècle, aucune loi ni aucun decret, qui ait aboli la torture» (ibid., 309). Cf. también la larga y apasionada crítica de Llorente a las *Instrucciones* del 1561 en vol.2 p.296-334.

[33] B. BENNASSAR, o.c., 108ss. En p.116 resume: «La torture inquisitorial n'est qu'un avatar de la précédure pénale 'clasique'. Elle reste très limitée dans ses applications, dans ses modalités comme dans ses domaines d'exercice. Procédure peu fréquente sinon exceptionnelle (10 por 100 des cas au total?), elle ne justifie nullement la réputation redoutable de l'Inquisition».

4. Las sucesivas audiencias. El nombramiento de letrados y de testigos

La finalidad de la Inquisición era de carácter medicinal más bien que vindicativo; por ello, lo que con su acción se buscaba era que el reo reconociera y retractara su error, al margen de la pena que debiera sufrir por el mismo. Esta disposición no se conseguía, desde luego, en una ni en unas pocas sesiones. Comenzaba así el forcejeo entre el tribunal y el acusado, las preguntas capciosas, el nombramiento de los letrados, la citación de testigos y sus interminables declaraciones. Este era el capítulo que más alargaba el proceso, no solamente por el tiempo necesario para localizar a las personas a través de los tribunales de los distritos, sino porque cualquier deposición debía ser ratificada más tarde, comunicada al interesado, y podía dar pie a una nueva acusación del fiscal.

En este momento se contraían todos los resortes del secreto inquisitorial, que ya había funcionado desde el principio, viéndose el reo anegado en un mar de cargos, sin que nadie le dijera de dónde venían, y aunque, no obstante, se le daba puntual noticia de las pruebas testificales, se le ocultaba celosamente cualquier insinuación sobre sus denunciantes. El reo tenía derecho a ser admitido a audiencia cuantas veces lo solicitara, por el consuelo que recibía en ser oído y por si acaso se decidía a confesar; podía presentar sus defensas escritas y señalar testigos de abono, pero no estaba en su mano citar a los más valederos, porque eran los jueces quienes debían escogerlos entre la larga lista que con este fin se les presentaba [34]. Este era el momento en que los escritos y dichos del reo se sometían de nuevo al examen de censores de oficio, a quienes se entregaba, por lo general, un elenco de proposiciones, que deberían calificar, al margen de todo contexto, «in rigore ut iacent».

Tal era el principio de la censura; pero durante la primera mitad del siglo XVI, se tuvo en este punto mayor tolerancia. Los censores se atenían, por lo general, a la mente del autor, como constaba por su vida y escritos. Sin embargo, al descubrirse los focos protestantes de Valladolid y Sevilla, se endureció el proceder de la Inquisición, y los censores recibían sólo afirmaciones o extractos de escritos, cuya autoría mantenían en secreto las personas del Santo Oficio [35].

Todas estas diligencias requerían largo tiempo, y en ellas hay que buscar la causa de que algunos procesos se alargaran durante años. Cuando todas habían llegado a su fin, la causa estaba vista para sentencia.

5. La sentencia definitiva

La votaban los inquisidores del distrito, habiendo precedido, a lo que parece con carácter indicativo, los votos de los consultores y del ordinario. El voto a emitir no era libre, sino que estaba suficientemente

---

[34] *Instrucciones* del 1561, n.22-39.
[35] Sobre los diferentes estilos de calificación, cf. *El Inquisidor general* I 340ss.

determinado en las *Instrucciones*, que dividían a los reos en tres grupos: los confitentes, los pertinaces y los semiplenamente convictos. Los primeros eran admitidos a reconciliación con confiscación de bienes, hábito penitencial (sambenito) y cárcel perpetua; los segundos eran los relajados al brazo seglar para ser quemados, y el resto pagaba con una abjuración *de vehementi* o *de levi*, con la compurgación o con un tormento vindicativo, que en este caso nada tenía que ver con el empleado en el proceso para arrancar la confesión a los reos ³⁶.

En la ejecución de las sentencias cabían todavía excepciones y nuevas formalidades, que aquí no podemos referir al detalle. El lector se hará cargo de ellas, así como de la solemne conclusión de una causa en el *auto de fe*, al leer los capítulos correspondientes a la represión del protestantismo en España.

El Tenebrario y el caso de Talavera

A la muerte de Torquemada (1498), la Inquisición española ya había cumplido su obra en contra de los judíos, y los reyes la habían rubricado firmando el decreto de expulsión el 31 de marzo de 1492. Era ilusorio pensar que con esta medida quedaba solucionado el problema de la convivencia entre las dos razas. En pocos meses salieron de España entre 150 y 200.000 judíos que se negaron a recibir el bautismo. Pero éstos, aunque constituyeran una pesadilla social y política para el Estado, no caían bajo la competencia de la Inquisición, que sólo actuaba contra los herejes, y, por ende, contra los bautizados. El hereje judío, es decir, el converso, seguía en gran número dentro de la Península, y en la mayoría de los casos practicaba la antigua religión de su raza. Quizá nunca sepamos ya si era judaizar, en sentido estricto, la manera que tenían de hacer la oración y de confesar sus pecados de cara a un muro, de yugular a los animales, de amasar los viernes pan ácimo, de entender en sentido poético algunos libros del Antiguo Testamento, como el de Job; de rechazar las imágenes, las peregrinaciones y las indulgencias; pero es evidente que semejante actitud servía de escándalo al pueblo cristiano; y no pocos la redondeaban burlándose de las ceremonias cristianas, del ayuno cuaresmal y del ayuno eucarístico, cuando no llegaban a rechazar dogmas como el de la Santísima Trinidad o el de la presencia de Cristo en el Sacramento ³⁷.

Así, pues, todo estaba preparado para que los procesos de inquisi-

---

³⁶ *Instrucciones* del 1561, n.40-57. Importantes apreciaciones sobre el proceso inquisitorial, principalmente en cuanto al papel reservado a los ordinarios, en A. Borromeo, *Contributo allo studio dell'Inquisitione e dei suoi rapporti con il potere episcopale nell'Italia spagnola del Cinquecento*: Annuario dell'Istituto Storico Italiano per l'età moderna e contemporanea 29-30 (1977-78) (Colloquio internazionale su «potere e élites» nella Spagna e nell'Italia spagnola nei secoli XV-XVII) 219-76.

³⁷ Cf. el pormenorizado recuento de los cargos que se imputaban a los conversos en el acta de la información consistorial sobre Pedro de Aranda; ed.: J. Fernández Alonso, *Pedro de Aranda, obispo de Calahorra († 1500). Un legado de Alejandro VI ante la Señoría de Venecia (1494)*: Miscellanea... Martino Giusti I (Roma 1978) 290-95.

ción siguieran su curso con el celo que se requería para apagar el rescoldo de una raza definitivamente expulsada del territorio español.

Si los sucesores de Torquemada hubieran sido hombres de tendencia conciliadora, quizá se hubiera llegado a la integración del elemento converso; pero tanto el arzobispo Diego Deza (1498-1507) [38] como el cardenal Jiménez de Cisneros (1507-17) [39] pretendían llegar a la reforma eclesiástica por el camino más rápido. El primero, a causa de su intransigencia dogmática, y el segundo, en consecuencia con el problema político de unidad nacional exigido por los Reyes Católicos. Por otra parte, al problema de los conversos se unió, desde la conquista de Granada, el problema de los moriscos, mientras los inquisidores de los distritos iban adquiriendo, frente a unos y otros, un poder que fácilmente degeneraba en violencia. Así, hubo de nuevo procesamientos en masa y pesquisas contra personas que deberían haber quedado al margen de toda sospecha.

En esta acción represiva corresponde el puesto más destacado a uno de los inquisidores de Córdoba, Diego Rodríguez Lucero, que era, además, maestrescuela de Almería y canónigo de Sevilla. Se trata de una de las figuras más protervas de cuantas desempeñaron un cargo de Santo Oficio. Pedro Mártir de Anglería, jugando con su apellido, le llama en sus cartas «el Tenebrario» y no puede disimular la repulsa que siente por este hombre [40]. Su pecado capital, la codicia, lo llevó a enfrentarse con las clases más altas de Córdoba, sin reparar en cárceles ni en ejecuciones con tal de acrecer los secuestros de bienes. Hasta ahora no se ha dado una cifra de los por él condenados, aunque se le atribuye el haber quemado 107 personas en un solo auto de fe [41].

Las protestas que se hicieron llegar contra él hasta el inquisidor general fueron innumerables. El marqués de Priego y el conde de Cabra, parientes ambos del Gran Capitán, organizaron comisiones de protesta, que no surtieron ningún efecto. Parece cierto que en las casas de los conversos de Andalucía y de Castilla se nutría la esperanza del inminente retorno de Elías, que habría de llevarlos a la tierra de promisión [42]. Mas como eran tantos los testigos comprados y falsos que Lucero hizo pasar por los tribunales, no es posible saber si había en la base de aquella esperanza un cierto género de predicación apocalíptica o si se trataba, más bien, de un resurgimiento del folklore judío.

Hasta el año de 1508 no se pidieron a Lucero cuentas de su gestión. Fue Jiménez de Cisneros quien lo hizo comparecer ante un tribunal y «abrió una investigación en la fuente misma de este contagio» [43]. Mas ya era tarde para preservar a la institución inquisitorial de la mancha con que la había contaminado este hombre: el año anterior había concluido

[38] A. COTARELO VALLEDOR, *Diego Deza* (Madrid 1902).
[39] Semblanza biográfica y bibliografía: J. GARCÍA ORO, en DHEH 1238-39.
[40] Cf. *Epistolario*, est. y trad. por J. LÓPEZ DE TORO, II (Madrid 1955) n.333 334 349 370 385 393.
[41] KAMEN, *La Inquisición española* 65.
[42] Cf. procesos, en F. BAER, *Die Juden im christlichen Spanien* II 530ss.
[43] MÁRTIR DE ANGLERÍA, *Epistolario* n.385 ut *supra*.

el humillante proceso al arzobispo de Granada, que, aunque sólo había durado dos años, acabó con la vida de uno de los varones más meritorios de aquella época.

El arzobispo de Granada era fray Hernando de Talavera (por familia, *de Oropesa*), un jerónimo que antes había sido obispo de Avila, confesor y consejero de Isabel la Católica. La reina puso en sus manos aquella diócesis inmediatamente después de la caída de la ciudad, porque conocía el temple evangélico de quien había administrado los fondos granadinos de la bula de la cruzada y había sido el primero en enarbolar en la alcazaba el pendón de la cruz [44].

Fray Hernando asumió su misión con la mayor responsabilidad. Inmediatamente salió de la corte y se dedicó a la organización de su diócesis y a la conversión de los musulmanes que aún residían en ella. Pero «planteó su labor sobre un escrupuloso respeto a la libertad de conciencia, garantizada por los Reyes Católicos en sus capitulaciones con los vencidos... Se rodeó de alfaquíes, que le impusieran a fondo en la mentalidad religiosa islámica, y trabajó lo indecible por hacerse con un clero capacitado para enseñar el cristianismo en árabe, lengua a la que llegó a dar carácter litúrgico en una decisión casi revolucionaria» [45].

La política religiosa de Talavera contrastaba con la de conversiones aceleradas que propugnaba Cisneros y con el rigorismo tomista de Diego Deza. En relación con este último había sobre el tapete serias divergencias tocantes a la Inquisición: Talavera se había opuesto a que el Santo Oficio actuara en su antiguo obispado de Avila y a la creación de un distrito en Granada, limitando con órdenes terminantes los poderes que los inquisidores querían usurpar en aquella diócesis. Por todas estas razones, Lucero, que extendía su jurisdicción hasta ella, tomó al arzobispo como blanco de sus siniestros ataques.

La persona de Talavera era inviolable, porque el papa se había reservado las causas de los prelados. Así, Lucero comenzó por prender a su hermana y sobrinos, de quienes arrancó en la cárcel de Córdoba las testificaciones que quiso contra su ilustre pariente. Cuáles fueron los medios que utilizó para ello, no lo sabemos, pero consta que fray Hernando protestó de la injusticia con que se procedía en este asunto.

Al proceso de los familiares siguió el del prelado, que por concesión pontificia instruyó en la corte el nuncio, Juan Rufo. Talavera fue acusado, ante todo, de judaizante, y su casa se presentó como uno de los centros donde se mantenía viva la esperanza del retorno de Elías y de donde salían los proyectos para predicarlo por toda España. De ahí las acusaciones de subversión, de reuniones ilícitas y de brujería que se oyeron en el proceso. Los autos se transmitieron a Roma, como se habían transmitido en 1490 los instruidos contra los padres del obispo de Sego-

[44] Pormenorizada reseña biográfica y abundante bibliografía: Q. ALDEA, en DHEE 4,2517-21.
[45] F. MÁRQUEZ, estudio preliminar a *Fray Hernando de Talavera: «Católica impugnación»* (Barcelona 1961) 12-13.

via, Juan Arias Dávila, y en 1493 los del obispo de Burgos, Pedro de Aranda [46].

Fray Hernando de Talavera fue declarado limpio de toda culpa por el papa y los cardenales que examinaron su causa. Sus mismos familiares fueron puestos en libertad; pero el santo varón falleció, quizá sin tener noticia de esta sentencia, el 14 de mayo de 1507. Su muerte se atribuyó a la fiebre que se había apoderado de él después de participar, destocado y descalzo, en la procesión de la Ascensión del Señor que había tenido lugar el día precedente.

LAS BULAS DEL PAPA LEÓN X Y LA ÚLTIMA CRISIS DE LA
INQUISICIÓN ESPAÑOLA

Las tropelías de Lucero, rubricadas por el proceso y muerte de fray Hernando de Talavera, suscitaron un movimiento de oposición al organismo inquisitorial que estuvo a punto de derrumbarse a los veinte años de su existencia. No fue esto lo que se consiguió; mas como las reclamaciones en contra del Santo Oficio se prolongaron casi tres lustros, hubo que proceder a una transformación profunda del mismo, a la que contribuyeron no poco los focos de alumbradismo que se descubrieron en torno al 1520, y los procesos que por esta causa se acometieron cuatro años más tarde. El alumbradismo fue así, junto con la corriente erasmiana, el puente que unió la etapa institucional de la Inquisición española (procesos contra judíos y moriscos) con la época de su florecimiento y de su gran desarrollo (procesos contra los luteranos y los pecados públicos).

Al iniciarse en España el reinado de Felipe el Hermoso, el obispo de Córdoba, don Juan Daza, informó al soberano de los abusos cometidos en su obispado por los jueces del Santo Oficio. El flamenco, que no tenía la menor simpatía hacia la institución inquisitorial española, se propuso destituir a Deza y estuvo a punto de procesar a Lucero. Como primera medida el obispo de Catania, Diego Ramírez de Guzmán, se hizo cargo interinamente de la presidencia del Santo Oficio. Mas antes que el rey ejecutara definitivamente sus planes, le sobrevino la muerte, y Deza hizo todo lo posible para reintegrarse a su cargo. Su estrella, sin embargo, ya había declinado. El rey don Fernando, que por la locura de doña Juana pasaba a ser regente del reino, nombró inquisidor general al cardenal Jiménez de Cisneros, que obtuvo la bula del papa el 8 de noviembre de 1507 [47].

Los diez años de su mandato se caracterizan por el esfuerzo que llevó a cabo para clarificar las reclamaciones en curso sobre los acontecimientos de Córdoba y la conducta de otros inquisidores. Cisneros intentó actuar con justicia y a la vez con respeto hacia la institución por él presidida. Por todas partes se levantaba un clamor para que se proce-

---

[46] J. FERNÁNDEZ ALONSO, a.c., p.255ss.
[47] Detallada referencia de estos episodios: LLORENTE, *Histoire critique* I 346ss.

diera inmediatamente, si no a la supresión de la Inquisición, sí a la reforma profunda del derecho por el cual se regía. Las Constituciones de Torquemada, que el mismo Cisneros había completado, eran muy deficientes, porque, aparte el hecho que no contemplaban sino las causas de judíos y moriscos, el interés del proceso se concentraba en la confiscación perpetua de bienes, la validez de las confesiones arrancadas en el tormento, el secreto debido a los denunciantes, la infamia y la reconciliación dentro de los plazos que oficialmente se establecían..., y, sin embargo, no se daba cauce suficiente a la defensa de los acusados, ni se les protegía contra los falsos testigos y se hacía prácticamente imposible una sentencia absolutoria, quedándole una mancha que había de durar de por vida al que alguna vez había caído en la red de la Inquisición. Había, además, delitos menores contra la religión, en los que se entrometían los inquisidores enfocándolos como si se tratara del pecado de herejía. Por estas y otras razones pidieron una profunda reforma del Santo Oficio las cortes de Monzón de los años 1510 y 1512 [48]. Estas reclamaciones se intensificaron al caer la corona de España sobre las sienes del rey don Carlos. Con toda evidencia, aquélla era la ocasión propicia para reajustar las viejas instituciones.

Mas Cisneros no quería oír hablar de reforma en aquel momento, pensando que con ella se jugaba la misma existencia del tribunal de la fe; y así no dudó en exigir a don Carlos fidelidad a lo que habían hecho los Reyes Católicos, advirtiéndole que sus abuelos habían examinado con tanta prudencia, ciencia y conciencia, las leyes e instituciones del Santo Oficio, «que en jamás parece tendrán necesidad de reformación y será pecado mudarlas» [49].

Mientras vivió Cisneros, nadie se atrevió a contrariarlo; mas, muerto éste y nombrado para sucederle Adriano de Utrecht, el papa León X, que también había recibido infinitas reclamaciones, promulgó tres breves destituyendo en bloque al personal de la Inquisición española, excepto al inquisidor general. Era el 20 de mayo de 1520 [50].

Allí pudo ser el fin de la Inquisición. Hoy no se pueden leer sin estupor y sin pena las acusaciones recogidas por el pontífice, en las cuales se habla de la falta de edad y experiencia de los inquisidores; de su sed de dinero, que les lleva a preferir los secuestros de bienes a la corrección del error; de sus abusos carnales con las mujeres e hijas de los encarcelados; de sus personales venganzas, proyectando su competencia a delitos que nada tienen que ver con las herejías, etc., etc., crímenes todos ellos de los que el papa no duda en afirmar que están genéricamente comprobados.

Estos breves nunca fueron ejecutados, aunque tampoco se revocaron; sin embargo, pusieron a la Inquisición española en un período de

[48] KAMEN, *La Inquisición española* 68.
[49] P. GAYANGOS y V. DE LA FUENTE, *Cartas del cardenal don Fray Francisco Jiménez de Cisneros dirigidas a don Diego López de Ayala* (Madrid 1867) 261.
[50] J. FERNÁNDEZ ALONSO, *Algunos breves y bulas inéditos sobre la Inquisición española:* Anthologica Annua 14 (1966) 463-98.

crisis, que se agudizó con la elección de Adriano para el pontificado romano el año de 1521. La Inquisición española no habría de reemprender su rumbo y su historia hasta el nombramiento de don Alonso Manrique como presidente de la Suprema, que se produjo dos años más tarde.

CAPÍTULO III

LA INQUISICION ESPAÑOLA Y EL MOVIMIENTO ESPIRITUAL DE LOS ALUMBRADOS

RESTAURACIÓN DE LOS TRIBUNALES. NOVEDAD DE PERSONAS Y CAUSAS

El cardenal Adriano de Utrecht fue elegido romano pontífice el 9 de enero de 1522. Con aquel acto se abría en el vértice de la Inquisición española una vacante que debería prolongarse más de año y medio. En realidad, el elegido abandonó la Península sin haber renunciado a su cargo de inquisidor general y no lo proveyó en otra persona hasta el 10 de septiembre de 1523, fecha en que fue nombrado Alonso Manrique de Lara, que había sido obispo de Badajoz y de Córdoba y acababa de ser promovido al arzobispado de Sevilla [1].

La decisión de Adriano de seguir ostentando la titularidad de la Inquisición española era una sabia medida en aquel momento en que las luchas de los comuneros y las reclamaciones de los procuradores en Cortes cuestionaban profundamente la existencia del Santo Oficio. Mas, superadas aquellas circunstancias, la elección de Manrique no podía ser más oportuna. Hijo de don Rodrigo, el Gran Maestre de Santiago, y hermano de Jorge, el poeta cuyas coplas habían obtenido tanta resonancia en el pueblo, era hombre magnánimo y humanista. Los letrados de la época recibieron su nombramiento con una simpatía que no decreció a través de los años, como demostraron con los escritos que frecuentemente le dedicaban.

Sus primeras actuaciones consistieron en poner al día y reorganizar los tribunales, que se habían resentido por la prolongada vacante de hecho y también por las bulas conminatorias del papa León X. Manrique organizó, ante todo, el Consejo, llamando al supremo organismo a tres personajes de gran competencia: Jerónimo Suárez de Maldonado, obispo de Badajoz, y los licenciados Fernando de Valdés y Fernando Niño, el primero de los cuales habría de ser con el tiempo inquisidor general, y el segundo, presidente del Consejo de Castilla. Estos tres hombres fueron prácticamente los responsables de cuanto se hizo en la Inquisición durante la presidencia de Manrique (hasta 1538), porque éste se

---

[1] Semblanza del personaje y abundantes referencias a su actividad inquisitorial: A. RE-DONDO, *Antonio de Guevara (1480?-1545) et l'Espagne de son temps* (Genève 1976) 223 (esp. nt.33) y ss.

ausentó muchas veces de la Suprema, cuándo por exigencias pastorales de su diócesis sevillana, cuándo por desacuerdos políticos con el rey [2].

A aumentar la importancia de aquellas primeras gestiones contribuyó la aparición de un movimiento espiritual, el de los alumbrados, que estaba llamado a imprimir una orientación nueva a las actividades del Santo Oficio [3]. El fenómeno, que presentaba características semejantes a las de algunas sectas antiguas y medievales, tuvo particular importancia en la primera mitad del siglo XVI, pues en primer lugar monopolizó la atención de los tribunales de Valladolid y Toledo entre los años 1524 y 1539 y siguió pesando en la mente de los inquisidores y los teólogos a lo largo de todo el siglo, llevándoles a ver brotes de alumbradismo en doctrinas y personajes que nada tenían que ver con el mismo [4].

Hasta la aparición de esta secta, la lucha inquisitorial se había centrado en torno a los judaizantes y a los moriscos, quienes, más que un peligro, constituían un escándalo para los viejos creyentes de la Península, que los consideraban como enemigos exteriores de la cristiandad europea y sabían que sus creencias guardaban repliegues y ángulos impermeables al Evangelio.

El alumbradismo pretendía surgir de las fuentes mismas de la vida cristiana, en las que creía haber descubierto la clave de la religiosidad verdadera, no consistente en manifestaciones y posturas externas, sino en la docilidad interior a la gracia y a la moción del Espíritu. Por ello, aunque los alumbrados no atacaban de frente a la institución eclesiástica ni se retraían del culto oficial, era claro que no tenían la menor simpatía a las formas recibidas de cristianismo, las cuales reprobaban como elementos de un sistema caduco y de menguada eficacia.

El alumbradismo habría pasado como una tormenta de verano sobre el campo feraz de la religiosidad española si no hubieran inquietado sus alianzas con los partidarios de Erasmo y los ocultos admiradores de Martín Lutero, que constituían una élite religiosa de objetivos afines, aunque sus postulados teóricos fueran muy diferentes. Que los inquisidores y los teólogos no acertaban a distinguir lo específico en cada una de estas corrientes, es un hecho patente, al menos antes de 1558. Urge, pues, poner en claro cómo se desarrollaron los hechos y qué papel jugó en ellos la Inquisición española.

DIFERENTES FOCOS DE ALUMBRADISMO EN CASTILLA

El fenómeno del alumbradismo, tal como cayó en las redes del Santo Oficio, se detectó en la provincia de Guadalajara en torno al año 1520. Se trataba de un movimiento espiritual que había prendido en un

[2] G. NOVALÍN, El inquisidor general Fernando de Valdés I (Oviedo 1968) 43-45.
[3] La obra más completa sobre este fenómeno, A. MÁRQUEZ, Los alumbrados. Orígenes y filosofía (1525-1559) (Madrid 1972). A ella acudimos en muchos pasajes de este capítulo. Cf. abundante bibliografía, con juicio valorativo, en p.287ss.
[4] La nota de alumbradismo se encuentra en la mayor parte de las censuras teológicas y en muchos de los procesos.

grupo de pocas personas unidas entre sí por lazos de parentesco, de amistad, de rango social y de dirección espiritual. En su mismo círculo surgieron rivalidades y desconfianzas, que, convertidas después en denuncias, llegaron al tribunal de la Inquisición de Toledo, donde se instruyeron los principales procesos.

Sobre su doctrina, dispersa en medio de las acusaciones que mutuamente se hacían, volveremos más adelante; ahora contentémonos con anticipar que se achacaban unos a otros desviaciones de carácter moral, respaldadas por una fe ciega en los méritos de la pasión del Señor y una desconfianza absoluta en el valor de las obras humanas, capítulos a los cuales unían novedosas y peregrinas opiniones sobre el verdadero carácter de la oración mental y sobre la naturaleza de la unión del alma con Dios.

Sus posiciones evocaban, como hemos dicho, las que habían mantenido los espirituales de la Edad Media y algunos herejes de la Iglesia primitiva, que se caracterizaron por su enfrentamiento a la doctrina oficial y, en último término, a la jerarquía. Quizá por esto se les designó con el nombre genérico o impreciso de «alumbrados», considerado muy oportuno, por cuanto ponía de relieve el subjetivismo latente en sus postulados y prácticas frente a la espiritualidad tradicional en la época.

Mas el acierto del nombre se fue manifestando a medida que, a través de los procesos y de la reflexión teológica, se le daba un significado técnico, del que carecía en un principio; porque, a finales del siglo XV, el término «alumbrado» designaba en las escuelas de medicina, ciertas enfermedades psíquicas, entre las cuales se encontraban la homosexualidad o la sodomía; y así, decía el doctor Villalobos, médico de Fernando el Católico, que «los aluminados padescen dolencia de ser putos... debéislos curar con hambre y con frío, azotallos, prendellos» [5]. Como se sabe, insinuaciones de este tipo no dejaron de hacerse contra los sujetos a quienes nos referimos, pues se hablaba no sólo de sus conventículos, sino también de sus concubinatos y amistades particulares; pero es poco probable que hayan sido estas maledicencias —sólo en uno o dos casos probadas— las que dieron origen al nombre.

Por el año 1512, la palabra «alumbrado» se usaba con cierto énfasis para designar el conocimiento y buen sentido que tenían las personas espirituales; pero se aplicaba indistintamente a las que habían sido «alumbradas» con las tinieblas de Satanás o con la luz del Espíritu Santo. Poco a poco, el término se hizo sinónimo de «dexado» y «perfecto», si bien conservando un matiz despectivo, como llegó a tener en la Edad Moderna la denominación de «beata».

Si hemos de creer a María de Cazalla, una de las personas más representativas del movimiento sobre el año 1529, el pueblo llamaba «alumbrados» a cualesquiera personas que andaban más recogidas que el común de la gente, que se abstenían de la conversación de viciosos y se ocupaban de buenas obras. Ella misma asumía de buen grado este

5 Cf. MÁRQUEZ, o.c., 76.

nombre que el pueblo imponía a ciegas, y que también llevaban otros «mejores y más virtuosos» que ella [6]. Así fue como el término se impregnó de un significado propio, en virtud del cual se reservó para aquellos cuya espiritualidad era tan homogénea entre sí y tan distinta de la que profesaba el común de los fieles, que podía generar, y había generado de hecho la formación de una secta.

El problema del nombre apenas tendría importancia si no fuera por el esfuerzo que modernamente se hace para distinguir a los «alumbrados» de los «recogidos», seguidores éstos de un movimiento misticista que, alentado por el cardenal Jiménez de Cisneros, encontró su expresión más rica y afortunada en el *Tercer Abecedario*, de fray Francisco de Osuna [7]. Los recogidos nunca fueron herejes o, por lo menos, no cayeron como tales en las garras del Santo Oficio, si bien su predilección por temas tan delicados como el de la llamada universal a la perfección, el del valor de las obras, de las consolaciones y gustos del alma, el del seguimiento de Cristo en su doble vertiente divina y humana, el de la relación y prioridad entre la vida activa y la contemplativa, el sentido de la aniquilación, de la oración de quietud, etc., les situaba en un terreno peligrosamente inclinado hacia el campo de la heterodoxia [8].

Hoy es difícil pronunciarse acerca de quiénes traspusieron en realidad los límites del recogimiento para adentrarse en las posiciones alumbradistas; el dictamen lo dieron en su momento los jueces del Santo Oficio, y, aunque en cada caso se podría examinar el acierto de sus sentencias, a ellas hemos de atenernos si queremos tejer la historia del movimiento alumbrado.

Así, pues, el grupo principal del alumbradismo en Castilla radicaba en Guadalajara, y a él pertenecían la beata Isabel de la Cruz [9], una terciaria franciscana de origen burgués; Pedro Ruiz de Alcaraz [10], hombre casado y padre de muchos hijos, y María de Cazalla [11], viuda, con larga descendencia de hijas solteras, a la que seguía su hermano Juan, fraile franciscano, que había sido capellán de Cisneros y que había recibido el orden episcopal para ser auxiliar del obispado de Avila. Todos ellos eran cristianos nuevos y por diferentes motivos estaban vinculados al palacio de los Mendoza (entonces duques del Infantado), donde tenían sus reuniones para leer y comentar la Sagrada Escritura y otros libros de espiritualidad, entre los que debía de figurar el que en 1521 había

---

[6] Cita MÁRQUEZ, o.c., 80.

[7] F. DE OSUNA, *Tercer Abecedario espiritual*, intr. y ed. M. ANDRÉS (Madrid 1972).

[8] M. ANDRÉS, *Los recogidos. Nueva visión de la mística española (1500-1700)* (Madrid 1976). Cf. esp. p.55 y 88-106. Cf. su estudio = *Pensamiento teológico.*, en este mismo vol.

[9] J. E. LONGHURST, *La beata Isabel de la Cruz ante la Inquisición*: Cuadernos de Historia de España 25-26 (1957) 279-303.

[10] M. SERRANO Y SANZ, *Pedro Ruiz de Alcaraz, iluminado alcarreño del siglo XVI*: RABM 7 (1903) 1-16 y 126-30. Desde 130-39: «Sentencia que dictó la Inquisición de Toledo... a 22 de julio de 1529».

[11] M. ORTEGA, *El proceso de la Inquisición contra María de Cazalla* (Madrid 1977) (sustituye a la deficiente y novelada ed. del proceso publicada por M. MELGARES, *Procedimientos de la Inquisición* II [Madrid 1886] 6-156).

publicado el obispo Cazalla con el título de *Lumbre del alma* [12]. Isabel de la Cruz, que parecía ser el alma del grupo, tenía, igual que María de Cazalla, buenas amistades fuera de la ciudad, y así entrambas habían extendido el movimiento alumbrado a las villas de Horche y Pastrana. De esta última era Gaspar de Bedoya, uno de los más fieles del grupo.

Otro círculo semejante, aunque más reducido, se formó en Escalona (perteneciente a Toledo) al abrigo del castillo del marqués de Villena, abierto de par en par a la espiritualidad de los recogidos, como demuestra el hecho de que Francisco de Osuna dedicara a su titular la primera edición del *Abecedario* (1527). Allí pasó a residir Pedro Ruiz de Alcaraz, poco antes de su proceso, contratado por el marqués como predicador o catequista seglar; y allí servía, siendo casi un muchacho, el joven conquense Juan de Valdés, que no sólo sería tildado de alumbradismo durante sus posteriores estudios en Alcalá, sino que estaba llamado a trasplantar al reino de Nápoles una de las más importantes escuelas reformadoras [13]. No es necesario insistir en la relación existente entre Escalona y Guadalajara, toda vez que la persona de Ruiz de Alcaraz constituye un lazo de unión manifiesto entre estos dos conventículos.

Las casas de Mendoza y Villena no eran las únicas que nutrían en su seno corrientes espirituales, ortodoxas o desviadas; en Medina de Rioseco ejercía un mecenazgo semejante el almirante de Castilla, Fadrique Enríquez, a quien estaban vinculados los *Apostólicos de Medina*, reclutados para un plan de evangelización que no pudo llevarse a cabo [14]. A todo esto, Valladolid, que se había convertido en un centro importante del comercio y de la cultura, acogía también a una beata, Francisca Hernández [15], que, procedente de Salamanca, congregaba en su casa a un número respetable de clérigos y mantenía con uno de ellos, el bachiller Medrano [16], relaciones afectivas muy poco diáfanas. Con esta mujer quiso tomar contacto Pedro Ruiz de Alcaraz, pero halló que su escuela no coincidía con la que se profesaba en Escalona y Pastrana. En sus redes cayeron, no obstante, dos personas importantes de la ciudad imperial: el bachiller Bernardino Tovar [17], que la siguió desde Salaman-

---

[12] JUAN DE CAZALLA, *Lumbre del alma*, estudio y ed. de J. MARTÍNEZ DE BUJANDA (Madrid 1974).

[13] D. DE SANTA TERESA, *Juan de Valdés (1498-1541). Su pensamiento religioso y, las corrientes espirituales de su tiempo* (Roma 1957); J. C. NIETO SANJUÁN, *Juan de Valdés (1509?-1541: Brackground, origins and development of his theological thougt...* (Michigan 1968); J. N. BAKHUIZEN VAN DEN BRINK, *Juan de Valdés réformateur en Espagne et en Italie, 1529-1541. Deux études* (Genève 1969); C. GINZBURG-A. PROSPERI, *Juan de Valdés e la Riforma in Italia: proposte di ricerca:* actas del coloquio interdisciplinar *Doce consideraciones sobre el mundo hispano-italiano en tiempos de Alfonso y Juan de Valdés* (Bolonia, abril de 1976) (Roma 1979). Cf. en el mismo volumen otros estudios sobre el personaje y su obra.

[14] M. BATAILLON, *Erasmo y España* I (México 1937) 214ss.

[15] E. BOEHMER, *Francisca Hernández und Frai Francisco Ortiz* (Leipzig 1865); B. LLORCA, *Sobre el espíritu de los alumbrados Francisca Hernández y Francisco Ortiz:* Estudios Eclesiásticos 12 (1933) 383-404.

[16] M. SERRANO Y SANZ, *Francisca Hernández y el bachiller Antonio Medrano. Sus procesos por la Inquisición (1519-1532):* BRAH 41 (1902) 105-38; A. SELKE, *El bachiller Antonio de Medrano, iluminado epicúreo del siglo XVI:* Bulletin Hispanique 58 (1956) 395-420.

[17] Cf. *infra:* Proceso de Juan Vergara, p.171 ss.

ca, y el predicador Francisco Ortiz [18], fraile de los menores, el cual no vaciló en denostar desde el púlpito al inquisidor Manrique el día en que su admirada maestra fue encarcelada por orden del Santo Oficio.

El recorrido geográfico que acabamos de hacer no arroja un saldo cuantitativo abundante en favor de los alumbrados, como tampoco lo arrojan los procesos, de los que nos ocuparemos en su lugar; mas confirma palmariamente la existencia de un clima espiritual confuso, que se extiende por toda Castilla y que se mantendrá hasta finales del siglo de oro. En él crecían la planta de la reforma auténtica y las hierbas degeneradas. El peligro de que éstas surgieran como parásitos en ramas llenas de savia era hasta tal punto real que los encargados de proteger la verdad y la disciplina no podían comportarse, en presencia del mismo, temeraria y pasivamente. Esto basta para comprender las sospechas de alumbradismo que recayeron sobre Iñigo de Loyola en Alcalá (1526) [19] y los cargos del mismo tenor que se acumularon en el proceso del Maestro Avila por los años 1531-32 [20].

DOCTRINA Y CLASE SOCIAL DE LOS ALUMBRADOS

Hasta aquí nos hemos referido a la doctrina de los alumbrados en la medida necesaria para describir el fenómeno de su aparición y de su desarrollo. Ahora debemos exponer con mayor precisión sus puntos fundamentales; no sólo porque constituyeron la base de la actuación inquisitorial, sino también porque, siendo el resultado de diferentes ideologías y concepciones de la vida cristiana, nos proporcionan el primer entramado de lo que fue la heterodoxia española al comenzar el siglo más agitado de su existencia.

Para lograr una síntesis acertada del sistema alumbrado, tropezamos hoy con la dificultad de las fuentes, ya que las más genuinas se identifican con los procesos de las personas arriba elencadas, y sólo unos pocos están publicados correctamente. En la actualidad se concede mucha importancia a un prolijo escrito que los inquisidores debieron de redactar cuando llegaron a ellos las primeras denuncias por causa de alumbradismo. Se trataba de un catálogo o directorio para ayuda de los tribunales de los distritos; pero este documento, al que se da el nombre convencional de *Libro de alumbrados*, no se ha encontrado todavía y algunos hasta dudan de su existencia [21].

---

[18] A. SELKE, *El Santo Oficio de la Inquisición. Proceso de fray Francisco Ortiz* (Madrid 1968).

[19] R. GARCÍA-VILLOSLADA, *Ignacio de Loyola. Un español al servicio del pontificado* (Zaragoza 1956) 95 y 97-98. Cf. también *Loyola y Erasmo* (Madrid 1965) 104-122 123-126. No se trató propiamente de un proceso inquisitorial, ni siquiera de alumbradismo. Loyola fue amonestado y recluido por el vicario general, Juan Rodríguez de Figueroa, por su desacostumbrado estilo de vida cristiana y porque él y sus compañeros vestían indebidamente el hábito clerical.

[20] L. SALA BALUST-F. MARTÍN HERNÁNDEZ, *Obras completas del santo Maestro Juan de Avila* I (Madrid 1970) 39-63. Las acusaciones dirigidas a Avila eran, más bien, de luteranismo, aunque se le atribuían también proposiciones de alumbrados (ibid., 44).

[21] MÁRQUEZ, o.c., 24-26.

Lo que sí se conoce como un testimonio de excepcional interés es el *Edicto de los alumbrados de Toledo*, firmado por el inquisidor general Alonso Manrique el 3 de septiembre de 1525 [22]; en él se recogen 47 proposiciones, extractadas de «las confesiones y probanzas» que los inquisidores del tribunal toledano obtuvieron de «alumbrados, dexados y perfectos», las cuales se sometieron, por orden de la Suprema, a la calificación de «doctores e maestros en sancta theología y sacros cánones». Se trata, por tanto, de una censura en sentido técnico, de la que se pueden deducir las proposiciones fundamentales de la secta alumbrada. De esta fuente sacamos nosotros el resumen que a continuación proponemos.

Como es lógico suponer, la doctrina de los alumbrados no era original por los cuatro costados; y de ello se percataron muy bien los censores cuando calificaron de luteranas las proposiciones 7, 28 y 26, en las que, respectivamente, se rechazaba la necesidad de la penitencia sacramental, el valor de las indulgencias, junto con la eficacia de las bulas concedidas a este respecto por los romanos pontífices, y se afirmaba la exclusividad de la Sagrada Escritura como escuela y fuente de vida espiritual. Estos eran, como diremos más adelante, los puntos de la ideología luterana que conocía el español medio por el año 1521 [23], momento en el cual los conventículos de Guadalajara y Toledo estaban en el auge de su entusiasmo; y así nada tiene de extraño que incorporaran en su sistema algunas aportaciones de la corriente alemana, que todavía no había incurrido en la contumacia de los herejes. Una lectura atenta del documento, nos lleva a detectar otras infiltraciones, también luteranas, en las proposiciones 10, 34 y 40 [24], así como se puede percibir una asimilación del erasmismo, cada vez más extendido dentro de la Península, en las proposiciones 14, 18, 24 y 27, todas ellas contrarias o reticentes en materia de ceremonias, ayunos y culto de las imágenes.

Específicamente alumbradas son aquellas proposiciones en las que se afirma que el amor de Dios en el alma «es Dios mismo» (prop.9) y que quienes «se dexan a él» no tienen necesidad de otra cosa para salvarse (prop.11), porque «estando en el dexamiento», las obras no sólo son superfluas, sino que estorban la acción de Dios en el hombre (prop.12), que consiste en dar a éste una perfección y humildad tan grande, que lo constituye imagen y semejanza de su creador (prop.3); para ello, Dios se comunica al «dexado» más enteramente que cuando se lo recibe en la Eucaristía (prop.4). Estos principios constituían una ontología nueva de la vida espiritual, y de ellos se deducían aquellos comportamientos que adoptaban los seguidores de la nueva doctrina, en manifiesto contraste con los que seguía conservando el común de los fieles integrados en la sociedad eclesiástica.

[22] V. BELTRÁN DE HEREDIA, *El edicto contra los alumbrados del reino de Toledo (23 de septiembre de 1525)*: Revista Española de Teología 10 (1950) 105-30. Reproduce el texto del edicto, con algunas variantes de lectura, MÁRQUEZ, o.c., 273-83.
[23] *Infra* p.179-81.
[24] Se refleja en ellas la incapacidad del hombre para obrar el bien (10 y 40) y la negación del mérito (34).

En su afán por anteponer la acción directa de Dios al esfuerzo y trabajo del hombre, los alumbrados se refugiaban en la oración mental, evitaban toda clase de impetraciones, llegando a suprimir los «mementos» que tenían lugar en la misa (prop.23); ridiculizaban la devoción a los santos y sostenían afirmaciones tan incoherentes y peregrinas como era decir «que todas las veces que el hombre amaba al hijo o hija... e no los amaba por Dios, que pecaba mortalmente» (prop.36), y, sin embargo, «los casados, estando en el acto del matrimonio, estaban más unidos a Dios que si estuvieran en oración» (prop.25), y que «las tentaciones y malos pensamientos no se habían de desechar, sino abrazarlos e tomarlos por carga... que Dios los quitaría cuando quisiese» (prop.44).

El lector juzgará por lo que vamos diciendo cuán apartados estaban el dogma y la moral de los alumbrados de lo que creía y enseñaba la Iglesia católica. Por ello hay que considerarlos, en el mejor de los casos, como miembros de una secta informada por principios bien definidos y ensamblada por relaciones personales de todo tipo. A. Márquez, autor que intencionadamente quiere estar al margen de cualquier connotación de confesionalidad religiosa, afirma además que eran formalmente herejes por su contumacia en rechazar el organismo sacramental y, consiguientemente, la mediación de la Iglesia en el orden salvífico [25].

Nosotros no podemos negar que se siga esta conclusión partiendo de los principios alumbradistas, mas no es claro que los alumbrados la percibieran y la afirmaran explícitamente. Si el original y brillante autor insiste tanto en lo herético de la secta, es porque semejante postura le proporciona un buen argumento de las implicaciones socio-religiosas que, como veremos en seguida, atribuye al fenómeno.

Evidentemente, los alumbrados se habían forjado una teología «ad usum delphini», y para ello hubieron de buscar una especie de filosofía que les sirviera de base. Sería absurdo creer que, siendo como eran la mayor parte de modesta extracción social, la seleccionaran técnicamente entre las opciones o escuelas del tiempo; mas esto no impide que todo su esquema mental respondiera a una concepción antropológico-religiosa que daba la primacía a la voluntad sobre el entendimiento, al sujeto sobre el objeto, a la experiencia sobre la ciencia, a la contemplación sobre la fe, poniendo el ideal supremo de la vida cristiana en la unión del hombre con el Dios infinito por vía de la mística.

Esta filosofía evoca los presupuestos mentales de las grandes religiones de Oriente; por eso se hizo hincapié en la procedencia judaica de los alumbrados [26]. Efectivamente, muchos de ellos eran conversos; pero

---

[25] «Los alumbrados son, primaria y formalmente, una herejía» (p.178); «treinta y ocho de las cuarenta y ocho proposiciones del edicto son calificadas de heréticas»; «los inquisidores, o, mejor dicho, los censores comisionados por la Inquisición a petición del emperador, no lanzaban censuras a bulto y boleo» (p.180); «los alumbrados no son... iconoclastas, sino antisacramentarios» (p.182); «para los alumbrados no hay jerarquías, ni eclesiásticas ni celestiales; sólo Dios y el hombre» (p.183).
[26] Esta tesis, frecuentemente insinuada por A. Castro y vista con simpatía por M. BATAILLON, es examinada por M. ANDRÉS, *Tradición conversa y alumbramiento (1400-1487). Una veta de los alumbrados en 1487:* Studia Hieronymiana I (Madrid 1973) 380-98. En los

el gusto por la nueva doctrina no lo habían adquirido en contacto con los de su raza, sino con los hombres y libros de espiritualidad franciscana, tan muníficamente acogida en las casas nobles donde aparecieron los conventículos. Estas dos condiciones: procedencia del judaísmo y prestación de servicios a la nobleza, establecen entre ellos una vinculación de carácter sociológico, que dio pie en nuestros días a un planteamiento del fenómeno alumbradista que no ha recibido aún respuesta definitiva. A. Márquez es otra vez el pionero de la moderna interpretación, por cuanto quiere ver en los alumbrados una de las mayores revueltas sociales que convulsionaron a España al implantarse la dinastía de los Austrias.

Sin embargo, la revolución protagonizada por los alumbrados no es de tipo económico ni consiste en un levantamiento en contra de la nobleza, pues ellos mismos pertenecían a la clase media, pasaban por ricos, según la apreciación de su tiempo, y recibían de sus respectivos señores aliento y protección para sus ideales. La lucha se sitúa, más bien, en el campo de la sociología religiosa, en el cual aparecen como un grupo de protesta modélico contra la acomodación de la Iglesia al mundo que la rodea. Los que militan en él tienen conciencia de su poder y limitaciones; no son ignorantes ni visionarios, ni siquiera quietistas, en el sentido en que lo eran los medievales. Se trata de revolucionarios más que de simples reformadores, que voluntariamente se mantienen en un autodidactismo doctrinal y espiritual como respuesta a la sociedad eclesiástica de su tiempo, que, por un exceso de jerarquización y estructuras, se había secularizado [27].

Ciertamente, esta descripción, entretejida con pensamientos y frases de su patrono, nos pone en guardia contra la tesis, igualmente radical y extremista, que hasta ahora consideraba al alumbradismo como un vulgar movimiento de interioridad religiosa; mas tal como se nos propone tiene mucho de epocal y apriorístico y parece responder con la misma fidelidad a cualquiera de las corrientes reformatorias del tiempo. Sin embargo, algo substancialmente nuevo hubieron de ver en los alumbrados los denunciantes y jueces del Santo Oficio al hacerlos objeto de minuciosas indagaciones e interminables procesos.

posibles orígenes islámicos de los alumbrados insistió M. Asín Palacios en varios artículos de «Al-Andalus» *(Shadilíes y alumbrados)* entre los años 1944-46. Buen resumen de las diferentes posiciones en H. Santiago Otero, *En torno a los alumbrados del reino de Toledo:* Salmanticensis 2 (1955) 614-54.

[27] Márquez, o.c., 137ss. Interesante la tesis más matizada de M. Andrés, *Los alumbrados de 1525 como reforma intermedia:* Salmanticensis 24 (1977) 307-34: «El análisis hecho... resalta las raíces teológicas de los alumbrados y la principalidad de su conexión con la mística del recogimiento. Esta afirmación no excluye otros hilos... menos importantes en la historia de los alumbrados de 1525. Destaco entre ellos el fondo converso, con su peculiaridad en el planteamiento de la interioridad, del amor... Los alumbrados constituyen una reforma, o movimiento de reforma, encarnado en una vía nueva de espiritualidad, no de corte intelectual como el erasmismo..., sino existencial, experimental... La base ideológica la tomaron de la vía mística del recogimiento, mal entendida y aplicada» (ibid., 334).

«CONTRA DOMESTICOS FIDEI»

Las primeras denuncias contra los alumbrados partieron de Mari Núñez, una criada de los Mendoza, conocida con el mote de «Mala Núñez», que el 13 de mayo de 1519 delató ante el inquisidor toledano, Sancho Vélez, a la beata Isabel de la Cruz por haber pretendido enseñarle una falsa doctrina en lo tocante a la existencia del infierno, el dolor de los pecados, a la pasión del Señor y a la adoración debida al sacramento eucarístico [28]. En aquel entretejido de cargos, a primera vista anecdóticos, salieron los nombres de María de Cazalla y, en un plano muy destacado, el de Pedro Ruiz de Alcaraz, que parecía formar tándem con la referida beata.

Casi cinco años habrían de pasar hasta que los inquisidores se decidieran a echar mano a los dos corifeos de la secta, cosa que aconteció el 26 de febrero de 1524. Es muy probable que durante este tiempo fueran acumulando los indicios a base de los cuales se redactó el *Libro de los alumbrados*; mas tan larga demora constituye una circunstancia que debe tener en cuenta quien quiera profundizar en la valoración que les mereció a los hombres del Santo Oficio el fenómeno alumbradista.

Es verdad que las denuncias de Mari Núñez coincidieron con aquel momento en que el papa León X suspendía de su oficio a todos los inquisidores de España, respetando únicamente al cardenal Adriano de Utrecht, que poco tiempo más tarde pasaba a sucederle en el supremo pontificado [29]. Aunque la drástica provisión nunca se llevó a cabo, los jueces de la Inquisición se vieron obligados a distender su rigor con cuantos caían en sus tribunales. Adriano, por su parte, estaba demasiado ocupado con su papel de regente y en la tarea de reprimir a los comuneros, que también elevaban protestas contra el sistema inquisitorial. Mas, aparte esta coyuntura, suficiente de suyo para explicar el hiato de cinco años, es muy probable que los inquisidores temieran reavivar con su eventual actuación fenómenos espirituales que ya habían sido sofocados a principios de siglo entre la gente devota y los frailes de San Francisco.

Efectivamente, el año 1512 se había caracterizado por el caso de la beata de Piedrahíta [30], una muchacha que se creía esposa de Jesucristo con tanta seguridad y evidencia, que, al pasar por las puertas, se echaba atrás cortésmente para ceder el paso a su «suegra», la Virgen María. De esta mujer decían algunos que «estaba alucinada por el demonio», mientras otros «ensalzaban su santidad hasta las estrellas». Según testimonio de Pedro Mártir, estos forcejeos entre quienes la «visitaban» de oficio eran el hazmerreír de la gente [31]. Otro caso semejante fue el del franciscano de Ocaña, que, «aunque estaba muy apartado de sospecha de

---

[28] SERRANO Y SANZ, *Pedro Ruiz de Alcaraz...* p.9 y 11.
[29] *Supra* p.144.
[30] V. BELTRÁN DE HEREDIA, *La beata de Piedrahíta no fue alumbrada:* La Ciencia Tomista 63 (1942) 249-311; B. LLORCA, *La beata de Piedrahíta, ¿fue o no fue alumbrada?:* Manresa 1 (1942) 46-62.176-78; 3 (1944) 275-85.
[31] MÁRTIR DE ANGLERÍA, *Epist.* 428, ed. LÓPEZ DE TORO, II 300-302.

mujeres», había escuchado la voz de Dios, que le mandaba «que engendrase un hijo en persona santa, el cual era muy necesario que nasciese en este tiempo» [32]. Alucinaciones por el estilo debía de haber en otros conventos de la Orden, pues el cardenal Quiñones, su general, verificó una visita a varias casas de España, dispuesto a cortar de raíz semejantes abusos [33]. Con tales antecedentes se comprende que la Inquisición toledana, de acuerdo con la Suprema, dejara pasar el tiempo con el fin de que decantaran los hechos y se pudiera discernir lo que en ellos había de real, de fantasía y de folklore. Cuando don Alonso Manrique fue nombrado inquisidor general el 10 de septiembre de 1523, el problema de los alumbrados era el que más urgía resolver.

La prisión de Isabel de la Cruz y de Pedro Ruiz de Alcaraz fueron la señal de que la gran máquina de la Inquisición comenzaba a moverse, si bien con la lentitud que la caracterizaba. Y así, el 23 de septiembre de 1525 se promulgó en Toledo el edicto de los alumbrados, que después se leyó en todas las iglesias del reino, desencadenando la larga serie de denuncias con que el pueblo solía responder a semejantes estímulos. El 22 de julio de 1529 se tuvo el auto de fe de Toledo, en el que salió, junto con la beata Isabel y Ruiz de Alcaraz, el clérigo Gaspar de Bedoya [34]. Este mismo año entraron en prisión Francisca Hernández, la beata de Valladolid, y su admirador Ortiz, al que siguieron Bernardino Tovar y Juan de Vergara, de quienes hablaremos en el siguiente capítulo. En 1530 fue condenado a muerte Juan López de Celaín por alumbrado y por luterano [35]. Por fin, en 1532 entró en la cárcel María de Cazalla, concluyéndose en 1539 el proceso del bachiller Medrano que estaba en curso desde hacía trece años.

El número y la larga duración de las causas contrasta radicalmente con la suavidad de las penas que recibieron los reos, excepto en el caso de Celaín, que hubo de pagar con la vida. Ello demuestra no tanto la imprecisión de la doctrina alumbrada cuanto la dificultad de individuarla en los casos concretos, sobre todo si tenemos en cuenta que desde 1529 se presentaba como una corriente entreverada con el luteranismo y el erasmismo. Los procesos de Pedro Ruiz de Alcaraz y de María de Cazalla, los dos más conocidos y mejor publicados hasta el presente, nos proporcionan en este sentido una prueba definitiva.

El proceso de Alcaraz duró cinco años; y, al proceder a la votación para la sentencia, se dividieron inquisidores y consejeros, optando los más rigurosos por la relajación al brazo seglar, que comportaba, como se sabe, la muerte en la hoguera. Este sector del jurado estaba formado por franciscanos, que seguramente entendían el alumbradismo como un retorno a los beguinos de la Edad Media. El fallo, sin embargo, fue mu-

---

[32] Carta de fray Antonio de Pastrana a Cisneros, del 22 de agosto de 1512, transcrita en SERRANO Y SANZ, *Pedro Ruiz de Alcaraz...* p.2s.
[33] Efecto de la visita fue un decreto reformatorio dado el 22 de mayo de 1524. Cf. A. SELKE, *El Santo Oficio de la Inquisición* 238.
[34] Publica la sentencia contra Pedro Ruiz de Alcaraz SERRANO Y SANZ, a.c., 130-39.
[35] A. SELKE, *Vida y muerte de Juan López de Celaín, alumbrado vizcaíno:* Bulletin Hispanique 62 (1960) 136-62.

cho más moderado: dejando constancia de que «con buena cosciencia podiera ser relaxado a la justicia del brazo seglar, pero queriendo osar con él de mucha misericordia», se le condenó a cárcel perpetua después de que fuera azotado públicamente en Toledo, Guadalajara, Escalona y Pastrana, «donde había comunicado las dichas novedades y errores». A la misma pena (exceptuando los azotes, por tratarse de una mujer) fue condenada Isabel de la Cruz; pero ninguno de los dos terminó su vida en la cárcel, porque años después fueron indultados y pasaron al mundo sin pena ni gloria. María de Cazalla, por su parte, que había mantenido relación con los alumbrados de la primera hora, con los luteranos y los erasmistas, que era la más preparada en doctrina por el asiduo trato con su hermano, el obispo, y algunos doctores de la Universidad de Alcalá, a pesar de haber sido acusada de todos los errores del tiempo, fue absuelta en 1534 por falta de pruebas.

Con estos procesos quedaba dominado el alumbradismo del primer cuarto del siglo de oro; pero no se dio el golpe definitivo a la corriente como tal: el año 1570 trajo de nuevo a los inquisidores la sorpresa de un grupo que se había formado en Llerena, y que habría de proporcionar ocupación durante un decenio a los miembros de aquel tribunal [36].

LLERENA Y SEVILLA. ¿RESURGIR DEL ALUMBRADISMO?

El descubridor del fenómeno fue el dominico fray Alonso de la Fuente, que por propia iniciativa recogió una serie de indicios, que después presentó a los inquisidores de Portugal y a los del referido distrito extremeño [37]. Sus denuncias recaían sobre fray Pedro de Santa María, un franciscano procedente de Valladolid, que podría considerarse como el importador de la secta; sobre un grupo de presbíteros seculares, sospechosos de seducir a sus penitentes, y, en general, sobre los jesuitas establecidos en la región, entre los cuales descollaba el nombre del P. Chamizo. La espiritualidad del grupo comenzaba en la devoción a las llagas de Cristo, tan divulgada en el pueblo ya a lo largo del siglo XV, y concluía con la repercusión del purísimo amor divino en los más bajos instintos del hombre, llegando a afirmar —como hiciera más tarde Molinos— que la satisfacción de la carne no constituía, en este estado de exaltación, pecado alguno. El alumbrado languidecía de amor al Santísimo Sacramento, recibía la comunión varias veces al día y adoraba a la persona que había comulgado como se podía adorar a la hostia.

El obispo de Salamanca, Francisco de Soto, fue el encargado de llevar adelante la encuesta contra los alumbrados; mas su muerte, acaeci-

---

[36] L. SALA BALUST, *En torno al grupo de alumbrados de Llerena*, en *Corrientes espirituales en la España del siglo XVI* (Barcelona 1963) 509-23; A. HUERGA, *Predicadores, alumbrados e Inquisición en el siglo XVI* (Madrid 1973) 39-93.

[37] *Memorial en que se trata de las cosas que me han pasado con los alumbrados de Estremadura desde el año 70 hasta fin deste año de 75;* fue publicado por M. MIR-J. CUERVO, en RABM t.9 (1903) 203-206; 10 (1904) 64-67; 11 (1904) 179-91; 12 (1905) 459-63; 13 (1905) 57-62.

da el 21 de junio de 1578, se interpretó como ocasionada por el veneno que le proporcionaron algunos de los sectarios. Por fin, en el mes de junio de 1579 se tuvo en Llerena un auto de fe, en el que se impusieron leves penas a quince personas.

Esta desproporción entre los delitos y los castigos, resultado seguramente de la falta de credibilidad que tenía fray Alonso, hizo que los historiadores se mostraran muy cautos a la hora de emitir un juicio sobre el alumbradismo extremeño. Todavía en nuestros días difieren profundamente en sus opiniones; y así, mientras A. Selke afirma que los alumbrados de Llerena no tienen en común con los de Toledo otra cosa que el nombre, A. Márquez opina que nos encontramos ante hechos muy parecidos, si bien «la experiencia religiosa toma aquí un carácter más sensitivo y voluptuoso [y] el principio moral de libertad cristiana degenera, aparentemente, en fenómenos claramente neuróticos» [38].

A nuestro entender, no había entre los alumbrados de Llerena la homogeneidad doctrinal que encontramos en los conventículos de Guadalajara y Toledo. Los fenómenos a los que hubo de hacer frente aquel tribunal eran de la misma naturaleza que los que periódicamente se fueron manifestando, en la segunda mitad del siglo XVI, en otros lugares de Extremadura y Andalucía. En 1565 ya se quiso ver un peligro de alumbradismo en los ejercicios espirituales moderados por los jesuitas en su fundación de Plasencia. En 1569, inmediatamente después de la muerte de Juan de Avila, había mucha inquietud espiritual en Montilla; y, junto a casos de misticismo, se hablaba de otros de brujería, de posesiones diabólicas, de demonios familiares e íncubos... En 1571, el mismo clima se respiraba en Baeza; en 1574, en Ubeda y en Jaén; en 1585, en Lucena, y en 1623 en Sevilla [39].

Todos estos fenómenos eran el resultado de una actividad multiforme hasta entonces desconocida, en la que intervenían fuerzas diversas y a veces contrarias, como las escuelas espirituales de Juan de Avila, Luis de Granada y Juan de la Cruz, quienes por aquel tiempo ejercieron el ministerio en aquellas regiones [40]; el estilo de gobierno eclesiástico, más transigente y humanitario, como era el que adoptaban los obispos Juan de Ribera y Cristóbal de Rojas; las fundaciones y predicaciones de los jesuitas, los conventos de la reforma carmelitana y, sobre todo, la profesión, entonces en boga, de las beatas, que, prefiriendo su estado de soltería consagrada a la vida religiosa y al matrimonio, dirigían grupos en sus casas de recoletas, amaban las devociones nuevas, desempolvaban la religión popular...

---

[38] DHEE I 49.
[39] V. BELTRÁN DE HEREDIA, *Los alumbrados de la diócesis de Jaén. Un capítulo inédito de la historia de nuestra espiritualidad*: Revista Española de Teología 9 (1949) 161-222.445-88.
[40] Cf. L. SALA BALUST-F. MARTÍN HERNÁNDEZ, *Obras completas... Juan de Avila* p.343-58. Nueva bibliografía, p.350 nt.109.

Estas situaciones, en las que forzosamente se presentaban casos irregulares y pintorescos, ofrecían pábulo a la imaginación de la gente y a los malévolos comentarios que, al cristalizar en denuncias y declaraciones hechas al Santo Oficio, cobraban cuerpo y eran capaces de generar herejías nuevas e inexistentes [41].

[41] Sobre este fenómeno ver la documentada obra de A. HUERGA, *Historia de los alumbrados (1570-1630)* (Madrid 1978). I: Los alumbrados de Extremadura (1570-1582). II: Los alumbrados de la alta Andalucía (1575-1590).

CAPÍTULO IV

PRIMERA CONFRONTACION DE LA INQUISICION ESPAÑOLA CON LAS CORRIENTES CONTINENTALES

¿ALUMBRADOS, ERASMISTAS O LUTERANOS?

La denominación de alumbrados que dábamos en el apartado precedente a los procesados en Valladolid y en Toledo entre el 1534 y el 1539 es, como dijimos en su lugar, imprecisa. Los mismos inquisidores demostraban tener conciencia de ello cuando trataban de emparentarla con la facción luterana, de la que ya se tenían bastantes noticias. Evidentemente, por aquellos años atraía la atención la persona de Lutero, y sus escritos presionaban sobre nuestras fronteras, con el riesgo de contaminar las fuentes literarias en que se recreaba la espiritualidad española. Libros de algunos reformadores, como Ecolampadio y Melanchton, habían entrado en España [1]; y, aunque iban ganando un círculo de lectores cada vez más extenso, el autor al que conocía y admiraba la gente instruida era Erasmo de Rotterdam, en cuya figura habría de fijarse en seguida la Inquisición española.

Antes de 1525, el erasmismo no constituía una sospecha en la fe, como la constituyó a mediados del siglo XVI cuando las obras del gran maestro empezaron a caer en los índices de libros prohibidos; pero muchos ya consideraban a Erasmo como un epígono de Lutero, y sus amigos eran tachados, sencilla y llanamente, de luteranos, como veremos más adelante. El erasmismo era un clisé que podía sobreponerse a otras ideologías; y, a la vez que las enriquecía con nuevos matices, desdibujaba algunos de sus detalles y verdaderos contornos. Porque, a decir verdad, ¿quién puede dudar que los alumbrados se ennoblecían y los luteranos se protegían al acogerse unos y otros a la sombra protectora de Erasmo? Por eso precisamente es difícil encontrarse con un erasmismo químicamente puro, como es difícil hallar un árbol frondoso que no tenga en sus ramas nidos de muchas aves.

Esta generosa acogida que el erasmismo brindaba en principio a las corrientes e ideologías de la época ejercía un irresistible atractivo entre los espíritus más abiertos, que veían en Erasmo al posible conciliador de variadas corrientes. En el caso de España el erasmismo entró por la puerta grande, por la que le abrían la Universidad de Alcalá y los libre-

---

[1] *Infra* p.182.

ros, detrás de la cual lo esperaba una élite entusiasmada que estaba batiendo palmas. En un principio, la Inquisición presenciaba pacientemente el desarrollo de aquel fenómeno; pero la reacción por él concitada ya no permitió a los hombres del Santo Oficio mantener su neutralidad. Veamos, pues, cómo se desarrollaron los hechos.

ERASMO DE ROTTERDAM. PENETRACIÓN EN ESPAÑA DE SUS ESCRITOS Y FAMA

Sobre el año 1516, el cardenal Jiménez de Cisneros invitó a Erasmo a prestar sus servicios en la Universidad de Alcalá, comprometida en el ingente esfuerzo de publicar la *Biblia políglota* [2]. Como poco antes había editado el Roterodamo la traducción latina del Nuevo Testamento, la elección de su persona estaba más que justificada para intervenir en la complutense, cuyo primer volumen ya había aparecido en 1514.

«España no me dice nada», escribía Erasmo a Tomás Moro para justificar su negativa, añadiendo a renglón seguido que no tenía pensado «hispanizar» [3]. Los españoles, sin embargo, no le tomaban en cuenta este desdén, y casi todos los eruditos se manifestaban dispuestos a «erasmizar» y a «erasmizarse» profundamente. Quienes con plena conciencia se negaron a colaborar en este programa son excepciones que sirven para poner de relieve la decisión de la mayoría, que se rendía a los encantos del holandés.

Por el año 1512, la fama de Erasmo se había extendido por Inglaterra, Francia e Italia de tal modo, que la corte borgoñona se decidió a dar el espaldarazo a tan eximia reputación, ofreciéndole el cargo de consejero del archiduque don Carlos, llamado a tener en sus manos los destinos de Europa, como rey de España y emperador alemán.

Hasta el año 1516, Erasmo no dio el menor síntoma de haber tomado en serio su oficio; mas a principio de aquel verano se presentó en la corte, llevando consigo la *Institutio principis christiani* [3], como la primera lección que ofrecía al joven príncipe, expuesta con arreglo a un género literario que estaba de moda entre los humanistas. Por aquellas fechas eran muchos los españoles que frecuentaban la corte; unos, para pedir protección contra los endurecidos regímenes de Cisneros y Fernando el Católico; otros, simplemente para ir conquistando el favor de quien habría de ser, a la vuelta de pocos meses, el árbitro de la hispanidad. Estos viajeros fueron los encargados de consolidar el puente que ya se había establecido entre Erasmo y España gracias a la penetración de sus obras en la península Ibérica.

El año 1512, efectivamente, don Fernando Colón adquiría en Flandes un ejemplar de la *Hécuba* para la caprichosa biblioteca que se había propuesto fundar en Sevilla. A esta adquisición seguían, en 1515 y en

[2] Para este capítulo es fundamental la obra de M. BATAILLON, *Erasmo y España*. Utilizamos la trad. de A. ALATORRE, 2 vols. (México-Buenos Aires 1950); citamos en adelante por el apellido del autor). Sobre las relaciones de Cisneros con Erasmo cf. vol.1 p.84ss.

[3] ALLEN, *Opus epistolarum Des. Erasmi Roterodami* III 597 y 628.

1516, las de la *Moria* y el *Enchiridion militis christiani*, realizadas también en el extranjero. Mas en 1518 ya se podían comprar en Valladolid ejemplares de la *Institutio* y se comenzaba a pensar en serio en traducir las obras de Erasmo a lengua vernácula [4]. Un primer ensayo lo había realizado el bachiller Diego de Alcocer en 1516 al verter la *Contio de puero Iesu* para ofrecerla a la marquesa de Sosa [5]. A él se uniría en 1520 el canónigo Diego López Cortegana, que, al ser apartado de un cargo de inquisición por la blandura que había manifestado en un secuestro de bienes, distrajo sus ocios traduciendo al castellano la *Quaerella pacis*, del humanista holandés.

Estas dos traducciones se habían hecho en Sevilla, y sus reducidas tiradas no eran más que la aurora de la difusión que habría de alcanzar en España la traducción de otro libro de Erasmo, el *Enchiridion militis christiani*, que iba a acometer en seguida el Arcediano del Alcor, Alonso Fernández de Madrid [6]. Era éste un canónigo de Palencia que se había formado espiritualmente con fray Hernando de Talavera y poseía una formación humanística bien acreditada por sus sermones y la corrección de libros litúrgicos a que lo había destinado el obispo. La lectura de San Jerónimo era, asimismo, uno de sus principales ocios.

El Arcediano hizo la traducción de acuerdo a un método peculiar que sabía unir la fidelidad al texto con oportunas glosas y ligeros matices de los párrafos más importantes. La sensibilidad por los problemas religiosos del tiempo y el dominio del lenguaje y de la mentalidad castellana iban a hacer de esta obra el libro más difundido en España desde la introducción de la imprenta [7]. Mas lo curioso fue que el ejemplar circuló manuscrito dos años antes de que apareciera en letras de molde, y en ese tiempo dio pie para que se llevara a las instancias más altas la polémica en torno a Erasmo que había surgido en la Universidad de Alcalá, y que incidentes como éste ayudaban a divulgar en el pueblo. El *Enchiridion* del Arcediano era conocido en 1524, y sólo en 1526 apareció su edición con el prólogo del inquisidor general, don Alonso Manrique.

Más adelante vamos a referir el resultado inmediato de esta edición; pero antes debemos fijarnos en otros episodios que contribuyeron igualmente a difundir el conocimiento de Erasmo en diferentes capas sociales de España.

Ante todo hay que conceder un lugar destacado a los viajeros, tanto

---

[4] Sobre la traducción y difusión de esta obra en España, BATAILLON, II 231 nt.25.

[5] BATAILLON, I 98.

[6] E. ASENSIO fue el primero en presentar la traducción de la *Contio* como la primera obra de Erasmo que circuló en castellano. Cf. pról. a DESIDERIO ERASMO, *Tratado del Niño Jesús* (Madrid 1969) 43-48.

[7] Un buen estudio sobre la composición y contenido del libro puede verse en A.J. FESTUGIÈRE, intr. a *Erasme. «Enchiridion militis christiani»* (París 1971) 9-63. Sobre la traducción y ediciones en castellano, D. ALONSO, *El «Enquiridión o Manual del caballero cristiano»* (Madrid 1932) 507-23. Cf. esp. apénd.2, *Las ediciones del «Enquiridión» castellano* p.507-23. Sobre el Arcediano cf. M. VIELVA RAMOS, *Silva palentina* I (Palencia 1932) 8-29 (es ed. del *Episcopologio* manuscrito, obra del Arcediano). Breve reseña: J. GALÁN, en DHEE II 919.

a los que iban a los países del Norte como a los que venían a la Península en compañía de la corte, que era el ambiente que Erasmo frecuentaba y donde tenía sus principales admiradores. Unos y otros hablaban del holandés, contribuyendo a centrar en él la atención de las élites. Entre estos últimos, nadie ha dado suficiente relieve hasta ahora a un personaje italiano que llegó a España el año 1519 en la comitiva del rey don Carlos. Se trata de Luis Marliani [8], que había sido médico del emperador Maximiliano y que al final de su vida abrazó la carrera eclesiástica. Para premiar los servicios prestados a su familia, don Carlos lo hizo obispo de Tuy, siendo el motivo de este su viaje la visita de su obispado.

Marliani tenía gran relación con Erasmo, porque le halagaba figurar como un humanista y porque el Roterodamo encontraba en él un buen apoyo ante el rey, cuando otros lo acusaban de condescender con Lutero [9]. Este hombre se encontró en la corte con un pequeño grupo de literatos que, capitaneado por Pedro Mártir de Anglería, procuraba mantenerse al corriente de los acontecimientos del extranjero.

A este grupo pertenecían Diego Ramírez Villaescusa, obispo de Cuenca; Diego de Muros, obispo de Oviedo; el nuncio, Juan Rufo, y el cardenal Adriano de Utrecht [10]. Marliani ya había tenido ocasión de conocer a los tres primeros, lo mismo que a Pedro Mártir, cuando por el año 1505 se encontraba por primera vez en España acompañando a Felipe el Hermoso [11]. Se trataba, pues, de viejos amigos, como demuestra la frecuente correspondencia que desde entonces mantuvo con el de Anglería [12]. Esta vez debieron de hablar de Lutero, porque el milanés concibió en la Península una de las primeras diatribas que aparecieron contra el agustino de Wittenberg. Junto al nombre de éste debió de salir el de Erasmo, ya que al volver a Alemania, Marliani pasó el escrito a su admirado humanista, haciéndole saber, a la vez, la angustia que había sufrido por la divulgada opinión de que Erasmo había caído por fin en las redes de la Reforma [13]. Así, pues, el viaje real del 1519, y en concreto

[8] F. L. LAUCHERT, *Die italienischen literarischen Gegner Luthers* (Friburgo de B. 1912) 221-29. Escribió una *Sylva... de fortuna* (Brixiae, per Angelum Britanicum, 1503) y otros opúsculos (*infra*, p.177, notas 6 y 7).
[9] ALLEN, *Opus epistolarum* II p.241; IV ep.1114 y 1195.
[10] Amplia referencia sobre este grupo: J. L. GONZÁLEZ NOVALÍN, *El deán de Santiago don Diego de Muros. Su puesto en la historia del humanismo español*: Anthologica Annua 22-23 (1975-76) 11-104.
[11] El mismo escribió la relación de este viaje, que fue editada en Roma por E. Silver en 1513. Figura como título su dedicatoria: *Nobili et clarissimo viro Iacobo de Bannissis, divi Maximiliani Romanorum regis secretario, Aloisius Marlianus Mediolanensis, artium et medicinae doctor caesarius et regius phisicus S.D.P.*
[12] *Epistolario...*, ed. LÓPEZ DE TORO, II ep.361 382, III 566-69 573 574 576 581.
[13] «Cum vero ex Hispania rediissemus et te Bruxellae convenissem oravi ne quid tibi commune cum Luthero esset. Ego, ne me nihil fecisse putes, in Lutherum orationes duas scripsi... Eas ad te mitterem nisi nos ad redeundum parati essemus; cum redierimus coram de multis agemus» (Marliani a Erasmo, 7 de abril de 1521: ALLEN, *Opus epistolarum* IV ep.1198). Respuesta de Erasmo, 1.º de mayo: «Orationes tuas cupidissime legam... nec dubito quin in ea praestiteris quod in aliis tuis lucubrationibus soles, nimirum eruditionem eximiam pari cum prudentia coniunctam» (ibid., ep.1199). Aunque se habla de dos «orationes», hoy sólo se conoce una, dudando algunos que efectivamente se haya escrito la segunda. *Infra* p.177, nota 6.

la figura de este obispo tudense, contribuyeron no poco a poner en el primer plano de la actualidad a aquel que tres años antes había declinado la invitación de Cisneros para incorporarse a la Universidad de Alcalá.

Mas para que se produjera en España el *boom* erasmiano que tuvo lugar al cumplirse el primer cuarto del siglo, fue decisivo otro viaje (esta vez en sentido inverso), cuyo principal protagonista fue el canónigo toledano Juan de Vergara. Era éste un buen helenista que había sido secretario de Cisneros y colaborador, a pesar de su juventud (había nacido en 1542), en las principales empresas del cardenal.

La razón del viaje era el mandato que había recibido de sus concanónigos para que informara al nuevo arzobispo, Guillermo de Croy, que residía en la corte flamenca, de la situación en que se encontraba su sede primada [14]. La poca dedicación del joven prelado a los asuntos de iglesia y, sobre todo, su muerte, acaecida en los primeros días de 1521, hicieron que Vergara aprovechara realmente su tiempo para informarse sobre las nuevas corrientes religiosas que conmovían al imperio. En esta empresa le favorecía el hecho que ni sus mandatarios ni su persona eran sujetos que pudieran quedar en el anonimato en una corte que se encontraba en su eufórica —aunque difícil— luna de miel con los asuntos de España.

Vergara desembarcó en Brujas a fines de junio de 1520. Allí lo esperaba Erasmo en persona, ansioso de conocer la reacción que había producido entre los maestros de la Universidad de Alcalá la segunda edición de su *Nuevo Testamento* en latín, que acababa de entrar en España [15]. El encuentro de estos dos personajes se realizó en un clima de suspicacia, porque el juicio que había merecido la traducción erasmiana era más bien negativo, como explicaremos seguidamente; y por ello Vergara evitó entrar en el fondo de la cuestión, aun a riesgo de incurrir en sospechas de parcialidad y de connivencia con los enemigos de Erasmo. El tiempo se encargaría de demostrar que sus simpatías no iban por ese camino.

Vergara volvió a España en el verano de 1522, seguramente en la misma comitiva imperial en que había partido. Su amistad con Erasmo quedaba sellada por los sucesivos y cordiales encuentros. El mismo Erasmo daba testimonio de ello en una carta que Vergara recibía en Alcalá poco tiempo más tarde: «Créeme, Vergara; de ti he concebido las mayores esperanzas... hasta ahora no te había conocido. No sospechaba que estuvieras tan familiarizado con las musas de ambas literaturas» [16]. Estas palabras del humanista holandés equivalían a un doctorado *honoris causa* entre los simpatizantes de las modernas corrientes. Vergara se sintió desde entonces comprometido con la causa de Erasmo y pasó a ser uno de sus más asiduos corresponsales dentro de la Península. Por el canó-

---

[14] A. Poschman, *El cardenal Guillermo de Croy y el arzobispado de Toledo*: BRAH 75 (1919) 201-82. Sobre Vergara y su proceso cf. *infra* p.171 ss.

[15] Bataillon, I 118s.

[16] Texto latino, carta de Erasmo a Vergara, 2 de septiembre de 1522: Allen, *Opus epistolarum* V 1312.

nigo toledano sabía el holandés a qué cota llegaban en cada momento su reputación y su fama en el reino de Carlos V.

Esta amistad le valió a Vergara un proceso inquisitorial que lo dejó marcado para toda la vida; en él se dieron cita muchas rivalidades y en él alcanzó un triunfo definitivo la facción conservadora de la intelectualidad española, que durante diez años había presionado para arrojar al erasmismo de España, comprometiéndose en una lucha que en determinados momentos se pudo considerar perdida.

COMPLUTENSES CONTRA ERASMO. INEFICACIA DE UNA POLÉMICA

La polémica antierasmiana surgió en España en el año 1519, y comenzó en la Universidad de Alcalá, precisamente con ocasión de la obra que tres años antes le había merecido la invitación de Cisneros a formar parte entre los maestros de aquella casa. Con los acompañantes de Carlos V seguramente entró en España la segunda edición del *Novum Testamentum*, que con muchos retoques había publicado Erasmo aquel mismo año. Uno de sus ejemplares fue a parar a las manos del profesor complutense Diego López de Estúñiga, que a sus conocimientos del latín y del griego unía la experiencia acumulada en la preparación de la *Biblia políglota*, de la que había sido colaborador eficaz y entusiasta.

Estúñiga era, como la mayor parte de los lingüistas hispanos, un esclavo del sentido literalista, y así creyó encontrar en la versión erasmiana errores exegéticos, filológicos y teológicos, que desde el primer momento estaba con ganas de divulgar. Lo habría hecho ya al tener noticia de la primera edición; pero se mantuvo callado mientras vivió Cisneros, partidario de que se notificaran a Erasmo sus fallos a través de una correspondencia privada y cortés. Mas ahora, desaparecido el cardenal, Estúñiga se apresuró a publicar unas *Annotationes contra Erasmum Roterodamum in defensionem translationis Novi Testamenti* [17], que significaron la ruptura de las hostilidades entre la ciencia bíblica hispana y la moderna cultura del Norte.

Hay que reconocer que muchas de las apreciaciones de Estúñiga eran exactas, y Erasmo hubiera acabado por tomar cuenta de ellas si la acritud de la polémica no hubiera lacerado su morbosa sensibilidad. Pero el teólogo de Europa no podía tolerar que un complutense lo llamara ignorante y se complaciera en señalarle imprecisiones de ortografía, tomando pie de ellas para una violenta diatriba sobre la superioridad de la ciencia española. Erasmo creyó liquidar la cuestión lanzando al mercado una *Apología* tan breve como altanera.

Esta actitud no tuvo más resultado que el de avivar la inspiración

---

[17] Ed. Alcalá, Brocar, 1520. El año anterior había publicado en la misma imprenta otro folleto contra la traducción de Lefèvre d'Etaples: *Annotationes Iacobi Lopidis Stunicae contra Iacobum Fabrum Stapulensem.*

antierasmiana de Estúñiga, que a lo largo de cuatro años no cesó de publicar opúsculos insistiendo en el mismo argumento [18]. Lo nuevo era que la polémica abandonaba el campo de la filología para acusar al Roterodamo de wiclefismo y luteranismo en la traducción de los pasajes alusivos al primado de Pedro, a los votos y diezmos, a las indulgencias y al purgatorio, a los consejos de perfección evangélica, al matrimonio... Para que nada faltara, Estúñiga analizaba con lupa los textos cristológicos, encontrando también en Erasmo vestigios del arrianismo y de las demás herejías prenicenas.

Todavía no había llegado a su clímax la polémica con Estúñiga, cuando otro profesor de Alcalá, Sancho Carranza, se alineaba junto a su compañero, y a través de Vergara, que servía como intermediario en todo este asunto, hacía llegar a Erasmo un *Opusculum in Desiderii Erasmi annotationes* [19]. El escrito no añadía cosa substancial a las censuras del anterior, pero tenía el mérito de cotejar con las tesis fundamentales de la escolástica las traducciones de Erasmo susceptibles de una errónea interpretación cristológica. Sancho Carranza se manifestaba también buen conocedor de San Agustín en lo concerniente a la doctrina acerca del matrimonio: con los textos del santo obispo en la mano veía claramente afirmada la sacramentalidad del rito cristiano en el capítulo 5 de la carta a los Efesios, cuya expresión: «este sacramento es grande», Erasmo entendía únicamente de las nupcias entre Jesús y la Iglesia [20]. En suma, la gran batalla doctrinal contra un mal entendido luteranismo querían ganarla los españoles en la persona del holandés.

Erasmo respondió a Sancho Carranza en el mismo tono que había adoptado con Diego de Estúñiga; y, aunque reconocía que aquél se había expresado con mayor delicadeza y mesura, no se privaba de consignar que este torneo había sido, por su parte, más bien una condescendencia con aficionados de escaso rango que un diálogo entre teólogos. Por fin deseaba a la Universidad de Alcalá que un día pudiera contar con mejores maestros.

Lo más arduo de esta polémica, que por parte de Estúñiga aún alitaba por el año de 1530, tuvo su lugar de procedencia en Roma, adonde se habían trasladado los dos españoles, buscando en las cátedras de la Sapienza mejor tribuna para sus vastos conocimientos. Allí se editaron sus cortas diatribas, hoy ejemplares rarísimos, como producto que eran de reducidas tiradas. Esta circunstancia debe tenerse en cuenta para no

---

[18] La mayor parte de ellos se encuentran en las bibliotecas romanas. Consignamos algunos títulos: *Erasmi Roterodami blasphemiae et impietates per Iac. Lopidem Stun. nunc primum propalata ac proprio volumine alias redargutae* (Romae, per Ant. Bladum de Asna, 1522). En el prólogo dice: «Hominem [Erasmum] non lutheranum esse solum sed lutherianorum signiferum ac principem aperte commostrabimus». *Loca quae Stunicae annotationibus, illius suppresso nomine, in tertia editione Novi Testamenti Erasmus emendavit* (Romae 1524).

[19] «Impressit Romae Aristus de Trino impensis Iohannis Masochis Bergomatis, die primo martii, 1522».

[20] «Etsi tam sacramentum quam mysterium latinus interpres vertere potuisset, multo melius et magis in favorem matrimonii et nuptiarum... sacramentum dici debere... Augustinus... sacramentum vocat coniunctionem viri et faeminae et non mysterium, ut Erasmus et Martinus volunt» (p.25v-27).

caer en la tentación de convertir a los dos polemistas en representates oficiales de los españoles que no habían salido hacia los países del Norte. Estúñiga y Carranza eran en realidad lo contrario: voces lejanas y aisladas de una reacción integrista, entonces abatida por la creciente ola del erasmismo, si bien llamada a tomar fuerza en el contexto espiritual del país hasta hacerse con la victoria definitiva; mas, en los primeros años de la polémica, los enemigos de Erasmo recogían pocos aplausos dentro de la Península.

Con el segundo viaje del emperador, que tuvo lugar el año 1522, entró en España la gran afición por Erasmo, así como en el viaje de 1519 había entrado la curiosidad por su persona y primeros escritos. Era la hora de lo flamenco, no sólo por la reciente derrota de los comuneros, sino porque el rey don Carlos quería ajustar su política a los súbditos citramontanos. Además, muchos de los que venían en su séquito habían participado en la dieta de Worms, y sabían el peligro que representaba el luteranismo. El holandés, que había polemizado con el agustino de Wittenberg, abría un camino moderno a la reforma eclesiástica sin caer en el radicalismo en que incurría el alemán. España quería moverse al ritmo de su rey y de los otros monarcas de Europa. Al uno y a los otros se refería Erasmo cuando afirmaba que tenía a su favor «a nuestro Carlos y a no pocas personas de su corte; al rey de Inglaterra, al de Francia, al de Dinamarca, al príncipe Fernando, al obispo de Canterbury y... a tantos otros obispos, a tantos hombres sabios y honorables no sólo en Inglaterra, en Flandes, en Francia y en Alemania y hasta en Hungría y en Polonia».

Erasmo, fiel a su decisión de «no hispanizar», no incluía a España en este recuento; mas lo cierto es que el país no iba en este punto a la zaga del resto de Europa. Así lo comunicaba Vergara a Luis Vives el 6 de septiembre de 1522: «Es pasmosa la admiración inspirada por Erasmo a todos los españoles, sabios e ignorantes, hombres de iglesia y laicos».

Una lista de los españoles afiliados al erasmismo en aquella fecha nos la proporciona García-Villoslada con estas frases: «Además del inquisidor general, Alonso Manrique de Lara, arzobispo de Sevilla, y de su secretario, el teólogo parisiense Luis Núñez Coronel, militaban en favor de Erasmo Alonso de Fonseca, arzobispo de Toledo, que en una ocasión le mandó doscientos ducados de oro...; el benedictino fray Alonso de Virués, obispo electo de Canarias, con su hermano Jerónimo; el conquense Juan Maldonado, vicario general del arzobispado de Burgos, cuyos fervores se entibiaron en los años subsiguientes, al contrario de lo sucedido a Sancho Carranza; el abad Pedro de Lerma y su sobrino Luis de la Cadena, el Arcediano del Alcor, Alonso Fernández de Madrid...; Gracián de Alderete, el valenciano Pedro Juan Oliver, etc. [21]». Habría que añadir, sin pretensión de ser exhaustivos, los nombres de Benedicto Lafont, general de los mercedarios; de Diego López Pacheco,

---

[21] R. García-Villoslada, *Renacimiento y humanismo*, en *Historia general de las literaturas hispánicas*, dir. por G. Díaz Plaja, II (Barcelona 1951) 359ss. Lo citado en *Razón y Fe* 108 (1952) 340.

marqués de Villena y gran maestre de Santiago; de Francisco de Mendoza y Bobadilla, entonces joven de veinte años y más tarde cardenal de la Iglesia romana; de Luis Cabeza de Vaca, tutor de Carlos V y después obispo de Canarias; de Miguel de Eguía, librero de Alcalá...

Algunos de éstos, como el Arcediano del Alcor y Eguía [22], tuvieron un destacado protagonismo en este negocio; el primero, por haber traducido al castellano el *Enchiridion militis christiani*, y el segundo, haciendo imprimir, ya en 1525, el texto latino de esta obra, con una media docena de folletos, que, junto con la *Quaerella pacis*, constituía el pasto espiritual del erasmista español.

«MONACHATUS NON EST PIETAS». LA CONGREGACIÓN DE VALLADOLID DE 1527

La profusión de escritos erasmianos que se extendió por España y, sobre todo, los principios de reforma eclesiástica que defendía el *Enchiridion militis christiani*, suscitaron una violenta reacción entre las órdenes mendicantes, cuyo género de vida había proporcionado a Erasmo un lugar común para sus sátiras y reproches a la insinceridad con que se practicaban los consejos de perfección evangélica. «Monachatus non est pietas» era el *slogan* del *Enchiridion*. Espoleados en sus sentimientos por el embajador de Inglaterra, Edward Lee, que poco tiempo antes había polemizado con el holandés en la Universidad de Lovaina, propendían a encuadrar el movimiento erasmista en el contexto de aquella sociedad, que era, y debía seguir siendo, medievalmente cristiana. Había que denunciar a Erasmo como perturbador del orden constituido, y había que hacerlo ante el emperador, que abiertamente lo protegía. La ocasión se presentó en la congregación de Valladolid de 1527 [23].

Esta se confundía en su origen y finalidad con una de tantas reuniones de cortes, en las que se informaba sobre las empresas del rey y se pedía apoyo económico para llevarlas a cabo. En este momento eran las luchas de Carlos V contra los protestantes y contra los turcos las que habrían de ocupar la atención de los congregados. Restableciendo una costumbre que había caído en desuso, se apeló a las grandes instituciones de la Iglesia española, esperando obtener de ellas el grueso del deseado «subsidio». Por esta razón abundaban en Valladolid representantes de los cabildos catedralicios y superiores de órdenes religiosas.

Todos ellos tenían, en lo material, un interés común: protegerse de las excesivas cifras con que se pretendía gravar a cada corporación, y así no era difícil que coincidieran también en otros aspectos importantes para mantener la unidad y la fuerza. Los reunidos partieron lanzas para

---

[22] J. GOÑI GAZTAMBIDE, *El impresor Miguel de Eguía, procesado por la Inquisición:* Hispania Sacra 1 (1948) 35-84.
[23] A. PAZ Y MELIÁ-M. SERRANO SANZ, *Actas originales de las congregaciones celebradas en Valladolid para examinar las doctrinas de Erasmo:* RABM (1902) 60-73. Los originales en AHN, Inquisición, leg.4426 n.27.

convencer a los contadores del reino de la pobreza de sus mandantes; y, no contentos con esto, quisieron derivar la atención de la corte hacia otras necesidades mayores de la sociedad española. El verdadero problema era la reforma eclesiástica, para la que a muchos servían de programa las infames proposiciones de Erasmo; y como consecuencia surgían disturbios y enfrentamientos en las principales ciudades del reino, acrecentando con ello el malestar que se respiraba en todos los órdenes. En Salamanca, los franciscanos peroraban contra el autor del *Enchiridion* y fijaron a la puerta de su iglesia unas tesis, citando a una disputa pública. En Burgos levantaba la voz el prior de los dominicos, Pedro de Vitoria, proclamando que había que obedecer a Dios antes que a los hombres. Los hombres a los que aludía eran el papa y el emperador, que no sólo gratificaban a Erasmo con pensiones y beneficios sobre los bienes de las iglesias, sino que concedían el *imprimatur* para la edición de sus obras y prohibían atacarlo en público. Directa e inmediatamente, se llamaba en causa al inquisidor general Alonso Manrique, cuyas simpatías por Erasmo eran también conocidas.

Ante estas presiones, Alonso Manrique prometió a los frailes que el Santo Oficio se ocuparía del asunto una vez que se hubieran sometido a la censura de los teólogos las proposiciones más peligrosas del Roterodamo. Los frailes mismos se encargaron de agilizar este requisito. En pocas semanas compilaron un cuadernillo de 17 capítulos [24], en los que se presentaba a Erasmo convicto de los mayores errores que había habido a través de la historia.

Este documento, que hubiera podido tener gran importancia a la hora de precisar cuáles eran en realidad los postulados del erasmismo español, ofrece poco interés en este punto, porque los compiladores se preocuparon más de incluir en él errores ya conocidos que de individuar los que eran originales de Erasmo. Además, apartándose de la práctica seguida en las censuras de inquisición, que consistía en extractar literalmente proposiciones o tesis de los escritos incriminados para calificarlas *in rigore ut iacent*, hicieron un resumen o conclusiones *ad sensum*, método expuesto por sí mismo a una incontrolable infiltración de subjetivismo. Prueba de ello es que Erasmo no se reconoció en aquel folleto, inspirado según él en otro «sicofante y estólido», que el embajador inglés hacía circular de convento en convento. La Inquisición, sin embargo, aceptó el codicilo, cuya copia envió a unos treinta teólogos, intimándoles a comparecer en Valladolid. Así, pues, el escrito se convertía en documento base de un simposio o congresillo teológico de alto nivel [25].

La sesión de apertura tuvo lugar el día 27 de junio con una misa del Espíritu Santo, a la que asistían los teólogos, los miembros de la Suprema, los del tribunal de Valladolid y otros invitados al acto; mas sólo los inquisidores y los teólogos tendrían entrada en las sesiones siguientes.

[24] Elencados en *El inquisidor general*, I 47. Amplia referencia de los censurados por Guevara: A. REDONDO, *Antonio de Guevara* 293-96.
[25] BATAILLON, I 275-310.

En principio, los inquisidores no tenían voz en las mismas, porque no se trataba de juzgar a Erasmo, sino de calificar su doctrina; por ello, aunque el licenciado Polanco presentó una buena censura, ésta no se recogió entre las de los otros teólogos, que son las únicas conservadas.

A lo largo de 16 sesiones, se escucharon pareceres de todo tipo [26]. Contrarios a Erasmo se manifestaron Pedro Ciruelo, fray Francisco Castillo, fray Alonso de Córdoba, Fernando de Préxamo, fray Juan de Salamanca, los maestros Astudillo y Margallo y Santiago Gómez, que ratificó su postura, aduciendo la frase usual en Alemania: «Erasmo puso los huevos y Lutero sacó los polluelos. Quiera Dios que los pollos se ahoguen y los huevos se rompan».

Siguieron una línea de prudente reserva Pedro de Lerma, que había sido gran canciller de Alcalá; el benedictino Alonso Virués, el maestro Francisco de Vitoria, hermano del prior de Burgos; Alfonso Enríquez, abad de Valladolid, y otros. Estos reconocieron que era poco preciso el lenguaje erasmiano en torno a la Trinidad y a la divinidad de Jesús; pero se esforzaron por interpretar católicamente el núcleo de su doctrina.

Por fin defendió incondicionalmente al Roterodamo Sancho Carranza, quien a su vuelta de Roma parecía haber olvidado aquella polémica en la que todavía se mantenía firme su colega López de Estúñiga. Se acercaron mucho a sus posiciones Luis Coronel y el obispo Cabrero, que calificó a Erasmo de «verdadero y ortodoxo cristiano, religioso en su vida y costumbres, benemérito de la Iglesia y de todos los estudiosos de recto pensar».

Esto es cuanto se deduce de las actas de aquellas reuniones, en las que no llegaron a conclusiones concretas, porque, ante el temor de la peste que amenazaba a Valladolid y a otras ciudades de España, el inquisidor Manrique suspendió las sesiones el 13 de agosto y no volvió a citar a los congregados. Nunca se supo el verdadero motivo de aquella medida; pero los historiadores tuvieron siempre la convicción de que el inquisidor general no había encontrado mejor medio para librar a Erasmo de las provisiones adversas que le hubieran venido encima, ya que sus adversarios no estaban dispuestos a rendir armas.

En realidad, Manrique no hacía otra cosa que llevar a sus últimas consecuencias un breve del papa Clemente VII que mandaba imponer silencio a los detractores de Erasmo [27]. Además, tachado él mismo de simpatías erasmistas y a punto de perder la gracia del rey como víctima de las intrigas políticas de aquellos años, no estaba en condiciones de hacer frente al ala conservadora de los conventos, que era la que más levantaba la voz.

El erasmismo español obtuvo así una victoria episódica, mas aparente y efímera, pues nuevos acontecimientos vinieron a precipitar su derrota definitiva. Luis Vives, que en 1527 había enaltecido ante el Rote-

---

[26] Breves e interesantes referencias sobre la personalidad de algunos de los reunidos: A. Redondo, o.c., desde p.289, esp. en las notas correspondientes.
[27] Ed. Allen, *Opus epistolarum* VII ep.1846. Está fechado el 16 de julio de 1527.

rodamo la sabiduría de la Inquisición española por la orientación que había dado a la congregación de Valladolid, le escribía el 10 de mayo de 1534: «Corremos tiempos en los que ni hablar ni callar podemos sin peligro. Han sido presos en España Vergara y su hermano Tovar, con algunos otros muy doctos... Ruego a Dios te conceda una ancianidad sin tropiezos» [28]. En esta fecha, el proceso de Vergara ya estaba llegando a su fin. En su persona parecía que habían sido juzgados todos los partidarios de la misma corriente.

EL PROCESO AL ERASMISMO EN LA PERSONA DE JUAN DE VERGARA

Quien haya seguido hasta aquí el desarrollo del erasmismo en España habrá echado de menos la presencia del doctor Juan de Vergara [29], entre los teólogos reunidos en Valladolid. Por su condición de profesor de Alcalá y por el trato personal que había tenido con el holandés, merecía, como ninguno, ocupar un puesto entre aquellos censores. Sería equivocado interpretar este hecho como voluntaria omisión de un sujeto por parte de los inquisidores.

No; Vergara desempeñaba desde 1524 el cargo de secretario del cardenal Alfonso de Fonseca, arzobispo de Toledo, que no le dejaba tiempo para ocuparse de otros asuntos. Mas, por considerarse afiliado a la corriente espiritual, cuyo futuro se ventilaba en Valladolid, siguió minuciosamente los avatares de la congregación, como demuestra la carta-informe que, al poco tiempo de su apertura, dirigió a Erasmo sobre el preludio y montaje de aquella asamblea [30]. En ella le auguraba la victoria final en la guerra implacable que los frailes le habían declarado; a él, que disfrutaba, como propia herencia, el favor de los arzobispos que se sucedían en Toledo.

Vergara manifestaba con estas frases un exceso de confianza y una falta de perspectiva, cuyas consecuencias iba a sufrir en seguida en su propia carne. La persecución de que fue objeto por parte de los inquisidores del distrito toledano no se desencadenó a causa de su erasmismo, sino por las complicaciones que sobrevinieron a su persona con ocasión del proceso de su hermano Bernardino Tovar, que comenzó a desarrollarse en el año 1530 [31].

Tovar era un muchacho docto y pío que, siendo estudiante en Salamanca, había caído en las redes de la pseudoalumbrada Francisca Hernández, a la que había seguido a Valladolid, como dócil discípulo. Después de muchos forcejeos y disgustos familiares, Vergara había logrado

[28] Ibid., X ep.2932.
[29] Buena semblanza biográfica y noticia bibliográfica: J. GOÑI GAZTAMBIDE, en DHEE 4,2737-42.
[30] ALLEN, Opus epistolarum VII ep.1814. Lleva fecha del 24.4.1527.
[31] La figura de Tovar, menos conocida que la de su hermano Vergara, tuvo gran importancia entre los erasmistas de Alcalá. Hasta se le llegó a considerar el centro de todos ellos. Le da el relieve requerido J. GOÑI, o.c., 2587-92.

romper aquel extraño connubio, y llevar a su hermano a la Universidad de Alcalá. Arrestada Francisca en 1529, con gran escándalo de los que aún la admiraban, se defendió ante la Inquisición acusando de los peores errores a cuantos se habían apartado de ella. Entre los acusados estaba Tovar, al que hacía responsable, junto con su hermano Vergara, de profesar y difundir las herejías de Lutero [32]. Tovar entró en la cárcel en 1530, e inmediatamente los inquisidores comenzaron a recibir informaciones secretas sobre su hermano. Dos acontecimientos vinieron luego a debilitar la situación en que, por su prestigio y amistades, se seguía manteniendo éste.

El 11 de agosto del mismo año salió un edicto de la Suprema contra los libros del agustino alemán: «que no se vendan ni tengan algunas personas en estos reinos libros ni obras algunas de Lutero y otros autores dañados». Se trataba de una provisión ordinaria que se venía repitiendo casi a la letra a lo largo de aquel decenio. Un erudito como Vergara no debía contestarla, pero tampoco tenía por qué apresurarse a cumplirla. Sin embargo, a fin de evitar ulteriores molestias, entregó inmediatamente cinco ejemplares que le habían llegado del extranjero, entre los cuales figuraba un libro de Ecolampadio, otro de Bugenhagen y un tercero que podía ser de Melanchton [33]. Nunca se aclaró del todo si los libros eran suyos o de su hermano; pero el intermediario que los había conseguido era el librero de Burgos Juan del Castillo, que más tarde habría de pagar con su vida este y otros episodios por el estilo, que había interpretado como un servicio a la propaganda del Evangelio.

El hecho, lejos de justificar el proceder de Vergara, se interpretó como indicio de su compromiso con la doctrina de la Reforma. Los inquisidores de Toledo no veían la hora de proceder contra él, mas no acababan de conseguir el permiso de la Suprema. La resistencia se rompió al descubrirse que Vergara atentaba contra el secreto del Santo Oficio y violaba la incomunicación en que se quería tener a su hermano Tovar, enviándole cartas escritas con zumo de limón en aparentes envoltorios de medicinas y víveres que pasaban a través de los carceleros. Vergara negó en un principio, pero se rindió ante la evidencia de su caligrafía, que se tornaba perfectamente legible al mirar el papel a través de una llama. Fue entonces cuando la Suprema mandó a los jueces del tribunal toledano que se hiciera justicia conforme a derecho, «toque a quien tocare».

[32] Así resume GOÑI las acusaciones proferidas por Francisca Hernández: «Tovar no rezaba el oficio divino y celebraba misa sin recitar el breviario; consideraba innecesaria la oración vocal; bastaba la mental; tampoco juzgaba necesario confesar los malos pensamientos. 'Tenía por buenas cosas las de Lutero o las más dellas... y traía consigo unos cuadernillos dellas'. Daba la razón a Lutero sobre la inanidad de las indulgencias y exclamaba entre risas y burlas: '¡Que me hagan a mí creer que, en dando el sonido del real, luego salga un alma del purgatorio!' 'Preguntada cuánto tiempo estuvo Tovar en sus opiniones, dijo que desde que la comenzó a conocer hasta que le dejó de hablar, que sería por espacio de tres años, poco más o menos'. La beata no se dio cuenta de la incongruencia de suponer a Tovar familiarizado con las ideas religiosas de Lutero ya en el año 1518» (ibid., 2589).
[33] Sobre este episodio cf. *El inquisidor general,* I 49-51.

Por espacio de seis meses se recogieron aún pruebas testificales y se entresacaron de sus escritos una serie de proposiciones que fueron calificadas de luteranas y de erasmistas. Vergara fue detenido, por fin, el 23 de junio de 1533. La sentencia definitiva se dictó el 21 de diciembre de 1535, condenándole, «por razón de las proposiciones heréticas y sospechosas de herejía», a ser recluido en un monasterio durante un año y pagar al Santo Oficio la multa de 1.500 ducados de oro [34].

Vergara cumplió su pena, primero, en el monasterio de San Agustín, de Toledo, y luego, por graciosa concesión del arzobispo Manrique, en las dependencias de la catedral primada, donde seguía ejerciendo sus funciones capitulares. Su reclusión terminó el 27 de febrero de 1537. Durante los veinte años que le quedaron de vida siguió dedicado al estudio y a la pluma, siendo uno de los que más eficazmente colaboraron con Alvar Gómez en la biografía de Cisneros.

A Vergara se le acusó de alumbrado, de luterano y de erasmista; pero la nota de alumbrado se la echó encima Francisca Hernández con la intención de descargar sobre otros lo que a ella le atribuían. En todo caso, no fue ésta la cualificación personal que la Inquisición tomó en serio, sino los dos adjetivos, sobre cuyo contenido, a primera vista ambiguo y genérico, debemos reflexionar brevemente.

Para el fiscal de la Inquisición, ser luterano consistía en favorecer «mucho las cosas del dicho Lutero, aprobando su doctrina y errores» (c.3); en tener libros del heresiarca alemán y de sus secuaces (c.4), en haber rechazado las bulas del papa (c.2), la disciplina sobre el ayuno eucarístico (c.5), las ceremonias de la misa (c.6) y otras pocas afirmaciones por el estilo. Ninguna afirmación se aducía que fuera privativa del erasmismo, aunque parecen considerarse indicios del mismo el haber puesto en tela de juicio el derecho divino de la confesión (c.12) y algunas decisiones de los concilios (c.13). Para el fiscal de la Inquisición, Erasmo no era sino un segundo Lutero y como glosa de éste había hablado, de modo que la devoción a su persona era el mejor argumento de la afiliación al luteranismo.

Vergara, sin embargo, entendía perfectamente que se podía ser erasmista sin llegar a ser luterano; y, tratando de hacérselo comprender a los inquisidores, se esforzaba en demostrar que «nunca ha sido ni es luterano, ni le han parecido bien los errores ni doctrina de Lutero, ni se ha dado a leerla ni saberla particularmente... y que, hallándose en Alemania en la corte de Su Majestad sirviendo al reverendísimo señor cardenal Croy... yendo todo el mundo a verle [a Lutero], especialmente los españoles, nunca... quiso dar un paso por lo ver... e que para este declarante no puede ser cosa más abominable que Lutero e sus opiniones». En cuanto a Erasmo, por el contrario no dudaba en confesar que

[34] El proceso de Vergara se encuentra en AHN, Inquisición de Toledo, leg.223 n.7. Fue publicado parcialmente por M. SERRANO Y SANZ, *Juan de Vergara y la Inquisición de Toledo:* RABM 5 (1901) 896-912; 6 (1902) 29-42.466-86. Más ampliamente en J. E. LONGHURST, *Alumbrados, erasmistas y luteranos en el proceso de Juan de Vergara:* Cuadernos de Historia de *España* 27 (1958) 99-163; 28 (1958) 102-65; 29-30 (1959) 266-92; 31-32 (1960) 322-56; 35-36 (1962) 337-53; 37-38 (1963) 356-71. Amplia síntesis: BATAILLON, II 13-52.

174   *José Luis González Novalín*

era «amigo y aficionado» a él, «como lo son cuantos príncipes señalados, así eclesiásticos como seglares, hay en la cristiandad; y que no cree este declarante —siguió diciendo— que el dicho Erasmo sea segundo Lutero e como glosa dél hable», porque «se somete siempre a la corrección de la Iglesia»; y así, «le parece a este declarante que le hace injuria quien le llama hereje», y que por ello «se atreve a responder por él más en general que en particular, como dicho tiene» [35].

El esfuerzo de Vergara no fue baldío, porque en la sentencia de su proceso se le absolvió del crimen de herejía y se le condenó por las culpas y graves sospechas de ella, siguiendo en esto, según creemos, la pauta dada por los censores, quienes, al distinguir entre proposiciones luteranas y erasmistas, habían tachado a las primeras de heréticas, y a las segundas de sospechosas y muy nocivas.

Vergara no fue el único erasmista que cayó herido de gravedad en los campos de la Península. Todavía no se había terminado su proceso cuando aparecía implicado en otro muy semejante el benedictino Alonso Ruiz de Virués, que en 1537 fue condenado a abjuración *de levi* y dos años de reclusión [36].

Otros, como el librero Miguel de Eguía (1533), el ex rector del colegio complutense de San Ildefonso Mateo Pascual (1537), el ex canciller de la Universidad de Alcalá Pedro de Lerma (1535), el valenciano Miguel Mezquita (1537), el doctor López de Illescas (1539), fueron inquiridos o encarcelados; mas ninguno terminó su vida trágicamente, sino el librero Juan del Castillo, que fue apresado en Bolonia y quemado en Toledo en 1539 [37].

[35] LONGHURST, a.c., 28 (1958) 157 y 162.
[36] G. M. COLOMBÁS, *Un benedictino erasmista: Alonso Ruiz de Virués:* Yermo 3 (1965) 1-37.
[37] Sobre las acusaciones y procesos de éstos cf. BATAILLON, II 57-70. Cf. especialmente sobre Lerma la anotación de R. GARCÍA-VILLOSLADA, *La Universidad de París durante los estudios de Francisco de Vitoria* (Roma 1938) 381-83. Noticias interesantes sobre el erasmismo en Valencia: S. GARCÍA MARTÍNEZ, *El patriarca Ribera y la extirpación del erasmismo Valenciano* (Valencia 1977).

CAPÍTULO V

LA HEREJIA LUTERANA Y EL NUEVO RUMBO DEL SANTO OFICIO

EL FACTOR «INQUISICIÓN» EN LA HISTORIA DE ESPAÑA

Al estudiar la actuación de la Inquisición española contra los protestantes, se impone el justificar su significado en la historia moderna de España, así como la extensión y relieve que le concedemos en este volumen.

«El episodio del protestantismo español —escribe Turberville— constituye un capítulo breve y de importancia relativamente escasa en la historia de la institución. Los judíos padecieron la intolerancia española durante más de tres siglos y muchos miles fueron víctimas de ella; en cambio, el movimiento luterano en España fue eliminado virtualmente en treinta o cuarenta años con el sacrificio de unos pocos centenares de vidas» [1]. Nosotros, reconociendo los aciertos del autor en un librito de pocas páginas, no podemos estar de acuerdo con la corriente historiográfica que pretende sintetizar. Por muy correcta que sea la apreciación de los hechos, creemos que no valora en toda su magnitud las repercusiones de este fenómeno.

Desde 1521 hasta 1558, el protestantismo estuvo pulsando con variada intensidad a las puertas de España; y parece claro que, de no haber tropezado con la represión inquisitorial, nuestra historia habría seguido otros derroteros en casi todos los campos de la cultura moderna. La Inquisición hizo triunfar en España el espíritu y la letra de la Contrarreforma bastante antes de que finalizara el concilio de Trento. Por temor y fidelidad, los teólogos que en la primera mitad del siglo se habían distinguido por su aperturismo, se replegaron a posiciones seguras, dando lugar así a aquella ciencia de quieta y pacífica posesión que cristalizó en los sistemas tradicionales del siglo XVII. La Inquisición no era competente en cuanto a las ciencias profanas, pero influyó para que la investigación se moviera con mucha cautela, procurando que sus conclusiones no cayeran más allá de los límites tradicionalmente fijados. El caso de Galileo, tan aireado en los últimos tiempos, es un ejemplo del riesgo que acechaba al hombre de ciencia.

Por otra parte, en el organismo inquisitorial se dieron cita los intere-

---

[1] A. S. TURBERVILLE, *La Inquisición española*, trad. de J. MALAGÓN y H. PEREÑA (México 1948) 81.

ses del Estado y de la Iglesia, de modo que aquél arbitró leyes represivas en nombre de la ortodoxia (piénsese en las de 1558) y ésta actuó como protectora de una unidad nacional no siempre inspirada en motivos de religión. Pero, sobre todo, es evidente que la falta del pluralismo confesional, resultado de la acción inquisitorial a lo largo del siglo XVI, retrasó la entrada en España del racionalismo y liberalismo europeos, consolidando, una vez más, el desajuste entre la historia de España y los países del extranjero. Evidentemente, la actuación contra los protestantes fue más humanitaria que la empleada en contra de los judíos; pero tuvo mayor repercusión fuera de nuestra Península en un momento en que el ciudadano español apenas encontraba fronteras en sus correrías por el viejo mundo y estaba formando uno nuevo a su imagen y semejanza [2].

TORDESILLAS. REACCIÓN OFICIAL CONTRA LA ABOMINABLE HEREJÍA

Las primeras noticias que llegaron a España sobre el protestantismo alemán debieron de coincidir con tempranos y fallidos intentos de introducir en la península Ibérica propaganda que abriera camino a la nueva doctrina. El 14 de febrero de 1519, el editor basiliense Juan Froben comunicaba a Lutero que había hecho imprimir varios de sus opúsculos y que éstos estaban teniendo gran éxito editorial: «seiscientos ejemplares —decía— se enviaron a Francia y a España» [3]. Hoy no sabemos la difusión que alcanzaron aquellos libros, pero tampoco tenemos noticia de que el envío haya sido interceptado; por ello hay que pensar que algunos, al menos, cayeron en manos de diligentes lectores, como debió de ocurrir también con aquellos otros que, inmediatamente después de la dieta de Worms, se vendían por las calles de la ciudad alemana, donde abundaban los españoles, sin que frenara su venta el bando que había pronunciado la dieta [4].

Mas los primeros que dieron síntomas de alguna preocupación por las repercusiones que el episodio alemán podía tener en España fueron personas de la corte real, que en la primavera de 1521 se reunieron en Tordesillas para hacer frente a los comuneros. Aunque todos eran hombres de letras, no parece que estuvieran por entonces dedicados a la lectura, pues la guerra de las Comunidades ocupaba toda su actividad [5]. Sus noticias procedían de las conversaciones particulares y de la correspondencia privada, que eran medios de comunicación suficientes entre los eruditos del tiempo.

---

[2] J. A. MARAVALL, *Estado moderno y mentalidad social* I (Madrid 1972) 216-19 y 236-40.
[3] *Lutherswerke* (Weimar 1883ss): *Briefwechsel* I 332-33.
[4] Carta de A. de Valdés a Pedro Mártir; *Epist.* 722 (ed. LÓPEZ DE TORO, IV 164). Sobre la difusión en general de los libros de Lutero, cf. R. GARCÍA-VILLOSLADA, *Martín Lutero* I (Madrid 1976) 437-39.
[5] Sobre el sentido y programa de esta junta, cf. J. PÉREZ, *La revolution des «Comunidades» de Castille (1520-1521)* (Burdeos 1970) 189ss.515ss.

Informes atendibles sobre Lutero poseía el obispo de Tuy, Luis Marliani, que durante su estancia en España desde 1517 a 1520 compuso uno (o dos) [6] de los primeros escritos sobre el reformador alemán, que, dado a conocer inmediatamente después de su vuelta a Alemania, fue tomado en consideración por el nuncio Aleandro [7]. Su conocimiento acerca de la teología luterana era todavía muy escaso; y tal fue el que debió de transmitir a aquel grupo de viejos amigos que mantenían en la corte la bandera de las preocupaciones intelectuales del tiempo. Todos ellos —Pedro Mártir de Anglería, Diego de Muros, Ramírez Villaescusa— dieron muestras de haber aprendido algo sobre el movimiento reformista alemán, pero ninguno centró sus tiros en el blanco de la nueva doctrina.

Datos más fehacientes obraban en poder del cardenal Adriano de Utrecht, inquisidor general desde 1516, al cual enviaron sus colegas, los teólogos de Lovaina, una copia de la censura que habían dictado contra los escritos de Lutero en nombre de la Universidad. Inmediatamente respondió Adriano que los errores del agustino eran de tal magnitud, que ni siquiera se le podían escapar a un novicio estudiante de teología [8]. Juicio demasiado rápido para considerarlo igualmente motivado. Mas para los componentes del grupo, el cardenal venía a ser, por su condición de gobernador del reino, la fuente de información más autorizada de cuanto sucedía en Alemania.

Por imprecisos que fueran los primeros relatos sobre Lutero en la península Ibérica, lo cierto es que a lo largo del 1520 se tenía ya un conocimiento claro del significado de su rebelión, aunque todavía quedaba muy sombreado cuanto se refería a su persona y doctrina. El embajador en Roma, don Juan Manuel, dejaba constancia en sus cartas al rey don Carlos del malestar que el fraile agustino causaba en la curia [9].

---

[6] De dos escritos habla el mismo Marliani: «In Lutherum orationes duas scripsi, quarum una mitior, altera post libros illos ab eo novissime editos acrior fuit... Eas ad te [Erasmo] mitterem», etc. (cf. *supra*, p.163). A más de un escrito se refiere en su respuesta al Roterodamo: «Orationes tuas cupidissime legam, de quibus iam Cutberti Tonstalli praeiudicium habeo», etc. (ibid., l.c.). El nuncio Aleandro conoció uno sólo de estos escritos. Interesado como estaba en recoger literatura antiluterana, no debería desconocer el segundo, si llegó a ser algo más que un proyecto del autor.

[7] Así refería a la curia el 14 de enero de 1521: «Tudensis ha composto una oratione contro li Lutherani, la qual per questo harrei mandata, ma è scritta scorrettissima; lui desidera molto che N. S. et V. S. R. la vedi. Manderola per il primo... Più volte il detto Tudense mi ha detto che ha fatto e fa in questa cosa di Luther tutto'l possibile, ma che ben vede esse irritum laborem» (P. BALAN, *Monumenta reformationis Lutheranae* [Regensburg 1884] 28). El escrito llegó efectivamente a Roma, y allí se imprimió «apud aedem sancti Marci». Lleva por título *In Martinum Lutherum oratio*. Precede al texto una carta de Marcelo Palonio Romano, el responsable de la edición, dirigida al cardenal Armellini. Palonio dice haberla dado a la imprenta movido por los elogios que mereció de los miembros de la Academia Romana, principalmente de Jacobo Sadoleto y Camilo Porcio. La edición debió de hacerse durante el verano de 1521, porque el papa se refería a esta obrita el 20 de noviembre con las siguientes palabras: «Nam de Tudensi quid dicam, qui non solum apud regem acerrimum egit propugnatorem nostrum, sed et praeclarum composuit contra Martinum librum adeo ut multum et laudem et praemium mereatur» (A. WREDE, *Deutsche Reichtsagsakten unter Karl V* II [Gota 1826] 461).

[8] Cf. ambos documentos en *Lutherswerke* VI 174-78.

[9] G. A. BERGENROTH, *Calendar of Letters, despatches and State Papers relating to the Nego-*.

Unos meses después se conocía la relación de un anónimo sobre los funerales de Croy, en cuya oración fúnebre el prior de Santo Domingo de Augsburgo había increpado a don Carlos para que castigara a Lutero e impidiera la circulación de sus libros [10]; dato este muy oportuno para los oyentes no sólo alemanes, sino también para los de lengua española, porque entonces se estaban haciendo las primeras traducciones a nuestro idioma de opúsculos luteranos [11].

Tan incesante bombardeo, al que todavía habría que añadir voces tan cualificadas como la del confesor de don Carlos (era Juan Glapion, de quien refería frecuentemente a Roma el nuncio Aleandro [12]), explica que los magnates castellanos se hicieran eco de la gran conflagración europea y, en vísperas de las jornadas de Worms, unieron sus voces a la parte católica representada en la dieta.

Efectivamente, aprovechando unas juntas (dietas a la española) que se tenían en Tordesillas a lo largo del mes de abril de 1521, los reunidos enviaron al emperador un atijo de cartas pidiéndole la proscripción de Lutero, favor para el Santo Oficio y puesta en vigor de las oportunas medidas para que aquella «abominable herejía» no lograra difundirse en España. Las cartas procedían del almirante de Castilla y los grandes del reino, del presidente y los miembros del Consejo Real y del obispo de Oviedo, Diego de Muros, que decía ser el portavoz de la Iglesia [13]. Tres grandes estamentos del reino: la nobleza, la administración y el clero entraban de hecho en acción.

Si comenzamos el examen de estos documentos por el que procedía de la Iglesia, hay que reconocer que se trataba de una carta despersonalizada, cuyo autor, con escasa conciencia de la gravedad del momento, decía haberla escrito a petición de los otros corresponsales; y, erigiéndose en representante de los prelados del reino, se limitaba a pedir que el emperador echara «de todos sus reinos a señoríos septentrionales tan detestable abominación y no permita ni dé lugar que pase [Lutero] a nuestra región occidental a inficionar estos reinos e señoríos de España». Pura fórmula, como se ve, carente de toda iniciativa concreta.

Mayor empeño demostraba la carta del Consejo, firmada en primer lugar por su presidente, el arzobispo de Granada; en ella no sólo se distinguía entre el luteranismo y el husitismo (designando a éste como la herejía de Bohemia), sino que se sugería la entrada en acción de la Inquisición española, organismo en el cual los Reyes Católicos habían de-

---

tiations between England and Spain II (London 1866) 305.319.338s.342s (Son cartas a Carlos V desde mayo de 1520 hasta abril de 1521).

[10] BALAN, *Monumenta...* 42.

[11] Cf. *infra*, notas 15 y 16.

[12] Frecuentes referencias a su persona y devoción a la Sede Apostólica, ibid., 27.168.222. Sobre su intervención contra el tráfico de libros luteranos en español, dice Aleandro: «Il confesor mi ha detto che si trovo oggi dove Cesar conclusse in il conselio secreto et commandò che si mandasse subito uno in Antuerpia et ad altri luoghi di Fiandra per far del tutto extirpar li libri di Luther» (ibid., 81).

[13] Los documentos originales se encuentran en Simancas, Estado, leg.9 desde fol.1. Fueron publicadas por M. DANVILA, *Historia crítica y documentada de las comunidades de Castilla* III (Madrid 1897) 580-83. También BERGENROTH, *Supplement to volumen I and volumen II of Letters*, etc. (Londres 1868) 389-90.

jado a su nieto un preclaro ejemplo de cómo los príncipes deberían luchar por la fe. Lo que ellos habían hecho con los moros y los judíos aun a costa de perder muchas rentas, debería hacer el emperador con los luteranos. Esta era la primera vez que se hablaba en España de confrontar a Lutero y al Santo Oficio. No se pierda de vista que estas sugerencias se hicieron antes que apareciera en los procesos a los alumbrados la acusación de luteranismo.

Las cartas se enviaron a la corte, y el nuncio de Su Santidad refirió sobre ellas a Roma [14]. Con estos actos se rompía en la escena de Europa el telón que separaba los acontecimientos religiosos hispanos de los que se protagonizaban en el extranjero.

Escaso conocimiento del sistema luterano en España

De intento hemos dejado para este lugar el examen de la carta de los gobernadores del reino, entre quienes figuraban el cardenal Adriano y el almirante, porque en ella se encuentran referencias concretas no ya a la penetración en España de noticias sobre Lutero, sino de aquellos instrumentos donde se contenía su doctrina. En este escrito se dice efectivamente que «aquel seductor», no contento con haber pervertido y engañado a Alemania, procura con sus malignas y diabólicas astucias pervertir y contaminar estos reinos y señoríos de España; y para ello, con incitación y ayuda de algunos de estas partes que desean impedir o enervar el Santo Oficio de la Inquisición, ha tenido forma de hacer traducir y poner en lengua castellana sus herejías y blasfemias y enviarlas a publicar y sembrar en esta católica nación».

¿Cuáles eran en realidad las malignas y diabólicas astucias a las que se refiere este escrito? Sin descartar la posibilidad de que Lutero tuviera en la Península algunos simpatizantes y acaso propagandistas, como parece deducirse de los procesos de alumbrados, es claro que los reunidos se refieren a la entrada de las primeras traducciones en nuestros reinos, circunstancia que determinará, asimismo, las primeras medidas de la Inquisición en este negocio. Mas, desgraciadamente, sabemos tan poco de estas traducciones como de los originales enviados desde la feria de Frankfurt en 1519.

El nuncio Aleandro creía tener comprobado a principios de 1521 que, seguramente por iniciativa de los judíos, en Amberes se imprimían libros de Lutero en castellano, que después se enviaban a España [15]. Entre ellos, algunos autores creyeron detectar el *Comentario a los Gálatas* y el opúsculo *De libertate christiana* [16].

---

[14] Carta del 15 de mayo de 1521: «V. Sra. harà vista la copia di lettere del consiglio de Spagna mandata ad Cesare sopra la cosa di Luther... Dopoi hanno mandato il figlio de un marchese con assai lettere favorabili a questa materia» (Balan, *Monumenta...* 22).

[15] El 28 de febrero de 1521, Aleandro escribía a la curia: «Antuerpia si imprimea Luther in hispanico, credo per solicitudine di marani che sono in Fiandra, et si dovea mandar in Hispania. Cesare ci ha detto haverci remediato» (Balan, *Monumenta...* 79).

[16] Th. M'Crie, 80ss. Sus noticias no pueden descartarse *a priori;* pero hay que tomarlas con cautela, ya que algunos de los títulos por él citados entre las pretendidas traducciones todavía no habían sido escritos por fray Martín.

Si estas noticias, objetivamente bien ensambladas, tuvieran una clara base documental, estaríamos en buena pista para conocer la idea que tenía del sistema luterano el español culto en cuyas manos caían estas traducciones, si bien es verdad que sus obras latinas estaban al alcance de cualquier escritor meridional, y hasta debieron de ser las únicas que leyeron sus primeros controversistas. No se pierda de vista que el mismo Erasmo confesaba no estar preparado para leer los libros de Lutero escritos en alemán [17]. Así, pues, para hacer una síntesis de la doctrina luterana conocida en aquel momento en España hay que acudir al librito de Marliani (1520), a la censura lovaniense que Adriano tenía en sus manos y a las alusiones esparcidas en los escritos de Diego de Estúñiga y Sancho Carranza durante la controversia erasmiana. Otros tratados como los de Olesa y Benet, primeros españoles que siguen al tudense en su campaña contra Lutero, o no se conocen (Olesa) o son un simple retoque de una obra sobre la eucaristía compuesta por Benet en un tiempo anterior [18]. Tampoco llegaron a nosotros las obras de los hermanos Luis y Antonio Núñez Coronel, de quienes se dice que por el año 1522 tomaban la pluma para intervenir en esta contienda [19].

Si con los elementos que tenemos a mano queremos hacer la síntesis de la teología luterana conocida en España antes de 1524, podríamos concretarla en los siguientes capítulos:

1) Lutero niega el primado del romano pontífice, porque las palabras dichas por Jesús a Pedro: «te daré las llaves del reino de los cielos» (Mt 16,19) se refieren a toda la Iglesia, y aquellas otras: «apacienta mis ovejas» etc. (Jn 21,25), sólo están dirigidas a los obispos.

2) Lutero rechaza la confesión, como invento de los frailes para torturar las conciencias y subyugar la voluntad de los simples, al mismo tiempo que relega a la categoría de superstición los votos, los diezmos y cuanto tenga carácter de expiación por los pecados.

En este contexto se insertaba la lucha sobre las indulgencias que Alfonso de Valdés había referido largamente a Pedro Mártir de Anglería, presentada como un tira y afloja entre agustinos y dominicos, y de unos y otros contra los franciscanos; así se debió de ir formando la versión tradicional de la envidia de Lutero a Juan Tetzel a causa de las condiciones oratorias de éste y la confianza que había depositado en él el romano pontífice. Nada de esto dice Valdés, el cual ni siquiera habla de la confrontación de los dos personajes en pública controversia, sino de la simple divulgación por escrito de las tesis luteranas y de la réplica que Tetzel les dedicaba en los púlpitos.

3) Por fin, el último bloque del sistema luterano se refería a la sa-

[17] Cf. BATAILLON, I 153.
[18] M. ANDRÉS, *Adversarios españoles de Lutero en 1521:* Revista Española de Teología 19 (1959) 175-85.
[19] Al primero le atribuye una actividad literaria contra los protestantes Luis Vives en carta a Erasmo, del 20 de mayo de 1522 (ALLEN, *Opus Epistolarum* V ep.1274). La noticia referente a Antonio procede de Lucio Marineo Sículo, que le atribuye haber comenzado a escribir una obra contra Lutero, que dejó inconclusa. Cf. R. GARCÍA-VILLOSLADA, *La Universidad de París* 389.

cramentalidad del matrimonio, que abiertamente negaba el reformador, por cuanto, siguiendo a San Agustín, calificaba la unión de hombre y mujer como un *misterio* y no como un *sacramento* propiamente dicho. Mas como las críticas más agudas en este punto recayeron sobre el criterio de Erasmo al verter el texto griego de Efesios 5,12: «Mystérion toûto méga estín», nos remitimos aquí a lo que dejamos escrito en páginas precedentes.

Fuera de estos tres capítulos, que no sólo fueron presentados como luteranos, sino refutados con argumentos bien ajustados al caso, los españoles sabían también algo acerca de las posiciones novadoras en relación con la única fuente de revelación (la Sagrada Escritura), con el libre examen (al margen del magisterio eclesiástico) y con la eucaristía (rechazo de la misa por su carácter sacrificial); mas parece que no tenían ni idea de la doctrina sobre la justificación por la fe ni de su pretendido fundamento paulino; al menos no acusaron de luteranizar a Erasmo ni a Lefèvre de Etaples cuando, al traducir la carta a los Romanos, 1,17 emplearon términos favorables a la mente del reformador alemán.

Esto no quiere decir que los españoles no llegaran más tarde a tener clara idea de los dogmas protestantes; simplemente induce a creer que los primeros anatemas se lanzaron contra posturas más bien marginales del sistema luterano, aunque incompatibles desde el principio con la doctrina católica.

Esta imprecisión de la doctrina luterana, en la que se debatían no sólo los españoles, sino también muchos de sus secuaces en Alemania, dio pie para pensar que el movimiento, más que doctrinal y religioso, tenía carácter político, y que, por tanto, recibía apoyo de los comuneros y de los judíos. El hecho de que el embajador en Roma llamara al obispo Acuña «otro Martín Lutero» [20] y que el nuncio Aleandro atribuyera a los marranos la difusión de Lutero en lengua española, son, según algunos autores, válidos argumentos de esta vinculación. Nosotros no lo creemos así; los tres fenómenos se mantuvieron independientes; de modo que la frase del embajador no tiene otro sentido que el de una vivaz ocurrencia, mientras que el negocio de los libros luteranos era uno más entre los explotados por los judíos.

PRIMERAS MEDIDAS CONTRA LOS LIBROS

La postura antiluterana que adoptaron los reunidos en Tordesillas no se materializó únicamente en las cartas de solidaridad con la dieta enviadas a Carlos V; al mismo tiempo, el 7 de abril de 1521, el cardenal Adriano, en calidad de inquisidor general, publicaba un edicto ordenando la búsqueda y el secuestro de las obras de Lutero que se pudie-

---

[20] Carta del embajador en Roma, don Juan Manuel, a Carlos V, 14 de diciembre de 1520. Cf. A. REDONDO, *Luther et l'Espagne de 1520 à 1536*, en «Mélanges de la Casa de Velázquez» I (1965) 124.

ran encontrar en España [21]. Con esta medida se iniciaba una de las acciones más sostenidas por la Iglesia española a lo largo del siglo XVI: la persecución de los libros heréticos [22] en lucha a brazo partido con los mercaderes, navegantes y arrieros que desafiaban toda vigilancia para introducirlos en nuestra Península, a veces por verdadero afán de proselitismo y a veces por simple negocio. El libro era, efectivamente, un negocio nuevo, e interesaba todo lo que se relacionara con él. Que no eran infundados los temores sobre la existencia de tal propaganda, vino a demostrarse por el descubrimiento de libros y escritos del reformador alemán que hizo la Inquisición de Valencia aquel mismo verano. Este hallazgo se vio incrementado por otro del mismo género que se hizo en 1523 y 1524: un arca llena de libros del dicho Lutero y de sus secuaces que unos importadores —también valencianos— trataban de introducir por Guipúzcoa. Dos años más tarde, esta propaganda intentaba franquear las costas de Granada, donde querían descargar tres galeras de libros que venían de Venecia [23].

Los inquisidores hicieron listas de algunas de estas requisas, que, si bien son para nosotros desconocidas, se podrían considerar como embrión de los futuros índices expurgatorios. Hasta este momento, las referencias a los libros heréticos son generales y todos se atribuyen indiscriminadamente a Lutero y sus secuaces. Es precisamente a partir de 1525 cuando se citan nombres de éstos, como Juan Pomerano, Melanchton, Ecolampadio...

Por mucho que la Inquisición reiterara y extremara su vigilancia, ni siquiera las sangrientas leyes de 1558 [24] consiguieron domeñar este tráfico. Los importadores de libros apelaban a todas las trampas: embalarlos en toneles y odres de vino, cambiar las encuadernaciones y frontispicios como si fueran obras de Santos Padres, servirlos por trozos, a guisa de notas a textos de autores clásicos. Todos estos artilugios, detectados por los inquisidores en 1530, los encontraron todavía los inspectores de librerías sobre el 1558; y, publicado el gran *Indice* de 1559, siguieron entrando remesas de libros en 1563 (secuestrados en Sevilla) [24], en 1564 (también en Sevilla) [25], en 1566 (secuestrados en Laredo) [26], en 1568 (Barcelona) [27], en 1570 (en Valencia) [28]. En 1573, los libros prohibidos circulan no sólo por España, sino que se mandan a América [29]. Los tra-

[21] H. REUSCH, *Der Index der verbotenen Bücher* (Bonn 1883) 131.
[22] Sobre la censura de libros y los índices merecen tenerse en cuenta las obras siguientes: H. C. LEA, *Chaptres from the religious history of Spain connected with the Inquisition* (Filadelfia 1890) (reimp. anast. 1967); A. SIERRA CORELLA, *La censura en España. Indices y catálogos de libros prohibidos* (Madrid 1947); M. DE LA PINTA LLORENTE, *Aportaciones para la historia externa de los índices expurgatorios españoles:* Hispania 12 (1952) 253-300; ID., *Historia externa de los índices expurgatorios españoles:* ibid., 14 (1954) 411-61. Cf. también *El inquisidor general* I 245-86 y II *passim:* documentos correspondientes.
[23] A. REDONDO, *Luther et l'Espagne...* 127.131.132.
[24] Cf. *infra* p.188 y 189.
[25] AHN, Inquisición, 1.324 fol.37.
[26] Ibid., fol.66v.
[27] LEA, *Chaptres...* 120.
[28] Ibid., 28.
[29] Ibid., 29.

ficantes eran, por lo general, libreros de Salamanca y Medina del Campo, sin que pueda excluirse que muchos marinos los importaban por su propia iniciativa, sabiendo que en España era fácil encontrarles un comprador. Por este motivo, la Inquisición introdujo la «visita de los navíos» a mediados del siglo XVI, que dio ocasión a ciertas contiendas con países del extranjero por haber sido capturados súbditos no españoles. Se redactó más adelante un protocolo que preveía la recepción de los oficiales del Santo Oficio a bordo de los navíos con salvas de pólvora y brindis de cerveza, formalidades estas capaces de mitigar un poco el rigorismo de la inspección [30].

Cuanto vamos diciendo demuestra palmariamente el tenaz forcejeo en que se vieron envueltos, por una parte, la Inquisición y, por otra, los comerciantes de libros. Pero no se crea que el Santo Oficio se contentaba sólo con estas nunca descuidadas medidas policiales. Siendo como era un organismo eclesiástico, gravaba la conciencia de los fieles con las penas previstas en el derecho contra los lectores y detentores de libros heréticos, las cuales, promulgadas en las iglesias por medio de edictos, alcanzaban en aquella sociedad sacral una fuerza coactiva que era imposible sustituir. Juan Antonio Llorente refiere, como testigo de vista, que todavía a principio del siglo pasado se producían, en la semana siguiente a la proclamación de estos bandos, más denuncias que las contabilizadas en el resto del año [31]. Así, pues, remesas de libros, edictos, capturas, constituían el engranaje de una cadena sin fin en el siglo XVI.

Al edicto del mes de abril de 1521 siguieron otros en 1525, en 1530, en 1534 [32], completándolos siempre con aquellos matices que era conveniente introducir a la vista de las obras que por vía de secuestro o de voluntaria consignación llegaban a la Suprema. A partir del 1535, los edictos contra los libros prohibidos debieron de convertirse en una medida de normal administración que se proclamaba en todas las iglesias del reino a lo largo de la cuaresma, «tiempo convenible para estas cosas».

Los procesos de erasmistas y luteranos, medidos, como hemos dicho, por el rasero de un presunto luteranismo, dejaron también sus vestigios en las prohibiciones y recogidas de libros heréticos. De hecho, son sus papeles los que nos proporcionan la mayor información sobre los autores y títulos recogidos.

Al irse acallando los ánimos en torno al año cuarenta, disminuyeron las denuncias espontáneas de libros, y la Inquisición se vio obligada a tomar la iniciativa en este punto, convirtiendo las pesquisas de libros en una función de oficio. Comenzaron así las inspecciones a las librerías, para verificar las cuales se nombraba a personas de letras que tuvieran autoridad y criterio, no sólo para requisar ejemplares, que se almacena-

---

[30] Ibid., 89. Publica una curiosa instrucción sobre la manera de realizar estas visitas en apénd.1 p.480-83.
[31] *Histoire critique* I 459. Cf. todo el capítulo 13: *De la prohibition des livres et de quelques autres objets de ce genre* p.456-93.
[32] *El inquisidor general* I 247ss.

ban en las sedes del Santo Oficio, sino también para juzgar sobre su contenido, redactando unos breves informes, que después utilizarán los inquisidores para compilar listas de libros prohibidos. Cuando era la Suprema la que tomaba la iniciativa, las listas se enviaban a los distritos, a fin de que, completándolas con otros títulos de obras inconvenientes, se hicieran valer como índices (todavía no tenía la palabra un sentido técnico) de libros prohibidos.

Por el año 1536 se encomendó *una inspección a las librerías de Castilla* al agustino fray Tomás de Villanueva, bien conocido por su cultura y fama de santidad. Su misión le interesaba tanto a la emperatriz Isabel, gobernadora de Castilla, que pidió al capítulo de la Orden que lo dejaran libre de otras ocupaciones para que pudiera llevarla a cabo [33].

Nosotros desconocemos el desenlace de la gestión iniciada por Villanueva. Quizá su nombramiento episcopal le obligó a interrumpirla; pero se conocen otras encomiendas del mismo tipo, que culminaron en la publicación de los índices de los que vamos a ocuparnos a continuación. Así, el 1545 y 1546 visitó librerías el doctor Moscoso; en 1552 recogieron biblias Pedro Núñez en Alcalá, el licenciado Vaca en Valladolid y el maestro Sancho en Salamanca. Este último tuvo una parte preponderante en la preparación del *Indice* de 1559.

Como es natural, no era viable que estos pesquisidores desarrollaran todo el trabajo censorial que proporcionaban los libros secuestrados, por lo general, con un criterio maximalista. En el examen de contenidos debían servirse de otros peritos, que, si eran llamados frecuentemente, acababan por ser considerados censores oficiales de la Inquisición. Estos se buscaban entre los buenos teólogos y tales fueron Bartolomé Carranza, Melchor Cano y Domingo de Soto.

Los diferentes catálogos de 1551

Los edictos contra los libros que acabamos de reseñar caen dentro de los mandatos de los inquisidores Adriano de Utrecht y Alonso Manrique. A la muerte de éste en 1538, el Consejo de la Suprema había entrado en una cierta atonía administrativa: el inquisidor mayor se había mantenido apartado de los negocios durante largas temporadas, y poco antes de su muerte algunos miembros del Consejo, como Fernando de Valdés, modelo de ejecutivo en aquel siglo, habían pasado a ocupar otros cargos. El santo organismo no iba a mejorar su andadura durante las dos presidencias siguientes, porque el sucesor inmediato de Manrique, don Juan Tavera, era, además de arzobispo de Toledo, presidente del Conşejo Real y, fallecida la emperatriz en 1539, quedaban en su

---

[33] «... que visite las librerías destos nuestros reinos y señoríos y examine los libros que hallare para tomar y secuestrar los que tuvieren algunos errores y herejías de Lutero y sus secuaces, para que no se lean sus dañadas opiniones» (AHN, Inquisición, 1.246 fol.132v).

mano todos los negocios del reino [34]. García de Loaysa, que recibió su herencia en 1545, era anciano y estaba achacoso. El emperador lo había nombrado para premiar los servicios que le había prestado como confesor; pero era el primero en reconocer que no estaba para otra cosa sino para descansar en su diócesis de Sevilla [35]. El hecho es que, aunque Llorente atribuya a Tavera la quema en persona de 840 individuos y de 420 en efigie, ni el uno ni el otro tomaron relevantes medidas contra la infiltración protestante.

Con todo, no se interrumpió la política inquisitorial referente a los libros, o por lo menos fue reemprendida en torno al 1545. Hoy está comprobado que aquel mismo año distribuía la Suprema a las inquisiciones de los distritos un catálogo manuscrito de libros prohibidos en el que figuraba la traducción que Ecolampadio había hecho de *Teofilacto* y el *Nuevo Testamento* de Francisco de Encinas, sobre el que hablaremos más adelante. Este catálogo, hoy perdido, lo consideran algunos como el primer *Indice* español de libros prohibidos [36], no tanto por lo que tiene de lista coyuntural (quizá hubo otras anteriormente), sino por haber sido compilada después de una inspección en el mercado del libro, llevada a cabo con mandamiento oficial, por el antes referido doctor Moscoso.

Las cosas cambiaron radicalmente al ser nombrado inquisidor general Fernando de Valdés, que tenía suficiente experiencia administrativa por haber sido anteriormente obispo de cinco diócesis y presidente del Consejo Real y de la Chancillería de Valladolid. Pero si en privanza política ante el emperador no superaba a sus inmediatos predecesores, tenía más experiencia que ninguno de ellos en los negocios del Santo Oficio, porque en primer lugar había vivido un año en la casa de Cisneros y más tarde había pasado nueve como consejero (es decir, magistrado) de la Suprema en un tiempo (1524-35) en que los procesos de alumbrados y de erasmistas estaban al rojo vivo. Hombre de gran capacidad de trabajo y escaso de iniciativa, actuó en todos sus cargos según las exigencias del derecho constituido, que procuraba codificar y aplicar conforme a la más objetiva jurisprudencia.

Siguiendo las huellas de Tavera, y seguramente para subsanar las deficiencias de sus medidas, una de sus primeras acciones fue enviar otra vez a los distritos un nuevo elenco de libros prohibidos, esta vez

---

[34] Era sobrino de fray Diego Deza, arzobispo de Sevilla, a quien debió el buen comienzo de su carrera. Siendo subdiácono fue nombrado obispo de Ciudad Rodrigo (1514), de donde pasó a Osma (1523), para ocupar después los arzobispados de Santiago de Compostela (1524) y Toledo (1534-45). Fue presidente de la Real Chancillería de Valladolid (1523-32) y del Consejo Real (1524-39). Cf. R. GONZÁLVEZ, en DHEE, 4,2536.

[35] De él decía Carlos V en la *Instrucción secreta* a su hijo, don Felipe, del 1543: «No digo nada en lo del cardenal de Sevilla, porque está ya tal que estaría mejor en su iglesia que en la corte. Solía ser muy excelente para cosas de Estado y aún lo es en lo substancial, aunque no tanto por sus dolencias en lo particular... Estad sobre aviso, porque, a mi parecer, ya no anda sino tras otros. Cuando él se quiera ir para su iglesia, con buenos medios, sin desfavorecerle, haríais muy bien en darle licencia con cualquiera ocasión que os venga a la mano» (F. DE LA IGLESIA, *Estudios históricos* [Madrid 1908] 89s).

[36] BATAILLON, II 143s.

editado en la imprenta [37]. Valdés, que aprovechaba todo lo que de jurídico caía en sus manos, no había hecho otra cosa que reeditar un breve *Indice* de Lovaina (1546), completado con una lista de ejemplares que por segunda vez le proporcionaba Moscoso. Este católogo, el segundo de nuestra tierra, tampoco nos es conocido; pero lo reseñamos porque fue puente y modelo para otro que apareció en 1551, y que sigue siendo hasta hoy el que abre la serie de los conservados en la Península, y por ello se cita como el primer *Indice* promulgado por la Inquisición española. El carácter de cabeza de grupo le corresponde no tanto por la prioridad cronológica entre todos los conservados cuanto también por los nuevos criterios que se introducían en el género, a los cuales tuvieron que referirse los que vinieron después.

La matriz de este *Indice* fue nuevamente otro catálogo lovaniense que, preparado por los doctores de la Universidad a instancias de Carlos V, se promulgó en la iglesia de San Pedro el 26 de marzo de 1550 [38]. Satisfecho de su obra y conociendo la necesidad que tenía la Inquisición española de poseer un buen *Indice*, el emperador lo envió al inquisidor general para que lo aplicara en el reino. En esta ocasión, el supremo organismo le añadió un complemento de unos 80 títulos y lo entregó para su edición a los tribunales de los principales distritos, ganando con ello en exactitud, tiempo y dinero. Por una parte, como éstos custodiaban los fondos de los libros requisados, no les era difícil añadir todavía listas complementarias que respondieran a la propaganda predominante en cada región. Pero lo que fundamentalmente se buscaba era que los tribunales costearan su propio catálogo, repartiéndose así el gasto de la edición en beneficio de la Suprema.

Con este criterio, y según las noticias que hoy poseemos, el *Indice* lo publicaron Valladolid, Toledo, Valencia, Sevilla y Granada [39]. Aunque las variantes de cada edición son menos numerosas de cuanto pudiera esperarse (11 títulos, por ejemplo, añadía el de Valencia), lo que en un principio parecía una descentralización eficaz, en la práctica se consideró un quebranto de la pretendida unidad, y algunos años después comenzó la Suprema a preparar un nuevo y solo catálogo. Este se publicaría en 1559, llegando a considerarse, por las características que diremos en su lugar, bastión y símbolo de la Contrarreforma en España.

Mas el *Indice* de 1551 estaba llamado a tener vigencia durante casi dos lustros, favoreciendo inmensamente, según los criterios establecidos, la depuración interior de la Iglesia, por cuanto el abanico de sus prohibiciones se abrió no sólo a las obras de autores dañados, sino tam-

[37] I. S. RÉVAH, *Un Index espagnol inconnu:* Studia Philologica 3 (Madrid 1963) 131-50.

[38] Lo publica REUSCH, *Die Indices...* 44-72.

[39] REUSCH publica la rara edición de Valencia: *Catalogi librorum reprobatorum et praelegendorum ex iudicio academiae Lovaniensis, cum edicto caesareae maiestatis evulgati, Valentiae typis Iohannis Mey Flandri. 1551.* Mandato dominorum de consilio sanctae generalis inquisitionis (contiene —dice— la edición completa del *Indice* de Lovaina de 1550. Sigue:) *Catalogus librorum iampridem per sanctum officium Inquisitionis reprobatorum (Die Indices...* 73-77). Contiene 89 títulos. De los once últimos carece el de Valladolid, publicado el mismo año y con el mismo título por Francisco Fernández de Córdoba. Otras características y diferencias, RÉVAH, a.c.

bién a aquellos otros libros y escritos que podían perjudicar de cualquier manera el *status* religioso del pueblo. Así, bajo su proscripción cayeron un buen número de biblias y unos pocos libros litúrgicos y de devociones particulares (misales, homiliarios, postillas, diurnales) [40], que, al convertirse en objeto de la atención inquisitorial en los años siguientes, constituyeron uno de los capítulos más originales sobre la incidencia del Santo Oficio en la piedad popular y en las formas exteriores de la religiosidad en aquellos días.

EL «INDICE» DE VALDÉS DE 1559

Desde la aparición del *Indice* de 1551 hasta la del de 1559, la Inquisición española no cejó en su vigilancia frente a los libros nocivos; mas como la alteración religiosa parecía estar controlada dentro de la Península y tanto el emperador Carlos V como su hijo Felipe II centraban la atención en los problemas del anglicanismo y del protestantismo alemán, la Suprema se limitó a mantener al día los catálogos publicados por los distritos, enviándoles, de vez en cuando, listas complementarias con los títulos que eventualmente consideraban más sospechosos los censores del Santo Oficio [41].

Pero la realidad era distinta de la apariencia, porque, al socaire de aquella bien programada quietud, una innovadora mentalidad protestante se abría camino en varias ciudades de Andalucía y de Castilla. En el otoño de 1557 el hallazgo de dos toneles repletos de libros que el arriero Julián Hernández [42] pretendía introducir clandestinamente en Sevilla, iba a ser el primer fogonazo de un gran incendio que, si no destruyó totalmente la fábrica de la vieja cristiandad española, dañaba su estructura fundamental, sustituyendo algunas de sus claves mejor calculadas por otras de acuerdo con los criterios de la Reforma.

Los libros procedían de Ginebra y los mandaba, a lo que parece no por primera ni única vez, el doctor Juan Pérez de Pineda, un converso calvinista que había huido de la ciudad andaluza al descubrirse en ella los primeros brotes de afiliación protestante [43]. El mismo acababa de publicar una traducción del Nuevo Testamento [44], y es posible que los ejemplares de su obra constituyeran el grueso de la mercancía secuestrada.

Este hallazgo venía a aumentar los fondos de libros dañados que se venían formando desde el año 1552, cuando, al preparar una censura de biblias (a ella nos referiremos más adelante), se recogieron también

---

[40] Sobre el motivo de estas prohibiciones, ver *infra*, p.192.
[41] *El inquisidor general* I 261s. Cf. en la misma obra cuanto se refiere al *Indice* de 1559 (p.261-86).
[42] J. E. LONGHURST, *Julián Hernández, protestant martyr:* Bibliothèque d'Humanisme et Renaissance 22 (1960) 90-118.
[43] E. BOEHMER, *Spanish Reformers of two centuries from 1520* III (New York 1883) 55-100; P. J. HAUBEN, *Three Spanish heretics and the Reformation* (Genève 1967) 20-23 *passim.*
[44] Cf. E. FERNÁNDEZ Y FERNÁNDEZ, *Las biblias castellanas del exilio* (Miami 1976) 80-97.

otros libros cuyo contenido o intencionalidad levantaban alguna sospecha.

A causa de esta inesperada inflación literaria, se endurecieron las posiciones de la Suprema y se alteró aquella tolerancia en que de hecho se había vivido desde el final del alumbradismo. La Inquisición puso en juego sus medidas fiscalizadoras y represivas, nombrando, en las ciudades que tenían industria o mercado de libros, inspectores de librerías, y señalando entre los hombres de letras censores de oficio, cuyo criterio habría de prevalecer incluso sobre los juicios emanados de los claustros universitarios. Inspecciones de este tipo se llevaron a cabo en Valladolid, Salamanca, Sevilla, Murcia, Tarazona, Toledo [45], y el trabajo de censura de los libros secuestrados recayó en su mayor parte sobre el catedrático de Salamanca Francisco Sancho [46] y el complutense doctor Millán. Aparte de éstos, otros teólogos más conocidos recibían el encargo de censurar obras frente a las cuales habrían de tomarse especiales medidas. Tal fue la encomienda hecha a Melchor Cano y Domingo de Soto en relación con el *Catecismo cristiano*, de fray Bartolomé Carranza.

En este clima de manifiesta represión literaria, algunos propietarios de libros depositaban sus ejemplares en casa de personas que gozaban de buena reputación ante los hombres del Santo Oficio; mas como entonces todo el mundo estaba expuesto a la sospecha y a la denuncia, no pocos delataban a aquellos comisionarios, o, en el mejor de los casos ellos mismos entregaban espontáneamente la mercancía [47].

Fue así como por distintos caminos se hinchieron los depósitos librarios de la Inquisición española, que ya desde principios de 1558 estaban reclamando provisiones urgentes. Durante varios meses, nadie pensó con voluntad decidida en la posibilidad de editar un *Indice* más completo que el de 1551, quizá porque se prefería apelar a medidas drásticas que acabaran de una vez para siempre con aquella anegante literatura.

Así, el 2 de enero de 1558, los señores del Consejo hicieron en Valladolid un auto de fe con una serie de libros acumulados en la Suprema. Allí se quemaron obras de Constantino Ponce de la Fuente, del doctor Juan Pérez, de Juan de Valdés, de Osiander, de Erasmo, de Fuchs, y algunos libros supersticiosos [48]. Hogueras semejantes se levantaron en Aragón, también por orden del Santo Oficio.

En el mes de marzo hubo en la corte una reunión de juristas y de teólogos para ver lo que se debía hacer con los dichos libros. De allí sa-

---

[45] Abundante documentación en AHN, Inquisición, 1.575 fol.52-65.72-82 *passim*. Cf., como ejemplo, el mandato enviado por la Suprema al tribunal de Toledo el 2 de febrero de 1559: «Será bien que publiquéis edictos para que se recojan todos los libros de romance y que toquen a doctrina cristiana, que sean impresos fuera destos reinos desde el año de cincuenta acá; y los que se hallaren, recójanse en la Inquisición, donde estén a buen recaudo fasta que seáis avisados de lo que dellos se deba hacer» (ibid., 72v).
[46] Este fue uno de los personajes más influyentes en la censura durante todo el siglo XVI. Sobre su aportación al *Indice* de 1559 cf. *infra* p.192.
[47] Cf. *infra* p.193. Item 211s.
[48] Lista en E. SCHAEFER, *Beiträge zur Geschichte des spanischen Protestantismus und der Inquisition im sechzente Jahrhundert* III (1902) 101-103.

lió una censura muy solemne que se mandó leer y publicar en el reino, intimando, so pena de excomunión *latae sententiae*, el cumplimiento de las órdenes inquisitoriales emanadas sobre este punto.

Esta censura era antecedente inmediato de la famosa ley de sangre que dictaba Felipe II el 13 de septiembre de 1558. En ella se condenaba a pena de muerte a cualquier persona que introdujera en el reino libros en romance impresos fuera de él sin licencia firmada de orden del rey y refrendada por los miembros del Consejo Real. Idéntica sanción recaía sobre los editores, autores y poseedores de tales libros y sobre quienes pusieran en circulación clandestinamente manuscritos de los herejes [49].

El contenido de la ley era en sí mismo desorbitado, y para que resultara eficaz se hacía necesario circunscribir en títulos y formulaciones concretas el concepto mismo de libros heréticos. Debió de ser en este momento cuando los consejeros del Santo Oficio concibieron el proyecto de editar un nuevo *Indice* de libros prohibidos; mas, para cortar ocultamientos y subterfugios, no le dieron publicidad alguna, limitándose a intensificar las pesquisas y las censuras que ya se venían haciendo en los primeros meses de 1559 [50].

Dos circunstancias particulares impulsaban a la Inquisición española a llevar adelante el proyecto con todo secreto y celeridad. La primera era la promulgación en Roma de un *Indice* pontificio que desde principio de aquel mismo año se habría de aplicar en toda la Iglesia [51]. Su autor formal, el papa Paulo IV, había sido hasta entonces manifiesto enemigo de España; y, por haber sido además inquisidor mayor de la Iglesia romana, se mostraba especialmente cauto frente a la independencia que para sí reclamaba la Inquisición española. Así, pues, interesaba mucho que España tuviera su propio *Indice*, a cuyo criterio se pudiera apelar en las causas que en este punto se dieran. La segunda la constituía precisamente la publicación en Amberes del *Catecismo cristiano* de fray Bartolomé Carranza; una obra escrita en romance, lengua considerada entonces vehículo peligroso de las nuevas ideas, e introducida en el reino sin el conocimiento del Santo Oficio y sometida, por iniciativa unilateral de su autor, al examen de algunos teólogos, cuyo juicio no coincidía con el de los censores oficiales de quienes lo había recabado el Consejo. En una palabra, a principios de 1559 se buscaba por todos los medios una causa para prender a Carranza. La inclusión de su obra en un *Indice* de libros proscritos facilitaría sobremanera los planes del Santo Oficio [52].

---

[49] *Novísima recopilación de las leyes de España* a.1805 l.8 tít.16 ley 3.

[50] El 20 de marzo de 1559, la Suprema escribía a los inquisidores de Sevilla: «El catálogo de los libros se imprimirá con la más brevedad que sea posible que, por haber venido nuevamente muchos libros y se están viendo, no se ha podido hacer» (AHN, Inquisición, l.575 fol.75).

[51] *Index auctorum et librorum qui ab officio sanctae Romanae et universalis Inquisitionis caveri ab omnibus et singulis in universa christiana republica mandantur...* (Romae, anno 1559, mense ianuario). Ed.: REUSCH, *Die Indices...* 176-208.

[52] Sobre el *Catecismo cristiano* de Carranza cf. *infra* p.242.

Después de unos meses de intensa actividad, orientada a reducir al mínimo el tiempo de la impresión, el *Indice de libros prohibidos* apareció por fin en Valladolid, en agosto de 1559 [53], y sucesivamente lo fueron promulgando los inquisidores de cada distrito.

El libro no sólo cogía de sorpresa a todo el mundo, sino que nadie podía sustraerse a su inesperado rigor, porque el inquisidor general había procurado previamente del papa la cancelación de todas las licencias concedidas anteriormente para leer, poseer, imprimir, introducir y vender cualquier libro sospechoso dentro del reino. Así, pues, el vehículo normal de la cultura y formación religiosa quedaba automáticamente sometido a la Inquisición. Hasta qué punto era insoslayable este control, quedará de manifiesto con un somero análisis del contenido de este catálogo y de las reacciones por él suscitadas en los más genuinos representantes de la espiritualidad española.

EL CONTENIDO DEL «INDICE» Y SU INCIDENCIA SOBRE LA ESPIRITUALIDAD ESPAÑOLA

Hasta que no se haga la edición crítica del *Indice*, que nos permita identificar la mayor parte de los títulos incorporados en él, no podremos tener una idea exacta sobre su contenido. Y aunque investigadores como Bataillon, Revah, E. Asensio, Martínez de Bujanda, llegaron a importantes resultados en este estudio [54], todavía son muchas las obras y los autores que quedan en misteriosa penumbra. Los escasísimos ejemplares que de algunas de las identificadas llegaron hasta nosotros, dan pie para suponer que muchos libros desaparecieron de la circulación literaria precisamente como consecuencia de la censura inquisitorial. Las hogueras y las denuncias a las que aludíamos en el número precedente, lejos de extinguirse, se reavivaron con la publicación del catálogo de Valdés. Mas cabe esperar que no pocos libros se homologuen todavía, siguiendo las referencias, sólo aproximativas, con que aparecen en el catálogo. El *Indice* fue el resultado de una actividad multiforme, llevada adelante con métodos diferentes y no siempre presidida por el mismo criterio. En líneas generales, se puede decir que los comisionados para este asunto reunieron en un solo *Indice*, el de 1551, las listas complementarias emanadas de la Suprema y los títulos de las obras requisadas desde fines de 1557. Mas de éstas no siempre se consiguieron los ejem-

---

[53] *Cathalogus librorum qui prohibentur mandato Illustrissimi et Reverendissimi domini D. Ferdinandi de Valdés, Hispalensis archiepiscopi, Inquisitoris Generalis Hispaniae... hoc anno 1559 editus. Quorum iussu et licentia Sebastianus Martínez excudebat Pinciae*. Ed.: REUSCH, *Die Indices...* 209-42. Existe una edición facsimilar debida a A. M. HUNTINGTON (Madrid 1951).

[54] Cf. los trabajos de estos y otros autores en M. ANDRÉS, *La teología española del XVI* (Madrid 1977) 612-23 con nt.1-47 (buena síntesis de los actuales conocimientos acerca de los títulos incluidos en el *Indice* de 1559). A ellos hay que añadir los trabajos que se están llevando a cabo en el seminario de Historia Moderna de la Universidad Autónoma de Madrid, conocidos algunos de ellos en ejemplares dactilografiados. Así: V. PINTO CRESPO, *Censura inquisitorial en la segunda mitad del siglo XVI* (tesis de licenciatura, seguramente ya ampliada como tesis doctoral cuando se publique el presente volumen).

plares completos, porque a veces sus poseedores les arrancaban intencionadamente portada y contraportada, debiendo ser identificadas por medio del colofón o de un repaso superficial. También debieron de tener en cuenta los catálogos publicados en otros lugares: Inglaterra (1526), Bruselas (1540), Francia (1546), Venecia (1549) y el romano de Paulo IV. Pero no se puede apurar demasiado la dependencia que respecto a éstos pudo tener el *Indice* de Valdés, ya que en algunos puntos, como el concerniente a la literatura erasmiana, se mantiene éste en una «moderación relativa» que no supo conseguir el *Indice* pontificio.

De algunas obras incluidas en el *Indice* se hicieron abundantes, largas y hasta tendenciosas censuras, en tanto que otras debieron de ser incluidas por simples recelos acerca de la doctrina o en torno al autor. Entre las primeras hay que poner el *Catecismo cristiano*, de fray Bartolomé Carranza, perla hasta tal punto codiciada del *Indice*, que, cuando ya éste se preparaba para la imprenta, se temía dar la impresión de que sólo por la inclusión de ese libro se publicaba un nuevo catálogo [55]. Unas censuras breves se conservan sobre las obras del doctor Constantino, y un procesillo hubo también sobre el libro *De la oración... y guía de pecadores*, de fray Luis de Granada, que pretendió inútilmente, igual que Carranza, sustraer su libro al bando inquisitorial; pero las censuras de estos tres espirituales se habían pedido a los tres grandes teólogos, Cano, Soto y Domingo de las Cuevas, a cuyos informes de oficio se atuvo tenazmente la Inquisición [56].

Sin previo análisis, o, en el peor de los casos, después de uno muy somero, pasaron al *Indice* las *Obras del cristiano, compuestas por don Francisco de Borja, duque de Gandía* y el *Aviso y reglas cristianas, compuesto por el Maestro Avila sobre aquel verso de David: «Audi, filia»*. Los dos autores se vieron sorprendidos por la inclusión de sus obras en el catálogo de Valdés, y entrambos se aprestaron a rendir a la Inquisición un heroico testimonio de dignidad humana y religiosa obediencia. Borja logró demostrar que no eran suyos todos los escritos contenidos bajo aquel título —del que reconoció el inquisidor general que «estaba un poco a bulto»—, y obtuvo licencia para editar los propios, vertidos a lengua latina. Sin embargo, este episodio hirió profundamente la sensibilidad del que había sido gentilhombre de corte, el cual se exilió en Portugal, sin que llegara a realizar la proyectada edición en latín [57].

Por su parte, el Maestro Avila pareció reconocer que había cosas inconvenientes en aquel tratado que había escrito varios años antes a vuelapluma para una persona concreta y que había sido subrepticiamente

[55] Así, se refleja en una carta del Consejo a la Inquisición de Sevilla; fechada el 12 de febrero de 1559: «Los comentarios sobre el *Catecismo cristiano* en romance del arzobispo de Toledo conviene se recojan; y porque no parezca que se hace la diligencia por sólo ese libro, será bien que publiquéis édictos en que se manden tomar todos los libros en romance que toquen a doctrina cristiana, impresos fuera destos reinos del año 50 acá» (AHN, Inquisición, 1.575 fol.73).
[56] *El inquisidor general,* I 276-77.
[57] Cf. el documentado estudio de C. DE DALMASES, *San Francisco de Borja y la Inquisición española. 1559-1561:* Archivum historicum Societatis Iesu 41 (1972) 48-135.

impreso por Juan de Brocar en Alcalá el año de 1556. Y así, su reacción inmediata no sólo fue poner mano a la corrección de la obra, sino también arrojar a la hoguera, con gran sentimiento de sus discípulos, los apuntes escritos por él en Salamanca y en Alcalá [58]. A esta acción le impulsaba una cláusula del *Indice*, en la cual se prohibían «todos y cualesquier sermones, cartas, tratados, oraciones o otra cualquier escriptura, escripta de mano que habla o tracte de la Sagrada Escritura o de los sacramentos de la Madre Iglesia y religión cristiana».

Cláusulas como esta y otras que aludían genéricamente a lo herético, escandaloso, supersticioso..., no sólo dieron al *Indice* de 1559 una amplitud inmensa a la hora de llevarlo a la práctica, sino que influyeron ya en el ánimo de los comisionados al momento de comprobarlo.

Son interesantes a este respecto las consultas que elevaban a la Suprema los inspectores de librerías, perplejos ante la heterogeneidad del material con que tropezaban sus manos. Entre todas ellas destaca la del maestro Francisco Sancho, que dio ocasión a la Suprema para esclarecer algunos de los criterios que determinaron la composición del *Indice* de Valdés [59]. Había libros —decía— de autores católicos que contenían pasajes heréticos, había libros de herejes que trataban materias profanas, había biblias hebraicas y coranes en árabe que no estaban al alcance del pueblo, y obras a reprobar incorporadas en colecciones ortodoxas y meritorias. ¿Cómo proceder en cada uno de estos casos?

Aunque las respuestas de la Inquisición eran, más bien, tolerantes con las piezas no escritas en castellano, en la práctica predominaban las posiciones seguras, y así entraron en el catálogo un buen número de biblias, sobre todo *Nuevos Testamentos* en latín y en castellano, de evangeliarios, epistolarios, postillas, breviarios, diurnales, libros de horas, misales, constituyendo las inclusiones de estos libros una característica original de los índices españoles (ya esbozada en el de 1551) y un interesante capítulo de actitud adoptada por los jueces de la fe de cara a la religiosidad paralitúrgica y popular. Algunos de estos libros contenían elementos supersticiosos, como indulgencias espúreas, ciclos de misas indefectiblemente eficaces y hasta retoques del texto que favorecían los dogmas de la Reforma.

Mas no se crea que el motivo de tales prohibiciones era siempre la desviación en la fe. Algunos misales y libros litúrgicos se prohibieron simplemente por responder al esquema reformatorio concebido por el cardenal Quiñones y retirado por la curia romana. Así, por ejemplo, el *Misal* impreso en Lyón en 1550 y el *Diurnale Romanum Breve* del 1548. De esta manera, la Inquisición ampliaba el campo de su competencia y se afirmaba como un instrumento al servicio de la reforma eclesiástica allí donde fuera útil su intervención.

Hemos querido insistir en la inclusión de estas obras por considerarla una peculiaridad del *Indice* español de 1559, pues en cuanto a los pa-

[58] Cf. L. SALA BALUST-F. MARTÍN HERNÁNDEZ en *Introducción biográfica* a *Obras completas del santo Maestro Juan de Avila* (Madrid 1970) 186-213.
[59] *El inquisidor general...* II 205-208.

dres de la Reforma sigue un criterio coincidente con el de los demás catálogos de la época, superándolos quizá en tolerancia y moderación. Y así, a nadie puede extrañar que se prohíban algunas obras de Osiander, Schoffer, Erasmo, Servet, y toda la producción de Carlostadio, Ochino, Bucero, Ecolampadio, Lutero, Mártir Vermigli, Melanchton, Zuinglio... Lo que sí llama la atención es que figuren en el *Indice* muy pocas obras de los españoles considerados por el Santo Oficio epígonos y devotos de los grandes reformadores, ya que como tales sólo hay que contar a Juan Pérez de Pineda, a Constantino Ponce de la Fuente, probablemente a Juan de Cazalla, a Juan de Valdés y pocos más.

En contrapartida fueron muy numerosos los libros de espiritualidad compuestos en castellano o traducidos a nuestra lengua, ya que, además de los tres grandes maestros (Granada, Avila y Borja) a quienes ya hemos mencionado, cayeron también en las censuras del *Indice* Pedro Ximénez de Préxamo, Francisco de Hevia, Francisco de Osuna, Bernabé de la Palma, Juan de Dueñas, Luis de Maluenda y una serie de anónimos o no identificados por los censores. Entre los extranjeros hay que destacar la presencia en España de Dionisio Cartujano, de Juan Taulero, de Serafín de Fermo, de Enrique Herp, de Savonarola y, sobre todo, de Benedetto de Mantua, cuyo *Tratado utilísimo del beneficio de Cristo* influyó en los heterodoxos del sur de Europa más que cualquier obra de Lutero [60].

La prohibición de estos libros, privilegiados con un gran círculo de lectores que se nutría de ellos sin la menor prevención, desencadenó un clima de miedo poco propicio para que la literatura espiritual mantuviera aquella eclosión y frescura que fue, a pesar de todo, característica del siglo de oro; y así, los jesuitas, que habían depositado en la Inquisición de Sevilla el manuscrito de los *Ejercicios* de San Ignacio, que ya alguien había calificado de alumbradista y otras malicias, comunicaban a su general, el P. Laínez, que «el inquisidor mayor ha sacado un edicto en que se vedan casi todos los libros en romance que ahora usan los que tratan de servir a Dios... y estamos en tiempo en que se predica que las mujeres tomen su rueca y su rosario y no curen de más devociones» [61]. Santa Teresa de Jesús, que quería ser fiel a las normas a pesar de su gusto por Francisco de Osuna, no pudo dejar de escribir en el capítulo 26 de su *Vida* que, «cuando se quitaron los libros en romance, que no se leyesen, yo lo sentía mucho, porque algunos me daban recreación leellos, y yo no podía ya por dejallos en latín».

EL «INDICE EXPURGATORIO», DE DON GASPAR DE QUIROGA

El *Indice* de 1559 marca un momento cumbre en la historia de la censura; pero ni éste ni el contemporáneo de Paulo IV se mantuvieron

[60] Sobre todos estos títulos cf. M. ANDRÉS, o.c., páginas y notas citadas.
[61] MHSI, *Monumenta Lainii* IV 522. Sobre las obras de literatura, cf. J. M. de BUJANDA, *La littérature castillane dans l'index espagnol de 1559*, en *L'Humanisme dans les lettres espagnoles*, (París 1979) 205-18.

como norma definitiva en lo que quedaba de siglo. El rigor del catálogo pontificio y la inclusión en el hispano de la obra de Carranza, en favor del cual se propusieron interceder los Padres de la tercera etapa de Trento, llevó a los conciliares a constituir una comisión examinadora de libros, cuyos trabajos habrían de llevar a la publicación de un catálogo valedero en toda la cristiandad. La clausura precipitada del sínodo obligó a poner el proyecto en manos del papa [62], que en pocos meses le dio remate. Un nuevo *Indice* pontificio aparecía por fin el 24 de marzo de 1564, precedido de una bula que fijaba en 10 reglas fundamentales los criterios a seguir en la aplicación e inteligencia del mismo [63]. Este no restringía de ninguna manera las facultades de los inquisidores generales y los obispos, pues les reconocía expresamente atribuciones para prohibir en sus territorios incluso libros que podrían parecer permitidos por el referido catálogo.

Esta salvedad se debía, sin duda, a las presiones que la Inquisición española había ejercido sobre Pío IV y los Padres de Trento para que el concilio no tratara sobre los libros prohibidos en los reinos de España [64]. Así, pues, ningún cambio inducía el nuevo catálogo en las normas de la Suprema. Mas como el temible inquisidor general Fernando de Valdés estaba llegando al final de sus días y dos años más tarde recibió como inquisidor coadjutor con derecho de sucesión al futuro cardenal Espinosa, se distendió el programa represivo que se había aplicado a lo largo de un lustro.

Sea cual fuere la incidencia del *Indice* valdesiano en la espiritualidad del siglo de oro, una cosa es clara: que en ningún campo tuvo menos influencia que en aquel en que se producía un constante mercado de libros. La mercancía seguía entrando en España ahora por las costas y fronteras del Norte; se seguían recibiendo denuncias, y de vez en cuando emanaban de la Suprema nuevas censuras, como las que recayeron en la *Historia pontifical*, de Gonzalo de Illescas (1565, 1567), y en la *Apología de Juan Fero* (1578), debida a Miguel de Molina [65]. Como se ve, no se dejaba crecer la hierba en el sendero que llevaría a la compilación de otros índices para los reinos de España.

Desde el año 1567, la atención española se concentró en los Países Bajos, que el duque de Alba se debatía por mantener unidos política y religiosamente a la corona de Felipe II. Junto a la rebelión de los no-

---

[62] «Sacrosancta synodus in secunda sessione... delectis quibusdam patribus commisit ut de varis censuris ac libris, vel suspectis vel perniciosis quid facto opus esset considerarent atque ad ipsam sanctam synodum referrent. Audiens nunc, huic operi ab eis extremam manum impositam esse, nec tamen ob librorum varietatem et multitudinem possit distincte et commode a sancta synodo diiudicari, praecipit ut quidquid ab illis praestitum est sanctissimo Romano Pontifici exhibeatur, ut eius iudicio atque auctoritate terminetur et evulgetur». Cf. *Concilium Tridentinum* IX 1104.

[63] *Index librorum prohibitorum cum regulis confectis per Patres a Tridentina Synodo deletos, auctoritate Sanctissimi D. N. Pii IV, Pont. Max. comprobatus, Romae, apud Paulum Manutium, 1564*. Ed. REUSCH, *Die Indices...* 243-81.

[64] Cf. J. I. TELLECHEA, *Cartas y documentos tridentinos inéditos:* Hispania Sacra 16 (1963) 191-248.

[65] Amplia referencia sobre la prohibición de estas obras: M. DE LA PINTA LLORENTE, *Historia interna de los índices expurgatorios españoles:* Hispania 14 (1954) 416-21.

bles, tenía una influencia demoledora la propaganda de calvinistas y luteranos. El rey quiso oponerle un dique que contuviera a la vez el avance de la herejía en aquellos países y los tentáculos que a través del comercio de libros podían proyectar hacia España. Con este objetivo se divulgó en 1571 un *Indice* manuscrito, para el que habían trabajado un centenar de expertos bajo el control efectivo del biblista Arias Montano [66]. La originalidad de esta obra residía precisamente en su finalidad expurgadora, en base a la cual se podía salvar el grueso del contenido de ciertas obras cancelando aquellos pasajes que ofendían a la doctrina ortodoxa. Así podía circular Erasmo, al que Arias Montano apreciaba en su corazón. El sistema era moderado y ecumenista; permitía salvar de la destrucción muchos libros, obligaba a cambiar las normas de la censura, no siendo ya suficiente el examen de las proposiciones fuera de su contexto, y cortaba los recelos que llevaba consigo la publicación de un catálogo, no siendo necesario difundir el nuevo más que entre los encargados de cancelar los pasajes prohibidos.

El *Indice* de Arias Montano no tuvo en España la repercusión que había alcanzado el lovaniense de 1551, pero lanzó a la palestra un nuevo género de censura que adoptaron los índices subsiguientes. Hubo que esperar más de diez años para que el inquisidor general don Gaspar de Quiroga se decidiera a publicar un nuevo *Catálogo de libros prohibidos* en 1583 [67], al que en 1584 siguió como complemento un *Indice expurgatorio*, señalando los pasajes que debían ser cancelados en obras determinadas.

Este catálogo se preparó con una metodología semejante a la que se había adoptado en 1559; y, aunque en el prólogo se apelaba al «mucho acuerdo y deliberación de las universidades de estos reinos», en realidad era en Salamanca donde se había desarrollado el grueso de este trabajo. El doctor Francisco Sancho, que había prestado a la Inquisición española tan prolongados servicios, fue sustituido en esta ocasión por el doctoral Diego Vera, profesor de decretos, al que ayudaron en su trabajo el maestro León de Castro y el benedictino García del Castillo. Pero los personajes más conocidos que unieron sus nombres al *Indice* de Quiroga fueron el P. Mariana, de la Compañía de Jesús, y el cronista aragonés, Jerónimo Zurita. Este por haber sido autor de una consulta en la que optaba por la libre circulación en sus lenguas originales de ciertos libros de valor literario y útiles para la formación del estilo en las escuelas de jóvenes [68]. Así se permitió el *Ars amandi*, de Ovidio, que se vedaba «en romance o en otra lengua vulgar solamente».

El P. Mariana, por su parte, examinó, con la ayuda de cuatro ama-

[66] BATAILLON, II 336-39. Importante la monografía de L. MORALES OLIVER, *Arias Montano y la política de Felipe II en Flandes* (Madrid 1927). Recientemente: B. REKERS, *Arias Montano* (Madrid 1973).

[67] *Index et Catalogus librorum prohibitorum, mandato Illustrissimi ac Reverendissimi domini D. Gasparis Quiroga, cardinalis, archiepiscopi Toletani, ac in regnis Hispaniarum Generalis Inquisitoris denuo editus... Matriti, apud Alphonsum Gomezium, regium typographum, anno 1583.* Ed.: REUSCH, *Die Indices...* 377-447.

[68] Analiza su colaboración M. DE LA PINTA LLORENTE, *Aportaciones para la historia externa de los índices expurgatorios españoles:* Hispania 12 (1952) 268-70.

nuenses, los borradores preparados para el catálogo, logrando que sus criterios fueran adoptados por la Suprema en tan larga medida, que algunos historiadores lo consideran, después de Quiroga, como el segundo titular del catálogo. Su huella es notable en las catorce reglas que constituyeron la primera parte del *Indice* y en la abundancia de datos con que se pretende identificar cada una de las piezas prohibidas; porque Mariana quiso que se evitaran a toda costa las cláusulas generales, que hacían difícil para los doctos, y aun para los ministros del Santo Oficio, la aplicación del catálogo [69]. En este sentido, el *Indice* de 1583-84 era más útil que el de 1559; y así, aunque todavía figuraban en él las obras de los grandes maestros de la espiritualidad española, se excluían las ediciones que ya habían salido expurgadas, y se hacía notar que la prohibición de las otras «en manera alguna» dañaba «al honor y buena recordación» de aquéllos, «cuya vida y doctrina siempre se enderezó a servicio y aumento de nuestra sagrada religión y de la santa silla apostólica romana».

Aparte la atención concedida a las diferentes ediciones de la Sagrada Escritura —argumento que abordaremos en seguida—, el *Indice* de Quiroga es el primero en ofrecer una lista de «nombres de heresiarcas, renovadores, cabezas y capitanes de herejías», con la expresa finalidad de que éstos no sean confundidos con los autores católicos que los comentan e impugnan, ni con aquellos a quienes añaden, por su parte, escolios, anotaciones, prólogos, apéndices y censuras. Los libros de los herejes son, sencilla y llanamente, prohibidos; los otros, basta con que sean expurgados.

IMPORTACIÓN DE BIBLIAS Y TRADUCTORES HISPANOS

Un análisis, siquiera somero, del *Indice* de Quiroga descubre en sus páginas una acuciante inquietud en relación con la Biblia, cuyas ediciones ocupan en él un número considerable de epígrafes. El hecho no nos sorprenderá si tenemos en cuenta que eran los dos Testamentos, sobre todo los traducidos a lengua vulgar, el medio preferido por los reformadores para preparar el camino a sus dogmas. Por eso precisamente, el «movimiento bíblico» dio síntomas de su presencia en España mucho antes de que se pensara en el *Indice* de Quiroga, que en este aspecto mantiene la continuidad con los precedentes índices españoles, incorporando a la letra importantes bloques detraídos de ellos. Este catálogo constituye, pues, junto con los que lo precedieron, uno de los mejores apoyos para conocer la difusión de la Biblia en España y su significado en cuanto a la penetración de la Reforma en el reino.

Aunque a lo largo de la Edad Media circularon por España algunas versiones del Antiguo Testamento, obra de los judíos, y el rey Alfonso el Sabio mandó traducir al castellano todos los libros de la Sagrada Es-

---

[69] F. ASENSIO, *Juan de Mariana ante el «Indice» quiroguiano de 1583-1584*: Estudios Bíblicos 31 (1972) 135-78.

critura, la Biblia en vulgar nunca estuvo bien vista por la Inquisición española; y así, al prohibirla los Reyes Católicos al mismo tiempo que expulsaban a los judíos, se impuso la Vulgata (latina) cual texto único de la Sagrada Escritura, saltando de vez en cuando al mercado traducciones hispanas de las epístolas y evangelios de los domingos, contra las cuales también había prevención si no llevaban «postillas» o notas, que, hechas en un principio para uso de los predicadores, orientaban no poco la inteligencia de todo lector. Entre éstas alcanzó especial difusión la de fray Ambrosio Montesinos, cuyos textos eran bella y exactamente vertidos [70], a pesar de lo cual todavía apareció condenada en el *Indice* de 1612, en los ejemplares en que las perícopas no fueran acompañadas de su explicación.

Estas cortapisas al conocimiento de la Escritura afectaban al cristiano de cultura media y elemental, porque los estudiosos solían obtener licencia para utilizar el texto sagrado tanto en sus lenguas originales como en las traducciones que circulaban en el momento; pero aquella clase de gente era entonces, como ahora, la más sensible a la renovación religiosa, y los reformadores la preferían como el mejor caldo de cultivo. Era, pues, necesario poner en sus manos la Biblia; y esto había que hacerlo con toda cautela, sin escatimar generosidad y eficacia. Así cayeron sobre España numerosas ediciones de la Biblia en latín, completa, o de los dos Testamentos por separado, con las manipulaciones y retoques que más adelante vamos a referir. Se introdujeron los epistolarios y evangeliarios de Bugenhaghen, de Erasmo Sarcerio, de Antonio Corvino, de Arsatio Schoffer..., autores de cuya mentalidad protestante no es razonable dudar.

Véase, como botón de muestra, cómo explica Corvino el pasaje evangélico Mt 16,18, tradicionalmente interpretado como la colación del primado a San Pedro: «Cristo exalta la confesión de Pedro de tal manera concorde con la palabra de Dios, que llega a decirle: 'Sobre esta piedra edificaré mi Iglesia'. No dijo 'sobre Pedro', sino 'sobre piedra', para que se entienda que la Iglesia se funda sobre la palabra de Dios, no sobre un hombre» [71]. La misma filiación religiosa se observa en Bugenhaghen al comentar Hebreos 9,12: «Cristo entró una sola vez en el santuario habiendo conseguido una redención eterna». «Sépanlo —dice— los que pretenden sacrificar a Cristo cada día en el sacramento del altar, donde él nos dejó no un sacrificio, es decir, su muerte cruenta *(sui·occissionem)*, sino la conmemoración de aquel otro sacrificio que sólo una vez realizó» [72].

Junto a esta literatura era necesario proporcionar versiones de la Bi-

---

[70] Cf. M. MORREALE, *Las epístolas y evangelios de Ambrosio Montesinos. Eslabón entre los romanceamientos medievales y la lectura de la Biblia en el siglo de oro*, en «Studi in onore di A. Corsano» (1970) 453.
[71] *Loci in evangelia cum dominicalia tum de sanctis, ut vocant, ita adnotati ut vel commentarii vice esse possint* (Wittenberg 1961) s.p. Verlo en la festividad de San Pedro.
[72] *Annotationes Bugenhaghi Pomerani in decem epistolas Pauli...* (Augsburgo 1524) fol.134v.

blia en lengua vulgar, presididas también por los mismos criterios. Como este trabajo no hubiera podido hacerse en España, más por el control inquisitorial que por falta de materiales (muchos se habían reunido para la *Políglota complutense*), pusieron manos a la obra nuestros connacionales exiliados en el extranjero, los cuales obtuvieron en este campo resultados más apreciables en calidad literaria que en número [73].

Abrió brecha el burgalés Francisco de Encinas, que en el curso de 1541 a 1542 figuraba matriculado en la Universidad de Wittenberg como discípulo de Melanchton. El 25 de octubre de 1543 aparecía en Amberes, en la prensa de Esteban Mierdmanno, su obra *El Nuevo Testamento de nuestro redentor Jesucristo, traducido de griego en lengua castellana... dedicado a la Cesárea Majestad*. El libro fue secuestrado en seguida, porque lo consideraron editado sin tener en cuenta las ordenanzas imperiales, y, a lo que parece, ya figuraba en el *Indice* hispano de 1545, que no ha llegado a nosotros. El proyecto de Encinas era verter igualmente el Antiguo Testamento; pero no pudo realizarlo, porque murió de peste en 1552, cuando en España comenzaba a gestarse una gran censura de biblias [74]. Un *Antiguo Testamento* apareció, sin embargo, en castellano al año siguiente (1553) por obra del español Jerónimo de Vargas y del portugués Abraham Usque. Como sus nombres indican, eran los dos judíos, y la versión se ajustaba más a criterios rabínicos que evangélicos; pero ofrecía a los reformistas hispanos una buena base para proseguir con el inconcluso proyecto de Encinas. A esta versión se la llama la *Biblia de Ferrara* [75], por haber sido impresa en aquella ciudad con el mecenazgo del duque Ercole II, amigo de los judíos. Su mujer, Renata, se inclinaba abiertamente a la causa de la Reforma, y en 1560 acogía en su castillo de Montargis (a 100 kilómetros de París) a Juan Pérez de Pineda y a Casiodoro de Reina, otros dos pioneros de las biblias en castellano.

Del primero ya he dicho que mantuvo una relación tan estrecha con el foco luterano de Sevilla, que fue, en algún sentido, la causa de que la Inquisición descubriera a sus componentes. Del segundo, que había sido uno de los activistas de la nueva doctrina en la ciudad andaluza y se había escapado a tiempo para evitar la cárcel del Santo Oficio, volveremos a ocuparnos al describir aquel importante fenómeno. Ahora bástenos recordar que Pineda había publicado en 1556 una elegante traducción de *El Testamento Nuevo de nuestro Señor y salvador Jesucristo* [76], al que se añadió al año siguiente otra no menos meritoria de *Los Salmos de David con sumarios* [77], obras ambas que figuraban con profusión entre la mer-

[73] Trata el argumento complexivamente: E. FERNÁNDEZ, *Las biblias castellanas del exilio*, supra, nt.44. Lo seguimos en este resumen.
[74] BOEHMER, *Spanish Reformers* I 183-84.
[75] *Biblia en lengua española, traducida palabra por palabra de la verdad hebraica por muy excelentes letrados, vista y examinada por el oficio de la Inquisición. Con privilegio del ilustrísimo señor duque de Ferrara.*
[76] Ed. en Venecia, en casa de Juan Filadelfo (pseudónimo de Juan Crespín).
[77] Ed. en Venecia, en casa de Pietro Daniel.

cancía secuestrada al arriero Julián Hernández, al que aludíamos al comenzar el capítulo.

Casiodoro, por su parte, había de editar en Basilea (1569) una traducción completa de la Sagrada Escritura, como complacidamente ya anunciaba su título: *La Biblia, que es los sacros libros del Viejo y Nuevo Testamento, trasladada en español*. La incisión que aparecía en la portada, de un oso rampante lamiendo el panal de un enjambre de abejas que colgaba de un árbol, le valió al libro el nombre vulgar de *Biblia del oso*, con que todavía se designan los pocos ejemplares que se conservan. La aparición de esta obra no sólo significaba la consecución de una importante y difícil empresa, sino que instauraba en la historia del libro «la filosofía moderna de las traducciones, que no se ciñen a la fidelidad de las palabras, sino al contexto ideológico de lo que los vocablos representan» [78].

Por considerarlo más conducente a su finalidad y tendencia, Casiodoro escatimó el uso de la Vulgata, cotejando con el texto original las versiones de Ferrara y de Francisco de Encinas. La obra fue tan apreciada por sus correligionarios, que otro exiliado, huido también como él de Sevilla, procedió en 1596 a la reimpresión del Nuevo Testamento [79], y en 1602 a la de toda la Biblia [80].

Estas reimpresiones, la primera con tantos retoques y añadidos que podrían convertirla en traducción nueva y original, se deben a Cipriano de Valera, y con ellas se cierra la historia de la Biblia en España durante el siglo de la Reforma.

Esta reiterada interpelación que lanzaban sus seguidores al tradicional depósito de la palabra de Dios, obtuvo, asimismo, repetidas respuestas por parte del Santo Oficio, entre las cuales ninguna tan perfilada y cumplida como la que supuso la famosa censura de biblias de 1554.

LA CENSURA DE BIBLIAS DE 1554

La censura de biblias, en cualquiera de las formas como las hemos descrito en el número precedente, tiene una historia paralela a la de los índices de libros prohibidos, siendo, por consiguiente, las listas enviadas por la Suprema a los tribunales de los distritos las que deberían darnos noticia de las primeras sobre las que recayeron las proscripciones del Santo Oficio. Mas en concreto sólo sabemos que en 1530 ya se recogieron las postillas de Bugenhaghen y en 1545 se prohibió el *Nuevo Testamento* de Encinas [81]. Es necesario esperar al *Indice* lovaniense de 1550 para que en él aparezcan no sólo las postillas de otros reformadores, como Corvino y Sarcerio, sino también 24 ediciones de la Biblia en la-

[78] E. FERNÁNDEZ, *Las biblias*...107. (Cf. sobre el personaje: J. A. GONZÁLEZ, *Casiodoro de Reina, traductor de la Biblia en español* (México 1969).
[79] *El Testamento Nuevo de nuestro Señor Jesucristo*, en casa de Ricardo del Campo, 1596.
[80] *La Biblia, que es los sacros libros del Viejo y del Nuevo Testamento*. En Amsterdam, en casa de Lorenzo Iacobi, 1602.
[81] BATAILLON, II 144.

tín, impresas la mayor parte en Lyón, Amberes y Amsterdam, una en griego, diecinueve en flamenco y cinco en francés.

Pocos títulos más podían añadir a este bloque las ediciones hispanas del año siguiente, en las que todavía se incluyó un *Nuevo Testamento* en latín, impreso por Adriano de Vergis *et alii*, y, como es natural, el *Nuevo Testamento* de Encinas, que se les había escapado a los lovanienses. Se añadía, además, una cláusula muy genérica e imprecisa, la primera de las cuales prohibía «cualquier Biblia completa o cualquiera de los Testamentos por separado traducidos al español o a otra lengua vernácula», y la segunda, «todos los libros impresos desde veinticinco años atrás que no contuvieran los nombres de autor, impresor, tiempo y lugar».

Al urgir la imposición del catálogo por el método ya conocido de las inspecciones y pesquisas de libros, se recogió en los distritos un número considerable de biblias, sobre las cuales se elevaban constantemente consultas a la Suprema [82]. Sólo en Valladolid, donde había actuado el inquisidor Vaca, se hablaba de más de 30 ediciones latinas, y se temía que, de no devolverlas a sus propietarios, quedaran pocas dentro del reino. Otras tantas, sin embargo, localizaba en Salamanca el también inquisidor vallisoletano, doctor Valdés, mientras se encomendaba al comisario Pedro Núñez y al capellán real, doctor Carlos, que hicieran las mismas diligencias en Alcalá, donde se creía que existían ediciones más raras. Las mismas pesquisas se hacían en Cuenca y en la región andaluza, en la cual se recogieron más de 400 ejemplares entre Sevilla, Arcos, Osuna y Jerez, a los que hay que añadir un número impreciso que se guardaba en Granada [83].

En aquella coyuntura funcionaba perfectamente la máquina de la Inquisición española, porque aún estaba reciente el nombramiento del inquisidor general Fernando de Valdés, que, en su afán nepotista-organizativo, había puesto en casi todos los tribunales personas fieles y mozas. Así, pues, se quiso aprovechar la ocasión para examinar minuciosamente el material bíblico recogido y hacer culminar el trabajo en una solemne censura en la cual no sólo se elencaran las ediciones de biblias de las que se había tenido noticia, sino también los lugares donde éstas contenían textos o traducciones no concordantes con el sentido católico.

El año 1553 se reservó para esta actividad, igual que el 1552 se había empleado en la recogida de libros. Los teólogos Bartolomé Carranza, Domingo de Soto, Francisco Sancho, el ya referido licenciado Carlos, el consejero de la Suprema don Diego Tavera y hasta el mismo inquisidor general, Fernando de Valdés, trabajaron aquel año contra reloj. Así pudieron ofrecer en el verano de 1554 una *Censura general contra los errores con que los modernos herejes salpicaron la Sagrada Escritura*. En ella se elencaban 73 ediciones de biblias que desde entonces quedaban prohibidas y se señalaba la interpretación tendenciosa o errónea que los

[82] Abundante material en AHN, Inquisición, 1.574 y leg.4426. Síntesis de las principales gestiones realizadas, *El inquisidor general* I 252-55.
[83] Publica la lista J. I. TELLECHEA, *Biblias publicadas fuera de España secuestradas por la Inquisición de Sevilla en 1552:* Bulletin Hispanique 64 (1962) 245-55.

novadores aplicaban a 130 lugares de la Sagrada Escritura [84]. No es ésta la ocasión de referirnos al contenido de éstos; el avisado lector entenderá que se trata de textos alusivos a la justificación por la fe, al culto a los santos, al mérito y al libre albedrío, a la confesión auricular, al vínculo matrimonial, al sacrificio eucarístico y, en general, a aquellos puntos en torno a los cuales se centraba la polémica contra los protestantes. No debemos omitir, con todo, una somera alusión al prefacio de esta censura, compuesta seguramente en la Universidad de Alcalá, por cuanto contiene la criteriología a la que se ajustaron en aquella ocasión los censores.

Se reconoce en primer lugar que los herejes no suelen alterar el texto de la Sagrada Escritura, mas lo explican de acuerdo a sus dogmas por medio de introducciones, notas y epígrafes. Se reconoce que existen diversas lecturas de ciertas perícopas de la Vulgata. Todas ellas son en absoluto posibles. El imponer una con exclusión de las otras debería ser fruto de un trabajo crítico que el Santo Oficio no quiere acometer. Algo semejante ocurre con las traducciones hechas directamente de los textos griego y hebreo. Las hay que no son correctas; mas ello puede ser debido a la plenitud de sentidos en la Sagrada Escritura, no siendo el traductor bastante perito para determinar cuál de ellos pretendió en cada caso el hagiógrafo. El empleo constante de ciertos términos indica la opción por una determinada doctrina teológica. Así, la traducción de *metanoia* por *resipiscencia*, aunque posible y tolerable en épocas más tranquilas, se utiliza hoy para significar que la conversión se obra sólo por la fe en Jesucristo, sin que haya de acompañarla el dolor por nuestros pecados. Lo mismo cabe decir de los títulos que encabezan algunos párrafos: *Iustus ex fide, sola satisfactio nostra Christus, uni Deo cuncta adscribenda*, los cuales, pudiendo ser interpretados católicamente, pretenden, de hecho, instrumentalizar la Sagrada Escritura en favor de la fe fiducial y otros capítulos de la confesión protestante.

Con este método de concesiones y de cautelas, se logró un prólogo comprensivo y valiente, desprovisto de todo carácter polémico, en el que hábilmente se combinaban las posiciones confesionales con la interpretación literal de la Biblia; un prólogo que hoy diríamos salpicado de ecumenismo, sin perder la vista el punto preciso donde los teólogos españoles sabían situar las fronteras entre la verdad y el error. El método respondía al que habían utilizado los censores al cualificar los 130 pasajes concretos de la Escritura. Si es cierto que la última redacción de esta parte se debía a Bartolomé Carranza y a Diego Tavera, como aquél declaró en su proceso, será a ellos a quienes hay que atribuir los principales méritos de esta censura, ya que en su trabajo se habrían inspirado los complutenses que redactaron el prólogo.

[84] Este era su título exacto: *Censura generalis contra errores quibus recentes haeretici Sacram Scripturam asperserunt, edita a supremo senatu Inquisitionis adversus haereticam pravitatem et apostasiam in Hispania et aliis regnis et dominiis Caesareae Maiestatis constituto. Pinciae. Ex officina Francisci Ferdinandi Cordubensis, cum privilegio imperiali. Taxada en cuarenta maravedís.* La publica, con un estudio introductorio, TELLECHEA, *La censura inquisitorial de biblias de 1554: Anthologica Annua* 10 (1962) 89-142.

En definitiva, y al margen de cualquier sutileza, siempre quedará firme que esta censura, la única que la Inquisición española dedicó complexivamente a la febril actividad bíblica del momento, constituye un monumento doctrinal en su género (quizá, mejor, catequético) y suministra las bases fundamentales para que los *Indices* de 1559 y 1583 se ocupen también de la Biblia y, sobre todo, de las versiones castellanas que se publicaban en el exilio.

CAPÍTULO VI

EL PROTESTANTISMO Y LA REPRESION INQUISITORIAL EN SEVILLA

SEVILLA, LA PRIMERA PLAZA DE LA REFORMA EN ESPAÑA

No es fácil, en una época de ecumenismo y de libertad religiosa como es la nuestra, abordar el fenómeno de los llamados «focos protestantes» en Castilla y Andalucía y de las medidas de represión —y, en cuanto fue posible, exterminio— que adoptó frente a ellos la Inquisición española. Los avances de la teología y el mejor conocimiento de las escuelas católicas de la baja Edad Media nos obligan a ser más cautos de lo que fueron los expertos del XVI al echar sobre este o aquel autor el sambenito de la herejía. Mas, por otra parte, lo que entonces se escribía y se predicaba con manifiesta intención de atraer las creencias del pueblo hacia un nuevo modo de entender y vivir la fe, no se cualificaba sólo por el sentido material de las palabras, sino también por la carga conceptual que se les daba en orden a la finalidad pretendida.

Hoy nadie puede dudar que en la España del XVI había dos concepciones diversas de la existencia cristiana, una de las cuales se aproximaba conscientemente al campo magnético de la reforma europea. Si alguno de sus promotores se adhirió o no al núcleo de la profesión protestante, podemos dictaminarlo hoy después de un minucioso examen de las posiciones dogmáticas del catolicismo y de la Reforma. Mas entonces no se planteaba el problema en estos términos; lo que interesaba era el resultado final, que no habría de ser otro que un nuevo comportamiento cristiano. Por eso es arriesgado llamar protestantes a los personajes que van a desfilar por este capítulo; pero sería ingenuo discutir que todos, o casi todos, se enrolaron en un movimiento de disidencia, cuya órbita se alejaba cada vez más de las estructuras dogmático-disciplinares de la Iglesia en que se habían bautizado y habían vivido hasta entonces. Esta no era otra que la romana; y así lo manifestaban con claridad, ora para aceptarla, ora para rechazarla, los encausados y relajados. Es peligroso ilustrar la historia pasada con ejemplos de nuestros tiempos, y más cuando se quiere ver el retorno del ciclo en el reducido arco de cuatro siglos.

El siglo XVI español fue agitado por muchas corrientes protestatarias, y ello hace todavía más difícil determinar cuándo y dónde comienzan las que tuvieron su origen en la revolución luterana [1]. El mismo in-

---

[1] A la obra de BATAILLON, *Erasmo y España*, fundamental para este argumento, hay que añadir los estudios de E. ASENSIO, *El humanismo y las corrientes espirituales, afines*: Revis-

quisidor general parecía creer, cuando ésta llegaba al culmen de su influencia en Andalucía y en Castilla, que todo era un resurgir de antiguos errores indígenas que se habían mantenido desde Juan de Oria hasta los alumbrados. Evidentemente, no negaba que Lutero estaba soplando aquel fuego [2]. El inquisidor general, Fernando de Valdés, habría estado más en lo cierto si hubiera buscado el origen de aquellos sucesos en su diócesis de Sevilla aun antes de entrar él mismo en posesión de la sede, pues allí es donde aparecen no sólo los primeros síntomas de la importada Reforma, sino también donde se constata, a lo largo de dos decenios, la implantación de un clima espiritual más favorable a la misma que en cualquier otra zona de España.

En la primera mitad del siglo XVI, Sevilla contaba con un pueblo poco instruido, abandonado por la administración castellana, expuesto a acometidas de moros y desatendido de un clero que huía de la periferia para buscar acomodo en las prebendas de su catedral, al abrigo de las cuales no sólo organizaba una vida mundana, sino también sustraída al control de los obispos, que por regla general residían en la corte [3]. A estos clérigos, no menos que a los frailes de la ciudad, les atribuye González Montes la solicitación *ad turpia* de sus penitentas en tan larga medida, que, cuando la Inquisición quiso hacer una pesquisa sobre este vicio, no bastaban veinte escribanos para recibir las denuncias: un desfile de mujeres, con el rostro cubierto para evitar la infamia de sus maridos, pasó entonces por el Santo Oficio relatando las propuestas que a este respecto habían recibido [4].

Mas, por su orientación al Atlántico, Sevilla se iba configurando, social y económicamente, como una ciudad abierta no sólo de cara a las Indias, sino también a los países del norte de Europa; en este sentido era la puerta principal de la península Ibérica para emigrantes y redeúntes. Sevilla tenía, ante todo, un buen mercado del libro y buen montaje de industria impresora. Allí se habían hecho las primeras traducciones de Erasmo, allí se compiló en 1552 una larga lista de biblias confiscadas por la Inquisición. Sevilla tenía también un colegio de dominicos, el de Santo Tomás, de no despreciable altura intelectual, y era es-

ta de Filología Hispánica 36 (1952) 31-99 y de V. BELTRÁN DE HEREDIA, *Las corrientes de espiritualidad entre los dominicos de Castilla:* La Ciencia Tomista 58 (1939) 336-63; 59 (1940) 5-23 129-43 316-36 413-41 554-81; 60 (1941) 36-53.

[2] «Considerados bien estos negocios, parece —decía— que no dexan de tener el principio de más lejos y que las herejías que el maestro Juan de Oria fue acusado y los errores que vinieron, los cuales llamaban alumbrados o dexados, naturales de Guadalajara y de otros lugares del reino de Toledo y de otras partes, eran de la simiente destas herejías luteranas» *(Relación del Consejo de la Inquisición a Paulo IV,* del 9 de septiembre de 1958); ed.: *El inquisidor general* II 214-21. Lo citado, 218.

[3] Entre la abundante bibliografía sobre Sevilla (DHEE IV 2458s) para los aspectos eclesiásticos: J. A. MORGADO, *Prelados sevillanos* (Sevilla 1906); A. DOMÍNGUEZ ORTIZ, *Un informe sobre el estado de la sede hispalense en 1581:* Hispania Sacra 6 (1953) 181-95. Importantes, asimismo, las constituciones sinodales de Diego Deza (1512); cf. AGUIRRE, *Collectio maxima Conciliorum* IV (Roma 1693) 3ss.

[4] *Sanctae Inquisitionis Hispanicae artes aliquot detectae ac palam traductae...* REGINALDO GONSALVIO MONTANO *auctore* (Heidelberg 1567). Sobre el autor y su libro, al que habremos de recurrir frecuentemente en este capítulo, cf. *infra* p.109. En adelante lo citamos por GONZÁLEZ MONTES.

tación obligada de muchas expediciones hacia las Indias, en las que abundaban misioneros, intelectuales y obispos. Y así, aunque los prelados propios quebrantaban mucho la residencia, era raro que no hubiera en Sevilla tres o cuatro obispos entre el auxiliar de la sede y los que iban de paso hacia América.

Estas circunstancias quiso aprovecharlas el arzobispo Alonso Manrique para promover la reforma eclesiástica desde los primeros años de su episcopado; y como lo que faltaba en Sevilla eran eclesiásticos fijos y responsables, ofreció las sillas de su cabildo a profesores y antiguos alumnos de la Universidad de Alcalá, que encontraban en las canonjías de aquella metrópoli retribuciones más pingües y una proyección pastoral humanamente más halagüeña. De hecho, la canonjía magistral fue, a lo largo de treinta años (1528-58), coto cerrado de complutenses, y en ella se sucedieron Sancho Carranza, Pedro Alejandro, el doctor Egidio y Constantino Ponce de la Fuente. Al mismo tiempo, el doctor Vargas, que también procedía de Alcalá, desempeñaba una especie de lectoralía para la enseñanza de la Sagrada Escritura, siempre al abrigo de la catedral sevillana [5].

Estos personajes simpatizaban, sin duda, con la corriente erasmiana que había pasado por Alcalá, pues no es necesario recordar que el mismo Sancho Carranza, que durante unos años la había combatido, terminó por ser uno de sus defensores. Debían de conocer también lo fundamental del luteranismo y las divisiones que ocasionaba entre los intelectuales del tiempo, no sólo porque en la Universidad circulaban los libros polémicos de aquella primera hora (Enrique VIII, Fisher, Tetzel), sino también por la repercusión que había tenido el proceso de Juan de Vergara y la destitución del canciller Pedro de Lerma (1535), que, como sospechoso de herejía, hubo de tomar, igual que su pariente Francisco de Encinas, el camino de un destierro voluntario.

Lo que no sabemos es si estos hombres, principalmente los doctores Constantino y Egidio, ya llegaron a la ciudad andaluza inficionados por la doctrina reformadora o si, más bien, la aprendieron de los propagandistas que actuaban en ella, pues Reginaldo González Montes nos habla de un Rodrigo de Valera, natural de Nebrija, que disputaba abiertamente con los predicadores de la catedral de Sevilla cuando, prisionero del Santo Oficio, lo llevaban sus carceleros a la misa dominical [6]. Alguna gracia o alumbramiento debía de tener este hombre que enseñó a Egidio el arte de predicar, y para cuyo sepulcro redactaron los mismos inquisidores un epitafio que lo calificaba de «apóstata y pseudoapóstol, que se creyó enviado de Dios».

EL DOCTOR EGIDIO, UN CONVERTIDO A LA CAUSA DEL EVANGELIO

En el mes de julio de 1549, el emperador Carlos V, escuchando, a lo que parece, una recomendación de Domingo de Soto, presentaba en la

---

[5] BATAILLON, II 112s.   [6] O.c., 364.

curia romana al doctor Juan Gil, magistral de Sevilla, para obispo de Tortosa [7]. Antes de que se hiciera la expedición de las bulas, el embajador en Roma, Hurtado de Mendoza, recibió orden de frenar aquel nombramiento, porque los inquisidores del distrito hispalense habían recibido contra el candidato algunas denuncias que inmediatamente ponían en conocimiento de la Suprema. El que fuera acusado a la Inquisición un elegido para el episcopado, no era un hecho infrecuente, como tampoco lo era el que, concluida la investigación, éste siguiera su camino a la mitra. Alonso Ruiz de Virués, procesado en 1537 y nombrado obispo de Canarias al año siguiente, es un ejemplo preclaro de este avatar. Por eso, el emperador y el Consejo de la Suprema se pusieron al habla en seguida con la intención de clarificar cuanto antes aquel incidente. Se abrió así un proceso en regla que había de durar tres años, y Egidio fue condenado, por fin, el 21 de agosto de 1552 a abjurar por heréticas diez proposiciones, a un año de reclusión y a otras leves penas de carácter expiatorio. Aunque en la sentencia no se decía nada de su incapacitación para el episcopado, Domingo de Soto, su primer valedor, desaconsejaba a don Carlos que siguiera pensando en él para obispo de Tortosa, «ansí porque queda privado de predicar como porque yo me acuerdo haber oído a Vuestra Majestad que el día que uno pierde la honra, se había de morir, según queda inhábil para gobernar». Egidio murió, efectivamente, pocos meses después de haber obtenido la libertad, mas no sin que antes le hubiera confiado el cabildo alguna importante misión.

De este proceso no nos queda más que el documento de abjuración y la sentencia en rarísimas copias [8]; y como esto no es argumento bastante para afirmar que Egidio hubiera mantenido las proposiciones que se le atribuyen tal y como aparecen en él, el proceso suscita una serie de interrogantes de difícil solución. ¿Quién era este hombre que se hizo cargo de la magistralía de Sevilla en 1532 después de haber desempeñado con poca brillantez el cargo de rector en el Colegio de San Ildefonso y catedrático en las Universidades de Alcalá y de Sigüenza? ¿Era un hereje? ¿En qué consistía su doctrina? ¿Se trataba de un clérigo discordante y original, o arrastraba consigo, como se dijo después, a toda una secta?

La dificultad se agudiza si tenemos en cuenta que Egidio no dejó ningún escrito, aunque se le atribuyen comentarios al Génesis, a la carta a los Colosenses, a los Salmos y al Cantar de los Cantares. Es cierto que en 1536 se le encomendó la corrección del *Paradisus deliciarum*, del franciscano Gutiérrez del Tejo [9], pero tampoco sabemos cuáles son las improntas de sus manos. Por otra parte, la primera biografía de Egidio

---

[7] Estudian el episodio: BELTRÁN DE HEREDIA, *Domingo de Soto* (Madrid 1961) 415-32; *El inquisidor general* I 177-84; A. HUERGA, *Predicadores, alumbrados e Inquisición* (Madrid 1973) 10-38: *Procesos de la Inquisición de Sevilla a los predicadores Egidio y Constantino.*

[8] Lo publicó, traducido al alemán, SCHAEFER, *Beiträge zur Geschichte des spanischen Protestantismus und der Inquisition* II (Gütersloh 1902) 342-53. Existe copia manuscrita en castellano en la Biblioteca Colombina de Sevilla.

[9] E. ASENSIO, *El humanismo y las corrientes... afines* 48.

se debe a Reginaldo González Montes [10], y aunque éste dice haberlo conocido y tratado durante el tiempo de su prisión, su obra tiene por objeto encomiar los avances de la Reforma en Sevilla a pesar de las maléficas artes del Santo Oficio. De él no se puede decir que sea un falsario; mas, en su afán por magnificar el evangelismo español, atribuye a cuantos caen en sus manos un esquema doctrinal luterano que seguramente no todos compartían con igual claridad.

Aprovechando, pues, cautelosamente las noticias de Montes, diremos que Egidio cubrió en Sevilla una primeta etapa de predicador conceptual y escolástico, en la que tuvo muy poco éxito, igual que en su trabajo de cátedra [11]. Repentinamente se obró en él una conversión; a lo que parece, por su trato con en el «pseudoapóstol» Rodrigo de Valera, que en pocas horas le inoculó el oficio de «predicador cristiano». Dejó entonces de buscar inspiración en sus trasnochados autores (Pedro Lombardo, Escoto, Gregorio de Rímini), y se dedicó, bajo la guía de los doctores Vargas y Constantino, a otras lecturas más provechosas.

Su nuevo estilo oratorio le atrajo la enemistad del dominico Agustín de Esbarroya, autor del conocido libro *Purificador de la conciencia* [12], escrito para combatir las ideas egidianas, del pseudofilósofo Mexía y de un tal Pedro Díaz, que de apóstata del verdadero Evangelio, había pasado a tener un cargo en el Santo Oficio. De este círculo reaccionario partieron (insinúa Montes) las denuncias que destrozaron su fama y carrera.

Para el examen de su doctrina, que sólo constaba por testificaciones de viva voz, convocó la Suprema a un grupo de teólogos, entre los cuales habría de figurar Bartolomé Carranza; pero éste se excusó de asistir [13], con gran sentimiento del reo, que había pedido su intervención en el caso. El moderador y coordinador de aquellas reuniones fue Domingo de Soto, a quien el inquisidor general, que era además arzobispo de Sevilla, comisionó para presidir y predicar en el auto que se tuvo en la catedral el 21 de agosto de 1552. Domingo de Soto debió de ser el autor general de la fórmula abjuratoria, la cual, según Montes, presentó al reo de manera tan ambigua, que pareció que el doctor Egidio más bien se confirmaba en su doctrina que se retractaba de ella. Sea cual fuere la caballerosidad con la que actuó Domingo de Soto, los teólogos censores, excepto uno, que era compatriota de Egidio, habían hallado errores en sus sermones, y dejaron de hecho en manos de Soto la función de desautorizarlos desde el mismo púlpito desde donde se habían predicado.

[10] O.c., 256-74: DOCTOR IOHANES EGIDIUS, *in summo Hispalensi templo canonicus concionator.*

[11] Cf. sobre este punto: BELTRÁN DE HEREDIA, *La teología en la Universidad de Alcalá:* Revista Española de Teología 5 (1945) 425ss.

[12] Lo editó, con un estudio preliminar, A. HUERGA (Madrid 1973). Interesante para nuestro argumento el c.4: *La espiritualidad sevillana a mediados del siglo XVI* 140-90.

[13] La causa de la ausencia de Carranza fue su ocupación en la visita de conventos dominicanos, según comunicaban los señores del Consejo al inquisidor general el 22 de noviembre de 1550.

Pero, ¿cuáles eran en realidad los puntos fundamentales de esta doctrina? Montes asegura que Egidio mantenía la doctrina evangélica (es decir, protestante) en los capítulos concernientes a la justificación por la fe, al mérito, al purgatorio, a la expiación del pecado a través de las obras, a la mediación exclusiva de Cristo, a la certeza de la gracia y en otros puntos de menor relieve, como la veneración de las reliquias, la invocación de los santos, las ceremonias y el catecismo.

La narración de Montes resume bastante bien el contenido del documento de abjuración, manteniendo incluso las divisiones de aquel para señalar lo importante en las proposiciones de Egidio. Montes debió, pues, de verlo o escucharlo de viva voz en la catedral de Sevilla. Por nuestra parte, añadiríamos a su relación que lo verdaderamente central en la predicación egidiana era el puesto concedido a la fe en relación con las obras, pues ella sola nos justifica (abj.1) y es fuente de esperanza y de amor (abj.2); por el pecado mortal se pierde (abj.4), y sin ella el hombre sólo comete nuevos pecados (abj.5); mientras que el que la tiene posee la certeza de la gracia (abj.3) y sabe más que cualquier teólogo, porque Dios mismo le ilustra en la verdad de la Sagrada Escritura y en todo lo necesario para la vida cristiana (abj.7).

Egidio reconocía que el sentido que él daba a las respectivas proposiciones no concordaba con lo establecido por el concilio de Trento, y para que no quedara duda de su inclinación hacia los herejes, se le hacía reconocer que había tenido trato con Rodrigo de Valera y que había elogiado a Melanchton (clar.7).

Por mucho que Bataillon se esfuerce por interpretar este proceso como «el movimiento de un hombre cada vez más apegado al Evangelio y desprendido de la escolástica» y por mucho que intente demostrar que «hasta el fin del reinado de Carlos V el 'luteranismo' sevillano debe demasiado poco a Lutero» [14], nosotros creemos que hay, en el conjunto de estas proposiciones, bastante más que erasmismo con residuos de alumbradismo, hallándonos, por el contrario, frente a una doctrina muy cercana a la que propugnaban los padres de la Reforma.

Es cierto que la mitigada sentencia en la que culminó este proceso podría inducir a pensar que los inquisidores no la consideraban tan perniciosa; mas hay que tener en cuenta el prestigio que había rodeado a Egidio hasta entonces y su sumisión humilde a todas las provisiones que recayeron en su persona. Mucho debió de favorecerle el hecho de que su doctrina no se hubiera difundido *in scriptis* y que no se le conociera un grupo de seguidores influyente y cualificado. Los seguidores existían, sin embargo, aunque no tantos como se le atribuyeron unos años después. En el proceso salieron los nombres del bachiller Luis Hernández, que estaba en París; de Diego de la Cruz, que se encontraba en Flandes, y de Gaspar Zapata, un criado del almirante de Castilla [15].

Que la Inquisición comenzaba a tener sobre ojo a este grupo, lo demuestra la huida de Juan Pérez de Pineda de la ciudad andaluza y unas

14 BATAILLON, II 113.
15 Ibid., 116.

frases escritas por el inquisidor general al emperador al transmitirle los primeros informes sobre el proceso de Egidio: «Convendrá que Vuestra Majestad lo mande ver luego con la brevedad y secreto que requiere el caso y que no lo vea ni entienda persona que tenga inteligencia en Sevilla, porque podría ser que le tocase algo dello» [16]. Nosotros creemos que esta imprecisa frase designaba al doctor Constantino, que el año anterior había salido de España en la comitiva de don Felipe y que se había quedado en Bruselas como capellán de don Carlos.

Con todo, no se esperaba que del rescoldo de Egidio pudiera salir tanta llama; más bien parecía a la Inquisición General que toda Sevilla había quedado «en gran manera desengañada e industriada a servicio de Dios».

CONSTANTINO PONCE DE LA FUENTE: «ALIQUIS LATET ERROR»

Los años que siguieron al proceso de Egidio no fueron de paz para la Iglesia en Sevilla: la lucha del cabildo contra el obispo, que había surgido en casi todas las diócesis como reacción de las corporaciones capitulares al recorte de privilegios que les quería imponer el concilio de Trento [17], alcanzó en aquella ciudad especial virulencia, porque el prelado no residía y sus provisiones acumulaban gran número de poderes, en detrimento de los seculares privilegios catedralicios [18]. Pero hasta que no se descubrieron los toneles de libros introducidos por Julianillo en 1557, nadie habló, al menos abiertamente, de herejes en la ciudad sevillana. Fue al descubrirse en 1558 la ininterrumpida y bien planeada fuga de los frailes de San Isidoro a los centros luteranos y calvinistas de Europa cuando temblaron en su sepulcro los huesos de Egidio y se consideró a todo aquel movimiento como perduración de su obra. Un hombre de gran valía, Constantino Ponce de la Fuente, apareció en primer plano [19], no sólo como la figura en torno a la cual giraban las disensiones entre el cabildo y el arzobispo, sino también como el lazo de unión entre los nuevos sucesos y los que parecían liquidados en 1552.

Constantino, que con toda probabilidad llevaba en sus venas sangre judía, llegó a Sevilla el año 1533, abandonando los estudios teológicos que realizaba en la Universidad de Alcalá. Reginaldo González Montes, que debió de fijarse en él como en los demás advenedizos que iban siguiendo el arzobispo Manrique, lo describe como uno de los varones más cultivados en la ciencia eclesiástica, hombre nacido para ser querido y odiado, profesional de la amistad, que pocas veces era la que él

---

[16] *El inquisidor general* II 109.
[17] F. CERECEDA, *El «litigio de los cabildos» y su repercusión en las relaciones con Roma (1551-1556):* Razón y Fe 130 (1944) 215-34.
[18] *El inquisidor general* I 185-94.
[19] E. BOEHMER, *Spanish Reformers...* II 2-40; S. SCHAEFER, *Sevilla und Valladolid, die evangelischen Gemeinden Spaniens in Reformationszeitalter:* Schriften des Vereins für Reformationsgeschichte 78 (1921) 1ss; M. P. ASPE ANSA, *Constantino Ponce de la Fuente. El hombre y su lenguaje* (Madrid 1975).

merecía; humorista e ingenioso; conocedor del latín, del griego y del hebreo; poseedor hábil del castellano y dotado de las mejores cualidades naturales para un orador [20]. Tal retrato debe de responder a verdad, porque los canónigos de Sevilla hicieron con él un contrato estable como predicador de su iglesia, sin que esto supusiera una real incorporación al cabildo. Sus sermones tenían tal aceptación entre los oyentes, que de nuevo es Montes quien dice que, si Constantino había de predicar a las ocho de la mañana, desde las tres o las cuatro ya estaba la iglesia llena de gente.

En 1543 publicó un *Catecismo* y seguidamente otras obras, sobre las que volveremos a hablar más adelante. Con estos méritos, a los que hay que añadir el haber predicado en las honras fúnebres de la emperatriz Isabel, Carlos V lo hizo predicador de la corte, actividad que desempeñó muy a gusto de los cronistas del tiempo. Este cargo le obligó a trasladarse a Alemania, donde permaneció desde 1548 hasta 1550 y desde 1553 a 1555. A su regreso a Sevilla lo esperaba un calvario y el declinar de su gloria.

El 5 de febrero de 1556, los canónigos de Sevilla publicaron edictos convocando a concurso para cubrir la vacante de la canonjía magistral, que se había producido por la muerte de Egidio. Como suele ocurrir en estos casos, el cabildo tenía su propio candidato: el doctor Constantino, que por su parte ambicionaba aquella prebenda, no sólo porque era de hecho el ocupante más asiduo del púlpito, sino porque había rechazado, en espera de ella, otras magistralías que le habían ofrecido en su diócesis de Cuenca y en la catedral de Toledo.

De otros cuatro pretendientes que concurrían libremente, sólo uno, el doctor Zumel, constituía un rival peligroso para Constantino. Este procedía también de Alcalá, donde había hecho brillantemente los grados en artes y en teología y había desempeñado las cátedras de Súmulas de Escoto. Sobre su objetiva valía había que poner el que era ya magistral de Granada y, sobre todo, que contaba con el apoyo del arzobispo Valdés, quien años más tarde le nombraría su apoderado en el concilio de Trento. Consiguientemente, era tutor de su causa el provisor de la diócesis, Juan de Ovando, persona conocida en Sevilla por su tenacidad y energía.

Así, pues, quedó abierta una lucha no tanto entre dos contendientes cuanto entre dos potestades temibles, cuales eran el cabildo sevillano y la mitra [21]. Al final de la contienda, ninguna de las dos partes reconocía su derrota, porque mientras los canónigos elegían unánimemente magistral al doctor Constantino, Obando daba al doctor Zumel la colación de aquella prebenda. Hubo un pleito en la Rota romana, que el 7 de junio de 1557 pronunció fallo favorable al primero, que desde entonces debería retener la magistralía en quieta y pacífica posesión. Mas la verdad es que aquel año de luchas había socavado profundamente la fama

[20] O.c., 275-77 (semblanza de Constantino, hasta p.297).
[21] Relata ampliamente el episodio M. MENÉNDEZ PELAYO, *Historia de los heterodoxos españoles* IV (Madrid 1947) 82-104. Documentación capitular en vol.7 (Madrid 1948) 644-64.

del doctor Constantino. Salió a relucir su ascendencia judía (razón por
la que no había querido acceder a la magistralía de Toledo en un tiempo en que el cardenal Silíceo llevaba a punta de lanza los expedientes
de limpieza de sangre) y —lo que era peor— que había recibido el pres-
biterado (en Sevilla, 22 de mayo de 1535) después de contraer matrimonio sucesivamente con dos mujeres, de las que ninguna había fallecido. Era, pues, bígamo e inhábil para cualquier prebenda eclesiástica.

Cualquiera podría pensar que de este litigio con el arzobispo inquisidor provinieron las siguientes desgracias de Constantino; pero lo cierto
es que en la parcialidad que contra él adoptaron el obispo y el provisor,
ya estaban pesando las sospechas de heterodoxia que recaían sobre él y
el resultado de las pesquisas que venía haciendo sobre sus libros la Inquisición General. Efectivamente, en el mes de marzo de 1553, alguien
había denunciado su *Catecismo cristiano* [22] y sus *Seis sermones sobre el primer salmo de David* [23], que fueron sometidos por la Suprema al juicio de
los teólogos de Alcalá. Meses más tarde ocurría lo mismo con un manuscrito que llevaba por título *Espejo del estado del hombre en esta presente
vida* [24], y en 1557, estando ya en curso el pleito de la magistralía, con
otra obra que entonces circulaba anónimamente: *Confesión de un pecador
delante de Jesucristo* [25]. De las censuras que recabó la Suprema se conocen
dos: una anónima y otra firmada por el maestro Entenio Flamenco [26].
La brevedad de las mismas y el hecho de no adjudicar al autor ninguna
herejía formal, predispone al lector en beneficio de Constantino; aunque en ellas se diga desde el principio que un difuso espíritu protestante alienta en sus *Catecismos* cuando se ocupa del mérito, de la seguridad
de la salvación, del pecado y de la penitencia. Los estudios modernos
tienden a disculpar las ambigüedades de Constantino por la emoción
religiosa de que está impregnado su estilo y la formación voluntarista
que había recibido en Alcalá; incluso señalan algunas de sus obras como
fuente de inspiración para los místicos de su época, principalmente para
fray Luis de Granada [27]. Lo cierto es que si autores como Calvete de
Estella y Alfonso García Matamoros elogiaron a Constantino como uno
de los mejores predicadores que habían tenido la corte y la catedral sevillana, otros encontraban en sus sermones un no sé qué de falaz: «Aliquis
latet error», decía Francisco de Borja; mientras Pérez de Valdivia, discí-

[22] Lo editó L. Usoz, *en Reformadores Españoles Antiguos* 19 (Madrid 1863) 279-358. Su
estudios: J. R. Guerrero, *Catecismos españoles del siglo XVI. La obra catequética del doctor Constantino Ponce de la Fuente* (Madrid 1969).

[23] Los publica, precedidos de una amplia introducción, E. Navarro de Kelly, *Beatus
vir... Constantino Ponce de la Fuente y fray Jerónimo Gracián de la Madre de Dios* (Madrid
1977) 73-272.

[24] De este escrito se tiene noticia por una carta de la Suprema a la Inquisición de Sevilla, 23 marzo 1553 (AHN, Inquisición, l.574); pero no se conserva.

[25] Lo publicó L. Usoz, juntamente con el *Catecismo* (t.19 [Madrid 1863]).

[26] Se encuentran en AHN, leg.4444 n.49 (lleva en el dorso la anotación: «Toca al doctor Constantino») y n.5 (encabeza: «Censura de los *Catecismos* del doctor Constantino por
el maestro Entenio Flamenco). En el Arch. Vat., *Ottobon. lat.* 782, p.169-178, hay una censura
de Domingo de Soto, que tacha de luteranas varias proposiciones de Constantino. Parece
hecha después del proceso.

[27] Guerrero, o.c., 326-35.

pulo de Juan de Avila, comentaba con su Maestro: «Discípulo me ha parecido de Lutero»; «Hijo, en la vena del corazón le habéis dado», respondía el experimentado Maestro [28].

Todo esto ocurría por el año 1557, que había comenzado con fatídica estrella para el doctor Constantino. Si a su fama, ya quebrantada, de predicador ortodoxo añadimos sus circunstancias personales de presunto judío, bígamo, presbítero irregular y litigante con el obispo, nadie puede admirarse de que su detención se hiciera entre las primeras llevadas a cabo al descubrirse los libros de Julianillo. Si es cierto además, como afirma González Montes, que seguidamente se descubrieron manuscritos suyos en los que trataba de la forma más descarada los argumentos eclesiológicos y sacramentales en boga, su captura era obligada.

Constantino entró en prisión el 16 de agosto de 1558, y desde entonces se abate sobre su figura toda la infamia que recaía sobre los herejes hispanos. Los muchachos de Sevilla cantaban en torno a la cárcel coplas pidiendo su muerte, mientras los inquisidores llevaban adelante un proceso cuyo resultado no conocemos. Constantino murió en la cárcel, sin que sepamos la fecha. Se dijo que se había suicidado; pero su fallecimiento puede considerarse el normal desenlace de muchos sinsabores y de los achaques que con ocasión del pleito de la canonjía le fueron facultativamente diagnosticados. No salió en el auto del 1559, quizá porque su proceso no estaba concluso, o por un cierto respeto a sus pasados honores. Debió de morir poco antes del que tuvo lugar a fines de 1560, porque entonces lo quemaron en estatua, en actitud de predicar, junto con sus amigos los doctores Vargas y Egidio.

Otros miembros y doctrina de la comunidad sevillana

La predicación de los complutenses no fue el único cauce de la propaganda protestante en Sevilla. Egidio en concreto debió de influir más a través de la dirección espiritual, pues tanto las relaciones procedentes del campo católico como del campo de la Reforma coinciden en calificar como discípulos suyos a casi todos los sentenciados. Del mismo modo, no sería errado conceder una gran influencia a los escritos de Constantino, aun cuando fueron confiscados tempranamente por los inquisidores.

Llegados a este punto, se impone la pregunta sobre el alcance cuantitativo del movimiento; mas, desgraciadamente, no tenemos otras fuentes que las relaciones de los autos de fe publicadas por Schäffer, conforme a las cuales el número de condenados a diversas penas entre 1559 y 1561 no sobrepasa los 130 [29]; mas no se puede pensar que el saldo que arroja la represión inquisitorial coincida adecuadamente con la cifra de protestantes enrolados en la comunidad sevillana. Así lo veía Reginaldo González Montes, quien, a pesar de no incluir en su martiro-

---

[28] Aspe Ansa, o.c., 12s.96.
[29] *Beiträge...* I 345-69. Cf. también: *Sevilla und Valladolid* (ut *supra* nt.19) p.15.

logio más que quince preclaros ejemplos de protestantes ajusticiados, no cesa de comparar el fenómeno sevillano a una «tempestiva lluvia», a «un incendio divino», a un nuevo anuncio del Evangelio. Cada uno de estos personajes tiene detrás de sí compañeros, comunidades religiosas enteras, hasta alcanzar una cifra que anda en torno a los 800 [30].

Hoy resulta muy difícil pronunciarse sobre el número de adeptos de la comunidad sevillana; pero, a juzgar por la calidad de sus jefes, los centros de expansión y el entusiasmo de sus prosélitos, no se puede dudar que constituía un verdadero peligro para la religiosidad española. Nosotros no podemos hablar aquí de cada uno de estos personajes; el lector encontrará en la *Historia de los heterodoxos españoles* de Menéndez Pelayo [31] una bella síntesis en los retratos esbozados por Montes. Pero no debemos omitir los nombres de Juan Ponce de León, primogénito del conde de Bailén, que gastó en la propaganda del «evangelio» la mayor parte de su fortuna [32]; al presbítero Juan González, predicador incansable de la justificación por la fe y pertinaz enemigo de la Iglesia romana [33]; al médico Cristóbal de Losada, que pasó a la Reforma para conseguir la mano de su prometida [34].

Pero donde la Reforma causó mayores estragos y produjo los frutos más duraderos fue en el monasterio jerónimo de San Isidoro del Campo, cuyos monjes debían de estar lejos de la verdadera observancia, aunque llevaban una vida más bien intensa de ritos y de prácticas exteriores. Su prior, García Arias, llamado el maestro Blanco por ser albino, era un personaje atrabiliario que conocía bien la Sagrada Escritura y que en cuestión de ideología no seguía más líderes que a sí mismo; fuera del convento polemizaba con los mentores de la nueva espiritualidad sevillana hasta dejarlos en ridículo públicamente; dentro de casa explicaba el libro de los Proverbios y zahería mordazmente a quienes ponían su confianza en los ritos y en la penitencia monástica, mientras él mismo llevaba siempre el cilicio. «Cuando se abra la fiesta —lo había amenazado el doctor Constantino—, tú no verás los toros desde la barrera; serás el primero que manden al ruedo» [35]. Mas antes que esto ocurriera tenía que convertir a su monasterio en un campo de Agramante. Los monjes se afiliaron a una corriente de espiritualidad erasmiana: el rezo coral fue sustituido por la lectura de la Biblia, se suprimieron las preces por los difuntos, acabaron con las indulgencias y las imágenes, y, temerosos de que un día pudiera intervenir la Inquisición, decidieron abandonar por grupos su casa, huir al extranjero y juntarse de nuevo en Gi-

---

[30] «Cepit tempestivam illam pluviam ac salubrem irrigationem summa cum laetitia paradisus Domini» (o.c., 218). «Videbantur eo tempore in una Hispali octingenti simul ob pietatem captivi, aut prope aut ultra viginti eodem rogo combusti» (ibid., 119).
[31] Vol.4 (ut *supra*) 105-13.
[32] GONZÁLEZ MONTES, 200-205.
[33] Ibid., 206-209. Fue quemado en el auto de 1559 junto con dos hermanas (su madre y otro hermano serían quemados más tarde). Estando ya en el palo, se negó a añadir al artículo del credo *credo sanctam ecclesiam* la denominación de *romanam* y exhortó a sus hermanas a que siguieran su ejemplo.
[34] Ibid., 231-33.
[35] Ibid., 252. Semblanza del doctor Blanco, 237-55.

nebra en el plazo de un año. Las primeras fugas tuvieron lugar en el verano de 1557. Para el 17 de noviembre, fecha en que la Inquisición comunica esta hazaña a Felipe II [36], algunos ya habían llegado a su destino y otros habían sido apresados. Entre los primeros figuraban Antonio del Corro y Casiodoro de Reina [37], que se hicieron protestantes de corazón.

Las fugas no eran cosa nueva en la historia religiosa española de aquellos años. Ya hemos dicho que, al comenzar el proceso de Egidio, se habían fugado de Sevilla Juan Pérez de Pineda, que ahora estaba alentando a distancia aquel «incendio divino». Años antes, un conquense, Juan Díaz, que estudiaba en París, buscó refugio entre los protestantes alemanes en vez de volver a España. Su hermano Alfonso, auditor de la Rota romana, lo buscó y le dio muerte en la aldea de Feldkirchen en la madrugada del 27 de marzo de 1546. Su amigo Senarcleo escribió la historia de su martirio [38], con prólogo de Bucero, dando origen así al género literario adoptado y enriquecido por Montes.

La caza a los huidos no tuvo lugar sólo en este caso, en el que jugó un gran papel la venganza del honor familiar. En los años a los que nos referimos, los caminos que llevaban a Colonia, a Franckfurt, a Amberes y, sobre todo, a Ginebra, estaban plagados de espías que descubrían y capturaban a los huidos. Los tales recibían el apodo de «moscas»; y por sus artes fueron vueltos a España Juan de León, monje de San Isidoro, y Juan Fernando, fugitivo de Valladolid [39].

El mismo atractivo que producía la Reforma entre los varones, lo ejerció en las casas religiosas y conventículos de mujeres, las cuales fueron llevadas en gran número ante la Inquisición. Mas, por la escasez de protagonismo que entonces se le reconocía a la mujer y quizá por la imprecisión doctrinal que en seguida manifestaban las inquiridas, quedaron casi todas convictas de haber escuchado devotamente los sermones y exhortaciones de Egidio; pero fueron muy pocas las condenadas por protestantes. Así, entre las jerónimas de Santa Paula, donde se temía que hubiera los mismos errores que en la rama masculina de San Isidoro del Campo, sólo apareció tocada por la herejía la maestra de novicias, Leonor de San Cristóbal. De igual manera, en el convento de San-

---

[36] «Los inquisidores de Sevilla nos escriben que han recibido información contra algunos frailes del monesterio de Sant Isidro, que es cerca de aquella cibdad, por la cual resultan sospechosos que tienen muchos errores y opiniones luteranas y que tienen presos tres, y se han absentado fray Francisco de Frías, prior que fue en aquel monesterio, y fray Pablo, procurador, y fray Antonio de Corro, y Fray Pelegrina de Paz, prior que fue en Ecija, y fray Casiodoro, y fray Juan de Molina, y fray Miguel Carpintero, y fray Alonso Baptista, y fray Lope Cortes; y tiene relación que están en Genève y que tienen aviso que en aquella cibdad hay muchas personas notadas de los mismos delitos» (*El inquisidor general* II 181s).

[37] Documentado estudio sobre los dos personajes y sobre Cipriano de Valera, P. J. HAUBEN, *Three Spanish heretics and the Reformation* (Genève 1967).

[38] *Historia vera de morte sancti viri Ioannis Diazzi Hispani quem eius frater germanus, Alphonsus Diazius, exemplum sequutus primi parricidae Cain, velut alterum Abelem nefarie interfecit: per Claudium Senarclaeum. Cum praefatione D. Martini Buceri in qua de praesenti statu Germaniae multa continentur...* (1546).

[39] GONZÁLEZ MONTES, 225-28.

ta Isabel fue una muy erudita, Francisca de Chaves, la que se mantuvo contumaz hasta el fin. Esta fue una de las pocas mujeres que mereció una reseña martirial en el libro de Montes, que la admiraba por su extraordinaria dialéctica. Había sido discípula aventajada de Egidio y mantenía correspondencia con el protestante Juan Fernández del Castillo, que estaba en París. Las dominicas, por su parte, se procuraron del papa una bula de exención frente a la autoridad inquisitorial.

Con mayor eficacia y conocimiento de causa que las religiosas actuaban las beatas y dueñas de casa que abrían sus mansiones a las reuniones secretas. Entre ellas se destacaron Isabel de Baena y María de Bohorques, que era discípula de Casiodoro de Reina. A este matriarcado de organización eclesial debe la comunidad sevillana no poco de su unidad y cohesión. Que los hermanos tuvieran el proyecto de llegar a una organización, siquiera mínima, que los contradistinguiera de la Iglesia romana, parece muy probable, no sólo por la insistencia con que los más aventajados se negaban a reconocer en ella la verdadera Iglesia de Cristo, sino, más bien, por los pasos concretos que llegaron a dar para la adquisición de una casa donde se estableciera un verdadero pastor que, al decir de Montes, hubiera podido ser el médico Cristóbal Losada.

Es evidente que una comunidad cuyos prosélitos crecían en número y pertenecían a diferentes capas de la sociedad y de la cultura, no podía vivir sólo de la teología de Egidio ni del evangelismo difuso en los escritos de Constantino; necesitaba catequesis y ritos propios. Era la misma religiosidad popular la que tenía que ser transformada. Así lo había entendido García Arias en el convento de San Isidoro, donde los ritos corales habían sido profundamente cambiados. Asimismo, en la casa de Ponce de León se celebraba la cena protestante y Francisca de Chaves reconocía que profesaba acerca del Santísimo Sacramento la doctrina de Lutero [40].

En suma, es evidente que la comunidad sevillana, menos importante por el número de sus miembros, convictos y confesos de herejes, llevaba en su seno tal entusiasmo y empuje, que, de no haber intervenido tempestivamente la Inquisición, habría cristalizado en una iglesia reformada según el patrón evangélico.

LA DRÁSTICA INTERVENCIÓN DE GONZÁLEZ DE MANÉBREGA. EL AUTO
DE FE DE 1559

Las primeras diligencias contra la infiltración del luteranismo en Sevilla las tomaron, según costumbre, los inquisidores del distrito: Juan de Ovando, presidente del Consejo de las Indias y provisor de la diócesis [41]; el licenciado Carpio, un tío de Lope de Vega, conocido por su ri-

---

[40] La mejor relación hasta ahora: SCHAEFER, *Sevilla und Valladolid...* 16ss.
[41] Cf. *El inquisidor general* I 167.

gor [42], y el licenciado Gasco, que se propuso, inútilmente, usar de benignidad con algunos presos ilustres; como fiscal actuaba el licenciado Muñoz.

Dada la gravedad del asunto, en seguida se vio que la Suprema no podía seguir los acontecimientos de lejos; y, ocupados como estaban todos sus miembros con los focos de protestantes descubiertos en Valladolid y en otras regiones castellanas, decidieron mandar a Sevilla a don Juan González de Manébrega, obispo de Tarazona, como representante del inquisidor general, arzobispo de la diócesis. La delegación en su favor se expidió en Valladolid el 15 de septiembre de 1557; pero el elegido no se puso en camino hasta que no cedió el calor del verano. Este hombre fue, desde su llegada a Sevilla, el muñidor de la represión, y en todo cuanto se hizo está seguramente la impronta de su personalidad, muy discutida y poco estudiada todavía.

Los consejos de la Suprema se fijaron en él porque había sido inquisidor muchos años en Sicilia y en Cuenca y tenía «espíritu y mucha experiencia». Además, estaba completamente libre de cualquier vínculo de familiaridad o amistad con los presos, condición que no reunían otros prelados en quienes se pensó para hacerles esta encomienda. Schäfer le atribuye un carácter tan duro, que su llegada a un distrito bastaba para acrecer el rigor de los procesos en curso.

El ilustre historiador alemán depende, una vez más, de González Montes, quien hace de Manébrega una descripción repulsiva. «¿Qué dotes —se pregunta— tenía tal hombre para este cargo? Digan quienes lo eligieron y cuantos lo conocieron si había en él doctrina y erudición eclesiástica, diligente y exacto conocimiento de la historia, de las especulaciones de antiguos y modernos teólogos..., pericia insigne para las causas y doctrina de fe, en lo que los llamados Padres inquisidores debieran ser tan versados... En lo que aventaja a sus colegas es en crueldad, inmanidad y manejo de las artes de inquisición, que le valieron un pingüe obispado. En esta misión sevillana, cuando tenía llenas de presos casas privadas y cárceles públicas, no le faltaba tiempo a su Reverencia para solazarse con paseos por el río en barcas adornadas de sedas y púrpura; y con tal trato, que parecía más bien un discípulo de Sardanápalo que un modesto varón, ya no digo obispo cristiano; se rodeaba además en su villa, no lejos de la ciudad, de un gran número de criados y de un círculo de poetas ciertamente iletrados, mientras el pueblo acudía para espiar aquel espectáculo» [43].

Evidentemente, la descripción de Montes no puede tomarse a la letra, pues su objetivo es proclamar ante el mundo la astucia y perversidad de la Inquisición española; lo que confirman los hechos es que Manébrega quiso recuperar el tiempo perdido antes de su llegada, y, después de un altercado con el inquisidor Gasco, a quien acusó de par-

---

[42] Buena semblanza de este curioso personaje con oportunas alusiones a los acontecimientos de Sevilla, R. Espinosa Maeso, *Don Miguel del Carpio, tío de Lope de Vega:* Boletín de la Real Academia Española 58 (1978) 293-371.

[43] O.c., 93.

cialidad ante la Suprema, se propuso substanciar procesos para el primer auto de fe, que se celebró efectivamente el 24 de septiembre de 1559.

El auto fue solemnísimo, comparable al que se había tenido en Valladolid el 21 de mayo. Varios días antes se proclamó sobre la ciudad una especie de estado de excepción que mantuviera la incomunicación de los presos, sin otras visitas que las de los religiosos encargados de su ayuda espiritual, y que permitiera a la vez levantar el tablado (es decir, toda la escena) en la plaza de San Francisco y disponer las piras en el quemadero, extramuros de la ciudad. Schäfer publica una minuciosa relación [44] del desarrollo del auto en el que salieron unas 80 personas, de las cuales 42 no tenían nada que ver con el protestantismo; se trataba de moros, algún judío, blasfemos y bígamos.

De los 38 restantes, 22 fueron relajados al brazo seglar y condenados al fuego. Muy pocos fueron quemados vivos, porque a la mayoría se les daba garrote antes de aplicarles las llamas; mas no era fácil hacer luz en este punto por la contradicción existente entre las fuentes católicas y las protestantes. En teoría, se quemaba vivos los que se mantenían confesos y pertinaces hasta el final; por ello los reformadores, interesados en aumentar el número de sus mártires, atribuyen una heroica valentía a quienes acaso no la tuvieron y acusan a los verdugos de haber dado garrote a algunos antes de aplicarles el fuego; así podían propalar, falsamente, que en el último momento se habían convertido. El caso más claro de desacuerdo es el de Ponce de León, que, según la relación oficial, fue agarrotado porque se había confesado en la cárcel, y según Montes acabó por el fuego, porque a última hora había retractado su momentánea flaqueza.

De todas formas, parece que fue quemado vivo Juan González, gran predicador, degradado en el auto, que exhortó a sus dos hermanas que estaban en el suplicio a permanecer en la fe protestante. También debió de ser quemado vivo algún fraile de San Isidoro. A las mujeres parece que se las agarrotaba ordinariamente; y así, no debió de sufrir las llamas Isabel de Baena, aunque su casa fue demolida al día siguiente y su solar sembrado de sal.

EL SEGUNDO AUTO DE FE. PROSIGUE LA MECHA HUMEANTE

Las consecuencias de un auto de fe como éste eran terribles no sólo por las muertes y la pérdida de bienes, sino también por la nota de infamia que recaía sobre los herederos de los condenados; mas es muy poco lo que sabemos acerca de la reacción que estos acontecimientos produjeron, porque el temor que se tenía en Sevilla a incurrir como fa-

---

[44] *Beiträge...* II 271-81. Publicamos una escueta redacción de las personas que salieron al auto en *El inquisidor general* II 260-66; cf. esp. nota en p.260. Existe una relación manuscrita en la Biblioteca Colombina de Sevilla.

vorecedor y simpatizante de herejes en las manos del Santo Oficio imponía un lacerante silencio, mientras los inquisidores hacían circular relatos oficiales y asépticos de lo que había pasado en el auto, los cuales eran los únicos que podían ser transmitidos, incluso en correspondencia privada.

El número de presos impidió en Sevilla, igual que en Valladolid, que todas las causas pudieran estar concluidas para llevarlas al mismo auto. Además convenía retener en la cárcel a algunos reos principales que pudieran proporcionar nuevas pistas; el principio de «sacar por el hilo el ovillo» estaba admitido en toda acción inquisitorial, y el inquisidor general lo repetía a todas horas en aquellos años.

Así, pues, quedaron en la prisión el doctor Constantino, que fallecía antes del auto siguiente, y Julián Hernández, el fingido arriero que había introducido en Sevilla los libros. Este había intentado escaparse de la ciudad, pero lo cogieron en Sierra Morena, y rudo como era, litigaba con los inquisidores y denunciaba a la vez a sus cómplices. González Montes dice de él que lo llevaron a numerosas audiencias, al final de las cuales regresaba a su encierro tarareando esta letrilla: «Vencidos van los frailes, vencidos van; corridos van los lobos, corridos van». Sin embargo, el Consejo de la Inquisición General le dice al papa, unos meses antes del auto de 1559, que Julián mostraba arrepentimiento y quería reducirse a la Iglesia católica [45]. Esto no obstante, la verdadera razón para diferir su sentencia debió de ser la esperanza de obtener de él nuevas confesiones y denuncias, como había hecho al principio. Por fin, Julián Hernández compareció en otro auto que se hizo el 22 de diciembre de 1560 [46]. Hasta el momento de su muerte lo tuvieron amordazado, porque irrumpía dialécticamente contra todos los que se acercaban a él. Ya en el quemadero, disputaba con el fraile que lo asistía, mientras se ajustaba a ambos lados de su cabeza los haces de leña amarrados al palo. No sabemos si fue quemado vivo. Según el relato de Montes, cuando le aplicaron el fuego, el fraile que lo asistía gritaba al pie de la pira: «¡Pobre España, dominadora y señora de gentes, ahora tan alterada por causa de este hombrecillo! Matadlo, matadlo...», y uno de los presentes le dio una puñalada cuando ya comenzaban a envolverle las llamas.

Con Julián Hernández salieron al auto 37 personas más, acusadas de la herejía luterana. De ellas, trece fueron relajadas (cuatro para ser quemadas vivas), y el resto reconciliadas con diferentes penas; Juana de Bohorques, que había muerto en la cárcel de sobreparto, fue declarada inocente. Salieron también las estatuas de Egidio, de Constantino y de Juan Pérez de Pineda, que, como es natural, fueron echadas al fuego.

[45] «Este hombre fue avisado, y encubierto, y persuadido que luego se ausentase, porque los inquisidores lo sabrían y lo quemarían... por buena diligencia de los inquisidores fue preso en Sierra Morena... y está preso; el cual, aunque al principio muchos días estuvo muy pertinaz en sus herejías y dixo de otras muchas personas, ya parece que muestra arrepentimiento y que quiere reducirse a la Iglesia católica» (cf. *El inquisidor general* II 216).

[46] Publica una relación de personas y algunas sentencias (traduc. alemana), SCHAFFER, *Beiträge...* II 290-311. Existe una relación en AHN, Inquisición, leg.207 n.2.

Mas con la quema simbólica de los padres de la comunidad sevillana, puede darse por terminada la propaganda protestante en Sevilla; pero no el trabajo del Santo Oficio, que durante mucho tiempo siguió luchando contra su humeante rescoldo.

En el mes de febrero de 1561, por dos o tres veces aparecieron en la ciudad de Sevilla pasquines y *posters* en contra de la Inquisición y de la Iglesia romana. Aunque eran respuesta a unas coplas que se cantaban por las calles después del auto de 1560: «Viva la fe de Cristo entre todos los cristianos, — viva la fe de Cristo y mueran los luteranos»; o aquella otra que comenzaba con una alusión a Lutero: «Cucaracha Martín, qué polidica andáis», aparecían manuscritos e impresos, pegados a los muros y tirados por el suelo; y algunos de ellos fueron llevados al tribunal del distrito. Los inquisidores temieron que los autos no hubieran producido el efecto que se esperaba. Por otra parte, el tráfico portuario que había en Sevilla favorecía la llegada de ingleses, de franceses y de flamencos que practicaban y difundían la herejía.

Así, pues, después de volverse a su diócesis el obispo González de Manébrega, la Suprema siguió nombrando un delegado del inquisidor general para el tribunal de Sevilla y se repitieron los autos de fe hasta finales del siglo. Hubo dos en 1562, uno en 1563, 1564, 1565, 1569, 1574, 1577, 1578, 1583, 1586, 1592 y 1599. Después de los de 1562 [47], en que fueron relajados en persona los frailes capturados de San Isidoro (entre ellos, el maestro Blanco) y en estatua los que habían logrado escapar al centro de Europa, disminuye notablemente el número de encausados, entre los cuales corresponde un buen porcentaje a los súbditos extranjeros.

[47] 26 de abril y 28 de octubre. Existen relaciones en AHN, l.c.

CAPÍTULO VII

LA GRAN BATALLA DE LA INQUISICION ESPAÑOLA CONTRA EL LUTERANISMO EN CASTILLA

VALLADOLID 1558. ¿LUTERANISMO EN CASTILLA?

El año 1558 fue crucial para la historia de España. Un cambio político se había operado el 16 de enero de 1556 cuando el emperador Carlos V firmó en favor de su hijo don Felipe II el acta de abdicación a sus dominios hispanos. Mas las cosas cambiaban muy lentamente dentro de la Península porque hasta el verano (20 de agosto) de 1559 el rey seguía en los Países Bajos completando la obra que, a causa de la agitación del imperio, no había llevado a cabo su padre. El gobierno de Castilla estaba en manos de doña Juana, hija de Carlos V y viuda del rey de Portugal Juan III, fidelísima a don Felipe, su hermano, no sólo por razones dinásticas, sino por el profundo espíritu religioso que inspiraban todos sus actos [1]. Aunque mantenía constante correspondencia con él y se servía con normalidad de los Consejos del reino, miraba mucho hacia Yuste, donde su padre, aquejado por la gota, sacaba fuerzas de flaqueza para consolidar durante los pocos meses que le quedaban de vida (falleció el 21 de septiembre de 1558) la transición que él mismo había puesto en marcha [2]. En realidad, el emperador iba dictando a su hijo, en las más difíciles coyunturas de aquel año 58, un testamento de prudencia administrativa, de cuyas cláusulas la princesa doña Juana era la inmediata depositaria.

Los asuntos de la religión atravesaban entonces un buen momento. Los obispos que habían asistido a la segunda convocatoria de Trento comenzaban a empeñarse en una reforma cuya orientación general percibían, aunque las decisiones conciliares estaban aún incompletas. Se iban imponiendo la residencia, las visitas pastorales, la uniformidad y depuración de la sagrada liturgia, la predicación sistemática, las cátedras de doctrina en conventos y catedrales, los colegios de formación clerical, etcétera.

Paralelas a estos brotes de una reforma de nuevo cuño, se empeñaba el Consejo de la Inquisición General en una acción que a comienzos del año

---

[1] Cf. E. TORMO, *Las descalzas Reales* (Madrid 1917); L. F. y FERNÁNDEZ DE RETANA, *Historia de España*, dir. por R. MENÉNDEZ PIDAL, XIX *(España en tiempo de Felipe II)*. (Madrid 1958) 311s.339s.524ss.

[2] Fundamental para este capítulo la colección documental de L. P. GACHARD, *Retraite et mort de Charles-Quint au monastère de Yuste*, intr. y 2 vols. (Bruselas 1854-55) (citamos simplemente por el apellido del autor).

58 parecía monopolizar toda atención: el cierre de las fronteras y la depuración del mercado del libro frente a cualquier tentativa de infiltración protestante. Lo que estaba ocurriendo en Sevilla servía de escarmiento para cortar de raíz lo que parecía ser el único foco de aquella peste. Mas la represión en Sevilla y el control de los libros heréticos se habían orientado de modo que el Consejo de la Suprema pudiera seguir el ritmo normal de su actividad. En Sevilla actuaba el tribunal del distrito, presidido desde un cierto momento por el obispo de Tarazona, y de los libros se ocupaban, como hemos visto, los comisarios y los censores. La correspondencia mantenida por el Consejo con quienes se ocupaban directamente de estos asuntos es tan oficial y tan fría, que apenas parece responder a la transcendencia y gravedad de los mismos.

Es verdad que se había dado cuenta de todo a Felipe II, pero él respondió con una nota lacónica y fría en la que confirmaba lo hecho, «porque deseo mucho que en estas cosas de la Inquisición haya gran vigilancia y recabdo» [3]. La máquina estaba perfectamente ajustada y respondía con prontitud y eficacia a cualquier estímulo que penetraba en su campo de acción. Así se explica que el inquisidor general tuviera tiempo durante el 1557 y la primera mitad de 1558 para dedicarse a negocios de interés personal que tenían muy poco que ver con el Santo Oficio. La primavera de 1557 la pasó en un continuo forcejeo con la princesa gobernadora para que lo exonerara de una contribución de 150.000 ducados que para fines militares le había pedido Felipe II. En 1558 se dedicó intensamente a las fundaciones que había iniciado en Salamanca y Asturias, su patria de origen, las cuales recibieron entonces un empuje decisivo [4]. Su falta de colaboración con las pretensiones monetarias del rey, que se hacían más notorias por las sumas invertidas en sus propias obras, lo malquistaron con los soberanos de tal modo, que no hay que esforzarse demasiado para ver en la correspondencia que mantiene el emperador con sus hijos el expreso deseo de confinarlo en Sevilla, más con la intención de precipitar su caída que de ponerlo en contacto con los males de todo orden que pesaban sobre su diócesis. Las encolerizadas presiones del retirado de Yuste, junto al desdén que mostraban la princesa y el rey, doblegaron el ánimo del inquisidor general, don Fernando de Valdés, que se puso camino de Andalucía, buscando quizá consuelo a su suerte en el recuerdo del semejante episodio que treinta años antes le había ocurrido a su predecesor en la Inquisición y en la sede, don Alonso Manrique.

En este preciso momento se descubrieron los focos protestantes de Valladolid, Palencia, Logroño y Zamora. El inquisidor general, que no había pasado de Salamanca, volvió en seguida a la corte; y, casi sin dar tiempo a que actuara el tribunal del distrito, entró de lleno en la inteligencia de aquellas causas, enroló en las mismas a todos sus consejeros y

---

[3] Carta del Consejo a Felipe II, del 17 de noviembre de 1957. Respuesta del rey, de 4 de marzo de 1558. Ed.: *El inquisidor general* II 180-83.
[4] *El inquisidor general* I 287-94.

aun pidió al rey que eventualmente le echaran una mano otras personas que tenían experiencia del Santo Oficio. Desde entonces, ya nadie volvió a hablar del confinamiento en Sevilla del inquisidor general, que recibió de los soberanos todo el apoyo requerido para el ejercicio de su misión [5].

La inesperada rapidez con que se produjo el descubrimiento, su positiva incidencia en la carrera política del inquisidor general, la celeridad con que se dispusieron y celebraron dos autos de fe, el número relativamente corto de los juzgados, que apenas sobrepasaba las cincuenta personas; la total extinción de la pretendida herejía y otras circunstancias que irán apareciendo a lo largo de este capítulo, plantean una serie de interrogantes, a los que cada historiador responde no sólo a base de documentos, sino también de sus personales prejuicios. Y así, Menéndez Pelayo, que no duda del carácter herético de aquel movimiento, pretende circunscribirlo a límites razonables cuando escribe que «más razón tuvo Carlos V para decir que la intentona de Valladolid era un principio sin fuerzas ni fundamento, que Cazalla para soltar aquella baladronada: 'Si esperan cuatro meses para perseguirnos, fuéramos tantos como ellos; y, si seis, hiciéramos de ellos lo que ellos de nosotros'» [6].

Kamen, que interpreta los fenómenos inquisitoriales de la mitad del siglo XVI como la continuación de la lucha contra los judíos en 1480, no duda en afirmar que «en aquellos años fueron quemadas realmente por herejía menos de media docena de personas» y que «el protestantismo nunca se desarrolló en España hasta llegar a ser una verdadera amenaza, ni jamás fue aceptado por grupos importantes de la población» [7].

Marcel Bataillon, que explica todos los fenómenos espirituales en la España del siglo XVI con arreglo al constante patrón de alumbradismo-erasmismo, se asienta en una posición que por cautelosa y equilibrada es demasiado resbaladiza: «Hablar —dice— de 'comunidades protestantes' es falsear la imagen de este movimiento. En vano se buscaría en él un culto reformado según las fórmulas luteranas. Se citan, es cierto, casos de comunión bajo las dos especies. Se ve, asimismo, cómo la doctrina de la justificación por la fe se completa con negaciones más o menos audaces a propósito del purgatorio, de la confesión, sobre el valor de los sacramentos y de las obras, sobre el poder del papa y de la Iglesia. Es posible que, de no haber intervenido la Inquisición tan vigorosamente en 1558, estos grupos hubieran acabado por ser verdaderas comunidades protestantes, comparables con las que se estaban constituyendo en Francia por el mismo tiempo. Tales como aparecen en los documentos inquisitoriales, hacen pensar, más bien, en los conventículos de alumbrados que en 1525 habían alarmado a la Inquisición de Toledo» [8].

[5] Cartas de Felipe II al inquisidor general y al Consejo, del 6 de septiembre de 1558. Ibid., II 209-14.
[6] Historia de los heterodoxos españoles III (Madrid 1947) 439.
[7] La Inquisición española 92s.
[8] Erasmo y España II (México 1949) 320. La misma opinión mantenía H. C. LEA, A History of the Inquisition of Spain II (New York 1906) 47s.

Esta última frase de M. Bataillon es la que, a nuestra manera de ver, delata el apriorismo interpretativo con que el gran hispanista accedió al análisis de las fuentes. Nosotros creemos que tanto los documentos inquisitoriales como las circunstancias concomitantes de los años 1558 y 1559 demuestran que hubo en Castilla una verdadera infiltración protestante, de procedencia bien definida y sólo colateralmente emparentada con el alumbradismo y el erasmismo del primer cuarto del siglo. Los líderes protestantes coincidían con sus predecesores en la crítica al cristianismo institucionalizado en obras y en ceremonias, crítica que, por otra parte, parece haber sido bien solapada; pero iban mucho más allá que ellos en unas pocas afirmaciones dogmáticas, acerca de las cuales sabían perfectamente a qué maestros se remontaban y en qué medida se oponían a la enseñanza de la Iglesia romana.

Sin embargo, hay que decir con la misma claridad que fueron muy pocos los que dieron asentimiento pleno a aquella doctrina que les consolaba o les seducía. Por lo mismo, es muy menguado el número de los que apostataron en su corazón; seguramente hay que restar todavía alguno a las veinte personas quemadas en los dos autos de fe en 1559, cifra que presenta, en líneas generales, un tercio de los encausados.

En Castilla jugaban un importante papel los lazos de sangre, de amistad y de influencia espiritual que hubo entre todos los tachados de protestantes. Eso hacía que unos siguieran el criterio de otros, sin que experimentaran por ello una conversión responsable y personal. Este era, más que la corta vida que tuvo el fenómeno, uno de los factores que hubieran hecho prematura, incluso imposible, cualquier clase de organización de la secta; pues si bien la Inquisición actuó con una celeridad que algunos interpretan excesiva e interesada, cuando llegaron a ella las primeras noticias, hacía cuatro años que había comenzado la propaganda, y no se puede descartar que desde el principio estuvieran sus miembros en relación con los sevillanos, ya que Egidio en 1556 apenas salido de la prisión, fue a Valladolid con una misión capitular que no era prudente encomendarle ni por su parte aceptarla [9]. Reginaldo González Montes interpretaba este viaje como una visita del magistral a los «hermanos» de la capital castellana [10]; quizá éste haya sido el motivo que inspiró la aceptación del experimentado canónigo. Además, no se pierda de vista que en Estrasburgo fueron capturados en 1557 un sevillano y un castellano, compañeros de fuga: Julián Hernández era natural de Valverde (Zamora), donde también estaba comprometida con la secta una mujer que llevaba su mismo apellido [11]. Mas esto no impide que, cuando intervino la Inquisición, el grupo castellano se encontrara como tal en mantillas, con centros coordinadores domésticos y un régimen patriarcal. Los encausados, quizá, nunca se habían encontrado juntos antes del auto;

---

[9] Se trataba de asistir como comisionado del cabildo a la congregación general que tenía lugar en aquella ciudad (*El inquisidor general* I 194).

[10] *Hispanicae Inquisitionis artes...* (Heidelberg 1567) 273.

[11] SCHAEFER, *Beiträge zur Geschichte des Protestantismus und der Spanische Inquisition im sechzehnten Jahrhundert* I (Gütersloh 1902) 260.

pero eran conscientes de profesar todos una fe nueva y muy homogénea.
En Valladolid se mató el embrión de un árbol que estaba perfectamente
clasificado. Pero veamos ya cómo ocurrieron los hechos.

UNA HEREJÍA REFORZADA POR LAZOS DE AMISTAD Y DE SANGRE

El primer dogmatizador de la reforma protestante en Castilla fue
un caballero italiano, procedente de Verona, que sobre el 1550 fijó su
residencia en España después de haber militado en los ejércitos imperiales [12]. Quizá por su matrimonio con Isabel de Castilla, mujer procedente, por rama bastarda, del rey don Pedro el Cruel, se le nombró en
1554 corregidor de Toro, cargo que había dejado en 1557 para vivir como
un privado en Villamediana, en la cercanía de Logroño.

Fuera cual fuera el temple religioso de esta persona, era aficionado
a tratar problemas de doctrina cristiana con personas sobre las que adquiría particular influencia. Buen conocedor de los puntos de discrepancia entre los católicos y los protestantes, centraba en ellos la atención
de sus seguidores, y, en el mejor de los casos, los llenaba de dudas y
desconfianza frente a la fe recibida. En su proceso dijo con las mejores
maneras, que aquella doctrina la había oído predicar en Italia, mas que
su intento nunca había sido dogmatizar ni presumir de enseñar, sino
que, si venía ocasión de hablar de cosas de Dios, hablaba lo que se le
ofrecía, sin tener arte ni propósito ninguno particular [13].

Por mucho que se esforzara, nadie podía creer que don Carlos care-
ciera de un programa preciso en sus convicciones teológicas. En la misma declaración vertía una oportuna y solapada alusión al *beneficio* de
Cristo, que era la doctrina y el prontuario del que se nutrían los reformadores de Italia.

Cuando sonó la hora de la verdad con su irremisible condena a
muerte, don Carlos se armó de valor y escribió una razonada y fría
confesión de fe en la doctrina protestante sobre la justificación, cuya
consecuencia inmediata era el más rotundo rechazo de la existencia del
purgatorio. El último párrafo, escrito a manera de posdata, no dejaba
lugar a dudas: «Creo que la justicia de Cristo es mi justicia [1 Cor 1] y
que mis pecados ya no son míos, sino de Cristo. No he hecho [i.e. di-
cho] esto antes de agora porque nunca me he persuadido que vuestras
señorías hicieran el agravio que me hacen... e por pensar vivir».

Esa era exactamente la doctrina que había enseñado dentro de su
casa, logrando formar en Logroño y Villamediana el exiguo grupo de

---

[12] Sobre esta importante figura y los muchos datos que aporta para su conocimiento el
proceso de Carranza, cf. J. I. TELLECHEA, *Tiempos recios. Inquisición y heterodoxias* (Salamanca 1977) 53-110: «Don Carlos de Seso y el arzobispo Carranza. Un veronés introductor
del protestantismo en España (1559)». Sobre la difusión del protestantismo en Valladolid,
ID., *Los prolegómenos jurídicos del proceso de Carranza:* Anthologica Annua 7 (1959) 215-336.
[13] Cf. FRAY BARTOLOMÉ CARRANZA, *Documentos históricos,* ed. por J. I. TELLECHEA, II/1
(Madrid 1963) 44-46.

cinco personas, de las cuales sólo una, el contador Francisco de Herrera, murió por sus convicciones.

Probablemente la nueva doctrina se habría quedado en aquel círculo de familiares y amigos si don Carlos no hubiera trabado amistad con el párroco de Pedrosa, en las proximidades de Toro, don Pedro de Cazalla [14], el cual pertenecía a una familia de Valladolid que tenía diseminados a sus nueve hijos por los centros más importantes de la región. Don Pedro era hombre joven e inquieto, que había adquirido, quizá en Salamanca, una formación más rudimentaria que suficiente. Su conocimiento y relación personal con don Carlos fraguó en seguida (c.1551), y por eso nada tenía de particular que el corregidor lo visitara frecuentemente. En el año 1554, el italiano le comunicó abiertamente sus posiciones acerca del purgatorio, y lo fue ganando progresivamente a su causa, no sin que antes hubiera inquirido el nuevo catequizando la opinión del prestigioso teólogo Bartolomé Carranza, que por aquellas fechas salía de España para Inglaterra en la comitiva de don Felipe II.

La nueva mentalidad de Pedro Cazalla no tardó en ejercer sobre sus feligreses un proselitismo eficaz. En su entorno se aglutinaron unas nueve personas, en su mayoría mujeres, que recibían del párroco una dirección espiritual concorde con las nuevas doctrinas. Pero el más aventajado discípulo de Seso y Cazalla resultó ser el sacristán y sirviente de éste, Juan Sánchez [15], natural de Astudillo; un joven que había estudiado gramática y que no había podido realizar su pretendida vocación monástica. Por algún motivo que seguramente hay que unir a la transformación espiritual que se estaba operando en sus maestros, Juan Sánchez salió de casa de su amo, y, después de servir algún tiempo en la de Catalina de Ortega, vallisoletana, devota de las mismas ideas, huyó a Flandes, donde fue capturado y devuelto a España por orden de Felipe II.

Al mismo tiempo que se iniciaba la amistad del cura de Pedrosa con don Carlos de Seso, ganaba éste para su causa a un vecino de Toro: el bachiller Herrezuelo, que por su capacidad y condición de jurista iba a tener una gran influencia en el grupo de unas diez personas que se formó en esta ciudad y en Zamora. No todas fueron iniciadas por él, pero pocas se sustrajeron a las reuniones que se tenían en su casa, donde su mujer, Leonor de Cisneros, era la primera seguidora de sus doctrinas. El visitante más asiduo de esta familia parece que fue, según los procesos, don Juan de Ulloa, un comendador de la Orden Militar de San Juan, que se había convertido en el extranjero. Mas cuando el protestantismo castellano adquirió verdadero cuerpo fue cuando, por obra de Pedro Cazalla, penetró en Valladolid, en casa de su madre, doña Leonor de Vivero, y desde allí pudo infiltrarse en algunos centros religiosos

[14] Fundamental para el conocimiento de este personaje es el estudio de su proceso, ed. M. MENÉNDEZ PELAYO, *Heterodoxos españoles* VII (1948) 429-643.
[15] J. I. TELLECHEA, *Juan Sánchez. Apunte para la historia de un heterodoxo español (1559)*: Boletín de la Real Academia de la Historia 151 (1962) 245-55.

y nobiliarios de la ciudad gracias a las múltiples relaciones que poseía esta familia.

Doña Leonor de Vivero procedía, igual que su marido, don Pedro Cazalla, de una familia de conversos originariamente asentada en Sevilla [16]. A pesar de los antecedentes raciales y de un proceso por alumbrado que había tenido su suegro, constituían un hogar prestigioso y acomodado, cuyos diez hijos iban consiguiendo puestos estables, aunque de poco relieve, en la sociedad castellana.

El mejor dotado de todos ellos era el doctor Agustín de Cazalla, que había estudiado artes en San Pablo, de Valladolid, bajo la dirección espiritual de fray Bartolomé Carranza. Hizo los grados en Alcalá al mismo tiempo que Diego Laínez (1530), y desde 1542 hasta 1552 fue capellán de Carlos V y predicador de la corte, circunstancia que le obligó a mantenerse durante todo aquel decenio fuera de España. A su regreso a la Península obtuvo una canonjía en Salamanca y seguía predicando en Valladolid delante de doña Juana, la princesa gobernadora. Fue entonces cuando se intensificaron los contactos con su hermano el cura de Pedrosa y con don Carlos de Seso. Sea que el doctor Agustín Cazalla hubiera contraído ya en Alemania los gérmenes de la herejía o que ahora comenzara a prestarle atención, no tardó en convertirse en punto de referencia para los miembros de su familia, que encontraron en él el mejor apoyo para seguir la doctrina de la Reforma. La casa de los Cazalla se convirtió así en una *domus-ecclesia* donde se celebraban determinadas funciones catequéticas y litúrgicas, siendo, además, un foco de irradiación protestante hacia las personas y centros con quienes tenía relación.

Francisco de Vivero, el tercer clérigo de aquella inquieta familia, llevó la herejía a su parroquia de Hormigos (Palencia), y sus dos hermanas, Leonor y Beatriz, monjas de Santa Clara y Belén, la introdujeron en sus respectivos conventos. En este último, la subpriora, María de Guevara, se dedicó con todo entusiasmo a propagar la nueva doctrina; y como en el convento había miembros de las familias de Poza y Alcañices, emparentadas entre sí y amigas de los Cazalla, también éstas fueron ganadas para la causa.

Hijo de los marqueses de Poza era fray Domingo de Rojas, un dominico de San Esteban que había estudiado en Salamanca, Palencia y Valladolid, habiendo seguido en esta ciudad los cursos teológicos de fray Bartolomé Carranza, a quien en 1552 había acompañado al concilio de Trento. Debía de ser hombre brillante, de temperamento tan impulsivo como débil de voluntad; por eso, al desencadenarse la persecución de 1558, sólo pensó en ganar la frontera de Francia, y, una vez capturado y recluido en la cárcel, dio el triste espectáculo hasta el final de su vida de estar corrigiendo constantemente sus afirmaciones y delaciones, de modo que no se sabía cuál era su verdadera fe. En el auto se mantuvo contumaz y pareció convertirse cuando lo llevaban al quema-

---

[16] Sobre esta familia y su hijo Agustín, cf. semblanzas, bibliografía y referencias documentales en M. ORTEGA COSTA, en DHEE I 392-94.

dero. Como se dudara de la sinceridad de su conversión, los acompañantes llamaron al dominico fray Juan de la Peña para que coloquiara con él. «Es hombre voluble —replicó éste—, y aún cambiará de parecer tres o cuatro veces antes de llegar a la hoguera» [17]. Por fin parece que ratificó ante un notario su conversión. Una mezcla de tozudez y debilidad debía de tener la gente de esta familia, porque algo semejante ocurrió con su sobrina Ana Enríquez, una hermosa muchacha, hija de los marqueses de Alcañices, que había sido de las más entusiastas mantenedoras del «evangelio», y fue reconciliada en el auto, porque daba muestras de haberse convertido sinceramente.

DOCTRINA Y PRÁCTICAS DE LA ÉLITE LUTERANA

La exposición que acabamos de hacer sobre el nacimiento y avance del luteranismo en Castilla deja patentes los límites, bien reducidos, de este fenómeno. A diferencia del sevillano, que tenía su prehistoria y contaba con un área de difusión popular mucho más dilatada, el luteranismo en Castilla se propagaba en un círculo que tenía todas las características de una élite religiosa en la sociedad del momento. Se trataba de familias nobles con antecedentes judíos, cuyo acceso a los cargos políticos y de iglesia corría el riesgo de verse frenado por la importancia que a mediados del siglo XVI se volvió a otorgar a la limpieza de sangre. En realidad, el doctor Agustín de Cazalla parecía esperar una mitra, que nadie había pensado reservar para él a pesar de sus largos servicios al emperador Carlos V. Familias y grupos de gente culta por las que había pasado la ola del erasmismo, que leían y buscaban en los libros de moda un conocimiento más profundo de la verdad religiosa; familias, en una palabra, a las que correspondía un liderazgo objetivo al que otros obedecían de buen grado. A estas recíprocas influencias se debía seguramente la amistad entre Pedro Cazalla y don Carlos de Seso y el entusiasmo de sus seguidores Juan Sánchez y el bachiller Herrezuelo. Un caso típico de superioridad moral parecía ejercer Beatriz de Vivero en el convento de Belén, logrando atraer a su seguimiento a su madre vicepriora.

De carácter elitista fue también la propaganda de la doctrina, porque mientras en Sevilla era predicada desde los púlpitos, en Valladolid todo procedía a base de coloquios y discusiones cerradas, después de las cuales surgía el caso de conciencia de denunciar a la Inquisición a quienes habían tomado la iniciativa de manifestar sus opiniones; mas como todos se sentían atraídos por las mismas creencias, ninguno podía tirar la primera piedra. En realidad, la mayoría eran conscientes de que dentro del grupo había posiciones que no eran católicas y que se cernía sobre todos sus componentes un clima espiritual muy diverso del que pesaba sobre la Iglesia institucional en Castilla. Por eso, al descubrirse los hechos,

[17] TELLECHEA, *Tiempos recios* 238-65: «Fray Domingo de Rojas, O.P., y el auto de fe de Valladolid (1559). Una reconversión de última hora».

se delataban unos a otros sin compasión ni piedad, porque recíprocamente se habían enajenado su independencia de juicio, y eran responsables *in solidum* de las mismas ideas, aunque no todos supieran formularlas con exactitud y de acuerdo con sistema «evangélico».

Los inquisidores manifestaron tener gran convicción de este hecho al extractar de los diferentes procesos un elenco de 151 proposiciones, que entregaron, para la correspondiente censura, al doctor Andrés Pérez, teólogo del Santo Oficio, y a los maestros Domingo de Soto, Melchor Cano, Alonso de Horozco y Rodrigo de Vadillo, llamados *ad casum* [18].

A base de estas censuras, de los pocos procesos que se nos han conservado y de los testimonios de los presos vallisoletanos incluidos en el proceso de Carranza [19], podemos trazar un cuadro bastante exacto de las posiciones fundamentales a las que tendían como meta teológica los herejes de Castilla.

El primer *test* que se utilizaba para estimular la docilidad de un oyente a la nueva doctrina era la existencia del purgatorio, cuestión fácilmente inteligible para el cristiano más rudo y cargada de consecuencias en la práctica religiosa. La negación o desconfianza de esta verdad, definida en el concilio de Florencia y ratificada en el Tridentino, parece haber sido común a todos los componentes del grupo. Por ahí comenzó don Carlos de Seso a inquietar al cura de Pedrosa y por ahí orientaba su propaganda el hermano de éste, doctor Agustín de Cazalla, que «en todos los sermones que predicaba llevaba por principal intención persuadir sus falsas opiniones, y para esto tenía cierto estilo por donde lo entendían sus devotos: predicarles que no había purgatorio y que era cosa de burla creer que lo había, y que, ya que lo hubiese, no participaban las ánimas de las buenas obras que acá se hacían por ellas» [20].

La posición sobre el purgatorio causaba impacto en los cristianos que seguían la causa de la Reforma, porque al eliminarlo se cortaban de un golpe las supersticiones de que aparecía contaminada la doctrina corriente sobre los sufragios, las indulgencias, las misas por los difuntos..., en las que, como es comprensible, se cebaban las críticas de los más radicales; pero los reformadores de Castilla sabían muy bien que no estaba aquí la causa de sus diatribas contra la purificación *post mortem* de los elegidos. La existencia del purgatorio se rechazaba en nombre de un superior principio teológico: la suficiencia y sobreabundancia de los méritos de Jesucristo, que, si bastaban para borrar la culpa delante de Dios, deberían de bastar, con mayor razón, para cancelar toda la pena debida por los pecados. El proceso de la redención estaba cerrado, sin necesidad de una purificación ulterior de los redimidos, que en la doctrina católica sería efecto de una obra humana: la de haber soportado

---

[18] SCHAEFER, III 88-101. Un catálogo de diez proposiciones se envió a Roma después del auto de 1559. Cf. *El inquisidor general...* II 249s.
[19] Procesos: SCHAEFER, III 131-726. Testimonios: ibid., 727-811. Testificaciones de cargo en el proceso de Carranza: *Documentos históricos* vol.1 y 2.
[20] *El inquisidor general* II 241.

en la caridad el tormento del fuego. La última confesión de don Carlos de Seso es explícita en este punto y plenamente concorde con la doctrina propuesta por Lutero en la dieta de Augsburgo de 1530. La aceptación de esta doctrina producía en los convertidos una profunda transformación espiritual sólo comparable a la *Turmerlebnis* o experiencia en la torre de Wartburg del reformador alemán. Consistía aquélla en dar por perdida toda la vida anterior con sus mortificaciones y sacrificios, que aparecían como blasfemia a los ojos del nuevo cristiano.

No es fácil evaluar cuántos llegaban realmente a esta conversión tan radical y profunda. Si hubiera habido en Valladolid 4.000 ó 6.000 convertidos, como dijeron algunos presos, toda la ciudad habría caído en un delirante estado, y la represión inquisitorial no se hubiera podido hacer sin llegar a un verdadero exterminio. Ya está bien si reconocemos aquella experiencia a los cabecillas de la cincuentena que constituía el núcleo del movimiento.

Entre las prácticas a rechazar se encontraba la misa entendida como sacrificio propiciatorio por los pecados. Y así, el cura de Husillos «decía que era enemigo de decir misa, y que, cuando la decía, la decía del día y nunca de difuntos, porque entendía que no tenían necesidad de ella ni les valía nada aquel sacrificio, que sólo el de Jesucristo bastaba para ir todos al cielo» [21].

En consonancia con estas ideas, rechazaban las fórmulas del misal que contenían preces por los difuntos e invocaciones de los santos; igual que Lutero, acusaban de haber cometido el pecado más grande del mundo a quien hubiera estructurado la misa. La doctrina del único sacrificio de Jesucristo y del carácter abusivamente sacrificial de la misa romana estaba latente en todas estas posturas.

Sin embargo, los protestantes de Valladolid distinguían adecuadamente entre el sacrificio propiciatorio y el sacrificio de alabanza, y vindicaban esta última nota para las celebraciones eucarísticas, en que se concentraba la expresión ritual de aquella incipiente comunidad. Desgraciadamente, no poseemos abundante información sobre lo que se hacía en sus asambleas, quizá porque los ritos consistían en omisiones o en simples retoques de los romanos, o porque se confiaba todo a la improvisación del momento, y se carecía de un esquema al que los participantes pudieran remitirse en sus testificaciones ante la Inquisición. Algunos admitieron que habían dicho la misa conforme al rito de Lutero, cosa nada improbable si tenemos en cuenta que los libros de devoción del reformador alemán eran los más difundidos. En todo caso, la celebración de la eucaristía se identificaba con la participación en la comunión, que todos los asistentes deberían recibir bajo las dos especies, conforme a la institución de Jesús. Comulgar bajo una sola especie era una grave desobediencia a la que el demonio había logrado atraer a los cristianos.

[21] Ibid., 243.

Que estas misas-banquete se celebraban de hecho, está demostrado por testimonios expresos y claros. La misma Leonor de Vivero admitió que en su última enfermedad la visitaba un fraile dominico (sin duda, Domingo de Rojas), que «la comulgaba tomando un poco de pan y vino» después de haber dicho unas palabras latinas, «que le parece que eran las que decían los sacerdotes para consagrar». Naturalmente, como esta mujer sabía que tal testimonio podía perjudicar a sus hijos presbíteros, quiso neutralizarla diciendo «que pensó que los dominicos tenían costumbre de lo hacer ansí» [22]. Como es sabido, la Orden dominicana, igual que otras monásticas y mendicantes, tenía un rito peculiar, que conservó hasta el presente.

La doctrina acerca de la misa se completaba con una serie de afirmaciones en torno a la presencia eucarística. No se puede decir que los vallisoletanos tuvieran en este punto un sistema coherente y preciso; más bien expresaron su fe en una serie de proposiciones de carácter negativo, que demuestran cuán lejos estaban del verdadero sentir de la Iglesia. Ante todo, se decía que Cristo no estaba en la eucaristía *corporalmente,* contestando así el término comúnmente empleado por los católicos para destacar la presencia real. La presencia de Cristo resulta exclusivamente de la fe del cristiano, pronta a encontrarlo allí donde se necesita de él; por eso no depende de las palabras de la consagración ni se operaba por medio de ellas conversión substancial alguna, ya que el pan sigue manteniendo su ser natural antes y después de la acción eucarística. Por la misma razón, no tiene sentido hablar de especies sacramentales ni de presencia permanente de Cristo en la hostia, ya que su cuerpo glorioso no puede ser aligado a cosas groseras y materiales; y, por lo mismo, en las procesiones del Santísimo Sacramento no se lleva —decían— otra cosa que pan, al que es supersticioso adorar.

Los tres capítulos que hemos referido sobre el purgatorio, la experiencia de conversión y la eucaristía no agotan el catálogo doctrinal compilado durante los procesos de Valladolid; pero son, a nuestro parecer, aquellos sobre los que se basaron las principales acusaciones contra los reos. Reducirlas —como parece hacer Bataillon— a «negaciones más o menos audaces» que hacen pensar en «conventículos de alumbrados» o, a lo sumo, a un luteranismo del mismo signo que el de Juan de Vergara, es infravalorar el contenido ideológico de aquellos grupos, que «hubieran acabado —como reconoce el ilustre autor— por ser verdaderas comunidades protestantes, comparables a las que se estaban constituyendo en Francia por el mismo tiempo» [23].

REACTIVACIÓN INQUISITORIAL A LA SOMBRA DE CARLOS V

El carácter restringido y familiar del luteranismo en Castilla suscitó la curiosidad de los primeros cronistas por saber quiénes habrían sido

---

[22] Ibid., 244.
[23] BATAILLON, II 320.

los denunciantes de la naciente herejía. Mas el secreto con que se llevaban todas las diligencias en la Inquisición española sigue protegiendo la memoria y reputación de aquellos sujetos, a quienes sólo podemos señalar a base de conjeturas. Una relación fragmentaria y anónima del auto de fe del 21 de mayo de 1559 hace recaer las sospechas sobre la mujer del platero Juan García [24], que, celosa de las escapadas nocturnas de su marido, había seguido sus pasos hasta descubrir las reuniones que frecuentaba en casa de los Vivero. Otra muy posterior del carmelita Francisco de Santa María [25] orienta nuestras sospechas hacia doña Catalina de Cardona, una dama de la corte que, habiéndose percatado de la falsa doctrina que vertía en sus sermones el doctor Agustín Cazalla, lo amenazó seriamente con apartarlo del púlpito, cosa que hizo poniendo en práctica los medios más eficaces.

Cualquiera de estas versiones, recogidas por Menéndez Pelayo con toda clase de adornos, podrían encajar en la relación oficial de los hechos que el 2 de junio de 1558 enviaba el inquisidor general al emperador Carlos V, recluido en el monasterio de Yuste. Mas, si nos atenemos a la letra de este lacónico documento que sintetiza perfectamente las deposiciones recogidas en los procesos, no fue uno, sino varios, los denunciantes que acudieron a las más altas instancias de la Inquisición española al sentirse inquietos en su conciencia por la doctrina en que se las pretendía iniciar con toda cautela. La obligación de denunciar al hereje pesaba entonces sobre todo cristiano, y muchos de los detenidos en Valladolid declararon haberse planteado el problema después de sus primeros contactos con los líderes de aquel movimiento. Es comprensible que muchos sofocaran este sentimiento, que podría traer consecuencias muy graves a sus parientes y amigos; pero es evidente que otros sucumbieron a la tentación de presentar las denuncias, tanto por miedo como por fidelidad a las creencias de la Iglesia romana. Mas parece claro que en la primavera de 1558 hubo en la Inquisición española un período de actividad delatoria y de secretísima recogida de testimonios e indicios [26].

Una fuerte represión de la incipiente herejía debía de estar programada para la cuaresma de aquel mismo año; pero una intervención prematura del obispo de Zamora puso en peligro los planes del Santo Oficio antes de que llegara el momento de su aplicación. He aquí cómo lo relata el inquisidor general: «Estando los negocios en estos términos, su-

[24] SCHAEFER, Beiträge... III 34.
[25] MENÉNDEZ PELAYO, Historia de los heterodoxos... III 405.
[26] «Estando el arzobispo en Valladolid entendiendo en las cosas que habían sucedido cerca destas materias en Sevilla... subcedió que vino a su noticia que algunas personas, en gran secreto y con color de enseñar cosas que parescían santas y buenas, mezclaban cosas malas y heréticas; lo cual iban haciendo poco a poco, según hallaban la disposición en las personas que tentaban... A estas personas se les mandó que con todo secreto y desimulación volviesen a los enseñadores qué les habían dicho, y que deseaban entenderlo mejor... y comunicar con las personas que mejor lo entendían. Esto se efectuó así y subcedió bien... mas todavía se trataba con todo secreto y desimulación, porque se pudiese mejor entender y saber de más personas que fuesen participantes en ello» (El inquisidor general II 195s. Sigue la relación del fortuito descubrimiento en Zamora).

cedió que el obispo de Zamora hizo publicar en su iglesia ciertos edictos que se suelen publicar en cuaresma, para que los que supieren de algunos pecados públicos o supersticiones lo vengan diciendo; y desta ocasión, algunas personas fueron a decir ante el obispo contra un vecino de allí, que se llama Padilla, algunas cosas destos errores, y el obispo le prendió y puso en su cárcel pública. Y como... el Padilla en la cárcel tuvo libertad de hablar con las personas que quiso y para escribir cartas y avisos a otras partes... por no tener [el obispo] experiencia del secreto con que estas cosas se suelen tratar, subcedió mal, porque dio ocasión a espantar la caza, y así comenzaron a ausentarse algunas personas de las más culpadas y pusieron al arzobispo [i.e. al inquisidor general] en mucho cuidado de comenzar luego a prender a algunos de los culpados».

Efectivamente, este Cristóbal de Padilla, catequizado por el cura de Pedrosa y el bachiller Herrezuelo, era amigo de fray Domingo de Rojas y había sido preceptor de sus sobrinos, los hijos de la marquesa de Alcañices. Representaba, por tanto, uno de los puntales del grupo. Como tal, habría de ser relajado en el primer auto de fe, convicto, entre otras cosas, de haber tenido los libros de Lutero.

La prisión de Padilla era como un toque de alarma, al que tanto los inquisidores como los luteranos se aprestaban a responder. En Valladolid prendieron de un golpe, en torno al 20 de abril, a casi toda la familia Cazalla y a los principales iniciados de las de Poza y Alcañices [27]; pero, cuando quisieron echar mano a los que vivían fuera de la ciudad, se encontraron con que había un grupo de huidos, en el que figuraban don Carlos de Seso, fray Domingo de Rojas y Juan Sánchez, el antiguo sacristán del cura de Pedrosa. Los dos primeros fueron capturados en Navarra pocos días después, cuando estaban a punto de entrar en Francia, y pasaron a engrosar el número de los presos vallisoletanos, juntamente con el licenciado Herrera, alcalde de Sacas, que les había proporcionado el salvoconducto. El último había logrado embarcarse en Castro Urdiales con el falso nombre de Juan de Vivar, y, aunque la Inquisición española puso en juego todos los resortes para descubrir su paradero, no se logró capturarlo ni devolverlo a España hasta principio del año 1559.

El número de los presos de Valladolid se quedaba muy por debajo de las detenciones que se habían practicado en Sevilla; pero la presencia en aquella ciudad de la corte, la noble condición de casi todos los encausados, y el hecho de que el tribunal vallisoletano estuviera cerca y en relación constante con la Suprema daban al fenómeno especial gravedad y explican que se centrara en él la atención de los altos organismos del reino.

La lentitud con que procedía el asunto de los sevillanos, cuyas causas estaban encomendadas al tribunal del distrito y al representante del Consejo, el obispo Manébrega, se trocó en Valladolid en celeridad y desasosiego. El inquisidor general, que se encontraba en Salamanca, re-

[27] Comunicaciones del hecho al emperador en GACHARD, I 288-91.

gresó rápidamente a su puesto, procedió a cubrir las vacantes que había tanto en el tribunal del distrito como en la Suprema, determinó que los dos tribunales actuasen de consuno, mantuvo alerta a algunos teólogos y mandó llamar a los obispos de Palencia y Ciudad Rodrigo, el primero de los cuales era ordinario del lugar, y los dos tenían, por haber sido inquisidores, experiencia de Santo Oficio [28].

Comenzaron inmediatamente las audiencias de los presos, muy delicadas por las acusaciones que se hacían unos a otros y porque desde el principio los cabecillas pretendieron involucrar en su suerte a fray Bartolomé Carranza, que acababa de ser nombrado arzobispo de Toledo. Como la Inquisición apuraba al máximo el principio de «sacar por el hilo el ovillo», crecía a todas horas el número de presos y de testigos. El inquisidor mayor despachaba a diario con la princesa, y entrambos mandaban sus informes al emperador y a Felipe II [29].

Desde Flandes y desde Yuste no sólo llegó la más neta aprobación de cuanto se había realizado hasta entonces, sino también la consigna de que siguieran los procesos con todo rigor [30]. Carlos V, que había consumido toda su vida pública en la lucha contra los protestantes, no vaciló en sugerir que se procediera contra los de Castilla «como contra sediciosos, escandalosos, alborotadores e inquietadores de la república y que tenían fin de incurrir en caso de rebelión, porque no se pueden prevaler de la misericordia». No debería haber, por tanto, reconciliados, sino que todos deberían ser tratados como «confesos, por haberlo sido casi todos los inventores de estas herejías» [31].

Esta carta de Carlos V, escrita inmediatamente después de haberse producido las primeras capturas, tuvo gran influencia en las actuaciones inquisitoriales de aquellos años, porque aunque la Inquisición siguió juzgando a los reos conforme a la legislación vigente contra el hereje, lo hizo con inusitado rigor y sin ningún miedo a multiplicar las penas de muerte. Era la respuesta obvia a aquellas cartas del emperador, que, en contraste con las del rey don Felipe (tajantes, sí, pero burocráticas, frías), estaban henchidas de pasión y de cólera, de alusiones personales, de miradas retrospectivas....«Creed, hija —comenzaba la primera de ellas—, que este negocio me ha puesto y tiene en tan gran cuidado y dado tanta pena, que no os lo podría significar, viendo que mientras el rey y yo hemos estado ausentes destos reinos, han estado en tanta quietud y libres de desventura, y que agora que he venido a retirarme y descansar a ellos y servir a nuestro Señor, suceda en mi presencia y la vuestra una tan gran desvergüenza y bellaquería y incurrido en ello se-

[28] El obispo de Palencia era don Pedro de la Gasca, y el de Ciudad Rodrigo, don Pedro Ponce de León. Cf. acerca de entrambos: *El Inquisidor general* I 227s nt.90.
[29] Las principales son: relación del inquisidor general a Felipe II, del 14 de mayo de 1558 (*El inquisidor general* II 187-91). Del mismo al emperador, del 2 de junio (ibid., 194-201). Del inquisidor general y del Consejo al romano pontífice, del 8 de septiembre (ibid., 214-21).
[30] Carta de Felipe II al inquisidor general, del 6 de septiembre (ibid., 209-11).
[31] Carta del emperador a la princesa gobernadora, del 25 de mayo (GACHARD, I 297-300). Del mismo a Felipe II, de la misma fecha (ibid., 301-303).

mejantes personas, sabiendo que sobre ello he sufrido y padecido en Alemania tantos trabajos y gastos y perdido tanta parte de mi salud; que, ciertamente, si no fuese por la certidumbre que tengo de que vos y los de los Consejos que ahí están remediarán muy de raíz esta desventura, pues no es sino un principio sin fundamento y fuerzas, castigando los culpados muy de veras para atajar que no pase adelante, no sé si tuviera sufrimiento para no salir de aquí a remediarlo» [32].

La salud del emperador se fue quebrantando, hasta que falleció a fin del verano; pero los procesos de Valladolid siguieron tal ritmo, que, al cumplirse el año de la aparición de los focos, ya se pudo celebrar el primer auto de fe, al que siguió un segundo sólo cuatro meses más tarde. La rapidez con que ahora se procedía contrastaba radicalmente con la enervante morosidad con que se había procedido quince años antes contra un Juan de Vergara, también acusado de luterano.

LOS AUTOS DE FE Y LA CÁRCEL PERPETUA

La celebración de un auto de fe en lugar público era el desenlace ordinario de la actividad inquisitorial durante un determinado período. En él se promulgaban las sentencias conclusivas de los procesos, las cuales se ejecutaban inmediatamente después. Esta circunstancia nos impide interpretar los autos de fe de Valladolid como un montaje coyuntural de la represión contra los protestantes desencadenada en aquel momento; pero tampoco se debe infravalorar el hecho de que estos autos se prepararon con inusitado aparato y se desarrollaron con extraordinaria solemnidad. Las muchas relaciones que nos quedaron, principalmente sobre el primero [33], demuestran que el pueblo los vio como acontecimientos históricos en los que se ventilaba el porvenir religioso de la nación junto con la ideología confesional de la casa reinante.

Para organizar éste, que se había de tener en ausencia del rey don Felipe II, se llegó a casi militarizar la ciudad de Valladolid, haciendo que los familiares del Santo Oficio custodiaran día y noche la plaza Mayor, donde se había levantado el tablado, y protegiendo con una empalizada de haya el trayecto que llevaba hacia él desde las casas de la Inquisición. Aunque en algunas relaciones se dice que esto se hacía «temiendo no le pusiesen fuego», hoy se hace difícil pensar en un atentado contra los planes de institución tan potente como era la Inquisición española; se trataba, más bien, de elementales medidas de seguridad ante un acto que debería atraer a la villa una multitud nunca vista, pues las fuentes concuerdan en afirmar que «concurrió tanta gente y de tantas partes y de tan distintos trajes», que «dos días antes no se podía andar por las calles».

La víspera del auto, a las tres de la tarde, entraron en las cárceles de

[32] Ibid., 298.
[33] Cf. dos relaciones diferentes en SCHAEFER, *Beiträge...* I 442-52 y en *El inquisidor general* II 239-50.

la Inquisición algunos oficiales de la Inquisición, acompañados de dos frailes franciscanos, para comunicar a los reos las sentencias de muerte y darles oportunidad de reconciliarse en el fuero interno, si bien su hipotética confesión no habría de salvarles la vida, ya que se aplicaba entonces el breve *Cum sicut non sine animi nostri moerore* [34], por medio del cual el papa Paulo IV había concedido facultades al inquisidor mayor para entregar a la justicia seglar a los convertidos de última hora por la fundada sospecha de que su acto no fuera sincero, sino solamente inspirado en el temor a la muerte. Quizá por esta razón no hubo conversiones aparatosas, como no fuera la del doctor Agustín Cazalla, la cual describió con tonos patéticos el confesor fray Antonio de la Carrera, que ya no se separó de su penitente hasta que fue ejecutado.

El auto propiamente dicho comenzó el domingo de la Santísima Trinidad (21 de mayo de 1559), a las seis de la mañana, y no concluyó hasta las cuatro de la tarde. Durante ocho horas se desarrolló ante una inmensa multitud, presidida por la corte y los grandes de España, un prolijo ceremonial, del que formaba parte el juramento, prestado por el príncipe don Carlos y la princesa gobernadora, de defender siempre los derechos y preeminencias del Santo Oficio; el sermón de una hora predicado por Melchor Cano, la lectura de la sentencia de cada reo, la absolución canónica de los reconciliados, la entrega de los relajados al brazo seglar, habiendo precedido la degradación litúrgica de los que entre ellos eran presbíteros. Al final del auto eran quince (catorce vivos) los condenados a la hoguera y dieciséis los reconciliados, si bien la mayoría de éstos con confiscación de bienes, cárcel perpetua y pérdida de sus títulos honoríficos. La familia de los Cazalla quedaba prácticamente destruida, pues no sólo tres de los hermanos fueron mandados al fuego y dos reconciliados con las más graves penas, sino que se quemaron también la estatua y los huesos de su madre, doña Leonor, y se derribó su casa solar de Valladolid, porque en ella se habían tenido las reuniones de herejes.

A la celebración del auto siguió inmediatamente la ejecución de las penas, no en la plaza, sino en el Campo Grande, a poca distancia de la ciudad. Los relajados iban en asnos, acompañado cada uno de un grupo de allegados que le exhortaba a la conversión. Mas todo procedía ya con celeridad, porque las penas de muerte debían estar cumplidas para la puesta del sol. En este desenlace no intervenía la Inquisición como tal, sino las justicias civiles; y llama la atención que sean relativamente escasas las relaciones que nos quedan sobre el enfrentamiento con la muerte de aquellos desdichados. En general, no parece que hubiera retractaciones explícitas de la doctrina por la que se les condenaba, sino, más bien, reiteradas protestas de que habían permanecido en la fe de la Iglesia. En realidad, de los condenados en este auto, sólo el bachiller Herrezuelo fue pertinaz en sus opiniones, y sólo él murió quemado vivo. De los demás se dice que «murieron bien» y que sólo Francisco de Vivero «dicen que no murió muy bien», aunque «mostró algún arrepen-

---

[34] Ibid., 250s.

timiento». Tales expresiones no siempre son atendibles, pues lo que ocurría era que cualquier expresión o gesto se interpretaba como signo de conversión para ahorrar al reo el suplicio de las llamas en vivo, y por todos los medios se buscaba el pretexto para agarrotarlos o degollarlos antes de que se encendiera la hoguera.

Casos como el del doctor Agustín Cazalla, que con acento rayano en la desesperación o en la histeria, no cesó de reconocer sus errores y de exhortar al pueblo para que no siguiera su ejemplo, son realmente excepcionales [35]. Con su testimonio de sincera conversión terminó aquel primer auto de fe, quedando «el lugar donde los habían quemado tan limpio y sin señal alguna, que no parecía en tal lugar haberse hecho dicho aucto, cosa de admiración» [36].

Sin embargo, en la mente de los inquisidores no era aquélla la batalla definitiva al luteranismo en Castilla; el día 8 de octubre de aquel mismo año se celebró en el mismo lugar un segundo auto de fe [37], esta vez presenciado por Felipe II, en el que salieron otras treinta personas, a la cabeza de las cuales figuraban los líderes de la comunidad vallisoletana: don Carlos de Seso, fray Domingo de Rojas, el cura de Pedrosa, Pedro Cazalla, y su antiguo sacristán, Juan Sánchez. Si estas personas no habían salido en el auto anterior, no había sido por reservar presos para un nuevo auto a celebrar ante el rey don Felipe, sino por la práctica inquisitorial de no sentenciar a todos al mismo tiempo, reteniendo testigos cualificados, por medio de los cuales pudiera seguirse el hilo de eventuales declaraciones y nuevas denuncias. En este caso influyeron mucho también el talante sagaz de Carlos de Seso y el carácter versátil de Domingo de Rojas, personajes que cada día cambiaban de parecer y alteraban sus testimonios. Mas lo verdaderamente determinante era el hecho de que se encontraran entre ellos los principales acusadores de fray Bartolomé Carranza, cuyo proceso entraba entonces en su fase preparatoria. Por eso, capturado Carranza el 22 de agosto, el auto no podía hacerse esperar. Doce personas fueron las relajadas, además de los huesos y estatua de una mujer, que se había suicidado en la cárcel. Como de costumbre, casi todos dieron a última hora señales suficientes de conversión, excepto don Carlos de Seso, que, cuando vio perdida su causa, redactó una explícita y perfecta profesión de fe protestante [38]. El y Juan Sánchez, que manifestó una agresividad semejante a la del doctor Herrezuelo, fueron los que quemaron vivos en este segundo auto de fe. Muy oscilante e inseguro en sus dogmas estuvo fray Domingo de Rojas, al que tanto los nobles (era hijo del marqués de Poza) como sus hermanos de hábito, los dominicos, rodearon de personas capaces de

[35] Sobre su conversión, al parecer sincera, en la noche precedente al auto de fe, nos dejó una patética descripción fray Antonio de la Carrera. Verla en *El inquisidor general* II 235-39: «Últimos momentos de Cazalla».

[36] SCHAEFER, *Beiträge...* I 452.

[37] De este segundo auto se conocen menos relaciones. Publica dos SCHAEFER, *Beiträge...* III 48-71.

[38] La publica TELLECHEA, *Tiempos recios* 106-107 y *Documentos históricos* I 34s.

arrancarle una profesión de fe romana y católica [39]. Aunque parece que la emitió cuando ya estaba en el palo, nadie creyó demasiado en la sinceridad de su conversión, pues hasta el mismo teólogo Juan de la Peña, que a regañadientes había ido al quemadero para convencerlo con su autoridad y prestigio, lo calificaba como un hombre que constantemente cambiaba de parecer.

A las nueve de la noche, las hogueras se habían apagado, y con ellas el incendio que amenazaba con abrir una brecha en la unidad religiosa de España. Las relaciones de testigos oculares que acompañaban a los relajados describen la ejecución de aquellas sentencias en medio del mayor conformismo por parte de los asistentes, que parecen refrendar con sus actitudes el proceder de la Inquisición. Sólo algunos, como Juan de la Peña, sentían repugnancia ante aquel espectáculo, hasta el punto de sentirse afectados físicamente; pero todos daban por descartado que los dogmatizantes de la herejía tenían que morir.

Mientras se ejecutaban las sentencias de muerte, los que habían sido reconciliados pasaron, después de los autos, a una casa de la Inquisición situado en el barrio de San Juan. Por las visitas que periódicamente se hacían a las cárceles, sabemos que allí continuaban trece personas en 1562, y cinco en 1567. A lo largo de estos años, algunos habían cumplido su pena (Antón Domínguez, Marina de Saavedra...); algunas religiosas, como doña Catalina de Castilla, habían sido devueltas a sus conventos, mientras otros, como Daniel de la Cuadra y Juan de Ulloa, eran rehabilitados en sus anteriores dignidades y títulos. En 1568 sólo seguía en la cárcel don Pedro Sarmiento, que el año anterior había perdido a su mujer, doña Mencía de Castilla [40]. Este debió de ser amnistiado por el nuevo inquisidor general, Diego de Espinosa, si bien su hermano Gabriel se había apresurado, poco tiempo después del auto, a obtener para sí del rey Felipe II algunos de los privilegios tradicionales en su familia, así como el cargo de merino de Burgos, para compensar el secuestro de bienes hecho a la casa de Rojas por parte del Santo Oficio [41].

Esta facilidad para indultar la pena de cárcel perpetua en que habían incurrido unas doce personas, contrasta con el rigor que inicialmente se había adoptado, y habría que buscar su explicación en la conducta de los prisioneros, que aparecían en las visitas totalmente sumisos a los guardianes del Santo Oficio. Sin embargo, se puede poner en duda la sinceridad de sus sentimientos, puesto que algunos de ellos aparecieron como relapsos en cuanto creyeron que se había distendido la situación. Así, en el año de 1567, Leonor de Cisneros, la mujer del bachiller Herrezuelo, pasó de la cárcel perpetua a la cárcel del Santo Oficio, y se inició contra ella un nuevo proceso que culminó llevándola a la hoguera el 26 de septiembre del año 1568 [42].

---

[39] Cf. TELLECHEA, o.c., 238-65. Cf. también G. NOVALÍN, *El auto de fe de Valladolid de 1559. La ejecución de Domingo de Rojas. Personajes y circunstancias:* Anthologica Annua 19 (1972) 589-614.   [40] SCHAEFER, *Beiträge...* I 334ss.
[41] *El inquisidor general* I 312 nt.99.
[42] MENÉNDEZ PELAYO, *Historia de los heterodoxos* III 438. Referencias documentales, SCHAEFER, *Beiträge...* III 118.

Al año siguiente, algunas de las mujeres indultadas, don Pedro Sarmiento y un fraile jerónimo, Rodrigo Guerrero, cuyo nombre aparece por primera vez en estos asuntos, fueron objeto de nuevas pesquisas e informaciones, que terminaron, al parecer, con la relajación al brazo seglar de doña Teresa de Oypa y de Rodrigo Guerrero, que habrían sido las últimas víctimas del protestantismo vallisoletano en un auto de fe celebrado el 11 de noviembre de 1571 [43]. Mas las noticias que se conocen sobre el reavivarse de este rescoldo son imprecisas y no nos permiten llegar a conclusiones seguras. En este auto habrían salido también un asturiano, Alvaro Fernández, y doce extranjeros [44].

Causas de luteranos en los tribunales de los distritos

La lucha contra el protestantismo en los reinos peninsulares queda suficientemente esbozada en lo que hemos escrito sobre los focos de Valladolid y Sevilla, porque, fuera de los que confluían en estos dos centros, no se conocen grupos que hayan llegado a formar verdaderas comunidades. Mas, si queremos tener una visión completa de la actividad inquisitorial contra la nueva doctrina, hemos de contabilizar también los procesos aislados que se llevaron a cabo en los demás tribunales, los cuales para la segunda mitad del siglo XVI arrojan unos 200 casos de luteranos.

El material de que disponemos para realizar este cómputo son las relaciones de procesos publicadas por Schäfer [45] a principio de nuestro siglo, cuyo resultado es el siguiente:

Barcelona (1552-78)	..	51 luteranos	Cuenca (1556-85)	....	7 »
Calahorra (1540-99)	..	68 »	Granada (1565-99)	...	20 »
Valencia (1554-98)	...	10 »	Llerena (1556-91)	...	17 »
Zaragoza (1545-98)	...	17 »	Murcia (1560-98)	....	19 »
Córdoba (1558-67)	...	6 »	Toledo (1555-96)	....	155 »

Aunque estos datos siguen siendo suficientemente orientadores, deberán someterse a revisión de acuerdo con el avance de las investigaciones subsiguientes. En este camino está G. Hennigsen [47] para el conjunto de los tribunales hispanos. Investigaciones más minuciosas fueron publicadas ya sobre los tribunales de Valencia (sólo hasta 1530) [48] y Toledo [49]; en tanto, se encuentran en curso las referentes a Galicia y a Córdoba [50]. En general, se puede decir que los tribunales de Calahorra y To-

---

[43] Ibid., I 337.
[44] Ibid., III 121.
[45] Ibid., II 1-187.
[46] Interesantes matizaciones sobre estas cifras, Kamen, *La Inquisición española* 92.
[47] G. Hennigsen, *El banco de datos del Santo Oficio. Las relaciones de causas de la Inquisición española (1550-1700):* Boletín de la Real Academia de la Historia 174 (1977) 547-70.
[48] R. García Cárcel, *Orígenes de la Inquisición española* (Valencia 1976).
[49] J.-P. Dedieu, *Les causes de l'Inquisition de Tolède (1483-1820). Essai statistique*, en «Mélanges de la Casa de Velázquez» 14 (1978) 143-72.
[50] Ibid., 143 nt.2.

ledo fueron los más activos contra los protestantes, si bien las cifras proporcionadas por Dedieu para este último son ligeramente inferiores a las obtenidas por Schäfer. Esta diferencia procede de la diferente valoración que uno y otro autor hacen del contenido de los procesos. Los modernos tienden, por lo general, a considerar como blasfemias o simples injurias a la religión y al Santo Oficio expresiones y actos que tanto las fuentes como los autores antiguos tomaban por herejía. De esta manera se debilita considerablemente la presencia del protestantismo en España, ya reducida de por sí, fuera del fenómeno de Valladolid y Sevilla, a casos cronológicamente aislados y desprovistos de mutuas implicaciones. Si a esto añadimos que la mayor parte de los encausados fueron extranjeros, franceses o ingleses, de paso por España y capturados, por lo general, en las visitas a los navíos, el cuadro de nuestros heterodoxos queda todavía más desvaído.

Crecen, sin embargo, la diligencia y actividad de la Inquisición, muy atenta al eco que la nueva doctrina europea pudiera tener en España. Los inquisidores tenían, como la mayor parte de los teólogos, escaso conocimiento de los puntos fundamentales que constituían la esencia del protestantismo, y, consiguientemente, no todos sus juicios eran exactos. Pero tampoco se puede decir que en muchos otros delitos vieran brechas de penetración luterana y que hubieran endurecido sus posturas frente a los mismos por simple táctica represiva. Si se condenaba a un buen número de azotes a quienes decían que la simple fornicación no era pecado, siempre que se compensaran en dinero las prestaciones del *partner*, no era sólo porque se considerara a los tales inficionados por la herejía, sino porque había que poner coto a una opinión moral que en la segunda mitad del siglo XVI, por muy variadas razones, iba ganando terreno. Por ello, lo más seguro es tomar como protestantes a aquellos a quienes los inquisidores designaron con este nombre o con otro equivalente —v.gr.: el de luterano—, toda vez que otro tipo de interpretación corre el riesgo de ser anacrónico.

LA CAUSA DE CARRANZA. ULTIMA SECUELA DEL LUTERANISMO EN CASTILLA

El movimiento luterano de Valladolid, o, para ser más exactos, los procesos que se instruyeron entre los años 1558 y 1559, tuvieron un desenlace dramático, que conmovió las capas superiores de la política y de la vida religiosa en España con una violencia no inferior a la que había experimentado el pueblo durante los autos de fe. Nos referimos a la causa de fray Bartolomé Carranza, cuyo nombre saltó a los documentos oficiales con el apodo de «el amigo de los presos», y por ello se vio comprometido en las mismas acusaciones que éstos inmediatamente después de haber sido nombrado arzobispo de Toledo. El hecho de que el tribunal de la fe no respetara siquiera a la dignidad eclesiástica más encumbrada de España, demuestra, a la vez, el dilatado ámbito de su competencia y la multiplicidad de caminos abiertos a la tan temida infiltración del luteranismo. Además, en este proceso, que duró diecisiete años, se dieron cita toda clase de intrigas y de intereses, porque en él no se ventilaba sólo la ortodoxia de una persona, sino la preponderancia de potestades supremas, como eran la del Santo Oficio y la de los ordinarios en materia de fe, la del Rey Católico y la del romano pontífice en los litigios religiosos de nuestro pueblo; las colisiones, en una palabra, entre España y la curia romana en asuntos que comprometían igualmente la unidad de la religión y la seguridad del Estado [51].

Carranza se encontraba, al producirse los hechos, fuera de España, en la corte del rey don Felipe, a quien había seguido primero a Inglaterra y después a Flandes (1554 y 1557), haciéndose notar en los dos países como uno de los más acérrimos defensores de la causa católica [52]. Por aquellos años era todavía un fraile de la Orden dominicana, que había rechazado honores de iglesia, como las mitras de Cuzco y Canarias, pero que había ocupado en su Orden cargos de docencia y gobierno (profesor de teología en el Colegio de San Gregorio, de Valladolid, y provincial de Castilla), en los que se había distinguido por su espiritualidad paulinista y el apoyo prestado a la línea de la observancia [53]. Carranza estaba lejos de ser un cortesano en el sentido peyorativo de la palabra; desde su posada real trabajaba apostólicamente como si estuviera en su mismo convento, y aun después de haber sido nombrado arzobispo de la primada vivía con tal modestia, que hasta se le acusaba de tacañería. Mas, junto a esto, su condición de predicador de la corte lo capacitaba para intervenir en las principales empresas de la restauración católica; y así se le encomendaron negociaciones con Roma, recuperación de bienes para monasterios o iglesias, y muy especialmente el castigo de los herejes, servicio al que frecuentemente habría de apelar cuando se encontrara él mismo implicado en las redes del Santo Oficio. Por méritos propios y por la gracia de don Felipe, especialista en estrenar y amortizar afectos hacia sus mejores vasallos, Carranza fue nombrado arzobispo de Toledo el 10 de diciembre de 1557, y lo consagró el cardenal Granvela a final de febrero de 1558. La noticia de su nombramiento causó sorpresa en España, no por falta de aprecio de la personalidad de Carranza, sino por la condición de la sede, que, a causa de sus opimos ingresos, solía concederse a quienes ya habían prestado prolon-

[51] La documentación y bibliografía que hoy poseemos sobre el proceso de Carranza es abundantísima gracias a los estudios de J. I. TELLECHEA, recogidos los principales en los siguientes libros: *Fray Bartolomé Carranza. Documentos históricos*, 5 vols. (Madrid 1962-76) (publicación del proceso; Madrid, Real Academia de la Historia); *El arzobispo Carranza y su tiempo*, 2 vols. (Madrid 1968); *Tiempos recios. Inquisición y heterodoxias* (Salamanca 1977). Otros títulos, seleccionados por el autor, en DHEE I 361. Entre los estudios precedentes no olvidar a M. MENÉNDEZ PELAYO, *Historia de los heterodoxos españoles* IV (Santander 1947) 7-77. Nuevas aportaciones: E. LLAMAS MARTÍNEZ, *Documentación manuscrita sobre la causa del arzobispo de Toledo fray Bartolomé Carranza en el British Museum:* Studium Legionense 12 (1971).
[52] Amplio estudio, TELLECHEA, *Fray Bartolomé Carranza y el cardenal Pole... (1554-1558)* (Pamplona 1977).
[53] BELTRÁN DE HEREDIA, *Las corrientes espirituales entre los dominicos de Castilla:* Ciencia Tomista 59 (1940) 556.

gados servicios a los monarcas. De sus últimos poseedores, el uno, Silíceo, había sido preceptor del príncipe, y el otro, Tavera, había suplido al emperador en la mayor parte de sus ausencias. Este no era el caso de Carranza, que a la hora de su nombramiento llevaba poco más de tres años de residencia en la corte.

El nuevo arzobispo había sido hasta entonces un hombre de iglesia, profesor y escritor, predicador y maestro de espíritus, teólogo imperial en las dos primeras convocatorias de Trento. A todos habría parecido perfectamente normal que se le hubiera gratificado con una diócesis menos implicada en la política hispana; mas su designación para la primada podía levantar despecho y envidia. De estos sentimientos entre los eclesiásticos más veteranos hablaron en realidad los historiadores siguientes [54], basándose, más que en pruebas documentales, en obvias y apriorísticas interpretaciones de la humana psicología. Para satisfacción de sus émulos, el triunfo de Carranza estaba llamado a ser muy efímero: en los meses que transcurrieron entre su ordenación episcopal y su vuelta a España (1.º de agosto de 1558) se iba a consumar su desgracia, atrayendo sobre la historia religiosa de nuestra patria una de las más inexplicables tragedias.

Todo comenzó con las declaraciones de los presos y testigos de cargo que desfilaron por la Inquisición de Valladolid desde la primavera de 1558 [55]: la mayor parte de los capturados no sólo en la capital castellana, sino también en Zamora y en las localidades menores, pretendieron avalar su doctrina con la que habían aprendido en escritos, sermones y conversaciones privadas con fray Bartolomé Carranza aun antes de 1554. Efectivamente, ya antes de partir en la comitiva del rey había tranquilizado a algunos de los reos que se mostraban dudosos e inquietos por las nuevas opiniones que se iban forjando sobre la misericordia de Dios, los méritos de la pasión del Señor, la inutilidad de las obras, la ineficacia de las devociones privadas, la inconsistencia de la doctrina acerca del purgatorio, etc.

Evidentemente, tales acusaciones fueron desmentidas por Carranza y sus testigos de abono a lo largo de su proceso; pero quedó comprobado el trato, más o menos cercano y frecuente según los casos, que había mantenido con algunos de los gerifaltes del movimiento vallisoletano. Sobre todo le perjudicó el hecho de haber recibido una visita confidencial del cura de Pedrosa y de don Carlos de Seso, en la que, habiendo llegado a entrever las posiciones de éstos acerca del purgatorio, las había impugnado con una argumentación intencionadamente débil, para

---

[54] Cf., p.ej., el comentario de CABRERA DE CÓRDOBA: «A los primeros de noviembre de 1557 entró en España la nueva de la elección; causó en los prelados admiración su primera prelacía; contento generalmente en los religiosos, diciendo sería tan buen arzobispo como fraile; envidia y despecho de don Hernando de Valdés, arzobispo de Sevilla, inquisidor general, por no haber ascendido como edad y servicios merecían, y odio en algunos dominicanos, consultores del rey; y todos trataron de malograr su provisión, acusándole de poco fiel en sentir e interpretar la doctrina católica del Testamento Viejo y Nuevo, en lo escolástico y positivo, y caminó la delación apretadamente hasta los efectos que en su satisfacción adelante diremos».

[55] Minuciosa relación en TELLECHEA, *Los prolegómenos jurídicos... passim.*

después mantener en secreto este hecho sin denunciarlo al Santo Oficio, como era su obligación.

A aumentar las sospechas de encubridor y fautor de herejía que esta manera de proceder atraía sobre Bartolomé Carranza, se añadía el rumor de que uno de los escapados de España, el peligroso Juan Sánchez, había dicho al embarcarse en Laredo que, una vez llegado a Flandes, lo recibirían en su casa fray Juan de Villagarcía y el arzobispo de Toledo.

Tales eran los cargos fundamentales que se achacaban al primado de España en relación con los tempestuosos sucesos que habían convulsionado a Castilla. Mas esto no era todo: en la primavera de aquel aciago año de 1558 habían penetrado en Valladolid algunas copias del *Catecismo cristiano* que Carranza acababa de publicar en Amberes. El libro había aparecido en castellano con licencia del rey y el visto bueno de su Consejo. Iba encaminado, como confesó más tarde su autor, a contrarrestar la propaganda de los luteranos en los países del Norte; por consiguiente, no era la situación peninsular la que éste había contemplado a la hora de componerlo, pues tenía, al parecer, intención de retocarlo antes de proceder a las ediciones destinadas a España. Mas esto no impedía el que algunas copias obraran en poder de los vallisoletanos, que encontraban en ellas argumento y apoyo de sus doctrinas.

Como se sabe, en España corrían malos tiempos para los libros: aquel año había comenzado con hogueras de escritos en algunas ciudades y los inquisidores dictaban acerca de la impresión e importación de libros romances aquellas medidas que se iban a convertir en la terrorífica «ley de sangre». Aunque es difícil determinar qué medidas precedieron a la edición del *Catecismo cristiano* y cuáles se dieron precisamente para poner trabas a su difusión, lo cierto es que el obispo de Cuenca, don Pedro de Castro, denunció el libro ante el inquisidor general como una obra que contenía errores luteranos en puntos básicos como el de la justificación por la fe.

Inmediatamente comenzaron las diligencias inquisitoriales en torno al libro, las cuales consistieron, según la praxis y estilo de la Suprema, en recabar censuras de los teólogos acerca de su contenido [56]. En la petición de éstas se procedió con todo rigor, no sólo porque se ponía la primera piedra del gran *Indice* de 1559, sino también porque el mismo Carranza no cesaba de pedir a sus amigos juicios oficiosos y favorables sobre su obra, con la intención de neutralizar en su día los adversos que la Inquisición habría de recabar de sus émulos.

Entre estos últimos fueron definitivos los de Melchor Cano y Domingo de Soto, censores llamados muchas veces de oficio, hermanos de Orden de fray Bartolomé Carranza, amigo de éste el segundo y rival el primero en algunos asuntos internos de su religión. A entrambos se unió un tercero, fray Domingo de Cuevas, cuyo criterio parecía someterse al más elevado de sus compañeros. Cano y Soto emitieron una prolija censura sobre el abultado número de proposiciones entresacadas

---

[56] Examinamos el problema de las censuras en *El inquisidor general* I 329-43.

de los escritos del arzobispo, principalmente del *Catecismo cristiano*, y dictaminaron, dejando a salvo la intención católica del autor, que habían encontrado en ellos cosas obscuras y peligrosas para estos tiempos, falsas e injuriosas, erróneas en filosofía y en historia sagrada, explicaciones sin fundamento en la Sagrada Escritura, lenguaje de luteranos, herejías de alumbrados... [57]

Desgraciadamente, la Inquisición no hacía en aquel momento un proceso a las intenciones, porque, restableciendo un estilo de censura que ya se consideraba anticuado, pidió a los censores que se atuvieran al significado objetivo de las proposiciones que habrían de calificar, y así las examinaran *in rigore ut iacent*, es decir, sin tener en cuenta su ubicación dentro de un determinado contexto. Ultimadas estas diligencias, que se prolongaron más o menos durante un año, la Inquisición española tuvo en sus manos una larga serie de indicios que legitimaban la prisión de Carranza. Para que su condición de prelado, sometido directamente a la Sede Apostólica, no estorbara el desarrollo de aquella causa, el inquisidor general se procuró del papa una serie de atribuciones que ampliaban notablemente aquellas que ya tenía la Inquisición española. Las primeras semanas de enero de 1559 fueron en este sentido particularmente fecundas [58]. El proceso de Carranza quedó en realidad decretado.

El prelado, que había llegado a España el 1.º de agosto de 1558, haciendo frente a una situación y a un potente organismo de los que sabía que se le habían vuelto manifiestamente contrarios, pareció ignorar en su acción pastoral la amenaza que se cernía sobre él, mientras privadamente iba poniendo en juego todos los medios para bloquear las diligencias con que la Inquisición restringía el cerco alrededor de su sacra persona. En la gran actividad desplegada por Carranza en sólo un año de pontificado hay latente, sin duda, una innegable inquietud apostólica; pero hay seguramente, además, un diversivo de las propias zozobras y de las ajenas insidias.

SIGNIFICADO DE ESTE PROCESO EN EL ROBUSTECIMIENTO DEL SANTO OFICIO

Por fin, la prisión de Carranza tuvo lugar en Torrelaguna, de noche como se acostumbraba hacer en la Inquisición, entre el 21 y el 22 de agosto de 1559; siempre de acuerdo con la práctica en uso, se procedió al secuestro inmediato de sus bienes y al día siguiente tuvo lugar la primera audiencia en el tribunal de Valladolid. Comenzaba así la causa más larga que conoció la Inquisición española y una de las más enojosas que pasa-

---

[57] Editó la censura de Cano F. CABALLERO, *Conquenses ilustres* II (Madrid 1871) 536-604. La de Soto, BELTRÁN DE HEREDIA, *Domingo de Soto...* 696-717.
[58] Sobre este argumento, G. NOVALÍN, *El deán de Oviedo don Alvaro de Valdés. Gestiones de la Inquisición española contra B. Carranza en la corte de Paulo IV:* Archivum Historiae Pontificiae 7 (1969) 287-327.

ron por los tribunales humanos. En ella se concentraron no sólo el problema de la culpabilidad o inocencia del infortunado arzobispo, sino también una serie de planteamientos e interminable casuística sobre la naturaleza y atribuciones del Santo Oficio en España. Cada paso que daba este tribunal era inmediatamente impugnado por Carranza, que apelaba de cuanto se hacía en una instancia a otra que entendía ser más elevada; ponía en tela de juicio la legitimidad del breve obtenido para encausar a prelados, procedía a la recusación de los jueces, comenzando por el inquisidor general; impugnaba el método empleado para recabar las censuras y no dejaba de insistir en que sólo el romano pontífice era su legítimo juez.

A todo esto, el Papa se había reservado la sentencia definitiva, y no cesaba de expedir breves al Santo Oficio y al nuncio insistiendo en esta formalidad, que tanto el inquisidor general como el rey Felipe II interpretaban como limitación indebida de sus derechos. Así, pues, se alargaba indefinidamente el proceso y la Inquisición se cerraba a las reclamaciones de la curia romana para que se le entregaran la causa y el reo. En un determinado momento pareció ser esto lo único importante en aquel litigio, que se había reducido a una pugna de competencia entre la Santa Sede y España [59]. Hasta un grupo de los conciliares de Trento se pronunció en favor del prelado y de su *Catecismo* en 1562.

Pasó todavía un quinquenio antes que el papa Pío V alcanzara sus pretensiones. Carranza llegó, por fin, a Roma en mayo de 1567, habiendo sido acogido en el puerto de Civitavecchia por el embajador de España, Luis de Requesens, y varios prelados de la corte papal.

Durante algún tiempo se creyó en Roma que Pío V habría de concluir inmediatamente la causa con la absolución del reo. Pero sus deseos de liberar a Carranza tropezaron con los cargos que se imputaban al arzobispo en las audiencias presididas por el pontífice. A éstos se añadían las instancias de Felipe II para que, ante todo, se evitara el descrédito en que habría de incurrir la Inquisición española si Carranza fuera declarado inocente y restituido a su diócesis de Toledo.

Queriendo mantener en todo su independencia de juicio, el papa mandó que el proceso fuera traducido al latín, que se pidieran a España otros escritos del procesado, que fueran examinados nuevos testigos y se presentaran nuevas censuras. Fue en esta ocasión cuando hombres como Pedro Guerrero, que habían calificado favorablemente el *Catecismo Cristiano* en 1558, retractaron su parecer, tachando de luteranos muchos de los asertos del arzobispo.

Aunque los resultados de estas medidas hicieron mella en el ánimo del pontífice y aún más en la opinión de ciertos miembros del Santo Oficio romano, el papa parecía decidido a dar sentencia favorable a Carranza, cuando le sobrevino la muerte el 1 de mayo de 1572. Carranza y sus defensores mantuvieron entonces que había dejado redactada una

<hr>

[59] Abundante documentación en L. SERRANO, *Correspondencia diplomática entre España y la Santa Sede durante el pontificado de San Pío V*, 4 vols. (Madrid 1914). Cf. esp. vol.2 p.I-XXX.

sentencia absolutoria, cuyo borrador habían visto, y que se debía dar curso a su ejecución. Este extremo no fue comprobado, y el proceso siguió adelante con los mismos incidentes e intrigas que había experimentado en España y en su etapa romana durante el reinado del papa Pío V.

Gregorio XIII dictó, por fin, la sentencia el 14 de abril de 1576, declarando a Carranza *vehementer suspectus de haeresi* y condenándolo a la abjuración de dieciséis proposiciones y a la privación por cinco años del gobierno de su obispado. La sentencia no era, ciertamente, la que habrían deseado tanto Felipe II como la Inquisición española, que habían luchado para que Carranza fuera declarado hereje formal, con la consiguiente deposición de su diócesis. Mas la sospecha vehemente de herejía que al final arrojaba el proceso, justificaba en lo fundamental la actuación de la Inquisición española y los cinco años de suspensión del gobierno equivalían en realidad a una privación definitiva del mismo, dado el estado de salud en que se encontraba el reo. Estas consideraciones, que entonces se formularon explícitamente, sirvieron para acallar las protestas de las dos facciones rivales, sin satisfacer, en realidad, a ninguna.

Carranza ya no tuvo tiempo de cumplir siquiera las penitencias complementarias que se le habían intimado, pues falleció dos semanas más tarde (2 de mayo de 1576), dejando a sus admiradores la impresión de haber conservado su ánimo «in prosperis modesto et in adversis aequo», como se lee en su epitafio. Su *Catecismo* fue reeditado dos veces en los últimos años [60], y su obra teológica, manuscrita en su mayor parte, atrae cada vez más la atención de los estudiosos. Hoy nadie se atreve a decir que Carranza profesara la herejía formal, ni siquiera que sus proposiciones más arriesgadas no admitan sentido católico; pero se reconoce, asimismo, que el contacto con algunos espirituales a su paso por Trento y la lectura de libros como el *Del beneficio de Cristo* dejaron en su teología sobre el mérito, la justificación y la certeza de la esperanza una huella indisimulable [61]. Si a esto añadimos su benevolencia al interpretar la doctrina de los herejes, queriendo descubrir ciertas afinidades entre los padres de la Reforma y algunos de los grandes doctores católicos, a nadie puede extrañar que la Inquisición se ocupara por oficio de su persona y escritos. En este sentido es rigurosamente exacto el juicio de Bataillon cuando escribe que «los cargos levantados contra Carranza eran del mismo orden que los que pesaban sobre un Constantino o un Egidio, ambos quemados en efigie. No hay que exagerar, pues, el papel desempeñado en su proceso por los celos y el «odium theologicum» [62].

Para quien pare mientes en su proceso con ánimos de comprender más de cerca la historia religiosa de España, el proceso de Carranza significa, cuando menos, el castigo en la rama verde de toda connivencia

---

[60] *Comentarios sobre el «Catecismo cristiano»*, ed. crítica y estudio histórico por J. I. TELLE-CHEA (Madrid 1972). Ed. facsimilar con estudio preliminar del mismo autor (Madrid, ed. Atlas, 1976).

[61] Cf., p.ej., F. SÁNCHEZ-ARJONA, *La certeza de la esperanza cristiana en los teólogos de la escuela de Salamanca* (Roma 1969) 101-33.

[62] *Erasmo y España* II 324.

con las corrientes reformadores del centro de Europa, la negación de la Contrarreforma a cualquier compromiso ecuménico y a la vez el robustecimiento interno de la institución «Inquisición española» como un oficio eclesiástico y un ministerio del reino que fue ganando cada día más independencia y fue reajustando su mismo derecho procesal en la medida que se requería para hacer frente a la complejidad de sus causas. No se pierda de vista que las *Instrucciones* de Madrid de 1561 se compilaron después de haberse comprobado en los procesos de Valladolid y en los primeros años del de Carranza las lagunas de que adolecía el antiguo derecho inquisitorial, basado en las viejas instrucciones y subsidiarias consuetas.

CAPÍTULO VIII

LA INQUISICION ESPAÑOLA Y SU APORTACION A LA CAUSA DE LA CONTRARREFORMA

ESPINOSA Y QUIROGA. EL SANTO OFICIO COMO UN MINISTERIO DEL REINO

Los años de la represión luterana constituyen la edad de oro de la Inquisición española para quien se atreva a enjuiciarla desde el interior de sus intereses y actividad específica. Fue entonces cuando se empeñó a fondo —y casi exclusivamente— en lo que decía ser su cometido fundamental: la extirpación de la herética pravedad; mas esto lo hizo sin descuidar la vigorización interna de aquel organismo, que alcanzó en el decenio de 1550 a 1560 la cota más alta de su influencia en la vida religiosa de España. Entonces funcionaron con gran rigor y eficacia los tribunales de los distritos, que contaban con personal y medios bastantes para realizar su misión. Pero esto se hizo sin que cediera un ápice el control que sobre ellos ejercía la Suprema, siempre presente a través de las cartas acordadas y las visitas y siempre informada por las relaciones de las sentencias emitidas en la periferia, donde, como se sabe, no se podía dictar pena de muerte ni otras condenas graves, como eran la de galeras y la cadena perpetua, sin su aprobación.

Cuando en el año 1566 Fernando de Valdés se apartaba de la Inquisición general con el mal disimulado regocijo de Felipe II y del papa [1], no sólo dejaba el reino limpio de luteranos, sino que ponía en manos de su sucesor un instrumento capaz de controlar la vida espiritual del país como ninguno lo había hecho hasta entonces.

La censura de biblias (1554), los *Indices de libros prohibidos* (1551-1559), la ley de sangre de 1558, el cierre de fronteras con casi todas las universidades de Europa (1559), la autonomía de la Inquisición española frente a la curia romana, etc., constituían una serie de resortes de cuya eficacia nadie podía dudar. Por eso, Felipe II se propuso seguir nombrando inquisidores a su imagen y semejanza, como el emperador ya había nombrado a Valdés a gusto del joven príncipe. En realidad fueron cinco los nombrados; pero sólo dos dejaron huella en el cargo, porque los demás murieron (el último fue depuesto por Felipe III) al poco tiempo de asumir sus funciones. Ninguno de ellos era ministro en prueba ni en condiciones de merecer, sino que todos habían demostra-

[1] *El inquisidor general* I 357ss; cf. esp. 369-72.

do ya su fidelidad a las instituciones políticas y eclesiásticas del momento [2].

El primero de ellos fue Diego de Espinosa, un castellano disciplinado e intransigente que tuvo al final de su vida una fulgurante carrera de responsabilidades y honores [3]. Nacido en Martín Muñoz de las Posadas (Avila) en 1512, hizo en Salamanca la carrera de leyes (1547), cuyo ejercicio no abandonó hasta el final de su vida. Avalado por las órdenes menores, que había recibido a los doce años, fue juez de apelaciones en el obispado de Zaragoza y provisor de Sigüenza. Prefirió después los cargos civiles, renunciando, a lo que parece, a la clericatura; y así, Felipe II lo nombró en 1556 regente del Consejo de Navarra después de haber sido oidor de las Reales Chancillerías de Granada y Valladolid. Su misión en aquel puesto era compaginar ordenanzas y fueros, así como nombrar jueces y visitadores de cárceles. Sus amistades con los grandes del reino le valieron seis años más tarde para dar el gran salto a la corte. En 1562 ya figuraba entre los consejeros del Real y del Santo Oficio y en 1564 recibía, seguramente a instancias del rey, la ordenación sacerdotal. Felipe II preparaba así un eclesiástico a su medida, en el que habría de concentrar todos los poderes del reino. En 1565 asumía la presidencia del Consejo Real y en 1566 el papa Pío V le nombraba coadjutor del inquisidor general con derecho de sucesión, fórmula con que se quería disimular la plenitud de poderes que desde entonces se le confiaban. Dos años más tarde, Espinosa era obispo de Sigüenza y cardenal de la Iglesia romana [4].

Es verdad que en seguida contó con la enemistad de algunos cortesanos y con el odio del desventurado príncipe Carlos; pero no cayó en desgracia del rey hasta 1572, en que, por el presentimiento de su infortunio, le sobrevino la muerte.

Por espacio de siete años había sido un ministro plenipotenciario por cuyas manos pasaba todo: las provisiones de los oficios del reino, la justicia civil y eclesiástica, la reforma de las órdenes religiosas, con las implicaciones canónicas que tal actividad conllevaba; la represión del elemento morisco, las negociaciones con Roma, los litigios en Milán entre el poder civil y eclesiástico, etc. Un hombre de su temple y con tan variadas responsabilidades sobre sus hombros, no estaba en las mejores condiciones para deslindar los campos en que se debía ejercer cada una; y así, se amplió de hecho la influencia del Santo Oficio a sectores y campos que no caían inmediatamente bajo su competencia. Espinosa, a diferencia de Valdés, que al entrar en la Inquisición había abandonado casi toda su actividad civil, fusionó en una especie de conglomerado 'las atribuciones que tenía como ministro de la iglesia y del reino.

[2] Sobre la personalidad de los inquisidores (principalmente los subalternos), B. BENNASSAR, *L'Inquisition espagnole, XVᵉ-XIXᵉ siècles* (ed. Hachette, 1979) 82-90.

[3] F. MARTÍN HERNÁNDEZ, en *Dictionnaire d'Histoire et de Géographie ecclésiastiques* 15,987-991 *(Espinosa, Diego de)*, con indicación de fuentes. Buenas referencias biográficas: J. L. ORELLA Y UNZÚE, *El cardenal Diego de Espinosa, consejero de Felipe II:* Príncipe de Viana 36 (1975) 565-610.

[4] G. NOVALÍN, *El cardenal Espinosa († 1572). Proceso informativo para su consagración episcopal:* Anthologica Annua 15 (1967) 465-81.

Felipe II no volvió a repetir el ensayo del valido, en que habrían de distinguirse sus sucesores; pero la Iglesia, y más en concreto la Inquisición española, habían logrado conquistas irrenunciables.

Casi la misma carrera, pero mucho más prolongada en el tiempo, tuvo el segundo sucesor de Espinosa, nacido el mismo año que éste en Madrigal de las Altas Torres y muerto en Toledo en 1594, llegando a cubrir, por tanto, casi todo lo que quedaba del reinado de Felipe II. Nos referimos a don Gaspar de Quiroga y Vela, alumno de Santa Cruz, de Valladolid, y del Colegio de Oviedo, en Salamanca, donde concluyó la carrera de leyes [5]. Con el cardenal Tavera, también inquisidor general, había sido vicario para Alcalá de Henares y canónigo de Toledo. Habiendo profesado de oidor en la Chancillería de Valladolid, pasó después a desempeñar el mismo oficio en la Rota romana, desde donde realizó una prolongada visita al reino de Nápoles por orden del rey don Felipe. Vuelto a España, fue presidente del Consejo de Italia y consejero del Real y de la Suprema, asistiendo especialmente al rey en los asuntos de los moriscos. Así se conquistó la benevolencia del soberano, que en 1571 lo presentó para el obispado de Cuenca y en 1573 lo hizo inquisidor general. Al vacar la sede de Toledo por muerte de fray Bartolomé Carranza, fue Quiroga quien pasó a ocupar la sede primada, adonde le llegó la púrpura cardenalicia en 1578. Las circunstancias por las que había pasado la diócesis durante la prisión de Carranza habían impedido realizar el sínodo para la aplicación del concilio de Trento, con el consiguiente perjuicio para toda la provincia eclesiástica. Quiroga convocó el sínodo provincial en 1582 y lo concluyó con unas Constituciones de gran valor pastoral [6]. Otras empresas, como el establecimiento en la diócesis de dos colegios de jesuitas, son argumento de la celeridad con que el nuevo arzobispo se propuso recuperar en ella el tiempo tristemente perdido para la reforma eclesiástica.

Mas fue como presidente del Santo Oficio como sus actuaciones alcanzaron una repercusión general. Los veinte años de su mandato le permitieron acometer por dos veces la publicación de índices expurgatorios y de libros prohibidos, en los que trabajaron los mejores teólogos de su época. Estas empresas, de gran valor administrativo, no dejaban de tener riesgos en el campo de la cultura, porque de las pesquisas de libros se pasó muchas veces a la incriminación de personas, llegando así a producirse la persecución a los intelectuales y a los letrados, que fue una de las características del último cuarto del siglo de oro. La onda expansiva de la acción inquisitorial repercutía en áreas cada vez más extensas, si bien sus efectos demoledores estaban mucho más controlados. Bajo el mandato de Quiroga, la Inquisición española intervenía en los casos más dispares, llegando a convertirse en uno de los instrumentos más poderosos para el control y reforma de las costumbres. Sus multiformes y heterogéneas intervenciones no han de interpretarse como obsesiva oposición ante el peligro de una nueva infiltración protestante,

[5] M. BOYD, *Cardinal Quiroga, Inquisitor of Spain* (Dubuque Iowa, 1954).
[6] Cf. J. TEJADA, *Colección de cánones... de la Iglesia española* V (Madrid 1885) 400-85.

sino a la conciencia de que todas las instituciones del reino debían contribuir a robustecer la fe y la vida cristiana.

La Inquisición dejó de ser, en alguna manera, organismo de oposición al asentamiento en España de razas y confesiones venidas de afuera para convertirse en estimulante y catalizador de una moral nacional cada día más rigurosa y más exigente.

Inquisición y vida religiosa del pueblo

Lo que acabamos de decir en las páginas precedentes podría llevar a algunos lectores a la creencia de que en torno al 1570 se produjo un brusco cambio en la actividad y competencia de la Inquisición española. No sería justo formarse esta idea. Todas las causas substanciadas desde tal fecha contaban con precedentes de idéntico contenido en las anteriores, de la misma manera que los conversos, alumbrados y luteranos dejaron representantes para este momento, más bien tardío. De lo que se trata es de una alteración cuantitativa de las actividades inquisitorias, debida a un trueque manifiesto de circunstancias: al disminuir la apostasía y herética pravedad en sentido estricto, se consideraron como tales ciertos delitos que en la Edad Media habían recibido la tan prodigada denominación de herejía [7].

Tal actividad de la Inquisición no había atraído hasta ahora la atención de los historiadores, quizá por el tono anecdótico que predomina en las relaciones de los procesos. Es un acierto de Bennassar y de sus colaboradores el haberle dedicado amplio espacio en su reciente libro sobre la Inquisición española. Aunque sus conclusiones no pueden tomarse como definitivas, porque se basan sobre la documentación de un número reducido de tribunales, contribuyen no poco a esclarecer la aportación de los procesos inquisitoriales al clima religioso y social que se formó en España después del concilio de Trento.

Entre los delitos perseguidos por el Santo Oficio hay que contar, en primer lugar, *la blasfemia*. Las primeras causas de este género aparecen en Toledo sobre 1530; mas los casos se multiplican, hasta constituir en 1555 el porcentaje más elevado de todas las vistas. A partir de 1560, los procesos por blasfemia disminuyen sensiblemente, a la vez que se multiplican los instruidos por «proposiciones» o «palabras» escandalosas, que parece ser un nombre diferente del mismo pecado. Entrambos se castigan con penas severas, que pueden llegar a algunos años de servicio de remo [8].

---

[7] A ellos se refieren las Constituciones de Madrid de 1561: «Muchas veces, los inquisidores proceden contra algunos culpados por cosas que los hacen sospechosos en la fe y por la calidad del delito y de la persona no le juzgan por hereje, como son los que contraen dos matrimonios, o por blasfemias calificadas, o por palabras malsonantes, a los cuales imponen diversas penas y penitencias, según la calidad de sus delitos, conforme a derecho y su legítimo arbitrio» (const.65). La peculiaridad de estos delitos planteaba una abundante casuística en cuanto a las sentencias y a los castigos. Fue, por tanto, uno de los párrafos más glosados por los comentaristas. En nuestro relato nos ceñimos a lo que de hecho ocurría.

[8] O.c., 245ss.266 nt.7.

A esta clase de delitos hay que adscribir algunas de las ofensas hechas al Santo Oficio, siempre celoso de la buena reputación de sus ministros y de sus actuaciones. Contra este organismo se pecaba no sólo de palabra, sino también de hecho; v.gr.: favoreciendo a los herejes, aunque uno no compartiera sus opiniones (fautoría), o poniendo obstáculos a las funciones inquisitorias (impedimento). Todo ello constituía materia punible por parte de los inquisidores. Mas como los casos disminuyen al mismo ritmo que adquiere fuerza y prestigio la institución ofendida (c.1555), no creemos necesario insistir en este punto [9].

Un capítulo aparte lo constituyen las falsas opiniones acerca de la *simple fornicación*, es decir, el acto consumado entre hombre y mujer sobre los que no pesaban circunstancias agravantes de parentesco, orden sagrado, realización *contra naturam*, etc. Téngase bien entendido que la Inquisición no perseguía los hechos mismos, porque su represión era competencia de otros tribunales eclesiásticos y civiles, sino la difundida opinión de que el comercio carnal tenido con una mujer consenciente y por justo precio no era pecado mortal. Los convictos de esta creencia eran, por lo general, mozos campesinos que mientras realizaban sus labores se ufanaban de sus aventuras. Los casos alcanzaron cifras alarmantes desde 1570 a 1590. Un buen número de azotes, la pública vergüenza y algunas satisfacciones espirituales solían ser el castigo de este error, que la moral combatía cada vez con mayor rigor [9].

La Inquisición perseguía también los «pecados abominables» de la *bestialidad* y la *sodomía*, que en algunos tribunales (Zaragoza) alcanzaron un número muy elevado entre 1560 y 1580. Para tales delitos preveían las leyes civiles incluso la pena de muerte. Mas nunca la Inquisición llegó hasta este extremo. A quienes negaban los hechos (y eran la mayoría) sometía a la «cuestión de tormento». Si superaban la prueba y se seguían proclamando inocentes, quedaban en libertad; los convictos y confesos eran castigados con penas pecuniarias y espirituales de más o menos cuantía; sólo los casos más graves, especialmente los recidivos, pasaban a prisión o a galeras.

Mayor celo demostraban los inquisidores en juzgar a los sacerdotes *sollicitantes in confessione*, crimen especialmente perseguido después del concilio de Trento. La competencia en estos casos la concedió el papa a la Inquisición de Granada, a instancias del arzobispo Pedro Guerrero, en 1559 [10], para incluirla en 1561 entre las facultades concedidas al inquisidor general [11]. Este, a su vez, la delegó a los jueces de los demás distritos. El empeño que pusieron los inquisidores para desarraigar este abuso queda de manifiesto en la compilación de registros especiales en los que figuraban los nombres de los sacerdotes sospechosos y verdadera o falsamente acusados. Aunque la vista de estas causas se solía hacer con toda clase de precauciones para evitar la publicidad y el escándalo,

---

[9] Ibid., 326.
[10] J. LÓPEZ MARTÍN, *Don Pedro Guerrero. Epistolario y documentación:* Anthologica Annua 21 (1974) 278s.
[11] Breve *Cum sicut nuper,* del 16 de abril. Cf. *El inquisidor general* II 350 nt.1.

los culpables eran castigados con penas muy duras: privación temporal o perpetua de licencias ministeriales, largas cuaresmas de ayunos y prisión en algún monasterio durante un tiempo, que podía oscilar entre cinco y diez años [12].

El cuadro de la actividad inquisitorial en favor de la moralidad cristiana no puede excluir las intervenciones de este organismo contra los bígamos de entrambos sexos. Los primeros procesos por este crimen se remontan al siglo XV (Zaragoza, 1488) y están relacionados con los casos de judaizantes, que aplicaban en este punto la disciplina viejotestamentaria. Mas, tratándose de cristianos viejos, proliferaron los casos de bígamos entre el quinquenio de 1530 a 1535 y en los decenios de 1550 a 1570. Aunque el número de los acusados es muy variable según el concepto que se tenía en cada región sobre la vida de la familia, parece que no se puede descartar la existencia de una convicción popular que tendía a interpretar como ruptura del vínculo ciertas circunstancias que hacían imposible la vida común de la pareja; v.gr.: la locura, el ignoto paradero de una de las partes, etc. Así se entiende que personas instruidas y radicalmente honradas, como el doctor Constantino Ponce de la Fuente, pudieran ser acusadas de bigamia, y que otras denunciaran espontáneamente su caso a la Inquisición alegando ignorancia acerca de su licitud. La raigambre de este error explicaría también la moderación de las penas, que hasta 1555 se resolvían en multas proporcionadas a las circunstancias agravantes del delito. A partir de entonces, los castigos se hacen más fuertes, pues los varones sanos iban a las galeras, mientras los débiles y las hembras debían salir al destierro.

La coincidencia del recrudecimiento de las provisiones inquisitoriales con la represión antiluterana es cronológicamente atendible; pero no se deduce de ahí que los inquisidores vieran entre los dos fenómenos un mutuo influjo. Es verdad que las dos confesiones tenían unas concepciones diversas acerca del matrimonio, pero la polémica se centraba en torno al carácter sacramental del mismo y no a la licitud y a la práctica de la bigamia. Qué pretendían en realidad los bígamos que se denunciaban espontáneamente, no está todavía bastante aclarado. Al tenor de algunos procesos, se tiene la impresión de que no buscaban otra cosa sino el dictamen de un tribunal eclesiástico, el Santo Oficio, para desembarazarse de una unión que no había sido lograda. Roto el primer matrimonio por vía de hecho, se desentendían también del segundo con el refrendo y por orden del Santo Oficio. Era una manera de poner al rígido tribunal al servicio de intereses egoístas e hipócritas. Es probable también que la facilidad y escasas formalidades con que se celebraban los matrimonios de conciencia redujeran al mínimo la creencia en su indisolubilidad.

Cualquiera que haya sido la repercusión de estas causas en la moralidad del pueblo, los procesos que en la segunda mitad del siglo XVI contri-

[12] Historia y provisiones acerca de este delito, H. Ch. LEA, *Storia del celibato ecclesiastico* (Mendrisio 1911) 233ss (versión del original inglés, de P. CREMONINI).

buyeron a la transmutación de la vida social española fueron los instruidos contra moriscos, que vienen así a cerrar el ciclo inquisitorial de modo semejante a como lo habían abierto los de judíos.

Los moriscos. Retorna un problema de razas

Mientras los musulmanes tenían su reino en Granada, nadie les impedía, como es lógico, el ejercicio de su religión. Los que de ellos vivían temporal o permanentemente en tierras reconquistadas eran considerados como infieles, en quienes la Inquisición no tenía jurisdicción alguna. Los largos siglos de convivencia entre los invasores y los indígenas, la fluctuación de límites entre los reinos cristianos y árabes, las capitulaciones y las concordias, habían hecho más fácil la convivencia de las dos razas que la que llevaban los cristianos con los judíos. El hecho de que el pueblo árabe tuviera una personalidad propia dentro de la Península, proyectaba sobre todos los de su raza una sombra protectora de la que carecían los hebreos. Mas, pese a su preparación en algunas ciencias, como las matemáticas y la arquitectura, y a los buenos servicios que prestaban en ciertos trabajos, los musulmanes eran inferiores a los cristianos; no tenían riquezas ni cargos públicos, ni siquiera habían logrado infiltrarse, a través del matrimonio, en la clase media aborigen, que les habría abierto las puertas de la ciudadanía hispana. Por esta razón, los cristianos los menospreciaban, los ignoraban. Esto no quiere decir que no haya habido enfrentamiento entre las dos razas a lo largo de la Edad Media. La historia conoce rebeliones de los mudéjares contra la mayoría dominante, como la que ocurrió en Valencia contra don Jaime I en 1276, respaldada por los emires de Córdoba y de Marruecos. Semejantes episodios endurecían la política represiva de los vencedores, de la cual el aspecto religioso constituía una parte importante. Así, en 1413, don Jaime II impuso a los mudéjares la obligación de prestar acatamiento externo a ciertas ceremonias cristianas, v.gr.: al paso del Santísimo por las calles, y poco después les prohibió reunirse públicamente al nombre de Mahoma y hacer manifestaciones de su propio culto. A lo largo del siglo XV se devastaron algunas morerías (v.gr.: la de Valencia en 1455), con las secuelas de crímenes e injusticias que tales actos llevaban consigo [13].

El problema con la Inquisición española no se presentó hasta el año de 1500, en que los moros de Granada, que estaban siendo tratados como los antiguos mudéjares, fueron obligados a convertirse, so pena de perder todos sus privilegios dentro del suelo español. Los muslimes, que ya eran verdaderos súbditos del Estado cristiano, abrazaron la religión de la mayoría, y se les dio entonces la denominación de «moriscos». Este fenómeno se produjo después de un proceso de veinte años, período durante el cual se verificó un cambio radical en la política religiosa. El primer arzobispo de Granada, fray Hernando de Talavera, era par-

[13] P. BORONAT y BARRACHINA, *Los moriscos españoles y su expulsión* I (Valencia 1901) 86-92. Abundante bibliografía sobre mudéjares y moriscos: A. DOMÍNGUEZ ORTIZ-B. VICENT, *Historia de los moriscos. Vida y tragedia de una minoría* (Madrid 1978) 291ss.

tidario de prolongar el *modus vivendi* que los cristianos habían seguido con los mudéjares, sin descuidar por ello una táctica pastoral de asimilación y de catequesis, cuyo resultado habría de ser la conversión lenta, pero sincera, de los musulmanes establecidos en la Península. Esta manera de proceder estaba plenamente de acuerdo con la política de los Reyes Católicos, que, al firmar la capitulación de Granada, habían prometido considerar a los moros como súbditos libres y con libre ejercicio de su religión [14].

Las cosas cambiaron cuando Cisneros en 1499 llegó a la ciudad con la pretensión de acelerar la conversión de los musulmanes. Su programa estaba respaldado, sin duda, por los Reyes Católicos, que esperaban que esta medida habría de facilitar la convivencia de las dos razas. Y así, mientras el franciscano administraba bautismos en masa, los Reyes Católicos decretaban la salida del reino de los musulmanes que no querían convertirse. El tributo que éstos debían abonar al tiempo de dejar la Península era un nuevo obstáculo que se oponía a su libertad y hacía crecer el número de bautismos forzados. Hubo, como es natural, protestas violentas de los vencidos, que se sofocaron por la fuerza, aumentando con ello la convicción de que las conversiones eran violentas y que los monarcas no mantenían lo pactado [15].

Aunque en los casos particulares la justicia real actuaba con gran lenidad, porque eran muchas las instituciones y los compromisos que quedaban en pie (el culto de Mahoma, por ejemplo, no fue abolido en Aragón y en Valencia hasta 1526), los efectos de esta política no pudieron ser más negativos: a las diferencias raciales, idiomáticas, costumbristas, que ya separaban a hispanos y moros, se añadió ahora la diferente manera de concebir y practicar la misma religión por parte de los cristianos viejos y los moriscos. Ante todo, los cristianos acusaban a éstos de *simulación* y de *sacrilegio*, porque, siendo su conversión fingida, practicaban los sacramentos «por sólo cumplimiento exterior y paliar su apostasía con apariencia de cristiano» [16].

Esta acusación tenía un fundamento real no sólo por las circunstancias en que se habían producido los bautismos en masa, sino porque las escuelas morales del Islam permitían a sus sucesores la apostasía exterior como medio de salvar la vida, que es el don más preciado de Alá. «Si os forzaran sobre la palabra de la descreencia —dice una norma del 1504— y si os será posible el disimular, pues hacerlo heis; y seyan vuestros corazones aferrados con la creencia y denegantes a lo que hablareis forzado» [17]. Conocieran o no los cristianos estas sentencias de los moriscos, era evidente que su conducta concordaba perfectamente con ellas.

Debía de haber, como es natural, conversiones sinceras; pero, aun en estos casos, los moriscos encontraban entre los viejos cristianos prácticas que no sólo repugnaban a su religión, sino a las costumbres que

[14] KAMEN, *La Inquisición española* (Barcelona 1967) 117.
[15] J. CARO BAROJA, *Los moriscos del reino de Granada* (Madrid 1957) 14-16.
[16] L. CARDAILLAC, *Morisques et chrétiens* (París 1977) 91.
[17] Ibid., 90.

habían mamado del seno de sus familias: «Mis padres nunca comieron tocino —dijo el morisco Lope Almerique, comiendo en casa de unos cristianos—, y así lo hacemos nosotros». Actitudes como ésta se repetían a todas horas en la vida ordinaria; de modo que los ancestralismos que seguían manteniendo en las bodas, en los nacimientos, en las exequias, se interpretaban como signo de apostasía y se les acusaba de *relapsos*, diciendo que volvían «como perros al vómito» y que eran en la Iglesia miembros podridos y secos en los que brotaban de nuevo las raíces que llevaban en su corazón [18].

EL FRACASO DE UNA PASTORAL Y EL INCREMENTO DE UNA POLÉMICA

Más difícil que su acomodación a la nueva disciplina cristiana se les hacía a los moriscos la fe en algunos dogmas fundamentales, como el de la Trinidad, tan opuesto al monoteísmo que propugnaba el Corán. Algunos de los que parecían haber asimilado algo acerca de este misterio, incluían entre las personas divinas a Mahoma o a la Virgen María. Pero la mayoría se sentían orgullosos de su creencia monoteísta, hasta el punto de confesar delante de los inquisidores que, cuando leían en libros de devoción algo sobre la Trinidad, «no gustaban de leerlo ni hacían caso de ello, porque tenían y creían que no había más de un solo Dios y que no había personas de la Santísima Trinidad, como decían los cristianos» [19]. En consecuencia, encontraban dificultades insuperables para admitir la divinidad de Cristo, aunque estuvieran dispuestos a atribuirle un mesianismo profético, y a concederle el honor de haber nacido de madre virgen por la «interior causa, sin ayuntamiento de varón» [20].

Con tales conceptos acerca de la fe y de la disciplina cristiana, es evidente que los moriscos estaban avocados a caer en las garras de la Inquisición, que funcionaba con la pujanza de sus primeros decenios y que podía atribuirles herejías semejantes a aquellas por las que se estaban mandando a la hoguera a un crecido número de judíos. El derecho y posibilidades de intervención del organismo inquisitorial era algo que llenaba de pavor a los convertidos del islamismo, los cuales se apresuraron a establecer concordias con los inquisidores para que durante un tiempo determinado se abstuvieran de procesarlos. Tres años de tregua concedió a los granadinos el inquisidor general Alonso Manrique, mientras los inquisidores valencianos prometían no llamar a su tribunal durante cuarenta años a los moriscos inculpados de prácticas musulmanas poco importantes. Aunque estos plazos no siempre se respetaron, señalan por lo menos el tiempo en que se intensificó la actividad pastoral de la Iglesia de cara a la instrucción religiosa de los moriscos. Tanto en Granada como en Valencia se erigieron gran número de parroquias, al frente de

[18] P. LONGÁS, *Vida religiosa de los moriscos* (Madrid 1915).
[19] CARDAILLAC, o.c., 228.
[20] Ibid., 260.

las cuales figuraban sacerdotes a quienes se facilitaron los medios para iniciarse en el conocimiento del árabe, y poder así impartir la doctrina cristiana. Las diócesis de Castilla fueron invitadas a proporcionar clérigos para cubrir las piezas recién fundadas. Desgraciadamente, los eclesiásticos que se enrolaron en esta empresa no siempre lo hicieron por celo apostólico. Una pesquisa que se hizo en Granada en 1526 demostró que algunos estaban infamados en sus lugares de origen y que en las nuevas parroquias, además de aprovecharse de los bienes y mujeres de los moriscos, montaban manufacturas de seda y otros negocios particulares. Fue entonces cuando los obispos llamaron a sus territorios misioneros populares que trabajaran por igual entre pastores y fieles. En esta iniciativa sobresalieron los prelados Hernando de Talavera y Pedro Guerrero, en Granada; Tomás de Villanueva y Juan de Ribera, en Valencia; Gaspar Dávalos, en Guadix.

Entre los misioneros populares destaca el franciscano Bartolomé de los Angeles, que entre los años 1525 y 1547 recorrió Andalucía y Valencia, llevando a cabo una obra religiosa y social que siempre tropezó con los obstáculos que le deparaban los señores cristianos, que disponían del trabajo de los moriscos, y los clérigos más arriba aludidos. Especialmente eficaz fue la labor de los sínodos diocesanos, que, al arbitrar medidas pastorales concretas para la evangelización y gobierno de los moriscos, diseñaron un cuadro bastante exacto de la situación religiosa y social en que estaban sumidos. Importante en este aspecto fue el que se tuvo en Guadix en 1554, siendo obispo don Martín Pérez de Ayala [21].

Las provisiones que hemos referido hasta aquí tenían al pueblo sencillo como su principal destinatario; pero el Islam no carecía de una clase preparada, a la que había que dar la batalla en el campo de la cultura. Surgió así —o, por mejor decir, prosiguió— aquella polémica literaria en la que se habían enrolado, a lo largo de la Edad Media, figuras tan importantes en el campo cristiano como Ramón Lull y Juan de Segovia. Como es natural, la producción literaria mora sufrió un grave colapso con la desaparición de su reino granadino, debiendo limitarse los moros que permanecieron en España a utilizar —y, en el mejor de los casos, a transcribir— obras compuestas anteriormente. Existen, sin embargo, en la Biblioteca Nacional de Madrid algunas piezas originales del siglo de oro en las cuales las posiciones moras anticristianas se ven reforzadas con no pocas ideas pedidas de prestado a los protestantes [22]. Mas, por haber sido éstas escritas en un tiempo en que el problema morisco se resolvió con la expulsión de su gente de los reinos hispanos, no interesa por el momento la reacción cristiana que suscitaron. Para nuestro propósito cuenta sólo un pequeño grupo de escritos que apareció en la primera mitad del siglo, y que poco a poco fue proporcionando a la Inquisición argumentos y armas antimusulmanas, como anteriormente se los

---

[21] Cf. A. Gallego-A. Gamir, *Los moriscos del reino de Granada según el sínodo de Guadix en 1554* (Granada 1968).
[22] Ms9655 y 9067. Cf. su descripción y contenido en Cardaillac, o.c., 161-68.

habían proporcionado los polemistas en contra de los judíos. La lista de estos autores se abre con el dominico italiano Ricoldo de Montecroce, cuya *Improbatio Alcorani* se imprimió en Sevilla, en el año 1500, y apareció al siguiente en una edición castellana. Le siguió Juan Andrés con un librito en doce capítulos, que, sin ser demasiado importante por razón de su contenido, alcanzó gran difusión porque su autor había sido alfaquí, es decir, jefe de la comunidad religiosa de Játiva, y, convertido al cristianismo, se había hecho sacerdote, recibiendo de los Reyes Católicos la misión de trabajar en la conversión de sus correligionarios. Mayor importancia tenían las obras de Juan Martín de Figuerola (*Lumbre de la fe contra el Alcorán*, Valencia 1519), de Bernardo Pérez Chinchón (*Antialcorán*, Sevilla 1528) y de Lope de Obregón (*Confrontación del Alcorán y secta mahometana*), impresa esta última bajo los auspicios de la Inquisición de Granada en 1555 [23].

La polémica abarcaba los capítulos teológicos que hemos consignado más arriba; pero se extendía también a la personalidad de Mahoma, a la pretendida inspiración del Corán, a la acomodaticia moralidad de sus prescripciones y a su dependencia de la Sagrada Escritura. Un punto muy actual lo constituía la validez del bautismo de los moriscos, que, por su carácter forzado, algunos ponían en duda. Los polemistas católicos defendían su legitimidad, porque, en último término, nadie había obligado a los musulmanes a bautizarse, sino que se les había ofrecido la alternativa de pasar a Berbería. En consecuencia, los moriscos eran súbditos de la Iglesia, y como tales podían ser juzgados. En qué medida este principio abría las puertas a la intervención de los inquisidores, es de por sí manifiesto. Réstenos, pues, estudiar cómo fueron llamados los moriscos a sus tribunales.

DE LOS TRIBUNALES DE INQUISICIÓN A LAS TIERRAS DE BERBERÍA

Casos de musulmanes convertidos al cristianismo y llevados como relapsos y herejes ante la Inquisición española, se cuentan desde el primer momento en que comenzaron a funcionar sus tribunales; pero no es en los casos particulares donde ha de pararse nuestro estudio, sino en la confrontación institucionalizada entre el Santo Oficio y la raza morisca, minoría incorporada a la Corona española desde la toma de Granada, porque sobre ella recae la razonable sospecha de no querer convertirse sinceramente. Esto constituye un delito de simulación y ofrece a la vez un campo de acción a una entidad religiosa como el Santo Oficio, cuya finalidad no era mantener en apariencia el orden cristiano, sino llegar a la conversión verdadera de los espíritus [24].

---

[23] DOMÍNGUEZ ORTIZ-VICENT, o.c., 93s.

[24] Este objetivo inquisitorial está perfectamente formulado por CARDAILLAC en este párrafo: «Tout le problème de l'Inquisition est précisément de faire des morisques des chrétiens authentiques et convaincus: non seulement elle veut les faire entrer dans une organisation social et religieuse, mais aussi elle prétend gagner leur adhésion sincère» (o.c., 115).

Dada la relativa autonomía de que disfrutaban los tribunales, no se puede establecer para ellos una gráfica común de intensidad judicial, aunque se puede decir que la actividad de la Inquisición contra los moriscos tuvo sus períodos culminantes en los años que van del 1524 al 1526, del 1568 al 1570 y desde el 1607 al 1614. El primer bienio incluye el período en que los inquisidores decidieron intervenir de oficio en este problema; entre otras razones, para evitar la ocasión de choques incontrolados entre los moriscos y los cristianos. El segundo corresponde a la rebelión de los neoconversos de Granada y a la pacificación subsiguiente, en la que correspondió al Santo Oficio un papel importante. En el último período, que se cierra con la expulsión de los moriscos de los reinos peninsulares, se condensaron todas las dificultades con que tropezaba su convivencia con los cristianos durante el último cuarto del siglo XVI.

Las primeras provisiones adoptadas con los moriscos por parte de la Inquisición General se remontan al tiempo de Alonso Manrique, que el 28 de abril de 1524 se dirigió a todos los tribunales del reino para pedirles que no procedieran contra los convertidos del islamismo «por cosas livianas», como algunos jueces estaban haciendo. Poco tiempo más tarde hizo correr entre todos ellos una circular que concretaba en 25 capítulos los delitos por los cuales los moriscos deberían ser acusados y perseguidos. Todos ellos se referían a la persistencia de prácticas mahometanas, algunas tan insignificantes o tan triviales como aquellas a las que teóricamente se quería quitar importancia. Así, por ejemplo, constituían delito las abluciones, los cantares de moros y zambras al son de instrumentos prohibidos, el imponerle a un niño los cinco dedos sobre la cabeza en recuerdo de los cinco mandamientos del profeta.

La acción inquisitorial coincidía con otras de carácter político que daban a entender cómo la represión antimusulmana había comenzado, cualesquiera que fueran sus fines [25]. Así, en mayo del mismo año, el rey Carlos V recibía del papa la dispensa del juramento que habían hecho los Reyes Católicos de no expulsar a los moriscos de España. En septiembre de 1525 se promulgó la orden de conversión general en los reinos de Valencia y Aragón, donde hasta entonces se había transigido, y a fines de aquel mismo año se cerraron todas las mezquitas y se intimaba la salida de España a los moros no convertidos, dando así por liquidada la clase de los mudéjares.

El año 1526, los tribunales ya establecidos extendieron sus pesquisas a la clase de los moriscos, y en algunas regiones donde todavía no se habían erigido, se establecieron precisamente con este fin. El caso más llamativo fue el de Granada, que hasta entonces había dependido de Córdoba, y que en este momento se constituyó en distrito particular, a pesar de que esto contradecía la voluntad de Isabel la Católica, que había querido a la antigua ciudad mora libre del control inquisitorial.

---

[25] Minuciosa relación de la actividad inquisitorial relacionada con los moriscos durante el bienio 1524-26, A. REDONDO, *Antonio de Guevara (1480?-1545) et l'Espagne de son temps* (Genève 1976) 217-89.

La dureza de la represión dependía de las circunstancias, y no puede enjuiciarse de acuerdo con un solo criterio. Los estudios que existen sobre este argumento son todavía parciales y no permiten establecer una conclusión general. Ante todo hay que decir que la persecución fue, por lo general, liviana en aquellos lugares en que los moriscos no constituían una clase muy numerosa. Así, en la parte nordoccidental de la Península, donde, según el censo hecho por la Inquisición de Valladolid en 1594, apenas pasaban de los 8.000 [26]. La misma manera de proceder se siguió en algunas localidades cuyos habitantes eran moriscos en su totalidad. Este es el caso de Hornachas, en Extremadura, donde los inquisidores temían entrar, no registrándose procesos de sus vecinos sino pocos años antes de su expulsión [27]. Mas es claro que estos lugares constituyen la excepción y no son significativos para el proceder de la Inquisición española. Así, pues, si pasamos a aquellas regiones donde los moros constituían una clase, son éstos los datos hoy conocidos:

En Valencia, donde el número de moriscos era muy abundante, sólo el 3,30 por 100 de las causas de inquisición se ocuparon de ellos antes de 1530. Es verdad que hubo muchas acometidas contra ellos cuando los agermanados dieron libertad a los esclavos de su raza después de haberles administrado el bautismo por fuerza. Se les persiguió también por aquellas mismas fechas, porque se les acusaba de haber asesinado algunos muchachos cristianos; pero en estos casos fue el pueblo el que tomó la justicia por su mano y no el tribunal de la Inquisición [28].

De Murcia se sabe que en el auto de fe de 1560 salieron 12 moriscos sobre un total de 48 personas; y de Zaragoza, que en el auto de 1546 comparecieron 27 moriscos sobre un total de 68 encausados. En la Inquisición de Toledo pasaron a lo largo del siglo XVI, 396 causas de moriscos sobre un total de 4.111 procesos, mientras en Cuenca se elevaron a 500 los moriscos procesados. Granada, que, como es natural, conoció una fuerte represión en torno al 1568, fecha en que se levantó contra Felipe II la mayor parte de la población musulmana, tuvo desde 1550 hasta 1580 un total de 780 causas de moriscos sobre un total de 998 procesos [29].

Estas cifras, todavía debilitadas por el escaso número de los condenados al fuego, constituyen la base de la generalizada opinión de que los inquisidores hispanos procedieron, frente a los moriscos, con un criterio mucho más transigente que el que habían utilizado con la minoría hebrea y los brotes de protestantes. En cualquiera de los autos de fe de Valladolid de 1559 fueron a la hoguera más luteranos que moriscos en Granada en un período de treinta años, o en Cuenca a lo largo de todo el siglo.

[26] J. P. LE FLEM, *Les morisques du nord-ouest de l'Espagne en 1594 d'après un recensement de l'Inquisition de Valladolid*, en «Mélanges de la Casa de Velázquez» 1 (1965) 223-40.
[27] BENNASSAR, o.c., 188.
[28] V. GARCÍA CÁRCEL, *Orígenes de la Inquisición española* 96-101.116-24.
[29] DOMÍNGUEZ ORTIZ-VICENT, o.c., 102-107.

No pretendemos con estas afirmaciones quitar un ápice al fenómeno de opresión que gravitaba sobre la minoría musulmana, sino establecer la verdad histórica de que no fue la Inquisición como tal la que se arrogó el liderazgo en estas medidas, aunque haya colaborado en su ejecución como las demás instituciones del reino. Como es sabido, la convivencia entre las razas morisca e hispana se hizo tan universalmente difícil, que personajes como San Juan de Ribera, que en un principio se había empeñado a fondo en la defensa y evangelización de los recién convertidos, se les volvió tan hostil, que con sus predicaciones y memoriales al rey fue uno de los promotores más eficaces de la expulsión decretada por Felipe III para Valencia el 22 de septiembre de 1609, extendida después a las demás partes del reino. Antes de dos años habían salido de España algo más de 270.000 moriscos, según los cálculos más atendibles [30].

Entre las razones de carácter religioso que vinieron a precipitar su ruina, se ha querido ver una complicidad con los protestantes [31], acentuada por el hecho de que los moriscos españoles a fines del siglo XVI buscaban la protección de Enrique IV de Francia, tan connivente con la Reforma.

Esta manera de contemplar los hechos es, a todas luces, desorbitada. Es verdad que protestantes y moriscos coincidían en su oposición a la mayoría católica y que los segundos aprovecharon las acusaciones que los primeros hacían a ciertas instituciones eclesiásticas, como el papado romano. Se puede conceder también que la sensibilidad religiosa de los musulmanes está cerca en algunos aspectos del personalismo defendido por los protestantes, pudiendo estar aquí la razón de que algunos moriscos se convirtieran a la Reforma, como el jerónimo sevillano Casiodoro de Reina. Pero en todos estos contactos no hay más que oportunismo político o casos individuales de conversión, pues en realidad el Islam dista tanto del protestantismo como del catolicismo, y nunca contempló éste el peligro de una inminente alianza entre los luteranos y los moriscos [32].

[30] Estudia el fenómeno en cada una de las regiones de la Península, H. LAPEYRE, *Géographie de l'Espagne morisque* (París 1959). Cf. esp. sus conclusiones, que arrojan la cifra exacta de 272.140 (p.205).
[31] Amplio estudio del tema, CARDAILLAC, o.c., 125-50.
[32] El tema de los moriscos, que aquí hubimos de constreñir a sus relaciones con la Inquisición, aparece ampliamente tratado por R. BENÍTEZ y E. CÍSCAR en el vol.IV, p.253-307.

CAPÍTULO IX

LA INQUISICION ESPAÑOLA Y EL ESTUDIO DE LA ESCRITURA

LOS HEBRAÍSTAS DE SALAMANCA: FRAY LUIS DE LEÓN, GRAJAL Y CANTALAPIEDRA

Los procesos y autos de fe contra los moriscos, a los que se mezclaban, como hemos visto, los de opiniones y actos contrarios a la moral cristiana, se llevan el mayor porcentaje de la actividad inquisitorial en la segunda parte del siglo de oro; y así, son, sin duda, un buen termómetro del clima espiritual en que se movía la gran masa. Pero esta época se caracteriza también por la existencia de nuevas corrientes en la interpretación de la Sagrada Escritura, de la piedad y de la liturgia que chocaron violentamente con las formas tradicionales de pensamiento y acción, que creían haber recibido en el concilio de Trento el espaldarazo definitivo.

Estas diferencias habían existido siempre en el seno de las universidades y órdenes religiosas de más solera, cuyos maestros litigaban con los representantes de otras escuelas de espiritualidad y método diferente. La Inquisición se puso siempre al lado de los sistemas tradicionales por iniciativa de sus ministros y por las instancias que se le hacían para que sofocara cualquier germen de error. En este momento, las dos facciones tenían cuentas pendientes desde la lucha erasmiana y cada una creía ver en los signos de aquel tiempo un respaldo de sus posturas. El concilio de Trento, al que, en último término, apelarían todos ellos como fervientes católicos, era susceptible de diferentes interpretaciones, y, por consiguiente, ponía en marcha dos contrarreformas de signo contrario. Los inquisidores no eran, por lo general, grandes teólogos, nombrados como estaban entre la clase de los juristas, y podían hacer poco más que instruir los procesos cansinamente, recabando censuras teológicas de proposiciones escritas y de frases habladas, para llegar, al cabo de algunos años, a sentencias ridículas en proporción al volumen que habían tomado las causas.

Este fue el caso de los hebraístas de Salamanca, en que el doctor Grajal perdió la vida en la cárcel, cuando se puede dar por seguro que habría sido absuelto si el proceso hubiera llegado a su fin. Del mismo sistema provenían las sospechas contra los místicos y los procesos que sufrieron fray José de Sigüenza y Francisco Sánchez de las Brozas, un predicador y un docente, tan radicales en criticar ciertas formas de vida cristiana como en mantener su adhesión al magisterio eclesiástico. Por eso, el estudio de sus avatares, más que a la historia de la Inquisición, pertenece al de la teología [1] y corrientes espirituales, en cuyas lides el Santo Oficio no debería haber entrado. Mas, toda vez que el tribunal de Valladolid, y en última instancia el Consejo, jugaron en este aspecto un importante papel, hemos de reseñar su actividad, siquiera sea brevemente.

El episodio de los hebraístas de Salamanca comenzó el año 1569, cuando Portonaris, un famoso librero de aquella ciudad, se propuso reimprimir la llamada *Biblia de Vatablo*, una versión latina de la Sagrada Escritura que había hecho directamente del original Santes Pagninus, célebre filósofo de París. Como esta obra estaba prohibida por el *Indice* de 1559 [2], la Suprema mandó que la revisara una comisión de doctores salmantinos, en la que figuraban, entre otros, fray Luis de León, titular de la cátedra de Durando; Martín de Grajal y Martínez de Cantalapiedra, que regían las de hebreo y Sagrada Escritura; León de Castro, buen helenista, que acababa de publicar unos comentarios *in Essaiam prophetam* (Salamanca 1570), y el maestro Francisco Sancho, el comisario de la ortodoxia, a quien hemos citado repetidamente a lo largo de nuestro estudio [3].

Al fijar los criterios en que había de basarse la revisión, aparecieron entre ellos tendencias opuestas, de acuerdo con la formación y el método de cada uno. Los dos últimos daban prioridad sobre el texto original a las versiones de la Vulgata y de los Setenta, por entender que así eran más fieles a la declaración del concilio de Trento y al sentir de los Santos Padres acerca de la transmisión de la Sagrada Escritura; del mismo parecer era la mayoría de la Junta. Los tres primeros, reconociendo complexivamente la validez y el acierto de estas versiones, defendían la necesidad de acudir a los textos originales para corregir algunas interpretaciones y esclarecer el sentido de otras. Esta postura tenía su origen en el estudio del hebreo, que era una verdadera novedad entre los exegetas del tiempo, y contaba como punto de referencia con dos personalidades de indiscutible prestigio: el refinado cisterciense Cipriano de Huerga, profesor de Alcalá desde 1526 [4], por cuyas aulas habían pasado los principales representantes de esta tendencia, y su discípulo Arias Montano [5], capellán de Felipe II, que dirigía por aquel mismo tiempo la *Políglota de Amberes*. En Salamanca, ante aquellos corifeos de la tradición, los criterios de fray Luis, de Grajal y de Cantalapiedra aparecían como innovadores y muy peligrosos.

---

[1] Cf. L. Vazquez, en el vol.IV de esta *Historia*, 421-9.

[2] *Biblia Parisiis per Robertum Stephanum, cum duplici translatione, vulgata et nova, cum scholiis Vatabli* (Reusch, *Die Indices...* 217). Cf. Bataillon, II 398s.

[3] A. C. Vega, *Fray Luis de León*, en *Historia general de las literaturas hispánicas*, dir. por G. Díaz Plaja, II (Barcelona 1951) 561 (buena síntesis sobre la composición y trabajo de esta comisión, basada sobre el proceso.

[4] Sobre la tendencia exegética de este autor en el marco de las corrientes bíblicas de su tiempo, cf. E. Asensio, *Exégesis bíblica en España. Encuentro de fray Cipriano de Huerga con Juan de Valdés en Alcalá*, en *Doce consideraciones sobre el mundo hispano-italiano en tiempo de Alfonso y Juan de Valdés* (Roma 1979) 241-62.

[5] Semblanza, bibliografía y fuentes en C. Gutiérrez, en DHEE 1 90-92.

Inmediatamente entraron en juego las pasiones humanas, y las iras del claustro universitario y de los conventos de la ciudad recayeron sobre los tres profesores. Cada uno tenía sus émulos; pero a todos aventajaba fray Luis, que desde el 1558 se afincaba en aquel estudio como un hombre temible no sólo por los éxitos que había conseguido en las oposiciones, sino por las diatribas y pleitos con que había perseguido a sus adversarios [6]. Su verdadero enemigo era fray Bartolomé de Medina [7], al que seguían casi todos los dominicos de San Esteban, los mercedarios y los jerónimos.

La figura académica del agustino, precisamente por su grandeza ofrecía flancos muy vulnerables: se sabía que en 1561 había traducido del hebreo el Cantar de los Cantares [8], para uso de su dirigida espiritual sor Isabel de Osorio; y, aunque su trabajo no se había publicado, ateniéndose en ello a las normas dictadas por la Inquisición General, corría en infinidad de copias y había llegado hasta América. Su insistencia en el sentido epitalámico y literal del Cántico le distanciaba de la mayor parte de los autores, que se resistían a ir más allá de una interpretación alegórica. Esta falta de cautela había aumentado en los últimos cursos, durante los cuales fray Luis explicaba las virtudes teologales, permitiéndose, al hablar de la fe, juicios sobre las traducciones de la Sagrada Escritura y el magisterio eclesiástico que inquietaban a algunos de sus discípulos.

Bartolomé de Medina recogía gustoso confidencias y críticas, que habían de ser el primer anillo de las acusaciones ante la Inquisición contra fray Luis y sus compañeros. A primeros de diciembre de 1571, ya había recogido datos bastantes para elevar a la Suprema una denuncia en regla; y, a lo que parece, extractó, juntamente con Báñez, una lista de proposiciones malsonantes, que, como defendidas por profesores de Salamanca, su superior religioso hizo llegar al Consejo [9]. Más tarde salieron a flote los nombres de las personas concretas; y las proposiciones se entregaron, según costumbre, a un grupo de calificadores, formado en esta ocasión por los enemigos de los hebraístas. A los nombres de León de Castro y Francisco Sancho se habían sumado los de Mancio de Corpus Christi, antes profesor de fray Luis, y el del benedictino García del Castillo, que ahora regentaba la cátedra de Durando; aunque éstos no eran manifiestamente enemigos de fray Luis de León, las proposiciones fueron tachadas de malsonantes y sospechosas de herejía [10].

---

[6] Al estudio citado de A. CUSTODIO VEGA sobre esta importante figura hay que añadir las obras clásicas de A. COSTER, *Luis de León*, 2 vols. (New York-París 1921-22) y de F. G. BELL, *Luis de León. A Study of the Spanish Renaissance* (Oxford 1925). Interesante la *Introducción* de F. GARCÍA a *Obras completas castellanas de fray Luis de León* (Madrid 1951). Abundante bibliografía sobre los diversos aspectos del personaje en E. D. CARRETERO, en DHEE 2,1287s.

[7] Sobre la actuación de Medina en el proceso de fray Luis y la polémica que mantuvieron en torno a ella los PP. La Pinta y Beltrán de Heredia, cf. M. DE LA PINTA LLORENTE, *Estudios y polémicas sobre fray Luis de León* (Madrid 1956) 185-215.

[8] Cf. F. GARCÍA, o.c., 43-60.

[9] A. C. VEGA, o.c., 563.

[10] Sobre la actuación de Mancio cf. V. BELTRÁN DE HEREDIA, *El Maestro Mancio de Cor-*

Consiguientemente a estas diligencias, entre el 22 y el 27 de marzo de 1572 fueron arrestados el doctor Grajal, fray Luis de León y Martínez de Cantalapiedra, concurriendo en los dos primeros la circunstancia agravante de tener antecedentes judaicos. Comenzaron así en el tribunal de Valladolid tres causas muy afines; en realidad, un solo proceso a las corrientes científicas [11], durante el cual se sucedían, por parte de los inquisidores, las llamadas de nuevos testigos, las audiencias de trámite, las consultas a otros censores; y, por parte de los reos, las protestas por el estado de su prisión, los cargos recíprocos, la recusación de personas, las apelaciones a la Suprema...

En trámites burocráticos pasaron cuatro años y medio; y cuando los procesos estaban listos para sentencia, murió en la cárcel Gaspar de Grajal [12] (19 de septiembre de 1576), acelerando este hecho el desenlace de las causas de sus compañeros.

El 28 de septiembre se emitieron los votos referentes a la de fray Luis de León [13]. La mayor parte de los jueces siguieron haciendo hincapié en sus proposiciones «heréticas»; pidieron que se le sometiera a cuestión de «leve» tormento y que así continuara el proceso. Sólo dos optaron por su absolución, pero inhabilitándolo para explicar en lo sucesivo en cátedras universitarias y conventuales.

Es evidente que los enemigos del agustino gozaban de gran prestigio ante la Inquisición de Valladolid. Baste con pensar que sus calificadores eran los mismos a los que acudía habitualmente aquel tribunal; no nos debe sorprender, por tanto, la orientación de sus votos. Por fortuna, no fue éste el fallo definitivo, que emitió la Suprema el 9 de enero de 1577, mandando poner en libertad al reo y restituyéndole todos los honores, privilegios y cátedras que anteriormente tenía. Fray Luis volvió a la Universidad, «que le hizo tan solemne recibimiento cual nunca jamás se vio», y le dio colación de una cátedra de Sagrada Escritura a la que años atrás aspiraba.

El juicio de Martínez de Cantalapiedra se tuvo, por fin, al año siguiente, concluyendo, asimismo, en su libertad [14].

El episodio que acabamos de referir constituyó, a lo largo de varios años, el núcleo de una enconada polémica entre los historiadores agustinos y dominicos, defendiendo los primeros a ultranza la inocencia de fray Luis, y los segundos el proceder de Medina. El P. Félix García tiene el mérito de haber llamado a la serenidad a unos y a otros, confesando rotundamente que «hablar de un fray Luis impecable, figura decorativa de retablo iluminado, es tan inexacto como hablar de un fray

pus Christi, O.P.: La Ciencia Tomista 51 (1935) 50-70. Cf. también el juicio polémico de LA PINTA LLORENTE, o.c., 93ss.

[11] Así lo interpreta y lo estudia LA PINTA LLORENTE, *La Inquisición española* (Madrid 1948) 346-68.

[12] Publicó su proceso LA PINTA LLORENTE, *Procesos inquisitoriales contra los catedráticos hebraístas de Salamanca. Gaspar de Grajal* (Madrid 1935).

[13] Su proceso está publicado en CODOIN, vols.10 y 11.

[14] Lo publicó también LA PINTA LLORENTE, *Proceso criminal contra el hebraísta salmantino Martín Martínez de Cantalapiedra* (Madrid 1946).

Luis ácido, pendenciero y dado a peligrosas osadías; «se trata de un personaje humano», con su enorme aspiración al orden «y al sosiego de Dios», pero también «con una gran sensibilidad para las alternativas humanas y para las luchas de cada día» [15].

Para el historiador imparcial de la Inquisición, su proceso, desorbitado, es a la vez comprensible. Si por palabras malsonantes y proposiciones erróneas salieron en los autos de fe ignorantes e infelices labriegos, ¿a quién puede maravillar que se instruyeran contra los hombres de ciencia procesos en toda regla? El que éstos se alargaran durante años dependía, en buena parte, del pasado mecanismo procesal al que se ajustaba la Inquisición española, que, persiguiendo en teoría el *summum* de la justicia, repercutía frecuentemente en los reos con mayores agravios. Fray Luis fue víctima tanto de sus enemigos como de su ingenio y libertad de expresión. Lo comprueba el hecho de haber sido acusado dos veces más, después de tan duro escarmiento, de «novedades intolerables y escandalosas» [16]. Es verdad que esto se le achacó en plena controversia de *auxiliis*, de la que el apasionamiento fue un componente esencial; pero el inquisidor Quiroga vio en ello motivo bastante para dirigirle una seria amonestación en 1582. Los tiempos contrarreformatorios perseguían la quieta y pacífica posesión del sistema católico, y no se permitía alterarlo ni siquiera para darle mayor consistencia.

GUDIEL, UN EPÍGONO EN SABER Y SUFRIR

El movimiento bíblico, con sus diferentes matices, no fue exclusivo del estudio de Salamanca; se manifestó en otros centros adonde habían llegado seguidores de Huerga y de Arias Montano. Sería interesante saber el grado de intensidad que alcanzó en cada uno, mas parece que se puede afirmar que allí donde no encontró denunciantes celosos de la doctrina tradicional, siguió su marcha, sin que en ningún caso la Inquisición interviniera de oficio. El más conocido es el del maestro Alonso Gudiel, que se llevó también en el tribunal de Valladolid [17], si bien explicaba en el estudio de Osuna.

Este hombre había nacido en Sevilla sobre el año 1525 y profesado en la Orden agustiniana cuando era un muchacho de quince años. Había estudiado en Granada las artes y en Salamanca la teología. No parece haberse dedicado nunca con seriedad a la ciencia, sino que alternó algunas actividades ministeriales (predicador, maestro de novicios) con la explicación de Sagrada Escritura en universidades de segunda fila, como Huesca, Lérida y, por último, en la de Osuna, donde llevaba un decenio al tiempo de su prisión. La captura de los hebraístas de Sala-

---

[15] O.c., 6.

[16] Publicó el proceso que se le siguió en esta ocasión, F. BLANCO GARCÍA, *Segundo proceso contra fray Luis de León:* La Ciudad de Dios 41 (1896).

[17] Lo publicó LA PINTA LLORENTE, *Causa criminal contra el biblista Alonso Gudiel, catedrático de la Universidad de Osuna* (Madrid 1942). Va precedido de un amplio estudio (p.1-49), que seguimos en nuestro texto.

manca repercutió desfavorablemente para él en la conciencia de algunos que lo habían escuchado en la cátedra o en conversaciones particulares, donde se había permitido criticar levemente el libro de León de Castro sobre Isaías, asentando principios exegéticos muy afines a los de sus adversarios. El 23 de abril de 1572, ya se presentó la primera denuncia en contra de su ortodoxia en el tribunal de Granada. Se trataba de habladurías y rumores poco precisos que desencadenaron una serie de nuevas deposiciones, en base a las cuales la Suprema decretó la prisión de Gudiel, encargando de ejecutarla a los inquisidores de Valladolid, ciudad en la que se encontraba durante el verano. Estos lo hicieron el 18 de julio de aquel mismo año, y tomaron desde entonces la causa a su cargo.

La lectura del proceso de Gudiel es conmovedora en muchos aspectos. Se trata de un profesor que hace afirmaciones de segunda mano, al que se le han oído interpretaciones novedosas sobre frases aisladas de la Sagrada Escritura, como decir que no se referían literalmente a la Virgen María las palabras del profeta: *Ecce virgo concipiet et pariet filium*, o que no se trataba de la resurrección del Señor en el verso del salmo *Non dabis sanctum tuum videre corruptionen* (Sal 15) y ni aludía a sus llagas aquel otro de *Foderunt manus meas et pedes meos*, hebraísmo que quería decir algo así como «estoy atado de pies y manos, y no me puedo valer», y otras expresiones por el estilo. Por más que Gudiel se mostraba dispuesto no sólo a aceptar la fe de la Iglesia, sino los pareceres de sus censores, permanecía aislado en una celda bastante bien equipada, pero sin noticias del exterior. Su estado de salud era pésimo, porque padecía abundantes derrames intestinales y se le declaró una sarna que le invadía todo el cuerpo. En gran postración de ánimo, no hacía más que pensar en su madre y defenderse de unos cargos e imputaciones que a veces no podía recordar en concreto.

En otras circunstancias le habría sido fácil obtener la libertad o, por lo menos, conseguir por prisión un monasterio o casa particular, como recomendaba el médico de la cárcel; pero su suerte parecía influida por la de los hebraístas de Salamanca, y su causa se diluía, como las de aquéllos, en formulismos estériles.

El doctor Gudiel murió por fin en su celda, en la cárcel del Santo Oficio, el 14 o el 15 de abril de 1573. Con su muerte no se archivó su proceso, sino que se siguieron recibiendo testificaciones y recabando censuras hasta que fue sobreseída en 1588. El dominico fray Antonio de Arce, que fue uno de sus últimos calificadores, resumía sus errores en haber afirmado que «en algunos lugares famosos de la Sagrada Escritura que los santos explican literalmente de Cristo, él dice que se entienden a la letra de otras personas, y de Cristo en sentido espiritual». Quien pretenda enjuiciar con un criterio moderno los avatares de este proceso, se encontrará, cuando menos, desconcertado al contraponer a la futilidad de la causa su trágico desenlace. En pocos tuvieron tanto poder como en él las mezquindades y las denuncias.

LAS IMPRUDENCIAS VERBALES DE DE LAS BROZAS Y DE SIGÜENZA

Semejantes en sus comienzos y saturadas de intriga profesional fueron las dos causas que se entablaron contra el maestro Francisco Sánchez de las Brozas [18], que explicaba gramática en Salamanca en 1584 y en 1593. Mas la recia personalidad que tenía este extremeño no le permitió hacer ante la Inquisición de Valladolid retractación alguna de sus afirmaciones fundamentales, sino que mantenía y explicaba sus dichos con desenvoltura y dialéctica contundentes. El primer proceso terminó con una reprimenda, y el segundo con una reclusión vigilada en casa de su hijo Lorenzo, donde falleció ya anciano, poco antes de la Navidad del año de 1600.

Su figura en la Universidad de Salamanca era tan controvertida, que muchos profesores se opusieron a que se le hicieran los funerales con la asistencia del claustro; postura esta que impugnó su hijo Lorenzo con una tenacidad digna del padre. El Brocense estaba lejos de merecer esta especie de *damnatio memoriae*; en realidad, sus imprudencias confluían siempre en torno a la infiltración de lo supersticioso en la religiosidad popular y en haber atribuido a errores filológicos ciertas creencias de la hagiografía, como la leyenda de las once mil vírgenes, que sólo serían 11 M.[ártires] V.[írgenes], y otras agudezas por el estilo. Lo que no se puede negar es que su mente, configurada de acuerdo con las más puras categorías de la lógica, le hacía huir de las difíciles especulaciones de los teólogos, a las que gustaba de anteponer los datos positivos que encontraba en los clásicos eclesiásticos. «Los teólogos no saben nada —decía en sus clases—, y a ellos o a mí habría que quemar». Dotado, además, de cierto espíritu práctico, rechazaba los métodos inútiles, como el ejercicio de la conversación en latín que se estilaba entre los estudiantes, porque con ella sólo se conseguía barbarizar la lengua del Lacio.

A la muerte de Francisco Sánchez de las Brozas quedaba en manos de su hijo una bella y breve profesión, en la que protestaba no haber sentido ni dicho nada contra la fe cstólica; y «si por error de lengua hubiese sido», pedía perdón al Santo Oficio en nombre de Dios. El Brocense no se sentía infamado; por eso pedía para su cuerpo sepultura honorífica, y para su alma, las honras fúnebres que el estudio de Salamanca solía hacer a sus catedráticos. En cuanto a los papeles que se le habían secuestrado, pedía que se imprimieran con censura del Santo Oficio para confusión de sus «émulos y contrarios». Tales papeles, unos cuantos legajos de contenido lingüístico y literario, se perdieron o dispersaron; la que siguió teniendo sucesivas ediciones fue la *Minerva*, su gramática, aparecida en Salamanca en 1587. «De este libro —dice Tovar— que vivió dos siglos en la enseñanza y las prensas de toda Europa y que todavía llevó por el mundo glorias en castellano, con las que el Brocense se explicaba, y que nos conmueven al hallarlas impresas más

[18] Los publicaron A. TOVAR y M. DE LA PINTA LLORENTE, *Procesos inquisitoriales contra Francisco Sánchez de las Brozas* (Madrid 1941) (estudio preliminar, p.V-LXXIV).

de un siglo después, con erratas, en las prensas de Ginebra o de Amsterdam, cuando ya nuestra lengua había perdido la consideración de primera entre las de Europa» [19].

La ola de estos procesos, de carácter tuciorista y contrarreformatorio, se cierra con el de fray José de Sigüenza, que instruyó la Inquisición de Toledo en 1592 [20]. El P. Sigüenza era cronista de la Orden de San Jerónimo y bibliotecario de El Escorial, donde también lo había sido Arias Montano, al que admiraba profundamente. Su profesión no era el hebreo ni las ciencias bíblicas, sino la historia y el púlpito. Un cambio de estilo en su manera de predicar lo hizo sospechoso a algunos hermanos de hábito. En realidad, Sigüenza había pasado de la retórica preceptista a la sencilla exposición de las Escrituras. ¿Se había producido en él una iluminación semejante a la que se dice haber tenido el doctor Egidio? Lo cierto es que el jerónimo fue denunciado a la Inquisición y tachado de hebraísmo y luteranismo. Lo recluyeron en el monasterio de la Sisla; mas, porque él mismo había pedido para sus actividades el examen del Santo Oficio y por otros justos respetos, lo absolvieron plenamente en 1593.

Así se apagó en el siglo XVI lo que los hombres de la Inquisición tendían a interpretar como rescoldo de las hogueras de 1559 o como nostalgia de sangre por la ya domeñada mentalidad hebrea. La ortodoxia fundamental de los procesados demuestra hasta qué punto había ido a la raíz del error la represión de los precedentes decenios. Lo que quedaba eran, en todo caso, briznas de una cizaña que ya había consumido la hoguera.

[19] O.c., XVIII.
[20] G. DE ANDRÉS, *Proceso inquisitorial del P. Sigüenza* (Madrid 1975) (amplio estudio introductorio, p.5-72).

NOVENA PARTE

PENSAMIENTO TEOLOGICO Y VIVENCIA RELIGIOSA EN LA REFORMA ESPAÑOLA (1400-1600)

Por MELQUIADES ANDRÉS MARTÍN

CAPÍTULO I

DONDE Y COMO SE ESTUDIA LA TEOLOGIA Y SE VIVE LA MISTICA

1. LAS FACULTADES DE TEOLOGÍA

Después de la efímera existencia de la Universidad de Palencia, que contó con Facultad de Teología, los estados españoles carecieron de esta facultad en sus centros superiores de enseñanza a pesar de las reiteradas peticiones de los reyes castellanos, aragoneses y portugueses. La primera facultad teológica que pervive en la Península es la de Salamanca, erigida por Benedicto XIII en los últimos años del siglo XIV, cuando se inició la observancia entre los fransciscanos y benedictinos.

Las facultades de Teología de Valladolid y Lérida se deben a Martín V y constituyen un bello recuerdo de la conclusión del cisma de Occidente en el concilio de Constanza. La de la ciudad del Pisuerga funciona en el convento de San Pablo, agregado a la universidad, al estilo de las escuelas establecidas en los conventos dominicanos de Santiago, en París, y de Tolosa, en el mediodía francés. La de Lérida, como más tarde la de Alcalá, se erigen a imitación de la de París.

El crecimiento en número y en calidad de las facultades de teología en las universidades españolas resulta deslumbrante. En dos siglos pasamos de no tener ninguna, a contar con cerca de 30 en 1600, prescindiendo de las portuguesas, que entonces pertenecían a la misma Corona; de las americanas de Santo Domingo, Lima, México, Bogotá y Quito, y de la de El Escorial (1587).

He aquí un cuadro sumamente significativo con la fecha y título de erección de las facultades españolas de teología en los siglos XV, XVI y XVII. En ella se connota, además, si el título de la erección es real o pontificio. Añado en otra columna la fecha de la supresión de la facultad. Con ello se cierra el ciclo de la vida de unas instituciones nacidas

Ciudad	Año de la fundación	Real	Pontificia	Extinción
1. Palencia	1208-1209	Alfonso VIII		c.1260
2. Perpiñán	1350	Pedro IV	Nicolás V (1447)	
3. Huesca	1354	Pedro IV	Paulo II (1464, restau.)	1807
4. Salamanca	c.1396		Benedicto XIII	1824-1852
5. Valladolid	1418		Martín V	1852
6. Lérida	1430		Martín V	1717
7. Gerona	1446-1561-1605		Paulo V	1717
8. Barcelona	1450-1536	Alfonso V	Nicolás V	1852
9. Palma de Mallorca	(1483)-1697	Fernando V		1807-1842
10. Sigüenza	1489		Inocencio VIII	1807-1837
11. Alcalá (Madrid)	1499-1508		Alejandro VI	1852-1868
12. Valencia	1500		Alejandro VI	1824-1852
13. Sevilla	1505-1518-1539		Julio II, León X	1852-1868
14. Toledo	1520		León X	1807
15. Santo Domingo	1538		Paulo III	
16. Santiago de Compostela	(1526)-(1544)		Clemente VII	1824-1852-1868
17. Sahágun (Irache)	1534		Clemente VII	1807
18. Granada	1534		Clemente VII	1824-1852
19. Baeza	1542		Paulo III	1807
20. Gandía	1546		Paulo III	1807
21. Osuna	1548		Paulo III	1807
22. Avila	(1504)-1540-(1550]		Paulo III	1807
23. Oñate	1540-(1554)		Paulo III	1807-1842
24. Lima	1551	Carlos I		
25. Méjico	1551	Carlos I		
26. Almagro	1553		Julio III	1807
27. Zaragoza	1554		Julio III	1852-1868
28. Burgo de Osma	1554		Julio III	(1751)-1807
29. Orihuela	1568		Pío V	1807
30. Tarragona	1572-1578		Pío V	1717
31. Bogotá	1580 (dominicos) 1623 (jesuitas) 1692 (agustinos)	Felipe II	Gregorio XIII	
32. Quito	1586 (agustinos)		Sixto V	
33. Tortosa	1600-1670	Felipe IV (1645)	Clemente VIII	1717
34. Oviedo	1605-?	Felipe III		1852
35. Solsona	1614-1626		Paulo V	1717
36. Pamplona	(1619)-1624	Felipe III	Gregorio XV, Urbano VIII	1770
37. Córdoba (Argentina)	1613-1621		Gregorio XV	
38. Santiago (Chile)	1622 (dominicos) 1623-24 (jesuitas)			
39. Manila	1624-1645			
40. Guatemala	1675	Carlos II		
41. Cuzco	1648 (jesuitas) 1692 (dominicos)		Inocencio XII	
42. Huamanga (Ayacucho)	1680			
43. Quito	1681 (dominicos) 1693 (jesuitas)		Inocencio XIII [1]	

[1] Bibliografía sobre las facultades de teología: PÉREZ GOYENA, *La facultad de teología en las universidades españolas:* Razón y Fe 83 (1928) 324-37; M. ANDRÉS, *Las facultades de teología en las universidades españolas (1396-1868):* Revista Española de Teología 28 (1968) 319-68; ID., *Historia de la teología en España.* I. *Instituciones teológicas* (Roma 1962); ID., *La teología española en el siglo XVI* (Madrid 1976): BAC maior vol.13; sobre muchas de las facultades existen artículos de interés. Tal acaece con las de Alcalá, Oviedo, Osuna, Sigüenza y otras, estudiadas por BELTRÁN DE HEREDIA en *La Ciencia Tomista, Revista Española de Teología* y en otras publicaciones, recogidos en los cuatro volúmenes de *Miscelánea Beltrán de Heredia* (Salamanca 1972, 1973) 4 vols.; J. ABEL SALAZAR, *Los estudios eclesiásticos superio-*

con dolor en el siglo XV y suprimidas en medio de las agitaciones y peripecias de las relaciones de la Iglesia y el Estado a mediados del siglo XIX.

La multiplicación de facultades teológicas resultó muy positiva inicialmente. Lo canta García Matamoros con entusiasta aire renacentista:

«Nunca, a lo que conozco, existieron antiguamente mayor número de academias o de colegios privados como hoy [escribe en torno a 1550], aun recordando la antigua Grecia y la misma floreciente Italia» [2].

La curva de desarrollo positivo se corresponde con el siglo XVI. El número, ya excesivo de facultades, se complicó a principios del siglo XVII con la multiplicación innecesaria de cátedras en Salamanca y otras universidades, propiciada por Felipe III en 1606 y por el duque de Lerma en 1608. Ellos crearon otra cátedra de prima y otra de vísperas para los dominicos en la ciudad del Tormes [3].

Dos novedades dignas de ser destacadas en este terreno: la de los colegios-universidades y conventos-universidades renacentistas y la división de nuestras universidades en mayores y menores.

El primer colegio-universidad erigido en España se ubica en las frías alturas de Sigüenza: el de San Antonio de Portaceli. Su fundador, Juan López de Medina, busca resolver el agudo problema español de la falta de buenos teólogos que fueran a la vez eximios humanistas. Nueva y magnífica preocupación en la historia de nuestra cultura. Ese camino siguieron Francisco Jiménez de Cisneros, fundador de la Universidad de Alcalá; Rodrigo Fernández de Santaella, fundador del Colegio de Santa María de Jesús, de Sevilla; Diego de Deza, fundador del Colegio de Santo Tomas, de la ciudad del Betis, paralelo y antagonista del de San Ildefonso, de Alcalá; Hernando de Talavera, Diego de Muros, Pedro González de Mendoza, fray Alonso de Burgos, Ramírez de Villaescusa,

res en el *Nuevo Reino de Granada (1563-1810)* (Madrid 1946); C. BAYLE, *Universidades americanas en los tiempos españoles:* Razón y Fe 145 (1952) 257-64; Beltrán de Heredia estudia las universidades dominicanas en América española en *La Ciencia Tomista* 28 (1923) 337-63; 24 (1924) 59-85; Castañeda, V. Jordán Gallego Salvadores y L. Robles han ilustrado diversos aspectos sobre el estudio de la teología en Valencia en *Rev. de Archivos, Bibliotecas y Museos* 29 (913) 407-26; *Analecta Sacra Tarraconensia* 45 (1972) 138-71; *Escritos del Vedat* 3 (1973) 139; (1975) 81-132; sobre la enseñanza de la teología en Lérida ha escrito Sanahúja, O.F.M., en *Archivo Iberoamericano* 38 (1935) 418-448; 6 (1947) 167-242; sobre el retraso de la fundación de la Universidad trata I. GAYA MASSOT en *Analecta Sacra Tarraconensia* 25 (1952) 165-173 y J. BALARI, *Historia de la U. literaria de Barcelona* (Barcelona 1897). Son indispensables también la *Historia de las universidades hispánicas. Orígenes y desarrollo desde su aparición hasta nuestros días* (Madrid 1957ss), de Ajo y Sainz de Zúñiga, así como las historias particulares de cada una de las universidades españolas: Salamanca, Valladolid, Oviedo, Santiago, Zaragoza, Osuna... de Esperabé-Arteaga, Alcocer, Del Arco, Cabeza de León, Canellas y Secades, Giménez Catalán, Juliá Martínez... Sobre la supresión de las facultades de teología: M. ANDRÉS, *La supresión de las facultades de teología en las universidades españolas (1845-1868)* (Burgos 1976).

[2] ALONSO GARCÍA MATAMOROS, *Pro adserenda hispanorum eruditione,* ed. López de Toro (Madrid 1943) p.204: «Ventum est iam ad ea tempora, cum non tam praeclarum est scire latine quam turpe nescire..., multi viri nobiles arbitrati sunt nunquam se veram nobilitatem esse adeptos..., nisi plus attigissent eruditionis, quam quantum prima illa puerili eruditione fuissent...»; p.212: «Nusquam autem, quod ego legerim, aut plures olim Academiae fuerunt, aut privata eruditorum collegia quam hodie sunt in Hispania; si veterem Graeciam recordari, et florentem quoque Italiam meminisse iuvat». Matamoros escribe esto a mediados del siglo XVI.

[3] M. ANDRÉS, *La teología española en el siglo XVI* I p.31ss.

Gaspar de Avalos, Santo Tomás de Villanueva, San Juan de Avila, San Ignacio de Loyola, Pedro Guerrero, San Juan de Ribera y otros.

Ellos crearon universidades, colegios mayores y menores y les infundieron una recia base humanista, uniendo con estrechos lazos humanismo y teología. Gracias a ellos se aseguró la orientación cristiana de nuestro renacimiento y los teólogos se convirtieron en escritores correctos al menos; a veces, incluso en eximios latinistas, helenistas y hebraístas. En ellos se armoniza el conocimiento de las lenguas sagradas, la apertura y búsqueda de la verdad, la confianza en la capacidad creadora del hombre. Ellos pusieron todo su interés en analizar críticamente y en transmitir el depósito de la fe y en aplicar la luz de la revelación a los nuevos problemas políticos, económicos, religiosos y sociales planteados por la cultura y por la vida. Ellos plantearon el problema de la teología de la sangre, enucleado en torno a los judíos conversos, excluidos de los cargos civiles desde la *Sentencia* o *Estatuto* de Sarmiento, unido al alboroto de Toledo en 1449 y la teoría de Marcos García de la Mora, llamado «el bachiller Marquillos» [4]. Asimismo, el problema de los derechos de los indios en cuanto hombres y en cuanto miembros de la sociedad internacional. Desde mitad del siglo XV, a la teología española la preocupan, cada vez más, los problemas del hombre y de los hombres. Cisneros y San Ignacio no se contentan con que el teólogo tenga conocimientos extensos y precisos, sino que se preocupan por enseñarle a comunicarlos debidamente de palabra y por escrito. Lo mismo acaecerá en el terreno de la espiritualidad y de la mística, en el cual una gracia es recibir un don de Dios, y otra diversa el conocerlo y exponerlo con soltura, precisión y belleza.

2. LOS ESTUDIOS GENERALES DE LAS ÓRDENES RELIGIOSAS

El mismo fenómeno de crecimiento cuantitativo de centros de estudio de la ciencia divina tiene lugar dentro de las órdenes religiosas. Los estudios generales y provinciales de los dominicos pasan de tres a principio del siglo XVI, a nueve en 1570. Además cuentan con otros dos en América y con tres universidades en la Península: Avila, Almagro y Orihuela [5].

Algo similar acaece entre los hijos de San Francisco. Cisneros levantó en Alcalá el Colegio de San Pedro y San Pablo, con doce colegiaturas teológicas, cinco para Castilla y siete para las demás provincias. Interesaba al cardenal que sus hermanos en religión abrazasen la orientación humanista y teológica de la Universidad complutense, sin otros límites que los que dañan al espíritu de oración y devoción. Por el capítulo ge-

---

[4] E. BENITO RUANO, *La «Sentencia-Estatuto» de Pero Sarmiento contra los conversos toledanos:* Revista de la Universidad de Madrid 6 (1957) 277-306; ID., *El «Memorial» del bachiller Marcos García de la Mora contra los conversos:* Sefarad 21 (1961) 22-47; BELTRÁN DE HEREDIA, *Las bulas de Nicolás V acerca de los conversos de Castilla:* Sefarad 21 (1961) 22-47; M. ANDRÉS *La teología española en el siglo XVI* I p.333-38.

[5] En 1570, los dominicos tienen estudios generales en Salamanca, Valladolid, Segovia, Triano, Barcelona, Valencia, Córdoba, Sevilla, Jaén, Santo Domingo (actual República Dominicana) y Lima.

neral de 1553, los franciscanos son obligados a mantener un estudio general de teología en cada provincia. Pues bien, ellos cuentan en 1639 con 20 provincias en la metrópoli y con 18 en América [6].

Paso por alto a los agustinos, carmelitas y jerónimos, para fijar mi atención en los colegios de la Compañía de Jesús, que se convierte en orden enseñante casi desde su misma cuna. Ella multiplica sus colegios por toda la Península [7]. No todos son teológicos. Pero lo son varios desde el principio. El de Valencia, por poner un ejemplo, cuenta con 120 teólogos en 1569. Los primeros alumnos del de Avila asisten a las clases de teología del Colegio-Universidad de Santo Tomás, de los dominicos. Los Colegios de Alcalá y Salamanca se incorporan a la Universidad a los pocos años de su respectiva fundación, y pronto se imparten en ellos algunas clases a puerta cerrada. Con el tiempo acentuarán su aislamiento en relación con las respectivas universidades.

Unas palabras sobre las becas para teólogos en los colegios mayores y sobre los seminarios tridentinos perfeccionan estas pinceladas sobre los centros teológicos de la época.

Las colegiaturas o becas en los colegios mayores duraban la carrera correspondiente completa. Con ellas se alcanzaba la especialización más alta de la época. Estas becas solían estar repartidas entre las cuatro carreras clásicas: derecho civil, canónico, medicina y teología. El Colegio de San Clemente, de Bolonia, contaba con 18 becas para canonistas, 8 para teólogos y 4 para médicos. Este módulo ejerce influencia decisiva entre los fundadores españoles de colegios mayores hasta que lo rompen Juan López de Medina, fundador de Sigüenza, y Cisneros, en Alcalá, en favor de la teología. El Colegio de San Bartolomé, fundado en Salamanca en 1408, tiene 10 becas para canonistas y 5 para teólogos; el de Santa María de la Asunta, de Lérida (1381): 13 juristas y 2 teólogos; el antiguo de Oviedo (c.1383-86); 8 juristas y ningún teólogo; el de Santa Cruz, de Valladolid (1479): 13 canonistas, 3 civilistas, 6 teólogos y 2 médicos; el de San Ildefonso, de Alcalá (1568): 33 teólogos. En los erigidos después de esta fecha aumenta la proporción de las becas teológicas: San Salvador de Oviedo, en Salamanca, 9 canonistas y 9 teólogos; Cuenca, también de Salamanca: 8 canonistas, 2 civilistas, 8 teólogos y 2 médicos; Santiago el Zebedeo, de Salamanca; 12 canonistas, 8 teólogos y 2 médicos. Algo similar ocurre en los colegios menores, en los cuales la proporción entre juristas y teólogos es de igualdad en los de Santo Tomás Cantuariense, Santa María, Santa Cruz de Camizares y Todos los Santos; o de alta proporción de teólogos, si bien menor que de juris-

[6] M. Andrés, *La teología española en el siglo XVI* I p.101-106.218.

[7] A. Astrain, *Historia de la Compañía de Jesús en la Asistencia de España* I p.236ss; II p.45ss; III 197ss. Modelo de los colegios teológicos jesuíticos fue el Colegio Romano, historiado por R. García-Villoslada, *Storia del Collegio Romano* (Roma 1954); P. Leturia, *Perchè la Compagnia di Gesù divenne un ordine insegnante:* Gregorianum 21 (1940) 350-82; MHSI, *Monumenta Paedagogica; Constituciones de la Compañía de Jesús* p.4.ª cap.11-17, en San Ignacio, *Obras completas:* BAC (Madrid 1952) p.470; P. Leturia, *De Constitutionibus collegiorum. P.J.A. de Polanco ac de eorum influxu in Constitutiones Societatis Iesu:* Archivum Historicum Societatis Iesu 7 (1938) 1-30; *Estudios ignacianos* I p.355-87.

tas, en Santa Cruz de Rivas (4-2), Colegio de los Apóstoles (5-3), San Pelayo (15-5). En cambio, casi todas las becas eran teológicas en los cuatro colegios salmantinos de las órdenes militares y en los de las órdenes religiosas establecidas en la ciudad del Tormes: dominicos, franciscanos, agustinos, bernardos, benitos, premonstratenses, jerónimos, carmelitas, calzados y descalzos, mercedarios, mínimos, canónigos regulares.

En Alcalá, muchas diócesis levantan su colegio para asegurar un alto nivel cultural y contar con el número necesario de graduados. La proporción de becas teológicas y canonísticas es la siguiente: Colegio de Santa Catalina, 4 teólogos y 8 canonistas; Málaga, 12-3; Madre de Dios, erigido por Cisneros, 18 teólogos y 6 médicos; San Martín y Santa Emerenciana, 12 teólogos; San Pedro y San Pablo, 12 teólogos; San Ildefonso, 33 teólogos. Estas becas explican el número altísimo de grandes teólogos que floreció durante el siglo XVI en nuestra Patria. Al concilio de Trento asistieron ocho dominicos, antiguos colegiales del convento de San Esteban, de Salamanca; 14 del de San Ildefonso, de Alcalá; 16 del colegio mayor San Salvador, 8 de San Bartolomé, 3 del Arzobispo de la ciudad del Tormes y 2 de Santa Cruz, de Valladolid.

Muchos colegios universitarios fundados en España hasta 1565 tienen una orientación marcadamente teológica y sacerdotal [8]. Cisneros, San Ignacio de Loyola, San Juan de Avila y otros grandes reformadores hispanos enderezaron sus preocupaciones hacia la reforma de la teología y hacia la erección de facultades de la ciencia divina. A su lado comenzaron a funcionar los primeros seminarios. En el Colegio sevillano de Santa María de Jesús, obra de Rodrigo Fernández de Santaella, se exigía juramento de clericar.

El concilio de Trento ordenó la erección de seminarios y aprobó la antigua práctica de agrupar los candidatos en torno a su obispo. Pero los seminarios no alcanzarían vida pujante hasta el siglo XVII, ni plantearían problemas permanentes a las facultades de teología hasta el siglo XVIII.

Con este bagaje doctrinal como basamento se explica fácilmente la fuerza de la reforma española a lo largo de los siglos XVI y XVII y su desarrollo creciente en el XV. No procedía de imposición extraña, sino de incontenible fuerza interna doctrinal y vivencial.

3. LOS PLANES DE ESTUDIO

¿Existen planes de estudio en nuestras facultades de teología durante los siglos XV y XVI? La respuesta, a mi parecer, es decididamente negativa. No existen planes de estudio estrictamente dichos, sino sólo diversas cátedras de teología.

Casi todas las facultades cuentan con cátedras de prima y vísperas, a imitación de la Universidad de Salamanca; en todas, a partir de mediados del siglo XVI y a petición del concilio de Trento, se funda la de Sagra-

[8] M. ANDRÉS, o.c., p.208-215.

da Escritura. Las de teología nominal, Gregorio de Rímini, Escoto, Durando, Santo Tomás, San Buenaventura, Egidio Romano, el Maestro de las Sentencias, matemáticas, y ya en el siglo XVII y XVIII, las de San Anselmo, Suárez, teología moral, teología mística y de Melchor Cano, o *De locis theologicis,* configuran diversamente el rostro de las facultades.

Dos hechos de suma transcendencia en el orden académico y cultural merecen especial relieve: la nueva ordenación y clima interior propiciado por Cisneros en la Universidad de Alcalá (1508) y la sustitución del *Libro de las Sentencias,* de Pedro Lombardo, por la *Suma teológica,* de Santo Tomás, en la Universidad de Salamanca (1526ss).

Cisneros en Alcalá acepta una nueva ordenación teológica, monta una adecuada preparación humanística, y produce una actitud de apertura y de afán de búsqueda que rejuvenece el espíritu de profesores y alumnos de la naciente Facultad, hija fidelísima de la de París, según la mente y los estatutos aprobados por su fundador. Por las venas de la naciente Facultad discurre el mismo espíritu de los descubridores de América. Alonso de Herrera canta la gloria de Cisneros, quien posee el amor de la teología [9].

Herrera tiene clara conciencia de que la obra de Cisneros era algo teológicamente nuevo: una respuesta al reto humanista de vuelta a las fuentes de la revelación, ofreciendo una edición crítica y depurada de errores para los teólogos. Varias cátedras de lenguas sacras prepararían a los futuros teólogos en su tarea de llevar la revelación a los hombres. Finalmente, una actitud abierta de búsqueda de la verdad, de apertura a todas las escuelas teológicas, de convencimiento íntimo de la eficacia del trabajo de los profesores, capaces de mejorar a los anteriores y de corregirlos, del mismo modo que San Pablo corrigió a San Pedro, Santo Tomás a Pedro Lombardo, Escoto a Santo Tomás, y los nominales a Escoto y a todos los anteriores. Para ello es necesario buscar, dudar, confrontar las opiniones. Sánchez Ciruelo, primer profesor de Santo Tomás en Alcalá, expone certeramente esta actitud de la primera generación complutense en *Apologeticus Dialogus* [10].

La aceptación del nominalismo como sistema filosófico y teológico en Alcalá por parte de Cisneros no procede de profesar personalmente el nominalismo, sino de su espíritu de tolerancia y de su empeño por favorecer los ejercicios universitarios y la labor del profesorado. Ello supuso la ruptura de una larga tradición de intolerancia, manifestada en la Universidad de Salamanca y en el Colegio de Santa María de Jesús, de Sevilla, donde habían sido proscritos el nominalismo y el lulismo. A la luz de este planteamiento, júzguese lo que significan estas frases del artículo 43 de las *Constitutiones del insigne Colegio de San Ildefonso:*

---

[9] HERNÁN ALONSO DE HERRERA, *Disputatio adversus Aristoteles Aristotelisque sequaces. Breve disputa de ocho levadas contra Aristótel y sus secuaces* (Salamanca 1517) pról. Sobre las cátedras diversas en las facultades de teología: M. ANDRÉS, *La enseñanza de la teología en la universidad española hasta el concilio de Trento:* Repertorio de Historia de las Ciencias Eclesiásticas en España 2 (1971) 125-142; ID., *La teología española en el siglo XVI* I p.32ss.

[10] P. SÁNCHEZ CIRUELO, *In additiones immutationesque «de Sphera mundi» apologeticus dialogus* (Compluti 1526): RNM R.10888 p.4 XXI 4 XXII.

«Nosotros, en atención a las disputas y ejercicios escolares y, sobre todo, a la común tolerancia, mandamos que... existan en la Facultad de Teología tres cátedras magistrales, según las tres vías frecuentadas en las escuelas de nuestro tiempo: Santo Tomás, Escoto y los Nominales».

Así propone Cisneros su plan de estudios, basado en las tres vías teológicas clásicas del tomismo, escotismo y nominalismo. Tres catedráticos explican su sistema, de modo paralelo a las mismas horas de prima y vísperas. Las cátedras no se dan vitaliciamente en propiedad, sino por cuatro años. Cisneros, a quien siguen las Cortes de Castilla en 1528 y 1548, está convencido que los catedráticos temporales escriben más, trabajan mejor y celebran más regularmente sus conclusiones.

La oposición de humanistas y luteranos a la teología escolástica y al empleo de la razón en teología replanteó de raíz el método de enseñanza. Se habla de teología *nueva* y *verdadera*. El término es empleado por escolásticos como Carvajal, por Erasmo y Lutero. El insigne humanista holandés condensó esa novedad metodológica en *Ratio seu methodus compendio perveniendi ad veram theologiam* y en *Paraclesis, id est, exhortatio ad christianae philosophiae studium*. Era una parte de la renovación de las ciencias, planteada a la vez por Luis Vives en *In pseudodialecticos* (1519) y en *De causis corruptarum artium* (1531); por Lutero, en *Disputatio contra scholasticam theologiam* (1517) y en *Disputatio Heildelbergae habita* (1518). Ella había encontrado cauce adecuado en las cátedras de lenguas y en el equipo de seglares y clérigos que trabajaron en la *Poliglota complutense*, así como en las ediciones de Santos Padres y de escritores espirituales que realizara el cardenal en los tórculos de Toledo y de Alcalá.

La fuente primera del teólogo es, para Erasmo, el Nuevo Testamento y los escritores que bebieron inmediatamente en él. Lutero hablará de la Sagrada Escritura como fuente única. Por eso están cargados de interés los catálogos españoles de teología positiva de la época: el de Hernando de Talavera, el de los observantes franciscanos (1457), el de los benedictinos vallisoletanos, el de San Ignacio en los *Ejercicios Espirituales* [11]. La escuela teológica de Salamanca abordará a fondo el problema del libro de texto y el del método de la ciencia revelada. Francisco de Vitoria acepta la *Suma teológica* del Angélico en sustitución del Maestro de las Sentencias, y Melchor Cano codifica y concreta el nuevo método teológico de la escuela de Salamanca y de las demás escuelas teológicas españolas en *De locis theologicis* (1563).

4. DÓNDE Y CÓMO SE VIVE LA MÍSTICA. PRIMERA Y SEGUNDA REFORMA

La teología no es sólo conocimiento de Dios a través de la revelación, sino vida en El, transformación en El, deificación del alma. De ahí la importancia de este epígrafe.

11 M. ANDRÉS, o.c., I p.303-307.

Los centros de vivencia espiritual corren paralelos con los del saber universitario. La reforma de la teología española es una lucha prolongada por juntar saber y sabor, ciencia y sapiencia, escolástica y mística. La escolástica se enseña en las facultades de teología y en los estudios generales y provinciales de los religiosos. La vida interior se vive en los conventos de los jerónimos, recién fundados (1373); en la reforma benedictina vallisoletana (1390), en las observancias, en muchos conventos y monasterios femeninos. Centros de formación universitaria y de vida espiritual no suelen coincidir geográficamente. Sin embargo, Alcalá, es capital de la espiritualidad, del humanismo y de la escolástica entre 1520-30. Allí se entrecruzan las vías espirituales de la oración mental metódica, del amor puro, de la mística del recogimiento, de los alumbrados del reino de Toledo, del cristianismo evangélico y paulino de Erasmo, de los ejercicios espirituales de San Ignacio, de Savonarola, editado por Eguía. Alcalá y Valladolid encarnan los entrecruces, confusos e indiferenciados muchas veces, de los distintos senderos por los que trata de entonarse la espiritualidad española. Juan de Medina, el profesor más famoso de Alcalá, es partidario de la oración afectiva y de la meditación, que no propicia en Salamanca Francisco de Vitoria.

Los centros más famosos de vivencia religiosa se ubican en las casas de oración y retiro de los franciscanos, reguladas primeramente en 1502 y de modo definitivo por Francisco de Quiñones en 1523, así como, en sus precedentes, en los movimientos reformísticos que las prohijaron, especialmente en la observancia de Villacreces, tal como la describe Lope de Salazar y Salinas, a mediados del siglo XV, en *Memorial de vida y ritos* [12].

Los benedictinos vallisoletanos propician una reforma exigente que llega hasta el voto de clausura [13]. En ella florece la oración mental metódica, que cristalizará en el abad García de Cisneros, uno de los más preclaros reformadores españoles, primo del fundador de la Universidad de Alcalá y autor de *Exercitatorio de la vida espiritual* (1500). Reforma benedictina y franciscana coincidieron en Valladolid. Francisco de Cisneros residió algún tiempo en el Abrojo, y García de Cisneros, en San Benito, de Valladolid. Los unía la misma preocupación y les separaba escasa distancia.

Al lado de estos benedictinos y de las casas de oración y retiro de los franciscanos hay que poner los desiertos carmelitanos. Estudio y contemplación constituyen dos polos de preocupación primaria de la reforma descalza teresiana. Colegios en las universidades, desiertos para la oración. Para el aumento de una orden, dirá Gracián de la Madre de

---

[12] Sobre la ordenación de estas casas de recogimiento, MESEGUER, O.E.M., *Programa de gobierno del P. Francisco de Quiñones:* Archivo Ibero-Americano 21 (1961) 1-51; las constituciones de estas casas, en WADING, *Annales* XVI año 1523; sobre la espiritualidad de las observancias como primera escuela espiritual española, M. ANDRÉS, o.c., I p.395-404.

[13] CLEMENTE DE LA SERNA, *El voto de clausura en la Congregación de Valladolid:* Studia Silensia 1 (1975) 149-82; E. ZARAGOZA PASCUAL, *La práctica de la contemplación entre los monjes benedictinos reformados españoles durante los siglos XIV y XV:* Nova et Vetera 1 (1976) 3-19; ID., *Los generales de la Congregación de San Benito.* I. *Los priores;* II. *Los abades trienales (1499-1568)* (Silos 1973 y 1976); vol.3 en preparación; M. ANDRÉS, o.c., I p.171-73.

Dios, no hay mejor camino que plantar seminarios en las universidades, porque allí toman hábito los buenos sujetos. Lo mismo hizo la Compañía de Jesús.

El desarrollo de la descalcez, como fenómeno perteneciente a muchas órdenes religiosas, constituye un hecho de excepcional categoría en lo referente a la historia de la reforma española después del concilio de Trento. En él se cifra el último peldaño recorrido por la reforma española, independiente de las implicaciones políticas, militares y económicas de lo que llamamos comúnmente Contrarreforma. Existieron agustinos descalzos, trinitarios descalzos, mercedarios descalzos, dominicas, bernardas, jerónimas, canónigas agustinas y agustinas descalzas. También los benedictinos de Valladolid contaron con su correspondiente movimiento recoleto.

El movimiento descalzo constituye el nervio de lo que yo llamo *segunda reforma*. La primera está caracterizada por los movimientos de las observancias. La segunda responde, desde dentro de las órdenes religiosas, a la voluntad decidida de reforma de nuestros obispos durante el concilio de Trento, del cual retornaron insatisfechos. Las palabras perfección, austeridad, virtud, oración, marcan las preocupaciones de muchos religiosos personal e institucionalmente en los años que se siguieron a la clausura del largo y fecundo concilio tridentino. Descalzarse, para ellos, no sólo comporta renunciar al calzado lujoso y vestir la sandalia abierta en la que penetra la lluvia, el polvo y la nieve, sino, sobre todo, avanzar por los caminos de la vida en verdad, humildad y llaneza; sin calzas, medias, chapines y zapatos, ni ningún otro peso material o espiritual que impida la unión y transformación del alma en Dios. Manifiesta exteriormente lo poco que importa figurar y triunfar y lo mucho que se quiere ser en el orden de la profundización interior y de la conversión radical a Dios.

Tal fue la ingente tarea de Juan de Guadalupe, O.E.M., el precursor de este movimiento; de San Pedro de Alcántara y de todos los descalzos y recoletos de la segunda reforma española.

Ellos, lo mismo que los observantes, fueron auténticos y decididos reformadores.

El florecimiento de la descalcez coincide con el período más alto y glorioso de la mística española. En la descalcez como base se produjo la constelación principal de nuestros místicos desde 1570 a 1630. Ellos se inscriben en su mayor parte dentro de las provincias descalzas franciscanas y en las reformas descalzas carmelita, trinitaria, mercedaria, agustina.

No faltaron exageraciones perfectistas y rigoristas, que parecían poner la perfección en el rigor y austeridad; ni desviaciones heterodoxas y heteroprácticas, como la de los alumbrados.

5. ARMONIZACIÓN DE ESCOLÁSTICA Y MÍSTICA

En el corazón mismo de la época que estudiamos florece con fuerza un movimiento de oposición a la escolástica protagonizado por Erasmo y Lutero, y en el que participan, con más o menos intensidad, humanistas y místicos. Los ataques son coincidentes: la escolástica es fría; enseña a disputar y a vencer, no a ver a Dios; vence, no convence; abusa de la razón, donde sólo cabe la humildad de la fe.

En España, los primeros ataques proceden de las observancias franciscanas, especialmente de la de Villacreces. Ellas heredan los deseos y actitudes de los espirituales italianos y del Mediodía francés, hondamente purificados en muchos aspectos eclesiales. Por eso no caen en la herejía. Su rebeldía interior se concreta en unas tendencias y coordenadas muy diversas. Los villacrecianos creen que la ciencia había de ser la ruina de la Orden y que Dios quiere más, para la Orden franciscana, la inocencia, simplicidad, profunda humildad, amor actual de Dios, oración devota, penitencia, mortificación y paciencia, que no las humanidades y la escolástica, aun cuando ésta sea buena y conveniente para otras instituciones. Recoge los motivos tradicionales de oposición: «Más aprendí en la celda llorando en tiniebla que en Salamanca, Tolosa o París estudiando a la candela. ¡Ay de los que estudiamos por nuestras ciencias! Más quisiera ser una vejezuela simple con caridad, que saber la teología de San Agustín y del Doctor Sutil». Los villacrecianos, provenientes en su mayoría de la conventualidad, no estudian artes liberales ni derecho, sino algunos compendios sencillos de teología, algunas sumas morales, como la Bartolina y la del Ostiense; las obras de los fundadores de órdenes religiosas, las de Casiano, Juan Clímaco, Jerónimo, Gregorio Magno, Agustín, Angela de Foligno, Buenaventura, las crónicas de la orden, algunos sacramentales y confesionales [14]. Los villacrecianos consideran la teología universitaria, empapada de nominalismo y logicismo, como inútil y nociva para la vida interior.

Esta bandera de oposición a la escolástica fue recogida por los humanistas italianos y por Erasmo. Ellos se basan en motivos literarios, y exaltan con acierto el abismo de decadencia en que habían caído los teólogos, arrastrados por la metodología y didáctica de una teología puramente posibilista como la del *Centilogium,* atribuido falsamente a Ockam. Lutero intensifica su violencia contra Gabriel Biel, el aristotelismo y el empleo de la razón en la ciencia revelada. Nos encontramos en la década 1515-25.

Se forma en Alcalá por esos años Francisco de Osuna, el cual publica en 1527 su *Tercer Abecedario espiritual.* A él pertenecen estos párrafos, que encarnan la visión española del problema en ese tiempo: el místico franciscano distingue dos teologías: escolástica, o escudriñadora, o de conocimiento, y mística, o escondida, o de amor. Ambas se ayudan. El

---

[14] M. ANDRÉS, o.c. I p.93-100. Sobre los espirituales italianos véase la colectánea *Eretici et ribelli del XII e XIV secolo. Saggi sullo spiritualismo francescano in Toscana.* A cura di Maselli (Pistoia 1974); ed. Tellini.

ideal sería poseerlas ambas a la vez. Nada de oposición o ruptura, sino empeño decidido de armonía. Es la teoría nominalista de la existencia de dos teologías. Los tomistas, como Vitoria, sólo admitirán una, que lo engloba todo.

> «La primera [escolástica] enseña a Dios, para que lo contemplemos ser suma verdad, y ésta... presuponiendo aquello de que no duda, pasa a amarlo como sumo bien. La otra pertenece al entendimiento; mas ésta pertenece a la voluntad. Muchas veces... donde hay menos conocimiento, hay mayor afección y amor...
> ... Para hallar esta más alta teología no es menester gran ciencia inquirida o buscada por trabajo... El ánima que... en sólo el conocimiento de la especulativa está, parece estar echada y que se contiene en sí misma dentro de sí; mas cuando concibe el espíritu de amor dentro del corazón, en alguna manera sale de sí misma, saltando de sí o volando sobre sí. Y de esa manera se puede decir que lo que en sólo el entendimiento y la inteligencia fue ciencia y teología especulativa, se dice sabiduría, que es sabrosa ciencia y mística teología... [15]

A lo largo de los siglos XV, XVI y XVII hubo ininteligencias, sospechosidades y desconfianzas entre teología del conocimiento y del amor, de la mente y del corazón. Se trata de dos lenguajes, dos planteamientos, dos actitudes. El escolástico es hombre de razón; el místico, de deseos. La mística es la antropología del hombre de fronteras, que vive entre su actual realidad de viador, que trata de ensanchar, y la futura de comprehensor, que procura adelantar con todas sus ansias, y que ya vive en nuestra tierra a su modo por amor. El escolástico intenta penetrar con el esfuerzo de la razón en el misterio revelado; el místico ensancha sus linderos desde dentro del amor, con el cual se ha unido y en el cual se va transformando. El místico ama más de lo que conoce, y lo afirma, porque lo experimenta. Por eso no se para en fronteras ni en dificultades. Vive en un paraje fronterizo, díficil de señalizar, en el cual es fácil la incursión más allá de las líneas marcadas por la precisión conceptual y lingüística del escolástico.

El antimisticismo surgió de esas diferencias, y creció, por diversos motivos, entre los dominicos, jesuitas e incluso en algunos medios franciscanos. No prosperó porque nuestros mejores místicos fueron a la vez insignes teólogos: Alonso de Madrid, Francisco de Osuna, San Juan de Avila, Luis de Granada, Bartolomé de Carranza, San Juan de la Cruz, Juan de los Angeles, Falconi, Baltasar Alvarez, Francisco Suárez... Gracias a la escolástica, la mística española vivió un proceso de clarificación que culmina en Santa Teresa, San Juan de la Cruz y en los grandes «cursus» místicos del siglo XVII [16].

---

[15] F. DE OSUNA, *Tercer Abecedario espiritual*, intr. y notas de M. Andrés, en BAC vol.333 (Madrid 1972) p.236-37.
[16] M. ANDRÉS, *Procesos de clarificación en la mística española:* Revista de Espiritualidad 36 (1977) 481/91.

Capítulo II

COMO SE ESTUDIABA LA CIENCIA DIVINA. LA ELABORACION DEL METODO

Desearía en este apartado describir el proceso de la reforma de la teología en España desde su primer planteamiento público, con Pedro Martínez de Osuna y Diego de Deza, hasta la aplicación del método de Melchor Cano en su obra *De locis theologicis.*

Este hecho se produce especialmente en las Universidades de Salamanca y de Alcalá y en algunos colegios dominicanos, como San Esteban, de Salamanca, y San Gregorio, de Valladolid.

1. Superación del verbosismo

En el proceso de reforma del método teológico hay que partir de las entrañas del siglo XV, ilustradas por hombres de tanta talla como Juan de Segovia, Alfonso de Madrigal y Lope de Barrientos, profesores en la academia salmantina. Todos ellos se distinguen por la profundidad de sus planteamientos y por su sentido de amor a la revelación. La escuela teológica más aceptada por Juan de Segovia es el escotismo; el autor más estimado por el Tostado parece ser Santo Tomás. No se descubre de modo sistemático en nuestros teólogos lo que yo llamaría nominalismo en cuanto método pedagógico, que inficionó a toda la teología europea. Tampoco España se libró de esa peste, aun cuando el nominalismo como doctrina no fuera admitido oficialmente hasta 1508.

Erasmo describe este modo de hacer teología en varias de sus obras, especialmente en *Moriae encomyon* y en el *Enquiridion del caballero cristiano.* Su crítica mira, más bien, al pasado, en especial al *Centilogium theologicum*, y a su experiencia en París. En 1521 un eramista español describe jocosamente a estos teólogos como principiantes que causan admiración a todos los circunstantes [17].

Este modo de hacer teología abusa de la filosofía, de las proposiciones condicionales, de las definiciones. Cree explicar hasta los misterios más profundos. Estos teólogos discuten sobre problemas que ellos mismos crean, sutilizan sobre el verdadero instante de la filiación divina, sobre si en Cristo existen varias filiaciones, si Cristo hubiera podido tomar forma de mujer, de diablo, de asno, de piedra, de calabaza... En estos casos, ¿cómo hubiera podido predicar, hacer milagros, ser crucifi-

---

[17] Hernán López de Yanguas, *Triunfos de la locura* (Valencia 1521; Cieza 1960).

cado? Si Pedro hubiera consagrado durante el tiempo en que Cristo permaneció en la cruz, ¿qué habría acontecido? Al abuso de la sutileza y de la filosofía añaden la división en escuelas: realistas, tomistas, nominalistas, albertinistas, occamistas, bonaventuristas. La escolástica europea en la segunda mitad del siglo XV ofrecía un espectáculo desolador en conjunto. La orientación bíblica y claramente antropológica de Juan de Segovia, el Tostado y otras grandes figuras de la primera mitad del siglo XV retrasó y aminoró el contagio. Ellos se distinguen por su orientación práctica, centrada en confesionales, en respuestas al problema humanista de la mitología, de la raza y sangre por causa de la discriminación racial antijudía.

Martínez de Osma y los franciscanos observantes no llaman nominalismo a este método de elaborar la ciencia sagrada, ni nominalistas a los que lo protagonizan, sino *verbosistas*. Esta palabra es empleada repetidamente por el Oxomense en tres obras inéditas conservadas en el manuscrito 35 de la catedral de Oviedo y analizadas por mí en otras publicaciones [18]. Estos tres tratados proceden de los últimos años de su magisterio en la cátedra de prima de Salamanca (1470-75). Los villacrecianos se habían adelantado en la valoración exacta de este movimiento: «ineptiarum verbosi doctores». Esta teología representa los últimos coletazos abusivos del procedimiento escolástico de la «quaestio» elevado a sistema. La duda ya no se resuelve por medio de la Sagrada Escritura, Santos Padres, concilios, teólogos, fe y praxis de la Iglesia, sino por recursos verbales y dialécticos. Fue una moda que dio culto a la palabra nueva, fomentó el estudio de la dialéctica de modo llamativo y dejó en difusa penumbra los estudios bíblicos. Los análisis de Pedro Martínez de Osuna coinciden en el fondo con los de Francisco de Vitoria y de Melchor Cano. Uno de los manuscritos antes citados se titula *Dialogus in quo ostenditur fundamenta humanae philosophiae quibus fulciuntur verbosistae plerumque in theologia deficere*. Los verbosistas coinciden en este caso concreto con los defensores exagerados de la distinción escotista formal «ex natura rei». Martínez de Osma desecha la estima excesiva de la ciencia del lenguaje; propone la vuelta a Santo Tomás, acepta la recta valoración de los principios filosóficos en teología; fomenta el apartamiento de los sofismas y de las discusiones frívolas. Hay que volver los ojos a la revelación y valorar en su debido punto a la razón, sujetándola a la ciencia divina. El Oxomense dirigió sus dardos contra el franciscano fray Pedro de Caloca y contra el dominico P. Ocaña. Sus planteamientos metodológicos en torno a 1470 constituyen un auténtico hito en la historia de la teología del siglo XV. A los clamores de los observantes contra la escolástica decadente se unen un profesor de la cátedra de prima de teología de Salamanca y el príncipe de nuestros humanistas: Elio Antonio Nebrija. Este frente ayudó a dar un paso decidido en el

---

[18] M. ANDRÉS, *La enseñanza de la teología en la universidad española hasta el concilio de Trento:* Repertorio de las Ciencias Eclesiásticas en España 2 (1971) 128ss; ID., *La teología española en el siglo XVI* I 297ss.

campo de la reforma de la teología como ciencia universitaria y como vida del alma.

Diego de Deza, O.P., sucesor de Osma en la cátedra salmantina, preceptor del llorado príncipe don Juan, arzobispo de Sevilla y fundador del Colegio de Santo Tomás, sigue la orientación tomista, que encauzará Francisco de Vitoria. En él y en otros contemporáneos y posteriores, como Cano, Carvajal, Alonso de Veracruz, O.S.A., se renuevan ataques similares al nominalismo-verbosismo cuando el nominalismo-doctrina era aceptado y explicado en muchas de nuestras universidades. Cuelgan el primero a Lax, Encinas, Pardo, Espinosa, a los hermanos Coronel y a otros españoles formados en París.

2. TRANSCENDENCIA DEL MÉTODO CISNERIANO DE LAS TRES VÍAS. LA BÚSQUEDA DE LA VERDAD

El método de enseñar la teología por las tres vías más famosas de la época —tomismo, escotismo y nominalismo— representa un hecho revolucionario en la historia de la docencia teológica de nuestra Patria. Esta decisión del fundador de la Universidad complutense sació el hambre retrasado de universalidad y de apertura de la juventud española, desterró las ya en parte superadas escuelas teológicas, consideradas como caldo propicio a la discusión, y allanó el camino hacia una teología y espiritualidad personal común, paralela al proceso casi cósmico de unidad política, religiosa y geográfica alcanzado por políticos y conquistadores. La misión del teólogo no será ya repetir, sino inquirir y buscar, llevado por el entendimiento, que desea saber, y satisfacer la hermosa codicia del peregrinar generacional.

La docencia de la teología en Alcalá por tres profesores, en tres cátedras paralelas, con clase a la hora de prima y de vísperas, llevó consigo la penetración oficial del nominalismo como sistema doctrinal, la enseñanza del tomismo, tomando como base la *Suma teológica* y no el *Comentario* del Angélico al Maestro de las Sentencias, y, finalmente, una actitud clara en la disputa humanista sobre el progreso. El renacimiento complutense no es puro retorno al pasado, de los clásicos, sino esfuerzo decidido por superarlos, basado en la confianza depositada en la capacidad de progreso del hombre en el terreno de lo intelectual y moral. Tampoco es un simple retornar al mundo antiguo y repetirlo, sino descubrir el mundo actual, exaltar a los nuevos argonautas, capitanes y héroes y buscar incansables la verdad.

En esto coinciden hombres procedentes del humanismo, como Alonso de Herrera; del nominalismo, como Celaya; de la espiritualidad, como Osuna y Laredo; de la política, como Antonio de Guevara y Fernández de Oviedo; de la exégesis, como Cisneros; de la matemática y astrología, como Sánchez Ciruelo. Es propio del hombre, señor de sí, interpretar con amor a los demás, corregirlos y buscar la verdad siempre y con todas las fuerzas, dice Sánchez Ciruelo. Eso mismo repite Celaya: «Nada he tenido yo por más propio del hombre que buscar la verdad, oír la verdad, cultivar y amar la verdad, exponer la verdad; en una palabra, defender la verdad» [19].

Esta actitud de búsqueda, de progreso, de superación de escuela, es cantada maravillosamente por Sánchez Ciruelo, primer profesor de la vía tomista en Alcalá, matemático, astrólogo, cosmólogo, liturgista y autor de obras de espiritualidad. Pocos párrafos recogerán con mayor acierto el sentido de la primitiva Universidad de Alcalá y de la generación encarnada en sus fundadores y primeros graduados:

> «Grande es, ciertamente, la locura de algunos hombres que consideran indigno y cruel corregir las afirmaciones de los antiguos... Conoces el ingenio de los filósofos, que, anteponiendo a todas las cosas el culto a la verdad, no se sonrojan de corregir a sus maestros... Aristóteles corrige a Platón... San Agustín no perdona a Orígenes... También Santo Tomás... arguye en muchos extremos a sus profesores. Toda la obra de Escoto está llena de refutaciones de las obras de Santo Tomás y de otros autores. Los cuidadosos nominales... revuelven sus acérrimos dardos contra ambos... Es propio del ánimo libre... interpretar y corregir a los demás y buscar la verdad siempre con todas las fuerzas.
> ... ¡Cuán gran detrimento ha traído a la república literaria la diversidad de opiniones!... Este es estoico, aquél peripatético. Aquél sigue a Santo Tomás, aquél a Escoto; el de allá, a cualquier otro. De aquí se deduce que son pocos los que participan y defienden la verdad. El profesar con pertinacia una escuela es obstáculo para el que desea saber...» [20]

En Alcalá se ofrecían las tres vías teológicas a la par. Cada profesor explicaba a su titular, sin obligación de atarse a su pensamiento. Incluso podía refutarlo. El amor a la verdad configuró de raíz a muchas personas de la generación de los descubrimientos e hizo de ellas críticos independientes. El teólogo no está obligado a seguir a ningún autor, salvo a la revelación. Su cometido es demasiado elevado para abrazarse permanentemente con las opiniones de un maestro. Entre 1500 y 1580, el teólogo español se distingue por su personalidad de criterio, por atender más al valor de las razones que a la persona que las dice.

Este creo que es el espíritu de la primera generación de Alcalá. Comenzó Cisneros admitiendo todas las escuelas teológicas para llegar a una teología básica común. Su idea, ya atisbada en algún aspecto por Martínez de Osma, encontraría eco profundo en el magisterio de Francisco de Vitoria.

3. LA METODOLOGÍA TEOLÓGICA EN SALAMANCA. «DE LOCIS THEOLOGICIS», DE MELCHOR CANO

El amor a la verdad encuentra un propulsor insigne en Francisco de Vitoria, llamado, con razón, el preceptor de España. Aún hoy impresiona este pasaje:

> «Impugnar la verdad a sabiendas en las disciplinas naturales es pecado mortal por su género... Porque es contra la caridad del prójimo ense-

---

[19] Sánchez Ciruelo, o.c., fol.71-72; JUAN DE CELAYA, *In quartum Sententiarum* (Valencia 1528) pról.
[20] PEDRO SÁNCHEZ CIRUELO, o.c., l.c.

ñarle cosas falsas o engañarle... Aun no haciéndolo intencionadamente, puede ser mortal el impugnar la verdad, si proviene de una grande negligencia; v.gr.: quiero impugnar la doctrina de Escoto, no la verdad, pero no cuido investigar si la cosa es verdadera o falsa... La razón es que hago daño en asunto grave» [21].

La escuela teológica de Salamanca añade a la de Alcalá una preocupación especial por el método para construir y enseñar teología.

El método constituye una de las preocupaciones más profundas del Renacimiento y de la época de la reforma. Descubridores, ascetas, hermeneutas, literatos, teólogos, artistas, militares, místicos, buscan nuevos caminos fáciles y seguros. No son ajenos los teólogos a esta preocupación. Por eso se preguntan si existe un arte peculiar de construir y enseñar la ciencia divina. Este planteamiento crítico implica necesariamente una revisión profunda del pasado y una mirada penetrante hacia el porvenir. ¿Cuál es el *iter* seguido por la escuela de Salamanca hasta alcanzar la meta en el tratado *De locis theologicis*? ¿Cuál es el contenido fundamental de esta obra?

Ya he aludido en las páginas anteriores a tres formas conjuntadas de oposición al método verbosista empleado en las universidades: la de los observantes (franciscanos, benedictinos de Valladolid y agustinos), la de los humanistas y la de los luteranos. El problema se agudizó cuando los alumbrados del reino de Toledo recogen la onda europea que proclaman Erasmo y Lutero y hablan, a su modo, de emplear la Sagrada Escritura solamente. La reacción pendular en contra del verbosismo lleva al fideísmo protestante y al afectivismo de las diversas vías de espiritualidad que se estructuran con fuerza en la década de 1520 a 1530.

¿Cuál fue la solución española? ¿Cuál el proceso de su desarrollo? ¿Cuál la aportación de Salamanca al estatuto del teólogo?

Un estudio acabado del problema llevaría a sopesar el método con que fueron escritos los libros teológicos de la época, las metodologías sobre un lugar teológico determinado y las generales hasta la obra cumbre de Melchor Cano. Este método analítico alargaría en exceso estas páginas. Por eso no estudio el método empleado por Andrés Vega, Alfonso de Castro y otros. Me contento con decir que Bartolomé de Carranza (*Summa conciliorum*) y Diego de Alava y Esquinel, obispo de Avila (*De conciliis universalibus*), valoraron el argumento teológico de los concilios.

Los tratadistas sobre la tradición fueron más numerosos: Pedro de Soto, Carranza, Orantes y, sobre todo, Martín Pérez de Ayala en *De divinis, apostolicis et ecclesiasticis traditionibus,* que es la monografía más completa sobre este tema en su época.

El método se encuentra tratado breve y globalmente además en los comentarios a la cuestión primera de la *Suma teológica* de Vitoria, Soto, Cano, Salazar, Juan de Guevara, Juan Maldonado, Pedro de Sotomayor, Pedro de Uceda y otros y en los comentaristas a los *Libros de las sentencias* en la primera distinción. El jesuita Juan de Maldonado, for-

---

[21] Francisco de Vitoria, *Comentarios a la II-II,* ed. Beltrán de Heredia, q.69 a.2 n.12.

mado en Salamanca (1547-58), llevó a París el método teológico aprendido a orillas del Tormes y lo expuso con características propias. Peculiaridades cargadas de interés encierra también el método empleado por
Celaya en Valencia, por Astudillo en el Colegio de San Gregorio, de
Valladolid, y por los jesuitas en sus colegios.

Todos proponen el método escolástico. Todos tienen conciencia de
que han existido pseudoteólogos que resolvieron las cuestiones con razones frívolas, inválidas y vanas, sin basamento bíblico, sin mención de
los concilios, ni de los Santos Padres, ni de la auténtica filosofía.

> «Les llaman teólogos escolásticos, pero no son escolásticos ni teólo-
> gos... ¿Qué entendemos por teólogo escolástico? ¿En qué ponemos su
> fuerza? A mi parecer, en que raciocine de Dios y de las cosas divinas de
> modo idóneo, prudente y docto, desde la Sagrada Escritura y las institu-
> ciones sagradas» [22].

Los grandes tratadistas de esta materia en esta época son Lorenzo
de Villavicencio, O.S.A. (c.1520-83), con su obra *De recte formando theologiae studio libri IV* (Anthuerpiae 1565,576 págs.), Miguel de Ribera, O.P.,
De perfecto theologo, liber (Lugduni 1572, 56 págs.); Vicente Montañés,
O.S.A. († 1573), *De principiis praecognoscendis sacrae theologiae* (Barcelona
1570, 72 fols.); Diego Zúñiga, O.S.A. (c.1536-99), autor de una obra en-
viada a San Pío V en 1568: *De optimo genere tradendae totius Philosophiae et
Sacrosanctae Scripturae explicandae.*

Pero la obra que codifica todas las preocupaciones metodológicas ge-
neracionales se debe a Melchor Cano. Se titula *De locis theologicis*. Podía
haberse llamado con propiedad *Ars theologica*, siguiendo las huellas de
Francisco Bacón, que llamó *Ars inveniendi* a la lógica. Cano codifica las
preocupaciones epistemológicas de su generación y compone la metodología teológica más importante de la época moderna.

El recoge un tema preocupante en Alcalá, en Valencia, en San Gregorio de Valladolid y en Salamanca. Gregorio Narciso, en el prólogo al
De inventione, de Agrícola (1544), lamenta que en Salamanca no se pres-
te atención alguna a los lugares dialécticos, por lo cual determina interpretar a este autor ante sus discípulos. Acaso de aquí parta la primera
idea de Cano, o al menos un fuerte impulso para realizarla, caso de no
proceder del roce constante con su maestro Francisco de Vitoria. No se
puede entender la obra de Cano sin tener en cuenta las corrientes humanistas y las afirmaciones luteranas y eramistas sobre la naturaleza de
la teología y el valor de la escolástica, así como otras obras españolas
que bordean el tema, tales como *El Scholastico*, de Cristóbal de Villalón;
Cuestiones del templo, de Juan de Vergara, y *Primera diferencia de libros que
hay en el universo*, de Alejo de Venegas, amigo íntimo de Melchor Cano.

El concepto de «locus theologicus» no es unívoco. Para Erasmo, Melanchton, Dionisio Vázquez, Eck, Orantes, Alonso de Córdoba, Villavicencio, Hutter, el P. Granada y otros muchos, *locus* equivale a lugar común de algún saber o tema importante del mismo. Ellos escriben sobre

22 MELCHOR CANO, *De locis theologicis* l.8 c.1.

lugares comunes de la teología: Trinidad, encarnación, gracia, ley divina y humana, pasión de Cristo, sacramentos, novísimos... y los recomiendan para la predicación y la vida.

> «Pedro Lombardo fue el primero que redujo a un orden los lugares comunes, sacados así de los dichos y sentencias de los santos doctores como de las autoridades de la Sagrada Escritura. A estas materias, que los retóricos dicen *lugares comunes,* llamó Pedro Lombardo *sentencias,* como quien dice las sumas y conclusiones de las materias teológicas» [23].

En cambio, para Cano, siguiendo a Agrícola, Cicerón y Aristóteles, «locus theologicus» es la sede o domicilio en que los especialistas encuentran razones para aprobar o refutar una tesis. Agrícola aplicó el concepto de «locus» a la retórica. La originalidad de Cano consiste en traspasar ese concepto a la ciencia divina. Ello le exigió una larga reflexión, a la cual alude muchas veces en su obra: «saepe mecum cogitavi..., me diu cogitantem» (muchas veces pensé entre mí...; a mí, que lo pensaba largamente).

En el capítulo 2 del libro primero enumera diez lugares teológicos, a cada uno de los cuales dedica un libro: 1) Sagrada Escritura, contenida en los libros canónicos. 2) Autoridad de las tradiciones de Cristo y los apóstoles; no escritas, sino llegadas de viva voz. 3) Autoridad de la Iglesia católica. 4) Los concilios, sobre todo los generales, en los que reside la autoridad de la Iglesia. 5) La Iglesia romana, que, por privilegio divino, es en realidad y es llamada apostólica. 6) Los Santos Padres. 7) Los teólogos escolásticos y el derecho canónico. 8) La razón natural. 9) La autoridad de los filósofos, que se guían por la razón, entre los cuales figuran los civilistas. 10) La historia humana, escrita por autores fidedignos o transmitida de generación en generación de modo constante y ponderado.

Cano valora y clasifica los lugares teológicos: los tres primeros son propios y legítimos; los tres últimos, externos y ajenos; los cuatro intermedios ayudan a interpretar los principios o conclusiones deducidos.

El valor de Cano consiste en la fijeza del número, en su perfecta valoración y en el tratamiento científico de que los rodea. Tiene conciencia de la novedad de su obra:

> «Antes de mí no se atendía todo lo debido a los argumentos de fe; los problemas teológicos se trataban casi con argumentos de razón. *Yo he cambiado el orden de Santo Tomás (Ordinem... divi Thomae immutavi).* En la *Suma contra los gentiles* él pone primero las razones y después los testimonios. Pero yo siempre, desde el principio, enseñé primero lo que definía la fe, y después lo que mostraba la razón» [24].

Ya en el prólogo de la obra reitera que ningún teólogo anterior, que él sepa, ha tratado esta materia. Su obra equivale a los *Libros de las Hipotiposis,* de Cantalapiedra, en el terreno bíblico, y a las *Moradas* y *Subida al monte Sión,* en el místico. Desde el corazón de la obra aclara el con-

[23] ALEJO DE VENEGAS, *Primera parte de la diferencia de libros* fol.205.
[24] MELCHOR CANO, *De locis theologicis* l.12 c.10.

cepto de teología, la misión del teólogo, las relaciones entre revelación y
razón, la crítica de la sofística, la defensa de la escolástica.

Para Cano, la teología inquiere sobre Dios en sí y en orden a las
creaturas. El teólogo articula lo divino y humano. Porque a Dios no lo
podemos ver en sí, por ser naturalmente invisible, pero sí en sus imágenes, especialmente en el hombre. Por ello, la teología tiene que detenerse muy mucho en el hombre, imagen de Dios, para llegar a la naturaleza divina, así como en los medios de retornar a Dios, en cuanto fin: virtudes, leyes, sacramentos, encarnación.

El Conquense señala un cuádruple oficio al teólogo:

— buscar el dato revelado en la Sagrada Escritura y tradición;
— deducir las conclusiones correspondientes;
— defender la fe contra las herejías;
— iluminar la doctrina de Cristo y de la Iglesia y confirmarla
con los avances de las disciplinas humanas, si ello resultare
posible.

A la luz de estos principios queda debidamente valorada la razón
humana y armonizada con la revelación divina. La auténtica teología
procede de la revelación. No se pueden medir los misterios divinos con
razones humanas. Los principios de la teología residen en la revelación.
Error es no llegar a los principios, como hacen los sofistas; error también al rechazar completamente la razón y admitir sólo la fe, como hacen los protestantes. Cano rechaza por igual el abuso de la razón, *sola ratio*, que el uso exclusivo de la Biblia. Por eso llama la atención sobre la
costumbre que va penetrando en algunas facultades teológicas de deses-
timar las razones humanas, con no pequeño daño de la ciencia eclesiástica. Los profesores de teología están, según él, revestidos de doble personalidad: una común, como partícipes de la razón natural, de la cual
procede la argumentación y la invención; otra propia del teólogo, por la
que emplean las razones características de la teología. Deponga, pues, el
teólogo, si eso le resulta grato, la persona del hombre cuando trata de las
cosas divinas; pero cuando investigue las humanas, *¿qué locura es sacar al
hombre del hombre?* Además, deponer una de las dos personalidades es
subidísima locura *(stultissimum est)*. El que construye teología sin unión
con la razón y mide los dogmas con la Sagrada Escritura solamente, *ni
cultiva la teología, ni defiende la fe ni la humanidad»* [25].

[25] MELCHOR CANO, o.c., l.9 c.4. Bibliografía sobre el tema del método: F. CABALLERO
Vida del Ilmo. Sr. Fr. Melchor Cano (Madrid 1871); JOSÉ SANZ Y SANZ, *Melchor Cano. Cuestio-
nes fundamentales de crítica histórica sobre su vida y escritos* (Monachul-Madrid 1959);
A. LANG, *Die Loci Theologici des M. C. und die Methode des dogmatischen Beweises* (Munich 1925;
MARÍN SOLA, *Melchor Cano et la conclusion théologique:* Revue Thomiste (1920) 121-41;
F. POPÁN, *Conexión de la historia con la teología según M. C.:* Verdad y Vida (1958) 189-209;
V. RODRÍGUEZ, *Fe y teología según M. C.:* La Ciencia Tomista 87 (1961) 529-68; LAVASSUR,
lieu théologique «Histoire» (Trois Rivières 1960); F. JORDÁN SALVADORES, *La aparición de las
primeras metafísicas sistemáticas en la España del siglo XVI: Diego de Mas (1587), Francisco Suárez y Diego de Zúñiga (1597):* Escritos del Vedat 3 (1973) 91-162; ID., *La metafísica de Zúñiga y la reforma tridentina de los estudios eclesiásticos:* Archivo Agustiniano 9 (1974) 1-5 e;
S. FOLGADO, *Fray Luis de León y los estudios teológicos:* La Ciudad de Dios 176 (1963) 333-4;
MARTÍN PÉREZ DE AYALA, *Autobiografía:* NBAE II p.211-38; LUIS DE CARVAJAL, *De restitut
theologia liber unus* (Colonia 1545); ALEJO DE VENEGAS, *Primera parte de las diferencias de la*

La obra de Cano codificó y estructuró el método de la escuela teológica de Salamanca y posibilitó la conversión de la teología en el vehículo principal del pensamiento de la sociedad española, que entonces dirigía los destinos de Occidente. Cuando se oscureció este camino, caímos en interminables disputas. El humanismo de Melchor Cano es estilístico, ya que él es uno de los mejores escritores españoles en lengua latina. Es antropológico, porque en el Conquense se encuentran magníficas defensas de la razón humana. Finalmente es teológico, pues la teología, aunque trata principalmente de Dios, tiene que detenerse mucho en las cosas humanas.

La transcendencia de Cano consiste en haber dado cauce a la teología positiva sin ponerse de espaldas a la escolástica. Su método ha pervivido hasta nuestro siglo.

bros que hay en el universo (Toledo 1539): BNM R.11.789. M. ANDRÉS (*La teología española en el siglo XVI* II p.386-429), dedica un largo capítulo a la historia de la metodología teológica desde 1530 a 1570. C. POZO, *Fuentes para la historia del método teológico en la escuela de Salamanca* (Granada 1952); LUIS MARTÍNEZ, *Fuentes para la historia del método teológico en la escuela de Salamanca* II (Granada 1973); I. VALLS, *Martín Pérez de Ayala. Autobiografía* (Valencia 1950).

CAPÍTULO III

LOS GRANDES TEOLOGOS

Dos párrafos abarca este apartado. El primero, dedicado a las personas, lo dividiré en dos secuencias, consagradas a los siglos XV y XVI, respectivamente. El segundo, más importante, lo dedico a la intervención y aportación de nuestros autores a los grandes problemas de la Iglesia y de la sociedad de su tiempo: poder del papa y eclesiología, judíos y conversos, descubrimiento de América y del hombre, confrontación entre escolásticos y místicos, entre humanistas y teólogos; problemas de armonización entre libertad y gracia, entre libertad y ley.

1. LOS GRANDES TEÓLOGOS DEL SIGLO XV

El siglo XV se inicia, teológicamente, con los concilios de Constanza y Basilea y con la puesta en marcha de la Facultad de Teología de Salamanca. ¿Qué parte tomaron los españoles en dichos concilios? ¿Cuáles fueron los profesores más famosos de teología en la academia de la ciudad del Tormes y fuera de ella? Hurter, en su famoso *Nomenclator Litterarius Theologiae Catholicae*, ofrece una ochentena de nombres españoles.

a) Españoles en Constanza y Basilea

Los teólogos españoles más famosos fueron Pedro de Luna, Nicolás de Eymerich, San Vicente Ferrer, Felipe de Malla, Luis de Valladolid, Juan de Torquemada, Diego de Moxena, Pedro de Villacreces, Juan de Palomar o Polemar, Juan de Malla y Juan de Segovia. Malla, Polemar y Segovia fueron los más relevantes entre los hispanos. El último tomó parte importante en las negociaciones con Eugenio IV para la elección de Félix V, que lo nombró cardenal; en el tema de la procesión del Espíritu Santo, discutido con los griegos, y en el de la comunión bajo ambas especies. Pero el teólogo español más transcendente en la historia de la teología del XV es el cardenal Torquemada, por razón de su eclesiología [26].

[26] J. GOÑI GAZTAMBIDE, *Los españoles en el concilio de Constanza. Notas biográficas* (Madrid 1966); B. FROMME, *Die Spanische Nation und das Konstanzer Concil* (Munster 1886); FUNKE, *Acta Concilii Constantiensis*, 4 vols. (Münster 1896-1928); L. SUÁREZ FERNÁNDEZ, *Castilla, el cisma y la crisis conciliar* (Madrid 1960); F. DE BOFARULL, *Felipe de Malla y el concilio de Constanza* (Barcelona 1883); G. PILLEMENT, *Pedro de Luna, dernier Papa d'Avignon* (París 1955); M. GARCÍA MIRALLES, *La personalidad de Gil Sánchez Muñoz y la solución del cisma de Occidente* (Teruel 1954); GOÑI GAZTAMBIDE, *Los obispos de Pamplona del siglo XV y los navarros en los concilios de Constanza y Basilea*: Estudios de la E. Media de la Corona de Ara-

b)   **Los albores de la teología en Salamanca** [27]

Señalaría especialmente a Juan de Segovia, Alfonso Fernández de Madrigal, Lope de Barrientos, Pedro Martínez de Osuna y Diego de Deza. Ellos ponen las bases del futuro desarrollo de la ciencia revelada en las riberas del Tormes.

Juan Alfonso González de Segovia (1395-1458), llamado Juan de Segovia, doctor por Salamanca, profesor allí desde 1422, más o menos, hasta 1435, enviado a Basilea como orador de la Universidad. Sus obras tratan principalmente de temas conciliares y eclesiales, en especial sobre el conciliarismo, la Virgen y la conversión de los sarracenos a través del diálogo. Acaso su tratado sobre la Inmaculada sea el mejor concebido hasta los días de Passaglia y de la definición de dicho dogma en 1854; *De mittendo gladio spiritus in corda saracenorum* intensifica el intento de diálogo interconfesional con el Islam, propiciado ya por Raimundo Lulio y por Ramón Martí. El organizó un sistema de conferencias religiosas con los alfaquíes en Medina del Campo en 1431 y comenzó la primera poliglota española con el texto trilingüe del *Alcorán*. Sus planteamientos de evangelización pacífica encontraron realización en varios puntos de la geografía americana.

Alfonso Fernández de Madrigal «el Tostado» (c.1410-45), profesor de Salamanca y obispo de Avila. En su juventud se siente inclinado hacia Escoto, lo mismo que Juan de Segovia. Más tarde se abraza con San-

gón 7 (1962) 381-423; MARQUÉS DE CALDAS DE MONTBUY, *Los embajadores españoles en el concilio de Constanza* (Barcelona 1948); BELTRÁN DE HEREDIA, *Cartulario de la Universidad de Salamanca* (Salamanca 1970) I 250-85; H. SANTIAGO OTERO, *Juan de Palomar. Manuscritos de sus obras en la Staatsbibliotek de Munich:* Revista Española de Teología 33 (1973) 175-90.
   [27] G. VERA FAJARDO, *La eclesiología de Juan de Segovia en la crisis conciliar (1435-1447)* (Vitoria 1968); H. SANTIAGO OTERO, *Juan de Segovia. Mss. de sus obras en la Biblioteca de Viena y en la de Munich:* Rev.Esp. de Teología 29 (1968) 167ss; ID., *Juan de Segovia. Mss. de sus obras en la Biblioteca Vaticana:* Rev. Esp. de Teología 30 (1970) 93-106. Sobre sus preocupaciones para la conversión del mundo musulmán, DARÍO CABANELLAS, *Juan de Segovia y el problema Islámico* (Madrid 1952); R. HAMPST, *Jo. von Segovia in Gespräch mit Nikolaus von Kues und Jean Germain über götliche Dreieinigung und ihre Verkündigung von den Mahomedanern:* Münchener Theologische Zeitschrift 2 (1951) 115-29; J. GONZÁLEZ, *El maestro Juan de Segovia y su biblioteca* (Madrid 1944). El magnífico tratado de J. de S. sobre la Inmaculada fue editado por Alba y Astorga en enciclopedia sobre la Inmaculada editado en Lovaina y ha merecido una nueva edición en nuestros días: L. CEYSENS, *Pedro de Alba y Astorga y su imprenta de la Inmaculada en Lovaina:* Archivo Ibero-Americano 11 (1951) 5-15; A. EGUILUZ, *Reedición de las obras del P. Alba y Astorga:* Verdad y Vida 23 (1965) 701-708; I. MARTÍN PALMA, *María y la Iglesia según J. de S. y Juan de Torquemada:* Estudios Marianos 18 (1957) 207-30; L. A. GETINO, *Vida y obras de fray López de Barrientos:* Anales Salmantinos 1 (1927) 181-204; mss. suyos en BNM 6401, 8113; El Escorial, d.3,13; GALLARDO, *Ensayo* (Madrid 1966) II 45-50; E. VIERA y CLAVIJO, *Elogio del Tostado* (Madrid 1782); J. BLÁZQUEZ, *Teólogos españoles del siglo XV: El Tostado. Su doctrina acerca de la justificación:* Rev.Esp. de Teología 1 (1940) 211-42; 10 (1950) 517-45; ID., *El Tostado: alumno, graduado y profesor en la Universidad de Salamanca:* XV Semana Esp. de Teología (Madrid 1956); M. ANDRÉS, o.c., II 45ss; L. CUESTA, *La edición de las obras del Tostado, empresa de la Corona española:* Rev. de Arch. Bibliot. y Museos 56 (1950) 321-24; S. BOSI, *Alfonso Tostado. Vita et opere* (Roma 1952); CARRERAS ARTAU, *Hist. de la filosofía española* (Madrid 1942) II 534-563. Obras de Pedro Martínez de Osma y bibliotecas en que se conservan y bibliografía sobre el mismo, así como sobre sus adversarios, Pedro Ximénez de Préxamo y Juan López, en M. ANDRÉS, *La teología española en el siglo XVI* I p.261-69; obras y bibliografía sobre Deza: ibid., p.269-73; asimismo, sobre otros teólogos contemporáneos, como Pedro García, obispo de Barcelona; Jaime Pérez de Valencia, Pedro de Castrovel, Guillermo Gorris, Juan Llopis y Fernando Roa: o.c., p.273-78.

to Tomas, sin perder su independencia. En sus comentarios a la Sagrada Escritura se aparta con frecuencia del comentario de Nicolás de Lira y sigue el sentido literal. Se abraza con un claro y fervoroso conciliarismo, al menos en casos especiales. Sus obras completas, a las cuales queda no poco que añadir, constan de 15 gruesos volúmenes, ed. de 1507; de 17, ed. de 1547; de 24, ed. de 1615; de 27, ed. de 1728. Participó en las disputas de su tiempo en Italia, como constata en *Defensorium trium propositionum*. Se acercó al pueblo con un acertado *confesional*, *y a los* humanistas con sus *Comentarios al Eusebio*, llenos de encanto y merecedores de mayor estima entre los historiadores de la literatura (Salamanca 1506).

Lope de Barrientos, dominico, profesor de Salamanca y obispo de Cuenca, es autor de *Clavis sapientiae*, auténtica enciclopedia teológica. Procede por orden alfabético de vocablos importantes y se conserva inédita en la BNM. También compuso *Tractatus de Sacramentis*, *Tratado de caso y fortuna...*, e intervino en la disputa sobre los estatutos de limpieza de sangre.

Grande teólogos del mismo siglo son Pedro Martínez de Osma, Diego de Deza y Jaime Pérez de Valencia. En el primero hizo impacto la crítica humanista y observante sobre la escolástica decadente. Por ello abandonó el escotismo, se convirtió al tomismo y atacó duramente el verbosismo. Asimismo trató de depurar el texto de la Vulgata. En los últimos años de su magisterio en la cátedra de prima de Salamanca compuso un *Quodlibeto* sobre la confesión, resumido por Ximénez de Préxamo en su *Confutatorium*, reconstruido por Menéndez Pelayo en *Historia de los heterodoxos* y completado por Stegmüller. Asimismo, un *Tractatus de Confessione* y un *Tratado de la confesión*, enviado a la duquesa de Alba y perdido también, lo mismo que el *Quodlibeto* y el *Tractatus*. Se conservan, además, varias repeticiones, sermones y conclusiones y un *Comentario al símbolo «Quicumque»*, editado en París en torno a 1478.

Martínez de Osma elabora su doctrina sobre la confesión en momentos de incertidumbre doctrinal, descritos por Alonso de Espina en *Fortalitium fidei* y por el canonista salmantino Juan Alfonso de Benavente († 1486?). Se aparta de la doctrina católica. Varias obras de autores contemporáneos refutan sus planteamientos, y una junta de los teólogos y juristas reunidos en Alcalá, falsamente llamado concilio, lo condena en mayo de 1479, condenación ratificada por el papa Sixto IV el 9 de septiembre de ese mismo año.

La teología española nace adulta y casi gigante gracias a Juan de Segovia, el Tostado, Pedro Martínez de Osma y Juan de Torquemada. Todos ellos son figuras de categoría excepcional. Los completa Diego de Deza (1444-1523), sustituto y sucesor de Osma en la cátedra de prima de teología, preceptor del príncipe don Juan (1486), apoyatura de Colón, obispo de Zamora, Salamanca, Jaén, Palencia, arzobispo de Sevilla y de Toledo, reformador del Colegio de San Gregorio, de Valladolid, y fundador del de Santo Tomás, de Sevilla. Sus *Novae defensiones doctrinae Angelici Doctoris* aparecieron tardíamente en Sevilla (1517), pero reflejan su magisterio de cátedra (1481). Conectan con la orientación de Capréolo, pero no es mero repetidor doctrinal ni metodológico. Deza añade al esquema del príncipe de los tomistas un nuevo apartado, llamado *notabilia* o *notanda*, que constituye un estudio personal y directo sobre el pensamiento de Santo Tomás y los fundamentos doctrinales del problema. El desarrollo de esta directriz produciría la renovación de la teología española en el siglo XVI. La palabra «notables», «notabilia», fue aceptada por Alonso de Madrid, Pedro Sánchez Ciruelo, Bernardino de Laredo, Luis de Alcalá y Jerónimo Pérez, mercedario, profesor de teología en Gandía [28].

c) El cardenal Juan de Torquemada y su «Summa de Ecclesia»

El teólogo español más importante del siglo XV es Juan de Torquemada (1388-1468). Pertenece al grupo de españoles afincados en Italia. Es autor de la primera *Summa de Ecclesia,* que responde a las necesidades doctrinales de la época del conciliarismo.

Juan de Torquemada es el constructor más valiente y eficaz de la teología eclesial al iniciarse la Edad Moderna. Pensador profundo, tomista de garra, su teología se inscribe en la Sagrada Escritura, tradición y razón, y pone luz, a veces casi definitiva, en muchas oscuridades y confusionismos aireados por conciliaristas y nominalistas, especialmente en lo que se refiere al planteamiento monárquico de la Iglesia [29].

En el siglo XV encontramos dos constelaciones interesantes de teólogos españoles: una en torno a la Facultad de Teología de Salamanca, otra de residentes en Italia, especialmente en Roma.

2. TEÓLOGOS ESPAÑOLES DEL SIGLO XVI

Su número es muy elevado: cerca de trescientos. Su acción marca impronta definitiva en la historia del dogma, de la moral, de la exégesis, de la espiritualidad, del derecho, de la historia patria. Por ello se hace necesario agruparlos por escuelas y por órdenes religiosas. Acaso fuese más acertado hacerlo por constelaciones.

Una observación inicial. La búsqueda codiciosa de la verdad, que caracteriza a nuestros teólogos hasta las disputas *de auxiliis,* casi hasta

---

[28] M. ANDRÉS, o.c., I 302-303.
[29] La bibliografía sobre Torquemada es amplísima. Ofrezco algunos títulos: J. F. STOCKMAN, *J. de T., O.P., vita eiusque doctrina de corpore místico* (Haarlem 1951); K. BINDER, *Wessen und Eigenschaffen der Kirtebei J. de T.* (Innsbruck 1955) (óptima monografía); P. MASSI, *Magisterio infalliblile del Papa nel teologo J. de T.* (Turín 1957); N. LÓPEZ MARTÍNEZ, *El cardenal T. y la unidad de la Iglesia:* Burgense 1 (1960) 45-71; V. PROAÑO, *Doctrina del cardenal J. de T. sobre el concilio:* Burgense 1(1960) 73-96; U. HORST, *Grenzen der päpslichem Autoritat:* Freib. Zeistchrift für Philos. und Theologie 10 (1972) 361-69; T. GARASTACHU, *Los manuscritos del cardenal T. en la Bibl. Vaticana:* Archivum Fratrum Praedicatorum 41(1930) 188-217; A. PÉREZ GOYENA, *La primera «Suma de Ecclesia»:* Estudios Eclesiásticos 2 (1923) 252-69; M. G. MIRALLES, *El cardenalato de institución divina y el episcopado en la sucesión apostólica según J. de T.:* XVI Semana de Teología (Madrid 1957) 249-74.

1600, llevó consigo la superación del espíritu de escuela, muy identifica-
do en el siglo XV con las grandes órdenes religiosas. El abrazarse, sin
más, con las genialidades de un maestro lleva a repetir sus afirmaciones
más por espíritu de cuerpo que por fidelidad a la verdad. La generación teológica humanista de Alcalá y Salamanca supera los planteamientos de pura escuela [30]. Recordemos unas palabras de oro de Pedro Sánchez Ciruelo:

> «Acaece encontrar a muy pocos que no sean adictos a jurar en las pa-
> labras de un maestro... ¿Qué puede haber más indigno y vergonzoso
> para un profesor que resistir a la verdad?... Conviene, por tanto, que
> dude el que busca la verdad... Yo no diría que está bien el seguir a un
> doctor, de suerte que cuanto él ha dicho se crea que carece totalmente
> de falsedad. La fragilidad del entendimiento humano no es capaz de ello
> sin ayuda especial de Dios» [31].

Algo similar reiteran Melchor Cano y casi todos los teólogos de su
generación. Son hombres creadores, no repetidores.

> «Yo no puedo dar mi aquiescencia a quienes piensan que es un cri-
> men apartarse de la persuasión aceptada, como si estuviesen obligados
> por juramento o encadenados por alguna superstición... Yo no he dese-
> chado arbitrariamente el parecer, no ya de Santo Tomás, pero ni siquiera
> de mi maestro. Pero tampoco he determinado en mi corazón jurar en las
> palabras de mi maestro» [32].

Lo mismo repiten Hernando de Herrera, Celaya, Luis de Carvajal,
Alfonso de Castro, Fox Morcillo, Francisco Sánchez. Ofrezco dos famosos aforismos repetidos entre ellos: «No jurar en palabras de maestro»;
«Amigo Sócrates, amigo Platón, pero más amiga la verdad». De ahí di-
mana su estima por la razón humana, su crítica de las fuentes y de los
argumentos, su personalidad de criterio.

a) **El grupo de la «Poliglota complutense»
   y su obra. La primera escuela
   teológica y hebraica de Alcalá**

«Los reyes, para la cultura (ἐγχυχλωπαιδεία), y ésta, para los reyes»,
canta la leyenda del escudo de los Reyes Católicos en la fachada plateresca de la Universidad de Salamanca. Todo un mundo de ilusiones se
cierne en nuestras universidades, especialmente en Salamanca y en la
naciente academia de Alcalá. Una de las tareas más geniales de Cisneros fue incorporar al quehacer teológico a humanistas como Nebrija,
Hernán Núñez (el Pinciano), Diego López de Zúñiga, Juan de Vergara
y el cretense Demetrio Ducas; y de conversos, que a la vez eran insignes
hebraístas, como Alfonso de Zamora, Pablo Coronel y Alfonso de Alcalá. La emoción embarga al historiador al detectar en ellos a los herederos de las aljamas y escuelas judías de Zamora, Toledo, Guadalajara y

---

[30] M. ANDRÉS, o.c., II 14-19.85ss.300-305.
[31] PEDRO SÁNCHEZ CIRUELO, o.c., fol.72.
[32] M. CANO, *De locis theologicis* l.12 pról.

87

ciudades ribereñas del Ebro. También trabajaron en el equipo Gonzalo Gil, catedrático de teología nominal de Alcalá, y Bartolomé de Castro, profesor de artes.

Este grupo compuso los seis volúmenes de la *Poliglota complutense,* el sexto de los cuales contiene un vocabulario hebreo y caldeo, una gramática hebrea, un vocabulario de palabras que en ambos Testamentos, por vicio de los copistas, están escritas de diverso modo en hebreo y en griego en nuestras biblias y otros diversos subsidios. El tomo I contiene el Pentateuco; el II, desde el libro de Josué hasta el de los Paralipómenos: el III, los demás libros históricos y los sapienciales; el IV, los profetas mayores y menores y los libros de Macabeos; el V, el Nuevo Testamento.

La *Poliglota* cisneriana es la primera edición católica del texto hebreo y la edición *princeps* de la versión de los Setenta y del texto griego del Nuevo Testamento, terminado de imprimir en 1514, antes que la edición de Erasmo, si bien ésta se puso antes a la venta del público. También es la primera edición *crítica* del texto de la Vulgata. El *Targum* de Onkelos, o versión parafrástica antigua del Pentateuco, editado en nuestra *Poliglota,* fue empleado por las de Amberes, Nurenberg y París, y su traducción latina por las de Amberes, París, Londres y Venecia. En la preparación de los textos se impuso el criterio objetivo de los manuscritos. El criterio subjetivo, patrocinado por Nebrija, fue rechazado.

La obra de este equipo estuvo erizada de dificultades por calificarla de escandalosa un grupo numeroso de religiosos que creían que se trataba de cambiar el texto sagrado, no de purificarlo de las incorrecciones producidas por la transmisión manuscrita a lo largo de los siglos. Además colaboraban en la obra al menos tres cristianos nuevos y varios humanistas seglares. Fue famoso el encuentro de Nebrija con Deza y los dominicos burgaleses. Le acusaban de tergiversar las palabras reveladas. Nebrija hubo de escribir una apología de su trabajo en la *Poliglota.* Alfonso de Zamora exclama en 1520, cuatro años después de la muerte del cardenal, que

> «se siente falto de fuerzas, deprimido de espíritu..., olvidado y odiado por todos mis amigos, los cuales se han convertido en enemigos, sin hallar descanso para mi espíritu y para mis pies» [33].

Así se explica el retraso, hasta 1520, de la aprobación pontificia y la guerra de silencio que encontró en los medios teológicos españoles contemporáneos, salvo contadas excepciones.

El equipo complutense compuso, además, otras muchas obras bíblicas [34]. A través del mismo se verificó la transmisión de las exégesis judía a la cristiana después de la expulsión de los judíos en 1492. Completan este equipo complutense Pedro Sánchez Ciruelo, catedrático de Santo Tomás en 1508-23.

---

[33] M. ANDRÉS, o.c., II 70.
[34] La descripción de estas y otras obras, en M. ANDRÉS, o.c., p.71-74.

A su lado figura Juan de Medina (1490-1546), profesor de la cátedra de teología nominal (1520-46). El realizó la reforma de la teología
en la ciudad del Henares. García de Matamoros lo considera tan excelente y divino como Vitoria, en su afan retórico de equiparar la Universidad de Alcalá y la de Salamanca. A su parecer, fue un don de la Providencia el que en las dos mayores y mejores academias españolas expli-
casen dos teólogos perfectos: Juan de Medina y Francisco de Vitoria,
de donde redundaron a todas partes, sin envidia, frutos admirables de
doctrina e impulso recio a la reforma de la ciencia sagrada. Su obra
maestra: *De poenitentia, restitutione et contractibus,* alcanzó cinco ediciones.
Se conservan manuscritos suyos en la Biblioteca Vaticana y Angélica de
Roma; Universitaria de Coímbra y Nacional de Madrid [35].

¿Existió una escuela teológica de Alcalá? No, si entendemos por escuela un conjunto de doctrinas comunes. Sí, si atendemos a la superación de escuelas y a las actitudes comunes de sus profesores. Alcalá fue
acicate permanente y catalizador de Salamanca.

La época más creadora de Alcalá abarca desde su inauguración hasta el fin del magisterio de Juan de Medina. Entonces, especialmente
desde 1510 a 1530, fue capital intelectual y espiritual de nuestra Patria
gracias a la preparación de la *Poliglota,* a las ediciones de libros de espiritualidad, a la entrada del erasmismo en sus aulas, al magisterio de
Juan de Medina y al entrecruce de las diversas orientaciones y vías espirituales de la época.

Como existió la figura del colegial de Salamanca, existió también la
del de Alcalá. Ambos esperan la deseada monografía.

b) La escuela teológica de Salamanca.
Francisco de Vitoria

La escuela teológica española más famosa es la de Salamanca, en la
cual sus componentes conservan un peculiar aire de familia y unas ideas
y actitudes comunes en lo referente a la naturaleza de la teología, a la
misión del teólogo, al método para investigar y enseñar, hacia la tradición, el magisterio de la Iglesia, el binomio paz y guerra, las disputas de
escuela. La teología se centra en iluminar la imagen de Dios que es el
hombre desde los contenidos de la revelación. Por eso, sus obras más características son comentarios a la II-II de la *Suma teológica,* del Angel de

[35] Bibliografía sobre el equipo complutense: BELTRÁN DE HEREDIA, *La teología en la
Universidad de Alcalá;* Rev. Esp. de Teología 5 (1945) 145ss 405; ID., *Catedráticos de S. Escritura en Alcalá en el siglo XVI:* La Ciencia Tomista 18 (1918) 140-55; URRIZA, *La preclara Facultad de Artes y Filosofía de la Universidad de Alcalá en el siglo de oro (1508-1621);* A. MARTÍ-
NEZ ALBIACH, *La Universidad complutense según el cardenal Cisneros (1508-1543)* (Burgos
1975); A. TORRE DEL CERRO, *La U. de Alcalá. Datos para su estudio, cátedras y catedráticos desde
la inauguración... hasta 1519:* Rev de Archivos, Bibliotecas y Museos 20 (1909) 412-23;
1527-28, en homenaje a Menéndez Pidal, III p.367-68; M. ANDRÉS, o.c., 32-41 63-76 365ss;
MARIANO REVILLA, *La Poliglota de Alcalá* (Madrid 1917); F. PÉREZ DE CASTRO, *Biblias poliglotas:*
Scripta Theologica 2 (1970) 513-20; ID., *El manuscrito apologético de Alfonso de Zamora* (Madrid
1950); LORENTE PÉREZ, *Biografía y análisis de las obras de matemática pura de P. Sánchez Ciruelo*
(Madrid 1921).

las Escuelas; tratados *De iustitia et iure* y *De legibus*. Teología dogmática, moral y mística se basan en la búsqueda de Dios a través de la creación, especialmente del hombre, en cuanto imagen del Hacedor y partícipe de una naturaleza común a todos los seres racionales.

La escuela de Salamanca acepta el reto de la intelectualidad de su tiempo. Por ello se plantea el problema del método y fuentes teológicas: el del hombre y sus derechos personales, sociales y eclesiales, en tiempo de paz y de guerra, sea español o indio, blanco o negro, cristiano viejo o nuevo, viva en Europa o en América; y, finalmente, el de la escolástica, atacada a la vez por humanistas, luteranos y místicos y desdibujada por la herencia del verbosismo.

La escuela de Salamanca, a través de Vitoria, sustituye los *libros de las Sentencias,* de Pedro Lombardo, por la *Suma teológica,* de Santo Tomás, y camina desde la justicia al derecho, no a la inversa, como se hacía en la época anterior. Esta decisión responde a su preocupación por la moral, óptimamente arquitecturada en la *Suma teológica*. Ellos rompen la separación entre teología y vida, ya iniciada por Juan de Segovia, el Tostado y Diego de Deza.

Tienen conciencia de escuela: distinguen a antiguos, modernos y nosotros. Algunos, como Domingo de Soto, nacieron y crecieron dentro de la vía nominal y se formaron en Alcalá. Pero más tarde aceptaron como maestro venerado a Santo Tomás, sin miedo a apartarse de él cuando había razones suficientes. Así hermanaron tomismo y nominalismo.

Las clases se dictaban. De ahí la abundancia de manuscritos y reportaciones. En el convento de San Esteban, alma de la Facultad de Teología durante más de un siglo, se transmitían los manuscritos de los profesores, como reconocen Bartolomé de Medina y Domingo de Báñez.

Existe en la escuela una clara armonía entre tradición y progreso. No rompe con el mundo medieval, si bien en sus obras lo critican desde todos los puntos de vista doctrinales y prácticos. Su gloria más grande consiste en la erradicación definitiva del verbosismo, en la elaboración de un nuevo método teológico, en la renovación de la teología dogmática y moral, en haber creado el derecho internacional.

El artífice de esta obra fue Francisco de Vitoria (c.1492-1546), formado humanísticamente, acaso, en Burgos, teológicamente en París, profesor en San Gregorio, de Valladolid, y en Salamanca (1526-46). En él se han cifrado, como en síntesis y bandera, todas las conquistas de la escuela. Es llamado, con justicia, «praeceptor Hispaniae». Pero recibió en Salamanca una rica herencia y tuvo la fortuna de un grupo privilegiado de discípulos extraordinarios, los cuales perfeccionaron no pocos aspectos de su magisterio. Fue un pedagogo fuera de serie.

Su teología resulta inseparable de su visión moral y pastoral. Con facilidad y tino lleva la ciencia a aplicaciones prácticas. Tuvo la valentía de plantear el problema de la conquista de América en sus clases. De ellas nació adulto el derecho internacional, fruto de la fecundidad de su magisterio. El no publicó nada. Las *Relecciones* vieron la luz en Lyón

(1557), y el *Confesional,* en Medina (1569). Los apuntes de clase sobre sacramentos, en 1560, y su *Comentario a la «Suma teológica»,* en nuestros días.

La escuela por él fundada se extendió rápidamente por toda España, Italia, Portugal, Francia y América. Andrés de Tudela, Martín de Ledesma, Melchor Cano, Barrón, Chaves y Domingo de Cuevas la llevaron a Alcalá, Valladolid, Sevilla, Sigüenza y Santiago de Compostela. Francisco de Toledo, al Colegio Romano; Lesio, a Lovaina; Gregorio de Valencia y Juan Maldonado, a Ingolstadt y París; Diego Alvarez y Tomás de Lemos, a la *Sapienza,* de Roma; Alonso de Veracruz, a México; algunos de los profesores de las primeras generaciones de Evora y Coímbra fueron alumnos de Vitoria. Observemos que entre ellos hay dominicos, jesuitas, agustinos y clero secular. Se suele distinguir primera y segunda escuela de Salamanca.

La línea divisoria se coloca en torno a 1580, con el pujante resurgir de las escuelas teológicas. A la primera pertenecen Francisco de Vitoria, Domingo de Soto y sus discípulos inmediatos: Cano, Mancio, Barrón, Cuevas, Chaves, Andrés de Tudela, Martín de Ledesma, Tomás Manrique, Pedro Guerrero, Bartolomé de Torres, Francisco de Mendoza, Andrés Vega, Alfonso de Veracruz, Alfonso de Castro, Martín Pérez de Ayala, Gaspar de Torres, Diego de Covarrubias, Gregorio Gallo y otros [36].

Los tres hombres más preclaros son Francisco de Vitoria, Domingo de Soto, renovador de la moral con su tratado *De iustitia et iure,* y Melchor Cano, codificador y estructurador del método empleado en la escuela. La aportación más importante acaso sea el estatuto de la teología y del teólogo.

[36] La bibliografía sobre la escuela de Salamanca es amplísima, lo mismo en lo referente a su historia que a estudios doctrinales y a manuscritos. Véase bibliografía selecta en M. ANDRÉS, o.c., II p.371-82.

Manuscritos: BELTRÁN DE HEREDIA, *Hacia un inventario analítico de manuscritos de la escuela de Salamanca (siglos XV-XVII) conservados en España y en el extranjero:* Rev. Esp. de Teología 3 (1943) 59-85; ID., *Los manuscritos del maestro Francisco de Vitoria* (Biblioteca de Tomistas Españoles, IV) (Madrid-Valencia 1928); EHRLE-MARCH, *Los manuscritos vaticanos de los teólogos salmantinos del siglo XVI* (Madrid 1930) y artículos de Stegmüller, J. Vives, S. González Rivas, Rius Serra, J. Blázquez, Lamadrid, M. Andrés...

Historia: PÉREZ GOYENA, *Las escuelas teológicas españolas:* Razón y Fe 65 (1923) 57-64 215-35; J. B. GENER, *Schollastica vindicata. I. Prodromus continens schollasticae theologiae historiam...* (Génova 1766); J. CUERVO, *Historiadores del convento de San Esteban* (Salamanca 1914-15), 3 vols.; F. PELSTER, *Zur Geschichte der Schule von Salamanca:* Gregorianum 12 (1931) 303-13...

Monografías doctrinales teológicas: Aparte de las jurídicas, que son numerosísimas y tratan del derecho internacional, Stegmüller ha estudiado la doctrina de la gracia; Deuringer, la caridad; Pozo, el progreso dogmático; él y L. Martínez, las fuentes para el estudio del método teológico; Mori, el motivo de fe; Urdánoz, la fe explícita; Sánchez Arjona, la certeza de la esperanza cristiana; M. Peinado, la voluntariedad del pecado, etc.

Sobre Vitoria: L. G. ALONSO GETINO, *El Maestro F. de V. Su vida, su doctrina, su influencia* (Madrid 1930); BELTRÁN DE HEREDIA, *F. de V.* (Barcelona-Madrid 1930); B. de SAN JOSÉ, *El dominico P. Maestro F. de V. y Compludo* (Burgos 1946); R. G. GONZÁLEZ, *F. de V. Estudio bibliográfico* (Buenos Aires 1946); R. G. VILLOSLADA, *La Universidad de París en tiempo de F. de V.* (Roma 1938); J. I. TELLECHEA, *F. de V. y la reforma católica:* Rev. de Derecho Canónico 12 (1957) 13-48; STEGMÜLLER, *F. de V. y la doctrina de la gracia en la escuela de Salamanca* (Barcelona 1948); P. LETURIA, *Maior y V. ante la conquista de América:* Razón y Fe 11 (1932); J. DE JESÚS MARÍA, *¿Vitoria conciliarista?:* Ephemerides Carmeliticae 1 (1947) 103-48.

c) **La segunda escuela de Salamanca. El grupo de Báñez y de los llamados «tomistas rígidos»**

El convento de San Esteban, de Salamanca, monopolizó la cátedra de prima de la Facultad de Teología durante todo el siglo XVI. Hubo, además, cuatro profesores en la de vísperas, pertenecientes al mismo convento, que ocuparon la cátedra desde 1532 a 1565, cuando la ganó el agustino Juan de Guevara. Durante muchos años, la Facultad de Teología estuvo pendiente del convento de San Esteban. Así se explica que sea la casa religiosa que ofrendó mayor número de Padres y teólogos al concilio de Trento: ocho. Aportación única en su tiempo y no sé si repetida alguna vez en ocasiones similares a lo largo de la historia. Solamente dos colegios mayores le superaron: el de San Ildefonso, con 14 asistentes, y el del Salvador, con 12 (acaso 16). El de San Bartolomé le igualó con ocho.

Al concluir el concilio, ascender Mancio a la cátedra de prima y perder los dominicos la oposición a la de vísperas, algo se endureció dentro de los muros de San Esteban y de toda la nación. Yo diría que asistimos al cambio de la sociedad española ante el protestantismo, que he estudiado con amor en *La teología española del siglo XVI;* al tránsito de la política de mano abierta a la de mano dura. En la escuela de Salamanca se refleja este cambio y crisis en un tomismo y aristotelismo más rígidos y combativos, en una mayor adhesión a Cayetano y en una teología menos bíblica, menos humanista.

Algunos autores exageran el influjo de Cayetano en la primera escuela de Salamanca. Otros ponen la gloria de la escuela en haber conciliado a Erasmo con Cayetano, en conjugar el elemento positivo y especulativo, uniéndolos en la metodología de Cano. Pero la primera escuela no erasmiza, haciendo una teología de pura exégesis evangélica y paulina; ni cayetaniza, haciendo metafísica moral y dogmática; ni aristoteliza, a base de los tratados *De causis* y *De relationibus.* Se enfrenta con los problemas del hombre y de los hombres.

Aquí es donde surge el cambio entre la primera y segunda escuela de Salamanca, acaso como reacción en contra del antiaristotelismo y antiescolasticismo de Lutero, cuando el protestantismo, como fenómeno social, quiso hacerse presente en Sevilla, Valladolid y sus alrededores. He aquí una anécdota significativa acaecida entre Sánchez de las Brozas y Mancio poco antes de morir éste († 1575). El Brocense dijo en su clase que Aristóteles no sabía lo que decía en la definición de retórica. Mancio reaccionó así: «Eso es herejía, porque Santo Tomás está fundado en Aristóteles, y nuestra fe, en Santo Tomás; luego reprobar a Aristóteles es decir mal de nuestra fe».

Esta anécdota puede expresar esa acentuación de lo escolástico y de lo filosófico. De hecho, Bartolomé de Medina y Domingo de Báñez se distinguen por la acentuación de lo filosófico, de lo escolástico, de lo psicológico, de lo metafísico. Así se explica que durante el magisterio de Báñez en la ciudad del Tormes (1580-1604) se suscitase una disputa sobre la conveniencia de fundar cátedras de metafísica o de seguir enseñándola en todas las asignaturas de la Facultad de Artes y de Teología. De hecho, entre 1580-1600 aparecieron las tres primeras sistematizaciones españolas de metafísica, debidas a Diego de Mas, O.P. (1587), Francisco Suárez y Diego de Zúñiga. Esto repercutió hondamente en la metodología teológica.

En la segunda escuela de Salamanca se ilustran con profundidad muchos temas referentes a la naturaleza y efectos de la libertad humana y de la ciencia y presciencia divinas vistas desde las coordenadas de la antropología. Esta segunda escuela es llamada, a veces, bañecianismo, por haberse estructurado en torno a Domingo de Báñez y a las disputas sobre la armonización de gracia y libre albedrío. También se la conoce como «tomismo rígido». Ella congeló en España el desarrollo de la teología positiva, que en Europa alcanzó la cima con el jesuita Petau (†1652) y el oratoriano Tomassin (†1695), y desarrolló en exceso los aspectos escolásticos y filosóficos, en los que encontraron cauce las grandes disputas teológicas de la época.

A la escuela segunda de Salamanca pertenecen Báñez (†1604), Bartolomé de Medina (†1580), Pedro de Ledesma (†1616), Pedro de Herrera (†1625), Francisco de Araújo (†1648), Tomás de Lemos (†1629)... y otros muchos autores del siglo XVII, dominicos, carmelitas, mercedarios y de otras órdenes religiosas [37].

d) El grupo Molina-Vázquez-Suárez y la escuela jesuítica

La Compañía de Jesús irrumpió con fuerza incontenible en el campo de la docencia de las humanidades y de la teología gracias a la Universidad de Gandía (1546), a sus colegios de Alcalá, Salamanca, Valladolid y otras muchas ciudades y centros académicos y a su magisterio en las universidades. Sus teólogos más destacados florecen a partir de 1560, salvo Laínez y Salmerón, que se acreditan ya en las dos primeras convocatorias del concilio Tridentino. Pronto los colegios recibieron una estructura en lo que concierne a la ordenación y orientación de los estudios teológicos en la *Ratio Studiorum* y en las *Constituciones*. «En teología leeráse el Viejo y el Nuevo Testamento y la doctrina escolástica de Santo Tomás; y de lo positivo escogerse han los que más convienen a nuestro fin... Para teología el curso será de seis años» (*Constituciones* p.4.ª).

Los jesuitas no tienen, inicialmente, modo común de pensar ni de orar. Pronto sienten la necesidad de ambas cosas. La primera se produce y robustece de modo sistemático en torno a la teoría de Luis de Molina sobre la *concordia* entre el libre albedrío y la gracia divina. El molinismo fue acogido como sistema propio por la Compañía de Jesús en un intento nobilísimo de concordar la libertad con la presciencia divina,

[37] BELTRÁN DE HEREDIA, *Domingo Báñez y las controversias sobre la gracia. Textos y documentos* (Madrid 1968); F. JORDÁN SALVADORES, *La aparición de las primeras metafísicas sistemáticas en la España del siglo XVI: Diego de Mas (1587), Francisco Suárez y Diego de Zúñiga (1597)*: Escritos del Vedat 3 (1973) 91-162; BELTRÁN DE HEREDIA, *El maestro Mancio de Corpus Christi*, en *Miscelánea Beltrán de Heredia* II p.363-446.

e indirectamente con la gracia. Molina destaca un concepto de libertad de arbitrio pleno y perfecto, y entraña un paso importante en orden a resaltar la plena responsabilidad de la persona humana, que tan hondamente caracteriza al hombre moderno. Total libertad y responsabilidad del hombre ante Dios y ante los demás. Molina fue un paladín de la libertad. La Compañía entendió que esta teoría enlazaba mejor con su espiritualidad, encarnada en el libro de los *Ejercicios espirituales,* de su santo fundador, que tan profundamente plantea la ascesis del vencimiento propio y de la elección de estado.

Los teólogos jesuitas se centran en torno a Molina († 1600), Francisco de Toledo († 1596), Juan de Maldonado († 1583), Francisco Suárez († 1617). Pertenecen a las últimas décadas del siglo XVI y al siglo XVII. Recordemos, entre otros, a Azor († 1603), Mariana († 1624), Diego Ruiz de Montoya († 1632), Juan Martínez de Ripalda († 1648)... Scoraille describe los encuentros entre Suárez y Vázquez [38].

e) La escuela agustiniana de Salamanca

Tiene representantes conspicuos, pero independientes, en el siglo XV. Como escuela surgen de la reforma de los estudios, hecha en el capítulo de Dueñas (1541) y propiciada desde algunos años antes en Salamanca por Santo Tomás de Villanueva, formado en Alcalá y lector del *Libro de las Sentencias* en el convento de San Agustín, de la ciudad del Tormes.

Los efectos del capítulo de Dueñas fueron tardíos, pero importantes. En 1544, la Orden no podía ofrecer ningún teólogo para el concilio Tridentino, salvo Tomás de Villanueva. Treinta años más tarde había cambiado el panorama. He aquí sus principales representantes: Juan de Guevara (1518-1600), Pedro de Uceda y Guerrero († c.1586), Luis de León (1527-91), Pedro de Aragón († 1592), Alfonso de Mendoza († 1596), Diego de Zúñiga († 1596), Cristóbal de Santotís († 1611), Gregorio Núñez de Coronel († 1620), secretario de las congregaciones *de auxiliis;* Juan Márquez († 1621), Agustín Antolínez († 1626), Basilio Ponce de León († 1629)...

Los caracteriza una ligera inclinación al nominalismo a principio del siglo XVI, trocada más tarde por tomismo, cada vez más empapado de agustinismo. Florecen en ella grandes cultivadores de la exégesis: Dionisio Vázquez, Luis de León, Gudiel, Uceda, Antolínez... No enlazan directamente con la escuela agustiniana clásica de Gil de Roma, Agustín de Triunfo, Tomás de Estrasburgo y Gregorio de Rímini. También

---

[38] P. LETURIA, *Estudios ignacianos* (Roma 1957), 2 vols., que contienen sus artículos sobre por qué la Compañía se convirtió en Orden enseñante, pedagogía humanista de San Ignacio, *Ratio Studiorum* y otros; *Obras completas de San Ignacio:* BAC vol.86; especialmente el capítulo correspondiente a los colegios en las *Constituciones* y las *Reglas para los estudiantes;* J. AICARDO, *Comentario a las constituciones de la Compañía de Jesús* (Madrid 1919) vol.3; ASTRAIN, *Historia de la Compañía de Jesús en la Asistencia de España* (Madrid 1912-25), 7 vols.; SCORRAILLE, *François Suárez* (París 1911); M. ANDRÉS, o.c., I p.174-97; II 457-60; *Archivum Historicum Societatis Iesu* ofrece bibliografía de modo exhaustivo y constante desde 1932.

cuentan con importantes moralistas y con tres tratadistas importantes de metodología: Villavicencio, Diego de Zúñiga y Vicente Montañés. Fray Luis de León y su sobrino Basilio Ponce de León contribuyeron de modo sistemático a elaborar la doctrina sobre la delectación *victrix* [39].

f) Otros grupos menores. La escuela franciscana

Aquí habría que agrupar a franciscanos, carmelitas, mercedarios, benedictinos, autores independientes. Me fijaré en los primeros.

La Orden franciscana cultivó el escotismo, el bonaventurismo y el lulismo. Cisneros trató de impulsar los estudios en la Orden primeramente con dos proyectos en Sevilla, que fracasaron, y luego en Alcalá con el Colegio de San Pedro y San Pablo. Pero no alcanzó de momento la meta apetecida. Los franciscanos abandonaron casi totalmente la docencia universitaria en Alcalá en 1520, y en Valencia en 1525. La cátedra de Escoto corrió peligro de desaparecer en Salamanca en 1552 y redujo ese mismo año en Alcalá el número de clases, ya que desapareció la cátedra menor del Doctor Sutil por su escasa aceptación entre el alumnado. En Valencia no fue repuesta la cátedra de Escoto al morir Celaya en 1558. El había explicado la teología por el método de las tres vías durante más de un cuarto de siglo, dentro de una corriente que aplicó ese método a la lógica, a la metafísica y a la teología.

La reorganización de los estudios se abre paso a partir de la escisión de 1517 entre los observantes en los capítulos generales de 1526 y 1529. Este último autoriza de nuevo a cada provincia a enviar dos sujetos al estudio general de París. El de Salamanca de 1553 ordena a cada provincia montar estudios de gramática, lógica, física y teología, y obliga a leer gramática (humanidades) a quienes se lo encomiende el capítulo general; el de Roma de 1571 determina suprimir o reducir a la categoría de simple custodia a la provincia que no organice y mantenga al menos tres casas de estudio: para formación humanista, filosófica y teológica.

En una junta de superiores tenida en Medina del Campo en 1560, se ordena que «de aquí adelante no se lea en los estudios de artes sino curso y libros de Escoto y de los nominales, pues que son nuestros doctores; así lo manda nuestro Padre por obediencia, por cuanto es más conveniente para la teología que en nuestra religión se suele y debe

[39] D. GUTIÉRREZ, *Del origen y carácter de la escuela hispano-agustiniana en los siglos XVI-XVII:* La Ciudad de Dios 153 (1941) 227-55; U. DOMÍNGUEZ, *Carácter de la teología según la escuela agustiniana de los siglos XIII-XX:* La Ciudad de Dios 162 (1950) 229-61; D. GUTIÉRREZ, *Noticia historica antiquae schollae aegidianae. De origine et progressu huius scholae:* Analecta August. 18 (1941) 39-47; S. MUÑOZ IGLESIAS, *Fray Luis de León, teólogo* (Madrid 1950); A. CAÑIZARES, *Santo Tomás de Villanueva, testigo de la predicación española* (Madrid 1975); M. VILLEGAS, *Teólogos agustinos españoles pretridentinos:* Repertorio de Hist. de las Ciencias Ecles. en España 3 (1971) 321-59; B. DIFERMANN, *Estudio específico del derecho natural y del derecho positivo según los clásicos agustinos españoles del siglo XVI:* La Ciudad de Dios 169 (1956) 153-284; ID., *La Orden agustiniana y los estudios jurídicos en la época clásica española:* Anuario de Historia del Derecho Español 25 (1925) 775-90; D. GUTIÉRREZ, *La escuela agustina desde 1520 a 1650:* La Ciudad de Dios 176 (1963) 189-234; I. MONASTERIO, *Místicos agustinos españoles* (El Escorial 1929); M. ANDRÉS, o.c., I p.140-58.

leer». Así renace con pujanza la escuela escotista y bonaventuriana en el seno de la Orden, que con constancia va desbrozando Isaac Vázquez.

En la primera parte del siglo XVI se distinguieron como teólogos Andrés Vega, Alfonso de Castro, Antonio de Córdoba, Luis de Carvajal, Luis de Alcalá y Miguel Medina, que aúna, como pocos teólogos del XVI, teología y humanismo [40].

g) Los biblistas y sus problemas. Encuentro entre teólogos y hebraístas

El 17 de junio de 1546, el concilio de Trento mandó instituir cátedras de Sagrada Escritura en las facultades de teología. En España existía ya en Salamanca desde su organización definitiva (1416); en Alcalá, desde 1532, y en Valladolid, desde 1542. El decreto encontró terreno bien abonado y profesores idóneos gracias a las cátedras de lenguas de Salamanca y de Alcalá, a la *Poliglota* y al colegio trilingüe de la ciudad del Henares.

En la segunda parte del siglo XVI aparece una línea tenue de exégesis protestante entre los españoles emigrados: Francisco Encinas, Casiodoro de Reina, Hernando de Jaraba, Cipriano de Valera, Juan Pérez de Pineda. Quien quiera estudiarla acuda a Usoz, Böhmer, Menéndez Pelayo, Forster, Stockwell, Enrique Fernández, Kinder, Bataillon y otros.

Me fijo solamente en la exégesis católica, que, gracias al estudio de las lenguas sacras, llega pronto a situar el sentido literal en su debido puesto. Dentro de esta orientación componen sus obras, inicialmente, Antonio de Honcala (1484-1565), el franciscano Gregorio Gutiérrez Trejo y, sobre todo, Gaspar Grajal († 1575), Alonso de Gudiel († 1573), Lorenzo de Villavicencio, los hermanos Gregorio († 1579) y Juan Gallo († 1575). Son las primeras realizaciones de algo que había de alcanzar talla extraordinaria a partir de la publicación de la gran metodología bí-

---

[40] ANGEL ORTEGA, O.F.M., *Las casas de estudio de la Provincia de Andalucía* (Madrid 1917) p.194; M. BRLEK, *De evolutione iuridica studiorum in ordine minorum ab initio ordinis usque ad annum 1517* (Dublovnik 1942); LEJARZA URIBE, *Las reformas en los siglos XIV-XV. Introducción a los orígenes de la Observancia en España* (Madrid 1958); BERTINATO, *De religiosa iuventutis institutione in ordine fratrum minorum. Studium historico-iuridicum* (Roma 1954); WADDING, *Annales Minorum* (Ad Claras Aquas 1931ss); DE DE CAYLUS, *Ximénes créateur du mouvement théologique espagnol:* Études franciscaines 19 (1908) 449-59.641-50; 20 (1908) 41-54; ID., *Merveilleux épanouissement de l'école escotiste au XVIIᵉ siècle;* Études Franciscaines 24 (1910) 5-21,493-502; I. VÁZQUEZ, *La enseñanza del escotismo en España,* en *De doctrina Ioannis Duns Scoti. Studia Scholastico-scotistica* (Roma 1968) IV p.191-220; OROMÍ, *Los franciscanos en el concilio de Trento:* Verdad y Vida 4 (1946) 87-108 301-18 437-510; M. ANDRÉS, o.c., 82-118; II p.449-53; S. CASTILLO, *Alfonso de Castro y el problema de las leyes penales* (Salamanca 1941); M. RODRÍGUEZ MOLINERO, *Origen español de la ciencia del derecho penal. A. de Castro y su sistema penal* (Madrid 1959); I. VÁZQUEZ, *Ensayo bibliográfico sobre Andrés Vega:* Liceo Franciscano 2 (1949) 161-68; A. LAMELA, *Aportación bibliográfica en torno a fray Alfonso de Córdoba:* Liceo Franciscano 6 (1953) 179-207; S. PRATTI, *Antonii Cordubensis de conscientia cum speciali relatione ad probabilismum* (Trento 1952); M. CASTRO, *Manuscritos franciscanos en la Biblioteca Nacional de Madrid* (Valencia 1973); I. VÁZQUEZ, *El arzobispo Juan de Rada y el molinismo:* Verdad y Vida (1962) 351-96; ID., *Fray Juan de Cartagena (1563-1618). Vida y obras:* Antonianum 39 (1964) 243-301; B. DE ARMELLADA, *Dos teólogos franciscanos del siglo XVI ante el problema del sobrenatural: Liqueto y Rada:* Rev. Española de Teología 19 (1959) 373-421.

blica de Martín Martínez Cantalapiedra y de los *Comentarios* de Maldonado.

Libri decem hypotyposeon theologicarum sive regularum ad intelligendum Scripturas divinas (Salamanca 1582), equivale, en el campo de la exégesis, a *De locis theologicis,* de Melchor Cano, en el del dogma y moral. Fue prologado en 1563, año transcendental desde el punto de vista de la historia del método en España. La edición de 1583 salía a luz purgada de los pasajes censurados por la Inquisición y amparada contra futuros pleitos después de las graves tormentas pasadas gracias al aval de Juan de Guevara, Báñez, Ribera, Uceda y el doctor Caño, magistral de Salamanca.

La metodología bíblica de Cantalapiedra no es un conjunto desordenado de reglas de interpretación de la Sagrada Escritura, sino una obra básica de primera mano que estructura una introducción moderna y completa de la Biblia y termina describiendo al teólogo del futuro. El tenía conciencia clara de la transcendencia de quehacer. «A mí, que, a juicio de todo el mundo, he dado forma cómo se entienda la divina Escritura, el premio ha sido destruir mi vida, honra, salud y hacienda». El largo proceso inquisitorial que hubo de sufrir terminó en absolución, como el del autor de los *Nombres de Cristo.*

En realidad, los procesos contra los biblistas y hebraístas fueron apasionados y crueles en algunos casos, como en el de Gudiel. Todo fue consecuencia del enfrentamiento entre hebraístas y escolásticos en la década 1570-80. Los principales protagonistas fueron Bartolomé de Medina y León de Castro, por un lado, y Cantalapiedra y Luis de León, por otro. Los hebraístas basan sus explicaciones en los originales hebreo y griego. Por ello son acusados de judaizar y de despreciar el decreto del concilio Tridentino, que manda considerar como auténtico el texto de la Vulgata. Sobre la Inquisición martillea el estribillo de que Salamanca hierve de judaizantes.

Todo se agudizó en 1569 por causa de una instancia a la Inquisición del editor Gaspar de Portonariis para publicar la llamada *Biblia de Vatablo.* El Santo Oficio confió el asunto a Francisco Sancho, el cual convocó una junta de teólogos en la que participaron Juan Gallo, Bartolomé de Medina, dominicos; Luis de León, Gaspar Grajal y Juan de Guevara, agustinos; Martínez Cantalapiedra, Francisco Sancho, León de Castro y otros. En ellas se apuntaron dos tendencias irreconciliables: la de la escolástica rígida, que se abraza con la Vulgata y con las interpretaciones morales, alegóricas y anagógicas de tradición medieval, y la de los hebraístas, quienes para resolver los problemas exegéticos acuden al texto hebreo y griego, a las versiones griegas y siríacas, a las paráfrasis y a San Jerónimo.

Entre los hebraístas, llamados despectivamente judaizantes, se cuentan Grajal, Gudiel, Luis de León, Cantalapiedra, Arias Montano, el P. Sigüenza. Son los fundadores de la exégesis moderna, anteriores a Ricard Simon, Juan Morin y Luis Cappel. Ellos recogieron la rica herencia de la exégesis judía. Contra ellos formaron bloque compacto

León de Castro, hombre tozudo y anormal, y algunos dominicos de San Esteban, como Juan Gallo y Bartolomé de Medina. León de Castro, en su comentario a Isaías [41], habla de rabinos judaizantes, sinagogos... Toda la Universidad vibró al compás de la pasión desatada en las juntas, que duraron hasta 1571.

En conjunto, el balance fue negativo para el desarrollo de la escolástica, que se hizo menos positiva, y de la exégesis, que quedó malherida en los estudios hebraicos. Al cerrarse estos procesos se desarrolla la edad de oro de la exégesis española: los jesuitas Juan Maldonado († 1583), Francisco Ribera († 1591), Jerónimo Prado († 1595), Juan Bautista Villalpando († 1608), Francisco de Toledo († 1595)...; los agustinos Luis de León, Grajal, Gudiel...; seculares como Arias Montano.

Como broche del siglo, en el aspecto bíblico salió a luz la *Poliglota Regia*, de Arias Montano, de Plantino y de Amberes, que con los cuatro nombres se la designa. Felipe II, Arias Montano y Plantino la posibilitaron. Consta de ocho volúmenes. Arias Montano, como director responsable, aportó saber y autoridad, y consiguió el respaldo de Gregorio XIII, a pesar de la viva oposición del grupo escolástico y antihebraísta, capitaneado por León de Castro. Además trabajó en varias partes de los volúmenes VI, VII y VIII, que él llamó «apparatus», especialmente en el VI y VII. La crítica objetiva y serena del P. Mariana sobre la *Poliglota* de Amberes se entiende mejor a la luz del encuentro entre hebraístas y teólogos dogmáticos.

[41] LEÓN DE CASTRO, *Commentaria in Esaiam prophetam... adversus aliquot Commentaria et interpretationes quasdam ex rabinorum scriniis copulatam... Est opus totum argumentorum quo adversus iudaeorum nationem rebellem...* (Salamanca 1570). El título es suficientemente expresivo; no menos lo es el prólogo.

Bibliografía: J. DE ALBIZU, *La Escritura y tradición en los franciscanos españoles del siglo XVI:* Verdad y Vida 21 (1963) 61-119; F. LÓPEZ, *La multiplicidad de sentidos literales según los autores españoles (1530-1560):* Archivo Teológico Granadino 10 (1947) 395-419; R. CRIADO, *El concilio de Trento y los estudios bíblicos:* Razón y Fe 13 (1945) 151-87; K. REINHART, *Die Biblischen Autoren Spanien bis zum Konzil von Trient* (Salamanca 1976); C. GANCHO, *La Biblia en Alfonso Castro:* Salmanticensis 5 (1958) 328ss; F. CERECEDA, *Un profesor desconocido de Suárez; el biblista Martín Martínez de Cantalapiedra:* Estudios Eclesiásticos 22 (1948) 583-91; MIGUEL DE LA PINTA LLORENTE ha publicado varios procesos inquisitoriales de biblistas: *Proceso inquisitorial contra el maestro Gaspar de Grajal* (El Escorial 1935); *Investigaciones sobre el biblista Gaspar de Grajal* (1936); *Causa criminal contra el biblista Alfonso Gudiel* (1942); *Proceso criminal contra el hebraísta Martín Martínez Cantalapiedra* (Madrid 1946); M. DE LA PINTA LLORENTE y A. TOVAR , *Procesos inquisitoriales contra Francisco Sánchez de las Brozas* (Madrid 1941); F. CERECEDA, *Dos proyectos de institutos bíblicos en España en el siglo XVI:* Razón y Fe 133 (1946) 275-90; J. C. VILLANUEVA, *De la lección de la S. Escritura en lenguas vulgares* (Valencia 1791); ENCISO, *Prohibiciones españolas de las versiones bíblicas en romance antes del Tridentino:* Estudios Bíblicos 3 (1944) 523-60; ENRIQUE FERNÁNDEZ Y FERNÁNDEZ, *Historia de las biblias castellanas del siglo XVI* (Miami [Editorial Caribe] 1976); E. REY, *Censura inédita de J. Mariana a la «Poliglota de Amberes»:* Razón y Fe 155 (1957) 525-48; F. PUZO, *El doble sentido literal del P. Juan de Azor:* Analecta Gregoriana 68 (1954) 275-79; J. VILNET, *La Biblia en la obra de San Juan de la Cruz* (Buenos Aires 1953); BATAILLON, *Erasmo y España* v.II p.141-51; M. ANDRÉS, o.c., II 629-36; STOCKWEL, *Prefacios a las biblias castellanas del siglo XVI* (Buenos Aires 1950); J. I. TELLECHEA, *Metodología teológica de Maldonado* (Vitoria 1954).

CAPÍTULO IV

ALGUNAS APORTACIONES DE LOS TEOLOGOS ESPAÑOLES A LOS GRANDES PROBLEMAS DE LA IGLESIA, DE LA SOCIEDAD Y DEL HOMBRE

«El oficio y quehacer del teólogo es tan vasto, que ninguna materia, disputa ni problema resulta ajeno a su profesión y enseñanza», dice Francisco de Vitoria al principio de su relección sobre la potestad civil. Siempre puede proyectar la luz de la revelación sobre los problemas humanos, o al menos intentarlo. La variedad y amplitud y complejidad de éstos entraña la dificultad de ser teólogo y la escasez de su número. El estatuto del teólogo, como iluminador de la interioridad personal y expresión de la conciencia de la sociedad, injertó al teólogo español en el centro mismo de la vida individual y social, económica y espiritual, nacional e internacional. Su prestigio fue grande en los Consejos Reales y en diversas comisiones y juntas especiales. Aún hoy, teólogos como Vitoria, Soto y Cano no desmerecen al lado de políticos, conquistadores y economistas como Carlos V, Hernán Cortés y Fugger. Ese prestigio lo ganaron a pulso a lo largo de más de un siglo. La equidad, justicia y derecho subieron muchos puntos en el terreno del pensamiento y de la acción gracias a sus continuas y acertadas intervenciones.

1. EL PROBLEMA DEL PODER DEL PAPA. CONCILIARISMO Y ECLESIOLOGÍA EN EL SIGLO XV

Tres hechos traspasan la cultura del siglo XV: el nominalismo, el humanismo y los primeros pasos del Estado moderno. Dos hechos pesan de modo decisivo sobre la Iglesia en el mismo período: la disputa sobre el poder del papa y el problema de los judíos y conversos. ¿Cómo afrontaron los teólogos españoles estos problemas?

El estudio de la idea del papa como jefe no sólo de la Iglesia, sino también del pueblo cristiano, es de los más deslumbrantes en los siglos XIII y XIV, lo mismo si se le analiza desde el ángulo de un solo cuerpo, que sería monstruoso constase de dos cabezas, que desde la *plenitudo potestatis*, que tiende a dar al papado un poder ilimitado, incluso de carácter temporal, por ser vicario de Cristo. De aquí arranca, a la vez, la tarea de los defensores de la suprema potestad total, de las sectas espirituales que combaten a la Iglesia, dominada por reivindicaciones de poder, y el movimiento de los señores temporales, que defienden sus derechos frente a las intromisiones temporalistas del papado. Así quedó planteado el problema del poder del papa.

Una corriente teológica maximalista defiende la plenitud de ese poder. La encarnan Mateo de Aquasparta, Gil de Roma, Santiago de Viterbo, Agustín de Triunfo, Alvaro Pelagio. Frente a ella se perfila la dirección extrema de Marsilio de Padua, Ockam, Wiclef y Hus. El cisma desarrolla esta corriente de oposición al poder absoluto e incondicionado papal en la tesis concialiarista o de dominio del concilio sobre el papa. También apunta una sentencia media, propiciada principalmente por Juan Quidort y Pedro Palude. Juan de Segovia (c.1395-1458), profesor de teología en Salamanca y orador de esta Universidad en el concilio de Basilea, es el representante doctrinal y práctico más destacado del conciliarismo español. Nuestra teología del XV cuenta con dos figuras gigantes sobre temas eclesiásticos: Juan de Segovia y Juan de Torquemada. La obra del primero, conservada en manuscritos repartidos por casi toda Europa [42], no ha sido objeto de un estudio exhaustivo. ¡Lástima no exista en Salamanca o en España un centro que propicie la investigación sobre su figura! Su doctrina eclesiológica parte de este cocepto: la Iglesia es una sociedad espontánea y universal de criaturas racionales, fundada por Dios inmediatamente para vivir eterna y felizmente bajo la cabeza de Cristo, heredero de todas las cosas. La Iglesia existe desde el momento de la creación de los ángeles. Cristo, a partir de la encarnación, se constituye en cabeza de la Iglesia, como Dios y como hombre; de la humana o peregrinante, en cuanto Dios y hombre; de la angélica, de modo perfecto en cuanto Dios, e imperfecto, en cuanto hombre. Para Segovia existe, según esto, un doble concepto de Iglesia: humano y angélico.

La Iglesia terrestre es reflejo de la celeste. Dios concede a la Iglesia, como preciada dote, la suprema potestad para establecer el reino de Dios. Cuando, legítimamente congregada, emite su voto, ya no cabe recurso. El poder dado por Cristo a cada uno de los Doce se conjuga con el dado a Pedro y sus sucesores. Ambos se complementan de modo solidario y complementario en el papa y en el concilio. Cuando surge el conflicto, no es la Iglesia la que debe someterse al papa, sino viceversa. Pedro está obligado a someterse a juicio. Si no acepta el veredicto, puede ser depuesto. Lo legislativo lo reserva al concilio, y lo ejecutivo al

---

[42] He aquí algunas de sus obras de contenido eclesiológico: *Tractatus super praesidentia in Concilio Basileensi* (1434), Vat. lat. 600 y 4117; *De auctoritate Ecclesiae seu de insuperabili sanctitate et summa auctoritate generalium Conciliorum* (1439), Vat. lat. —4039; Burgo de Osma,ms,5; *De summa auctoritate episcoporum in Concilio universali*, Valladolid, Bibl. Colegio Santa Cruz, ms.289; *Liber de sancta Ecclesia*, Salamanca, Bibl. Univ., ms.65; *Repetitio de superioritate et excellentia supremae potestatis ecclesiasticae et spiritualis*, Valladolid, Bibl. Colegio Santa Cruz, ms.65 fol.130-65; *Tractatus de potestate Ecclesiae et auctoritate Conciliorum*, Vat.4039; Viena, Bib. Nacional, ms. lat. 5448; *Quaestio utrum Papa subsit iuditio Concilii generalis*, Salamanca, Bibl. Univ., ms.2504, fol.101-103; *Liber de substantia Ecclesiae*, Salamanca, Bibl. Univ. ms.49 fol.1-339; *Historia gestorum generalis synodi Basileensis:* Monumenta Conciliorum Generalium (Viena 1883-86), siglo XV; G. VERA FAJARDO, *La eclesiología de Juan de Segovia en la crisis conciliar (1435-1447)* (Vitoria 1968); M. URNELLA y UNZÚE, *Los partidos políticos en el primer renacimiento* (Madrid 1976).

papa. El concilio tiene poder para juzgar y vigilar al ejecutor de los decretos conciliares.

En Segovia pesó, lo mismo que en el Tostado, el deseo de que no volviesen a repetirse los luctuosos sucesos del cisma de Occidente. También Alfonso de Madrigal profesa el conciliarismo en las 21 tesis que defendió en Siena ante Eugenio IV, y en *Defensorium trium propositionum,* que constituye la respuesta a la refutación de las 21 tesis, hecha por otro español, Juan de Torquemada.

Como herencia del cisma de Occidente, en la teología y derecho canónico de España quedó una fina veta de conciliarismo mitigado. Por eso, algunos se han preguntado si Francisco de Vitoria y nuestros obispos eran conciliaristas entre 1545-62.

Paralelo a este grupo existe otro de figuras menores, casi todas ellas culturalistas, que actúan en Roma y defienden la universalidad del poder pontificio y un conciliarismo moderado.

He aquí algunos nombres: Juan de Polemar o Palomar, antiguo arcediano de la catedral de Barcelona y auditor de la Rota en la Ciudad Eterna, compuso el diálogo *Cui parendum est, an Sanctissimo Domino nostro Eugenio IV, an Concilio Basileensi tanquam Superiori* [43]. Para él la autoridad del papa y del concilio dimanan directamente de Cristo; pero hay que distinguir situaciones normales y extraordinarias en la Iglesia, como las de cisma y herejía papal y, acaso, la de descuido total en la reforma de la Iglesia, en las cuales el concilio está sobre el papa. De estos tres casos, especialmente de los dos primeros, se hacen eco los juristas y el mismo Juan de Torquemada en su eclesiología.

En cambio, defienden más claramente la supremacía y primacía papales Juan de Malla (1397-1467), zamorano, auditor de la Rota, obispo de Zamora y cardenal de la santa Iglesia, en varios sermones pronunciados en Basilea (1432); Rodrigo Sánchez de Arévalo († 1469), canonista y teólogo, representante de la corte castellana en Roma y castellano de Santángelo, defensor de la primacía del poder de la Iglesia y del romano pontífice por encima de todos los emperadores y príncipes incluso en lo terreno y temporal [44].

En esa misma línea maximalista escriben Fernando de Córdoba († 1480), Juan de Carvajal († 1469) y Juan de Casanova († 1436). Creo

---

[43] Publicado por I. DÖLLINGER, *Beiträge zur politischen Kirlichen und Kulturgeschichte des sechszehnten Jahrhundert* (1863-82) II 415.441; H. SANTIAGO OTERO, *Juan de Palomar. Mss. de sus obras en la Staatsbibliotek de Munich:* Rev. Esp. de Teología 44 (1973) 175-90.

[44] Rodrigo Sánchez de Arévalo compuso, entre otras obras de fondo jurídico-teológico, *Dialogus de remediis schismatis* (1440) (Vat. Lat. 2002); *Contra tres propositiones Concilii Basiliensis* (Vat. lat. 4167); *De septem quaestionibus circa convocationem et congregationem generalis synodi* (Barberini, lat. 1487); J. M. LABOA, *Rodrigo Sánchez de Arévalo, castellano de Santángelo* (Madrid 1973); R. H. TRANE, *R. S. de Arévalo, Spanish Diplomat und Campion of the Papacy* (Wáshington 1958). La bibliografía sobre Torquemada es abundantísima. Puede servir de orientación: A. PÉREZ GOYENA, *La primera «Summa de Ecclesia»:* Estudios Eclesiásticos 2 (1923) 252-59; U. HORST, *Grenzen der päptslichem Autoritat:* Freiburger Zeitschrift für Philosophie und Theologie 10 (1972) 361-69; D. BINDER, *Wessen und Eigenschaften der Kirche bei J. de T., O.P.,* (Innsbruck 1955); V. PROAÑO GIL, *Doctrina de J. de T. sobre el concilio:* Burgense 1 (1960) 73-96; P. MASSI, *Magisterio infalibile del Papa nel teologo J. de T.* (Turín 1957); M. G. MIRALLES, *El cardenalato, de institución divina, y el episcopado en la sucesión apostólica según J. de T.:* XVI Semana de Teología (Madrid 1957) p.249-74.

de interés destacar este ambiente primacialista de los juristas pontificios, según el cual el papa está por encima de todos, incluso en lo temporal, y sólo quedaría sometido al concilio en caso de herejía.

Dentro de estas ideas y movimientos se producirá la decisión de Alejandro VI sobre el Nuevo Mundo y los planteamientos de Vitoria sobre los títulos ilegítimos de la presencia española en América en la primera relección sobre los indios, recién descubiertos.

Pero la obra más transcendental sobre eclesiología del siglo XV pertenece al dominico y cardenal español Juan de Torquemada († 1468) en su *Summa de Ecclesia,* madurada a lo largo de los concilios de Constanza y Basilea, en los cuales tomó parte, terminada en 1563 y reeditada muchas veces incluso en ediciones incunables (Colonia 1480, Lyón 1486...). Torquemada en esta obra, así como en *Tractatus notabilis de potestate Papae et Concilii Generalis auctoritate* (Colonia 1480) y en su *Oratio synodalis de Primatu,* en concilio Florentino, se sitúa entre la corriente teocrática y papalista y la laicista.

Torquemada se forma en Salamanca, y evoluciona desde el conciliarismo moderado, que se impone en Basilea, hasta defender la absoluta superioridad del papa sobre el concilio. Todavía en 1433, en una intervención en Basilea, defiende que el concilio podía intervenir para corregir excesos eventuales del pontífice en materia de herejía, de cisma y de reforma de la Iglesia *in capite et in membris.* Pero en Nurenberg (1438) y en Maguncia (1439) adopta una neta y decisiva postura anticonciliarista. Su planteamiento de la monarquía eclesial confunde de modo definitivo al conciliarismo. Apoya sus planteamientos eclesiales positivos en la idea aristotélico-tomista sobre la perfección del régimen monárquico y en la concepción armónica y jerárquica de la sociedad, ideada por el pseudo Dionisio. La parte fundamental se encuentra en el libro primero, en que analiza la naturaleza de la Iglesia como «universitas fidelium quae unius veri Dei cultus, unius fidei confessione conveniunt», sus causas, la armonía interna entre la ley de la caridad, tan predicada por los movimientos de espirituales y por los husitas, y la jurisdicción externa en lo referente a unidad de fe y de obediencia a la Silla Apostólica. En el libro segundo estudia el primado, y desde él resuelve los planteamientos del conciliarismo mitigado, que afirmaba la superioridad del concilio para juzgar a un papa hereje y cismático. Este tal, afirma Torquemada, habría dejado de ser papa. ¡Lástima que Torquemada no estudie las reglas de esa primacía! Aun así, su obra no tiene parejo eclesiológico en la época pretridentina.

2. EL PROBLEMA DE JUDÍOS Y CONVERSOS. DISPUTA DE TORTOSA. TEOLOGÍA DE LA SANGRE

El problema judío llena una parte importante de la historia patria desde Recaredo y Sisebuto, en la época visigótica, hasta 1492 e incluso después. Pero nunca estuvo más al vivo que a fines del siglo XIV y principio del siglo XV con ocasión de la predicación de San Vicente Ferrer y de los asaltos a las aljamas, y a mitad del siglo, con ocasión de los estatutos de sangre. Acaso, el momento cumbre de estas relaciones haya que colocarlo en la disputa de Tortosa de 1413.

La literatura controversista cristiana española con los judíos tiene como representantes más cualificados a judíos conversos. Basta recordar a Samuel el Marroquí, convertido en Toledo en 1085 y autor de *De adventu Messiae, quem iudaei temere spectant;* a Pedro Alfonso, bautizado en Huesca en 1106: *Dialogus Petri, cognomento Alphonsi, ex iudaeo christiani et Moysis Iudaei* (es él mismo, que se llamaba Moisés antes del bautismo, y después Pedro); Paulo Cristiano, que disputó en Barcelona en 1263 con el judío Nahamanides ante Jaime I el Conquistador; Alfonso de Valladolid († 1348), Pablo de Burgos, autor de *Scrutinium Scripturarum* (1433), y Jerónimo de Santa Fe, protagonista de la disputa de Tortosa.

Desde el punto de vista interno, esta literatura se basa, hasta el siglo XII, en argumentos bíblicos. Más tarde, en razones deducidas del Talmud, de los libros sinagogales y de los Midrashim; finalmente, en una tercera época, por influencia del nominalismo, que afectó también al mundo judío, las razones se deducen de la cábala y de su lógica interna. En estas dos últimas épocas se emplean en exceso razones filosóficas. Con ello, las disputas pierden la seguridad de basarse en la palabra divina, pero gana el ingrediente filosófico y cabalístico.

La disputa de Tortosa tiene el valor de ser viva y de estar autenticada por parte judía y cristiana. Abarca 69 sesiones y se conserva en dos relaciones judías y una cristiana, las cuales coinciden en líneas generales. Transmitidas en tres manuscritos, fueron publicadas por Pacios López en 1957.

La idea de las disputas fue concebida por el alcañicense Jerónimo de Santa Fe en 1412, año de su conversión, con intención de celebrarla en su pueblo. Pero la aljama de Alcañiz pidió auxilio a las demás de Aragón. En agosto de 1412, todas las aljamas de la Corona aragonesa fueron invitadas a enviar dos representantes a Tortosa para el 15 de enero de 1413. Las juntas comenzaron el 7 de febrero con máxima solemnidad, con asistencia de Benedicto XIII, de numerosos cardenales, arzobispos y obispos y de más de mil personas. El promedio de asistencia a cada sesión se calcula entre 1.000 y 2.000, en su mayor parte judíos. La primera cuestión planteada fue la venida del Mesías, y se llegó al punto culminante en la sesión V (11-2-1413), en la que los rabinos concedieron que el Mesías había nacido y se había manifestado. Se siguió el método oral hasta la sesión IX; después sólo los escritos de ambas partes pasaban a las actas.

Por la parte cristiana hay que destacar a Benedicto XIII, a Sancho Porta y, sobre todo, a Jerónimo de Santa Fe. Ocho rabinos tuvieron intervenciones personales destacadas; entre ellos, Ferrer, José Albo Astruch y Matatías. El encuentro se distinguió por el respeto a la libertad de los dialogantes. Los juicios negativos de Baer parecen menos objetivos. La disputa debilitó profundamente al judaísmo español por las importantes conversiones al cristianismo que de ella se siguieron [45]. Los últimos grandes teólogos de la sinagoga en España hubieron de escribir para defender la ortodoxia ante la corriente averroísta increyente, la incansable predicación cristiana y el fenómeno masivo de los conversos. Se distinguieron el ya citado José Albo († 1444), R. Sem Tob, Isaac Abravanel (1437-1509) y Hasday Crescas.

Todo lo relacionado con la convivencia entre judíos y cristianos se exacerbó a partir de 1449, cuando el cabildo de jurados y regidores de Toledo inhabilitaron a los conversos para el ejercicio de cargos públicos. Entonces estalló públicamente el problema del estatuto de limpieza de sangre o de discriminación racial, agudizado por el crecido número de conversos y el endurecimiento progresivo de las relaciones entre las dos comunidades. Los pronunciamientos toledanos de 1449 iban dirigidos directamente contra todos los hebreos. La *Sentencia* o *Estatuto* de Sarmiento inhabilita al judío, por el mero hecho de serlo, para obtener cualquier oficio público o privado en la Ciudad Imperial. Fue seguida de una justificación teórica o planteamiento de principios, obra de Marcos García de la Mora, llamado «el bachiller Marquillos». La pasión levantada por estos hechos fue enorme. A Roma llegaron informes contradictorios, que provocaron dos bulas contrarias de Nicolás V en septiembre de 1449 y en octubre de 1450.

La reacción de los teólogos españoles no se dejó esperar. Escribieron con valentía en defensa de la unidad cristiana: unidad de bautismo, de Iglesia, de redención, del Cuerpo místico, peligro de apostasía de los conversos. Son libros apasionados, que responden a un problema de desbordante actualidad. Conozco cinco: Fernán Díaz de Toledo, *Instrucción del relator para el obispo de Cuenca a favor de la nación hebrea* (1449), compuesta para Lope de Barrientos, obispo de Cuenca; Alonso de Cartagena († 1456), *Defensorium unitatis christianae*, terminado en 1450; Juan

---

[45] J. M. COLL, *Las disputas teológicas en la Edad Media:* Analecta Sacra Tarraconensia 20 (1927) 77-101; MILLÀS Y VALLICROSA, *Sobre las fuentes documentales de la controversia de Barcelona de 1263:* Estudis Universitaris Catalans 10 (1925) 194 y Anales de la Univ. de Barcelona (1940); CEGIL ROTH, *The disputation of Barcelona (1263):* The Harward Theological Review 43 (1950) 117-44; A. PACIOS LÓPEZ, *La disputa de Tortosa* (CSIC, Barcelona-Madrid 1957), 2 vols.; BAER, *Toledot ha yehudim bi-Sefarad ha-nosrit* (Historia de los judíos en la España cristiana) (Tell-Aviv 1945); N. MARTÍNEZ LÓPEZ, *Los judaizantes castellanos y la Inquisición en tiempo de Isabel la Católica* (Burgos 1954); AMADOR DE LOS RÍOS, *Historia de los judíos de España y Portugal* (Madrid 1875); G. VADJA, *Introduction à la pensé juive du Moyen Âge* (París 1947); A. SICROFF, *Les controverses des statuts de «pureté de sang» en Espagne du XVe au XVIIe siècle* (París 1960); BENITO RUANO, *La «Sentencia-Estatuto» de Pero Sarmiento contra los conversos toledanos:* Revista de la Universidad de Madrid 6 (1957) 277-306; ID., *Toledo en el siglo XV. Vida política* (Madrid 1961); ID., *El memorial del bachiller Marcos García de la Mora contra los conversos:* Sefarad 27 (1957) 314-51; BELTRÁN DE HEREDIA, *Las bulas de Nicolás V acerca de los conversos de Castilla:* Sefarad 21 (1961) 22-47; MANUEL ALONSO, *Alonso de Cartagena: «Defensorium unitatis christianae»* (Madrid 1943); JUAN DE TORQUEMADA, *Tractatus contra madianitas et ismaelitas* (Burgos 1957); las obras de F. Díaz de Toledo, en FERMÍN CABALLERO, *Noticias de la vida, cargos y escritos del doctor Alonso Díaz de Montalvo* (Madrid 1877) p.243ss; la de Lope de Barrientos, en L. G. A. GETINO, *Anales Salmantinos.* I: *Vida y obras de fray Lope de Barrientos* (Salamanca 1927) p.180ss; la de Oropesa está entregada para publicación en Fundación Universitaria Española, Madrid; M. ANDRÉS, o.c., I p.333-38. Completan esta información *Crónica del halconero de Juan II* (Madrid 1957); *Crónicas* del cura de Los Palacios, de Hernando del Pulgar.

de Torquemada, *Tractatus contra madianitas et ismaelitas*, escrito en 1450;
Lope de Barrientos, obispo de Cuenca, *Contra algunos cizañadores de la
nación de los convertidos al pueblo de Israel*, compuesto también en torno a
1450; Alonso de Oropesa, jerónimo († 1468), *Lumen ad revelationem gen-
tium de unitate fidei et de concordia et pacifica aequalitate fidelium*, terminado
en la Navidad de 1465.

3. EL PROBLEMA TEOLÓGICO DEL RENACIMIENTO: CONFRONTACIÓN ENTRE TEÓLOGOS Y HUMANISTAS. LA SOLUCIÓN CISNERIANA. HUMANISMO TEOLÓGICO INTEGRAL SALMANTINO Y COMPLUTENSE

Dos épocas cabría distinguir en la cultura española de los siglos XV y
XVI en relación con el Renacimiento: la del conocimiento intelectual de
la antigüedad, desde Juan II hasta 1490, y la de asimilación interna y
progresiva de sus valores literarios, humanos y metodológicos, que
nuestros autores no sólo tratan de reproducir, sino de superar. Una
aproximación al estudio de las relaciones de los humanistas del Renacimiento con la teología repasaría algunos hechos significativos, como la
valoración de la mitología y de la forma estilística, la conversión de Nebrija y Boyl a la teología, el encuentro entre humanistas y teólogos, entre humanismo y teología.

El tema no sólo tiene interés cultural, sino práctico, pues presenta la
reacción española ante un hecho europeo. Además, en ese ambiente se
formaron las primeras minorías cultas que se establecieron en América,
los teólogos españoles asistentes a Trento y los que reformaron y meto-
dizaron el dogma, la moral y la espiritualidad.

La valoración de la mitología entre los teólogos y poetas ha sido objeto de un artículo en el segundo volumen de *La teología española en el
siglo XVI*. Está cargado de resonancias de toda índole: desde las corni-
sas y fachadas de nuestras iglesias románicas hasta las del manierismo y
del barroco, pasando por su influencia en la poesía, música y pintura.

La diferencia entre Marineo Sículo, Pedro Mártir, los hermanos Ge-
raldino y otros profesores italianos de la España del Renacimiento con
Nebrija, Diego Ramírez de Villaescusa, Arias Barbosa, Sobrarias y otros
humanistas ibéricos radica en la supervaloración de la mitología y del
estilo ciceroniano, horaciano o virgiliano frente a los planteamientos humanos y cristianos de fondo de nuestros autores. Acaso nadie lo expre-
sase tan limpia y combativamente como el portugués Arias Barbosa,
profesor en Salamanca, en el prólogo a *Historia apostólica*, de Arator,
cuyo título tiene aires de manifiesto: *Ad iuvenes studiosos bonarum litterarum praefatio*, publicado en 1516:

> «Sean más elegantes los paganos. ¿Acaso se han de leer por eso antes
> que los cristianos, para que con la suavidad del estilo y la armonía de los
> versos, en que, según los contrarios, tantas ventajas hacen a los nuestros,
> se apoderen con mayor fuerza de los ánimos de los jóvenes y los aparten
> de la verdadera religión? ¿Quieres llenar los oídos de los niños de esos

cantos mortíferos de las sirenas para que no puedan oír sino Apolo, Júpiter Tonante... y se acostumbren a no tener por verdadero sino lo que halaga a los sentidos?... Por unas gotitas de la fuente Castalia que han salpicado sus vestidos, se creen perfectos imitadores de la antigua elegancia, cuando en realidad no son más que unos simios de los autores antiguos... Envidian a los que han alcanzado fama inmortal, sin advertir el veneno que se esconde en esa frase pagana...»

Eso mismo repiten, a su modo, muchos de nuestros poetas: hierbas secretas, dulzura emponzoñada, veneno escondido...

En este terreno cabría destacar la conversión al biblismo de Elio Antonio Nebrija en 1495, cuatro años antes que la de Erasmo, que tuvo lugar en 1499, en sus diálogos con Colet en Inglaterra. Bernat Boyl había dado ese paso, con mayor profundidad personal, en 1484.

A pesar de esta línea netamente cristiana de nuestros humanistas, sobrevino la confrontación con algunos teólogos. Aquéllos acusan a éstos de no estar científicamente preparados en el conocimiento de las lenguas sacras y de no poder ofrecer una teología basada en las fuentes. Nebrija señala nombres concretos de tres dominicos, catedráticos en Salamanca, un agustino y un jerónimo. Algunos dominicos acusan al príncipe de nuestros humanistas de intentar corregir las palabras del Espíritu Santo en su trabajo de la *Poliglota complutense*. Así se llegó al lamentable enfrentamiento entre Diego de Deza y Antonio Nebrija, episodio anecdótico por el carácter impetuoso y no poco vanidoso del humanista y por la falta de flexibilidad y adecuado planteamiento del prelado. Choque violento de dos mentalidades: la medieval, amiga del pensamiento abstracto, y la renacentista, partidaria del estudio y vivencia de cada frase y palabra desde la filología, la historia y la vida. Cuando Deza secuestró la *Primera Quinquagena* de Nebrija, éste dirigió al cardenal Cisneros una *Apología* de su pensamiento y método de los trabajos realizados en la *Poliglota* cisneriana.

Humanismo y teología, discordes durante largos siglos, se unieron estrechamente, de modo concreto y práctico, en nuestras universidades, especialmente en Alcalá, y llegaron a colaboración larga y fecunda. Bodas soñadas y prolíficas. El humanismo penetró también en San Gregorio, de Valladolid; en la Universidad de Valencia y en la de Salamanca. Los enfrentamientos entre humanistas y teólogos, religiosos y erasmistas, depuraron los planteamientos y fijaron coincidencias y disonancias. Teólogos y humanistas aceptan la idea de progreso, claramente enunciada y realizada en Alcalá y en Salamanca. Ambos valoran, a su modo, la actitud de búsqueda de la verdad, de la historia, de los mejores manuscritos, de los métodos más idóneos de trabajo científico. Ambos aceptan el estudio de las lenguas sacras como preparación para la facultad de artes y de teología. A su modo, ambos cantan la dignidad del hombre, la libertad del investigador, los derechos humanos, la grandeza de la razón, de la voluntad y de los deseos, la importancia de lo corpóreo y sensible incluso en el campo de la mística. Ambos rechazan el verbosismo y la escolástica de torpe calidad. Ambos buscan el conocimiento o verdad de sí mismos. Ambos promueven la vuelta a las fuentes, fomentan la exquisitez de la forma literaria y el ideal de perfección en sus respectivos campos.

Esta conjunción de humanismo y teología produjo frutos maravillosos en la historia de nuestra cultura y constituye uno de los nudos más importantes de la historia de la reforma teológica en España.

La teología acepta la reflexión sobre los problemas del hombre. Eso lleva a una humanización de la ciencia divina, que ofrece varios aspectos básicos convergentes: defensa de la libertad del hombre, frente a la doctrina luterana, y conciliación misteriosa de la libertad humana con la gracia divina; defensa de los derechos humanos, que son iguales en todos los hombres, sean indios o españoles; estudio detallado de los contratos, de los problemas del dinero y del comercio; humanización de los principios morales y defensa del hombre ante el imperio de la ley a través de la doctrina del probabilismo moral; doctrina de la integración del hombre en sí mismo, cuerpo y alma, sentidos, potencias y centro del alma. El conocimiento del propio yo no se queda en puro socratismo, sino que se convierte en oración y apertura hacia Dios. De este modo salvan la libertad del hombre frente a los luteranos, y la actividad humana en el campo de la espiritualidad; los ejercicios espirituales para vencerse a sí mismo, frente a los alumbrados, dejados y quietistas, y los derechos del hombre, frente al Estado.

Por preocupación de los humanistas y por razón de los planteamientos luteranos, entraron a formar parte de las grandes preocupaciones de aquella hora los problemas del pecado original, de la corrupción total o del sólo degradamiento subsiguiente de la naturaleza humana, poder de la voluntad, intervención de la gracia, predestinación, naturaleza y misión de la sociedad y del poder político, derechos de la persona humana, la guerra ofensiva, la formación de la conciencia, el ideal de hombre nuevo...

Los teólogos plantearon con valentía extraordinaria los problemas humanos, eclesiales y civiles desde la revelación y desde la antropología, moral, psicología y metafísica. Es típico el caso de F. de Vitoria. Vibra en el ambiente el tema de los títulos legítimos de la presencia de España en América, y lo aborda de raíz desde el mandato de predicar el Evangelio (Mt 28,19). Ya está la teología metida en la vida y en la persona. Todo derecho proviene de Dios. La naturaleza humana es fuente de derecho, por ser el hombre imagen de Dios. Los derechos y deberes humanos nacen y se desarrollan en función de la persona humana, creada por Dios y dirigida por la ley eterna y natural.

Los moralistas analizan los fenómenos humanos. Los místicos parten de la oración del propio conocimiento, que no es puro socratismo, sino que transciende al yo y llega a Dios, porque en el hondo, centro, profundo de sí, más íntimo que la misma intimidad, allí se encuentra la imagen de Dios.

De este modo se llega a una visión antropo-teo-céntrica característica de nuestros místicos y a un humanismo teológico integral que caracteriza a nuestros teólogos desde 1525 a 1600. Ello dio seguridad interna a nuestros compatriotas. Los siglos de oro españoles en teología, derecho, literatura y mística son hijos de estos planteamientos. También la pintura y escultura reflejan, en colores y figuras, estas preocupaciones religiosas [46].

4. ENCUENTRO DEL NOMINALISMO Y REALISMO EN ALCALÁ Y EN SALAMANCA. LOS TEÓLOGOS ANTE LA CONQUISTA DE AMÉRICA. LOS TRATADOS «DE IUSTITIA ET IURE» Y «DE LEGIBUS»

El encuentro entre nominalismo y realismo constituye uno de los conflictos ideológicos más importantes en la Edad Media. Tuvo también lugar en Alcalá y Salamanca en la primera mitad del siglo XVI, de modo retrasado, pero espectacular. ¿Constituirá, acaso, una más de las manifestaciones retrasadas y transcendentes de nuestra historia?

El realismo medieval tiene que ver poco o nada con lo que hoy llamamos realismo, y se acerca más a lo que en la actualidad designamos como idealismo, o teoría de las cosas que tienen realidad o potencialidad. No nos referimos al idealismo moral ni al epistemológico. El realismo actual casi se identifica con lo que los medievales llamaban nominalismo. El hombre medieval y nuestros teólogos de esta época concebían las esencias, los universales, las naturalezas de las cosas, como poderes o fuerzas que determinan lo que cada cosa llega a ser cuando se desarrolla. La esencia del hombre, el universal hombre, determina y posibilita lo que cada hombre concreto, Pedro, Antonio, Juan..., llegará a ser con todas las potencialidades inherentes a su naturaleza: ojos, oídos, entendimiento, voluntad... Porque cada persona disfruta de esas potencialidades por naturaleza, y ésta tiende a desarrollarse en cada individuo, salvo que sea impedida o destruida. A las filosofías que admiten los universales así concebidos, se las llamó realistas en la Edad Media. Tales el tomismo y el escotismo.

El nominalismo marcha por un camino opuesto; para él sólo existe Pedro, Antonio, Juan, un hombre concreto, no la humanidad; un árbol concreto, no la arbolidad, que hace que todos los hombres sean hombres, y todos los árboles, árboles.

[46] El Tostado sobre el Eusebio (Salamanca 1506); OTISH GREEN, Noffs ou the spanish attitude toward pagan Mythology, en Estudios dedicados a Menéndez Pidal (Madrid 1950) I 275-78; J. SECNEC, La survivance des dieux antiques. Essai sur le role de la tradition mythologique dans l'Humanisme e dans la Renaissance (Londres 1940); ARATORIS CARDINALIS, Historia apostolica cum commentariis Arii Barbossae lusitani (Salamanca 1516); F. OLMEDO, Nebrija (1441-1522), debelador de la barbarie, comentador eclesiástico, pedagogo, poeta (Madrid 1942); JUAN PÉREZ MOYA, Philosophia secreta, donde debajo de las historias fabulosas se contiene mucha doctrina provechosa, con el origen de los ídolos: Revista de bibliografía nacional 7 (1946) 3-114; Epístola del maestro Nebrija al cardenal quando avisó que, en la interpretación de las dicciones de la Biblia, no mandase seguir al Remigio, sin que primero viesen su obra: Rev. de Arch., Bibl. y Museos 8 (1903) 393-396; SÁNCHEZ AGESTA, El concepto de Estado en el pensamiento español del siglo XVI (Madrid); L. PEREÑA, La Universidad de Salamanca, forja del pensamiento político español del siglo XVI (Salamanca 1954); BELTRÁN DE HEREDIA, Orientación humanista de la teología vitoriana: Anuario de la Asociación F. de Vitoria 6-7 (1943-47); M. ANDRÉS, La teología española en el siglo XVI II p.42-63 335-43.

El enfrentamiento entre estas dos concepciones filosóficas se desarrolló a lo largo del Medievo, y todavía pervive en nuestros días. ¡Cuántos conciben al hombre como pura existencia y olvidan su esencia! El encuentro entre nominalismo y realismo tuvo lugar también en Alcalá y Salamanca, gracias al establecimiento de las cátedras de filosofía y teología nominal. A mi parecer, esta importante decisión cisneriana fue sumamente fecunda, e influyó en Vitoria y sus discípulos, en el origen y desarrollo del derecho internacional, del derecho indiano, de la lógica, de la teología e incluso de la misma espiritualidad.

El nominalismo hizo añicos a las esencias universales concebidas como términos abstractos, como grupos que en el campo de la ética y de la moral preceden al individuo y corren el peligro de impedir el desarrollo de sus potencialidades. Ese había sido el gran escollo de la teología escolástica de los siglos XIV y XV, y a eso apuntaban Martínez de Osma, los teólogos de Salamanca, nuestros humanistas y místicos, cuando combatían el verbosismo y la escolástica abstracta y alejada de la vida. Por eso entraña una importancia destacada la preocupación nominalista por la persona concreta. El humanismo renacentista recogió esta bandera, y, a la vez que combatió al verbosismo, cultivó el amplio espectro de los valores humanos. Sus cátedras de nominales de Alcalá y de Salamanca, lugar de encuentro y armonización entre nominalismo y realismo, trajeron como fruto el estudio de los derechos de la persona humana independientemente de su color, sexo, ubicación geográfica, religión, nación. El realismo medieval, tal como se explicaba en nuestras universidades, afirma que las potencias del ser transcienden al individuo. El nominalismo, no admitido en nuestras universidades hasta la genial decisión de Cisneros de enseñar teología por el método de las tres vías, exalta el valor y la personalidad del individuo. El encuentro amigable de realismo y nominalismo en una teología común produjo la renovación teológica española del siglo XVI. Acaso ni el mismo Cisneros sospechó la transcendencia de su decisión.

No conozco historiadores que hayan buscado por este camino las raíces del reflorecimiento de la escolástica, del derecho y de la mística de nuestra Patria. La minimización de algunos planteamientos históricos ha constituido un óbice fundamental para ello. Dentro de estas mismas categorías de transcendencia es necesario situar la disputa entre escolásticos y místicos sobre la primacía del entendimiento, la racionalidad y el aristotelismo, por un lado, y la voluntad, afectos, deseos y agustinismo por otro. Debajo de ello aletean concepciones diversas del hombre. Dios es, ante todo, entendimiento para los tomistas, y lo mismo el hombre. Dios es, ante todo, voluntad para la mayoría de los franciscanos, y lo mismo el hombre. Para los primeros, el mundo es un proyecto de razón; para los segundos, el mundo es un efecto de la voluntad divina; el hombre es, ante todo, voluntad, tendencia, deseo, y existe un conocimiento por amor; un amor de Dios sin previo conocimiento. Este conflicto persiste en nuestros días. En el siglo XVI empapa las vivencias y

discusiones en el terreno de la filosofía, de la mística y de las vías espirituales [47].

5. LOS TEÓLOGOS ANTE LA CONQUISTA DE AMÉRICA

El encuentro tardío entre realismo y nominalismo en el seno de una
teología común que había superado las escuelas en su aspecto de lucha
por imponerse a las demás, facilitó un planteamiento totalmente nuevo
del problema de América por Vitoria y Soto. Este último se confiesa nacido en los «nominales» y anclado en los «reales». No hay camino mejor
para calibrar esa novedad que comparar los razonamientos del profesor
salmantino Matías de Paz, del jurista Juan López de Palacios Rubios y
del profesor parisiense Mair con las de Vitoria y sus discípulos. Los primeros escriben desde dentro de las teorías curialistas del poder papal.
Todo lo resuelven por donación pontificia o por infidelidad. El segundo, desde dentro de los derechos del individuo en sí y como miembro
de la sociedad, sin que otros grupos de universales relacionados con la
persona humana, tales como la familia, la sociedad, el Estado, la Iglesia,
impidan el desarrollo de su potencialidad personal.

El hecho del descubrimiento y conquista de América planteó problemas económicos, científicos, comerciales, políticos y teológicos.

En los teólogos españoles opera como acicate en la primera generación de Alcalá: si se descubren nuevas tierras, nuevos mares y nuevas
estrellas, también pueden descubrirse nuevas ideas. El descubrimiento
en su conjunto, que duró cerca de sesenta años, fue como una nueva
conciencia de sí mismos que advino sobre los españoles no menos en lo
cualitativo que en lo cuantitativo.

En las observancias de las órdenes religiosas canaliza los fervores del
espíritu hacia la cristianización de los hombres recién descubiertos. Los
apóstoles de México pertenecen a la provincia franciscana más fervorosa.

En el orden antropológico, la unificación del planeta trajo la conciencia de unidad de la especie humana, de su igualdad en derechos y
deberes, independientemente de su desarrollo cultural, de su religión,
de su economía, de sus pecados. Domingo de Soto supera la tesis aristotélica de que existen esclavos por nacimiento y naturaleza. Vitoria clama
que los indios tienen los mismos derechos y deberes que los españoles:
derecho a la libertad, a escoger la forma de sociedad, al comercio, a los
viajes, a recibir la palabra de Dios. Sus famosas relecciones parecen el
eco salmantino del grito visceral de Montesino en su famoso sermón de
La Española en 1511: *¿No son hombres? ¿No tienen ánimas racionales?* Los

---

[47] V. MUÑOZ, *La lógica nominalista en Salamanca. 1510-1530* (Madrid 1964); TILLICH,
Istoria del pensiero cristiano (Bolonia 1967) p.143; R. PRANTL, *Geschichte der Logik in Abend-
land* (Leipzig 1855) IV 140ss; BELTRÁN DE HEREDIA, *Accidentada y efímera aparición del no-
minalismo en Salamanca:* La Ciencia Tomista 62 (1942) 87; *Cartulario de la Universidad de
Salamanca* p.287ss; H. A. OBERMANN, *Gabriel Biel und late medieval Nominalism* (Cambridge
[Massachusetts] 1963).

abusos de los encomenderos provocaron la reacción de los misioneros. De ahí nacieron las leyes de Indias de 1512. Un obispo dominico de Tlaxcala acudió al papa en defensa de los valores personales de los indios, incluso para recibir la ordenación sacerdotal. Paulo III responde en la bula *Sublimis Deus*, de 1537. Tal fue la preparación ideológica y fáctica de las *Relectiones de Indis*, de Francisco de Vitoria. Fueron tres: *De temperantia, De Indis, De iure belli*.

En la primera (1537-38) se pregunta sobre la licitud de hacer la guerra a los bárbaros y de ofrecer sacrificios humanos. Es el primer esbozo de las dos siguientes, tenidas en torno al 1.º de enero de 1539 y al jueves 16 de junio de ese mismo año. Presento brevemente estas dos últimas. Después de reiterar la necesidad de consultar las dudas de conciencia y probar que los infieles tienen derecho al dominio, presenta y desmenuza siete títulos ilegítimos sobre el derecho de conquista de América por los españoles. Los dos primeros cierran definitivamente una larga etapa del Medievo. El tercero responde al hecho del descubrimiento y a la carga eléctrica que su realidad y la palabra misma alcanzaron en nuestra sociedad. Los siguientes, a afirmaciones diseminadas. Todo ello forma una articulación sencilla en sus estructuras, pero profundamente vertebrada y razonada.

Quedan para siempre como títulos ilegítimos la autoridad del emperador, el poder universal del papa, el derecho de descubrimiento, el de compeler a entrar en la fe, los pecados contra la naturaleza, la aceptación voluntaria de la soberanía española, una donación especial a Dios.

Parecía cerrado el paso a una legítima permanencia española en América. De ahí la transcendencia de la segunda relección sobre los títulos legítimos. Aquí, la genialidad de las afirmaciones vitorianas abren una nueva época en la historia del derecho y de la comunidad de los pueblos. Aquí es donde se armonizan realismo y nominalismo. Aquí encuentra formulación precisa el derecho de gentes, que a la postre no es más que el derecho del hombre y el humanismo cristiano. Los indios, recién descubiertos, son sujeto de derechos y deberes, porque son hombres, y esto es anterior e independiente del Estado, la religión, la cultura, la situación de gracia o de pecado. El teólogo salmantino se basa en el derecho natural para rechazar los títulos ilegítimos de la conquista. En su análisis triunfa el concepto cristiano del hombre, imagen de Dios, adornado de alma racional, inmortal y redimido. Domingo de Soto insistirá en que el hombre es lo primero, que no es lícito jamás sacrificar a un hombre por razones de Estado. ¡Qué lejos se encuentran nuestos autores de las teorizaciones de Maquiavelo y Bodin!

Desde ese mismo derecho aborda el tema de los títulos legítimos: libre comunicación y solidaridad natural; derecho a la evangelización; a defender a las personas convertidas; poder indirecto del papa para deponer o instaurar gobierno cristiano sobre los convertidos; derecho a defender a los inocentes; libre autodeterminación, debidamente garantizada; petición de aliados o confederados. Añade un título probable: tutela o mandato colonizador sobre pueblos retrasados.

Nuestros juristas estudiaron más los títulos ilegítimos que los legítimos y dejaron la aplicación práctica a las leyes de Indias, que se siguieron en 1542, casi inmediatamente después de las relecciones del maestro salmantino.

Otros teólogos completaron los principios de Vitoria. Destaco este planteamiento de Carranza en una relección tenida en Valladolid en 1540: España puede ocupar las Indias durante el tiempo necesario para defender y garantizar los derechos humanos y los de la Iglesia; pero, cuando ya estén seguros esos derechos y no haya peligro de que los indios recaigan en su antigua barbarie, España debe retirarse y volver aquellos pueblos a su primera y propia libertad. Carranza calculaba que esto podía acaecer después de dieciocho o veinte años.

La disputa se agudizó por la reacción de los españoles en Perú, contraria a las leyes de 1542. A continuación se siguió, en 1550, la confrontación entre Sepúlveda y Las Casas, las intervenciones de Domingo de Soto, Melchor Cano, Diego de Covarrubias y Juan de la Peña, recogidas y estudiadas por L. Pereña.

En esa línea hay que situar el tratado *De iustitia et iure* (1554), de Domingo de Soto, que es la primera moral española sistemática renovada, y los titulados *De legibus*, que forman una auténtica pléyade hasta pasada la mitad del siglo XVII. La renovación de la moral consistió en proceder desde la justicia al derecho, en vez de seguir la vía contraria, característica del siglo XV y primera mitad del XVI [48].

Francisco Suárez, en una especie de retroproceso ascendente, intro-

---

[48] Creo conveniente dividir esta bibliografía en tres breves apartados:

a) *Fuentes:* JUAN LÓPEZ DE PALACIOS RUBIOS, *Libellus de insulis oceanis quas vulgus Indias appellavit,* publicado por BULLÓN, *El problema jurídico de la dominación española en América antes de Vitoria:* Anuario de la Asociación Francisco de Vitoria 4 (1933) 99-128; MATÍAS DE PAZ, *De dominio Regum Hispaniae super Indos:* Archivum Fratrum Praedicatorum 4 (1933) 133-77; *Relecciones de F. de Vitoria,* de Urdánoz: BAC vol.198; *De Indis, Corpus Hispanorum pro pace* (Madrid 1967); las lecciones de Carranza, Cano, Covarrubias y Juan de la Peña, en L. PEREÑA, *Misión de España en América* (Madrid, CSIC, 1956); D. SOTO, *De iustitia et iure* (Salamanca 1553-54); obras de Las Casas, Sepúlveda, etc.

b) *Bibliografía general:* V. CARRO, *La teología y los teólogos españoles ante la conquista de América* (Madrid 1944); ID., *Las Casas y las controversias teológico-jurídicas de Indias* (Madrid 1953); C. BARCIA TRELLES, *Interpretación del hecho americano por la España universitaria del siglo XVI: La escuela internacional española del siglo XVI* (Montevideo 1949); LEWIS HANKE, *La lucha de la justicia en la conquista de América* (Buenos Aires 1949); J. M. GALLEGOS ROCAFULL, *El hombre y el mundo en los teólogos españoles del siglo XVI* (México 1946); J. HOLFFNER, *La ética colonial española del siglo de oro. Cristianismo y dignidad humana* (Madrid 1957); SÁNCHEZ AGESTA, *España al encuentro de Europa* (Madrid 1971); M. ANDRÉS, o.c., II 460-507; J. A. MARAVALL, *Carlos V y el pensamiento político del Renacimiento* (Madrid 1950); *Vitoria et Suárez. Contribution des théologiens au Droit international moderne* (París 1939), publicación de la Asociación Internacional Vitoria-Suárez; ELOY BULLÓN, *El problema jurídico de la dominación de E. en América antes de Vitoria:* Anuario de la Asoc. F. de Vitoria 4 (1933) 29-128...

c) *Descubrimiento de América como hecho teológico:* LEWIS HANKE, *The theological significance of discovery of América,* en *Firts images of América* (Los Angeles 1976) p.363-89; ID., *Pope Paul III and the Americans Indians:* Harward Theological Review 30 (1937) 65-102; ROBERT RICARD, *La conquista espiritual de México* (México 1947); STREIT, *Bibliotheca Missionum* (Münster 1916ss) vol.1-3; R. KONETZE, *Colección de documentos para la historia de la formación social de Hispanoamérica* (Madrid 1953ss); C. SECO CARO, *De la bula «Sublimis Deus», de Paulo III (1-6-1537), a la constitución «Gaudium et spes», del concilio Vaticano II (7-12-1965):* Anuario de Estudios Americanos 23 (1967) 821-41; RAYMON MARCUS, *La «quaestio theologalis» inedita de Las Casas:* Communio 9 (1974) 67-83; M. ANDRÉS, o.c., II 22-24.469-479.

duce de nuevo plenamente el derecho en la moral. Con Suárez llega a la cumbre el esfuerzo de evolución y de sistematización de la teología moral. Con ello quedó abierto el camino a lo que en el siglo XVI se llamarán *Instituciones morales*. Pero no quiero pase sin destacar el paralelismo entre Osuna, místico, y Vitoria, dogmático, en lo referente a la armonización entre esencia y persona, entre hombre imagen de Dios y universalidad de la llamada a la perfección y reconocimiento de los derechos humanos.

6. EL PROBLEMA DE LA MÍSTICA. CONFRONTACIÓN ENTRE ESCOLÁSTICOS Y MÍSTICOS. PROBLEMAS DE LENGUAJE Y DE ANTROPOLOGÍA

Con el siglo XVI se afianza una nueva espiritualidad de espectro amplísimo, con lenguaje aproximativo y temas muchas veces fronterizos. De aquí dimanan tensiones, confusión e inseguridad. Ofrezco un pequeño índice de temas conflictivos: la llamada universal a la perfección cristiana, sacada de los conventos por nuestros místicos desde el año 1500 y abierta a todos los bautizados, sin distinción de estado y sexo; la insistencia en el puro espíritu; la crítica mordaz de las obras externas, de los ritos y de las ceremonias; el desprecio de la oración vocal y la recomendación permanente de la interioridad; la valoración de la experiencia frente a la ciencia; el amor como ley suprema cristiana, que lleva a los alumbrados a despreciar las leyes eclesiásticas y divinas y a desentenderse de las demás obras del cristiano; la estima de los místicos por la propia experiencia y la afirmación de amar más de lo que conocen. Así, el amor es un nuevo tema de fricción en el terreno de la espiritualidad, de la antropología y de la metafísica del conocimiento.

Lo mismo acontece con los modos de expresión literaria. Los místicos sólo con dificultad encuentran palabras idóneas y precisas para expresarse. Así surge el problema del lenguaje. Podríamos enumerar otros, como la relación entre lo humano y lo divino en el hombre integrado en sí mismo para unirse a Dios, la humanidad y divinidad de Cristo como objeto de la contemplación, los valores y desvalores de la vida contemplativa.

Todos estos planteamientos produjeron roces, malentendidos y censuras entre escolásticos y místicos. Ellas agriaron la vida interna dentro de la Orden dominicana y jesuítica y explican muchas denuncias de libros espirituales a la Inquisición.

En las primeras décadas del siglo XVI aparecieron y se afianzaron, a través de libros excelentes y magníficas codificaciones metodológicas, la vía de la oración mental metódica, la del recogimiento, la de los alumbrados, la de Erasmo, la del beneficio de Dios, la de la práctica de las virtudes y desarraigo de los vicios. Creció el número de libros espirituales, y también el de nuevas vías, en los años siguientes: la de la Compañía de Jesús, la vía del beneficio de Cristo. Aumentaron los roces dolorosos en el campo de la espiritualidad. En 1555, el dominico Juan de la Cruz, amigo del P. Granada, habla de hombres demasiado celosos, que quieren cocer antes que hierva y persuadir la subida a la perfección atracando escalones. A su parecer, el mundo está lleno de enquiridiones (clara alusión a Erasmo) y de librillos de sólo loores y encarecimientos del espíritu y de sus ejercicios (clara alusión a los místicos franciscanos), mientras crece la desafición a los libros de los antiguos y de los santos. Todo este proceso explotó con ocasión de la aparición de los primeros grupos protestantes de Valladolid y Sevilla en 1558, y produjo lo que he llamado el cambio de 1555 en relación con el protestantismo.

La inesperada aparición de grupos protestantes produjo aguda psicosis de peligro. En la *Censura del catecismo* de Carranza, Cano y Cuevas encuentran por todas partes errores luteranos y alumbrados. No menos de cincuenta veces le acusan de alumbradisimo. Todo es lenguaje luterano y de Alemania. Santa Teresa habla de tiempos recios. Cano y Cuevas los consideran tan peligrosos, que tememos aún lo seguro (*ut tuta etiam timeamus*), evocando un angustioso verso virgiliano. Juan de la Peña, O.P., amigo fiel de Carranza, hubo de reaccionar con fuerza:

> «Dicen que algunas maneras de decir es lenguaje luterano. E digo que el lenguaje luterano es... lengua herética, lenguaje del infierno e malo... Ellos han usurpado el hablar de la Escritura y santos en muchas cosas, e por ello en esto no habemos de mudar de lenguaje, como porque el lobo tome vestiduras de oveja, ella no ha de dejar la suya... Querer huir todas las maneras de hablar, en especial de estos herejes, no es posible si no aprehendemos de nuevo a hablar e olvidamos el lenguaje de San Pablo» [49].

En los libros de los místicos, los escolásticos descubren palabras teñidas de alumbrado o erasmista, o que corren peligro de falsa interpretación doctrinal o práctica por imprecisión ideológica o encarecimiento verbal. Gran suerte de nuestra mística haber sido vivida y descrita por teólogos excelentes, como el P. Granada, Osuna, San Juan de la Cruz, Juan de los Angeles, Baltasar Alvarez, Carranza, Cordeses, Falconi..., o por amigos de letrados a quienes consultan con insistencia y deseo de verdad, como Santa Teresa. Cuando Mercuriano unificó el modo de orar de la Compañía de Jesús en 1575, dejando a un lado a la mística recogida, la reacción de Suárez, místico y teólogo, fue meterla en el tratado sobre la oración dentro de la teología moral.

A lo largo del siglo XVI es claramente perceptible un proceso de clarificación en los conceptos y en el lenguaje místico, que alcanza cimas espectaculares en las obras de Santa Teresa y de San Juan de la Cruz. Las *Moradas,* la *Subida del monte Carmelo* y el *Cántico* son modelo de claridad, ideológica y formal, y distinción de los grados de oración, en la purificación activa y pasiva de los sentidos y potencias, en el sentido de progreso y desarrollo de la transformación del alma en Dios con su dialéctica de renuncia de sí y de posesión de Dios. El esquema sanjuanista

---

[49] M. ANDRÉS, o.c., II p.514-17.

es considerado clásico por los autores espirituales y, en cierto sentido, por la Iglesia, que ha declarado doctores a los dos fundadores del Carmelo.

Ambos doctores místicos carmelitanos tuvieron conciencia de ese proceso de clarificación.

> «Dicen que el alma se entra dentro de sí y otras veces que sube sobre sí. Por este lenguaje no sabré yo aclarar nada» *(Cuartas moradas* 3,2).

Con su experiencia mística y su ciencia teológica, San Juan de la Cruz respondió prácticamente, con su vida y obras escritas, a la teoría de Cano, Cuevas, Fernando de Valdés y cuantos oponían escolástica y mística como insociables.

Antes de llegar a esta luz, la nueva espiritualidad afectiva y mística había producido grandes tempestades y desconciertos en las órdenes religiosas, especialmente en la dominicana y jesuítica.

Ya Nadal, en sus pláticas a los jesuitas españoles, entre 1550-65, se hace cargo de la necesidad de un lenguaje idóneo, que responda a ideas y actitudes claras y se aleje de toda sombra de alumbradismo. Pero, por causa de las exageraciones verbales y prácticas de algunos jesuitas partidarios de la vida contemplativa y mística y por el anhelo de una espiritualidad propia y unitaria, Antonio Cordeses, Baltasar Alvarez, E P. Suárez y otros místicos jesuitas hubieron de pasar por momentos difíciles e incluso por visitas, inspecciones, desconfianzas y casi auténticos procesos dentro de la Orden.

Más grave fue la escisión producida dentro de la Orden dominicana entre partidarios de la espiritualidad afectiva y de la mística del recogimiento, representados principalmente por el P. Granada y Bartolomé de Carranza, y los de la espiritualidad tradicional de la Orden, encarnada en Cano, Cuevas y sus amigos. Ello terminó en el escándalo del proceso de Carranza y en la puesta de la *Guía de pecadores* y del *Libro de la oración y meditación* en el *Indice de libros prohibidos* de 1559.

Dos extremos ayudaron a estos enfrentamientos: la realidad de los alumbrados y el peligro de posibles desviaciones y de una terminología teológica diversa de la tradicional. Otras veces se les acusaba de admitir amor sin conocimiento previo, cosa contraria a la metafísica aristotélico tomista del conocimiento. Los místicos constatan el hecho de amar más de lo que conocen, pero no se meten en ulteriores explicaciones científicas [50].

[50] *Bibliografía:* JUAN DE LA CRUZ, O.P., *Diálogo sobre la necesidad y obligación y provecho d la oración y divinos loores vocales y de las obras virtuosas y santas ceremonias que usan los cristia nos, mayormente religiosos* (Salamanca 1555; Madrid, BAC vol.221); BELTRÁN DE HEREDIA *Las corrientes de espiritualidad entre los dominicos de Castilla durante la primera mitad del s glo XVI* (Salamanca 1941); ID., *Historia de la reforma en la provincia de España (1450-155C* (Roma 1939); CANO-CUEVAS, *Censura al «Catecismo» de Carranza*, en F. CABALLERO, *Vida d M. Cano* (Madrid 1871), y en SANZ Y SANZ, *Melchor Cano. Cuestiones fundamentales de crític histórica sobre su vida y escritos* (Monachil, Madrid 1959); J. I. TELLECHEA, *Fray Bartolomé d Carranza:* Archivo Documental Español, vol.19; M. ANDRÉS, *La teología española en el s glo XVI* II p.511-21; ID., *Los recogidos* (Madrid 1976) p.384ss 419ss 470ss; B. ALVAREZ, *Escn tos espirituales*, intr. de C. María Abad (Barcelona 1961): Espirituales Españoles, vol.1 E

Triunfó entonces la pasión religiosa, una de las más profundas pasiones humanas. Ella avivó el fuego en los enfrentamientos y se constituyó en protagonista principal de muchos aconteceres sociales y de decisiones personales en torno a 1555, cuando Carlos V piensa retirarse a Yuste y Francisco de Borja en su entrada en la Compañía de Jesús.

Para Cano resulta sospechosa la extensión de la perfección a todos los cristianos. Ello anula o disminuye en exceso la diferencia entre religiosos y seglares. Estos, especialmente las mujeres, que se dediquen a sus labores y oficios y dejen la oración a los frailes.

Santa Teresa contestaría con suma dureza en *Camino de perfección* 4. Curiosidad importante: los místicos son feministas, y los antimísticos resultan antifeministas en general.

También la difusión de obras teológicas en romance es conceptuada asunto peligroso por el grupo partidario de la espiritualidad tradicional. Lo mismo diría de la recepción frecuente, incluso diaria, de la eucaristía, promovida por Francisco de Osuna y los místicos.

Los sistemas de oración unitiva y sus formulaciones poéticas eran conceptuados como proclives al alumbradismo, opuestos a la oración vocal, minusvaloradores de las obras externas. Tal acaeció con las fórmulas *no pensar nada, atento a sólo Dios, amor puro en esta vida, contemplar a Dios sin imagen, amor místico sin previo conocimiento, adorar a Dios en espíritu y verdad.* No todas las formulaciones místicas fueron igualmente acertadas. La crítica permanente de los escolásticos obligó a cuidar y mejorar las expresiones de la propia experiencia. El proceso de clarificación vivido por la mística española a lo largo del siglo XVI y el XVII se debe en gran parte a estas críticas, hechas casi siempre con amor, aunque a veces fueron exageradas y produjeron el consiguiente dolor. ¿Hubieran sido nuestros místicos tan acertados en sus expresiones sin ese control? ¿Hubiera salido la segunda redacción de *Subida del monte Sión,* de Laredo, sin los largos análisis que de la primera hicieron los censores franciscanos? ¿Perdió o ganó la espiritualidad española con la doble redacción de *Audi, filia,* de San Juan de Avila, y con las correcciones y añadiduras del P. Granada al *Libro de la oración y meditación?* En general, los críticos de obras místicas son generosos y acertados. Cuando llegan denuncias al Tribunal de la Inquisición, son estudiadas con serenidad. Creo que el momento más apasionado y apasionante es el del cambio de 1555 en relación con el protestantismo y su secuela del índice expurgatorio de 1559.

7. EL PROBLEMA DE LA LIBERTAD

El problema de la libertad es puntero en la historia moderna. Por ello aparece abierta y repetidamente en la de la teología española del si-

F. BOADO, *Baltasar Alvarez en la historia de la espiritualidad del siglo XVI:* Miscelánea Comillas 41 (1964); F. DE OSUNA, *Tercer Abecedario espiritual* (Madrid 1972): BAC vol.333, intr. de M. Andrés, p.106-14.

glo XVI. De él tuvieron especial sensibilidad los alumbrados y erasmistas, pero no menos los recogidos, Alonso de Madrid y San Ignacio en *Ejercicios espirituales para vencerse a sí mismo*. Esta acertadísima fórmula debe ser entendida, en el contexto de 1522, como dominio del reino interior, constituido por el cuerpo y el espíritu, con miembros corporales, sentidos externos e internos y potencias, de modo que la sensualidad obedezca a la razón, y la razón, a Dios. Aquí pone San Ignacio la victoria sobre sí y la señoría del hombre sobre el mundo.

Arte para servir a Dios dedica el sexto notable, o regla común, a describir la voluntad libre y reina de sus actos. La enunciación es perfecta. Sólo ella basta para dar orden y manera de obrar, aunque ninguna otra arte se supiere. Ella es el fundamento de todo el edificio espiritual:

> *«Está en las manos de cuantos viven en el mundo querer o dejar de querer cualquier cosa que quisieren o les pareciese que deben querer o no querer y por el fin que quisieren y cuantas veces quisieren»* [51].

En esa década se desató la disputa entre Erasmo y Lutero sobre la libertad del cristiano y del hombre. Pero apenas nadie ha ilustrado los reflejos de esa confrontación con los autores espirituales españoles, ni la incidencia que tuvo el tema de la libertad en todo el rico proceso del erasmismo en España, estudiado por Bataillon. Osuna, después de largo viaje por Francia y los Países Bajos para editar sus obras latinas, lo aborda con profundidad, oportunismo y fina ironía:

> «... Entre los animales, el que sufre menos carga es el hombre, que siempre da corcovos por la desechar y verse libre... Porque el hombre fue criado para enseñorearse de todas las cosas inferiores... Sobre las cuales fue dotado de tanta libertad, que apenas Dios, nuestro Redentor, pueda forzar su libre albedrío. Así que nuestro Hacedor sabe que el hombre no quiere servir... Con saber... esto, tiene El de su propia naturaleza querer enseñorearse. Y por ello se llama primera causa, que mueve todas las cosas a su servicio. Cuando quiso haber este servicio del hombre, determinó Dios nuestro Señor de poner tanto odio y blandura, *ut computresceret iugum a facie olei*, para que cuasi no fuese yugo ni mandamiento, sino indulgencia. Porque los mandamientos hallarás que son desmandamientos más que mandamientos...»

Unos capítulos más adelante analiza así el voto de obediencia:

> «Obediencia que no se ordena para mejoría del ánima, poco difiere de captiverio... Ni te haga nadie creer que lo inútil se hace bueno por el voto... Tan buena cosa como es la libertad, no la pongas en mano de hombre tocho, y el tesoro de tu libre albedrío no lo renuncies en poder de hombre sin seso...» [52]

El tema de la libertad traspasa la teología española del siglo de oro en su aspecto teórico y práctico. Una de las más altas cimas del humanismo español a fines del siglo XVI y principios del XVII serán las famo-

---

[51] ALONSO DE MADRID, *Arte para servir a Dios* 6 notable (Sevilla 1521): *Místicos franciscanos* (BAC vol.38) p.118.
[52] FRANCISCO DE OSUNA, *Quinto Abecedario espiritual* (Burgos 1542) c.75 y c.107; intr. a *Tercer Abecedario*: BAC vol.333 p.97-99.

sas disputas sobre la armonización entre libertad humana y gracia divina. El prólogo se encuentra en el planteamiento básico de la libertad humana en los autores espirituales franciscanos y en San Ignacio. Protagonizan el último capítulo especialmente dos personas que capitanean dos escuelas teológicas: Luis de Molina, S.I., y Domingo de Báñez, O.P.

La disputa *de auxiliis* constituye la cima del humanismo cristiano español y de la metafísica del tiempo de la Contrarreforma. Al abordar la historia de aquellas disputas es necesario superar lo anecdótico y circunstancial y sopesar el esfuerzo de penetración racional en el misterio de la predestinación y de la gracia, de la naturaleza y experiencia de la libertad hecho por jesuitas y dominicos, vencidos ambos por la grandeza del esfuerzo, como el Caballero de la Triste Figura, perfilado por Cervantes en aquellos mismos días.

Complemento del planteamiento de los teólogos españoles sobre la libertad y corona del humanismo teológico es la disputa sobre la libertad subjetiva ante la ley. Este tema alcanza también las raíces últimas del hombre, porque afecta a la formación de la conciencia recta y a las dificultades que surgen para construirla. Constituye otra de las páginas más interesantes y olvidadas de la historia del humanismo español. Los autores medievales habían elaborado ya una valiosa doctrina sobre la certeza, la opinión probable y la duda, como grados distintos de adhesión de la mente a un determinado juicio. Pero fueron los teólogos dominicos y jesuitas españoles de fines del siglo XVI Bartolomé de Medina, Domingo Báñez, Gabriel Vázquez y Francisco Suárez... quienes elaboraron los principios morales del probabilismo, ayudados también por el franciscano Antonio de Córdoba, a quien se atribuye, asimismo, la proposición de este sistema moral, aceptado desde el primer momento por los teólogos de la época: Gregorio de Valencia. Pedro de Ledesma, Juan de Santo Tomás, Juan de Lugo y otros muchos.

El probabilismo como sistema moral parte de estos tres principios: 1) El que obra conforme a una duda probable peca, porque se expone a peligro de pecar. 2) Entre dos opiniones igualmente probables, puede seguirse cualquiera de ellas, pues no hay razón para preferir una a otra. 3) Cuando existe una opinión probable (tratándose de la licitud de una acción), ésta puede seguirse, aunque la contraria sea más probable. En esta última aseveración radica lo nuclear del probabilismo como sistema moral. Probable es la proposición que se puede mantener sin peligro de caer en error. Esto basta para que el acto humano se mantenga dentro de los límites de la prudencia. Según esto, el que obra con probabilidad actúa con prudencia. De este modo, el probabilismo trazó un sistema práctico y seguro de obrar cuando el hombre tropieza con dificultades insuperables para descubrir la verdad.

El tema de la libertad llegó a la novela y al teatro. En Calderón, en pleno siglo XVII, despojado de los planteamientos de escuela y revestido de las preocupaciones espirituales de los místicos, el libre albedrío alcanza una grandeza dramática digna de la tragedia griega, si es que no la supera. Dentro del hombre luchan cuerpo y alma, virtudes y vicios, bien

y mal, hasta situaciones límite de conflicto del hombre consigo mismo.
Basta recordar *Pleito matrimonial entre cuerpo y alma* y *La vida es sueño*,
auto sacramental de Calderón. Este conflicto intrahumano debe ser
considerado desde la unidad aristotélico-tomista de la persona, afirmada
en la psicología que profesaban nuestros pensadores, y desde la profunda
integración del hombre en sí mismo, admitida como punto de partida por
nuestros místicos [53]

[53] S. PIATTI, *Antonii Cordubensis, de conscientia cum speciali relatione ad probabilismum*
(Trento 1952); J. BLIC, *Bartolomé de Medina et les origines du probabilisme:* Ephemerides
Theologicae Lovanienses 7 (1930) 46-83.263-91; T. DEMAN, *Probabilisme,* en *Dictionnaire de
la Théologie Catholique* XIII 417-19; L. RODRIGO, *De historicis exordiis et vicibus probabilismi
moralis selectio:* Miscelánea Comillas (1953) 53-120; F. DE OSUNA, *Tercer Abecedario espiritual:* BAC vol.333 (Madrid 1972) p.97ss; M. ANDRÉS, o.c., II p.284-86.

Capítulo V

LA ESPIRITUALIDAD ESPAÑOLA EN LOS SIGLOS XV Y XVI. MOVIMIENTOS Y DISPUTAS

Intento presentar los movimientos espirituales y aclarar dentro de qué coordenadas florecieron los autores místicos en nuestra patria. En este campo existe una clara línea de continuidad entre los siglos XV y XVI, lo mismo que en dogmática y moral. También la mística española tuvo sus albores en el siglo XV. Sus primeros pasos se encuentran en la espiritualidad de las reformas y observancias franciscana, benedictina y agustina desde principio del siglo XV y en la fundación (1373) y desarrollo de los jerónimos. El historiador debe buscar las líneas de fuerza si no quiere perderse en atisbos o vagas generalizaciones.

Cuando Menéndez Pelayo se adentra en la espesura de nuestra espiritualidad en su *Historia de las ideas estéticas,* distingue una época remota de influencia alemana y de incubación de la escuela española; período, a su parecer, muy oscuro, que discrecionalmente prolonga hasta 1550. Reconozco esa oscuridad por la casi total falta de fuentes publicadas en tiempo del ilustre polígrafo montañés. Pero no comparto la afirmación de la única influencia alemana, pues no es menor la mediterránea, si acaso no la supera a través de Hugo de Balma, San Buenaventura y los espirituales franciscanos de Italia y del sur de Francia. Ni se puede alargar ese período de incubación hasta 1550, pues las vías o senderos de nuestra espiritualidad se hallan claramente propuestos y especificados en torno a 1525, y algunos desde 1500.

No sin grandes trabajos y desvelos, he trazado la historia de la espiritualidad española desde 1470 a 1570, adelantando en casi un siglo la aparición de nuestra primera escuela espiritual moderna. Remito a *La teología española del siglo XVI* y a *Los recogidos. Nueva visión de la mística española (1500-1700).* También tengo un tanto elaborada la historia de nuestra mística del siglo XVII. Gracias a este bagaje puedo abordar con perspectiva de antecedentes y consecuentes el tema propuesto.

Desde un principio dejo asentado el acierto de estas palabras del P. Sigüenza, amigo de Arias Montano, historiador, exegeta y asceta de subidos quilates:

> «Confieso que no entendí que en aquel tiempo en que vivió fray Alonso de Oropesa († 1470) había tan buen gusto de letras, ni se tenía tanta noticia no digo de Escritura santa..., mas aun de lección de santos, ni de concilios, ni de otros buenos autores... De esta manera entiendo que había otros muchos en otras religiones de España, cuyas obras estarán sepultadas en esas librerías...»

No pocas obras han visto la luz desde entonces, pero resulta difícil hacer síntesis cuando queda larga tarea de análisis. Sin embargo, los estudios sobre la naturaleza y desarrollo de las observancias me ayudaron a constatar la existencia de una espiritualidad unitaria en la segunda mitad del siglo XV, que constituye la primera escuela espiritual de la España moderna.

1. EL MOVIMIENTO ESPIRITUAL DE LAS OBSERVANCIAS

La individuación de esta escuela fue efecto de un análisis largo y escrupuloso de autores y de obras [54]. El movimiento de las observancias acuñó e hizo adulta una espiritualidad determinada a través de lectura de libros comunes, de un método concreto de oración y del empleo sistemático de grados ascendentes para la práctica de las virtudes y desarraigo de los vicios. Sin el conocimiento de esta espiritualidad común de las reformas y observancias, con sus caracteres de poder de asimilación, acción conservadora del pasado, anticipaciones insospechadas de futuro y vitalidad permanente, resulta difícil, por no decir imposible, entender las corrientes de nuestra mística y no pocas de sus formulaciones, así como el proceso de su evolución creadora a lo largo del siglo XVI.

Las observancias procedieron, ordinariamente, desde el individuo a la institución. Intentan imitar a Jesucristo y vivir el Evangelio volviendo a la práctica de la regla primitiva en oración y ejercicio de virtudes. Desconfían de la teología especulativa en orden a la santidad. Estiman más llorar en tiniebla que estudiar a la luz de la candela, según expresión del franciscano Villacreces. Prefieren leer teólogos afectivos antes que autores sutiles y curiosos. Para la vida de unión con Dios consideran ineptos a los escritores que proceden por el método de la *quaestio*, elevada a sistema en los quodlibetos de la época, compuestos de muchos planteamientos que comienzan por *cur* (de ahí *curioso*), *utrum* u otras fórmulas similares. Ellos leen a San Agustín, San Gregorio Magno, San Bernardo, San Juan Clímaco, Casiano, San Jerónimo, los autores franciscanos primitivos. Esta lista de teología positiva y espiritual aparece en Villacreces, en los benedictinos vallisoletanos, en Hernando de Talavera y, más tarde, en San Ignacio de Loyola.

> «Non usamos de artes liberales ni de otros derechos, salvo solamente la lección de la Biblia... Non estudian [los observantes] en la curiosidad de la santa teología..., ca ciertamente... las cuestiones sutiles del Doctor Sutil y de los otros doctores curiosos mucho empachan a la perfección de las virtudes» [55].

Este texto de la reforma villacreciana, unido a otros similares de los agustinos y benedictinos, pone mucha luz sobre las relaciones entre ob-

[54] M. ANDRÉS, o.c., I p.356-425.
[55] LEJARZA-URIBE, *Las reformas en el siglo XV y XVI* (Madrid 1957) p.956. La cita pertenece a Lope de Salazar y Salinas; M. ANDRÉS, o.c., I p.303-306.

servancias y humanismo renacentista del siglo XV, sobre la valoración del derecho civil y canónico entre los reformadores de nuestras universidades y sobre la oposición a la teología verbosista, temas desbrozados en las páginas anteriores. Nuestras reformas y observancias vivieron una espiritualidad austera e intensa, unos sistemas de oración, de práctica de virtudes y desarraigo de vicios, comunes en no pocos aspectos. Las observancias constituyen un estado común, un fenómeno social de ancho espectro, de reforma en punta, que traspasa a la sociedad española y alcanza a la misma sinagoga. Sus principales líneas de fuerza son el proceso hacia la persona, la interioridad y la purificación.

2. PROCESO HACIA LA PERSONA

Se trata de un rasgo no meramente descriptivo ni de fácil medición cuantitativa, que marca de modo profundo a esta espiritualidad. El retorno a la práctica de la regla primitiva engloba dos vertientes: una institucional, de la orden religiosa como sociedad constituida, y otra personal, de cada miembro. La primera apunta directamente a la vida regular de cada convento, de todos en conjunto y de la Iglesia. La segunda, a cada religioso. Porque sólo el hombre de corazón reformado puede hacer la reforma desde la base.

La inquietud reformista ha sido elucidada por Beltrán de Heredia, Bataillón, García Oro [56] y otros. En ella intervinieron los observantes y algunos nobles y ciudades. Secundaron esta tarea los reyes. Finalmente, la jerarquía, por medio de Cisneros, Hernando de Talavera y otros prelados, asumió como propia la bandera de la reforma y se la quitó a grupos impulsivos en los que era posible cualquier tipo de radicalización. A la vez, la universidad intensificó la reforma de los métodos teológico y bíblico. En esa corriente inciden el humanismo, el deseo renacentista de retorno a las fuentes, el descubrimiento de América, el erasmismo, el alumbradismo, las primeras noticias del luteranismo, la aceptación del nominalismo. Todo contribuyó a una especie de psicosis colectiva de reforma en la primera y segunda década del siglo XVI: los frailes giróvagos, que no habían aceptado espiritualmente la reforma impuesta por Cisneros, como los famosos franciscanos Pedro de Orellana, historiado por Eugenio Asensio, o fray Melchor, descrito por Bataillon; el profetismo de algunos observantes; las noticias de los descubrimientos geográficos y de las primeras conversiones masivas; el conciliábulo de Pisa; el concilio de Letrán; la inseguridad política; el deseo de reforma de la persona, de la orden y de la comunidad. Esta ultima palabra alcanzó tal carga pasional, que con ella se designa la guerra civil de las comunida-

---

[56] BELTRÁN DE HEREDIA, *Historia de la reforma de la provincia de España (1450-1550)* (Roma 1939); BATAILLON, *Erasmo y España* I 72ss; J. GARCÍA ORO, *Cisneros y la reforma del clero español en tiempo de los Reyes Católicos* (Madrid 1971). Sobre la reforma del convento agustino de Salamanca, M. ANDRÉS, o.c., I p.144-45; ID., *Reforma española y reforma luterana* (Madrid 1975); ID., *Dos reformas frente a frente. Crisis protestante y reforma española*, en *Las grandes crisis de la Iglesia y su incidencia en el mundo actual* (Madrid 1977) p.113-40.

des. Francisco de Ortiz, en un claro proceso de espiritualización, hablará de levantar una nueva y santa comunidad.

En 1527, en Francisco de Osuna, encuentro armonía entre el aspecto
social e individual de la reforma [57]. Con mirada retrospectiva, escribe
eso mismo, treinta años después, San Juan de Avila:

> «No han faltado en nuestros tiempos personas que han tenido por
> cierto que ellos habían de reformar a la Iglesia cristiana y traerla a la
> perfección que en su principio tuvo, o a otra mayor» [58].

La perfección individual es la primera preocupación de la espiritualidad española, como medio de reforma eclesial. Nuestra reforma crece
marcada por el individualismo del Renacimiento y del nominalismo.
Comienza por la reforma del corazón, que es lo primero que la naturaleza forma en el hombre y lo que tiene necesidad de ser más socorrido.
Desde ahí trata de llegar a todo el hombre, integrado en sí mismo; a la
orden respectiva, la Iglesia y, a lo que creo, también a la sociedad. La
reforma española encarna un proyecto de hombre nuevo, en el cual se
integra lo exterior e interior, el alma y el cuerpo. Primero se unifica
todo el hombre en sí mismo, reduciendo sentidos y potencias al centro
del alma. Después, el alma sola se une a Dios solo. Ese hombre nuevo
realizará la reforma *in capite et in membris*. El entra dentro de sí, en sus
propias entrañas, en su interioridad más profunda, y allí encuentra a
Dios. Situado en ese centro, ya no cuenta para él el mundo, en cuanto
implica dispersión, pero se ata a él por vínculos de servicio, de caridad y
de solidaridad. Allí descubre el valor supremo del amor a los demás, armoniza vida activa y contemplativa, unión con Dios y entrega a los
hombres, oración y obras. De ahí el arquetipo de caballero a lo divino,
encarnado en el *deseoso, peregrino, codicioso*, personajes característicos de
nuestras novelas a lo divino, como *Spill de la vida religiosa* (1514) y sus
muchas adaptaciones, la autobiografía ignaciana y otras obras posteriores. De ahí aquella frase de Santa Teresa en las *Séptimas moradas* (4,4),
que resume esta orientación de nuestra mística: «Para esto es la oración..., de esto sirve este matrimonio espiritual, de que nazcan siempre
obras, obras» [58*].

3. PROCESO HACIA LA INTERIORIDAD Y CRISTIFICACIÓN

El cambio operado en la espiritualidad española en el entrecruce de
estos dos siglos no es menos radical y profundo que el acaecido en dogma, exégesis y moral. Se pasa de una espiritualidad muy marcada por
las obras externas, por los grados y escalas de virtudes y vicios, a otra
de interioridad de afectos, deseos y transformación en Dios. Nuestros
autores del siglo XV hablan de obras externas y de grados de perfec-

---

[57] FRANCISCO DE OSUNA, *Tercer Abecedario espiritual* (Toledo 1527): BAC vol.333 p.621.
[58] SAN JUAN DE AVILA, *Audi, filia* (Alcalá 1556): Espirituales Españoles X p.196.
[58*] SANTA TERESA, *Séptimas moradas* 4,4.

ción. Los del siglo XVI interiorizan los puntos de partida y desarrollo de la pobreza y la mortificación, como Cervantes interiorizaría el heroísmo caballeresco, y Descartes la filosofía. Además, ellos pierden el respeto excesivo del siglo XV a manifestar públicamente lo existencial. Así se adelantan a la novela picaresca y promueven la literatura personalista del *Lazarillo* y la autobiografía que caracteriza al Barroco.

La espiritualidad de las reformas y observancias dedica muchas horas diarias a la oración vocal y cultiva de manera metódica la mental, las virtudes, la mortificación, la pobreza, la unión con Dios. El religioso

> «ha de conocer y ejercitar los diez grados de humildad, e los doce de la obediencia, e los seis de la castidad, e los seis de la pobreza, e los dos de la caridad, distinguidos por sus miembros... E qué diferencias hay entre las virtudes..., e del proceso del comienzo, e del medio, e del fin que ha en ellas de ejercitar e de proseguir, e cómo ha de conocer cada un vicio en sí mesmo, e en general, e en especial, e cómo los ha de resistir... [59]

Compárese lo dicho por el franciscano observante Lope de Salazar y Salinas, a mitad del siglo XV, con estos tres pasajes de Bernabé de Palma, Bernardino de Laredo y Francisco de Osuna, todos ellos también franciscanos de la observancia, en torno a 1530:

> «Este es el camino verdadero para desarraigar los vicios y plantar las virtudes. Enseñe, pues, el que quisiere, a guardar la vista y hacer penitencia... y cosas semejables para alcanzar virtudes..., que yo no quiero enseñar ese camino, mas que trabajen lo primero de recoger los pensamientos dentro de sí mismo, porque es mucho mejor mirar las raíces y cortarlas, que no... cortar las ramas dejando las raíces...»
>
> «Él adorar a Dios en espíritu está en no solamente contemplarle puro espíritu como es; mas, para le contemplar, el vero contemplativo dejarse ha de toda carne y de entendimiento de carne: ni con carne, ni de carne, ni por carne; mas que el ánima, puro espíritu, desnuda de todo cuanto en la tierra Dios crió, entienda en un solo Dios, desnudo de cuanto crió en el cielo y en la tierra, sino una sola y uno solo...»
>
> «Tú, hermano, si quieres mejor acertar, busca a Dios en tu corazón; no salgas fuera de ti, porque más cerca está de ti e más dentro que tú mismo... No sin gran misterio nos manda tantas veces la Escritura entrar dentro de nosotros mismos y tornarnos al corazón, y que cada uno huelgue en sí, no saliendo fuera, sino que cierre la puerta sobre sí..., para que en secreto se comunique Dios al alma... Pues el Padre es puro espíritu en sí mismo... tanto será nuestra oración a El más agradable cuanto fuere más apartada de imaginación y aun de los pensamientos del corazón...» [60]

¿Cómo se realizó este movimiento hacia la interioridad? ¿Cómo se pasó de una espiritualidad en la cual se plusvaloraba lo externo a otra en la cual se habla de espíritu de modo insistente y no siempre concertado, y, finalmente, a otra de armonía entre interior y exterior, fe y

---

[59] LOPE DE SALAZAR Y SALINAS (en torno a 1450), *Segundas satisfacciones,* en LEJARZA-URIBE, o.c., p.870.
[60] BERNABÉ DE PALMA, *Via spiritus* (Salamanca 1541) c.8; BERNARDINO DE LAREDO, *Subida del monte Sión* (Sevilla 1535): BAC vol.44 p.114-15; FRANCISCO DE OSUNA, *Tercer Abecedario* p.133.

obras, libertad y gracia, espíritu y ritos ceremoniales, oración vocal y mental? He aquí uno de los aspectos más bellos de la historia de la espiritualidad española. En este cambio confluyeron varios hechos importantes: el humanismo y el nominalismo, que miraron atentamente a lo personal; cierto cansancio del abuso y plusvalía de lo externo y formal; la interiorización producida dentro de las reformas y observancias y dentro de la sinagoga con la mística de la cábala vivida, por los conversos judíos, que buscan en el amor la plenitud de la ley y la liberación de sacramentos, ritos y ceremonias cuando pasaban del mosaísmo ceremonial al cristianismo. Influyó de modo decisivo también la pujante vitalidad de la mística del recogimiento, desde 1480 poco más o menos, y el desarrollo de la vía de oración mental metódica entre benedictinos vallisoletanos y franciscanos observantes desde antes de 1450.

Las etapas de esta interioridad son diversas en los diversos autores espirituales. Francisco de Ortiz distingue tres grados: exterior, interior y superior. Osuna, dos: tornar el hombre a sí y sobre sí. Laredo, tres: llegarse el alma a sí, entrarse en sí y subir sobre sí o sobre sus potencias a la esencia o sustancia de sí mismo. Bernabé de Palma, cuatro: puro corpóreo, corpóreo y espiritual, puro espiritual y sobrenatural. Miguel de la Fuente, tres: corporal, racional y espiritual. Las *Siete moradas* de Santa Teresa describen el proceso de interiorización en Cristo. El Salvador, al principio, está situado *al lado* de Teresa; luego se convierte en algo interior a ella, que termina inmergiéndose, transformándose en Cristo. Para ellos, esta interiorización no es tema de estudio, sino expresión de la propia experiencia. Toda experiencia connota, al menos, la presencia del objeto que se experimenta. San Juan de la Cruz distinguirá purificación activa y pasiva de sentidos y potencias. La interioridad se basa en la antropología, cursada en las clases universitarias de psicología, y en la cristología de la vocación cristiana, como seguimiento a Cristo en su humanidad y divinidad. Para nuestros místicos, el Dios presente en lo más íntimo del ser humano es Cristo, Dios y hombre. De aquí arranca el cristocentrismo de la mística española [61]. Los libros y la meditación de la pasión influyen en la idea de persona humana y en la penetración en el misterio de Cristo.

Lo religioso en nuestra mística no se desarrolla en torno al Dios de la ética y de la filosofía, sino a la figura de Cristo; unas veces, de modo explícito; otras, las menos, de modo implícito. Por eso son tan fundamentales los tiempos diarios dedicados a la oración del propio conocimiento y a la pasión. La contemplación de nuestros místicos se desarrolla en torno a dos objetos: el yo y la persona de Cristo. No termina en una idea ni en una abstracción, sino en dos personas: la propia y la del Dios y hombre. De ahí su humanismo, realismo, evangelismo y cristocentrismo. En la devoción a la pasión encuentran un camino seguro de acercamiento a Dios y de autocomprensión, especialmente en el campo de la humildad, del dolor y del sufrimiento. Cristo asume nuestra histo-

---

ria para darle sentido. En Cristo se concentra toda la atención del cristiano, la ascesis de imitación o seguimiento y de asemejamiento y transformación. Las virtudes cristianas son la encarnación de las virtudes del Salvador. Cristo no es sólo el ejemplar y el maestro, sino también el término ilusionado de la oración. Para la fundadora del Carmelo descalzo, el grado más alto de oración, es decir, el matrimonio místico, es unión espiritual del alma con Cristo.

La espiritualidad española del siglo de oro es encarnacionista. Porque Dios se ha hecho hombre, nuestras virtudes tienen que ser concretas. Por ello están purificadas de intelectualismo, de platonismo, de ideologismo, de evasionismo. La cristología y cristocentrismo de nuestros autores es una forma de vivir el cristianismo, o seguimiento de Cristo, que penetró en la espesura de nuestra humanidad y se inmergió hasta lo más hondo de ella. Los nombres que dan a Cristo evocan correlaciones entre Cristo y el cristiano: esposo, rey, juez, consolador, amigo, hijo... Están cargados de dinamismo teológico y de existencialismo cordial. No expresan meras denominaciones literarias, sino contenidos reales de la revelación y vivencias profundas de imitación, alabanza, cántico interior y transformación.

La interioridad no es algo adventicio, que llega a España desde las riberas del Rin y del Danubio. Tiene su cuna y desarrollo en las lomas peladas y adustas de la meseta castellana y en los resecos de los encinares extremeños. La interioridad de la mística española es más rica que la erasmista, que se queda en la imitación, mientras aquélla llega a la transformación total del amante en el Amado por amor, no sólo por conocimiento. Por eso, Osuna y Santa Teresa recomiendan reducirlo todo a Cristo [62] y caminar por la vía de la humildad, obediencia y amor.

4. LA NUEVA ESPIRITUALIDAD

El tránsito del siglo XV al XVI esté marcado por la aparición de una nueva espiritualidad: la de la oración mental metódica y del recogimiento. Ello tiene lugar de modo más claro a partir de 1470.

La nueva espiritualidad tiene sus peculiaridades. Yo las reduciría a esquema desde la enunciación de un florón de temas conflictivos, que no pocas veces llegaron, de modo apasionado y dolorido, a los tribunales de la Inquisición. Esta nueva espiritualidad saca la perfección cristiana de los conventos y la abre a todos los cristianos, religiosos y laicos, casados y solteros, hombres y mujeres. Protagonizan esta postura la mística del recogimiento y el *Exercitatorio de la vida espiritual*, de García de Cisneros, en 1500, con anterioridad a Lutero y a Erasmo. Ello desató disputas importantes sobre la democratización de la oración mental, la universalización de la llamada a la perfección cristiana, el papel de la

---

[62] F. DE OSUNA, *Primer Abecedario* (Sevilla 1528) let.B c.18 fol.18; SANTA TERESA, *Vida* 13,13; M. ANDRÉS, o.c., II p.152-58.

mujer y del hombre de la calle en la Iglesia. Los místicos son feministas
y se adelantan a los intelectuales de la época.

Asimismo plantea el tema del espíritu, de su valor frente a la ley, lo
que comporta hacerse un espíritu con Dios, una llama, un calor, un
querer, una voluntad. Espíritu, especialmente en los años de erasmismo
agudo y de alumbradismo solapado, se contraponía a obras, actos externos, ritos y ceremonias, oración vocal.

Otro tema conflictivo es el de la valoración de la experiencia, del sabor, del gusto, frente a la teología escolástica y los profesores universitarios. Nuestros místicos recomiendan caminos o vías vividos y experimentados por ellos. Sus obras no son tratados de mística, sino experiencias puestas a la luz del día. A Dios se puede ir por camino de entendimiento o de amor. Por éste lleva Dios a los humildes, a los que carecen
de letras. No son antiintelectuales ni enemigos de la universidad. Pero
todos coinciden en que la mística, o ciencia de amor, está por encima de
la escolástica, o ciencia del saber; que el amor penetra secretos que no
alcanza el entendimiento; que ellos aman más de lo que conocen; que
esto lo saben por experiencia y que no lo entenderá el que no lo prue-
be. Porque la teología mística no está en nuestra mano el tenerla, sino
en la voluntad divina el inclinarse a darla. Sólo entonces se llega a la secreta y sublime experiencia de Dios. El acto de esa contemplación sa-
piencial está principalmente en el entendimiento, aunque se extiende
también a la voluntad. Pero el acto o experiencia de la contemplación
mística está principalmente en la voluntad, aunque se extiende a la clarificación e ilustración del entendimiento. Este problema enfrentó a escolásticos y místicos por la impropiedad de los términos y de los conceptos. Es el eterno problema del lenguaje para expresar con conceptos intelectuales lo que se conoce por amor.

Otro tema que diversifica a la espiritualidad española del XV y XVI
es el del amor y de la libertad. En la década 1520-30 es proclamada por
doquier la ley cristiana del amor: amor como expresión de un cristianismo renovado; como justificación interna y externa de los conversos del
judaísmo; como expresión última de la espiritualidad de los alumbrados; como amor platónico en los literatos; como amor puro en Alonso
de Madrid y en los místicos; como fuente de conocimiento en los recogidos. Francisco de Osuna, que ha vivido el deslumbramiento de la
nueva espiritualidad como expresión de la propia experiencia y manifestación de la propia conciencia, dedicó a este problema una de sus obras
maestras en 1530: *Ley de amor y cuarta parte del «Abecedario espiritual»,
donde se tratan muy de raíz los misterios y preguntas y ejercicios del amor: y la
teología, que pertenece no menos al entendimiento que a la voluntad; harto útil
aun para predicadores que desean ver en buen romance las cosas que de sí son
escabrosas.* El largo subtítulo constituye un auténtico poema, que se
completa al constatar que la obra salió a luz anónima, como si Osuna te-
miera su publicación. El místico franciscano refuta la teoría central de
los alumbrados, que, al abrazar la ley del amor, rechazaban todas las
demás leyes, ritos y ceremonias. Los alumbrados falsearon el amor, y

falsearon por eso mismo al hombre y su libertad ante la ley divina y humana.

El tema de la libertad enfrentó a Erasmo y Lutero; a Erasmo, con los místicos recogidos. Estos y otros planteamientos, y, sobre todo, la actitud que brilla debajo de ellos, separan la espiritualidad del siglo XV y la nueva que alborea al iniciarse el XVI.

5. Clasificación y periodización de la nueva espiritualidad en los siglos XV y XVI

La falta de una historia genética de nuestra espiritualidad ha popularizado varias clasificaciones y periodizaciones empíricas interesantes, pero poco útiles para penetrar en lo nuclear de la misma.

Menéndez Pelayo clasificó nuestros autores espirituales por órdenes religiosas, y distinguió las escuelas dominicana, franciscana, jesuítica, benedictina, carmelita, cartujana, etc. Se apoyaba para ello en el principio indiscutible de la fidelidad de cada institución religiosa a sí misma y a sus tradiciones.

¿Tuvo cada orden religiosa su propia escuela espiritual en el período que ahora estudiamos, o al menos en los años céntricos del mismo, entre 1500 y 1580? ¿O acaso, durante gran parte de estos dos siglos, miembros de diversas órdenes religiosas aceptaron actitudes espirituales comunes a otros institutos, sin apartarse de sus propias constituciones y tradiciones? Esto aconteció de modo progresivo y claramente perceptible a lo largo del siglo XV, y dio como resultado la primera escuela espiritual española moderna, con unos caracteres generales comunes y no pocas matizaciones de lugares y grupos. Las actitudes ante la oración mental metódica, la austeridad y pobreza, el trabajo manual, la vida común, desbordaban los linderos de una institución concreta y hermanaban espiritualmente a los miembros de diversas observancias y recolecciones. Estas actitudes fundamentales se canalizaron a través de modos preferentes de buscar la unión con Dios, que nuestros autores llamaron vías, caminos, senderos espirituales.

El mismo Menéndez Pelayo, atendiendo a la antropología, clasificó a los autores españoles en tres grupos:

— ontologistas, o intelectualistas (dominicos);
— psicologistas, o afectivos (franciscanos);
— eclécticos, o escuela propiamente española.

La clasificación es importante; aceptada con ligeros retoques por Bruno Ibeas, Sainz Rodríguez, Huerga, Moliner y otros, necesita un razonamiento filosófico previo y algunas correcciones.

Tampoco la periodización ha sido hecha desde dentro de los autores y de las corrientes. Por ello es distinta de la clasificación por escuelas. Acaso antes no haya sido posible acompasar escuelas y períodos por falta de monografías, salvo sobre ocho o diez autores. Las bibliografías sobre San Ignacio de Loyola, Santa Teresa y San Juan de la Cruz superan, a lo que creo, a las dedicadas al resto de todos los autores españoles. La periodización más aceptada distingue cuatro épocas:

— de iniciación, hasta 1500;
— de asimilación, hasta 1560;
— de aportación nacional, hasta 1600;
— de decadencia, o compulsación doctrinal, desde 1600.

Esta periodización resulta orientadora, pero incompleta; peca de externa, y necesita revisión.

A título de pura sugerencia y desde el conocimiento que ahora poseo sobre esta materia, me atrevería a formular esta periodización, que a la vez es clasificación, para los siglos XV y XVI:

I. Período y escuela espiritual de las reformas y observancias, hasta 1480-90.

II. Período de elaboración técnica y de vivencia práctica de la oración mental metódica y de la mística del recogimiento (1480-1530).

III. Período de entrecruce, confrontación y clarificación de diversas vías espirituales: recogimiento, alumbrados, beneficio de Dios, cristianismo evangélico y paulino, beneficio de Cristo, espiritualidad de la naciente Compañía de Jesús, espiritualidad tradicional (1525-70).

IV. Mística del Carmelo reformado y de los movimientos recoletos y descalzos (1570-1690).

V. Período de cursos sistemáticos o de racionalización de la mística: siglo XVII, especialmente desde 1640 a 1750.

VI. Período de agotamiento.

En este apartado presento los diversos períodos y vías espirituales, las principales disputas y, finalmente, los intentos de espiritualidades heterodoxas [63]. Antes ofrezco unas palabras de justificación de la palabra *vías*.

Ordinariamente, la espiritualidad cristiana distingue tres grados clásicos o vías: purgativa, iluminativa y unitiva, con ejercicios jerarquizados, pero no exclusivos.

La espiritualidad española de este período la he dividido en vías, senderos o caminos seguros, completos, orgánicos, para alcanzar con facilidad y seguridad la purificación, iluminación y unión con Dios. Osuna, Laredo, el P. Avila, Santa Teresa, San Juan de la Cruz, hablan en este sentido de vías. Los franciscanos de Toledo llaman vía espiritual escandalosa y recién inventada a la que siguen los alumbrados. Para nuestros autores existen, pues, caminos o vías diversas de alcanzar la unión

---

[63] Bibliografía: MENÉNDEZ PELAYO, *Ciencia española; Historia de las ideas estéticas;* P. SAINZ RODRÍGUEZ, *Introducción a la historia de la literatura mística en España* (Madrid 1927); ID., *La mística en Menéndez Pelayo* (Madrid 1956); J. M. CRUZ MOLINER, *Historia de la literatura mística en España* (Burgos 1961); ADOLFO DE LA MADRE DE DIOS, *Dictionnarie de spiritualité* IV 1136; A. HUERGA, *Historia de la espiritualidad* (Barcelona 1969) II p.78ss; M. ANDRÉS, *Los recogidos;* ID., *La teología española del siglo XVI* I 337-60; II 107-295 507-711.

con Dios [64]. Su multiplicación responde al lindo deseo de buscar los recursos del espíritu y de ordenarlos a la obtención del fin perseguido. Pero su multiplicación exagerada y su lenguaje poco perfilado produjo en algunos momentos acusada sensación de embrollo y de inseguridad.

6. NÚMERO DE OBRAS ESCRITAS

El número de obras de autores espirituales de los siglos XV y XVI es muy crecido. Nadie lo discute a partir de 1550. Pero es necesario afirmarlo también de la primera mitad del siglo XVI y del último tercio del XV. En *La teología española del siglo XVI* enumero las principales obras espirituales españolas desde 1470 a 1559. Resulta un catálogo impresionante [65]. Sin ánimo de agotar el tema, presento más de sesenta autores patrios entre 1500 y 1530, además de los muchos autores traducidos y editados no sólo por Cisneros en Toledo, sino también por toda la geografía española. Destaca la riqueza que estas obras entrañan para la historia de la literatura española y el esfuerzo por encontrar términos nuevos que reflejen las nuevas vivencias. En este aspecto llama la atención el presbítero toledano Gómez García en *Carro de dos vidas* (1500), primera síntesis mística española.

7. LA PRIMERA ESCUELA ESPIRITUAL ESPAÑOLA MODERNA

La he llamado de las reformas y observancias. Dedican a la oración no menos de seis horas diarias. Sus caracteres, analizados con detenimiento en mi obra sobre el siglo XVI, son los siguientes:

1) *Biblismo.*

2) *Vida interior.*

3) *Ascesis metódica.*

4) *Oración mental metódica,* con un método descrito en documentos aún no descubiertos, pero ciertamente usado por los franciscanos discípulos de Villacreces y por los benedictinos de Valladolid desde casi principio del siglo XV, y más tarde por los benedictinos de Montserrat, incluso antes de la llegada de García de Cisneros.

5) *Austeridad, penitencia interior y exterior* y pobreza en edificios, vestidos y comida.

6) También destacaría el *amor al trabajo manual* y al deber cumplido, la sencillez en estudios, lecturas y palabras, el sentido litúrgico, la tímida extensión de la perfección a los laicos, la oscilación entre la alta estima de las revelaciones y fenómenos extraordinarios aceptada por los franciscanos y la razonada desconfianza de San Vicente Ferrer y de los dominicos.

---

[64] M. ANDRÉS (o.c., II 125-28) explica la noción de vía y la cartografía de la espiritualidad española en 1525.
[65] M. ANDRÉS, o.c., I p.369-91; II p.178-82.543-55.

7) Finalmente, cobra especial relieve una clara inclinación al eremitismo, a la soledad, a las casas de oración, a los recolectorios en la mayor parte de las reformas. Los benedictinos vallisoletanos aceptaron una vida de clausura similar a la de las monjas de Santa Clara. Varios conventos franciscanos eran auténticas casas de oración, que encontraron reglamentación en el capítulo general franciscano de 1502 y en las ordenaciones de Francisco de Quiñones, de 1523.

8. La vía de la oración mental metódica desde sus primeros pasos hasta el «Libro de los Ejercicios» (San Ignacio) y el de la «Oración y meditación» (P. Granada)

La introducción de la práctica sistemática de la oración mental metódica en España se debe a los benedictinos vallisoletanos y a los franciscanos de la reforma de Villacreces a principio del siglo XV. Estos dedican hora y media diaria a este ejercicio, con un método que desgraciadamente ignoramos. Algo parecido acaece en la citada reforma benedictina. El Renacimiento generalizó el empleo de métodos renovados, seguros y rápidos para las artes, las ciencias y la vida del espíritu. Por ello se escribieron tantas metodologías en todos los campos del saber: música, aritmética, guerra, gramática, navegación, teología, espiritualidad. La oración mental metódica responde a las exigencias científicas y socioculturales de la época. Juan Wessel Gansford, Mombaert, Luis Barbo... publicaron metodologías sobre el modo de orar mentalmente [66]. Otros muchos recogieron la herencia de los diversos ordenamientos medievales, y plasmaron ejercitatorios, artes, guías, libros de ejercicios espirituales que metodizan todo lo relacionado con este campo. Se trata de un movimiento europeo común. En él llevan la primacía los renano-flamencos. Una pléyade de investigadores norteuropeos han descrito el origen y florecimiento de la devoción moderna. Pero los *Soliloquios* de Pedro de Pecha, así como las obras de Lope de Salazar y Salinas y de otros villacrecianos, ponen cada día más de relieve la existencia en España de otro movimiento similar, en el cual, a medida que crece el tiempo dedicado a la oración mental, disminuye el de la vocal. Con el afianzamiento de las reformas y del humanismo renacentista disminuyen los libros de espiritualidad, compuestos a base de citas de autori-

[66] Gansford (1419-69), *De cohibendis cogitationibus et de modo constituendarum meditationum;* Mombaert, *Rosetum exercitiorum spiritualium et sanctarum meditationum* (1494); Luis Barbo (1381-1443), *Modus meditandi et orandi;* R. García-Villoslada, *Rasgos característicos de la devoción moderna:* Manresa 28 (1956) 315-50; Watrigant, *Histoire de l'oration méthodique:* Revue d'Ascétique et Mystique, abril 1922; A. Albareda, *L'abbat Joan Peralta:* Analecta Sacra Tarraconensia 8 (1954) 30ss; Id., *Intorno a la scuola di oratione metodica stabilita in Montserrat dall'Abate García Jiménez de Cisneros:* Arch. Hist. Soc. Iesu 15 (1956) 260; M. M. Gost, *Estudios sobre el primer siglo de San Benito, de Valladolid* (Montserrat 1954); M. Colombás, *Un reformador benedictino en tiempo de los Reyes Católicos: García Jiménez de Cisneros* (Montserrat 1955); Lejarza-Uribe, *Las reformas en los siglos XIV-XV* (Madrid 1958); García de Cisneros, *Obras completas* (Montserrat 1965); M. Andrés, *Los recogidos. Nueva visión de la mística española. 1500-1700* (Madrid 1976); Debrognie, *Dictionnaire de spiritualité* III 727-47; M. Andrés, *La teología española del siglo XVI* II p.184-97.

dades, y crece la propuesta de métodos objetivos para recorrer las etapas de la vida del espíritu y de experiencias vivas para animar a recorrerlas. Alonso de Madrid, en *Arte para servir a Dios* (1521), reconoce que de poco sirve conocer una cosa y estar animado a realizarla si no sabemos cómo. El escribe con conciencia de hacer algo nuevo. Miguel de Eguía reeditó esta obra en Alcalá de Henares, en 1526, pocos días antes de la llegada de San Ignacio de Loyola.

El primer libro español de importancia en este campo recoge la tradición vallisoletana, enriquecida por las aportaciones de la devoción moderna, y sale a luz en 1500, en Montserrat. Su autor es el abad García de Cisneros, primo del cardenal. La oración mental metódica constituye el núcleo más vivo de la nueva espiritualidad. En 1500 precisamente comienza la edad de oro de la mística española con el *Exercitatorio* y con *Carro de dos vidas,* de un sacerdote toledano, compuesto para doña Beatriz de Silva, del convento de la Madre de Dios. García de Cisneros divide su obra en ejercicios de la vida purgativa, iluminativa y unitiva (c.1-30) y de oración (c.31-69). Montserrat se constituyó en escuela famosa de oración mental metódica. San Ignacio de Loyola fue directamente a buscarla después de su conversión. A su lado y en contacto con ella, recibió de Dios una iluminación especial para concebir y poner en práctica los ejercicios espirituales, que constituyen, como libro y como técnica, la cima de un método práctico de oración aplicado a la elección de estado y reforma de vida.

Exercitatorio, Ejercicios espirituales y *Arte para servir a Dios* son, a la vez, tres libros metodológicos y místicos. Sus autores conocían la mística del recogimiento, que insiste en la oración del propio conocimiento y de imitación de Cristo hasta llegar al asemejamiento y transformación en El. Los tres recogen una doctrina tradicional y personalmente experimentada y la ordenan para la santificación del hombre de su tiempo. Los tres abren la perfección a todos los cristianos, sin distinción de estados, edades, ocupaciones y sexos. Los tres desbordan las fronteras españolas. Los tres ofrecen reglas ciertas, claramente expuestas para llegar a ser hombres de oración. Los tres responden a las preocupaciones de la época. En 1504, según el Arcediano del Alcor, es introducido en España el ejército regular. Dos obras publicadas en Barcelona en 1514 y 1515 completan el cuadro: *Un brevísimo atajo y arte de amar a Dios con otra arte de contemplar* y *Spill de la vida religiosa.*

Pero el libro más importante de oración metódica es el de *Los Ejercicios espirituales,* de San Ignacio de Loyola. Los ejercicios no son actos aislados, sino ordenados y sistemáticos. San Ignacio conceptúa como tales

«todo modo de examinar la conciencia, de meditar, de contemplar, de orar vocal y mentalmente, y de otras espirituales operaciones... Porque así como el pasear, caminar y correr son ejercicios corporales, por la misma manera, todo modo de preparar y disponer el ánimo para quitar de sí todas las afecciones desordenadas, y, después de quitadas, para buscar y hallar la voluntad divina en la disposición de su vida para la salud del ánima, se llaman ejercicios espirituales».

San Ignacio de Loyola universaliza la experiencia de su conversión y de su seguimiento de Cristo. Su *Autobiografía* contiene la descripción de ese proceso.

Los ejercicios espirituales ignacianos se desarrollan en el período de unos treinta días, distribuidos en cuatro unidades o semanas. Es un manual de retiro escrito para la persona que los dirige. Por ello pone en relación ejercicios espirituales y métodos de oración a través del examen general y particular diarios y de una clara criteriología de discernimiento de espíritus. El *Libro de los Ejercicios espirituales* crece en estima conforme es más conocida la literatura y la experiencia espiritual que le precedió y acompañó en su gestación y nacimiento. Ha sido el código de planificación y proyecto de la vida cristiana más sencillo y universal de la Iglesia durante más de cuatro siglos.

Si analizamos muchos de los libros espirituales del siglo XVI, incluso los místicos, como *Tercer y Cuarto Abecedarios, Audi Filia, Moradas, Subida del monte Sión* y *Subida del monte Carmelo,* hallamos en ellos auténticos libros de oración metódica especializada. A mi parecer, el libro de oración mental más popular pertenece al P. Granada, y se titula *Libro de la oración y meditación.* Mereció muchas ediciones y traducciones y un resumen tan extraordinario como el original. En él se encuentra la espiritualidad española en su doble vertiente tradicional, de cuño más bien ascético, y mística, de sentido experiencial y transformante. Granada señala dos tiempos fuertes de oración, tomados de la mística del recogimiento: el de la tarde, dedicado a la oración del propio conocimiento, y el de la mañana, consagrado a la pasión del Salvador. Desde la contemplación de Cristo valora de nuevo cristianamente los conceptos de grandeza, humildad, sabiduría y autosuficiencia humanas; de la sabiduría y grandeza de Dios. Concepto común al P. Granada, Osuna, San Francisco de Borja, San Juan de Avila y otros este de Laredo: «Busque, pues, su propio conocimiento el hombre que desea seguir a Cristo en la cruz... Se compadece bien la cruz y el propio conocimiento». Ofrezco a continuación dos cuadros que indican la distribución por días de los temas de oración mental en esta época [67].

Una observación de interés. La oración de propio conocimiento y de inmersión en la vida, muerte y resurrección del Salvador explica, en gran parte, el realismo que caracteriza a nuestros autores, así como la armonización entre especulación y experiencia.

[67] PIERRE COURCELLE, *Connais toi toi même. De Socrate a Saint Bernard* (París 1974) 2 vols.; M. ANDRÉS, o.c., II 152-63.590; ID., *A propos de la «Theologia crucis» dans les oeuvres spirituelles spagnoles (1450-1559). L'anéanitissement personal:* Positions Luthériens 20 (1972) 112-52; ID., *Aplicación de los méritos de Cristo al cristiano:* Diálogo Ecuménico 23-24 (1971) 359-90. Acerca de la atribución del *Libro de la oración y meditación,* AMORÓS LEÓN, *San Pedro de Alcántara y su «Tratado de la oración y meditación»:* Archivo Ibero-Americano 22 (1962) 163-221; V. HUERGA, *Génesis y autenticidad del «Libro de la oración y meditación»:* Rev. de Archivos, Bibliotecas y Museos 59 (1953) 135-83; L. VILLASANTE, *Doctrina de San P. de Alcántara sobre la oración mental;* Verdad y Vida (1963) 207-35; sobre la oración mental en Juan de Medina, Domingo de Soto, Martín de Azpilcueta y Francisco de Vitoria, M. ANDRÉS, o.c., II 576-82; ID., *Los recogidos* p.93-96. Sobre el socratismo en nuestra literatura, H. HATZFELD, *Estudios literarios sobre mística española* (Madrid 1955).

Oracion de «aniquilación» o conocimiento propio

Días	Laredo (sobre vicios y virtudes. Reglas que se deben guardar en la penitencia corporal)	Cruz de Cristo	F. de Borja	Avila	Granada	Jer. Gracián
Lunes	Quién soy	Dolor de los pecados	Qué era yo antes que fuese	Oración	Conocimiento propio y pecados	Pecados. Vida pasada
Martes	De dónde vengo	Muerte	Qué hizo Dios conmigo	Muerte	Miserias de la vida	Miserias de la vida
Miércoles	Por dónde	Infierno	Qué debería yo hacer	Juicio	Muerte	Muerte
Jueves	Dónde estoy	Juicio	Qué hice yo	Obras	Juicio final	Juicio
Viernes	A dónde voy	Pasión	Qué debería Dios hacer conmigo	Nuestro ser	Infierno	Infierno
Sábado	Qué llevo	Memoria de Nuestra Señora	Qué hizo Dios conmigo	Nuestro bien ser	Gloria	Gloria
Domingo	Quietud	Gloria	Qué debería yo hacer	Nuestro bienaventurado ser	Beneficios recibidos	Beneficios divinos

Oración de seguimiento de Cristo

	Lunes	Martes	Miércoles	Jueves	Viernes	Sábado	Domingo
Mombaert	Reus	Infirmus	Debitor	Mendicus	Servus	Sponsa	Filius
Osuna	Juez	Médico	Deudor	Pastor	Rey	Esposo	Padre
Orozco	Juez	Médico	Emprestador	Pastor	Rey	Esposo	Padre
Laredo	De Gestsemaní a Caifás	De Caifás a flagelación	De flag. a Ecce Homo	Desde E. H. caída	Desde caída a enclavación	De cruz a sepulcro	De sepulcro a resurrección.
Fuente de vida	Desde la concepción inmaculada de María a la circuncisión	Reyes a domingo de Ramos. De flagelación a coronación	Betania a Caifás	Pilato a crucifixión	De la cruz a la sepultura	Dolores de Nuestra Señora	Resurrección hasta el paraíso
Cruz de Cristo	Getsemaní a Caifás. Dolor de los pecados	De huerto a flagelación	Vía dolorosa. Muerte	Cena a Getsem. Juicio	Calvario. Memoria de la pasión y muerte	Descendimiento. Soledad	Resurrección. Gloria
P. Avila	Getsemaní. Prendimiento	Oración del huerto	Coronación	Condenación. Vía crucis	Crucifixión	Descendim. y sepultura	Resurrección
P. Granada	Eucaristía y lavatorio	Getsemaní	Anás. Caifás. Pilato. Herodes	Condenación. Vía crucis	Siete palabras	Descendim. y sepultura	Resurrección
Jer. de Gracián	Lavatorio		Caná a transfiguración	Coronación	Crucifixión	Muerte	Resurrección
Ant. Ferrer, O.F.M.	Encarnación	Egipto. Tentaciones	Flagelación	Cena	Huerto a cruz	Descend. Sepultura. Soledad	Resurrección y apariciones
Miguel Fuente, O.C.	Padre	Juez	Rey	Esposo	Creador	Salvador	
Miguel Fuente, O.C.	Huerto	Prisión	En la columna	Coronación	Cruz	Sepulcro	Resurrección 67*

67* OSUNA, *Segundo Abecedario* (1530) let. M y R; *Primer Abecedario*. 1 let. Q; BEATO OROZCO, *Memorial de amor santo* (Sevilla 1544), en *Obras* (Salamanca 1896) II p.125-415, espec. 400-12; en 415-25 resume el ejercicio de cada semana en lo que se ha de hacer cada día, pensando: a maitines, en Cristo juez; a prima, en Cristo médico; a tercia, sexta, nona, vísperas y completas, en Cristo emprestador, pastor, rey, esposo y padre piadoso; B. DE LAREDO, o.c., p.29; LUIS DE GRANADA, *Libro de oración y meditación. Breve memorial de lo que debe hacer el cristiano. Compendio de doctrina espiritual*: BAE VIII p.63; XI p.213 y 246; SAN JUAN DE ÁVILA, *Audi, fila* (BAC 302) p.479-480; *Fuente de vida* (anónimo franciscano) (Medina del Campo 1542), segundo tratado, llamado *Vita Christi*: BNM R.13490; *Cruz de Cristo y Viae Sion Lugent...* (Sevilla 1543) c.2. En el capítulo 3 detalla la meditación de cada día según las horas canónicas. A cada paso de la pasión debemos juntar el conocimiento nosotros mismos, lo que algunos llaman «aniquilación» (BNM, R.7475). Fray Juan de los Ángeles (*Manual de vida perfecta* diál.6; *Místicos franciscanos* III p.635) propone cinco decenarios de meditaciones de la vida de Cristo y un quinquenario; J. DE GRACIÁN, *De la oración mental...* (Madrid 1616) fol.179ss; ANTONIO FERRER, *Arte de conocer y agradar a Jesús* (Orihuela 1620): BNM 3 76106. Ferrer fue guardián de San Diego, de Cartagena, de los descalzos de la provincia de San Juan Bautista, en los reinos de Valencia y Murcia; MIGUEL DE LA FUENTE, *Ejercicios de oración mental recogidos de diversos autores*, en *Regla y modo de vida de los hermanos Terceros y Beatos de Nuestra Señora del Carmen* (Toledo 1615), publicado por Pablo M. Garrido, O.Carme.: O.Carm.: Carmelus 17 (1970) 292 309.

9. LA VÍA MÍSTICA DEL RECOGIMIENTO

La mística española primera en el tiempo y fundamental en el contenido y vivencia es llamada *recogimiento* por sus fundadores, y *recogidos* los que la practican. Hasta hace poco, los recogidos eran con frecuencia confundidos con los alumbrados. Osuna y San Juan de Avila los distinguen con claridad y precisión. Tuvieron puntos y tiempos de contacto. Pero ya en 1523 se separaron, porque con las mismas palabras expresaban contenidos opuestos. La venida de Francisco de Quiñones a Toledo puso luz en el subjetivismo exagerado de algunos recogidos de la Alcarria.

Nombre y contenido.—Francisco de Osuna, codificador de esta mística y diferenciador de la misma en relación con los alumbrados, justifica el nombre de recogidos y recogimiento por diez motivos:

«Porque recoge a los hombres que lo usan, haciéndolos de un corazón y amor...; porque recoge el mismo hombre a sí mismo...; recoge los sentidos del hombre a lo interior...; recoge las potencias del alma a la sindéresis e muy alta parte de ella, donde la imagen de Dios está imprimida...; recoge en uno a Dios y al ánima, que por esto se ha venido tanto a recoger en sí... A lo cual se sigue el perfectísimo recogimiento, que junta y recoge a Dios con el ánima y al ánima con Dios... porque allí se recoge Dios al ánima, como a casa propia; e... no menos es solícito en recogerse a su casa, que su casa en recogerse toda a él solo, no admitiendo a otro alguno» [68].

Esta mística recibe también otros muchos nombres: oración de sabiduría, arte de amor... Es la mística española primera y fundamental. Ella forma, inicialmente, un todo indistinto, que, con la experiencia, el correr del tiempo y la penetración teológica, alcanzará una diversificación grande en su fenomenología.

Francisco de Osuna distingue tres clases de oración: vocal, intelectiva y mental o de recogimiento. En ésta se alza lo más alto de nuestra alma más pura y afectuosamente a Dios con alas del deseo y piadosa afección, esforzada por el amor. El recogimiento se sitúa en la vía unitiva. El movimiento de los espirituales en la España del siglo XVI es inseparable de la mística de los recogidos.

Por dos caminos llegan ellos a los momentos supremos y fugaces de la oración mística: por un movimiento descendente, u oración de propio conocimiento, y por otro ascendente, o asimilativo de la vida y pasión de Cristo. Es el subir sobre sí y el bajar sobre sí, que criticaría, desde el punto de vista literario, Santa Teresa de Jesús. Esos dos movimientos encuentran su base en los dos tiempos fuertes de oración sobre el propio conocimiento y sobre la vida y pasión de Cristo.

El bajar a sí mismo alcanza lo más profundo del yo, que es lugar de la unión entre el alma y Dios y el agente humano de esa unión. Los recogidos caminan de lo exterior a lo interior, de los sentidos a las potencias, y de éstas a la sustancia del alma, en un proceso de interioriza-

[68] F. DE OSUNA, *Tercer Abecedario espiritual* 6 c.4 p.244-47.235-44.

ción y esencialización que a veces llaman reducción en el sentido psicológico y epistemológico. Este proceso comporta lo que San Juan de la Cruz llamaría purificación activa de los sentidos exteriores e interiores y de las potencias, y concreta toda la potencialidad de la persona en el centro, hondo, cima, parte más alta e interior del castillo del alma, en lo más profundo de nuestro ser, donde éste se encuentra a solas con Dios.

Esta oración de unión inmediata penetra los cielos sin tiempo, sin intermedio, sólo por amor, que puede súbitamente juntarse con Dios. He aquí unas palabras fundamentales de Osuna: «Nuestro entendimiento nos trae a Dios para que lo conozcamos y como no nos lo puede traer desnudo, sino... según la manera con que lo podemos recibir, claro está que mediante otra cosa lo hemos de conocer; empero, como el amor nos saca fuera de nos para ponernos y colocarnos en lo que amamos, va el amor y entra a lo más secreto, quedándose el conocimiento fuera en las criaturas...» [68*]

Entonces callan las cosas a nosotros, y nosotros a nosotros mismos. Entonces nuestra alma se transforma toda en Dios.

Bernardino de Laredo distingue cuatro grados del proceso de interiorización: llegarse el alma a sí, entrarse en sí, subir sobre sí y salir fuera de sí misma y muy dentro en el amor [69]. Bernabé de Palma, Juan de los Angeles... emplean el mismo lenguaje.

Otra parte del camino del recogimiento es la devoción a la humanidad de Cristo, plasmada en el segundo tiempo diario fuerte de oración. Hemos de seguir a Cristo en lo de fuera, o seguimiento exterior, y en lo de dentro, o seguimiento interior. Este es más complejo y sutil. Una cosa es imitar a Cristo en cuanto hombre y otra seguirlo en cuanto Dios. Imitarlo en cuanto Dios, según Osuna, es más que imitarlo en cuanto hombre. Lo uno es como quien corre, lo segundo es como quien vuela. Y trabajo es el correr, y no tanto el volar, y se gana más tierra [70].

Osuna no acierta a enunciar con precisión la teología del seguimiento a la humanidad de Cristo. Lo mismo acaece a Laredo.

Esta penetración profunda en el misterio de Cristo y en los abismos del yo se produjo de modo paralelo entre teólogos y místicos.

Oración de propio conocimiento y meditación de la vida y pasión de Cristo pueden quedarse en ejercicios ascéticos y llegar también a las cimas de la mística. Los aspectos purificativos se expresan en los tratados ascéticos, que constituyen la mayoría de nuestros libros de espiritualidad.

Pero en la transformación del alma en Dios, o divinización de la misma, la acción pertenece a Dios, que baja al alma y la hace uno con él. Por eso se dice que, en mística, el hombre más padece que obra. Esa pasividad fue objeto de mala inteligencia por parte de los movimientos

[68*] F. DE OSUNA, o.c., p.589.592-94.606.

[69] BERNARDINO DE LAREDO, *Subida del monte Sión:* BAC vol.44 p.432-36.368.

[70] F. DE OSUNA, *Tercer Abecedario* p.479-517; SECUNDINO DE CASTRO, *Cristología teresiana* (Madrid 1978), prólogo de M. ANDRÉS, en el que expongo mi parecer sobre este problema.

alumbrados, prequietistas y quietistas. Dios baja al alma y la dispone para la unión, que se produce por amor. Por eso, cuando llega la suprema experiencia mística, callan los sentidos externos e internos y el entendimiento, y sólo actúa la voluntad, excitada o tocada por la gracia del Espíritu Santo. El tocamiento divino a la voluntad, en la mística recogida, y también en el entendimiento, en la mística sanjuanista, pertenecen a lo más céntrico de la experiencia inmediata de Dios, a la vida interior esencial, a la acción secretísima de Dios en el alma. Para los recogidos, en la cúspide de la vida de unión con Dios obra sólo la voluntad y callan el entendimiento y los sentidos. Entonces no se ama lo que se entiende, sino que se entiende lo que se ama. La potencia intelectiva conoce y aprende del afecto que la precede. La sabiduría unitiva es conocimiento divinísimo de Dios por ignorancia, por unión de ardentísimo amor.

Fray Juan de los Angeles llama irracional, amente, loca y sin entendimiento a esta ciencia de amor que transforma al amante en el Amado, lo hace uno con El, lo conforma con su voluntad, lo hace morir a sí y vivir en Dios. Ello es obra de Dios. El alma es tocada por El, recibe esa herida, lucha con Dios en amoroso duelo y al fin lo hace prisionero.

La historia de la mística del recogimiento es la de la exposición de estas vivencias. Abarca a todo el hombre, lo integra en sí mismo, lo plenifica, lo simplifica por reducción a la parte superior del alma y lo une con Dios por amor, deseo, aspiración. Comenzó a ser practicada entre los franciscanos observantes hacia 1475 ó 1480, y encontró tres insignes sistematizadores en Francisco de Osuna (1527), Bernabé de Palma (1532-34) y Bernardino de Laredo (1535-38). A continuación la vivieron muchos miembros de diversas órdenes religiosas a lo largo de los siglos XVI y XVII, especialmente en las ramas franciscanas: San Pedro de Alcántara, Francisco Ortiz, Juan de los Angeles, Beato Nicolás Factor, Antonio Ferrer, Diego Murillo, Antonio Sobrino, Antonio Panes y un nutrido grupo de capuchinos.

La incidencia de esta mística en la espiritualidad dominicana y jesuítica, así como en otras órdenes religiosas, ha sido esbozada en Los recogidos [71]. En su segunda parte se ofrece una idea de la vivencia de la mística del recogimiento dentro y fuera de la Orden franciscana [72].

[71] M. ANDRÉS, Los recogidos. Nueva visión de la mística española (1500-1700) (Madrid 1976) p.392-777. Esta obra fue hecha en el Seminario F. Suárez, de la FUE (Madrid).

[72] Bibliografía sobre los recogidos: M. ANDRÉS, o.c., p.818-426; ID., La teología española en el siglo XVI (Madrid 1977) II p.198-226; EUGENIO ASENSIO, El erasmismo y corrientes afines: Revista Española de Filología 36 (1952) 81ss; ROS, Le père François d'Osuna. Sa vie, son oeuvre, sa doctrine spirituelle (París 1936); E. BOCHMER, Francisco Hernández und Francisco Ortiz (Leipzig 1865); J. MESEGUER, Fray Francisco Ortiz en Torrelaguna: Archivo Ibero-Americano 8 (1948) 479-529; F. ROS, Le Frère Bernardino de Laredo (París 1948); M. ANDRÉS, Reforma española y reforma luterana (Mad-id 1975); ID., Recogidos y luteranos, en Primeras jornadas de Historia (FVE, Madrid 1977); F. MARTÍN, Enrique Herp (Herphius) en las letras españolas, publicado en «Verdad y Vida» vol.29 (1971); 30 (1972), y después en la introducción a Enrique Herp: «Directorio de contemplativos» (Madrid FUE, 1974); ANTONIO TORRÓ, Fray Juan de los Angeles místico-psicólogo, 2 vols. (Barcelona 1924); JUAN DOMÍNGUEZ BERRUETA, Fray Juan de los Angeles (Madrid 1927); A. IBARS, El Beato Nicolás Factor (Valencia 1926); D. H. MARSHALL, Un capítulo olvidado de la historia literaria del siglo XVII: «La vida espiritual»,

10. LA VÍA ESPIRITUAL DE LOS ALUMBRADOS

Tres oleadas consecutivas de alumbradismo a lo largo de un siglo —las de 1525, 1574 y 1623— testifican la vitalidad de este movimiento y su paralelismo con el de la vida mística. Recogimiento y dejamiento constituyen dos manifestaciones de la misma realidad, ortodoxa y heterodoxa, o acaso, más bien, heteropráctica; mística de subidos quilates y mística degenerada y de burda calidad. En todo ello repercuten herencias ancestrales y otras más próximas, especialmente de conversos del judaísmo. Los alumbrados de 1525, o del reino de Toledo, son los primeros denunciados a la Inquisición y personalizados doctrinalmente por ella. Pero su documentación quedó olvidada. Por ello, Menéndez Pelayo los describe desde la segunda oleada de 1574. Las últimas investigaciones han incorporado la luz de la psicología y sociología religiosa a la de la historia de los procesos. Nos vamos aproximando a conocer la oscura naturaleza del alumbradismo del reino de Toledo. Oscura por el modo de celebrar sus reuniones los dejados y por el secreto de los procesos inquisitoriales. Mi intento es presentar a los alumbrados de 1525 en sí mismos y a la luz de sus contemporáneos. Después resultará más fácil entender sus continuaciones.

Esta presentación rompe no poco con la historiografía precedente, que ha tratado de especificar el movimiento alumbrado español desde el gnosticismo, los sadilíes, las herejías medievales, el erasmismo, el protestantismo, los libros de espiritualidad neoplatónica italiana, alemana y flamenca. En un laudable intento de especificación, se han buscado sin descanso las más lejanas conexiones, pero se ha descuidado cotejarlas con la espiritualidad de los recogidos, entre los cuales nacieron y crecieron, y con la idiosincrasia de los conversos, entre los cuales se desarrolló principalmente esta secta mística [73]. ¿Qué son los alumbrados? ¿Cuál es su origen? ¿Cuál su vivencia y transcendencia en la historia de la espiritualidad española? Destacó mi coincidencia con las afirmaciones de Lucien Febvre, en su genial crítica de *Erasmo y España,* Marcel Bataillon.

Alumbrado puede ser adjetivo, participio o nombre. En el siglo XV y en el XVI, es empleado con frecuencia como participio y adjetivo, incluso después de 1524. El primer testimonio que conozco de uso nominal de esta palabra se encuentra en el texto latino de un decreto del capítulo general de los franciscanos de Toledo de 1524, que condena una vía

---

del *P. Antonio Sobrino, O.F.M.:* Archivo Ibero-Americano 17 (1958) 395-416; F. DE OSUNA, *Tercer Abecedario espiritual:* BAC 333 (Madrid 1972).

[73] A. MÁRQUEZ, *Los alumbrados* (Madrid 1970), con el catálogo más completo de fuentes y bibliografía; ROMÁN DE LA INMACULADA, *El fenómeno de los alumbrados y su interpretación:* Ephemerides Carmeliticae 9 (1958) 1-19; H. SANTIAGO OTERO, *En torno a los alumbrados del reino de Toledo:* Salmanticensis 2 (1955) 614-54; A. SELKE, *Algunos aspectos de la vida religiosa en España en el siglo XVI: los alumbrados de Toledo:* Bulletin Hispanique 54 (1952) 125-52; M. ANDRÉS, *Nueva visión de los alumbrados de 1525* (Madrid, FUE, 1973); *El misterio de los alumbrados de Toledo, desvelado por sus contemporáneos* (Burgos 1976); *Bibliografía sobre los alumbrados de 1525* (Madrid, FUE, 1977); ID., *Los alumbrados de 1525, reforma intermedia:* Salmanticensis 24 (1977) 307-34; ID., *Tradición conversa y alumbradismo (1480-1487); Una veta de los alumbrados de 1525:* Studia Hieronymiana (Madrid 1973) I p.381ss; ID., *Los recogidos* p.354-71.

espiritual recién inventada, y la designa con el título de *vía illuminatorum seu dimittentium se*. Estas palabras traducen al latín dos vocablos castellanos: *alumbrados* y *dejados*. El decreto inquisitorial del año siguiente los designa con tres apelativos:

> *alumbrados:* se creen iluminados por el Espíritu Santo, como San Pablo, Moisés y la Virgen María.
>
> *dejados:* por su procedimiento espiritual más característico: el dejamiento, o abandonarse del todo a Dios.
>
> *perfectos:* se creían cristianos perfectos, hombres espirituales.

Cuando el pueblo tomó conciencia de esta realidad, comenzó burlonamente a designarlos con los nombres consignados. La palabra «alumbrado», a juicio de Pedro Ruiz de Alcaraz, en una declaración hecha en propia defensa, quedó consagrada en unas juntas en las que el obispo Juan de Cazalla predicó que todos podían ser alumbrados con la lumbre dada a San Pablo. Denunciados a la Inquisición en 1519, los procesos comenzaron en 1522. En sus cartas a los inquisidores (1524), Ruiz de Alcaraz, el teólogo más importante del sistema, dice que solían llamar alumbrado a cualquier persona que andaba más *recogida* que las otras. Por su parte, María de Cazalla, hermana del obispo arriba citado y una de las más famosas profesas del alumbradismo, asegura que se aplicaba tal denominación a algunas personas que, dejando los oficios de tratados y mercadurías, «se *recogieron* para servir a nuestro Señor e buscaron *nuevas maneras* de hacerlo». Quiero destacar el valor de la palabra *recogido* como explicación de la ascendencia y propaganda del alumbradismo por un grupo de franciscanos. Estos, reunidos en capítulo general en Toledo en 1524, emitieron un decreto condenando esta espiritualidad como recién inventada y escandalosa. El decreto inquisitorial de 1525 constata que celebraban juntas y conventículos, y recoge 48 proposiciones, sacadas de las declaraciones más importantes de los alumbrados detenidos; proposiciones que no forman un cuerpo doctrinal, sino pensamientos importantes o curiosos. Con ellos formaron los inquisidores un códice lleno de interés, el libro de los alumbrados, que aún no ha sido hallado. En 1550, el cronista imperial Alfonso de Santa Cruz glosa leve, y a veces agudamente, estas proposiciones.

Hasta ahora se repetía que nadie había hablado de los alumbrados toledanos hasta Juan de Maldonado (1541), humanista y erasmista conquense avecindado en Burgos. En realidad, los describen muchos de sus contemporáneos, como Francisco de Osuna, que dedica el *Cuarto Abecedario* o *Ley de amor* a diferenciar recogidos y alumbrados; Francisco de Ortiz, que se separó de ellos airada y definitivamente en 1523; Bernardino de Laredo, en la primera redacción de *Subida del monte Sión*, terminada en 1529; Alfonso de Valdés, en *Diálogo de Mercurio y Carón* (1531), y su censor, el doctor Vélez; el burgalés Luis de Maluenda (1532-37), ardiente defensor de la Inquisición y puesto en el *Índice de libros prohibidos* de 1559; Juan de Vergara, en su proceso inquisitorial, y otros autores anteriores a Juan de Maldonado y testigos inmediatos o mediatos de los hechos.

Estos coinciden con el capítulo general de los franciscanos de 1524 en que se trata de una vía espiritual nueva recién inventada y escandalosa que busca la unión con Dios de modo pasivo, que procede de mala inteligencia de la mística del recogimiento. Esa nueva espiritualidad la vivían varios grupos de conversos, entre los cuales no faltaba algún cristiano viejo. Merece ser destacada esta raigambre popular. Esa vía constituía una fuente de tropiezos para la convivencia. Afirmaciones fundamentales:

1) La interiorización plena de la vida cristiana, de acuerdo con las vías de la oración mental metódica y del recogimiento y como reacción frente al formalismo religioso del mosaísmo y del cristianismo popular del siglo XV.

2) La apelación a la interna iluminación e inspiración divina.

3) El método del dejamiento. Prefieren la palabra *dejamiento* a la de *recogimiento,* y con ella la correspondiente doctrina y moral. Pero dejamiento y recogimiento son cosas totalmente diversas, según sentencia gráficamente San Juan de Avila en una de sus más famosas pláticas dirigidas a los jesuitas [74].

Para los recogidos, la ley suprema del cristiano es la del amor. Amor puro a Dios, no por razón del premio que se espera o del castigo que se teme. Los alumbrados, empero, excluyen cualquier motivación y esperanza. Basta el amor. El amor de Dios en el hombre es Dios. De aquí dedujeron que la ley cristiana del amor eximía al hombre de todas las otras leyes y mandamientos. Osuna los llama «falsarios del amor», «los que yerran en el amor».

Análisis similar podríamos hacer sobre su desestima de la oración vocal, que consideraban atadura inútil, por ser mejor la mental. Les bastaba dejarse al amor de Dios. Estando en dejamiento, no habían de obrar. Inteligencia claramente falsa e inaceptable de la doctrina de los recogidos.

En este breve recorrido no procede olvidar la valoración exagerada de la conciencia personal en los procesos de santificación y de criterios de verdad. La conexión de nuestros místicos y alumbrados con las preocupaciones contemporáneas europeas merecerían un análisis más largo y concreto. Ello acarreó graves disgustos a Bernardino de Laredo en la primera redacción de *Subida del monte Sión* y llevó a Francisco de Ortiz ante el Tribunal de la Inquisición y a ratificaciones muy significativas en su proceso, que desaparecen de raíz en sus escritos posteriores. En los conversos encarnaba, además, clara reacción frente al formalismo de que se acusaba a la ley mosaica y a un extenso sector del cristianismo del siglo XVI. La inclinación hacia el interiorismo traspasó casi por igual a toda Europa.

El primer grupo de alumbrados de 1525 está compuesto de conversos casi en su totalidad.

[74] SAN JUAN DE AVILA, *Obras completas:* BAC vol.103 p.1316-20.

Tuvieron una espiritualidad y un modo peculiar de expresarla. De hecho, aparecen precedentes en Hernando de Talavera en 1487, y en el presbítero toledano Gómez García, el cual habla en 1500 de algunos contemporáneos, los cuales, dejando reinar en sí los vicios, comenzaron a subir por grandes devociones y altos ejercicios [75]. Propio de alumbrados es atracar escalones y quererse situar en la cima sin subir por la ladera. El empleo de la palabra *junta* y *monipodio* puede denunciar lenguaje converso, si atendemos al modo de hablar de algunos procesos inquisitoriales ya en 1492 y los comparamos con el de Luis de Maluenda, O.F.M., converso también, en *Excelencias de la fe*, *Vergel de virginidad* y otras obras. La persistencia en formas de lenguaje podría iluminar otras más profundas de índole doctrinal, moral y de permanencia en lo comunitario racial [76].

Los alumbrados constituyen un intento autóctono de reforma y de espiritualidad, lo mismo que los recogidos.

Fueron pocos en número, pero de suma importancia en la historia de nuestra espiritualidad. No dependen en su gestación de Lutero y de Erasmo. Ello resulta imposible atendiendo a criterios externos de cronología [77]. No pertenecen genérica ni específicamente a la reforma protestante, sino que ambos movimientos son hijos del ambiente europeo. Tampoco los criterios internos, especialmente lo referente a procesos de interioridad, avalan la dependencia de nuestro iluminismo de los planteamientos de Lutero y Erasmo.

En ellos se encarna una desviación que, de no ser cortada en ciernes, hubiera podido producir efectos sorprendentes. Las preocupaciones de alumbrados, recogidos, erasmistas y luteranos fueron comunes. Alumbrados y luteranos manejaron una fibra humana y religiosa a la vez, emocional y esencial, popular y simplificadora, prometiendo la unión suprema e inmediata con Dios de modo fascinante, fácil y seguro, sin exigencia de obras, sin intermediarios eclesiales; a través de la más depurada interioridad de Dios solo y alma sola, sin necesidad de teología escolástica, de trabajo, de sacramentos, de jerarquía. Todo esto llegaba al fondo del alma española. Ello exigió a los autores espirituales una precisión exigente en su lenguaje, conceptos y vida. Los alumbrados de 1525 no son creación de los inquisidores. Tampoco representan a la reforma española, que es anterior y mucho más rica y matizada en sus manifestaciones. Fueron cristianos deslumbrados por el ideal de una religión interiorizada, hombres sin letras, con ideas inestables y confu-

---

[75] Gómez García, *Carro de dos vidas* (Sevilla 1500) fol.74.
[76] He aquí un párrafo del proceso de Ferrán Verde, conservado en el archivo diocesano de Cuenca y publicado por Luisa López Grijera en «Boletín de la Real Academia de la Historia» 56 (1976) 225-26: «En la dicha villa de Molina e en su tierra ha habido e hay muy gran enemiga capital entre cristianos viejos y nuevos, con los bandos e parcialidades e diferencias..., maltratándose unos a otros..., e demás deso haber fecho muchas ligas e monipodios e conspiraciones para nos matar e destruir...» Luis de Maluenda (*Vergel de virginidad* [Burgos 1539] fol.Cc2 escribe: «Devotos medio brujos, que con sus ligas y monipodios traen sus lenguas bañadas en el lenguaje de amor de Dios; y sus manos, ociosas en las obras de caridad universal posibles con los prójimos».
[77] M. Andrés, *La teología española en el siglo XVI* II p.252.

sas, sin capacidad para expresar correctamente sus vivencias y deseos de la más subida perfección y el camino adoptado para alcanzarla. Por eso falsean los conceptos de recogimiento, dejamiento, amor y, a la postre, el de hombre. Constituyen un mal entendimiento de verdaderas doctrinas y palabras.

La Inquisición procesó a los protagonistas principales. Pero el movimiento continuó al amparo de su raigambre popular y conversa. Manifestaciones importantes del mismo son los alumbrados de Extremadura y Andalucía de 1574, los de Sevilla de 1623 y el quietismo, condenado en 1687. En *Los recogidos* he comparado estos movimientos en su sentir sobre la oración vocal y mental, la perfección, las obras exteriores, el amor puro, los fenómenos extraordinarios, la moralidad en la conducta. Se trata de un proceso de intensificación, a veces de simple repetición, en circunstancias históricas diversas. El movimiento alumbrado de 1525 acompaña a la primera codificación de la mística del recogimiento. El de 1574, al triunfo del proceso de democratización y universalización de la oración mental o de toda el alma, no de la puramente intelectual. El tercero responde a la popularización de las obras místicas, que llega a su cima desde 1600 a 1630; el cuarto, a un intento de superación de la intelectualización de la espiritualidad hecha en los famosos cursos místicos barrocos.

Los alumbrados fueron representantes de un espiritualismo puro y descarnado, de la unión inmediata del hombre con Dios, de la consideración de lo externo como estorbo, rémora y atadura frente a la acción total del Espíritu. No acertaron a conjugar cuerpo y alma, humano y divino, méritos de Cristo y obras del cristiano, las varias partes del hombre y su integración en sí mismo. La desvalorización de lo sensible les llevó a exageraciones de toda índole incluso en el campo de la comida y del sexo [78].

11. LA VÍA ESPIRITUAL ERASMIANA, O «PHILOSOPHIA CHRISTI», O CRISTIANISMO EVANGÉLICO

Se desarrolla en España desde 1516 hasta la muerte de Erasmo; hasta 1559 actúa de modo más soterráneo en una sociedad que recobra el sentido de tradición, de culto litúrgico, de los votos religiosos. A partir de 1559, sus aportaciones en lo exegético y espiritual se deslíen y entroncan, en parte, con la reforma española. No trato de humanidades y filología. Evito desde el principio llamar cristianismo interior al erasmis-

---

[78] A. MÁRQUEZ, *Los alumbrados* (Madrid 1972) p.275; J. DE GUIBERT, *Documenta Christianae perfectionis* (Roma 1931) p.228-40.270-86; M. ANDRÉS, *Los recogidos* p.371; A. HUERGA, *Predicadores, alumbrados e Inquisición en el siglo XVI* (Madrid 1973); V. BARRANTES, *Catálogo razonado y crítico de libros, memorias y papeles impresos que tratan de las provincias de Extremadura* 1 (Madrid 1865), con noticias de los famosos *Memoriales* de fray Alonso de la Fuente sobre los alumbrados de Extremadura de 1574, que se encuentran en AHN y en «Revista de Archivos, Bibliotecas y Museos» (1903-1905), publicados por M. Mir y J. Cuervo; SALA BALUST, *En torno a los alumbrados de Llerena*, en *Corrientes espirituales en la España del siglo XVI* (Barcelona 1963) p.509-12; BELTRÁN DE HEREDIA, *Los alumbrados de la diócesis de Jaén...*: Rev. Española de Teología 9 (1949) 164ss.

mo, porque la principal novedad que aporta es el evangelismo y paulinismo y porque la interioridad no es patrimonio de esta vía, sino común con la de la oración mental metódica y del recogimiento, las cuales resultan más profundas y decisivas, pues proponen una espiritualidad de transformación, no sólo de imitación, como hace Erasmo.

El hecho del erasmismo ha sido maravillosamente historiado por Bataillon.

La espiritualidad erasmiana consiste, esencialmente, en vivir la profesión evangélica y bautismal como regla de vida, sin ulteriores compromisos especializados. Se encuentra en *Enchiridion militis christiani*, traducido al castellano libremente y matizado en muchas afirmaciones por el Arcediano del Alcor, con un título acomodado a aquel momento (1525): *Enquiridion del caballero cristiano*. El libro alcanzó no menos de siete ediciones. Además, desde 1516 a 1530 vieron la luz en España no menos de 19 tratados del insigne humanista holandés. Al principio, el erasmismo estuvo de moda en la corte; después sus obras penetraron incluso en los conventos. En ninguna nación contó con tantos defensores y de tanta valía. Tampoco faltaron émulos. Un tiempo, dice el Arcediano del Alcor, no se hablaba de otra cosa, sino de cuáles eran erasmistas y cuáles antierasmistas.

Las ambiguas y, a la vez, acertadas formulaciones de Erasmo llegaron a las más profundas hondonadas del alma española. Cada uno encontraba en él lo que llevaba dentro de sí. Los ataques a la escolástica le enfrentaron con los teólogos. Acrecieron el disgusto sus frases confusas, poco de acuerdo con la claridad escolástica y con el progresismo expositivo, patrocinado por la Universidad de Alcalá. Erasmo no salió condenado de las reuniones de teólogos de Valladolid de 1527, hábilmente interrumpidas por el inquisidor general, Manrique, pero sí derrotado después de las críticas serenas y luminosas de Vitoria y otros profesores.

Más profundo fue su encuentro con los religiosos desde el punto de vista de la observancia, de la cultura y de la espiritualidad. Su crítica de las personas consagradas resulta desmedida e injusta en el ámbito de la reforma española. La crítica cultural recibió una respuesta valiente de Luis de Carvajal, O.F.M. A su parecer, no se enfrentan cultura e incultura, sino dos culturas diversas: la de la poesía, retórica, historia, tres lenguas sacras, estudio del Nuevo Testamento y de algunos Padres, que Erasmo conoce, y la de la física, metafísica, teología y filosofía escolásticas, que el Roterdamense ignora.

En cuanto a la espiritualidad, los historiadores se han contentado con describir casi únicamente la oposición externo-interno, teología escolástica y evangelismo, paulinismo, buena o descuidada presentación estilística. Pero no se han asomado a los planteamientos de base de nuestros autores espirituales y a su confrontación radical con Erasmo. Ellos no se detienen más de lo preciso en lo exterior, ritual y ceremonial, pero afirman su necesidad, porque no somos ángeles. Aun el mismo acto contemplativo necesita complemento exterior.

Espiritualidad erasmiana y mística española resultan del todo diversas. La de Erasmo se cifra en dos extremos: ciencia y oración. Pero apenas habla de esta última. Le falta sentido profundo de unión con Dios, de mortificación, de pobreza, de castidad, de obediencia, de liturgia. Patrocina un cristianismo intelectual y agnóstico, al que se llega por el estudio de la Sagrada Escritura y de algunos Santos Padres, especialmente alejandrinos. Erasmo no fue hombre de oración, y menos de mortificación y purificación. Por eso separa exterior e interior y critica lo exterior, sin llegar a las últimas consecuencias de la interioridad. Nuestros místicos no dividen cuerpo y alma, letra y espíritu, sino que lo unifican todo en la esencia, entraña, hondón, centro del alma, a la cual desciende y toca el poder de Dios. No dividen al hombre en cuerpo, alma y espíritu, sino que reducen los sentidos a las potencias, y éstas al centro o parte superior del alma, que es la que se transforma en Dios.

La oración del propio conocimiento no aparece en la vía espiritual erasmiana, ni la purificación activa de los sentidos y potencias; mucho menos la pasiva; ni pasa desde los primeros pasos del seguimiento o imitación de Cristo en las virtudes a la realidad suprema del tocamiento divino y del trocamiento en Dios. Por ello, el erasmismo no empalmó en profundidad con nuestros místicos. Erasmo era un intelectual escéptico, cristiano, sacerdote, humanista, pedagogo. Nuestros místicos eran profetas, exigían entrega de raíz a un ideal. Erasmo critica desde fuera; los místicos hacen la síntesis suprema de la creatura con el Creador y lo dejan todo por el Todo. Erasmo propuso un camino intelectual y moralizante de ir a Dios; los místicos, un camino de transformación en totalidad. Por eso resultó casi imposible el empalme de espiritualidad erasmiana y mística española.

Aun así, la teología española tiene que agradecer a Erasmo su crítica, que la ayudó a reflexionar; su evangelismo, aceptado y recomendado por el P. Avila; su humanismo, en la presentación de las cosas; el buen quehacer estilístico, el amor a la Sagrada Escritura.

Inicialmente, nuestra espiritualidad cristiana no debe la llamada universal a la perfección a Erasmo, ya que es anterior a él. En cambio, hizo mella su cristianismo interior, basado en la profesión bautismal, así como su crítica de los ritos y ceremonias, que empalmó muy bien, por una parte, con los conversos y, por otra, con ciertos medios antisemitas, ya que, para él, lo ceremonial es puramente judaico, propio de los rabinos. Asimismo puso rocío de humanidad en el modo de escribir de nuestros autores latinos y patrios. Pero la animadversión de San Ignacio de Loyola y de Osuna son claras y razonadas. Otros místicos no lo nombran ni lo combaten.

Su influencia es clara en el *Diálogo de la doctrina cristiana,* de Juan de Valdés; en *Diálogo de Mercurio y Carón* y en *Diálogo de las cosas ocurridas en Roma,* de su hermano Alfonso de Valdés; en las obras de Hernán López Yanguas, Juan de Vergara y Andrés Laguna, en aspectos importantes de San Juan de Avila, Juan de Zumárraga y el P. Granada. Altísimas cotas de influjo de Erasmo en estos últimos autores. Pero ninguno de los tres se conformó con las coordenadas estrechas de la espiritualidad erasmiana. En el *Indice de libros prohibidos* en 1559 aparecen doce obras del Roterdamense. Bajón casi vertical en la lectura de sus obras y desleimiento progresivo en la ideología española. La obra *Assertiones adversus Erasmi Roterdami pestilentissimos errores* (Salamanca 1568), de Antonio Rubio, cierra casi definitivamente el capítulo de Erasmo como ideólogo en la historia de la teología española [79].

12. LAS VÍAS DEL BENEFICIO DE DIOS Y DEL DE CRISTO

La espiritualidad de la ascensión de las creaturas al Creador por conocimiento positivo y meditación de sus beneficios se encuentra en Bernabé de Palma, Francisco de Osuna, Bernardino de Laredo, Juan de Cazalla, Díaz de Luco, Luis de Alarcón, Santo Tomás de Villanueva, Bartolomé de Carranza, P. Granada, Juan de los Ángeles, San Juan de la Cruz, Diego de Estella. Llena el siglo XVI. Parte de la contemplación admirada y agradecida de la perfección y belleza de las cosas criadas, especialmente del hombre.

Juan de Cazalla († 1530) propone este camino como fácil, seguro y completo. Fue secretario del cardenal Cisneros, obispo titular de Vera o Verisa y fomentador del movimiento alumbrado. En su libro *Lumbre del alma* (Valladolid 1528) trata de los beneficios recibidos de Dios y de la respuesta obligada del hombre. Esta obra y *Meditaciones del amor de Dios,* de Diego de Estella (1524-78), representan las cumbres de esta espiritualidad.

«¿Qué son, Señor, sino brasas encendidas los elementos, las aves, los animales, los cielos y planetas con que pusiste fuego a mi helado corazón para lo disponer a amar a quien tantos dones le envía para hacerlo diestro amador?... Todas las cosas... te ponen demanda de amor».

Esta vía es universal, porque todos pueden y saben amar: sabios e ignorantes, pobres y ricos, chicos y grandes, hombres y mujeres; a todo estado y edad es común el amor. Ninguno es viejo para amar. Ninguna cosa nos puede impedir el amor, porque es nuestro y nadie nos lo puede robar [80].

Nuestros autores, en general, cantan el agua, las flores, las viñas, las esperanzas, las noches estrelladas... los misterios del hombre. De todo sacan amor. Con la contemplación para alcanzarlo concluyen los *Ejercicios espirituales* de San Ignacio.

[79] M. BATAILLON, *Erasmo y España* (París 1937; trad. esp. México 1950, 2 vols.; México, corregida, 1966). En ella se catalogan 1.340 títulos de bibliografía; JOSÉ LUIS ABELLÁN, *El erasmismo español* (Madrid 1976). Las actas de la reunión de Valladolid de 1527 en BELTRÁN DE HEREDIA, *Cartulario de la Universidad de Salamanca* VI p.9-120; G. CHANTRAINE, *Mystère et Philosophie du Christ selon Érasme* (Bruselas 1971); M. ANDRÉS ofrece una visión revisada del erasmismo desde la teología y espiritualidad españolas en *La teología española del siglo XVI* II 270-93 y 598-601.
[80] DIEGO DE ESTELLA, *Meditaciones del amor de Dios* (1576): BAC vol.46 p.60.61.121.

En cambio, la vía del beneficio de Cristo se centra en la consideración de los beneficios de la encarnación, vida y pasión del Salvador y en su aplicación al bautizado. La protagonizaron Francisco de Osuna, Juan de Cazalla, Juan de Valdés, Bartolomé de Carranza y Juan de la Peña. Hace falta recorrer los tratados sobre el Verbo encarnado y la justificación para completar esta lista incipiente de fuentes. Muchos no escribieron sobre el tema —por un lado, deslumbrante; por otro, peligroso, dadas las afirmaciones protestantes—. Acaso, el punto de arranque haya que ponerlo en las lecciones de Juan de Cazalla en la Alcarria, seguidas por Osuna y, sobre todo, por Juan de Valdés en Nápoles.

El tema deslumbró a los españoles, especialmente a mitad del siglo XVI, y repercutió hondamente en la predicación de Carranza y en la apología de su pensamiento, trazada con valentía ideológica y fidelidad de amigo entrañable por Juan de la Peña. Por ello esta espiritualidad cristianísima, en sus fundamentos revelados, suscitó suspicacias y conflictividad. Juan de la Peña la expone con amplitud y precisión [81].

El peligro de mala inteligencia y fácil desvío de esta verdadera doctrina católica consistió en exaltar la principalidad de los méritos de Cristo y excluir la penitencia, caridad y obras del hombre, necesarias para la salvación. En eso basaron su propaganda los protestantes de Valladolid y su contornada en 1557 para negar la existencia del purgatorio. De ese peligro arranca Melchor Cano en su agria *Censura al «Catecismo cristiano»*, de Bartolomé de Carranza.

13. LA ESPIRITUALIDAD DE LA COMPAÑÍA DE JESÚS

La historia de la mística del siglo XVI exigiría dedicar algunas páginas a personas determinadas, como San Ignacio, Santo Tomás de Villanueva, San Pedro de Alcántara, Santa Teresa, San Juan Bautista de la Concepción, Osuna, San Juan de la Cruz... Ellos abrieron muchos caminos seguidos por discípulos entusiastas. De ellos se trata individualmente en el capítulo dedicado a la historia literaria.

San Ignacio llegó a la vida interior en plena madurez humana, como tantos contemporáneos; a través de una profunda reflexión personal, descrita con cincel en el «peregrino» que busca primero la gloria de la corte y de las armas, y después el servicio a Dios y a los hombres. El «peregrino» es hermano del «deseoso», que protagoniza *Spill de la vida religiosa* (1514), y del «codicioso», de Nicolás Factor, y enemigo de «Bien me quiero». Son algunos de los protagonistas de nuestras novelas del espíritu.

El *Libro de los Ejercicios* ofrece un método de vencimiento propio y

[81] JUAN DE LA PEÑA, O.P., en «Archivo Documental Español», *Proceso de Carranza*, ed. por J. I. TELLECHEA, vol.19 I p.248-49. Para el estudio de esta vía véase M. ANDRÉS, *La teología española en el siglo XVI* II p.592-98; ID., *En torno a la «theologia crucis» en la espiritualidad española*: Diálogo Ecuménico 6 (1971) 372-78; F. SÁNCHEZ-ARJONA, *La certeza de la esperanza cristiana en los teólogos de la escuela de Salamanca* (Roma 1969); R. G.-VILLOSLADA, *El Paulinismo de Juan de Ávila*: Gregorianum (1970).

de elección de estado. Por ello, la parte mística apenas queda esbozada en la última semana. San Ignacio, místico, trató de ofrecer a la Iglesia un equipo de hombres bien preparados, capaces de decisiones personales transcendentes, organizados para la acción apostólica, obedientes a Dios, al papa y a sus superiores. Los llamó Compañía de Jesús. Con ella propulsó la reforma interior y exterior de la Iglesia. Para ello convirtió su fundación en orden enseñante desde a poco de nacer y dedicó su entusiasmo a la formación de la juventud. Su nacimiento en París hacia 1534 y 1540, su maduración en Roma y la decisión de dedicarse a la enseñanza marcaron su orientación.

Al principio, la Orden carece de una espiritualidad peculiar. Al volver a España poco después de 1540 encuentran muy extendida y practicada la mística del recogimiento. San Francisco de Borja cuida de que un famoso lego franciscano, fray Juan de Tejeda, se la exponga a los estudiantes de la primera Universidad jesuítica en Gandía. Allí la conoció y abrazó Antonio Cordeses. Poco después haría lo mismo Baltasar Alvarez, y, más tarde, Alvarez de Paz, Luis de la Puente, Francisco Arias, Juan de la Plaza, Martín Gutiérrez, Francisco Suárez y varios misioneros jesuitas de América y Extremo Oriente. Dentro de la Orden, algunos la llamaron espíritu avilista, de cartuja, de vida contemplativa. San Ignacio llamó la atención, a fin de que los estudiantes no se desviasen de sus deberes científicos. A través de Nadal, de San Francisco de Borja, formado en la mística recogida, y de Gil González Dávila promovieron los aspectos más característicos de la oración en la Orden. Más tarde, por medio de Mercuriano, establecieron una espiritualidad unitaria, basada en el *Libro de los Ejercicios,* del santo fundador.

Esta decisión, realizada de modo drástico, produjo hondo dolor en personas de extraordinaria virtud como Antonio Cordeses y Baltasar Alvarez. Alvarez de Paz vivió el drama menos agriamente gracias a la dulcificación de las medidas de Mercuriano que para pacificación de la Orden decretó el P. Aquaviva. La mística de Baltasar Alvarez pasó a Lallemant y a otros jesuitas franceses, y, si algún día fuere estudiada la filosofía de Descartes en relación con la mística recogida, creo que quedaría más iluminada en su punto de partida y en los planteamientos de alguna de sus célebres *Meditaciones.*

La postura de Gil Dávila se encuentra perfectamente reflejada en sus famosas *Pláticas* y en el *Ejercicio de perfección y virtudes cristianas,* del P. Alonso Rodríguez [82].

La decisión de Mercuriano no sólo cortó las exageraciones en que

[82] ALONSO RODRÍGUEZ, *Ejercicio de perfección y virtudes cristianas* I tr.5 c.5; I. IPARAGUIRRE, *Estilo espiritual jesuítico (1540-1600)* (Bilbao 1964); M. NICOLÁS, *Espiritualidad de la Compañía de Jesús en la Asistencia de España del siglo XVI:* Manresa 29 (1957) 217-36; F. LONDOÑO, *Espíritu propio e impropio de la Compañía de Jesús* (1590) (Bogotá 1963); L. COGNET, *La spiritualité moderne* (vol.3 de Hist. de la spiritualité chrétienne) (París 1966); J. DE GUIBERT, *La espiritualidad de la Compañía de Jesús* (Santander 1955); P. LETURIA, *Escritos ignacianos* (Roma 1957); obras de BALTASAR ALVAREZ y de GIL GONZÁLEZ DÁVILA en *Espirituales Españoles* vol.4 y 13; LÓPEZ-AZPITARTE, *La oración contemplativa. Evolución y sentido en Alvarez de Paz* (Granada 1966); M. ANDRÉS, *Los recogidos* p.450-513; E. ELORDUY, *La esencia del acto místico y las disposiciones para él en Suárez:* Archivo Teológico Granadino 11 (1948) 29-75.

habían caído algunos jesuitas, sino cercenó el modo de orar de Cordeses, de Baltasar Alvarez y de sus discípulos. Con ello ganó la Orden en unidad, pero perdió en riqueza interior e hirió en lo más íntimo del corazón a algunos jesuitas de vida ejemplar que aceptaban el *Libro de los Ejercicios* y el planteamiento apostólico de la Compañía y lo vivían dentro de unas coordenadas de espiritualidad afectiva y contemplativa. Triunfó oficialmente la línea opuesta, y surgieron protestas complejas. El 8 de mayo de 1590, el nuevo general, P. Aquaviva, puso equilibrio en la decisión de Mercuriano. En 1599, en el *Directorio* para los ejercicios espirituales, establece correspondencia entre las cuatro semanas de los ejercicios y las tres vías purgativa, iluminativa y unitiva. Estas coordenadas son aceptadas por La Palma en *Camino espiritual* y por muchos jesuitas posteriores.

14. Rigor y perfección en la Descalcez

A la gran crisis producida por el *Indice de libros prohibidos* de 1559 y la terminación del concilio de Trento, se siguieron los años más esplendorosos de nuestra espiritualidad. Se desarrollan en torno a los movimientos recoletos y descalzos, que yo llamaría segunda reforma española, y a su proyección eclesial y social. Responden a un deseo socialmente sentido de perfección. Las palabras *rigor, austeridad* y *perfección* señalan la línea personal de muchos religiosos y sacerdotes y la institucional de muchas órdenes. Andar descalzo constituye entonces un símbolo de lo poco que importa figurar y tener y de lo mucho que se quiere ser, de renuncia al lujo, a lo superficial y de profundización en la más pura interioridad. El momento más intenso de esta reforma se centra entre los años de 1570-1625. Su personificación más clásica podía buscarse en las reformas descalzas teresiana y trinitaria. Sus protagonistas son grandes místicos y grandes reformadores. Todos ellos insisten en la mortificación y oración como camino de la misma. Recorrieron ese camino franciscanos descalzos, carmelitas (hombres y mujeres), agustinos, trinitarios, mercedarios, dominicas, bernardas y jerónimas, agustinas y canónigas agustinas descalzas.

La descalcez llevó consigo extrema austeridad, autenticidad y reciedumbre en la práctica de las virtudes y de los votos religiosos.

15. La mística teresiana y sanjuanista

En este ambiente de oración mental metódica, de mística del recogimiento, de evangelismo erasmista, de estima de la perfección y del rigor, llega a mayor de edad Santa Teresa de Jesús. Ella no puede ser entendida de espaldas a su época. Esta, a su vez, queda desvalorizada sin aquélla. Se formó espiritualmente en Osuna y Laredo y fue muy autodidacta. Por eso sintió la necesidad de letrados que la ayudaran. En cambio San Juan de la Cruz se formó en los mejores libros y universidades de su tiempo. Ambos vivieron personalmente su experiencia religiosa, y la ofrecieron uno en forma autobiográfica, el otro en tercera persona, con lenguaje más preciso y contenidos doctrinales y prácticos experimentados, más claros y completos que los de los franciscanos que les precedieron.

Santa Teresa escribe en tono directo, vivo, accesible a sus monjas porque no acierta a expresarse con algunos tecnicismos de Osuna y Laredo (*Cuartas Moradas* 3,2). San Juan de la Cruz, para responder a la desconfianza de algunos escolásticos hacia los místicos, ofrece una doctrina sistemática, basada en la metafísica, antropología y teología, aprendida en las clases de Juan de Guevara y de Mancio de Corpus Christi. Sus escritos, especialmente *Subida del monte Carmelo,* difiere del todo de los *Abecedarios* de Osuna. Ambos expresan una experiencia interior, pero de modo diverso: el primero la presenta de modo orgánico y acabado; el segundo, a retazos sueltos, como queriendo disimular el sistema. Ambos son excelentes teólogos, formados en Salamanca y Alcalá, respectivamente.

Santa Teresa es hija de su tiempo (1515-82) en el estilo vital y literario. Relata su experiencia personal, la cual, después de su canonización, se convierte en paradigmática y clásica, especialmente en lo que se refiere a los grados y modos de oración. El *Indice de libros prohibidos* de 1559 la sorprendió en plena madurez (*Vida* 25), la obligó a una mayor reflexión y consulta a teólogos y directores de conciencia, la condujo a una mayor independencia interior y a una expresión más personal y cuidada en el orden teológico y literario.

Pocos aspectos llevan al historiador más adentro de la mística española como analizar los procesos de clarificación de contenidos y lenguaje a lo largo del siglo XVI. El tema se convirtió en céntrico en relación con la herejía protestante en la década de 1550-60, como se deduce de la corrección de biblias mandada hacer por la Inquisición en 1554, del proceso de Carranza, de las graves tensiones dentro de la Orden dominicana y jesuítica, del *Diálogo* de Juan de la Cruz, O.P. (1555), de las *Pláticas* de Jerónimo de Nadal, del *Indice de libros prohibidos* de 1559.

El problema no se reduce a lo que Juan de la Peña llama lenguaje de Alemania y de herejes, sino que afecta a la diferencia radical entre alumbrados y recogidos y a la recta inteligencia de los místicos. Nadal recomienda mucha consideración en el hablar y no menor respeto al tiempo que corre y a sus circunstancias, que son de herejes no sólo luteranos, sino alumbrados.

Santa Teresa de Jesús entra de lleno en esta dialéctica por ser mujer y escribir de mística, por la época en que vive, por carecer de estudios teológicos, por sus relaciones sociales, por su tarea de reforma, por las acusaciones que se le hacían de inquieta y andariega, por su amor a la Iglesia y a la humanidad de Cristo. Ella conoce los problemas internos de la Orden dominicana, de la jesuítica, de la franciscana; las inquietudes del movimiento descalzo y recoleto, las desconfianzas y ataques a la mística y a la reforma carmelitana descalza. Por sus manos han pasado algunos libros condenados por la Inquisición y rechazados por la Compañía de Jesús. El día que se conozcan mejor las interioridades de la espiritualidad de la época, se comprenderá la intencionalidad y ponderación de muchas de sus frases. La santa Doctora constituye un entrecruce único de corrientes y una síntesis serena y clarificada de ideas, experiencias y lenguaje. Por eso su doctrina se convirtió pronto en clásica. Iluminó temas oscuros en tiempos de sospechosidad y confusión: el de la reducción o reflexión de los sentidos y potencias al centro del alma, el de engrandecimiento interior, el de los grados de oración, el de la humanidad de Cristo...

He aquí cómo describe el conocimiento por amor, el «toda ciencia transcendiendo» de San Juan de la Cruz, lo que Juan de los Angeles llama ciencia irracional y amente:

> «Díjome el Señor... Deshácese toda... para ponerse más en mí; ya que no es ella la que vive, sino yo; como no puede comprender, lo que entiende es no entender entendiendo. Quien lo hubiere probado entenderá algo desto, porque no se puede decir más claro. La voluntad debe estar bien ocupada en amar, mas no entiende cómo ama; el entendimiento, si entiende, no se entiende cómo entiende; al menos, no puede comprender nada de lo que entiende; a mí no me parece que entiende, porque, como digo, no se entiende; yo no acabo de entender esto» (*Vida* c.18 n.14).

Ella describe, a veces, cómo pasó a la claridad gracias a grandes letrados y a la gracia.

San Juan de la Cruz puso luz en temas complicados con lenguaje nuevo, aunando el método de intuición experiencial del místico con el riguroso análisis conceptual del universitario. El estudia teología en Salamanca, en la decena de 1560 a 1570, cuando aún sangran las heridas de los autos de fe de Sevilla y Valladolid contra los protestantes y perdura el efecto del índice expurgatorio de libros prohibidos en 1559. Una densa atmósfera de sospechosidad se cernió sobre las vías de mística y perfección, consideradas por Báñez en 1575, en su crítica sobre la *Vida*, de Santa Teresa, como «caminos peligrosos y singulares, y que muchos han caído en errores yendo por ese camino, y que lo más seguro es un camino llano y común y carretero» [83].

San Juan de la Cruz intenta exponer la naturaleza de la unión de Dios con el alma, del modo que es posible en esta vida, y los senderos para alcanzarla. Para ello junta la precisión teológica de la escuela de Salamanca con la seguridad de su experiencia interna, la de los místicos franciscanos anteriores y la fuerza de expresión que encierra la poesía. El es poeta, pensador y místico. Como pensador, nunca condesciende con expresiones vagas y confusas, que suenen a alumbradismo, quietismo o herejía. Donde otros callan, él encuentra la expresión densa de fondo y ajustada de forma, sin perder contacto con Dios y con el hombre.

[83] Santa Teresa, *Obras completas:* BAC vol.212 p.190.

Para expresar su parecer recurre a figuras, comparaciones y símbolos. El procedimiento simbólico es común a la literatura de la época, como puede verse en Góngora y en Shakespeare. La inteligencia se torna difícil cuando el autor no lo descifra, como acontece en las últimas estrofas de la *Noche oscura.* Aun con símbolos y todo, en el último párrafo de *Llama de amor viva* se siente incapaz de manifestar su vivencia: «Yo no quería hablar, ni aun quiero, porque veo claro que no lo tengo de saber decir, y parecería que aquello es, si lo dijere».

Entre este extremo y los libros de Osuna, Palma y Laredo se sitúa la maravillosa síntesis mística de la *Subida del monte Carmelo* y del *Cántico espiritual.* El santo Doctor sistematizó una doctrina y una experiencia, armónizó en ellas la tradición y el sentido de progreso, respondió desde las entrañas de la teología universitaria a los que disociaban escolástica y mística y, por miedo a posibles desviaciones, aconsejaban sistemáticamente caminos llanos, comunes y carreteros.

Para llegar a la transformación, el alma debe pasar por la purificación activa de los sentidos y de las potencias: entendimiento, memoria y voluntad. Esa mortificación de sí mismo (oración de propio conocimiento o aniquilación llamaban los recogidos) ha hecho llamar a San Juan de la Cruz el Doctor de la Nada. Más propio sería llamarle Doctor del Todo. Porque el fin de esas purificaciones o noches no es el quedarse sin nada, no es el rigor y la mortificación en sí misma, ni un perfectismo absolutizado y mal entendido, sino la conquista interior del Todo:

> *Para venir a gustarlo todo,*
> *no quieras tener gusto en nada...*
> *Para venir a serlo todo,*
> *no quieras ser algo en nada...*

En esta época, los cantos españoles a la *nada* no son expresión de increencia, sino de humilde interioridad. Ofrezco unas letrillas de Antonio Rojas en *Vida del espíritu* (1630):

> *Todo, sin la nada, es nada,*
> *y en mi nada ya está todo,*
> *y el oro, sin nada, es todo.*

A la purificación activa se sigue la contemplación activa, así llamada porque el hombre la alcanza si pone los medios correspondientes.

Después de estas noches activas, Dios conduce al alma a la cima más alta de la contemplación. Ese camino constituye lo más original de la obra sanjuanista, llamada tradicionalmente *Noche oscura.* Aquí, el alma no es purificada de sus faltas, sino de las raíces de las mismas, de todo aquello que ha resistido al esfuerzo personal y a la gracia ordinaria. Es la purificación pasiva de los sentidos y del espíritu. La acción divina, en la cual la persona destruye los restos del hombre viejo. El alma queda abrasada por el fuego divino. Esta purificación pasiva termina en la contemplación infusa, descrita en *Llama de amor viva* y en *Cántico espiritual.*

Este esquema de purificación activa - contemplación activa, purificación pasiva - contemplación infusa constituye la cima más alta de los procesos del alma y de los de clarificación doctrinal y vivencial de la mística. A la claridad del esquema general corresponde la de cada paso de estas noches del sentido y del espíritu. San Juan de la Cruz ha construido una apurada mística basada en exigente escolástica, encuadradas ambas en la experiencia interior, limitada por la palabra revelada.

Me gustaría comparar las místicas de San Juan de la Cruz y de Francisco Suárez. Ambos vivieron y sufrieron en sí las disputas sobre la oración afectiva y la contemplación. Suárez coloca a la mística en el centro de la moral, dentro de la virtud de la religión, en el capítulo de la oración mental. Le dedica doce capítulos y 116 columnas de la edición Vives. La contemplación mística es el término más alto a que puede llegar la mente humana; es una participación e imitación de la visión intuitiva, unión con Dios por amor; la intuición más perfecta que se puede alcanzar en esta vida. La influencia de la sistematización mística suareciana en los autores posteriores necesita monografías especializadas [84].

16. LA LÍNEA ASCÉTICA TRADICIONAL

Toda auténtica espiritualidad cristiana se endereza a la práctica de las virtudes y al desarraigo de los vicios. Pero los procedimientos son diversos. En general, se dividen en ascéticos y místicos.

Mística y ascética no se oponen. Santa Teresa no desea otra oración sino la que hace crecer en virtudes. Pero la mayor parte de los libros de espiritualidad de los siglos XV y XVI en España son libros ascéticos. En el siglo XV son muy contados los místicos; más numerosos en el siglo XVI, especialmente a partir de 1525. En 1555 constata el dominico Juan de la Cruz:

> «Ahora los hombres quieren caminar... por vías nuevas de devoción y consolación, y dejan cubrir de hierba y olvidar los caminos reales, olvidados y trillados por nuestros fieles adalides los santos» [85].

A estos libros de ascética pertenecen tratados sobre virtudes, peca-

[84] Simeón de la Sagrada Familia (*Bibliographia operum S. Theresiae a Iesu typis editorum* [1583-1967], Roma 1969) enúmera 1.212 ediciones de todas sus obras, de alguna o de alguna parte de la misma. PIER PAOLO OTTONELLO, *Bibliographia di San Juan de la Cruz* (Roma 1967); SIMEONE DE LA S. FAMIGLIA, *Panorama storico-bibliografico degli autori spirituali teresiani* (Roma 1972); bibliografía periódica en «Archivum Bibliographicum Carmelitanum» vol.12-13(1970-71); CRISÓGONO DE JESÚS SACRAMENTADO, *La escuela mística carmelitana* (Madrid 1930); SILVERIO DE SANTA TERESA, *Ascéticos carmelitas españoles*, en *Crónica oficial de la Semana y Congreso ascéticos...* (Valladolid 1525) p.149-99; M. ANDRÉS, *Teresa y Juan de la Cruz. Contribución al proceso de clarificación en la mística española*: Revista de Espiritualidad 36 (1977) 481-91; J.HELLÍN, *La esencia del acto místico y las disposiciones para él en Suárez*: Archivo Teológico Granadino 11 (1948) 29-75; E. ELORDUY, *Suárez, maestro de vida interior*: Manresa 21 (1949) 3-8.

[85] JUAN DE LA CRUZ, O.P., *Diálogo sobre la necesidad y obligación y provecho de la oración y divinos loores vocales y de las obras virtuosas y santas ceremonias...* (Salamanca 1555): BAC vol.22 p.228.

dos capitales, mandamientos, sacramentos, catecismos, sermonarios, morales aplicadas, ejercicios de virtudes cristianas, ejercicios espirituales, instrucciones sobre la vida cristiana, libros de meditaciones, vidas de santos, confesionales, tratados de la vida y pasión de Cristo, memoriales, espejos, coronas...

Alcanzaron subido éxito los libros dedicados a la oración en los siglos XVI y XVII, especialmente desde 1530 a 1580. Por ello, los alumbrados de 1574, amigos de situarse en la cima de la perfección sin subir por las laderas, caminando por atajos o atracando escalones, consideraban la oración mental como de precepto divino y sacramento debajo de accidentes.

Esta literatura ascética fue también promovida por el movimiento antimístico, que alcanzó en España fuerza especial en la segunda mitad del siglo XVI. La favorecieron elementos muy dispares. La crisis interna de la Orden dominicana; los esfuerzos de la Compañía de Jesús para unificar su pensamiento y su espiritualidad; la preocupación de la Inquisición frente a los alumbrados y luteranos; las exageraciones verbales de algunos místicos; los dislates vivenciales y pseudomísticos de algunos grupos de beatas y alumbrados.

DÉCIMA PARTE

LA IGLESIA ESPAÑOLA Y LA HISPANOAMERICANA DE 1493 A 1810

Por León Lopetegui

FUENTES

Colección de documentos inéditos relativos al descubrimiento, conquista y organización de las antiguas posesiones españolas de América y Oceanía, sacados de los archivos del reino, y muy especialmente del de Indias, 42 vols. (Madrid 1864-84).

Colección de documentos inéditos relativos al descubrimiento, conquista y organización de las antiguas posesiones españolas de Ultramar. Segunda serie, publicada por la Real Acad. de la Historia, 25 vols. (Madrid 1885-1932).

MM = *Monumenta Mexicana,* 6 vols; por F. ZUBILLAGA, Roma (Mon. Hist. Soc. Iesu).

MP = *Monumenta Peruana* 6 vols., por A. EGAÑA, Roma (Mon. Hist. Soc. Iesu).

BIBLIOGRAFIA

ACOSTA, José, S.I., *Obras del P....* BAE t.63 (Madrid 1954), ed. MATEOS
F. ARROYO, Luis, O.E.M., comisarios generales de Indias: Archivo Ibero- Americano, 2.ª época 12 (1952) 129-72 257-96 429-73.
ASPURZ, Lázaro, O.F.M.Cap, *La aportación extranjera a las misiones españolas del Patronato Regio* (Madrid 1946).
BELTRÁN DE HEREDIA, Vicente, O.P., *Los manuscritos del maestro Francisco de Vitoria.* Y otros muchos escritos.
BALLESTEROS Y BERETTA, Antonio. *Cristóbal Colón y el descubrimiento de América* (Barcelona-Buenos Aires 1945) *(Historia de América y de los Pueblos Americanos* t.5).
— *Historia de España y su influencia en la historia universal,* 9 tomos en 10 vols. (Barcelona 1919-41).
BATAILLON, Marcel, *Las Casas, ¿un profeta?:* Revista de Occidente (1974) t.2 p.279-90.
BAYLE, Constantino, S.I., *El clero secular y la evangelización de América* (Madrid 1950) (vol.6 de la biblioteca «Missionalia Hispanica»).
— *Ideales misioneros en los Reyes Católicos:* Missionalia Hispanica 9 (1952) 209-231. Muchas obras sobre la Iglesia en América.
BORGES, Pedro, O.F.M., *Métodos misionales en la cristianización de América. Siglo XVI* (Madrid 1960).
— *La Iglesia de Hispanoamérica hasta 1517,* en la trad. esp. de la *Historia de la Iglesia,* dirigida pro FLICHE-MARTIN (Madrid 1974) p.481-502.
CASTAÑEDA DELGADO, P., *La teocracia pontifical y la conquista de América* (Vitoria 1968).

Cuevas, Mariano, S.I., *Historia de la Iglesia en México,* 5 tomos (El Paso, USA, 1928).

Déveze, Michel, *L'Europe et le monde à la fin du XVIIIᵉ siècle* (París 1970).

Diego Carro, Venancio, O.P., *La teología y los teólogos-juristas españoles ante la conquista de América* (Madrid 1944), 2 tomos.

Egaña, Antonio de, S.I., *La teoría del Regio Vicariato español en Indias* (Roma 1958) (Analecta Gregoriana, vol.95).

— *Historia de la Iglesia en la América española. Hemisferio Sur:* BAC (Madrid 1966) vol.256.

Fita, Fidel, S.I., *Primeros años del episcopado en América:* Boletín de la Real Academia de la Historia 20 (1892) 261-300.

Focher, Juan, O.F.M., *Itinerario del misionero en América.* Texto latino con versión castellana, intr. y notas del P. Antonio Eguíluz (Madrid 1960).

Frías, Lesmes, S.I., *El patriarcado de las Indias Occidentales:* Estudios Eclesiásticos 1 (1922) 297-318; 2 (1923) 24-47.

García Gallo, Alfonso, *Las bulas de Alejandro VI y el ordenamiento jurídico de la expansión portuguesa y castellana en Africa e Indias:* Anuario de Historia del Derecho Español 27-28 (Madrid 1957) 461-829.

Giménez Fernández, Manuel, *Bartolomé de Las Casas,* 2 vols. (Sevilla 1953-60).

— *El concilio IV provincial mejicano* (Sevilla 1939).

— *Bartolomé de Las Casas, delegado de Cisneros para la reformación de las Indias. 1516-1517* vol.1 (Sevilla 1953).

— *Bartolomé de Las Casas, capellán de S.M. Carlos I, poblador de Cumaná.*

— Diversos artículos sobre la interpretación de las bulas alejandrinas.

Hanke Lewis, *La lucha por la justicia de América,* trad. de Ramón Iglesia (Buenos Aires 1949).

— *Bartolomé de Las Casas.* Bibliografía crítica y cuerpo de materiales para el estudio de su vida (Santiago de Chile 1954).

Hera, Alberto de la, *El regalismo borbónico en su proyección indiana* (Madrid 1963).

Höffner, Joseph, *La ética colonial española del siglo de oro. Cristianismo y dignidad humana,* trad. de Francisco de Asís Caballero (Madrid 1957).

Kratz, Guillermo, S.I., *El tratado hispano-portugués de 1750 y sus consecuencias. Estudio sobre la abolición de la Compañía de Jesús,* trad. de Diego Bermúdez Camacho (Roma 1954).

Las Casas, Fray Bartolomé de, *Obras escogidas* I-II: *Historia de las Indias.* Texto fijado por Juan Pérez de Tudela y Emilio López Oto. Estudio preliminar y edición por Juan Pérez de Tudela Bueso: BAE vol.95-96.

— *Obras escogidas.* Cf. *Opúsculos, cartas y memoriales.* Ilustración preliminar y edición por Juan Pérez de Tudela Bueso: BAE vol.110.

Leturia, Pedro, S.I., *Relaciones entre la Santa Sede e Hispanoamérica.* Vol.1: *Epoca del Real Patronato* (Roma 1959) (ed. póstuma, reuniendo sus diversos estudios sobre el tema).

Lopetegui, León, S.I., *Introducción general a la «Historia de la Iglesia en la América española»:* BAC vol.248 p.1-208 (Madrid 1965).

— *San Francisco de Borja y el plan misional de San Pío V. Primeros pasos de una Congregación de Propaganda Fide:* Arch. Hist. Soc. Iesu 11 (1942) 1-26.

Madariaga, Salvador de, *El ocaso del imperio español en América* (Buenos Aires 1955-59).

Mateos, Francisco, S.I., *Bulas portuguesas y españolas sobre descubrimientos geográficos:* Missionalia Hispanica 19 (1962) 5-38 129-68.

— *Ensayo sobre espiritualidad en América del Sur:* ibid., 15 (1958) 85-118.

— *La Iglesia americana en el reinado de Carlos V (1517-1556):* ibid., 15 (1958) 327-74.

— *Sobre misioneros extranjeros en ultramar:* ibid., 245-51.

— Ha publicado también los textos de los concilios limenses en la misma revista.

Méndez Arceo, Sergio, *Primer siglo del episcopado de América española y de las islas*

Filipinas (1504-1579) a la luz de los documentos del Archivo Vaticano y del de la Embajada de España ante la Santa Sede. Ms. (disertación doctoral en la Universidad Gregoriana de Roma).

OTS CAPDEQUI, J. M., *Instituciones sociales de la América española en el período colonial* (La Plata [Rep. Argentina] 1934).

MENÉNDEZ PIDAL, Ramón, *El P. Las Casas y su doble personalidad* (Madrid 1963).

RICARD, Robert, *La «conquête spirituelle» du Méxique. Essai sur les méthodes missionnaires des Ordres Mendiants en Nouvelle-Espagne de 1523-24 à 1572* (París 1933). Trad. esp. de ANGEL MARÍA GARIBAY, *La conquista espiritual de Méxi-co...* (Méjico 1947).

RUIZ DE LARRÍNAGA, Juan, O.F.M., *Don Fr. Juan de Zumárraga. Biografía del egregio durangués, primer obispo y arzobispo de Méjico* (Bilbao 1948).

RODRÍGUEZ VALENCIA, Vicente, *El Regio Patronato de Indias y la Santa Sede en Santo Toribio de Mogrovejo (1581-1606)* (Roma 1957).

SAHAGÚN, Bernardino de O.F.M., *Historia general de las cosas de Nueva España*, 5 vols. (México 1938).

SÁENZ DE SANTAMARÍA, Carmelo, S.I., *Historia de la educación jesuítica en Guatemala* (Madrid 1978) (publicación de la Universidad de Deusto).

SCHÄFER, Ernst, *El Consejo Real y Supremo de las Indias. Su historia, organización y labor administrativa hasta la terminación de la casa de Austria*, 2 vols. (Sevilla 1935-47).

SIERRA, Vicente, *El sentido misional de la conquista de América* (Madrid 1944).

— *Los jesuitas germanos en la conquista espiritual de Hispanoamérica* (Buenos Aires 1944).

TOBAR, Balthasar de, *Compendio bulario índico* t.1 (Sevilla 1954).

TORMO, Leandro, *Historia de la Iglesia en América latina* I (Madrid 1962).

TORRES, Pedro, *La bula «Omnímoda», de Adriano VI (9 de mayo de 1522), y su aplicación durante el primer siglo de las misiones de Indias* (Madrid 1946) (parte de la disertación doctoral en la Univ. Gregor. de Roma).

— *Vicisitudes de la «Omnímoda», de Adriano VI, en el aspecto de sus privilegios en la labor misional de Indias:* Misionalia Hispanica 3 (1946) 7-52.

VIÑAZA, El conde de la, *Bibliografía española de lenguas indígenas de América* (Madrid 1992) (2.ª ed., preparada por C. Sáenz de Santamaría, 1977).

YBOT LÉON, Antonio, *La Iglesia y los eclesiásticos españoles en la empresa de Indias.* I. *Las ideas y los hechos* (Barcelona... 1954) (vol.16 de la *Historia de América y de los pueblos americanos*).

WITTE, Charles-Marcel de, O.S.B., *Les bulles pontificales et l'expansion portugaise au XVᵉ siècle:* Revue d'Histoire Ecclésiastique (Louvain) 48 (1953) 683-718; 51 (1956) 413-53.809-36; 53 (1958) 5-46.443-71.

ZUBILLAGA, Félix, S.I., *La Florida. La misión jesuítica (1566-1572) y la colonización española* (Roma 1941).

— *Historia de la Iglesia en la América española: México, América Central, Antillas:* BAC vol.248 (Madrid 1965).

CAPÍTULO I

PROBLEMATICA DE LAS BULAS ALEJANDRINAS DE 1493

PRELUDIO

El viaje de regreso de Cristóbal Colón a España en 1493 representaba una apertura de la actividad eclesiástica general como pocas veces se había presenciado en la historia de la Iglesia.

La toma de Granada del 2 de enero de 1492, conocida en Roma en la noche del 31 de enero al 1.º de febrero, motivó enorme alegría en la ciudad, como contrapeso a tantas otras noticias pesimistas que se recibían continuamente de los Balcanes ante la invasión turca. Y es evidente que todo ello representaba el anuncio de una actividad eclesiástica redoblada, no sólo en la cristianización del nuevo reino conquistado, sino en las Canarias, en vías de cristianización, y en el continente africano. Y, sin embargo, todo ello no era comparable a lo que se estaba gestando entonces mismo y en la misma corte granadina: atendiendo a las anticipaciones geniales de un navegante genovés que aquel mismo año saldría a culminar su prodigiosa aventura. Cuando en la primavera de 1493 llegaron a Roma las noticias de sus primeros descubrimientos, desde el principio se intuyeron las repercusiones evangélicas que dejaban entrever como programa inmediato de expansión cristiana.

Se trataba de un verdadero *boom* eclesiástico, empujado por otro político-económico, cuyas vastas proporciones se entreabrían aún solamente a la imaginación y al deseo, sin acertar a darles formas concretas y definidas. Aunque las primeras experiencias de tipo cristiano no fueran lo consoladoras que se hubieran deseado, pronto se sucedieron las noticias más optimistas de la evangelización de México y otras regiones, que iban a sobreponerse a las menos felices de las Antillas.

No era un momento favorable para grandes empresas apostólicas lejanas por la situación conturbada de la Iglesia en la mayor parte de Europa. Pero la situación especial de la península Ibérica hizo que fuera posible una acción que la ruptura provocada por el protestantismo hubiera hecho difícil de predecir en sus primeros momentos.

LAS BULAS DE ALEJANDRO VI DE 1493

Y así, de golpe, nos vemos situados en el vértice de unas convergencias históricas que, a pesar de haber sido estudiadas por insignes historiadores y juristas, aún no han acabado de desvelar sus secretos por completo. Ni la parte histórica ni la parte jurídico-eclesiástica han dicho aún su última palabra.

Tratando nosotros en esta sección de dar una especie de reflejo de lo que supuso la historia eclesiástica hispanoamericana para la Iglesia peninsular, no podemos menos de iniciarla con una vulgarización científica de las bulas alejandrinas por su enorme importancia en la historia de la Iglesia en América y aun en su historia civil y humana, y, de rechazo, en la actitud general, tanto del Gobierno como del pueblo español, ante tan insólitos documentos.

Alejandro VI había sido elegido papa el 11 de agosto de 1492, mientras Colón navegaba ya en pos de sus visiones realísticas. Como valenciano, pertenecía a la Corona de Aragón, y Fernando V se alegró del suceso, como los príncipes italianos al ser elegido algún súbdito suyo. De momento no se podía pensar en entablar negociaciones sobre lo de Colón antes de tener noticias seguras. Era el mejor tiempo para los Reyes Católicos, libres de la pesadilla de Granada.

Colón volvía a España pasando por las Azores y Lisboa, hasta fondear en Palos el 15 de marzo de 1493. La visita que hizo Colón a Juan II de Portugal dio bien a entender que el pleito quedaba ya planteado con respecto a los nuevos descubrimientos, y así lo entendieron también los reyes al tener conocimiento de todos estos sucesos.

Fernando e Isabel reaccionaron enviando inmediatamente a Roma sus informes para obtener unas bulas que les permitieran contrarrestar las que poseían los portugueses acerca de las navegaciones y al mismo tiempo emprender la cristianización de las nuevas tierras con el apoyo y el control de la Corona. Todo ello trajo como consecuencia las llamadas bulas alejandrinas de 1493, que los reyes ibéricos completaron, en lo referente a los límites de los descubrimientos, con el tratado de Tordesillas, de 7 de junio de 1494.

Todo esto nos lleva lejos, a una perspectiva complicada acerca de la situación de las cosas en los dos reinos peninsulares, por un lado, y en Roma, por otro, con respecto al derecho pontificio para conceder exclusivas de descubrimientos y colonización, incluyendo la evangelización de los nuevos territorios, lo mismo que las gracias y privilegios ya concedidos a ambas Coronas hasta entonces. Lo enfocaremos desde nuestro punto de vista histórico-eclesiástico de España.

Recordemos brevemente estas bulas. Para acudir a Roma, sin duda que los Reyes Católicos repasaron el tratado de Alcáçobas y su confirmación por Sixto IV en lo relativo a las Canarias y a las zonas de descubrimientos mutuos [1]. No conocemos las instrucciones enviadas a los embajadores de Roma por una y otra corte. A pesar de creer en la pose-

---

[1] Tratado que devolvió la paz a España y Portugal en 4 de septiembre de 1479 y que resolvía definitivamente el pleito de Canarias. Sixto IV lo confirmó el 21 de junio de 1481 por la bula *Aeterni Regis*, fulminando la excomunión contra los que lo violaran en lo relativo a los descubrimientos. España no podía navegar al sur de Canarias.

sión por otros derechos, España quiere confirmación pontificia, como lo indica el historiador Herrera [2].

El P. Leturia calcula que la primera bula *Inter caetera* fue pedida a mediados de abril, despachada en Roma el 17 y llegada a Barcelona poco antes de las nuevas instrucciones de los reyes a Colón el 28 de mayo [3]. Según Giménez Fernández, el breve fue expedido entre el 28 y el 30 de abril [4]. La segunda *Inter caetera*, fechada oficialmente el 4 de mayo, aunque es de fines de junio, llegó a los reyes a fines de julio. El 4 de agosto hablan de ella a Colón [5]. Otro breve extraordinario del 3 de mayo: *Eximiae devotionis sinceritas,* para recalcar especialmente la concesión de los mismos privilegios que a Portugal, y sería del 3 de julio. La *Piis fidelium*, que trata de los poderes concedidos a fray Bernardo Boyl para organizar la misión americana, es del 25 de junio, aunque lleva la fecha del 3 de mayo, y fue solicitada por los reyes el 7 de junio. Finalmente, por influjo indudable de Colón, que creía haber llegado a las Indias Orientales, y para rebatir a los portugueses, que parece pretendían les estaba reservado este descubrimiento o conquista [6], se consiguió la bula *Dudum siquidem*, que facilitaba a los reyes su conquista o su descubrimiento si, yendo hacia occidente, llegaran allí antes que otros cristianos [7].

Su enmarque a fines del siglo XV

La controversia hispano-portuguesa acerca de los descubrimientos marítimos del siglo XV y su recurso a Roma no tienen lugar inicialmente con motivo del descubrimiento de América o poco menos, y, por lo mismo, no basta para interpretar la documentación pertinente con tener en cuenta el tenor de los escritos y disposiciones oficiales tal como suenan, sin recurrir apenas a precedentes históricos, cuya existencia a veces ni se sospecha.

Por ello se impone recordar la situación de los hechos en 1493, lo mismo que la evolución de las ideas acerca de la soberanía pontificia en tierras de infieles, con vistas a su aplicación concreta a nuestro caso.

Debemos comenzar subrayando el dato real del empalme entre el hecho histórico del fin de la reconquista peninsular tanto para Portugal, primero, como para Castilla en 1492, con sus intentos de llevar sus armas al Africa y a sus islas vecinas. Allí reconquistarían también lo que en siglos anteriores había sido territorio cristiano y romano hasta la invasión de los árabes. Todo ello no se entiende sin la mentalidad de las cruzadas, que no es necesario explicar.

[2] L. LOPETEGUI, *Introducción general a la «historia de la Iglesia en la América española»* (Madrid 1965): BAC vol.248 p.42.

[3] Ibid., p.43. En P. LETURIA, *Relaciones entre la Santa Sede e Hispanoamérica* vol.1 p.194 (Roma 1959).

[4] M. GIMÉNEZ FERNÁNDEZ, *Las bulas alejandrinas de 1493 referentes a las Indias* (Sevilla 1943) p.24 y 31.

[5] LOPETEGUI, o.c., p.44.

[6] Ibid., p.43-44.

[7] Ibid., cf. la nt.16 con la refutación de la tesis de DE WITTE sobre la interpretación de la bula.

La reconquista ibérica no figuró al principio como cruzada, pero más tarde, creado ya el ambiente en Europa, también se aplicó el término, y las gracias espirituales y materiales que llevaba incluidas, a las expediciones que tuvieron lugar en España, como las Navas, el Salado, y del todo recientemente, la campaña de Granada. Por lo mismo, esa mentalidad seguía con toda su pujanza entre los cristianos y reyes de los dos reinos.

Y era natural por lo mismo que las divergencias que pudiera haber entre los príncipes cristianos acerca de los derechos que pudieran alegar a la reconquista de las tierras inmediatas, que algún tiempo habían sido cristianas, tratara de resolverlas la Santa Sede, que había sido la animadora de tales empresas y era la única que al mismo tiempo pudiera dar facultades para el restablecimiento total del cristianismo en las tierras que se reconquistaran. Todo esto originó, precisamente durante aquellos siglos, un estudio, generalmente polémico, acerca del poder pontificio, tanto en los Estados cristianos como en los infieles, para intervenir en las diferencias que se suscitaban entre sus miembros, siempre que estuviera involucrada la cuestión religiosa, como en estos casos sucedía.

Problemas acerca del poder pontificio en lo temporal

Durante los primeros siglos del cristianismo no podía pensarse en nada parecido a las teorías que hoy llaman teocráticas, con evidente mala utilización de este término, acerca del poder de la Iglesia, representada especialmente en los romanos pontífices, para intervenir en los conflictos de los pueblos cristianos, por razones morales o religiosas. Superado aquel período y reconocida la Iglesia como una institución de Derecho público por la ley civil, comenzó a aumentar la importancia del episcopado y del clero en toda la vida contemporánea. Después de las invasiones de los bárbaros y de su cristianización aumentó todavía el influjo de la Iglesia en los concilios nacionales de los diferentes pueblos, y poco a poco aparecieron también el papa, por un lado, y luego los obispos del imperio germánico y otras dignidades de la Iglesia, por otro, con soberanía temporal sobre diversos territorios, al término del desmenuzamiento feudal poscarolingio.

Al ir emergiendo de dolorosas circunstancias la nueva sociedad europea es cuando aparece tímidamente, y luego con más claridad y energía, la doctrina que en nuestros tiempos se ha llamado *agustinismo político*.

H.-X. Arquillière afirma que el agustinismo político en diversas expresiones de San Agustín, especialmente en su obra *La ciudad de Dios*, lleva a un estado de cosas en que «el derecho natural del Estado es absorbido en el derecho superior de la Iglesia» [8]. Creemos que esta frase es exagerada, porque nunca pretendió la Iglesia esa absorción, que así

[8] En su obra *Saint Grégoire VII. Essai sur sa conception du pouvoir pontifical* (París 1934) p.538. Sobre el conjunto del problema, cf. nuestra *Introducción* p.44-53.

como está escrito, sin limitaciones, no fue nunca doctrina de la Iglesia. Y aun los autores que más avanzan por ese camino, al llegar a la práctica, tropezaban con la irrealidad utópica de semejantes concepciones y buscaban componendas con los poderes existentes. Jamás se les ocurrió que el papa pudiera nombrar por su cuenta los gobernadores de los Estados o ciudades o cobrar sus rentas. Se trataba únicamente de intervenir cuando se faltaba gravemente al derecho cristiano reconocido, bien sea fomentando herejías o discordias graves con abusos en materia religiosa. Es decir, se trataba de un poder ocasional que raras veces tenía que llevarse a la práctica, y cuando se daba ocasión grave para ello. La interferencia mutua entre el poder espiritual y el temporal en aquellos tiempos, sin límites fijos, podía traspasar sus propias fronteras para penetrar en las ajenas. Pero eso, como decimos, era mutuo, y predominaba generalmente el poder más fuerte en lo humano, el civil. No hay más que recordar la cantidad de veces que el papa tuvo que salir expulsado de sus propios Estados durante la Edad Media. ¿Dónde estaba su poder *teocrático* en todas estas ocasiones?

Son consideraciones elementales que deben tenerse en cuenta siempre al tratar estos asuntos sobre el poder pontificio en lo temporal, pero en la práctica se descuidan bastante, yendo a fáciles simplificaciones.

Ideario de Gregorio VII, Inocencio III e Inocencio IV

Estos tres pontífices representan varios de los estadios principales que llevan a las formulaciones de los canonistas desde fines del siglo XIII.

El tumultuoso pontificado de Gregorio VII en su lucha contra las investiduras laicas de las dignidades eclesiásticas le llevó también a formulaciones más avanzadas que antes, en parte por la aceptación, ya general en su tiempo, de las llamadas falsas decretales. Lo más llamativo fue su teoría acerca de la deposición del emperador.

En el desarrollo de la lucha entre la Iglesia y el Estado se llegó a la formulación de la teoría de las dos espadas, citadas en el Evangelio a tiempo de la prisión del Señor en el huerto de los Olivos, que quedan las dos al arbitrio de los discípulos de Cristo. San Bernardo los concentra en las manos de San Pedro, dando forma a las ideas de su tiempo, aunque no tratara *ex professo* del problema de los dos poderes [9].

Como San Bernardo intervino tanto en los pleitos eclesiásticos de su tiempo y fue tan leído, el símbolo tuvo gran éxito en los escritores posteriores que defienden el sistema llamado teocrático. San Bernardo habla ya de la «plenitudo potestatis» dada a la Sede Apostólica [10], aunque hable de la ejercida sobre todas las iglesias, pues la frontera de lo temporal desaparecía en gran parte a sus ojos, lo mismo que a los de sus contemporáneos. San Bernardo llegó a escribir que el papa estaba hecho «ad praesidendum principibus, ad imperandum episcopis, ad regna

[9] ARQUILIÈRE, o.c., p.498.
[10] *Opera omnia* cta.131 p.64.

et imperia disponenda» [11]. Claro que no lo dice en el sentido que emplearon más tarde algunos canonistas.

Hugo de San Víctor, Alejandro de Hales, Juan de Salisbury y otros escribieron también fórmulas que influyeron en las ideas. Hales llega a decir: «El poder espiritual debe instituir al poder temporal para que exista, y juzgarle, si se porta mal» [12]. Todo ese desarrollo doctrinal alcanza expresiones y a veces aplicaciones especiales en los dos grandes pontífices Inocencio III e Inocencio IV.

Inocencio III usa mucho el título de «vicario de Dios» o «vicario de Jesucristo y sucesor del príncipe de los apóstoles», más que «vicario de Pedro», de que gustaban más sus predecesores. «Es el plenipotenciario de aquel por quien reinan los reyes y gobiernan los príncipes y que da los reinos a los que le parece» [13]. Es el primero que afirma, en respuesta a Felipe Augusto, su derecho a intervenir en Francia, no por razón de feudo, sino para juzgar acerca del pecado; lo que se llamaría «ratione peccati» [14], frases sobre las que no es fácil juzgar acertadamente.

Como el pontificado de Inocencio III es también el del comienzo oficial de las principales universidades de Europa, fuera de la de Bolonia, con su predominio de las doctrinas escolásticas, se puede suponer fácilmente el impacto que tales expresiones produjeron en aquellas generaciones inmediatas. *Inocencio IV* (1243-54), con el que se cierra la lucha contra Federico II y es el que convoca el Concilio I de Lyón, desarrolla algunas de las expresiones de Inocencio III: «El romano pontífice puede, al menos ocasionalmente, ejercer su jurisdicción sobre todo cristiano, especialmente por razón del pecado» [15].

Hay que hacer notar que algunos autores del primer tercio de nuestro siglo XX, han tachado de extremista a Inocencio IV, llegando Carlyle a escribir: «Inocencio IV ha creado de las incidentales frases y sugerencias de Inocencio III un sistema de hierocracia» [16].

Pero contra sus afirmaciones, lo mismo que contra las de Rivière y Pacaut, ha escrito más recientemente J. A. Watt [17] que se trata de una exageración y que todo lo de Inocencio IV depende principalmente de San Bernardo, de Hugo de San Víctor y de Inocencio III, que es su verdadero inspirador, lo mismo que de la actitud de Inocencio IV con respecto a Federico II.

Inocencio III fue el gran restaurador de la tradición, que reclamaba para la jurisprudencia eclesiástica el concepto unitario del Cuerpo de Cristo, introduciéndolo en los comentarios católicos. La tradición canónica recibió con Inocencio IV su primera y mayor exposición sistemática, de lo que ha sido su primer presupuesto: la unidad de la sociedad

[11] ML 182,426; cta.237.
[12] ARQUILIÈRE, o.c., p.508-11.
[13] ML 215,551.
[14] ML 215,326.
[15] ARQUILIÈRE, o.c., p.532.
[16] CARLYLE, A. J., *A history of medieval political thought in the West* (Edinburgh and London 1928) p.324.
[17] J. A. WATT, *The theory of papal monarchy in the thirteenth century:* Traditio (Fordham 1964) 170-317 (New York).

cristiana, que es una, porque existe el papado como principio de unidad. El papa, que es por antonomasia *juez*; la curia romana, que es común para todas las naciones del mundo cristiano. Se prevén las consecuencias.

De todos modos, algunas expresiones de Inocencio IV en un tratado acerca de los cinco libros de las decretales influyeron, sin duda por su formulación escueta, en alentar las exageraciones de algunos canonistas en cuanto a la intervención pontificia en favor de los misioneros, aun empleando en algún caso la fuerza [18].

Terminemos esto aludiendo a Bonifacio VIII, cuya actuación se ha presentado siempre desorbitada, atribuyéndole intenciones que no tenía y que explícitamente rechazaba; y, sin embargo, algunas fórmulas se prestaban a esas extralimitaciones por la vaguedad perpetua del significado de las dos espadas y de su uso cuando entra la «razón del pecado».

Todo esto condujo a un estudio más profundo de las mutuas relaciones entre la Iglesia y el Estado en países cristianos y luego con los que no lo eran. La guerra de los Cien Años y el destierro de Aviñón con su secuela cismática y conciliarista, fueron condiciones propicias para que, junto al exacerbamiento del poder civil aun en materias eclesiásticas, hicieran su aparición diversas teorías que exageraban la intervención pontificia aun en cosas temporales, no sólo al tratarse de países no cristianos, sino también entre los mismos fieles. Pero veamos otros influjos.

Concepciones de Santo Tomás

Santo Tomás formula magistralmente una de las bases del derecho natural del Estado: «El derecho divino, que proviene de la gracia, no destruye el derecho humano, que proviene de la razón natural» [19]. Al distinguir los dos terrenos, el espiritual y el temporal, cuyas dos autoridades provienen del mismo Dios, concede demasiado a la mentalidad de su tiempo, según Arquilière, buscando una excepción para el poder pontificio, «en quien pueden darse a la vez los dos poderes» [20].

En España se esforzó el P. Venancio Diego Carro, O.P., en desmenuzar el concepto de natural y sobrenatural en Santo Tomás para poder determinar los derechos *naturales* de la persona humana y de la sociedad. Prepara el derecho de gentes y las explicaciones sobre la esclavitud, que luego tendrán tanta aplicación en España en el siglo XVI de parte de los discípulos del mismo santo Doctor. Todo lo esencial referente a los infieles y a sus derechos y deberes con respecto a los cristianos se halla resuelto, en lo esencial, en él. Por ejemplo: el derecho de la guerra, especialmente en defensa de la fe, y los provenientes de la libertad religiosa, en los límites que se le reconocían entonces.

La situación de la Iglesia durante los siglos XIV y XV, y de los Esta-

---

[18] *Apparatus Domini Innocentii quarti Pontificis Maximi et doctoris subtilissimi super quinque libris Decretalium* (Lugduni [Lyón] 1548] fol.163b.
[19] *Summa* 2-2 q.10 a.10; ARQUILLIÈRE, o.c., p.585.
[20] ARQUILIÈRE, o.c., p.585.

dos cristianos en fermentación hizo que tales doctrinas se explicaran y desarrollaran, pero con mucho riesgo de los extremismos, que efectivamente hicieron pronto su aparición en pro o en contra.

Y creemos necesario recordar lo que escribíamos hace unos años a este respecto: «Al calmarse los espíritus un poco después del concilio de Constanza (1414-18) con la elección de un único papa, comienza la intervención pontificia en forma diríamos sistemática, no precisamente por iniciativa de los papas, como ha demostrado DE WITTE [21], sino de Portugal primero y luego de Castilla, acerca de concesiones extraordinarias con respecto a sus descubrimientos y conquistas; y no sólo precisamente de índole espiritual, sino también, y en grado enorme, de índole temporal. Y al mismo tiempo que se ejercita de este modo este poder pontificio en cuestiones religioso-temporales, se acentúa también en Basilea el conciliarismo y un ambiente de oposición al papado, que contrasta en tanto grado con la afirmación reiterada de su poder en la práctica de parte de los papas contemporáneos (tan fuertemente estrechados en la misma Italia).

«Aquí es donde reside la dificultad. ¿Cómo podían unos papas tan combatidos, no sólo en sus pretensiones temporales, sino también en las espirituales, creer en las teorías que exaltaban tanto su potestad en los asuntos de orden humano, y para ser ejercido directamente? Y en caso contrario, ¿hay un término medio de vacilación o de dejarse llevar de una corriente ya iniciada y aun consagrada por una práctica, en algún sentido, secular?» [22]

Algunos defensores del poder pontificio junto a otros más moderados

Ya hemos recordado la postura regalista de Felipe IV de Francia con Bonifacio VIII, contra quien desarrollaron sus consejeros una campaña de injurias y calumnias.

Con la elección de Clemente V, el concilio de Vienne y su causa de los caballeros templarios y la permanencia en Aviñón de los papas, la contienda acerca del poder pontificio fue en aumento en todas partes.

Pero a la oposición descarada, incluso en los elementos religiosos, siguió también una defensa, que pasó frecuentemente los límites debidos, uniendo demasiado el elemento humano con el religioso. Este fue el marco exterior en el que nacieron y se desarrollaron las doctrinas antipontificias, por un lado, y las defensoras del papado, por otro, hecho que explica sus extremosidades y virulencias en ambas direcciones.

En la península Ibérica, con tres reinos importantes en primera línea, Portugal, Castilla y Aragón, el peligro fue, más bien, el de extremar el poder pontificio en materia de descubrimientos y asignaciones a príncipes cristianos. En el siglo XV no hay oposición directa a las teorías

---

[21] DE WITTE, Charles-Marcel, O.S.B., *Les bulles pontificales et l'expansion portugaise au XVᵉ siècle:* Revue d'Histoire Ecclésiastique (Louvain 1953, 1956 y 1958). La cita en 53 (1958) 455-56.

[22] Cf. nuestra *Introducción,* l.c., p.50-51.

favorables al poder pontificio, del que Portugal recibe tantas gracias, bula tras bula, y Castilla, en menor grado por entonces.

Entre los defensores del poder pontificio se suele citar en primer término a Enrique de Susa, cardenal de Ostia, llamado por lo mismo Ostiense, muerto en 1271, poco antes que Santo Tomás de Aquino y San Buenaventura.

La mayoría de los canonistas italianos de los siglos XIV y XV defienden, generalmente, la postura del Ostiense, con más o menos fidelidad, tanto entre el clero regular como en el secular. Los agustinos Egidio (Gil) Romano († 1316), Santiago de Viterbo († 1308), Agustín Trionfo († 1323) o de Ancona y Alejandro de San Elpidio figuran entre el franciscano español Alvaro Pelayo (formado en Bolonia) y los seculares Enrique de Cremona († 1312) y Guillermo Durando el Joven († 1328), lo mismo que los dominicos Tolomeo de Lucas († 1327), Juan de Nápoles (1330) y San Antonio de Florencia († 1459). Las tendencias son diversas fuera de Italia.

Todos están más o menos influidos por la ideología que ahora llamamos teocrática por antonomasia, con el simbolismo de las dos espadas. Santiago de Viterbo supone que la potestad civil se hace perfecta y depende de la espiritual en su institución, y que el papa, aun por derecho humano, p.ej., por la *donación de Constantino*, tiene un primado sobre toda la Iglesia, aunque no fuera necesaria esa concesión. La potestad espiritual del papa es a modo de causa de la civil y secular, fórmula que admite Agustín Trionfo.

Aunque Alvaro Pelayo coincide con ellos y afirma que la jurisdicción del papa es universal en todo el mundo, en lo espiritual y temporal, sin embargo, añade que la temporal la ejerce por medio del emperador, reyes y príncipes. Extiende también su poder a los infieles, lo mismo que Rodrigo Sánchez de Arévalo († 1470), formado en Italia, y otros españoles.

Otros defienden tendencias contrarias, especialmente en Francia, como Juan de París († 1306), que distingue bien los dos poderes, con cierta diferenciación y autonomía, y, aunque la potestad eclesiástica sea superior por su fin, esto no quiere decir que la una derive de la otra, sino que las dos vienen de Dios y cada una, en su esfera, es superior. Se admite también lo que se llama la potestad indirecta. Niega que Cristo, *en cuanto hombre*, fuera rey temporal y que transmitiera toda su potestad a San Pedro. En conjunto, sus teorías suponen un fuerte avance en su tiempo [23].

Se le aproxima el español Juan de Torquemada, O.P. (1388-1468), inmerso en la Europa de su tiempo, aunque admite alguna intervención del papa en lo temporal cuando el bien espiritual lo exige [24].

Por lo que hace a la trayectoria de los demás asuntos de Indias que constituirán la gran controversia del siglo XVI: el derecho de propiedad de los infieles, las conversiones forzadas o por lo menos la evangeliza-

[23] Ibid., p.52-53.
[24] Ibid., p.53.

ción forzada, la esclavitud y el derecho de guerra, los autores se dividen también entre los que admiten los principios tomistas, que, distinguiendo los dos órdenes, dan normas para su aplicación, y los que, siguiendo, más bien, a Escoto, admiten que el derecho natural queda como anulado ante el divino o teocrático en ciertas ocasiones (p.ej.: a veces, el bautismo forzado de niños infieles).

Son nociones que debemos tener muy presentes al tratar de la evangelización de América y de otras partes en el período que tratamos de estudiar. Además de los casos presentados por los musulmanes y judíos en la península Ibérica, había que tener presente el de las conversiones en las islas Canarias, evangelizadas ya parcialmente en el siglo XIV, y especialmente toda la costa norteafricana hasta Guinea y el Congo, durante el siglo XV.

Capítulo II

DIVERSAS INTERPRETACIONES DE LAS BULAS ALEJANDRINAS

Dos posturas principales

Es bien conocido que los documentos pontificios emanados de Alejandro VI en 1493 han dado lugar a una enorme literatura y a no pocas polémicas entre los que tratan de interpretarlos en nuestros días. Prescindamos del título genérico de *bulas* que se suele dar a su conjunto, aunque no siempre tengan esa forma concreta de los documentos de la curia romana.

Quien principalmente divulgó en la España del primer tercio de nuestro siglo la problemática existente en tales documentos, tanto desde el punto de vista histórico como del interpretativo, en cuanto a la extensión de los privilegios pontificios o gracias especiales concedidas a los reyes de España por el papa Borja, fue el P. Pedro de Leturia. No fue el descubridor, por decirlo así, de la discrepancia entre las fechas reales de los documentos y su datación formal y otros detalles aireados al celebrarse el cuarto centenario del descubrimiento, pero las expuso en forma llamativa, al mismo tiempo que intentó interpretar su sentido misionero. El P. Leturia insistía, sobre todo, en el espíritu misional de tales concesiones, desviando la atención, probablemente demasiado, del problema de la concesión de derechos territoriales aunque fuera para esos mismos fines misionales, del mismo modo que otros han exagerado la concesión territorial en su más estricto sentido, como si los pontífices se creyeran, en una u otra forma, dueños del universo, evidente exageración de muchos escritores recientes [25].

Es palpable el influjo lascasiano en la interpretación de Leturia, pero sin intentar profundizar en esa dirección, que no era lo que directamente se proponía. Por eso, en nuestro caso, es más interesante fijarnos en otros que se han esforzado en buscar nuevas interpretaciones más *ex professo* a dichas bulas.

Tesis de don Manuel Giménez Fernández

Todavía siguen teniendo valor particular en este campo las dos tesis de don Manuel Giménez Fernández, profesor de Sevilla, y la de don

---

[25] Leturia, *Las grandes bulas misionales de Alejandro VI (1493)*, en *Relaciones* I 153-204.

Alfonso García Gallo, profesor de Madrid [26]. El primero, menos preparado para disquisiones históricas y más apasionado de carácter, no da en este caso la impresión de un investigador serio, equilibrado y que admite los argumentos por sí mismos, sino que con frecuencia parece más un fiscal agresivo que un historiador. El segundo es mucho más objetivo y ponderado y se mueve en el terreno histórico no menos expeditamente que en el jurídico.

El apasionamiento, no tratado de disimular por el propio Giménez, le dificulta para entender diversos casos complejos y presentar objetivamente los resultados de su investigación. Su aversión manifiesta e intensísima a determinados personajes y simpatía hacia otros, hace muy difícil la equilibrada ponderación de los juicios. Por otra parte, atribuye enorme importancia a detalles que no la tienen, o no por lo menos en grado notable, detalles con los que quiere cambiar el enjuiciamiento de importantes asuntos.

Todo su empeño en negar finalidad misional al primer viaje colombino es absolutamente incomprensible. Le costará aportar en toda la Edad Media un solo hecho de descubrimiento o conquista de países no cristianos donde no aparezca claramente, de un modo u otro, este empeño, sin excluir los demás políticos o económicos que siempre les acompañan. Sería el colmo de lo imaginable encontrarnos con los Reyes Católicos, que, tanto en Canarias como en Granada y en sus empresas norteafricanas, siempre hablan de sus deseos de plantar o extender la fe en esos territorios, y se olvidaran de eso precisamente en el momento más importante, cuando tienen perfectamente presentes las finalidades y actuaciones de los portugueses a todo lo largo de la costa africana para imitarles en lo posible, si el viaje de Colón tuviera éxito.

Por otra parte, los testimonios del *Diario de Colón*, los de la consecución inmediata de las bulas y de la preparación de la segunda expedición lo están proclamando sin cesar. No es extraño, pues, que su teoría en este punto concreto haya suscitado la unánime repulsa no sólo de todos los misionólogos, sino aun de los investigadores ponderados, como García Gallo [27].

No tenemos que insistir sobre la enorme aversión, casi patológica, que tiene Giménez al rey aragonés, incapaz, para él, de todo acto bueno, o poco menos. Alabamos, por otro lado, la laboriosidad del profesor sevillano y diversos aciertos interpretativos, cuando no se le enfrentan

---

[26] En varias obras. P.ej.: *Nuevas consideraciones sobre la historia, sentido y valor de las bulas alejandrinas* (Sevilla 1943). Diversas réplicas a sus contradictores. En cuanto a G. GALLO, *Las bulas de Alejandro VI y el ordenamiento jurídico de la expansión portuguesa y castellana en Africa e Indias:* Anuario de Historia del Derecho Español 27-28 (Madrid 1957-58) 461-829.

[27] Cf. VICENTE SIERRA, *El sentido misional de la conquista de América* (Madrid 1944). Y más tarde, contestando a ataques del señor Giménez, *En torno a las bulas alejandrinas de 1493:* Missionalia Hispanica 10 (1953) 73-122. Además, *Y nada más sobre las bulas alejandrinas de 1493:* ibid., 12 (1955) 401-28. Del mismo modo y con igual criterio contestó CONSTANTINO BAYLE, *Las bulas alejandrinas de 1943 referentes a Indias:* Razón y Fe 132 (1945) 435-43; ibid., 123 (1946) 226-39; *Más sobre las bulas alejandrinas.* Estos dos escritos tienen el título de los estudios de Giménez Fernández en forma de recensión.

personajes ya cristalizados en odio o amor, como, por ejemplo, Fernando V y Las Casas. Tampoco dejamos de notar algunos errores sobre las fechas de las bulas y sobre algunos personajes romanos o españoles que intervienen en ellas.

Por lo que hace a su empeño en suponer que la primera bula *Inter caetera*, fechada el 3 de mayo de 1493, quedó anulada por la segunda *Inter caetera*, del 4, es extraño que un canonista no haya observado la cantidad de expresiones que en estas ocasiones suelen emplearse para que no quepa duda alguna del intento del segundo documento. Además, como hace notar G. Gallo, aparecen en otras bulas, como en la *Dudum siquidem*, del 26 de septiembre del mismo año (no del 25, como escribe Giménez), expresiones tomadas de la primera y que no están en la segunda, ejemplo de su validez.

Las razones de su no empleo en la Cancillería castellana tienen otra explicación nada difícil. Al encontrar en la segunda bula lo fundamental de la primera, con la añadidura de la delimitación del océano, es natural que el interés de la primera disminuyera, y a los reyes les interesara presentar la segunda y sola ella, pues la multiplicación de documentos sobre el mismo asunto y del mismo tiempo suele ser causa de complicación y malas inteligencias cuando se dirigen a multitudes, y es más sencillo y útil esgrimir uno solo muy claro.

Notemos, finalmente, que uno de los argumentos preferidos por Giménez en todo este estudio es el de atribuirlo todo a intereses económicos, familiares y políticos, tanto de parte del papa como del rey. Cuando precisamente una de las conclusiones más claras del documentadísimo estudio del P. Charles-Martial de WITTE, SSB (*Les bulles pontificales et l'expansion portugaise au XVe siècle*) [28], es que las bulas de los papas (él trae 69 documentos en total) han sido desinteresadas. «En realidad, ni uno solo de los 69 documentos que hemos estudiado ha sido redactado por iniciativa de los soberanos pontífices aun allí donde figura la cláusula *motu proprio*. Siempre ha habido intervención previa; lo más frecuentemente, una súplica de los reyes de Portugal o de sus príncipes. Añadamos que las intenciones de los papas parecen haber sido desinteresadas. No aparece que hayan sido influenciadas por contingencias, que haya habido jamás una especie de mercado: *donnant-donnant* (dando yo dando tú). Sucedió alguna vez al contrario, que se hizo una concesión en el momento en que el papa estaba en conflicto con el rey de Portugal. Una sola vez hemos debido notar lo que podía ser considerado como un abuso. Fue en 1486, cuando Inocencio VIII exigió que la tercera parte del producto de la cruzada fuera para pagar las deudas provocadas por la intervención del Estado de la Iglesia en las guerras de la península italiana. La frase exacta era en esta ocasión: 'para los gastos de la cruzada y para la defensa de los derechos de la Santa Sede'» [29].

Y continuamos preguntando: «Si, en vez de Alejandro VI, hubiera continuado el pontificado de Inocencio VIII o de cualquiera de sus an-

[28] DE WITTE, o.c., 53 (1958) 456.
[29] Ibid., p.42.

tecesores inmediatos, ¿hubiera cambiado la actitud de la Santa Sede ante la petición de los Reyes Católicos? ¿No era una conducta uniforme manifestada decenas de veces en el caso portugués y varias veces en el español? ¿No acababa de conceder Inocencio VIII bulas bien favorables en lo referente a Granada y Canarias? Y procedía desinteresadamente, como lo comprueba DE WITTE, que, por la extrañeza que le causa esa comprobación, parece que esperaba otra actitud más interesada de parte de la Santa Sede. ¿Y no concedieron grandísimos favores los pontífices sucesores de Alejandro VI, como Julio II, León X o Adriano VI, en lo referente a América?

Ante esta comprobaciones pierden su eficacia las declamaciones de Giménez Fernández sobre las simonías que afirma ver en la concesión de las bulas alejandrinas. DE WITTE comprueba también en el mismo lugar que, «si las intervenciones de la Sede Apostólica en esta materia no fueron interesadas, tampoco lo fueron ciegas. Obedecían en realidad a tres principios, cuyo origen es bien anterior al siglo XV: la dirección de la lucha contra el Islam belicoso, la autoridad del papa sobre los miembros de la república cristiana y, por fin, el cuidado de la expansión de la Iglesia y la misión de predicar el Evangelio [30].

LA TESIS DE DON ALFONSO G. GALLO

Destaquemos el extraordinario valor de su exposición, clara, ordenada, detallista, rica en datos y citas, teniendo delante las mejores exposiciones sobre el particular. Examina las posturas más sobresalientes, como la de Leturia, a quien dedica el larguísimo estudio, como el gran maestro que es de todos; o las de Giménez Fernández, Van der Linden, Staedler y Höffner, entre los más destacados. No adelanta afirmaciones sin pruebas; prefiere confesar su ignorancia o la carencia de datos que experimentamos en tantas ocasiones, a adelantar opiniones menos fundadas en documentos claros e irrebatibles.

Plantea primero los problemas principales ofrecidos por las bulas en su aspecto general y en multitud de detalles. Examina una amplia bibliografía, señalando sus méritos y sus deficiencias comprobadas. Estudia las principales bulas portuguesas y las españolas, con los datos que conocemos sobre los personajes que intervienen, la discusión de las fechas reales en que se dieron y los motivos que hubo para ello, con las variantes principales que ofrecen al tocar los mismos problemas o concesiones.

Y también hacemos nosotros algunas observaciones. «Las bulas no se ocupan para nada de América» [31].

Nos parece exagerado. No se va a pretender el nombre, ni siquiera si formaba o no un continente aparte. Pero no es ése el caso. Hablan de

---

[30] Ibid., p.455-56.
[31] G. GALLO, o.c., p.478.

islas y tierra firme en ocasiones, con datos elementales proporcionados por Colón. Este creía que Cuba era tierra firme. Para las bulas se trata de tierras nuevas, grandes, pues así se suponían las tierras firmes, y ya se sabía lo que se estiraba Africa hasta el cabo de Buena Esperanza, descubierto pocos años antes. Todo eso es América y a eso se refieren las bulas, sin aludir para nada a si forman o no parte de Asia.

Otro fallo es el ignorar la obra de DE WITTE que acabamos de citar, y que le hubiera hecho corregir algunas de sus afirmaciones y matizar otras sobre la importancia de Marruecos para Portugal en el siglo XV, sobre la contienda hispano-lusitana acerca de las Canarias, etc.

Hay también un punto importante en todo este asunto, suscitado por la afirmación de Herrera de que algunos sostenían no ser necesario ir al papa para la posesión legítima de las Indias. G. Gallo cree que es una suposición, fundándose en el silencio de Zurita, a pesar de la afirmación de Fernández de Oviedo aportada por él [32].

En uso de los documentos presentados en el V Congreso de Historia de la Corona de Aragón [33], hicimos notar hace años que Fernando V afirma que había algunos que sostenían la necesidad de que el mismo papa declarara la guerra contra los infieles o que éstos la hicieran a los cristianos, indicando con ello que había otros católicos que sostenían lo contrario. El rey encarga a su embajador Jerónimo de Vich en 1510 que acuda al papa para eliminar cualquier duda en cosa tan importante.

Era lo mismo que escribía don Duarte, rey de Portugal, hermano de Enrique el Navegante, cuando pidió al papa en Bolonia (agosto de 1436), por medio de sus enviados, que le conceda la conquista de las tierras que arrebatará a los infieles, añadiendo: «*Aunque muchos se empeñan* en expugnar y conquistar las tierras de infieles, sin embargo... parecerá que lo que se posee con autoridad y licencia de Vuestra Santidad, se posee *con especial licencia y permiso de Dios omnipotente*» [34].

Ahí se habla de dos maneras de pensar y de actuar, y la autoridad papal es necesaria para tener especial licencia y permiso de Dios, pero no en rigor para una posesión legítima, que podría obtenerse por otros títulos.

Volviendo a G. Gallo, éste rebate bien los maquievalismos que pretende ver Giménez F. en la antedatación de las fechas, cuando se indica al margen la fecha real en el original que se enviaba al destinatario, como comprueba la inexistencia del mínimo rastro de temores de excomunión experimentados por los reyes, por haber enviado a Colón hacia el oeste, faltando al tratado de Alcaçobas, intentando librarse de ellos por nuevas concesiones pontificias.

Por lo demás —añadimos—, ¿qué inconveniente, ni histórico ni psicológico, hay en que Alejandro VI deseara sinceramente la conversión

---

[32] Ibid., p.515.

[33] E. SARRABLO AGUARELES, *Una correspondencia diplomática interesante: las cartas de Fernando el Católico a Jerónimo de Vich:* V Congreso de Historia de la Corona de Aragón p.188-89.

[34] DE WITTE, o.c., 48 (1953) 717.

e los indios? Admitiendo otros puntos de la argumentación de G. Ga-
o contra supuestas correspondencias entre Barcelona y Roma para las
ulas o la supuesta infeudación, defendida por algunos alemanes, de las
ndias a la Santa Sede, hace resaltar bien el *pensamiento misional* de los
eyes Católicos en la empresa americana. Es ahí, sobre todo, donde no
e puede admitir la postura del catedrático sevillano, verdadero pasmo
el lector advertido. ¿No aparece claramente en la documentación so-
re las Canarias de los mismos reyes, poco antes, esa misma preocupa-
ión misional, y no copia el mismo secretario real que firma y copia las
apitulaciones de Santa Fe con Colón, en el mismo libro registro, al
do de ella, una carta que los Reyes Católicos enviaban a los reyes y
ríncipes cristianos y a todos los señores..., en donde afirman que en-
ían a Colón con tres carabelas «pro aliquibus causis et negotiis, servi-
um Dei ac fidei orthodoxae augmentum» (por diversas causas y nego-
ios, al servicio de Dios y de la fe ortodoxa)? [35]

Añadamos por nuestra cuenta que los papas intervienen siempre en
stas concesiones a petición de los reyes, comprobado por DE WITTE, y
emos visto también que consta por diversos documentos, portugueses
españoles, que esa intervención no se consideraba necesaria estricta-
ente por muchos. Esa actuación pontificia aparece en las bulas como
spontánea, *motu proprio*, término que sirve a Giménez para algunas su-
osiciones infundadas, pues es bien extraño que un canonista tropiece
on ellas. Nadie admite que eso signifique no haber precedido petición
lguna o solicitud del que obtiene la bula. Se opone a *rescripto*, que con-
esta a una cuestión cualquiera. Tenían, de suyo, menor autoridad y
mpleo que las bulas, pero poco a poco entró la expresión también en
as bulas, para significar que se hacía sin consulta de cardenales, y en al-
unos casos, realmente sin petición del beneficiario, aunque no siempre,
i mucho menos [36]. Ahora es una cosa más determinada.

No es necesario detenernos en la debilidad fundamental de la obra
e WECKMANN: *Las bulas alejandrinas de 1493 y la teoría política del papa-
o medieval. Estudio de la supremacía papal sobre las islas. 1091-1493* (Méxi-
o 1949). Hace bastantes años que leímos esta obra, que nos decep-
ionó.

G. Gallo explica bien el cambio del espíritu de cruzada, antes impe-
ante, al de misión y evangelización. Pero también hay que recordar
ue entre los misioneros de los mongoles del siglo XIII-XIV se seguían
nicamente estas normas evangélicas.

OTROS AUTORES: P. CASTAÑEDA DELGADO

Lamentamos no estar de acuerdo con algunas de las ideas expuestas
or Luciano Pereña [37], autor benemérito, en general, acerca de la total

---

[35] Cf. nuestra *Introducción* p.59.
[36] DU CANGE, *Glossarium Mediae et Infimae Latinitatis* vol.5 p.533; *Dictionnaire Canonique* vol.6
París 1957) col.957, por R. NAZ.
[37] En su ártículo *Crisis del colonialismo y la escuela de Francisco de Vitoria:* Anuario Fran-
isco de Vitoria 42 (1960-61) 15-16.

vaciedad de las fórmulas medievales, hechas revivir por las bulas d
Alejandro VI, y la manera de hablar de los personajes que interviene
en ellas. Se deja llevar, genéricamente, de las ideas de Giménez Fernán
dez, que ya hemos visto lo que contienen de apasionadas y poco funda
das en lo que directamente tratamos. Y lo mismo al referirse a Alejar
dro VI con las mismas citas.

Y eso mismo lo podremos comprobar en los siguientes autores. Ca
tañeda Delgado ha escrito *La teocracia pontifical y la conquista de América*
Estudia el problema siguiendo a los autores que han trabajado sobre e
tos temas, hasta remontarse a Gregorio VII y llegando a los finales d
siglo XVI. Y luego aplica varias de esas doctrinas a América en concret
A pesar de tratarse de un tema muy conocido en nuestro siglo, aport
algunos complementos y sistematizaciones de mérito, aunque creemo
que exagera algunas expresiones de la teocracia, expresión que ya ind
camos antes no ser siempre legítima, ni mucho menos, y cuyos límite
andan también, a veces, muy imprecisos. En un trabajo nuestro [38] expu
simos estos fallos con más detalle, por lo que remitimos a esas págin
al lector que lo desee.

Por lo que hace a la aplicación de la doctrina al caso de Améric
además de las explicaciones y reparos que habría que hacer por razó
de los conceptos de cruzada y reconquista de tierras antes cristiana
hasta que se llega a encontrar poblaciones no musulmanas, recordemo
que ese principio, en tiempos de Alejandro VI y después de los exceso
conciliaristas de Constanza y Basilea, era ya un poco nebuloso a pes
de la claridad de ciertas expresiones. Por ello, decimos que la concesión
aun en el caso extremo, sólo podría extenderse por esos documentos
tierras de infieles y no a la soberanía universal, y subyacente siempre
de algún modo, como un medio de traer a sus habitantes a la fe, no di
rectamente en términos de soberanía temporal.

Por eso, insistimos nosotros en que no se trata de dominio universal
pues en cuanto unos cristianos alegan derechos a cualquier territorio
los papas retroceden y afirman que no pretenden los derechos qu
otros cristianos pudieran tener sobre los dichos territorios. Caso claro e
de las Canarias, en tiempo de Eugenio IV y en el concilio de Basilea
entre los alegatos de Portugal y de Castilla. En otras bulas, como en la
alejandrinas, se hace constar expresamente esa salvedad. Eso no tendrí
sentido si se reconociera el dominio universal del papa. Aun el dominic
sobre tierras de infieles iría encomendándose a otras manos, hasta pri
varse de todo al papa ese derecho en sucesivas concesiones. Lo cual se
ría bien extraño tratándose, por definición, de un poder inherente a l
Santa Sede [39].

Del mismo modo, el conjunto de nuestro estudio anterior nos llev

[38] Tenía por título: *A propósito de la teocracia pontificia y la conquista de América*, publica
do en «Estudios de Deusto» 19 (1971) 131-51. Reconocemos diversos méritos de CASTAÑE
DA, pero debemos hacer notar con desagrado que plagia varios trozos de nuestra *Introduc
ción,* ya citada, sin citarla nunca, siendo tan fácil en citar a otros a quienes no aprovech
tanto.
[39] Ibid., p.140.

la conclusión de que no se podían admitir, sin más, estas frases de Castañeda: «En ellos [documentos], el papa aparece como el *fons iuris,* hace a favor de España una concesión, una donación de tierras. Y lo hace en virtud de su potestad apostólica y vicarial, con poder propio, no con poder recibido de las partes» [40].

Hay que interpretar la palabra *concesión* dentro del empleo que se hace en la documentación pontificia de aquel tiempo, donde vemos el sentido ambiguo y dubitativo que posee, alejado del de una concesión de otras cosas de indudable posesión. Algo parecido habría que decir cerca del cuasiarbitraje instaurado por ambas partes, Portugal y Castilla, y que ya venía utilizándose desde hacía más de medio siglo, y cuya última utilización aparece clara en la bula *Aeterni Regis* [41], de Sixto IV, confirmando el tratado de Alcáçobas. Precisamente, las circunstancias del descubrimiento, partiendo de Canarias y hacia occidente, era uno de los puntos que podían interpretarse con divergencias por ambos contendientes y en el que la decisión de la Santa Sede tenía importancia.

Castañeda exagera el valor de la tesis de Giménez Fernández en este asunto, y para comprobarlo nos remitimos a lo anteriormente dicho.

No estará de más volver a recordar el asombro que experimentamos los profesores de historia eclesiástica ante afirmaciones tan categóricas de la creencia de los papas en su potestad universal por aquellos días. Cómo creer que el papa, que se encontraba con dificultades continuas en la Italia del cuatrocientos, viendo desconocida su autoridad en sus mismos territorios con alguna frecuencia y después de las discusiones conciliaristas de Constanza y Basilea, creyera seriamente ser señor temporal de continentes enteros por aquellos mismos días? Por eso creemos que algunas frases de Castañeda sobre «el poder temporal desorbitado» merecen una redacción diferente que tenga en cuenta estos aspectos de la cuestión, tan llamativamente *desorbitada* a su vez.

¿Cómo admitir, p.ej., esta frase: «es indudable que se quiere otorgar un puro y simple dominio sobre las Indias, y de hecho se concedió»? [42] Entran elementos de concesión, pero que hay que interpretar según toda la documentación de los ochenta años anteriores de concesiones a Portugal y luego a Castilla, en la que vemos tantas vacilaciones, dudas sobre su alcance y significado, suposición expresa de que pueda haber tierras sobre las que otros cristianos tienen ya derechos de posesión (que serían diferentes de concesiones pontificias, fuera de los portugueses). Las bulas alejandrinas no son documentos aislados que haya que interpretar separadamente, sino eslabones de una larga cadena que se influencia mutuamente, sirviendo unas partes para aclarar otras.

Por todo esto, nos reafirmamos en los puntos que explanábamos más largamente en 1971 en cuanto a los méritos del libro de Castañeda. El influjo de tales estudios en escritores de tema general, pero no especializados en este concreto, es grande, como se puede ver en el jui-

[40] Ibid., p.141.
[41] Cf. nt.1.
[42] Ibid., p.143, citando la p.281 de CASTAÑEDA.

cio de don Gonzalo Fernández de la Mora a la obra de Castañeda [4]
Después de aprobar laudatoriamente el libro, llega a escribir: «Todaví
a finales del siglo XV, un pontífice hacía uso espectacular y solemn
de él [el teocratismo], lo cual significa que durante medio milenio, d
modo más o menos radical, los papas aspiran a imponerse como señore
temporales del universo». Nuestro asombro es grande. El que conoce u
poco la historia de todo este medio milenio, en el que innumerables pa
pas tienen que salir de Roma perseguidos y se ven víctimas de las fac
ciones romanas más o menos demagógicas o de los señores italianos ve
cinos, teniendo que recurrir al auxilio de Alemania o Francia, cuand
no son estas naciones las que atropellan al papado, se ve un poco pe
plejo ante una afirmación tan exorbitante. No estaba seguro en su rin
cón italiano o aviñonés. Los mismos reyes, o señores, o repúblicas cris
tianas clamaban no sólo por una libertad total, con respecto al papa, e
asuntos temporales, sino que también aspiraban a entrometerse en lo
espirituales con gran éxito, y precisamente entonces aspiran los pontíf
ces ¡al dominio universal! No sabemos si sonreír o apenarnos ante se
mejantes frases.

[43] En un artículo aparecido en *ABC* de Madrid (11 de abril de 1968) haciendo un
recensión del libro que comentamos.

Capítulo III

NUEVAS BULAS DE OTROS PAPAS. LA IGLESIA ESPAÑOLA Y LA INDIANA

Las bulas de 1501, 1504 y 1508. Diezmos y Patronato Real

Después de las bulas de 1493, Alejandro VI redondeó sus concesiones a los reyes el 16 de noviembre de 1501 con la donación de los diezmos en las Indias, con la obligación de fundar iglesias y dotar convenientemente a los˙eclesiásticos encargados de aquellas iglesias [44].

Fue una concesión de gran importancia y que ocupa buena parte de la correspondencia del Consejo de Indias con los virreyes y gobernadores de Ultramar tanto por lo económico como por lo jurídico. Nos basta indicar su existencia como problema, pues no debemos desentrañarlo ahora.

Más importancia tuvo la bula del Patronato Real, que la tenacidad de Fernando V consiguió de la inflexibilidad de Julio II, algunas veces su enemigo y otras su amigo, según el curso de los acontecimientos en Italia. La consecución tuvo dos partes. En la primera se obtuvo una bula de Julio II, del 15 de noviembre de 1504, pocos días antes de la muerte de la reina Isabel, por la que se creaban tres sedes episcopales en la Isla Española o Haití: el arzobispado de Yaguata, cerca de Santo Domingo, y las sedes sufragáneas de Magua y Baynúa [45].

Siguieron cuatro años de fluctuaciones políticas en España hasta 1508, cuando ha vuelto a empuñar Fernando el gobierno de Castilla. Pero ya en 1505 había hecho notar a su embajador en Roma, Francisco de Rojas, que las bulas ya llegaron, «en las cuales no se nos concede el patronazgo de los dichos arzobispados y obispados» [46]. Sin este requisito, la cosa no iría adelante, y aún añade otras concesiones que debía pedir.

El 28 de julio de 1508, cuando la situación era favorable para Fernando, se obtiene la bula del Patronato: *Universalis Ecclesiae regiminis*, que llenaba las aspiraciones reales. También obtuvo otra vez la concesión de los diezmos de 1510 y 1511, exceptuando los metales y piedras preciosas de los diezmos que habían de percibir las iglesias [47].

---

[44] R. Levillier, *Organización de la Iglesia y órdenes religiosas en el virreinato del Perú* (Madrid 1919) vol.1 p.35-36.
[45] Cf. el texto en F. Fita, *Primeros años del episcopado en América*: Boletín de la Real Academia de la Historia 20 (1892) 260-300. El texto en p.267-70.
[46] Ibid., p.272; Leturia, o.c., I p.13.
[47] Leturia, o.c., I p.13-14; nuestra *Introducción* p.128.

También se trató muchas veces acerca de la facultad que deseaba el rey para delimitar los límites de los nuevos obispados americanos [48].

Aquellos pocos años transcurridos habían hecho caer en la cuenta de que había que modificar las sedes de los nuevos obispados, y así se crearon dos sedes en la actual república dominicana y una en Puerto Rico. Tampoco se creó una provincia eclesiástica, sino que las nuevas sedes quedaron incorporadas a la metropolitana de Sevilla.

LA BULA «OMNÍMODA», DE ADRIANO VI, 1522

Adriano VI, regente de España al ir Carlos V a Alemania como emperador, fue elegido romano pontífice, y se enteró de la noticia estando en Vitoria. Durante su viaje a la Ciudad Eterna, al pasar por Zaragoza firmó el breve que se llama vulgarmente *bula omnímoda*, el 9 de mayo de 1522. La bula facilitaba el envío de misioneros a Indias y les dotaba de grandes facultades, pero concedía también al rey ciertos derechos para la selección, examen y posible veto a los elegidos para la misión. Era el momento de la conquista de México (1519-22) [49].

La historia de este documento pontificio, que por haber sido firmado en España antes de la ida a Roma del papa presenta dificultades de autenticidad en su parte meramente formal, pero no en la realidad de su concesión, ha sido investigada por don Pedro Torres, presbítero americano, en un importante estudio [50].

Se ve que se trata de un breve, por la forma del protocolo y del escatocolo, con la frase final «sub annulo Piscatoris», típico de esta clase de documentos. Su título oficial es *Exponi Nobis*. Se comprende que hubiera en seguida choques interpretativos entre los obispos de Indias y los religiosos sobre la concesión de tan grandes privilegios, utilizando el breve varias veces la palabra *omnímoda*, que le dio el nombre vulgar.

Clemente VII confirmó la bula en Bolonia el 8 de mayo de 1533 renovando a los franciscanos y dominicos de las Antillas y Nueva España los privilegios concedidos por sus antecesores, y expresamente los de Adriano VI [51].

En 1535 hay otras concesiones algo más ambiguas de Paulo III a los franciscanos de México. Sigue la tirantez entre el episcopado y los religiosos, manifestada en muchos típicos episodios.

La actitud del concilio de Trento favoreciendo en este asunto a los obispos, trajo otra serie de actuaciones, en pro y en contra, durante varios años, o, mejor, decenios.

[48] Cf. *Introducción* p.128-30.
[49] P. TORRES, *La bula «Omnímoda», de Adriano VI (9 mayo 1522), y su aplicación durante el primer siglo de las misiones de Indias* (una parte de la disertación doctoral en la Univers. Gregoriana de Roma) (Madrid 1946). Y también: *Vicisitudes de la «Omnímoda», de Adriano VI, en el aspecto de sus privilegios en la labor misional de Indias*: Missionalia Hispanica 3 (1946) 7-52.
[50] HERNÁEZ, F. J., *Colección de bulas, breves y otros documentos relativos a la Iglesia de América y Filipinas* (Bruselas, I, 1879) p.985; TORRES, en los artículos citados.
[51] Ibid.

Al poco tiempo de iniciar sus trabajos la definitiva Congregación de Propaganda Fide en 1622, los religiosos de Filipinas presentaron quejas a Propaganda por las visitas de los obispos a los religiosos. La Congregación falló en favor de los obispos, pero se estudió el asunto de la famosa bula «omnímoda», tan citada en los debates. Se encomendó la labor al cardenal Borja. Se pidió el original de la bula, que no está en el Archivo Vaticano, pero no insistieron al ver las aprobaciones indirectas de otros pontífices. Por fin, Propaganda admitió su autenticidad, y los privilegios no le parecieron tan extraordinarios. Decide que sigan donde no haya obispos y propone que se consulte al nuncio de España.

Todo siguió, más o menos, como antes [52].

La Iglesia española establece la de Indias

La Iglesia española es la que establece y consolida la de las Indias Occidentales, pero no en el sentido que le da hoy día a esta expresión el pueblo católico. La Iglesia española es la que provee principalmente de los elementos necesarios para la evangelización, como son los sacerdotes, religiosos y aun los mismos seglares, que en la sociedad de aquel tiempo estaban tan estrechamente relacionados con el elemento espiritual y eclesiástico.

Además, tanto la cultura trasplantada, con sus libros, escuelas y centros de enseñanza, como su arte y su técnica, todo estaba embebido de elemento religioso. Y lo mismo las leyes, ya las antiguas, ya las nuevas, que se promulgaban, y que con diversas peripecias constituyeron pronto las llamadas *leyes de Indias*. Y la órdenes religiosas, con su espíritu peculiar, sus doctrinas ascéticas, sus métodos evangélicos.

Peculiaridades

Pero en todo esto, la Iglesia actuaba de consuno con el Estado, y en muchas cosas, bajo la dependencia del Estado, de tal modo que la Iglesia española como tal no tomaba resolución alguna directa en asuntos de América, cosa que se dejaba al Consejo de Indias y al rey, quienes aparecían en primer plano en la dirección de los negocios y conservaban con el pontificado romano las especialísimas relaciones que se sobrentienden bajo los nombres de Patronato o Patronazgo Real de Indias, evolucionado, según muchos, en una especie de vicariato regio, interpretando con demasiada benevolencia y amplitud las concesiones pontificias de Alejandro VI y sus inmediatos sucesores.

Por eso, cuando hablamos del influjo de la Iglesia española en América o de las repercusiones de la evangelización americana en la misma Iglesia de la metrópoli, hay que tener en cuenta esos factores y no dar-

[52] Un final que vemos repetirse en estos asuntos entre Roma y Madrid.

les un sentido parecido al que daríamos a los influjos ejercidos en nuestro tiempo. Existe ese influjo, pero su ejercicio directo sigue unos cauces propios, aunque parecidos a los de Portugal o Francia en sus dominios.

España envió parte de sus habitantes, que sirvieron, mejor o peor, como base de una nueva población cristiana y racial. Pero envió además obispos, en su mayoría peninsulares; sacerdotes y misioneros en gran número, ayudados en muchas ocasiones por los procedentes de otras naciones europeas. Y la mayor parte del gobierno eclesiástico indiano se verificó a través del Consejo de Indias.

Con estas consideraciones podemos ofrecer brevemente un panorama de las principales etapas que conoció esta proyección cristiana en Indias.

PRIMERA ETAPA: 1493-1517

Siguiendo al P. Pedro Borges, echamos un vistazo panorámico a la historia eclesiástica de las Indias españolas de 1493 a 1517, espacio reducido en lo cronológico y en lo geográfico. Son los primeros tanteos misionales y se desenvuelven entre las Grandes Antillas y algo de las costas de Darién y Cumaná. Desde estos establecimientos se da el siguiente paso decisivo hacia los grandes imperios azteca e incaico. Se calcula que habría algo más de 200.000 habitantes en las Grandes Antillas y poco más de 30.000 en Darién y Cumaná [53].

La conquista se verifica primero en Santo Domingo, 1491-96; se corre a Puerto Rico, 1509-11; Cuba, 1511-14, y las costas de Urabá y Cumaná (desde 1515).

Como elementos importantísimos de la evangelización hay que señalar la bula concesora de los diezmos y la del Patronato Real con la erección y puesta en funcionamiento de las primeras diócesis.

MISIONEROS, ORGANIZACIÓN, MÉTODOS

Para el segundo viaje de Colón, los reyes consiguieron del papa grandes facultades eclesiásticas para fray Bernardo Boyl [54], que se dirige a Santo Domingo con algunos religiosos. Ni él ni los demás permanecieron demasiado tiempo allí, aunque algunos de ellos volvieron en seguida con otros compañeros. La mayoría eran franciscanos al principio, con algún que otro, a título personal, de otras órdenes, algunos mercedarios, y, después de unos años, los dominicos. También algunos sacerdotes seculares, en número difícil de precisar.

[53] P. BORGES, *La Iglesia de Hispanoamérica hasta 1517*, en la trad. esp. de la *Historia de la Iglesia,* dirigida por FLICHE-MARTIN (Madrid 1974) p.481-502.
[54] Suelen escribir Boyl, Boil, Buyl. P.ej.: F. FITA, *Fray Bernal Buyl o el primer apóstol del Nuevo Mundo* (Madrid 1884): Boletín de la Real Academia de la Historia. Ybot Léon escribe Boyl. Hoy muchos, Boil.

Al volver Boyl quedó un delegado eclesiástico, cuya actuación concreta no se conoce, hasta que llegan los primeros obispos. Estos, consagrados dos de ellos en Sevilla en 1512, se dirigen a sus sedes. El primer electo, fray García de Padilla, O.F.M., murió antes de ser consagrado. Los otros tuvieron grandes dificultades en sacar de la nada los elementos que necesitaban, tanto los personales (sacerdotes, religiosos, auxiliares) como los materiales para la construcción de templos, escuelas, etc. Vuelven a España pidiendo auxilios, y se explican bien sus dificultades de todo orden, que pueden verse en los manuales y en otras historias.

Así funcionaron desde 1513 las diócesis de Concepción de la Vega y de Puerto Rico.

El primer obispo llegado a América fue don Alonso Manso, que debió de arribar a Puerto Rico, su diócesis, a fines de 1512, pues el tesorero Haro escribe al rey el 13 de enero de 1513:

> «Con sólo dos sacerdotes, uno en cada pueblo, sirve [el obispo] esta isla, que de verdad es mucha la falta, así para los españoles como para los indios... Pues lleva las décimas, sería justo estuvieran las iglesias servidas. Al servicio de V.M. conviene mande al dicho obispo tenga copia de sacerdotes en las iglesias...»

En cuanto al segundo, don Pedro Suárez de Deza, debió de llegar en 1514, pues a fines de ese año o principios del siguiente provee lo necesario para la construcción de la catedral en su sede de La Concepción de la Vega y escribe al rey el 16 de julio de 1515. Ya había allí un convento de franciscanos. En cuanto a la tercera sede, Santo Domingo, muerto su primer obispo designado, fray García de Padilla, antes de ir a Indias, fue presentado para sucederle don Alejandro Geraldini, en junio de 1516, y aprobado por el papa León X el traslado de su sede de Volterra (1496-1516 más o menos) a la de Santo Domingo, asiste a la sesión XI del concilio Lateranense V, cumple encargos diplomáticos de la corte española en Inglaterra y viaja a Santo Domingo, donde no parece que causara la mejor impresión.

En 1513 se crea la diócesis de Darién, que iniciará su marcha al año siguiente en la costa atlántica, para trasladarse poco más tarde a Panamá, donde sigue con el nombre de esta capital; hay un intento de patriarcado efectivo de Indias, que nunca se obtuvo, teniendo que contentarse con uno titular hasta nuestros días. En 1515 se creó una abadía en Jamaica, que nunca tuvo vida mayor, y en 1517 la primera diócesis cubana, con residencia en Baracoa, trasladada pronto a Santiago de Cuba.

Los métodos empleados dependieron, más de las órdenes o consejos de los reyes que de las de Roma directamente. En ellos se habla mucho del buen tratamiento de los indios, después de las primeras y luego multiplicadas quejas de los misioneros y de otros personajes de la colonia. Comienzan las juntas de teólogos, canonistas y juristas civiles acerca de los problemas que trae consigo todo lo referente a la encomienda de los indios, a su posible esclavitud más o menos disimulada, a su libertad de movimientos, a los matrimonios mixtos con españoles, a la creación de nuevos pueblos, donde pudieran contar con iglesias y escuelas propias. Punto de referencia constante es el relacionado con el trato de los indígenas con los españoles, suponiéndolo unos conveniente para la evangelización y otros perjudicial [55]. Se habla de crear colegios para hijos de caciques, cosa que luego se repetirá en México, etc.

Hay pocos datos concretos para los métodos de catequización: el bautismo de los niños, las cartillas de catecismo y de lectura que se llevan, la administración de los sacramentos con sus problemas.

Hay opiniones para todos los gustos, aun cuando abundan los testimonios pesimistas sobre el fruto espiritual obtenido. Las guerras, las huidas de los indios, los trabajos forzados, las epidemias introducidas, la disminución de la población, el intercambio de indios de unas islas a otras, son elementos que frenan la evangelización o la destruyen momentáneamente, y hay que volver a comenzar. Las Antillas se convirtieron en el puente de paso entre España y el continente americano desde que las conquistas de Cortés y Pizarro hicieron cambiar por completo el panorama americano que contemplaba el rey Fernando al terminar sus días.

CARLOS V (1517-56)

A pesar de la gran proyección europea de Carlos V, lo referente a América alcanzó en su tiempo los rasgos fundamentales y el perfil geográfico que conservó hasta 1810. Y la Iglesia siguió extendiéndose por los mismos límites geográficos, adelantándose a veces a la conquista.

Debemos aplicar a este continente las observaciones hechas a las Antillas, en escala mayor. La Iglesia va creando diócesis, provincias religiosas de franciscanos, dominicos, agustinos y mercedarios; parroquias o doctrinas, casas de beneficencia y hospitales, universidades y colegios, bien sola, bien, ordinariamente, con la ayuda y aun bajo la guía del Estado en lo material y gran parte de lo espiritual. Roma seguía dejando casi intacta esta intervención en un período en el que se encontraba en Europa con el terrible problema de la división protestante, el concilio de Trento y la Contrarreforma.

FELIPE II (1556-98)

La obra de Carlos V se extendió y consolidó en el largo reinado de su hijo. Se extendió, además, por Filipinas, y esto supuso un gran incremento misional en los países vecinos de China, Japón, Annam, etc., además de implantar sólidamente la Iglesia en el archipiélago. Y en América se extendió un poco en todas direcciones, al mismo tiempo que se consolidaba lo obtenido anteriormente y se organizaba de un modo es-

---

[55] Es interesante el artículo de L. TORMO SANZ, *Los pecadores en la evangelización de Indias:* Missionalia Hispanica 25 (1968) 245-56. También el libro de E. MÁRQUEZ GUERRERO, *Los magistrados en la empresa de América* (Alcoy 1951).

table en su organización civil y eclesiástica. Nuevas diócesis y provincias eclesiásticas, universidades más florecientes, más colegios con la llegada de la Compañía de Jesús, y luego otras misiones con los capuchinos y carmelitas. La aplicación del concilio de Trento hace mejorar lentamente la vida eclesiástica, con algunos seminarios, con la celebración de algunos importantes concilios provinciales, la creación de casas religiosas femeninas y la eliminación relativa de diferentes abusos. Florecen los primeros santos.

Dejando para después lo relativo al Patronato Real, interpretado por Felipe II y sus sucesores con la significación del Consejo de Indias, y sus implicaciones romanas, podemos palpar a fines del siglo XVI cómo se han ido superando las discordias civiles del Perú, los ataques de los corsarios, provenientes de Francia e Inglaterra, y luego Holanda, y los provenientes de algunas tribus más belicosas o mejor situadas, mientras se forma la nueva sociedad, en gran parte mestiza, especialmente junto a las principales ciudades, que ya empiezan a ser centros de cultura, de comercio y de poder, y que serán, siglos más tarde, las capitales de los nuevos Estados originados por la disgregación americana [56].

Por lo que hace a las estadísticas, es difícil poseer aproximaciones con base real en los principales campos de acción durante el siglo XVI. Las enormes exageraciones numéricas de Las Casas no tuvieron, en general, sucesores, pues la realidad cotidiana se iba imponiendo. Con todo, hay divergencias sobre la masa de población cristianizada en el siglo XVI en los principales centros de acción: México, Nueva Granada, Perú, con sus ramificaciones hacia Chile y el Río de la Plata.

Hay, evidentemente, una reducción de la población en muchos sitios, debida, sobre todo, a las epidemias de viruela y otras, que diezmaron las poblaciones. Algún influjo negativo tuvo también el trabajo en las minas y otras ocupaciones forzadas. Aunque tampoco hay que olvidar que la pacificación de extensas zonas impidió las matanzas que antes tenían lugar por guerras o sacrificios humanos y favoreció el aumento lento de la población después de las primeras disminuciones.

En una población numerosa como era, en general, la mexicana de aquel siglo, es evidente que hubo bautismos en masa con la predicación de los primeros misioneros franciscanos. Admitimos con cautela ciertas afirmaciones suyas como de otros misioneros; p.ej.: las del P. Dávila sobre la misión zapoteca de los dominicos:

«Se iban convirtiendo provincias enteras, de veinte mil y cincuenta mil indios, con las entradas que los religiosos hacían en los senos de esta tierra tan espaciosa y ancha» [57].

[56] A pesar de haber dispersado su atención por tantos frentes contrarios, Felipe II consiguió no sólo salvar lo fundamental de su imperio, sino aumentarlo con las Filipinas, prescindiendo de la unión de Portugal y sus Indias.
[57] F. ZUBILLAGA, *Historia de la Iglesia en la América española* vol.1 p.319: BAC 248.

Y Motolinía sobre los franciscanos:

«Yo creo que después que la tierra, se ganó, que fue el año de 1521, hasta el tiempo en que esto escribo, que es el año de 1536, más de cuatro millones de almas se bautizaron» [58].

Sin duda, un registrador automático hubiera disminuido probablemente esas cifras, como tantas otras del pasado. Pero no se puede dudar de que, efectivamente, los números de bautismos de la misión mexicana y otras algo parecidas fueron excepcionales. No se afirma que todas las conversiones fueran sinceras, aunque en su mayoría representaran por lo menos un esfuerzo de comprensión de nuestros misterios en lo esencial.

El número grande de bautismos significaba lo mismo para la recepción de otros sacramentos, aunque en los primeros tiempos hubo sus dificultades para la administración de la eucaristía y diversos problemas con respecto a los matrimonios. Los papas concedieron, en general, amplias facultades para estos casos a obispos y misioneros.

La parte estadística es mucho más precisa en los siglos siguientes y en las misiones más marginales o de fronteras, donde la población era más escasa. Al fundarse los nuevos pueblos o reducciones de indios, se podían llevar los documentos parroquiales exigidos por el concilio de Trento. Esto tiene también aplicación en las Filipinas, que llegaron, a fines de siglo, a cerca del medio millón de fieles, aumentados luego en forma ordenada, como la población de las islas, hasta los seis millones del fin del período español [59].

[58] Ibid., tomado de la *Historia de los indios de Nueva España* tr.2 c.2.3.
[59] Se calcularon en 1601 alrededor de 300.000 familias tributarias, que serían como 1.500.000 habitantes. Los españoles eran sólo 713. En 1833, 3.345.190; en 1871, unos 5.000.000, de los que 3.700.000 católicos, y entre otros grupos raciales, 20.000 españoles mestizos, 4.000 españoles filipinos y 2.000 españoles puros. Datos en A. MOLINA, *The Philippines through the centuries* vol.1 (Manila 1860) p.89 251 y 319.

CAPÍTULO IV

EL FENOMENO LAS CASAS Y FRAY FRANCISCO DE VITORIA, O.P.

DON FRAY BARTOLOMÉ DE LAS CASAS, OBISPO DE CHIAPAS

Es un tema que no se puede rehuir en un resumen de la Iglesia española con respecto a América. Existe una inmensa curiosidad, siempre renaciente, acerca de esta figura histórica; curiosidad que no siempre trata, en primer lugar, de averiguar lo que hay de verdadero en lo que se dice de su persona y de su obra, sino los grados de temperatura polémica que suscita una figura siempre presente y siempre enigmática.

Hace años expusimos lo que opinábamos sobre el tema [60]. Algunos nos felicitaron por ello, otros insinuaron alguna interrogante, sin comprometerse. Estando atentos a lo que podemos sorprender de nuevo sobre Las Casas, confesamos una cierta desilusión por la pobreza de lo averiguado. Continúa el enigma, aunque algún punto quede mejor averiguado.

Nació en Sevilla, en 1474, y murió en Madrid, en 1566. En esos noventa y dos años asistió a la creación de la España moderna con los Reyes Católicos y de la América hispánica en sus rasgos generales, que no parece que llegara a comprender como un fenómeno definitivo por siglos. Se embarcó en Sevilla, en 1502, actuando en las Antillas como encomendero aun siendo clérigo [61]. En 1510 llegaron los dominicos a Santo Domingo, y en 1511 predicó el P. Montesinos contra los encomenderos, dando estado oficial y permanente al trato que se debía dar a los indígenas. Las Casas «se convierte» el día de Pentecostés de 1514, y desde entonces se declara como el enemigo número uno contra toda clase de encomiendas, esclavitud y explotación de los indios americanos. Le esperaba medio siglo de batallar.

Va y viene varias veces a España desde sus Indias dichosas y desdichadas y participa en un sinfín de reuniones y disputas, no siempre diálogos, en las que participaban muchos de los mejores juristas, consultores de reyes, consejos, obispos y universidades. No es necesario pormenorizarlo. Tampoco nos detenemos en sus obras, contentándonos con hacer referencia a la *Brevísima relación de la destruición de las Indias*

---

[60] Nuestra *Introducción* p.106-17.
[61] Parece que Las Casas estuvo en Roma en su juventud. Es un problema cuándo y dónde se ordenó, pero se nos presenta como el primer misacantano de las Indias Occidentales.

(1541, con retoques de 1542 y 1546, impreso en Sevilla, sin licencia). Se conoce mejor su auténtico pensamiento misionológico en el libro *De unico vocationis modo*, escrito en 1537.

Influyó en la publicación de las llamadas *leyes nuevas*, que tanto alboroto suscitaron en México y, sobre todo, en el Perú, y fue nombrado en 1543 obispo de Chiapas (México). Estuvo muy poco tiempo en su diócesis; volvió a España, y su vida discurrió desde entonces únicamente entre conferencias, consultas y escritos, siempre con el único tema de las Indias, de su perdición y de los remedios que propone para evitarla.

ENORME ÉXITO DE LAS OBRAS DE LAS CASAS FUERA DE ESPAÑA

«El éxito de la *Brevísima relación* —escribíamos en 1965—, único libro o folleto suyo que interesó durante bastante tiempo, fue enorme fuera de España. Y se comprende bien, pues daba una serie de argumentos de primera fuerza contra la 'tiranía española' allí donde ésta era combatida, especialmente en los Países Bajos, Alemania, Inglaterra, Francia e Italia. Ediciones y traducciones se sucedieron con rapidez en todas las lenguas de estas naciones y en latín, que era aún la lengua universal de Occidente, con el efecto que es de suponer en los lectores. Tenía la ventaja de aparecer como el testimonio de un religioso y de un obispo que había residido mucho tiempo en América y que había intervenido en los consejos reales de España.

«Lo que menos importaba en el extranjero era el hacer la crítica de la obra. ¿Para qué, viniendo de donde venía y siéndoles imposible a ellos el hacerla en aquellos primeros tiempos?» [62]

Lo mismo sucedió siempre que España estuvo en conflicto con algún país hasta el momento de la guerra de Cuba (1898) con los Estados Unidos. En España hubo voces de alerta desde el principio, pero sólo en 1571 ordenó Felipe II recoger los libros y papeles de Las Casas en el colegio de San Gregorio, de Valladolid y sólo en 1651 prohibió la *Destruición* la Inquisición española.

EL PROBLEMA LASCASIANO EN LA ACTUALIDAD

Continúa en plena efervescencia. No hay más que contemplar la serie de artículos o libros que se publican sobre este tema tanto en España como en el extranjero, especialmente cuando se celebra algún centenario lascasiano.

Dimos nuestro juicio, que no creemos deber corregir [63], sobre los diferentes autores y tendencias. De otros muchos trabajos sólo de vulgarización o de polémica, mejor es saber que no aportan algo que haga cambiar las posiciones ya tomadas o establecidas.

[62] En nuestra *Introducción* p.110.
[63] Ibid., p.110-13.

Vamos a fijarnos, en cambio, en el número extraordinario que publicó la *Revista de Occidente* a fines de 1974 sobre el célebre obispo con motivo del centenario de su nacimiento. Fijémonos primero en dos artículos de extranjeros. Marcel Bataillon tiene prestigio en varios asuntos hispánicos del siglo XVI y ha escrito también sobre Las Casas. En el artículo que comentamos: *Las Casas, ¿un profeta?*, aparecen algunas de sus cualidades históricas, y tiene presente la acusación de «profetismo», en sentido más bien peyorativo, que vierte Menéndez Pidal contra nuestro protagonista. Podemos estar de acuerdo en varios puntos bastante claros. Reafirma su idea de «que, de buena fe sin duda, se calificó de cristiano viejo. Es uno de los enigmas que contribuyen a dar complejidad y relieve a su figura histórica. No creo que sea clave de ella» [64]. Había escrito esas mismas frases antes [65]. Diremos después algo sobre esto.

Ocasionalmente alaba su capacidad «in agibilibus» y estudia el fenómeno del profetismo, comparándolo a los del Antiguo Testamento en sus interpelaciones a los reyes y poderosos, lo mismo que su calidad de político activista más que misionero y de ocuparse de cosas económicas. Nos parece exagerada su afirmación acerca del sentido apocalíptico de sus contemporáneos, pues en muchísimos documentos de misioneros del siglo XVI no hemos sorprendido ese hecho, y muy poco en alguno.

Lo anterior puede pasar sin pena y con poca gloria, pero lo que ya no nos parece equitativo es la dura calificación contra los adversarios de Las Casas, ni su insinuación final suave de que «el fin justifica los medios» hablando de la «eficacia» de Las Casas.

Algo parecido habría que decir, y con más razón, del artículo de André Saint-Lu: *Significación de la denuncia lascasiana* [66]. Se trata de defender a Las Casas en todo, aunque circunstancialmente se noten sus exageraciones, pero sin censurarlas. Algunas pruebas para ver cómo procede:

> «Y no hace al caso que también tuviera alguna vanagloria, como lo decían en su tiempo los que no le eran muy adictos [y cita en nota a Motolinía y al obispo Marroquín], y siguen diciendo, quizá a la ligera, ciertos historiadores y biógrafos modernos» [y añade en nota: «el más conocido, Menéndez Pidal»].

La acusación valdrá lo que valga, pero el modo de solventarla del articulista es demasiado expeditivo. El que lea directamente a Menéndez Pidal no sacará esa impresión de «quizá a la ligera». Creemos que hay que ser más serios.

No hay que mencionar su deficiente defensa a la acusación de que amaba a los indios y odiaba a los españoles. Llama más la atención que el articulista crea contestar a la objeción, que ya se formulaba a sí mismo Las Casas, sobre sus acusaciones a los españoles, citando a Polibio [67] acerca de que el historiador no tiene más remedio a veces que alabar a

---

[64] En «Revista de Occidente» (1974) vol.2 p.279-90. La cita en p.280.
[65] En *Mélanges à la mémoire de Jean Sarrailh* t.1 p.211.
[66] En «Revista de Occidente», l.c., p.388-401.
[67] En la ed. BAE vol.95 p.15b.

los enemigos y hablar mal de los amigos. Pero la dificultad está en que Polibio habla de «algunas veces», mientras que en Las Casas el ataque es sistemático, continuo, sin excepción y en un tono encendido, sin el mínimo esfuerzo generalmente para comprender al adversario, mientras que alaba y defiende sin cesar a los indios, aun en muchas cosas que no merecen alabanza, sino fuerte censura. Por eso, creer que se ha respondido a la objeción con el método de Saint-Lu, sólo sirve para hacer dudar de su plena honestidad de escritor.

Pero hay algo más. Porque, al hablar del modo de amplificación y encarecimiento de Las Casas en sus diatribas, nos dice que «trataba de conseguir el mayor impacto posible» [68]. Sorprendente. Creíamos que, ante todo, se trataba de saber si lo que se acusaba era verdad y hasta qué punto, y *supuesta esa verdad*, y no antes, tratar de conseguir un resultado. Pero parece que es al revés. No se trata de probar la realidad de tan tremendas acusaciones, sino que, con respecto a Las Casas, Saint-Lu recurre —queremos creer que con inconsciencia, pero más claramente que Bataillon— al socorrido principio de que «el fin justifica los medios», pues su explicación no puede llevar a otra conclusión.

Para terminar, admite que su protagonista tiene grandes exageraciones; pero eso no quita que la obra sea histórica y además la misma belleza literaria de la diatriba parece que abona en su favor. Asombroso.

Mucho más constructivo es el trabajo de don José Antonio Maravall: *Utopía y primitivismo en el pensamiento de Las Casas* [69]. Para él, Las Casas es un ejemplo, tal vez el mejor, de los utopistas proliferados en Europa desde el Renacimiento, y especialmente desde Tomás Moro. Es un trabajo serio y bien llevado; pero, tal vez, demasiado unilateral. De todos modos, supone un adelanto.

Y lo mismo se diga de don J. Ignacio Techellea Idígoras: *Las Casas y Carranza: su fe y utopía* [70]. Tellechea se mueve mucho en el tema Carranza, que conoce a fondo, pero hace destacar también el tema de las Indias, en el que ambos personajes convinieron en general, pero no del todo. Tellechea hace notar los dos aspectos de Las Casas, defensor incansable de una justa causa, pero también el fustigador implacable que exagera en sus latigazos, sin duda para justificarlos, pero sin guardar muchas veces el justo medio. Por los datos aducidos, Carranza acepta, en general, los puntos de vista de su hermano en religión y episcopado, pero insiste mucho menos en la realidad del cuadro pintado por él, y se va, más bien, por los caminos doctrinales. De todos modos, completa la visión de Las Casas este verle en compañía de un perseguido ilustre, haciéndonos ver cómo se unían los altos designios sobre las Indias con las consideraciones europeas del arzobispo toledano.

---

[68] En «Revista de Occidente», l.c., p.397.

[69] Ibid., p.310-87.

[70] Ibid., p.402-27. Es parecido a otro artículo del mismo TELLECHEA: *Perfil americanista de Fr. Bartolomé Carranza, O.P.*: XXXVI Congreso Internacional de Americanistas (España 1964). *Actas y memorias* vol.4 (Sevilla 1966) p.691-99. Carranza es más moderado que Las Casas.

Nos parece una buena contribución al tema el artículo de Vidal Abril Castelló *(Arbor* XCIII [1976] 27-46): «Bartolomé de Las Casas en 1976: Balance y perspectivas de un centenario»).

Afirma que la obra de Menéndez Pidal ha suavizado las exageraciones de los lascasistas, haciéndoles fijarse ahora más en sus actitudes proféticas e incluso utópicas, o místico-visionarias. Cree que eso significa «un esfuerzo por encontrar lo más típico y sustantivo del legado lascasiano» y el abandono, por lo menos temporal, «de posturas maximalistas anteriores». «Criticistas y lascasistas parecen empeñados en buscar síntesis equilibradas más ponderadas... Las Casas ya no es el fanático ciego y furibundo que algunos creían..., pero no es tampoco el modelo y paradigma del jurista, del teólogo, del historiador, del etnólogo etc., como pretendían sus partidarios más acérrimos» (p.30).

Luego explica cómo no es un puro jurista que trata de armonizar serenamente los derechos de todos, sino un ardoroso polemista de los derechos humanos y divinos de los indios. Por lo mismo, cabe preguntarse si no utiliza más o menos conscientemente la teoría de que el fin justifica los medios.

De todo su estudio deduce que nos hallamos ante síntesis más exactas y científicas entre un desbordado triunfalismo y críticas acerbas. Cita el estudio del P. Teófilo Urdánoz, O.P., sobre las interpretaciones jurídicas de Las Casas, haciendo notar que en él «falla sobre todo el método interpretativo, lo cual lleva a extraer de los textos más diversos sólo el sentido y doctrina que a él le interesa para defender la causa de los indios» (p.37).

Coinciden, en general, estas sugerencias con nuestras propias observaciones, formuladas ya hace muchos años, al ponernos en contacto con las obras del defensor de los indios: muchos reparos que oponer a su método histórico en esa materia y a sus generalizaciones, pero también reconocer que se adelanta en muchos puntos a los logros de la moderna misionología y de la doctrina católica sobre evangelización.

HAY QUE FIJAR BIEN LAS POSICIONES

Es frecuente en esta polémica no fijar bien las posiciones, dificultando con ello la convergencia de opiniones. Hay que hacer ver claramente el fallo de la tesis que se combate para poder aceptar consensos estimables.

Notemos que los escritores extranjeros, con pocas excepciones, como las de Hanke, Bataillon, Schäfer, ignoran mucho de lo hispánico. Entre los españoles, el problema es más complejo. Son pocos los que admiten, sin más, la verdad histórica de la *Destruición,* fuera de algunas líneas generales. Algunos se dejan arrastrar por la admiración al héroe de los oprimidos, sin descender a detalles o siguiendo sus lecturas. Otros, por afán de revisionismos históricos o por tendencias doctrinales, o por la figura del héroe, constante en su batallar y en su postura doctrinal y práctica, que se supone perseguido por los encomenderos y víctima propicia de su causa humanista. Pero hay que confesar que, en conjunto, estuvo más bien protegido por los poderosos, especialmente en la corte.

Nuestra impresión

No hemos encontrado nada desde 1965 que nos haga cambiar el juicio estampado entonces sobre Las Casas, fuera de algunos detalles [71]. Reconocíamos sinceramente su parte positiva tanto en su ideología, más cristiana y evangélica, como en su práctica; pero teníamos que recordar también varias partes negativas, y terminábamos diciendo que «se podrá *discutir acerca del alcance* de estos capítulos negativos, pero no acerca de su existencia en algún grado, a veces importante».

Considerando en especial el libro de la *Destruición*, no pudo haberse escrito libro más demoledor sobre España, como lo bien lo hicieron notar Motolinía, Bernal Díaz del Castillo, el Anónimo de Yucay (Perú) y otros contemporáneos. Si se admite este libro como histórico, y no digamos con los anteojos de un Saint-Lu, echa por tierra todo intento de eliminar la llamada *leyenda negra*, al menos para la primera mitad del siglo XVI. Hay que confesar que la «enormización» de las cifras negativas, el empeño en sostener errores geográficos infantiles sobre el tamaño y el número de las islas, ríos o ciudades, el intento de no hallar un solo conquistador que mereciera hallar gracia, el deseo de explicar siempre por causas peyorativas lo que a veces tenía por lo menos fuertes atenuantes, restan mucho valor histórico a libros semejantes, no escritos para descubrir sinceramente la verdad, sino para influir poderosamente en conseguir fines concretos, por santos que se les suponga. Ningún lascasista podrá sostener que su autor estudió serenamente su materia y trató de reflejarla desapasionadamente.

Son demasiado ingenuas y candorosas las explicaciones dadas para justificar su impresión sin permiso y su propaganda inmediata.

¿Enigmas? Hay que admitir que personalmente trabajó poco tiempo con los indios, sea en Cumaná, en Guatemala o en su residencia episcopal de Chiapas. Valía más para la controversia palaciega de aquel tiempo, y esa línea triunfó en su actuación. ¿Sólo por motivos apostólicos? Por lo menos queda pendiente la pregunta.

No admitimos la paranoia de que habla Menéndez Pidal para explicar el «fenómeno Las Casas». Se hace difícil recurrir a ella en un personaje tan destacado en muchas de sus cualidades.

En definitiva, nos encontramos con grandes cualidades positivas en su acción liberadora del indio y del hombre en general, oprimido por unos u otros motivos, y muchos dejan bastante en la sombra su acción misionera. Eso es lo que el mundo admira y exalta en él; pero en gran parte, fuera de los ambientes más críticos e imparciales, esa exaltación se debe a su actitud antiespañola. Sin sus apasionamientos y exageraciones, sería Las Casas una de las figuras más nobles de la humanidad.

[71] En nuestra *Introducción*, l.c., p.111-13.

No creemos contarnos entre los «enemigos» de Las Casas, realizando con él lo que él tantas veces realizó con tantas personas: un poco de crítica histórica y ofreciendo, sin duda, más oportunidades al contraste de pareceres.

Ultimo punto para terminar: ¿influye en la actitud de Las Casas el hecho, bastante probable, por lo menos, de su ascendencia judaica en alguna de sus ramas familiares? [72] Ya hemos visto cómo Bataillon esquivaba la respuesta. En cambio, Américo Castro, tal vez por su propensión contraria en este punto, le atribuyó gran importancia, y cree que explica muchas cosas de su modo de ser [73].

Nosotros creemos que, efectivamente, es un factor más a tener en cuenta. La explicación de A. Castro es sugestiva y explicaría mejor ciertas posturas personales. La de Bataillon es huidiza y teme planteársela de frente. En medio queda mucho terreno. Es cierto que muchos conversos tomaban actitudes semejantes a las que observamos en él, aun siendo profundamente cristianos, tal vez para reaccionar, consciente o inconscientemente, contra las ambigüedades que les deparaba su origen. Este hecho sería, por supuesto, una base explicativa mucho más

[72] Reconocida hoy. Cf. AMÉRICO CASTRO, *Bartolomé de Las Casas o Casaus*, en Mélanges à la mémoire de Jean Sarrailh t.1 (París 1966) 211-44. M. GIMÉNEZ FERNÁNDEZ, *Sobre Bartolomé de Las Casas:* Anales de la Universidad Hispalense (Sevilla 1964) p.20 nt.70, donde insiste sobre el apellido Peñalosa que llevaban los hermanos del padre de fray Bartolomé, y es el de un conocido linaje converso de Segovia; CLAUDIO GUILLÉN, *Un padrón de conversos sevillanos* (1510): Bulletin Hispanique 65 (1963) 49-98; JUAN DE MATA CARRIAZO, *La Inquisición y las rentas de Sevilla*, en Homenaje a don Ramón Carande t.2 (Madrid 1963) p.65-112, en que habla de los Casas, conversos, arrendatarios de rentas municipales en la metrópoli andaluza.

[73] AMÉRICO CASTRO presenta bien los rasgos de «converso» que cree observar en Las Casas: vanagloria clara, deseo de sobresalir, hacerse con una gran causa que le elevara al mismo tiempo y fuera como una revancha contra su situación propia. Así se explica mejor el odio al español y el amor al indio aun en lo no bueno, como el contar en tono festivo y excusando los sacrificios humanos que hacían. Por todo ello, creemos que tiene parte de verdad. ¿Hasta dónde la tiene? *Hic labor, hic opus est!* Aquí está la dificultad. De todos modos, no se puede ya rehuir este intento de explicación una vez que ha sido planteado, yendo al fondo del asunto. La teoría de CASTRO explica mejor el fenómeno Las Casas que Menéndez Pidal, aunque aún queden enigmas. Pero no la podemos dejar de lado, sin más.

Por lo que hace a la Nota adicional que agrega en la p.244 de su estudio al conocer mi obra sobre *El P. José de Acosta y las misiones* (Madrid 1942), porque le venía bien para confirmar sus teorías, resume exactamente los principales datos que presentábamos sobre el ascendiente que llegó a tener con Felipe II, hasta obtener su apoyo para forzar al P. General de la Compañía de Jesús, Claudio Aquaviva, a convocar una congregación general de la Orden, logrando la intervención directa del papa Clemente VIII por medio del cardenal Toledo, converso también, y que era predicador de Su Santidad, y obtener en ella ciertas modificaciones del gobierno de la Orden. El P. General hizo notar al rey que el P. Acosta «ofrecía el obstáculo de su raza», etc. Y comenta CASTRO: «Al final de esta obra, y sin relacionarlo con la condición 'castiza' del P. Acosta, escribe Lopetegui: 'Una no disimulada vanidad aparece poco a poco, sobre todo desde su retorno [de las Indias]... Esto le lanzó al peligroso camino de buscar solapadamente el favor regio para tener entrada con el papa'» (p.598). Y finaliza su comentario confirmándose en su tesis sobre los conversos, acorralados que buscan su evasión yendo a las cimas. Debo responder que estaba de acuerdo con estas ideas de Castro, no tan extremadas, al escribir la vida del P. Acosta, pues se manifiesta bien a lo largo de ella, y sobre todo al final. Pero la obra se imprimió en 1942, en plena II Guerra Mundial, y no era delicado ni conveniente subrayarlo en aquellas circunstancias. Pero lo comenté con algunos amigos; entre ellos, el P. Pedro Leturia, que tanto me había ayudado en mi investigación.

convincente y menos rebuscada que la paranoia introducida por Menéndez Pidal en este tema. La dificultad está en la cantidad, por decirlo así; el grado de influjo que su origen parcial tendría en su actitud negativa con lo español: ahí está la dificultad, pero sin llegar nunca a negar que tuviera algún influjo en el comportamiento lascasiano. Es un terreno expuesto, y por eso no se puede caminar por él sin gran miramiento, pero sin que se niegue a nadie el derecho de ir por él extremando las precauciones.

Nos parece una sensata aportación al problema Las Casas la del P. Carmelo Sáenz de Santamaría: *Una cláusula desconocida del testamento de fray Bartolomé de Las Casas y el último período de su vida (1547-1566)*, incluida en *Estudios sobre fray Bartolomé de Las Casas* (1974). Con ocasión de esa cláusula estudia las reacciones de los amigos del dominico y ciertos cambios de postura en algunas personas con respecto a él. Añade diversos matices de interpretación que pueden resultar positivos.

Anotemos, por fin, que don Manuel Giménez Fernández, en su artículo sobre Las Casas en el *Diccionario de historia eclesiástica de España* (I p.374) admite la ascendencia conversa de Las Casas por parte de su padre.

El P. Francisco de Vitoria, O.P

Del mismo modo que Las Casas suscita en España casi siempre una cierta polémica, del mismo modo el nombre de Francisco de Vitoria suscita una unanimidad de pareceres laudatorios infrecuente. El burgalés, oriundo de Vitoria, ha vuelto a entrar en este siglo xx por la puerta grande de las eminencias creadoras. Libros, semanas científicas, asociaciones, han llevado su nombre otra vez a la fama, y en un estudio como el que nos ocupa no podemos menos de hablar de su obra y de su influjo; uno de aquellos en los que aparece mejor lo que hizo la Iglesia de España por la de América al orientar debidamente tanto al rey como al Consejo de Indias, universitarios y eruditos en general, en las cuestiones jurídicas planteadas por la conquista y colonización durante su vida.

Vitoria, que supo crear escuela y hacer seguir sus métodos a sus discípulos, trató la cuestión referente a las Indias en dos de sus famosas *relecciones* o repeticiones [74], con algunos apuntes esporádicos en algunas de sus lecturas o lecciones ordinarias.

Vitoria, que escribió totalmente sus relecciones a partir de la segunda, pronunció las dos de temas indianos que nos interesan: *De Indis prior* y *De Indis posterior, sive de iure belli*, entre fines de 1538 y el mes de junio de 1539. Sabemos cómo se discutió la problemática de Indias en los Consejos Reales desde los tiempos de Fernando V en su última etapa, con la intervención de los mejores juristas y consultores, muchos de

---

[74] *Relección* = repetición, se aplicaba a las disertaciones o conferencias que pronunciaban los graduados y los catedráticos ante su respectiva facultad o ante toda la universidad sobre un punto doctrinal, según Beltrán de Heredia, en Ciencia Tomista 36 (1927) 343.

ellos dominicos. También Vitoria había sido consultado, trató con algunos de sus amigos acerca de este tema, y fue madurando su pensamiento en otras relecciones que se aproximaban, de algún modo, al que tratamos, hasta proponerlo explícitamente, con los títulos antedichos, a sus oyentes.

Su doctrina.—Rechaza primero los títulos ilegítimos de conquista; p.ej.: la condición salvaje de los indios, su infidelidad, su idolatría, los pecados contra naturaleza. Vitoria niega que alguien pueda castigar un delito sin la potestad de jurisdicción, que, aplicado al problema presente, niega al papa o al emperador esa jurisdicción, que les convertiría en jueces de infieles por esos pecados. Tendrían que darse otros motivos para la intervención. Ni por derecho natural ni por derecho de gentes puede un príncipe entrometerse a castigar los crímenes y pecados de quienes no son súbditos suyos.

La doctrina tomista se fue imponiendo, y desde Vitoria se puede llamar general, siendo perfeccionada por otros varios hasta Báñez y Suárez.

TÍTULOS LEGÍTIMOS DE CONQUISTA

La parte positiva, la de los títulos legítimos, una vez que se rechazaba la potestad civil del papa o del emperador sobre las tierras de infieles, como lo repite hasta la saciedad Las Casas y con escueta claridad Vitoria, dan la medida constructiva del maestro salmantino en su mejor momento.

Cuatro de ellos pertenecen al orden natural, o, tal vez, cinco, si se añade el octavo, que se pone como dudoso. Los otros tres son de orden sobrenatural. El primero entre los de orden natural sería la *sociabilidad* natural, el deseo de comunicarse con otros hombres, a lo que no se opone la variedad de naciones y Estados que contemplamos en el mundo. Y deduce como primera conclusión: «Los españoles tienen derecho a recorrer aquellas provincias y permanecer allí, sin que puedan prohibírselo los bárbaros, pero sin daño de ellos» [75]. Lo pide la libertad de comercio, la explotación de las riquezas naturales sin gravamen para los naturales, etc.

El segundo título puede ser la propagación de la religión cristiana; se entiende sin violencia o fuerza. Se examinan las circunstancias.

El tercero provendría del ejercicio del segundo: en el caso en que algunos príncipes trataran de oponerse a la conversión voluntaria de algunos de sus súbditos, los españoles podrían impedirlo por la fuerza.

El cuarto, si una buena parte de la población se hubiere hecho cristiana de veras, podría el papa darles un príncipe cristiano, quitando al infiel.

El quinto sería el de la tiranía de sus propios señores, o por leyes tiránicas contra inocentes, para defender a los inocentes.

[75] VITORIA, *Relectio de Indis* (Madrid 1765) p.357.

El sexto podría ser la aceptación verdadera y voluntaria del rey de España por parte de los naturales.

El séptimo, el favorecer o defender a los amigos y a los aliados.

El octavo, dudoso. Si la condición cultural de los naturales, siendo como niños, etc., podría autorizar a los españoles a tomar su administración como por tutela. Gran inconveniente, el peligro de abusos y la dificultad de saber con exactitud los límites de las condiciones apuntadas.

Al final nota cómo, aunque cesaran estos justos títulos, de modo que los indígenas no dieran ocasión de guerra justa ni quisieran príncipes extranjeros, cesaría toda la navegación y el comercio y los ingresos de los príncipes, cosas que no es justo soportar. Responde que es verdad y que pueden encontrarse medios para beneficiar a todos. Sin embargo, una vez que se han convertido muchos a la fe, no conviene que el príncipe cristiano abandone aquellas tierras [76].

No hace falta subrayar cómo salta la diferencia de esta relección con algunas de las ideas más caras a Las Casas: el sentir altamente de los indios de éste es disminuido constantemente por Vitoria con el apelativo de bárbaros, parecidos a dementes o a los niños, la rudeza de algunas costumbres, su falta de civilización y otras cosas. Y lo mismo en la posibilidad de algunas guerras justas, no *para* propagar la fe, sino *con ocasión* de la propagación de la fe. No es extraño que en este punto se hayan suscitado cuestiones entre los lascasistas y sus oponentes hasta nuestros días.

DIFICULTADES

Los títulos aducidos tienen muchas dificultades, pues no son absolutos. La libertad de viajar, comerciar, emigrar, deben compaginarse con los derechos que tienen las sociedades a donde se pretende ir, con su subsistencia y sus peculiaridades. Vitoria se detiene menos en este punto, que en su tiempo tenía menos aplicación que ahora, cuando son viables tantas posibilidades en cualquier dirección. Por eso se deben usar con mucha cautela.

En la segunda relección: *De indis: sive de iure belli hispanorum in barbaros*, se estudian los diversos motivos de guerra; primero en general, entre cualesquiera naciones, aun cristianas, y luego en particular, entre una cristiana y otra infiel, estudiando, de modo concreto y desde el punto de vista jurídico y teológico-moral, la variedad de cuestiones que este problema suscita siempre.

A pesar del título general, *De Indis*, esta segunda relección no tiene matiz americano, sino más bien europeo en sus comparaciones y ejemplos y es de tipo general. De todos modos, se establece la posibilidad de guerras justas, la legitimidad de las naciones y otras conclusiones parecidas.

[76] Nuestra *Introducción* p.121.

Impresión

La lectura de estos estudios nos hace caer en la cuenta de lo que ha cambiado la mentalidad europea, y en concreto la católica, en todos los asuntos referentes a colonialismos o proteccionismos de todo tipo tanto en favor de los intereses humanos como de los cristianos.

«Si los indios permiten la predicación, no se puede hacerles la guerra aunque no quieran convertirse; pero, si la impiden y persiguen a los que se conviertan, pueden ya los españoles declarar la guerra a los indios y conquistarlos» [77]. Así es cómo resume un tratadista esta parte de la doctrina de Vitoria. «A pesar de este derecho, debe usarse de moderación y buscar, ante todo, el bien de los indios, concluye el Maestro».

En varias cosas de éstas hubo discrepancias entre los teólogos y juristas, aunque no propiamente en cuanto a la libertad en la aceptación de la fe, sino en cuanto a su predicación y a la actitud de los infieles ante ella cuando se lleva a cabo con medios pacíficos.

Eficacia de la doctrina

Es evidente que la mayoría de las leyes sobre las, Indias se inspiran en los principios de Vitoria o de sus sucesores y discípulos, sin olvidar por eso el tono general humanitario de favor a los indios, que tanto prodigó Las Casas.

Puede observarse en ellas que se tienen en cuenta más las ponderadas observaciones del burgalés que las vehementes incitaciones del sevillano. Vitoria apunta a soluciones de la situación ya creada e irreversible, a pesar de muchas de las utopías defendidas por Las Casas.

Por eso, la consideración del sistema llevada a cabo por Felipe II en Indias desde 1568 a raíz del concilio Tridentino, tiene más en cuenta las posiciones de las relecciones. Sin embargo, muchas de las ideas explicadas por Las Casas, pero no publicadas hasta los tiempos modernos, hubieran podido servir tanto a los misionólogos como a los legisladores de entonces. Las Casas se anticipaba en muchas cosas a lo que hoy nos propone la Iglesia y el decreto *Ad gentes* del Vaticano II, y las últimas encíclicas pontificias sobre misiones y tercer mundo. Para ello, sin embargo, no había que forzar la historia, ni era posible volver al punto de partida del descubrimiento, durante su campaña pro indígena. Pero obtuvo apreciables resultados parciales.

Terminemos esta sección con el recuerdo de que también el P. Vitoria procedía de conversos por parte de su madre, pero no hemos visto que nadie le haya dado por ello algún matiz antiespañol o que haya utilizado el dato como posible explicación de sus actitudes, como lo hacen otros con respecto a fray Bartolomé.

[77] V. D. Carro, O.P., *La teología y los teólogos-juristas españoles ante la conquista de América* (Madrid 1944) vol.2 p.468.

CAPÍTULO V

INSTITUCIONES DIVERSAS Y SU ACTUACION

El Consejo de Indias en lo eclesiástico

Según el sistema vigente de ir creando los Reyes Católicos nuevos consejos de gobierno según las necesidades, la administración americana tenía que desembocar en un organismo propio, que resultó ser el Consejo Real y Supremo de Indias.

Pronto dominó los asuntos americanos don Juan Rodríguez de Fonseca, obispo, sucesivamente, de Badajoz, Córdoba, Palencia y Burgos. Todo lo relativo a flotas y negocios de ultramar paso por su despacho. Personaje discutido [78]. El primer organismo creado para los asuntos de Indias fue la Casa de la Contratación en Sevilla, con real cédula de 20 de enero de 1503. Según Ots Capdequí, una real cédula de 14 de septiembre de 1519 creó, dentro del Consejo de Castilla, una sección especial con el nombre de Consejo de Indias, que adquirió su autonomía el 1.º de agosto de 1524 bajo el cardenal Loaysa, como presidente [79].

Tuvo enorme influjo en la Iglesia americana, pues todo pasaba por sus manos. El rey lo controlaba a veces por medio de «visitas». Actuaba mediante las autoridades civiles, virreyes, gobernadores, capitanes generales. Para lo eclesiástico era una especie de congregación cardenalicia civil.

¿Y Roma?

Roma intentó desde el principio enviar a Indias algunos agentes suyos, con el nombre de nuncios, visitadores, cuestores... Desde la negativa del papa a crear un patriarcado efectivo, como lo quería Fernando V, bajo el control de la corte, repetida a Felipe II, los reyes se opusieron a cualquier intento de nunciaturas ni aun por modo de experiencia. Y así, el Consejo de Indias lo fue prácticamente todo para la adminis-

---

[78] No creemos que haya una buena biografía suya. Hemos visto el resumen de una tesis doctoral: *Don Juan Rodríguez de Fonseca, ministro de Ultramar*, leída en la Universidad de Madrid el 13 de junio de 1961 por Tomás Teresa León.
Hay un buen resumen de su vida y acción en el *Diccionario de historia de la Iglesia en España* vol.2 p.951-52, de Q. Aldea; Zubillaga, o.c., p.253 259 275.

[79] Giménez Fernández, *Bartolomé de Las Casas* (Sevilla 1960) vol.2 p.205-206, con notas importantes.

tración eclesiástica, quedando al papa lo absolutamente propio suyo, como crear obispados, dar la institución canónica a los prelados, aprobar concilios, cosas de fe, etc. Pero hacían valer su autoridad, oponiéndose, a veces, a ciertas peticiones [80].

En el siglo XVII, una mayor conciencia misional de la Santa Sede y el disponer de la Congregación cardenalicia de Propaganda Fide, 1622, parecía que iba a abrir alguna brecha en el cerrado mundo misional del Nuevo Mundo hispánico; pero no fue así. Fallaron otra vez todos los intentos de modificaciones.

CONCILIO DE TRENTO. JUNTA MAGNA DE MADRID DE 1568.

CONCILIOS PROVINCIALES

A lo largo del siglo XVI, en su segunda mitad, hubo varios acontecimientos que configuraron decisiva y definitivamente el período español de Indias, como el concilio de Trento (1545-64), la Junta magna de Madrid de 1568 y los concilios provinciales de México y Lima.

El concilio de Trento no conoció la presencia de obispos americanos en su seno [81], pero la formulación definitiva de la doctrina católica en muchos puntos y su reforma orientó definitivamente la vida de la Iglesia también en Indias. Sus disposiciones están siempre presentes en las inevitable discusiones acerca del poder y la jurisdicción de los obispos en las misiones indianas y en las visitas de sus párrocos o misioneros. Es una cuestión que no desaparece del todo hasta el fin del período. Nos basta con indicarla.

Trento originó también, en parte, la celebración de la Junta de Madrid, cuya importancia para la vida eclesiástica americana señaló con acierto el P. Leturia [82]. Don Diego de Espinosa, obispo de Sigüenza, presidente del Consejo de Castilla y elegido cardenal poco antes de aquellas reuniones, fue su promotor, a propuesta del presbítero Luis Sánchez, que le presentó un memorial, después de haber residido dieciocho años en Indias, y empleaba reminiscencias y propuestas lascasianas [83].

El entonces nombrado virrey del Perú, don Francisco de Toledo, nos dice que «a principios de julio mandó su Majestad que se hiciese la Junta para estas materias de Indias» [84]. Se reunió por primera vez el 27 de julio. Primero se trató de los asuntos eclesiásticos (patronato, diezmos, reestructuración de la jerarquía, tasas, etc.) y luego los relacionados con la perpetuidad de las encomiendas; comercio, guerra, Real Hacienda. Felipe II quiere centralizar más la administración ultramarina,

[80] Cf. nuestra *Introducción* p.180-85.
[81] P. LETURIA, *Perchè la nascente Chiesa ispano-americana non fu rappresentata a Trento, en Relaciones* vol.1 p.495-509.
[82] P. LETURIA, *Relaciones* vol.1 p.59-100. En nuestra *Introducción* p.191-94.
[83] *Introducción* p.191; «Col. doc. in. Hist. Esp.» 11 (Madrid 1869) 163-70.
[84] R. LEVILLIER, *Don Francisco de Toledo. Anexos* p.42.

incluida la eclesiástica. Se pensó en favorecer a párrocos y doctrineros, en detrimento de lo correspondiente a obispos y cabildos. Y, del mismo modo, conservar sólo pocas diócesis «normales», como México, Lima y pocas más, mientras que las otras serían de religiosos.

Pío V, entonces reinante, muy interesado en la cuestión misional precisamente aquel año, no lo estaba en esos otros planes de la corte española. Idéntico fue el resultado con Gregorio XIII, aunque era más hispanófilo. A Felipe II le quedó el consuelo de lograr un comisario general franciscano, residente en Madrid, para las Indias.

Como resultado de estas negociaciones y pretensiones, Felipe II promulgó la cédula real del Patronato, 1.º de junio de 1574. Como el año anterior había obtenido el 15 de mayo de 1573 que se acabasen en Indias, sin poder apelar a Roma, los juicios eclesiásticos, quedaba perfilada la política eclesiástica del rey en forma centralista e intransigente en cuanto el «real patronazgo».

Establecía el rey lo que creía su derecho en esta forma

> «Ordenamos y mandamos que el dicho derecho de patronato único e *in solidum* en todo el Estado de las Indias, siempre sea reservado a Nos y a nuestra corona real, sin que en todo o en parte pueda salir de ella, y que ninguna persona secular ni eclesiástica, orden, convento, religión, comunidad de cualquier estado, condición, calidad y preeminencia que sean, judicial o extrajudicialmente, por cualquier ocasión y causa, sea osado a se entremeter en cosa tocante a nuestro real patronazgo».

Prohibía a continuación fundar ni instituir catedral, parroquia, monasterio, hospital, iglesia, etc., sin su consentimiento o el de sus autoridades; ni instituir ni proveer beneficios ningunos, desde los más altos a los más bajos. Exige que sean presentados los más idóneos y con más méritos en la conversión de los indios, enviando los informes las autoridades. Huelga todo comentario.

Pronto conocieron las Indias españolas reuniones eclesiásticas, con el nombre de juntas, y a veces sínodos o concilios locales, especialmente en México y Lima; pero los concilios que verdaderamente adquieren renombre son los provinciales, celebrados en ambas capitales después del de Trento y para su aplicación.

México conoció dos juntas en 1532 y 1539, y un primer concilio provincial en 1554, con cuatro obispos. El segundo, en 1565, y el tercero, el más solemne e importante, en 1585. Seis obispos ayudaron a su metropolitano en su discusión y aprobación. Fue aprobado en Roma. El de 1771 obedecía al regalismo de Carlos III, con su matiz jansenista español o regalista exagerado, al mismo tiempo que se le hacía pedir la extinción de la Compañía de Jesús.

Se celebró en Lima un concilio provincial en 1551-52, bajo el arzobispo Loaysa; otro en 1567-68, para la recepción del Tridentino, con el mismo arzobispo, y otro más importante en 1582-83, bajo la presidencia de Santo Toribio de Mogrovejo, que consiguió su aprobación en Madrid y Roma. Los de 1591 y 1601 fueron fruto principalmente de los esfuerzos de Santo Toribio por cumplir con el concilio de Trento.

LAS UNIVERSIDADES

Se consiguió fundar las de México y Lima el 25 de enero de 1551. Más tarde hubo otros centros universitarios menores en Santo Domingo, Santa Fe de Bogotá, Guatemala, Santiago de Chile,· Manila, Córdoba de Tucumán, Potosí, El Cuzco, Huamanga, Quito, Mérida de Yucatán, Charcas, Caracas, La Habana, Popayán, Panamá. No podían ser grandes centros de investigación, pero fueron el germen de la enseñanza superior en sus territorios. Numerosos colegios y seminarios fueron completando los centros culturales de Ultramar.

CONSOLIDACIÓN DE LAS INSTITUCIONES

Es la idea que brota en el ánimo de cualquiera al estudiar aquel período. Se tiene la sensación de cierta solidez institucional, que sólo conoce algunos retoques de funcionamiento, siguiendo la misma dirección durante tres siglos.

Los juristas reflexionaron sobre aquellas instituciones, legándonos una doctrina jurídica típica, algunos de cuyos nombres recordaremos. De todo ello se deduce también una sensación de seguridad y de cierta inmóvil fijeza.

UN EJEMPLO TÍPICO DE ENTENDER EL PATRONATO REAL

Ya sabemos que la implantación del Patronato, según la real cédula de 1574, provocó una oleada de protestas y representaciones, tanto de parte del episcopado como de las órdenes religiosas, por las trabas allí contenidas contra su libertad pastoral y eclesiástica [85]. A pesar de todo, no hubo alteración especial, y los gobernadores locales, a comenzar por los virreyes, se encargaron de ir poniendo en práctica sus disposiciones.

Veamos un modelo de este género. Es la *Instrucción que de orden del rey dio el virrey de México, don Antonio de Toledo, marqués de Mancera, a su sucesor... en 22 de octubre de 1671.* Dice así hablando del episcopado:

«El Real Patronato de las Indias, que los señores reyes de las Españas gozan por derecho y por privilegios y bulas apostólicas de los sumos pontífices Alejandro VI y Julio II, es, sin controversia, la joya que más resplandece en su real diadema, como afirman autores regnícolas y extranjeros, y se percibe de diferentes cédulas antiguas y modernas, que encargan a los virreyes su defensa, de que es concordante el capítulo especial de su instrucción; del mismo se induce que los prelados eclesiásticos suelen embarazar el curso de sus disposiciones legales y prácticas. Estos dos principios dan infinito en que entender el Gobierno, porque, de una parte, la obligación de conciencia y de obediencia inflama a no permitir que se le usurpe y vulnere al príncipe un derecho de tan justa y singular estimación, y, de otra, la prudencia, la experiencia y la piedad templan y exhortan a la moderación y suavidad, en que suele consistir la pública sa-

[85] Col. doc. in. Hist. Esp. (Madrid 1852) vol.21 p.438-552. El texto en 512.

lud, que es la primera ley. Confieso a V.E, que después de nueve años
de cursante en el Perú y de otros nueve de profesor en la Nueva España,
me reconozco tan mal aprovechado en la facultad, que lo que he aprendido es sólo saber que la ignora y que su acierto consiste en puntos y ápi-
ces indivisibles» [86].

Interesante, no menos que lo que sigue escribiendo y lo que antes
ha expuesto sobre «el gobierno eclesiástico secular», y a continuación sobre el «regular»; son piezas difícilmente superables para comprender
aquel sistema. Más tarde, nuestro virrey sigue describiendo las anoma-
lías que ha observado de parte de algunos obispos en su cumplimiento,
y luego se espanta del modo de oponerse de algunos eclesiásticos «a la
integridad y observancia de esta suprema regalía». Con todo, hay que
proceder con templanza, dando parte al rey. Y añade:

> «Y aunque sobre diferentes puntos se ha servido de proveer lo conve-
> niente, puedo colegir de los despachos tocantes a estas materias que el
> contender y litigar en ellas no es de su real agrado y que en la guerra y
> en la victoria más justificadas, se pierde tiempo, se merece poco y se ga-
> nan muchos enemigos» [87].

Por ello le desea mucha suerte en estos difíciles asuntos. Recordemos, antes de terminar estas declaraciones, cómo describe la intervención romana:

> «Algunos de los nuncios apostólicos en Madrid han intentado en dife-
> rentes tiempos (ya sea por instrucciones y órdenes que tuviesen de Roma
> o ya por propio y natural impulso de dilatar su jurisdicción) introducirse
> con destreza italiana en las materias y negocios de la nueva Iglesia de las
> Indias, a que siempre se ha opuesto la providencia del Consejo por motivos
> y consideraciones de mucha gravedad, estimando por una de las más no-
> bles y más importantes prerrogativas de la dignidad real y de las que más
> conducen a la pública tranquilidad de estas provincias la bula impetrada
> por el señor rey don Felipe II de la Santidad de Gregorio XIII su fecha
> en 15 de mayo de 1573, disponiendo que las causas eclesiásticas se fenez-
> can en ellas con dos sentencias conformes ante los jueces delegados que
> se declaran. Los virreyes y ministros hemos celado esta materia con el
> cuidado y vigilancia que es razón, al paso que los eclesiásticos o la desa-
> tienden con ignorancia o la impugnan con malicia» [88].

Y cita algunos casos interpretados desde esa perspectiva, como la in-
nocua concesión de un jubileo por el papa Clemente X y publicado en
México sin pasar por el Consejo, cosa que mereció una seria represión
real al «culpable».

No menos interesante para el caso es la respuesta del Consejo de Indias al virrey del Perú, conde de Santesteban, don Diego de Benavides
y de la Cueva, acerca de una petición del médico borgoñón don César
de Baudier, que «curaba a los indios con mucho acierto, piedad y de
gracia» en el puerto de Paita. Se lo llevó a Lima, donde le dio una cátedra y le favoreció. Este médico pretendía crear una sociedad médico-
misionera en el Perú y había acudido directamente al papa y al P. Ge-

[86] *Introducción* p.195-96.
[87] *Introducción* p.514-15.
[88] Ibid., p.472-73.

neral de los jesuitas, sin pasar por el trámite de la Embajada y el Consejo. Este alaba la actitud y labor caritativa de Baudier, pero se cierra del todo en cuanto al recurso directo a Roma:

> «sin darme primero cuenta de ello, siendo tan contrario a mi Real Patronazgo y a lo que está dispuesto por diferentes cédulas y órdenes mías; pues el introducir semejante novedad... y pasar a hacer en ello diligencias en Roma, sin haberse examinado primero (como se debe) por el dicho mi Consejo, aun para cosas de menos consideración, ya se ve de cuán gran inconveniente es y que no se puede permitir por ninguna causa; y aunque esto lo podía disculpar la piedad con que lo habéis hecho, todavía ha causado gran reparo, y así os mando que, si de las diligencias que se hicieren en Roma resultara algún breve de su santidad que se llevase a esas provincias, sin pasarlo por el dicho mi Consejo, lo recojáis sin permitir que se use de él, y también recogeréis todos los demás papeles tocantes a esta materia y los remitiréis al dicho mi Consejo, dándome cuenta en la primera ocasión del estado en que se hubiere puesto» [888]. La carta es del 17 de junio de 1664.

Si los virreyes se veían reprendidos así, podemos imaginarnos los sofocos de los embajadores españoles en Roma durante aquellos siglos, teniendo que intentar explicar satisfactoriamente una y otra vez aquellas manifestaciones de exageradas teorías vicariales o aquella práctica de hecho independiente del papa en casi toda la gobernación eclesiástica americana. Eran los primeros en caer en la cuenta de lo delicado de su situación, como se ve en sus despachos, pero tenían que atenerse a sus instrucciones.

Propaganda Fide. El Vicariato regio. Regalismo e Ilustración

Propaganda Fide

Hemos hablado algo de ella antes, pero ahora la recordamos con motivo del vicariato regio, que ya en este tiempo va tomando aspecto de una tesis de la escuela jurídica española de los dos últimos siglos hispánicos en Indias.

La fundación de Propaganda Fide en 1622 fue el acontecimiento que pudo haber cambiado, en parte, el centralismo exagerado del Patronato Real y facilitado la marcha de muchas misiones. Si el primer intento de San Pío V fracasó por la oposición de España, su fundación definitiva por Gregorio XV tropezó otra vez con ella, y más con la de Portugal al lograr su independencia desde 1640. A pesar de esto, Propaganda fue introduciendo a sus misioneros propios en muchas regiones de Asia, y desde el siglo XIX pudo asumir la dirección misional en casi todo el mundo [89].

[888] El P. Constantino Bayle publicó este documento con un breve comentario en «Missionalia Hispanica» 1 (1944) 363-66. Las palabras copiadas están en p.365. La nota se titula *Medicina y misiones*.

[89] L. Lopetegui, *San Francisco de Borja y el plan misional de San Pío V. Primeros pasos de una Congregación de Propaganda Fide:* Archivum Historicum Societatis Iesu (Roma) vol.11 p.1-26.

El Vicariato Regio

Mientras tanto había cuajado en España, y más en Indias, una teoría acerca de la extensión del Patronato Regio, que algunos autores llegaron a creer una especie de *vicariato regio*, concedido a los reyes de España por la Santa Sede, en virtud del cual éstos sustituían de hecho al pontífice en el envío de misioneros, en la construcción de las iglesias y demás edificios necesarios a la cristianización de los naturales, en la recogida y distribución de los diezmos, en la presentación a todas las dignidades y beneficios eclesiásticos y en la vigilancia de su sistema eclesiástico-civil, acudiendo a Roma para las causas de la fe, los nombramientos mayores y poco más.

Naturalmente, ni el nombre ni las pretensiones que encubría podían aprobarse en Roma. También en esta parte fue el P. Leturia el que inició con acierto este siglo su estudio, bien personalmente, o por medio de sus discípulos, en especial del P. Antonio de Egaña [90].

Dentro de este movimiento han sido más estudiados los primeros escritores que trataron de este tema, como fray Juan de Focher, O.F.M., y fray Alonso de la Veracruz, O.E.S.A., del siglo XVI, con varios que les imitan en los siglos siguientes [91].

«Explicaban los teólogos y canonistas esta concesión gratuita de la Santa Sede porque, no pudiendo personalmente el pontífice cumplir el mandato de Cristo de difundir la fe, encargaba de este menester a otros que en su nombre lo realizaran», dice Ybot Léon [92].

Nuestros embajadores en Roma no salían de apuros al aparecer una y otra vez tales manifestaciones sobre el vicariato alegado y no poder explicarlo acertadamente. Fray Jerónimo de Mendieta y fray Manuel Rodríguez, O.F.M., y otros hablan de los reyes de España como delegados, vicarios, legados, comisarios del papa para la conversión de aquellos pueblos. Les imita hasta el P. Antonio de Remesal, O.P., y fray Juan de Silva O.F.M., etc. Se ve que la teoría nace principalmente entre los religiosos, pero más tarde se apoderan de ella los juristas laicos, que lo ensanchan aún.

Don Juan de Solórzano Pereira (1575-1654) tuvo cargos oficiales en Lima mientras recogía datos para su obra jurídica, y vuelto a Madrid fue consejero de Indias. Escribió una obra de mérito, que si gustó en Madrid, que no permitió que se divulgase su condena romana, hizo que la Santa Sede se percatara mejor acerca de lo que significaba el incremento experimentado por aquella teoría, precisamente cuando Propaganda Fide trataba de introducirse en la administración misional de las Indias españolas.

Solórzano, partiendo de las concesiones pontificias y del derecho general, desmenuza como nadie sus particularidades, analiza todos sus

[90] A. EGAÑA, *La teoría del Regio Vicariato español de Indias* (Roma 1958).

[91] Ibid., p.66-67.

[92] ANTONIO YBOT LÉON, *La Iglesia y los eclesiásticos españoles en la empresa de Indias* vol.1 (Barcelona 1954), que es el vol.16 de la *Historia de América y de los pueblos americanos*, dirigida por A. BALLESTEROS BERETTA, p.305.

privilegios y facultades, con enorme erudición libresca y de hechos particulares para sus deducciones... De ello concluye que en los laicos no hay defecto de capacidad para el vicariato pontificio; que los reyes de España son vicarios papales tanto fuera de las Indias (antes, por los godos; ahora, por la *Monarchia Sicula)* como en las Indias: «veluti vicarii Romani Pontificis», y saca sus consecuencias, insistiendo, ante todo, en la inalienabilidad del Patronato una vez concedido, quedando incorporado a la Corona como regalía de enorme importancia.

Bien se ve a dónde llevaba esta actitud inadmisible. Otros juristas de Indias siguieron sus enseñanzas, y sólo el P. Antonio de Avendaño, S.I., imita el alcance de estas pretensiones [93].

Propaganda Fide, con su activísimo secretario Francesco Íngoli, traron de oponerse a estas doctrinas. Consiguieron algunos informes de América y examinaron la cuestión de las pretensiones al vicariato regio, pronunciándose contra ellas el 15 de junio de 1643, como ya antes lo había hecho en 1634 [94].

Regalismo

Cambian algunas cosas con la nueva dinastía borbónica. Hay más influjo francés en política, en filosofía, literatura y arte. Y, con ello, el regalismo vicarialista comenzó a ostentar matices jansenistas, en el sentido de suponer que aquellos derechos que se atribuían en lo eclesiástico provenían no sólo de las concesiones pontificias, sino también de los derechos inherentes a la Corona. Es lo que defiende el mexicano Antonio Joaquín de Ribadeneira. Y lo curioso fue que el concordato de 1753, al extender a la metrópoli el Patronato Regio universal, trajo también a la Península las teorías vicariales americanas, al mismo tiempo que enciclopedistas, francmasones, febronianos, y galicanos de todos los matices llevaban a cabo una campaña anticatólica, más o menos solapada, con indudable éxito.

CRÍTICA DE LA TEORÍA

Como tal teoría, es claro que hoy día nadie la admite entre los católicos. Podría discutirse su conveniencia provisional en momentos difíciles, sin tratar de atar perpetuamente las manos al pontífice. Pero ¿por qué Roma no denunciaba públicamente tal sistema? Es juzgar con nuestra mentalidad moderna lo que entonces se toleraba, en espera de mejores oportunidades que el paso del tiempo suele presentar.

Roma, a pesar de protestas e intervenciones diplomáticas, caía en la cuenta de que la corte española era sinceramente católica y que no aludía más que a las concesiones pontificias. No hubo ruptura nunca.

Los papas no pensaron jamás en conferir una delegación tan amplia como la que pretendían nuestros regalistas; pero éstos, sin duda, procedían, generalmente, de bastante buena fe relativa al principio.

[93] A. EGAÑA, o.c., p.171-72.
[94] Ibid., p.201-207.

CAPÍTULO VI

FRUTOS Y RESULTADOS DEL APOSTOLADO EN INDIAS

Es el criterio que nos propuso el Salvador para conocer a los profetas: por sus frutos los conoceréis (Mt 7,16 y 20).

De ahí que la gran controversia suscitada acerca de la evangelización española de América durante su administración puede recibir una respuesta matizada, pero de cierta coherencia, al presentar la situación de aquella Iglesia a principios del siglo XIX. Lo ocurrido después no depende sólo de aquella primera evangelización, sino también de las circunstancias, tremendamente cambiantes y contrarias a aquel estado tal vez en la mayoría de los casos, que se han producido allí desde las guerras de la independencia y la apertura total a las corrientes extranjeras que las acompañaron. No juzgamos ahora esta situación, pero tampoco es justo atribuir a aquélla preferentemente los déficit actuales cristianos de Hispanoamérica.

Pero hay frutos indudables que señalar a pesar de los defectos.

LA IGLESIA HISPANOAMERICANA A PRINCIPIOS DEL SIGLO XIX

Recordemos que ya en 1580, antes del siglo del descubrimiento, había creado Julio II tres diócesis (las dos de Santo Domingo se unificaron poco después); León X, cuatro diócesis y una abadía, Jamaica; Clemente VII, seis diócesis y el patriarcado titular de las Indias; Paulo III diez diócesis, además de elevar a tres sedes a la dignidad metropolitana, Julio III, una; Pío IV, cinco y una declarada metropolitana; Pío V, una; y Gregorio XIII, tres. En 1595, Manila es elevada a arzobispado con tres sedes sufragáneas. El ritmo es continuado, a pesar de las dificultades de entonces para estas creaciones con los problemas del Patronato.

En el siglo XVII sólo cinco nuevas diócesis y una elevada a metropolitana, Charcas, hoy Sucre. En el XVIII, desde 1777 se erigen otras seis y dos en 1805 y 1806, siendo elevadas a metropolitanas Guatemala en 1743 y Santiago de Cuba y Caracas en 1803 [95].

En cuanto a la población, Vicens y Vives calculó la de Hispanoamérica hacia 1800 en 11.909.000, de los que 2.414.000 serían blancos, 2.200.000 negros y mulatos, 2.500.000 indios y los demás mestizos.

Es evidente que hubo un aumento de población desde 1750, lo mismo que la hubo en España entre los censos de Aranda (1768), con 9.300.000, y de Godoy (1797), con 10.400.000 habitantes.

[95] *Introducción* p.178-79.

Varios autores extranjeros han hecho notar la ventaja que llevaban las Antillas españolas a las de otros países en cuanto a menor número de esclavos en número relativo, con más número de libertados y mayor proporción de blancos, pues tanto en Cuba como en Puerto Rico preponderaban, mientras que en las francesas, británicas u holandesas eran bastante inferiores las proporciones [96].

También había aumentado en el XVIII la proporción de criollos entre los altos puestos, aunque fueran minoría aún. Sobre un centenar de virreyes, sólo hubo cuatro criollos; de 602 capitanes generales, gobernadores y presidentes de Audiencia, 14 fueron criollos; de 706 obispos, 105 [97]. Es evidente el aumento, ya que apenas los hubo en los primeros tiempos, pero de todos modos era poco, y debió haberse cambiado el sistema.

EL CLERO

El clero hispanoamericano de 1810 no era escaso en número para la población que debía atender, aunque las grandes distancias en muchos casos y la mala distribución en otros disminuyera la realidad de esa relativa abundancia.

En 1575 había 158 clérigos en la archidiócesis de México; entre ellos, 78 del país, 71 peninsulares y 9 extranjeros. En toda Nueva España había unas 460 parroquias en 1600, muchas de ellas regidas por religiosos. A fines del siglo XVIII se contaban 844 parroquias, de las que correspondían 202 al arzobispado de México y 150 al obispado de Puebla, las dos diócesis mejor provistas [98].

En el Sur hay proporciones parecidas. En la archidiócesis de Lima se contaban a fines del siglo XVIII 153 curatos y 161 párrocos. En sólo la capital había 36 beneficiados. El clero secular se componía en total de 660 individuos, es decir, uno para cada 510 habitantes. Según Cosme Bueno, la archidiócesis contaba 355.739 habitantes, y la capital, 52.627. Según el censo del virrey Lemos, de 1792, dentro de los límites aproximados de la actual república del Perú había 1.076.122 habitantes, con 7 intendencias, 54 partidos, 483 doctrinas (parroquias) y 977 anejos [99].

Son proporciones elevadas. Recordemos que la diócesis de Durango, en México, en 1765 tenía 257 sacerdotes seculares; en 1960, con una población mayor, sólo 101 [100].

De todo esto se deduce que una de las cosas que más se ha solido achacar en nuestros tiempos a aquella evangelización, la de no haber provisto suficientemente de clero a las nuevas repúblicas, no es verdade-

---

[96] MICHEL DÉVEZE, *L'Europe et le monde à la fin du XVIIIe siècle* (París 1970) p.405-18, con muchos datos comparativos.

[97] Ibid., p.447.

[98] F. ZUBILLAGA, o.c., p.537.565; nuestra *Introducción* p.189.

[99] *Introducción* p.190.

[100] Cf. *Anuario pontificio*. En el de 1962 eran 103, y en el de 1978, 138 para más de un millón de católicos.

ra en el momento de la independencia. Si después han cambiado las cosas, hay que examinar todos y cada uno de los motivos justificados de ese hecho.

Reacciones en España de la Iglesia hispanoamericana

La Iglesia española peninsular acusa un fuerte impacto americano durante el período que recordamos. No podía ser de otra manera. España estaba ligada al nuevo continente por fuertes lazos de todo orden, que se iban fortaleciendo con el tiempo. La corte vivía pendiente de las sumas que llegaban de América, tanto en moneda como en metales preciosos, y los artículos pronto llamados ultramarinos. Y no era el menor de sus problemas el atender a la cristianización del imperio. El Consejo de Indias no podía pasar inadvertido para nadie en la capital, y la Casa de la Contratación en Sevilla o Cádiz, con todo su cúmulo de nombramientos y pleitos. Todo el mundo tenía que hacer antesala en sus despachos: virreyes y gobernadores, arzobispos y misioneros. Hasta los nuncios, que sólo podían servir de intermediarios en algunos casos a través del Consejo, trataban de enterarse de todo lo posible para comunicarlo directamente a Roma.

Por otro lado, gobernantes, eclesiásticos, soldados y comerciantes venían con frecuencia a la metrópoli con sus narraciones y proyectos; era un continuo ir y venir de noticias, personas y recursos.

Algunos obispos volvían a la Península a ocupar otras sedes, como Palafox en el siglo XVII a Burgo de Osma o Lorenzana en el XVIII para ser arzobispo de Toledo. Es evidente también el influjo mutuo en las nuevas catedrales, parroquias y casas religiosas, aunque el indigenismo apareciera con características propias en algunas ocasiones, lo mismo que en las diversas artes ornamentales.

La literatura se enriquecía con numerosas historias, narraciones y aun epopeyas ultramarinas, como La *Araucana*, de Ercilla, y diversos autores mestizos o criollos iban adquiriendo renombre literario, como el inca Garcilaso o Juan Ruiz de Alarcón. Las costumbres religiosas de España ilustran las de América y sus cantos o instrumentos músicos se popularizan. Es una fuerte red de influjos diversos.

Lo mismo se diga con respecto a las doctrinas teológico-filosóficas, canónicas, jurídicas, médicas, etc. En el siglo XVIII aparece más patente el aspecto científico moderno que se va imponiendo en Europa y se extiende también al continente americano con relativa rapidez.

Las universidades del Nuevo Mundo son un reflejo de las de España. Se enseñan las mismas cosas y con los mismos métodos y sistemas de pensamiento. Varían únicamente en lo referente a las lenguas indígenas, a los concilios provinciales americanos o a las leyes de Indias, de tanta aplicación jurídica y práctica allí.

Varios de los profesores de la Universidad de México en el siglo XVI adquirieron pronto cierto renombre. Juan Focher, O.F.M., francés, teólogo y canonista, a quien el P. Mendieta recuerda como «luz de esta nueva Iglesia» [101]; fray Juan de Gaona, alumno de la de París y profesor en Burgos y Valladolid antes de ir a México; fray Bernardino de Sahagún, fray Alonso de la Veracruz, fray Pedro de la Peña, O.P., y tantos otros. Sus cátedras eran de teología, derecho civil y canónico y de artes o filosofía. Tenía los privilegios de la Universidad de Salamanca. Felipe II mandó que se establecieran cátedras de lenguas indígenas en las Universidades de México y Lima el 19 de septiembre de 1580, «y en otros parajes donde hubiese audiencias y chancillerías se erigirían otras por oposición para los cursos de sacerdotes destinados a doctrinas». No es necesario ponderar mucho la gran copia de gramáticas y diccionarios indígenas que fueron publicando los misioneros. Basta mencionar la gran obra del conde de la Viñaza: *Bibliografía española de lenguas indígenas de América*, reeditada en 1977 por el americanista Carmelo Sáenz de Santamaría con un buen estudio preliminar, no de extrañar en quien conoce alguna de aquéllas y ha escrito y publicado su gramática y diccionario en Guatemala.

No fueron nunca demasiados los alumnos de las universidades de la época española por diferentes motivos. Según un buen conocedor de la historia mexicana, Félix Zubillaga,

> «los colegios superiores de órdenes religiosas y de la Compañía de Jesús, que después de algunos años se fundarán en el territorio novohispano en estudios eclesiásticos y humanísticos, pudieron superarla; pero ninguna institución tuvo el carácter universal de la academia. A los doscientos veintidós años de su existencia habían salido de sus aulas 29.882 bachilleres y 1.162 doctores y maestros, y muchos de ellos ocuparon puestos en la vanguardia eclesiástica, cultural, social y política» [102].

Ayudó también a la formación del clero local.

Lo mismo puede decirse de la de Lima, más o menos. La de Santo Domingo llevó vida más lánguida por la situación de la isla, decadente en población y expuesta a los ataques del exterior en frecuentes etapas bélicas. Algo más tarde florecieron los centros universitarios de Santa Fe de Bogotá, Quito, Charcas, Córdoba de Tucumán, Manila, etc., con parecidas características. Desde el siglo XVIII empiezan a introducirse los estudios, incluso universitarios, en Cuba, que inició también un fuerte desarrollo, ampliado en el siglo XIX.

Indiquemos como punto propio el gran número de gramáticas y diccionarios de lenguas indígenas que fueron publicando los misioneros, como puede verse en la obra del conde de la Vizaña: *Bibliografía española de lenguas indígenas de América* [103].

A fines del siglo XVIII se estudiaba, en la Universidad de México, astronomía, botánica, química y mineralogía. Don Fausto de Elhuyart, después de haber sido profesor de mineralogía en el Seminario Patriótico de Vergara (Guipúzcoa) y visitado diversos países europeos, fue pre-

---

[101] F. ZUBILLAGA, o.c., p.429.
[102] *Las citas referentes a las universidades*, en ZUBILLAGA, F., o.c., p.429 435 437.
[103] Ed. de 1977 en Madrid.

sidente del Tribunal de Minería y director general del ramo en México desde 1788. Volvió a España después de la independencia y murió en Madrid en 1833. Su hermano mayor, Juan José, fue destinado como director general de Minería a la Nueva Granada, donde fue amigo de Mutis, y murió en 1804. Ambos dieron calor a esos estudios y de jóvenes habían descubierto el wolfram.

En Bogotá florecieron dos sabios de cierto renombre en su tiempo: D. Francisco José de Caldas, y el presbítero español D. José Celestino Mutis (1732-1808), naturalista, conocidos ambos por Humboldt en su viaje por Nueva Granada.

La Ilustración

Esto nos lleva a dedicar unas palabras al fenómeno cultural conocido con el nombre de la Ilustración del siglo XVIII, siempre considerado en América como preludio de su independencia. Tenía evidentes partes buenas en favor de la libertad humana y del progreso científico, pero afectaba también en muchos de sus protagonistas ideas inadmisibles en materia religiosa o filosófica. De ahí la dificultad de hacer la debida disección, cosa que olvidan, generalmente, los escritores, tomándolo todo en globo.

En ese siglo aumentó el influjo francés en España y sus Indias con el cambio de dinastía, que acentuó todo lo francés e impuso los pactos de familia en lo político. Más tarde, el éxito de la independencia norteamericana y la Revolución francesa animaron a llevar a la práctica, aun con medios violentos, el cambio que propugnaban los llamados filósofos, como Montesquieu, Rousseau, Voltaire y Raynal, por citar los que más se conocieron entre los hispanoamericanos y tocaron temas de especial interés para su situación social y política [104]. No nos podemos detener hablando de estos influjos en concreto, pero es evidente que la idea del buen salvaje, de Rousseau, después de otros «utopistas», o las piruetas de Voltaire sobre el Paraguay y la Inquisición, la historia del Nuevo Mundo de Raynal o las disquisiciones de Montesquieu sobre el modo de ser y el gobierno de los pueblos, habían de encontrar eco favorable en muchos criollos.

Todos estos profetas laicos, con aciertos parciales, van sumando puntos en favor de la emancipación americana. En un mundo como aquél, en el que no sobraban los libros y estaba bastante cerrado a las corrientes extranjeras, aunque menos de lo que algunos suponen, la llegada de esos autores con sus ínfulas de modernismo, audacia e ideas de libertad, y todo en un lenguaje accesible, diáfano, lleno de sugerencias, imaginativo y claro, había de provocar explosiones revolucionarias.

Si a esto sumamos los viajes de diversos personajes por España y gran parte de Europa, como Miranda, Bolívar, Belgrano, San Martín y

---

[104] Cf. p.ej., S. DE MADARIAGA, *El ocaso del imperio español en América* (Buenos Aires 1955 y 1959) c.14 p.279-307: «Los cuatro filósofos».

otros, es natural que aprovecharan la enorme oportunidad de la prisión de los reyes por Napoleón y la invasión de España. La primera sangre derramada después de las primeras fidelidades prometidas hizo el resto. Pero eso ya queda fuera de nuestro estudio.

Pero recordemos que fueron muchos los españoles que desde hacía mucho tiempo iban advirtiendo a los gobernantes de los peligros que se cernían sobre sus Indias, como el conde de Gondomar, en 1619; el marqués de Varinas, en 1685, y Macanaz, en 1740 [105]. Estos demostraron que entendían bien la situación de las Indias y la internacional. Sin embargo, nunca se aplicaron los remedios convenientes, que hay que confesar que eran muy difíciles de concebir y de realizar entonces.

FACTORES INFLUYENTES EN EL SIGLO XVIII

Contribuyeron a agravar la situación de la segunda mitad del siglo XVIII otros factores, como la masonería, la expulsión de los jesuitas y los judíos, como elementos que se suelen citar con frecuencia, aunque sin demasiada coincidencia en sus enjuiciamientos críticos.

Los masones, entonces francmasones en el mundo hispánico, son muy difíciles de aprehender y se rodean de fábulas y exageraciones. Es cierto que muchos de los próceres fueron durante algún tiempo miembros de esas sociedades secretas, pero también ahí es imposible el conseguir datos seguros. Es conocido que las colonias o factorías inglesas constituían focos de masonería y que si Gibraltar favoreció su penetración en España, las pequeñas Antillas, Jamaica y las actuales costas norteamericanas fueron, a su vez, focos de penetración hacia la América española. Nos basta señalar su existencia.

La actuación de los judíos se presta también a exageraciones o a disminuciones de su actividad e influjo real. Sabemos que había conversos en América, y algunos procesos de la Inquisición confirmando datos de otros documentos, nos hablan de sus actividades más o menos encubiertas. El Santo Oficio, que no tuvo propiamente grandes problemas de herejías con los hispánicos, tuvo que intervenir algunas veces en causas de judaizantes [106]. Es muy difícil precisar el número, modos de actuar y permanencia. Desde la emancipación, y gracias a su aumento numérico por continuas inmigraciones de judíos europeos, su situación es más conocida y más fácil de percibir su influjo.

La expulsión de los jesuitas fue un elemento negativo de importancia por el número de los implicados, cerca de 3.000. Muchos de ellos criollos, y bastantes extranjeros, que no iban a reaccionar benévolamente ante el cúmulo de injusticias cometidas contra ellos, e indirectamente contra sus patrias de origen, por los gobernantes españoles. Además de dirigir universidades, colegios, residencias y numerosas misiones de fronteras, a todo lo largo de las del Brasil y en California o Araucanía,

---

[105] Ibid., p.230-40.
[106] F. ZUBILLAGA, o.c., p.438-49.

contaban con muchos escritores de esas mismas regiones, que suscitaron la admiración de Muratori y fueron historiadas por Charlevoix en obras que recorrieron toda Europa. No es necesario refutar, ni inicialmente, las acusaciones propaladas en el siglo XVIII, y desde 1767, en forma oficial y sin posibilidad alguna de defensa o explicación para los acusados. Son innumerables las historias y estudios acerca de las cuestiones del Paraguay y Río de la Plata, Chile, Marañón, Orinoco y demás misiones, que nos muestran lo fácil que es tejer ciertas leyendas y lo difícil de desarraigarlas. Los PP. Antonio Astrain, Pablo Hernández, Guillermo Furlong, Constancio Eguía, Lesmes Frías, W. Kratz y otros han refutado las objeciones, con frecuencia calumniosas, acerca de los asuntos del Paraguay y otras naciones sudamericanas; pero son bastantes los escritores que tratan de este tema, pero no los consultan, o apenas, aun los que muestran cierta independencia de criterio, como Salvador de Madariaga, que no acaba de entenderlos en cosas bien fáciles. Otra cosa es que aquellas misiones llenaran el ideal católico y que no necesitaran cambios y acomodaciones. Eso es diferente y lo admitimos. De todos modos hay que colocarse en su perspectiva de cada momento y conceder que muchas cosas no dependían propiamente de ellos al no poder contar con obispo propio, seminario, clero nativo, etc. Estaba de por medio el Patronato y la actitud de los colonizadores. Además, el ensayo no duró más que siglo y medio.

Es natural que algunos de aquellos desterrados a Italia pasaran con el tiempo a favorecer los intentos secesionistas de Miranda y otros precursores, como Juan Pablo Viscardo y Juan José Godoy. Lo extraño hubiera sido lo contrario.

Carlos III intentó justificar su actitud en los concilios provinciales de 1771-72 en Lima y México, mientras enlazaba mejor su sistema regalista. El arzobispo de México, don Francisco A. Lorenzana, y el obispo de Puebla, don Francisco Fabián Fuero, le secundaron. El concilio de México trató de muchos asuntos útiles en sus 126 largas reuniones, sometiendo al mismo tiempo algo más a los regulares con respecto a los obispos. En 1773 se celebró el concilio de Santa Fe de Bogotá, y en 1774, el de Charcas, actual Bolivia.

La corte de Madrid intentó que fuera aprobado el concilio de México en Roma, encomendándolo al embajador don Nicolás de Azara en 1791. Don Nicolás puso serias dificultades a su presentación, y más porque el Consejo de Indias había añadido por su cuenta 101 modificaciones de matiz regalista. Los reparos de Azara hicieron que la corte no insistiera [107].

Recordemos que los concilios provinciales de Santa Fe de Bogotá en 1773 y Charcas (Sucre) en 1774, siguieron las mismas pautas y procedimientos cambiando únicamente los elementos locales en juego, algunos de ellos ciertamente oportunos y tratados con alteza de miras y espíritu cristiano.

---

[107] Ibid., p.918-23.

Se quería dar la sensación en Roma de que toda Hispanoamérica seguía aquella orientación, tanto en el asunto de los jesuitas como en la actitud regalista. Pero si lo primero pudo pasar ante la postura hostil de las cortes borbónicas y cierto desinterés de las restantes católicas, lo segundo ofrecía serias dificultades doctrinales y prácticas que Roma no podía ni quería traspasar, aun reconociendo la bondad de algunas secciones sobre las misiones de indios o los desheredados.

ULTIMOS TOQUES APOSTÓLICOS

En aquellos últimos años hispánicos se podía contemplar ya el florecimiento de diversas empresas hospitalarias de Indias, iniciadas algunas por Vasco de Quiroga, obispo de Michoacán, cuando aún residía en la ciudad de México [108]. Otros personajes lo contemplaron en diversas ciudades. Se fundó en 1594 la Congregación de la Caridad o de San Hipólito, como en 1655 en Guatemala la de los Betlemitas, con la misma finalidad hospitalaria.

Florecían también los conventos femeninos, especialmente en el siglo XVII y más en el XVIII, llegando algunas religiosas a ser literatas conocidas, como la célebre sor Juana Inés de la Cruz [109].

Fue también un brote típico de aquella sociedad la creación de colegios apostólicos de Propaganda Fide gracias al celo del P. Antonio Margil de Jesús, O.F.M. [110]. Trataban de vivir desde su formación en un ambiente más fervoroso y con finalidad misional. Sin embargo, su relación con la Congregación de Propaganda Fide era escasa en lo que pudiera hacer fruncir el ceño al Consejo de Indias.

SANTOS DE AMÉRICA Y EN AMÉRICA

Para terminar de dar un bosquejo de aquella sociedad, que en parte era un organismo misional a pesar de sus desviaciones y abusos, hay que recordar brevemente que aquella cristiandad dio santos a la Iglesia, como Santa Rosa de Lima (1586-1617), Santa Mariana de Jesús de Paredes (1618-45) y San Martín de Porres (1575-1639). Y si nos referimos a los peninsulares que se santificaron en Indias, hay que recordar a San Luis Beltrán, O.P., (1524-81), apóstol de la costa colombiana del Caribe; San Francisco Solano, O.F.M. (1549-1616), en la Argentina y el Perú, y San Pedro Claver, S.I. (1580-1654), gran apóstol de los negros en Cartagena de Indias durante cuarenta años. San Juan Macías, O.P. (1585-1645), floreció en Lima junto a San Martín de Porres, O.P., y fue canonizado en 1975 por Pablo VI.

[108] Ibid., p.355.
[109] Ibid., p.637.870-74.
[110] Ibid., p.861-62; F. Saiz Díaz: *Los colegios de Propaganda Fide en Hispanoamérica: Missionalia Hispanica* 25 (1968) 257-318; 26 (1969) 5-114.

CAPÍTULO VII

NOMBRES ILUSTRES EN EL EPISCOPADO Y ENTRE LOS MISIONEROS

Como se ha podido observar, nos hemos contentado en esta rapidísima reseña histórica con aludir tanto a las personas que más influyeron en la cristianización de Hispanoamérica como a las instituciones seculares o religiosas a que pertenecían, sin esbozar siquiera unas breves biografías que recogieran algo concreto de sus actuaciones.

Pero creemos llegado el momento de presentar también, aunque no sea más que por algunos rasgos típicos, algunas semblanzas destacadas y variadas por su procedencia y significación, que nos sitúen mejor en la realidad de aquella misión tan singular y nos hagan ver cómo funcionaban los mecanismos misioneros tanto en los altos puestos, como obispados y superioratos religiosos con una u otra denominación, como en los ordinarios y comunes de la masa misionera.

Un repaso somero a las grandes figuras de aquella Hispanoamérica nos hace comprobar que hay personajes de todas las procedencias: clero secular o regular, cargos civiles desempeñados anteriormente, de extracción social alta o baja; grandes escritores, artistas o descubridores y pacificadores, junto a los que sólo destacan por su vida *normal,* prolongada a veces muchos años. Todos son representantes de aquella sociedad peninsular del Renacimiento y la Contrarreforma, reforzada por elementos también muy valiosos del extranjero, aunque casi siempre de territorios entonces administrados por España o muy vinculados a ella, como los de la casa de Austria hasta el siglo XVIII.

GRANDES OBISPOS

Fray Juan de Zumárraga, O.F.M., primer obispo y arzobispo de México [111]

Reina una rara unanimidad entre los historiadores ante la excelsa figura de este extraordinario franciscano, a pesar de las dificultades de todo orden con que tuvo que tropezar su actuación evangélica en la capital de la Nueva España en aquella primera etapa, que coincide con la vuelta de Cortés a España y con el establecimiento definitivo de la nueva sociedad mexicana. El acierto de Carlos V, que conoció a Zumárraga

[111] Un buen resumen de su vida en C. BAYLE, *El IV centenario de don fray Juan de Zumárraga:* Missionalia Hispanica 5 (1948) 209-69.

como guardián del convento de El Abrojo, durante la Semana Santa de 1527, que pasó en él, al proponerle para la sede episcopal que acababa de inaugurarse en la ciudad de México, demostró su deseo de atender eficazmente a la evangelización de los nuevos países. Le había empleado poco tiempo en Vizcaya, en un asunto de brujas, tal vez para cerciorarse de sus posibilidades, y le envió a México como obispo electo, sin recibir la consagración. Superó las posibles divergencias con los religiosos con su espontánea llaneza y su virtud, mientras que la descalificada primera Audiencia que sustituía a Cortés probaba la paciencia de los mexicanos y de los recién llegados. Como además era protector de los indios, los conflictos aumentaron por su defensa. La paciencia, la suavidad, la pobreza efectiva, el celo de las almas, no menos que la firmeza en lo necesario, superaron la crisis. Los recursos a la corte prosperaron; pero, mientras venía el remedio, Zumárraga es enviado a España, donde puede explicar su conducta, recibir la consagración episcopal el 27 de abril de 1533 y volver al año siguiente con algunos misioneros más para proseguir la epopeya franciscana que habían iniciado sus doce primeros apóstoles de aquellas tierras. No llegó a dominar el idioma por sus años, pero aun así fomentó la enseñanza en todos los grados, visitó su territorio, confirmando a más de 400.000 neófitos, y preparó las construcciones primitivas de la catedral y otros edificios religiosos y benéficos. La primera imprenta americana, biblioteca, tanteos para el clero indígena, asistencia a los enfermos, etc., conocieron su protección o acción directa. Su fama llegó hasta el Perú, donde algunos le propusieron para obispo de aquellas tierras al morir el P. Valverde. Incluso durante algún tiempo tiene la idea de dedicar sus últimos años a las misiones chinas, interrumpidas hacía dos siglos, y llega a dar algunos pasos para ello.

No es extraño que fray Pedro de Gante, el famoso lego flamenco, que llevaba veinticinco años en aquella misión, escribiera a Carlos V al mes y medio de la muerte de Zumárraga:

«Hago saber a V. M. que en todo este tiempo no he estado tan triste como el día de hoy, a causa de que Dios nuestro Señor se ha servido de llevar a la gloria a nuestro bienaventurado padre, pastor y prelado fray Juan Zumárraga, el cual era verdadero padre destos naturales, a los cuales amparaba y recogía debajo de sus alas. Fue siempre mi compañero en trabajos con ellos, y su ausencia me hace mucha falta» [112].

Pensó asistir al concilio ecuménico que se preparaba, y con esta ocasión dio a conocer sus ideas acerca del auxilio que el papa y el concilio podrían proporcionar a aquellas nuevas cristiandades. Un verdadero modelo de prelado en tierras neófitas de la categoría de la capital azteca, que deseaba la colaboración de apóstoles de diversas procedencias, bajo la dirección del papa, y siendo eminentes en virtud y ciencia los que habían de ser sus directores. El buen durangués se ilusionaba un poco, así como en lo de China, sobre la posibilidad de cuadros evangélicos sin

[112] J. García Icazbalceta, *Nueva colección de documentos para la historia de México* II p.197 (México 1889).

marcos humanos en pensar que podía dirigirse a todo el mundo como se dirigió a los miembros de su familia religiosa en el capítulo general de Toulouse de 1532, en el que tan gran impacto causó su llamamiento.

Doctor don Vasco de Quiroga

Otro prelado misionero que dejó gran huella en México fue monseñor Vasco de Quiroga, llegado a México como oidor de su segunda Audiencia. Fundó un hospital en 1533 y fue enviado como pacificador a Michoacán, donde su acción tuvo tal éxito, que en 1536 fue elegido obispo de la diócesis del mismo nombre, acabada de crear en 1534. Su sede fue después Pátzcuaro y luego Valladolid (hoy Morelia).

Fundó colegios, hospitales y escuelas en los pueblos que iban surgiendo. Fomentó la acción tanto del clero secular como regular, siendo el padre de los indios Tata Vasco. Residió en España de 1547 a 1554. Su largo pontificado dejó imborrable huella en el país. Natural del mismo pueblo de Isabel la Católica, nacido en el decenio de 1470 a 80, murió en Uruapán el 14 de marzo de 1565. Distinta procedencia y formación que Zumárraga obtienen resultados similares.

Doctor don Francisco Marroquín

Otro gran prelado de la antigua Nueva España, ligado a Guatemala como uno de sus creadores en el orden religioso y aun en el civil. Nacido en la Montaña, según indicios, hacia 1499, quedó ligado a la tierra soriana y adscrito a la diócesis de Burgo de Osma. Era licenciado, aunque no se sabe por qué universidad, y, como don fray Francisco García de Loaysa, O.P., era al mismo tiempo obispo de Burgo de Osma y presidente del Consejo de Indias, desde 1524, a su sombra marchó Marroquín a la corte, según parece, y allí conoció a Cortés y a Alvarado, que habían llegado de México. En El Abrojo conoció Loaysa a fray Juan de Zumárraga en la Semana Santa de 1527, junto con el emperador. Allí se debieron de tratar asuntos de Indias, y es fácil que la vocación americana de Marroquín surgiera de todos aquellos contactos que dieron una nueva fisonomía a la Nueva España.

Lo cierto es que Marroquín va como provisor de Zumárraga, y su conocimiento de don Pedro de Alvarado le serviría después para recalar en Guatemala [113].

Después de un año en México fue desterrado por la primera Audiencia «de la tierra y de todos los reinos de V. M.», en frase de Zumárraga, aduciendo que no era tal provisor, aunque luego suavizaron su actitud, ante las noticias de España acerca del regreso de Cortés. Mientras tanto, Marroquín había conocido mejor a Alvarado, y con él se fue a Guatemala, su gobernación. De 1530 a 1563, aquella ciudad será su nueva patria, de la que será su primer obispo (presentado ya en 1532)

[113] Véase todo esto en la buena biografía de Marroquín escrita por CARMELO SÁENZ DE SANTAMARÍA, *El licenciado don Francisco Marroquín, primer obispo de Guatemala (1499-1563)*. (Madrid 1964).

al crearse definitivamente la nueva diócesis a fines de 1534 (18-diciembre) por Paulo III, recién elegido papa, y aceptar éste al presentado. Se había preparado por medio de la predicación y del despacho de los negocios eclesiásticos. Se consagró en México en 1537, donde tuvo ocasión de tratar largamente de todos los asuntos indianos con su amigo Zumárraga. Trajo colaboradores mercedarios.

No faltan acusaciones contra el obispo y el protector de indios por ser amigo de componendas para evitar rupturas, que se interpretaban como ser «descuidado y remiso». Intentó ir a Castilla en 1537, e incluso participar en el concilio que se anunciaba, «do se proveerán cosas nescesarias para estas partes, que es nueva Iglesia». Pero no pudo ser. Volvió a Guatemala, y allí siguió hasta la muerte cuidando de su grey. Trató de crear poblaciones de indios, cuya lengua aprendió. Trajo también franciscanos y dominicos, levantó escuelas, hospital, casa de huérfanos, catedral, iglesias. Hubo sus roces y dificultades inevitables con algunos gobernantes, religiosos y aun con fray Bartolomé de las Casas, con quien tuvo cierto trato, y que terminó siendo obispo vecino suyo en Chiapas. Eran caracteres bastante opuestos. Pero, en medio de todos esos sucesos, la obra evangelizadora seguía adelante, y a su muerte podía contemplar una cristiandad establecida, que iba difundiendo su mensaje por Centroamérica.

Es un tipo de obispo que, sin tener la majestad eclesiástica y santa de Toribio de Mogrovejo ni la aureola ascética franciscana de Zumárraga, ofrece un término medio aceptable de prelado eficiente, con una buena labor pastoral con indios y con españoles. Su huella fue duradera.

Santo Toribio de Mogrovejo

Si pasamos a la América meridional y a su parte más llamativa en el siglo XVI, el Perú, donde florecía un imperio similar en muchas cosas al azteca y cuya conquista tuvo también coincidencia con la de México, encontraremos también allí grandes prelados y misioneros, aureolados algunos con la santidad reconocida por la Iglesia. Entre éstos ocupa un lugar eminente Santo Toribio de Mogrovejo, arzobispo de Lima.

Nació en Mayorga (Valladolid) el 16 de noviembre de 1538 y murió en Saña (Perú) el 23 de marzo de 1606. No se había formado en seminarios o colegios exclusivamente eclesiásticos, como era frecuente entonces, y se dedicó de modo particular a los estudios de Derecho, especialmente del canónico, siendo licenciado en cánones por Santiago de Compostela y siguiendo luego los estudios de doctorado en Salamanca. También había residido dos años en Coímbra. En diciembre de 1573 fue nombrado inquisidor en Granada, y allí continuó hasta 1579; pero ya en agosto de 1578 es presentado a la sede de Lima y nombrado para ese arzobispado por Gregorio XIII el 16 de marzo de 1579, siendo sólo clérigo de tonsura, cosa tampoco infrecuente en aquellos tiempos. Recibió las órdenes menores y mayores en Granada, y la consagración episcopal en Sevilla (agosto de 1579). Llegó al Perú en mayo de 1581. Se

distinguió por su celo pastoral con españoles e indios, dando ejemplo de
pastor santo y sacrificado, atento al cumplimiento de todos sus deberes.
Celebró tres concilios provinciales limenses (el III, IV y V) en 1583,
1591 y 1601, siendo de los pocos que intentaron cumplir a la letra las
disposiciones del concilio de Trento y las sucesivas mitigaciones pontificias en esta materia, que se vio que era imposible de llevar a la práctica
en las circunstancias de aquellos tiempos y su dificultad de comunicaciones. Sobresalió por su importancia el III limense, que sirvió algo de
pauta al mexicano de 1585 y que en algunas cosas siguió vigente hasta
1900. Además reunió 13 sínodos diocesanos. Visitó tres veces su territorio, confirmando a sus fieles y consolidando la vida cristiana en todas
partes. Tuvo sus inevitables roces con las autoridades en puntos de aplicación del Patronato Real en lo eclesiástico, pero siempre con una dignidad y unas cualidades humanas y cristianas extraordinarias.

Fue beatificado en 1679 y canonizado en 1726. Llamado por el concilio plenario latinoamericano de 1900 «totius episcopatus americani lu-
minare maius» (acta 4.ª) [114]: la lumbrera mayor de todo el episcopado
americano.

Poco antes de Santo Toribio se había distinguido en el Perú FRAY
DOMINGO DE SANTO TOMÁS, O.P., obispo de Charcas (hoy Sucre), sede
creada en 1551. No se conocen datos sobre sus primeros años, pero sí
que fue colegial de Santo Tomás de Sevilla y que se embarcó para el
Perú en 1540. Intervino en la tasación de los indios y fue misionero en
diversas regiones peruanas, ocupación que le sirvió para conocer su lengua y tomar apuntes de sus peculiaridades gramaticales. Ejerció cargos
de gobierno en su Orden. Enviado a Roma a representar a su provincia
religiosa en un capítulo general en 1558, pasó luego el 1559 en España,
preparando e imprimiendo su *Gramática y vocabulario de la lengua general
de los Indios de los reynos del Perú* (Valladolid 1560), tan útil para los misioneros. De regreso en 1561 al Perú, estudió la cuestión de la perpetuidad de los indios en las encomiendas y fue nombrado obispo de Charcas, consagrándose en 1563. Asistió al segundo concilio limense de
1567, importante por sus decretos y por sus estudios del país en orden
a su evangelización, y murió, a su regreso a su sede, en 1568.

Es otro tipo de obispo religioso, erudito, pastor, que no dispuso de
mucho tiempo para dar toda su talla en el episcopado, pero dejó un
grato recuerdo de eficacia comprensiva [115].

Saltando por otros muchos nombres ilustres en el episcopado sudame-
ricano, recordemos a don ANTONIO CABALLERO Y GÓNGORA en el siglo
XVIII. Era natural de Priego (Córdoba), donde nació en 1723. Fue doctor
en teología por Granada, canónigo en Córdoba. Fue elegido obispo de
Chiapas en 1775 y el mismo año trasladado a la sede de Yucatán, de donde

[114] Véase *Santo Toribio de Mogrovejo, organizador y apóstol de Sur-América*, 2 vols. (Madrid
1956), de V. RODRÍGUEZ VALENCIA. Tiene también algunos otros estudios sobre el santo.
PEDRO LETURIA, *Santo Toribio de Mogrovejo: il più grande missionario dell'America Spagnola*
(Roma 1940).
[115] Cf. *La primera gramática quichúa*, con intr. de Fr. JOSÉ MARÍA VARGAS, O.P. (Quito
1947).

fue promovido a la sede arzobispal de Santa Fe de Bogotá. Al resolverse por el momento la cuestión de los comuneros de Nueva Granada, unió en 1782 a su cargo el de virrey de aquel territorio. Intervino en la delimitación de algunas diócesis y en la reorganización de las misiones del Meta y Casanare, dejadas por los jesuitas por los decretos de Carlos III, y en las del Darién. Fomentó la enseñanza y las ciencias naturales en un momento crucial para aquel país. En 1788 renunció ambos cargos y fue nombrado obispo de Córdoba en España, y más tarde propuesto para cardenal, aunque murió antes de que se le creara en consistorio.

Este personaje, con su cúmulo de cargos y actuaciones, es el tipo de varios otros prelados hispanoamericanos de aquellos siglos. La Corona se fiaba de ellos en circunstancias particulares, pero eran situaciones delicadas para la Iglesia. El señor Caballero y Góngora salió bastante airosamente de la prueba. Don Juan de Palafox en México, lo mismo que después don Antonio de Vizarrón y Eguiarreta, o en el Perú don Melchor de Liñán y Cisneros, ocuparon el mismo puesto algunos años. Don Diego Ladrón de Guevara, obispo de Quito, dejó buen recuerdo como virrey del Perú de 1710 a 1716. No son los únicos ejemplos de prelados al frente de aquellos gobiernos ultramarinos.

Mencionemos, por algunos de los méritos evangelizadores recordados en los anteriores obispos, a FRAY JULIÁN GARCÉS, O.P., nacido en Munébrega o Borja (Zaragoza) a mediados del siglo XV. Estudió en Salamanca y París. Fue nombrado obispo de Tlaxcala en 1527, tomando posesión de su sede en 1529, aunque pronto se trasladó la residencia episcopal a Puebla de los Angeles. Fue defensor de los indios, y lo recordamos especialmente por estar su nombre ligado a los documentos de Paulo III en 1537, como el breve *Sublimis Deus,* acerca de la racionabilidad de los indios y a sus derechos de hombres libres. Los agenció en Roma fray Bernardino de Minaya, O.P., y el hecho de no haber negociado los varios documentos que obtuvo a través de los agentes del Gobierno español trajo unos roces desagradables entre Carlos V y el pontífice, que afectaron también al P. Minaya. El Consejo de Indias trató de recoger aquellos documentos que hubieran pasado ya a América y obtener su revocación, al menos parcial, en Roma, como lo obtuvo.

Los extraordinarios privilegios de los religiosos para la evangelización de las Indias españolas provocaron, desde el concilio de Trento, que reafirmó los derechos de los obispos, una serie de cuestiones de no fácil arreglo en aquellos extensos campos del Señor, en los que no era fácil establecer límites precisos de territorios y de jurisdicciones. Dentro de esos conflictos hacemos notar la postura de D. FR. PEDRO DE ARCE, O.E.S.A., obispo de Cebú, en Filipinas, que en 1636 escribía a Felipe IV un informe defendiendo a los religiosos de las acusaciones de algunos obispos que quisieron visitarlos en aquellas islas. Dice entre otras cosas que, sin su cooperación, todo lo misional se iría a pique tanto en Filipinas como en las misiones del Extremo Oriente [116].

---

[116] M. MERINO, O.S.A., en la nota *En defensa de los frailes:* Missionalia Hispanica 1 (1944) 360-63.

Todo esto nos hace caer en la cuenta de lo difícil que es acertar en la apreciación de aquellas actitudes, que generalmente procedían de buena intención, pero tenían el inconveniente de tropezar con intereses personales, de cabildos locales o de órdenes religiosas, donde cada cual podía ver las cosas desde su punto de vista particular, aparentemente bien situado y con serias razones objetivas. El elemento humano, claramente perceptible en tantas ocasiones, no vició sustancialmente aquella epopeya.

Terminemos esta sección de los prelados hispanoamericanos con el recuerdo de FR. GONZALO DE SALAZAR, O.E.S.A., nacido en México en 1560 y representante de la estirpe hispánica en aquellos primeros años de colonización. Vino a España y a Roma, y el papa Paulo V le nombró obispo de Yucatán el 2 de junio de 1608. Se dice que, al llegar a su diócesis, ésta contaba con 10.000 fieles, y al morir Salazar en 1636 llegaban a 150.000. Estas estadísticas globales de aquellos tiempos quedan sujetas a caución; pero no se puede dudar en este caso de que efectivamente se apreció un importante cambio aquellos años.

ALGUNOS MISIONEROS ILUSTRES

No se trata de una selección para elegir a los mejores, cosa, por una parte, imposible y odiosa y, por otra, sujeta a apreciaciones muy diversas, sino de señalar algunos más conocidos y de diferente procedencia religiosa, que sirvan para ilustrarnos algo de lo que fue la evangelización americana. Nada de rigorismos enjuiciadores ni de exclusivismos.

1) **Los franciscanos**

La familia franciscana fue, sin duda, la más numerosa en las misiones del Patronato español por muchos motivos ya desde los primeros conatos misioneros de las Antillas, pero su relevancia aparece más de relieve después de las conquistas de Cortés y el prodigioso nacimiento de la Iglesia de México. Si fray Bartolomé de Olmedo, mercedario, aparece junto a Cortés los primeros años, ya en 1524 llegó allá la expedición llamada de los doce apóstoles con fray Martín de Valencia. El fruto fue tal, que fray Toribio de Motolinía (Benavente) afirma que los franciscanos bautizaron más de cuatro millones de 1524 a 1536. Son numerosas las afirmaciones de bautismos en masa, que obligó a un examen teológico-moral del asunto en España acerca del grado de preparación de los neófitos para recibir el sacramento y llevar después vida cristiana. El P. Cuevas, en su *Historia de la Iglesia en México* [117], aprueba aquel proceder, lo mismo que Robert Richard [118], y nosotros lo oímos también al misionólogo P. Pierre Charles en la Universidad Gregoriana de Roma, porque en aquellas circunstancias concretas existía la posibilidad de ir ampliando luego aquella preparación primera.

[117] *Historia de la Iglesia en México* t.1 p.187.
[118] En *La conquista espiritual de México* p.203ss.

Citemos, además de fray Martín de Valencia, a fray Toribio Motolinía, uno de los doce primeros, que, además de su acción misionera personal y de sus cargos de gobierno en la Orden, escribió su famosa *Historia de los indios de la Nueva España,* publicada en 1846, y que se considera como una de las bases de nuestros conocimientos de aquellos tiempos. Nació en Benavente hacia 1490 y murió en México en 1569.

Junto a él brilla la fama de fray Bernardino de Sahagún, que llegó a México en 1529, cuando comenzaban a aflorar entre los neófitos las idolatrías, que se creían vencidas. Había nacido en Sahagún (León) en 1499 y fue misionero eficiente y superior en su Orden. Deseó conocer a fondo el modo de ser de los indios, lo mismo que su historia, y escribió, como fruto de sus observaciones personales y de sus investigaciones, su famosa obra *Historia general de las cosas de la Nueva España,* que tuvo que esperar hasta bien entrado el siglo XIX para su publicación. Según el P. Lino Gómez Canedo, O.F.M., al hacer la recensión de la obra de Luis Nicoláu D'Olwer, *Historiadores de América: fray Bernardino de Sahagún (1499-1550)* (México 1952), «escribe con reposada calma, pero no con menor sinceridad». Acaso con su dosis de pesimismo. Esto no podía hacerle grato a los cronistas oficiales de Indias; era uno de aquellos cronistas franciscanos que, para Herrera, «no tenía autoridad» [119].

Se parece a estos dos insignes franciscanos fray Jerónimo de Mendieta, nacido en Vitoria en 1525 y muerto en México en 1604. Residió en la Nueva España, fuera de un largo viaje a España de 1570 a 1573 con asuntos de su Orden y de otros religiosos. Fue misionero, superior y escritor, conocido, sobre todo, por su *Historia eclesiástica indiana.* Muy estimado como consultor en toda clase de asuntos eclesiásticos y muchos civiles.

Recordemos como algo curioso el papel importantísimo que todos ellos atribuyen a la acción de los niños en la cristianización del pueblo mexicano. Fray Julián Garcés, el obispo de Tlaxcala ya recordado, escribía a Carlos V: «Nos los obispos, sin los frailes intérpretes, somos como falcones en muda, que no sirven para cazar». Recuerda la frase fray Toribio Motolinía, y el comentario que le pone es: «Así fueron los frailes sin los niños» [120]. El P. Constantino Bayle, de quien tomamos esta cita, multiplica en su estudio los ejemplos de esa acción infantil, no sólo en la Nueva España, sino en todas las Indias, tanto en las zonas de mayor cultura como en las selvas primitivas. Es un rasgo muy frecuente en toda la historia misional.

Continuando con nuestra galería franciscana en la América del Norte, citamos a otros personajes representativos por algún rasgo especial. En primer lugar, al mallorquín fray Antonio Llinás de Jesús María, nacido en Artá en enero de 1635 y muerto en Madrid en 1693. Había ido a la Nueva España en 1664 y pasó algunos años explicando filosofía y teología en diversos conventos, siendo también guardián. Vino a España

---

[119] En la revista *España Misionera* 11 (1954) 189.
[120] C. BAYLE, *Los niños indígenas en la cristianización de América. Una página conmovedora de la historia:* Razón y Fe 130 (1944) 267.

para el capítulo general, y aprovechó su estancia para dar misiones populares. También obtuvo licencia para fundar el colegio misionero de Querétaro (1681-82). En ellos se formaban especialmente los que deseaban consagrarse a las misiones vivas entre los indios. Volvió a México en 1683 e inauguró ese colegio. A los dos años regresó a la Península y fundó otros cinco semejantes. Se los llamó también de Propaganda Fide.

Dio más impulso a estos colegios fray Antonio Margil de Jesús, nacido en Valencia en 1657 y muerto en México en 1726. Estuvo en el colegio de Querétaro desde el principio y fue misionero sucesivamente en todas las regiones principales de México y Centroamérica. Fue superior algunos años y fundó el colegio de misioneros de Zacatecas en 1711, evangelizando desde entonces la región de Nayarit y la actual zona septentrional de México en el Atlántico por Coahuila y Nuevo León, volviendo por fin a sus centros de Querétaro y Zacatecas. Por su santidad de vida ha merecido que fuese introducida su causa de beatificación [121].

Participa también de la vida de los colegios de misioneros, y aprovechó luego aquella formación en su gran empresa misionera un personaje más conocido en todo el mundo por ser el fundador de las misiones de la Alta California y contar con una estatua en el Capitolio norteamericano, un isleño de actividad infatigable: el P. Junípero Serra, que desempeñó diversos cargos en su Orden y fue profesor y predicador, maestro de novicios y comisario del Santo Oficio. Era natural de Petrá (Mallorca), nacido en 1713, y llegó a México en 1749. Su empresa más famosa, la evangelización de la Alta California (hoy norteamericana); se inició después de 1767, con la expulsión de los jesuitas de sus misiones de la Baja California y región del Gila. Serra comenzó a dirigirse más al norte, y fundó las misiones de San Fernando Rey (1769), lo mismo que San Diego, San Carlos de Monterrey, San Antonio, San Gabriel, San Luis, San Francisco (1776), San Juan de Capistrano, Santa Clara y San Buenaventura. Aquellos humildes poblados de hace dos siglos han dado paso a las gigantescas aglomeraciones humanas de hoy día y han dado a conocer el nombre de fray Junípero en todo el mundo.

En la América meridional no fue menor la acción de los franciscanos. Por la falta de espacio y por salirse del plan propio de este trabajo, no mencionamos al azar más que a fray Antonio de San Miguel († 1590), que después de recorrer grandes regiones de Perú y Chile, siendo superior varias veces, fue obispo de La Imperial (Chile) en 1564. Asistió al concilio de Lima de 1583. Se dice que bautizó a 200.000 indios. Trasladado a la sede de Quito, este celoso salmantino murió en Riobamba (Ecuador) antes de tomar posesión de su nueva diócesis.

Cerramos esta lista franciscana con el recuerdo de otro misionero insigne, canonizado por la Iglesia: SAN FRANCISCO SOLANO. Nacido en Montilla en 1549, murió en Lima en 1610, después de haber recorrido como misionero las regiones del Tucumán desde 1590 y luego todo el

---

[121] Hemos aprovechado muchos datos sobre diferentes misioneros en la *Enciclopedia de historia eclesiástica de España*, 4 vols. (Madrid 1972-75).

centro y norte actual argentino. Llamado a Lima en 1594, desempeñó diversos oficios, sin excluir el de misionero, hasta su muerte [122].

2) Los dominicos

Los dominicos formaron otro grupo importantísimo. Ocupados en las Antillas, Darién, Cumaná, etc., en misiones más o menos permanentes, entraron en México en 1526, en número de 12, como los franciscanos, entre los que descollaban FRAY DOMINGO DE BETANZOS Y FRAY TOMÁS ORTIZ. El primero, nacido en León, aunque oriundo de la ciudad gallega, residió algunos años en Santo Domingo hasta su marcha a la Nueva España. Pronto quedó como organizador de la misión. Fue a España y Roma (aquí estuvo en 1532) y volvió con refuerzos. Intervino en la consecución de los breves de Paulo III de 1537 y fue extendiendo su Orden por México y Centroamérica. Sonó con ir a China, como Zumárraga, y murió en Valladolid en 1545 mientras tramitaba diversos asuntos de su orden.

El *P. Tomás Ortiz* tuvo una trayectoria vital más breve. Apenas instalado en México, tuvo que regresar a España por enfermedad propia y muerte de algunos compañeros. Cuando pensaba volver en 1528, es elegido administrador apostólico de Santa Marta (Colombia), y allí muere como obispo en 1531.

Mientras tanto trabajaban en México los tres que quedaban: *Betanzos, fray Gonzalo Lucero,* gran misionero, y *fray Vicente de Las Casas,* a los que se incorporaron en 1528 más de 20 religiosos que venían con *fray Vicente de Santa María,* fundando así sólidamente la labor apostólica de los dominicos. De modo que ya en 1559 poseían en México 40 casas con 210 religiosos y muchas obras de enseñanza y misionales.

Entre ellos destacó FRAY BERNARDO DE ALBURQUERQUE, nacido en ese pueblo hacia el comienzo del siglo y muerto en Oaxaca en 1579, siendo obispo de esta sede episcopal. En 1553 se decía de él «que ahora es obispo en esta tierra, religioso de medianas letras y de buena vida... fue y es la primera lengua que hubo en su obispado de los naturales dél, que se llaman zapotecas» [123]. Escribió su catecismo. Había sido superior varias veces. Fundó un convento de dominicas en Oaxaca.

Ya hablamos antes de algunos obispos dominicos ilustres, y terminemos su recuerdo, breve por fuerza, con la evocación de SAN LUIS BELTRÁN, nacido y muerto en Valencia en 1526 y 1581, respectivamente. En 1562 fue al Nuevo reino de Granada y volvió a España en 1569. En esos siete años evangelizó la zona circundante a Cartagena de Indias, comarca de Tubará y otras de las orillas de los ríos Magdalena y Cauca. También evangelizó algo de la zona montañosa de Santa Marta. Parece que volvió a España por dificultades con colonos españoles, dejando

---

[122] Además de la grande bibliografía existente sobre las misiones franciscanas españolas, cf. LEMMENS, Leonhardt, *Geschichte der Franziskannermissionen* (Münster 1929).
[123] Cf. ANTONIO FIGUERAS, O.P., *Principios de la expansión dominicana en Indias:* Missionalia Hispanica 1 (1944) 303-40. La cita en p.338.

gran fama de santidad. Es como un símbolo de la labor misional dominicana en aquellas partes, algo así como la de fray Bartolomé de Las Casas en otros aspectos [124].

3) Los agustinos

Entre los innumerables héroes del apostolado de la familia agustiniana, escojamos al azar, por decirlo así, a algunos representativos: FRAY AGUSTÍN CORUÑA, nacido en Coruña del Conde (Burgos) hacia 1508 y muerto en Popayán el 25 de noviembre de 1589. Fue en 1533 a la Nueva España, donde ejerció diversos ministerios. En 1560 era provincial, y vino a España por algunos asuntos de jurisdicción de los religiosos en general. Al llegar a Sevilla, se enteró de que le hacían obispo de Popayán (Colombia), 1562. Consagrado en Madrid, el rey le hace visitador del Perú con el virrey Toledo. Pidió a Felipe II en Madrid que fueran jesuitas a la América española. Fue organizador de su diócesis, a pesar de sus destierros y ausencias por choques con dos gobernadores. Felipe II le restituyó a su sede. Tiene algunos escritos.

Gran personaje del siglo XVI en México fue FRAY ALONSO DE LA VERACRUZ, natural de Caspueñas (Guadalajara), 1504. Estudió en Salamanca y fue a la Nueva España en 1535, ingresando en la Orden de San Agustín en Veracruz. Fue profesor de filosofía y teología y cuatro veces provincial. Profesor en la recién fundada Universidad de México. Compone obras importantes, que aun hoy tienen actualidad. Viene a España, por negocios de la Orden y de otros religiosos. No admite obispados y se constituye en consultor de primera categoría tanto aquí como en la Nueva España. Abundan recientemente los estudios sobre su obra y su persona.

Gran misionero agustino fue FRAY MARTÍN DE RADA, nacido en Pamplona, en 1533; agustino desde 1553 y que aparece en México en 1557 ó 1558; según algunos, poco después. Misionero con los indios otomíes. Renuncia el obispado de Jalisco. Pide ir a las Filipinas en la expedición de Legazpi que se prepara en la Nueva España y parte del puerto de la Navidad el 21 de noviembre de 1564. Rada es un gran matemático, y los informes hablan de cómo completaba los conocimientos náuticos de fray Andrés de Urdaneta, que iba en la misma flota con fines concretos, como superviviente de la expedición de Loaysa en 1526. El 13 de febrero de 1565 están en las Filipinas, ya visitadas por Urdaneta hacía casi cuarenta años. Este vuelve en el mes de junio, pues tenía el encargo de buscar la vuelta a México, como Colón había hallado la del océano Atlántico, y efectivamente se encontró una navegación parecida, pero mucho mayor en extensión en el Pacífico [125].

Mientras tanto, los tres agustinos que quedaban comenzaron su

[124] De fray Domingo de la Anunciación, O.P., compañero de Las Casas, conocedor de la lengua nahuatl, desafiador de los idólatras, se cuenta que bautizó por su mano más de 100.000 adultos.
[125] Cf. MANUEL MERINO, O.S.A., _Semblanzas misioneras: fray Martín de Rada, agustino:_ Missionalia Hispanica 1 (1944) 167-212.

apostolado, quedando Rada como vicario al volver el P. Herrera a Nueva España. Pero ya en 1579 vienen más agustinos. En 1571 se conquista Manila, que será la capital para Legazpi, y fray Martín de Rada actúa como misionero, al mismo tiempo que explora los caminos hacia China y Borneo. Los informes de su viaje a China fueron aprovechados pocos años después por fray Juan González de Mendoza, que tanto éxito literario y editorial tuvo en 1585 con el relato de su viaje y estancia en aquellos países del Celeste Imperio, entonces tan cerrados, y sus vecinos. Fray Martín de Rada trabajó en favor del buen trato a los nativos, inculcado en las instrucciones reales y en los mandatos pontificios. Por el mismo camino avanzaba *fray Domingo de Salazar, O.P.*, otro gran personaje de la historia misional en México y Filipinas, primer obispo de Manila, y que murió en Madrid en 1594 resolviendo los asuntos de las Islas.

También desarrollaron gran actividad misionera en Filipinas los agustinos recoletos desde principios del siglo XVII, pues llegaron en 1606 al archipiélago. Sus misioneros por distintas islas y regiones descollaron en multitud de actividades, y contaron también con una legión de mártires, que fertilizaron con su sangre el campo evangelizado [126].

4) Los mercedarios

La Orden de la Merced fue la cuarta de las grandes órdenes misioneras hasta 1567, en que llegaron los jesuitas a Hispanoamérica, y colaboraron grandemente en la cristianización y en la consolidación de la Iglesia de las Indias españolas. Aparecen sueltos ya en las Antillas de los comienzos, desde el segundo viaje de Colón. Destruido el convento de Santo Domingo por Drake en 1586, tardó en ser reparado. Nada menos que el luego famoso dramaturgo Tirso de Molina aparece en 1616 entre los ochos mercedarios, «toda gente selecta y de provecho» dice, añadiendo que era él el que menos valía, y

> «de tal suerte restauraron pérdidas y enmendaron descuidos, que, predicando, leyendo, amonestando infatigablemente, se transformó por ellos no sólo aquella casa, pero las demás de la Observancia...» [127]

En México figuró junto a Cortés el *P. Bartolomé de Olmedo*, aunque murió pronto, en 1524. Toda la zona central de aquel país se cubrió con conventos mercedarios, de donde salían a catequizar e instruir a los indios, constituyendo también doctrinas o parroquias. De allí se extendieron por la América Central, con el mismo fruto. Varios de ellos fue-

---

[126] Véase una lista detallada de ellos en el estudio de Fr. Manuel Carceller, O.R.S.A., *Los agustinos recoletos en Filipinas. Algunos capítulos de su gloriosa historia:* España Misionera 5 (1948) 343-59 y 6 (1949) 55-69, que cita también historias de la Orden.
[127] Cf. Castro Seoane, José O. de M., *La expansión de la Merced en la América colonial:* Missionalia Hispanica 1 (1944) 73-108 (la cita en p.79). Sigue el estudio en 2 (1945) 230-90, etc.; otro estudio complementario: *La Merced en el Perú, 1534-1584:* ibid., 3 (1946) 243-320 y 4 (1947) 37-69. Al mismo tiempo da a conocer la bibliografía histórica mercedaria.

ron catedráticos en la Universidad de México, como en otras de América. Lo mismo cabe decir del virreinato del Perú y de todo el Sur, interviniendo en muchas pacificaciones de españoles e indios en aquellos primeros decenios alborotados del antiguo imperio inca y de diversas tribus. En muchos casos fueron los primeros religiosos que las evangelizaron. Se calcula en un centenar los conventos allí establecidos; algunos de ellos, antiguas doctrinas transformadas. «El más famoso visitador de la Merced fue el P. Diego de Porres, teórico, pues escribió su *Instrucción y orden para doctrinar a los indios en las tierras nuevas,* a fines del siglo XVI [128]. El P. Alonso Enríquez de Armendáriz, después obispo de La Habana y Michoacán, escribía al rey en 1593: «tenemos tantas casas y doctrinas como las demás [órdenes] y muchas más que algunas de ellas» [129]. Tuvieron un gran problema, como los demás, en el asunto de la conveniencia o no de los conventos pequeños, desparramados entre los indios. Y hubo órdenes y contraórdenes. Todo tenía ventajas e inconvenientes, como sucede siempre en cuestión de métodos de trabajo. Hacia el final del período colonial se observa, a veces, cierta disminución de personal, debida, en parte, a medidas parcialmente desamortizadoras.

5) La Compañía de Jesús

La primera misión de los jesuitas a la América española llevó un retraso de casi veinte años con la que había ido al Brasil en 1549. Pudieron por fin ir a la Florida, a regarla con la sangre de nueve mártires (1566-72), y en el entretanto llegar al Perú en 1568, y en 1572 a México. Aunque comenzaron con la fundación de centros de enseñanza y de misiones temporales a los indios, por dificultades con la aceptación del sistema parroquial de las *doctrinas de indios,* pronto comenzaron a tener algunas en el Perú y luego en Chile, Bolivia, las regiones del Plata y del Amazonas y el norte de México. Se fue formando insensiblemente una zona de *misiones de fronteras* en todos esos territorios, que se organizaron en reducciones durante los siglos XVII y XVIII.

Puestos a escoger diversos nombres, señalaremos algunos al azar, comenzando por el P. ALONSO DE BARZANA (1530-98), natural de Belinchón, en Cuenca, y que después de ser discípulo de San Juan de Avila pasó como jesuita al Perú en 1569. Se distinguió por su facilidad para las lenguas indígenas, de las que aprendió el quechua, aymará y guaraní. Fue de los principales compositores de los catecismos indígenas del concilio de Lima de 1583. Abrió también el camino del Paraguay a sus hermanos de religión, continuando el sistema de reducciones y misiones del P. Luis de Bolaños, O.F.M. Sus compañeros le estimaban como santo, y es la impresión que se saca de numerosos informes [130].

---

[128] Ibid., 2 (1945) 240.

[129] Ibid., 2 (1945) 240.

[130] Para estos misioneros puede consultarse, hasta principios del siglo XVII, la colección *Monumenta Peruana,* sección de los *Monumenta Historica Societatis Iesu,* Roma, preparada en esta parte por el P. ANTONIO EGAÑA, distinguido americanista.

Recordamos a continuación a dos Padres. Diego de Torres: El P. DIEGO DE TORRES RUBIO, nacido en Alcázar de San Juan en 1548; religioso en 1572; viaje al Perú en 1579. Sobresalió en las lenguas generales del país. Ayudó para la composición de los catecismos limenses y escribió el *Arte de la lengua aymará* (Lima 1616) y *Arte de la lengua quichua* (ibid., 1619). Fue rector en varios colegios y profesor durante treinta años de la lengua aymará en Chuquisaca (Sucre).

El P. DIEGO DE TORRES BOLLO nació en Villalpando (Zamora) en 1551; fue misionero en el Perú y el Paraguay. Superior de varias misiones y colegios. Primer viceprovincial del Nuevo Reino de Granada y primer provincial del Paraguay. Benemérito de las misiones. Murió en el mismo colegio de Chuquisaca (ciudad de cuatro nombres, un año después de su homónimo, en 1639.

Por los mismos años dio impulso a la misión de los araucanos en Chile el P. LUIS DE VALDIVIA, a quien recordamos por ir unido su nombre al asunto de la guerra meramente defensiva en aquel país tan belicoso. Había nacido en Granada en 1561 y murió en Valladolid en 1642. Trabajó primero en Lima y en la doctrina de Juli, junto al lago Titicaca, y en 1593 fue a Chile, donde actuó como rector del colegio de Santiago. Volvió a Lima en 1602, y de allí otra vez a Chile en 1605 como misionero de los araucanos. Para defender la libertad de los indios propuso su plan de guerra defensiva, y la defendió allí, y en España ante la corte. Hubo muchos incidentes y dificultades, que acabó de resolver en sentido negativo el martirio de tres jesuitas en 1612 en Elicura (Chile); uno de ellos, el P. Martín de Aranda Valdivia, primo del P. Valdivia. Esto aumentó las prevenciones del Gobierno español, y el P. Valdivia tuvo que volver a España, donde pasó sus últimos años.

Junto a estos misioneros de los primeros tiempos figuraron algunos escritores de renombre, como el P. JOSÉ ACOSTA (1540-1600), superior, teólogo, profesor y uno de los principales personajes del concilio limense de 1583. Escribió sus dos obras principales: *De procuranda Indorum salute* e *Historia natural y moral de las Indias,* en Ultramar, aunque la última la completó en Europa.

El P. BERNABÉ COBO, natural de Lopera (Jaén 1582), entró en el Perú como religioso en 1601 y se distinguió como observador atento y escritor con su obra *Historia del Nuevo Mundo,* 4 vols. (Madrid 1890-94; reed. en 1956 en la Biblioteca de Autores Españoles, por el P. Francisco Mateos).

La sección misionera de la Provincia jesuítica del Paraguay (todo el Río de la Plata, Paraná, etc.) produjo no sólo insignes misioneros, sino también buenos escritores e historiadores, estudiados y a veces reeditados por el fecundísimo historiador argentino Guillermo Furlong. Citemos, entre otros, al P. PEDRO POZANO, madrileño (1697-1752), muerto en Humahuaca. Furlong le considera «el príncipe de los historiadores coloniales argentinos» [131], y también «escritor fecundo y el primer historiador ar-

---

[131] En su obra *Los jesuitas* (Buenos Aires 1942) p.137 y 141-42.

gentino». Autor de la *Historia de la conquista* (6 vols.), *Historia de la Compañía»* (2 vols.) e *Historia del Chaco»* (1 vol.).

Gran misionero, explorador y escritor es también el P. JOSÉ CARDIEL, natural de La Guardia (Alava) 1704, y muerto en el destierro en Faenza, en 1782. Misionó a los guaraníes, mocobíes, abipones y patagones. Se opuso al tratado de límites de 1750. Sus informes fueron aprovechados por Lozano, Muriel y otros historiadores.

Para no alargarnos en la lista de los misioneros; contentémonos con mencionar a los PP. ROQUE GONZÁLEZ DE SANTA CRUZ (paraguayo) y los dos jóvenes sacerdotes españoles PP. JUAN DEL CASTILLO Y ALONSO RODRÍGUEZ, por ser los primeros y hasta ahora únicos mártires sudamericanos que han llegado a la solemne beatificación en Roma, en 1931 por Pío XI. El P. Roque González trabajó veinte años con los guaraníes, logrando establecer sólidamente las primeras de las que en seguida fueron célebres y controvertidas reducciones paraguayas.

Más al norte fundaron estables reducciones en el Marañón el P. LUCAS DE LA CUEVA y otros muchos compañeros; entre ellos, el P. SAMUEL FRITZ, representante de los misioneros provenientes del antiguo imperio de Alemania (casa de Austria), que misionaron en la América española. Fundó varios pueblos, dibujó mapas del país, codiciado por los portugueses, a los que se enfrentó, y murió cerca de La Laguna (Ecuador) en 1725. Había nacido en Bohemia en 1654.

En las misiones del norte de México, litoral del Pacífico, se distinguieron muchos misioneros, como el P. BARTOLOMÉ CASTAÑO, en Sonora, a mediados del siglo XVII, y en el mismo país y la Baja California, los PP. JUAN MARÍA SALVATIERRA (hijo de español, aunque nacido en Milán, en 1649) y EUSEBIO KINO, de la región trentina. Ambos fundaron pueblos, civilizaron tribus y consolidaron aquella misión, entonces dificilísima. Les secundó mucho el P. JUAN DE UGARTE, criollo, de Tegucigalpa.

Coronemos este recuerdo con la evocación del mayor misionero jesuita de América, aureolado también con la santidad canonizada, como San Luis Beltrán y Francisco Solano, en Sudamérica: SAN PEDRO CLAVER, apóstol de los negros. No floreció esta santidad en las atormentadas misiones de fronteras, sino en una de las ciudades más importantes de aquel período y su principal plaza fuerte: Cartagena de Indias (Colombia), y no con los indígenas del país, sino con los importados esclavos de Africa.

Nació Claver en Verdú (Lérida) y, encauzado por San Alonso Rodríguez en Palma de Mallorca, pidió las Indias, llegando a Nueva Granada en 1610. En 1616 se ordenó de sacerdote en la misma Cartagena, y se consagró cuarenta años a la atención corporal y espiritual de los africanos que abordaban aquel importante puerto de entrada. Se dice que bautizó hasta 300.000 negros, y por ello el papa León XIII le declaró en 1896 Patrono universal de las misiones entre los negros. No necesitamos ponderar el heroísmo que esto supone en aquella zona tórrida permanente, con esclavos carentes de los medios normales de conservación de la salud y del bienestar. Los relatos de los que le conocieron coinciden en la apreciación de su heroísmo y santidad, aun cuando no ponderan demasiado otras cualidades humanas. Fue un místico dinámico y realista [132].

6) Los capuchinos

La gloriosa Orden Capuchina tuvo también desde el siglo XVII campos de misión en las Indias españolas. Y su iniciador fue un hermano lego de vida accidentada: FRAY FRANCISCO DE PAMPLONA, donde había nacido en 1597. Tuvo una accidentada vida militar hasta que entró en 1637 en la Orden capuchina. En 1643 fue designado misionero para el Congo, adonde llegó en 1645, y, al volver a Madrid al año para informar y pedir refuerzos, va en 1647 a Nueva Granada, al Darién, con otra misión. Vuelve a Madrid y Roma, y retorna en 1650 a Cumaná (Venezuela), región donde arraigarán sus hermanos de hábito y fundarán fructuosas misiones. Murió en La Guaira (Venezuela). Más que misionero directo, fue un negociador de asuntos misioneros, avalado, en parte, por su anterior vida civil, como don Tiburcio de Redín y Cruzat [133].

Uno que se distinguió en aquella misión fue el P. JOSÉ DE CARABANTES, natural de ese pueblo de Soria (n. 1628), que llegó en 1657 a Venezuela. Participó en la misión de los Llanos de Cumaná en 1659, con indios chaimas y caribes. Fundó cinco pueblos. Los últimos años los pasó en España. Introducida su causa de beatificación.

Méritos parecidos reunió el P. FRANCISCO DE TAUSTE, que nació en esa localidad zaragozana en 1626, llegando como misionero a Venezuela en 1657. Trabajó con los indios chaimas, imprimiendo un diccionario, gramática y catecismo de esta lengua en España en uno de sus viajes. Volvió esa vez en 1679 y murió en Santa María de los Angeles, algunos años después, en 1685.

Terminemos esta enumeración de misioneros recordando otro tipo de actuación misionera, la caritativa, aunque no precisamente en misiones apartadas de las ciudades coloniales, sino en ellas mismas y en sus cercanías, que contaban con tan gran población indígena entonces. Nos referimos al Venerable PEDRO DE BÉTHENCOURT, canario de Tenerife, que fue a Guatemala en 1651 y, después de intentar estudiar con los jesuitas siendo ya algo mayor, se dedicó a socorrer a inválidos y enfermos. Formó una escuela-oratorio en Guatemala, con una iglesia y un hospital; admitió niños expósitos para su educación y se convirtió en fundador de los hermanos y hermanas betlemitas, institución que se ex-

[132] A. VALTIERRA, *San Pedro Claver* (Bogotá 1951). Estudio documentado del santo apóstol.
[133] Cf. FR. LÁZARO DE ASPURZ, *Diccionario de historia eclesiástica de España* vol.3 p.1876-77, donde cita otros trabajos suyos sobre este tema, más largos, lo mismo que diversas biografías.

tendió por Hispanoamérica. Clemente XIV declaró la heroicidad de sus virtudes el 25 de julio de 1771 [134].

7) El clero secular

Terminemos esta enumeración con algunos nombres de clérigos seculares que se distinguieron en la primera evangelización de aquellas nuevas gentes o en la consolidación de la Iglesia. El P.C. Bayle dedicó uno de sus libros a este tema después de haber adelantado algunos capítulos en revistas. El tema es abundante en nombres y peripecias diversas, y por ello no podemos más que tocarlo aquí. El DOCTOR DON FRANCISCO DE AVILA, cuzqueño, se distinguió por su ciencia, sus virtudes y su celo en evangelizar indios. Escribió sermones para ellos y dejó una fundación que continuara su labor. Murió en Lima siendo canónigo y catedrático en la Universidad [135].

Después de las primeras conversiones, casi en masa en muchos sitios, hubo rebrotes de idolatría y campañas para desarraigarlas, y en ellas intervienen muchos sacerdotes diocesanos con gran eficacia, como el mismo Avila.

Compañero suyo fue en Lima el P. HERNANDO DE AVENDAÑO, catedrático en San Marcos de Lima, y con varios cargos pastorales, de quien se dice que absolvió en sus visitas a más de 12.000 apóstatas.

El P. Bayle da una larga relación de sacerdotes que se distinguieron en su labor cristianizadora:

> «El canónigo JOAN GONZÁLEZ... estuvo sin estipendio alguno predicándoles porque es muy buena lengua mexicana...; JOAN DE MESA... el que mejor sabe la lengua huasteca... donde él siempre ha residido... convirtiendo, predicando y administrando a los indios sin estipendio alguno. MARTÍN DE LEDESMA... lengua mexicana, y ha que está en la tierra más de veintidós años; siempre ha estado en pueblos de indios, donde ha hecho mucho provecho con su buen ejemplo y cristiandad» [136].

Hay catálogos parecidos en distintas regiones, tanto en el Perú como en Nueva Granada, Chile, el Plata, etc.:

> «Y el cura de Pauto llamado ANTEQUERA, de quien se decía que los salvajes *giraras* tenían por dios, por los muchos beneficios espirituales y corporales que les dispensaba el buen clérigo» [137].

De LUIS VANEGAS DE SOTOMAYOR se escribe:

> «Ha más de veinte años que es sacerdote; sirvió curatos de indios más de diez años... hombre virtuosísimo, y, aunque no es graduado, es suficiente para una canonjía» [138].

---

[134] Cf. LÓPEZ HERRERA, Salvador, *Pedro de San José Béthencourt (el San Francisco de Asís americano)*: España Misionera 14 (1958) 24-46, con amplia bibliografía sobre el Venerable.

[135] *Los clérigos y la extirpación de la idolatría entre los neófitos americanos*: Missionalia Hispanica 3 (1946) 53-98 y *El campo propio del sacerdote secular en la evangelización americana*: ibid., 469-510.

[136] Ibid., p.55.

[137] Ibid., p.497ss.   [138] Ibid., p.500.

Fray Francisco de Rivera, obispo de Michoacán, escribe (1635):

«Las doctrinas de indios de este obispado están muy bien administradas y tienen extremadas iglesias, y muy lucidas en altares y ornamentos; cierto que entiendo que en esto se cumple con la obligación y que tiene V. M. segura su real conciencia» [139].

El obispo de Nicaragua, Fr. Andrés de Nava, en 1680:

«V. M. me manda que, cuando visite este obispado..., procure evitar totalmente los agravios que los curas hacen a los indios... En toda la visita, Señor, de este obispado no he encontrado queja de miserable indio contra cura de este partido, antes sí lo que he reconocido es ser los curas acérrimos defensores de los indios» [140].

Monseñor Palafox hablaba de lo bien que sus clérigos servían en su iglesia y que todos tenían quien les administrase los sacramentos, sin quejas. Y el Illmo. Alday, de Santiago de Chile, escribía en 1762 al papa Clemente XIII:

«Los curas de este obispado se conforman exactamente a las mismas normas... y cumplen a satisfacción sus deberes, porque todos residen en sus parroquias respectivas, llenos de solicitud y de cuidado por las ovejas que les están confiadas» [141].

¿Que hay otras series de documentos diferentes? Es verdad, pero no negamos que hubiera luz y sombras, sino que aparecieran solas o predominaran las sombras, sin atenuantes. En esa obra de Bayle está indicada una solución aceptable.

El mero enunciado de algunos rasgos de estos misioneros nos ha llevado a comprobar constantemente su estrechísima relación con España. La mayoría de los citados volvió a España una o más veces como delegados de sus provincias religiosas o con otros encargos de interés misional, y solían reclutar más misioneros para sus territorios respectivos y publicar libros con la historia de sus iglesias locales o con sus gramáticas y diccionarios. Hubo influjo mutuo constante entre ambas orillas del Atlántico o del Pacífico. Muchos de ellos llegaron también a Roma, a ponerse en contacto con la Congregación de Propaganda Fide o con el mismo papa; otros fueron eminentes en santidad, y es numerosísimo el contingente de los martirizados. Todos ellos son piezas imprescindibles de aquella historia, extraña para muchos modernos; pero entre sus luces y sus sombras se percibe la marcha de la Iglesia y de la sociedad hispanoamericana hacia su madurez religiosa, civil y política. Los misioneros contribuyeron poderosamente a esos logros, cuya vista de conjunto es muy positiva.

---

[139] Ibid., p.502.
[140] Ibid., p.502-503.
[141] Ibid., p.503-504.

8) **Consideraciones finales sobre estadísticas**

Ya en 1531 escribía fray Juan de Zumárraga al capítulo general de Toulouse que los franciscanos habían bautizado en México más de un millón de indios. De fray Martín de Valencia y sus compañeros se llegó a escribir que cada uno había superado los cien mil bautismos. Citamos antes a Sahagún y Motolinía [142].

Esto trajo muchas discusiones acerca de la preparación que podían tener aquellos neófitos, y, después de estudiar el asunto, la Universidad de Salamanca dio su parecer a Carlos V el 31 de marzo de 1541 en sentido restrictivo. Durante los siglos XVII y XVIII, las cifras son mucho menores, en parte porque la masa principal de las zonas más civilizadas ya se había cristianizado, y en parte porque las nuevas misiones se establecían en territorios menos poblados, y se llevaba mejor la cuenta de los bautizados en las nuevas doctrinas y reducciones. Así lo vemos en las nuevas misiones franciscanas de Nuevo México, Centroamérica, Venezuela, etc. [143].

Otro ejemplo lo tenemos en el Paraguay, donde los números fueron siendo bastante exactos. Escribía el P. Ruiz de Montoya:

> «Reducción de San Pedro y San Pablo: esta población es algo nueva; hanse bautizado al pie de 4.000 personas, y los gentiles que quedan se van disponiendo para este sacramento y dan muestras que ha de ser muy lustrosa esta cristiandad. Reducción de Santo Tomé: este pueblo es muy celebrado... vanse bautizando apriesa; tiene pocos menos de 6.000 cristianos; su conversión fue casi milagrosa, porque fue gente de dura cerviz... Reducción de San José: ... bautizáronse en este pueblo casi 3.000 almas... Reducción de San Miguel: ... tendrá 5.000 personas, y ya son cristianos casi todos... Reducción de San Cosme y San Damián ... al pie de 5.000 almas, que se van bautizando... Reducción de Santa Teresa: 5.000 almas... Reducción de la Natividad de Nuestra Señora: redujéronse aquí cerca de 6.000 almas; hanse bautizado ya 2.600, y los demás se van preparando... Reducción de Santa Ana: poblaron este puesto 6.000 personas, y en breve se bautizaron 2.000» [144].

Y sólo llevaban allí veintiocho años. Luego se concretan mejor los números al consolidarse las reducciones.

Cifras parecidas, inicialmente menores, se encuentran en las misiones de fray Junípero Serra y sus compañeros en California o en las de los capuchinos de los bordes de la Guayana.

En el momento de la emancipación se calculaban 11 millones de habitantes, que otros aumentan hasta 15, en los territorios hispanoamericanos más o menos controlados, de los que la mayoría eran cristianos. Quedaban grupos importantes en las fronteras del Amazonas, Orinoco y el sur del continente, que habían quedado fuera del alcance de la acción misional en su mayor parte, y que sólo durante los siglos XIX y XX han conocido la penetración evangélica en otro ambiente, con más me-

---

[142] YBOT LÉON, o.c., p.649-50.
[143] Ibid., p.656-57.
[144] *Conquista espiritual... del Paraguay* p.172 y 242.

dios, pero también con más competencia con otras confesiones religiosas o de los mismos gobiernos, a veces algo antirreligiosos, aunque generalmente han favorecido a los misioneros.

En cuanto a la población negra, calculada en unos 800.000 [145], la mayoría eran cristianos, aunque también entre ellos tardara en instaurarse con cierta profundidad la vida cristiana. Las grandes cifras de bautismos de San Pedro Claver y de otros apóstoles no quieren decir que en esas mismas cantidades se estableciera de modo permanente la raza negra, por las muertes de muchos de ellos, la escasez de mujeres de su raza y otros factores. Pero ya entonces estaba en plena etapa de crecimiento, aunque también con diversas mezclas raciales.

Una última estadística de nuestra Orden, porque la conocemos mejor y tenemos a mano, sobre cuántos trabajaban espiritualmente con los indios.

«Los jesuitas llegan a México en 1572, y ya en 1576, 7 operarios apostólicos trabajan entre los indios; en 1580 son 8; 16 en 1585; en 1593 son 35; en 1595, 44; en 1596, 53; en 1600 son 55, y en 1604, cuando los sacerdotes de la Provincia son sólo 119, 64.

Con los catálogos y otros documentos a la mano, sabemos que este último año, de los 109 jesuitas que conocen alguna lengua indígena, 88 saben el náhuatl o el azteca, 20 el tarasco, 14 el otomí, 7 el zacateco, 5 el acaxe, 3 el tepehuán» [146], 22 de ellos sabían varias de esas lenguas.

Como decimos, la consideración se debe aplicar a todos los religiosos de entonces. Es un buen ejemplo de acomodación misionera y de abnegada labor [147].

[145] NAVARRO Y LAMARCA, C., *Historia general de América* 2 p.360.
[146] ZUBILLAGA, Félix, S.I., *Jesuitas. Anuario de la Compañía de Jesús* 1979-1980 p.18.
[147] Concluida esta redacción, hemos conocido la importante sección dedicada a nuestro tema por ANGEL SANTOS, S.I., en su obra *Las Misiones católicas* p.212-98, en la trad. y acomodación española de la *Historia de la Iglesia,* de A. FLICHE y V. MARTÍN (Valencia 1978).

EPILOGO

Este rápido resumen comparativo de historia misional nos lleva a la inevitable pregunta: «¿Epopeya a lo divino? ¿Con bastantes manchas?»

Recorriendo someramente la enorme literatura que en Europa o América se ocupa en estudiar aquellos tres siglos evangelizadores, nos encontraremos con juicios muy diversos, provenientes en gran parte de la posición ideológica de los escritores. Se ha ganado algo en objetividad en los últimos decenios, pero en la generalidad impera el modo anterior.

No nos referimos a los que en discursos patrióticos o conmemorativos, sin pretensiones de precisión histórica, magnifican o vilipendian, según los casos, todo lo llevado a cabo entonces. Esas estridencias no deben llamarnos mucho la atención.

Pero aparecen también en escritos con pretensiones científicas, de tipo meramente histórico, o sociológico, o religioso. Y es fácil percibir posturas poco críticas. Para muchos sigue predominando el aspecto negativo de la evangelización; para otros, el positivo. Epopeya o tiranía; heroicidades o crímenes; grandes personajes de la historia o pigmeos engrandecidos por falsas concepciones del hombre, de la vida, de la religión.

Hay otros más objetivos. Generalmente, los que se han dedicado más al estudio de los innumerables documentos necesarios para el conocimiento de estos temas. Se muestran más cautelosos, van comprendiendo más a sus personajes y a su época; incluso algunos protestantes, como Ernst Schäfer en sus estudios sobre el Consejo de Indias o la Inquisición; o católicos como Joseph Höffner, sobre la ética colonial española; o Marcel Bataillon, o Lewis Hanke. Entre los españoles no abiertamente católicos, sin ser precisamente hostiles a la Iglesia, es un caso típico don Salvador de Madariaga, que ha renunciado a muchos prejuicios, pero a quien su formación y militancia política impide a veces ver con más claridad o profundidad algunas cuestiones que sólo aborda parcialmente, o inspirándose en escritores algo en pugna con la Iglesia, sin que esto quiera decir que los siga indiscriminadamente ni que se exima de personales investigaciones o reflexiones independientes.

No nos fijamos ahora tanto en los que con preferencia se basan en sus concepciones sociológicas o políticas, a veces teñidas de marxismo bastante transparente, tratando de presentar las cosas desde tales perspectivas.

¿Y los católicos? ¿No tienen también ellos su «leyenda áurea» en una u otra forma? Claro que sí; pero entre los historiadores propiamente dichos son escasos los que pequen notoriamente por ese lado. Naturalmente que no insistirán demasiado en ciertas deficiencias, pero tampoco las ocultarán. Procurarán, cuando es factible, explicar los defectos o deficiencias, pero no falsearlas. Es más frecuente la ignorancia de las fuentes católicas o su ínfima utilización, aun conociéndolas, entre sus contrarios, lo mismo que la repetición de ciertas leyendas, ya desacreditadas entre los estudiosos.

Por todo esto hay que procurar un equilibrio interpretativo que, huyendo de los extremos, presente la realidad religiosa americana de esos siglos con sus esplendores y lacras, con su luz y sus sombras. Se trataba entonces de una situación única. No podemos pedir a unos misioneros que se encuentran por primera vez con intrincados problemas de adaptación acertar plenamente en la separación de lo que es irreligioso o reprobable, de difícil o imposible aprovechamiento, y de lo que es preferentemente cultural, con elementos o implicaciones religiosas o mágicas. La falta de conocimiento mutuo de las respectivas lenguas aumentaba las dificultades. La unión entre lo religioso y lo político en tantos aspectos de la vida, creaba una serie de problemas que los misioneros solos no podían solucionar. La soledad, la lejanía del trato social y de gentes educadas, tenían que crear a la larga otras dificultades a nuestros misioneros. Los ataques exteriores de ingleses, franceses, holandeses y a veces portugueses motivaron otras. No condenemos, sin más, ni a unos ni a otros sin oír sus descargos. El resultado no era exiguo en 1800. Había grandes regiones cristianizadas, con los elementos necesarios para una vida católica autóctona. Otras estaban en vías de cristianización, y se proyectaban nuevas entradas, con difíciles accesos por llanos o cordilleras, sin fin.

Los nuevos tiempos exigían un cambio en la actitud del Consejo de Indias, que difícilmente podía verificarse sin violentas conmociones, y podían arrastrar en su ímpetu elementos que no debían desaparecer.

La emancipación fue demasiado larga, dolorosa y disgregadora. Junto con otros elementos que irrumpieron de todas partes en aquel hasta entonces coto cerrado religioso del Patronato Real, ocasionó un cambio profundo y actitudes a veces persecutorias o de menos estima para con la Iglesia católica. Por eso no se puede presentar la imagen actual de la Iglesia hispanoamericana como un resultado fatal y poco menos que único de aquella actitud. El equilibrio crítico que propugnamos nos obligará a repartir responsabilidades. Comprobaremos, una vez más en la historia de la Iglesia, que los poderes públicos la ayudan en muchos casos y en otros la perjudican por no guiarse única o preferentemente por criterios religiosos. Y que Dios parece complacerse en desbaratar nuestros planteamientos, aun los apostólicos, para que se vea mejor que en definitiva es El el que lleva los acontecimientos, respetando la libertad humana. Pero tampoco trata de quitar a nadie su parte de cooperación a sus designios salvadores. El caso de las Indias españolas, en lo eclesiástico, es uno de ellos.

UNDÉCIMA PARTE

LITERATURA RELIGIOSA EN EL SIGLO DE ORO ESPAÑOL

Por BALBINO MARCOS

BIBLIOGRAFIA

ALLISON PEERS, E., *El misticismo español* (Buenos Aires 1947).

GROULT, P., *Les mystiques des Pays-Bas et la littérature espagnole de seizième siècle* (Lovaina 1927).

HERRERO GARCÍA, M., *La titeratura religiosa*, en *Historia general de las literaturas hispánicas* vol.3 (Barcelona 1953) p.3-78.

HATZFELD, H., *Estudios literarios sobre mística española* (Madrid 1968).

MÁRQUEZ VILLANUEVA, F., *Espiritualidad y literatura en el siglo XVI* (Madrid-Barcelona 1968).

MENÉNDEZ PELAYO, M., *La estética platónica en los místicos del siglo XVI y XVII*, en *Historia de las ideas estéticas* 11 (CSIC Madrid 1940) c.7.

MOLINER, José M.ª de la C., *Historia de la literatura mística en España* (Burgos 1961).

OROZCO DÍAZ, E., *Lección permanente del Barroco español* (Madrid 1956).

—*La literratura religiosa y el Barroco*: Rev. Univ. de Madrid 11 (1962) 411-74.

PFANDL, L., *Historia de la literatura nacional española en la edad de oro* (Barcelona 1933).

RICARD, R., *Estudios de literatura religiosa española* (Madrid 1964).

ROUSSELOT, P., *Les mystiques espagnols* (París 1867).

SAINZ RODRÍGUEZ, P., *Introducción a la literatura mística en España* (Madrid 1927).

—*Espiritualidad española* (Madrid 1961).

ALLISON PEERS, E., *Intr. y notas al libro de Bernardino de Laredo «The Ascent of Mount Sion»* (Londres 1952).

CABALLERO VILALDEA, S., *Fray Bernardino de Laredo, médico y boticario franciscano del siglo XVI* (Madrid 1948).

GOMIS, Fray Juan Bautista, O.F.M., intr. a *Místicos franciscanos españoles:* BAC (Madrid 1948) t.1 p.3-93 (comprende obras de fray Alonso de Madrid y de fray Francisco de Osuna); t.2 intr. p.3-24 (comprende obras de fray Bernardino de Laredo, fray Antonio de Guevara, fray Miguel de Medina y Beato Nicolás Factor); t.3 intr. p.3-54 (comprende obras de fray Diego de Estella, fray Juan de Pineda, fray Juan de los Angeles, fray Melchor de Cetina y fray Juan Bautista de Madrigal).

ROS, Fidéle de, *Le Père Francisco de Osuna* París 1937).

—*Un inspirateur de Sainte Thérèse: le frère Bernardin de Laredo* (París 1948).

CASTRO, Américo, *Antonio de Guevara. Un hombre y un estilo del siglo XVI*, en *Hacia Cervantes* (Madrid 1967) p.86-117.

COSTES, R., *Antonio de Guevara: sa vie:* École des Hautes Études Hispaniques (París 1925).

GIBBS, J., *Vida de fray Antonio de Guevara* (Valladolid 1960).

LIDA, M.ª Rosa, *Fray Antonio de Guevara. Edad Media y siglo de oro español:* Rev. de Filología Hispánica 7 (Buenos Aires 1945) 346-388.

MARICHAL, J., *Sobre la originalidad renacentista en el estilo de Guevara:* Nueva Rev. de Filología Hispánica (Méjico 1955) p.113-28.

MÁRQUEZ VILLANUEVA, F., *Fray Antonio de Guevara o la ascética novelada,* en *Espiritualidad y literatura en el siglo XVI* (Madrid-Barcelona 1968) 17-66.

MENÉNDEZ PIDAL, R., *Fray Antonio de Guevara y la idea imperial de Carlos V:* Archivo Ibero-Americano (Madrid 1946) 331-38.

ROS, Fidèle de, *Guevara, auteur ascétique:* Archivo Ibero-Americano (Madrid 1946) p.340-404.

DOMÍNGUEZ BERRUETA, J., *Fray Juan de los Angeles* (Madrid 1827).

GOMIS, J.B., *El amor social en fray Juan de los Angeles:* Verdad y Vida 5 (Madrid 1947) p.309-35.

GROULT, P., *L'influence des mystiques des Pays-Bas sur J. de los A.,* en *Les mystiques des Pays-Bas et la littérature espagnole du seizième siècle* (Lovaina 1927) p.186-265.

ROS, Fidèle de, *La vie et l'oeuvre de Jean des Angres,* en *Mélanges offerts au R. P. Ferdinand Cavallero* (Toulouse 1948) p.405-23.

TORRES Y GALEOTE, F. de, *La mística española y los «Triunfos del amor de Dios»,* de fray Juan de los Angeles: Acad. Sevillana de Buenas Letras (Sevilla 1907).

GUILLAUME, P., *Un précurseur de la réforme catholique. Alonso de Madrid: «L'Arte para servir a Dios»:* Revue d'Histoire Ecclésiastique (Lovaina 1929) 260-74.

—*Une source franciscaine de l'ascétisme thérésien:* La France Franciscaine 13 (París 1930) 397-435; 14 (1931) p.5-65.

ROS, Fidèle de, *Alonso de Madrid, théoricien du pur amour:* Archivum Historicum Societatis Iesu 25 (Roma 1956) p.351-79.

LEJARZA, F. de, *Nuevos estudios sobre fray Diego de Estella:* Archivo Ibero-Americano 11 (Madrid 1951) p.359-77.

PÉREZ DE URBEL, J., *Fray Diego de Estella:* Revista Eclesiástica 29 (Valladolid 1924) p.217-23.

SAGÜÉS AZCONA, P., *Fray Diego de Estella* (Pamplona 1950).

ZALBA, J., *Fray Diego de Estella. Estudio histórico* (Pamplona 1924).

ALONSO, Dámaso, *Forma exterior y forma interior en fray Luis,* en *Poesía española. Ensayo de métodos y límites estilísticos* (Madrid 1957) p.121-98.

BELL, A. F. G., *Fray Luis de León. Un estudio del Renacimiento español* (Madrid 1927).

CAPÁNAGA, V., *Fray Luis de León y la cultura religiosa:* Religión y Cultura (El Escorial 1928) p.189-409.

GARCÍA, Félix, O.S.A., Introducciones y notas a *Obras completas castellanas de Fray Luis de León:* BAC, 2 vols. (Madrid ⁴1957).

GARCÍA-VILLOSLADA, R., *Renacimiento y humanismo,* en *Historia general de las literaturas hispánicas* II (Barcelona 1951) p.317-433.

GONZÁLEZ PALENCIA, A., *Fray Luis de León en la poesía castellana* (Cuenca 1929).

HORNEDO, R. M.ª de, *Algunos datos sobre el petrarquismo de fray Luis de León:* Razón y Fe (Madrid 1928) p.336-53.

LAPESA, R., *Las odas de fray Luis de León a Felipe Ruiz,* en *De la Edad Media a nuestros días* (Madrid 1967) p.172-92.

LLOBERA, J., *La edición príncipe de las poesías del maestro fray Luis de León:* Razón y Fe 98 (Madrid 1932) 65-81.

MACRÍ, Oreste, *La poesía de fray Luis de León* (Salamanca 1970).

MONTOLÍU, M. de, *Un tema estoico en la lírica de fray Luis de León,* en *Estudios dedicados a Menéndez Pidal* IV (Madrid 1953) p.461-67.

MUIÑOS, C., *Influencia de los agustinos en la poesía castellana:* La Ciudad de Dios (El Escorial, 17 y 18).

—*Los «Nombres de Cristo» de Fray Luis de León y del Beato Alonso de Orozco:* La Ciudad de Dios 17 (El Escorial 1888) p.464-74.

MONASTERIO, I., *Místicos agustinos españoles* (El Escorial 1929), 2 vols.

ALLUÉ SALVADOR, M., *Fray Pedro Malón de Chaide y su obra «La conversión de la Magdalena»:* Univ. 7 (Zaragoza 1930) p.1005-68.

GARCÍA, F., Ed., pról. y notas a *La conversión de la Magdalena, de P. Malón de Chaide:* Clásicos Castellanos 104-105 (Madrid 1930), 2 vols.

HATZFELD, H., *El estilo de Malón de Chaide,* en *Estudios sobre el Barroco* (Madrid 1964) p.241-63.

SANJUÁN URMENETA, J. M., *Fray Pedro Malón de Chaide* (Pamplona 1957).

VINCI, J., *Vida y obras de P. Malón de Chaide:* Religión y Cultura (El Escorial 1957) 262-82.

—*Pedro Malón de Chaide dentro y fuera de la tradición literaria agustiniana:* Religión y Cultura 5 (El Escorial 1960) p.212-41.

SAN JUAN DE LA CRUZ, *Obras.* Ed. crítica del P. Gerardo de San Juan de la Cruz (Toledo 1912-14), 3 vols.; *Obras.* Ed. y notas por el P. Silverio de Santa Teresa (Burgos 1929), 3 vols.; *Vida y obra de San Juan de la Cruz.* Biografía inédita por el P. Crisógono de Jesús. Pról., introd., revisión del texto y notas por el P. Lucinio del Santísimo Sacramento: BAC (Madrid ⁴ 1960).

ALDA TESÁN, J.M., *Poesía y lenguaje místicos de San Juan de la Cruz:* Univ. 20 (Zaragoza 1943) p.577-600.

ALONSO, Dámaso, *La poesía de San Juan de la Cruz («Desde esta ladera»),* con las poesías completas y una sel. de sus comentarios en prosa, por E. Galvarriato: Crisol 171 (Madrid 1946).

—*El misterio técnico en la poesía de San Juan de la Cruz,* en *Poesía española. Ensayo de métodos y límites estilísticos* (Madrid 1957) p.219-305.

BATAILLON, M., *La tortolica de «Fontefrida» y del «Cántico espiritual». Sobre la génesis poética del «Cántico Espiritual»,* en *Varia lección de clásicos españoles* (Madrid 1964) p.144-166 y 167-82.

COSSÍO, J. M. de, *Rasgos renacentistas y populares en el «Cántico espiritual», de San Juan de la Cruz:* Escorial 9 (Madrid 1942) p.205-28.

CRISÓGONO DE JESÚS SACRAMENTADO, *San Juan de la Cruz: su obra científica y su obra literaria;* El Mensajero de Santa Teresa (Madrid 1929), 2 vols.

DIEGO, Gerardo, *Música y ritmo en la poesía de San Juan de la Cruz:* Escorial 9 (Madrid 1942) p.166-86.

GUILLÉN, Jorge, *San Juan de la Cruz o lo inefable místico,* en *Lenguaje y poesía* (Madrid 1962) p.75-109.

HORNEDO, R. M.ª de, *Fisonomía poética de San Juan de la Cruz;* Razón y Fe 127 (Madrid 1943) p.220-42.

ICAZA, R. M., *The Stylistic Relationship between Poetry and Prose in the «Cántico Espiritual» of San Juan de la Cruz:* The Catholic University of America Press (Wáshington 1957).

OROZCO DÍAZ, E., *Poesía y mística. Introducción a la lírica de San Juan de la Cruz* (Madrid 1958).

SABINO DE JESÚS, *San Juan de la Cruz y la crítica literaria* (Vitoria 1948).

SETIÉN DE JESÚS MARÍA, *Las raíces de la poesía sanjuanista y Dámaso Alonso* (Burgos 1950).

VALENTI, J. I., *Examen crítico de las obras de San Juan de la Cruz bajo el concepto religioso y literario* (Madrid 1893).

YNDURAIN, F., *Mística y poesía en San Juan de la Cruz:* Rev. de Literatura 2 (Madrid 1952) p.9-15.

CLAUDIO DE JESÚS CRUCIFICADO, *Algunos rasgos literarios de Santa Teresa:* Monte Carmelo 14 (Burgos 1915) p.756-62.

CUSTODIO VEGA, A., O.S.A., *La poesía de Santa Teresa:* BAC (Madrid 1972).

HOORNAERT, R., *Sainte Thérèse, écrivain. Son milieu, ses facultés, son oeuvre* (París 1922).

JULIÁ MARTÍNEZ, E., *La cultura de Santa Teresa y su obra literaria* (Castellón 1922).

MENÉNDEZ PIDAL, R., *El estilo de Santa Teresa:* Escorial (Madrid 1941) p.13-30.

OLMEDO, F. G., *Santa Teresa de Jesús y los predicadores del siglo de oro:* Boletín de la Real Academia de la Historia 84 (Madrid 1924) p.280-95.

SABINO DE JESÚS, *Santa Teresa de Avila a través de la crítica literaria* (Bilbao 1949).

SÁNCHEZ MOGUEL, A., *El lenguaje de Santa Teresa de Jesús. Estudio comparativo entre sus escritos con los de San Juan de la Cruz y otros clásicos de su época* (Madrid 1915).

FRAY LUIS DE GRANADA, *Obras.* Ed. M. Sancha (1781-82), 8 vols.; *Obras completas,* pról. y vida del autor por J. J. de Mora: BAE, 3 vols. 6, 8, 11 (Madrid 1948-49); ed. de J. Cuervo (Valladolid-Madrid 1906-1908) 14 vols.

BATAILLON, M., *De Savonarole à Louis de Grenade:* Revue de littérature comparée 16 (París 1936) p.23-39.

BRETANO, M. B., *Nature in the Works of Fray Luis de Granada:* Catholic University of America (Wáshington 1936).

LAÍN ENTRALGO, P., *La antropología en la obra de fray Luis de Granada* (CSIC, Madrid 1946).

—*El mundo visible en la obra de fray Luis de Granada:* Rev. de Ideas Estéticas 4 (Madrid 1946) p.149-80.

SWITZER, R., *The Ciceronian style in Fr. Luis de Granada:* Instituto de las Españas (Nueva York 1927).

CAYUELA, A. M., *Nuestro poema de la redención:* Razón y Fe 103 (Madrid 1933) p.99-127.

MEYER, M. E., *The Sources of «La Cristiada»* (University of Michigan Press 1953).

PIERCE, F., *«La Cristiada»: A poem of the literature baroque:* Bulletin of Spanish Studies (Liverpool 1940) p.203-18.

RIVA Y AGÜERO, J. de la, *Nuevos datos sobre el P. Hojeda:* Revista de la Universidad Católica del Perú (Lima 1936) p.1-39.

REINA Y CASTRILLÓN, F., *El alma española a través de «La Cristiada»* (Santander 1951).

DÍAZ-PLAJA, G., *El estilo de San Ignacio y otras páginas* (Barcelona 1956).

FITA Y COLOMER, F., *Galería de jesuitas ilustres* (Madrid 1880).

G.-VILLOSLADA, R., *Loyola y Erasmo. Dos almas, dos épocas* (Madrid 1965).

LETURIA, P., *El gentilhombre Iñigo López de Loyola* (Barcelona ³1944): Estudios Ignacianos, Inst. Hist. S. I. (Roma 1957), 2 vols.

SOLA, S., *En torno al castellano de San Ignacio de Loyola:* Razón y Fe (Madrid, enero-febrero 1956) p.243-74.

RAHNER, H., *Ignacio de Loyola y su histórica formación espiritual* (Santander 1955).

ELIZALDE, I., *San Francisco Javier en la literatura española* (Madrid 1961).

LAPESA, R., *La «Vida de San Ignacio de Loyola», del P. Ribadeneyra,* en *De la Edad Media a nuestros días* (Madrid 1967) p.193-211.

REY, E., intr. a *Pedro de Ribadeneyra. Historias de la Contrarreforma:* BAC (Madrid 1955) p.XXXVI-CXXVI.

NIEREMBERG, Juan E., *Obras escogidas.* Ed. y estudio de Eduardo Zepeda Enriquez: BAE 103 y 104 (Madrid 1957).

—*Epistolario.* Ed. de N. Alonso Cortés; Clásicos Castellanos (Madrid 1915).

IPARRAGUIRRE, I., *Un escritor ascético olvidado: el P. Juan E. Nieremberg:* Estudios Eclesiásticos 32 (Madrid 1958) p.427-48.

SIMÓN DÍAZ, J., *Notas sobre el P. Nieremberg* (aportación documental para la erudición española) (Madrid 1947) p.4-6.

RODRÍGUEZ MOLERO, F. X., *Mística y estilo de la «Historia de la Sagrada pasión», del P. La Palma:* Rev. de Espiritualidad 12 (Madrid 1944) p.295-331.

ARCO, R. del, *Las ideas literarias de Baltasar Gracián y los escritores aragoneses:* Archivo de Filología Aragonesa, 3 (Zaragoza 1950) p.27-80.

BATLLORI, M., *La vida alternante de Baltasar Gracián en la Compañía de Jesús:* Archiv. Hist. S. I. 18 (Roma 1949) p.3-84; *La muerte de Gracián y la muerte en Gracián:* Razón y Fe 158 (Madrid 1958) p.405-12; *La barroquización de la «Ratio Studiorum» en la mente y en las obras de Gracián:* Analecta Gregoriana 70 (Roma 1954) p.157-62; *Gracián y la retórica barroca en España:* Atti del III Congreso Internazionale di studi umanistici (Roma 1955) p.27-32.

CORREA CALDERÓN, E., *Baltasar Gracián. Su vida y su obra* (Madrid 1961).

HEGER, K., *Baltasar Gracián. Estilo lingüístico y doctrina de valores* (Zaragoza 1960).

ROMERA-NAVARRO, M., *Sobre la moral de Gracián:* Hispanic Review 3 (Filadelfia 1935) p.119-26.

TORRES, C., *El «Comulgatorio» dentro de la vida de Gracián:* Boletín de la Universidad de Santiago de Compostela 63 p.319-74.

YNDURAIN, F., *Gracián, un estilo,* en *Homenaje a Baltasar Gracián* (Zaragoza 1958) p.163-88.

JUAN DE AVILA, *Obras completas del santo Maestro Juan de Avila.* Ed. crítica, intr. y notas de L. Sala Balust y F. Martín Hernández: BAC (Madrid 1970), 5 vols.

BATAILLON, M., *Jean d'Avila retrouvé:* Bulletin Hispanic 57 (Burdeos 1955) p.5-44.

G.-VILLOSLADA, R., *La figura del Beato Avila:* Manresa 17 (Madrid 1945) p.253-73.

JIMÉNEZ DUQUE, B., *El Beato Juan de Avila y su tiempo:* Manresa 17 (Madrid 1945) p.274-95.

MONTOLÍU, M. de, *El Beato Juan de Avila y Lope de Vega,* en *Miscelánea filológica dedicada a Mons. A. Griega* (San Cugat del Vallés-Barcelona 1960) p.153-58.

MUNITIZ, J. A., *La oratoria del Beato Avila y los clásicos:* Humanidades (Comillas-Santander 1958) p.283-302.

LOPE DE VEGA, *Lírica religiosa.* Sel. y prólogo del P. F. García (Madrid 1935).

ASTRANA MARÍN, L., *Vida azarosa de Lope de Vega* (Barcelona 1935).

CORREA CALDERÓN y LÁZARO CARRETER, F., *Lope y su época* (Salamanca 1961) 2 vols.

FERNÁNDEZ MONTESINOS, J., *Notas sobre algunas poesías de Lope de Vega,* en *Estudios sobre Lope* (Méjico 1951) p.241-78.

GONZÁLEZ RUIZ, N., *Lope de Vega. Biografía espiritual* (Madrid 1935).

HARZFELD, H., *Problemas estilísticos en los «Soliloquios amorosos de una alma a Dios», de Lope de Vega:* Thesaurus 13 (Bogotá 1958) p.11-23.

MORCILLO, C., *Lope de Vega, sacerdote* (Madrid 1934).

PEERS, E. A., *Mysticism in the poetry of Lope de Vega,* en *Estudios dedicados a Menéndez Pidal* I (Madrid 1950) p.349-58.

RENNERT, H. A., y AMÉRICO CASTRO, *Vida de Lope de Vega* (Madrid 1919).

ENTRAMBASAGUAS, J. de, *Lope de Vega y su tiempo* (Barcelona 1961), 2 vols.

ST. AMOUR, M. P., *A Study of de Villancico Up to Lope de Vega:* The Catholic University (Wáshington 1940).

WOSSLER, K., *Lope de Vega y su tiempo* (Madrid 1940)

ZAMORA VICENTE, A., *Lope de Vega. Su vida y su obra* (Madrid 1961).

ALBERTI, R., *Don Francisco de Quevedo: poeta de la muerte:* Revista Nacional de Cultura 22 (Caracas 1960) p.6-23.

ALONSO, Dámaso, *El desgarrón afectivo en la poesía de Quevedo,* en *Poesía española. Ensayo de métodos y límites estilísticos* (Madrid 1951) p.495-580 y 622-29.

BOUVIER, R., *Quevedo, homme du diable, homme du Dieu* (París 1929).

CARDENAL, M., *Algunos rasgos estéticos y morales de Quevedo:* Rev. de Ideas Estéticas 5 (Madrid 1947) p.31-52.

JUDERÍAS, J., *Don Francisco de Quevedo. La época, el hombre, las doctrinas* (Madrid 1923).

LASCARIS, C., *Senequismo y agustinismo en Quevedo:* Revista de Filosofía 9 (Madrid 1950) p.461-85.

LIDA, M.ª Rosa, *Quevedo y la «Introducción a la vida devota»:* Nueva Rev. de Filología Hispánica 7 (Méjico 1953) p.638-56.

—*La «España defendida» y la síntesis pagano-cristiana:* Imago Mundi 2 (Buenos Aires 1955) p.3-8.

ALARCOS, E., *Los sermones de Paravicino:* Rev. de Filología Española 24 (Madrid 1937) p.162-97 y 249-319.

DURAO, P., y PÉREZ, Q., ed. de *Los grandes maestros de la predicación:* el P. Antonio Vieira, S. I (Santander 1926).

HERRERO GARCÍA, M., *Sermonario clásico. Ensayo histórico sobre la oratoria sagrada en España del siglo XVI al XVII* (Madrid 1942).

HERRERO SALGADO, F., *Aportación bibliográfica a la oratoria sagrada española* (Madrid 1971).

MIR, M., ed. a *Sermones de Alonso de Cabrera, O.P.:* NBAE 3 (Madrid 1906-14).

REYES, A., *Las dolencias de Paravicino:* Rev. de Filología Española 5 (Madrid 1918) p.293-97.

SIMÓN DÍAZ, J., *Textos dispersos de clásicos españoles: Paravicino:* Rev. de Literatura 19 (Madrid 1960) p.273-85.

TERRONES DEL CANO, F., *Instrucción de predicadores:* Clásicos Castellanos (Madrid 1946).

INTRODUCCION

1. PLANTEAMIENTO GENERAL DEL PROBLEMA Y SENTIDO DE LOS TÉRMINOS «ASCÉTICA» Y «MÍSTICA» DENTRO DEL CAMPO RELIGIOSO

Al abordar el estudio de los eminentes escritores de literatura religiosa que florecieron en nuestro siglo áureo, penetramos en multitud de corrientes ideológicas, temáticas y formales, que dimanan, lógicamente, de diversos factores: educación y ambiente familiar, cultura, carácter de la escuela ascética a la que pertenecen e incluso el carácter de la región en que vivieron, y, sobre todo, el inconfundible y peculiarísimo sello de personalidad que cada uno imprime a su quehacer. Dentro de esta diversidad existe el criterio básico e indiscutible de una misma doctrina dogmática, ascética y moral fundada en las verdades reveladas de la Sagrada Escritura, en la tradición, en los Santos Padres, en la teología y en la moral católicas.

Más amplia es la gama de las variedades formales, ya que cada escritor puede preferir diversos géneros literarios según su mayor o menor aptitud para resaltar las ideas o según sean más o menos acordes con el temperamento, carácter e inspiración del escritor.

Por otra parte, la profusión de obras religiosas en nuestra época clásica es enorme y casi inabarcable, si tenemos en cuenta que ya Menéndez Pelayo, conforme al repertorio bibliográfico de Nicolás Antonio (*Bibliotheca hispana vetus* [1672] y *Bibliotheca hispana nova* [1696]), señaló unos 3.000 libros de este género, aunque, como es lógico y comprensible, muchos de ellos carecen de auténtico valor literario. Por esta razón, limitaremos nuestro estudio a los escritores de obras religiosas de calidad y merecedoras de un puesto digno en la historia de la religión y de la cultura.

En cuanto a la expresión *literatura religiosa,* debemos observar en ella un contenido de amplio alcance, que incluye dentro de sí otra denominación más restringida, pero de tan extraordinaria brillantez, que ha dado lugar a identificar términos diferentes en amplitud de temas y formas. Me refiero a la ascética y a la mística, que son una manifestación concreta, aunque principalísima, dentro del género de la literatura religiosa.

En la historia literaria se suelen estudiar conjuntamente los fenómenos y valores de la literatura ascética y mística, aunque en realidad ambas manifestaciones de la vida religiosa presentan aspectos muy diversos tanto en su naturaleza misma como en el modo de tender a su finalidad. Es cierto que la ascética cristiana y la mística tienden al amor y a la unión con Dios, y, en este sentido, las dos se relacionan y complementan. Sin embargo, el sentido de sus términos es diverso. En la ascética, el hombre pretende, con sacrificios volitivos, acercarse a Dios, pero el cuerpo mortal es un velo que le impide ese acercamiento. Por consiguiente, es necesario realizar un esfuerzo constante y ordenado para controlar ese obstáculo y conseguir así la perfección cristiana. En cambio, la mística es la acción directa de Dios en el alma; una llamada a la unión en la que no tiene parte el esfuerzo del hombre, ni puede entrar en ella sin ser llamado. La misma etimología nos viene a aclarar la cuestión: el término *ascética* se deriva del verbo griego ἀσκέω = ejercitarse, que ya tuvo varias acepciones entre los escritores clásicos griegos. En el libro 10, verso 438, de la *Ilíada,* de Homero, viene a significar algo así como elaboración artística o fabricación técnica. Posteriormente vino a significar ejercicio físico o entrenamiento, como lo señala Platón en su *República* 389c. Este sentido físico fue el punto de partida para una evolución hacia el sentido de entrenamiento moral y espiritual. Así, el mismo Platón, en el *Gorgias* 507c, aconseja al hombre ejercitar la σωφρωσύνη καὶ ἄσκησις, la prudencia y la sabiduría, para llegar a ser justo, piadoso y conseguir la felicidad. Los viejos pitagóricos ya tuvieron la preocupación de considerar al alma como armonía perdida a consecuencia de cierto castigo, y que por ello necesita una purgación o limpieza para elevarse a la pura contemplación. Esta misma idea del alma como armonía es eminentemente platónica, recibida de los pitagóricos, y, al hallarse encerrada en el cuerpo, necesita esa misma purgación o limpieza para elevarse a la Belleza absoluta [1].

El término *mística* ha tenido, a lo largo de la historia, muy variadas y ricas acepciones, junto a otras menos afortunadas. Ya en el siglo V antes de Cristo aparece como derivada del verbo griego μύω = cerrar. De aquí proviene el significado de la palabra *miope* = que cierra los ojos. Este sentido material va evolucionando hacia el significado más general y abstracto de algo cerrado, oculto, misterioso. Así, tenemos noticia, por ejemplo, de los famosos misterios religiosos de Eleusis, que necesitaban un μυσταγωγός o iniciador. Ya en el ámbito de la religión cristiana se empleaba la palabra *misterio* para designar algo fuera del alcance de la razón humana, o también algunas realidades físicas y visibles, pero cuyo simbolismo y profunda eficacia sobrenatural no podían percibirse por los sentidos. Así son los sacramentos de la Iglesia y las verdades dogmáticas, muy superiores a todo lo que la razón del hombre puede alcanzar. Ya en el siglo V, los escritos de Dionisio Areopagita contienen frecuentemente la expresión *teología mística;* libros y escritos de una influencia extraordinaria en la historia del misticismo cristiano. A lo largo de siglos posteriores son muy diversos los significados atribuidos a los términos *mística* y *misticismo,* y algunos de ellos caen fuera de la naturaleza, de los medios y de los fines que se propone la mística cristiana. Se ha dado en llamar mística a toda intuición que predomina sobre el raciocinio, al sentimiento sobre la dialéctica; a todo lo que rechaza la realidad

---

[1] D. Alonso, *Poesía española. Ensayo de métodos y límites estilísticos* (Madrid ³1957) p.172-74.

sensible para acercarse a lo espiritual y absoluto, a la pretensión de conocer a Dios sin intermediarios, a la exaltación de éxtasis o trances, en cuyos fenómenos hacen recaer algunos psicólogos lo esencial del misticismo; a una fe exaltada o a un compromiso decidido y emocional en la lucha por una idea, ya sea de tipo político, artístico o social, como lo observamos en muchos libros y artículos periodísticos de hoy día. El criterio de la mística cristiana es muy distinto, mucho más concreto, más eficaz y más transcendente. Los éxtasis y arrobamientos son algo accidental, y a veces pueden incluso ser causa de lamentables desviaciones. El fin que pretende el verdadero místico cristiano no es la búsqueda de una paz y felicidad egoísta; en último término, la piedra de toque para calibrar su autenticidad no será otra que su profundo amor a Dios y al prójimo, confirmado por sus heroicas virtudes [2].

Las diversas escuelas espirituales coinciden fundamentalmente en afirmar la existencia de diversos grados o estados del alma en su movimiento ascensional hacia Dios. El primero es la llamada *vía purgativa* o de purificación, en la que el alma ha de practicar la mortificación corporal, pero más aún la del espíritu; la meditación o ejercicio de las tres potencias, la lectura de libros piadosos y vidas de santos, la dirección espiritual como medio eficaz de ayuda en estas primeras luchas y dificultades. El segundo estado es la llamada *vía iluminativa,* en la que ya la gracia, las virtudes y los dones del Espíritu Santo se van desarrollando con una fuerza más poderosa en el alma, de tal manera que los actos virtuosos llegan a convertirse en hábitos realizados de uno modo fácil y suave. El alma se ve iluminada por la fe, la esperanza y el amor; todo lo terreno va cediendo paso al orden sobrenatural, y la oración discursiva cede también el paso a los coloquios afectivos. El tercer estado es la llamada *vía unitiva,* cuando ya las facultades del alma se hallan como sobrenaturalizadas. Perfeccionada por la gracia, los dones y frutos del Espíritu Santo, todo lo que ve, siente, piensa y realiza está informado por una perspectiva divina. Diríamos que todo está presidido por Dios. La oración evoluciona hacia una actitud claramente contemplativa, y su objeto primordial es la contemplación amorosa de las infinitas perfecciones de Dios y la gratitud por los inmensos beneficios recibidos de su bondad. Se suele distinguir entre la llamada *contemplación adquirida,* fruto natural de una ascética anterior esforzada, y otra contemplación de dones y experiencias muy extraordinarias que Dios concede gratuitamente a algunas almas privilegiadas.

---

[2] Para una visión más amplia del sentido y significado de los términos véanse: *Dictionnaire de spiritualité, ascétique et mystique,* publié sous la direction de M. Viller, assisté de F. Cavallera et J. de Guibert, S.I. (París 1937); P. Sainz Rodríguez, *Espiritualidad española* (Madrid 1961) p.35-70.

2. Perspectivas desde el punto de vista literario y caracteres generales de la mística española

En el terreno de la mística, tanto el escritor como el crítico literario tropiezan con la enorme dificultad de intentar verter el misterio en un recipiente inadecuado.

La teología espiritual puede, en cierta manera, satisfacer al entendimiento con explicaciones y apreciaciones de términos y de grados; pero el alma favorecida con este don especial de Dios, al intentar plasmar literariamente sus anhelos y experiencias, no hallará fácilmente la palabra y expresión adecuadas, sino que se verá obligada a recurrir a metáforas y a vagos símbolos de un valor puramente analógico.

Esto no quiere decir que la literatura de algunos místicos no posea auténtico valor literario y humano; todo lo contrario, como lo prueban la cantidad de poetas, ensayistas y críticos de estilística que han estudiado y ensalzado las obras de San Juan de la Cruz y de Santa Teresa de Jesús. Lo que queremos decir es que el místico posee una especie de conocimiento adquirido por trabajo o razonamiento, y por esta razón se halla incapaz de comunicarlo y expresarlo en toda su plenitud.

Por otra parte, hay que tener en cuenta que es difícil hallar una obra estricta y puramente mística, puesto que, por muy alto que sea el don recibido por el alma en este mundo, todavía no llega a gozar de la auténtica visión beatífica de los bienaventurados, sino que ha de recorrer un largo y difícil camino de peregrinación, en el que no están ausentes del todo las luchas de la vida ascética.

Ya en el análisis crítico de la obra literaria de carácter místico hay que prevenirse contra la posible confusión con lo pseudomístico, lo romántico, lo absoluto cósmico y lo amoroso. En este punto, nos han parecido muy eficaces, concretos y prácticos los consejos que Helmut Hatfeld da al crítico literario cuando se acerca a calibrar los valores de la poesía mística:

«El crítico literario, frente a la poesía mística, ha de hacer nada menos que cinco distinciones bien netas: debe conocer primero aquel misticismo que utiliza como medio de comunicación de formas literarias inadecuadas; en segundo lugar, aquella poesía pseudomística que traslada aprehensiones naturales de la realidad a un lenguaje simbólico; tercero, la auténtica poesía mística, que vierte la experiencia directa de Dios en el correspondiente lenguaje verdaderamente simbólico y poético; cuarto, la poesía casi mística, que utiliza conocimientos ajenos, manieristas; una poesía que, desde el punto de vista de la forma, raya a veces muy alto, pero que carece de símbolos verdaderamente originales, pues no siente la auténtica necesidad de crearlos o, mejor dicho, de descubrirlos; en quinto lugar, la pseudopoesía didáctico-alegórica de místicos verdaderos, quienes por error artístico subjetivo desechan una genuina representación de sus experiencias en prosa que estaría en consonancia con sus capacidades expresivas, y adoptan, en cambio, una forma de expresión que no es su fuerte o su vocación, y resulta, por tanto, inadecuada» [3].

Adentrándonos ahora en una visión conjunta de los caracteres y valores de la ascética y mística española, señalemos en primer lugar que el

---

[3] *Estudios literarios sobre mística española* (Madrid ²1968) p.17 y 18.

fruto de esta manifestación religiosa y literaria fue propiedad anterior de otras naciones europeas, si consideramos más en particular los escritos de carácter místico. Una gran diversidad de símbolos amorosos fueron ya empleados por los místicos alemanes de los siglos XIII y XIV: el maestro Eckart y sus sucesores Suso y Taulero, junto con el flamenco Ruysbroeck. Pero, a pesar de la anterioridad e influencia de autores extranjeros, siempre ha sido considerada la mística española como la clásica, la más representativa y la más estudiada. La causa de este fenómeno radica en un medio instrumental más adecuado y perfecto. La lengua castellana, como neolatina, procedía de una lengua en que se habían escrito antes las grandes obras de teología y de espiritualidad. El idioma que ya en *La Celestina* había tocado lo clásico, en el siglo XVI entra en su período de pleno florecimiento, y la pureza de la forma traída por los vientos de la lírica italiana proporcionaba unas nuevas técnicas en metros, estrofas y poemas. No constituye ningún desdoro o desprecio por la lengua castellana el hecho de que grandes representantes del Renacimiento español escribieran algunas de sus obras en latín, como así lo hicieron Nebrija, Luis Vives, Arias Montano y el mismo fray Luis de León. La razón podía apoyarse en el intento de dar mayor universalidad a sus escritos, puesto que en la época se incrementaba mucho el uso del latín entre las personas cultas de toda Europa. Sin embargo, existía al mismo tiempo una fuerte corriente de revitalización de las lenguas llamadas vulgares por parte de ilustres humanistas, como Pietro Bembo en su *Prose della volgar lingua;* la *Défence et illustration de la langue française,* de Du-Bellay; el *Diálogo de la lengua,* de nuestro Juan de Valdés; los claros testimonios del ilustre cronista e historiador Pero Mexía en su *Silva de varia lección* y la defensa decidida de Cristóbal de Villalón:

> «La lengua que Dios y naturaleza nos ha dado no nos deve ser menos apazible ni menos estimada que la latina, griega y hebrea, a las cuales creo no fuese nuestra lengua algo inferior si nosotros la ensalçassemos, y guardássemos, y puliéssemos con aquella elegancia y ornamento que los griegos y los otros hazen en la suya. Harto enemigo es de sí quien estima más la lengua del otro que la suya propia» [4].

No digamos nada de los grandes elogios que tributan a nuestra lengua dos grandes representantes de la literatura religiosa: fray Luis de León y Malón de Chaide; pero ya insistiremos en este punto al estudiar sus obras.

En el campo de los matices y peculiaridades de carácter interno, nuestros místicos adoptan una clara actitud y un profundo sentido de las realidades terrenas y humanas en medio de los éxtasis y arrobamientos celestiales. No pierden pie ni derivan hacia ningún género de panteísmo. Podrán admitir ejemplos y anécdotas no del todo conformes con la ciencia moderna, pero poseen una ortodoxia inquebrantable y una solidez de doctrina extraordinaria. En sus escritos quedan siempre seguras la afirmación del libre albedrío, la necesidad de las buenas

---

[4] Cit. por R. LAPESA, *Historia de la lengua española* (Madrid ⁷1968) p.204.

obras para la salvación del alma y la caridad y amor hacia todos los prójimos, como reflejo concreto y consecuencia práctica del amor divino. Es una mística con una tendencia a unir la contemplación pasiva con un fervoroso activismo y con una constante preocupación por instruir doctrinalmente a un amplio sector de la sociedad cristiana, y de ahí brota un lenguaje muchas veces directo, popular e incluso casero, con imágenes, comparaciones y metáforas tomadas de la vida cotidiana. El ejemplo más típico de todos estos caracteres es la Santa de Avila en sus escritos y en sus incesantes correrías por los caminos más diversos de nuestra geografía.

Después de estas consideraciones generales, entremos ahora en el estudio de las características peculiares de las diversas escuelas en el campo de la temática religiosa.

CAPÍTULO I

ESCRITORES DE LA ORDEN FRANCISCANA

1. FRANCISCO DE OSUNA (1497-1542) Y LOS «ABECEDARIOS». SU INFLUENCIA EN ASCETAS Y MÍSTICOS POSTERIORES. TEMAS, PROPÓSITOS, DOCTRINAS Y VALORACIÓN DE IMÁGENES Y SÍMBOLOS. EL NORTE DE LOS ESTADOS

Es difícil reducir a esquemas más o menos análogos la variada e intensa producción religiosa de unos autores dotados de gran personalidad. Cada uno pone su sello particular y unos valores inconfundibles a los que no puede renunciar. Sin embargo, es innegable la influencia de una ambientación y de un género de vida en el que viven, actúan y escriben. Forzosamente, la escuela franciscana tiene que heredar aquella sensibilidad y ternura que irradiaba el espíritu efusivo y generoso de su fundador Francisco de Asís, el amigo y enamorado de Dios, de los hombres y de todos los seres de la creación. En consecuencia, los escritores ascético-místicos franciscanos tienden a la búsqueda de una contemplación y de una entrega amorosa al amor divino; prefieren actitudes afectivas a especulaciones intelectuales, aunque éstas no pueden estar ausentes en el estudio y matización de los diversos métodos y estados de la vida espiritual, ya que toda nuestra literatura mística se caracteriza por la armonía entre dos tendencias extremas: la del entendimiento y la del afecto; hay afectos y sentimientos sólidos y recios, junto a una fuerte voluntad que no impide mirar a la teología afectiva.

Entre las figuras representativas de la escuela espiritual franciscana merece especial atención Francisco de Osuna. Asistió como representante de su Orden a varios capítulos generales y pudo recibir una gran cultura e influencia ascético-mística en sus visitas a diversos países europeos: Francia, Alemania y Países Bajos. En 1525 publica su *Primer Abecedario espiritual*, punto de arranque de otros cinco más, que constituyen una obra doctrinal extensa, de una gran difusión y originalidad por haber abierto caminos que después habrían de seguir otros escritores del género. Los *Abecedarios* de Osuna, sobre todo el *Tercer Abecedario*, son una clave indispensable para entender la mística española.

Osuna se propone recorrer cada una de las letras del alfabeto castellano para tratar de algunas virtudes, máximas y sentencias que empezasen por una determinada letra. Se trata, pues, de un orden meramente material que anula, en cierto modo, el sentido lógico y sistemático de la unidad de composición. Esto no impide, sin embargo, un caudal abundante de sólida doctrina y de erudición escriturística, expuesto todo ello con un fervor y un calor humano extraordinariamente atractivo. Nos presenta la singularidad de matizar de un modo desarrollado, eficaz y expresivo algunos de los conceptos empleados ya por ascetas y místicos anteriores y posteriores a él; conceptos que encierran cierto matiz paradójico. Tal es, por ejemplo, la expresión *ciencia de amor*. Aquí se trata de elevar la categoría del afecto hacia una posesión más sabrosa y profunda del objeto cognoscible y apetecible. El instrumento propio y adecuado para conocer la verdad de las cosas es el entendimiento; pero hay otra clase de ciencias y verdades que requieren otro punto de apoyo para ser plenamente descubiertas y conocidas. Necesitan otra clase de magisterio único y sublime, capaz de abrir y manifestar el tesoro de la ciencia escondida.

El *Abecedario* de Osuna es el libro maestro sobre la oración de recogimiento; un poco más avanzado sobre la oración afectiva y dialogante. Ahora el alma cesa en sus discursos y diálogos, y los sentidos interiores y exteriores se paralizan. En fe viva, el alma siente que el aliento divino la envuelve y la invade hasta lo más profundo de su ser. La razón de llamarla *oración de recogimiento* es porque hace que los sentidos se recojan y convida al hombre a apostarse en lugares secretos, pero hay que tener cuidado con la tentación de irse al desierto; para ello hay que tener en cuenta la salud y el temperamento de cada uno: «... el que antes era disoluto y sus miembros sueltos, los pies para andar, las manos para esgrimir muy sueltas, la cabeza movible y sin reposo, y el cuerpo que agora se asienta, luego se levanta, ya mira en alto; ya para mientes qué hora es, ya qué tiempo hace... pero en dos días que tome afición a este ejercicio está tan recogido, tan amortiguado, tan corregido de solo él, que es una alabanza a Dios». Por este influjo divino se llegan a perder las fuerzas, y queda el hombre como tullido, sin poder mandar a sus miembros. Para demostrar prácticamente esta situación, nos presenta este curioso y eficaz ejemplo:

> «Lo cual pareció por ejemplo en un hombre pobrecillo que por su trabajo ganava cada día de comer, el cual era muy abastado en el manjar espiritual y muy dado a este sancto ejercicio; y como en la iglesia un día estuviese desta manera tollido e caído en tierra, llegaron a él unas personas que se movieron a compasión para lo levantar, y como dende un rato tornase en sí, dijo: 'Dejadme, que me dais pena, como si tuviésedes las alas a una ave e no la dejásedes ir'. Este hombre era idiota sin letras, mas no sin sabiduría de que hablamos» [5].

Es de gran interés la aplicación simbólica que concede Osuna a algunos elementos o nombres de objetos reales. Para explicar la naturaleza del recogimiento, lo llama allegamiento. El verbo *allegar* = acercar (applicare), puede tener también una relación con *atar, unir* (ligarse), y en este caso existe una curiosa analogía con la expresión del anhelo y queja de Santa Teresa, envueltos en complicadas paradojas:

[5] Ibid., p.384.

«¡Oh ñudo que así juntáis
dos cosas tan desiguales!
No sé por qué os desatáis,
pues atado, fuerza dais.

Juntáis quien no tiene ser
con el ser que no se acaba;
sin acabar, acabáis;
sin tener que amar, amáis [6].

Otro símbolo muy empleado también en casi todas las obras místicas es el *agua* o la *fuente*. Varios autores lo usan con más o menos acierto de inspiración, pero su referencia es análoga. Nuestro místico franciscano aconseja derretir el hielo del alma con el calor del sol divino, y de este modo el alma se convierte en «una fuente de agua viva», algo así como cuando Santa Teresa compara la ternura y el gusto de la verdadera oración espiritual a dos pilones; el segundo pilón está más cercano a la fuente que es Dios, y «vase vertiendo esta agua por todas las potencias». Y San Juan de la Cruz nos hablará también de la «fonte que mana e corre».

La caza y el cazador son otros dos símbolos de singular eficacia expresiva. Francisco de Osuna los emplea en un sentido, asimismo, análogo al de otros autores; nos muestra dos lazos con los que se puede prender a Dios, y sigue el recurso literario tradicional de la garza y el halcón, añadiendo otra curiosa circunstancia de cubrir los ojos al inquieto pájaro cazador para que no se despierte por la tentación de seguir otras presas y se le escape la verdaderamente valiosa. Los espíritus y corazones inquietos deben ser controlados, porque vuelan hacia todo lo que ven, «como el gavilán que es traído en la mano, los ojos descubiertos, el cual nunca tiene reposo, sino a todo quiere volar; y por eso dévenle cuvrir los ojos, para que aprenda a volar solamente a la presa que le conviene, con más ímpetu y deseo desque se la muestran» [7].

No menos gráficas y de un jugoso sabor costumbrista y laboral son las imágenes y comparaciones empleadas para poner de relieve la diferencia entre la meditación discursiva y la contemplación y entre la vida ascética y la mística. Diseminados por diversos tratados y capítulos del libro, pueden hallarse estos ejemplos: la meditación es «como el agua del arroyo, menos grata que el agua de la fuente de la contemplación; la una es comparable al trabajo de un buey lento que tira del arado, y la otra, al trabajo de un rápido buey estimulado por el aguijón. El meditar es como la condición del escudero; el contemplar, como la del caballero». La meditación es «el duro aprendizaje del oficio», la contemplación es «su dominio». En el terreno de la música, la meditación es «tañer con vihuela destemplada», y la contemplación es «tañer con vihuela templada». En el mundo artesanal, la meditación es «un vaso de barro mal cocido», y la contemplación es «un vaso de oro». Meditar es como tirar del carro cuesta arriba, en lugar de tener las ruedas del carro untadas; es la «fruta que sólo pudiéramos oler y no paladear» [8].

Aparte del libro espiritual *Ley de amor santo*, escribió Osuna una obra doctrinal de muy distinto matiz que los otros escritos de sentido con-

[6] *Obras...*, ed.cit., p.481.
[7] *Tercer Abecedario*, ed.cit., p.357.
[8] Ibid., p.385 456 325 414 459 326 374.

templativo. Nos referimos al *Norte de los estados,* una especie de manual de los deberes y obligaciones del cristiano dentro de los diferentes estados que puede tener en su vida civil: soltero, casado y viudo. La originalidad del libro no reside en los consejos generales, que pueden hallarse en otras obras de la misma o parecida materia, sino en la adaptación concreta a un país determinado, a unas personas y costumbres que el autor sabe reflejar de un modo relevante, ágil y exacto. Pueden observarse dos vertientes diversas: una, la propia de una casuística matrimonial, con sus problemas a veces serios y a veces vulgares, caseros y no exentos de realismo. La otra vertiente es el fresco sabor, el ambiente popular y el costumbrismo local que se respira en la pintura castiza de la vida española de principios del siglo XVI. Miguel Herrero García ha señalado la curiosidad de que, gracias a Osuna, podemos conocer algunas costumbres de muchos pueblos españoles, como la de dar nueve campanadas en la campana gorda de la parroquia, cuando una mujer iba a dar a luz, o la popular oración de la preñada. Como advierte el mismo crítico, «¿... qué novela ni comedia nos informaría como él de que en algunas localidades, al primer toque de vísperas, salían los alguaciles por la plaza pública, recogiendo todos los juegos, como cartas y tabas, con el dinero que podían haber a mano? Y los hechizos y maleficios que echan a perder los matrimonios, ¿dónde los encontraríamos mejor expuestos?» [9]

2. Fray Bernardino de Laredo (1482-1540) y la «Subida del monte Sión». Su personalidad, temas y valores de la obra

Casi desconocida ha sido la obra admirable y curiosa de este médico del rey don Juan III de Portugal. A los veintiocho años de edad abandona la situación y las ocasiones ventajosas que pudiera ofrecerle el mundo y busca refugio en los claustros franciscanos, porque su íntima ilusión era escalar por toda clase de alturas, aunque fueran escarpadas y difíciles, hasta llegar a la cima ansiada. Rehusó este hombre culto, humilde y sencillo llegar a la ordenación sacerdotal, y quedó como hermano lego, ejercitando el oficio de enfermero en la Provincia franciscana de los Angeles. Escribió dos obras muy interesantes para la historia de la medicina: *Methafora medicinae* y *Modus faciendi cum ordine medicandi,* impresas en Sevilla en 1522 y 1534 respectivamente. Pero la delicadeza, la dulzura y humildad, combinadas con un profundo conocimiento de la vida espiritual y mística, se reflejan claramente en su obra *Subida del monte Sión,* que alcanzó cinco ediciones: dos en Sevilla (1535 y 1538), en Medina (1542), en Valencia (1590) y en Alcalá (1617) [10].

[9] *Literatura religiosa,* en *Historia de las literaturas hispánicas* t.3 (Barcelona 1968) p.12. Véase también el interesante estudio de Fidel de Ros, *Le Père François d'Osuna* (Paris 1937).
[10] *Místicos franciscanos* intr. de fray Juan Bautista Gomis: BAC n.44 (Madrid 1948) p.15-28. Véase también Fidel de Ros, *Un inspirateur de Sainte Thérèse: Le Frère Bernardin de Laredo* (París 1948).

Su humildad se retrata en estas encantadoras palabras del comienzo de su libro: «... se ha de saber, a grande gloria de Dios, que le ordenó y compuso un fraile lego de pequeño entendimiento, todo tosco, todo idiota y ignorante, sin fundamento de letras, al cual la divina Providencia, por su infinita bondad, lo quiso de balde comunicar en esta Provincia de los Angeles, mostrando la infinita libertad, en la cual puede, todas las veces que él quiere, poner en vaso de despreciado valor tesoros de gran largueza» [11].

A esta baja estima de sí mismo se une una clara decisión de purísima ortodoxia y de cierta desconfianza en su propio criterio, por lo cual somete sus escritos a doctos examinadores, encomendándose, en última estancia, a la ayuda del sumo Maestro Cristo: «... digo que no entiendo en estas materias escribir sólo un renglón antes que tenga sabido, por la clemencia divina, que tiene entera verdad todo cuanto aquí escribiere, y así se procede a la obra en el nombre de Jesús» [12].

Antes de dar comienzo a la obra, presenta un notable, tres reglas y tres presupuestos para poder entender mejor la intención del autor, el título del libro y su contenido. El monte Sión es el monte de la quieta contemplación, al que hay que ascender con trabajo y sufrimiento: «los caminos de Sión lloran», porque las almas están todavía desterradas en esta Babilonia y se sientan sobre los ríos de sus lágrimas por los vivos deseos y anhelos de morar en Sión. Sus tres partes son una especie de escalas de diferente categoría. Se ha de comenzar por la aniquilación del pecado, ascender por la vida y los misterios de Cristo y llegar a la quieta contemplación, a la caridad y al puro amor.

Santa Teresa de Jesús le es deudora de la tranquilidad de su espíritu en el momento en que su alma experimentaba la oración de quietud. Como ella misma se expresa en el capítulo 13 de su *Vida:* «Mirando libros para ver si sabía decir la oración que tenía, hallé en uno que se llama *Subida del monte,* en lo que toca a unión del alma con Dios, todas las señales que yo tenía en aquel no pensar nada». Y otro gran escritor franciscano, del que hablaremos después, fray Juan de los Angeles recibió también una grata impresión y una benéfica influencia del libro de Laredo.

Dentro de las limitaciones de la época, los conocimientos científicos médicos de nuestro místico franciscano se demuestran cuando quiere explicar el misterio de la resurrección de los cuerpos para unirse con sus almas respectivas, y lo hace por medio de ejemplos gráficos y naturales: la mata de romero produce una flor que es libada por las abejas para fabricar la miel: «la miel que yo comí, y, luego que fue comida, dejó de ser miel». Ya no es flor ni la mata de quien procedió, sino que las cualidades de la miel pasan a ser «cualidades mías, buscando más perfecto y más durable conservación... su calor y sequedad se da al de mi humor colérico... su frialdad y humildad, al humor mío flemático... como al humor sanguíneo su calor y su humildad...» Existe, pues, una

[11] Ed. cit. de *Místicos franciscanos* presupuesto 2 p.34.
[12] Ibid., p.3.ª c.1 p.299.

transformación de estos elementos naturales en sustancias del cuerpo humano. Así también, cuando este cuerpo muere y va a la tierra, deja de ser carne, pero se transforma y retorna a su ser por esa misma tierra de la que fue creado con el poder de Dios:

> «Por lo cual se ha de notar que un abogado en la mar, cuya carne es cierto que ha de resucitar, si la comen veinte peces, no se ha de demandar de ellos, como ni de los frutos que la comen en los montes; tampoco como de los gusanos que la devoran en las entrañas de la tierra, mas de la misma tierra y de sus mismas cualidades, de las cuales fue aquel cuerpo elementado en su primera criación; porque en tierra se pasó cuando dejó de ser carne, y de ella se ha de recobrar cuando la volviere a ser...»

La doctrina ascético-mística de Bernardino de Laredo es una semilla que más tarde daría extraordinarios frutos. Su estilo tiene cierto sabor añejo, y, si no llega al hermoso y perfecto dominio del lenguaje que poseen otros religiosos de su misma Orden, no se le puede negar, sin embargo, un poderoso atractivo por su sencillez, ternura y espontaneidad.

3. FRAY ANTONIO DE GUEVARA (1480-1545). SU PERSONALIDAD Y PRODUCCIÓN LITERARIA. DEL «MENOSPRECIO DE CORTE Y ALABANZA DE ALDEA» AL «ORATORIO DE RELIGIOSOS». DISCUSIÓN SOBRE SUS VALORES HUMANO-RELIGIOSOS Y ESTILÍSTICOS.

Fray Antonio de Guevara fue uno de los escritores españoles más conocidos en el extranjero, ya que sus obras fueron traducidas inmediatamente a diversas lenguas europeas, y uno de los prosistas más destacados de la época. Contemporáneo de los grandes erasmistas españoles Alfonso y Juan de Valdés, pertenece de lleno al espíritu renacentista del reinado de Carlos V, y, como Alfonso de Valdés en *Diálogo de Lactancio y un arcediano,* fue un gran defensor de la política del emperador. Ejemplo clásico de dicha postura es un texto de sus *Epístolas familiares* (I 47), dirigido a doña María de Molina: «Yo, señora, soy: en profesión, cristiano; en hábito, religioso; en doctrina, teólogo; en linaje, de Guevara; en oficio, predicador, y en opinión, caballero y no comunero». Carlos V le nombró su predicador y cronista; fue nombrado también obispo de Guadix, y muere en 1545 siendo obispo de Mondoñedo.

Sus obras más conocidas son el *Relox de príncipes o Libro del emperador Marco Aurelio* (Valladolid 1529), las *Epístolas familiares* (1539) y *Menosprecio de corte y alabanza de aldea* (1539); en 1542 se publica una obra que incluye más directamente al autor dentro de la categoría de escritores ascético-religiosos: *Oratorio de religiosos.* El *Relox de príncipes* y el *Menosprecio de corte* pertenecen, más bien, a obras de tipo y carácter didáctico o pedagógico-moral, aunque pueden derivar, ocasionalmente, a consideraciones ascético-religiosas. En la primera obra, el autor usa un procedimiento muy habitual en la época para despertar la curiosidad del lector. Supone que el libro es la traducción de un manuscrito antiguo semejante a la *Ciropedia,* de Jenofonte, y Guevara no hace otra cosa que sembrar abundantes enseñanzas sobre la educación, la manera de comportarse del buen príncipe en las diversas circunstancias de su vida privada y pública, su modo de gobernar, etc. Son numerosos los ejemplos, apólogos y cuantiosas citas de filósofos y escritores de la antigüedad, aunque no son mucho de fiar ni la historicidad ni la exactitud de los testimonios. Esta actitud docente procedía ya de la antigüedad, y aparece en varios tratados medievales con influencias bíblicas y de filósofos paganos, como los *Proverbios de gloriosa doctrina e fructuosa enseñanza,* del Marqués de Santillana, basados en el libro de la Sabiduría, de Salomón, y escrita para la educación del príncipe don Enrique. Perdura esta misma tendencia en los tratados de educación de príncipes de los siglos XVI y XVII. Así, los jesuitas Ribadeneyra, Mariana y Juan de Torres publicaron sendos tratados de *El príncipe cristiano, De rege et regis institutione* y *Filosofía moral de príncipes.* También Quevedo en 1655 publicó su obra *Política de Dios y gobierno de Cristo, sacada de la Sagrada Escritura, para acierto de rey y reino en sus acciones,* y el P. Juan Eusebio Nieremberg: *Obras y días, manual de señores y príncipes.*

El *Menosprecio de corte* no es propiamente un tratado de ascética cristiana, pero hay en él una especie de preparación humana y de actitud senequista, tan propia y constante en nuestra literatura. Si el estoico busca la felicidad y el verdadero valor del hombre en la virtud, en el interior de su alma, según aquel dicho: «Omnia bona mea mecum porto», mal se puede obtener esto en las ciudades y en las cortes, porque son artificiosas y se pagan mucho de las apariencias exteriores. Esta actitud de búsqueda de lo natural, de lo sencillo y de lo sincero que vibra en el ambiente de la naturaleza, era ya un tópico en varios escritores renacentistas, sobre todo en los temas de la novela y de la lírica pastoril, en busca de una Arcadia de felicidad y descuido de los problemas que acuciaban al hombre de mundo y de corte, aunque es muy discutible el talante de sinceridad en las descripciones laudatorias de estos escritores y poetas.

Guevara asume la tarea de demostrar la falsa amistad mundana, la nostalgia de los tiempos pasados, más naturales, sencillos y mejores que los actuales, junto a un cúmulo de costumbres nocivas que acaparan el alma de los cortesanos y reflexiona sobre la falta de reposo, de tranquilidad y del buen empleo del tiempo: «Los cortesanos tenemos por oficio mal querer, cizañar, blasfemar, holgar, mentir, trafagar y maldecir; con más verdad podemos decir del tiempo que lo perdemos que no que lo empleamos» [13]. Todo esto va en contraposición con la aldea, en la que «hay tiempo para leer un libro, para rezar en una hora, para oír misa en la iglesia, para ir a visitar los enfermos, para ir a cazar a los campos, para holgarse con los amigos, para pasearse por las eras...» [14]

Como se puede observar, hay una contraposición entre un tiempo lento y reposado y otro desasosegado, nervioso y astuto; porque en la

[13] Ibid., p.1.ª c.16 p.76. Es curioso e interesante todo el capítulo, p.75-79.
[14] Ibid., c.5 p.85.

corte y en las ciudades, «lo más del tiempo se les pasa en visitar, pley-tear, en negociar, en trampear y aun, a las veces, en sospirar... la corte es un sueño que echa modorra, es un piélago que no tiene suelo, es una sombra que no tiene tomo, es una fantasma que está encantada y aun es un laberinto que no tiene salida» [15].

No podemos acusar claramente de insinceridad a nuestro fraile cortesano, si atendemos a algunos testimonios en los que abre su corazón angustiado, como en una confesión aliviadora de sus inquietudes. Ya indicamos más arriba cómo fue nombrado predicador del emperador, y a este acontecimiento alude con una nostalgia de la vida recogida que anteriormente llevó dentro del claustro, ejercitando las virtudes propias de un religioso. Recuerda su religión,

> «de do César me sacó, en el qual estuve muchos años, criado en mucha aspereza y sin saber qué cosas eran liviandades. Allí rezava mis devociones, hazía mis disciplinas, leía en libros sanctos, levantábame de noche a maytines, servía a los enfermos, aconsejávame con los ancianos, dezía a mis perlados las culpas, no hablava palabras ociosas, dezía misas todas las fiestas, confessávame todos los días; finalmente, digo que me ayudavan todos a ser bueno y me iban a la mano si quería ser malo» [16].

Las diatribas insistentes y machaconas lanzadas contra el mundo y sus seguidores, enfrentadas con las alabanzas a la soledad y al retiro, muchas veces mantienen únicamente una perspectiva anhelante de felicidad natural, pero es indudable la referencia a motivos de índole espiritual y religiosa.

Para apreciar con rectitud y serenidad de juicio la personalidad de fray Antonio de Guevara hay que tener en cuenta los dos extremos en el ambiente de su vida: fue religioso franciscano y hombre de corte. Se ha hablado bastante de su falta de sinceridad y del amor que conservaba a la corte en el fondo de su corazón. De esto hay claras pruebas en los últimos capítulos del *Menosprecio,* y por otra parte, Guevara se enorgullece varias veces de pertenecer a una familia ilustre, sentimiento natural que no contradice por sí mismo a su estado religioso. Lo que sí se puede afirmar con toda claridad es que, aparte de la intención doctrinal más o menos eficaz y sincera, lo que predomina en Guevara es una voluntad de estilo, a la que parece atarse con giros y fórmulas invariables; un estilo que sabe juntar la transparencia con la artificiosidad y el amaneramiento, sin que por ello deje de ser un rico prosista que sabe escribir con arte. La constante de su prosa es la alternancia, la repetición y la contraposición de giros, palabras, paralelismos, ideas sinónimas y al mismo tiempo antitéticas, la reiteración de unos mismos esquemas sintácticos y la fuidez sencilla y al mismo tiempo complicada; la sencillez y complicación propia de los oradores de la época.

Menéndez Pidal dice que «aun el estilo que más nos puede parecer artificioso... es el de la lengua hablada por un cortesano de extrema fa-

---

[15] Ibid., c.12 p.119.
[16] Ibid., c.19 p.152.

cilidad verbal y dirigida a oyentes en reposo, que renuncian a toda reacción mental, suavemente aprisionados por aquella irrestañable y envolvente fluidez de palabras vivas y coloreadas, por aquel desarrollar hasta el agotamiento las ideas y las imágenes» [17].

Un retrato negativo de la personalidad humana y estilística de Antonio de Guevara es el que nos da María Rosa Lida al poner de relieve la poca densidad ideológica y la inconsistencia del andamiaje ornamental de su forma estilística: «Esta lengua nace cuando es poco lo que urge decir y son muchas las palabras, y mucho el goce en disponerlas en esquemas fáciles y llamativos». Para esta ilustre investigadora, Guevara es un ausente de las inquietudes religiosas, morales y políticas que apasionaban a otros grandes pensadores de la época [18].

Estamos de acuerdo en observar diversos ejemplos de vanidad y petulancia. No es ser un modelo de humildad el vanagloriarse de los continuos estudios y muchos trabajos que se han pasado. De acuerdo también con que es una vana complacencia la consideración que hace Guevara en el comienzo de su *Oratorio de religiosos,* donde dice que en esta obra «van grandes doctrinas para religiosos, muchos avisos para virtuosos, notables consejos para mundanos, elegantes razones para curiosos y muy sutiles dichos para hombres sabios... Es obra en que el autor más tiempo ha gastado, más libros ha rebuelto, más sudores ha passado, más sueño ha perdido y la que él en más alto estilo ha compuesto». Es evidente que en todo esto hay motivos vanidosos, pero una cosa es la santidad y humildad y otra muy distinta exponer puntos positivos y eficaces de enseñanza doctrinal y ascética.

F. Márquez Villanueva ha escrito un interesante estudio sobre nuestro autor, en el que atiende a las obras de carácter estrictamente religioso: *Oratorio de religiosos, Libro llamado monte Calvario* y *Las siete palabras.* Tiene muy en cuenta y alaba otro de los estudios mejor elaborados, el del P. Fidèle de Ros: *Guevara, auteur ascétique:* Archivo Ibero-Americano 6 (Madrid 1946). Está de acuerdo con este último al afirmar que, en estas obras, Guevara supera las falsificaciones, plagios y erudición apócrifa, de tal manera que empieza a plagiarse a sí mismo, zurciendo multitud de fragmentos de sus obras anteriores. La fama de Guevara es, en rigor, injusta y muy superior al valor real de su doctrina, porque se trata de un retórico prolijo y frívolo, que no puede ser tomado en serio y a quien no hay manera de defender ni rehabilitar como autor ascético. Márquez Villanueva va todavía más allá que el P. Ros, ya que éste concede, al menos, a Guevara la calificación de un cumplido moralista, en tanto que aquél considera esta calificación muy ancha y que sólo puede concedérsele a Guevara en un sentido vulgar. Si el P. Ros considera el *Oratorio de religiosos* como una vulgarización de lugares comunes y textos de ascética elemental para uso de frailes, Márquez Villanueva resalta el aspecto satírico de la obra, como un regodeo en catalogar las maldades

---

[17] *El lenguaje del siglo XVI,* en *España y su historia* t.2 (Madrid 1957) p.141 y 143.
[18] *Fray A. de G. Edad Media y siglo de oro español:* Rev. de Filología Hispánica (1945) p.346-88.

que se cometen en los claustros y las tentaciones y vicios que en él acechan al fraile. Lejos de ser exageraciones de moralistas en busca de efectos oratorios, es, más bien, una toma de posición en la acalorada polémica sobre la vida monástica levantada por el *monachatus non est pietas* de Erasmo. Y, como prueba de ello, Márquez Villanueva va exponiendo algunos textos de la obra pertenecientes a los capítulos 16-19, donde se ponen de manifiesto los defectos de los prelados o superiores y los de los frailes súbditos. Es un «juego con la vida del claustro entendida como tema de ejercicio literario». No extrañemos esta afirmación, ya que nuestro crítico, entre muchas facetas negativas, sólo ve la vertiente positiva concedida al aspecto literario, y, en este sentido, «todo es nuevo y fecundo». Si, en su opinión, los libros de Guevara son de una gran esterilidad religiosa y de una frialdad desoladora y curiosa, Guevara «realiza una tarea de máxima dificultad cuando eleva y rescata una infraliteratura medieval para situarla en un plano de dignidad artística, en el que los viejos defectos se transforman en atractivos de raro encanto», porque «el lector que comienza a entenderle sucumbe también hoy al encanto de aquella charla elegante, que ofrece, después de todo, menos dificultad idiomática que ningún otro clásico. Nuestra experiencia universitaria lo confirma con frecuencia: los días dedicados a Guevara son puro goce para profesor y estudiantes, que se le aficionan y despiden de él con pena». En resumen, según nuestro crítico, Guevara es un «escritor a quien se le lee porque gusta y al que no exigimos profundidad, sino algo que sólo él puede darnos: su fórmula personal, su arte» [19].

El otro defecto de serenidad crítica e histórica de Guevara es claro, pero hay que tener en cuenta que no es crítico ni historiador, ni pretende serlo. Se echa a la espalda todo lo que no sea acreditar y reforzar sus ideas, aunque sea acudiendo a citas falsas de filósofos o de fuentes cristianas antiguas.

Aparte los deslices de crítica histórica, nos parecen un tanto exageradas las notas negativas de algunos de los críticos mencionados sobre la personalidad y las intenciones de Guevara al escribir sus libros de tema religioso. Confesamos sus defectos y admitimos incluso ciertos toques chocarreros en el tratamiento de algunos temas que merecen un respeto extraordinario, pero en otros muchos aspectos no podemos negarle una actitud espiritual de buena ley. Cuando Márquez Villanueva alude al hecho de que Santa Teresa incluyera el *Oratorio de religiosos* entre los pocos libros que no debían faltar en ninguna de sus casas, cita una extrañeza del P. Ros: ¿«Qué podía haber de común entre aquel maniático de la retórica y el espíritu llameante de la santa fundadora?» Y el crítico halla la respuesta de que aquella gran mujer «sabía catar el estilo y era también golosa del deleite de crear bellas páginas. ¡Qué comprensible, qué simpática nos resulta aquella debilidad de Santa Teresa!» A nosotros nos parece aventurada esta apreciación, porque la Santa de Ávila poseía muy vivo el don de captar los caracteres de las personas y un como sexto sentido para discernir si la lectura de un libro religioso era provechosa, inútil o dañina. Nos resulta muy extraño que una obra de ideas ascéticas baratas y que sólo busca el relumbrón y complacencia de su autor, lo escogiera Santa Teresa para lectura de unas monjas devotas y que aspiraban a gran perfección. Una cosa es que no podamos comparar a Guevara en santidad, en virtud y en sencillez de espíritu con otros religiosos de su Orden, como San Pedro de Alcántara, Francisco de Osuna, Laredo o fray Juan de los Angeles, y otra muy distinta que le retiremos todo tipo de sinceridad y deseo de adoctrinar con buen espíritu.

Analicemos ahora algunos aspectos y valores concretos del *Oratorio de religiosos*. El conjunto temático y el propósito fundamental de la obra consisten en orientar e instruir a los religiosos en las virtudes propias de su estado, reprimir abusos, proponer medios y presentar como modelos a varones eminentes en ciencia y virtud. Ya en el prólogo encarece la pureza y rectitud de intención que debe tener todo candidato a la vida religiosa; doctrina sólida en el fondo, a pesar de algunos ejemplos y expresiones gráficas no muy acertadas y de no muy buen gusto, como al comparar, por ejemplo, la santa intención a «un tenedor con que toma el Señor la fruta que le ofrecemos, y la sabrosa salsa con que come lo que le damos». Curiosa es la recomendación que hace al prelado o superior de que no sea muy *ceremoniático* y que no haga caso de cosas ligeras, porque, ante todo, lo primero que hay que guardar es el Evangelio antes que la regla religiosa. Ordinariamente, todos los ascetas religiosos recalcan el gran valor de las reglas, aun las más minuciosas, para la santificación personal; pero aquí Guevara no es que desprecie esas pequeñas observancias, sino que pone en evidencia su pequeñez en comparación con la doctrina evangélica, y, como de costumbre, se aferra a la comparación y al ejemplo gráfico: «el religioso roe el hueso y deja la caña, amasa el salvado y deja la harina, encierra el orujo y derrama el vino, y aun come la corteza y guarda la fruta cuando hace más caso de las constituciones que su orden ordenó que no de lo que Cristo mandó en sus evangelios» [20].

La constante estilística es invariable en el revestimiento del fondo ideológico por medio de gradaciones y contraposiciones que intentan redondear y perfilar el campo de la virtud. El que se ha entregado honesta y sinceramente al monasterio, «se aveza a ser recogido, y de recogido alcanza a ser devoto, y de devoto merece ser caritativo, y de caritativo sube a ser contemplativo, y de contemplativo para en ser varón perfecto». Y como la virtud es muy costosa y los vicios y afectos muy pegadizos, no ha de confiarse el religioso en obtener la santidad en cuatro días, porque «la virtud naturalmente es dificultosa de aprender y muy fácil de olvidar, mas el traidor del vicio es muy apacible para tomar y muy dificultoso para dejar».

El procedimiento gradual por yuxtaposición sin conjunciones se cambia, a veces, por el procedimiento contrario de la polisíndeton o

19 F. MÁRQUEZ VILLANUEVA, *Espiritualidad y literatura en el siglo XVI* (Madrid-Barcelona 1968) p.17-66.
20 *Místicos franciscanos españoles* t.2: BAC n.44 (Madrid 1948) p.450 y 452.

abundancia de ellas, como aparece en la idea de que se halla el recto camino en la obediencia y entrega del súbdito al superior: «Si el siervo del Señor consiente que le carguen el arca de la regla, y le unzan al carro de la orden, y le tapen los ojos de sus deseos, y que, sobre todo, se deja guiar de sus prelados, por imposible tengo que el tal se pierda y que no acierte el camino que lleva» [21].

Dentro de este mundo agobiante de antítesis y gradaciones es donde hallamos los defectos y las virtudes innegables de riqueza expresiva. Si insistimos en algunos ejemplos más, es por la razón de llegar a comprender mejor la personalidad estilística del autor. La antítesis mundo-retiro es un soporte principal, y, a semejanza de lo presentado en el *Menosprecio de corte,* remacha las mismas ideas con parecida vestimenta formal. En la casa del mundo «abaten a los sublimados y subliman a los abatidos, pagan a los traidores y arrinconan a los leales, honran a los infames y infaman a los famosos, inquietan a los pacíficos y pacifican a los bulliciosos, sueltan a los maliciosos y condenan a los inocentes, despiden a los sabios y dan salario a los necios...» Y si algún monje religioso alimentara la tentación de regresar al mundo, se le ha de disuadir, porque la doctrina que en él se enseña es «hablar hasta mentir, perseguir hasta matar, amar hasta desesperar, comer hasta regoldar, beber hasta rebosar, tratar hasta robar, recuestar hasta engañar, porfiar hasta reñir y aun pecar hasta morir» [22].

Es cierto que en ocasiones insiste en la exposición de defectos de los religiosos, como si participara algo de la postura satírica erasmista. Nada podría tener de extraño, ya que fue precisamente durante la época de Carlos V cuando Erasmo gozó de mayor influencia en España. Sin embargo, Guevara no llega, ni mucho menos, a la acritud del humanista holandés. La muestra de estos defectos se halla también en otros autores ascéticos, pero con la positiva intención de evitarlos y caminar hacia la perfección. Veamos, a modo de ejemplo, algunos textos: «¿... por qué los seglares, de que nos topan, se encomiendan a nuestras oraciones, nos quitan los bonetes, nos besan las manos y nos hacen tantos acatamientos sino porque piensan que somos unos santos y que, mediante nuestros méritos, esperan ellos ser salvos? Si los del mundo viesen cuán distraídos traemos los pensamientos y cuán vagabundos nos andamos por los monasterios, ¿crees tú, hermano, que nos darían lo que nos dan y nos tendrían en lo que nos tienen?... ¿Cuál es peor apóstata: el que salta las paredes del monasterio o el que tiene no más del cuerpo en el coro, y, por otra parte, tiene el corazón en el mundo? Apóstata es el que salta las paredes de noche; mas muy peor apóstata es el que aborrece las virtudes de día, porque a estar encerrado no me obliga sino el voto, mas a ser buen cristiano oblígame el Evangelio» [23].

En conclusión, debemos reconocer, en medio de sus defectos humanos y literarios, su gran personalidad y su valor de escritor representativo de una época transcendental en nuestra literatura.

---

[21] Ibid., c.3 p.474.
[22] Ibid., c.4 p.480-81.
[23] Ibid., c.2 p.464; c.14 p.543.

4. Fray Juan de los Angeles (1536-1609). Su personalidad
cultural y religiosa. Temas, doctrina y valores
ascético-místicos y literarios de sus obras más
representativas

Este ilustre franciscano fue un hombre de extraordinaria cultura religiosa y profana. Las citas abundantes de filósofos paganos, de la Sagrada Escritura y de toda la tradición cristiana, incluyendo las corrientes espirituales y aun científicas de su época, dan muestras de su inquietud en los diversos campos del saber. Por otra parte, fue un hombre de extraordinaria discreción y gran defensor de la ortodoxia y seguridad doctrinal, en contra de cualquier novedad peregrina y peligrosa. «De novedades a no verdades va muy poco», decía con cierto gracejo de paranomasia. Su más peculiar originalidad reside en la importancia que concede a los estudios psicofisiológicos, como punto de partida para comprender mejor las experiencias y fenómenos espirituales y místicos. Para corroborar sus puntos de vista, se apoya constantemente en testimonios y citas de Hipócrates, Galeno, Avicena, San Alberto Magno, Marsilio Ficino y otros. Todo esto no significa que Dios tenga que estar sujeto a estados somáticos y psíquicos concretos y a las leyes de la medicina, pero es indudable que la disposición sana y equilibrada del hombre facilita la actuación divina. Lógica y prudente es también la advertencia de que una comprensión profunda del cuerpo humano y de los afectos y pasiones del alma puede resolver muchos puntos oscuros en los problemas de la vida espiritual. De ahí que Juan de los Angeles intenta prevenirse contra los ataques que pudieran venirle a causa de su postura. Así dice en la parte 1.ª, capítulo 9, de *Triunfos del amor de Dios:* «Y porque ya voy temiendo ser reprehendido de muy médico, haciendo oficio de teólogo...» Lo que nunca falta en Juan de los Angeles es un alma llena de luminosidad y de gozo, conceptos nobles, puros y elevados que brotan incesantemente de su pluma. No expresa ningún pensamiento o sentimiento que no haya vibrado antes profundamente en su corazón, como lo indica en el proemio de su *Lucha espiritual y amorosa entre Dios y el alma:* «Todos mis trabajos serán sin fruto si el corazón no siente lo que la lengua dice, aunque sea de ángel».

La doctrina espiritual y mística de fray Juan de los Angeles es, como la de otros muchos, una confluencia de las diversas corrientes seguidas por los prestigiosos autores de esta materia; pero él sabe tener una especial sensibilidad para escoger todo lo mejor, lo más transcendental y los más bello, desde la cristianización de Platón y de Séneca hasta los consejos y doctrinas de sus grandes contemporáneos: Santa Teresa de Jesús, San Juan de la Cruz, Juan de Avila, fray Luis de Granada, etc. Quizá este espíritu de selección brote de su carácter eminentemente íntimo y cordial, que siempre encontraba motivos para alabar a los religiosos de otras órdenes; a su· virtud intensa y probada, a la nobleza de su espíritu, que percibía todo, lo digno de ser destacado y enaltecido. Todas estas eminentes cualidades le hicieron acreedor de merecidos elogios e importantes cargos en su Orden: custodio y guardián en diversos conventos de Guadalajara y Madrid, definidor, ministro provincial, y la hija de Felipe II le nombró su predicador y confesor de las Descalzas Reales de Madrid.

La vida austera y las efusiones cordiales de este religioso ejemplar se cierran en unas palabras del diálogo tercero de la *Conquista del reino de Dios,* llenas de anhelo y ternura por hallar un dulce cobijo en las llagas de su amado Cristo: «Yo no pienso tomar otras armas que éstas para la partida, ni morir menos que abrazado con mi Cristo, y, metido en sus llagas rosadas y llenás de misericordia, esperar por ellas lo que mis injusticias me niegan».

La producción ascético-mística de Juan de los Angeles tiene que ser resultado forzoso de su temperamento, de su vida espiritual afectuosa y anhelante. A la enseñanza profunda y práctica sabe juntar la ternura y suavidad, la dulzura de un corazón sensible y el vuelo de una ardiente inspiración. El era elegante y delicado, deliciosamente íntimo, y, como consecuencia, todo lo realizado por él brotó de la influencia amorosa. Así se expresa en la dedicatoria de su *Vergel espiritual:* «... la pluma escribe lo que el corazón le dicta, y el corazón dicta lo que el amor le enseña y ordena». De toda la riqueza interior, de la cultura y del buen gusto de este insigne franciscano, es fácil adivinar un estilo fluido, cordial, luminoso, elegante, y de una prosa de las mejores de nuestra lengua.

> Obras principales de fray Juan de los Angeles: *Triunfos del amor de Dios* (Medina 1589-90), *Conquista del reino de Dios* (Madrid 1595), *Lucha espiritual y amorosa entre Dios y el alma* (Madrid 1600), *Vergel espiritual del ánima religiosa* (Madrid 1609-10).

Ante la imposibilidad de recorrer toda su producción, intentémos concentrar las ideas ascético-místicas y las formas expresivas más relevantes de sus obras más leídas. Fray Juan de los Angeles afirma en el prólogo que pone a su libro el título de *Vía aflictiva* porque el alma ha de caminar primero por los sinsabores y trabajos de la purgación y limpieza de sus pecados y defectos, por los afectos amorosos y deseos encendidos, antes de llegar «al beso de su Esposo y a los brazos estrechísimos y suavísimos de su Dios». Pero el título le parece poco conocido; no encierra todo el jugoso contenido que él intenta verter, y teme que pueda despertar desilusión y falta de interés en los lectores. Por esta razón, lo titula *Triunfos del amor de Dios,* es decir, es un duelo y una lucha continua de amor entre Dios y el alma, de tal manera que «alternativamente se hieren el uno al otro en esta lucha y se cautivan, enferman y hacen desfallecer y morir. Derrítese el alma, embriágase, sale de sí, transfórmase en Dios y hácese con El una cosa, que es lo que aquí principalmente se pretende».

Las citas de autores sagrados y profanos ocupan casi la tercera parte del libro, demostrando con ello su erudición y cultura. Sigue las enseñanzas escolásticas en la explicación de la esencia del alma, y, entre sus potencias, da una preponderancia singular a la voluntad, de cuyo conocimiento depende el entender bien todo lo que al amor se refiere. Por esta razón, traza una «anatomía de ella», calificándola con los expresivos nombres de *centella* y *brasa de la conciencia, porción virginal, ápice de la mente, espíritu* que pide con gemidos inenarrables, *gusano* de los condenados.

Puesto que el amor es la pasión más vehemente, arrebatadora y violenta que llega a dejar al alma con menos libertad, se hace más necesario su control, y, entre las divisiones que del amor nos muestra, se fija con atención y gozo especial en el *cuarto amor,* que se llama *actual, fruitivo, extático* y *seráfico.* Amor que no tiene su asiento en la sensualidad, sino en el *ápice* o parte superior de nuestra mente; proviene del ayuntamiento del alma con su objeto supremo y consiste en el gusto experimental de la suavidad íntima de Dios. Partiendo de las doctrinas de Dionisio Areopagita y del *Banquete,* de Platón, señala la virtud y la fuerza, los triunfos y las victorias del amor, que consisten en transformar al amante en la cosa amada. Como consecuencia de esta transformación, si el objeto de amor es Dios, el alma quedará poderosísima, fortísima, virtuosísima y sumamente una, ya que Dios es poderosísimo, fortísimo, virtuosísimo, infinitamente bueno y simplicísimo. Con este amor, el hombre se hace, de bestial, espiritual; de humano, angélico, y de terreno, celestial y divino.

El alma saldrá victoriosa en esta lucha con Dios si sabe emplear las tretas y cautelas de los buenos luchadores: levantar al adversario en alto, dar zancadillas y traspiés, cansar y herir al enemigo. El alma levantará a Dios sujetándose a El con profundísima humildad; le da zancadillas arrojando de sí los pecados y defectos, ya que Dios se apoya en los pecados del alma para luchar contra ella; le cansa por medio de los ruegos y súplicas insistentes y le hiere por medio de sus ojos y cabellos. Aquí es clara la alusión y la fuente del libro bíblico el Cantar de los Cantares (4,9-10): «Heriste mi corazón, hermana mía, esposa mía; heriste mi corazón en uno de tus ojos y en un cabello de tu cuello». Analiza diversas opiniones sobre la interpretación de *cabello* y *ojo,* y se inclina por interpretar el cabello como símbolo de la obediencia y humildad. Ahora bien, ¿cuál de los ojos es el que hiere con más fuerza a Dios? Juan de los Angeles da esta sabrosa interpretación: el alma tiene dos ojos que miran a Dios; el uno es la *inteligencia,* con el que le mira como a sumo y verdadero Ser, como a sumo y verdadero Bien. Este es el ojo izquierdo. El otro ojo se llama *afecto,* que es una dulce y voluntaria inclinación de la misma alma a su Criador. Este es el ojo derecho; el uno conoce especulando y el otro amando. Pero, aunque sea verdad, según la filosofía, que ningún ser puede ser amado sin ser antes conocido, en nuestro caso concreto, poco provecho se puede sacar en conocer grandes cosas de Dios si tras el conocimiento no va el amor, y así hay muchos letrados y tan pocos santos: «más vale amar sin ver, que ver sin amar». De singular eficacia es el centro vital en donde se puede herir a Dios, y que Juan de los Angeles señala como medio de victoria segura: el corazón de Dios es su querido Hijo. Si el alma acude, imita y se encierra en la divinidad y humanidad de Cristo, ha dado en el blanco más sensible de Dios. Todas estas reflexiones quedan expuestas de un modo profundo, bello, emotivo y erudito en el sustancioso prólogo y en los 22 capítulos de la primera parte.

En la segunda parte del libro se nos presenta el otro contendiente: Dios luchando y triunfando del alma. Curiosa es la alusión mitológica a Cupido, dios del amor, que es un niño con alas, tiene vendados los ojos, está desnudo y hiere con las flechas del amor. Dios emplea varios medios graduados para someter al alma: le lanza las saetas de sus inspiraciones que infiltran el amor; ata con las dulces cadenas de sus beneficios, aludiendo aquí al testimonio de Séneca, que ya llamó también cadenas a los beneficios; induce a la enfermedad de ausencia, porque una de las nostalgias más dolorosas del alma es experimentar la ausencia de Dios, y esto le da ocasión de suspirar por El con más devoción y fuerza. Otros medios últimos y más definitivos son el rapto y el éxtasis o arrebatamiento al tercer cielo, donde las potencias inferiores cesan en sus actos. Pero con un criterio equilibrado y sereno, ya supone el autor que estas gracias especialísimas son accidentales, mientras que lo primordial es hacer holocausto de la propia voluntad, quemando y destruyendo todo lo que pueda oponerse y contradecir a la voluntad divina.

Existen coincidencias ideológicas en los planteamientos ascético-místicos de esta obra con los *Diálogos de la conquista del reino de Dios*. El contenido doctrinal de este magnífico libro no presenta una estructura tan sólida y lógicamente trabada como la que presentan los *Triunfos del amor de Dios*. La diferencia reside en la forma externa de la exposición y en algunos matices estilísticos de mayor viveza y naturalidad, de mayor impacto directo, ya que la obra, como indica el mismo título, está escrita en forma dialogada.

Forman el contenido diez diálogos entre el discípulo, llamado Deseoso, y su maestro. El nombre del discípulo es claramente expresivo de un anhelo por acercarse cada vez más a la cumbre de la perfecta unión con Dios. Ruega ansiosamente a su maestro que le señale y aparte los obstáculos y le vaya mostrando los caminos más directos para llegar a la meta. Los consejos y avisos del maestro son los normales que suelen dar otros maestros y guías de la vida espiritual. No obstante, hay que valorizar el arte de revestir esas mismas ideas sublimes y elevadas con un ropaje verbal fino, delicado y al mismo tiempo asequible a las personas sencillas, y es que fray Juan de los Angeles sabe doblegar y esclavizar el idioma.

Por otra parte, no se da prisa ninguna en meter de rondón ni por puertas fáciles al discípulo que quiere penetrar en la unión divina. No existe ningún empeño nervioso en esta materia, sino que supone muchos sudores y fatigas, una lucha implacable contra los doce enemigos terribles que defienden la entrada del reino de Dios: *doce jayanes*.

Hallamos, asimismo, bellas imágenes en la *Lucha espiritual y amorosa entre Dios y el alma,* en la que el meditar es como la actitud de quien se limita a observar desde fuera un gran monumento, como «ver El Escorial de espacio», mientras la contemplación es la obra creadora del artista o la bella y conocida imagen del hierro abrasado por el fuego: «El hierro caldeado se queda hierro, aunque vestido de las calidades del fuego, pareciendo más fuego que hierro por esencia, aunque verdaderamente no lo es sino por participación» [24].

Fray Juan de los Angeles, gran conocedor de la mística anterior y contempóranea, supo dar nueva savia literaria y estética a esa sabrosa ciencia del escondimiento en Dios, como seguro refugio de las tempestades y desórdenes de la vida y de los sentidos.

5. OTROS ESCRITORES RELIGIOSOS FRANCISCANOS: DIEGO DE ESTELLA, JUAN DE PINEDA, GABRIEL DE TORO Y FRAY ALONSO DE MADRID

Dentro del temperamento eminentemente afectivo, pero con sólido fundamento teológico, doctrinal y ascético, hay que encuadrar a fray Diego de Estella en sus *Cien meditaciones devotísimas del amor de Dios* (Salamanca 1576). Aunque su intento es un impulso a la voluntad y al corazón, participa también de una matiz filosófico y de teología natural, puesto que, al descansar en los atributos divinos como motivos radicales de amor, viene a ser una especie de teodicea devota: los inmensos beneficios divinos son una fuente de amor y de reconocimiento por parte de las criaturas. La mecánica estructural del libro se basa en coloquios del alma consigo misma en un continuo esfuerzo por convencerse a entrar en el camino del amor, y, a la inversa, se nos muestra el esfuerzo por convencer a Dios de los motivos supremos que tiene para ser amado. Toda la exposición es una hilera ininterrumpida de súplicas, reproches y razones envueltas en un apasionado calor, que pone de manifiesto la elocuencia y la fluidez de un estilo propio de un hombre cultivado, virtuoso y de gran práctica en el ejercicio de la predicación. Los temas desarrollados en la obra son análogos a los de otros escritores religiosos que escribieron sobre el mismo asunto, y de los que nos ocuparemos más adelante.

Un libro curiosísimo nos dejó el franciscano Juan de Pineda, nacido en Medina del Campo: *Treinta y cinco diálogos familiares de la agricultura cristiana* (1589). Es una especie de apología catequética, donde de una forma abigarrada nos demuestra el autor un denso y vastísimo saber, junto a una extraordinaria riqueza de lenguaje y valores literarios no despreciables. La obra supone gran cultura, erudición y, sobre todo, un trabajo ingente, ya que él mismo nos dice que consultó y citó a quinientos autores. «Archimillonario del idioma», le llama Julio Cejador. Hurtado y González Palencia le califican de «hombre de inmensa lectura y uno de los más fecundos escritores del siglo XVI». Juan Mir dice con cierta exageración: «Los 35 diálogos del doctísimo e ingeniosísimo

---

[24] *Obras místicas de fray Juan de los Angeles:* NBAE 20 (Madrid 1912) p.1.ª c.7 p.295 y *Conquista...* p.47.

P. Pineda atesoran más riqueza de lenguaje, más viveza de locuciones, más preciosidad de modismos, más fondo, en fin, de frases y vocablos que todas las obras de Cervantes, acompañadas de su inmortal *Quijote*» [25].

Juan de Pineda publicó otras dos obras: *Libro de San Juan Bautista* y *Monarquía eclesiástica*, donde muestra un dolorido resentimiento contra los que le tildaban de perezoso y contra los detractores de sus obras: «me dicen los baldíos que como el pan de balde...» Y en la dedicatoria de su *Monarquía:* «Defiende, Señor, esta obra, arrebatada de las migajuelas de los doctores que se caen de la mesa de tu sabiduría, contra la malicia del demonio y de sus ministros, polillas roedoras de trabajos ajenos» [26].

Fray Gabriel de Toro es otro franciscano que publicó una ardiente apología de las obras de misericordia, sobre todo de la limosna: *Tesoro de misericordia divina y humana* (Salamanca 1548). Su valor principal reside en que es lo más completo que se ha escrito sobre el tema; sobresale, además, por su carácter histórico, que nos da datos interesantes sobre la beneficencia pública y privada de la antigüedad, las costumbres y las instituciones de los judíos, egipcios, griegos y romanos, comparándolas con las instituciones y costumbres cristianas. Sentía con vehemencia la misericordia hacia los desvalidos, desde los niños de pecho hasta el interés por la sepultura de los pobres, por las posadas y albergues de los peregrinos, por los hospitales, por la redención de cautivos, por el socorro de los presos y el problema de la mendicidad. Más que un libro piadoso y de unción franciscana, es un libro ilustrativo. Sin embargo, toca muchos puntos ascéticos y de auténtica perfección cristiana, sobre todo al considerar a la caridad como la ciencia mejor para entender las cosas de Dios y unirse a El, siguiendo la doctrina de San Pablo. Alude también constantemente a los filósofos, poetas y escritores de la antigüedad.

El *Arte de servir a Dios* (Sevilla 1521), de fray Alonso de Madrid, es un tratado de conjunto sobre las virtudes cristianas, que tuvo gran aceptación durante los siglos XVI y XVII. Es un arte de ascética. Como en tiempo del autor se escribían diversas artes de gramática, de retórica y de otros oficios mecánicos, también debía de existir un arte de servir a Dios. Como es obvio, los utensilios son los habituales y usados ya por otros escritores ascéticos: la humildad, la pureza de intención, la guarda de los sentidos y del corazón, la oración, etc. La originalidad puede residir, según lo nota el autor, en la trabazón eslabonada y en el ordenamiento de las ideas. El mismo indica en el prólogo la razón del título de su obra: «En esta propiedad se distingue el hombre de los animales: porque éstos todos se rigen sin arte, por un natural instinto; pero el hombre, por arte y razón».

[25] J. HURTADO y A. GONZÁLEZ PALENCIA, *Historia de la literatura española* (Madrid 1921) p.766; J. CEJADOR, *El centenario quijotesco* (Madrid 1908). Véase también, Intr. de fray Juan Bautista Gomis a *Místicos franciscanos:* BAC n.46 (Madrid 1949) p.371-78; M. HERRERO GARCÍA, *Literatura religiosa,* en *Historia de las literaturas hispánicas* t.3 (Barcelona 1953) p.7.

[26] Intr. cit. de fray Juan Bautista Gomis, p.373.

De fray Alonso de Madrid nos dice Menéndez Pelayo que «nos dejó una verdadera joya en su bellísimo *Arte para servir a Dios,* el cual mereció ser refundido por Ambrosio de Morales, y no ciertamente para mejorarle» [27]. Y P. Sainz Rodríguez: «Es notable la influencia que pudo tener la segunda parte de esta obra (que trata del conocimiento de sí mismo) en la doctrina de las escuelas posteriores. Seguramente allí aprendió Santa Teresa aquella finura de análisis admirable del P. Alonso de Madrid, habituándose a la introspección y autoanálisis psicológico, que es fundamental técnica del misticismo español» [28].

[27] *Historia de las ideas estéticas* t.2 (Madrid 1940) c.7 p.82.
[28] *Introducción a la historia de la literatura mística en España* (Madrid 1927) p.222.

CAPÍTULO II

ESCRITORES DE LA ORDEN DE SAN AGUSTIN

1. EL TEMA RELIGIOSO EN NUESTRA POESÍA DEL SIGLO DE ORO. FRAY
LUIS DE LEÓN (1527-91), GRAN POETA DE NUESTRO RENACIMIENTO.
DEL PLANO HUMANO Y MORAL, AL PLANO ESPIRITUAL Y
RELIGIOSO

El tema religioso es una constante muy peculiar y característica de nuestra poesía en el siglo de oro. Lo ha sido siempre, ya desde los comienzos medievales, en varios episodios de nuestro gran cantar de gesta, acentuado todavía mucho más en el sencillo e inspirado poeta de clerecía con sus versos consagrados a las vidas de los santos y a cantar los milagros y grandezas de la Gloriosa, pasando por el Arcipreste de Hita, que mezcla su recia y sensual vitalidad con sus cantares a la Virgen y a la pasión de Cristo, hasta llegar a las hondas preocupaciones, que mezclan también las sutilezas amorosas con la brevedad de la vida y de las pompas mundanas en una poesía eminentemente consolatoria, como es la contenida en las famosas *Coplas* de Jorge Manrique.

En nuestro siglo de oro, España se decide firmemente a defender su unidad religiosa y católica en contra de los vaivenes doctrinales de la reforma protestante. Si nuestro Renacimiento participa de las inquietudes ideológicas, culturales y artísticas que se defendían y propagaban por el escenario europeo, su peculiaridad inconfundible radica en que esa ideología, esa cultura y ese amor a la belleza quedan incorporados a un espíritu profundamente cristiano y religioso. Al mismo tiempo, la valoración del mundo, de la naturaleza, del arte y del hombre se sabe conjugar con un sentido transcendente, ya que el hombre posee otros valores internos y camina hacia destinos de una vida superior e imperecedera. Si aparecen en la siguiente centuria barroca otros caracteres más extremos y dinámicos de violento contraste en las manifestaciones formales de sus obras literarias, el fondo ideológico religioso y católico es siempre el mismo.

Por otra parte, se observa la coexistencia de un sentido intelectualista y de altos vuelos de inspiración, con cierto matiz de profundo tradicionalismo popular. Tanto en la poesía de fray Luis de León, de San Juan de la Cruz y de Santa Teresa de Jesús como en las ágiles canciones y letrillas de Lope y de Góngora se dan la mano el pensamiento y la emotividad personal y sincera, los rasgos cultos y la veta de ingenuo sabor popular. Aun en las traducciones de los Salmos, fray Luis de León sabe marcar de tal modo su profunda huella, que parecen creaciones poéticas personales. San Juan de la Cruz conjuga la imponderable calidad estética con el conocimiento teológico. Lope de Vega recorre todos los ciclos de tema religioso: el nacimiento de Cristo, la pasión, la devoción a la Virgen y a los santos, la eucaristía y, sobre todo, el erotismo religioso popular y el fervor de su poesía en metro corto, junto a sus sonetos, transidos todos de un ímpetu arrebatador y sincero de doloroso arrepentimiento, en contraposición con la violenta pasión de sus amores mundanos. Y si fijamos la mirada en esa otra gran figura de nuestro barroco, Quevedo, observamos su múltiple y complejísima personalidad, su amplia cultura, su vaivén constante entre producciones jocosas, bufas, groseras y de puro juego de extraordinaria habilidad, propia de un sorprendente prestidigitador del lenguaje, junto a la otra vertiente productiva de obras serias y de profundo contenido moral, ascético y religioso. No debemos olvidar su inmensa producción poética, parte de la cual se ajusta estrictamente a temas religiosos; tipo de poesía que no ha sido suficientemente estudiada, ya que la crítica ha fijado más su atención en la prosa de diverso carácter y en la poesía amorosa y metafísica. Como ahora nos limitamos a los escritores de la Orden agustiniana, entramos ya en el análisis y valoración de la obra poética de fray Luis de León.

Al ponernos en contacto con esta gran figura de nuestras letras, hay que tener presente que no es un poeta místico, pero sí es un pensador, un teólogo y un poeta que tiene conocimientos sobre poesía mística. No tuvo las experiencias de San Juan de la Cruz ni de Santa Teresa de Jesús, porque su vida se vio envuelta en mayores problemas y luchas doctrinales universitarias y estaba muy lejos de la santidad encumbrada de los otros dos místicos. Como un hombre clave del Renacimiento, la influencia platónica se hace sentir a cada paso en multitud de términos y expresiones que cristianizan y subliman el pensamiento del filósofo griego. Para fray Luis de León, la poesía no es una simple belleza de forma, sino un contenido espiritual de honda inspiración, y por ello no se pueden condensar sus raíces poéticas en una mera estética renacentista. Su poesía se mueve en el campo de las ideas; aun lo sensorial toma en él un sentido transcendente, y el paisaje es una transposición intelectual y afectiva de su riqueza interior, sin olvidar la perspectiva didáctico-moralizante. A todo esto sabe juntar el poeta el valor y la eficacia expresiva de su lenguaje.

El fondo poético general de la poesía de fray Luis es la nostalgia del cielo, el ansia de soledad y de retiro estudioso, refugio preferido del hombre sabio; un deseo de felicidad en la contemplación de Dios, pero también un deseo de conocimiento intelectual, de paz y de tranquilidad de espíritu. El alma en soledad puede olvidar la falsedad del mundo por medio de la serena contemplación de la naturaleza y del arte. El poeta intenta librarse de la prisión de opiniones caducas y perecederas, para arraigarse firmemente en el orden y en la hermosura. La belleza y la contemplación tienen un poder aquietante y pacificador que nos introduce en un proceso de conocimiento de nosotros mismos; nos lleva a descubrir lo permanente y esencial, a comprender el origen y el destino del hombre, a despreciar lo perecedero e inconsistente y a saber escuchar el concierto grandioso, ordenado y acorde del universo, música inefable que se corresponde con la otra música terrena arrancada de la sabia y artística mano del músico Salinas. En fray Luis hay dos mundos: uno, el mundo en que actúa, y al que no se siente íntimamente vinculado; y, por ello, la ciudad y el bullicio no forman parte de su inspiración. El otro es el mundo íntimo en que él vive o quiere vivir, impulsado por la necesidad de huir del desorden, de la intriga y de la ambición.

Como confirmaremos en el análisis de algunas odas representativas, el paisaje, el huerto y la alameda preferida a orillas del Tormes son los agentes que fuerzan el verso sutil y gozoso de dialogar con los seres y las almas amigas, de agradecer todo el bien que ese mundo anhelado le ofrece. La música, la noche estrellada, los sabios consejos a su amigo Felipe Ruiz, el dolor y la pena de desterrado, son otros tantos excitantes poderosos de alta ascensión. Pero, como comprobaremos prácticamente en el próximo análisis de algunas de sus producciones, se observa en fray Luis una evolución desde el ámbito humano y moral al ámbito espiritual y religioso.

2. EL AMOR A LA VIDA RETIRADA Y EL ITINERARIO DE LA MÚSICA HACIA LA CONTEMPLACIÓN: LA «ODA A LA VIDA RETIRADA» Y LA «ODA A SALINAS»

El tema de la oda primera a la *Vida retirada* procede del que trató ya Horacio en la suya tan famosa y conocida: «Beatus ille qui procul negotiis...» Es un verdadero lugar común al que acuden con frecuencia muchos escritores y poetas de los siglos XVI y XVII. Mencionemos, por ejemplo, el *Menosprecio de corte y alabanza de aldea,* del franciscano Antonio de Guevara, libro mucho más convencional y artificioso que la oda del agustino. Ya en el siglo XV, el Marqués de Santillana había dicho en su *Comedieta de Ponza:* «Benditos aquellos que con el azada / sustentan sus vidas y viven contentos». Los versos 38-76 de la égloga segunda de Garcilaso encierran ideas muy semejantes, incluso algunas expresiones y epítetos idénticos a los de la oda del fraile agustino. Pensamientos análogos encierran también los versos de Lope de Vega en el acto 2.º, escena 14, de *El villano en su rincón* y los versos de Tirso de Molina (act.1 estr.8-10) en *El condenado por desconfiado.*

Las ideas centrales de la oda se pueden sintetizar así: es necesario huir del mundo detrás de los sabios que han amado la soledad; huir del lujo, de la fama mentirosa, que va siempre contra la verdad sincera; refugiarse amablemente en los seres de la naturaleza como en los brazos de un buen amigo: el monte, la fuente, el río, el huerto, las flores y el viento que mueve mansamente los árboles. Si observamos detenidamente algunas estrofas de la oda, escritas en liras con el esquema aBabB, advertimos una constante correlación de sustantivos con sus correspondientes adjetivos que encierran ideas semejantes y antitéticas en la estrofa primera:

descansada vida, mundanal rüido, escondida senda. En la tercera estrofa desgarra el sustantivo del adjetivo por medio de un complicado hipérbaton: «No cura si la fama / canta con voz su nombre pregonera»: *lengua lisonjera - verdad sincera,* y en la estrofa cuarta, aborreciendo la preocupación por la búsqueda de la fama engañosa, añade: *vano dedo, ansias vivas, mortal cuidado.*

La estrofa quinta vuelve a intensificar la correlación antitética *secreto seguro deleitoso, almo reposo,* es decir, criador, vivificador, alimentador espiritual, derivado del latino *almus,* en contraposición a *mar tempestuoso,* metáfora referida al mundo, lleno de agitación y de sobresalto. Nos hallamos ante un clímax repentino de amor, de refugio y de huida, reforzado por una exclamación de apóstrofe sin ningún epíteto que pueda menguar la fuerza sustantiva solitaria de los nombres queridos: «¡Oh monte, oh fuente, oh río!» Continúa la misma técnica, que refuerza los sentimientos e ideas contrapuestas en las estrofas sexta y séptima: *no rompido sueño, día puro, alegre, libre, ceño severo, cantar sabroso, cuidados graves, ajeno arbitrio,* para reforzar con sustantivos escuetos, infinitivos y frases equivalentes a adjetivos la repetida y firme decisión del poeta ante dos mundos diferentes: *vivir, gozar, a solas sin testigo, bien, cielo, amor, celo, odio, esperanza, recelo:*

> «Vivir quiero conmigo,
> gozar quiero del bien que debo al cielo
> a solas, sin testigo;
> libre de amor, de celo,
> de odio, de esperanza, de recelo».

Las cuatro estrofas siguientes nos muestran la descripción del huerto, de la fuente y del aire. La técnica de sintagmas y de sustantivos aislados se adapta perfectamente al sentimiento del poeta, junto a tres gerundios, que vienen a acompañar, con su sentido de actividad permanente, el deslizamiento sosegado del agua de la fuente: *monte, ladera, huerto, primavera, bella flor, fruto cierto, cumbre airosa, fontana pura, árboles, verdura, aire, olores, manso rüido,* en contraste con *oro* y *cetro,* y la fuente *corriendo, torciendo, vistiendo, esparciendo.*

Desde la estrofa 13 a la 17, con las que se da fin a la oda, advertimos el movimiento continuo de incesantes contrapuntos y las secuencias de escenarios perturbadores y plácidos en mezclada corriente. El *falso leño* en quien se confían los amadores del mundo es una bella imagen abarcadora de toda la secuencia, porque el mundo es como un mar tempestuoso, un camino proceloso de la vida humana, y el hombre que confía en la gloria, en el poder, en los honores, es como el náufrago que se agarra a un madero frágil: cree salvarse y acaba hundido en el abismo. Los agentes perturbadores, en esa misma línea metafórica, son el *cierzo,* el *ábrego, la combatida antena, la ciega noche, la confusa vocería.* Sigue el continuo claroscuro con la apetencia de quietud y tranquilidad: *pobrecilla mesa, amable paz,* en oposición a *vajilla labrada, oro fino* y *mar airada.* El violentísimo encabalgamiento, que llega a desgarrar una misma palabra en dos versos distintos, nos vuelve a dar la impresión inquietante de la inestabilidad mundana: *sed insaciable, peligroso mando.* Y precisamente con dos gerundios, nos da la idea de una permanencia en dos estados de vida violentamente contradictorios: *abrasando de sed,* tendido a la sombra *cantando:*

> «Y mientras miserable-
> mente se están los otros abrasando
> con sed insaciable
> del peligroso mando,
> tendido yo a la sombra, esté cantando».

La oda tercera está dedicada al músico Salinas, y es un itinerario de la música hacia la contemplación. La música de un ciego, íntimo amigo y compañero de la Universidad de Salamanca, va a servir de punto de apoyo a fray Luis para elevarse a los conciertos más amplios e imponentes de la armonía universal; más aún, a la contemplación del gran maestro y director de esa inmensa orquesta del mundo. El alma desterrada en la cárcel del cuerpo, al escuchar la música terrena del amigo Salinas, se eleva a su origen divino, traspasa la inefable armonía de las esferas hasta vislumbrar su causa y origen. Aquí ya el alma se llena de paz y navega en un mar de plena dulzura. En las últimas estrofas desea para todos sus amigos poetas este delicioso bien y les invita a anhelarlo. La palabra *poetas* está sustituida por la perífrasis «gloria del apolíneo sacro coro», por ser Apolo el dios de la poesía, y en la estrofa final ruega el poeta a Salinas que continúe tocando su dulce música que arrebata así los sentidos hacia las alturas. Precisemos algunos detalles de esta composición.

El tema proviene de una sentida inspiración pitagórica y platónica, purificada y enaltecida por la inconfundible personalidad del poeta castellano. Nada importa la nutrición filosófica de fray Luis, ni sus conocimientos de la estética platónica o de los números concordes pitagóricos, para no incluir esta oda dentro de un sentido cristiano, porque el poeta lo es total y profundamente. Podía beber todo lo que quisiera en diversas fuentes, pero la raíz y el meollo fuertemente cristianos bullen para el buen entendedor, aun sin necesidad de muchas expresiones concretas. Dice acertadamente Dámaso Alonso, aludiendo a quienes ven un sentido descristianizado en esta composición:

> «Quien así piense demostrará no comprender nada del gran poeta. Era total, profundamente cristiano. El poeta que canta a todos los santos, que invoca con conmovedora fe a Santiago, que reprocha con inocente ternura a Cristo en la ascensión, que se embriaga sabrosamente en los *Nombres de Cristo,* que desde la cárcel cruel dirige su desgarrada imprecación de auxilio a la Virgen como niño a la madre, con ternura de niñito abandonado a la madre tutelar, era un espíritu totalmente, enraizadamente cristiano» [29].

[29] O.c., p.191-92.

Toda la oda es un itinerario por las altas cumbres de un universo concertado y armónico, que parte de la audición de una música terrena concreta. Esta música y la armonía de las altas esferas están compuestas de números concordes, y así las dos «mezclan una dulcísima armonía». El alma sigue traspasando el aire hasta llegar a la contemplación del gran director de esa inmensa orquesta universal: Dios, y entonces el alma «navega por un mar de dulzura», desarraigando de sí todo lo que es bajo, accidental y extraño a este mundo de reposo.

3.   LAS DOS REGIONES CONTRAPUESTAS: «ODA A LA NOCHE SERENA»

Fray Luis de León no puede arrojar de sí el doble tirón de dos fuerzas contrapuestas. En él es una constante insaciable el gozo previsto que aún no posee y que con tanto anhelo desea. Ya en la *Vida retirada* había acudido a elementos naturales de eficacia pacificadora. El monte y la serranía fueron vehículos ascendentes, como también nos lo muestra en la oda 14, *El apartamiento*. Como antes huyó a los brazos protectores de la alameda, del huerto, de la fuente y del monte, continúa exigiendo ese mismo cobijo protector a la serranía que se eleva segura y firme hacia las alturas:

«Sierra que vas al cielo
altísimo y que gozas del sosiego
que no conoce el suelo,
recíbeme en tu cumbre;
recíbeme, que huyo perseguido
la errada muchedumbre,
el trabajar perdido,
la falsa paz, el mal no merecido».

Hemos visto también el tema sugestivo de la *Oda a Salinas.* Y ahora en la oda octava, *Noche serena,* vuelve a intensificar deseos análogos, centrados en la directa visión de la morada celeste. La contraposición es vigorosa y al mismo tiempo llena de inquietante y desazonadora nostalgia. Nos hallamos ante dos elementos eminentemente distantes y de un claroscuro portentoso: cielo y tierra. El cielo tachonado de luminosas estrellas, región luciente y esplendorosa, frente al vil suelo, rodeado de noche y oscuridad, junto a la otra negrura moral de la inquietud y de la mentira. Aquí abajo, todo es desconcierto; allá arriba, todo está concertado en luz y perfecta armonía. No es extraño que el poeta, asomado a la ventana de su celda en una noche serena y apacible, elevando sus ojos a la altura y tornándolos de nuevo a la tierra, arranque del pecho sollozos de ansia y de dolor por hallarse todavía en esta región baja y oscura. Porque, en efecto, son dos las poderosas causas de su angustia: el amor por algo que está lejos y la pena por la no posesión:

«El amor y la pena
despiertan en mi pecho un ansia ardiente;
despiden larga vena
los ojos hechos fuente».

Abundan, como de costumbre, las correspondencias contrastadas en selección acertada de sustantivos con sus epítetos y frases intensificadoras, formando todo ello un sistema de correlaciones plurimembres. El cielo está «de innumerables luces adornado»; el suelo, «de noche rodeado, / en sueño y en olvido sepultado». El cielo es «morada de grandeza», «templo de claridad y de hermosura». Tenemos dos sustantivos modificados no por adjetivos, sino por complementos de nombre, y a continuación la imagen que nos da de la tierra será de «desventura», «cárcel»; y este sustantivo modificado por dos epítetos: «baja» y «escura». Prescindiendo de algunas estrofas, fijémonos en aquella que es una llamada, un toque de inquieto centinela que despierta a los dormidos y olvidados mortales hacia el «bien tamaño»; a levantar los ojos a la celestial «eterna esfera»; y en la estrofa siguiente se contrapone el «torpe suelo», que es sólo un «breve punto» en comparación con la vida superior y ultraterrena. Observamos que la triple calificación dada al suelo de «breve punto», «bajo» y «torpe», halla correspondencia con tres elementos de la vida celeste, donde vive mejorado «lo que es, lo que será, lo que ha pasado».

En íntima conexión con el tema de la *Oda a Salinas*, se pondera nuevamente la alta mirada al «gran concierto», «resplandores eternales», «movimiento cierto», «proporción concorde», «plateada rueda», «graciosa estrella», «reluciente coro», para determinar la actitud del que intenta elevarse por medio de verbos y sustantivos; unas veces solitarios, y otras acompañados de sus respectivos epítetos, pero la carga expresiva radica en los elementos activos verbales y en los estáticos sustantivos: *mira, aprecia, gime, suspira, rompe, destierra*. En la alta región celeste se asientan *el contento, la paz, el amor sagrado, glorias, deleites, clarísima luz pura, eterna primavera*. La estrofa final estalla con una poderosa y nostálgica exclamación admirativa que se queda sola, sin el complemento de ningún verbo u oración que complete el sentido. Ahí están los nombres calificados conteniendo solos la fuerza del ansia y del anhelo:

> «¡Oh campos verdaderos!
> ¡Oh prados con verdad frescos y amenos!
> ¡Riquísimos mineros!
> ¡Oh deleitosos senos,
> repuestos valles de mil
> flores llenos!»

Ya hemos visto cómo en la oda comentada llama fray Luis a los cielos «¡oh campos verdaderos, prados con verdad frescos y amenos!» Esta calificación está muy vinculada a las ideas desarrolladas en los *Nombres de Cristo* al comentar el nombre de Pastor. El pastor ama la soledad y la vida serena y apacible de los campos; pero, al referirse a Cristo Pastor, estos campos adquieren el sentido transcendente de campos y prados más altos: «Vive en los campos Cristo, y goza del cielo libre, y ama la soledad y el sosiego». Pero la región en donde ahora vive es aquella de los campos, «de flor eterna vestidos, y los mineros de las aguas vivas... y los sombríos y repuestos valles». La vinculación con la oda se hace más estrecha en el párrafo que sigue: «Con la cual región, si comparamos este nuestro miserable destierro, es comparar el desasosiego con la paz, y el desconcierto y la turbación, y el bullicio y disgusto de la más inquieta ciudad con la misma pureza, y quietud, y dulzura. Que aquí se afana, y allí se descansa; aquello es luz purísima, y allí se ve... Esto es tinieblas, bullicio, alboroto; aquello es luz purísima en sosiego eterno» [30].

La _Noche serena_ es, pues una visión dolorida y nostálgica; una voz de gemido; pero, al mismo tiempo, un impulso emocionado y consolador hacia un bien que se puede apetecer y conseguir. Es pena, y también es amor, dolor y esperanza.

4. ASPECTOS MORALES Y RELIGIOSOS DE LAS TRES «ODAS A FELIPE RUIZ». LA VIRGEN COMO REFUGIO SEGURO Y MATERNAL

Las odas 5, 10 y 12 están dedicadas a Felipe Ruiz. Quizá este amigo del poeta tuvo alguna vez la tentación de embarcar a las Indias con la idea de enriquecerse. Por esta razón, la oda 5 es una descripción de positiva fuerza persuasiva contra la ambición y el deseo de riquezas. La imagen del mar, surcado constantemente por los exploradores y comerciantes portugueses que iban al golfo Pérsico y a las Molucas en busca de perlas, maderas y especias, es el punto de arranque de la composición. Aun en el supuesto favorable de alcanzar la pretendida riqueza, ésta jamás podrá conceder el tesoro de la paz y de la serenidad.

Observamos en las dos estrofas primeras dos expresiones de verdadera eficacia poética. La inquietud y desasosiego de viajes tan constantes está plasmada en esta fórmula: «En vano el mar fatiga / la vela portuguesa...» Las velas son las que ya tienen cansado al mar de tanto viajar por él, y el hecho de que el dinero y la avaricia son opuestos a la serenidad del espíritu está representado en un gesto significativo del rostro: «que más tuerce la cara / cuanto posee más el alma avara».

En la estrofa tercera expone dos ejemplos muy gráficos de tipo legendario y mitológico para reforzar el argumento persuasivo: el del «capitán romano», es decir, Creso, gobernador de Siria, que hizo la guerra a los partos. Vencido en la contienda, sus enemigos le metieron oro derretido por la boca, como castigo de su desmesurada ambición. Así lo expone el poeta mediante hipérbaton y encabalgamientos: «Al capitán romano / la vida y no la sed quitó el debido / tesoro persiano...» El segundo ejemplo es el de Tántalo, famoso personaje mitológico, que fue condenado por Júpiter al terrible suplicio de la sed estando en medio de un río de aguas purísimas. Cuando el desdichado intentaba acercar su boca sedienta, las aguas se retiraban:

> «Y Tántalo, metido
> en medio de las aguas, afligido
> de sed está...»

Observamos de nuevo dos encabalgamientos, y en el verso tercero, una cesura abrupta que martillea el relieve del castigo.

[30] Ibid., p.469.

La última estrofa es una interrogación vibrante que destaca las funestas e inquietantes consecuencias de la riqueza mediante tres oraciones en correlación trimembre, para terminar con una paradoja horaciana en el último verso. La ambición de riquezas «corrompe el dulce sueño», «estrecha el ñudo dado», «enturbia el ceño». El avaro no puede dormir tranquilo por temor de ver robado su tesoro, y la eficacia expresiva está en el verbo *corromper,* eficacia que se hace más relevante en la imagen sustituyente del tesoro: una soga que estrecha cada vez más el nudo de la angustia y del temor. El último verso encierra el efecto paradójico de esa misma riqueza: «y deja en la riqueza pobre el dueño», idea semejante al «magnos inter opes inops» de Horacio.

La oda 10, dedicada también a Felipe Ruiz, estalla abruptamente, desde la primera estrofa, con una interrogación anhelante y nostálgica por la posesión de la altura celeste. Dada la condición religiosa del poeta, no se puede dudar de su deseo de contemplar el cielo cristiano, esas moradas «de espíritus dichosos habitadas». Sin embargo, el tono general de la composición es, más bien, de inquietud intelectual, porque fray Luis, además de poeta, era un científico, un intelectual amante de la verdad; no sólo teológica, escriturística o filosófica, sino también de las verdades del mundo físico:

> «¿Cuándo será que pueda,
> libre de esta prisión, volar al cielo,
> Felipe, y en la rueda
> que huye más del suelo
> contemplar la verdad pura sin verlo?»

Al mismo Felipe Ruiz dedica el poeta la oda 12, cuyo tema central lo podríamos sintetizar así: la felicidad y riqueza del hombre moderado. El único verdaderamente dichoso es el que mira a su riqueza interior, según el dicho mil veces comentado y preferido de los estoicos: «omnia bona mea mecum porto». Todos los bienes que la Fortuna nos puede conceder o arrebatar están fuera de nosotros mismos; merecen desprecio, porque la Fortuna es mudable. En cambio, lo que uno lleva dentro de sí, el bagaje de virtudes y valores del espíritu, eso nadie lo puede arrebatar: ni los ladrones, ni la enfermedad, ni la misma muerte. Al leer esta oda, resuenan las voces de Séneca y los versos del famoso *Diálogo de Bías contra la Fortuna,* del Marqués de Santillana; pero, como veremos más tarde, el tema de la composición deriva del hombre estoico, que permanece imperturbable ante las alegrías y las desventuras; hacia el héroe cristiano, hacia el mártir, que sufre los tormentos del tirano con serenidad y alegría, porque le abren las puertas del eterno gozo.

A las inquietudes de la ambición y de la riqueza, tratadas ya en composiciones anteriores, añade aquí el desasosiego y amargura del amor:

> «Quien de dos claros ojos
> y de un cabello de oro se enamora,
> compra con mil enojos
> una menguada hora,
> un gozo breve que sin fin se llora».

La felicidad estable y segura es posesión exclusiva del hombre que mira solamente la riqueza que lleva en el interior de su espíritu:

> «Dichoso el que se mide,
> Felipe, y de la vida el gozo bueno
> a sí solo lo pide,
> y mira como ajeno
> aquello que no está dentro de su seno».

Pero no puede faltar el ejemplo gráfico, tomado de las serranías, tan amadas por el poeta. Este hombre imperturbable ante los avatares de la vida y que, lejos de amilanarse ante las desgracias, se enriquece y sale victorioso de la prueba, tiene a quién parecerse:

> «Bien como la ñudosa
> carrasca en alto risco desmochada
> con hacha poderosa,
> del ser despedazada
> del hierro, torna rica y esforzada».

Desde el final de la estrofa novena comienza ya el cambio de escenario hacia un mundo más transcendente. Aquí la fuente horaciana deja paso al manantial de Prudencio, el gran poeta cristiano que cantó a los mártires en su *Peristephanon*. El personaje ya no es el estoico imperturbable, sino el mártir que anima al tirano a infligir sus tormentos, que conducirán a una liberación total. Aquí la carga verbal está henchida de imperativos continuados: *enciende, aguza, rompe, ahonda, penetra,* y de una bellísima y poderosa expresión para indicar la ineficacia de los tormentos y de la muerte: «Mas es trabajo vano, / jamás me alcanzará tu corta mano», dice el mártir a su verdugo. Finalmente, la última estrofa es un glorioso y regocijado canto de victoria en boca del mártir, que ya está tocando los umbrales de la dicha y del reposo eterno; la pena y el tormento han sido los escalones que le han ayudado a ascender:

> «Rompiste mi cadena
> ardiendo por prenderme; al gran consuelo
> subido he por tu pena;
> ya suelto, encumbro el vuelo,
> traspaso sobre el aire, huello el cielo».

Si hasta ahora hemos contemplado a fray Luis buscando la armonía, la concordia y la paz en la soledad, en el arte, en la filosofía, en la contemplación del cielo, y en los textos afines de los *Nombres de Cristo* recurrir al consuelo de estos nombres, rebuscados y estudiados en la Sagrada Escritura, ahora este hombre poeta, justo y enérgico, es denunciado a la Inquisición, y pasa más de cuatro años en la cárcel de Valladolid. Reconocida su inocencia, vuelve a sus quehaceres de la Universidad salmantina; pero durante el desamparo y privaciones de la prisión se le nota una angustia atormentadora y una violenta indignación contra sus acusadores. Aquí no existe la serenidad de un contemplativo de las estrellas o de un gozador de la armonía musical; aquí hay un ser en desamparo que busca el regazo tierno y compasivo de una madre. «Virgen que el sol más pura...» es el comienzo de esta conmovedora composición dedicada a la Virgen. Como indica Dámaso Alonso, «las estrofas se suceden, aceradas en la acusación, temblorosas en la súplica, con una indignación incontenible, con un dolor de humanidad, con una entrega de abandono de todos, ante la injusticia absoluta; busca el único centro de comprensión: el regazo de su madre» [31].

En efecto, el símbolo del amor eterno y maternal, la madre de Cristo y la madre de todos los hombres, va a ser el cobijo más apropiado para un poeta convertido en niño desamparado. Las bellas y suplicantes estancias comienzan con una llamada constante, con un vocativo inicial. La ascensión a Dios por bellezas creadas ha cambiado de rumbo. La bella imagen de Cristo subiendo a las alturas en el día glorioso de la ascensión, arrebata el alma de fray Luis detrás de esa bella imagen ascendente hacia la patria verdadera. Ahora es la imagen protectora de la Virgen Madre la exigida y dolorosamente invocada. Pocas voces poéticas se han escuchado tan profundamente verídicas e inspiradas como las de este náufrago que quiere aferrarse a la tabla salvadora. En varias ocasiones ha usado el poeta la imagen del mar bullicioso como símbolo de la turbación del mundo y de las pasiones, y en este instante torna al mismo escenario del mar de la persecución que padece en su espíritu. Difícilmente pueden plasmarse un sentimiento y una demanda con tan conmovedoras palabras: «Yo, puesto en ti el lloroso / rostro, cortando voy onda enemiga...»

La cárcel en que está el alma prisionera es también un recurso habitual en las obras poéticas y en prosa de fray Luis; pero ahora esta cárcel ya no es sólo una alegórica prisión de todos los mortales; es una prisión personal que necesita una ayuda más eficaz que el arte y la contemplación de la naturaleza. Con una llamada urgente: «¡Virgen!», comienza la petición de auxilio. La dulzura y protección maternal, la luz y esplendor de la gloria y belleza de la Virgen, están en continua contraposición con la negrura y tinieblas de que se ve rodeado el prisionero. La luz de la Señora podrá poner «sereno» un corazón «de nubes rodeado»: «las nubes huirán, lucirá el día; tu luz, alta Señora, venza esta ciega y triste noche mía». La Virgen estará «del sol vestida y de luces eternas coronada»; la morada del poeta es «peligrosa y de salida incierta, los brazos presos, de los ojos ciego».

Los dos últimos versos de la composición son una última súplica para que no sean desatendidos unos ruegos tan constantes y doloridos: «mas oye tú al doliente / ánimo que contino a ti vocea».

Toda esta composición es nostalgia, desamparo y consoladora confianza en un ser celestial que ha sido siempre Madre de los desamparados.

---

[31] *Tres poetas en desamparo*, en *De los siglos oscuros al de oro* (Madrid 1958) p.122-23.

5. Aspectos humanos y literarios de los «Nombres de Cristo».
   «La perfecta casada»

Dentro de las obras en prosa de fray Luis de León, los *Nombres de Cristo* es la más acabada y perfecta; más aún, podríamos decir que es la prosa mejor estructurada de nuestro Renacimiento, porque es un prodigio de serenidad y de equilibrio. En ella fray Luis ha sabido conjugar una profunda condensación de ideas con la delicadeza y sensibilidad de un corazón ardiente. El escriturista, el filósofo, el teólogo y el poeta se han dado la mano para construir no un libro devoto sobre los atributos y excelencias de Cristo, sino una armoniosa síntesis de las perfecciones divinas y de las inquietudes intelectuales y espirituales de su tiempo. Es como un poema épico sobre la humanidad y divinidad de Cristo, considerado como centro y razón de ser de todo el universo.

Siguiendo el procedimiento platónico, fray Luis expone sus ideas en forma dialogada. Tres religiosos agustinos —Marcelo, Sabino y Juliano— se reúnen en la finca de recreo de *La Flecha,* cerca de Salamanca, para discutir sobre el significado de los nombres que la Sagrada Escritura concede a Cristo. Se toma como punto de partida el pasaje bíblico, y con bagaje ecléctico de filósofos antiguos, ciencia escriturística y de Santos Padres y Doctores de la Iglesia se van discutiendo y aclarando las dificultades, problemas y sentidos diversos de esos nombres: Pimpollo, Camino, Pastor, Monte, Cordero, Príncipe de la Paz, etc. Sin llegar a construir un sistema científico original, la obra encierra valores múltiples indiscutibles. Como indica el P. Félix García, su valor «no consiste tanto en el hallazgo intelectivo cuanto en la invención formal, en el modo de ver. Y, sobre todo, en el arte supremo de armonizar, de construir» [32].

No pretendemos analizar el valor de los contenidos científicos de tipo teológico y escriturístico, ni la profunda disquisición filosófica que nos presenta el autor sobre el sentido y significado del término *nombre*. Nuestra tarea se reduce a señalar algunos valores humanos y estilísticos. Insistiendo en este tema, hacemos hincapié en el plan arquitectónico erigido sobre una idea grandiosa que radica en el entendimiento y en el corazón: una teología *mentis et cordis* que transfigura y humaniza las ideas con sosiego, orden, medida, paz, número y ritmo. Por algunos textos de este libro que ya hemos expuesto anteriormente al tratar de la poesía de fray Luis, observamos una íntima relación entre las dos producciones. Es el mismo fray Luis arrebatado por el ansia de paz, de sosiego y de serenidad. Lo mismo que en su poesía, hay en los *Nombres de Cristo* una luminosa visión de la naturaleza y de la vida provista de un extraordinario valor lírico y estético. La naturaleza es un punto de referencia constante, y la ve, la interpreta y la siente de un modo religioso y transcendente. Fray Luis nos da un nuevo sentimiento y un nuevo hallazgo del paisaje más hondo y significativo que el sensualista de las novelas, églogas y poesías pastoriles descrito por los poetas italianizantes, incluso por nuestro gran Garcilaso de la Vega, ni tampoco es la visión panteísta de un Rousseau y de los escritores románticos. Para fray Luis, la naturaleza cumple el oficio de ser un libro de Dios y una escala del alma. No hay más que ver las precisas y sentidas descripciones ofrecidas en la introducción del libro, donde se nos presenta el escenario del diálogo: la huerta poblada de árboles, el frescor de la sombra y la corriente de la graciosa fuentecilla «que parecía reírse», el día sosegado y la hora muy fresca. Pero un dato curioso del original sentido del paisaje sobre temperamentos de diferente condición lo constituye el diálogo entre el joven e impulsivo Sabino y el ya maduro y melancólico Marcelo. Dice el primero: «Algunos hay a quien la vista del campo los enmudece; y debe de ser condición de espíritus de entendimiento profundo; mas yo, como los pájaros, en viendo lo verde, deseo o cantar o hablar». A lo que responde Marcelo: «Bien entiendo por qué lo decís; y no es alteza de entendimiento, como dais a entender por lisonjearme o por consolarme, sino cualidad de edad y humores diferentes, que nos predominan y se despiertan con esta vista, en vos de sangre y en mí de melancolía» [33].

Interminables serían las citas sobre la proyección afectiva y espiritual que fray Luis inyecta a todos los elementos de la naturaleza en este libro prodigioso, sobre todo en los nombres de Príncipe de la Paz, Pastor, Monte, Cordero, etc. Si estos elementos humanos y naturales del paisaje pueden guardar cierta relación con los conceptos de los escritores clásicos, para fray Luis tendrán un significado especial de apoyo o punto de partida para esclarecer alguna virtud o privilegio de Cristo.

Fray Luis de León demuestra también su profundidad ideológica, su agudeza de ingenio, sus conocimientos escriturísticos y sus cualidades de buen estilista en otras obras, como la *Exposición del Cantar de los Cantares* y la *Exposición del libro de Job,* pero queremos detenernos muy brevemente en otro libro suyo de carácter singular: *La perfecta casada.* Publicado en Salamanca (1583), constituye un conjunto de consejos morales y de cautelas para orientar a doña María Varela Osorio en el nuevo estado matrimonial que había abrazado. No puede desentenderse el autor de su profundo conocimiento de las fuentes bíblicas, porque el tratado viene a ser un comentario del capítulo 31 del libro de los Proverbios, un vivo retrato y un breviario práctico y realista de las virtudes que deben adornar a la mujer casada y de los escollos y peligros que debe evitar. Es un profundo y acertado diagnóstico del carácter femenino, de sus virtudes y de sus defectos, de la gran capacidad de su corazón para el amor y el sacrificio, pero también de su fragilidad y propensión a los caprichos de lujos, devaneos y frivolidades.

La obra íntegra de fray Luis es un admirable edificio literario, ideológico, estético y religioso; una muestra admirable y de primer orden entre las grandes producciones de nuestro Renacimiento.

[33] Ibid., p.411.

6. La figura literaria y ascética de Pedro Malón de Chaide (1530-89) y el «Tratado del amor de Dios», del P. Cristóbal de Fonseca

Solamente bastó una obra de carácter hagiográfico y ascético para colocar a Malón de Chaide, ilustre agustino navarro, en la primera fila de escritores religiosos: *Libro de la conversión de la Magdalena* (Barcelona 1588). Tomando como punto de partida los relatos evangélicos, el autor levanta una esplendorosa y originalísima paráfrasis de la conversión de María Magdalena, célebre y entrañable personaje, íntimamente vinculado a la vida y a la pasión de Cristo. Puede considerarse la obra dividida en cuatro partes, correspondientes orgánicamente a los cuatro estados de la mujer pecadora y santa: inocencia original, vida de pecado, penitencia y arrepentimiento, hasta llegar, finalmente, a un encendido amor divino. Su estructura es muy variada y compleja, porque la rica y desbordante imaginación del autor deriva a multitud de elementos anecdóticos, episodios profanos e incluso a cuadros deliciosamente costumbristas, sin que por ello quede desdibujada la figura central.

En el terreno literario es de sumo interés el prólogo de este libro admirable, donde Malón de Chaide, siguiendo el pensamiento y la actitud de su maestro fray Luis de León y la anterior del Beato Orozco, exalta con brillante y razonado entusiasmo los valores de la lengua castellana y la necesidad de escribir en ella los libros de teología y de religión. Las razones son muy variadas y curiosas: los libros de la Sagrada Escritura se escribieron en la lengua que era entonces vulgar y conocida de todos; nuestra lengua es tan buena como la griega o la latina y la sabemos hablar mejor que las otras; todos los grandes filósofos y pensadores antiguos escribieron en su lengua materna. En este punto razona de esta jugosa manera:

> «... y Platón, Aristóteles, Pitágoras y los filósofos escribieron su filosofía en su castellano, porque lo digamos así, de suerte que la moza de cántaro y el cocinero, sin estudiar más que los términos que oyeron y aprendieron de sus madres, los entendían y hablaban de ello, y ahora les parece a estos tales que es poca gravedad escribir cosa buena en nuestra lengua, de suerte que quieren más hablar bárbaramente la ajena y con mil impropiedades, y solecismos, e idiotismos, que en la natural y materna con propiedad y pureza, dando en esto que reír, y burlar, y mofar a los extranjeros que ven nuestro desatino» [34].

Malón de Chaide intenta escribir su libro con un estilo atractivo y seductor, por una razón de tipo didáctico-moral. Los libros de entretenimiento mundano y de pasiones amorosas, como las novelas pastoriles, las églogas y los libros de caballerías, andaban continuamente en manos de damas y jóvenes doncellas con plena libertad y sin posible competencia, ya que muchos libros teológicos se escribían en latín, lengua inaccesible al lector ordinario. La dura intransigencia y las diatribas contra los

---

[34] Ed. del P. Félix García, en *Clásicos Castellanos* n.104 vol.1 (Madrid ³1959), p. 36.

libros profanos, incluso contra Boscán y Garcilaso, son evidentemente exageradas, pero hay que tener en cuenta el espíritu arrebatado y oratorio de Malón de Chaide. Y, por otra parte, el deseo de una mayor propaganda de libros espirituales, la postura de un asceta que intenta reformar costumbres y la turbación que podían ejercer los libros de novela profana y de poesía amorosa en almas inexpertas y poco equilibradas, le empujan a una crítica que va fuera del campo literario y se queda en el del aprovechamiento moral. Lo que le preocupa a Malón de Chaide es que esos libros profanos sean «puestos en manos de pocos años».

Penetremos un poco en el interior de la obra. Menéndez Pelayo ha juzgado con acierto el estilo del agustino al decir que es «el más brillante, compacto y arreado, el más alegre y pintoresco de nuestra literatura devota; libro que es todo colores vivos y pompas orientales, halago perdurable para los ojos...» 35 Valbuena Prat se expresa en parecidos términos cuando califica su «religiosidad de galas pomposas y de sangre y de lágrimas, como en un paso procesional, que habla a los sentidos, que conmueve, que excita... es un lujoso artista, un creador, un pródigo expandidor de imágenes y giros populares. Pocos casos pueden darse como el suyo, de tratadistas de un orden teórico, que sepa dar tal calor de vida, tal alma a cuanto dice y comenta...» 36 En cambio, L. Pfandl, aunque estima su lenguaje y estilo, lo juzga «poco adecuado a lo elevado del propósito, ligereza profana, novelesca amplitud, ingeniosa vivacidad...» 37

Helmut Hatzfeld contrasta estas actitudes con el asunto religioso del libro, y ve su explicación en la importancia excesiva que entonces se daba a la expresión formal de los temas espirituales, como algo periférico y aparte del punto de vista religioso: la plenitud afectiva, la concreción pictórica y la pedantesca inclinación mental al contraste 38.

En el libro de Malón de Chaide no se puede negar que existen excesivos énfasis, virtuosismos y jugueteos antitéticos, desinencias y cadenas similares, distinciones sutiles y eruditas, amaneramientos propios del Renacimiento tardío, pero no creemos que haya una dicotomía tan exagerada entre la forma y el contenido. Es el mismo autor quien persigue precisamente un estilo cuidado y pomposo para dorar y endulzar la medicina ascética, y no se puede dudar del talento estilístico y de la calidad intelectual de un hombre que, como dice el P. Félix García, ha escrito una «obra de teólogo, de filósofo, de poeta, de orador, de exegeta y de literato a la vez» 39.

No hay en Malón de Chaide tanta armonía y densidad de pensamiento como en fray Luis de León; pero, a pesar de sus galas pomposas y deslumbrantes, *La conversión de la Magdalena* es un libro clásico donde

---

35 *La estética platónica en los místicos del siglo XVI y XVII*, en *Historia de las ideas estéticas* vol.2 (Santander 1940) p.96.
36 *Historia de la literatura española* vol.1 (Barcelona 81968) p.665.
37 *Historia de la literatura nacional española en la edad de oro* (Barcelona 1952) p.189-90.
38 *El estilo de Malón de Chaide*, en *Estudios sobre el Barroco* (Madrid 1964) p.242.
39 Pról. a ed.cit. p.XXVIII.

el contenido intelectual y ascético no sufre merma. El personaje central es un punto de apoyo para sólidas disquisiciones sobre la gracia, la libertad del hombre y de la predestinación. La belleza de la mundana pecadora que llega a una sublime transformación espiritual, es también soporte para jugosas interpretaciones del pensamiento platónico y neoplatónico sobre la belleza y el amor, señalando, al mismo tiempo, los caminos que ha de seguir el alma, en general, para lograr la misma transformación de la protagonista.

Por otra parte, con trazos vivos y sumamente coloristas desciende a dibujar aspectos muy concretos de la vida, como al descubrir las mañas y peligros de las mujeres con sus engaños, afeites y mil recursos de seducción, o la maravillosa apología que hace de los ojos y de las lágrimas en el momento de describir el lloro arrepentido de Magdalena a los pies de Cristo. Lo que nos ofrece este insigne escritor es una fuerte dosis ideológica junto con una gran riqueza de lenguaje, elaborándolo en diversos planos de patetismo, de ternura y delicadeza, de ironía, sarcasmo e hiriente mordacidad.

Merece siquiera una breve reseña el *Tratado del amor de Dios* (Salamanca 1592), del escritor agustino Cristóbal de Fonseca, quien debió de ser muy conocido, estimado y leído por los grandes escritores de la época. Lope de Vega, en *La Jerusalén conquistada;* Vicente Espinel, en su *Marcos de Obregón,* y Cervantes, en el prólogo de la primera parte del *Quijote,* le recuerdan con singular simpatía y aprecio. Así dice Vicente Espinel en el «Prólogo al lector»: «El padre maestro Fonseca escribió divinamente del amor de Dios, y con ser materia tan alta, tiene muchas cosas donde puede el ingenio espaciarse y vengarse con deleite y gusto...» [40] Y Miguel de Cervantes: «Si tratásedes de amores, con dos onzas que sepáis de la lengua toscana, toparéis con León Hebreo, que os hinche las medidas; y, si no queréis andaros por tierras extrañas, en vuestra casa tenéis a Fonseca, *Del amor de Dios,* donde se cifra todo lo que vos y el más ingenioso acertare a desear en tal materia». En efecto, Fonseca sigue la trayectoria agustiniana de la idea del amor de Dios como bondad absoluta y belleza suprema. Aprovecha, como otros escritores del tema, todos los pensamientos y sugerencias que nos han ido legando los grandes filósofos y poetas de la antigüedad, los Padres de la Iglesia y teólogos posteriores acerca del amor en su doble vertiente: humana y divina.

Emplea los once primeros capítulos en disertar sobre el amor en general, sus cualidades, su naturaleza y sus efectos, para desarrollar posteriormente, en proporción paralelística, las propiedades del amor particular y sus objetivos. El primer objetivo del amor ha de ser Dios, ya que es el objeto más digno e infinitamente amable. Los restantes objetos de amor pueden ser más o menos dignos, peligrosos o perversos, según su calidad y la intención del que los persigue: así, el amor al prójimo, a la honra, a las riquezas, a las mujeres, a los placeres, a la sabiduría, a la

[40] *Novela picaresca española,* ed. de A. Valbuena Prat (Madrid ⁶1968) p.924.

familia, a la patria, etc. En el libro se van interfiriendo ideas sobre la vanidad y fragilidad de la vida, de la hermosura y del amor humano. Toda esta doctrina estaba ya tratada por otros escritores ascéticos; pero, como indica M. Herrero García, «tiene este escritor la gran virtud de dar novedad a cuanto trata... la imaginación de Fonseca, su viveza en el decir, su desparpajo, consiguen dar aspecto nuevo a los tópicos más manidos. ¿Cuántas veces no se ha descrito el desvelo de un enamorado? Sin embargo, algunas de sus descripciones parece que estrenan el asunto» [41].

Por otra parte, Cristóbal de Fonseca, desde el punto de vista literario, tiene el sumo interés de haber sido uno de los que figuran como posible autor de la *Segunda parte del Quijote»*. disfrazado con el pseudónimo de Avellaneda, según la apreciación de N. Alonso Cortés. Además, con ese realismo propio de nuestros escritores religiosos, hace penetrar al pícaro en las parábolas del Evangelio. En la *Segunda parte de la «Vida de Cristo»* (Lisboa 1620), refiriéndose al invitado que entra en las bodas sin el traje apropiado, habla del *pícaro* de las bodas, roto y desgarrado. Y en la explicación de la parábola del *hijo pródigo,* que vuelve arrepentido después de disipar su hacienda y haber guardado puercos, «venía hecho un picarón negro, cubierto de andrajos, flaco y asqueroso...» [42]

Diremos, finalmente, que Fonseca tiene sus puntos de contacto con Malón de Chaide en la viveza y en el conocimiento costumbrista de la época, pero sin llegar a la altura y vigor de su compañero de hábito.

[41] Est. cit., p.41.
[42] Cf. A. VALBUENA PRAT, *Estudio preliminar a la novela picaresca española,* ed. cit., p.16.

CAPÍTULO III

POETAS Y ESCRITORES DE LA ORDEN CARMELITANA

1. LA POESÍA DE SAN JUAN DE LA CRUZ (1542-91). INTENSIDAD Y VALORES DE SU INSPIRACIÓN POÉTICA

Prescindiendo de datos históricos de su vida, de su influencia en la reforma de la Orden carmelitana junto con Santa Teresa de Jesús y de las persecuciones soportadas a causa de este empeño renovador, entremos directamente en el balance valorativo de su obra literaria y mística. Una visión global nos presenta a San Juan de la Cruz como la cumbre de la poesía mística española, no solamente bajo el aspecto religioso y teológico, sino incluso dentro de las calidades humanas del arte poético. Su producción no es extensa, pero esta falta de extensión la suple abundantemente con un peso enorme de intensidad y de honda emoción lírica.

El santo y poeta carmelita encierra su delicado sentimiento y sus aspiraciones místicas en diversos moldes estructurales. Unas veces acude al romance o a la cancioncilla de tipo tradicional; otras, en cambio, adopta las formas clásicas de la poesía culta, heredadas de la lírica amorosa italiana, convertida en esencias y sabores españoles por los príncipes de nuestra poesía renacentista: Garcilaso y fray Luis de León. Así, dentro de diversos tipos y combinaciones, San Juan de la Cruz usa frecuentemente la lira, estrofa usada por Garcilaso en la *Canción de Gnido,* y muy querida y usada también por fray Luis de León en casi todas sus composiciones poéticas. La poesía en metros cortos y de ágil y juguetona inspiración, sin menoscabo de su auténtico valor, no representa lo más transcendente ni lo más significativo de la obra del santo carmelita. Se reduce únicamente a cinco canciones, diez romances y dos glosas a lo divino. En cambio, el segundo tipo de poesía es donde el místico vate ha vertido las más puras esencias y los anhelos más íntimos de su ardoroso corazón. Tres composiciones maravillosas e inimitables constituyen su arte más puro y la cumbre de su obra poética: el *Cántico espiritual,* bello y amoroso coloquio entre el alma y su Esposo Cristo; la *Noche oscura del alma,* que, sin ser una imagen original, evoca maravillosamente el sentido de *noche* como símbolo de negación y de vacío, como símbolo de las pruebas y purificaciones de Dios. El alma se halla envuelta en soledad, en abandono y en tentaciones, pero en lucha valiente logrará vencer y llegará al beatífico estado de unión con el Amado. La tercera composición, titulada *Llama de amor viva,* es un continuo grito exclamativo del alma que se encuentra abrasada por las llamas del amor divino. Como aclaración a ciertas dificultades que podrían derivarse del simbolismo concentrado de estas inspiradas poesías, Juan de la Cruz escribió unos bellos y profundos comentarios en prosa didáctico-teórica. El comentario al *Cántico* lleva el mismo título. Asimismo, el de la *Llama de amor viva*. El de la *Noche oscura* lleva dos títulos: *Subida del monte Carmelo*, y otro con el mismo título del poema, pero incompleto, ya que solamente desarrolla dos estrofas y parte de la tercera. Estos comentarios en prosa no están desprovistos de auténticos valores poéticos, aunque es evidente que la viva llama de los poemas no puede brillar con el mismo resplandor.

Problema digno de consideración es la postura de San Juan de la Cruz ante el arte y la estética, en conjunción con el altísimo nivel poético que encierra su producción. Un hombre tan enamorado de Dios y tan celoso de la salvación y santificación de las almas como lo demuestran claramente sus escritos y lo que de él nos dicen sus biógrafos, tenía que perseguir un objetivo fundamental, una obsesión eminentemente transcendental y divina, que debía orillar todo otro propósito de valores humanos y artísticos. Sus escritos iban directamente a Dios y a proporcionar temas espirituales a religiosos y religiosas de su Orden para empujarles en la ascensión amorosa o para que los recitaran en las festividades litúrgicas y en los actos de reuniones comunitarias:

> «Digámoslo sin miedo —comenta Dámaso Alonso—: el arte en sí mismo no era nada, no significaba nada para él. No tenía resquicio para el arte quien estaba lleno de Dios... es un frailecico pequeño, casi 'medio fraile', al que, digámoslo sin rebozo, le tenía sin cuidado el arte por el arte y aun el arte a secas. Lo único que le importaba era el amor de Dios. Estos poemas son tales, que la literatura mundial no ha producido nada de una emanación más nostálgicamente perturbadora, donde cada palabra parece haber recibido plenitud de gracia estética, con una transfusión tal, que nuestra alma, virginalmente oreada, impelida abrasadoramente, no ha sentido nunca más próximas las extremas delicias... ¡por San Juan de la Cruz, creo; creo en el prodigio!» [43]

Jorge Guillén expone también la idea de que la poesía en San Juan de la Cruz no llegó a ser una tarea esencial, porque su vida estaba consagrada al afán religioso, cuyo nombre pleno no es otro que *santidad:* «A la cumbre más alta de la poesía española no asciende un artista principalmente artista, sino un santo», y añade que los tres grandes poemas se deben a quien jamás escribe el vocablo *poesía* [44].

Es interesante también lo que nos dice E. Orozco Díaz a este respecto: «Cuando compone sus poemas, aunque los cree como poeta, lo hace no como aparte de su actividad de religioso carmelita... De la estatuaria afirma «que es bueno gustar de tener aquellas obras que ayudan al alma a más devoción; por eso, de las imágenes, «siempre se ha de escoger lo que más mueve». Esto mismo dice de la música: «poco importa oír una

[43] *Poesía española...*, ed. cit., p.267-68.
[44] *San Juan de la Cruz o lo inefable místico*, en *Lenguaje y poesía* (Madrid 1962) p.98.

música sonar mejor que otra, si no me mueve más ésta que aquélla a hacer obras» [45].

Es verdadera esta actitud de Juan de la Cruz hacia lo puramente artístico y poético; pero una cosa es esa actitud propia de un hombre santo y apostólico, y otra su indudable cultura humanística, recibida ya en su niñez, en el colegio de los jesuitas de Medina del Campo, además del don maravilloso de su delicadeza de espíritu y de la gracia poética que Dios depositó en su corazón. Esta delicadeza de espíritu y esta gracia poética estaban en el interior de un hombre dulcemente contemplativo, pero no sujeto a una introspección vana y puramente subjetiva, porque sabía proyectar una mirada superior y transcendente a todas las criaturas del universo.

2. Tradición y originalidad en el «Cántico espiritual». Influencias y resabios del Cantar de los Cantares, de la poesía culta y de la poesía tradicional

Cuando San Juan de la Cruz escribe su *Cántico espiritual,* no puede menos de acordarse de una fuente muy concurrida, estudiada, amada y meditada por él: el Cantar de los Cantares, bello e inspirado epitalamio entre el esposo y la esposa, símbolos del amor entre Dios y el alma. Como en el libro bíblico, también hallamos en el *Cántico espiritual* analogías en las ansias amorosas de la esposa (alma), en las retiradas y escondites del Amado, en la búsqueda inquieta y desasosegada de la esposa, en sus apóstrofes y deprecaciones a todas las criaturas, aun las desprovistas de razón, en demanda de las huellas posibles de su amor; en el gozo del encuentro y en la dicha venturosa e indecible de la unión y el matrimonio espiritual. Todo esto viene a relacionarse íntimamente con las tres célebres vías de la vida espiritual: vía purgativa (v.1-62), vía iluminativa (v.62-165), vía unitiva (v.165-200). Juan de la Cruz toma abundancia de imágenes y figuras literarias del libro sagrado, y aun su misma alegoría mística, de una finura extraordinaria. Si el libro bíblico dice: «En mi lecho de noche busqué al que ama mi alma» (3,2), en el comienzo del *Cántico espiritual* el alma grita también en la noche de la búsqueda de su Amado: «¿Adónde te escondiste, / Amado, y me dejaste con gemido? / ... salí tras ti clamando, y eras ido». Es una experiencia vivida también por el alma del Santo, inquieto inquisidor del amor divino. El alma vaga inquieta y devorada por un irresistible amor hasta que da con el Amor, que la había abandonado para probar su fidelidad, y al hallarlo se retira jubilosa con él a los bosques y florestas del silencio, a las espesuras de la contemplación, a las bodegas del éxtasis embriagador y a la cámara de la unión divina.

Pero no hay duda de que existe otra tradición de perfumes poéticos humanos, si no muy precisa y expresamente buscados, sí de una mane-

[45] *Poesía y mística. Introducción a la lírica de San Juan de la Cruz* (Madrid 1959) p.21.161-62.164-65.

ra más o menos consciente, debido a la cultura humanística de nuestro místico y a los versos que corrían en boca de diversos poetas, o a los libros inspirados, aun los espirituales, en la poesía amorosa renacentista. E. Allison Peers, Dámaso Alonso y Emilio Orozco han dado a conocer las fuentes de muchos términos e imágenes usados en las composiciones de San Juan de la Cruz. Efectivamente, durante los años mozos del poeta en Salamanca, ya fray Luis de León era una gran personalidad como profesor en las aulas salmantinas, y los sonetos y églogas de Garcilaso circulaban de mano en mano entre la juventud estudiantil. Veamos algunas muestras concretas de relación entre el Cantar de los Cantares, entre el repertorio amoroso de la poesía humana, y la postura poética de Juan de la Cruz, que hace saltar la frontera de los amores profanos hasta colocarse en la región espiritual y divina.

Es imposible señalar todas y cada una de las coincidencias y relaciones entre el Cantar de los Cantares y el *Cántico espiritual*. En algunas estrofas, Juan de la Cruz no hace sino parafrasear o traducir libremente los detalles amorosos contenidos en algunos versículos del Cantar; pero, aun en esta circunstancia, conserva un sabor inconfundible y personal. Veamos, por ejemplo, cómo en el capítulo 4, versículo 9 del libro sagrado, se nos describe la eficacia del cabello y de los ojos de la Amada para enamorar al Esposo: «Llagaste mi corazón, hermana mía, Esposa..., con el uno de tus ojos y con la una trenza de tu cabello». San Juan de la Cruz nos dirá en la estrofa 22 del *Cántico espiritual:*

> «En sólo aquel cabello
> que en mi cuello volar consideraste,
> mirástelo en mi cuello,
> y en él preso quedaste
> y en uno de mis ojos te llagaste».

Bella y pujante figura, bajo la cual se esconde la hermosura del amor divino entre el alma y Dios, cuajado en dos elementos del atractivo femenino, como punto de partida y evocación de un amor más alto. El hermoso cabello que vuela al viento es una visón dinámica de la belleza contemplada ya por los grandes poetas renacentistas e incluso por nuestra poesía tradicional.

El canto bíblico de amor y de unión personal entre dos enamorados domina toda su capacidad personal; ellos son el centro de todo; pero este centro tiene que irradiar su luz y alegría a todo el mundo y paisaje circundante. De este júbilo y luminosidad han de participar los demás seres: la primavera, las flores, los frutos, las frondas, los valles y las montañas. Por eso, ella invita al viento a esparcir perfumes, entre los que El pueda saborear los frutos exquisitos: «Despierta, cierzo; llégate, austro; orea mi jardín, que exhale sus perfumes. Entra, amor mío, en tu jardín a comer de sus frutos exquisitos». Y he aquí la exclamación de San Juan de la Cruz en la estrofa 26:

> «Detente, cierzo muerto;
> ven, austro, que recuerdas los amores;

aspira por mi huerto
y corran sus olores,
y pacerá el amado entre las flores».

Los intercambios amorosos entre la Esposa y el Esposo en el Cantar han sido sometidos por San Juan de la Cruz a un itinerario de escala y progresión mística. La primera búsqueda corresponde al primer paso; con su inquisición y exigencia de respuestas a todas las criaturas, sus ansias, sus dificultades, quiere que el Amado le descubra su presencia y anhela el encuentro feliz del desposorio. En todo el desarrollo rítmico del poema ha sabido imprimir el poeta el sello de una criatura perfecta. «¡Prodigio de la creación poética —exclama Dámaso Alonso—, sombra del hálito de la divinidad! ¿Que ángeles de música y sueño impulsaban la mano que escribía?» [46]

El alma sale en búsqueda veloz de un amor que se ha escapado como un ciervo, después de haber clavado en ella el dardo amoroso. No se puede pedir más parquedad en la hondura del sentir. Es un apóstrofe vivo y de una interrogación anhelante el arranque de la estrofa primera:

«¿Adónde te escondiste,
Amado, y me dejaste con gemido?
Como el ciervo huiste,
habiéndome herido;
salí tras ti clamando, y eras ido».

Desde el comienzo de la estrofa primera hasta la 12, la Esposa realiza una continua búsqueda del Amado a través de unas criaturas que sólo le dan pálidos reflejos de su hermosura: «no saben decirme lo que quiero»; pálido reflejo plasmado en la sugerente aliteración: «un no sé qué quedan balbuciendo». No se detiene ante las dificultades de caminos, montes, sierras y asperezas que ha de atravesar, ni la asustan los peligros de las fieras, ni se detendrá ante las bellezas fugitivas que tope en su camino:

«Buscando mis amores,
iré por esos montes y riberas;
ni cogeré las flores,
ni temeré las fieras
y pasaré los fuertes y fronteras» (estr.3).

El alma enamorada no puede satisfacerse con otra cosa que con su Amado, y por eso le exige que descubra su hermosa figura, si no en la auténtica realidad, al menos en un claro reflejo dibujado en las puras y cristalinas aguas de una fuente:

«¡Oh cristalina fuente,
si en esos tus semblantes plateados
formases de repente
los ojos deseados
que tengo en mis entrañas dibujados!» (estr.11).

[46] *La poesía de San Juan de la Cruz*, ed.cit., p.189.

Hasta aquí, los versos de las estrofas del *Cántico* han tomado un ritmo vertiginoso, en consonancia con la actitud inquieta y corredora de la amada. A partir de ahora, el alma comienza a cantar jubilosamente; su ritmo se aquieta y se remansa al escuchar la voz del Esposo, que la invita a tomar el aire de su vuelo. Los sustantivos y epítetos, sugestivos y evocadores, se suceden en progresión enunciativa; hay pocos verbos y poca lógica que puedan completar el sentido perfecto de lo enunciado, como si el alma quisiera volar sin obstáculos y sin ver la contradicción aparente de expresiones paradójicas:

«Mi Amado, las montañas,
los valles solitarios, nemorosos;
las ínsulas extrañas,
los ríos sonorosos,
el silbo de los aires amorosos».

* * *

la música callada,
la soledad sonora,
la cena que recrea y enamora» (estr. 13 y 14).

Aquí está el poeta sensible a las bellezas naturales, que son reflejo de la belleza divina. La vida de San Juan de la Cruz es rica en testimonios, que nos le presentan meditando y contemplando junto a las mimbreras y los árboles de un río, o junto a los arroyos de las huertas en los diversos conventos por donde pasó su vida religiosa. Todo ese mundo de valles, de ríos sonorosos, de silbidos del aire, de la música de las aves, de los gamos saltadores, del agua pura que mana de las laderas y collados, de los sotos, de las cavernas de las peñas, lo incorpora Juan de la Cruz a su espíritu y lo transfigura por el empuje de un aliento divino.

Cuando ya el alma ha logrado alcanzar el objeto de su amor, abandona toda otra posible actividad; ya no desea otro oficio sino amar, amar siempre. Bajo el símbolo clásico del mundo pastoril renacentista, es una pastora que abandona sus rebaños en aras de un servicio amoroso:

«ya no guardo ganado
ni ya tengo otro oficio,
que ya sólo en amar es mi ejercicio» (estr.19).

El gozo final del encuentro y el requiebro amoroso entre el Alma y su Esposo son unas mutuas invitaciones al ambiente acogedor de la soledad, a la espesura, a las noches serenas, a escuchar el dulce canto de los ruiseñores y los arrullos de la tórtola y de la palomica. Curioso es el comentario en prosa que hace el mismo poeta místico a la estrofa 33 del *Cántico*, donde se nos habla de la tortolica que ha vuelto a hallar a su compañero deseado en las verdes riberas. El comentario a esta estrofa dice así: «Para cuya inteligencia es de saber que de la tortolica se escribe que, cuando no halla al consorte, ni se asienta en ramo verde, ni bebe el agua clara ni fría, ni se pone debajo de la sombra, ni se junta con otra compañía; pero, en juntándose con él, ya goza de todo esto» [47].

---

[47] *Vida y obras...*, ed.cit. p.722.

Otro empuje transcendente y purificador del amor humano se observa en la invitación del Alma a su Amado para gozarse en su belleza y amor a solas y sin testigos, en el interior de la espesura:

«Gocémonos, Amado,
y vámonos a ver en tu hermosura
al monte y al collado,
do mana el agua pura;
entremos más adentro en la espesura» (estr.35).

El *Cántico espiritual* de San Juan de la Cruz es un perfecto y logrado poema, como son todas las creaciones geniales y de una perfecta belleza formal.

3. ASPECTOS LITERARIOS Y AMBIENTACIÓN TRADICIONAL EN LAS POESÍAS MENORES DE SAN JUAN DE LA CRUZ. SU RELACIÓN CON LAS POESÍAS DE SANTA TERESA DE JESÚS

Tanto San Juan de la Cruz como Santa Teresa de Jesús glosaron canciones y letrillas a lo divino, y en ellos el anhelo místico se vierte en casi idénticos términos paradójicos. La coplilla que glosan ambos poetas debía de ser muy conocida, pero dentro de los límites del amor humano: «Vivo sin vivir en mí / y de tal manera espero / que muero porque no muero». Este gusto por los contrastes y por los juegos conceptuales de oposición: *muerte-vida, vivo sin vivir, muero porque no muero,* eran muy corrientes en toda la poesía trovadoresca y sentimental amorosa, en la tradición cortesana lo mismo que en la poesía de tipo tradicional popular. Los ejemplos serían superfluos, pero ya Dámaso Alonso señala algunos de ellos en su obra citada, como el *Cancionero de Constantina,* el *Cancionero general,* el *Sarao de amor,* de Timoneda, y el *Cancionero general,* de Resende.

En la vertiente humana, el amador vive también muriendo, porque el amor causa mayores dolores, como en el *Cancionero de Constantina* (n.178): «Muere quien vive muriendo, / pues amor / da al que vive más dolor». Pero todavía podemos observar mayor afinidad en las mismas fórmulas poéticas y aun en versos íntegros, como en el caso del *Cancionero general,* de Resende, donde hay sendas coplas amorosas atribuidas a Juan de Meneses y a Duarte de Brito. En la primera exclama el poeta: «Porque es tormento tan fiero / la vida de mí cativo, / que no vivo porque vivo / y muero porque no muero». Y en la segunda, «... que por vos triste cativo, / ya no vivo porque vivo y muero porque no muero» (fos.16v y 44v.)

Existen, pues, modelos poéticos seculares de diversa procedencia —cortesana y popular— de este «vivir muriendo», tema central y característico en las glosas de Santa Teresa y San Juan de la Cruz, con más o menos variaciones de expresión poética. Mientras Santa Teresa, en la estrofa primera, ha puesto en su corazón en letrero «que muero porque no muero», el «vivo ya fuera de mí», San Juan de la Cruz, en la estrofa primera de su glosa, presenta el mismo paradigma entre la vida, que es Dios, y la muerte, que es el yo terreno: «En mí ya no vivo ya»... «Este vivir, ¿qué será?»... «Pues mi misma vida espero, / muriendo porque no muero».

Santa Teresa es, a veces, más emotiva al recalcar la dureza y crueldad de la vida terrena. Con gran énfasis la va calificando con las severas imágenes de cárcel, destierro, ataduras de hierro; no es sólo prisión; es algo más duro: una carga tan pesada como el acero; pero al mismo tiempo existe, paradójicamente, otra prisión divina, que es el amor en que ella vive y por el que ha hecho a Dios su prisionero, mientras su corazón ha logrado volar libre en alas de ese mismo amor. Esta divina prisión del amor «ha hecho a Dios mi cautivo / y libre mi corazón».

Los duros destierros, la cárcel, los hierros «en que el alma está metida», son símiles que recuerdan la actitud del gran admirador de la santa carmelita, fray Luis de León, en su *Noche serena:*

> «El alma que a tu alteza
> nació, ¿qué desventura
> la tiene en esta cárcel baja, oscura?»

San Juan de la Cruz no emplea paradojas místicas tan apasionadas y de viveza tan espontánea y cuantitativa como Teresa de Jesús. Es más bien equilibrado y profundo cualitativamente, si es que se puede pedir mesura a los arranques místicos. A San Juan de la Cruz sólo se le curará su dolencia con «la presencia y la figura» del Amado. A veces tiene bruscos arranques, como el de «Esta vida no la quiero»; pero, en general, se mantiene en una postura más continuada y uniforme en el anhelo de la vida auténtica, inmutable y unitiva.

4. OTROS POEMAS MENORES: LA FUENTE, LA CAZA Y EL PASTORCICO

A los poemas centrales del *Cántico espiritual*, la *Noche oscura* y *Llama de amor viva* añade San Juan de la Cruz tres composiciones breves de profundo e inolvidable simbolismo. La primera es un bellísimo poema que canta el resonar gozoso de una fuente escondida, eterna y vivificadora. El poeta sabe muy bien el lugar de esa fuente, y puede escuchar el murmullo de su manantial, que da vida a los cielos, a la tierra y a todas las criaturas del universo. Todos los seres y el mismo poeta se hartan y beben de esa fuente, pero a oscuras. *Aunque es de noche* es el título de este encantador poemita.

Según el testimonio de la Madre Magdalena del Espíritu Santo, lo compuso Juan de la Cruz en la cárcel de Toledo, y según otros testimonios del proceso de beatificación, cuando logra huir de la prisión en que le tenían encerrado los frailes calzados, se refugia el santo en el convento de las Carmelitas Descalzas. Ya se ha repuesto un poco de las penalidades de su encierro y se ha puesto a recitar en la iglesia unos romances que había compuesto en la cárcel. Mientras él recita, una monja va compiando lenta y emocionadamente los versos [48].

Situación maravillosa la de una estrechísima y penosa cárcel, a pesar de sus privaciones, para la elevación simbólica: el oscuro cuartucho se agranda para la representación de la vida terrena, en la que el alma vive en la oscuridad de la fe. Así, a oscuras, puede, sin embargo, escuchar, sin ver, el canto de esa misteriosa y consoladora fuente que es la Divinidad, escondida también en el Sacramento. El agua viva de la fe refresca y consuela el camino oscuro de la vida terrenal, y el incesante y machacón estribillo «aunque es de noche» va remachando el final de cada una de las estrofas de esta dolorosa y esperanzadora composición.

En el juego incesante de alegorías y símbolos, hallamos también otro bello y encantador poemita que parte de una técnica de cancionero culto y popular a la vez. El punto básico es un tema de cetrería, elevado y transpuesto, como siempre, al mundo del amor espiritual y divino. Es el neblí, pájaro cazador, quien se eleva veloz en pos de la garza real, su presa. Símbolo del amor tan veloz que «mil vuelos pasé de un vuelo» y «volé tan alto, tan alto, / que le di a la caza alcance», es esta ave de presa, como el alma que se dispara en raudo vuelo de búsqueda para atrapar al amor transcendental con exigencia de unión; exigencia y conquista que expresan el gozo y la victoria de los dos últimos versos: «y fui tan alto, tan alto, / que le di a la caza alcance». Esta es una poesía, como indica Dámaso Alonso, «fríamente abrasada, elemental de representación, escuetamente desnuda, blancamente matemática de lo inefable, exaltadora de todo nuestro impulso humano ascensional y coronador. Como otras del poeta escritas en metro menor, está oscurecida por la merecida fama de los poemas centrales. Y no es justicia» [49].

Acerquémonos, por último, a analizar brevemente otro tierno y delicado poema, cuyo tema esencial es el de un pastorcico enamorado de una bella e ingrata pastora que le ha olvidado. El tema es ya un tópico en toda la literatura pastoril, desde las Arcadias de la antigüedad hasta la del italiano Sannazaro, la de Lope de Vega, la *Galatea,* de Cervantes, y las églogas de Garcilaso, donde los enamorados pastores lanzan continuas quejas lastimeras ante el olvido y desdén de sus esquivas pastoras. Sin embargo, hay una diferencia fundamental: la literatura pastoril renacentista insiste en la descripción de la belleza física femenina con el recurso a epítetos y metáforas comunes mil veces repetidos. El recurso a la contemplación de la naturaleza como marco ambiental y reflejo del estado psicológico del poeta enamorado, era también un tópico y una constante de este género literario. En cambio, Juan de la Cruz no usa ninguno de esos tópicos de la naturaleza ni de la belleza personal en este pequeño poema del *Pastorcico,* escrito en endecasílabos. Solamente hace referencia a un árbol, pero no en cuanto a elemento bello del paisaje, sino como fruto de un amoroso y transcendental simbolismo. La

[48] Cf. J. BARUZI, *Saint Jean de la Croix et le problème de l'expérience mystique* (París ²1930) p.185 n.1 y 2.
[49] O.c., p.215.

cadena simbólica es paralela y constante, de tal manera que viene a constituir una verdadera alegoría: el pastorcico que «llora de pensar que está olvidado» es Cristo y la bella pastora olvidadiza y esquiva es el alma. El dolor y el desengaño del pastorcico están vigorosamente expresados en un verso que, a manera de estribillo, cierra cada una de las estrofas: «el pecho del amor muy lastimado». Así, dolorido y nostálgico de su amor ausente, se ha subido a un árbol para esperar a su pastora con los brazos abiertos. Bello símbolo del árbol de la cruz, donde Cristo permanece con sus brazos divinos extendidos para esperanza y perdón de las almas de toda la humanidad: «Y el pecho del amor muy lastimado»; y ¿cómo no, si fue traspasado y roto por la lanza de un soldado?

En la obra citada de Baruzi hay un comentario sobre este poema, y lo coloca dentro del influjo ambiental del poeta Garcilaso. De Garcilaso viene la manifestación del dolor, de la melancolía y de la nostalgia del amor perdido. En cambio, Dámaso Alonso, en su obra citada, añade otro modelo más directo y evidente: el libro de Sebastián de Córdoba que traslada a lo divino los temas amorosos de la poesía renacentista, con la diferencia de que Córdoba es un mero refundidor de escaso valor poético, en contraste con los valores auténticos y puros de la poesía de San Juan de la Cruz. El libro de Sebastián de Córdoba lleva este título: *La obra de Boscán y Garcilaso trasladados en materias cristianas y religiosas* (Granada 1575).

Pueden ser ciertas todas estas influencias temáticas y ambientales. Lo cual no significa que San Juan de la Cruz se pusiera expresa y conscientemente a copiar y transcribir determinados versos. Lo más seguro es que, dada su formación humanística y las lecturas que podían caer en sus manos, guardó en su sensible espíritu de poeta y de santo un cúmulo de imágenes y temas, que afloran después con mayor perfección y transcendencia. Aparte de que el árbol, como símbolo del madero de la cruz, es corrientísimo en los comentarios bíblicos, litúrgicos y en toda la ascética cristiana; lo mismo que la relación Adán-Cristo y Eva-María. Lo cierto es que nuestro santo carmelita, hijo de tradiciones como todo el mundo, ha llegado a ser, tanto bajo la perspectiva de la humana poesía como bajo la otra perspectiva más alta de la poesía mística, una cumbre elevadísima de toda la poesía universal.

5. LA PERSONALIDAD HUMANA, MÍSTICA Y LITERARIA DE SANTA TERESA DE JESÚS. TEMAS Y VALORES DE SUS OBRAS EN PROSA

Cuando nos acercamos a contemplar la extraordinaria figura de una mujer, de una religiosa, de una santa mística y de ardorosa actividad, de una escritora tan encantadora y sugestiva como Santa Teresa de Jesús, no podemos menos de quedar prendados de su poderoso atractivo. En su rica psicología sabía aunar una indomable y decidida energía junto a la sencillez, el afecto y la alegre simpatía de una exquisita feminidad, que atraía a todos los que la trataban. Incluso bajo el aspecto externo, tenemos el testimonio de María de San José, quien nos ofrece el retrato físico de la Santa: «tuvo en su mocedad fama de muy hermosa, y hasta su última enfermedad mostraba serlo... manos de dedos largos y finos, manos muy lindas, de las que dijo un niño a quien bendijo: '¡Ay madre, cómo güelen las manos de aquella santa!'» [50]

Es ya un tópico relacionar el temperamento y la actitud espiritual de esta «fémina andariega» con la silueta amurallada de Avila, su ciudad natal, y con la llanura, austera también, sobre la que esta ciudad se levanta; pero es un tópico necesario. Las recias murallas pueden ser un símbolo del espíritu guerrero y caballeresco, y el silencio austero y místico de la ciudad, otro símbolo de fortaleza intelectual de intensos esfuerzos y de sublimes amores. Como atestigua en el capítulo segundo del *Libro de su vida,* ella será una aficionada a leer libros de caballerías, y consta que comenzó a escribir uno en compañía de su hermano, por diversión. Aunque más tarde se arrepiente del daño y de la pérdida de tiempo que le ocasionaron los amores y frivolidades de estos libros, siempre quedan en el fondo imágenes de generoso heroísmo, de grandes conquistas y duros empeños. Para Teresa de Jesús, el alma misma será también un castillo de muchas moradas, y hay que asaltar fortalezas, atravesar fosos y pasos duros hasta llegar a la morada interior donde aguarda el Esposo, y en la villa salmantina de Alba de Tormes, oliente a las efusiones amorosas de la segunda égloga de Garcilaso, la santa reformadora rendirá los últimos suspiros hacia un Pastor de amores más sublimes y eternos.

Pero en Teresa de Jesús, ya desde su niñez, se observa una curiosa mezcla de intrepidez y decisión, junto con actitudes infantiles muy propias de una niña educada en un hogar profundamente cristiano. Nos son conocidos los relatos del primer capítulo del *Libro de su vida,* donde aparece la firme decisión de ir con su hermano a tierra de moros «para que allá nos descabezasen», debido a su intenso deseo de gozar de inmediato los bienes eternos de la gloria; pero hay aquí un matiz delicado de ternura y amor filial, porque a ella le parecía que el Señor les daba suficiente ánimo para todo, «sino que el tener padres nos parecía el mayor embarazo». Con una encantadora ingenuidad nos relata también sus juegos infantiles preferidos de construir ermitas y conventos y de jugar a ser monja: «en una huerta que había en casa procurábamos, como podíamos, hacer ermitas, poniendo unas piedrecillas, que luego se nos caían... gustaba mucho, cuando jugaba con otras niñas, hacer monesterios, como que éramos monjas».

Dentro ya de su producción literaria ascética y mística, podemos distinguir obras de tipo autobiográfico, como el *Libro de su vida* y el *Libro de las fundaciones.* De tipo doctrinal expositivo son: *Camino de perfección, Conceptos del amor de Dios* y el *Libro de las moradas o Castillo interior.* Aparte escribió más de 400 cartas a personas de la más variada condición social: desde el mismo rey, obispos y nobles caballeros hasta religiosos, re-

[50] Cit. por MARTÍN ALONSO, Intr. a ias *Fundaciones* y a las *Moradas* (Madrid 1966) p.25.

ligiosas y gentes más o menos sencillas que gozaron de su amistad. Estas cartas poseen un valor excepcional para conocer su carácter espontáneo, su doctrina, sus dotes de dirección espiritual, sus desvelos por la reforma de la Orden carmelitana y los éxitos y dificultades que logró superar la Santa en la fundación de nuevos conventos por tierras de Castilla y Andalucía. En cuanto a sus *Poesías,* no revisten la importancia de sus obras en prosa; se reducen a glosas de intenso fervor religioso y místico, a algunas coplas, estribillos y villancicos que corrían en el ambiente popular y en la poesía de tipo tradicional, como el «Vivo sin vivir en mí...», «Véante mis ojos...», etc., de los que ya hicimos mención al tratar de la poesía de San Juan de la Cruz.

El *Libro de su vida,* publicado en 1588 por fray Luis de León, no fue escrito por propia iniciativa y por una íntima necesidad de volcar su espíritu; lo escribió a ruegos de su confesor, con objeto de que la relación de su vida religiosa y de las gracias extraordinarias recibidas de Dios sirviesen para edificación y aliento de las almas en la vía del amor divino. Son unas memorias íntimas del itinerario espiritual y místico de su vida. Aparte de los datos interesantes sobre el carácter y virtudes de sus padres, familiares y personas allegadas a su conocimiento y amistad, el libro rebasa los límites autobiográficos con abundantes digresiones doctrinales sobre la oración, los influjos benéficos de la contemplación de la humanidad de Cristo, los peligros de un deseo incontrolado de visiones y contemplaciones místicas y la necesidad de un guía docto y experimentado en el camino de la vida espiritual. En el análisis de sus visiones, éxtasis y favores extraordinarios, la santa de Avila emplea una naturalidad, una sencillez y una plasticidad que clarifican estados de alma muy intrincados y difíciles de expresar, y a veces la escritora confiesa expresamente una inquieta lucha por hallar la expresión adecuada, y otras veces llega a abandonarla por imposibilidad. Especialmente significativo es el fenómeno místico de la transverberación que ella experimentó, cuando en el capítulo 29 nos describe el ángel muy cerca: «hermoso mucho; el rostro tan encendido, que parecía de los ángeles muy subidos, que parecen todos se abrasan. Deben ser los que llaman querubines». Y, al experimentar el suave dolor del dardo angélico de fuego que le atraviesa el corazón, matiza: «No es dolor corporal, sino espiritual, aunque no deja de participar el cuerpo algo, y aun harto. Es un requiebro tan suave que pasa entre el alma y Dios, que suplico yo a su bondad lo dé a gustar a quien pensare que miento».

Hay un arte sublime en las descripciones de los pasos místicos de Teresa de Jesús. Según el criterio de Américo Castro, «Santa Teresa, con el privilegio que le confiere el ser cronista de fenómenos divinos, va lejos en ese punto; en su pluma, el subjetivismo adquiere violencia y acuidad exquisita... la violencia lírica y romántica de la descripción hará que ésta y muchedumbre de análogos pasajes se incorporen a la historia del arte puro y desinteresado» [51].

[51] *Teresa la Santa y otros ensayos* (Madrid-Barcelona 1972) p.78-79.

El *Libro de las fundaciones* es también una autobiografía, pero de carácter más externo; es una relación de los sucesos, tanto prósperos como adversos, acaecidos en la fundación de diversos conventos. Lo escribió a ruegos del P. Ripalda, quien lo consideraba muy útil para conocer la actividad reformadora de la Santa, como un servicio muy especial a la Orden carmelitana y de gran edificación para las personas espirituales. No posee tanta intimidad como la *Vida,* pero el estilo es más cuidado, y la gracia, el donaire y la agudeza con que narra las vicisitudes de sus trabajos y empeños por fundar sus «palomarcitos» son de una viveza y casticismo inconfundibles. Además del interés histórico, el libro posee también un interés psicológico, por los finos y acertados retratos de personas de todo tipo: eclesiásticas y seglares, personas astutas y egoístas, o personas caritativas y de ingenua santidad, con quienes tuvo que tratar Teresa en sus correrías fundacionales. Por la pluma de la escritora pasan los matices descriptivos de las incomodidades de los viajes en carro, las inclemencias del tiempo y los pasos difíciles de los caminos polvorientos o enlodados, la incomodidad de las posadas y las pobres viviendas que había que aprovechar para construir una nueva fundación. Pero todo ello tiene para Teresa y sus monjas un aliciente y una profunda lección de perfeccionamiento espiritual. Hay que saber aprovechar todo: una pequeña limosna, una pobre vivienda o un patio de «paredes harto caídas», donde las pobres monjas sólo llevan como ajuar «dos jergones y una manta». La Madre Teresa, lo mismo que sus hijas, mantienen una formidable constancia y una santa recreación en esta pobreza, valor espiritual inconmensurable y muy por encima de los valores materiales de la comodidad.

El *Camino de perfección* fue escrito a petición de las monjas descalzas del primer convento reformado, el de San José de Avila, y también a petición expresa del célebre teólogo dominico Domingo Báñez. Aquí la Madre Teresa se muestra inquieta por los males que causaba la herejía protestante, circunstancia que aprovecha para inculcar a sus hijas todo género de virtudes, como arma principal para la propia santificación y para la conversión y progreso en la virtud de las almas ajenas. Las virtudes pasivas tienen que tener también un sentido eminente de apostolado en beneficio de los prójimos. El fundamento indispensable ha de ser una tendencia constante a la perfección y a la unión con Cristo, el espíritu de oración, de mortificación, de penitencia y de pobreza. El espíritu eminentemente práctico y prudente de la Madre Teresa va poniendo los sólidos fundamentos de una auténtica santidad: el conocimiento propio, como base de la humildad, y ésta, a su vez, base de toda perfección; la obediencia a la prelada y a los prudentes directores espirituales, y, sobre todo, la caridad para con las hermanas, más que el gusto por las consolaciones y éxtasis, que pueden llevar a engaños y a cierto descontrol del espíritu.

El *Libro de las moradas o Castillo interior* constituye la más alta expresión de las experiencias y de la doctrina mística de Santa Teresa. Imagina la vida espiritual del alma como un castillo de siete moradas, por donde hay que pasar y detenerse antes de llegar a la última, lugar privilegiado de unión mística con el Esposo. La primera morada es la habitación del alma que no está aún libre de pecados veniales; la segunda es la propia del alma que se entrega a ejercicios ascéticos; en la tercera, el alma se va apartando cada vez más de las cosas de la tierra, pero tiene que sufrir duras pruebas de sequedad y arideces espirituales; en la cuarta, ya entra el alma en la oración de recogimiento; en la quinta se experimenta ya una unión parcial de las potencias con Dios, aunque perduran las pruebas y escrúpulos, que van purificando más al alma; en la sexta, las pruebas y sufrimientos se tornan en placer y el alma entra en la oración de unión. La séptima morada es la verdadera unión mística: «el espíritu del alma fundido con la esencia de Dios».

Pero estas recónditas mansiones y alturas finísimas del amor divino no impiden regresar al mundo real de la actividad ascética. Incesantemente recuerda Santa Teresa a sus monjas que jamás intenten arribar a esas alturas si no son llamadas, y precisamente en el capítulo 4 de las *Séptimas moradas* da un toque de atención sobre la imperiosa necesidad del ejercicio de las virtudes que debe acompañar a la contemplación, a semejanza de las dos hermanas Marta y María, símbolos de las dos formas de vida espiritual:

> «... es menester no poner vuestro fundamento sólo en rezar y contemplar; porque, si no procuráis virtudes y hay ejercicio de ellas, siempre os quedaréis enanas; y aun plegue a Dios que sea sólo no crecer, porque ya sabéis que quien no crece, descrece; porque el amor tengo por imposible contentarse en un ser, adonde le hay... creedme que Marta y María han de andar juntas para hospedar al Señor y tenerle siempre consigo, y no hacerle mal hospedaje no dándole de comer».

Todo revela aquí una maravillosa síntesis de altos vuelos y preocupaciones realistas de fina y delicada espiritualidad, y de un temperamento recio, fuerte y activista, encarnado en una extraordinaria mujer y santa castellana.

6. El estilo y la postura de la crítica literaria ante la Santa de Ávila

Para calibrar objetivamente el valor estilístico de Santa Teresa de Jesús hay que tener en cuenta que solía escribir por mandato o ruego de otras personas. Nunca quiso sentar plaza de sabia, ni sintió afán alguno de orden intelectual o estético, que podría estar reñido con su profunda humildad. Son especialmente simpáticas y expresivas algunas frases que denotan su bajo concepto de sí misma y la dificultad experimentada al tomar la pluma: «¿Para qué quieren que escriba? Escriban los letrados que han estudiado, que yo soy una tonta y no sabré lo que digo; pondré un vocablo por otro, con que haré daño... Cierto, algunas veces tomo el papel como una boba, que ni sé qué decir ni cómo empezar». Ella se encontraba como en su centro usando el lenguaje llano, sencillo y castizo de la gente del pueblo. A este respecto es interesantísimo un consejo suyo en el pequeño libro de *Visita de descalzas*: «También mirar en la manera del hablar, que vaya con simplicidad y llaneza, que lleve más estilo de ermitaños y gente retirada que no ir buscando vocablos de novedades y melindres —creo los llaman— que se usan en el mundo, que siempre hay novedades. Préciense más de groseras que de curiosas en estos casos» [52].

Clara muestra de que su preferencia iba por el habla corriente y familiar de la gente de Castilla la Vieja, sin refinamientos cultos ni exquisiteces de lenguaje, porque ella escribía como hablaba. De esta actitud se derivan algunos vulgarismos y arcaísmos de léxico, como *anque, naide, catredático, ilesia, perlada, mijor, intrevalo*, etc., y varios defectos sintácticos de coordinaciones y subordinaciones mal construidas, con cortes bruscos del sentido, y otras veces con mezclas e injerencias de otras razones, que enturbian la claridad de las frases. Pero estas irregularidades no empañan la inimitable y encantadora espontaneidad de un estilo extremadamente personal e inimitable. ¡Con qué delectación usaba ella sus diminutivos preferidos! Y esa misma delectación es la que se apodera del lector: los dones del Esposo al alma para que «la palomilla o mariposilla esté satisfecha», «esta navecica de nuestra alma», el entendimiento, que está «tan tortolico a veces».

Las imágenes que usa Santa Teresa no tienen la envergadura simbólica-alegórica de las de San Juan de la Cruz; a veces son sencillas, pero de una innegable fuerza expresiva, como «la loca de la casa» o «mariposilla de noche», para indicar la imaginación distraída; las frecuentes referencias a seres y utensilios de la vida casera y ordinaria. Así intenta quitar la preocupación de algunas monjas por no tener demasiado tiempo para la contemplación a causa de las faenas domésticas: «también entre los pucheros anda el Señor»; o cuando desprecia las pesadas insinuaciones de los diablos con esta gráfica expresión: «no se me da más de ellos que de moscas»; la comparación del juego del ajedrez: «daremos mate a este Rey divino» y «la dama (la humildad) es la que más guerra le puede hacer en este juego». Y cuando intenta adivinar de dónde puede venir el ataque del demonio, dice con enérgica viveza: «húrtale el cuerpo y quiébrale la cabeza».

En otras ocasiones, las imágenes y comparaciones se agrandan y expansionan hasta formar un todo luminoso que esclarece y vivifica las difíciles e intrincadas experiencias místicas, acudiendo siempre a elementos y medios de eficacia sencilla, de una plasticidad comprensible aun a las inteligencias menos dotadas. Singularmente bellas son las comparaciones del desposorio místico de la divina unión con las dos velas que se juntan, con el agua del cielo que cae en un río, con el arroyuelo que entra en el mar y con una habitación iluminada por dos ventanas.

La oración de unión queda, asimismo, deliciosamente explicada por medio de otra comparación delicadísima y de una sutil observación. Al

[52] *Obras...* ed.cit., p.660.

comienzo del capítulo 2 de las *Quintas moradas* recurre la Santa a la labor de los gusanos de seda en las hojas de los morales: «con las boquillas van de sí mismos hilando la seda, y hacen unos capuchillos muy apretados, adonde se encierran». Pero este elemento comparativo va a explicar la transformación del alma unida a Dios, porque este gusano, «que es grande y feo, sale del mismo capucho una mariposa blanca, muy graciosa». Así, también el alma quedará libre y hermosamente transformada, pero después de un anterior esfuerzo ascético y una muerte a las cosas de la tierra. ¡Con qué precisión lacónica y transcendente está vivificado el valor simbólico de la comparación!: «Y el pobre gusanillo pierde la vida en la demanda».

A lo largo de toda la historia literaria ha existido siempre una lista considerable de escritores que han tenido grandes panegiristas y han sufrido también las diatribas de enemigos literarios. En cambio, hallamos algunos que, debido a su profundo humanismo, a su gran simpatía y sinceridad, a la bondad íntima de su corazón y al contenido sugerente y honda emotividad de sus escritos, han quedado inmunes a toda crítica negativa. Santa Teresa de Jesús pertenece con todo derecho a este último grupo. Los críticos literarios de la más diversa gama ideológica y de tiempos y lugares más diferenciados no han ahorrado alabanzas a la personalidad y a la obra de nuestra Santa. Sea el primero fray Luis de León, quien, en el prólogo a la edición príncipe de *Los libros de la Madre Teresa de Jesús* (Salamanca 1588), alaba la delicadeza, la claridad, la gracia y la buena compostura de sus escritos, y aunque admite muchos *desafeites* e incorrecciones sintácticas, «lo hace tan diestramente y con tan buena gracia, que ese mismo vicio le acarrea hermosura y es el lunar del refrán». Juan Valera, ilustre novelista y crítico literario del siglo XIX, que no se distingue precisamente por sus ideas cristianas y religiosas, en el *Elogio de Santa Teresa de Jesús,* discurso pronunciado en la Real Academia, llega a decir: «Pueden nuestras mujeres de España jactarse de esta compatriota y llamarla sin par, y toda mujer que en las naciones de Europa, desde que son cultas y cristianas, ha escrito, cede la pluma y aun queda inmensamente por bajo comparada a Santa Teresa». No puede faltar la palabra autorizada de Menéndez Pelayo en sus *Estudios y discursos de crítica histórica y literaria,* donde afirma que Santa Teresa es «la más inimitable de nuestros clásicos. Hasta el estilo de Cervantes puede imitarse con más o menos fortuna; el de Santa Teresa, de ninguna manera. Habló de Dios y de los más altos misterios teológicos como en plática familiar de hija castellana junto al fuego». Azorín, en *Clásicos redivivos,* exalta su «prosa primaria, pura, humana, profundamente humana, directa, elemental, tal como el agua pura y prístina. La *Vida* de Teresa, escrita por ella misma, es el libro más hondo, más denso y más penetrante que existe en ninguna literatura europea». Podríamos detenernos, pero no es necesario, en enumerar los grandes elogios dedicados a la personalidad humana y literaria de la Santa de Avila en *El estilo de Santa Teresa,* de Menéndez Pidal; en *Santa Teresa y otros ensayos,* de Américo Castro; en la *Historia de la lengua española,* de Rafael Lapesa; en *Estudios de literatura religiosa espa-*

ñola, del hispanista francés Robert Ricard; en los rasgos físicos, psicológicos, morales y religiosos estudiados en *Santa Teresa,* de R. Fülöp Miller, etcétera. Todos han visto en nuestra gran escritora mística una multitud de facetas tan originales y atractivas, que no han podido resistir a la tentación de comentarlas y elogiarlas.

CAPÍTULO IV

LA FIGURA LITERARIA Y ASCETICA DEL DOMINICO FRAY LUIS DE GRANADA (1504-88)

1. SU PERSONALIDAD DENTRO DE LA ORDEN DOMINICANA. IDEALES Y VALORES DOCTRINALES Y ESTILÍSTICOS DE LA «GUÍA DE PECADORES»

Fray Luis de Granada vio la luz en la ciudad de su nombre el año 1504. Niño nacido de una familia honrada, oscura y pobre, pero ricamente dotado de singulares facultades de ingenio y de virtud y educado bajo la protección del conde de Tendilla, pronto se atrajo el afecto de los religiosos de su ciudad natal. Profesa como religioso dominico en 1525 y estudia en el convento de San Gregorio, de Valladolid, donde fue compañero de Bartolomé de Carranza y de Melchor Cano. A sus grandes cualidades de escritor y orador unía una gran virtud y un carácter ingenuo y sencillo, que más tarde le hizo víctima de los engaños de una monja que fingía llagas y milagros en el convento de la Anunziata, de Lisboa; pero este varón humilde y sencillo reconoce inmediatamente su error, y en uno de sus famosos sermones sobre *las caídas públicas* propone advertencias y cautelas contra los falsos visionarios y resalta la gravedad de los pecados de escándalo.

Si consideramos el carácter general de la escuela dominicana: sólida y severa formación teológica, una tradición eminentemente intelectualista, racional y aristotélica, recibida de la obra gigantesca y portentosa de la *Summa* de Santo Tomás, nos sorprende que fray Luis de Granada, sin renunciar a los conocimientos filosóficos, teológicos, escriturísticos y clásicos, no tiende en sus escritos a una estructuración de seco y severo raciocinio. No es que no haga uso de él, sino que todo el cúmulo argumentativo se ve impulsado por un entusiasmo, por una bondad, por un exquisito temperamento y una imaginación fuertemente sensible a cualquier toque estético. Era un hombre de un inmenso corazón, que abarca todas las bellezas del universo y de las criaturas con un sentido platónico cristianizado.

Las obras de fray Luis de Granada son: *Libro de la oración y meditación* (1544), *Guía de pecadores* (1556), *Compendio de la doctrina cristiana* (Lisboa 1560), *Memorial de la vida cristiana* (1566), *Adiciones al «Memorial»* (1574), una traducción de la *Imitación de Cristo* (1567), *sermones* sobre temas ascéticos, evangélicos y de vidas de santos; *Retórica eclesiástica* en seis partes. Su obra principal y más bella es *Introducción del símbolo de la fe* (1583).

En estas obras de tipo religioso y ascético, fray Luis de Granada suele mezclar bastante los mismos temas. Por esta razón vamos a detenernos en las dos más representativas, de cuyo conocimiento y examen se puede deducir todo el carácter y valor de la gran responsabilidad humana, espiritual y literaria del autor: *Guía de pecadores* y la *Introducción del símbolo de la fe.*

La *Guía de pecadores* se publicó en Lisboa, en 1556. Es un libro escrito para todo cristiano en los diversos estados de su vida, y también para los hombres de iglesia, como recurso para la enseñanza de la doctrina. Es una guía verdadera del espíritu, de la inteligencia, del sentimiento y del corazón donde abunda toda clase de argumentaciones y citas eruditas sin aridez ni atosigamientos. Fray Luis de Granada posee un profundo conocimiento de la Sagrada Escritura, de los clásicos paganos, de los Santos Padres y de los escritores ascéticos anteriores y contemporáneos, que va demostrando casi en cada una de sus páginas. Pero ¿cuáles son los puntos básicos y el ideal propuesto?

Nuestro autor parte de una vida cognoscitiva dirigida hacia dos polos: el hombre y Dios. El hombre es imagen de Dios por estar dotado de voluntad y de razón. La voluntad tiende naturalmente hacia el bien, y el entendimiento hacia la verdad. No hay nada más conforme a un ser razonable que vivir en el orden, es decir, conforme a la razón, que es una ley natural y recibida de Dios. Las ideas morales, ascéticas y religiosas se ven pertrechadas por un fuerte alarde razonador y convincente, propio de un escritor con cualidades oratorias. Argumenta y demuestra sin cesar, prevé toda clase de objeciones y las soluciones, aduciendo testimonios y autoridades de todo tipo. Son continuas las comparaciones y los ejemplos ilustrativos; vuelve una y otra vez sobre la misma idea para explanarla y amplificarla de mil maneras y formas, para que aparezca más clara y penetre con mayor hondura. A pesar de la sensibilidad y ternura de su corazón, fray Luis de Granada da una importancia extraordinaria al valor y poderío de la razón. Como estudioso de la filosofía aristotélica y como buen discípulo de Santo Tomás, afirma la validez de la razón para llegar al conocimiento de la existencia de Dios, como ya lo atestiguaron algunos sabios y filósofos de la antigüedad; entre ellos, Aristóteles en su tratado *De anima*: «Haec autem veritas lumine naturali ministratur».

Pero fray Luis de Granada habla a toda clase de personas, y le es necesario sensibilizar adecuadamente las razones que en los libros científicos aparecen densas y puramente dialécticas. Aquí es donde aparece relevante la exquisita sensibilidad y las dotes de un dominio extraordinario del estilo literario. Veamos un texto concreto en el que incita a la consideración de las bellezas creadas como punto de partida y escalas para subir hasta la contemplación de la hermosura y del amor de su Creador. Es el gozo que experimenta el hombre justo cuando el día le enoja con sus cuidados, y ama la noche quieta para pasarla a solas con Dios. Así leemos en el libro 1, capítulo 15, de la *Guía de pecadores*:

«Ninguna noche tiene por larga, antes la más larga le parece mejor. Y, si la noche fuese serena, alza los ojos a mirar la hermosura de los cielos, y el resplandor de la luna y de las estrellas, y mira todas estas cosas con otros diferentes ojos. Míralas como a unas muestras de la hermosura de su Creador; como a unos espejos de su gloria; como a unos intérpretes y mensajeros que le traen nuevas dél... Todo el mundo le es un libro que le parece que habla siempre de Dios, y una carta mensajera que su amado le envía, y un largo proceso y testimonio de su amor. Estas son, hermano mío, las noches de los amadores de Dios y éste es el sueño que duermen. Pues con el dulce y blando ruido de la noche sosegada, con la dulce música y armonía de las criaturas, arróllase dentro de sí el ánima y comienza a dormir aquel sueño velador de quien se dice: 'Yo duermo y vela mi corazón'».

Observamos aquí una combinación de elementos racionales, emotivos y místicos. Pensamiento y lenguaje se elevan a gran altura en medio de un cúmulo discursivo que no descarta el impulso del sentimiento y de la emoción. Pensamiento y lenguaje que se elevan, sobre todo, cuando habla de las perfecciones y de los atributos de Dios. Sabe unir, en estrecho maridaje, la prueba de tipo aristotélico con la de sabor platónico, al considerar a Dios como el sumo bien y la absoluta belleza, hacia quien se encaminan los seres por la vía del amor. No es extraño que en ocasiones llame al autor de *La república* y del *Banquete* «el primero de los filósofos» y que estima también al tierno y dulce poeta latino Virgilio como «el más excelente de los poetas». Dios es el objeto que se busca y que se ama no con vaguedades sentimentales, sino con un sentimiento y amor firmes y sólidamente fundamentados. Dios es causa eterna y necesaria, el motor inmóvil aristotélico; pero, sobre todo, Dios es bondad y amor, y todas las cosas son más nobles cuanto más se acercan a El. Como bondad y amor, Dios es el manantial fecundo de la dicha y de la felicidad. Tanto en el tratado 2.º de las *Adiciones al «Memorial de la vida cristiana»* como en la *Guía de pecadores* (l.1, c.1), nos presenta a Dios como el origen de todo lo bello: «La belleza que sobrepuja de tal modo a todas las bellezas visibles, que la más perfecta es fea y deforme ante ella». La belleza divina es única y absoluta, porque ella sola es eterna, inmutable y soberana, y todo lo que puede ambicionar la criatura racional es contemplar y amar esta belleza perfecta y poseerla en unión de amor, ya que el objeto amado no puede llenar el corazón si ese objeto no es infinito. Así se admira fray Luis de Granada de encontrar en un filósofo pagano como Platón un punto de vista coincidente con la sabiduría cristiana, es decir, proponer un fin a la vida del hombre sabio y prudente, y dotarle de un medio para conseguir ese fin: considerar las cosas más bellas, y a las que ama más apasionadamente, como puros medios y no como objetos finales del amor, ya que son solamente imitaciones lejanas y como degradadas de la auténtica belleza.

Otro problema que hay que resolver es señalar el instrumento apto y eficaz para conseguir ese acercamiento a la belleza y bondad supremas. Hay dos instrumentos posibles: la inteligencia y el corazón, la ciencia y la plegaria. La razón y la ciencia pueden ser valiosos, porque la ignorancia nunca es útil para nada, es siempre funesta y perniciosa; pero la demasiada ciencia suprime, a veces, los afectos dulces y la ternura del corazón, tan necesaria para acercarse a Dios. El conocimiento puro aparece siempre imperfecto y limitado, y si es excelente para las ciencias humanas, es ciego para las cosas divinas, si no se ve alumbrado por los ojos de la fe. Una es la ciencia de los sabios y otra la de los santos, y si el entendimiento considera las cosas, la voluntad se une a ellas. La razón puede ayudar a la voluntad, mostrándole el objeto y el camino, pero el amor excede, con mucho, a la inteligencia, y mejor es amar a Dios que comprenderle, porque el entendimiento no puede abarcarle; le empequeñece a la manera humana, mientras que el amor lo posee por entero. La plegaria es superior al estudio, como la contemplación lo es a la acción [53].

El capítulo primero de la *Guía de pecadores* es una auténtica teodicea, en la que fray Luis de Granada se explaya a su gusto, hablando de las perfecciones y de los atributos de Dios con amor e infinita cordialidad, como corresponde a su carácter. Y en el intento de conjugar este dulce y apasionado carácter de nuestro autor con los suaves y encadenados períodos de su estilo, ha sido Azorín, este crítico sensitivo de la historia, del paisaje y de la literatura, quien se ha acercado con especial cariño al gran escritor dominico:

> «A tres siglos de distancia, nuestra simpatía va hacia este escritor, todavía no bien estudiado, algo desdeñado por los doctos y que es un prosista castellano de primer orden. Nuestra simpatía va hacia este hombre desasido de las cosas, sencillo, afable, digno, que no vivió sino para el pensamiento, que fue un formidable trabajador intelectual en medio del tráfago seductor de una sociedad de príncipes y reyes. Nuestra simpatía va hacia fray Luis de Granada» [54].

En efecto, cualquier tema que cae en sus manos, ya sea sobre el mundo de lo sobrenatural y divino, ya sea sobre el terreno, más fácilmente captable, de los seres y cosas de la naturaleza, no tiene secretos para este hombre, que ejerce un dominio prodigioso sobre el idioma, conformándolo y adaptándolo a las más diversas formas; unas veces, amplio y enérgico, y otras suave y conciso; pero siempre, a pesar de estar bien trabajado, da la impresión de algo fácil, sencillo y claro. El mismo Azorín indica la diferencia del estilo entre los dos Luises: estilo más trabajado y de más recia contextura el de fray Luis de León, y más suave el de fray Luis de Granada; pero ambos son «dos telas de preciosa seda; una, la de León, es de contextura más recia que la otra. La otra, la de Granada, es más suave. Pero la de Granada es tan resistente como la primera» [55].

[53] Estas ideas las baraja continuamente el autor en la *Guía de pecadores* y también en *Memorial de la vida cristiana* 1.6 c.3; *Adiciones...* tr.1 c.1 y *Libro de la oración y meditación* 1.2 c.9.
[54] *Los dos Luises* (Madrid ³ 1961) p.18.
[55] Ibid.

2. VISIÓN TRANSCENDENTE Y ESPIRITUALIZADA DE LOS SERES DE LA
NATURALEZA EN LA «INTRODUCCIÓN DEL SÍMBOLO DE LA FE». EL
AFECTO, LA DELICADEZA Y LA FLUIDEZ DEL ESTILO

Entremos ahora en el análisis de la *Introducción del símbolo de la fe*.
Se suele considerar como la obra mejor construida de fray Luis de Granada; una verdadera joya en la que se mezclan y complementan elementos apologéticos, ascéticos, religiosos y, en menor cantidad, elementos místicos. Su interés principal radica en la originalidad de su desarrollo y en la copiosa erudición que demuestra el autor en las ciencias naturales —astronomía, zoología, botánica, anatomía, fisiología, etc.—, aunque dentro, naturalmente, de los rudimentarios conocimientos de la época. La elegancia y la propiedad del lenguaje, junto a la gran solidez y densidad de doctrina, no se ven menguadas por las inexactitudes y ciertas exageraciones fabulosas que el científico moderno puede observar en las descripciones y propiedades atribuidas a los seres de la naturaleza. En el caso de fray Luis de Granada, lo curioso es que, a pesar de abordar temas idénticos o muy afines a los tratados en otras obras, no resulta fatigoso para el lector recorrer estas páginas, llenas de atractiva curiosidad y de un elevadísimo y transcendental propósito.

El P. Granada intenta, como paso primero y fundamental, obtener el conocimiento y el amor de Dios por medio de la meditación y de la plegaria, por el ejercicio de las virtudes y huida de los vicios. Este conocimiento de Dios lo obtienen los bienaventurados por la clara visión de la esencia divina; pero el hombre, peregrino todavía en este mundo, no tiene más remedio que acudir a las obras de la creación para poder remontarse al conocimiento de su fuente primera. Estas obras divinas pueden ser de orden natural, como la creación, la conservación, el orden y la armonía del universo, las creencias religiosas de todos los pueblos, el instinto de los animales y, sobre todo, la perfecta fábrica del *microcosmos* —el hombre—, obra extraordinaria de la sabiduría y de la bondad del Creador. Las otras obras que pueden elevarnos al conocimiento y al amor de Dios son de orden sobrenatural, como la redención, que es la causa y fundamento de todos los demás dones: los sacramentos, la gracia, los dones del Espíritu Santo, la herencia del reino de los cielos, etc.

Toda la obra está dividida en cinco partes fundamentales: la primera trata de la creación del mundo, con todas las consideraciones apropiadas para el fin pretendido por el autor. La segunda parte versa sobre las excelencias y frutos de nuestra santísima fe y religión cristiana; las partes tercera y cuarta se complementan en el estudio y meditación del misterio de la redención y de sus frutos: abrir las puertas del cielo, la restitución de la naturaleza humana caída a su primera dignidad, la obtención de Cristo, que intercede por toda la humanidad ante el Eterno Padre; la venida del Espíritu Santo, la adquisición de las virtudes por medio del ejemplo de la vida y de la pasión de Cristo, ayuda para obtener mercedes y ahuyentar las tentaciones, las victorias y triunfos de los

mártires como prueba de la verdad de la fe y del amor a su religión, la
reforma de las costumbres traída por el cristianismo a la humanidad
con el ejemplo de tantos santos ermitaños y anacoretas, monjes contemplativos y religiosos de vida apostólica y caritativa, cuya vida es un constante y eficaz ejemplo para la conversión y reforma de la vida. La quinta parte es una especie de resumen de las ideas expuestas anteriormente.

En todas estas partes se nota una gran amplitud y profundidad,
pero la primera es la que encierra elementos y motivos más curiosos y
atrayentes para el crítico y observador literario; aunque dentro de las
características y del propósito del autor, todos estos motivos y formas
persiguen un objetivo ulterior y transcendente. Las perspectivas y puntos de partida son los mismos que ya adquirieron algunos filósofos por
la luz de la razón; pero fray Luis se detiene en la consideración de bellísimos y delicados detalles, en testimonios elocuentes del mundo visible
en general y de algunas criaturas hermosas y perfectamente adaptadas
y equipadas en particular. No es del todo original la consideración del
mundo como un gran libro que Dios escribió y presentó a todas las naciones y pueblos para que leyesen en él y conocieran a su autor; pero sí
es curioso el detalle de considerar a las criaturas particulares como las
letras de ese inmenso libro, bien iluminadas para declarar la sabiduría
de su Hacedor.

El itinerario recorrido para alcanzar la meta de la alabanza, de la
adoración y del amor a una providencia tan extraordinaria y personal
como la de Dios, es inmenso y variado. Desde la grandeza y movimiento
de los astros, las estaciones, los elementos, las plantas y los frutos de la
tierra, los animales mayores y menores, sus instintos de defensa, de
conservación y de reproducción, la estructura majestuosa del águila, la
fidelidad del perro, las costumbres de las abejas, de las hormigas y de
los gusanos de seda, hasta la perfección anatómica del hombre, sus dos
clases de sentidos exteriores e interiores y las tres potencias o facultades
del alma: vegetativa, sensitiva e intelectiva, todo ello es un alarde de
cuidadosa observación dentro de los límites naturales de la época, porque aquí no es lo más importante precisar la exactitud científica, que ha
dejado paso a la poesía y a la actitud contemplativa.

Maticemos las cualidades estilísticas y de exquisita sensibilidad de
fray Luis de Granada con algunos ejemplos. Cuando asoma sus ojos
para contemplar la hermosura del cielo, exclama en el capítulo 4 de la
parte primera:

> «¡... cuán agradable es en medio del verano, en una noche serena, ver
> la luna llena, y tan clara, que encubre con su claridad la de todas las es-
> trellas! ¡Cuánto más huelgan los que caminan de noche por el estío con
> esta lumbrera que con la del sol, aunque sea mayor! Mas estando ella au-
> sente, ¿qué cosa más hermosa y que más descubra la omnipotencia y her-
> mosura del Criador que el cielo estrellado, con tanta variedad y muche-
> dumbre de hermosísimas estrellas, unas muy grandes y resplandecientes
> y otras pequeñas, y otras de mediana grandeza; las cuales nadie puede
> contar, sino sólo aquel que las crió?... aquel soberano pintor que así supo

hermosear aquella tan grande bóveda del cielo... ¿Quién pudo esmaltar tan grandes cielos con tantas piedras preciosas y con tantos diamantes tan resplandecientes? ¿Quién pudo criar tan gran número de lumbreras y lámparas para dar luz al mundo? ¿Quién pudo pintar una tan hermosa pradera con tantas diferencias de flores, sino algún hermosísimo y potentísimo hacedor?»

La riqueza simbólica y comparativa la instala fray Luis de Granada en múltiples ocasiones. Si recorremos el capítulo 8, encontramos la hermosa descripción que nos hace del mar y de los grandes beneficios que reporta a la naturaleza y a los hombres con su influencia en el clima, en el servicio de la navegación y en la gran cantidad y variedad de peces que encierra en su seno para alimento y deleite del hombre. Particularmente significativa es la descripción del mar en calma, como representación de la mansedumbre y blandura de Dios para con los buenos y rectos de corazón, en vigoroso contraste con la otra descripción del mar tempestuoso y agitado, viva imagen del furor y de la ira divina contra los despreciadores de sus mandamientos. Y, si abrimos las páginas del capítulo ·10, quedaremos sorprendidos ante los bellos trazos descriptivos de las flores y de la granada, comentando las palabras de Jacob en el capítulo 27 del Génesis: «El olor de mi hijo es como un campo al que bendijo el Señor».

Después de comentar la estructura y habilidades de los más diversos y curiosos animales, pasa a la consideración de los más pequeños, donde hay apreciaciones muy dignas de notarse. La principal advertencia es de que Dios se manifiesta «maximus in minimis», es decir, brilla todavía más la sabiduría, la providencia, el esmero y el artificio del Creador en dar vida a estos seres pequeños que en la creación de los animales fuertes y poderosos; porque, como nos dice en el capítulo 18, si enfrentamos a unos y otros, «allí nos espanta la grandeza, aquí la pequeñez; allí la hermosura, aquí la sutileza; allí el resplandor de la luz, aquí el primor de la fábrica».

Baste todo lo dicho para que el encanto y bondad de este hombre singular nos haya robado el corazón y el deseo de continuar la lectura y el estudio de sus admirables escritos. Fue un escritor fecundo en obras y en lenguaje, a veces con cierto exceso retórico, dadas sus cualidades oratorias; pero su estilo encierra indudables bellezas de colorido y variedad. Su intenso amor, no sólo a la naturaleza en general, sino a todos los seres en particular, le aparta de lo sintético y abstracto; nos hace más cercano y amable el mundo sobrenatural al que nos intenta elevar. El apasionado por el idioma español hallará infinidad de matices y aspectos diversos en el manejo de la lengua y del estilo. Tiene razón Azorín al decir que, cuando abrimos uno cualquiera de sus libros, «tenemos la impresión de hallarnos en un taller de uno de aquellos forjadores antiguos, castellanos, del hierro. Bajo las manos de aquellos hombres, el hierro flexible, maleable, tomaba dulcemente, como por encanto, todas las formas... en Granada todo es fácil, espontáneo, gracioso y elegante. No penséis en la negligencia ni en el desmayo; bajo esas apariencias de facilidad se oculta un artista siempre atento, vigilante de los detalles, férvidamente amoroso de su arte» [56].

3. «LA CRISTIADA», DEL DOMINICO DIEGO DE HOJEDA, Y OTROS
POEMAS RELIGIOSOS

Diego de Hojeda (1570-1615), dominico sevillano, es autor de un poema épico religioso de lo más representativo dentro del género. *La Cristiada* fue publicada en Sevilla (1611) y consta de doce cantos en octavas reales. No es, como pudiera parecer, una exaltación épica de toda la vida de Cristo; se reduce a los momentos cumbres de ella desde la última cena hasta los episodios finales de la tragedia del Calvario: la muerte de Cristo, el descendimiento de la cruz y su sepultura. Probablemente, Hojeda tuvo en cuenta el poema en hexámetros latinos del obispo de Alba, Marco Girolamo Vida, escrito por mandato del papa León X y publicado en 1535. Sin embargo, aunque *La Cristiada* de Vida posee el valor de ser un comienzo de la poesía épica religiosa y una intención de estilo noble y elevado, el sentido religioso y la caracterización de la figura divina central son muy diferentes en ambos poemas. El italiano puede tener versos mejor construidos, pero el fervor religioso queda muy desdibujado por una cultura del clasicismo humanista, que contrasta evidentemente con las orientaciones espirituales del catolicismo español contrarreformista en la época en que Hojeda escribió su poema.

En el poema de Hojeda hay ternura, emoción humana y sentimiento religioso, muy en consonancia con el carácter espiritual de la época. El contraste dinámico de lucha entre el bien y el mal se cifra en el mundo angélico, a las órdenes de San Miguel, que lucha como un ejército leal, y el mundo demoníaco, que se le opone en el odio a Cristo. A este ambiente de lucha suceden episodios de carácter afectivo y tierno, como la actitud maternal de la Virgen María; la sinceridad, nobleza y arrepentimiento de San Pedro y el carácter apasionado y constante del amor de María Magdalena. El poema, en conjunto, tiene un sentido y una concepción dentro de las características barrocas, sin llegar a las esplendorosas y brillantes metáforas, a esa cegadora fiesta de los sentidos que nos proporcionan los grandes poetas de este movimiento literario. No se le puede negar a Hojeda el sentido de devoción y respeto a la verdad de lo narrado en los evangelios. De un vivo y emocionado realismo pueden destacarse las estampas que nos ofrece del huerto de Getsemaní, el manto de Cristo, simbólicamente formado con los siete pliegues de los pecados capitales del género humano: «... mis pecados los poros abren de tu carne pura». Estos pecados son los cuchillos afilados, la corona de espinas y los clavos, «que desgarrando están tus dulces venas». No obstante, este corazón sincero y emocionado carecía de grandeza y de espí-

[56] O.c., p.40-41.

ritu épico, aunque no de imaginación y de talento. En medio de algunos detalles logrados, cae a veces en vulgaridades, prosaísmos y falta de auténtico vigor, como en la descripción de la negación de Pedro, libro 6.º, que es un desacierto poético. Ya Menéndez Pelayo había advertido que *La Cristiada* tiene mucha parte de libro de devoción candoroso, menudo, en exceso verboso y a las veces prosaico.

Otro poema de mayor ambición temática es la *Creación del mundo*, del canónigo de Plasencia Alonso de Acevedo, quien pasó bastante tiempo de su vida en Roma. Por su afición a las cosas italianas es por lo que Cervantes nos le presenta hablando en italiano, en los famosos tercetos del *Viaje del Parnaso*:

> «Y desde lexos se quitó el sombrero
> el famoso Aceuedo y dixo: 'Adio,
> voy siate el ben venuto, caualiero,
> so parlar zenoese e tusco anchio'.
> y respondí: 'La vostra signoría
> sia la ben trovata, patrón mío'».

El poema fue publicado en Roma el año 1615, y parece inspirado en una traducción italiana del poema francés *La semaine* (1578), de Guillermo de Saluste. Relata la obra de la creación en siete días, tomando como base el Génesis del Antiguo Testamento. Es una imponente y amazacotada construcción de cien octavas por cada uno de los siete cantos, en la que el autor desborda la sencilla majestuosidad del relato bíblico, y mezcla cantidad de episodios ajenos al tema, desde el diluvio universal hasta la descripción de la batalla de Lepanto y de la región de la Vera de Plasencia, en confuso conjunto anacrónico. Por otra parte, para dar impresión de su cultura y saber discutibles sobre las ciencias naturales, aprovecha todo lo que la tradición y las leyendas antiguas afirman acerca de las costumbres de pájaros, peces y animales de toda índole. En una frase lacónica de Pfandl podríamos resumir el juicio de este poema sobre la creación: «Algunos detalles hermosos y un conjunto fracasado».

En cambio, existe otro poema religioso de menor ambición sobre un personaje sencillo y trabajador, que aparece de pasada en los evangelios, aunque en el ciclo litúrgico obtiene el primer lugar de santidad, por ser el esposo de la Virgen María. Nos referimos al poema del sacerdote toledano José de Valdivielso (1560-1638): *Vida, excelencias y muerte del gloriosísimo patriarca San José* (Toledo 1604). Como hemos observado, el tema es concreto, ceñido, y, sin embargo, dadas las cualidades poéticas de Valdivielso, este poema épico religioso supera en calidad literaria a los anteriores, aparte de otro valor que debemos atribuir a nuestro autor como dramaturgo en su *Doce autos sacramentales y dos comedias divinas* (Toledo 1622).

Consta el poema de 24 cantos en octavas reales, escrito por «mandado de quien es razón que sea obedecido», alusión que se hace en el prólogo al mandato del prior del monasterio de Guadalupe con ocasión del tráslado de unas reliquias al altar de San José en la iglesia de dicho monasterio. El tema abarca desde el nacimiento hasta la muerte del Patriarca, con la adición de su descenso al limbo para consolar a las almas santas, detenidas allí en anhelante espera de su liberación por el advenimiento de Cristo. Existe una mezcla de lo pomposo, exigido por los endecasílabos de las octavas reales, con la ingenua y sencilla piedad característica del poeta; incluso una terminología excesivamente popular, que desdice del tono de un poema, como la excesiva descripción de la escena de los pastores en el canto 15. En cambio, por su valor y fuerza expresiva destacan el cuadro de los desposorios; los celos de José, descritos en el canto 10, al ver encinta a su querida esposa, tema ya tratado con singular viveza y realismo en la *Representación del nacimiento*, de Gómez Manrique; los cuadros en que las figuras de Jesús y de María ocupan los primeros planos; los momentos cumbres y reposados de la vejez y tránsito glorioso del santo Patriarca. Reminiscencias clásicas aparecen en el episodio de la visitación de la Virgen a su prima Santa Isabel, cuando las ninfas y náyades de los ríos cantan, bailan y ofrecen agua a los labios sedientos y puros de la Virgen. Hay también ternura y sencillez de expresión en las escenas de la infancia del Niño Dios, que «hace pinitos» de mano de María. Consideramos acertada la opinión de A. Valbuena Prat al decir que «la obra es uno de nuestros mejores poemas de la edad de oro».

CAPÍTULO V

LA ESCUELA ASCETICA DE LOS JESUITAS

1. LOS «EJERCICIOS ESPIRITUALES» DE SAN IGNACIO DE LOYOLA
COMO SOPORTE Y FUENTE DE UNA RELIGIOSIDAD ASCÉTICA PECULIAR.
EL ESPÍRITU CABALLERESCO DENTRO DE LOS «EJERCICIOS
ESPIRITUALES»

La doctrina religiosa y ascética de todas las escuelas católicas tiene que inspirarse necesariamente en las mismas fuentes tradicionales. Sin embargo, la espiritualidad ignaciana se distingue por un carácter particular de lucha, de combate y de actividad. A cada paso encontramos expresiones como *vencerse a sí mismo*, *hacer contra la propia sensualidad* y luchar intensamente contra el *enemigo de natura humana*. La imagen del soldado combativo es especialmente predilecta para Ignacio de Loyola, que, en evidente relación con la carta II a Timoteo, de San Pablo, donde le exhorta a luchar «como bizarro soldado de Cristo», exhorta él también a los estudiantes del Colegio de Coímbra a luchar por el amor de Cristo y por la salvación de las almas: «... pues sois soldados suyos con especial título y sueldo en esta Compañía... ¡Oh, cuánto es mal soldado a quien no bastan tales sueldos para hacerle trabajar por la honra de tal príncipe!»[57]

Las meditacones del *rey temporal* y de *dos banderas* en su libro de los *Ejercicios espirituales* abundan en parecidos sentimientos, porque allí considera a Cristo como sumo y divino Capitán; a la obra que él fundó, como una Compañía de lucha, y al alma, como un buen soldado que escoge el bando de Cristo para luchar y trabajar con el más denodado esfuerzo.

Pero debemos llamar la atención sobre el error, bastante común, de considerar este aspecto como el fundamental, sin apenas considerar otros puntos más transcendentales y ulteriores. No se prefiere ni se inculca esta actividad combativa por el gusto de meterse en riesgos y de medir fuerzas con un adversario poderoso y astuto, como indica sabiamente el P. José de Guibert. Nada más lejos de esto es la intención y propósito de la espiritualidad ignaciana. Todo el esfuerzo y toda la actividad luchadora es un medio, una condición necesaria para alcanzar el amor y el gozo de la compañía de Cristo. Además, los pensamientos y frases más abundantes son de alabanza, de gloria de Dios, de entrega y amor total a Cristo[58].

---

[57] *Obras completas* ed. del P. I. Iparraguirre: BAC (Madrid ² 1963) n.86 p.683-84.
[58] Véase *La espiritualidad de la Compañía de Jesús* (Santander 1955) p.118-19.

No es necesario insistir en la extraordinaria influencia que el pequeño libro de los *Ejercicios* de San Ignacio ha ejercido en la espiritualidad
y en la ascética cristiana, no precisamente por proponer conceptos nuevos y bellamente expresados, ya que su autor no fue un buen captador
de las bellezas literarias; sólo le interesaba, en los libros que pudo leer y
en los que se formó, su verdad, su ortodoxia y su eficacia para alumbrar el
entendimiento y fortalecer la voluntad. La originalidad de este pequeño
libro ignaciano es más bien táctica: una serie de reglas, adiciones, consejos y
avisos de gran valor psicológico y humana experiencia para que el ejercitante pueda sacar el mayor fruto espiritual. Es una síntesis estructural sin
divagaciones, y por esta razón aparecieron después multitud de comentarios sobre la densa doctrina ignaciana. Uno de los libros más representativos y mejor construidos literariamente es el del P. Luis de la Palma:
*Camino espiritual de la manera que lo enseña el bienaventurado Padre San Igna-
cio en su «Libro de los Ejercicios»* (Alcalá 1626). Sigue siendo el comentario
de máxima autoridad y con un castellano clásico, flexible y suelto. Precisamente es este insigne jesuita, que ocupó puestos de gran responsabilidad
en la Orden, quien nos da un juicio certero sobre el carácter y valor del
Libro de los Ejercicios, insistiendo en su fuerte contextura interna sin adornos superfluos de lenguaje atractivo, y así le llega a llamar, con acertadísima expresión, «anatomía espiritual». La anatomía del cuerpo no tiene
nada de hermoso ni agradable a los ojos de los profanos, pero sí a los ojos
de los médicos y cirujanos, y «así es el *Libro de los Ejercicios,* que tiene
descubiertas todas las venas, y coyunturas, y nervios del espíritu y muestra
a los ojos todo el secreto del hombre interior; y para esto está desnudo de
palabras, sin estilo, sin elocuencia y sin colores retóricos; lo cual ha sido
ocasión de que le dejen de las manos los ignorantes y le estimen más los
sabios y bien entendidos» [59].

Un concepto preciso y similar es el que hace el escritor moderno G.
Papini, al indicar que San Ignacio sólo se propone llevar de la mano al
alma ciega hacia la luz y que el texto se asemeja a un «mapa geográfico
del país representado. El que lo tomase como un libro de lectura come-
tería el mismo error que el que quisiera juzgar de la belleza y vida de
un hombre a través de la contemplación de su esqueleto» [60].

Su contenido ideológico es una espiritualidad de entrega y de servicio, pero de una entrega y servicio amorosos. Un servicio de ambiente
caballeresco, militar y de lucha, conforme al espíritu español de la época. Es curioso observar cómo Cervantes presenta también un ideal
transcendente y espiritual de la caballería en un momento en que su inmortal personaje siente amargura y nostalgia de no luchar a lo divino
con el mismo ímpetu y coraje con que lucha por alcanzar la fama universal y el amor de su dama. Manda cubrir las imágenes de San Jorge,
San Pablo, Santiago y San Martín, y dice a los sencillos aldeanos que las
llevaban para el retablo de la iglesia de su pueblo:

[59] *Obras completas del P. Luis de la Palma*: BAE t.2 (Madrid 1962) l.1 c.2 p.29.
[60] *Esercici spirituali*. Prefazione de Giov. Papini (Turín 1928) p.21.

«Por buen agüero he tenido, hermanos, haber visto lo que he visto, porque estos santos y caballeros profesaron lo que yo profeso... sino que la diferencia que hay entre mí y ellos es que ellos fueron santos y pelearon a lo divino, y yo soy pecador y peleo a lo humano. Ellos conquistaron el cielo a fuerza de brazos, porque el cielo padece fuerza, y yo hasta agora no sé lo que conquisto a fuerza de mis trabajos...» [61]

Este ambiente caballeresco a lo divino se cifra especialmente en las dos meditaciones citadas de los *Ejercicios:* la del rey temporal y la de dos banderas. Hay que ir a lo más difícil en la entrega completa al amor y al servicio del sumo Capitán: «si alguno no aceptase la petición de tal rey, ¡quánto sería digno de ser vituperado y tenido por perverso caballero!» [62] La expresión brota evidentemente de un espíritu que había invadido la época medieval y la inmediatamente anterior, donde aún las actitudes amorosas cobraban una perspectiva guerrera, como puede observarse en los títulos de la poesía amorosa de los dos Manriques: *Batalla de amores, Profesión en la Orden del Amor, Castillo de amor, Escala de amor*.

Por otra parte, los diversos biógrafos de San Ignacio, concretamente el P. Ribadeneyra, dice: «era en este tiempo Ignacio muy dado a leer libros profanos de caballerías», y para distraer sus ocios de convaleciente en su casa de Loyola pedirá inmediatamente uno de esos libros. También en la *Autobiografía* podemos leer: «Y como tenía todo el entendimiento lleno de aquellas cosas, *Amadís de Gaula* y de semejantes libros... se determinó a velar sus armas toda una noche, sin sentarse ni acostarse... delante el altar de Nuestra Señora de Monserrate, adonde tenía determinado dejar sus vestidos y vestirse de las armas de Cristo» [63].

Entre todos los libros de caballerías, fue *Amadís* el mejor compuesto y el más leído en España. Ya Cervantes señala su valor e importancia, ya que es uno de los pocos libros salvados de la destrucción que el cura, el barbero y el ama de don Quijote dictan contra la librería del nuevo caballero andante. En el capítulo 6 de la primera parte, contesta el barbero a la opinión del cura, favorable a la quema del *Amadís*, por ser dogmatizador de una secta tan mala: «No, no señor, que también he oído decir que es el mejor de todos los libros que de este género se han compuesto; y así, como a único en su arte, se debe perdonar». Quizá la causa de esta benévola excepción radica en la menor concesión a las quiméricas y absurdas aventuras de que se veían plagados otros libros del género; y aun concediendo su inevitable tributo a la narración de empresas inútiles e inverosímiles, conservaba más relevantes los bellos y positivos ideales del caballero leal y cortés, la fidelidad al amor de su dama y al de su rey, su valor intrépido y constante ante los peligros, su código del honor, su sentido inquebrantable de la justicia y de la defensa del débil y su gusto por la aventura. Todo esto constituía cierto atractivo para las almas idealistas y soñadoras. Sin embargo, sería absur-

[61] *Quijote* p.2 c.58.
[62] *Obras...* ed.cit., p.219.
[63] Ibid., c.2 p.97.

do pensar que un libro tan sensato, equilibrado y práctico como el de los *Ejercicios espirituales* ignacianos fuera producto de una concepción tan idealista y novelesca como la que se encierra en los libros de caballerías. Con todo, no faltan algunas reminiscencias de lo que dichos libros pueden conservar de actitud generosa y decidida, de lucha y entrega a una causa noble y justa. En los *Ejercicios*, la primera meditación de la segunda semana está llena de continuas exhortaciones a sufrir los mayores trabajos y afrentas para imitar al Rey eternal, a «ofrecer sus personas al trabajo», a no ser sordos, sino prestos y diligentes al llamamiento del rey; a abrazar su modo y estilo de vida y a secundar y obedecer todas sus menores insinuaciones y deseos.

El llamamiento que hace a sus súbditos el rey temporal de la parábola ignaciana es muy significativo y contiene cierto sabor y recuerdo de algunos pasajes del *Amadís de Gaula* y de *Las sergas de Esplandián*. El primer punto de la meditación matiza el carácter del Rey: «poner delante de mí un rey humano, elegido de mano de Dios nuestro Señor, a quien hacen reverencia y obedecen todos los príncipes y todos hombres christianos» [64].

Se advierte cierta relación, aunque de carácter antitético, con el lamento que hace el autor de *Las sergas de Esplandián* sobre «aquellos príncipes y grandes señores que la cristiandad señorean y mandan, no piensen ni se desvelen sino en señorearse sobre aquellos reyes y grandes que menos que ellos pueden», y hace la salvedad elogiosa de «nuestros muy católicos rey y reina... porque no solamente pusieron remedio en estos reinos de Castilla y León, mas no cansando con sus personas, no retiniendo sus tesoros, echaron del otro cabo de los mares aquellos infieles que tantos años el reino de Granada tomado y usurpado, contra toda ley y justicia, tuvieron» (c.102).

En el punto segundo de la meditación ignaciana sobre el llamamiento que hace el rey temporal a sus súbditos, se dice: «Mi voluntad es de conquistar toda la tierra de infieles», y leyendo el capítulo 85 de *Las sergas de Esplandián*, nos encontramos con esta frase: «aquellos caballeros que querían emprender contra aquellos infieles, enemigos de la santa fe de Jesucristo».

Reproduzcamos algunos textos de los *Ejercicios*, desde el punto segundo de la primera parte parabólica del rey temporal hasta el punto tercero de la segunda parte, donde ya se realiza el tránsito del ejemplo parabólico hacia el plano real del verdadero rey eternal, Cristo nuestro Señor. En la declaración doctrinal de los diversos puntos, y aun en la misma exposición discursiva, observamos algunas formas e ideas que recuerdan la actitud militar y caballeresca de su autor, aunque esto no quiere significar un recuerdo de textos concretos de los libros de caballerías, sino el ambiente de honor y de lealtad que la lectura de dichos libros imprimió en el espíritu de Ignacio. La figura del rey presentada por el autor de los *Ejercicios* es la de un hombre valiente, de gran pru-

[64] Ibid., p.178.

dencia y amor para con sus vasallos, el primero en exponerse a los peligros, penalidades y fatigas de la guerra para animar a sus seguidores:

> «mirar cómo este rey habla a los suyos, diciendo: 'Mi voluntad es de conquistar toda la tierra de infieles; por tanto, quien quisiese venir conmigo ha de ser contento de comer como yo, y así de beber y vestir, etc.; asimismo, ha de trabajar conmigo en el día y vigilar en la noche, por que así después tenga parte conmigo en la victoria como la ha tenido en los trabajos'».

Y en el punto tercero, cuando ya se ha pasado del ejemplo del seguimiento de los nobles caballeros a su rey temporal, al seguimiento y servicio de Cristo, sumo Rey y Capitán, dice:

> «Los que más se quieran afectar y señalar en todo servicio de su rey eterno y señor universal, no solamente offrescerán sus personas al trabajo, mas aun haciendo contra su propia sensualidad y contra su amor carnal y mundano, harán oblaciones de mayor estima y mayor momento...» [65]

Consideremos ahora algunos textos de los libros caballerescos. Dice el *Amadís de Gaula*: «Desque fuisteis caballeros hasta agora, siempre vuestro deseo fue buscar las cosas peligrosas y de mayores afrentas, por que vuestros corazones... ganasen gloria que por muchos es deseada e alcanzada por muy pocos»... «Mas como este caballero fuese nascido en este mundo para ganar la gloria y la fama dél, no pensaba sino en autos nobles y de gran virtud» (l.4, c.17 y 25). Y en *Las sergas de Esplandián* se habla de los nobles caballeros dispuestos a seguir al fuerte y valeroso Frandalo, cuyo deseo era «hallarse en las cosas peligrosas de grandes afrentas, do prez y honra ganar pudiesen... con aquel esfuerzo de sus bravos corazones aderezaron armas y caballos... con tan grande gozo y alegría de sus ánimos como los buenos caballeros deben tener cuando van a las cosas a ellos anejas e convenibles, aunque muy peligrosas les parezcan; porque aquéllas les han de mostrar el fin de la virtud que el alto oficio de la caballería demanda» (c.71).

El detalle señalado por San Ignacio del rey que se pone en persona al frente de los suyos, dispuesto el primero a pasar las fatigas y peligros de la guerra, tiene su punto de referencia con el *Amadís*: «El rey, poniendo su cuerpo denodadamente a todo peligro...» «Con el esfuerzo del rey habrán cobrado corazón». Y exclama el autor: «¡Bienaventurados los vasallos a quien Dios tales reyes da, que... olvidando sus vidas y sus grandezas, quieren poner sus cuerpos a la muerte por ellos!» (l.3 c.18).

La fórmula ignaciana en boca de Cristo: «Quien quisiese venir conmigo ha de trabajar conmigo, porque, siguiéndome en la pena, también me siga en la gloria», y la «determinación deliberada» que ha de tomar el ejercitante de imitar a Cristo en todo, guarda, asimismo, cierta relación con las palabras de Frandalo en *Las sergas de Esplandián*. Antes de bautizarse había combatido contra los cristianos, y ahora quiere borrar su pasado con oblaciones y servicios extraordinarios: «Y como yo sea por todos, y más por mí, tenido por uno de los que mayores males haya

[65] Ibid., p.179.

hecho, soy determinado, poniendo el cuerpo a grandes peligros por le servir, de los quitar del ánima por que goze de la gloria que fin no tiene» (c.69).

El plano contrastado del valor, de la fidelidad y de la entrega completa del buen caballero al servicio y al amor de su señor, lo aborda también San Ignacio en el punto tercero del ejemplo parabólico de su meditación: «considerar qué deben responder los buenos súbditos a rey tan liberal y tan humano; y, por consiguiente, si alguno no aceptase la petición de tal rey, quánto sería digno de ser vituperado y tenido por perverso caballero». Esta es la concepción sombría y negativa, la antítesis de la luminosidad de una fe y de un entusiasmo propio de los corazones esforzados. No todos los caballeros sabían mantener la dignidad y el pundonor de tal nombre, como lo testifica el *Amadís* al afirmar la existencia de buenos y malos caballeros en todas las tierras, y «así los hay en ésta» y estos que decís, no solamente a muchos han fecho grandes males y desaguisados, mas aun al mismo rey, su señor...» (intr. al l.1). Y cuando narra su paso por la floresta de la Laguna Negra, se detiene en el detalle de su encuentro con una mujer que había recibido una afrenta de su caballero, y él marcha con la mujer para obligar al caballero a devolver su derecho a la mujer agraviada, ya que la defensa del débil era una de las reglas de la caballería. Y termina así su narración: «... y no anduve mucho, que encontré con aquel caballero que allí matastes, que Dios maldiga, que era muy perverso hombre» (l.3 c.7).

Parece una profanación mezclar el espíritu tan religioso y ascético del libro de San Ignacio con unos libros tan profanos como los de caballerías. Nada más contrario al espíritu ignaciano que las fantasías e ilusiones de la andante caballería. Precisamente dichos libros fueron duramente criticados por todos los ascetas y predicadores de la época. Santa Teresa de Jesús se arrepiente del tiempo perdido en su juventud con la lectura de tales aventuras, y el ocurrente Malón de Chaide hacía esta curiosa y juguetona igualdad paranomásica: «Libros de caballerías son libros de bellaquerías». Sin embargo, es necesario conceder que a veces contienen bellos, nobles y positivos ideales, e incluso consideraciones de carácter cristiano y religioso. Si se lograba apartar lo quimérico, lo absurdo y lo extravagante de muchas aventuras ridículas, podían dejar un sedimento de nobleza y generosidad que, sobre todo en el alma de los santos, pasaría totalmente al mundo diverso y transcendente de la lucha incesante por la conquista del Reino de Dios.

El *Libro de los Ejercicios* de San Ignacio, sobre todo en las meditaciones de la primera y tercera semanas, se reviste de un manto de cierto rigorismo, de mortificación, de lágrimas y de austero recogimiento; pero en la cuarta y última semanas, brilla una espiritualidad clara y luminosa al considerar la vida gloriosa de Cristo, y, sobre todo, en la *Contemplación para alcanzar amor*. Así logra dejar en el ánimo del ejercitante un grato sabor de alegría y esperanza, que debe animarle en las luchas ingratas de la vida. Es verdad que el santo jesuita alienta constantemente a la dura ascética del seguimiento de Cristo, pero sin perder nunca de vista la victoria final y gozosa, que será el coronamiento final de todos los afanes penosos y de las duras pruebas.

2. ESCRITORES ESPIRITUALES Y ASCÉTICOS DE LA COMPAÑÍA DE JESÚS: LUIS DE LA PALMA (1560-1641) Y PEDRO DE RIBADENEYRA (1520-1611). SU PRODUCCIÓN RELIGIOSO-ASCÉTICA DE DIVERSO MATIZ. VALORACIÓN IDEOLÓGICA Y FORMAL

El P. Luis de la Palma fue la máxima autoridad en el conocimiento e interpretación de los *Ejercicios espirituales*, como lo demuestran su *Camino espiritual de la manera que lo enseña el bienaventurado Padre San Ignacio en su «Libro de los Ejercicios»* (Alcalá 1626). Es un comentario clásico e imprescindible del método ascético ignaciano. Aún hoy día, después de tantos trabajos y estudios sobre el tema, el *Camino espiritual* sigue siendo el fruto de la rica experiencia ascética y de la íntima compenetración del autor con el espíritu ignaciano; a él se atiene en el espíritu y en la letra; pero, al mismo tiempo, la amplia gama de fuentes aprovechadas y citadas es muy rica y variada, desde la Sagrada Escritura, autores sagrados e incluso profanos, hasta los autores ascéticos más conocidos, y, sobre todo, las fuentes principales de las Constituciones, documentos y reglas de la Compañía de Jesús.

El comentario está dirigido principalmente a los jesuitas, ya que a éstos corresponde un mejor conocimiento del libro de su fundador, tanto para su provecho personal como para la eficacia de su actividad apostólica. Sin embargo, va dirigido también a todas las personas deseosas de perfección cristiana. Por consiguiente, es un libro para maestros y para discípulos, donde se desgranan y comentan estos temas: el autor del *Libro de los Ejercicios* y las ayudas divinas para realizarlo; declaración de las tres conocidas vías de la vida espiritual: purgativa, iluminativa y unitiva; las cualidades del verdadero y eficaz ejercitador y del ejercitante; el tiempo que han de durar los Ejercicios y los frutos que se han obtenido del libro de San Ignacio.

Para analizar los valores de fondo ascético, humano y literario del P. La Palma, debemos acudir a otra de sus obras más representativas: *Historia de la sagrada pasión* (Alcalá 1624). No se trata de un libro estrictamente histórico, aunque el autor aprovecha las fuentes evangélicas y tradicionales con un sentido verídico y objetivo, pero sin demasiado empeño científico y exegético. Su intención primordial va hacia un fin ulterior ascético y doctrinal, envuelto en una emoción y afectividad de muy subidos quilates. Podemos decir que este libro es un nuevo comentario a las meditaciones de la tercera semana de los *Ejercicios* ignacianos, ya que el mismo autor nos dice en el prólogo: «Hemos procurado ajustarnos cuanto ha sido posible a las reglas del santo Padre».

El P. La Palma, en este profundo y emotivo libro de oración y meditación, ha sabido conjugar un fervor acendrado con unos valores excelsos de acertada psicología y de buen estilo literario. A todos los hechos

narrados, como señala el P. Francisco X. Rodríguez Molero, «sabe dotarlos de vida y darles un interés dramático mediante narraciones breves, rápidas, intercalando retratos, sobre todo morales, exactos, acabados, de pincelada sobria, y descripciones dotadas de un encanto y poder
de sugestión inimitable» [66].

En efecto, el P. La Palma ocupa un puesto destacado entre nuestros
grandes escritores religiosos, no precisamente por filigranas de belleza
deslumbrante y de refinamiento estético, a la manera del escritor moderno Gabriel Miró en sus *Figuras de la pasión del Señor*. El estilo del escritor jesuita es grave, ponderado y correctísimo, y sabe, además, impregnarlo de una unción extraordinaria y conmovedora. Los afectos y
la compasión hacia los sufrimientos de Cristo, soportados por amor a
toda la humanidad, llegan a penetrar sosegada, pero muy hondamente,
en el alma del lector, para arrastrarle al fervor, a la imitación y al amor
de su Redentor, que es el fin pretendido por el autor.

No faltan descripciones y rasgos vigorosos de algunas escenas dolorosas de la pasión; pero lo que le pasa al P. La Palma es que siente y
gusta de las cosas muy intensamente. Más que los aspectos externos, lo
que él busca es ir al interior, penetrar en el corazón de los personajes
para ver sus sentimientos, sus reacciones, los motivos más íntimos de
sus actitudes, ya sean los de los personajes malvados, como Judas y los
condenadores y calumniadores de Cristo, como los sentimientos del
Hijo de Dios, los de su Madre la Virgen María, el dolor de Pedro por la
negación de su Maestro, el amor y ternura de las santas mujeres, etc.

El P. Pedro de Ribadeneyra fue uno de los jesuitas más entrañables
y predilectos de San Ignacio ya desde el tiempo de su tierna juventud.
Después de muchos viajes por Europa y de continuos trabajos por la
consolidación y expansión de la Compañía de Jesús, se entregó de lleno
a las variadas labores de enseñar, predicar, escribir libros históricos y
ascéticos, hasta terminar su vida el 22 de septiembre de 1611 en el
Colegio Imperial de Madrid.

Ribadeneyra entra de lleno en el espíritu del concilio de Trento y de
la Contrarreforma. Es un terrible luchador contra todo lo que pueda
tener algún resabio de paganismo, puro racionalismo o herejía; un defensor acérrimo del romano pontífice, de la Iglesia católica, de su Orden y de los valores católicos hispanos. Su talante humano, espiritual y
estilístico participa de la corriente renacentista española, ya que nació en
Toledo, ciudad que lo encuadraba esplendorosamente, y además, pasó
muchos años de su vida enseñando las humanidades clásicas de los autores latinos en diversos colegios. Sin embargo, es un puente de unión,
un valor de transición entre el Renacimiento y el Barroco con participación de ambas tendencias, porque, ya al final de su vida, el ambiente español reflejaba otros problemas y otras perspectivas.

La producción de Ribadeneyra es amplia y variada. Al género autobiográfico pertenecen su *Epistolario* y sus *Confesiones*, de gran interés para

---

[66] *Mística y estilo de la «Historia de la Sagrada pasión» del P. La Palma*, en *Revista de Espiritualidad* n.12 (Madrid 1944) p.299.

conocer sus preocupaciones y problemas de todo tipo, insertadas ambas obras en *Monumenta Historica Societatis Iesu, Monumenta Ribadeneirae* (Madrid 1920 y 1923). De tipo hagiográfico son tres biografías sobre San Ignacio, Diego Laínez y San Francisco de Borja respectivamente, publicadas juntamente en Madrid (1594); *Flos Sanctorum o Libro de las vidas de los santos* (Madrid 1599). Libros históricos: *Historia eclesiástica del cisma del reino de Inglaterra*, en dos partes, reunidas en un volumen de *Obras completas* (Madrid 1594). De tipo político cristiano es su célebre *Tratado de la religión y virtudes que debe tener el príncipe cristiano para gobernar y conservar sus Estados, contra lo que Nicolás Maquiavelo y los políticos deste tiempo enseñan* (Madrid 1595). De carácter más estrictamente ascético es su *Tratado de la tribulación* (Madrid 1589).

Entre las biografías de Ribadeneyra hay que destacar la *Vida del P. Ignacio de Loyola*, de la que se han hecho elogios extraordinarios, considerándola como una de las de primer rango de todo el humanismo.

Rafael Lapesa ha escrito un concentrado y sugestivo estudio sobre esta biografía, en la que resalta la preocupación de Ribadeneyra por la propiedad y la corrección, pero al mismo tiempo tropieza con sus hábitos de amplificación retórica; por ejemplo, frases equivalentes que se suceden como desarrollo retórico de un solo pensamiento: «¿Qué nueva empresa acometemos? ¿Qué manera de guerra...?» La misma afición por los paralelismos, contraposiciones y enumeraciones distributivas y antítesis tópicas: *luz y tinieblas, verdad y falsedad, Cristo y Belial*. En el mundo metafórico y de imágenes, emplea un molde que se repite con leves variantes, e, iniciada una, engendra las otras, formando series alegóricas que salen espontáneas al correr de la pluma. Se limita a seguir las modas expresivas dominantes y las reglas que durante prolongado magisterio había enseñado en los colegios [67].

La actitud estilística general de Ribadeneyra es eminentemente clásica. Cierta complicación retórica y de énfasis declamatoria era ya normal en los escritores renacentistas, y era normal también que la usara nuestro escritor, sin caer en los amaneramientos retorcidos de las formas culteranas y en las complicadas lucubraciones del conceptismo. Sin embargo, se le puede considerar a Ribadeneyra bajo dos diferentes perspectivas, y en este punto estamos de acuerdo con la acertada distinción del P. Eusebio Rey de que existe el doble aspecto de una conciencia, de una actitud espiritual y de una técnica. Su actitud espiritual es tensa y dinámica en la angustia y desequilibrio del drama religioso político europeo, pero no origina el desaliento y desilusión de algunos escritores barrocos. Ribadeneyra, al igual que otros grandes escritores religiosos de la época, no se siente vencido ni desequilibrado; permanece en constante lucha esperanzada, merced a la fe en una providencia superior. En cambio, la técnica formal de sus escritos es algo que pertenece a la educación, al ambiente y a los gustos y preferencias artísticas personales [68].

[67] *La «Vida de San Ignacio» del P. Ribadeneyra*, en *De la Edad Media a nuestros días* (Madrid 1971) p.205.207.209.211.
[68] Cf. intr. a *Historias de la Contrarreforma*: BAC n.5 (Madrid 1945) p.CXXII-XXIII. Toda la intr., bien documentada, comprende p.XXXV-CXXVI.

En la doble orientación estilística de Ribadeneyra, el P. Ricardo G. Villoslada señala también que «estilísticamente conserva aún la técnica del Renacimiento, pero ya deja entrever ciertos elementos barrocos. El espíritu que inspira, orienta y dinamiza su producción literaria es típicamente contrarreformista. Es un humanista algo tardío cuando toma la pluma, un humanista que ha vivido la tragedia religiosa de Europa» [69].

Considerando la doble personalidad humana y literaria de nuestro escritor jesuita, se observa una poderosa e inquietante preocupación por los rumbos de la historia. Su breve viaje a Inglaterra le puso en contacto con los problemas de este reino y con la dolorosa ruptura de la unidad doctrinal católica que ya vibraba en los aires de la corte inglesa. El hecho de ser él un hijo fiel de la Iglesia católica, un español que consideraba a su patria como la defensora de los ideales religiosos del catolicismo y el hecho de ser un hijo de la Compañía de Jesús, Orden levantada con el fin primordial de luchar en favor de esos mismos ideales de unidad religiosa contra las herejías, le inducen a escribir su *Historia del cisma de Inglaterra*. Por otra parte, los ataques y piraterías a los puertos y barcos españoles de las Indias, unidos a la postura de antagonismo religioso, obligan a Ribadeneyra a tomar una actitud favorable a la intervención española contra Inglaterra. Y así, con motivo de la famosa expedición de la Armada Invencible, escribe una *Exhortación para los soldados y capitanes que van a esta jornada de Inglaterra*, donde sistematiza y razona todos los motivos que justifican la empresa. Y, después de conocer el doloroso desastre de la Invencible, se anima a escribir su *Carta para un privado de Su Majestad sobre las causas de la pérdida de la Armada*.

La preocupación por el buen gobierno de los reinos en provecho del mismo rey y del bien de los súbditos, mirando siempre al mejoramiento material y espiritual de toda la sociedad en contra de todas las teorías egoístas, tiránicas y meramente materialistas, empuja a Ribadeneyra a escribir su *Tratado del príncipe cristiano*, con el concreto propósito de desbaratar las perniciosas enseñanzas de *El príncipe* de Maquiavelo.

La acuciante y persistente atención del insigne jesuita hacia los problemas históricos invade y penetra otros campos diversos. Los acontecimientos de la historia le han dado pie para escribir tratados de contenido ascético. Así ocurre en el pequeño y bellísimo *Tratado de la tribulación*, escrito no sólo para confortar a las almas particulares en las dolorosas pruebas de la vida, sino también para levantar el ánimo de los gobernantes y reyes en medio de las calamidades públicas, de los desastres políticos o guerreros que la Providencia divina permite. La misma derrota de la Invencible, el trágico desgarrón de la unidad religiosa europea y las guerras de religión le suministran poderosos y suficientes argumentos. Todo el capítulo 23 del libro 1.º adopta una postura senequista ante las miserias de la vida, y hay unas veinticinco citas del filósofo en las que se ensalza el valor del dolor, el desprecio de las riquezas, la buena acogida y los beneficios de la muerte, por abrirnos la puerta

---

[69] *Renacimiento y humanismo*, en *Historia general de las literaturas hispánicas* t.2 (Barcelona 1951) p.395-96.

de otra vida más segura y luminosa; la exhortación a buscar la auténtica riqueza no en la fortuna, sino en nosotros mismos. Pero el jesuita no podía detenerse en una consolación puramente senequista. Sólo la admite como un punto de partida y como un argumento más convincente para los lectores que poseían un consuelo más excelso y eficaz que el de nuestro filósofo pagano: la luz de la fe cristiana y el ejemplo admirable de los dolores y sufrimientos de Cristo. Es este libro uno de los más logrados y sugestivos que salieron de la pluma de Ribadeneyra. El estilo es fluido y abundante en comparaciones e imágenes normales, pero muy bien adecuadas y precisas para poner de relieve las ideas. A modo de ejemplo, podemos señalar un párrafo que recuerda la técnica de fray Antonio de Guevara. Dice que la tribulación

> «es la trilla que aparta la paja del grano; la lima áspera, que quita el orín y alimpia el hierro; el fuego y fragua, que le ablanda; el crisol, que afina y apura el oro; la sal, que conserva los alimentos; el martillo, que nos labra... la pluvia del cielo, con que, bañada y regada la piedra de nuestras almas, da copiosos frutos... el viento, con que más se enciende el fuego del divino amor... el acíbar, con que nos destetamos y dejamos el pecho dulce y ponzoñoso de las criaturas... el lagar, en que, pisada la uva, da vino oloroso y sabroso; y, finalmente, la librea de los hijos de Dios y la prueba cierta del siervo fiel del Señor» (l.1 c.9).

Pedro de Ribadeneyra es un buen estilista que cuida y lima con esmero sus escritos; un hombre seriamente preocupado por los problemas humanos, religiosos y culturales de su época.

3. Los tratados generales y monográficos de Juan Eusebio Nieremberg (1595-1658). Las «Meditaciones» y libros ascéticos de Luis de La Puente y Alonso Rodríguez

El P. Juan Eusebio Nieremberg, madrileño e hijo de un alemán que vino a España con la emperatriz María de Austria, ingresó en el noviciado de los jesuitas de Madrid en plena juventud. Uno de los libros suyos más conocidos fue la *Diferencia entre lo temporal y lo eterno y crisol de desengaños* (Madrid 1640). Durante mucho tiempo ha sido el alimento espiritual de muchos lectores cristianos, y apenas había alguno de cierta cultura e interés por aprovechar en la virtud que no tuviera o hubiera leído su *Eusebio*, por cuyo nombre era conocido entre el público español. Sin embargo, no es, en nuestra opinión, el libro mejor elaborado literariamente, aunque es cierto que en materia de novísimos es de los mejores escritos en la época. Nos pone delante unos cuadros estremecedores de la mezquindad y miseria del hombre y de todo lo temporal, del poder de la muerte, igualadora de todos los estados; vivas e impresionantes descripciones de la eternidad y de las penas de los condenados. Las comparaciones y ejemplos, las continuas citas de autores de todo tipo y la fuerza original que intenta imprimir en todas las ideas se clavan hondamente en el alma del lector: brevedad de la vida, temeridad de dejar la conversión para la hora de la muerte y las inquietudes del pecador ante ese momento supremo. Es innegable la fuerza argumental, que denota un talento eficaz para impresionar y convencer. Su claro defecto de excesiva credulidad ante ciertos fenómenos naturales y de la vida humana, le interesa poco, con tal de aprovechar cualquier argumento, y siempre dentro de la más estricta ortodoxia.

La perspectiva cambia cuando Nieremberg toca algunos temas monográficos de asunto religioso, como en el *Aprecio y estima de la divina gracia* (Madrid 1638). Este tema concreto está tratado de modo magistral, porque el mundo teológico y difícil en que se mueve no ha sido obstáculo para que este buen hablista y escritor de nuestra lengua haya sabido derivar hacia un mundo de auténtica belleza.

Dentro de este ambiente, más luminoso que el observado en la *Diferencia entre lo temporal y lo eterno*, destaca un libro de dulce, hermosa y apacible elocuencia, ya que en él se trata de la belleza eterna y absoluta. Su título es *Tratado de la hermosura de Dios y su amabilidad por las infinitas perfecciones del ser divino* (Madrid 1641). No es una obra propiamente filosófica y especulativa sobre la belleza y el amor, ya que el propósito primordial del autor es eminentemente ascético, práctico y a la vez afectivo para mover las almas hacia el amor y unión con la perfecta y eterna Hermosura. Sin embargo, Nieremberg no se puede desligar de los comentarios de la filosofía antigua sobre la belleza, enriqueciéndolos con las aportaciones del pensamiento cristiano. El autor de otros tratados de rigurosa ascética se adentra ahora en el pensamiento de Aristóteles, de Platón, de San Agustín, del Pseudo-Dionisio e incluso en los *Diálogos de amor*, de León Hebreo, sobre la belleza auténtica y digna de ser amada. Bellos y especialmente jugosos son los capítulos que tratan de la condición de la hermosura: la proporción de partes y el orden, la integridad, la inmutabilidad y eternidad, la exclusión de cualquier elemento feo, el resplandor y la claridad, el ser fuente y origen de las bellezas particulares, etc. Para resaltar el tractivo y grandiosidad de la hermosura divina, Nieremberg considera las demás perfecciones de Dios, que las tiene todas y cada una de ellas en grado infinito, como un conjunto que adorna, enriquece y hace amable su hermosura. La erudición, el fervor religioso y el buen estilo con que el autor va comentando estos bellos y atractivos temas, le hace acreedor de un puesto relevante en la literatura religiosa del siglo XVII.

Si consideramos el punto de vista de la influencia en la santidad y perfección de los cristianos fervorosos, pocos autores ascéticos habrán tenido tantos lectores como los PP. La Puente y Rodríguez. Otro punto de vista es el del estilo, que, aun siendo digno y de buena calidad, no llega a la altura de los escritos de La Palma, Ribadeneyra y Nieremberg.

El P. La Puente nació en Valladolid e ingresó en la Compañía de Jesús a los veinte años de edad. El oficio que ejerció con más asiduidad fue el de padre espiritual, de donde sacó una admirable experiencia en el conocimiento y dirección de las almas. Nunca salió de la Provincia de

Castilla, y esta circunstancia le dio ese carácter singularmente serio y austero, pero no reñido con el fondo afectivo de un alma expansiva y delicada, cuando contempla los misterios de la vida de Cristo y las perfecciones divinas. A pesar de ser un hombre eminentemente ascético, abundan también muchos elementos de actitud contemplativa, sobre todo en la última parte de sus *Meditaciones de los misterios de nuestra santa fe, con la práctica de la oración mental sobre ellos* (Valladolid 1605), y esa misma actitud se refleja en su *Vida del P. Baltasar Alvarez, religioso de la Compañía de Jesús* (Madrid 1615), ya que las virtudes y el modo de oración de este insigne jesuita tendían hacia la contemplación y oración de quietud. Escribió, además, la *Guía espiritual* (Valladolid 1609), obra de construcción lógica y muy medida, en la que destacan las doctrinas y enseñanzas sobre la oración y mortificación, mientras que en los tres tomos, bajo el título *De la perfección del cristiano en todos sus estados* (Valladolid 1612), nos da una amplia y simétrica visión sobre los deberes del cristiano en los diversos estados que puede abrazar: la perfección del cristiano en general, la del cristiano seglar, la del eclesiástico y la del estado religioso. La Puente enumera y estudia con especial cariño y esmero los medios de santificación del sacerdote y del religioso en medio de las diversas ocupaciones propias de su estado: enseñar, confesar, predicar, dar buen ejemplo de caridad y austeridad, porque, según el consejo de su divino ejemplar y modelo, Jesucristo, ha de ser sal de la tierra y luz del mundo. Un tratado concreto sobre la vida sacramental es el *Directorio espiritual para la confesión, comunión y sacrificio de la misa* (Sevilla 1625), donde intenta apoyar y dirigir a personas sencillas y ocupadas, para que breve y sustanciosamente puedan sacar el mayor provecho posible de estos santos misterios.

El P. Alonso Rodríguez, vallisoletano como el P. La Puente, escribió un libro que ha sido también el alimento espiritual de innumerables almas de todo tipo y condición, desde los hogares cristianos, hasta los noviciados y casas de formación de las órdenes y congregaciones religiosas: *Ejercicio de perfección y virtudes cristianas* (Sevilla 1609). Es un tratado que recorre todos los campos de la vida ascética con un modo de persuasión tan llano, sencillo, ameno y castizo, que las duras verdades ascéticas penetran en el alma de una forma suave y atractiva, sin perder por ello su eficacia. Lo más característico del P. Rodríguez es comunicar una ascesis eminentemente práctica; va a los momentos y circunstancias concretas de la vida; examina con minuciosidad y con un gracejo inconfundible las dificultades y pasiones concretas de un alma, y siempre da la solución adecuada y precisa, corroborándola con abundancia de ejemplos de los ermitaños del desierto y de los grandes maestros de la vida espiritual, descritos todos ellos con tal ingenuidad y deleite, que no pueden menos de cautivar, aunque la veracidad crítica de esos hechos y ejemplos narrados dejan mucho que desear.

La doctrina espiritual del P. Rodríguez es extraordinariamente prudente y segura. Precisamente los superiores de la Orden le dieron el encargo de poner en guardia a los religiosos contra los métodos de oración que se apartaban del camino señalado en los *Ejercicios* de San Ignacio. Es verdad que trata también de la oración extraordinaria y mística, pero de una forma muy equilibrada y casi con cierto recelo [70]. Estos dos ascetas citados son teólogos de sana y profunda doctrina. Quizás La Puente supera a Rodríguez en el vigor del raciocinio y en el pensamiento original. En cambio, en Rodríguez brilla más el arte de aplicación a la vida práctica. Solamente el persuadir con el deleite y sano humorismo que este autor sabe comunicar a su doctrina, es ya un triunfo literario para un escritor ascético.

4. EL «COMULGATORIO», DEL P. BALTASAR GRACIÁN (1601-58)

Bajo el punto de vista literario, la poderosa personalidad del P. Baltasar Gracián eclipsa la luz de otros muchos escritores de la época. Sin embargo, como nos vemos obligados a tratar producciones de tema estrictamente religioso, la figura del ilustre jesuita no reviste, en este aspecto, la magnitud, la originalidad y las extraordinarias dotes demostradas en obras de distinto carácter. Tres años antes de su muerte se publicó una obra suya sobre un tema muy concreto y específico de la vida sacramental eucarística: *El Comulgatorio* (Zaragoza 1655).

Es curioso observar cómo este hombre de carácter recio, fuerte, dotado de una inteligencia poderosa y de un ingenio satírico y observador extraordinario, se humaniza y se abre a horizontes más claros y luminosos en esta obra religiosa y devota. Si en *El héroe, El discreto, El político, El criticón, Agudeza y arte de ingenio*, etc., muchas veces la inteligencia, la voluntad y la prudencia absorben gran parte del mundo afectivo del espíritu, y lo cerebral predomina sobre el calor humano, *El Comulgatorio* emprende la vía del corazón y del afecto: «más goza quien más ama», «no hay horror donde hay amor». Por otra parte, no nos debe extrañar que Gracián escribiera un libro sobre este tema, porque, si es verdad que tuvo problemas con los superiores de su Orden a causa de publicar obras sin la autorización debida, en el fondo mantenía virtudes propias de buen religioso.

El Comulgatorio es un conjunto de cincuenta meditaciones, divididas orgánicamente en cuatro puntos: el primero, para la preparación antes de comulgar; el segundo, para la comunión; el tercero, para sacar el fruto debido, y el cuarto, para dar gracias. En cada meditación se toma un pasaje de la Sagrada Escritura como punto de partida, y el autor lo va explicando y acoplando a las virtudes y frutos de la eucaristía y a la situación concreta del comulgante.

La importancia y el valor estilístico de esta obra devota son realmente notables. El mismo Gracián, en la «Dedicatoria al lector», dice que este libro es el que reconoce por suyo; «digo legítimo, sirviendo esta vez al afecto más que al ingenio». Hay que tener en cuenta que es la única

---

[70] Véase el tr.5 p.1.ª c.4.

vez que el autor suscribió una obra suya con su propio nombre y salió a la luz con todos los permisos y licencias de los superiores de la Orden. Añade en la misma «Dedicatoria» que lo escribió por un voto que hizo en un peligro de la vida, quizá en el famoso socorro de Lérida (1646), y como explicación de la pequeñez del libro declara, con singular gracia, que, si lo hizo en un peligro de la vida, quiso hacer con él un servicio «al Autor de ella con este átomo» tan manual, «que lo puede llevar cualquiera o en el seno o en la manga». Señala, asimismo, que el estilo del libro «es el que pide el tiempo». Y el tiempo y su carácter pedían conceptos y agudezas; pero ahora su pretensión es realizar una obra fructuosa para el alimento espiritual de las almas. Sin embargo, no pueden faltar en *El Comulgatorio* expresiones y conceptos agudos, relaciones de cierto extremismo entre los pasajes de la Sagrada Escritura y la actitud del comulgante, paralelismos, enérgicos contrastes y símiles conceptuosos; pero lo hace de una forma más adecuada y con estilo más dulce y suave que en otras ocasiones.

5. SAN JUAN DE AVILA, SACERDOTE, APÓSTOL Y DIRECTOR ESPIRITUAL. TEMAS Y VALORES DE SUS OBRAS ASCÉTICAS

En el campo literario no se ha concedido mucho espacio a la figura de este insigne asceta, que tuvo una influencia extraordinaria en el ambiente espiritual de su época. Fue llamado, con razón, el Apóstol de Andalucía por su incansable ardor y dinamismo en la predicación eficaz y fervorosa, en sus tratados ascéticos, en sus pláticas, en su admirable epistolario y en la dirección espiritual. Después de abandonar en Salamanca la carrera de leyes, que no iba muy bien con su temperamento espiritual y afectivo —«las negras leyes»—, estudió artes y teología en la Universidad de Alcalá, donde tuvo por maestro al célebre teólogo Domingo de Soto. Esta Universidad iba entonces a la cabeza de los estudios humanísticos, pero ya en la mente de Juan de Avila bullían otros planes de mayor transcendencia espiritual. El poderoso atractivo del amor a Cristo y a la salvación de las almas le empujó a ordenarse de sacerdote a los treinta años de edad y a ser uno de los pilares de la restauración católica. Toda su actuación como escritor ascético y predicador se desenvuelve en la época tridentina y postridentina. Más bien que un humanista o renacentista, es un hombre típico de la Contrarreforma, unido con especiales vínculos de parentesco psíquico y espiritual a la otra gran figura de la época: San Ignacio de Loyola. Si ambos enamorados de la causa católica hubieran establecido contacto en Alcalá, probablemente Juan de Avila sería uno de los compañeros inseparables de Ignacio. De todas formas, la íntima amistad y la mutua estima no se apagaron nunca, y, para muestra de ello, sabemos la intención del Maestro Avila de dejar a la Compañía de Jesús como heredera de sus discípulos y de sus colegios. A varios de estos discípulos los encaminó a la Orden fundada por Ignacio con estas palabras llenas de un íntimo deseo: «Andad, hijos, que quizá seré yo como Jacob, que envió sus hijos delante y después fue tras ellos». El jesuita Nadal afirma que muchas veces trató el Maestro Avila con él sobre el tema de entrar en la Compañía, pero que no lo hacía a causa de la vejez y las enfermedades, porque así sólo serviría de carga. A lo que San Ignacio dijo: «Quisiera el santo Maestro Avila venirse con nosotros; que le trajéramos en hombros, como al arca del testamento» [71].

El tratado doctrinal ascético más significativo de Juan de Avila es el *Audi, filia*, dirigido a doña Sancha Carrillo, quien abandonó el mundo y se entregó a la vida religiosa cuando se preparaba a ir como dama de honor de la reina. Los consejos de este insigne director espiritual lograron esa admirable transformación al comprender la dama la vanidad de la nobleza del linaje y la dignidad de ser esposa de Cristo: «Mirad a Cristo, porque mire Cristo a Vos... Parézcaos El como el sol, y las acciones por El redimidas, blancas como la nieve». El título completo de la primera edición es éste: *Libro espiritual que trata de los malos lenguajes del mundo, carne y demonio, y de los remedios contra ellos. De la fe y del propio conocimiento, de la penitencia, de la oración, meditación y pasión de Nuestro Señor Jesucristo, y el amor de los prójimos.* Como es un precioso comentario al salmo 44, que comienza: *Audi, filia, et vide...*, se le conoce, más bien, bajo este título. Compuso Juan de Avila la primera parte del texto en 1530, pero después lo amplió y publicó en 1557 para desautorizar una edición fraudulenta del año anterior. La existencia de la primera parte del texto es del todo necesaria, ya que doña Sancha Carrillo murió, en olor de santidad, a los veinticuatro años de edad en 1537.

El licenciado Luis Muñoz señala la preferencia que el rey Felipe II tenía por este libro de Juan de Avila. Cuenta que, preguntándole uno de su Cámara qué libros había de llevar a El Escorial, nombrando algunos, dijo: «No olvidéis el *Audi, filia*. En que mostró lo mucho que gustaba de su lectura. Valíase dél en sus enfermedades y dolores; decía que era todo grano y que en él estaba toda nuestra santa fe, y era importantísimo para las almas» [72].

Juan de Avila fue, además, un excelente predicador de celo persuasivo, a veces impetuoso, y a veces lleno de ternura y cordialidad, como son los corazones de los verdaderos santos. Son numerosos los sermones sobre la Virgen, el Espíritu Santo, el Santísimo Sacramento y otras festividades del año litúrgico, en los que su alma fervorosa y ardientemente apostólica sacudía profundamente los espíritus de aquellos andaluces de Ecija, Granada, Baeza y Montilla, todos ellos de fe viva y exaltada, como el color y la luz de su propia tierra.

Otra faceta muy personal del Maestro Avila fue su extraordinario don de consejo y su penetrante discreción de espíritus; a él acudían en

---

[71] Véanse estas citas en J. Fernández Montaña, *Nueva edición de las Obras del Beato Juan de Avila* (Madrid 1894-95) t.4 p.427 y Ricardo G. Villoslada, *La figura del Beato Avila:* Manresa n.62 (marzo 1945, Barcelona) p.258.
[72] Véase *Vida y virtudes del venerable varón el P. Maestro Juan de Avila, predicador apostólico* (Madrid 1635), cit. por R. G. Villoslada, art.cit., p.261-63 n.8.

busca de luz y seguridad espiritual muchas almas de gran perfección y santidad; entre ellas, Santa Teresa de Jesús. Estas cualidades resaltan de una manera especial en su *Epistolario espiritual*, publicado por sus discípulos poco después de su muerte. Este conjunto de cartas contiene un tratado ascético complejo y variado, conforme al oficio, calidad y grado de perfección de las personas a quienes se dirige: obispos, predicadores, sacerdotes, religiosos, caballeros y damas de diferente cultura y posición social. Es aquí donde aparece el juicio recto y equilibrado, el buen sentido, la austeridad de unos principios conjugada con la comprensión paternal y amorosa que levanta y consuela el espíritu. Aquí brotan la literatura y la doctrina de un modo más sencillo y espontáneo, con más variados matices del lenguaje castizo y correcto. Como ejemplo de esta corrección y casticismo realista, típico de nuestros escritores ascetas, citamos una carta dirigida a un religioso predicador en el momento en que éste sufría una dolorosa prueba. El discípulo se queja de no recibir carta de su maestro, y éste le anima para aprender a luchar por sí solo:

«Mas estaba mirando cómo peleaba para hacerle reinar. ¿Pensaba vuestra reverencia que no había de andar a solas, sin carretilla y sin que mano ajena le trajese por la suya? ¿Y cómo, padre, había de aprender a andar? ¿Todo había de ser comer manjar de niños, papitas y leche?... ¡Oh, padre mío, y si no fuese porque veo a vuestra reverencia penado, y cuán de buena gana, oyéndole quejar y temblar, me reía yo, como quien oye a un niño llorar y temblar porque le han asombrado con un león de paja o con una máscara de homarrache!» [73]

El santo Maestro Juan de Avila ha sido, y sigue siendo aún, uno de los más firmes pilares del edificio doctrinal ascético, y un valor literario también, con un estilo insinuante, paternal, suave, de gran familiaridad, muy práctico y acomodado a la diversidad de gentes y circunstancias. Sin llegar a tener la fluidez y elegancia de un fray Luis de Granada, su estilo entra dentro de las cualidades que caracterizan a nuestros escritores clásicos.

[73] JUAN DE AVILA, *Escritos sacerdotales,* ed. de Juan Esquerda Bifet, esquemas doctrinales de Baldomero Jiménez Duque; BAC n.7 (Madrid 1969) p.304.

CAPÍTULO VI

EL TEMA RELIGIOSO EN DOS GRANDES FIGURAS DE NUESTRA LITERATURA

1. DIVERSOS CICLOS EN LA PRODUCCIÓN RELIGIOSA DE LOPE DE VEGA. SUS VALORES HUMANOS Y CUALIDADES ARTÍSTICAS

Cuando el lector repasa las copiosas biografías que se han escrito sobre Lope de Vega, se está enfrentando con un temperamento complejo y excepcional, con un hombre cordial y arrebatado, con un «potro gallardo, pero que va sin freno», como le calificó Góngora, o con un «monstruo de la naturaleza», como le llama Cervantes. Lope, en efecto, poseía una gran vitalidad; era capaz de grandes entusiasmos y de grandes melancolías, de grandes caídas y de grandes arrepentimientos; de gran vehemencia en todos sus actos, y, al mismo tiempo, de gran ternura y sinceridad; de ahí que sus culpas nos sean bien conocidas. Por otra parte, su carácter alegre y optimista suele cerrar los ojos al agrio pesimismo de un Quevedo y a las críticas severas de un Gracián.

Las liviandades y pasiones amorosas de Lope se conjugan con una fe religiosa profunda, y de ahí proviene la tragedia dolorosa de su espíritu. Si el carácter del gran poeta es eminentemente nacional, popular y español, muy en consonancia con el temperamento impulsivo y ardiente de la época, es normal que buscara consuelo y alivio, un regazo amoroso y comprensivo para amainar las tempestades pasionales de su corazón humano. Lope sufrió grandes y profundas crisis de religiosidad, para volver de nuevo a sucumbir ante los enemigos del alma. Entre 1609 y 1611 ingresa en la Orden Tercera y en otras cofradías religiosas, recibe en 1614 las órdenes sagradas del sacerdocio. En medio de una vida azarosa y pasional que le arrastra y le domina, Lope no abraza el estado sacerdotal por hipocresía o por egoísmos y miras económicas; lo que él ansía es un muro protector contra tantas olas y vendavales que sacuden su alma.

Las luchas y anhelos de un pecador que intenta romper cadenas y purificar su vida, están reflejados en una obra pequeña, muy sentida y emocional: *Cuatro soliloquios* (Salamanca 1612), con esta anotación: *Llanto y lágrimas que hizo arrodillado delante de un crucifijo, pidiendo a Dios perdón de sus pecados después de haber recibido el hábito de la Tercera Orden de Penitencia del Seráfico Francisco.* Estos *Soliloquios* se ven ampliados más tarde y publicados en Madrid (1626), cuando ya Lope llevaba doce años de vida sacerdotal y se veía envuelto en una nueva crisis religiosa.. Su constante vital es esa lucha continua entre el amor sagrado y el profano, y así como brilló una potente llama lírica en su producción amorosa de hombre, también en el amor divino brilla ahora otra llama no menos lírica y efusiva. Todo este conjunto de *Soliloquios*, en metro corto y tradicionalmente español, es un continuo acto de contrición, un arrebatado deseo de enterrar un turbio pasado y purificarlo. La matización de los sentimientos contritos y amorosos hacia un Dios crucificado que le da, en su sangre, el medio más eficaz de limpiar su fealdad, demuestra la ternura de un corazón desgarrado en estas redondillas, impregnadas de honda y sencilla emoción:

«Pero ya que me provoco
en veros con tal dolor,
harto os he dicho, Señor;
dejadme llorar un poco.

Abrazad, Señor querido,
a este pródigo segundo,
desengañado del mundo,
roto de vida y vestido.

Vida de toda mi vida,
no de toda, que fue loca;
pero vida de esta poca
a Vos más tarde ofrecida.

Dadme bien a conocer
lo que va de Vos a mí;
no miréis a lo que fui,
sino a lo que puedo ser.

Deciros amores yo,
¿qué importa en tantos errores?
Obras, Señor, son amores,
que buenas razones no.

Si no templáis los enojos,
tomad, Señor, entre tanto,
este presente de llanto
en el plato de mis ojos» [74].

La técnica estructural en metro y estrofa de corte tradicional pasa a la forma culta heredada de la corriente lírica italiana. En 1614 publica Lope sus *Rimas sacras*, donde aparecen unos sonetos de hondo sentido religioso y de una elaboración artística muy fina y esmerada. Este hombre que ponía amor y pasión en toda su actividad vital y en su producción literaria; este hombre que, según su propia expresión, «para lucir misericordias tuyas / parece que nací, Señor del cielo», retorna al tema del dolor y del arrepentimiento, a la tristeza y hastío de las pasiones en que se ve envuelto, y a la dureza, insensibilidad y sordera de su espíritu, que no ha sabido ablandarse ni escuchar las llamadas y el encanto del auténtico y eterno amor. Aunque algunos de estos sonetos son muy conocidos, es indispensable hacer mención de ellos, porque su popularidad está plenamente justificada.

Lope se enternece ante el Pastor, que silba amorosamente para despertar a la oveja dormida en el sueño profundo del pecado; relaciona, con el poder de la imagen, el cayado del pastor con el leño de la cruz, en que Cristo tiende sus amorosos brazos; empeña la palabra de seguir «tus dulces silbos y tus pies hermosos», y ruega una espera paciente y continuada, aunque ya el poeta la llega a comprender de una forma clara y evidente: «pero ¿cómo te digo que me esperes, / si estás para esperar los pies clavados?» Le duele la dureza y el descuido sordo en atender a los reclamos de la gracia: «¡Oh duro corazón de mármol frío!», y

[74] *Obras escogidas* II, ed. de Federico C. Sainz de Robles (Madrid ⁴1973) p.111-14.

siente vergüenza de acudir a la llamada divina, como Adán, pero con una acertada matización: «¡y cuántas con vergüenza he respondido, desnudo como Adán, aunque vestido / de las hojas del árbol del pecado!» El mismo dolor del descuido, indiferencia y sordera espiritual queda patente en el soneto que comienza: «¿Qué tengo yo que mi amistad procuras?» Cristo, cubierto de rocío en «las noches del invierno oscuras», insiste con urgentes llamadas a la puerta del alma, mientras el hielo de la ingratitud «seca las llagas de sus plantas puras». Se oye la voz del ángel que invita al alma a asomarse a la ventana para escuchar la amorosa llamada; pero la respuesta fría se plasma en el último terceto, que da largas indefinidas al requerimiento del amor divino: «¡Y cuántas, hermosura soberana! / Mañana le abriremos, respondía, / para lo mismo responder mañana». A veces, dentro del estrecho marco de la dolorosa nostalgia por vivir ausente de un tal temor, se nota en Lope cierta reminiscencia de su poesía amatoria y de piropos, casi de matiz humano, aunque sin perder el fervor y la prisa de intentar un amor tan intenso en breve tiempo, que puede borrar la larga duración del que pasó perdido en vanos y pecaminosos amores.

Imprescindible es señalar también el célebre soneto titulado *Temores en el favor*. La dignidad sacerdotal, empañada por vaivenes pasionales, llena el alma del poeta de un sentimiento de dolor y responsabilidad. Le anonada la idea de levantar en sus manos pecadoras la cándida víctima de la eucaristía; tiembla ante su indignidad; intenta purificarse con llanto de dolor y con la ardiente súplica a este Dios que ha tenido tantas veces en sus manos indignas, para que no le deje, al fin, de las suyas omnipotentes y misericordiosas. Las ideas centrales son el temor respetuoso, el dolor, el arrepentimiento, la súplica y la esperanza en una piedad de infinito alcance.

José F. Montesinos advierte algunos contrastes muy propios en el cerebro de un poeta genial; incluso toques de mal gusto en algunos sonetos dedicados a San Lorenzo y a San Sebastián. Destaca la lírica de Lope como «algo sin precedentes e insuperado», aunque advierte cierta insensibilidad religiosa, que, por otra parte, no logra ahogar la emoción con que escuchamos el temblor de la voz de Lope, ahogada por las lágrimas al confesar sus culpas y proponer la enmienda. Creemos, sin embargo, que existe una auténtica sensibilidad y sinceridad religiosa en el poeta contrito. Lo que sucede es que la expresión de los sentimientos está plasmada en una forma artística que tuvo que pagar su tributo a las tendencias de la época. El citado crítico contrapone también el valor y el sentido de la poesía religiosa de nuestro poeta con la de San Juan de la Cruz. Comprendemos perfectamente dicha diferencia con sólo advertir la antítesis formidable entre la vida, carácter y actitud espiritual de ambos poetas. Resulta, pues, verdadero que San Juan de la Cruz «escaló alturas que Lope no pudo alcanzar nunca» y que «los sonetos de Lope, nacidos de sus crisis de conciencia, son poesías de contrición y atrición. Sin las tristezas de la carne, el hastío de las personas o el terror del infierno, *La llama de amor viva* o *La noche oscura* seguirían siendo posibles en un espíritu tan sensible como el de San Juan; los sonetos de Lope no lo serían» [75]. Cristo crucificado es el centro de estos sonetos amorosos y de contrición. En el ya citado: «Pastor que con tus silbos amorosos...» se advierten algunas coincidencias de tema y expresión con pasajes de otros autores religiosos. Un ejemplo claro es el citado por Robert Ricard, al exponer un texto del *Comulgatorio,* del P. Gracián, meditación 22: «Desnudo trepó al árbol de tu remedio; allí extendió sus brazos. ¿No le oyes cómo te silba con suspiros y con lágrimas?» [76] La misma idea de relacionar a Cristo Pastor con la escena de la crucifixión está bellamente desarrollada en el *Pastorcito,* tierno y simbólico poemita de San Juan de la Cruz, que ya analizamos anteriormente al tratar de la poesía del santo carmelita.

Las profundas crisis religiosas de Lope fueron también sacudidas por infortunios y desventuras que parecían acumularse para levantarle de sus debilidades. Entre todas ellas destaca la muerte de Carlos Félix, su hijo más entrañablemente amado: «Este de mis entrañas dulce fruto». La muerte del tierno niño prepara la actitud paterna de dolor, de sacrificio y de oblación a Dios. Dentro de las *Rimas* se halla la dolorida y resignada *Canción a la muerte de Carlos Félix,* mezcla de nostálgicos recuerdos de los juegos preferidos del niño, con la dulce y consoladora consideración de que en la gloria gozará de otros juegos y de otros compañeros más sublimes y acordes con sus gustos. Se destaca, asimismo, el acercamiento más próximo a Dios por parte del poeta, ya que ahora ha perdido el encanto de su hijo y el sacrificio propiciatorio ofrecido para alcanzar la misericordia y el favor de Dios.

En cierto sentido, el cariño de su hijo era un impedimento al amor divino, y era cosa justa que ese impedimento desapareciese: «Carlos fue tierra; eclipse padeciste, divino Sol, pues me quitaba el veros...» «Como justo fue que no tuviese mi alma impedimentos para amaros, / pues ya por culpas propias me detengo». «¡Oh, cómo justo fue que os ofreciera / este cordero yo para obligaros, sin ser Abel...!» [77]

Con menor intensidad de sentimientos y de congojas interiores, publica Lope su *Romancero espiritual* (Pamplona 1619), aunque los ejemplares más conocidos son los de Zaragoza (1622). No es que falte en estos romances devoción y ternura; es el mismo género de composición escogido el que se presta más a exponer unos hechos en forma narrativa. Tienen especial vinculación con el tema de Cristo crucificado y con las diversas escenas de la pasión. De una manera fluida y sentida va desgranando el poeta los momentos más relevantes y expresivos de la redención del género humano. Es una especie de viacrucis recorrido con el fervor y el recogimiento de un alma devota.

---

[75] Intr. a *Lope de Vega, Poesías líricas* I: Clásicos Castellanos n.68 (Madrid ² 1968) p.XLIX-L.
[76] *Estudios de literatura religiosa española* (Madrid 1964) p.197.
[77] Véase la composición en *Obras...* ed.cit., p.120-23.

2. LOS CICLOS DEL NACIMIENTO Y DE LA VIRGEN MARÍA

Lope de Vega pagó su tributo a los temas de églogas y novelas pastoriles, muy en boga en la época, donde aparece el amor humano, gozoso y exaltado a veces y melancólico y desgraciado otras, representado en personajes que sólo tenían de pastores la indumentaria. Así es *La Arcadia*, novela pastoril en ingeniosa combinación de prosa y verso, con resabios e influencias de *La Arcadia*, del italiano Sannazaro; de las *Dianas*, de Jorge de Montemayor y de Gil Polo, y de *La Galatea* de Cervantes. Ahora quiere Lope transformar ese mundo idílico del canto al amor humano y a la naturaleza en una novela pastoril a lo divino. El poeta se despoja de las melancólicas escenas de celos, de bellezas femeninas y de lágrimas de amor, para dar entrada a un escenario más humano y divino a la vez; a un mundo de pastores más ingenuos, sinceros, auténticos y reales, los primeros que recibieron la gozosa nueva del nacimiento del Hijo de Dios. *Los pastores de Belén* (1612) es una novela pastoril a lo divino, en combinación también de prosa y verso, y con esta tierna y emocionada dedicatoria a su idolatrado hijo Carlos Félix, que tan pronto había de morir:

«Estas prosas y versos al Niño Dios se dirigen bien a vuestros tiernos años, porque, si Él os concede lo que yo deseo, será bien que, cuando halléis Arcadias de pastores humanos, sepáis que estos divinos escribieron mis desengaños y aquéllos mis ignorancias. Leed estas niñeces, comenzad en este Christus, que Él os enseñará mejor cómo habéis de pasar las vuestras. Él os guarde. —*Vuestro padre*» [78].

El escenario temático se extiende desde los preludios del nacimiento hasta la llegada a Egipto de la Sagrada Familia, pero Lope va intercalando multitud de episodios, de personajes y de profecías bíblicas que van narrando los pastores para ensalzar las grandes figuras del Antiguo Testamento, cuyas virtudes son como una representación simbólica de Cristo y de María, sin faltar, por otra parte, algunos episodios eróticos, como los de David y Betsabé, Amón y Tamar, Susana y los jueces, un tanto ajenos al tema principal, y que, por ser tratados con cierta libertad, fueron suprimidos y censurados por la Inquisición, aunque con censura transitoria.

Lope ha sabido plasmar, de una forma insuperable, popular y artística a la vez, todo ese mundo de humanismo y de divinidad que se teje en torno al nacimiento de Cristo, y lo hace con la tremenda y poderosísima expansión de un corazón ardientemente religioso, popular, ingenuo, sin recovecos, a veces hasta mimoso, como también lo es el corazón de sus personajes.

Conociendo la personalidad y el temperamento de Lope, es normal esta actitud ante lo religioso, porque el poeta lo vivía tierna y trágicamente, según las circunstancias; pero nunca con demasiada preocupación intelectual, teológica o exegética. Sin faltar a los puntos esenciales

[78] Ibid., p.1353.

dogmáticos y a una cultura religiosa indiscutible, Lope camina por el sendero del arte, que es el suyo, y, en este caso, un arte espontáneo y de una naturalidad de formas deliciosamente sugestiva. Los personajes más altos y sagrados descienden a un terreno de llaneza y de realismo, en consonancia con la disposición de un Dios que también se allana y humaniza. La prosa fresca, la variadísima sucesión de villancicos, romances, sonetos, canciones de cuna, letrillas y seguidillas de todo tipo ofrecen un marco candoroso, rústico e infantil al tema del cuadro divino.

3. El ciclo de tema hagiográfico: el «Isidro» y el «Triunfo de la fe en los reinos del Japón»

Cuando fue beatificado Isidro Labrador en 1620, la villa de Madrid celebró una justa o certamen poético en su honor, al que concurrieron grandes escritores, poetas y dramaturgos de la época; entre otros, Guillén de Castro, Vicente Espinel, Villamediana, Juan de Jáuregui, Calderón de la Barca y Tirso de Molina. Lope de Vega fue nombrado fiscal y director de este gran certamen; leyó una introducción ante la nobleza, el clero y el pueblo; unas décimas burlescas compuestas por él mismo y unos versos humorísticos bajo el pseudónimo de Tomé Burguillos, cuando ya se llegó a imprimir este certamen con este título: *Justa poética y alabanzas justas que hizo la insigne villa de Madrid al Bienaventurado San Isidro en las fiestas de su beatificación:*

> *Labré, cultivé, cogí,*
> *con piedad, con fe, con celo,*
> *tierras, virtudes y cielo* [79].

Posteriormente, en 1622, tuvo lugar la canonización de Isidro, Patrono de Madrid, y Lope escribió una *Relación de las fiestas que la insigne villa de Madrid hizo en la canonización de su bienaventurado hijo y Patrono San Isidro, con las dos comedias que se representaron y los versos que en la justa poética se escribieron...* Por Lope de Vega Carpio. Por la viuda de Alonso Martínez (Madrid 1622) [80].

Lope da cuenta, en esta *Relación* de los autores, de las composiciones premiadas y de las diversas circunstancias del acontecimiento poético. Como en la mismo fecha fueron canonizados San Ignacio de Loyola, San Francisco Javier, Santa Teresa de Jesús, San Felipe Neri y San Pedro de Alcántara, se anotan interesantes alusiones a estos nuevos santos, como la de San Ignacio, con el lema latino *Vera societas* y esta glosa castellana: «Después que dejé la espada / y este general me guía / tengo mejor compañía». La de San Francisco Javier, con el lema *Castitas animae et veritas doctrinae*, lleva esta glosa: «Soberanamente luce / la verdad

---

[79] Véase el texto de esta *justa poética* en *Obras...* ed.cit. p.1110-23.
[80] Ibid., p.1126-47.

de la doctrina / en la castidad divina». El Beato Luis Gonzaga, que ya en su juventud mereció el honor de los altares, tenía el jeroglífico de un azor que escalaba velozmente el cielo, con este letrero: *Felicissima celeritas,* y su glosa castellana: «Con el temor de la noche /apresuró tanto el vuelo, / que vio en tierna edad el cielo». San Felipe Neri, célebre por su espíritu de oración, tenía como símbolo un pájaro que nunca descendía a la tierra, con el lema *In caelo semper,* y su glosa: «Tan alto con la oración / subió de Felipe el vuelo / que nunca bajó del cielo». San Pedro de Alcántara, celebrado por los Padres franciscanos descalzos, tenía un libro sostenido por ángeles, con este rótulo: *Discere Iesum omni scibili salubrius,* acompañado de la declaración castellana: «Saber a Dios es saber / ni de que sabe se alabe / quien este libro no sabe». Santa Teresa de Jesús estaba simbolizada por una mano que escribía esta frase latina: *Qui zelum habet legis, exeat post me,* con la consiguiente declaración: «Trocó Teresa la pluma / a la espada de mi celo / por volar mejor al cielo».

Por exigencias y limitaciones de extensión, vamos a prescindir de las composiciones de Lope y de otros autores en honor de San Isidro consignadas en estos certámenes poéticos, ciñéndonos brevemente a otro poema en quintillas, compuesto también por Lope al Patrono de Madrid: *Isidro. Poema castellano de Lope de Vega Carpio, secretario del marqués de Sarria, en que se escribe la vida del bienaventurado Isidro, labrador de Madrid y su Patrón divino, dirigido a la muy insigne villa de Madrid.* En Madrid por Luis Sánchez, año 1599 [81].

El *Isidro* es un poema demasiado largo, que consta de diez cantos y más de diez mil versos. La incontrolable marea de inspiración, muy típica de nuestro poeta, hace que el tema central vaya adobado con multitud de digresiones eruditas de tipo clásico, mitológico, histórico y legendario. Ya dijo Menéndez Pelayo que había en él mucho fárrago y broza, pero que podían entresacarse versos admirables.

Aunque la preceptiva suele considerar El *Isidro* como un poema épico erudito, los mejores aciertos poéticos resaltan en las sencillas y naturales narraciones de historia familiar, de devoción, virtudes y milagros que juntan el cielo con las aldeas, molinos y tierras de labor. Es la religiosidad sincera, sin complicaciones y al mismo tiempo cordial y profundamente arraigada en el alma del pueblo, tan preferida y ensalzada en la producción literaria de Lope, la que destaca con singular relieve.

El comienzo un tanto ampuloso: «Canto al varón celebrado, / sin armas, letras ni amor, / que ha de ser un labrador / de mano de Dios labrado, / sujeto de mi labor», desciende posteriormente a las cosas más familiares y cotidianas, aunque Lope no puede menos de acudir a la fantasía de visiones, viajes soñados e intervenciones infernales que no empañan el fondo de verdad, ya que tuvo en cuenta los documentos históricos recogidos por fray Domingo de Mendoza, y que sirvieron posteriormente para la beatificación y canonización del santo madrileño.

---

[81] Véanse la ed. de Arturo del Hoyo (Madrid 1935); *El Isidro, poema castellano de Lope de Vega* de Zacarías García-Villada: *Razón y Fe* 63 (Madrid 1922) p.38-53 y A. VALBUENA PRAT, *La religiosidad popular en Lope de Vega* (Madrid 1963).

Especialmente encantadores y sugestivos son los episodios descritos en el canto, cuando Isidro se dirige al molino en la fría madrugada o cuando sirve a los pobres la comida, multiplicada milagrosamente. Este dulce sabor permanece a pesar del excesivo derroche de muchos versos que sobran y de alusiones innecesarias a citas y mundos extraños al ambiente en que se desenvuelve la vida del santo labrador [82].

Dentro de este matiz histórico religioso, Lope de Vega escribió, en prosa, una obra titulada *Triunfo de la fe en los reinos del Japón por los años de 1614 y 1615* (Madrid 1618). Como indica en una carta a su amigo y protector el duque de Sessa, no partió de una inclinación puramente personal, sino con ocasión de unas cartas que recibió de unos misioneros jesuitas de aquellas tierras. El tema de la obra se ciñe, lógicamente, al relato de los trabajos apostólicos, sufrimientos, penalidades y martirio que sufrieron varios religiosos de diversas órdenes, personas seglares e incluso familias enteras por conservar su fe cristiana.

4. La literatura ascético-religiosa de Quevedo

En el mundo literario es sobradamente conocida la gran figura de don Francisco de Quevedo y Villegas. Su fuerte, variada y compleja personalidad queda plasmada en la rica diversidad de géneros literarios que cultivó, y que ponen de manifiesto su vastísima cultura y su poderosa inteligencia, una de las más preclaras de su época. Sus amplios conocimientos lingüísticos, filosóficos, teológicos y bíblicos, junto a un carácter profundamente observador, humorista y sarcástico de los defectos y lacras de la sociedad de su tiempo, hacen de él un hombre de contrastes, que un día toma la vida a broma con bufonadas y chocarrerías de muy subido color, y otro día se interesa y escribe sobre los grandes problemas del espíritu, de la religión, de los santos, de la patria y de la filosofía.

En el camino hacia el terreno ascético-religioso hay una especie de actitud preparatoria en algunos temas tratados por Quevedo con reiterada asiduidad: el tiempo, la muerte, el desprecio del mundo, la soledad, la lucha entre el espíritu y la sensualidad; temas todos de una preocupación moralista profundamente insertada en el carácter y actitud del hombre barroco. Tanto en diversas obras en prosa como en sus sonetos morales aparece la idea insistente de que la vida es siempre breve y fugitiva. Destaquemos algunos endecasílabos de mayor fuerza expresiva: «Ayer se fue, mañana no ha llegado»; «soy un fue, un seré y un es cansado»; «fue sueño ayer, mañana será tierra».

Centrándonos ya en el campo más estrictamente ascético-religioso, Quevedo escribió una obra que puede insertarse dentro del tema, aunque participa también de muchos matices políticos y de censura social:

[82] Véase el poema íntegro en *Obras...* ed.cit. p.414-534.

Política de Dios, gobierno de Cristo y tiranía de Satanás, cuya primera parte se publicó en Madrid (1626). Su finalidad primordial es presentar un ideal de príncipe cristiano conforme a los principios del Evangelio. Quevedo coloca, al comienzo de cada capítulo, un texto de la Sagrada Escritura, que va glosando con profundo conocimiento y gran riqueza expresiva. Como alumno que fue de los jesuitas en el Colegio Imperial de Madrid, es muy probable que conociera *El príncipe cristiano*, del P. Ribadeneyra. Sin embargo, dadas las características peculiares de estilo y personalidad de Quevedo, la obra toma rumbos diferentes, no precisamente por falta de conocimientos teológicos y bíblicos, sino por la preponderancia de sutilezas y matices muy propios de su ingenio vivo y finamente observador de los problemas políticos y sociales. Nuestro autor ha querido atrincherarse detrás de la figura de Cristo y de los evangelios para hablar con más libertad y sentirse más protegido contra las críticas y represalias que podrían sobrevenir. El sentido cristiano y católico de la obra es claro, aunque, por otra parte, es acertada la observación de Juan Luis Alborg: «Creemos que en las páginas del Evangelio, el escritor buscaba, sobre todo, medicina para el desgobierno de su país, y no principios doctrinales que oponer al maquiavelismo de la política europea, ya entronizado como directriz general. El avisadísimo Quevedo no podía suponer, inocentemente, que la dura realidad del mundo pudiera manejarse con normas tan bellas e ideales» [83].

Las palabras que dirige Quevedo al lector en el comienzo de la obra: «A quien lee sanamente y entiende así lo que lee», demuestran una posición cautelosa y una actitud condenatoria de hechos y de desvíos políticos, morales y sociales, no de personas concretas:

> «Imprimiéronse algunos capítulos desta obra atendiendo yo en ellos a la vida de Cristo y no de alguno. Aconteció que la leyó cada mal intencionado contra las personas que aborrecía. Estos preceptos generales hablan en lenguaje de los mandamientos con todos los que los quebrantaren y no cumplieren; y miran con igual entereza a todos tiempos, y señalan las vidas, no los nombres. El decálogo batalla con los pecados; el Evangelio, con los demonios y desacatos» [84].

Como en la mayor parte de las obras doctrinales de la época, a Quevedo no le basta acudir a las fuentes de la Sagrada Escritura, sino que extiende su visión a los pensadores de la filosofía antigua, a los clásicos antiguos, a los Santos Padres y a los humanistas del Renacimiento.

La cuna y la sepultura para el conocimiento propio y desengaño de las cosas ajenas es una obra de carácter más estrictamente ascético y tiene por principal protagonista al desengaño. No brilla precisamente por la originalidad del tema, ya que se halla ampliamente tratado en la Biblia, en el pensamiento de la filosofía estoica y en multitud de autores ascéticos de la época e inmediatamente anteriores. Como ocurre frecuentemente, el valor más destacable es la plasmación de los pensamientos en una

[83] *Historia de la literatura española* II (Madrid ² 1970) p.260.
[84] *Obras... I Prosa*, ed.cit. p.585.

prosa extraordinariamente jugosa y de una inmensa riqueza de vocabulario, abundancia y riqueza que son manejadas con la sorprendente y mágica habilidad de un prestidigitador.

El propósito de la obra es preparar al hombre para la muerte desde la cuna, mostrarle los verdaderos bienes de las virtudes, la inconsistencia de los placeres y de las cosas terrenas, fortalecer su espíritu para no temer las adversidades, los sufrimientos, y la muerte. Las consideraciones ascéticas son múltiples; pero queremos fijar nuestra atención en un aspecto fundamental: la importancia del conocimiento propio y de la miseria del hombre con objeto de adquirir la humildad y evitar el vicio de la soberbia. Veamos la riqueza expresiva de estos párrafos:

«¿Cuál animal, por rudo que sea [escoge el más torpe], es causa de sus desventuras, tristezas y enfermedades sino el hombre? Y esto nace de que ni se conoce a sí, ni sabe qué es su vida, ni las causas della, ni para qué nació. No te ensoberbezcas ni creas que fuiste criado para otro negocio que para usar bien de lo que te dio el que te crió. Vuelve los ojos, si piensas que eres algo, a lo que eras antes de nacer; y hallarás que no eras, que es la última miseria. Mira que eres el que ha poco que no fuiste, y el que siendo eres poco, y el que de aquí a poco no serás; verás cómo tu vanidad se castiga y se da por vencida... Mira bien... lo que debías considerar para conocerte y conocer tu miseria: cómo fuiste engendrado del deleite del sueño, el modo de tu nacimiento, el recibimiento que te hizo la vida. Desta suerte nacieron los reyes y los tiranos, los poderosos, que piensan que nacieron para destruir los menores... ¡Oh, si considerasen cuán pequeñas y viles cosas pudieron ser causa de que no fueran y vivieran! Pues el humo de un pabilo, un golpe, un susto, una pesadumbre, el antojo de una legumbre, el miedo de un ratoncillo, pudo hacer mover a sus madres... Empieza, pues, hombre, con esconocimiento y ten de ti firmemente tales opiniones: que naciste para morir y que vives muriendo; que traes el alma enterrada en el cuerpo, que, cuando muere, en cierta forma resucita; que tu negocio es el logro de tu alma; que el cuerpo sirve a esa vida prestada; que es tan frágil como ves... A la par empiezas a nacer y a morir, y no es en tu mano detener las horas; y, si fueras cuerdo, no lo habías de desear; y, si fueras bueno, no lo habías de temer. Antes empiezas a morir que sepas qué cosa es vida, y vives sin gustar della, porque se anticipan las lágrimas a la razón. Si quieres acabar de conocer qué es tu vida y la de todos y su miseria, mira qué de cosas desdichadas ha menester para continuarse. ¿Qué hierbecilla, qué animalejo, qué piedra, qué tierra, qué elemento no es parte o de tu sustento, abrigo, reposo o hospedaje? ¿Cómo puede dejar de ser débil y sujeta a muerte y miseria la que con muerte de otras cosas vive?...» [85]

En el mismo terreno ascético, Quevedo publicó otra obra de las más características de su producción: *La virtud militante contra las cuatro pestes del mundo*, obra póstuma, que apareció en Zaragoza (1651). En ella destaca también la importancia del propio conocimiento con estas palabras: «Bien hubo gentiles que dijeron que el no conocerse el hombre era ocasión de su soberbia y ruina. Eso enseñaron con aquellas palabras ricas

---

[85] *Obras...* I *Prosa*, ed.cit., p.1194-95.

de salud: «Conócete a ti mismo»... Cierto es que el soberbio no se cono
ce. ¡Mirad qué podrá conocer quien no se conoce!» [86]

El libro es una diatriba contra la Envidia, la Ingratitud, la Soberbi
y la Avaricia, las cuatro pestes del mundo. Apenas hay un episodio d
los evangelios que no comente el autor para reforzar sus argumenta
ciones. El mismo nos dice que escribe de las cuatro pestes «no como mé
dico, sino como enfermo que las ha padecido». Su cultura religiosa
profana se deja sentir también en alusiones continuas a Séneca y otro
filósofos, a San Agustín, San Juan Crisóstomo y, con mayor profusión
a San Pedro Crisólogo. Un bello comentario a las palabras que dij
Cristo en la cruz, cierra las páginas de estas disertaciones contra la mal
dad del mundo, aplicando el contraveneno espiritual extraído del ejem
plo de Cristo y de los santos.

Los años de profundas crisis y sufrimientos dieron ocasión a Queve
do para publicar una obra que le pudiera servir de apoyo moral y d
consuelo cristiano en las duras pruebas de la vida. Durante su últim
prisión en el convento de San Marcos, de León, escribió *La constancia*
paciencia del santo Job, que no llegó a publicarse hasta 1713, junto co
otras obras póstumas. Su estructura formal consiste en fijar primera
mente el texto del libro de Job y seguidamente hacer un comentaric
exegético-ascético bajo el título de *Consideración*. No escatima Quevedc
sus conocimientos escriturísticos, incluso los de la lengua original he
brea, y, como siempre, acude al refuerzo de escritores y poetas antiguos
de criterio espiritual y moralizador. La conclusión principal que se pue
de hacer es que la actitud estoica se eleva aquí a una altura esplendoro
sa espiritual y cristiana. Ya no basta la inquebrantable y serena pasivi
dad del sabio ante los reveses de la Fortuna. Se necesita una riqueza in
terior más transcendente, y Quevedo, tan perfecto conocedor del mun
do y de los hombres, se evade de la prisión material hacia un mundo de
serenidad y confianza en los secretos y paternales designios de la Provi
dencia divina. Job nadó en la abundancia de felicidad y riqueza, y des
pués, en pérdidas, enfermedades y persecuciones; pero todo ello fue
debido a un plan muy elaborado y meditado por Dios. Las circunstan
cias adversas que rodeaban a Quevedo hicieron también que su mente y
su corazón buscaran el refugio sereno de la resignación cristiana. Todo
el sentido de profunda meditación religiosa de esta obra es muy análo
go al de otra obra que salió impresa por primera vez en 1700: *Providen*
cia de Dios, padecida de los que la niegan y gozada de los que la confiesan.

En el terreno de la hagiografía, además de su traducción en prosa
de *La vida devota*, de San Francisco de Sales, escribió Quevedo una *Vida*
de San Pablo Apóstol, publicada por vez primera en 1644 y posteriormen
te en Lisboa (1648). Es curiosa la teoría del autor, que niega, o pone
muy en duda, la venida de San Pablo a España, exponiendo diversas ra
zones en la *Advertencia muy importante para informar al que leyere esta histo*-

---

[86] *Obras*. I *Prosa*, ed.cit., p.1254. Sobre el tema del conocimiento propio véase el estudio
de ROBERT RICARD, *El socratismo cristiano,* en *Estudios de literatura religiosa española* (Madrid
1964) p.22-148.

ria. Baraja, como es natural, el texto de los Hechos de los Apóstoles, y aduce abundante variedad de citas y consideraciones sobre diversos comentaristas de la Sagrada Escritura. Pueden ponerse en tela de juicio algunas interpretaciones personales, pero es indudable la vasta cultura que demuestra Quevedo en este campo. Es muy significativo el sello característico de la estructura y estilo del autor, en conformidad con su época. Presenta las dos actitudes contrapuestas de San Pablo y del demonio. Pablo cae del caballo cuando va a perseguir a los cristianos de Damasco y queda ciego. El demonio cae también del cielo en la rebelión angélica. Pero, como se indica en el título completo de la obra, la caída de Pablo es «caída para levantarse, el ciego para dar vista, el montante de la Iglesia».

Sobre el santo religioso de la Orden de San Agustín y arzobispo de Valencia Tomás de Villanueva escribió Quevedo su *Epítome de la historia de la vida ejemplar y religiosa muerte del Bienaventurado fray Tomás de Villanueva*. Quevedo tuvo sus motivos para interesarse en la historia del insigne arzobispo valenciano, ya que su feudo de Torre de Juan Abad se hallaba próximo a Villanueva de los Infantes, de donde era natural el Santo. Por otra parte, cuando comenzó el proceso de beatificación, era muy lógico que todos los habitantes de la región colaborasen, en la medida de sus fuerzas, a enaltecer la figura de fray Tomás de Villanueva, y Quevedo lo hizo de la forma más apropiada a su oficio e ingenio.

Dentro de la prosa religiosa de Quevedo, hay algunos opúsculos de reducida extensión, pero impregnados de fervoroso espíritu, entre los cuales podemos enumerar: *Sobre las palabras que dijo Cristo a su santísima Madre en las bodas de Caná de Galilea; Homilía a la Santísima Trinidad; Declamación de Jesucristo, Hijo de Dios, a su Eterno Padre en el huerto; La primera y más disimulada persecución de los judíos contra Cristo Jesús y contra la Iglesia en favor de la sinagoga*, cuyo texto se halla en *Obras*, p.1130-35.1154-73.1182-89.

5. Valores temáticos, religiosos y artísticos en la poesía de Quevedo

La crítica literaria se ha ocupado preferentemente en estudiar la poesía amorosa, moral, política y festiva de Quevedo. No ha hecho otro tanto con la poesía de asunto estrictamente religioso. Dentro de esta parcela concreta, nuestro poeta barroco ha plasmado su hondo y delicado sentimiento religioso en algunos bellos y artísticos sonetos, cuyo tema preferido lo constituyen algunos episodios de la pasión de Cristo. El arte y el fervor religioso se dan la mano en algunos matices de original inspiración, como es la utilización de unos seres duros e inanimados de la naturaleza, las piedras, para servir de fundamento y acicate al dolor, a la compasión y a las lágrimas. Cuando Cristo va atravesando el doloroso camino de su pasión, son las piedras las que hablan con El, y le dan las razones que tienen para romperse. Veamos este curioso y elaborado soneto, donde campea una hermosa personificación de elementos carentes de vida y sensibilidad:

> Si dádivas quebrantan peñas duras,
> la de tu sangre nos quebranta y mueve,
> que en larga copia de tus venas llueve
> fecundo amor en tus entrañas puras.
>
> Aunque sin alma, somos criaturas,
> a quien por alma tu dolor se debe,
> viendo que el día pasa oscuro y breve
> y que el sol mira en él horas oscuras.
>
> Sobre piedra tu Iglesia fabricaste,
> tanto el linaje nuestro ennobleciste,
> que Dios y hombre piedra te llamaste.
>
> Pretensión de ser pan nos diferiste,
> y si en la tentación se lo negaste,
> el Sacramento en ti lo concediste [87].

Sorprende aquí la cantidad de relaciones ideológicas, desde el refrán conocido de «dádivas quebrantan peñas» —¿y qué mayor dádiva que la sangre divina?— hasta la fundación de la Iglesia por Cristo bajo la jefatura de Pedro (piedra), con lo que el término queda espiritualmente ennoblecido. El mismo Cristo, según las epístolas paulinas, es considerado como «piedra angular» de todo el edificio de la nueva Ley, y la relación se extiende hasta el episodio evangélico de las tentaciones de Cristo en el desierto, donde rechaza la insinuación diabólica de convertir las piedras en pan. Parece esta decisión un desprecio para la naturaleza de las piedras, mientras el pan queda extraordinariamente ennoblecido al constituir la materia del sacramento de la Eucaristía. Si la dureza del hombre no se conmueve ante los sufrimientos de Cristo, ahí están, para su confusión, las piedras que se rompen, porque, «aunque sin alma, somos criaturas».

Una idea análoga se desarrolla en el soneto dedicado a la muerte de Cristo, que comienza: «Pues hoy derrama noche el sentimiento». En él se anatematiza la dureza del corazón del hombre, y es evidente la contraposición de dos posturas, expuestas enérgicamente en los dos tercetos finales:

> «De piedra es, hombre duro, de diamante
> tu corazón, pues muerte tan severa
> no anega con sus ojos tu semblante.
>
> Mas no es de piedra, no; que, si lo fuera,
> de lástima de ver a Dios amante,
> entre las otras piedras se rompiera.

En el tema de la pasión de Cristo, podemos apreciar una matización de diversas y contrapuestas actitudes de Cristo y de Adán, expuesta con

[87] *Obras* II *Verso* p.81. Los sonetos religiosos están contenidos en p.81-90.

una extraordinaria concentración antitética y con un vigoroso y ceñido paralelismo. Sobra todo comentario ante la precisión de los endecasílabos en este soneto:

> «Adán en Paraíso, Vos en huerto;
> él puesto en honra, Vos en agonía;
> él duerme, y vela más su compañía;
> la vuestra duerme, Vos oráis despierto.
>
> El cometió el primero desconcierto,
> Vos concertasteis nuestro primer día;
> cáliz bebéis, que vuestro Padre envía,
> él come inobediencia y vive muerto.
>
> El sudor de su rostro le sustenta,
> el del vuestro mantiene nuestra gloria;
> suya la culpa fue, vuestra la ofensa.
>
> El dejó error, y Vos dejáis memoria;
> aquél fue engaño ciego, y ésta venta.
> ¡Cuán diferente nos dejáis la historia!

El episodio de las burlas y afrentas soportadas por Cristo en la coronación de espinas es un motivo que aprovecha Quevedo para componer dos sonetos aleccionadores para los príncipes y reyes de la tierra. Cristo es un ejemplo para los buenos reyes, que deben soportar las murmuraciones de los malos vasallos, y con los sufrimientos y victorias sobre sí mismos, acarrear la paz para sus súbditos: «¿qué rey se librará de las salivas, / si las padece el hombre y Dios ungido?»... «Si tal hacen con Dios vasallos ruines, / ¿en cuál corona faltarán abrojos?»... «cetro le dan que el viento le menea, / la corona de juncos y de abrojos»... «La paz compra a su pueblo con la guerra. / En sí gasta las puntas y la espada; / aprended de El los que regís la tierra».

Otros episodios de la vida dolorosa de Cristo quedan también reflejados en los sonetos de Quevedo, junto a temas ascéticos y religiosos de diversa índole. Emplea, además, composiciones de diversa estructura métrica: un romance a las lamentaciones de Job y al nacimiento de la Virgen nuestra Señora; una combinación de endecasílabos y heptasílabos dedicados a San Pedro, a Judas cuando vendió a su Maestro; una declaración o paráfrasis del padrenuestro y, en octavas reales, un poema heroico a Cristo resucitado [88].

El tema de la Virgen María atrae también la devota atención de Quevedo. Escribió algunas composiciones poéticas en honor de diversas prerrogativas de la Virgen, entre las cuales preferimos destacar un soneto dedicado a la primera y excepcional prerrogativa de la inmaculada concepción. Nada tiene de extraño que el gran escritor se sintiese atraído por el tema, ya que nuestra nación tuvo grandes defensores de este privilegio mariano mucho antes de que el papa Pío IX lo definiese como dogma de fe en 1854. Quevedo imagina a la Virgen pasando ai-

---

[88] Véase el texto de estas composiciones en ibid., p.91-104.

rosa por el mar Rojo y agitado, símbolo del pecado original que a todos nos envuelve en nuestro nacimiento, y recuerda poéticamente el aforismo famoso de los defensores del privilegio de María: «Potuit, decuit, ergo fecit». La riqueza y variedad de la poesía religiosa de Quevedo es de gran finura y de una tierna y severa inspiración. No pueden faltar los rasgos típicos de juegos de palabras, antítesis y polisemias; en esta ocasión, sin embargo, la majestuosidad y transcendencia de los temas y el sentimiento religioso del poeta han cortado el paso a los excesivos desgarrones que se aprecian en otras composiciones de diferente tema.

CARACTERES, REPRESENTANTES PRINCIPALES, TEMAS Y CRITICAS DE LA ORATORIA SAGRADA DE LOS SIGLOS XVI Y XVII

La oratoria sagrada es un campo casi inexplorado dentro de los estudios de crítica literaria. Algunos suelen mirarla con cierta prevención y suspicacia, como si constituyera el prototipo de lo aparatoso, de lo circunstancial, de lo fingido y efímero, que se pierde en el mismo momento en que se retira el auditorio, y, si nos fijáramos en algunos ejemplos concretos, se podría confirmar la razón de esta postura. En cambio, nos queda una ingente producción de sermones predicados y escritos durante los siglos XVI y XVII, que demuestran un alto valor moral, religioso y artístico. Félix Herrero Salgado ha recopilado unas 1.300 fichas de sermones de estas dos centurias entre las 5.300 que dedica a la oratoria sagrada española [89].

Es cierto que en esta intrincada selva hay de todo, como se puede suponer, y es natural también que los sermones panegíricos y de circunstancias encargados por la corte, por las universidades y por los cabildos adoptaron un estilo más florido y elegante que los sermones de materias ascéticas y morales predicados a un auditorio más popular. Por otra parte, como en todos los demás géneros literarios, se advierte una trayectoria diferencial en los siglos XVI y XVII. Los temas permanecen, más o menos, idénticos; la diferencia fundamental reside en la forma artística, en la técnica, en los modos nuevos de expresión que adopta el siglo barroco del XVII, intensificando y retorciendo todo género de imágenes y metáforas con vistas a la creación de un arte nuevo. Aun dentro del siglo XVI se pueden advertir las diferencias entre la oratoria de Juan de Avila, que prefiere siempre la solidez doctrinal, el vigor del razonamiento, la unción apostólica, y la oratoria de fray Luis de Granada, que, manteniendo estas mismas virtudes, declina más hacia las cláusulas y períodos armoniosos. En la imposibilidad de abarcar la enorme abundancia de predicadores de los dos siglos, enumeremos algunos de los más destacados.

El célebre dominico Alonso de Cabrera, hombre de vasta erudición

---

[89] *Aportación bibliográfica a la oratoria sagrada española* (CSIC, Madrid 1971).

y de arrebatadora elocuencia, fue nombrado predicador de Felipe II. Además de diversos sermones de tipo doctrinal y ascético para los diferentes ciclos litúrgicos, destaca el sermón que predicó el 31 de octubre de 1598 en los funerales de Felipe II en Santo Domingo el Real. Cabrera sabe combinar una gran riqueza de imágenes con la naturalidad, la sencillez y la fuerza persuasiva, como también participa de las mismas cualidades otra oración fúnebre en honra del mismo rey, predicada en Málaga por el ilustre trinitario fray Hernando de Santiago, a quien el mismo Felipe II llamaba «pico de oro». En este orador se advierte una tendencia mayor al estilo ciceroniano y a la agudeza de ingenio. Predicó, además, un *Sermón en las honras del rey Felipe III* y otros sermones sobre las domínicas y ferias de cuaresma. Los brotes de ingenio aparecen ya en un sermón suyo sobre San Bartolomé, donde compara la vida y martirio del Santo con una lidia taurina: el torero burla al toro dejándole el capote en los cuernos y hurtando el cuerpo, el Santo deja no la capa, porque ya había abandonado todo para seguir a Cristo, sino su misma piel en manos de los verdugos, como el torero deja su capa en los cuernos del toro.

Entre los oradores jesuitas merece especial mención el P. Antonio Vieira, quien tuvo una extraordinaria aceptación en todos los auditorios de la época, debido a su argumentación rápida, eficaz y personalísima, a su extensa erudición y a los brotes de intenso barroquismo que ya aparecen en sus réplicas y contrarréplicas, en giros e imágenes propias del siglo XVII.

No menos interesante es la figura de otro insigne orador jesuita: el P. Jerónimo de Florencia. El año 1600 llegó a Madrid con fama de gran predicador, de hombre culto, sabio y prudente religioso. Felipe III le nombró predicador de la corte y le hizo depositario de sus últimas confidencias y voluntades. Con Felipe IV continuó desempeñando el mismo cargo y tuvo gran ascendiente entre los favoritos Lerma y Olivares. Lope de Vega, Quevedo y Gracián le dedicaron grandes elogios, y Góngora algunos ataques satíricos [90]. Dos tomos encierran los sermones de este orador en honor de la Virgen María: *Marial que contiene varios sermones de todas las fiestas de Nuestra Señora* (Alcalá 1625). En medio del carácter panegirista de estos sermones, no se pierde de vista el fin ascético y doctrinal, y, dentro de las características barrocas de su estilo, se mantiene dentro de una actitud mesurada.

En más estrecha relación con la historia literaria, está la figura del trinitario fray Hortensio Paravicino, íntimo amigo de Góngora y principal representante de la oratoria barroca del siglo XVII. Todas las formas del conceptismo y culteranismo se dan la mano en sus *Oraciones evangélicas y discursos panegíricos y morales*, editados en 1638. El mismo se declara «Colón de la nueva oratoria y el primero que se fió a sus ondas». Le sobran a Paravicino el ingenio y la originalidad, pero le faltan la unción sagrada y la seriedad ascética. No significa esto que en sus sermones no

---

[90] Cf. FIDEL FITA, *Galería de jesuitas ilustres* (Madrid 1880) p.65-92.

haya ideas morales, ascéticas y religiosas de provecho; lo que sucede es que la preocupación primordial del orador deriva hacia una estructuración enormemente estudiada y cuidadosa del estilo, conforme a las nuevas tendencias de la época.

Es natural que la reacción antibarroca del siglo XVIII atacara duramente la oratoria de Paravicino. Ejemplo claro es el juicio de Forner en sus *Exequias de la lengua castellana,* donde le llama «padre de la corrupción», y le achaca la absurda ridiculez y extravagancia de su estilo, extendiendo este defecto a todos sus seguidores, que «prodigaron la bárbara y desastrada vanilocuencia que leemos con risa cuando no con abominación» [91].

Al juzgar a Paravicino, se impone el punto de vista de la literatura-predicación, que, sin llegar a la renovación e importancia lingüísticoliteraria de un Góngora, y, dentro de una dimensión viciosa, supone cierta riqueza artística, con el consiguiente defecto de haber trasladado un campo docente, como es el de la predicación, a un terreno ajeno.

Omitimos la enumeración de otros predicadores, pues juzgamos de mayor utilidad consignar algunos juicios críticos, con objeto de observar la transformación experimentada en la oratoria de nuestros dos grandes siglos. Al estilo directo, armonioso y de una lógica más fluida y concatenada del siglo XVI, suceden la sutileza alambicada y las relaciones simbólicas y paradójicas más sorprendentes empleadas por los predicadores del XVII. Hablando de ellos, dice M. Herrero García:

«Hay, en general, un verdadero conceptismo no de vocablos, sino de ideas, y más que de ideas, de hechos. Por medio del simbolismo y desentrañamiento esotérico de los casos del Antiguo Testamento, suelen muchos oradores establecer relaciones lejanísimas, tender hilos demasiado sutiles entre cosas muy alejadas, y logran, más que convencer, sorprender con el fulgor de lo paradójico... En cada expositor sagrado caben, al lado de exégesis sólidas y bien fundadas, otras de carácter ingenioso y agudo; pero, al reunir con preferente interés las de este tipo, el discurso pierde en fuerza persuasiva lo que gana en brillo de ingenio» [92].

Dos estudios de singular interés publicó el P. Félix G. Olmedo sobre la oratoria del siglo XVII, en los que señala varios ejemplos de la decadencia y falta de gusto de algunos predicadores que llegaron a olvidarse de hablar como Dios manda, llevados únicamente por el deseo de llamar la atención:

«Casi todos los sermones que se publicaron desde Paravicino hasta la aparición del *Fray Gerundio* son un cúmulo de necedades increíbles, verdadera literatura de manicomio, que haría reír al hombre más grave, si no fuera tan triste ver a aquella princesa religiosa, hija de Dios, como llamaba Lanuza a la palabra del Evangelio, cubierta con los harapos de frases y cuentecillos... ¿Qué hubiera dicho aquel Francisco de Terrones, predicador de Felipe II, si hubiera oído citar a cada paso en los púlpitos los nombres y dichos de los poetas gentiles más licenciosos, él que a du-

[91] Ed. de P. Sainz Rodríguez (Espasa-Calpe, Madrid 1925) p.251.
[92] *Sermonario clásico* (Madrid 1942) p.XXI.

ras penas permitía que alguna vez se nombrase a Virgilio, Homero y Horacio, y eso con algún encogimiento, con un poco de desdén, y no enjugándose la boca con ellos como si citáramos a San Jerónimo?»[93]

Esta actitud de los oradores sagrados del XVII queda reflejada también en una crítica de mayor fuerza y significación, ya que se trata de juicios emitidos por escritores de la misma época. He aquí el del P. Baltasar Gracián:

«Lo mismo que en la cátedra sucedía en el púlpito... Dejaron la sustancial ponderancia del sagrado texto y dieron en alegorías frías, metáforas cansadas, haciendo soles y águilas a los santos, inanes las virtudes, teniendo toda una hora ocupado el auditorio pensando en un ave o una flor. Dejaron esto y dieron en descripciones y pinturillas. Llegó a estar muy valida la humanidad, mezclando lo sagrado con lo profano. Y comenzaba el otro afectado su sermón por un lugar de Séneca, como si no hubiera San Pablo: ya con trazas, ya sin ellas; ya discursos atados, ya desatados; ya viniendo, ya postillando; ya echándolo todo en frasecillas y modillos de decir, rascando la picazón de las orejas de cuatro impertinentillos bachilleres, dejando la sólida y sustancial doctrina...»[94]

Lope de Vega, entre sus muchos sonetos, compuso uno en el que alaba la pura elocuencia de Herrera, Delgadillo y Florencia, doliendose, en cambio, de las impertinencias de otros oradores en estos dos tercetos finales:

¿Quién dijera que Góngora y Elías
el púlpito subieran como hermanos
y predicaran bárbaras poesías?

¡Dejad, oh padres, los conceptos vanos!
Que Dios no ha menester filaterías,
sino celo en la voz, fuego en las manos»[95].

En el citado estudio, el P. G. Olmedo expone varios testimonios interesantes sobre títulos, temas y críticas. Lo mismo hace Félix Herrero Salgado en su obra también citada: *Aportación bibliográfica a la oratoria sagrada española,* y de aquí quiero escoger sólo tres ejemplos:

«Ay algunos predicadores que como algunos llevan las cosas a palos, ellos las llevan a gritos, dando clamores desentonados..., aquellos que por hazer mudanzas las hazen de manera que parecen melindres de mujer fea, ya quebrando la voz a lo mujeril, ya ahuecándola a lo valentón, ya ahullando triste y lamentablemente... si hablan de la curación de un enfermo, se toman el pulso, como lo hazen los médicos; si hablan de un músico, mueven las manos al modo del que toca las cuerdas de un instrumento. Si quieren representar el sonido de un clarín, llegan las manos a la boca y, moviendo los dedos, les falta poco para silvar. Estas cosas ni aun en un teatro de comediantes se pueden sufrir» (FRANCISCO AMEYUGO, *Rethorica sagrada...* Zaragoza, J. de Ybar, 1667).

---

[93] *Decadencia de la oratoria sagrada en el siglo XVII:* Razón y Fe t.46 (Madrid 1916) p.319.
[94] O.c. *Criticón,* ed. de Arturo del Hoyo (Madrid 1967) p.976-77.
[95] *Obras no dramáticas de Lope de Vega. Sonetos:* BAE 38 (Madrid 1856) p.394.

«... hablavan con frases subidas de punto, palabras nunca oídas, retruécanos engarzados y en un lenguaje que el P. Maestro Fray Hernando de Castillo llamava alforjado, que está todo puesto en correspondencia de las primeras palabras con las postreras, y en hablar de manera que, con la corriente y trabazón artificiosa o afeitada, menos se entiende lo que quiere decir» (JERÓNIMO BAUTISTA DE LANUZA, *Homilías sobre los evangelios de... quaresma*, Barcelona 1633).

«... esgrimidores del floreo: luzidas, palabras limadas que dan gusto y deleytan el oído, pero que no matan moros ni sacan sangre, señalan y no hieren» (FRAY ALONSO DE CABRERA, *Consideraciones del adviento* t.2 [Zaragoza 1610] serm.2 en la octava de Epifanía) [96].

Este campo de la oratoria sagrada es tan extenso y frondoso, que pueden hallarse en él muchas zonas de inútil follaje, y otras, en cambio, plenas de frutos jugosos. Parte de la culpa en el fracaso de la predicación, sobre todo en la del siglo XVII, cabe atribuírsela a la ambientación y gustos de la época y también a las figuras de insignificante categoría, que, intentando emular e imitar a alguno de los oradores de innegable ingenio y valor, caían en el ridículo. Pero, con todos los defectos que se quiera, el estudio de los temas y predicaciones de los siglos XVI y XVII constituye un punto de vista y una perspectiva de indudable interés para la comprensión de los valores sociales, humanos, religiosos y literarios de una época transcendental en la historia de nuestra nación.

[96] Intr. a o.c., p.8 y 9.

DUODÉCIMA PARTE

LA MUSICA RELIGIOSA ESPAÑOLA EN LOS SIGLOS XV Y XVI

Por SAMUEL RUBIO

BIBLIOGRAFIA*

ANGLÉS, Higinio, *Iohannis Pujol* (1573-1626), *in alma Cathedrali Barcinonensi cantus magistri*, en *Opera omnia* I, II (Barcelona 1926-1932).
—*Historia de la Música Española*, en Apéndice a la *Historia de la Música*, de J. Wolf (Barcelona 1934).
—*La Música en la Corte de los Reyes Católicos*, en *Polifonía religiosa:* MME, I (Madrid 1941).
—*La Música española desde la Edad Media hasta nuestros días* (Barcelona 1941).
—*La Música en la Corte de Carlos V:* MME, II (Barcelona 1944).
—*Cristóbal de Morales*, en *Opera omnia:* MME, XI, XIII, XV, XVII, XX, XXI, XXIV, XXXIV (Roma), 8 tomos.
—*Tomás Luis de Victoria*, en *Opera omnia:* MME, XXV, XXX, XXXI (Roma), 4 tomos.
—*Antonio de Cabezón*, en *Obras de música para tecla, arpa y vihuela...* (Madrid 1578); MME, XXVII, XXVIII, XXIX (Barcelona 1966).
ARÁIZ, Andrés, *Historia de la música religiosa en España* (Barcelona 1942).
AYARRA, José Enrique, *La música en la catedral* (Sevilla 1976).
CALAHORRA, Pedro, *La música en Zaragoza, en los siglos XVI y XVII.* I: *Organistas, órganos y organeros* (Zaragoza 1977).
—*Música en Zaragoza, siglos XVI-XVII.* II: *Polifonistas y Ministriles* (Zaragoza 1978).
—*Historia de la música en Aragón (siglos I-XVII)* (Zaragoza 1977).
CÁRDENAS, Inmaculada, *Tres músicos en Osuna* (Osuna 1977).
CASIMIRI, Rafael, *«Il Vittoria», nuovi documenti per una biografia sincera da T. L. da Vittoria* (Roma 1934).
COLLET, Henri, *Le mysticisme musical espagnol au XVI^c siècle* (París 1913).
—*Victoria* (París 1914).
ELÚSTIZA, J. B. de-CASTRILLO, G., *Antología musical, siglo de oro de la música litúrgica de España* (Barcelona 1933).
ESLAVA, Hilarión, *Lira Sacro-Hispana, siglo XVI*, tomos I y II.
—*Breve Memoria Histórica de la Música Religiosa en España* (Madrid 1860).
GARCÍA, V.-QUEROL, Miguel, *Francisco Guerrero*, en *Opera omnia* I y II: *Canciones y Villanescas espirituales:* MME, XVI-XIX (Barcelona 1955-1957).

---

* No citamos las siguientes obras, a pesar de haberlas tenido en cuenta: Diccionarios, Historias generales de la música, Catálogo y artículos de revistas. La abreviatura MME (Monumentos de la Música Española) se refiere a las ediciones del Instituto de Musicología, del Consejo Superior de Investigaciones Científicas.

554   Samuel Rubio

GÓMEZ MUNTANÉ, M.ª C., *La música en la casa real catalo-aragonesa, 1336-1432,* vol.1: *Historia y documentos* (Barcelona 1979).
HERNÁNDEZ, Ferreol, *Tomás Luis de Victoria «El abulense»* (Avila 1960).
KASTNER, Macario Santiago, *Antonio und Hernando de Cabezón* (Tutzing 1977).
—*Orígenes y evolución del tiento para instrumentos de tecla* (Barcelona 1976).
LEÓN TELLO, Francisco, *Estudios de Historia de la Teoría Musical,* 2 tomos (Madrid 1962-1974).
LÓPEZ CALO, José, *La música en la catedral de Granada en el siglo XVI* (Granada 1963).
LLORENS, José María, *Francisco Guerrero,* en *Opera omnia: Motetes* I-XXII: MME, XXXVI (Barcelona 1978).
MITJANA, Rafael, *La musique en Espagne,* en *Encyclopédie de la Musique,* tomo IV.
—*Don Fernando de las Infantas, teólogo y músico* (Madrid 1918).
—*Estudio sobre algunos músicos españoles del siglo XVI* (Madrid 1918).
MITJANA, Rafael, *Francisco Guerrero* (Madrid 1922).
MUJAL ELÍAS, Juan, *Lérida: Historia de la Música* (Lérida 1975).
PEDRELL, Felipe, *El organista litúrgico español* (Madrid, s/f.)
—*Tomás Luis de Victoria* (1918).
—*Thomae Ludovici Victoria Abulensis,* en *Opera omnia* (Leipzig 1902-1913), 8 volúmenes.
—*Hispaniae Schola Musica Sacra.* Magna antología polifónica del siglo, XVI, con obras de Morales, Guerrero, Ginés Pérez, anónimos y parte de la obra para órgano de Cabezón. Inició su publicación en 1894.
—*Diccionario biográfico y bibliográfico de músicos españoles, 1894-1897,* letras A-G.
—*Antología de organistas clásicos españoles,* 2 tomos (Madrid 1908).
PRECIADO, Dionisio, *Alonso de Tejada, polifonista español,* en *Obras completas,* 2 tomos: I (Madrid 1974); II (Madrid 1977).
RUBIO, Samuel, *Antología polifónica sacra,* 2 tomos (Madrid 1956), 1-54.
—*Cristóbal de Morales, Estudio crítico de su polifonía* (Real Monasterio del Escorial 1969).
—*Juan Vázquez. Agenda defunctorum* (Madrid 1975).
—*Tomás Luis de Victoria. Officium Hebdomadae Sanctae* (Cuenca 1977).
—*Juan Navarro. Psalmi, hymni ac magníficat* (Real Monasterio del Escorial 1978).
SIEMENS, Lothar, *Sebastián Aguilera de Heredia,* en *Obras para órgano* (Madrid 1978).
STEVENSON, Robert, *Spanish Cathedral Music* (Berkeley-Los Angeles 1961).
SUBIRÁ, José, *Historia de la música española e hispaonoamericana* (Barcelona 1953).
VILLALBA-RUBIO, *Antología de organistas clásicos, siglos XVI-XVII* (Madrid 1971).

Si la Iglesia española puede y debe gloriarse del altísimo nivel alcanzado en los siglos XV y XVI por sus instituciones; por su arquitectura, pintura y escultura; por sus escritores místicos, no se honrará menos haciéndolo de la solemnidad de su culto; de las capillas que lo hicieron posible; de los compositores que crearon el repertorio musical, al que con toda propiedad pueden aplicársele aquellos versos de fray Luis de León: «Por quien al bien divino—despiertan los sentidos,—quedando a lo demás adormecidos».

Partiendo del supuesto de que los compositores son la base de este brillante capítulo de nuestra historia musical sagrada, en ellos hemos centrado principalmente nuestra exposición, sacrificando en su favor el estudio de algunos aspectos que en otra coyuntura no sería justificado omitir.

Durante los siglos XV y XVI, el templo es el principal motor de la creación musical. Más que de música religiosa, término de significación excesivamente amplia, deberíamos hablar de música litúrgica, porque, incluso aquella que no tiene texto latino, condición indispensable en aquellos siglos para entrar en tal definición, ni puesto oficial en los actos del culto, como son los villancicos, es concebida, compuesta y destinada a ser oída en alguno de éstos.

La liturgia es el teatro de la actividad musical, porque los músicos de entonces son servidores de la iglesia: de ella viven, para ella trabajan y sin ella no hubieran existido como tales compositores. O son maestros de capilla o cantores; o acompañantes del coro, como los organistas y otra suerte de ministriles. Unos y otros son casi los únicos profesionales de la música, hasta tal punto que, salvo raras excepciones, ellos mismos componen la música profana.

La historia de la música religiosa de la época que nos ocupa hay que estudiarla y explicarla a través de la liturgia. La misa y el oficio divino, aquélla como planeta en torno al cual giran, a modo de satélites, las distintas partes de éste, proporcionan a los compositores la ocasión o motivo para escribir obras y más obras; sus textos son el material que el músico debe moldear, transformar en grandes o pequeños, según los casos, monumentos sonoros; su forma externa y su contenido místico y doctrinal son condicionantes que, prescindiendo de técnicas y estilos, exigen del compositor una actitud o postura que sobrevuela y lo envuelve todo: sumisión a Dios e invocación humilde y fervorosa de su omnipotente patrocinio.

Otro elemento que ilumina esta original y nueva, a nuestro modo de ver, concepción y explicación del desarrollo histórico de la música religiosa es el calendario o santoral eclesiástico, que pone ante los ojos del compositor las solemnidades que a través del año estimularán su capacidad y fantasía creadoras, prestándoles el colorido, el acento y el matiz que en cada caso deberá expresar su paleta. La misa, el oficio divino y el calendario litúrgicos van a ser, en consecuencia, el hilo conductor de este capítulo.

I. Las formas musicales.

Los compositores de estos dos siglos no se comportaban a la hora de escribir sus obras de un modo absolutamente libre, sin sujeción, queremos decir, a ninguna norma o esquema formal. Para todas y cada una de las piezas litúrgicas se había creado una especie de módulos, con vigor en toda Europa, que los españoles conocían muy bien y cuya aplicación práctica procuraron sancionar, consciente o inconscientemente, con el marchamo de su personalidad y herencia hispanas.

El cuadro siguiente, que va a servirnos de guión, abarca el catálogo de toda esta normativa:

A) FORMAS POLIFÓNICO-VOCALES:
1) Misa
  - *a)* de Gloria
  - *b)* de Requiem
2) Oficio divino
  - *a)* salmodia
  - *b)* himnodia
  - *c)* lecciones
  - *d)* responsorios
3) El motete
B) FORMAS ORGANÍSTICAS:
  - *a)* versos
  - *b)* tientos
  - *c)* glosas

A) Formas polifónico-vocales

1. LA MISA

a) De Gloria

Como es de todos sabido, en el rito de la misa concurren una serie de textos de los cuales unos son comunes a todas las fiestas, mientras otros son propios de cada una. Los primeros integran el llamado «Ordinarium missae», o partes invariables, recibiendo los segundos el calificativo de «Proprium missae», o partes variables.

Consta el «Ordinarium missae» de estas cinco partes: *Kyrie, Gloria, Credo, Sanctus-Benedictus* y *Agnus Dei.*

Cuando se habla o se cita una misa de cualquier polifonista, entiéndase que escribió música para este conjunto, no, pongamos por caso, para el introito, gradual y comunión, que son algunas de las piezas del propio de cada solemnidad. Esto no quiere decir, sin embargo, que jamás se hayan utilizado estos textos para componer piezas polifónicas. Recordemos, a modo de ejemplo, la colección de introitos para diversas festividades que se conservan en el libro tercero de atril del monasterio de Guadalupe, compuestos por Alonso Lobo, Alonso de Tejeda, Pedro Serrano, Luis de Aranda, Melchor de Montemayor y otros menos conocidos, más algunos anónimos.

La composición de una misa polifónica obedecía a uno de estos procesos y denominaciones: misa «cantus firmus» o misa «tenor»; misa «paráfrasis»; misa «parodia».

El edificio sonoro de la primera se cimentaba sobre un canto o melodía preexistente, religioso o profano, que se encomendaba a la voz llamada tenor, canto que se oía a través de toda la misa con mayor o menor constancia y uniformidad rítmica. El tema, que prestaba su nombre a la misa, se entonaba a veces con su propio texto, incluido el caso de los temas profanos. Uno de los más socorridos fue la canción del soldado llamada *L'homme armé.* Este abuso fue prohibido por el concilio de Trento.

Otra melodía también preexistente, procedente, como norma general, del repertorio gregoriano, era el fundamento de la misa «paráfrasis».

Las diferentes secciones de aquélla, versos cuando se trataba de un himno, frases o incisos en los demás casos, proporcionaban al autor los temas que él iba a manipular con la técnica y el estilo de la época, particularmente por el procedimiento de la imitación. El himno *Ave maris stella*, por ejemplo, dio origen a muchas misas de este tipo y por cuyo motivo se denominan también así.

Si en los casos precedentes el compositor acarrea a su obra melodías ajenas en calidad de materiales, la cantera le proporcionará, en el tercero, fragmentos polifónicos de motetes, ya hayan sido éstos escritos por autores a quienes admira, ya se deban a su propia pluma. La misa recibirá ahora el título del motete homónimo. Tal es el caso, entre los muchos que podríamos citar, de la misa *Aspice, Domine*, de Cristóbal de Morales, compuesta sobre el motete relativo de Nicolás Gombert; o la titulada *O quam gloriosum est regnum*, de Tomás Luis de Victoria, calcada en su propio motete.

No siempre el músico se somete a la esclavitud de los procedimientos anteriores; cuando le place, sacude tales andaduras, y es su propia fantasía la que le socorre con los temas necesarios para la creación de la obra musical. Recibirá entonces la misa el título de *sine nomine*, o aparecerá con la etiqueta del modo en que se basa, *quarti toni*, o con las notas de algún exacordo, *ut,re,mi,fa,sol,la*, o de otras muchas maneras.

b) De requiem

Son las que se celebran por los difuntos. Les viene el nombre de la primera palabra del introito; en los documentos antiguos se las llama, con mayor insistencia, *pro defunctis*. Constan, normalmente, de las siguientes partes: introito, gradual, secuencia (casi nunca íntegra), ofertorio, Sanctus-Benedictus, Agnus Dei, comunión y responsorio, cuyos «incipit» latinos suenan así: *Requiem* para el introito y el gradual; *Dies irae, dies illa*, para la secuencia; *Domine, Iesu Christe*, para el ofertorio; *Lux aeterna* y *Libera me, Domine*, para las dos últimas piezas.

Las melodías gregorianas respectivas suelen ser la fuente de inspiración, la savia que vivifica la estructura de las misas *pro defunctis*, tratadas unas veces a modo de «cantus firmus», circulando otras, más o menos fugazmente, por los carriles de cada voz, no de forma simultánea, sino alternativamente: ora por uno, ya por otro.

2. Oficio divino

El oficio divino es la plegaria oficial de la Iglesia católica, siendo el latín su idioma propio hasta la reforma llevada a cabo por el concilio Vaticano II; lo mismo ocurría en la misa.

De origen antiquísimo, el oficio divino estaba estructurado para santificar por medio de su rezo las horas principales del día; de aquí les viene a algunas, tercia, sexta, nona, su nombre específico, y a todas, el genérico de horas canónicas. Sus nombres son: maitines, laudes, prima, tercia, sexta, nona, vísperas y completas. Las dos primeras, junto con la penúltima, son llamadas horas mayores; las cinco restantes, menores.

Todas y cada una de las horas constan de estos componentes literarios: oraciones, salmos, himnos, invocaciones y saludos. Su conocimiento estructural es imprescindible para la recta inteligencia de lo que los compositores elegían de cada una de ellas.

He aquí, pues, los esquemas respectivos:

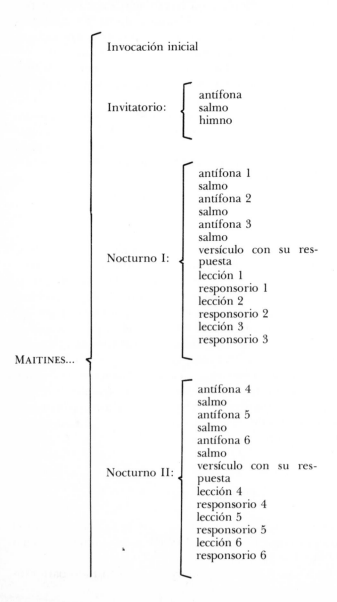

MAITINES...

Invocación inicial

Invitatorio:
- antífona
- salmo
- himno

Nocturno I:
- antífona 1
- salmo
- antífona 2
- salmo
- antífona 3
- salmo
- versículo con su respuesta
- lección 1
- responsorio 1
- lección 2
- responsorio 2
- lección 3
- responsorio 3

Nocturno II:
- antífona 4
- salmo
- antífona 5
- salmo
- antífona 6
- salmo
- versículo con su respuesta
- lección 4
- responsorio 4
- lección 5
- responsorio 5
- lección 6
- responsorio 6

Nocturno III:
> antífona 7
> salmo
> antífona 8
> salmo
> antífona 9
> salmo
> versículo con su oración
> lección 7
> responsorio 7
> lección 8
> responsorio 8
> lección 9
> *Te Deum laudamus*

LAUDES...
> Invocación inicial
> antífona 1
> salmo
> antífona 2
> salmo
> antífona 3
> salmo
> antífona 4
> salmo (cántico)
> antífona 5
> salmo
> breve lectura
> himno
> verso con su respuesta
> antífona
> *Benedictus* (cántico de Zacarías).
> saludo
> oración
> despedida

PRIMA.—Omitimos su esquema, ya que no existen composiciones polifónicas para esta hora.

TERCIA, SEXTA, NONA...
> Invocación inicial
> himno
> antífona
> tres salmos
> breve lectura
> saludo
> responsorio breve
> saludo
> oración
> despedida

VÍSPERAS.—Tienen el mismo esquema que la hora de Laudes.

COMPLETAS.—Como tercia, sexta y nona. Al final de completas tiene lugar el canto de la *Salve,* o bien otra antífona mariana, según lo exija el tiempo litúrgico que se celebra.

Los componentes de las horas canónicas de cuyos textos se sirvieron los polifonistas para escribir piezas musicales son los siguientes.

Maitines: invitatorio, con salmo o sin él, particularmente el del oficio de difuntos; lecciones del primer nocturno, alguna de los otros dos y algún responsorio, del mismo oficio; lecciones del primer nocturno del triduo sacro, conocidas más comúnmente por el nombre de lamentaciones; parte o todos los responsorios de los mismos días.

Otros elementos de maitines que alguna vez atrajeron la atención de los polifonistas son: algún que otro responsorio de las fiestas de Navidad y del Corpus Christi, y, con más frecuencia, el *Te Deum laudamus*, pero esta pieza más como himno de acción de gracias, para diversas circunstancias, que como canto propio de esta hora litúrgica.

Laudes: son raros los textos que aparecen con música si exceptuamos las tres últimas piezas del jueves, viernes y sábado santos: cántico *Benedictus*, antífona *Christus* y salmo *Miserere*.

Horas menores: únicamente el himno de completas, *Te lucis ante terminum*, hemos visto revestido de música a voces por autores de los siglos XV y XVI.

Vísperas: merecieron gran atención, por el contrario, las vísperas, de las que poseemos magníficas colecciones, particularmente de himnos y de *Magnificat,* como veremos más adelante. Son muchos también los ejemplos de antífonas marianas pertenecientes a compositores de estos dos siglos. Su puesto, según hemos dicho antes, les corresponde al término de las completas.

Cada uno de estos elementos tenía su forma de ser tratado composicionalmente, peculiaridad cuyo germen, contenido en la naturaleza del propio texto, los músicos intuyeron con clarividente visión, desarrollaron anchamente y plasmaron, ya en detallistas miniaturas, ya en grandes retablos musicales del más exquisito y refinado arte. Un rápido recorrido por los respectivos aspectos formales facilitará grandemente la comprensión de esta parcela de la música religiosa.

Salmo.—La salmodia gregoriana, con sus ocho tonos; la división de cada fórmula en dos hemistiquios, con frecuencia explícita, a veces sólo intencional, en cada verso del salmo polifónico, son las características formales de éste. Su composición está pensada para alternar con el canto gregoriano y, en casos excepcionales, con el órgano; de ahí que los compositores escribieran música, bien para los versos pares, bien para los impares, casi nunca para todos. Si la fórmula polifónica era única para todos los versos, recibía el nombre de «fabordón», consistente en recitados sobre el mismo acorde seguidos de las cadencias pertinentes. En cualquier caso, el verso salmódico polifónico se caracteriza por su brevedad y por su sencillez contrapuntística. A este género pertenecen también los cánticos *Magnificat,* de vísperas; *Benedictus,* de laudes, y *Nunc dimittis,* de completas, con la única diferencia de que en éstos, exactamente como ocurre en una de sus fórmulas gregorianas, la trama contrapuntística suele ser un poco más complicada y, en consecuencia, los versos algo más largos.

Himno. —Como el salmo, es el himno una composición poética, casi siempre de carácter lírico; se diferencia del primero por constar de estrofas, y éstas, a su vez, de versos métricos. Su temática musical procede de la correspondiente melodía gregoriana, presente en cada estrofa, de modo intencional al menos. Se canta alternando con ésta, por lo que, como ocurre en los salmos, los polifonistas compusieron música únicamente para la mitad, a veces menos, de las estrofas: para las pares, unas; para las impares, otras. En ocasiones, en el siglo XV, se limitaron a escribir una sola estrofa. Para algunos himnos, *Pange lingua, Vexilla Regis*, pongamos por caso, circulaban en España melodías distintas de las contenidas en el repertorio general, advirtiendo los compositores su utilización con las palabras: «more hispano».

Lecciones. —Según hemos indicado anteriormente, las únicas lecciones sobre cuyos textos escribieron música los compositores de los siglos XV y XVI fueron las del oficio de difuntos y las lamentaciones de la semana santa, siendo muy distinto el modo de tratar unas y otras. Para las primeras adoptan, como norma general, un estilo homófono, de lectura rápida, a modo de recitado, sin apenas ornamentación melódica, salvo en los períodos cadenciales. El estilo imitativo es, por el contrario, el recurso dominante en la composición de las lamentaciones, y a veces una sabia combinación de ambos. Como en los salmos y en los himnos, pero con menor evidencia, los temas gregorianos están latentes en estas piezas. La fraseología literaria marca y determina el camino a recorrer por la musical, que se patentiza por medio de proporcionadas fórmulas cadenciales. Para el canto de las lamentaciones posee España un rico y variado repertorio melódico de veneranda tradición, repertorio que nuestros músicos utilizaron, a veces exclusivamente, otras paralelamente al canto romano.

Responsorios. —Es una pieza cuya ejecución tiene lugar después de una lectura, con la finalidad de favorecer una breve meditación sobre el contenido de ésta. Consta de dos partes: una, llamada cuerpo del responsorio; otra, compuesta por una frase titulada verso, después del cual se repite el estribillo o respuesta, de cuyo fenómeno se deriva o nace su nombre. Musicalmente, el responsorio polifónico está compuesto sin acarreo de materiales gregorianos, es decir: se trata de una pieza de la máxima originalidad. Su estilo tiende a la sobriedad; su filosofía radica en la intencionalidad expresiva. Algunos autores escriben el verso a menor número de voces que el resto de la obra y con una mayor complejidad técnica.

3. El Motete

Es, para algunos polifonistas, el nombre vulgar de la canción; de la canción religiosa, se entiende. Por eso, en el título de algunas ediciones se lee esta frase: «Sacrae cantiones quae vulgo moteta nuncupantur». El motete es una de las piezas más sugestivas de la polifonía religiosa: lo es por el texto, para cuya elección dispone el autor de la máxima libertad, no perteneciendo en algunas ocasiones a la liturgia, como ocurre con los compuestos por Palestrina sobre el *Cantar de los cantares;* lo es porque esta misma libertad le permite a la hora de componerlo una actitud de mayor subjetividad, menos ligada a la objetividad litúrgica; lo es porque, sin peligro de irreligiosidad, puede el músico trasplantar a su campo procedimientos propios del estilo madrigalesco, en el intento de potenciar la expresividad textual. Como resultado de todo esto se deriva que las piezas más bellas de cada polifonista no haya que buscarlas en las misas, los salmos, ni en los himnos, aun siéndolo en muy alto grado, sino en los motetes, parcela donde es fácil encontrar auténticas obras maestras por su perfección técnica, por su belleza formal y por su alta capacidad expresiva.

El principio constructivo del motete descansa en la división fraseológica del texto. Es decir: el motete es un conjunto de episodios musicales, cada uno con su tema propio. El número de episodios viene determinado por el número de frases de la letra; cada frase nueva da origen a un tema nuevo, desarrollado en forma imitativa o en forma homófona. Estos dos procedimientos juegan en continua oposición a todo lo largo de la pieza, de donde nacen el bello contraste, la variedad y el equilibrio formales. Con esta estructura se aúnan otros principios de construcción, tales como el «cantus firmus», que ya vimos en la misa, y el «canon», recibiendo entonces los calificativos de «motete cantus firmus» o «Motete canónico», respectivamente. Puede constar el motete de una o más partes. Por regla general, el texto de los motetes dividido en dos partes procede de algún responsorio, en cuyo caso, el cuerpo del responsorio, más el estribillo o parte de obligada repetición, forman la primera parte del motete; el verso, seguido, sin solución de continuidad, del estribillo, constituye la segunda, teniendo de común ambas partes la música de éste.

B) **Formas organísticas**

La música religiosa no era exclusivamente vocal. Además de la capilla, contribuían a la solemnización del culto otros instrumentos, entre los que ocupa el órgano un puesto preeminente. La misión de éste era: acompañar y sostener al coro; dialogar con él; rellenar los espacios que la liturgia no ocupaba con cantos ni con lecturas; dar esplendor a un acto procesional.

Esta variada participación del órgano originó otras tantas especies de formas musicales organísticas, a las cuales habremos de referirnos necesariamente más adelante; por este motivo es necesario explicarlas, aunque sea con la máxima brevedad.

Versos.—Son unas piezas muy cortas, destinadas a alternar con el canto de los salmos, de los himnos y hasta con algunas partes de la misa, especialmente de los *Kyries.* Su estructura, la procedencia de los temas, sus partes y cadencias guardan gran similitud, «mutatis mutandis», con las de las respectivas piezas vocales polifónicas. La naturaleza de los distintos registros del órgano y de su mecánica, para cuyo lucimiento se destinaban a veces los versos, influyeron no poco en la estructura de éstos. De esta forma, ampliamente cultivada, nos han dejado algunos organistas muestras abundantes y de no escaso interés, dada su brevedad.

Tientos.—Se discute sobre el origen de este vocablo, derivado, para nosotros, del verbo latino *tentare*, buscar, probar, al modo como ocurre con el *ricercare* italiano. Es aplicable al tiento gran parte de lo que hemos dicho sobre el motete. Como éste, es también el tiento la pieza más sugestiva dentro de la música instrumental de la época; sus temas son, salvo raras excepciones, de invención propia, encontrando aquí el organista la puerta abierta para lucir las cualidades de su fantasía creadora, de su capacidad de inventiva. Más de una vez hemos dicho que, desde el punto de vista formal, el tiento puede definirse diciendo que «es una especie de motete sin texto»; son muy semejantes, efectivamente, por el planteamiento temático inicial y por su desarrollo; por el modo de enlazar los nuevos temas, cuando del tiento pluritemático se trata; por el moldeamiento melódico de éstos, tan semejantes al de los vocales, que causan la sensación de estar calcados o depender de una frase literaria; por las fórmulas cadenciales y por otra infinidad de detalles.

El tiento, de extensión muy variada, pero con predominio de los de una prudencial longitud, tenía su puesto, ya como preludio o postludio de un acto litúrgico, ya en el ofertorio o durante la comunión, después de haber sido cantadas las antífonas correspondientes, bien para solemnizar una procesión. Su repertorio es muy inferior al de los versos, pero muy superior en interés musical.

Glosas.—Como el propio vocablo indica, se trata de piezas que comentan por medio de una amplia ornamentación melódica, pero respetando las líneas maestras del modelo, obras vocales polifónicas, tanto del repertorio religioso como del profano. Con frecuencia, el glosado se hace sobre un fragmento de la obra original, como, por ejemplo, sobre el «Cum Sancto Spiritu», del Gloria; el «Hosanna», del Sanctus, determinada estrofa de una secuencia, y así sucesivamente. Los glosados son de sumo interés para el conocimiento de los recursos ornamentales utilizados por un autor, en una época y un ambiente, así como para calibrar el virtuosismo de un ejecutante y las posibilidades técnicas de un instrumento. Aunque algunos autores nos han dejado una buena lista de ellos, su práctica entraba más bien dentro de la improvisación. Todo organista en posesión de una buena técnica y con dominio de un amplio repertorio, fácil de aprender, de fórmulas melódico-instrumentales, podía repentizar unas glosas sobre cualquier partitura colocada en el atril de su instrumento.

Señaladas, en líneas generales, las partes de la misa y del oficio divino que con mayor frecuencia utilizaban los autores de música religiosa para componer sus obras, y expuestos los principios formales de que se servían para infundirles vida, intentaremos ahora recordar los nombres de aquellos que, tanto por el número como por la perfección técnica, mayor realce les prestaron.

II. Compositores de música vocal

1. SIGLO XV

Un inmenso vacío se interpone desde la copia del *Códice de las Huelgas* (1325?) hasta la época de los Reyes Católicos por lo que a la música polifónica española atañe. Tan escasas son las muestras conservadas de todo este largo período, que produce la impresión como si los hispanos se hubieran desinteresado de ella, o como si una mano siniestra la hubiera hecho desaparecer o alguna poderosa autoridad hubiera prohibido su uso. Es esto tanto más asombroso cuanto que, como ha repetido hasta la saciedad Higinio Anglés, abundantes y fehacientes documentos relativos a las casas reales de Castilla y Aragón, amén de otros centros, como catedrales, mansiones nobiliarias y conventos, demuestran de modo incontrovertible la existencia de capillas musicales que podían ejecutarla; la presencia en ellas de músicos europeos que transplantarían su uso, el intercambio de artistas patrios con los de otros países y con la corte de Avignon, que favorecerían su conocimiento y estimularían su práctica. Que esa música existió lo prueba, por otro lado, el brillante florecimiento que se produce a fines del siglo XV, inexplicable sin la existencia previa de una línea continua y ascendente desde tiempos remotos, a modo de precedentes preparatorios. Así como para fines del siglo XIII y principios del XIV testifica a favor de España la gran antología recopilada en el *Códice de las Huelgas*, necesitaríamos de otra, similar al *Old Hall Codex*, con sus 150 números, entre misas y motetes, para finales del XIV y principios del XV.

Mientras España parece haberse olvidado de la música religiosa polifónica, surgen en varias ciudades europeas, como Cambrai, Dijon, Brujas y Amberes, una serie de escuelas donde se formarán músicos del relieve de G. Dufay (1400-1474), J. Binchois (1400?-1460), A. Busnoys (?1492), J. Ockeghem (1420?-1495?), J. Obreckt (1452?-1505), a cuyos talentos se debe, no obstante la complejidad de su contrapunto, la consolidación definitiva de algunas formas musicales, como la misa y el motete, cuyo toque final o perfección casi última se deberá a Josquin de Pres (1440-1521), otro maestro de las mismas latitudes. A todos ellos les antecede, en calidad de precursor, el inglés J. Dunstable (1380?-1453).

Los manuscritos que nos transmiten música sagrada española del último cuarto del siglo XV y primeros años del XVI han sido minuciosamente catalogados y descritos por H. Anglés en su obra titulada *La mú-*

sica en la Corte de los Reyes Católicos (I: polifonía religiosa [Barcelona 1941], perteneciente a la colección «Monumentos de la Música Española» I, del Instituto Español de Musicología). No obstante esta detallada reseña, es imposible dar una cifra, ni siquiera aproximada, del número de piezas escritas por los compositores patrios, por la sencilla razón de que superabundan los anónimos, que igual pueden ser españoles que no serlo. Los autores expresos responden a los siguientes nombres: Juan Almorox, Alonso, Alonso de la Playa, Juan de Anchieta, Juan Cornago, Alonso de Alba, Díaz, Pedro Escobar, Gaspar, Pedro Hernández, Ilario, Francisco de Medina, Alonso de Mondéjar, Francisco de Peñalosa, Juan Ponce, Quexada, Martín de Ribaflecha, Antonio de Ribera, Juan de Sanabria, Juan de Segovia, Pedro de Tordesillas, Francisco de la Torre, Villa, Periquín y alguno más.

De alguno de estos autores se ignora el nombre completo; de ellos y de otros no sabemos el lugar ni las fechas de nacimiento y muerte; de casi ninguno poseemos los suficientes datos para documentar toda su vida. Tienen varios de común el haber pertenecido, en calidad de cantores, y a veces de cantores y capellanes, a la capilla de Isabel de Castilla o a la de Fernando de Aragón; sirvieron en la primera: Alba, Medina, Mondéjar y Tordesillas, mientras Almorox, Cornago, Díaz, Peñalosa y Ponce lo hicieron en la segunda, y alguno, como Anchieta, en ambas. A excepción de Alba, Anchieta, Escobar y Peñalosa, las composiciones religiosas conservadas de los restantes son muy poco numerosas. De alguno solamente se conserva una, y del que más, seis, como es el caso de Alonso de la Torre. Ponce, Cornago, Mondéjar, Sanabria, Robera, Tordesillas, Torre y Troya compusieron también canciones profanas, que pueden verse en el *Cancionero Musical de Palacio* (H. ANGLÉS, *La Música en la Corte de los Reyes Católicos*. II: polifonía profana 1[Barcelona 1947]; 2[Barcelona 1951]).

Más prolíficos que los anteriores, o quizá con mayor suerte respecto a la transmisión de sus obras, son Alonso de Alba, Juan de Anchieta, Francisco de Peñalosa y Pedro Escobar, aunque no son mucho más afortunados en cuanto al conocimiento que tenemos de sus vidas. Sin que se haya podido identificar con certeza el nombre de Alonso de Alba con el de Alfonso Pérez de Alba, que perteneció a la capilla de Isabel la Católica, como cantor según F. Asenjo Barbieri, en calidad de capellán en opinión de H. Anglés, sus composiciones son la mejor prueba de que en alguna debió de tomar parte activa, ya que todas tienen íntima conexión con la misa o con el oficio divino. Para la primera compuso dos antífonas *Vidi aquam*; escribió una *misa*, a 3; seis *aleluyas*, correspondientes a las festividades de Epifanía, Resurrección, Ascensión, Pentecostés, Santísima Trinidad y Asunción de la Virgen. Al oficio divino pertenecen seis himnos de vísperas y el último verso del *Te Deum laudamus*. Completan su catálogo tres motetes, la secuencia *Stabat Mater* y el número 391, *No me lo digáis mal, madre*, del «Cancionero de Palacio».

Inferior a los otros tres de este grupo, por el número de obras que de él conocemos, es Juan de Anchieta, vasco de noble abolengo, emparentado con San Ignacio de Loyola. Nació en Azpeitia, en 1462; perteneció a la capilla de Isabel; fue maestro del infante don Juan; capellán y cantor de doña Juana; más tarde, de Fernando, hasta que en 1519 le jubiló, por viejo, Carlos I, fecha en la que se retira a su pueblo natal, donde muere en 1523. Dieciséis obras nos han llegado a su nombre: 12 sagradas, 4 profanas. Entre las primeras se cuentan dos *misas*, más otra perteneciente a la liturgia cuaresmal del sacrificio eucarístico, el tracto *Domine, non secundum peccata nostra*; al oficio divino corresponden el himno de Adviento, *Conditor alme*, dos *magnificat*, la antífona mariana *Salve, Regina*, y el responsorio de difuntos, *Libera me, Domine*; a todo esto hay que sumar tres motetes, *Domine Iesu Christe, O bone Iesu* y *Virgo et Mater*, para completar el elenco de sus obras litúrgicas. De sus misas, una está compuesta sobre temas gregorianos de la Virgen, de donde le viene el título *De Nuestra Señora*; algunas partes de la otra tienen por tema la canción *L'homme armé*: íntegro, aunque muy fragmentado, en el *Agnus Dei;* implícito, pero evidente, en los *Kyries* y en otros fragmentos.

Suponiendo, no está probado, que el Scobar, sin nombre propio, de la casi totalidad de los manuscritos, sea identificable con el Pedro Escobar, que, por una sola vez, según afirma Anglés, se constata en el folio 230 del manuscrito 2 de Tarazona, podríamos atribuirle 43 obras aproximadamente: 25 con texto latino, propias de la liturgia; 18 con texto castellano, casi todas profanas. La misa y el oficio divino son los destinatarios de las latinas. Para aquélla escribió dos antífonas *Asperges me, Domine:* una, a tres; la segunda, a 4 voces; dos *misas de Gloria,* al menos, otra de *Requiem,* más dos *Alleluyas;* para éste, cinco himnos de vísperas y la antífona mariana *Salve, Regina.* Pertenece el resto al género motetístico; entre éstos debió de tener gran aceptación, a juzgar por el número de copias, el que comienza *Clamabat autem mulier.* Unicamente dos noticias se˙ saben de su vida, ambas relacionadas con la catedral de Sevilla: en 1507 se le confían los «mozos», por muerte de Valera; en 1514 sucede a Escobar, quizá por fallecimiento, el famoso Pedro Fernández de Castilleja.

Servidor también de la catedral de Sevilla fue Francisco de Peñalosa, oriundo de Talavera de la Reina, donde nació por el año de 1470. En 1498 entra al servicio de Fernando el Católico; en 1506 es nombrado canónigo de la catedral sevillana; por un breve de León X del año 1517, se sabe que fue cantor de la corte pontificia, regresando posteriormente a Sevilla, donde muere el año de 1528. Peñalosa supera, con mucho, a todos los precedentes por el número de composiciones: por el de las litúrgicas y por el de las profanas. Seis misas al menos salieron de su pluma, compuestas, unas, sobre temas gregorianos; otras, sobre canciones profanas, castellanas o francesas. La titulada *Ave, María* pertenece a las primeras; *Nunca fue pena mayor* y *L'homme armé*, al segundo grupo. Además de algún himno y de varios *Magnificat*, versos pares unas veces, impares otras, para la hora de vísperas; abordó la composición de *Lamentaciones* para los maitines del triduo sacro, empeño en el que no se había comprometido ninguno de sus predecesores. Un número de motetes cercano a la treintena, alguno como *Sancta mater, Precor te, Domine Iesu Christe, In passione* y *Memorare piissima*, copiados con mucha insistencia, completan la visión panorámica de su música litúrgica.

Estos compositores, aunque cabalgando más de uno, como Anchieta y Peñalosa, por ejemplo, entre los siglos XV y XVI, se formaron en el primero y a él pertenecen plenamente, aunque algunas o muchas de sus obras fueran escritas en el primer cuarto del XVI. Su formación musical tuvo lugar en las catedrales, escuelas o conservatorios musicales de entonces, sirviendo en alguna capilla desde niños, en contacto diario con la liturgia, asimilando sus preceptos, su significado, sus exigencias; poniendo oído atento y receptivo a las enseñanzas de sus maestros; escuchando con oído crítico el efecto de las obras que cantaban: su armonía trasparente o confusa; la inteligibilidad del texto o la percepción de un auténtico galimatías; la sensación de paz y el deseo de orar o el desasosiego y el tedio, todo a consecuencia de una técnica, respectivamente, sencilla o intrincada. La elección no les ofreció duda alguna: se decidieron por lo sencillo, lo trasparente, no ignorando las mayores complejidades pero sí sacrificando su uso en beneficio de un bien muy superior: lo que llamamos «la expresión». De aquí la enorme diferencia que separa o distingue las piezas de un Ockeghem, de un Obreckt e incluso de Josquin des Pres de las de nuestros compatriotas Escobar, Anchieta y Peñalosa. Estos ponen los cimientos de lo que serán en el siglo XVI las características más puras de la polifonía religiosa española: robustez, claridad, unción. En algunas de sus piezas, como, por ejemplo, en los motetes *Domine, Iesu Christe* y *Virgo et mater*, de Anchieta; *In passione* y *Memorare, piissima*, de Peñalosa, hay anticipos patentes de los recursos expresivos y técnicos más entrañables a Tomás Luis de Victoria.

2. SIGLO XVI

Es increíble la fuerza con que esta escuela española de música religiosa, surgida de la nada, como quien dice, bajo el reinado y los auspicios de los Reyes Católicos, se proyecta a lo largo de todo el siglo XVI. Las capillas musicales catedralicias se consolidan; la rivalidad entre ellas por tener a su servicio los mejores cantores y maestros de la nación, acudiendo en ocasiones para lograrlo a los más sorprendentes engaños, cuando no a secuestros, se hace proverbial; el afán de los músicos por mejorar de puesto define y explica su inestabilidad; esto favorece el trasvase de los compositores de una región a otra, de un medio a otro quizá muy diferente, con la enorme ventaja que supone para nuestro arte el que la savia musical andaluza se mezcle con la castellana; ésta con la aragonesa, o con la catalana; la valenciana con la extremeña, pongamos por caso. Esta movilidad no se verifica exclusivamente dentro de nuestras fronteras; más allá de ellas hay otros focos de atracción, entre los que se destaca Roma. Por esta ciudad o por otras de Italia pasan, con carácter más o menos permanente, entre otros, músicos españoles tan renombrados como Juan del Encina, Juan Escribano, Bartolomé de Escobedo, Cristóbal de Morales, Tomás Luis de Victoria, Francisco Guerrero, Francisco Soto de Langa, Sebastián Raval, Gabriel Gálvez, Francisco Salinas. Si a esto añadimos la presencia ocasional de capillas y músicos extranjeros en nuestra patria, como en tiempos de Felipe el Hermoso y de Carlos I, tendremos una visión bastante aproximada del ambiente musical español del siglo XVI.

En este campo tan preparado va a nacer y a dar sus frutos un plantel de compositores, tan rico por el número y la calidad, como no volverá a tenerlo España jamás. Sin pretender citarlos a todos, empeño, por otro lado, imposible, a causa del retraso en la investigación musical, vamos a dar una lista, por orden alfabético de apellidos, de aquellos autores sobre cuya producción musical podemos ofrecer noticias bien documentadas: Sebastián Aguilera de Heredia; Jerónimo y Santos de Aliseda; Luis de Aranda; José Bernal; Ginés de Boluda; Diego del Castillo; Francisco y Rodrigo Ceballos; Luis Coçar; Rafael Coloma; Ambrosio de Cotes; Pedro Cubells; Bartolomé de Escobedo; Jùan Escribano; Juan Esquivel de Barahona; Pedro Fernández; Mateo Flecha (tío y sobrino); Gabriel Gálvez; José Gay; Francisco y Pedro Guerrero; Miguel Guerau; Fernando de las Infantas; fray Manuel de León; Antonio Marlet; Cristóbal de Morales; Juan Navarro; Alfonso Ordóñez; Diego Ortiz; Pedro de Pastrana; Juan Ginés Pérez; Pedro Periáñez; Juan Pujol; Sebastián Raval; Bernardino Ribera; Pedro Ruimonte; Melchor Robledo; Francisco Soto de Langa; Alonso de Tejeda; Andrés Torrentes; Juan Vázquez; Tomás Luis de Victoria; Alberch Vila; Andrés de Villalar; Pablo Villalonga; fray Martín de Villanueva; Sebastián de Vivanco; Nicasio Zorita. A algunos de estos polifonistas debemos magníficas colecciones impresas de música religiosa para la misa y para el oficio divino, como ocurre con Morales, Francisco Guerrero, Juan Navarro, Juan Vázquez, Victoria, Juan Esquivel, Fernando de las Infantas, Diego Ortiz, Sebastián Aguilera de Heredia y algunos más; otros no tuvieron esta suerte, transmitiéndose su arte gracias a las copias manuscritas que para el uso de las capillas se hicieron en diversas catedrales, siendo Ceballos uno de los nombres más afortunados en este aspecto, lo que testifica a favor de la gran aceptación de su música.

Como ocurre en las demás artes, no todos los citados pueden ocupar la cabeza o los primeros lugares de la lista, y, por fuerza, alguno deberá ser el último de la misma, sin que esto suponga la negación absoluta de sus valores, sino una mera apreciación relativa, es decir: en comparación con los restantes. Todos, en suma, son dignísimos representantes del arte musical de su época y todos pueden ocupar un puesto no menos digno en la celebración litúrgica, al igual que sucede con los lienzos de un retablo y con las lecturas, los himnos y las plegarias de cualquier oficio. Ante la imposibilidad de dedicar unas líneas a cada uno, nos referiremos a aquellos que de ningún modo pueden ser silenciados. En beneficio del orden, de la concisión y de la claridad, lo haremos por regiones, bien entendido que no decimos por escuelas, de cuya existencia-

dudamos, y, dentro de las regiones, por el siguiente turno alfabético: Andalucía, Aragón, Castilla, Cataluña, Levante.

Andalucía.—Es, sin duda, la región privilegiada, la que puede presumir con toda justicia del grupo más relevante. De aquí son, en efecto, Cristóbal de Morales, Pedro Fernández de Castilleja, Francisco y Pedro Guerrero, Juan Navarro y Fernando de las Infantas, limitándonos al tema de la composición religiosa. A excepción de Pedro Fernández y de algún otro, adquieren los restantes renombre internacional, unos en vida, Juan Navarro después de su muerte, merced a la edición de sus obras en varios lugares de Europa.

Cristóbal de Morales nace en Sevilla hacia 1500, formándose, con toda probabilidad, aquí bajo la dirección del «maestro de los maestros de España», Pedro Fernández de Castilleja. Fue maestro de capilla en Avila, Plasencia, Toledo, del duque de Arcos y de Málaga. Aquí muere en octubre de 1553. Estuvo por diez años consecutivos al servicio de la capilla Sixtina. La producción de Morales, recogida por H. Anglés en los ocho tomos de *Opera omnia*, comprende: 21 misas; 75 motetes; dos juegos de *Magnificat*, uno para los versos impares, para los pares el segundo. Faltan por publicar las *Lamentaciones* del triduo sacro, el *Officium defunctorum*, del cual se hizo comunísimo su *Invitatorio*, y alguna otra pieza suelta, como himnos, etc. Los elogios que a su obra le tributaron los tratadistas e historiadores de todos los tiempos; las numerosas ediciones que de las mismas se hicieron en Italia, Alemania, Francia, Países Bajos y España, ya en antologías de diversos autores, ya solas, así como las copias manuscritas que se encuentran por doquier, nos eximen de todo juicio crítico y de cualquier intento de loa a su favor.

Discípulo de su hermano Pedro, primero; de Pedro Fernández de Castilleja y de Morales, después, fue Francisco Guerrero, cuyo nacimiento ocurrió en Sevilla el año de 1528. Su vida, a excepción de tres años que estuvo al frente de la capilla de Jaén, y salvo los viajes a Roma, a Jerusalén, a Lisboa y a diversos lugares de España por razones de oficio, de negocios o de devoción, según los casos, transcurrió en Sevilla al servicio siempre de la catedral: de cantor en primera instancia, de vicemaestro, después; y, finalmente, de maestro a la muerte de Castilleja. En esta ciudad muere el 8 de noviembre de 1599. La obra de Guerrero es bastante más numerosa que la de Morales. Abarca 105 motetes impresos; una veintena de misas; el *Liber vesperarum*, donde, además de una colección de *Magnificat* paralela a la de Morales, se contienen los himnos para las principales festividades del año litúrgico; publicó algunos salmos, las *Pasiones* de semana santa (?) y las 61 piezas, con texto castellano «tornado a lo divino» en algunas que originariamente lo habían tenido amoroso o a lo menos profano, contenidas en la colección de *Canciones y villanescas espirituales*. «Como el resto de sus connacionales —escribe J. M. Lloréns—, Guerrero fue más sensible al arte severo y emotivo de nuestros pintores, artistas y místicos escritores que a la galantería de los madrigalistas italianos, hasta el punto de evitar completamente, llegado a su madurez artística, todo contagio con el mundano estilo de la lírica cortesana». Si por el número de ediciones es inferior a Morales, no lo es, en cambio, por la intensidad de los cantos que en su alabanza entonaron algunos tratadistas e historiadores de entonces a acá.

Oriundo de Sevilla o de Marchena es Juan Navarro, cuya niñez y adolescencia se caracterizan por la más total carencia de datos históricos. Su nacimiento suele situarse en torno a 1530. Posiblemente haya sido discípulo de Morales si nació en Marchena, o de Pedro Fernández de Castilleja si ocurrió en Sevilla. Toda su actividad musical conocida se desarrolló en Castilla. Fue, en efecto, maestro de capilla, consecutivamente, en Avila y Salamanca, coincidiendo aquí con Vicente Espinel y con Francisco Salinas; Ciudad Rodrigo y Palencia. Murió en esta ciudad el año de 1580. A sus órdenes cantó y bajo su magisterio se formó en Avila el joven Tomás Luis de Victoria, hecho que se repetirá en Ciudad Rodrigo con Juan Esquivel de Barahona. Diez años después de su muerte se edita en Roma, al cuidado de Francisco Soto de Langa, su estupenda colección de *salmos, himnos, magnificat y antífonas marianas,* 53 piezas en total, distribuidas en cuatro secciones como sigue: 12 salmos; 28 himnos; 9 magnificat; 4 antífonas de la Virgen. Este conjunto, más una docena de motetes y media de obras con texto castellano es todo lo que conocemos de Juan Navarro. De sus composiciones litúrgicas escribe H. Eslava: «Las obras de Navarro, especialmente sus *Magnificat,* son bellísimas (...) El canto de las voces en particular, su buena armonía en general, el partido que Navarro saca del canto llano, que casi siempre le sirve de idea principal o por lo menos secundaria, hace que sus obras sean verdaderamente *magistrales*».

De los pocos escritores de música religiosa que no prestaran ninguna suerte de servicio, al menos que se sepa, en alguna capilla musical sería uno Fernando de las Infantas, famoso, tristemente, como teólogo; célebre como compositor y por haber aprovechado su amistad con Felipe II para que éste tratara de impedir por todos los medios, como así lo hizo, la reforma que del Gradual romano había encomendado a una comisión, presidida por Palestrina, Gregorio XIII. Nace Infantas en Córdoba el año de 1534; muere después de 1601 en Roma, según se cree. De su actividad musical nos quedan cuatro libros de música, tres titulados *Sacrarum varii styli cantionum* en la portada, pero calificados de motetes en los índices de cada uno. Abarca el primero 37 piezas a 4 voces; 30, el segundo, a 5; 21, a 6, el tercero. Si bien en sentido muy amplio no les cuadra mal el calificativo de motetes, conviene advertir para mayor precisión que algunas piezas no son tales, al menos literariamente, como ocurre con las secuencias, los himnos y alguna otra. La devoción de Infantas por el canto llano no se demuestra sólo por el hecho anteriormente mencionado; queda patente, con mayor eficacia, por la enorme frecuencia con que utiliza sus melodías en estos tres libros y que él explicita en todo caso con esta frase: «Super excelso gregoriano cantu», que se lee al comienzo de la pieza respectiva. Sobre el valor artístico-musical de la obra de Infantas se pronuncia Mitjana en estos términos: «En todas las citadas composiciones se une a una inspiración lozana, fresca y levantada, una ciencia poco común de la polifonía vocal y un profundo conocimiento del contrapunto». La cuarta obra musical publicada por Infantas es un tratado de contrapunto consistente en 100 ejercicios sobre el mismo tema, donde demuestra el más exhaustivo conocimiento y el más completo dominio de todos los recursos de la técnica musical de entonces. Sin duda es un reflejo de la práctica pedagógica vigente en las escuelas catedralicias para la enseñanza de esta rama de la composición.

De Andalucía es también Rodrigo Ceballos, nacido en Aracena, al parecer, por los años 1525-1530. En Sevilla, donde probablemente estudiara, le encontramos el año de 1553, ayudando, en calidad de copista, a Castilleja y a Guerrero en la tarea de renovación y puesta al día del archivo de música catedralicio. Oposita en 1554 al magisterio de Málaga en competición con Ordóñez, Juan Cepa, Francisco Ramoneda, Gonzalo Cano y Melchor Gálvez, conquistando el segundo puesto. Es ordenado de presbítero en Sevilla el año de 1556, fecha de su traslado a Córdoba para regentar la capilla de esta ciudad, pasando al mismo puesto en la capilla real de Granada con fecha de 1572. Rodrigo Ceballos tuvo otro hermano, aunque esto no es admitido por todos, llamado Francisco, cuya actividad musical conocida se concreta en Burgos desde 1535 hasta su muerte, ocurrida, según parece, en 1571. Ambos fueron compositores de excepción y muy cotizados en su época, como lo demuestran las abundantes copias que de sus obras se encuentran en muchos archivos; pero ocurre no poderse precisar a menudo, por falta de nombre de pila, a cuál de los dos pertenecen. El motete *Inter vestibulum*, atribuido indistintamente a uno o a otro, alcanza cotas expresivas de impronta victoriana. Los archivos de Avila, Valladolid, Pilar y Seo de Zaragoza, Guadalupe, Toledo, El Escorial, Huesca, capilla real y catedral de Granada, y biblioteca de Medinaceli son, entre otros, los depositarios de sus obras.

Aunque no es de esta región, sino de Extremadura, incluimos en este apartado a Juan Vázquez, por la estrecha relación que tuvo con Andalucía al final de su vida, y más concretamente con Osuna y Sevilla, donde imprimió sus obras. Posiblemente conociera en la primera a fray Juan Bermudo, y a Morales y a Guerrero en la segunda, con quienes, al parecer, trabó gran amistad. Natural de Badajoz, se ignora la fecha de su nacimiento, como se desconoce también la de su muerte, acaecida en Sevilla, después de 1560, según se dice. Nada se sabe de su niñez ni de sus estudios, pudiendo documentarse únicamente tres etapas de su vida: cantor en Badajoz desde 1530 a 1538; estancia en Palencia, también como cantor; regreso a Badajoz en 1545, ahora para dirigir la capilla de la catedral, cargo en el que se mantiene hasta 1551, fecha en la que es localizado prestando servicio a don Antonio de Zúñiga en Andalucía. Vázquez, conocido sobre todo como compositor de música profana, *sonetos y villancicos*, nos ha dejado una obra maestra en el género religioso: su *Agenda defunctorum*, conjunto unitario de 27 piezas para las exequias de los difuntos, no igualado por ningún otro polifonista de la época. Es esta obra a la liturgia mortuoria lo que el *Officium Hebdomadae Sanctae*, de Victoria, a la liturgia de la pasión. Constituye, a la vez, una prueba más del respeto y veneración que los polifonistas españoles profesaron al canto gregoriano, ya que éste, latente o expreso, suena, entreverado con las otras voces del contrapunto, a lo largo de toda la *Agenda* de Vázquez.

Aragón.—Gracias a Pedro Calahorra se puede seguir hoy documentalmente, paso a paso, la historia de la música religiosa en Aragón. Organeros, organistas y otros ministriles; maestros y cantores, sean o no compositores de música, han recibido de su pluma el debido tratamiento. Originarios o no de esta región, en ella ejercieron su oficio por tiempo más o menos largo nombres tan insignes como Melchor Robledo, Juan Pujol, Pedro Ruimonte y Sebastián Aguilera de Heredia, por no citar más que a los compositores.

No obstante su procedencia castellana, de Segovia, con toda seguridad, se tiene a Melchor Robledo como uno de los pilares de la música religiosa aragonesa por haber comenzado en la basílica del Pilar de Zaragoza, a los dieciocho años aproximadamente, el ejercicio de su profesión, y por haber cumplido los días de su existencia desempeñándolo, en La Seo, en cuyos libros se asienta la partida de su defunción, ocurrida el 23 de noviembre de 1586, después de haberla ejercitado en Tarragona y de haber viajado a Roma en calidad de peregrino, que no de músico, como se venía afirmando hasta ahora sin pruebas fehacientes. Sesenta obras de Robledo cataloga P. Calahorra entre *misas, motetes, pasiones, antífonas marianas, magníficat, salmos, himnos* y otras piezas menores, entre las que se cuentan tres *invitatorios* y dos *Benedicamus Domino*.

Discípulo de Melchor Robledo con toda verosimilitud, es Sebastián Aguilera de Heredia muy conocido como organista y compositor de tientos, pero no menos notable en la composición vocal. Nace en Zaragoza en agosto de 1561. Ejerce de organista en la iglesia de San Pablo desde 1584, pasando al año siguiente como tal a la catedral de Huesca, donde permanece por espacio de dieciocho años; regresa a Zaragoza para ocupar la tribuna de La Seo desde 1603 hasta su muerte, acaecida en 1627.

Su contribución al repertorio vocal litúrgico se limita a la monumental colección de 36 *magníficat,* que publicó en Zaragoza el año de 1618. Contiene cinco series de versos por los ocho tonos gregorianos a 4, 5, y 8 voces; para ser más exactos, la última serie compuesta para ocho voces en dos coros sólo tiene cuatro *magníficat,* que corresponden a los tonos, primero, tercero, sexto y octavo. Los ejemplares impresos, más las abundantes copias manuscritas que se conservan en muchas catedrales, con signos evidentes del uso frecuente, son indicio de la gran estima en que fueron tenidas estas piezas.

Condiscípulo de Aguilera en la «cátedra» de Robledo fue, probablemente, Pedro Ruimonte, cuatro años más joven que aquél. Nace en Zaragoza en 1565. Hasta 1601, año en el que se da a sí mismo el título de «maestro de la capilla y de la cámara de los príncipes gobernadores de los Países Bajos», nada se sabe de su vida. Regresa a España en 1614, dedicándose en Zaragoza, donde reside, a la enseñanza musical, quizá como recurso de subsistencia, viniéndole de este ejercicio el título de maestro con el que era comúnmente conocido. Por su primer testamento, otorgado en 1618, se sabe que era sacerdote,·condición que no le ayuda, sin embargo, a obtener una canonjía en La Seo, no obstante ser solicitada por el archiduque Alberto, a quien había servido en Bruselas. Muere Ruimonte en 1627. Su obra musical impresa abarca los siguientes géneros: 6 *misas;* 13 *canciones sagradas* con texto latino para la liturgia, motetes, si se prefiere; el número 13 contiene las nueve *Lamentaciones* del triduo sacro; *Parnaso español de madrigales y villancicos*, editadas todas ellas en Amberes. Manuscritas se conservan el motete *Sancta Maria, succurre miseris* y la misa *La pastorela mia*, ambas a ocho voces.

Castillas.—La lista de maestros, a la par que compositores, que durante el siglo XVI rigieron alguna capilla musical en las dos Castillas sólo será realizable cuando en la Nueva se haya llevado a cabo una catalogación tan completa como la que para la Vieja ha realizado el padre José López Calo por encargo de la Fundación March. Sin este requisito previo no se podrá saber nunca qué músicos fueron de tal o cual pueblo, ciudad o al menos región, ni se podrá trazar una biografía de su niñez y juventud, datos imprescindibles para conocer las circunstancias de su formación y discutir su posible vinculación a algún magisterio o estética definidos.

Aunque por su significación jurídica, política, cultural o geográfica pudieran aparecer las catedrales de diócesis como Toledo, Valladolid, Salamanca y Burgos los centros de mayor atracción musical, es lo cierto que, desde el punto de vista cultural, habían conquistado todas las restantes el mismo rango, pudiendo ser cualquiera de ellas en un momento determinado la meta apetecible para cualquier músico. De hecho ocurre que uno deja Toledo, por ejemplo, para irse a Zamora; otro cambia Burgos o Valladolid por León, y así sucesivamente. Con la región castellana están estrechamente vinculados por haber nacido en ella o por haber ejercido su profesión en alguna de sus capillas musicales los siguientes compositores: Juan Escribano, Bartolomé de Escobedo, Francisco Soto de Langa, Juan Esquivel de Barahona, Alonso de Tejeda, Sebastián Vivanco, Tomás Luis de Victoria, Francisco Ceballos, Andrés de Torrentes, Ginés de Boluda, Alonso Lobo, Bernardino de Ribera, Pedro Alba; de sus obras quedan vestigios, más o menos numerosos, pero siempre significativos, en no pocos archivos de ambas Castillas, sobre todo en los de Toledo, Zamora, Burgos, Valladolid y Salamanca, y para los tres primeros en los de la basílica vaticana de San Pedro. Juan Esquivel, Sebastián Vivanco, Alonso de Tejeda y, muy por encima de todos, a distancia indefinible, Tomás Luis de Victoria, son los que más se destacan del grupo por el número de composiciones.

Nace Esquivel en Ciudad Rodrigo hacia 1565, donde muere en 1613; canta y estudia aquí mismo bajo la dirección de Juan Navarro, dirige en 1608 la capilla de Salamanca, y desde 1611 hasta 1613 la de su ciudad natal. Publicó tres soberbias colecciones de obras: la primera, en 1608, contiene 7 misas, entre ellas una de «Batalla», más dos antífonas: *Asperges me* e *In paradisum*. En el mismo año ve la luz otro grueso tomo, dedicado exclusivamente a motetes, escrito para 4, 5, 6 y 8 voces, y con destino a las fiestas, domingos y común de los santos de todo el año litúrgico. Aparece, por fin, en 1613 la última de sus ediciones, con el siguiente contenido: *salmos* (9), *himnos* (30), *magnificat* (16), *antífonas marianas* (4), *misas de gloria* (8), *pro defunctis* (1), más otras cinco piezas: *Te Deum laudamus*, antífonas *Asperges me*, *Domine* y *Vidi aquam*, el cántico *Benedictus* y un motete «ad omnia». Según V. Espinel las obras de Esquivel «tienen muy agradable consonancia y gentil artificio», además de ser «música de muy buena casta».

La vida de Alonso de Tejeda ha sido estudiada y documentada con todo detalle y la máxima competencia por Dionisio Preciado. Tiene lugar su nacimiento en Zamora antes de 1557, pero en fecha ignorada; en esta misma ciudad muere el año de 1628. Tejeda puede ponerse como el paradigma de la movilidad de los maestros de capilla de entonces; de los problemas disciplinares que, en mayor o menor grado, afectan a las capillas; de las causas que originan tales problemas, personales y familiares, de los maestros, unas veces; de los cantores, ministriles y cabildo, otras; de las malas condiciones de vida e incluso de falta de higiene, no pocas. Tejeda peregrina, en efecto, por los siguientes puestos: Ciudad Rodrigo, León, Salamanca, Granada (capilla real), Zamora, Toledo, Burgos, Zamora, concurriendo en estos cambios alguna de las causas antes mencionadas. Se conocen de él tres libros de motetes, que se guardan en Zamora, los tres manuscritos: suman, en total, 85 piezas que, junto con otras localizadas en Guadalupe, Silos, Tarazona y Toledo, once en total, constituyen el caudal sonoro salido de su pluma hoy conocido. Sobre su personalidad se define Preciado en los siguientes términos: «En resumen, Alonso de Tejeda es un polifonista de gran talla, digno continuador de la tradición polifónica española».

De «abulensis», igual que hiciera Victoria, se autodenomina Sebastián Vivanco en los títulos de sus ediciones, porque en Avila nació, en efecto, hacia el año 1550, ignorándose todo lo relativo a su niñez y formación musical, lo mismo que ocurre con casi todos los músicos de la época. Su primer puesto conocido es la catedral de Lérida, donde es admitido el 18 de noviembre de 1573 por «maestro de canto». De aquí es removido el 4 de julio de 1576 el «respetable S. Vivanco de su oficio de maestro de canto por ciertos motivos que influían en su ánimo, aunque sin deshonor». Posteriormente desempeñó el magisterio de capilla en su ciudad natal y en Salamanca; también anduvo por Sevilla, donde, al parecer, suplió a Guerrero durante el viaje de éste a Jerusalén. Desde 1603 a 1622 ocupó la cátedra de música en la universidad de Salamanca. De Vivanco se conocen tres colecciones impresas, aparecidas las tres en Salamanca: una (1607), con 18 *magnificat;* la segunda, de *motetes* (1608), 68 en total; de *misas* (10), la tercera (1608). Copias de algunas de estas obras, más otras piezas, como *Lamentaciones*, algún *himno*, el *Of-*

ficium defunctorum, salmos, etc., se hallan en Guadalupe, Salamanca, Valladolid, Toledo, Granada, Puebla de Méjico, etc.

En Avila, «tierra de cantos y de santos», ciudad de la más castellana reciedumbre, nace el mayor músico español de todos los tiempos: el polifonista más representativo de la Contrarreforma, como afirma atinadamente Federico Sopeña; el que no declinó ni en un ápice de las directrices trazadas por el concilio de Trento: Tomás Luis de Victoria. Ocurre tal acontecimiento en 1548. Ingresa a los diez años en la capilla musical de la catedral; allí canta, estudia y se forma, bajo la dirección de Jerónimo de Espinar, de Bernardino de Ribera y de Juan Navarro, en la ciencia del contrapunto, de la polifonía religiosa, del canto gregoriano y del arte de tañer el órgano. Parte para Roma a los diecinueve años de edad con aspiraciones de prepararse para el sacerdocio. A los dos años de su estancia en la Ciudad Eterna es requerido para hacer de organista y cantor en la iglesia española de Montserrat; desempeña sucesivamente otras funciones musicales como maestro de música del Colegio Germánico; luego sucede a Palestrina en el Romano; recibe en 1575 las órdenes sagradas; se retira en 1578 al oratorio de San Felipe de Neri, donde supera una grave crisis espiritual de la que sale fortalecido su espíritu y acendrada su inspiración musical. Regresa, por fin, a su añorada patria en 1585 ó 1586, para ocupar una plaza de capellán en el convento de las Descalzas Reales, al servicio de la emperatriz María; en 1604 es nombrado organista de dicho convento; muere en Madrid el 27 de agosto de 1611. Estas son las efemérides más salientes de la vida de Victoria: efemérides que encuadran sucesivas etapas de trabajo, de retiro, de oración; de aspiraciones a metas siempre más altas; efemérides en nada parecidas a las del viajero Orlando de Lasso, ni a las del inquieto y ambicioso Palestrina. De Victoria conocemos 15 colecciones impresas, entre ediciones y reediciones; fueron publicadas en Roma y en Venecia, menos dos de ellas, que lo fueron en Madrid. La primera data de 1572, en Venecia, a los veinticuatro años de edad y a los cinco de haber llegado a Roma; abarca 33 motetes; la última, aparecida en Madrid en 1605, a los cincuenta y siete, contiene el *Officium defunctorum*, compuesto en 1603, para las exequias de la emperatriz María. Clasificando por géneros las obras, se obtiene la siguiente estadística: *misas,* 20; *motetes,* 58; *himnos,* 54; para *semana santa,* 36; *magníficat,* 18; *antífonas de la Virgen,* 10; *salmos,* 8; *secuencias,* 3; *aspersión del agua bendita,* 2; *responsorios de difuntos,* 4; *lecciones del mismo oficio,* 1; motete *Versa est in luctum,* 1. Total: 195. Cifra muy inferior, enormemente inferior, a las escritas por Lasso y por Palestrina.

Después de varios años dedicados al estudio de su obra, no dudamos en calificar a Victoria de manierista y de barroco. Las características o signos distintivos que los estudiosos de estos estilos asignan al barroco le cuadran al abulense como a pocos. «El interés de sus obras está centrado más en la expresión de los afectos que en la forma». La perfección del estilo romano renacentista, simbolizada en la pureza de la línea melódica continua; en el diatonismo a ultranza; en el uso exclusivo de los intervalos consonantes perfectos e imperfectos, todo esto se aviene muy mal con la música de Victoria, en la que se interrumpe con frecuencia el fluir contrapuntístico de todas las voces a la vez por medio de significativos silencios; con el cromatismo que de vez en cuando aparece de la manera más imprevista; con los intervalos melódicos de cuarta disminuida y con otros recursos a los que acude para retratar, por decirlo así, el sentido literal del texto. Es decir, que todos los artificios de la llamada «segunda práctica» aplicados por los seguidores de ésta en el género madrigalesco, pero no en el religioso, le vienen muy bien a Victoria no para aquél, que nunca cultivó, sino para potenciar al máximo la expresión de su intensa espiritualidad, de su profundo fervor y de sus contemplaciones místicas, de todo lo cual se contagia y participa, sin remedio, el oyente de sus obras.

Cataluña.—Las catedrales de Barcelona, Gerona, Lérida, Tarragona, Urgel y Vich, amén de otras iglesias de la región, como la de Santa María del Mar, de la primera ciudad, con sus bien dotadas capillas musicales, fueron ocasión para que en ellas cultivaran su arte un buen número de músicos catalanes, o de otras zonas que allí fueron en busca de fortuna. Alcanzaron fama nombres como Mateo Flecha (viejo y joven, tío y sobrino), Pedro Alberch Vila, Pedro Cubells, Pablo Villalonga, Diego Montes, Antonio Marlet, Nicasio Zorita, Juan Pujol, Juan Brudieu, Rafael Coloma, recordando únicamente a los que conocemos por sus composiciones. Por desgracia, según lamentación de H. Anglés, las obras musicales de tan insignes maestros se perdieron parcialmente a través de los años, no conservándose de algunos más que una o dos, como ocurre con Diego Montes, Pedro Cubells y Rafael Coloma, maestro, el primero, en Lérida; en Santa María del Mar, el segundo, y en Seo de Urgel y Tarragona, el último. Los dos Flechas, Juan Pujol, Juan Brudieu y Pedro Alberch Vila son los más afortunados en la transmisión de sus obras a la posteridad. Mateo Flecha (el viejo), natural de Prades, cantor y maestro en la catedral de Lérida, fue posteriormente maestro de las infantas de Castilla. No se conoce nada de su obra religiosa, debiéndose su fama gracias a las *Ensaladas* que le editó su sobrino en el año 1581.

De vida andariega, cortesana, poco sosegada y retirada en suma, para ser carmelita de la observancia rigurosa, fue Mateo Flecha, el joven, nacido también en Prades en fecha no muy segura. Estuvo al servicio de la infanta María, esposa más tarde de Maximiliano II, lo que le permitió u obligó a viajar por gran parte de Europa, facilitándole, por añadidura, la publicación de sus obras en Venecia y Praga; en aquélla (1568), *Il primo libro de Madrigali*; su única obra religiosa, *Divinarum completarum psalmi, lectio brevis, et Salve, Regina* (1581), en ésta. Murió en el año 1604.

No de origen catalán, sino francés, fue Juan Brudieu, maestro en Seo de Urgel desde 1539 hasta 1591, fecha de su muerte, salvo un breve lapso de tiempo que pasó en Santa María del Mar, el año de 1578. Es, como los anteriores, autor de *madrigales* (Barcelona 1585) sobre todo, contando en su haber, en el capítulo de la música religiosa, con una misa *pro defunctis*, «de una fineza incomparable», y de la que «rezuma un lirismo de piedad y misericordia indescriptible», en frases y opinión de Anglés.

Aunque muerto muy entrado el siglo XVII, como otros que hemos estudiado anteriormente, el nacimiento, 1573, y la formación de Juan Pujol nos permite inscribirlo entre los autores del siglo XVI. Oriundo de Barcelona, comienza su actividad en la catedral de Tarragona en 1593, cargo en el que sucede a Rafael Coloma; pasa en 1596 al Pilar de Zaragoza, ciudad en la que se ordena de sacerdote el año de 1600; es invitado en 1612 por el cabildo barcelonés para cubrir la vacante que acaba de dejar Jaime Angel Tapias; en este puesto permanece hasta su muerte, acaecida en 1626. La producción musical de Pujol, muy numerosa, abarca: *misas, motetes* (120 al menos), *salmos, pasiones, lamentaciones, responsorios, vísperas, magnificat, himnos, antífonas marianas*, etc., todo dentro del género litúrgico; religiosos, pero no litúrgicos, son los villancicos al Santísimo Sacramento (30), de Navidad (más de 50) y otras piezas por el estilo. De su música escribe H. Anglés: (...)«No es dramática, como la de la escuela de Castilla, pero es mística y profundamente religiosa y emotiva, siguiendo las huellas de la escuela catalana de Pedro Alberch Vila. Pujol conoce bien las corrientes nuevas llegadas de Italia de la monodía acompañada, si bien al principio escribió sus obras sin el bajo continuo. La música de Pujol ofrece el estilo intermedio entre el estilo vocal y la música de bajo cifrado».

De Pedro Alberch Vila, más conocido como organista, hablaremos más adelante.

Levante. —Cinco compositores famosos vamos a recordar de la región levantina. Son éstos: Juan Ginés Pérez, Ambrosio Coronado de Cotes, Alonso Lobo, Ginés de Boluda y Sebastián Raval.

Nace Juan Ginés Pérez el año 1548, en Orihuela, ciudad donde probablemente pasa su niñez y juventud sirviendo y estudiando en su capilla musical. Allí desempeñó el oficio de maestro antes de pasar a Valencia en 1581, donde permanece hasta 1595, habiendo actuado, al parecer, con bastante irregularidad en el cumplimiento de sus obligaciones; obtuvo más tarde una canonjía en su ciudad natal. En ella muere el año 1612. No obstante la mucha música suya desaparecida, aún cuenta en su elenco con una cincuentena de obras, diseminadas en varios archivos, entre los que se cuentan los de la catedral y del Patriarca, de Valencia, los de Orihuela, Segorbe, Málaga y El Escorial.

Natural de Villena, donde nace en 1550, es Ambrosio Coronado de Cotes. En la iglesia arciprestal de Santiago, de su misma ciudad entra como niño de coro, pasando a ser su propio director a los veintitrés años de edad; lo encontramos en 1581 en la capilla real de Granada, de donde salta a Valencia en 1596, por incompatibilidad con un grupo de canónigos. Abandona esta ciudad por razones de salud, pasando a ocupar el magisterio de Sevilla a la muerte de Guerrero; en esta ciudad permanece hasta su fallecimiento, ocurrido en 1603. No obstante las noticias que tenemos sobre su abundante producción, entre la que se contaban muchas «cançonetas» y villancicos navideños, más algunos libros de motetes, es muy poco lo que ha llegado hasta hoy. José Climent describe en su obra *Fondos musicales de la región valenciana* (I, Valencia 1979), dos misas de Cotes: una para los domingos de adviento y de cuaresma, a 5 voces; de la segunda, titulada misa de *Plagis*, escribe F. Pedrell: «Bastaría esta obra para inmortalizar el nombre del autor».

Originario de Borja es el célebre compositor Alonso Lobo, nacido en 1555. Se desconocen sus pasos hasta 1575, año en el que aparece en Osuna, en cuya imprenta habían sonado con anterioridad los nombres de fray Juan Bermudo y de Juan Vázquez. En esta ciudad sigue hasta 1591; en esta fecha recibe una carta del cabildo sevillano pidiéndole que se encargue de los seises de la catedral, cuya misión llevaba consigo el ser colaborador de Francisco Guerrero, quien seguiría al frente de la capilla, exactamente como había ocurrido antes con Sebastián de Vivanco. Desaparece de Sevilla en 1593; es nombrado maestro en Toledo en 1601, regresando a la capital andaluza en 1604, una vez muertos Guerrero y, posteriormente, Cotes, sucesor de éste. Aparte el *Liber primus missarum*, publicado en Madrid en 1602, en el que se contienen 6 misas y 7 motetes, se conservan obras manuscritas de Lobo en muchos archivos, como: capilla Sixtina, Sevilla, Toledo, El Escorial, Valladolid, real capilla, Biblioteca Nacional de Madrid, etc. Su nombre es muy citado por los tratadistas españoles.

De Ginés de Boluda, natural de Hellín, a lo que parece, no se tienen otras noticias que las referentes a su estancia en Toledo desde 1580 hasta 1581. Como recuerdo de su breve paso por esta capilla quedan siete obras suyas manuscritas en los libros de atril 8, 21, 22 y 25.

De vida inquieta, azarosa y hasta turbulenta, fue el gentilhombre Sebastián Raval. Nacido en Cartagena, murió en Palermo el año de 1604. Fue militar y, como tal, sirvió a Felipe II, interviniendo en varias batallas, prometiendo en una de éstas entrar en religión, haciéndose primero capuchino y más tarde de la orden de Malta. Sirvió como músico a varias casas de nobles italianos, rigiendo, finalmente, la real capilla de Palermo. Su producción, sagrada y profana, es bastante numerosa. Ejemplo de la primera son sus dos libros de motetes y uno de lamentaciones.

Ponemos punto final a este apartado admitiendo que podemos ser acusados de haber omitido algunos compositores que quizá sea tan dignos o más de estarlo que varios de los que nosotros hemos incluido. Somos conscientes de ello, tanto que hemos pasado por alto, fuera de citar su nombre, tres jerónimos escurialenses, de los «primeros pobladores del monasterio», fray Manuel de León, fray Martín de Villanueva y fray Miguel Guerau, maestros de capilla los dos primeros y compositores de valía los tres. Otro tanto nos ha sucedido con Jerónimo y Santos de Aliseda y con Luis de Aranda, estudiados por el padre José López Calo en su obra *La música en la catedral de Granada en el siglo XVI*; y con el toledano Diego Ortiz, otro de los españoles cuya vida transcurre en suelo italiano principalmente, muy conocido por su célebre *Tratado de glosas*, pero no tanto por su música vocal religiosa, abundante y de primera calidad, de la que es obligado recordar al menos el *Musicae liber primus*, editado en Venecia el año de 1565, cuyo contenido se eleva a 69 piezas, entre las que se encuentran *himnos, magnificat, motetes, salmos, antífonas marianas* y otras varias más.

III. Organistas

Desde 1325 ó 1350, fecha del manuscrito de Robertsbridge, que contiene las primeras composiciones conocidas para teclado, hasta la publicación del *Libro de cifra nueva para tecla, arpa y vihuela*, de Luis Venegas de Henestrosa, publicado en Alcalá de Henares en 1557, primer documento español para música de órgano, o de teclado, si se prefiere este término más amplio y, quizá, más propio por eso mismo, transcurren dos siglos y pico. A lo largo de ellos aparecen en Europa, sobre todo en Alemania, obras y autores cada día más interesantes para el órgano. ¿Qué ocurre en nuestra patria mientras tanto? Poseemos documentación abundante y fidedigna que acredita la existencia de estos instrumentos en nuestras iglesias desde tiempos remotísimos: crónicas, inventarios, actas, donaciones y otros, procedentes de catedrales, conventos, palacios y casas nobiliarias, dan testimonio de este hecho. Frecuentes son asimismo las referencias a tañedores de tecla que fueron famosos durante esos siglos en diversos lugares de España. ¿Cuál era y en qué consistía su oficio? ¿Se limitaban únicamemte a servir de sostén al coro o cumplían además la misión de rellenar huecos litúrgicos no cubiertos por cánticos ni por lecturas? Si, como parece lógico, y hasta probado documentalmente, ocurría esto segundo, ¿qué clase de música tocaban en los citados momentos? ¿Improvisada? Ciertamente que en algún caso lo sería, pero lo más seguro es que acudieran también a la escrita ex profeso para el instrumento, como hacían en otros países de Europa Ileborg, Francisco Landini, Conrad Paumann, Schlick, Johann Kotter, Leonhard Kleber, Marco Antonio Cavazoni, por no citar más que a unos cuantos, sin olvidar las colecciones que para nuestro instrumento publican Andrea Antiquo, en Italia, y Pierre Attaingnant, en Francia.

Esta evolución europea del órgano y de sus formas musicales supone otra similar y paralela en España anterior a Antonio de Cabezón, presente en el *Libro de cifra nueva*, de Henestrosa, con un buen número de piezas, so pena de que admitamos la aparición de éste por generación espontánea. Decimos Cabezón como podríamos decir: Vila, Soto, Valero, Palero o Alberto, que hacen coro y compañía al ciego burgalés en el mismo *Libro*. Este hecho ha sido comentado e ilustrado con tino y hondura por Santiago Kastner en diversas ocasiones.

No son muchos en el siglo XVI los compositores de música organística, tanto que, si a los citados añadimos los nombres de Juan y Hernando de Cabezón, hermano e hijo, respectivamente, de Antonio; el de Francisco de Pedraza, el de Bernardo Clavijo del Castillo, y el de Sebastián Aguilera de Heredia, hemos agotado el elenco. Los dos últimos son, en realidad, de transición, ya que viven a caballo sobre este siglo y el XVII, promediándose su existencia con sorprendente igualdad entre ambos y con casi absoluta coincidencia de fechas. Mucho más larga es la lista de organistas no compositores, cuyos nombres no interesan para nuestro caso. Es imprescindible, sin embargo, recordar el de Francisco Salinas, como Cabezón ciego y burgalés, por el renombre que le dio fray Luis de León con su preciosísima oda.

Es figura cimera de la anterior lista Antonio de Cabezón, cuya vida puede resumirse así: nace en Castrillo de Matajudíos (Burgos) el año de 1510; durante su estancia en Palencia, siendo muy joven, al servicio del obispo de esta diócesis, estudia en la escuela de órgano allí existente, descubierta y documentada por S. Kastner. A los dieciocho años pasa a servir a la casa real en tiempos de Carlos I; sigue luego con Felipe II, a quien acompaña en sus viajes por Europa. De su matrimonio con Luisa Núñez de Moscoso tuvo cinco hijos, siendo forzoso recordar el nombre de Hernando, que será célebre también como organista y, sobre todo, por haber publicado las obras de su padre en el libro titulado: *Obras de música para tecla, arpa y vihuela, de Antonio de Cabezón, Músico de la cámara y capilla del Rey Don Philippo nuestro Señor* (...) *Impresas en Madrid. Año de MDCLXXVIII.* Muere Antonio en Madrid el día 26 de marzo de 1566.

En la extensa producción cabezoniana hay composiciones de dos hasta seis voces; en su mayor parte son versos para la salmodia e himnodia del oficio divino y para los *kyries* de la misa. Tiene abundancia de glosados sobre motetes y misas de autores europeos, sobre todo de Gombert y de Josquin; diferencias sobre canciones y danzas profanas españolas o extranjeras, italianas sobre todo. Como aportación totalmente original están sus célebres *tientos*, origen y raíz de una forma musical que perdurará hasta el siglo XVIII, aunque evolucionada, con ejemplos en cada época de singular belleza. Si todo esto es, según frase gráfica y famosa de Hernando, «las migajas que caían de su mesa», podremos preguntarnos con asombro cómo serían los panes.

Sobre el significado y la calidad del arte cabezoniano se expresa H. Anglés en estos términos: «Las composiciones de Cabezón son de una nobleza melódica y polifónica incomparables, si se atiende al tiempo en que fueron escritas; su sentimiento profundamente religioso, siempre fresco y optimista, rezuma una devoción y misticismo tan delicados y amables, que sólo puede encontrarse algo análogo parangonando sus obras con las de Tomás Luis de Victoria».

En el prólogo a la edición, prólogo cuya paternidad negamos a Hernando por la sencilla razón de que ni una sola vez utiliza a lo largo de él, y lo es mucho, la palabra padre al referirse a Antonio, mientras en la breve dedicatoria a Felipe II la escribe cuatro veces, y el rey en la respuesta una, se describen las cualidades humanas, religiosas y artísticas de Cabezón, destacando su humildad, no considerándose consumado; su desprendimiento al comunicar lo que sabía, no por codicia, sino por caridad; su sabiduría al haber llegado en su arte a donde humano jamás llegó; su fama no sólo en España, «pero en Flandes y en Italia, por donde anduvo siguiendo y sirviendo al católico rey don Felipe».

La importancia de los otros organistas citados es mínima, si exceptuamos a Aguilera de Heredia, puesto que son muy pocas las piezas que se conocen de cada uno: de algunos, como ocurre con Valero, Soto, Pedraza y con Bernardo Clavijo del Castillo, una sola de cada cual; dos de Vila y tres de Alberto. Un poco mayor es el número de las de Palero y de Hernando, pero por consistir casi todas en glosados de obras polifónicas no constituyen una aportación de mayor cuantía. El gran valor que nos prestan estos autores es la prueba documental de que en la segunda mitad del siglo XVI existía una escuela española en el arte de componer para el órgano, muy evolucionada y consolidada, de lo que se deduce necesariamente una tradición anterior de largos años de práctica, aunque no tengamos ejemplos musicales escritos que lo confirmen. Si bien lo que acabamos de decir es válido para Francisco de Peraza I (hubo otro del mismo nombre) por lo que al número de obras se refiere, debemos precisar que su *Tiento de medio registro alto* para la mano derecha supone un gran avance en la técnica del órgano español, de capital importancia para la literatura posterior. Nos referimos a la división del teclado en dos mitades. Si no se le debe a él esta original invención, él parece ser el primero en exhibir sus posibilidades en una pieza escrita al efecto. Oriundo de Salamanca, donde también estudió, conquistó la tribuna de Sevilla a los dieciocho años, ante un tribunal del que formaba parte Francisco Guerrero, quien elogió mucho su forma de tocar, besando sus dedos y afirmando que tenía un ángel en cada uno. Se dice que tenía anquilosado el pulgar de la mano izquierda, lo que está en consonancia con la «compostura» de su tiento, para el lucimiento de la derecha. Murió en Sevilla en 1598 a los treinta y cuatro años de edad y dieciséis de servicio en aquella catedral.

El segundo gran maestro del siglo XVI, después de Antonio de Cabezón, es, sin duda alguna, Sebastián Aguilera de Heredia, cuyos datos biográficos hemos dado anteriormente al reseñar su obra vocal religiosa. Su vida y actividades han sido detalladamente estudiadas y documentadas por Pedro Calahorra; su obra íntegra para órgano acaba de ser publicada, en ejemplar edición, por Lothar Siemens. Abarca 18 piezas, sobre las que éste se pronuncia en los siguientes términos: «Las dieciocho obras para órgano de Aguilera que hasta el presente se conocen, representan, sin duda alguna, al pensamiento organístico español cabezoniano, vigente entre 1580 y 1600. Son un producto mental anterior en quince o veinte años a la producción musical de un Correa de Arauxo, y representan, en suma, teniendo en cuenta primordialmente el número de composiciones y la duplicidad de varias de ellas en fuentes tan diversas como tardías, el legado organístico más importante de la España inmediatamente posterior a Antonio de Cabezón. De ahí la sobriedad y el equilibrio «clásicos» que rezuman las composiciones de Aguilera; pero también, considerando ya el momento cronológico que representan, hay que recalcar el enorme interés que tiene el encontrarnos en ellas con el germen vigoroso de ciertas novedades estilísticas que indicarán un camino a seguir a partir de entonces».

IV. Tratadistas

No sería completa esta visión panorámica de la música religiosa española de los siglos XV y XVI sin dedicar unas líneas al menos a los teóricos o tratadistas. Ocurre que gran parte de éstos fueron sacerdotes o religiosos, y a veces también compositores. Pero no se puede olvidar, sobre todo, que el tema de sus libros es, salvo raras excepciones, la música religiosa: la gregoriana exclusivamente, unas veces; la figurada, otras, y, en ocasiones, ambas a la vez. Ellos explican sus procedimientos de escritura, sus signos; sistematizan sus escalas y modos; razonan su naturaleza; nos informan sobre las técnicas polifónicas de cada época; discurren sobre su uso; se oponen o justifican las innovaciones y el progreso. Iluminados por ellos, podemos abrirnos camino en una selva, a veces intrincada y tenebrosa, aunque, desgraciadamente, tampoco su lectura consiga disiparnos siempre todas las tinieblas.

Con la magnífica obra de Francisco León Tello, *Estudios de Historia de la Teoría Musical*, en la mano, es fácil tejer una lista de teóricos de estos dos siglos. Pertenecen al XV los siguientes nombres: Domingo Marcos Durán, Guillermo de Podio, Alfonso Spañón y Cristóbal de Escobar, además de algunos anónimos, omitiendo los meramente especulativos y ciñéndonos a los prácticos, es decir, a los que destinan sus libros a la explicación y enseñanza de la música religiosa en cualquiera de sus manifestaciones. Más larga es la lista de los pertenecientes al siglo XVI: Bartolomé Medina, Diego del Puerto, Francisco Tovar, Gonzalo Martínez de Bizcargui, Juan de Espinosa, Juan Bermudo, Luis de Villafranca, Martín de Tapia, Gaspar de Aguilar, Francisco Salinas, Tomás de Santa María, Bartolomé Ramos de Pareja, Francisco Montanos, etc.

La misma escasez de datos biográficos con que tropezamos al hablar de los compositores se repite en este capítulo, y, lo mismo que allí, no todos éstos pueden aspirar al primer o primeros puestos de la fila, ni por la extensión de sus tratados, aunque esto no sea precisamente lo que más debe contar a la hora de juzgar el mérito de cada uno, ni por la importancia de su contenido, si bien la valoración de este aspecto depende mucho del punto de vista personal del que los juzga. Habrá quien busque luz en ellos sobre los instrumentos de entonces, sus características y naturaleza; otros les preguntarán acerca de los sistemas modales, su disolución, en qué medida y en qué condiciones, al ser aplicados a la música polifónica y a la instrumental; éstos quisieran un esclarecimiento de las formas musicales de aquella época; aquéllos, la mayor luz posible sobre el ritmo y las prácticas interpretativas apropiadas a su música. Quizá les estemos pidiendo lo que nunca pensaron dar, porque, a lo mejor, ninguno de nuestros planteamientos específicos constituía problema para ellos.

Según nuestro modo de ver, serían Francisco Tovar, el franciscano fray Juan Bermudo, el dominico fray Tomás de Santa María, el abate Francisco Salinas y Bartolomé Ramos de Pareja los más explícitos, más documentados, más claros y más contundentes en la respuesta a alguna de las preguntas que hemos formulado antes, cuando no a la mayoría.

DECIMOTERCERA PARTE

ARTE RELIGIOSO DE LOS SIGLOS XV Y XVI EN ESPAÑA

Por ALFONSO RODRÍGUEZ G. DE CEBALLOS

BIBLIOGRAFIA

1. **Arquitectura**

V. LAMPÉREZ, *Historia de la arquitectura cristiana española en la Edad Media*, 3 vols. (Madrid ²1930); G. E. STREET, *La arquitectura gótica en España* (Madrid 1926); G. WEISE, *Studien zur spanischen Architektur der Spätgotik* (Reuttlingen 1933); A. L. MAYER, *El estilo gótico en España* (Madrid 1929); P. LAVEDAN, *L'architecture gothique religieuse en Catalogne, Valence et Baleares* (París 1935); F. CHUECA, *Historia de la arquitectura española. Edad Antigua. Edad Media* (Madrid 1965); L. TORRES BALBÁS, *Arquitectura gótica* (Madrid 1952); A. CIRICI, *Arquitectura gótica catalana* (Barcelona 1968); J. M. DE AZCÁRATE, *La arquitectura gótica toledana del siglo XV* (Madrid 1958); V. MERINO RUBIO, *Arquitectura hispano-flamenca en León* (León 1974); G. ALOMAR, *Guillem Sagrera y la arquitectura gótica del siglo XV* (Barcelona 1970); L. TORRES BALBÁS, *Arte almohade, arte nazarí, arte mudéjar* (Madrid 1949); B. PAVÓN, *Arte toledano islámico y mudéjar* (Madrid 1973); B. PAVÓN, *Arte mudéjar en Castilla la Vieja y León* (Madrid-Barcelona 1975); D. ANGULO, *Arquitectura mudéjar sevillana de los siglos XIII, XIV y XV* (Sevilla 1932); J. GALIAY, *Arte mudéjar aragonés* (Zaragoza 1950); G. M. BORRÁS, *Arte mudéjar aragonés* (Zaragoza 1978).

2. **Escultura**

M. DIELAFOY, *La statuaire polychromée en Espagne* (París 1908); A. L. MAYER, *Mittelalterliche Plastik in Spanien* (Munich 1922); G. WEISE, *Spanische Plastik aus sieben Jahrhunderten*, tomos I al III (Reuttlingen 1925-27); B. GILMAN PROSKE, *Castilian sculpture. Gothic to Renaissance* (Nueva York 1951); M. DURÁN SAMPERE, *Escultura gótica* (Madrid 1956); S. V. L. BRANS, *Isabel la Católica y el arte hispano-flamenco* (Madrid 1952); R. DE ORTUETA, *La escultura funeraria en España. Provincias de Ciudad Real, Cuenca y Guadalajara* (Madrid 1919); R. DEL ARCO, *Sepulcros de la casa real de Aragón* (Madrid 1945); R. DEL ARCO, *Sepulcros de la casa real de Castilla* (Madrid 1954); M. A. FRANCO MATA, *Escultura gótica en León* (León 1976); C. J. ARA GIL, *Escultura gótica en Valladolid y su provincia*; H. E. WETHEY, *Gil de Siloe. A study of late gothic sculpture in Burgos* (Cambridge-Massachusetts 1936); C. J. ARA GIL, *En torno al escultor Alejo de Vahía* (Valladolid 1974); F. PÉREZ EMBID, *Pedro Millán y los orígenes de la escultura en Sevilla* (Madrid 1973); S. STEVEN JANKE, *Jehan Lome y la escultura gótica posterior en Navarra* (Pamplona 1977); E. ORDUÑA, *La talla ornamental en madera. Estudio histórico-descriptivo*

(Madrid-Barcelona 1930); P. QUINTERO, *Sillas de coro. Noticias de las más notables que se conservan en España* (Madrid 1908); I. MATEO GÓMEZ, *Temas profanos en la escultura gótica española. Las sillerías de coro* (Madrid 1979); H. L. ARENA, *Die Chorgesthüle des Meisters Rodrigo Alemán* (Heidelberg 1965).

3. Pintura

A. L. MAYER, *Historia de la pintura española* (Madrid ²1942); E. LAFUENTE FERRARI, *Breve historia de la pintura española* (Madrid ⁴1954); J. GUDIOL, *La pintura gótica* (Madrid 1955); J. CAMÓN AZNAR, *Pintura medieval española* (Madrid 1966); CHANDLER R. POST, *A Story of spanish Painting,* tomos IV al VIII (Harvard Univ. 1933-41); S. SAMPERE, *Los cuatrocentistas catalanes,* 2 vols. (Barcelona 1906); S. SANCHÍS, *Pintores medievales en Valencia* (Barcelona 1914); J. GUDIOL, *Pintura medieval en Aragón* (Zaragoza 1971); F. MAÑAS, *Pintura gótica aragonesa* (Zaragoza 1979); J. GUDIOL, *Historia de la pintura gótica en Cataluña* (Barcelona, s.f.); B. ROWLAND, *Jaume Huguet. A Study of late gothic painting in Catalonia* (Harvard Univ. 1932); J. GUDIOL-J. AINAUD DE LASARTE, *Huguet* (Barcelona 1958); E. TORMO, *Bartolomé Bermejo* (Madrid 1926); E. YOUNG, *Bartolomé Bermejo, the great hispano-flemish Master* (Londres 1975); E. TORMO, *Jacomart y el arte hispano-flamenco* (Madrid 1914); *Catálogo de la Exposición «El Siglo XV valenciano»* (Valencia-Madrid 1973); G. LLOMPART, *La pintura medieval mallorquina* (Palma de Mallorca 1977); R. LAÍNEZ ALCALÁ, *Pedro Berruguete* (Madrid 1945); D. ANGULO, *Pedro Berruguete en Paredes de Nava* (Barcelona 1946); J. A. GAYA NUÑO, *Fernando Gallego* (Madrid 1958); R. M. QUINN, *Fernando Gallego and the Retablo of Ciudad Rodrigo* (Arizona 1961); E. BERMEJO, *Juan de Flandes* (Madrid 1962).

4. Artes menores, orfebrería

N. SENTENACH, *Bosquejo histórico sobre la orfebrería española* (Madrid 1909); S. ALCOLEA, *Artes decorativas de la España cristiana (siglos XI-XIX)* (Madrid 1975); F. J. SÁNCHEZ CANTÓN, *Los Arfe* (Madrid 1920).

Capítulo I

EL ARTE RELIGIOSO DEL SIGLO XV

1. Caracteres generales

Desde el punto de vista artístico, el siglo XV no representa de ninguna manera una ruptura con el resto del arte gótico. Una interrupción radical sólo se verificó en Italia, donde el *Quattrocento* supuso un corte decidido y conscientemente realizado con los ideales estéticos de la Edad Media. Para los mentores del Renacimiento italiano, la literatura y el arte medievales habían supuesto una irrupción de la barbarie que sólo podía ser redimida con la repristinación y reviviscencia de la lengua, de la literatura y el arte; en una palabra, de la cultura grecolatina. En cambio, en el resto de Europa, la cultura gótica siguió su normal desarrollo, del que también participó España. Sólo en la literatura fue precoz el impacto del clasicismo toscano. Ni siquiera en el reino de Aragón, donde, por los apretados contactos políticos, económicos y comerciales con Cerdeña, Sicilia y Nápoles, debería haberse infiltrado más tempranamente algo de la renovación artística que se estaba experimentando en Italia, sucedió ningún cambio espectacular. Como el resto de la Península, volvió sus ojos más bien al centro y norte de Europa. Es más, allí, tanto como en Castilla, el «Trecentismo» de la pintura toscana y sienesa, tan influyente durante el siglo XIV y que, en último extremo, había derivado hacia el estilo ítalo-gótico internacional, quedó ahogado por el realismo pictórico burgués derivado de los Países Bajos.

El siglo XV fue, en ambas coronas, la de Castilla y la de Aragón, un siglo de profunda crisis. Crisis política y social en la primera; crisis económica preferentemente en la segunda. Sin embargo, esta crisis apenas afectó al arte, que siguió produciéndose de manera más intensa y masiva, si cabe, que en las centurias precedentes, tanto que el siglo XV fue uno de los más brillantes de la Edad Media peninsular. Lo que sí afectó al arte en sus contenidos fue la crisis ideológica, sirviendo de paso a su acrecentamiento cuantitativo y cualitativo. Las hecatombes producidas por las pestes y las guerras, la profunda inmoralidad reinante, a la que no se sustrajo la Iglesia, el afán desmedido de lucro y avaricia trajeron consigo una secularización de la vida, no lejana de la que, por otros caminos, había aportado a Italia el Humanismo. La Edad Media deja de ser teocéntrica para convertirse cada vez más en antropocéntrica, preparándose así el terreno abonado para el cultivo del Renacimiento. Se apoderó de aquellas generaciones un ansia loca de vivir, un amor desmedido a la existencia terrena, un furor incontrolado por gozar de todas las posibilidades que ofrecían las cosas tangibles y perecederas. Esto se tradujo también en una obsesión por la persistencia a nivel individual en la fama y en la memoria de las futuras generaciones, no contentándose con la mera creencia religiosa de la supervivencia en la otra vida. De ahí el cultivo de la historiografía, la aparición de las semblanzas y memorias, del retrato individual de los donantes en los retablos, y la aspiración a fundar deslumbrantes capillas funerarias y suntuosos sepulcros con las efigies de los propietarios.

La salvación del individuo trajo, como otra consecuencia, la del alejamiento del idealismo abstracto y descarnado, trocándolo por un realismo humano que no desdeñaba el tratamiento de los sentimientos más cercanos, desde el humorismo macabro de las danzas de la muerte, pasando por la dulzura y la piedad, hasta el más agudo patetismo. La dualidad burguesía-nobleza, que en diversos campos y con distintos ideales luchaba en ambas coronas por minar la autoridad monárquica, produjo en torno a cada casa noble o burguesa una especie de remedo de la corte monárquica que competía con ella en lujo y suntuosidad. No se escaparon a este fenómeno los grandes señoríos eclesiásticos, bien seculares, bien regulares, añadiendo competencia a competencia. Se multiplicaron así las obras suntuarias de arte, distinguiéndose por su refinamiento, su aparatosidad, su prolijidad, su desmesura y su preciosismo, que han dado a las producciones del último gótico un cariz prematuramente barroco, al que no fue ajena la propia dinámica del estilo, el cual, superada la fase de clasicismo, característica del siglo XIII, y la etapa manierista del siglo XIV, había de desembocar casi fatalmente en este abarrocamiento gestual que Huizinga calificó como el otoño dorado de la Edad Media [1].

El arte del siglo XV siguió siendo masivamente arte religioso. Es cierto que en esta centuria se multiplican más que nunca las construcciones civiles, sobre todo en la vertiente mediterránea del reino aragonés, donde la cultura es predominantemente urbano-burguesa y donde los gremios estrictamente profesionales de industriales y comerciantes marcan el tono de la vida; allí se construyen entonces los palacios de la Generalidad, de Barcelona y Valencia, y las lonjas de estas ciudades, de Palma de Mallorca y de Zaragoza. En Castilla, los nobles transforman los castillos militares en cómodas moradas llenas de refinamientos o se trasladan a vivir en la ciudad en lujosos palacios. Con todo, lo que predomina, en un tanto por ciento muy elevado todavía, es la construcción de catedrales, colegiatas, iglesias, capillas, monasterios y conventos. La Iglesia, a pesar del escandaloso cisma de Occidente, del aseglaramiento de muchos de sus prelados, de la vida licenciosa y de la incultura del bajo clero, de la codicia de muchos conventos regulares, es objeto de sumo respeto. El dogma no se discute. Las desviaciones doctrinales son escasísimas en el siglo XV y apenas llegan ecos a España de las grandes

[1] Véase, sobre todo lo dicho, el libro ya clásico de J. HUIZINGA, *El Otoño de la Edad Media* (Madrid 1930). Como literatura de carácter general sobre la baja Edad Media, hay que añadir F. W. FISCHER y otros autores, *Spätgotik. Zwischen Mystik und Reformation* (Zurich 1971), y W. SWAAN, *The Late Middle Ages* (Londres 1977).

herejías europeas del momento. Hay anticlericalismo, eso sí, motivado por las razones que acabamos de expresar, y se critica al clero con el sano deseo de promover su reforma, necesidad de la que la propia Iglesia era consciente. De este anticlericalismo se hace eco no sólo la literatura de la época, sino el propio arte a través de escenas particularmente significativas de las sillerías de coro. Sin embargo, el arte sigue siendo en su mayoría respetuoso, no sólo con el dogma y la moral católicos, sino con la Iglesia en cuanto institución que encarna y personifica esos supremos valores. Lo que no quita que la fe, lo mismo que la vida cotidiana, se manifieste en la obra artística con acentos menos profundos quizás que en épocas anteriores, teñida de una aparatosidad y una desmesura que acentúan, a veces, más que el intimismo y la convicción personales, el deseo de comunicación retórica y de propaganda. El templo, la capilla funeraria, el retablo, la sillería de coro se construyen primordialmente a gloria del Creador y como manifestación de la fe y el ideal que alienta la existencia, pero también como ostentación orgullosa del prestigio social y el poder económico del propio comitente o del de su linaje.

Buena parte del patrimonio artístico-religioso de este siglo, como el de los siglos antecedentes, se debió a la munificencia del clero. La Iglesia, a pesar de los recortes sufridos en sus rentas y privilegios económicos por parte de los poderes reales y la nobleza, seguía siendo muy rica. Sin embargo, gran parte de los ingresos beneficiales de los grandes prelados y señores eclesiásticos, de las rentas de los monasterios y cabildos y de las limosnas acumuladas por las Ordenes mendicantes, se invierte en suntuosas obras de arte, a la par que en instituciones docentes y asistenciales. De todas maneras, no todo el arte religioso del siglo XV lo es exactamente porque haya sido costeado por la Iglesia. Una buena parte del mismo es producto de la liberalidad de los monarcas, de la nobleza, de la burguesía y de los gremios y cofradías de menestrales. Con todo, es de suponer que, aun en estos casos, los programas constructivos y ornamentales, en el sentido funcional, litúrgico, ritual, devocional e iconográfico, fueron dictados y tutelados por clérigos cultos, instruidos en tan complejas materias.

2. PERIODIZACIÓN Y DESARROLLO ESTILÍSTICO

En realidad, los dos primeros tercios del siglo corresponden en España a la evolución general europea del estilo gótico, que en esta época recibe el nombre de «flamígero» o «florido» porque, agotada la capacidad creadora de nuevas estructuras constructivas, la estilización y sutilización de las mismas, comenzada en el siglo XIV, deriva en la nueva centuria hacia una saturación decorativa en la que el detalle ornamental prima sobre cualquier otro aspecto de la obra arquitectónica. El estilo gótico flamígero, con su predilección por las tracerías en las que curvas y contracurvas se retuercen y avivan como llamas, anteponiéndose como un tapiz decorativo al núcleo del edificio, es una creación francesa que rápidamente se propaga, a través del ducado de Borgoña, por las regiones limítrofes, como los Países Bajos y la cuenca del Rin. Precisamente van a ser artistas venidos de estas regiones quienes lo hagan prender y extenderse por toda la Península, especialmente Castilla. La nómina de artistas extranjeros, particularmente del nordeste francés y de los Países Bajos, que vinieron a trabajar a España durante el siglo xv, es verdaderamente impresionante. Estos, a diferencia de los pocos italianos que aparecieron por el horizonte peninsular, y siempre de manera esporádica e itinerante, se establecieron sólidamente en España, quedándose a trabajar definitivamente, casándose con españolas y fundando estirpes y linajes artesanos, de los que más adelante daremos algunos ejemplos. Este fenómeno se debió simultáneamente a que las relaciones dinásticas, políticas, económicas y comerciales de los reinos peninsulares con Francia, Borgoña y los Países Bajos fueron especialmente estrechas durante todo el siglo xv y a que, dada la demanda del mercado artístico, incrementada por el lujo y afán de ostentación que caracteriza el tono vital de esta centuria, los artistas extranjeros encontrasen condiciones de trabajo más favorables en España que en sus países de origen.

Las formas ornamentales de la arquitectura flamígera se aclimataron en España si se tienen en cuenta las condiciones previas francamente favorables a su aceptación. En efecto, una de las constantes estéticas hispanas parece ser el apego a lo ornamental por encima de lo constructivo. La decoración preciosista, prolija y repetitiva, rellenando las superficies hasta la saciedad, era algo consustancial al arte español desde la invasión de los pueblos árabes. El mudejarismo, como fenómeno residual y resistente a su eliminación aun después de que los musulmanes fueron prácticamente eliminados de la Península y arrinconados en el reino de Granada, coadyuvó indudablemente al arraigo del nuevo decorativismo europeo, impregnando además sus formas, aliándose con ellas y presentando en muchos casos una simbiosis altamente original de estilo gótico-mudéjar, particularmente en tierras donde los artesanos moriscos presentaban todavía núcleos cerrados, como Andalucía o Aragón.

La unificación de los reinos hispánicos, disgregados por el hecho de la Reconquista, parecía adivinarse ya a comienzos del siglo xv, cuando tanto en Castilla como en Aragón comenzaron a reinar dos ramas del mismo linaje de los Trastámara. Esta unificación se consumó con el matrimonio de los Reyes Católicos y la conquista del último bastión árabe en la Península, el reino nazarita de Granada. La represión de la levantisca nobleza, el término de los guerras civiles, la eficacia de la gestión administrativa, las reformas de toda índole, comenzando por la religiosa, la política exterior, coronada por el éxito en Africa y en Italia, el descubrimiento de América, en fin, imprimieron a este reinado y a la nación entera nuevas fuerzas vitales para emprender una de las singladuras más gloriosas de la historia de España. El reinado de los Reyes

Católicos, que ocupa el último tercio del siglo, trajo también una auténtica renovación artística. A la simbiosis de estilo gótico flamígero y mudéjar se sumaron ahora los primeros brotes del Renacimiento, venido directamente de Italia, como afán innovador del horizonte cultural. La amalgama de estas tres tendencias cristalizó en un estilo auténticamente nacional, que ha sido bautizado, en honor de los monarcas y por la decidida protección que éstos dispensaron al fomento de las artes, «estilo Reyes Católicos» [2].

3. RASGOS GENERALES DE LA ARQUITECTURA RELIGIOSA DEL SIGLO XV

Las plantas de las grandes catedrales y colegiatas apenas si variaron respecto de las usadas ya en el gótico clásico, es decir, plantas de cruz latina, de varias naves separadas por haces fasciculados de columnillas y baquetones, que terminaban en una girola poligonal, arropada por las capillas absidales. Era una construcción eminentemente simbólica y mística para servir de marco, con su vertiginoso verticalismo y la luz tornasolada de las vidrieras, al transcendentalismo de la liturgia eucarística. Sólo que en este siglo la planta tiende a convertirse en una planta-salón, por el acortamiento del crucero y, a veces, por la igualdad en altura de las naves, acercándose al espacio más homogéneo y más cenitalmente iluminado de las lonjas civiles contemporáneas. Se perdió así algo del misterio de las catedrales góticas clásicas, pero sin alcanzar, a cambio, una mayor funcionalidad práctica, ya que el bosque de soportes de las bóvedas seguía impidiendo la visión diáfana del altar mayor, problema agravado en España por la existencia del coro en el centro de la nave mayor. También, por mimetismo de las catedrales levantinas del siglo XV, se dio una mayor importancia al circuito de capillas laterales empotradas entre los estribos, que allí tuvieron la precisa función de albergar los altares y retablos de los gremios y cofradías, y aquí se destinaron por lo general a capillas funerarias, haciendo de lo que son hoy los panteones de las familias acomodadas en los cementerios modernos.

Por el contrario, las Ordenes religiosas asimilaron en Castilla el tipo de iglesia que las Ordenes mendicantes de franciscanos y dominicos habían ensayado con éxito durante los siglos XIII y XIV en la vertiente mediterránea; es decir, la iglesia funcional, llamada de predicación, porque, con una sola nave libre de estorbos —ya que no existían soportes ni columnas de por medio, y las capillas laterales, empotradas entre los muros perimetrales, servían discretamente a la colocación de confesonarios—, permitía una perfecta visibilidad y audición del predicador. Este fue el tipo de iglesia predilecto, no sólo de franciscanos, dominicos

---

[2] Véase el libro de J. V. L. BRANS, *Isabel la Católica y el arte hispano-flamenco* (Madrid 1952). El término de «estilo de los Reyes Católicos» ha sido defendido por J. Camón Aznar, frente a la usual denominación de «estilo isabelino», debida desde 1911 a Bertaux; cf., a este propósito, el artículo de Camón, *Fernando el Católico y el arte español de su tiempo*. V Congreso de la Corona de Aragón (Zaragoza 1956) p.14ss.

y otros religiosos de vida apostólica y activa, sino incluso de frailes de vida contemplativa, como los cartujos, jerónimos, etc. Dicho tipo de iglesia adelantó en sus rasgos esenciales por más de un siglo al que había de ser privativo de la Contrarreforma católica tras el concilio de Trento [3].

Cuanto a las estructuras arquitectónicas, se simplificaron al mínimo, superadas las sutilezas constructivas de los siglos anteriores, distinguiéndose, como dijimos, por su densidad y complicación decorativas. Las bóvedas se enriquecieron con nuevos nervios, llamados terceletes, ligaduras y combados, formando tupidas redes ornamentales, por lo general en forma de estrella de múltiples puntas, que enmascaraban la plementería. También se multiplicaron los baquetones y columnillas cilíndricas de los soportes a tenor de los nuevos nervios de las bóvedas, haciendo que aquéllos perdieran la sensación de masa constructiva y adoptaran la apariencia de racimos decorativos. Los capiteles individuales de los soportes tienden a atrofiarse o a desaparecer, subrayando la continuidad de los mismos en las nervaturas de las cubiertas, mientras, en cambio, se multiplican las basas y pedestales colocándolos caprichosamente a distintas alturas. No contentos con la severidad del arco puramente ojival, se utilizan ahora los más elegantes arcos conopiales y los mixtilíneos, con sus fluidas curvas y contracurvas. Las tracerías de ventanas, antepechos y balaustres se cuajan de una complicada urdimbre ornamental, donde dominan, asimismo, las ondulaciones y melifluas curvas. Se reduplican los gabletes y las repisas de las fachadas, las agujas de los contrafuertes, los crochets, frondas, grumos y trepados que convierten los paramentos de los muros en auténticos bordados de filigrana.

Si todos estos elementos se administraron con cierta parsimonia todavía en los dos primeros tercios del siglo, el frenesí ornamental, con implicaciones mudéjares y ya tempranamente renacentistas, según dijimos, alcanza su clímax durante el siglo denominado de los Reyes Católicos, hacia el final de la centuria. Por si fuera poco, se suman ahora los angrelados de los arcos, los motivos naturalistas de troncos secos y ramas, de cadenas, cordones franciscanos, conchas, puntas de diamante, pometas y, sobre todo, los emblemas heráldicos ejecutados a escala gigantesca, comenzando por los escudos reales y el yugo y las flechas de los monarcas. Estos últimos decoran especialmente los monumentos de patronato regio, pero en los edificios de fundación privada campean con el mismo afán de orgullosa ostentación las armas de nobles, prelados e instituciones, cual si fuera éste el último recurso que empleasen los particulares como signo de independencia y singularidad frente a la

---

[3] Véase a este propósito el célebre artículo de E. Mâle, publicado en la «Revue de Deux Mondes», titulado *L'architecture gothique du Midi de la France,* recogido en el libro del mismo autor *Art et artistes du Moyen Âge* (París 1968) p.87-121. Sobre el problema se ha insistido recientemente en el libro colectivo *La naissance et l'essor du gothique méridional au XIIIᵉ siècle:* Cahiers de Fanjaux 9 (Toulouse 1974), sobre todo en los artículos de M. Durliat (*Le rôle des Ordres Mendiants dans la création de l'architecture gothique méridional* p.71-86), y de B. Montagnes (*L'attitude des Prêcheurs à l'égard des oeuvres d'art* p.87-100).

férrea unificación impuesta por el absolutismo de la corona. Los tenantes de dichos escudos y emblemas heráldicos suelen ser reyes de armas revestidos de fastuosas dalmáticas, o salvajes recubiertos de vello peludo, cuya presencia se ha querido relacionar equivocadamente con la población indígena de América recién descubierta [4].

4. Desarrollo de la arquitectura por géneros, regiones y centros artísticos

Las nuevas catedrales

El siglo XIV había sido el siglo de las grandes catedrales del Levante español, durante el cual se comenzaron o avanzaron decisivamente las de Barcelona, Palma de Mallorca y Gerona. Durante el XV se concluyeron sustancialmente todas tres, aunque la de Palma no fue inaugurada hasta 1529. Lo más significativo fue la terminación de la catedral de Gerona. Comenzada la cabecera de tres naves conforme al modelo de la de Barcelona, a comienzos del siglo XV se suscitó la posibilidad de cubrirla con una nave única que abarcase las tres primitivas. El proyecto era de gran envergadura y de indudable riesgo técnico, por tener que voltear las bóvedas de una luz hasta entonces inusitada. A pesar de que, en una junta de arquitectos de la región catalana y del sudeste de Francia, la mayoría de los técnicos votaron por proseguirla de tres naves, el obispo don Dalmau de Mur, importante mecenas artístico, y el cabildo se inclinaron por la arriesgada nave única, ya que haría al edificio más grandioso, luminoso y alegre. Surgió así el imponente buque de la nave, de 50 metros de longitud por 22,80 de anchura, excediendo ésta a todo lo hasta entonces conocido. Hizo el proyecto definitivo el maestro Antoni Canet, y no Guillem Bofil, como hasta ahora se había supuesto [5].

En Castilla, la catedral de Palencia, iniciada también en el siglo XIV con cierta modestia, vio cómo en la centuria siguiente, gracias al decidido apoyo de los obispos don Gutierre de Toledo y don Pedro de Castilla, ampliaba la magnitud de su fábrica con un amplio crucero, el buque de tres naves más otra al septentrión de capillas laterales. Las nuevas bóvedas son ya de tracería flamígera, así como las ventanas del triforio, complicándose aquélla a medida que el templo se acerca a los pies. La de Oviedo, comenzada asimismo en el siglo anterior, se levanta prácticamente durante el siglo XV, durante los pontificados de don Iñigo López de Lara, fray Alonso de Palenzuela, confesor de los Reyes Católicos, y don Juan Arias del Villar. Es de estructura muy pura y sencilla, casi arcaizante, y, como es habitual, el paso del tiempo sólo se

---

[4] Cf. J. M. DE AZCÁRATE, *El tema iconográfico del salvaje:* Archivo Español de Arte (1948) 81-89; R. BERNHEIMER, *Wild Men in the Middle Ages* (Harvard Univ. Press, Cambridge-Massachussets 1952).

[5] P. FRAIXAS I CAMPS, *La Seo de Gerona. Antoni Canet, arquitecto de la nave.* Actas del XXII Congreso Internacional de Historia del Arte I (Granada 1976) p.359.

nota en la tracería flamígera del triforio y el clasistorio, pues las bóvedas, aun buscando la distinción y variedad, no acusan las complicaciones de terceletes y combados de las construcciones coetáneas. Lo más nuevo y decorativo son la fachada y la única torre que se levantó, obra ya del siglo XVI. La torre, terminada en 1556, es una de las más esbeltas de España, y su flecha calada no desdice de las de Burgos, aunque mezcla varios elementos del Renacimiento.

Más original de planta y estructura es la catedral de Pamplona, de fundación simultáneamente episcopal y real, por tratarse de la sede catedralicia de la capital del antiguo reino de Navarra. Sustituyó a una anterior románica, y, aunque comenzadas las obras en fecha relativamente temprana, no se aceleraron en puridad hasta el siglo XV, terminándose aproximadamente a finales del mismo. Lo auténticamente único es la cabecera, con una capilla mayor de planta pentagonal irregular y, en torno, formando la girola, dos exágonos regulares, cuya columna medianera forma el extraño eje de la capilla mayor, más otros dos pentágonos irregulares. Decorativamente es muy austera y monótona, con predominio de los secos y macizos muros sobre los vanos. Lo mismo sucede al exterior, donde no hay antepechos, cresterías ni casi pináculos. En cambio, durante el pontificado del cardenal italiano Antoniotto Pallavicini, obispo de Pamplona entre 1492 y 1507, se labraron los gabletes de los arcos de las galerías norte, mediodía y poniente del claustro, cuya tracería flamígera es una de las más puras y elegantes de la Península.

También son de este tiempo la catedral de Murcia, que sustituyó tardíamente al edificio de la antigua mezquita mayor, construcción de un gótico adocenado, pobre de concepción y de ornato; la catedral de Ciudad Real, de nave única, formada por cuatro tramos, pero sin alcanzar la grandiosidad de la de Gerona; la catedral de Calahorra, comenzada en 1485, pero tan rehecha en el siglo XVI, que solamente trasparece el buque de la nave mayor como obra gótica, y, finalmente, el testero de la catedral de Astorga, con los ábsides y los dos primeros tramos de las naves.

Sin embargo, la construcción más grandiosa y significativa de la primera mitad del siglo XV había de ser la catedral de Sevilla, ciudad donde todavía prestaba servicio al culto cristiano la antigua mezquita almohade del siglo XI, muy cuarteada y arruinada por recientes terremotos. De ella sólo habrían de salvarse el patio de los naranjos y el famoso alminar conocido por la Giralda. Por su población era Sevilla una de las primeras de España, y por su tráfico marítimo, uno de los emporios comerciales privilegiadamente situado entre los mares Atlántico y Mediterráneo. Por eso no debe extrañar el acuerdo tomado por el cabildo en 1401, de «labrar un nuevo templo de grande magestad e de rica labor de cantería, e tan bueno que no haya otro igual, e que, si para ello no bastase la renta de la obra..., que se tome de las rentas de cada uno lo que para ello bastase...». No sabemos si fue añadido apócrifo o frase cierta de los capitulares sevillanos la de que estaban dispuestos a hacer una catedral tan inmensa que las siguientes generaciones les tuviesen por locos; pero esta megalomanía del cabildo sevillano tenía su justificación al no contar entonces la ciudad sino con edificios modestos, iglesias parroquiales y de órdenes monásticas de dimensiones reducidas. Lo cierto es que las magnitudes de la catedral de Sevilla son auténticamente colosales. Un enorme rectángulo, de 116 metros de largo por 76 de ancho, compone su planta, integrada por cinco naves, más otras dos de capillas hornacinas. La novedad de esta planta reside en que ha prescindido del ábside tradicional terminado en forma poligonal, sustituyéndolo por una cabecera plana, quién sabe si por influencia de la suplantada mezquita o de las iglesias de las Ordenes mendicantes. Su impacto ha de ser decisivo en catedrales posteriores, tanto españolas, como Salamanca, Jaén y Valladolid, como las hispanoamericanas de México y Perú. En las elevaciones encontramos la tendencia al salón, es decir, a igualar la altura de las naves. Los pares de naves colaterales son, en efecto, de igual altura, y la diferencia entre éstas y la nave mayor, considerablemente menor que la tradicional de las estructuras de los siglos XIII y XIV. Esto trajo consigo la desaparición del triforio y la disminución de la zona de vitrales, sustituido el primero por un andén corrido de preciosa tracería flamígera. También lo es la de los ventanales, no advirtiéndose, en cambio, en las cubiertas, excepto en la que sustituyó al cimborrio del crucero, que se derrumbó en 1511. En la maestría de la catedral sevillana comienzan a asomar los primeros nombres de artistas extranjeros venidos a la Península a comienzos de siglo, como un tal Isambret o Isembrant, posible autor de la planta; Carlin y Norman, posiblemente flamencos, renanos o borgoñones.

Aun cabe considerar en este apartado otras catedrales tan grandiosas como las de Salamanca, Segovia y Plasencia, en Castilla, y las de Zaragoza y Barbastro, en Aragón. Aunque surgidas en el siglo XVI, representan, sin embargo, el último y tardío brote de la arquitectura gótica nacional. Las de Salamanca y Segovia son construcciones gemelas, comenzada la primera en 1513, y la segunda, en 1525, a iniciativa de los respectivos cabildos, y trazadas por Juan Gil de Hontañón; la diferencia esencial es que la primera adoptó, en definitiva, la cabecera plana de la de Sevilla; mientras la segunda se atuvo al tipo de ábside tradicional. Los alzados derivan también del templo sevillano, pero no copiándolo servilmente, sino consumando el proceso de la creación de un verdadero estilo gótico nacional. Esto se percibe con especial acuidad en la catedral de Plasencia, de la que sólo se llevó a término la cabecera y los tres primeros tramos de las naves que sustituyeron a la antigua construcción del siglo XIII, iniciándose las obras en 1498, durante el pontificado de don Gutierre Alvarez de Toledo; en ella, las naves se igualan en altura, y los soportes se sutilizan al máximo, empalmando sus baquetones, sin solución de continuidad, con las nervaturas de las bóvedas. La Seo de Zaragoza presenta heterogéneamente fragmentos góticos del siglo XIV, fábricas mudéjares que consideraremos a su debido tiempo, y, por último, naves y estructura general del gótico tardío. En 1490, el arzobispo don Alonso de Aragón, hijo natural de Fernando el Católico, inició una reforma total del templo, elevando las naves laterales a la altura de la central y construyendo otras dos en todo semejantes, con lo que convirtió a la iglesia en un vasto salón de cinco naves. La presencia del escudo episcopal repetido en las cuatro caras de los capiteles de los pilares subraya la protección dispensada a la obra por el prepotente prelado.

El tipo más secular de templos, con naves de la misma altura y soportes espaciados, que se empareja con el de las lonjas civiles de esta época, ofrece ya un concepto del espacio más unificado y diferente del estrictamente gótico, correspondiendo a la sensibilidad de los nuevos tiempos. Bastará sustituir los pilares góticos por columnas renacentistas, y los capiteles medievales, por los órdenes clásicos, para obtener una morfología de iglesia que será muy común en el siglo XVI, particularmente en parroquiales y colegiatas, y que pervivirá hasta fines de la nueva centuria, hasta ser sustituida definitivamente por el tipo de iglesia jesuítica.

Renovación y enriquecimiento de la antigua arquitectura

Las catedrales y construcciones clásicas del siglo XIII no permanecieron estancadas durante el siglo XV, sino que siguieron creciendo como organismos vivos en continuo proceso de desarrollo y crecimiento. El ansia de lujo y suntuosidad, y el afán de sobresalir y distinguirse a toda costa que caracterizó a los promotores laicos y eclesiásticos de las postrimerías del gótico, les llevó a enriquecerlas con nuevos aditamentos, como torres, cimborrios, portadas y claustros espectaculares y aparatosos. La obsesión por la pervivencia terrena les impulsó asimismo a construir en su perímetro espléndidas capillas sepulcrales que sirviesen de orgulloso testimonio de su paso acelerado por este mundo. Todas estas adiciones acabaron por enmascarar en muchos casos las sabias y mesuradas estructuras del gótico anterior, prestándoles un revestimiento y una silueta incomparablemente más brillantes. En este sentido se formaron dos focos creadores, Burgos y Toledo, que irradiaron su influencia a otras comarcas y regiones más o menos limítrofes.

Burgos conoció durante el siglo XV una gran prosperidad económica, gracias al desarrollo del comercio lanero y la fundación de la universidad de mercaderes castellanos, con representaciones o consulados en Brujas y otros puertos de la costa atlántica. El obispo don Alonso de Cartagena, a consecuencia probablemente de la gira europea realizada tras su asistencia al concilio de Basilea, emprendió la tarea de terminación y renovación de la catedral. Para eso trajo de la región renana a Juan de Colonia, quien en 1442 inició las caladas y afiligranadas agujas de la fachada cuyos precedentes se encuentran en Estrasburgo, Ulm, Esslingen y Friburgo. A iniciativa del obispo don Luis de Acuña se erigió, poco después, el magnífico cimborrio sobre el crucero, «una de las cosas más fermosas del mundo»; levantado imprudentemente sobre unos pilares no preparados para tanta carga, se desplomó en 1539, aunque lo reedificó poco después Juan de Vallejo.

A imitación de Burgos se hicieron las flechas de la torre del reloj de la catedral de León y la de la catedral de Oviedo. De la primera fue maestro el flamenco Jusquin, en 1452, quien también remató el hastial del brazo norte del crucero con una claraboya flamígera, y a la segunda aludimos ya anteriormente como obra tardía de mediados del siglo XVI.

El centro de la girola de la catedral burgalesa fue ocupado por la capilla funeraria fundada en 1468 por los condestables de Castilla don Pedro Fernández de Velasco y doña Mencía de Mendoza. El tipo de capillas funerarias de finales del siglo XV es prácticamente invariable, es decir, octogonal o cuadrado, pero ochavadas estas últimas a partir de cierta altura, sobre las que se eleva un cimborrio cubierto con una cúpula. Su morfología se adapta muy bien a su función, pues en el centro del ochavo se colocaba casi siempre el enterramiento de los fundadores con los bustos vueltos hacia el testero, donde se colocaba el altar. En los muros del ochavo se abrían con frecuencia lucillos sepulcrales destinados a los familiares, haciendo una auténtica guarda de honor. Por otra parte, estas capillas eran prácticamente organismos autónomos, tanto arquitectónica como litúrgicamente, destacando el individualismo y el orgullo de sus propietarios. La multitud de escudos y emblemas heráldicos tallados por todas partes, interior y exteriormente, timbraban la construcción con un sello de indómita nobleza. La capilla de los Condestables de Castilla, por su riquísima talla decorativa y su atrevida bóveda calada, es una de las más bellas y deslumbrantes de este período. Su autor fue Simón de Colonia, hijo de Juan de Colonia y María Fernández.

La capilla de los Condestables tuvo una resonancia extraordinaria en todo el arte de la región. En el mismo Burgos se copió en pequeño en dos capillas también sepulcrales, la de la Presentación, en la propia catedral, fundación del canónigo don Gonzalo de Lerma, y la de la Natividad, en la iglesia de San Gil. La familia de los Velasco, que había edificado la capilla de los Condestables, levantó poco después otra dedicada a la Concepción en el monasterio de Santa Clara, de Medina de Pomar. Su estructura fue imitada también en la capilla del convento de Santa Clara de Briviesca y en otros muchos ejemplos más, alcanzando el eco hasta bien entrado el siglo XVI. Incluso a regiones tan alejadas como Jaén y Murcia llegó la resonancia. En Jaén encontramos la llamada Santa Capilla, de la iglesia de San Andrés, y en Murcia, la capilla de los Vélez, adosada a la girola de la catedral; esta última, muy notable, fue edificada por el adelantado don Juan Chacón, acabándola en 1507 su hijo don Pedro Fajardo, marqués de los Vélez.

Por otro lado, en relación con el cimborrio ochavado de la catedral de Burgos y la linterna de la capilla de los Condestables, hay que poner los cimborrios de la catedral de Sevilla, desplomado y desaparecido, obra probablemente del mismo Simón de Colonia; el de la catedral de

Orense, erigido por estas fechas, y los de las catedrales aragonesas de Zaragoza, Teruel y Tarazona. Sin embargo, estos tres últimos están tan impregnados de mudejarismo, que su consideración hay que retrasarla a otro párrafo.

El otro centro capital de renovación y difusión del estilo hispano-flamenco fue Toledo, gracias a su tradicional importancia histórica y a que sus prelados y canónigos acumulaban una de las rentas más considerables de todo el reino. Impulsor de la renovación, con la introducción del estilo flamígero, fue el arzobispo don Juan de Cerezuela, hermanastro de don Alvaro de Luna, el célebre valido de Juan II. Trajo para ello al maestro Hanequín de Bruselas, quien vino acompañado de un importante equipo de canteros, tallistas y escultores, entre ellos Egas Cueman, Antón Martínez de Bruselas, Juan Alemán y Pedro Guás. La torre de la catedral primada fue rematada, en su tiempo, con un esbelto cuerpo octogonal circundado de pináculos y terminado en una flecha, cuya sutileza y finura contrastan eficazmente con la rudeza y sequedad del fuste anterior. La puerta Nueva, o de los Leones, en el brazo norte del crucero, aunque obra especialmente de escultura, debe también su fino y elegante diseño y su afiligranada tracería a Hanequín. El interior del templo fue igualmente remozado con algunas puertas y los riquísimos paños decorativos de las costaneras del presbiterio y de los muros del coro y trascoro, obras que se fueron realizando a través de todo el siglo, interviniendo en ellas varios maestros, desde Alvar Martínez hasta Juan Guás.

También la cabecera del primer templo toledano, se fue cuajando de las suntuosas capillas funerarias características de este siglo. Ya a mediados del siglo XIV, el cardenal don Gil de Albornoz había hecho construir para su enterramiento y el de sus familiares la de San Ildefonso, derribando para ello las tres centrales de la girola. Como con este rasgo había superado el rango de sepulturas reales situadas en este mismo templo, no quiso ser menos el poderoso don Alvaro de Luna, que borró en magnificencia los sepulcros de los primeros Trastámaras. Adosada a la capilla Albornoz mandó edificar la suya, más grande aún que ésta y, sobre todo, superándola en lujo y galas decorativas. Está dedicada a Santiago, de cuya Orden militar fue su maestre fundador. Arcos achaflanados en sus esquinas reducen su planta a un octógono en la zona alta, coronado por una bóveda estrellada. Sus claraboyas, gabletes y paños, de finísima ornamentación flamígera, fueron debidos seguramente a Hanequín de Bruselas.

Edificios conventuales. El apogeo del estilo Reyes Católicos

Aunque en el gótico tardío español todavía siguieron construyéndose algunas nuevas catedrales y colegiatas, o ampliando y enriqueciendo otras más antiguas, la preferencia de los reyes y magnates se dirigió a la fundación de monasterios de las Ordenes mendicantes y de otras órdenes de vida contemplativa. Como dice Chueca, los reyes, sobre todo los Reyes Católicos, buscaron en dichas órdenes un apoyo para su política democrática, un ejemplo para su pueblo y una manera de compensar los privilegios casi feudales de los aristocráticos cabildos catedrales [6]. Estos conventos eran, a la vez, santuario y sepulcro, lugar de estudio y de descanso, donde los monarcas se instalaban con frecuencia, dado el carácter itinerante y nada sedentario de la corte. En estos monasterios y conventos contrasta la austeridad de las celdas con la magnificencia de los lugares donde se efectuaba la vida común, como los claustros y salas capitulares, y, sobre todo, de las iglesias donde se rendía culto a Dios. Estas iglesias se distinguen por su tipología eminentemente práctica, consistente en una sola nave, donde se hacían fácilmente visibles los cultos y audibles los predicadores, relegadas las misas privadas y las confesiones a las discretas capillas laterales empotradas entre los estribos de los muros.

En el foco burgalés, un buen ejemplo lo constituye la cartuja de Miraflores, construida sobre unos palacios cedidos por Juan II en 1441. Comenzadas las obras por Juan de Colonia, fueron continuadas por su hijo Simón, quien ultimó el templo en 1488 con el impulso económico de la reina católica; ésta ordenó en él los enterramientos de sus padres y de su hermano el príncipe Alfonso. La proverbial parquedad de la orden cartujana no consintió lujos innecesarios, pero aun así destacan por su primorosa elegancia la crestería y los pináculos que pespuntean el exterior de la iglesia, las repisas, claves y angrelados de los nervios de las bóvedas y la sobria pero refinada portada.

La magnificencia, reprimida en la cartuja burgalesa, rompió todos los diques en los conventos dominicos de San Pablo y de San Gregorio de Valladolid, dependientes estilísticamente de la escuela burgalesa. Mandó reedificar la iglesia de San Pablo, sobria y de esbeltas proporciones, el inquisidor fray Juan de Torquemada, hijo de aquella casa; pero las portadas interiores de los brazos del crucero y la ostentosa fachada de los pies del templo se deben a la munificencia de fray Alonso de Burgos, confesor de Isabel la Católica. Contratadas por Simón de Colonia, se terminaron en 1505. Son bien manifestativas del rutilante estilo del reinado de los Reyes Católicos, en el que la piedra pierde toda su pesantez para convertirse en un prolijo encaje de afiligranada orfebrería. El propio fray Alonso de Burgos fundó el anejo colegio de San Gregorio, donde los escolares de su orden cursasen estudios universitarios. Se construyó entre 1487 y 1496. El patio claustral es magnífico, con caprichosas columnas torsas en ambos pisos, arcos formados por guirnaldas de laurel, festones y tracerías caladas en el segundo piso y reiteración de escudos y emblemas heráldicos por todos los rincones. La fachada es uno de los casos más notables de portada-retablo de las postrimerías del gótico hispano, asimilable a un gigantesco tapiz o repostero bordado tendido delante del edificio del colegio. En ella se multi-

---

[6] F. Chueca Goitia, *Historia de la Arquitectura española. Edad Media* (Madrid 1965) p.600.

plican los motivos más típicos del estilo de los Reyes Católicos: los heraldos, los reyes de armas, los salvajes, los temas arbóreos y heráldicos. Llama particularmente la atención el enorme escudo real sobre un granado, árbol que a primera vista evocaría la reciente conquista del reino de Granada. Surge, sin embargo, de una fuente en que se bañan y refrescan unos niños desnudos, por lo que más bien habría que interpretarlo como el árbol de la vida y del conocimiento plantado en medio del paraíso, en relación con los estudios impartidos en el colegio. Este motivo iconográfico entroncaría así con fuentes literarias humanísticas bastante precisas y con grabados alemanes de Burgkmair [7]. Se discute si tan singular creación es obra de Simón de Colonia, Gil de Siloé o Juan Guás.

Otro importante convento dominico fundado en esta época es el de Santo Tomás de Avila. Los Reyes Católicos favorecieron especialmente a la orden de predicadores, de la que reclutaron a los primeros inquisidores, pues el tribunal del Santo Oficio fue implantado por aquéllos en España en 1478. Así, este monasterio fue fundado por el tesorero de los monarcas Hernán Núñez Arnalte, quien nombró albacea ejecutor al primer inquisidor general fray Tomás de Torquemada. Más adelante, los propios Reyes Católicos recabaron el patronato, convirtiendo la iglesia en capilla sepulcral del malogrado príncipe don Juan, su primogénito. En 1483 se puso la primera piedra, dirigiendo la obra probablemente Martín de Solórzano. No domina ni en el templo ni en los claustros del convento el habitual desenfreno decorativo, sino todo lo contrario, una gran parquedad, quizás impuesta por el austero Torquemada. Sin embargo, la iglesia es uno de los más claros especímenes de planta funcional, con raro presbiterio elevado sobre una bóveda rebajada, acaso con el propósito de enrasarlo a la altura del coro de los religiosos, colocado enfrente, a los pies del recinto.

También fue orden predilecta de la Reina Católica la de los franciscanos. Por eso no es de extrañar que a ella encomendase la custodia del monasterio de San Juan de los Reyes, en Toledo, donde ingresó para hacer su noviciado fray Francisco Jiménez de Cisneros. Después de la victoria de Toro, en 1476, contra los partidarios de la Beltraneja, apoyados por el rey portugués Alfonso V, los monarcas españoles hicieron voto de edificar un monasterio que fuese como la contrapartida del famoso de Batalha, en Portugal. Quisieron realizar algo único que fuese como el signo de la pujanza de su reinado y, a la par, el lugar de su eterno reposo. De ahí la frase descorazonadora atribuida a la reina cuando pudo comparar su ilusionado ideal con la realidad: «¿Esta nonada me habéis fecho aquí?» Con todo, el monasterio y la iglesia pasan por ser la construcción más acabada y perfecta de aquel magnífico reinado. Su autor material fue Juan Guás, artista originario de la Bretaña francesa y último representante de la esplendorosa escuela artística del gótico tardío toledano. El dibujo del templo, conservado en el Museo

---

[7] M. Lozano de Vilatela, *Simbolismo de la portada de San Gregorio de Valladolid:* Traza y Baza, n.4 (1974) 7-15.

del Prado, atestigua que el proyecto superaba a la realización, acercándose acaso al ideal acariciado por Isabel la Católica. La crítica ha advertido el origen musulmán de parte de la espléndida decoración de este monasterio, como son los largos letreros que, cual cintas sin fin, recorren los muros interiores y exteriores, los racimos de mocárabes adheridos a las impostas de los arcos torales del crucero de la iglesia, los alfarjiados con decoración de lazo del piso superior del claustro e incluso la machacona reiteración del escudo de los monarcas que se produce en los testeros del crucero del templo. Precisamente la perfecta fusión de tales motivos con los otros de raíz hispano-flamenca constituye la base de la originalidad del estilo de los Reyes Católicos.

La españolísima orden de los jerónimos, fundada en el siglo antecedente, fue también objeto de predilección por parte de los monarcas castellanos. Dos de sus más célebres monasterios surgieron en el siglo XV. Al de Guadalupe nos referiremos en el siguiente apartado. El del Parral, en Segovia, fue fundado en 1477 por Enrique IV, pero el patronato de la iglesia lo ejercieron los Pacheco, marqueses de Villena. El templo fue diseñado por el maestro segoviano Juan Gallego, pero en 1472 tomó a su cargo las obras de la capilla mayor Juan Guás. La planta funde dos de los rasgos más característicos de la arquitectura del siglo XV: la única y espaciosa nave, flanqueada por capillas-hornacinas, y el crucero y cabecera poligonales, con tendencia al octógono, propia de las capillas funerarias, acaso por estar destinados estos últimos al enterramiento de los marqueses de Villena. Es la misma o parecida solución que se dio a iglesias tan dispares como Santa Clara de Briviesca, Santo Tomás de Haro, el convento de la Vid, en Burgos, el de la Piedad en Casalarreina, etc., habiéndose advertido la similitud de esta solución con obra tan significativa como el crucero de la catedral de Florencia, por el que Brunelleschi inició la ruptura del Renacimiento italiano.

En la imposibilidad de reseñar otros monasterios o, en general, otras obras tan características del estilo de los Reyes Católicos, como la colegiata de Santa María de Aranda de Duero o el trascoro de la catedral de Palencia, debidas ambas a Simón de Colonia, terminaremos este epígrafe con la capilla Real, de Granada. Significó tanto para los Reyes Católicos la conquista del último baluarte musulmán, que decidieron enterrarse no en Toledo, como primitivamente pensaban, sino en Granada. En 1504 mandó la reina en su testamento levantar una capilla junto a la mezquita mayor, consagrada entonces al culto cristiano, que no se estrenó hasta 1521. La planta de la misma rompe con la tradición de las capillas funerarias octogonales y es la común, de cruz latina, coincidiendo con las monacales en la amplitud de la única nave y en la cortedad de los brazos del crucero. Si no la trazó, estuvo muy al cuidado de la misma Enrique de Egas, último vástago de aquella dinastía de artistas flamencos que habían afincado en Toledo. Aunque no excesivamente pródiga en decoración, la realizada interior y exteriormente es de refinada elegancia. Sin embargo, lo que llama en ella mayormente la atención son los sepulcros, rejas y retablos, realizados ya en el Renacimiento, así como la colección de pinturas y objetos pertenecientes a los Reyes Católicos que se exhiben en la sacristía.

Los brotes tardíos de la arquitectura mudéjar

Si el mudejarismo no es un estilo histórico en sentido estricto, sino una constante diacrónica en el arte español que le permite adherirse como la hiedra y vivir parasitariamente de cualquier estructura arquitectónica previa, entonces comprenderemos cómo, también en el siglo XV, se producen frecuentes manifestaciones de arte mudéjar. Es más, se da un punto de aproximación, mayor que en períodos precedentes, entre las construcciones del gótico tardío y el mudejarismo, en cuanto ambas corrientes tienen como coincidencia común el espíritu intensamente decorativo que posibilita su perfecta asimilación y emparejamiento en un mismo edificio. Por otra parte, los materiales predilectos del mudéjar, el ladrillo, el yeso y la madera, por su mayor ductibilidad frente a otros más duros, como la piedra, permiten una mayor adecuación entre la sensibilidad agudamente ornamental y el efecto del producto deseado.

Los focos geográficos donde el mudéjar tardío ofrece mayores acumulaciones cuantitativas siguen siendo los de siglos precedentes, es decir, Toledo, en Castilla, Andalucía y Aragón; unas veces por la inercia de los hábitos adquiridos; otras, por la escasez de piedra; otras, por la pervivencia de núcleos más apretados de alarifes, yeseros, alcalleres y carpinteros moriscos que en otras regiones. Sólo podemos destacar aquí algunos ejemplos.

En el área estilística del mudéjar toledano se encuentra el monasterio de Guadalupe, cuya importancia no tuvo rival hasta la fundación del monasterio de El Escorial. El claustro mayor, uno de los mejores del mudéjar, es de comienzos del siglo XV. En su centro se eleva un pintoresco templete que, con formas de ladrillo, remeda una flecha gótica. La iglesia se concluyó en 1412; es gótica, con muchos resabios mudéjares, como los alfices que recuadran sus arcos agudos y los óculos calados de los pies y del crucero, cuyas claraboyas forman una estrella de lazos. Su autor fue el maestro toledano Rodrigo Alfonso. Claustros parecidos al de Guadalupe encontramos en Santa Clara la Real, de Toledo; en San Antonio, de Segovia; en el convento onubense de La Rábida y en el de San Isidoro del Campo, cerca de Sevilla.

En Andalucía, y particularmente en la región sevillana, continuaron construyéndose iglesias parroquiales y conventuales en estilo gótico-mudéjar, siguiendo la pauta del siglo anterior. La falta de documentación y los solos criterios estilísticos no permiten fechar con exactitud cronológica muchos de estos edificios, algunos de los cuales bien pudieran pertenecer a la primera mitad del siglo XV. La tradición carpinteril morisca de las armaduras de madera de todo tipo tuvo tanto arraigo, que perduró hasta el Renacimiento y el Barroco, siendo codificada en 1620 en el tratado de Diego López de Arenas, *Carpintería de lo Blanco*.

Otro tanto sucedió en Aragón. Aunque el apogeo del mudéjar aragonés tuviese lugar durante el siglo XIV, nuevas construcciones, mejoras y añadidos se produjeron durante el XV, hasta bien entrado el XVI. Los archivos notariales han arrojado una cifra muy considerable de alarifes moriscos trabajando durante estos últimos siglos [8], y algunos ejemplares característicos, como Santa María, de Maluenda, San Félix, en Torralba de Ribota, el desaparecido convento de San Pedro Mártir, de Calatayud, las torres de Santa María y San Andrés, en esta última localidad, la de Utebo, etc., pertenecen a los mismos. Los tres bellísimos cimborrios octogonales de las catedrales de Zaragoza, Teruel y Tarazona, con bóvedas estrelladas, dejando en el centro un hueco, a la manera califal, sobre el que se eleva la linterna, son de la primera mitad del XVI, aunque edificados sobre modelos anteriores mal calculados y deficientes. Por eso no es de extrañar que, cuando en 1525 se puso a los moriscos aragoneses en la alternativa de recibir el bautismo o desterrarse, se produjese un serio temor ante el extrañamiento de tan cualificada mano de obra.

5. RENOVACIÓN DE LA ICONOGRAFÍA RELIGIOSA EN EL SIGLO XV

El francés E. Mâle, que no ha sido superado todavía en su visión de conjunto sobre la iconografía de los siglos medievales, opina que en el siglo XV se produjo un gran enriquecimiento tanto de los temas históricos y didáctico-morales como en el modo de tratarlos, lo mismo en la escultura que en la pintura [9]. El siglo XIII había sido la época de las grandes especulaciones y abstracciones teológicas, extendidas y recopiladas en las *Sumas,* colocadas un tanto fuera del tiempo y moviéndose en la esfera de las ideas universales. Los siglos XIV y XV dieron paso a los escritos de los ascetas, de los contemplativos y de los místicos, más impregnados de sentimientos humanos y subjetivos, que abordaban la visión de los acontecimientos y de las verdades religiosas con acentos más plásticos y personales, perdiéndose en lo circunstancial, lo anecdótico y lo narrativo de la historia concreta. El arte, por consiguiente, como reflejo de esta nueva actitud, perdió, ciertamente, en profundidad y transcendencia, pero ganó en vivacidad y cercanía, haciéndose más palpable y humano, lo que equivale a decir, en lenguaje puramente formal, más concreto y realista. Acaso en esta nueva dirección influyese decisivamente la escuela ockamista, que repudiaba las verdades y los enunciados universales como puras abstracciones del entendimiento, asiéndose a lo individual y concreto como a la única realidad existente. De ahí que los artistas volviesen sus ojos a Italia, donde se habían co-

[8] Véase G. BORRÁS GUALIS, *Arte mudéjar aragonés* (Zaragoza 1978) p.57-66.

[9] E. MÂLE, *L'art religieux de la fin du Moyen Âge et sur ses sources d'inspiration* (París ⁵1949). Véase también S. SEBASTIÁN LÓPEZ, *Mensaje del Arte medieval* (Córdoba 1978), con bibliografía puesta al día sobre el aspecto iconográfico.

menzado a renovar las tradiciones del siglo XIII mediante un lenguaje más conmovedor, tierno y pintoresco, inspirado nuevamente en lo bizantino. En este sentido tuvo una enorme repercusión un libro célebre entonces, *Las Meditaciones de la Vida de Cristo,* atribuidas a San Buenaventura, pero que fueron escritas por un franciscano desconocido, quizás Juan de Caulibus, y sirvieron de pasto espiritual no sólo a innumerables almas piadosas, sino a los propios artistas. Dicho libro, a fin de sensibilizar y conmover intensamente a los que se ejercitaban en la oración, pintaba con todo lujo de detalles las escenas, especialmente de la infancia y de la pasión del Salvador, supliendo lo que no narraban los evangelios con la devota fantasía. Pero no sólo fue este libro fuente de renovación y enriquecimiento iconográfico, sino otros muchos de índole parecida, como las *Revelaciones,* de Santa Brígida de Suecia; los escritos de místicos, como Taulero, Eckhardt, Suso, Ruysbroeck y Gerson, e incluso los tratados de algunos padres antiguos que, como San Bernardo y San Anselmo, se habían distinguido por su exaltado pietismo. Hay que añadir, además, la ascendente influencia del drama litúrgico y del teatro, cuyo arraigo fue creciendo desde los siglos antecedentes. Aquéllos determinaron desde la inserción de nuevos ciclos de representación hasta la renovación del escenario, de los trajes y de los gestos efectuados por los personajes.

La tremenda sensibilidad subjetiva que dominó durante el siglo XV condicionó que, entre las escenas y los episodios de la vida de Cristo y de la Virgen, se eligiesen para su representación aquellas en que predominaban los sentimientos más humanos, bien fueran de dulce ternura, bien de desgarrado patetismo. Por eso se acrecentaron la devoción a la infancia de Cristo, a la pasión y a la sangre de Cristo, a los dolores de su Madre. Se crean entonces temas tan peculiares y variados como el de la Virgen jugueteando con el Niño, el Niño Jesús jugando con los ángeles, las escenas más íntimas y tiernas de la vida doméstica de la Sagrada Familia en Nazaret, el Varón de dolores, la Misa de San Gregorio, la Vid y la Prensa místicas, la Piedad, el Cadáver de Cristo depositado en el regazo de la Trinidad, los Dolores y Gozos de la Virgen, el Santo Entierro, etc.

También se acrecentó, si cabe, en el siglo XV el culto de los santos, inundando el arte de dulce e ingenua poesía. La *Leyenda dorada,* de Jacobo de Vorágine, que contaba sus vidas y milagros, siguió siendo explotada intensamente por los artistas, que paraban mientes en aquellos aspectos más pintorescos y fantásticos de la narración. Los nuevos prodigios operados por sus restos y reliquias corrían de boca en boca propalados por los troveros y peregrinos, y eran inmediatamente motivo de representación. A diferencia de los siglos precedentes, los santos fueron objeto de culto, durante las postrimerías de la Edad Media, más que en razón de su ejemplaridad moral, porque libraban de los terribles azotes de la época: los incendios, las enfermedades infecciosas, las pestes y la muerte repentina. De ahí la especial popularidad y la frecuente representación de algunos, como Santa Bárbara, protectora contra el rayo y la tempestad; San Sebastián, San Adrián y San Roque, patronos contra la peste; San Antonio ermitaño, que liberaba de la enfermedad infecciosa conocida como «fuego de San Antonio»; San Cristóbal, que protegía contra la muerte repentina. Por otro lado, la pujante vida industrial y mercantil de las ciudades, peculiar de fines de la Edad Media, impulsaba a la asociación de artesanos y comerciantes en gremios, los cuales, si tenían como propósito fundamental la salvaguardia de sus intereses y privilegios profesionales, seguían funcionando también como cofradías religiosas imbuidas de principios devocionales y asistenciales. Ahora bien, cada cofradía tenía como patrono privativo a un santo que había ejercido su misma profesión; así, San José era patrono de los carpinteros; San Jorge, de los coraceros; San Sebastián, de los arqueros; San Pedro, de los pescadores; San Eloy, de los orfebres; San Cosme y San Damián, de los médicos, etc.

Pero quien se llevó la palma del fervor entre todas las clases sociales fue la Virgen María. De este tiempo datan nuevas representaciones iconográficas que correspondían a devociones muy recientes, como la Virgen de Loreto, que dio lugar a las famosas letanías lauretanas; la Virgen del Rosario, a cuyo rezo dio forma definitiva una visión tenida en 1470 por Alano de Roche; la Virgen como intercesora que cobija bajo su manto a los miembros de una familia religiosa, de un instituto benéfico o de una cofradía; la Inmaculada Concepción, cuya doctrina teológica, bloqueada por Santo Tomás, comienza a abrirse camino gracias al entusiasmo popular, obteniendo en este tiempo las primeras resoluciones pontificias por parte del papa franciscano Sixto IV. El misterio de la Inmaculada se empezó a representar siguiendo el esquema ofrecido por San Juan en la visión de la extraña mujer del Apocalipsis, revestida por el sol, calzada por la luna y rodeada de doce estrellas, atributos a los que se asociaron otros emblemas bíblicos, tomados especialmente del Cantar de los Cantares. Sin embargo, otras formas de incipiente representación fueron también el abrazo de San Joaquín y Santa Ana ante la puerta Dorada, razón por la que estos santos fueron objeto de una especial veneración, y el árbol de Jesé.

No pararon aquí las innovaciones iconográficas del siglo XV. Además de en el terreno histórico y hagiográfico, se manifestaron igualmente en el campo de la alegoría y el simbolismo con intenciones didácticas y moralizantes. El lujo y el ansia de vivir y de gozar de las realidades inmediatamente tangibles trajeron consigo un desenfreno y una corrupción pocas veces alcanzadas, que afectaron a todas las clases sociales sin distinción, aunque las más lamentables fueran las del clero, tanto secular como regular. A denunciarlas y combatirlas se encaminaron las nuevas representaciones plásticas. Se intensificaron las que ya desde antiguo ofrecían la lucha encarnizada de las virtudes contra los vicios, dotando a unas y otros de atributos más inmediatamente inteligibles y pintorescos. No se dudó en echar mano, para hacer más sugestivas estas alegorías, de símbolos paganos cuando venía al caso. Por ejemplo, se pusieron entonces en curso representaciones de las Sibilas, emparejéndolas con los profetas bíblicos, porque, según la literatura erudita del dominico Filippo Barbieri, las Sibilas, en número de doce, habían participado a su manera, en el mundo pagano, del aliento profético, anunciando la venida, la pasión y la muerte de un dios desconocido que había de traer la salvación a la humanidad.

El cumplimiento de los deberes religiosos y morales del hombre se hace más ineludible ante la caducidad de la vida y la presencia inapelable de la muerte. La población medieval tardía de Europa entera estaba muy habituada al trato frecuente con la muerte. Además de las víctimas de las guerras y de otros accidentes normales, sólo la peste negra del siglo anterior, con periódicas apariciones en el escenario del propio siglo XV, se había llevado a más de la mitad de aquélla. Por eso, las danzas macabras, narraciones como las de «Los Tres Muertos y los Tres Vivos», los manuales dirigidos a prepararse a bien morir fueron lugares comunes en toda la literatura y el arte europeos. La muerte fue representada de todas las maneras imaginables, pero quizás la más aterradora y espeluznante fue aquella con que figuraban los yacentes de algunos sepulcros, verdaderos cadáveres en trance de descomposición y roídos por los gusanos. La abundancia de monumentos funerarios es otro síntoma de este otoño crepuscular de la Edad Media, pues no sólo actuaba para su multiplicación el recuerdo de la muerte, sino, como señalamos más arriba, el deseo de la pervivencia en la memoria de las generaciones futuras. Sobre todo cambió por completo la iconografía de los sepulcros. Los yacentes aparecían no en una edad indeterminada, con una serenidad, una idealización y una nobleza a la manera de seres que gozan ya de la eterna bienaventuranza, sino a la edad a que murieron, con sus rasgos individuales solamente desfigurados por la muerte y con un gran realismo en la figuración de las lujosas indumentarias. Sin embargo, a veces están aún vivos, con un libro entre las manos y meditando melancólica y estoicamente sobre lo inevitable del trance supremo. Los varones están acompañados por leones, símbolo de virilidad; y las hembras, por perrillos falderos, alegoría de la fidelidad y de la vida doméstica, pero a veces los perrillos son auténticos lebreles de caza, apuntando a este deporte favorito de la caballería medieval. Otras veces, los que están sentados a los pies son los pajes y criados de los señores portando sus escudos nobiliarios y emblemas heráldicos, que figuran preferentemente también en los costados del sarcófago, junto con el coro de plañideras y llorones, incrementado el uso de estos últimos desde su impresionante utilización por Claus Sluter, en forma de encapuchados, en la tumba de Felipe el Atrevido.

Pero donde la sátira contra los vicios de la sociedad del siglo XV alcanza cotas de expresividad más punzante y realista es en las llamadas «misericordias» de las sillerías de coro. Hasta ahora se había creído que se trataba de la representación, bastante excepcional en la Edad Media, de temas profanos y de la vida cotidiana, pero recientemente se ha demostrado su carácter profundamente ético y ejemplarizante, por más que el lenguaje utilizado para inculcar estas lecciones morales raye a veces en la chocarrería y la irreverencia. La prueba de que la Iglesia lo veía así es que haya admitido tales representaciones dentro del recinto de las catedrales y colegiatas, mirando de buen grado las acervas censuras dirigidas contra el clero, estamento social que no queda en ellas precisamente bien parado. Las fuentes literarias para tales temas, eso sí, no fueron las habituales del Antiguo y Nuevo Testamento, de la tradición eclesiástica y de la patrología, sino la mitología pagana, las fábulas de la literatura contemporánea, los refranes, los libros de emblemas, y alegorías y, en general, todo el acervo literario procedente de la sabiduría popular [10].

6. CARACTERES GENERALES DE LA ESCULTURA

La escultura religiosa española del siglo XV experimenta un nuevo giro que, en parte, venía determinado ya por el período inmediatamente precedente. Sin embargo, este giro no consiste en la asimilación de la forma bella a la antigua, que había incorporado el contemporáneo *Quattrocento* italiano; como en la arquitectura, la vanguardia artística del Renacimiento no penetrará en la Península, con contadas excepciones, hasta el último lustro del siglo y los comienzos de la centuria siguiente, ni siquiera en regiones de la cuenca mediterránea y del reino de Aragón, donde, paradójicamente, los intercambios políticos y comerciales con Italia fueron tan frecuentes. Los escultores italianos que se trasladaron a España fueron contados y, como los arquitectos, lo hicieron en plan esporádico e itinerante, sin dejar apenas arraigo y huella perdurable tras de sí. Tampoco fueron muchos los artistas españoles que hicieron el viaje inverso, de la Península a Italia, para aprender las nuevas modas renacentistas y tratar luego de implantarlas aquí. Por eso también la escultura medieval tardía española continuó siendo, en un porcentaje elevadísimo, de carácter religioso, y, cuando alguna vez se representaron figuras y temas de la fábula y de la historia paganas, tan frecuentes en Italia, se medievalizaron siguiendo el principio de disyunción, analizado por E. Panofsky, de atenerse a la forma neutralizando o desfigurando el contenido, pues éste no tenía por objeto la representación de la figura o de la escena pagana en sí, sino su moralización, reconvirtiéndola y haciéndola vehículo del mensaje religioso y cristiano [11].

Por el contrario, durante todo el siglo fue continuo el goteo de escultores franceses, borgoñones, flamencos y centroeuropeos, que fueron instalándose en los diversos reinos peninsulares. Ellos introdujeron las distintas corrientes y modalidades de la escultura europea del momento. Aproximadamente hasta mediados del siglo predominó el estilo borgoñón, derivado de la escuela de Claus Sluter, que puso fin al ele-

---

[10] Este punto ha sido ampliamente estudiado y dilucidado en el reciente libro de ISABEL MATEO, *Temas profanos en la escultura gótica española. Las sillerías de coro* (Madrid 1979).
[11] E. PANOFSKY, *Renacimiento y renacimientos en el arte occidental* (Madrid 1975) p.136ss.

gante y refinado manierismo de la centuria antecedente, suplantándolo por un vigoroso monumentalismo de las figuras, la frondosidad de los paños ondulados y fuertemente contrastados, y la intensidad expresiva de los rostros. Hay que tener en cuenta que, en la formación de esta escuela, intervino un aragonés, originario de Daroca, Juan de Huerta, quien trabajó en Borgoña desde 1443. A mediados del siglo fue el estilo flamenco, derivado de las pinturas de J. van Eyck, R. van der Weyden y sus secuaces, el que, acomodado a la escultura, se adueñó de España, caracterizándose por su verismo y por su atenta observación del natural, excepto en el convencionalismo de los paños formando cascadas de angulosos y quebrados pliegues. No se debe olvidar que, al decidido realismo flamenco, se asoció con frecuencia el llamado «weicher Stil», o «estilo suave», originario de Bohemia y de la Europa central, con un agudo instinto para captar la belleza formal y con una expresión delicada de la vida interior, que confieren a las imágenes un aspecto más vivo y gracioso. Finalmente, en el último tercio del siglo, coincidiendo aproximadamente con el reinado de los Reyes Católicos, se acrecienta, si cabe, la entrada de artistas del norte, atraídos por el lujo desbordante con que vivían magnates y nobles españoles. El estilo tiende, en consecuencia, a traducir ese lujo en el preciosismo detallista y el desbordamiento ornamental, que impregna las esculturas convirtiéndolas en delicadas filigranas, estilo que no es ajeno al de las escuelas alemanas del Tirol, Nurenberg y Würzburg, las más importantes y significativas de aquellos años en Europa.

También se renovaron en el siglo XV los géneros y las técnicas de la escultura. Había pasado la época de los grandes portales exteriores de las catedrales e iglesias, cuajados de relieves e imágenes dispuestas en ciclos completos de profundo significado teológico y cósmico. Concluidos los exteriores de los templos, había que equiparlos interiormente con altares, retablos y sillerías de coro, géneros en los que se ocupan preferentemente los artistas. Los grandes programas de las portadas y de los vitrales se trasladan ahora a los retablos y a los respaldos y tableros de las sillerías, programas que son de carácter generalmente hagiográfico y devocional, más asequibles que los dogmáticos de épocas anteriores. Los retablos se multiplican, porque, además del retablo mayor, se componen los de las capillas privadas, costeadas por gremios y cofradías, dedicados a sus patronos y santos titulares. Además de los ciclos expresados en las gigantescas máquinas de retablos y sillerías, abundan las imágenes aisladas de devoción, sobre todo a medida que se impone la costumbre de encargarlas no sólo para presidir los altares, sino para sacarlas en procesión. Otro género abundantísimo en este siglo, como en ningún otro, es el de la escultura funeraria, por las razones expuestas ya repetidas veces. Aunque para realizar relieves y esculturas se sigue utilizando la piedra, el mármol o el alabastro, el material preferido es la madera, con la que se fabrican, especialmente, sillerías y retablos. La madera es luego dorada y policromada, buscando simultáneamente producir el efecto de lujo y de verismo. Y no contentos con la policromía, sobre todo en la época final, en que se persigue un alarde de riqueza y decorativismo, las orlas, ribetes y broches de los vestidos de las imágenes se tallan y pintan simulando incrustraciones de orfebrería y piedras preciosas.

7. LA ESCULTURA POR CENTROS Y ESCUELAS REGIONALES

Cataluña, Aragón y Navarra

En los estados de la corona de Aragón, más permeables a la influencia italiana por su situación geográfica y por su orientación política y comercial, no prosperan las influencias italianas que habían aparecido prematuramente en épocas anteriores. La excepción más significativa es la presencia en Valencia, entre 1417 y 1420, de Julián Florentino, quien hace los relieves del trascoro de la catedral, trasladados hoy a la capilla del Santo Cáliz. Una de las personalidades más descollantes fue Guillem Sagrera, arquitecto a la par que escultor, quien en 1422 labró las monumentales estatuas de San Pedro y San Pablo de la puerta del Mirador, en la catedral de Palma de Mallorca. La penetrante expresividad de los rostros parece de raíz borgoñona, pero el plegado de los paños se encuentra sometido a la disciplina clásica italiana, dejando transparentar la contextura de los cuerpos. El bello ángel de la lonja, en la misma ciudad, es demasiado decorativo para ser puramente borgoñón, aunque el ropaje y los cabellos ofrezcan algún asidero para relacionarlo con aquella escuela. Sagrera, que también era arquitecto y que, como tal, había comenzado trabajando en Perpignan, fue maestro de la catedral de Palma y terminó su carrera en Nápoles, al servicio de Alfonso V el Magnánimo. Gozne de la transición entre los siglos XIV' y XV en Cataluña fue el maestro gerundense Pere Oller, que había colaborado con Ça Anglada en la sillería de coro de la catedral de Barcelona. Su obra maestra es el retablo de San Pedro, de la catedral de Vich, encargado en 1420 por el canónigo Bernat Despujol en alabastro policromado; los pequeños y numerosos tableros están dedicados a la vida de la Virgen y de San Pedro, y el estilo es poco innovador, insistiendo en lo menudo, delicado y narrativo de la época precedente. Más representativo de la primera mitad del siglo es Pere Johan, hijo de Jordi de Deu, esclavo de origen griego procedente de Mesina, aunque su estilo no tenga mucho que ver con el borgoñón, pues es poco naturalista, buscando el simbolismo de la forma, la elegancia espiritual y la fogosidad de la imaginación. Así lo demuestra el espléndido medallón de San Jorge, del palacio de la Generalidad de Barcelona, obra juvenil, de 1418. El gran prelado y mecenas Dalmacio del Mur le encargó en 1426 el retablo dedicado a Santa Tecla y a la Virgen, de la catedral de Tarragona. Este retablo significa la introducción de un tipo más monumental, con figuras y relieves de mayor tamaño que en el de Vich; las escenas están concebidas con un gran lirismo, de suave entonación poética, pero sin excluir otros registros muy diversos que alcanzan, a veces, lo feo y lo grotesco. Esta senda hacia un mayor realismo, que parece una constante en los artistas de raigambre hispánica, se verifica especialmente en la predela del retablo de la Seo, de Zaragoza, obra encomendada también por el arzobispo Dalmau del Mur cuando fue trasladado a aquella sede. En lo referente a monumentos funerarios destaca el del obispo Escales, en una capilla de la catedral de Barcelona, labrado entre 1409-1411 por Antoni Canet, discípulo asimismo de Ça Anglada; es de tipología prematuramente borgoñona, tanto por la profunda individualización de los rasgos del prelado yacente como por la introducción en los costados del sarcófago de los llorantes encapuchados. En cambio, el sepulcro del obispo Bernardo de Pau, en la catedral de Gerona, obra anónima de la segunda mitad del siglo, incorpora la suntuosidad y prolijidad decorativa propias de ese momento. Obra también muy significativa de finales del gótico en Cataluña es el relieve de la *Piedad,* de una de las puertas del claustro de la catedral de Barcelona, tallado con típico patetismo nórdico por el alemán Miguel Lochner o Luschner, quien residió en la ciudad entre 1483 y 1490.

En Aragón, un conjunto de estilo borgoñón de primera categoría lo constituye el retablo de la capilla de los Corporales, de Daroca. Hay que excluir como su autor a Pere Johan, así como a Juan de la Huerta. Se piensa que pudo ser un colaborador de Claus de Werve, venido hasta allí por no se sabe qué caminos, quien había iniciado precisamente a de la Huerta y le habría impulsado a trasladarse a Borgoña [12]. En cambio, en Zaragoza, el retablo de la Seo, comenzado por Pere Johan y continuado por Francisco Gomar, fue concluido por el alemán Hans de Suabia-Gmunda, a partir de 1467. Al añadir tres enormes paneles sobre el banco, el central más elevado que los laterales, con escenas muy desahogadas de la Epifanía, la Transfiguración y la Ascensión, enmarcados por un grueso guardapolvos o polsera, inauguró un nuevo tipo de retablo que había de tener fecunda descendencia en tierras aragonesas. En cambio, el germanismo de su escultura apenas tuvo consecuencias. En 1482, Gil Morlanes el Viejo introdujo una reforma al horadar una claraboya en la parte alta del retablo, rodeada por un pabellón con ángeles. Esta claraboya, destinada a la exposición del Santísimo Sacramento, se convirtió en una constante de los retablos aragoneses que perdurará en el Renacimiento.

En Navarra, la obra maestra del estilo franco-borgoñón es el sepulcro de los reyes Carlos III el Noble y su esposa Leonor de Castilla, fabricado en alabastro a partir de 1412 por Jehan Lome, artista originario de Tournai, contratado expresamente por el monarca durante su último viaje a Francia. Se encuentra en el centro de la nave de la catedral de Pamplona. Sigue el tipo del sepulcro de Felipe el Atrevido, aunque no haya de excluirse la inspiración más inmediata en el de Felipa de Hainaut, esposa de Eduardo III de Inglaterra, en la abadía de

12 Véase PIERRE QUARRE, *Jean de la Huerta et la sculpture bourguignone au milieu du XV* siècle (Dijon 1972).

Wetsminster, obra de Jean de Liège, a fines del siglo XIV [13]. La efigie del rey yacente es un auténtico retrato, puesto que fue hecha en vida de éste, y sorprende por su impresionante verismo. La cama sepulcral se encuentra rodeada por veintiocho llorantes encapuchados, bajo arquillos que pudieran representar a personajes concretos de la vida eclesiástica y gubernamental del reino de Navarra. Con el taller de Lome, que falleció en Viana, en 1449, se relacionan otros sepulcros navarros, como el del obispo don Sancho Sánchez de Oteiza, en una capilla de la catedral de Pamplona, que también lleva cortejo procesional de llorantes; el del canciller Villaespesa, en la colegiata de Tudela, decorativamente mucho más rico que el anterior; el sepulcro Garro, etc.

Andalucía

En Andalucía, el protagonista de la escultura a mediados del siglo es Lorenzo Mercadante de Bretaña, exponente de un arte más evolucionado que el borgoñón y próximo al estilo de los grandes maestros flamencos de la pintura. Esculpió el sepulcro del cardenal Juan de Cervantes en una capilla de la catedral de Sevilla, por el que recibió los últimos pagos en 1458. Destaca la rígida estatua yacente del prelado, con el rostro desencajado y exangüe, viva representación de la muerte, sin afeites ni disimulos, tomada seguramente de la mascarilla mortuoria. En el sarcófago, los tradicionales llorantes han sido sustituidos por ángeles tenantes de las armas heráldicas del difunto. A partir de 1464 realizó la decoración de las portadas laterales de la catedral sevillana, con relieves y estatuas de barro cocido y policromado, técnica desconocida en la ciudad y desde entonces de uso frecuente en la misma. En las jambas, las estatuas son de santos, preferentemente locales, representados con ricos vestidos de ampulosos y quebrados pliegues que caen como cascadas sobre los pies. El relieve más conseguido es el del portal del Nacimiento, de aspecto a la vez intimista y pintorescamente narrativo, como corresponde a la mencionada pintura flamenca contemporánea. Colaborador y discípulo de Mercadante fue Pedro Millán, escultor de exquisita y un tanto morbosa sensibilidad. Sus figuras son de esbeltas proporciones y nerviosamente movidas. Compuso, entre otros, los grupos tan representativos de la iconografía gótica tardía, como el Cristo de Dolores y la Piedad. El gigantismo y la creciente aparatosidad a que tienden los retablos de este período encuentran como máximo exponente el retablo mayor de la catedral de Sevilla, comenzado en 1482 por el flamenco Pieter Dancart y continuado por Jorge Fernández Alemán, hermano del pintor Alejo Fernández; cuenta nada menos que con cuatro cuerpos y siete calles, alcanzando los veinte metros de altura por trece de anchura, y es de inconmensurable riqueza iconográfica y decorativa. Sin embargo, como en otros retablos tardíos, lo que cuenta

---

[13] Véase el reciente libro de R. STEVEN JANKE, *Jehan Lome y la escultura gótica posterior en Navarra* (Pamplona 1977).

es la impresión esplendorosa del conjunto, encaminada a producir sentimientos de subyugante admiración, más que la calidad del detalle e, incluso, que la intención didáctica. Dancart intervino igualmente en la hechura de la silla prelacial del coro, pero éste se halla firmado en 1478 por Nufro Sánchez, artista de origen morisco. Los respaldos de las sillas altas y los guardapolvos llevan decoración de lacería mudéjar, mientras las sillas bajas están equipadas con tallas de tema sacro, y las misericordias, con la temática satírico-moralizante a que aludimos más arriba.

Castilla: los focos de Burgos y Toledo

De la primera mitad del siglo XV y de filiación franco-borgoñona encontramos varios monumentos sepulcrales dispersos por toda Castilla. En la catedral de Sigüenza es muy notable el del obispo don Alonso Carrillo de Albornoz, cardenal de San Eustaquio, velado en su sueño por ángeles cantores; el frente de la urna se ilustra con relieves de la vida de San Eustaquio, donde son todavía muchas las concesiones al pintoresquismo narrativo y al tipo de paisaje de la época antecedente. En la capilla del contador Fernán López de Saldaña, sita en el monasterio de las Clarisas, de Tordesillas, las sepulturas de este caballero y de su mujer, bajo calados arcosolios, parecen obra del maestro Jusquín, aunque los ángeles tenantes de los escudos, incursos en la contextura arquitectónica, debieron de ser hechos por Guillén de Rohan, predecesor de aquél en la maestría de la catedral de León. En la capilla de San Bartolomé, dentro del claustro de la catedral vieja de Salamanca, se encuentra la sepultura de alabastro de don Diego de Anaya, arzobispo de Sevilla y fundador del colegio que lleva su nombre en la ciudad del Tormes. Este prelado asistió al concilio de Basilea, y es posible que trajera consigo al maestro renano que labró su sepulcro. Aunque se acomoda al tipo borgoñón, muestra claramente el impacto del «weicher Stil», o «estilo suave», en la melodiosa cadencia de sus líneas.

En la segunda mitad de la centuria, la producción escultórica se intensifica en toda Castilla, polarizándose, sin embargo, en torno a dos focos o escuelas, las de Burgos y Toledo, que coinciden con las correspondientes escuelas arquitectónicas ya comentadas. El estilo entonces vigente es el germano-flamenco, alcanzando su máxima floración durante el reinado de los Reyes Católicos. El afiligranado estilo burgalés, en que la materia pierde su consistencia para transmutarse en pura orfebrería, es iniciado por Simón de Colonia. A él se debe probablemente el sepulcro del obispo don Alonso de Cartagena, el iniciador y mecenas de este movimiento. Este artista funde en un todo indisolublemente unido y de carácter intensamente decorativo arquitectura y escultura, como lo muestran la capilla de los Condestables, en Burgos; la fachada de la iglesia de San Pablo, en Valladolid, y la de la colegiata, de Aranda de Duero. Se discute si también se le debe la portada del colegio de San Gregorio de Valladolid. La huella que dejó se percibe en obra tan tardía como la fachada de la catedral nueva de Salamanca, proyectada por Juan Gil de Hontañón, quien se educó en su círculo. Con todo, quien llevó a términos inverosímiles dicha corriente fue Gil de Siloé, oriundo, al parecer, de Amberes. En 1489 se ocupó del sepulcro de los reyes Juan II e Isabel de Portugal, en la cartuja de Miraflores, costeado por su hija la reina católica. El túmulo tiene la forma insólita y original de una estrella de ocho puntas, habiéndose aducido para explicarlo la influencia mudéjar. Las figuras yacentes se presentan vivas, leyendo un libro la de la reina. La pasión por la indumentaria y lo puramente suntuario ahogan el bulto escultórico de las imágenes, sepultadas en la masa de brocados, terciopelos, pieles, sedas y joyas, que son reproducidos con minuciosidad exasperante. El prurito de impresionar con la representación táctil de toda aquella balumba de riquezas aminora la sensación estética, pero es muy expresiva del lujo de la corte en un momento histórico culminante. Lo mismo acontece con el sepulcro del infante don Alfonso, hermano de la reina católica, representado como orante dentro de un deslumbrador arcosolio en el presbiterio de la misma cartuja. La misma tipología sigue el monumento funerario de don Juan Padilla, que, procedente del monasterio de Fresdelval, se expone en el museo de Burgos. Para la catedral de Burgos hizo Siloé el retablito de Santa Ana, en la capilla de los Condestables, terminado por su hijo Diego de Siloé, y el de la capilla de la Concepción y Santa Ana. Este último, sufragado por el obispo don Luis de Acuña, que en él se encuentra retratado como donante, tiene como motivos iconográficos dominantes el árbol de Jesé y el abrazo de San Joaquín y Santa Ana en la puerta Dorada, episodios con que solía representarse entonces el misterio de la Inmaculada Concepción. Colaboró en la confección del mismo Diego de la Cruz, quien también lo hizo en el de la iglesia de la cartuja de Miraflores. Aquí el dispositivo arquitectónico se sale de lo convencional, pues se compone de varias ruedas o círculos tangentes, copiando acaso la urdimbre de un tapiz árabe; en ellos se inscriben las escenas principales. Iconográficamente también, resulta chocante el Calvario, sostenido el travesaño de la cruz por el Padre y el Espíritu Santo, éste representado de manera antropomórfica, y con el pelícano, símbolo del sacrificio de Cristo, encima.

La puerta Nueva de la catedral, o puerta de los Leones, es el primer conjunto de estatuaria germano-flamenca que se puede ver en Toledo. Fue realizada, como ya se dijo, por Hanequín de Bruselas entre 1452 ó 1465, en tiempo del arzobispo Alonso Carrillo de Acuña. Los escultores que más activamente trabajaron en la portada fueron Egas Cueman, hermano de Hanequín, y Juan Alemán. Está dedicada a la Asunción, y de ahí que en el tímpano figuren representaciones del tránsito de la Virgen y de su entierro, y en la arquivolta, una corona de querubines y ángeles músicos; en cambio, en el parteluz aparece una estatua de la Virgen de melancólica belleza, e inmediatamente a sus lados Nicodemus y las tres Marías, ocupando el resto de las jambas imágenes de los apóstoles. Llevan casi todas estas estatuas los nombres curiosamente inscritos en las aureolas, y pertenecen en su mayor parte a Juan Alemán, quien ha trasmutado la gesticulación nórdica en una profunda interiorización de los rostros y en un intento muy logrado de individualización personal. En el tímpano interior de la puerta hay un precioso relieve del árbol de Jesé, asignable al mismo Juan Alemán.

Egas Cueman realizó, fuera de Toledo, la sillería de coro de la catedral de Cuenca (hoy en la colegiata de Belmonte), un *Cristo de los dolores* y un grupo de la *Piedad,* muy dramático y sentido, en la catedral de Cuenca y Guadalupe, respectivamente; y en este último monasterio, los sepulcros de don Alonso de Velasco y de doña Isabel de Cuadros, con ángeles y Virgen conforme a modelos muy flamencos, y los bultos de los difuntos en actitud orante, por primera vez en el arte español. Un discípulo de Cueman, Sebastián de Toledo, se distinguió como autor de sepulcros[14]. Se le debe en primer lugar, en 1489, el de don Alvaro de Luna y su mujer, doña Juana de Pimentel, en la capilla de Santiago de la catedral toledana. Los yacentes están recostados separadamente, cada uno en su sarcófago. Estos van ornamentados con abundancia de emblemas heráldicos, tal como era habitual en esta fase tardía, a diferencia de lo borgoñón, pero lo original y en parte derivado todavía de esta escuela reside en que las camas mortuorias van flanqueadas por figuras de bulto, caballeros santiaguistas en el sepulcro de don Alvaro, y frailes en el de su esposa. Con su estilo se relaciona modernamente la obra maestra de la escultura funeraria de esta etapa final del gótico, el sepulcro de don Martín Vázquez de Arce, *el Doncel de Sigüenza.* Aparentemente, esta sepultura poco tiene de religiosa, si se exceptúan dos efigies de santos a cada lado del arcosolio. El caballero santiaguista está representado vivo, ligeramente incorporado y leyendo atentamente un libro. El sentimiento dominante es el de la melancólica resignación senequista ante la muerte que impregna las contemporáneas *Coplas a la muerte de su padre,* de Jorge Manrique.

El artista que en Toledo, como Simón de Colonia en Burgos, sabe fundir mejor en un todo indisoluble arquitectura y escultura es Juan Guás. Así lo atestiguan el crucero y el claustro de San Juan de los Reyes, poblados de estatuas, pues, aunque no todas salieran de sus manos, fue él quien llevó la batuta en este incomparable conjunto decorativo. Al mismo género pertenecen las frenéticas decoraciones de talla y escultura del trasaltar de la catedral primada, donde igualmente intervino Juan Guás de una manera muy destacada. El exorno de la catedral toledana fue continuado, ya en la vertiente del siglo XVI, por prelados tan insignes como los cardenales don Pedro González de Mendoza y fray Francisco Jiménez de Cisneros. El retablo mayor, sólo superado en magnitud por el de la catedral de Sevilla, fue trazado en 1448 por Peti Juan, y esculpido en madera policromada por Rodrigo Alemán, Diego

[14] La personalidad de Sebastián de Toledo, distinguiéndola de la de Sebastián de Almonacid, ha sido destacada por J. M. de Azcárate *(El maestro Sebastián de Toledo y el Doncel de Sigüenza),* en la revista «Wad-al-Hayra», de la Institución Provincial de Cultura «Marqués de Santillana» (Guadalajara 1974) p.7-34. JUAN CARRETE Y PARRONDO, *Sebastián de Toledo y el sepulcro de Don Alvaro de Luna:* Revista de Ideas Estéticas (1975) p.231-37.

Copin de Holanda y Felipe Bigarny; el dispositivo arquitectónico es todavía gótico florido, pero los tableros de escultura dejan sentir ya las auras del Renacimiento. Otros retablos importantes de las postrimerías del gótico son el de alabastro del monasterio de El Paular; el de la catedral de Oviedo, iniciado ya en 1511 por Giralte de Bruselas; el de la catedral de Orense, obra de Cornelis de Holanda; el de la iglesia de Gumiel de Hizán (Burgos), etc.

Junto a los retablos, el otro género predilecto del gótico tardío son las sillerías de coro. Ya hemos aludido a las de las catedrales de Barcelona, Sevilla y Cuenca (colegiata de Belmonte). Las sillas bajas del coro de la catedral de Toledo fueron labradas entre 1489-1495, en tiempos del cardenal González de Mendoza. Su autor fue Rodrigo Alemán, quien representó en los respaldos la historia de la conquista de Granada, acontecimiento histórico que acaso fuese visto desde una vertiente religiosa para explicarse su intromisión en un recinto sagrado; los brazales y misericordias efigian temas aparentemente también profanos, pero cuyo profundo significado didáctico-moral ha sido consignado en otra parte. Rodrigo Alemán se convirtió en el autor más cualificado y original de sillerías de coro. Suyas son también las de las catedrales de Plasencia y Ciudad Rodrigo, mandadas hacer por el cardenal Gutierre de Toledo y el obispo don Diego Peralta, respectivamente, entre 1497 y 1508. La sillería de la catedral de Zamora, atribuida antes al mismo escultor, se asigna a Matías de Holanda y Giralte de Bruselas.

8.   RASGOS COMUNES A LA PINTURA DEL SIGLO XV

Si en la arquitectura y en la escultura se perciben en la España del siglo XV repercusiones bastante heterogéneas que proceden de un cuadrante muy extenso de la Europa del norte —Francia, Borgoña, Países Bajos, el valle del Rin, Centroeuropa—, en el campo específico de la pintura, los contactos y los préstamos parecen polarizarse hacia un solo país, Flandes. Esta pequeña región, que políticamente dependía del ducado de Borgoña, conoce desde comienzo de siglo una prosperidad económica y una pujanza comercial sin precedentes, alentadas por una precoz burguesía y favorecidas por circunstancias históricas, como la guerra de los Cien Años y las alianzas matrimoniales de la dinastía borgoñona. La emigración de la corte desde Dijon a Brujas y Amberes, tras la batalla de Agincourt, en 1415, acabó de consolidar esta situación. Se produjo allí un auténtico Renacimiento nórdico por vía de fertilización autónoma, sin precedente alguno de la tradición clásica romana, donde Jan van Eyck, el maestro de Flemalle y Roger van der Weyden representan un fenómeno equivalente al de los pioneros vasarianos del *Quattrocento* florentino: Brunelleschi, Donatello y Masaccio. Este Renacimiento nórdico dominó durante el siglo XV el panorama de la pintura europea, cortando o retrasando la introducción de su homónimo italiano hasta la centuria siguiente.

De este foco de atracción no podía sustraerse la península Ibérica por muchas razones. Las relaciones artísticas entre España y Flandes se apoyaron en un cuadro de intercambios económicos muy estrechos. Por ejemplo, el reino de Castilla exportaba a los puertos flamencos materias primas, como cueros y lanas, y recibía a cambio objetos manufacturados, como paños de gran calidad, sedas, brocados, tapices y objetos suntuarios en general, apetecidos y codiciados por el tren de lujo en que vivían los aristócratas, nobles y potentados. Desde época muy temprana, tanto en Castilla como en Aragón se importaron directamente, como objetos suntuarios también, aunque con achaque de devoción religiosa, vidrieras, tablas y cuadros flamencos en grandes cantidades. En esta afición se distinguieron los monarcas, especialmente los Reyes Católicos, pues la colección de doña Isabel, legada a la capilla Real de Granada, es todavía, pese a lo disminuida que ha llegado, una de las mejores series que existen de pintura flamenca del siglo XV. Tampoco es desdeñable en el aspecto que estamos comentando la visita efectuada a la Península por Jan van Eyck por los años 1428-1429, camino de Lisboa, para retratar a la princesa Isabel de Portugal, hija de Juan I y proyectada esposa del duque de Borgoña Felipe el Bueno. Ascendió como peregrino hasta Santiago de Compostela, residió algún tiempo en la corte de Castilla y parece probable que visitara también la de Aragón, establecida entonces en Valencia; incluso es posible que pintara entonces un San Jorge y un tríptico de la Anunciación, desaparecidos, que estuvieron en poder de Alfonso V el Magnánimo. Ya en las postrimerías del siglo, los Reyes Católicos inician la serie de alianzas matrimoniales y dinásticas con la casa de Borgoña, casando al príncipe don Juan con Margarita de Austria, y a la infanta doña Juana con Felipe el Hermoso. Desde entonces no es ya la afluencia de obras importadas lo que se produce, sino la venida frecuente de artistas flamencos que se constituyen en pintores de cámara de los monarcas, de los nobles y dignidades de la Iglesia.

Este cúmulo de factores trajo como consecuencia la desaparición casi total, antes de mediados de siglo, del estilo pictórico internacional, con su amanerada elegancia, y el predominio de la modalidad de pintura que se ha llamado hispano-flamenca, caracterizada por su agudo realismo. Es cierto que este cambio no se produjo con la misma intensidad en todos los reinos peninsulares, pues en Cataluña y Valencia, donde se impuso tempranamente esta tendencia, retrocedió luego para recaer en el humanismo italiano, ya presente en el siglo XIV, abriéndose así el camino a la incorporación lenta y laboriosa del Renacimiento definitivo. Por eso son las obras castellanas las que mejor pueden englobarse bajo el título de pintura hispano-flamenca. La rápida aceptación de este cambio estilístico, sobre todo en la meseta castellana, acaso haya que explicarla también en virtud de una sensibilidad estética afín y de una percepción de la vida parecida a la de los pintores flamencos. El castellano, por temperamento, no es dado a especulaciones metafísicas o a abstracciones ideales de la belleza, sino a percibir las cosas en su inmediata y concreta realidad y a expresarlas tal como las ve y las palpa.

Camón Aznar ha denominado a la pintura flamenca *pintura nominalista* [15], porque, como la filosofía de Guillermo de Ockham, se fundamenta en el principio de que no hay sustancias universales, sino que lo real es únicamente singular e individual. El realismo es el punto de contacto entre lo hispano y lo flamenco, incluso porque, en aquella época de fausto y lujo, la nítida traducción del detalle, vista como a través de un instrumento óptico, y la técnica al óleo que permite un modelado más profundo, la multiplicación de los matices y la representación táctil de las cosas hasta un grado inverosímil, posibilitan la reproducción verosímil y exacta de aquellos objetos suntuarios, como telas, joyas, mobiliario, de que gusta rodearse el aristócrata de sangre o el comerciante enriquecido.

Sin embargo, la incorporación del estilo y de la técnica de la pintura flamenca tienen unos límites que son precisamente los que acentúan su grado de hispanización. El realismo se hace más bronco, árido y agresivo en los pintores españoles castellanos, condicionado por el medio geográfico de la meseta y de la cruda luz del sol. Disminuyen los valores puramente estéticos, se pierde refinamiento y perfección técnicas, produciéndose, en cambio, una intensificación del factor humano, que campea por encima del paisaje ambiental que le rodea. Los tipos son plasmados bien con sencilla nobleza y campechanía, acentuando el carácter racial, bien con una distorsión que llega a veces a la caricatura. El colorido es menos aterciopelado que en Flandes, y el dibujo impone su energía a la plasmación de luces y sombras y a la gradación de los valores atmosféricos. Finalmente, si bien en el país nórdico la pintura es en su mayoría de carácter religioso, éste parece muchas veces pretexto para representar la plácida intimidad de la existencia burguesa. En España, por el contrario, la pintura es religiosa cien por cien, no sólo por el argumento, sino por el modo mismo de la representación. Señal inequívoca de que no existe todavía una mentalidad profana e independiente es la ausencia casi total de retratos, pues los únicos personajes que aparecen retratados en las tablas, trípticos y retablos hispánicos lo están en forma de donantes, vinculados íntimamente al asunto sagrado.

9. ESCUELAS PICTÓRICAS DEL ESTILO HISPANO-FLAMENCO

Valencia y Baleares

En el reino de Aragón, la supremacía que antes ejerció Barcelona pasó en el siglo XV a Valencia, que inicia entonces su época de apogeo demográfico, económico y cultural. Por ello no es extraño que florezca en ella una importante escuela pictórica. En efecto, el introductor del estilo flamenco en la Península fue el valenciano Lluis Dalmau, quien, si no conoció a J. van Eyck durante su estancia en España, debió de edu-

[15] J. CAMÓN AZNAR, *Pintura medieval española* (Madrid 1966) p.370-71.

carse a su lado en Flandes, adonde fue enviado en 1431 para contratar técnicos con el propósito de implantar en Valencia una fábrica real de tapices. De vuelta fue llamado a Barcelona para pintar, en 1445, el retablo de la *Virgen de los Consellers,* donde los consejeros de la Generalitat barcelonesa aparecen vivamente retratados en presencia de la Virgen, sentada en un trono y acompañada por ángeles músicos. Los préstamos eyckianos del famoso políptico de Gante y de la tabla del canónigo Van der Paele, de Brujas, son evidentes. Dalmau demostró en esta obra que era un excelente técnico, pero que carecía de la genialidad de su modelo. La Anunciación del museo y el San Ildefonso de la catedral de Valencia, que antes se le atribuían, se consignan hoy a nombre del maestro Juan de Bonastre, su más inmediato seguidor. Establecido Dalmau en Barcelona, dejó el campo libre a Jaume Baco Jacomart, artista de origen extranjero, aunque nacido en la ciudad del Turia, pintor de cámara de Alfonso V el Magnánimo y de su sucesor Juan II, que estuvo en Italia, visitando Nápoles y Roma. Su estilo es una mezcla de la solidez plástica italiana y del preciosismo flamenco, escuela de la que también usufructuó la técnica al óleo. Su obra más notable es el tríptico de Alfonso de Borja, en la colegiata de Játiva, encargado en Roma por el futuro Calixto III cuando aún era cardenal, entre 1444 y 1455. La tabla central representa a Santa Ana, la Virgen y el Niño, entre San Joaquín y el arcángel Gabriel. Las tablas laterales, a San Agustín y Santa Mónica, y a San Ildefonso y al cardenal Alfonso de Borja a sus pies, éste magníficamente retratado como donante.

Muy ligado al anterior se encuentra Joan Reixach, pintor de origen catalán y autor de muchas obras que anteriormente se creyeron de aquél, por ejemplo, el retablo de Catí. Firmado y fechado en 1468 está el retablo de Santa Ursula, procedente de Cubells (Lérida), hoy en el museo de Arte de Cataluña (Barcelona), obra básica para la identificación de su estilo, de tipos más delgados y flexibles, abundancia de figuras y detalles pintorescos y ritmos más elegantes y decorativos, todo ello pervivencia de fórmulas anteriores ya superadas. Muy significativo en el mismo sentido es el retablo de Santa Ana, que, procedente de Mora de Rubielos, se conserva también en el citado museo de Barcelona.

Subsidiario en parte de Reixach es el maestro de Perea, ya a finales del siglo. Su obra más importante es el retablo de los Reyes, que, proveniente del convento valenciano de Santo Domingo, de la capilla fundada por don Pedro de Perea, quien dio nombre al anónimo pintor, se expone en el museo de Bellas Artes de Valencia. Iconográficamente, este retablo muestra juntos temas tan característicos de la sensibilidad religiosa del gótico tardío como el de Cristo resucitado apareciéndose a su Madre y presentándole a los justos retenidos en el seno de Abrahán, el del Varón de Dolores y el de Dios Padre sosteniendo la imagen de su Hijo crucificado.

Sin embargo, quienes dominan el panorama de fines de la centuria son los Osona, introductores ya de muchos rasgos del *Quattrocento* italiano. Rodrigo de Osona el Viejo firmó en 1476 el retablo del Calvario,

de la parroquia de San Nicolás de Valencia, donde supo mover personajes de aire rogeriano unos, de Van der Goes otros, en todo caso flamencos, en un amplísimo paisaje de tipo paduano a la manera de
Squarccione y Mantegna. El hijo de aquél, Rodrigo de Osona el Joven,
es consciente de seguir la manera de su padre al firmar la tabla de la
Epifanía, de la Galería Nacional de Londres, con el título de *Lo Fill de
Mestre Rodrigo*. Esta temprana irrupción del Renacimiento en Valencia
se vio corroborada por la presencia de pintores italianos, como el napolitano Francesco Pagano, a quien quizás se deba la Virgen del Caballero
de Montesa, del Museo del Prado, y de Paolo di Santo Leocadio, que
llegó a la ciudad del Turia en 1472 acompañando a Rodrigo de Borja,
el futuro Alejandro VI, y quien, por mediación de éste, trabajó para la
catedral de Valencia y para los duques de Gandía.

En la escuela de Mallorca descuella Pere Nisart, quien en 1468 contrató un retablo de San Jorge, cuya tabla central y predela se conservan
en el museo diocesano de Palma. Su interés reside en que se piensa ser
copia del cuadro del mismo tema pintado por J. van Eyck para Alfonso V el Magnánimo. El fondo retrata la bahía de Palma, aunque muy fan-
taseada con la introducción de castillos y torreones fabulosos, a la manera
de los panoramas de las miniaturas francesas.

Cataluña

En la región catalana, de tan rica tradición pictórica en los siglos
anteriores, no llegó a arraigar profundamente el estilo hispano-
flamenco, a pesar del éxito de L. Dalmau con su retablo de los Consellers, como lo demuestra el caso de Jaume Huguet, figura estelar de
este momento. Nacido en Valls (Tarragona) en 1414, su juventud
transcurre en Zaragoza, de donde retorna por breve tiempo a Tarragona antes de establecerse definitivamente en Barcelona, ciudad en la
que muere en 1492. Su arte arranca de las premisas del siglo antecedente, siguiendo esquemas y ritmos de B. Martorell. Se dejó seducir
momentáneamente por el flamenquismo innovador de Dalmau, para re-
troceder nuevamente a la tradición catalana, resumiendo y perfeccionando cuanto había sido llevado a efecto por los artistas que le precedieron. Así utiliza tipos humanos espigados de tan extraordinaria elegancia, que parecen casi espiritados; rostros de sentimiento tan profundo que rayan a veces en morbosa melancolía; pliegues suaves y on-
dulantes que contrastan con la dureza flamenca; actitudes y gestos de
sutil y alambicada delicadeza, ritmos lineales de dibujadísimos contornos, pinceladas finísimas y tonos aterciopelados que aseguran un mol-
deado casi transparente y escasamente corpóreo; todo ello en busca de
la expresión de una belleza de alta temperatura espiritual y poética.
Destacan en su obra los retablos de los santos Abdón y Senén, en Santa
María de Tarrasa; de San Vicente de Sarriá, hoy en el museo de Barcelona; el de la Epifanía, en la capilla de Santa Agueda, del palacio real

de Barcelona, y el de San Agustín, en el museo de esta misma ciudad. Este último fue encargado por la cofradía de los Blanquers o curtidores. Los gremios fueron, en efecto, los mejores clientes de Huguet, encomendándole la pintura de sus santos titulares y de las escenas de su devoción.

Mucha menos importancia de la que se le quiso dar tuvo en Cataluña la familia de los Vergós (Jaime, Pablo y Rafael), artistas asociados a trabajos más bien industriales que colaboran casi siempre entre sí y con otros pintores, razón por la que resulta difícil atribuir con exactitud los productos de tales colaboraciones. Un ejemplo es el retablo de Granollers, dedicado a San Esteban, en el museo de Barcelona; contratado por Pablo, fue terminado por su hermano Rafael y su padre Jaime Vergós II, constatándose, además, la intervención de otros dos pintores desconocidos. Todos ellos se encerraron en el callejón sin salida de la esplendidez ornamental y de los fondos de oro, desplegando nada más que los recursos más efectistas de la creación huguetiana.

Entre los maestros anónimos de las diversas escuelas de las comarcas catalanas destaca el de la Seo de Urgel, a quien se deben las sargas del órgano de la catedral de dicha localidad, atribuidas en otro tiempo a Van der Goes, lo que habla elocuentemente de su gran calidad. También se le atribuye el San Jerónimo del museo de Barcelona, procedente de un retablo de Puigcerdá; la figura del santo penitente ofrece la contextura de las del gran maestro flamenco, pero resulta ya una realización casi renaciente el pasaje de fondo por la perfecta matización y gradación de las lejanías y por la profundidad del sentimiento naturalista. Sin embargo, el auténtico Renacimiento tardó en penetrar en Cataluña, y lo hizo tardíamente. La tabla del *Martirio de San Cucufate,* del museo de Arte de Cataluña, atribuida antes a un hipotético maestro Alonso para un retablo contratado en 1473, muestra ciertamente componentes venecianos, pero fue pintada a comienzos del XVI por el pintor alemán Anye Bru.

Aragón

La pintura aragonesa del gótico tardío es producto del influjo de J. Huguet y de Bartolomé Bermejo, combinándose, por lo tanto, la dualidad de tendencias: la italianizante o humanística, propia del primero, y la flamenquizante, característica del segundo. Al círculo ocasionado por la estancia de Huguet en Zaragoza pertenecen Martín de Soria, Pedro de Aranda, Pedro García de Benabarre, Juan de la Abadía, Martín Zahortigue y otros. La continuidad de estos talleres se vio interrumpida por la aparición en 1470, en Daroca, de Bartolomé Bermejo, maestro itinerante, nacido en Córdoba, que peregrinó también por Valencia y Cataluña, pero cuya personalidad conviene abordarla aquí por la profunda huella que su estilo imprimió en la pintura aragonesa. Bartolomé de Cárdenas o Bermejo, apelativo condicionado acaso por el color rojizo de su pelo, es uno de los artistas más flamenco y, paradójicamente, al mismo tiempo, más español entre todos los pintores del siglo XV. Su flamenquismo se debe a la formación realizada probablemente de un modo directo en Brujas y Tournai, al lado de D. Bouts, pero su temperamento fuerte y viril le enfrenta con el arte quebradizo y ensoñador de su hipotético maestro, haciéndole, como dice Tormo, el más recio de los primitivos españoles [16]. De su paso por Valencia data la tabla de *San Miguel*, procedente de la localidad de Tous, hoy en una colección inglesa, con el retrato del donante a los pies que, ciertamente, refleja la influencia de Bouts, así como la estilizadísima figura del arcángel, pero no la repulsiva representación del demonio, debida enteramente a su numen. Acaso también de esta época sea la tabla central del tríptico de la catedral de Acqui (Italia), efigiando a la Virgen con el Niño y un donante, donde demuestra su habilidad para captar la jugosidad del paisaje, iluminado por la luz rasante de una puesta de sol. En 1474 compone en Daroca las tablas del retablo de Santa Engracia, dispersas por diferentes museos, y, sobre todo, la tabla central del retablo de Santo Domingo de Silos, hoy en el Museo del Prado. El santo español tiene un aplomo y una solemnidad realmente impresionantes, el rostro está modelado con increíble energía, y los brocados de la capa pluvial, las joyas de la mitra, la orfebrería del báculo se hallan reproducidos con pasmosa minuciosidad, buscando traducir la calidad intrínseca e individual de cada objeto que toca su pincel. En 1490 firma en Barcelona la *Piedad,* del museo catedralicio, encargada por el arcediano Luis Desplá, que aparece retratado junto con San Jerónimo. Es este cuadro una de las obras maestras de toda la pintura gótica española, donde no se sabe qué admirar más, si el desgarrado patetismo del grupo de la *Piedad,* el verismo de los personajes retratados con una honradez de actitudes y una profundidad de expresión auténticamente conmovedoras, o los prodigiosos efectos atmosféricos y ambientales del paisaje. Desde el punto de vista iconográfico son interesantes la tabla de la *Piedad de Cristo,* o, acaso mejor, la *Misa de San Gregorio,* de la colección Mateu de Barcelona, con inscripciones hebraicas en la tumba del Salvador; el *Descenso de Cristo al seno de Abrahán,* del museo de Barcelona, con un conjunto de desnudos inéditos en el arte medieval español, y la *Dormición de la Virgen* en el Museo del Estado, de Berlín.

Discípulos aragoneses de Bartolomé Bermejo fueron Martín Bernat y Miguel Jiménez. El primero colaboró con el maestro en el retablo de Santo Domingo de Silos y pintó en 1493 el retablo de la capilla de los Talavera, en la catedral de Tarazona, donde efigia un tema tan característico de la devoción mariana del gótico tardío como el de la *Virgen del Patrocinio,* cobijando bajo su manto a personas de todos los estamentos y clases sociales. También se le ha atribuido el retablo de San Martín, en el museo de la colegiata de Daroca, al menos la tabla del santo titular, pues el conjunto es obra de colaboración del taller de Daroca. En el

---

[16] Así titula este historiador del arte la monografía dedicada al pintor: *Bartolomé Bermejo, el más recio de los primitivos españoles* (Madrid 1926).

retablo de Blesa, del museo de Zaragoza, cuyo tema central es la Adoración de la Santa Cruz, participan asociadamente Martín Bernat y Miguel Jiménez. Este último firmó el retablo de Egea de los Caballeros, cuya predela se expone en el Museo del Prado, con escenas de la vida de San Miguel y de Santa Catalina.

Castilla

Castilla fue la última en recibir el estilo hispano-flamenco, pero, una vez recibido, fue la región española donde aquél encontró un arraigo más prolongado y profundo. Los castellanos, recios y austeros, de entre todas las manifestaciones de la pintura flamenca, prefirieron, al arte sereno y reposado de los Van Eyck, el más trágico y realista de la escuela de Tournai, y especialmente el de Roger van der Weyden, y, en general, sometieron, como nadie, las nuevas corrientes nórdicas a un gradual proceso de hispanización, consistente en la pérdida de primores técnicos y sustancia poética a favor de una radicalización del realismo, tanto de las escenas representadas como de los personajes que, a veces, bordean la caricatura o están pintados con bronquedad genuinamente racial.

El introductor del estilo en Castilla fue Jorge Inglés, acaso británico de nación, pero formado en los Países Bajos, pintor de cámara de personaje tan significado como don Iñigo López de Mendoza, marqués de Santillana. En 1455 se encontraba ejecutando el retablo para el hospital de Buitrago. En las tablas laterales, flanqueando la de la Virgen con el Niño, están retratados como orantes el marqués y su esposa, en gran tamaño y con tan destacada presencia, que en esta pintura parece anunciarse ya el proceso de secularización que las artes experimentarán más adelante en el Renacimiento. Efectivamente, el insigne poeta era un destacado humanista, y en su biblioteca se repartían por igual los libros devotos y de erudición pagana; las miniaturas que adornan las primeras páginas del *Fedón,* de Platón y de la *Vita beata,* de San Agustín, libros conservados en la Biblioteca Nacional de Madrid, han sido atribuidas a su pintor de cámara. A Jorge Inglés se le asigna igualmente el retablo de la vida de San Jerónimo, adornado con el escudo de los Mendoza; procedente del monasterio de La Mejorada, en Olmedo, se expone en el museo de Escultura de Valladolid. El proceso de hispanización, antes aludido, es perceptible aquí en la vigorosa expresión del santo, en la áspera quebradura de los pliegues y en el aspecto un tanto irónico con que están trazados algunos pormenores y escenas secundarias. Relacionable con el estilo de Jorge Inglés, aunque de técnica más avanzada, es el retablo de la Fuensanta, en Sopetrán (Guadalajara), cuyas tablas se exhiben en el Museo del Prado; en una de ellas aparece retratado el hijo del marqués de Santillana, don Diego, primer duque del Infantado, orando dentro de una capilla ante una imagen de Nuestra Señora.

Sin embargo, el principal protagonista de la escuela hispano-flamenca castellana es Fernando Gallego, nacido probablemente en Salamanca hacia 1440, cuya actividad se extiende hasta 1506. Sus espigados y nerviosos personajes recuerdan a los de D. Bouts, pero sin su poderoso lirismo; el interés por la indumentaria y las calidades táctiles pudo venirle a través de Jorge Inglés, aunque también se ha supuesto que la extremada dureza y angulosidad de sus paños pudiera estar inspirada en Conrad Witz. Su fogosidad expresionista es equiparable a la de la escuela alemana, y hay casos en que la composición de sus tablas se deriva de grabados de M. Schongauer. Con todo, las cualidades inherentes a su estilo son principalmente producto de su temperamento castellano, que se complace en la expresión de las más punzantes y amargas realidades, pues también forman parte de la naturaleza y de la existencia, o en la distorsión de esa misma naturaleza para que, de su comparación, brote lo puro y lo perfecto del espíritu. Para él, la realidad es el único escenario a través del cual se percibe la esencia de las cosas, y por eso rehúye la retórica de los fondos de oro y de los falsos oropeles decorativos. Entre sus obras tempranas descuella el retablo del cardenal don Juan de Mella, en la catedral de Zamora, dedicado a San Ildefonso. En la tabla central, que representa la imposición de la casulla al santo, se introduce el retrato del cardenal efigiado con punzante y casi desagradable realismo; en la *Adoración de las reliquias de San Ildefonso* figuran un cojo y un tullido arrastrándose por el suelo con implacable verismo, y en la *Degollación de San Juan Bautista,* el cuerpo del mártir se retuerce convulsivamente mientras del cuello, separado de la cabeza, saltan borbotones de sangre que salpican la pared cercana. En la *Flagelación,* del museo diocesano de Salamanca, los sayones judíos están representados con las más innobles y caricaturescas cataduras. En el *Calvario,* de la colección Weibel, de Madrid, las formas son ásperas, durísimas y estridentes. En cambio, hay otros momentos en que su pintura ostenta una sencilla e íntima monumentalidad, como en la *Virgen de la Rosa,* del mencionado museo salmantino, o una cierta ingenuidad de raigambre popular, como en el *Nacimiento,* del mismo museo. Otros conjuntos importantes suyos son el retablo de Arcenillas (Zamora), el de Santa María de Trujillo y el de la catedral de Ciudad Rodrigo, hoy en los Estados Unidos. Para la librería de la Universidad de Salamanca pintó excepcionalmente un programa no religioso, a saber, los planetas y los signos del zodíaco. Entre sus discípulos más inmediatos hay que contar a su pariente Francisco Gallego, quien extremó el realismo rayando en lo repugnante y lo macabro, como lo atestigua el tríptico de Santa Catalina, en el museo diocesano de Salamanca.

El círculo de seguidores de Fernando Gallego se extendió a una extensa comarca. En Avila destaca el maestro de este nombre, autor de la preciosa *Natividad,* del museo Lázaro Galdiano, de Madrid, con quien se conectan muchas pinturas distribuidas por aquella provincia. Otros pintores anónimos castellanos son los maestros de Segovia, Osma, Burgos, etc. Como colaborador de Gallego sitúa Gudiol al maestro Bartolomé, que firma la deliciosa *Virgen de la Leche,* del Museo del Prado, atribuida por Camón Aznar nada menos que a Bartolomé Bermejo. Al mismo maestro Bartolomé sería atribuible, según el mencionado Gudiol, la *Virgen de los Reyes Católicos,* del Museo del Prado; iconográficamente es muy curiosa, pues en ella, a los pies de Nuestra Señora, flanqueada por Santo Domingo y Santo Tomás de Aquino, están retratados muy jóvenes los Reyes Católicos, con sus hijos el príncipe don Juan y la princesa Isabel. Esta tabla procede del cuarto real del monasterio dominicano de Santo Tomás de Avila.

En Toledo trabajan dos maestros, el de los Luna y el de San Ildefonso, que colaboraron para pintar el retablo de la capilla de don Alvaro de Luna en la catedral primada. Se ha querido identificar al primero con Juan Rodríguez de Segovia, y al segundo con Sancho de Zamora. El maestro de los Luna realizó las tablas de la predela, con los retratos de don Alvaro y su mujer, y la Virgen con el niño del cuerpo del retablo, todo ello en un estilo convencional y formulario. En cambio, el artista que pintó las restantes tablas de apóstoles y vírgenes demuestra una vigorosa personalidad, clasificable entre las más cuajadas de la escuela castellana. Al parecer, fue también autor de la magnífica *Imposición de la casulla a San Ildefonso,* del Museo del Louvre, y de los retratos de San Antonio y San Luis de Tolosa, pertenecientes a un retablo del convento de la Merced, de Valladolid, hoy en el museo de esta ciudad. En todo caso, el maestro de San Ildefonso es un portentoso pintor de figuras, y sobre todo de fisonomías, donde aflora intensamente lo psicológico asociado a un plano superior de espiritualidad religiosa.

La fase final de la pintura gótica en Castilla, que coincide con el reinado de los Reyes Católicos, contempla la venida de un aluvión de pintores extranjeros que buscan abrirse camino al amparo de la poderosa y opulenta corte. Con ellos se inicia la penetración del Renacimiento en la meseta. Entre ellos hay que mencionar particularmente a Juan de Flandes, pintor de la reina católica, a quien retrató en el conocido cuadrito del palacio de El Pardo y cuya fisonomía le sirvió de modelo para sus figuraciones de la Virgen. La presencia de este pintor, de apellido desconocido, en España está determinada entre 1496 y 1519, año en que debió de fallecer en Palencia. Su dibujo es de trazo menudo y prolijo, como de artista formado en la miniatura; sus composiciones, enormemente equilibradas y serenas; el color, suave y armonioso, de tonos muy claros; los personajes, dulces, sensitivos y poéticos; el paisaje, amplio y profundo, bañado por luces sorprendentemente puras y aéreas; los fondos arquitectónicos, ya renacentistas. Sus obras principales son el políptico pintado para Isabel la Católica, compuesto por 47 tablitas dispuestas a manera de retablo doméstico, de las que 15 se conservan en el palacio real de Madrid; el retablo de la capilla de la Universidad de Salamanca, sustituido por otro en el siglo XVIII y del que sólo han sobrevivido dos cuadros de *Santa María Magdalena* y *Santa Apolonia;* el tríptico de San Miguel, en el museo diocesano de Salamanca; el retablo de San Lázaro, de Palencia, cuyas tablas se hallan distribuidas entre el Museo del Prado y la fundación de S. Kres, de Nueva York; finalmente, el retablo de la catedral de Palencia, afortunadamente conservado *in situ*, uno de los más bellos conjuntos de pintura y escultura que pueden contemplarse en Europa. Este último fue contratado en 1509 y costeado por el obispo don Juan de Fonseca. Con Juan de Flandes colaboró en alguna ocasión Miguel Sithium o Zittow, quien también retrató a la reina cuando tenía treinta años.

Pintores españoles igualmente relacionados con los Reyes Católicos fueron Francisco Chacón, Pedro de Aponte y Hernando Rincón de Figueroa. El primero fue una especie de inspector de pintura del reino, y los segundos, pintores de cámara de Fernando el Católico. De ellos sólo Chacón se muestra enteramente gótico, mientras sus compañeros están muy tocados de italianismo renacentista. Pero quien mejor realizó el tránsito del estilo gótico hispano-flamenco al Renacimiento en Castilla fue Pedro Berruguete. Nacido en Paredes de Nava (Palencia) hacia 1450, es el primer artista español que tiene la posibilidad de pasar a Italia en plena juventud y de conocer de primera mano el vuelco dado al arte por el Renacimiento «quattrocentista». Hacia 1477 hay constancia de su trabajo en Urbino, dentro de la refinada y cosmopolita corte del duque Federico de Montefeltro, donde pintaban Piero della Francesca, Giovanni Santi (el padre de Rafael), Melozzo da Forli y el flamenco Justo de Gante. Parece que Berruguete tomó el puesto de este último cuando falleció, realizando una serie de retratos de personajes antiguos y alegorías de las artes liberales en el *Studiolo* o despacho del duque. También retrató a Federico de Montefeltro y a su hijo Guidobaldo.

Vuelto a España en 1483, equipado con las novedades de la pintura renacentista vista en Italia, no por eso renunció a su españolismo y a su primera formación gótica, sino, todo lo contrario, lo fue acentuando a medida que avanzaba su vida. Utilizó, sí, la grandiosa monumentalidad italiana en las figuras, pero dotando a éstas de graves y reposadas actitudes y de rostros reconcentrados, absortos en una fuerte vida interior. El modelado es enérgico, pero los rigurosos perfiles flamencos se suavizan y diluyen mediante el estudio contrastado de la luz y de la sombra, que busca captar el bulto y la estructura corpórea por medios pictóricos. Los interiores están construidos con todo el rigor de la perspectiva geométrica, pero adquieren una intensa poesía doméstica y hogareña gracias a las matizaciones de la luz que gradúa términos y distancias. Los escenarios arquitectónicos son generalmente renacentistas, con recuerdos precisos del palacio de Urbino, pero no faltan las tracerías góticas y, sobre todo, los elementos castizos y tradicionales de los fondos de rico brocado o los techos de lacería morisca, todo en armoniosa síntesis, tal como podía contemplarlo en las casas y palacios castellanos contemporáneos.

El primer conjunto realizado por Berruguete en España fue el retablo de la parroquia de su pueblo natal, dedicado a San Joaquín y Santa Ana, cuyo *Encuentro ante la puerta Dorada del templo salomónico* representaba en aquel entonces el misterio de la Inmaculada Concepción; las pinturas fueron encajadas a mediados del siglo XV en un nuevo retablo consagrado a Santa Eulalia. En el banco hay una serie de extraordinarios retratos de reyes y profetas del Antiguo Testamento, asimilables en monumentalidad a los que dejó pintados en la biblioteca del duque de Urbino. Otro conjunto impresionante es el del retablo mayor de la iglesia de Santo Tomás, de Avila, compuesto básicamente por cuatro tablas que resumen la vida del santo titular: en ellas se escenifican la toma del hábito de Santo Tomás de Aquino, el estudio del santo, a quien se aparecen dos apóstoles, el santo en oración ante un altar y las tentaciones de Santo Tomás, episodio este último recogido de un códice del siglo XIV titulado *Leyenda de Santo Tomás.* Los retablos laterales, con las historias de Santo Domingo de Guzmán y San Pedro Mártir de Verona se encuentran en el Museo del Prado. Particularmente interesantes, desde el punto de vista iconográfico, son, por una parte, el episodio de la predicación de San Pedro Mártir, porque evoca las de los predicadores populares del siglo XV, y especialmente las no lejanas de San Vicente Ferrer a través de toda la Península, y, por otra, el de la quema de libros albigenses efectuada por Santo Domingo de Guzmán y el auto de fe, presidido por el mismo santo, pues reconstruyen con gran precisión de detalles escenas habituales en la Castilla de entonces, ya que el Santo Oficio de la Inquisición comenzó a funcionar en 1478, solicitado a Sixto IV por los Reyes Católicos. La obra póstuma de Berruguete fue el retablo de la catedral de Avila, que dejó sin terminar a su muerte, en 1504; se le deben las figuras del banco y las tablas de la *Oración del Huerto* y la *Flagelación,* habiendo pintado el resto Juan de Borgoña y Diego de Santa Cruz. La escuela berruguetesca se extendió por las provincias de Palencia, León y Burgos, pero su consideración no pertenece ya al gótico, sino al Renacimiento.

Otras regiones. Andalucía

Navarra cultiva, en la segunda mitad del siglo XV, un sincretismo en que se funden rasgos aragoneses del taller de Bartolomé Bermejo con el punzante y dilacerado realismo de la escuela castellana. El maestro más importante, con mucho, es Pedro Díaz de Oviedo, que realiza entre 1487 y 1493 el retablo del altar mayor de la catedral de Tudela. A su círculo pertenece el retablo de la iglesia del Cerco, en Artajona, donde figura la *Virgen de la Expectación,* rodeada de los símbolos lauretanos, uno de los precedentes más claros de la representación iconográfica de la Inmaculada Concepción tal como se ofrecerá en los siglos XVI y XVII; parece copiada de un grabado de Thielman Kerver hecho para un libro de horas de uso en Roma [17].

Andalucía no posee todavía la tradición ni la personalidad pictóricas que harán a esta región una de las más destacadas de la Península en

---

[17] E. MÂLE, *L'art religieux de la fin du Moyen Âge en France* (París ⁵1949) p.211 fig.111.

los siglos siguientes. En este momento es todavía una prolongación de Castilla pictóricamente hablando. En Córdoba, de donde surgió un artista tan poderoso como Bartolomé Bermejo, aparecen Pedro de Córdoba, que firma en 1475 la *Anunciación,* de la catedral-mezquita (muy decorativa, donde el misterio está presentado curiosamente en una suerte de plataforma procesional, con santos adoradores a sus pies, entre los que figura el donante, canónigo don Diego Sánchez de Castro), y Pedro Fernández, quien suscribe también varias obras.

El foco sevillano se distingue por la atenuación del carácter seco y enérgico con que Castilla interpreta el estilo flamenco, prolongando, en alguna medida, la blanda dulzura italianizante ya apuntada en la historia primitiva de esta escuela. Los personajes suelen lucir espléndidos brocados, pero no se advierten, como sería de sospechar, otros rastros más definitorios de mudejarismo. Los pintores sevillanos, como los cordobeses, suelen firmar sus obras. Así lo hace Juan Sánchez de Castro, autor de una delicada *Virgen del Rosario;* Juan Núñez, quien pintó la lírica *Piedad* de la sacristía de los Cálices, en la catedral hispalense, y Juan Sánchez II, autor del patético *Calvario,* donde el cuerpo del Crucificado está ya modelado conforme a la técnica del claroscuro renacentista, también en la catedral de Sevilla. El *San Miguel,* del maestro de Zafra, en el Museo del Prado, constituye iconográficamente el más alto esfuerzo imaginativo verificado por un artista español de aquel tiempo para representar al diablo de todas las formas posibles; en tal sentido es una pintura de una ingenuidad realmente encantadora.

10. ARTES MENORES: ORFEBRERÍA Y REJERÍA

La orfebrería del siglo XV ocupa un lugar muy importante dentro del arte religioso de este siglo. A este género pertenecen objetos litúrgicos de uso tan vario como cálices, copones, custodias, cruces procesionales, portapaces, relicarios, etc. Pero, además, la orfebrería y las artes industriales en general, invadiendo el espacio de las llamadas artes mayores, alcanzan, en esta etapa final del gótico, un significado y una transcendencia que quizás no habían tenido en períodos anteriores de la Edad Media. Así, la arquitectura flamígera, particularmente en su momento de mayor exaltación y frenesí decorativos, durante el reinado de los Reyes Católicos, parece tomar como modelo las caladas tracerías y las sutiles filigranas de la orfebrería; los retablos se asemejan a enormes ostensorios erizados de pináculos, claraboyas y chambranas; las fachadas reproducen a escala gigante las repisas y los doseletes de las custodias, cruces y relicarios; las sillerías de coro calcan los taraceados y las ornamentaciones del mobiliario de la época, y hasta la pintura se contagia, tomando como fondo de las escenas y de los personajes tronos, baldaquinos, templetes, tapices, bordados y encajes procedentes del mundo de las artes industriales.

En la imposibilidad de referirnos en esta apretada síntesis a todos y cada uno de los géneros en que se subdividen las artes menores, nos ceñiremos a algunas consideraciones sobre la orfebrería y la rejería. Dentro de la orfebrería ocupan un puesto muy peculiar las custodias procesionales. La introducción de la festividad del Corpus Christi en 1264 no supuso la celebración inmediata de la procesión eucarística, sino que ésta se extendió paulatinamente, haciéndose general sólo a finales del siglo XIV y durante todo el XV. De ahí que la morfología de las grandes custodias procesionales sea creación privativa de este momento histórico. M. Trens [18] ha distinguido hasta ocho tipos de custodias, pero los más usados en el siglo XV se reducen a tres: la custodia relicario o de ciprés, con peana, resultante de la adaptación de la forma del antiguo relicario a la ostensión de la sagrada forma; la custodia-copón, consistente en la adición al copón o a la arqueta en que se conservan las especies eucarísticas de un viril sobrepuesto; la custodia turriforme o de asiento, de planta más o menos circular y templetes superpuestos. Esta última es la más espectacular y aparatosa, y la que por su forma dejará más huella en el futuro; simbólicamente hace referencia a la rotonda del Santo Sepulcro de Jerusalén.

Todos los tipos tienen en común el aspecto intensamente decorativo, a base de sutiles y adelgazadas articulaciones, pináculos puntiagudos, doseletes afiligranados, tracerías perforadas y muy movidas, donde, como dijimos, parecen ensayarse por primera vez, a escala reducida, las atrevidas formas del gótico flamígero. Aunque algunos motivos escultóricos y aditamentos ornamentales se enderecen por los derroteros del Renacimiento italiano, la estructura y la morfología de las custodias sigue siendo gótica en el primer tercio del siglo XVI, bien por inercia, bien por arraigo de una tradición que había producido excelentes resultados.

Ejemplos magníficos de los diversos tipos de custodias señalados existen con abundancia en toda España. El de custodia turriforme en particular llega a su ápice en manos de Enrique de Arfe. Este orfebre, nacido en Harf, cerca de Colonia (Alemania), llegó a España en 1501, como tantos otros extranjeros atraídos por la prosperidad económica y los programas artísticos iniciados en la Península en pleno apogeo del reinado de los Reyes Católicos. En 1506 trabajaba ya en la custodia de la catedral de León, que no se ha conservado, pero sí la coetánea del monasterio de San Benito de Sahagún, íntegramente gótica, labrada en plata y dorada en algunos sectores. Mientras componía estas dos, recibió el encargo de la de Córdoba, que acabó en 1518; es de planta dodecagonal, y consta de un cuerpo principal, donde se coloca el viril, y otros tres menores, en forma decreciente, rematados por la imagen de Cristo resucitado. Sólo en los relieves y esculturas, en que Arfe demostró su talento de escultor, se perciben ya indicios renacientes, pues la estructura de caladas cresterías se configura conforme al modelo de las flechas flamígeras de las catedrales de la Europa septentrional. En la custodia de la catedral de Toledo, comenzada en 1515 y tasada en 1523,

[18] MANUEL TRENS, *Las custodias españolas* (Barcelona 1952) p.29ss.

sutiliza aún más las formas en sentido gótico tardío, dándoles un sentido de ligereza y levitación ascensional que hacen que predomine la pura silueta calada sobre la prolijidad de los detalles. Esta custodia fue costeada por el cardenal Jiménez de Cisneros, y se doró en 1594, en tiempos del cardenal Quiroga. El primer cuerpo contiene la custodia de mano propiamente dicha, toda ella de oro macizo, que, según la tradición, adquirió el cardenal Cisneros en la almoneda de los bienes que habían sido de Isabel la Católica. Las custodias de Arfe culminan con la de la catedral de Cádiz, conocida por el «Cogollo», de apenas un metro de altura, construida en 1528, y la más floja de todas.

La labra del hierro forjado constituye uno de los capítulos más originales del arte hispánico, pues raramente se encuentran otras zonas del mundo occidental en las que el repertorio sea tan amplio y variado como el nuestro y donde las realizaciones alcancen un nivel técnico equiparable. El arte de la forja encontró muchos cauces de expresión en el mundo religioso en forma de canceles, atriles, ambones, púlpitos y, sobre todo, rejas. El uso de las rejas fue frecuentísimo en las iglesias y catedrales. Desde un punto de vista puramente formal y estético, las rejas, junto con los coros situados en medio de las colegiatas y catedrales, servían para parcelar y cuantificar el espacio según un sistema contrario a la perspectiva unifocal, sistema que F. Chueca considera un invariante castizo del arte hispánico y que arranca de la concepción del espacio propia del mundo musulmán [19]. Desde una consideración utilitaria y funcional, las rejas sirven no sólo ni principalmente para proteger huecos y ventanas, sino muy significativamente para acotar en los templos espacios privilegiados y reservados, unas veces de carácter litúrgico y cultual, como los coros y presbiterios; otras de ostentosa propiedad, como las capillas funerarias familiares. La rejería gótica, que no comienza en España hasta el siglo XIV, alcanza su mayor desarrollo y su máxima expresión en el estilo flamígero de la época de los Reyes Católicos. Como acontece con la orfebrería, dicho estilo se prolonga por inercia hasta el primer tercio del siglo XVI, mezclándose con los primeros brotes del Renacimiento, y sólo será sustituido por éste a partir de la tercera década de esta centuria. Precisamente los rejeros más afamados trabajan a caballo de los dos siglos, distinguiéndose en dicha época Juan Francés, el cartujo fray Francisco de Salamanca y Bartolomé de Jaén. Por señalar algunos ejemplos, citaremos las espléndidas rejas de la capilla de la Anunciación, en la catedral de Sigüenza; la del coro de legos de la cartuja de El Paular; la del sepulcro del arzobispo don Diego de Anaya, en el claustro de la catedral Vieja de Salamanca; la del coro de la catedral de Teruel; la de la capilla mozárabe de la catedral de Toledo; la de la iglesia del monasterio de Guadalupe; la de la capilla Real, de Granada; la de la capilla mayor de la catedral de Sevilla. Estas rejas difieren de las de períodos anteriores tanto porque los barrotes se enriquecen paulatinamente con torsiones y con la intercalación de cora-

---

[19] F. CHUECA, *Invariantes castizos de la arquitectura española* (Madrid 1947) p.51ss.

zones, losanges, cuadrifolios, lanceolados, etc., como porque la chapa metálica, que tradicionalmente se venía recortando, amplía ahora sus aplicaciones y molduras con cresterías, pináculos, claraboyas y calados. Además se añaden motivos naturalistas, como hojas de cardo, y enormes emblemas y escudos nobiliarios, semejantes a los de la arquitectura del momento.

CAPÍTULO II

EL ARTE RELIGIOSO DEL RENACIMIENTO

BIBLIOGRAFIA

I. ARQUITECTURA

1. **Obras generales**

J. CAMÓN AZNAR, *La arquitectura plateresca*, 2 vols. (Madrid 1945); F. CHUECA, *Arquitectura del siglo XVI* (Madrid 1953); J. CAMÓN AZNAR, *Arquitectura y orfebrería española del siglo XVI* (Madrid 1960); D. BAYON, *L'Arquitecture en Castille au XVIᵉ siècle. Commande et réalisations* (París 1967); A. N. PRENTICE, *Renaissance architecture and ornament in Spain* (Londres ²1970).

2. **Monografías sobre artistas y monumentos**

F. CHUECA, *La Catedral Nueva de Salamanca* (Salamanca 1951); M. PEREDA DE LA REGUERA, *Rodrigo Gil de Hontañón* (Santander 1951); M. GÓMEZ MORENO, *Las águilas del Renacimiento español* (sobre Diego Siloé y Pedro Machuca) (Madrid 1941); EARL E. ROSENTHAL, *The Cathedral of Granada* (Princeton 1963); F. CHUECA, *Andrés de Vandelvira, arquitecto* (Jaén 1972); A. DE LA BANDA, *El arquitecto andaluz Hernán Ruiz II* (Sevilla 1974); A. RUIZ DE ARCAUTE, *Juan de Herrera* (Madrid 1936); VARIOS AUTORES, *El Escorial*. Patrimonio Nacional (Madrid 1964); F. CHUECA, *La catedral de Valladolid* (Madrid 1947).

II. ESCULTURA

1. **Obras generales**

G. WEISE, *Spanische Plastik aus sieben Jahrhunderten*, tomos III 1 y 2; IV (Reuttlingen 1927); M. GÓMEZ MORENO, *La escultura del Renacimiento en España* (Florencia 1931); G. WEISE, *Spanische Plastik der Renaissance und Frühbarock* (Tubinga 1956); J. M. DE AZCÁRATE, *Escultura del siglo XVI* (Madrid 1958); B. GILMAN PROSKE, *Castilian sculpture. Gothic to Renaissance* (Nueva York 1951); J. CAMÓN AZNAR, *La escultura y la rejería españolas del siglo XVI* (Madrid 1961); G. WEISE, *Die Plastik der Renaissance und des Frühbarock in nördlichen Spanien*, 2 vols. (Tubinga 1957-59).

2. **Monografías sobre escuelas regionales y artistas**

F. PORTELA, *La escultura del siglo XVI en Palencia* (Palencia 1977); F. BIURRUN, *La escultura religiosa y bellas artes en Navarra durante el Renacimiento* (Pamplona 1935); J. E. URANGA, *Retablos navarros del Renacimiento* (Pamplona 1947); M. C. GARCÍA GAINZA, *La escultura romanista en Navarra* (Pamplona 1969); J. HERNÁNDEZ DÍAZ, *Imaginería hispalense del bajo Renacimiento* (Sevilla 1951); D. SÁNCHEZ MESA, *Técnica de la escultura policromada granadina* (Granada 1971); J. HERNÁNDEZ PERERA, *Escultores florentinos en España* (Madrid 1957); MARQUÉS DE

Lozoya, _La escultura de Carrara en España_ (Madrid 1957); M. Gómez Moreno, _Las águilas del Renacimiento español_ (sobre B. Ordóñez y D. Siloé) (Madrid 1941); M. E. Gómez Moreno, _Bartolomé Ordóñez_ (Madrid 1956); M. Abizanda, _Damián Forment, escultor de la corona de Aragón_ (Barcelona 1942); J. Ibáñez Martín, _Gabriel Yoly_ (Madrid 1956); R. de Orueta, _Berruguete y su obra_ (Madrid 1917); J. M. de Azcárate, _Alonso Berruguete_ (Madrid 1963); J. Camón Aznar, _Berruguete_ (Madrid 1980); J. J. Martín González, _Juan de Juni, vida y obra_ (Madrid 1974); J. J. Martín González, _Esteban Jordán_ (Valladolid 1952); J. Camón Aznar, _Juan de Anchieta_ (Madrid 1943); E. Plon, _Leone Leoni et Pompeo Leoni_ (París 1887); B. Gilman Proske, _Pompeo Leoni_ (Nueva York 1956).

III. Pintura

1. Obras generales

E. Tormo, _Desarrollo de la pintura española del siglo XVI_, en el tomo _Varios estudios de artes y letras_ (Madrid 1902); A. L. Mayer, _Historia de la pintura española_ (Madrid ²1942); E. Lafuente Ferrari, _Breve Historia de la pintura española_ (Madrid ⁴1953); D. Angulo, _Pintura del siglo XVI_ (Madrid 1954); J. Camón Aznar, _La pintura española del siglo XVI_ (Madrid 1970); Chandler R. Post, _A History of Spanish Painting_, vols. IX al XIV (Harvard 1947-1966).

2. Estudios monográficos

F. M. Garin Ortiz de Taranco, _Yáñez de la Almedina, pintor español_ (Valencia 1953); D. Angulo, _Juan de Borgoña_ (Madrid 1959); D. Angulo, _Alejo Fernández_ (Sevilla 1946); A. Igual Ubeda, _Juan de Juanes_ (Barcelona 1943); J. Albi Fita, _Joan de Joanes y su círculo_, 3 vols. (Valencia 1978); A. Angulo, _Pedro de Campaña_ (Sevilla 1951); D. Berjano, _El pintor Luis de Morales_ (Madrid, s.f.); E. du Gue Trapier, _Luis de Morales and leonardesques influences in Spain_ (Nueva York 1953); J. A. Gaya Nuño, _Luis de Morales_ (Madrid 1961); I. Bäcksbacka, _Luis de Morales_ (Helsinki-Helsingfors 1962); F. M. Tubino, _Pablo de Céspedes_ (Madrid 1868); J. M. Asensio, _Francisco Pacheco, sus obras artísticas y literarias_ (Sevilla 1886); M. Barbadillo, _Pacheco, su tierra y su tiempo_ (Jerez 1963); E. Casado Alcalde, _La pintura navarra en el último tercio del siglo XVI_ (Pamplona 1976); J. M. Serrera, _Pedro Villegas Marmolejo_ (Sevilla 1976); J. Zarco Cuevas, _Pintores españoles en San Lorenzo el Real_ (Madrid 1931); J. Zarco Cuevas, _Pintores italianos en San Lorenzo el Real_ (Madrid 1932); M. B. Cossío, _El Greco_ (Madrid 1908); G. Marañón, _El Greco y Toledo_ (Madrid 1956); J. Camón Aznar, _Dominico Greco._, 2 vols. (Madrid 1950); H. E. Wethwy, _El Greco y su escuela_, 2 vols. (Madrid 1967).

1. Introducción

En una primera aproximación, arte religioso y Renacimiento parecen términos contradictorios. El Renacimiento se contrapone dialécticamente a la Edad Media, de la que es la antítesis; no sólo supone la total ruptura con la misma, sino el comienzo de la modernidad. El arte, como expresión plástica de los contenidos ideológicos y de los comportamientos sociales de la nueva cultura, ya no refleja el orden divino, sino el humano y mundano; ya no se mueve en torno a la Iglesia y sus instituciones, sino en torno al príncipe y su círculo cortesano; ya no se organiza al servicio del templo y del monasterio, sino del palacio, de la villa y de la ciudad, como nuevos lugares representativo-celebrativos. En otras palabras, si el arte fue en el Medievo esencialmente teocéntrico, religioso y eclesiástico, ahora es fundamentalmente antropocéntrico, profano y laico. Aún más, en el Renacimiento se llega no sólo a la desacralización de lo religioso, sino se inicia un proceso inverso de sacralización de lo profano. En este último sentido, además de otros síntomas muy conocidos, no deja de ser sorprendente la utilización de términos religiosos para explicar la génesis y la definición del Renacimiento. En la terminología eclesiástica, la venida de Jesucristo es el eje central de la historia, que marca su drástica división en dos mitades; antes de Cristo se abaten la espesa noche y las tinieblas del pecado; después de Cristo resurge el día con su esplendorosa claridad. Pues bien, los humanistas italianos, con Petrarca a la cabeza, realizan un giro copernicano en la interpretación de la historiografía. Para ellos, la edad de oro de la humanidad es la antigüedad greco-latina; destruida su cultura por el cristianismo tras la conversión de Constantino, se produce la ceguera de la Edad Media; resucitada por el Renacimiento, la luz vuelve a brillar en Occidente. Igualmente, como, en expresión de Cristo, la aceptación del mensaje evangélico equivale a un nuevo nacimiento, la incorporación de la cultura greco-latina es una «Ri-nascità» [1]. El Renacimiento artístico italiano supone la sustitución del sistema figurativo gótico por otro, basado en criterios radicalmente distintos. La belleza de las criaturas no es el reflejo de la belleza divina, sino se fundamenta en unos principios racionales y objetivos, científicamente representables a través de las fórmulas geométricas y matemáticas. La *perspectiva* se erige en principio puramente mundano de la regulación del cosmos visible, y la expresión del número, de la medida y de la proporción se convierte en canon de belleza inmanente frente a la representación de las cualidades y los valores trascendentes y suprasensibles. El cuerpo humano desnudo, con todos sus halagos sensuales, cifra, como un microcosmos, el súmmum de las perfecciones y es el objeto preferido de los artistas, que ven en él el reflejo ideal del antropocentrismo humanista. Por otra parte, no sólo se resucitó el sistema figurativo de la antigüedad clásica, deducido del estudio de sus ruinas, sino el mundo íntegro en que aquél se había encarnado. De ahí que se revitalizase la representación de la historia y de la mitología greco-latinas, con el retorno victorioso de sus héroes y de sus dioses que parecían definitivamente sepultados por la Edad Media. La paganización del arte se hizo entonces completa.

Sin embargo, este cuadro del Renacimiento resulta sólo parcialmente verdadero. En primer lugar no hay una ruptura absoluta entre Edad Media y antigüedad clásica, como suponían los humanistas, de tal suerte que el Renacimiento se ofreciese como auténtica solución de continuidad respecto de esta última. Todo el Medievo estuvo surcado de corrientes ocultas y de hilos invisibles que lo conectaban con la historia

[1] Véase sobre este punto E. PANOFSKY, *Renacimiento y renacimientos en el arte occidental* (Madrid 1975) p.45ss.

romana, cuyo renacimiento, unas veces político, otras cultural y artístico, se pretendió en múltiples ocasiones, aunque no con los caracteres de profundidad y universalidad con que se realizó en el siglo XV en Italia y en el XVI en el resto de Europa. Concretamente, la baja Edad Media europea se distinguió ya por una exaltación de la personalidad individual, por un ansia de vivir y de disfrutar de las realidades sensibles, por una corrupción e inmoralidad de las costumbres tales que la enlazan casi directamente con el Renacimiento, sin que, como éste, tuvieran el contrapeso de la corrección ético-religiosa que supusieron fenómenos de tanta envergadura como el erasmismo, la Reforma protestante y la Contrarreforma católica, acaecidos todos, no lo olvidemos, durante el siglo XVI. En segundo lugar, la paganización y la laicización de la cultura y del arte renacentistas fueron más aparentes que verdaderos. Salvo raras excepciones, los humanistas y los artistas estuvieron muy lejos de ser ateos o irreligiosos, y nadie se tomó en serio el culto, como tal, a los héroes y a los dioses del caducado Olimpo. Su representación tuvo un carácter puramente alegórico que servía para teñir de un tono épico y heroico «alla antica» las hazañas tanto de los príncipes y guerreros laicos como del mismo Cristo y de los santos. En lugar de hablar de una paganización de lo cristiano durante el Renacimiento, según el prejuicio histórico corriente, deberíamos referirnos, más bien, con H. Sedlmayr [2], a una recristianización del arte pagano. Este, que había recibido ya un primer bautismo incompleto durante el período cristiano primitivo, fue rebautizado para siempre en los siglos XV y XVI. La Iglesia no sólo no se opuso entonces a la incorporación de la cultura y del arte greco-latinos, sino, por el contrario, fue uno de sus más decididos promotores e impulsores. El patronazgo eclesiástico respecto a las artes no disminuyó durante el Renacimiento en relación con el que había ejercido en la Edad Media; solamente encontró muy serios competidores en los magnates laicos. Aunque no en la proporción que antes, el arte continúa siendo religioso en un tanto por ciento bastante elevado. Y es que la Iglesia, lo mismo que no rechazó el mundo cultural judío, sino lo incorporó asimilándolo al suyo propio, procedió de la misma manera respecto al mundo cultural pagano, pues también éste había sido objeto de la redención universal de Cristo. No sólo reconoció la supremacía formal del arte antiguo, científicamente explorada por el Humanismo, incorporándola a su sistema representativo, sino asumió cuanto de bueno, honesto y noble había habido en la civilización pagana, consintiendo en que, junto a sus héroes, figurasen los de la antigüedad, o incluso que aquéllos revistiesen alegóricamente las formas y los hábitos de éstos. Esta recepción del mundo artístico antiguo puede compararse con la recepción de la filosofía aristotélica por parte de la filosofía cristiana de los siglos XII y XIII. También aquélla fue, de hecho, problemática y peligrosa, y, sin embargo, resultó enormemente

[2] *Aportaciones para una revisión del Renacimiento,* en la obra *Epocas y obras artísticas* II (Madrid 1965) p.208; G. WEISE, *Il Rinnovamento dell'Arte religiosa nella Rináscita* (Florencia 1969).

fructífera. Más concretamente, el tono triunfal heroico del arte renacentista sirvió a las mil maravillas para la representación del triunfo del Dios-hombre sobre la muerte y el pecado, resucitado con su cuerpo y ascendido al cielo; y en igual medida sirvió para la glorificación del cuerpo de la Virgen, ascendido al cielo, y para las apoteosis de los mártires y de los santos. La exaltación de la belleza corpórea, incluso en el arte religioso del Renacimiento, tuvo su fundamento no tanto en la expresión de la belleza en sí cuanto en la creencia de que, desde un punto de vista metafísico, la belleza del cuerpo glorificado y la santidad eran una misma cosa. Conforme al profundo sentido alegórico de la *Kalokagathia* cristiana, la belleza del cuerpo, en efecto, constituye la manifestación sensible de prerrogativas y caracteres espirituales, como son la santidad y las virtudes. Es evidente que este principio encerraba un peligro latente de deslizamiento hacia el hedonismo y la lascivia, y no se puede negar que la pintura religiosa incurrió a veces en este defecto cuando el mismo concilio de Trento hubo de acudir a cortar de raíz los abusos en este sentido.

Por lo que respecta a España, es de sobra conocido que la recepción de la cultura y del arte del Renacimiento no se hizo indiscriminadamente y sin limitaciones, de suerte que el concepto de Renacimiento español sólo es análogo en referencia al Renacimiento italiano y al de otros países europeos. El tránsito de la Edad Media a la Modernidad no fue tan brusco; al contrario, el contenido conceptual y expresivo del Medievo se prolongó en la Península revestido únicamente del nuevo lenguaje formal de la antigüedad clásica. No se dio en España la infraestructura necesaria para que se produjese un arraigo en profundidad de los ideales más genuinos del Renacimiento. No hubo una filosofía neoplatónica, sino uno neotomismo aristotélico; no se impuso en la política la razón de Estado, sino consideraciones de ética religiosa; no proliferaron los humanistas con la secuela de traducciones de libros clásicos, sino los guerreros, los ascetas y los místicos, que alimentaban su espíritu con la lectura de libros de caballerías o de devoción; no arraigaron los burgueses y los banqueros, sino los terratenientes y los nobles. El carácter itinerante de la corte de Carlos V no dio ocasión de producir un arte programado y estrictamente cortesano, como en otros lugares de Europa, y aunque las manifestaciones arquitectónicas y plásticas en torno a este monarca se revistieron de un tono adulatorio, emblemático y heroico, usufructuando para ello todos los resortes del arte clásico, no se debe olvidar que lo que perseguía este príncipe no era simplemente la repristinación del Imperio a la antigua, sino del Sacro Romano Imperio Germánico, de raíz absolutamente medieval y con una carga religiosa estrictamente vinculante. Su hijo Felipe II, heredero no ya del Imperio, pero sí de unas vastísimas posesiones europeas y ultramarinas, continuó utilizando el lenguaje universal y ecuménico de la cultura clásica, pero ya con un creciente impulso de repliegue sobre sí mismo, como lo manifiestan las constantes actuaciones de la Inquisición y el cierre cultural hacia Europa de 1579. El arte, pues, del Renacimiento español, que durante todo el siglo había sido radicalmente religioso, por más que incorporase el sistema formal y figurativo de la avasalladora moda italiana, se cierra con el capítulo que Camón Aznar ha denominado «arte trentino». Efectivamente, el concilio de Trento, cuya convocatoria y dirección estuvo en buena parte en manos españolas, influyó decisivamente en el arte de la Península, provocando no ya el destierro del desnudo y la mitología, prácticamente inexistentes en nuestra pintura y escultura, sino una radicalización de lo religioso, expresada en una orientación más estricta hacia lo litúrgico y lo cultual en la arquitectura, y hacia lo pietístico y devocional en el resto de las artes.

2. ETAPAS Y CARACTERÍSTICAS DE LA ARQUITECTURA RELIGIOSA DEL XVI

La arquitectura religiosa del siglo XVI mantiene la misma línea evolutiva que marca el desarrollo del arte del Renacimiento en la Península. En una primera etapa, que abarca aproximadamente hasta la muerte de Fernando el Católico, en 1516, se mantienen muchas de las constantes hispano-flamencas y mudéjares que caracterizaron el último gótico, con las que se mezclan en estilos híbridos —como el llamado *estilo Cisneros*— las primeras manifestaciones, preferentemente ornamentales, del Renacimiento italiano. En este momento se distinguen como introductores y propagadores de la nueva corriente distintos miembros de la familia Mendoza, entre ellos el cardenal de Toledo don Pedro González de Mendoza, hijo del marqués de Santillana. El arquitecto preferido del clan Mendoza es Lorenzo Vázquez de Segovia, pero, simultáneamente, colaboraron en este primer arraigo, aún titubeante, de la arquitectura renacentista, maestros venidos directamente de Italia, como Miguel Carlone, Francisco y Jacobo Florentino, etc.

Comprende la segunda etapa el reinado de Carlos V, desde 1517 hasta 1558. La aceptación, tras las guerras de las Comunidades y Germanías, del Estado absoluto y de la política imperial, encarnados por el césar, implican la apertura de España hacia la problemática europea y la consiguiente incorporación del lenguaje de la cultura humanista con su tono de mitificación heroica. Este lenguaje, por lo que toca a la arquitectura, es las más de las veces todavía superficial y epidérmico, pues consiste en la asimilación no de la sintaxis constructiva de Vitrubio y Alberti, sino del vocabulario decorativo de la antigüedad, denominado tópicamente *Grutesco*. Hay que tener en cuenta que Italia elaboró el nuevo sistema de arquitectura a través del siglo XV y que no lo perfeccionó y culminó hasta el clasicismo de D. Bramante, ya en el *Cinquecento*. En virtud del retraso con que la nueva cultura artística llega a la Península, lo que en España se construye hasta mediados del siglo XVI es todavía lo que corresponde al *Quattrocento* italiano. Por otra parte, dentro de las escuelas del *Quattrocento,* la que mayormente se toma como modelo no es la más avanzada de todas, la toscana, sino la más afín a nuestro innato talante decorativo, es decir, la lombardo-veneciana. Lo que sobresale en nuestro país, lo mismo que en Venecia y Lombardía, no son las tipologías ni las estructuras, difícilmente asimiladas, sino la prolija y avasalladora ornamentación del *grutesco*, cincelada en fachadas e interiores como lo podría hacer el más hábil de los orfebres. De ahí que a la arquitectura de este segundo período de la haya llamado *Plateresca*, vocablo que fue utilizado por primera vez en 1676 por Diego Ortiz de Zúñiga para describir el ayuntamiento de Sevilla [3].

Sin embargo, dentro de esta fase protorrenacentista, se producen aportes ocasionales, bien del clasicismo, bien del manierismo, que le subsiguió en la Italia del siglo XVI. Ello se debió unas veces a la propia política edilicia imperial, como es el caso temprano del palacio de Carlos V y de la catedral de Granada; otras, a encargos de grandes personajes de la Iglesia, de la diplomacia y de la milicia que habían estado en Italia o que mantenían estrechos contactos con aquel país. A esta modalidad de la arquitectura se la ha denominado *purista,* por el hecho de haber cedido en ella el recargamiento decorativo sustituido por una más acertada comprensión de las leyes internas de la arquitectura, que conjugan y equilibran la composición y la volumetría de los edificios. Dicha modalidad floreció particularmente en Andalucía; llevada a esta región desde Castilla por Diego de Siloé y Pedro Machuca, arraigó luego en manos de A. de Vandelvira y Hernán Ruiz el Joven. Además, cuando el futuro Felipe II fue nombrado regente del reino durante las largas ausencias de su padre, el Emperador, se produjo una mayor racionalización en los programas constructivos de la corona, impulsada por el joven príncipe, intensificándose una maduración general de la arquitectura, por irradiación de la corte, que F. Chueca ha bautizado felizmente con el nombre de *estilo príncipe Felipe* [4].

Finalmente, la última etapa de la arquitectura del Renacimiento en España coincide con el reinado de Felipe II, desde 1559 hasta su muerte, en 1598. En este momento se construye el gigantesco monasterio de San Lorenzo de El Escorial por Juan B. de Toledo y Juan de Herrera, cuyo estilo, seco y descarnado, se erigió en pauta a seguir por toda la arquitectura peninsular. Nunca un solo edificio ejerció una dictadura tan férrea sobre los demás como éste, y eso a pesar de que venía a cortar de raíz el decorativismo castizo innato al temperamento español. El estilo de Toledo y Herrera coincidió con el retorno a la disciplina académica operado en Italia por Viñola y Palladio, una vez puesto coto a las fantasías y caprichos del manierismo, pero, sobre todo, con el concilio de Trento, cuyas decisiones en materia artística tuvieron que ejercer por fuerza un gran peso en países tradicionalmente católicos, como España. Por esta última razón, J. Camón Aznar ha bautizado a la arquitectura y al arte en general de este período con el nombre de

---

[3] *Anales eclesiásticos y seculares de la ciudad de Sevilla* (Madrid 1677).
[4] *Arquitectura del siglo XVI* (Madrid 1953) p.183.

«trentino» [5]. Por otra parte, tampoco es de desdeñar el impacto que produjo la llamada arquitectura jesuítica, la cual desempeñó un importante papel al haber contribuido decisivamente a imponer un tipo de templo radicado en los principios de funcionalidad cultual y de austeridad moral que flotaban en el ambiente de la Contrarreforma católica.

3. TRATADOS DE ARQUITECTURA

Uno de los aspectos más decisivos que separa tajantemente la arquitectura renacentista de la gótica es su carácter teórico. Antes, la construcción se basaba en el puro empirismo y en las recetas de taller, heredadas de la tradición artesanal; ahora se fundamenta en unos principios y en unos métodos racionales y científicos, que son objeto de enseñanza académica. El maestro de obras, que practicaba una técnica todavía artesanal, pasa a ser el arquitecto científico, que domina y aplica una serie de disciplinas muy complejas, que van desde la matemática, la geometría, la perspectiva, la óptica, la geología, la mineralogía hasta la mecánica y la hidráulica. El descubrimiento de los libros sobre arquitectura de Marco Vitrubio Polión fue decisivo para este cambio de panorama. A su imitación se escribieron en Italia, durante los siglos XV y XVI, multitud de tratados, unos más conceptuales, como el de L. B. Alberti; otros más prácticos, como los de S. Serlio y J. Barozzi de Vignola; estos tratados tenían por objeto poner en contacto al arquitecto con unas normas y una metodología en que se definían y regulaban los nuevos tipos de construcción religiosa, civil y militar. Algunos de estos escritos fueron traducidos al castellano durante el siglo XVI, comenzando por el texto de Vitrubio, pero la falta de elaboración de una teoría propia explicaría en alguna medida la no completa asimilación de la arquitectura humanística en la Península, la persistencia de estructuras góticas, sólo paliadas por una mera adjetivación decorativa, a la antigua, y la escasa originalidad de las tipologías constructivas, especialmente de índole religiosa.

Con todo, no faltaron del todo semejantes tratadistas. En 1526, el clérigo toledano Diego Sagredo intentaba una primera aproximación teórica a la arquitectura del Renacimiento. Sus *Medidas del Romano* se encaminaban a enseñar los rudimentos de la nueva gramática constructiva, basada en la modularidad matemático-geométrica de los órdenes clásicos, pero incidiendo, al mismo tiempo, en aspectos irracionales y decorativos ya presentes en la antigüedad romana, como el grutesco y la columna abalaustrada, tan usados ambos en el plateresco español y americano.

Un maestro goticista, Rodrigo Gil de Hontañón, recopiló elementos para una publicación, que no llegó a realizarse, pero que fueron recogidos en un manuscrito firmado por Simón García en 1681 y titulado

[5] *El estilo Trentino:* Revista de Ideas Estéticas (1945) 429-42.

Compendio de Architectura y Simetría de los Templos. Desde nuestro peculiar punto de vista tiene este libro la ventaja de ser exclusivamente un tratado de arquitectura religiosa. Los tipos de templos que en él se recopilan obedecen, en su mayoría, a la tradición gótica tardía de iglesias conventuales de una sola nave, cimborrio en el crucero y capillas-hornacina empotradas entre los estribos. Comparecen elementos medievales, como bóvedas estrelladas, plementerías, estribos, etc., y, sobre todo, un planteamiento todavía muy empírico, aunque camuflado por el sometimiento al número y medida que se derivan de la asunción vitrubiana del cuerpo humano como canon aritmético.

Texto igualmente de carácter eminentemente empírico y práctico, plagado de secos y abstrusos tecnicismos de taller y sin grandes pretensiones teóricas, es el *Libro de Trazas de Cortes de Piedra,* compuesto por Alonso de Vandelviva, que ha llegado manuscrito a través de las copias y comentarios que del mismo realizaron en Toledo Felipe Lázaro Goiti, en 1646, y, más tardíamente aún, Bartolomé de Sombigo y Salcedo. Lo más interesante de este farragoso manuscrito son seguramente los dibujos y monteas de bóvedas vaídas y circulares, preciosamente decoradas, que corresponden al personal estilo de Andrés de Vandelriva, padre del autor del tratado.

El arquitecto cordobés, afincado en Sevilla, Hernán Ruiz el Joven, redactó antes de 1562 un manuscrito, que no fue publicado, bien porque fuese sólo de uso personal, bien porque sirviese exclusivamente para la enseñanza de sus discípulos. Comprende la traducción del primer libro de Vitrubio, una serie de textos sobre geometría, perspectiva y órdenes clásicos, y una colección de dibujos, plantas y monteas, entre los que destacan aquellos referidos a la iglesia sevillana del hospital de la Sangre y, más en general, al tipo de templo denominado *de cajón,* que se extendió por la baja Andalucía a fines del XVI y del que trataremos más adelante.

En 1587, Juan de Arfe y Villafañe, escultor y orfebre, nieto del célebre platero gótico Enrique de Arfe, publica el libro titulado *De varia Commensuración para la Esculptura y Architectura.* Es tratado muy heterogéneo, pues además de referirse a las acostumbradas proporciones aritméticas de la arquitectura y a su relación con las formas geométricas regulares, a los órdenes clásicos, etc., se detiene en la descripción de las medidas del cuerpo humano y en la anatomía de sus miembros —teniendo como objetivo a los escultores— y en la de los distintos animales y aves. También dedica un buen espacio a la composición de relojes, instrumentos que, por su automatismo, hacían las delicias de la cultura manierista [6].

[6] De los tratados de arquitectura reseñados existen ediciones recientes, algunas en facsímil: *Medidas del Romano,* de Diego Sagredo, prólogo de L. Cervera (Valencia 1976); *Compendio de Architectura y Simetría de los Templos conforme a la medida del Cuerpo Humano,* ed. de J. Camón Aznar (Salamanca 1941); *Tratado de Arquitectura de Alonso de Vandelriva,* ed. de G. Barbé-Coquelin de Liste, 2 vols. (Albacete 1977); *El Libro de Arquitectura de Hernán Ruiz, el Joven,* ed. de P. Navascués (Palacio, Madrid 1974); *De Varia Commensuración para la Esculptura y Architectura,* de Juan de Arfe y Villafañe, ed. de Iñiguez Almech (Valencia 1979).

Finalmente, los jesuitas Jerónimo Prado y Juan Bautista Villalpando editaron en Roma, a expensas de Felipe II, entre 1596 y 1604, tres volúmenes titulados *Apparatus Urbis ac Templi Hierosolimitani.* Prado se encargó de lo referente a exégesis bíblica, y Villalpando, que había sido discípulo de la Academia de Matemáticas regentada en Madrid por Juan de Herrera, de la reconstrucción arquitectónica del antiguo templo de Salomón. No se trata en ningún caso de un tratado sistemático de arquitectura, pero ofrece dos vertientes de indudable interés: el influjo que pudo ejercer sobre el planteamiento del monasterio de San Lorenzo de El Escorial, como remedo del templo salomónico, y la arbitraria conclusión a que llegó Villalpando cuando demostró que las medidas del templo de Jerusalén, inspiradas por Dios al profeta Ezequiel, coincidían al pie de la letra con las propuestas en el tratado de Vitrubio para los edificios griegos y romanos. Esto equivalía a la canonización de la arquitectura humanista, elevándola nada menos que a un rango indiscutible y dogmático [7].

La literatura artística que desencadenó en Italia y Flandes el famoso decreto del concilio de Trento sobre las imágenes no encontró una equivalencia en lo referente a la arquitectura sacra y al mobiliario eclesiástico, en razón seguramente de que este punto específico, al no haber sido objeto de polémica por parte de los reformadores protestantes, tampoco había sido abordado por el concilio. El único escrito publicado sobre arte asunto fue el dirigido a la archidiócesis de Milán por San Carlos Borromeo, en 1577, con el título *Instructiones Fabricae et Supellectilis Ecclesiasticae.* Ignoramos si fue conocido y utilizado en España a finales del XVI. De todas formas, lo referente a la arquitectura religiosa conforme al nuevo espíritu suscitado por Trento se condensó en las constituciones sinodales de las diferentes diócesis españolas. No existen estudios de conjunto sobre este punto, pero por lo poco que todavía se conoce, se puede deducir que se trataba de orientaciones enteramente pragmáticas, sin atención alguna a consideraciones ni definiciones de estilo. Ni siquiera se determinaba *a priori* la forma o tipo de iglesia que se deseaba construir, atendiendo, si no a un criterio artístico, al menos simbólico o cultual. Las prescripciones se ceñían a puntos prácticos, como la necesidad del permiso del prelado para emprender una nueva construcción eclesiástica, la existencia previa de unas rentas o un fondo pecuniario suficiente para el mismo intento y el nombramiento de un veedor —que solía ser el arquitecto diocesano— para revisar las trazas, solucionar los problemas técnicos y evaluar y tasar los costos [8].

[7] Véase R. TAYLOR, *El Padre Villalpando y sus ideas estéticas.* «Anales y Boletín de la Real Academia de San Fernando» (1955) p.3-65.

[8] Por ejemplo, en las constituciones sinodales de la diócesis de Pamplona, redactadas por el obispo don Bernardo de Rojas y Sandoval. Reproducidas por C. García Gainza, en *Escultura romanista en Navarra* (Pamplona 1969) p.259-65.

4. DESARROLLO DE LA ARQUITECTURA RELIGIOSA

Los tipos de templo

El templo preferido por el Renacimiento fue el de planta centralizada, es decir, el de forma cuadrada o circular, y el que se derivase de estas simples formas geométricas, donde las partes equidistaban del centro y las relaciones numéricas eran regulares y constantes. No se ha de pensar que la predilección por este tipo de plantas era exclusivamente de orden estético, en virtud de un concepto de belleza abstracto derivado de la matemática pitagórica y de la filosofía platónica. El Humanismo resucitó la interpretación matemática de Dios y del mundo que habían efectuado los griegos, vigorizándola con la creencia cristiana de que el hombre, como imagen de Dios, encarnaba la armonía del universo. Por eso la figura vitrubiana del hombre inscrito en un cuadrado o en un círculo se convirtió en símbolo de la simpatía entre el macrocosmos y el microcosmos. Ahora bien, ¿dónde podría expresarse mejor la relación del hombre con Dios sino en la construcción del templo, de conformidad con la geometría fundamental del cuadrado y el círculo? Es más, para A. Palladio, el círculo era la forma que mejor podía simbolizar la unidad, la esencia infinita, la uniformidad y la justicia de Dios [9].

Sin embargo, a la hora de la verdad, la construcción de templos circulares, cuadrados y de planta de cruz griega planteó en la misma Italia serios problemas litúrgicos, por la dificultad de colocar el altar en el centro de la iglesia, y, a excepción de algunos templos funerarios, de peregrinación o donde se veneraban insignes reliquias, se siguió optando por la forma tradicional de planta basilical de cruz latina para las parroquias e iglesias dedicadas al culto ordinario y a la administración de los sacramentos. Ya en 1554, P. Cataneo sostenía, en contra de la opinión humanista, que la iglesia principal de la ciudad debía ser cruciforme, porque la cruz es el símbolo de la redención, aunque, eso sí, las proporciones de la cruz tenían que ajustarse a las de un cuerpo humano perfecto, en razón de que Cristo había asumido un cuerpo humano como el nuestro [10]. En plena Contrarreforma católica, San Carlos Borromeo toleraba difícilmente las iglesias circulares, a las que consideraba paganas, abogando por el uso de la planta basilical y cruciforme, en razón de ser la forma legada por la tradición de la Iglesia occidental [11].

En España, o porque, como ya señalamos, apenas existió una orientación teórica de la arquitectura, o por inercia de la tradición gótica, no prendió el tipo de iglesia de planta centralizada. Se producen, sin embargo, algunas excepciones. En primer lugar, la sorprendente catedral

---

[9] *I Quattro Libri dell'Architettura di Andrea Palladio* (Venecia 1570), libro IV c.2 p.6. Véase sobre este punto R. WITTKOWER, *La arquitectura en la edad del Humanismo* (Buenos Aires 1958) p.9-38.

[10] P. CATANEO, *Quattro primi libri d'Architettura* (Venecia 1554) libro III fol.35.

[11] *Instrucciones Fabricae et Supellectilis Ecclesiasticae* c.2; en el libro *Trattati d'Arte del Cinquecento fra Manierismo e Controriforma*, ed. de Paola BAROCCHI, tomo II (Bari 1962).

de Granada. Planeada por Enrique de Egas como una réplica de la catedral de Toledo, cuando Diego de Siloé asumió su dirección, en 1528, introdujo tales cambios, que su concepción resultó íntegramente nueva. Destaca por encima de todo la rotonda circular de la capilla mayor, sugerida por la del Santo Sepulcro de Jerusalén, e ideada como un templo a la antigua, seguramente por dos motivos: porque, como la de Jerusalén, se destinaba a la exposición del verdadero *Corpus Domini*, presente en la Eucaristía, y porque había de servir de capilla funeraria al emperador Carlos V y a sus descendientes [12]. La rotonda se fusiona mediante un poderoso arco de triunfo, de tipo albertiano, con el cuerpo tradicional, de tipo basilical, compuesto por cinco naves de altura decreciente. En este sentido se mantuvo el paralelismo con la basílica del Santo Sepulcro, añadida a la rotonda constantiniana por los cruzados. Los soportes de las naves son ya enteramente renacentistas, no sólo por la utilización de los órdenes clásicos, sino por el empleo del sistema modular, de tal suerte que, a pesar de su enorme altura, no se desvirtúan las proporciones. Para completar el simbolismo, toda la catedral está pintada de color blanco, color que, para A. Palladio, expresaba la pureza y la simplicidad divinas. El templo granadino se construyó en un estilo precozmente purista cuando en el resto de la Península dominaban todavía las galas decorativas del Plateresco. Es, por lo tanto, la primera catedral renacentista llamada a convertirse en prototipo regional precisamente en aquellas capitales andaluzas donde el reciente dominio nazarita no había consentido la construcción de templos catedralicios. Así, las catedrales de Málaga y Guadix, que fueron planeadas por el mismo Diego de Siloé, siguieron el modelo granadino incluso en la incorporación de una rotonda en la cabecera, si bien la demora de la construcción, proseguida con exasperante lentitud, desvirtuó en gran parte los planos originales. También la catedral de Baza experimentó el atractivo de la de Granada, y la repercusión alcanzó a las mismas catedrales americanas de México y Perú.

Iglesia no catedral, con una espléndida rotonda circular coronada por una cúpula en la cabecera, es la del Salvador, de Úbeda. La planeó también Diego de Siloé, y la razón de que tenga una rotonda se explica porque estaba destinada a panteón de su fundador, don Francisco de los Cobos y Molina. La rotonda enlaza con un cuerpo de iglesia de nave única bordeada por capillas-hornacina, tipo cuyas características explicaremos en seguida. La construcción fue realizada a partir de 1536 por Andrés de Vandelvira. En cuanto al autor de la planta de esta iglesia y de la catedral de Granada, Diego de Siloé, no debe olvidarse que su formación se realizó excepcionalmente en la misma Italia y que en Nápoles había edificado, ya muy tempranamente, en forma circular, la capilla funeraria de la familia Caracciolo.

La basílica del monasterio de El Escorial tiene igualmente la desacostumbrada forma de planta de cruz griega. En realidad no se trata de

---

[12] Véase la monografía de EARL E. ROSENTHAL, *The Cathedral of Granada. A Study in the Spanish Renaissance* (Princeton 1961).

una iglesia común, sino de un templo genuinamente palatino que aprovechó el enorme prestigio y la carga simbólica inherentes a la basílica de San Pedro del Vaticano. Felipe II quiso construir un excepcional templo votivo en acción de gracias por la batalla de San Quintín, pero que, al mismo tiempo, fuese expresión, no de una coyuntura histórica concreta, sino de la idea cósmica y universal de sus inmensos dominios [13]. El tracista del templo, Juan Bautista de Toledo, había sido precisamente aparejador de San Pedro del Vaticano, a las órdenes inmediatas de Miguel Angel. Su proyecto fue criticado por el ingeniero F. Pacciotto e incluso se solicitaron planos y monteas a diferentes arquitectos italianos y a la Academia de Florencia. En todo caso, fue Juan de Herrera quien dio a la iglesia su forma definitiva y, sobre todo, una impronta de severidad fría y distante, a tono con las corrientes, por un lado, del manierismo académico romano, y por otro, del concilio de Trento. En este templo, Felipe II reunió más de 7.000 reliquias, algunas profanadas por luteranos y calvinistas, con lo que se acrecentó su aspecto contrarreformista.

El tipo habitual de iglesia durante el Renacimiento español continúa siendo el basilical de cruz latina, compuesto por varias naves, como ya señalamos. No es superfluo recordar en este momento que las catedrales de Salamanca, Segovia y Plasencia se plantearon así a comienzos del siglo, según la tradición gótica tardía. La de Jaén, empezada prácticamente de nuevo en 1540, por Andrés de Vandelriva, es también de planta de salón, como aquéllas, pero en ella no queda un solo vestigio del estilo gótico. Ha desaparecido el ábside poligonal, sustituido por una cabecera plana, acaso coincidiendo con un muro o con una cimentación de la mezquita preexistente; pero lo cierto es que la planta adquiere de esta manera una regularidad sorprendente al eliminar las líneas diagonales y al cortarse todas ellas en ángulos rectos. Los soportes guardan entre sí las distancias proporcionales para que sobre ellos volteen en todo su desarrollo los arcos de medio punto. El engranaje de las bóvedas vaídas es perfecto, y como todos los tramos de las naves son de la misma altura, el espacio alcanza una plenitud y un aliento verdaderamente romanos. La catedral de Jaén, junto con la de Granada, se erige en prototipo de catedral renacentista en virtud del dominio de la estructura, concebida ya como una integración total de las partes. En esta misma dirección, pero con un sentido más avanzado, camina la de Valladolid, pues encaja en la última fase del Renacimiento que se ha denominado trentina. El cabildo vallisoletano había comenzado en 1527 una colegiata renacentista, poniendo la obra en manos de Diego Riaño, pero ésta quedó interrumpida hasta que fue planeada de nuevo por Juan de Herrera, en 1585, con una grandiosidad excepcional, pues el intento era convertir la colegiata en catedral, sede de la nueva diócesis de Valladolid, que efectivamente se erigió en 1597. Por desgracia, no se construyó más de una tercera parte del ambicioso proyecto. Era éste de

---

[13] La interpretación simbólica más completa del monasterio de El Escorial es la ofrecida por RENE TAYLOR, *Arquitectura y magia. Consideraciones sobre la «idea» de El Escorial:* en la revista «Traza y Baza» n.6 (1976) 5-62.

planta basilical, pero muy *sui generis,* pues el crucero se situaba aproximadamente en el medio de la construcción, haciendo gravitar todos los
ejes compositivos hacia la cúpula, colocada en el centro del crucero. La
planta adquiría así el aspecto centralizado característico del Renacimiento. A este efecto contribuía la existencia de cuatro torres, dos a los
pies y dos a la cabecera, equidistantes casi de la cúpula. Otra novedad
de esta catedral radicaba en la colocación del altar mayor, casi bajo la
cúpula, rodeado de la sillería del coro, desplazada ésta de su sitio habitual en el centro de la nave. A tono con la funcionalidad litúrgica y
cultual requerida por la Contrarreforma, esta nueva colocación del coro
permitía la visibilidad sin estorbos del altar y el retablo desde la nave,
así como el acceso procesional hacia los mismos.

Una tipología intermedia entre el templo gótico tardío y los nuevos
ideales de la arquitectura humanista la representan las llamadas *iglesias
columnarias,* muy características del arte español y particularmente
abundantes entre colegiatas y parroquias. La planta es también de salón, generalmente de tres naves, desgajándose en ocasiones por su arcaísmo los ábsides poligonales. Los antiguos soportes góticos se sustitu-
yen por columnas sobre pedestales, estructurados conforme a alguno de
los órdenes clásicos. Ignoramos si la elección del dórico, del jónico o el
corintio se hizo teniendo presente la semantización simbólica que para
los órdenes inventó Vitrubio y que replanteó, por ejemplo, S. Serlio.
Las bóvedas, unas veces, son nervadas, en continuidad con la tradición
gótica; otras son vaídas o anulares, más en consonancia con el nuevo
espíritu. En todo caso, el concepto del espacio en estas iglesias es de una
cohesión, de un aliento y de una monumentalidad totalmente renacientes. Florecen por todas partes, aunque se densifican particularmente por
el centro (Madrid), norte (país vasco) y sudeste (Murcia-Albacete), en
este último cuadrante, seguramente, por influjo de maestros tan señalados como Siloé y Vandelvira, pero también del arquitecto local Jerónimo Quijano. En el país vasco, la escuela de canteros góticos era muy
fecunda, y el aislamiento cultural explica la persistencia de una tipología
que, en el fondo, no dejaba de ser arcaizante, aunque convenientemente
remozada [14]. En la provincia de Madrid, sin embargo, un maestro tan importante como Alonso de Covarrubias la puso en práctica todavía en una iglesia relativamente tardía, como es la Magdalena, de
Getafe.

Otro tipo de iglesia que pertenece a la tradición gótica tardía y que
va a evolucionar a tenor de los tiempos hasta desembocar en la llamada
jesuítica es el templo de nave única flanqueada por capillas-hornacina.
Ya señalamos cómo este género de iglesia, creado para la predicación,
fue el adoptado por las Ordenes mendicantes, primero en el Levante
español, ya en el siglo XIII, y tardíamente, por otras Ordenes religiosas,

---

[14] Sobre las iglesias columnarias de Castilla la Vieja y la Nueva, véase G. WEISE, *Die
spanische Hallenkirchen der Spätgotik und der Renaissance* Tubinga 1953); sobre las del país
vasco, C. DE URIARTE, *Las iglesias «salón» vascas del último período gótico* (Alava 1978).

en ambas Castillas [15]. Es, por lo tanto, una iglesia eminentemente monástica, pero que, por su comodidad y funcionalismmo, se podía utilizar para otros fines, como el mismo culto parroquial. La ausencia de soportes y la amplitud y espaciosidad de la nave facilitaban al mismo tiempo un numeroso aforo y la nítida visibilidad de la capilla mayor, iluminada por la luz que cae del cimborrio. El coro de los religiosos, elevado a los pies, no interfiere en la nave y permite también una cómoda visión de la capilla mayor. Al principio, este tipo, en cuanto arranca de una tradición anterior, sigue siendo de estructura gótica, como acaece en la iglesia dominicana de San Esteban, en Salamanca, iniciada en 1524 por Juan de Alava, a expensas del obispo fray Juan Alvarez de Toledo, y continuada por el lego dominico fray Martín de Santiago. El templo de San Jerónimo, de Granada, comenzado de la misma manera, recibe, sin embargo, un majestuoso tratamiento «a lo romano» en la zona de la cabecera, debido a la intervención del florentino Jacobo Torni desde 1525; Diego de Siloé completa el proceso volteando las bóvedas de medio punto acasetonadas de los brazos del crucero y de la capilla mayor y cerrando el cimborrio con bóveda gótica, pero disimulada con una profusa decoración escultórica de carácter renaciente. Citaremos otros dos ejemplos debidos al maestro Rodrigo Gil de Hontañón, protagonista de buena parte de la arquitectura plateresca en extensas zonas de Castilla. En el templo del monasterio de religiosas bernardas de Salamanca, de 1552, emplea el esquema descrito prescindiendo, sin embargo, de las capillas-hornacinas y del cimborrio, innecesarios en una recoleta iglesia de monjas. Las molduras y las bóvedas, aunque muy simplificadas, son todavía góticas, pero, en cambio, el ábside, de cuarto de esfera sobre trompas aveneradas, es una solución felicísima de sabor netamente romano. En la iglesia de San Francisco, de Medina de Rioseco, comenzada en 1533, pero en la que Rodrigo Gil trabajó hasta su muerte, el proceso de simplificación de las molduras góticas alcanza su grado de madurez; los arcos escarzanos de las capillas-hornacina son simples bandas lisas de perfil semicircular, y los haces de baquetones de los soportes se convierten en semicilindros, de los que arrancan los nervios de las bóvedas. Incluso aparecen las tribunas jesuíticas sobre las capillas laterales. No falta más que un paso para que este recinto pueda denominarse con exacta propiedad «iglesia jesuítica».

Dentro de esta tipología hay que incluir la original iglesia del Hospital de las Cinco Llagas, en Sevilla, trazada en 1560 por Hernán Ruiz el Joven, prototipo andaluz de las que G. Kubler ha denominado «box-like Church», o «iglesias de cajón» [16]. En efecto, la caja de muros externa sirve de cobertura, sin más mediaciones al espacio interno, compuesto

---

[15] El origen de estas iglesias procede del «Midi» francés durante el siglo XIII: cf. a este propósito V. PAUL, *Le problème de la nef unique*, y M. DURLIAT, *Le rôle des Ordres Mendiants dans la création de l'architecture gothique méridional*, en el volumen *La naissance et l'essor du gothique méridional au XIII siècle* (Toulouse 1957).

[16] *Art and architecture in Spain and Portugal...*, *1500-1800* (Hardmondsworth 1959) p.19.

de una sola nave. Esta se halla flanqueada por capillas-hornacina, dispuestas por pares en cada tramo, pero por encima de las amplísimas tribunas es visible el enorme paño del muro envolvente. El ábside semicircular, las bóvedas vaídas y el orden jónico utilizado a tono con las esbeltísimas proporciones del templo, convierten a éste en paradigma de iglesia alto-renacentista. Su huella fue muy profunda en otras construcciones religiosas de la baja Andalucía durante el siglo XVII.

Iglesias jesuíticas

El carácter metódico y disciplinado que San Ignacio de Loyola imprimió a la Compañía de Jesús alcanzó, entre otros aspectos, también a la organización de las iglesias de la orden. Después de otros tanteos y experimentos, los jesuitas consiguieron en la iglesia del Gesù, de Roma, edificada entre 1568-1584, un tipo de templo perfectamente acoplado a la predicación y a la frecuentación de los sacramentos, que se habían venido imponiendo a través de los diferentes conatos de reforma católica, asumidos luego oficialmente por el concilio de Trento. El arquitecto J. Barozzi da Vignola fundió en un molde perfecto las exigencias tanto estéticas, impuestas por el cardenal Alejandro Farnesio, que costeaba la obra, como funcionales, apetecidas por San Francisco de Borja, general de la orden. Para ello fusionó el esquema de San Pedro del Vaticano, perceptible en la cabecera, con una amplísima nave congregacional bordeada de capillas. Estas no embarazaban ni la perfecta audición del predicador, ni la visibilidad de las ceremonias ni la circulación por la nave, mientras servían, en cambio, para las misas privadas y la colocación de los confesonarios. Por otra parte, se consumaba el retorno al dispositivo tradicional de planta basilical de cruz latina, deseado por P. Cataneo y San Carlos Borromeo, según señalábamos más arriba. Por eso, el Gesù romano se convirtió, si no en el único, sí en uno de los más claros arquetipos de iglesia de la Contrarreforma.

Sin embargo, la Compañía de Jesús estuvo muy lejos de proponer el Gesù como único modelo que se debiera obligatoriamente imitar. Ya en 1558, la primera congregación general se había preocupado de la construcción de edificios, pero de una manera muy genérica, al recomendar que fueran simples, salubres, adaptados al fin al que eran destinados y exentos de ostentación. La segunda congregación general, celebrada en 1565, añadió la obligación de someter a la aprobación del general de la orden los planos de toda nueva obra, por lo que éstos debían ser remitidos a Roma. Los planos que allá se enviaban solían ser un croquis del sitio y una planta con la distribución general de la iglesia o colegio, pero no unos diseños en toda regla. El consejero edilicio del general, que acostumbraba a ser un experto en arquitectura o el profesor de matemáticas del Colegio Romano, los devolvía con ligeros retoques atinentes a pormenores prácticos, pero nunca a cuestiones de estilo, respetándose la opción que se había hecho en cada lugar. Sólo durante el generalato del padre Everardo Mercuriano, en 1580, hubo un intento de unificar los tipos de iglesias y edificios, confeccionándose entonces diversos modelos-estándar que comportaban desde iglesias de una y de tres naves hasta templos circulares y elípticos; pero dicho intento ni siquiera llegó a cuajar. En rigor no se puede hablar, por lo mismo, de la existencia de un estilo jesuítico. Se respetaron las modalidades nacionales, regionales y locales, y no hubo otra uniformidad que la derivada de unos mismos anhelos de funcionalidad cultual y litúrgica, y de aspecto sencillo y austero. Este aire de familia, o *modo nostro,* al que aluden los documentos, es lo único que unifica las iglesias de los jesuitas dentro de la variedad de tipos, estilos y soluciones. Por otra parte, el esquema del Gesù de Roma, en cuanto satisfacía plenamente a los presupuestos doctrinales de la Contrarreforma católica, fue utilizado en templos de otras órdenes y congregaciones religiosas, así como en muchas iglesias parroquiales [17].

Por lo que hace concretamente a España, las dificultades económicas con que al principio se debatieron los jesuitas, derivadas de la lenta aceptación por parte de las altas capas de la sociedad de una orden religiosa desconocida y no siempre libre de sospechas heterodoxas, hicieron que los lugares de culto construidos fueran capillas o pequeñas iglesias provisionales, sustituidas en la centuria siguiente por templos sólidos, amplios y definitivos. Más que iglesias se requerían de los jesuitas colegios de enseñanza, sobre todo en poblaciones pequeñas, que fueron la base de su fulminante éxito posterior. Las mismas dificultades económicas condujeron al empleo muchas veces de maestros de obras de extracción propia, no siempre en posesión de los conocimientos teóricos y técnicos y de la experiencia práctica deseables. Con todo, destacaron algunos buenos arquitectos, como el P. Bartolomé de Bustamante, veedor que había sido de las obras del hospital de San Juan Bautista de Toledo; el P. Juan Bautista Villalpando, discípulo de Juan de Herrera, y el hermano Giuseppe Valeriani, pintor y arquitecto italiano, nombrado visitador de las construcciones jesuíticas de Castilla y Andalucía.

El estilo fue variando a tenor de la evolución general de la arquitectura peninsular. A mediados de siglo, las iglesias jesuíticas suelen ser aún híbridas y eclécticas, como, por ejemplo, las del colegio de Murcia y el noviciado de Medina del Campo; la planta es la conventual antes descrita, pues se avenía muy bien a los supuestos funcionales buscados por la Compañía, pero la estructura y el lenguaje decorativo están saturados de resabios goticistas, cuando no mudéjares. Luego, en las últimas décadas del XVI, la planta, la estructura y el ornato se integran en

---

[17] La literatura sobre arquitectura jesuítica es bastante numerosa en estos últimos años. Los libros más importantes son: P. PIRRI, *Giovanni Tristano e i primordi della architettura gesuitica* (Roma 1955); P. MOISSY, *Les églises des jésuites de l'ancienne Assistance de France,* 2 tomos (Roma 1958); J. VALLERY-RADOT, *Le recueil de plans d'édifices de la Compagnie de Jésus conservé à la Bibliothèque Nationale de Paris* (Roma 1960); R. WITTKOWER, IRMA B. JAFFE, y otros, *Baroque Art, The Jesuit contribution* (Nueva York 1972). Por lo que respecta a España, J. BRAUN, *Spaniens alte Jesuitenkirchen* (Friburgo 1913); A. RODRÍGUEZ G. DE CEBALLOS, *Bartolomé Bustamante y los orígenes de la arquitectura jesuítica en España* (Roma 1967).

un todo homogéneo, ahormándose al estilo del manierismo académico profesado por Vignola y Palladio, y propagado en España por Juan de Herrera. La impronta de sequedad y parsimonia decorativas, peculiares del gran maestro español, se amoldaban perfectamente al anhelo de apariencia austera que, como expresión de pobreza evangélica, buscaban y requerían las congregaciones generales de la Compañía.

Dentro de esta última modalidad se pueden distinguir dos escuelas o focos en Castilla y Andalucía. El primero está protagonizado por la iglesia del noviciado de Villagarcía de Campos (Valladolid), fundación de don Luis Guijada y doña Magdalena de Ulloa, personajes del círculo cortesano de Carlos V. La planta primitiva fue trazada por Rodrigo Gil de Hontañón, pero el aspecto definitivo —modelo de iglesia jesuítica contemporáneo del Gesù y, por lo tanto, no influido por éste— se debió a las modificaciones introducidas por el aparejador de El Escorial Pedro de Tolosa. El templo de Villagarcía sirvió de prototipo a otros muchos de Castilla, Galicia, Asturias y Vizcaya. En Andalucía, las tres iglesias fundamentales del período fueron la de la casa profesa de Sevilla y las de los colegios de Córdoba y Granada. Planeadas por el padre Bustamante, fueron replanteadas por el hermano Valeriani y dirigida su construcción por el padre Villalpando. Tienen un aire común, acomodándose a la modalidad regional, antes apuntada, de *iglesia de cajón*, especialmente la de Sevilla, donde parece segura la intervención del inventor de esa fórmula Hernán Ruiz el Joven. También dejaron huella profunda en otros templos jesuíticos de Andalucía.

Exterior y anexos de los templos

El Renacimiento se preocupó de dignificar la apariencia externa de los templos mediante recursos tomados de la arquitectura clásica. Vitrubio aconsejaba colocarlos en un lugar descollante de la ciudad, dotarlos de escalinatas de acceso y poner en su frente un pronaos de columnas, eligiendo el orden de las mismas según la cualidad del dios al que estaban consagrados. Estas recomendaciones fueron asumidas por los tratadistas italianos, acomodándolas, en lo posible, a la peculiar fisonomía del templo cristiano. La transcripción más original del frontis de un templo griego fue la efectuada por Palladio en las escasas iglesias que construyó. Alberti utilizó para las fachadas el motivo de arco de triunfo romano, con una clara connotación simbólica a la iglesia como ciudad celeste. Lo más corriente fue, sin embargo, el empleo del entramado romano de columnas y pilastras, superpuestas en pisos, dejando transparentar la organización interna de la nave congregacional y de las naves-capillas. Este último sistema fue perfeccionado por Vignola y G. della Porta, y aplicado, por lo general, a la iglesia jesuítica. En todo caso, las soluciones dadas por los artistas italianos a la fachada del templo fueron siempre de carácter eminentemente tectónico.

En España, por el contrario, se empleó masivamente la fachada-retablo, procedente del gótico tardío, fachada que es por excelencia escultórica. El retablo del altar mayor se saca a la calle esculpido en piedra, anticipando su efecto pedagógico y propagandístico gracias a la multiplicación de las imágenes y relieves tallados. La malla en que se insertan estas imágenes y relieves pretende ser clásica, por el uso de pilastras, órdenes y entablamentos, pero carece normalmente de sentido orgánico-compositivo, resaltando por su aspecto profusamente ornamental. En continuidad con la estética que caracterizó el gótico de los Reyes Católicos, no se dejan espacios sin decorar, variando no tanto el ritmo ornamental cuanto el motivo decorativo mismo, que ahora pasa a ser el llamado tópicamente «grutesco». Tal es el expediente seguido en el estilo conocido por Plateresco. Un modo nuevo de proclamar la virtud heroica de los santos es el de representarlos de medio busto en medallones circulares, rodeados, a la antigua, por coronas de laurel. Junto a los héroes cristianos alternan en verdadera promiscuidad no sólo los del Antiguo Testamento, sino también los del mundo pagano, considerados como figuras y anticipos de aquéllos. Ejemplo significativo de este tipo de fachada-retablo es el de la iglesia de San Esteban, de Salamanca. Como en un genuino retablo, el relieve del martirio del santo titular ocupa la hornacina central; la espina se corona con un calvario, y en las calles figuran equiparados apóstoles y santos de la orden dominicana. En los medallones aparecen Adán y Eva, patriarcas, profetas y Hércules y San Jorge, estos últimos como personificaciones del caballero, respectivamente, antiguo y medieval.

Con todo, también se introdujo en España la fachada dispuesta a modo de arco de triunfo romano, enmarcando la puerta, que se concibe como puerta de la ciudad celeste, símbolo preferente del templo cristiano. Es un tipo de fachada más tectónico y descargado de imágenes y talla decorativa, y suele coincidir con la etapa purista de la arquitectura renacentista española. Ejemplo sobresaliente lo ofrece la fachada norte del crucero de la catedral de Granada, la llamada puerta del Perdón. Puesto que esta catedral se concibió en un principio como panteón de Carlos V, la fachada se carga de simbolismos imperiales, patentes, en primer lugar, en los enormes escudos del imperio y de España que la flanquean; en las enjutas del arco triunfal, en lugar de las acostumbradas victorias, figuran las alegorías de la fe y de la justicia, que ocupan, respectivamente, el primer lugar entre las virtudes teologales y cardinales, como bases sobre las que se asienta la idea del imperio cristiano, o sacro romano imperio. De esta fachada derivan otras muchas, como las de las catedrales de Almería, Orihuela, etc. También la fachada de la iglesia del Salvador, de Ubeda, que posee un original programa iconológico. Al tratarse de una iglesia funeraria, se eligieron temas que aludieran a la salvación más allá de la muerte, con la presentación del dilema cielo-infierno. El ciclo principal gira en torno a la transfiguración de Cristo, misterio soteriológico que se complementa con una serie de figuras del Antiguo Testamento y con la inclusión de la Virgen y la

Iglesia en papel de mediadores. Pero lo más sorprendente es la presencia en el intradós del arco de triunfo de abundantes dioses mitológicos, que han sido puestos en relación con los círculos infernales descritos por Dante [18]. En fin, otra fachada en que se combinan el tipo de retablo y de arco de triunfo es la de la iglesia de Viana (Navarra), obra en 1549 de Juan de Goyaz. La calle central del retablo se ahonda en un profundo semicírculo coronado por un arco de triunfo, en cuyas enjutas se instalan las clásicas alegorías de la victoria. El arco triunfal acoge la representación de la muerte victoriosa de Cristo, en lo que se podría llamar banco del retablo hay representadas otras escenas del ciclo cristológico, y en las calles laterales, los evangelistas y los Padres de la Iglesia latina como heraldos de la redención. Este tipo mixto de fachada recoge una tradición regional, perfeccionándola y relanzándola a través de imitaciones que se prolongan hasta el siglo XVIII.

El último tipo de fachada, el que hemos llamado genéricamente jesuítico, en una clasificación provisional, tardó en aclimatarse en España, pero a comienzos del XVII llegó a dominar la situación junto con el esquema carmelitano, cuya descripción rebasa los límites cronológicos de esta síntesis. Una fachada muy original es la de la iglesia del hospital sevillano de las Cinco Llagas, pues amalgama perfectamente el tipo de arco de triunfo con el entramado romano de columnas y órdenes superpuestos en pisos. Su decoración es abstracta, de tipo manierista, encontrándose figurativamente sólo las alegorías de la fe, la esperanza y la caridad, muy destacada esta última por tratarse de un hospital. Sin embargo, el esquema viñolesco más puro lo ofrecen las fachadas de Juan de Herrera en la basílica de El Escorial y en la catedral de Valladolid. Ambas son una página de desnuda arquitectura, concebida conforme al esquema más armónico de proporciones, sin concesión a lo figurativo y ornamental. Unicamente la fachada escurialense se adorna con seis estatuas de los reyes de Israel y carteles alusivos a la edificación del templo de Jerusalén, para indicar no tanto que se trata de una iglesia real, sino del nuevo templo de Salomón. La fachada estrictamente jesuítica apunta muy claramente en la iglesia del noviciado de Villagarcía de Campos, pero su completo desarrollo se practicará solamente a comienzos de la centuria siguiente, como antes señalábamos.

Un elemento capital para visualizar a distancia y llamar la atención sobre la presencia de una iglesia es la torre. En España, especialmente, es elemento de la arquitectura eclesiástica de honda tradición, porque aquí estábamos muy habituados no sólo a la presencia de las enhiestas torres góticas, sino también a la de los aislados y prominentes alminares de las mezquitas. En el Renacimiento, sin embargo, ceden un tanto las torres, en cuanto resabio medievalizante, para dar paso a las cúpulas de la tradición clásica. Con todo, existen bellísimos ejemplares de torres renacentistas. La de la catedral de Murcia, aislada como los minaretes árabes, es exquisita en su decoración; sólo sus dos primeros cuerpos

---

[18] S. Sebastián López, *Arte y Humanismo* (Madrid 1978) p.34-50.

fueron levantados durante el siglo XVI por Jacobo Florentino y Jerónimo Quijano. La de la iglesia de Santa María del Campo (Burgos) pertenece al tipo de torre-pórtico, con carácter no sólo religioso, sino también, acaso, municipal. Aunque sus precedentes son medievales, servirá de punto de arranque a este tipo de torres, tan frecuentes, sobre todo, en el país vasco; fue trazada por el maestro Diego de Siloé. En 1568, el célebre minarete almohade de la catedral de Sevilla, la Giralda, recibió el bautismo cristiano con la adición del cuerpo de campanas, coronado simbólicamente por una estatua giratoria de la fe. La obra fue realizada con felicísimo resultado por Hernán Ruiz el Joven, y desde entonces la torre sevillana ejerció una verdadera tiranía como único modelo de los campanarios surgidos en la baja Andalucía durante los siglos sucesivos. En las últimas décadas del siglo, Juan de Herrera volvió decididamente al esquema medieval de fachada flanqueada por dos torres gemelas. En realidad, este dispositivo fue ya previsto por Siloé para la catedral de Granada, pero no fue ejecutado en su integridad. El esquema de dos torres enmarcando la visión jerarquizada de la cúpula del crucero, inaugurado en la basílica de San Lorenzo de El Escorial, pasará íntegramente a configurar la silueta externa de la iglesia barroca.

Anexos internos del templo son, entre otros, las capillas, los relicarios, las sacristías y las salas capitulares. Las capillas secundarias siguen desempeñando múltiples funciones. A las tradicionales de servir de sede a las cofradías o de ser lugares de enterramiento se añaden, desde la Contrarreforma, las de cobijar altares para las misas privadas y ofrecer el sitio más apto para colocar los confesonarios. La misa privada diaria y la confesión semanal se impusieron como costumbres piadosas desde mediados del siglo XVI. El confesonario, en cuanto mueble específico, surge en esta época, y son muy minuciosas a este respecto las recomendaciones hechas, por ejemplo, por San Carlos Borromeo.

Entre las capillas funerarias más originales del Renacimiento español citaremos la fundada en la catedral de Murcia por don Gil Rodríguez de Junterón, arcediano de Lorca, en 1525. Fue proyectada probablemente por Jerónimo Quijano. El ámbito principal es de planta elíptica, cubierta por una especie de venera esferoidal vuelta sobre sí misma, de audaz y complicada estereometría. Más interesante aún debe de ser el programa iconográfico de su decoración escultórica, no estudiado todavía a fondo. Otra capilla funeraria sumamente curiosa es la fundada por el mercader don Alvaro de Benavente, en 1544, dentro de la iglesia de Santa María, de Medina de Rioseco (Valladolid). La obra arquitectónica fue dirigida por Juan del Corral, y la decorativa, por su hermano Jerónimo. Es esta última de estuco policromado y llena, sin pausa ni respiro, todo el interior de la capilla. Los relieves figurativos ofrecen una visión completa del cosmos cristiano, que comienza en la creación del hombre, pasa por la redención, donde la Virgen cumple la misión de mediadora (retablo de Juan de Juni), concluye su ciclo terrestre en el juicio final, para acabar en la esfera celeste, plasmada en la cúpula por la representación de los planetas asociados a las alegorías de las virtudes. Autor de este programa iconográfico debió de ser el dominico fray Juan de la Peña, profesor del estudio teológico de San Gregorio, de Valladolid [19]. También es muy importante como capilla funeraria la capilla Real de la catedral de Sevilla, que alberga los sepulcros de San Fernando, Alfonso X el Sabio y Beatriz de Suabia. Su posición, detrás del altar mayor, formando un verdadero ábside, fue imitada en las capillas reales de algunas catedrales de Hispanoamérica [20].

La capilla-relicario es uno de los productos típicos de la Contrarreforma. El renovado culto a las reliquias fue consecuencia, por una parte, del desprecio, cuando no de la profanación de las mismas practicada por los protestantes, y por otra, del reflorecimiento del martirio a causa de las persecuciones de luteranos, calvinistas y anglicanos. Tampoco se debe olvidar como factor del culto a las reliquias el redescubrimiento de las catacumbas romanas por A. Bosio, en 1578. Todo ello dio lugar a un verdadero coleccionismo de reliquias, reavivando el que se había producido durante la Edad Media. Un ejemplo temprano de capilla dedicada a relicario es la de la catedral de Sigüenza, de 1561, de planta cuadrada, coronada por una cúpula, donde, a tono con el destino del lugar, giran imágenes de santos como planetas alrededor de la figura de Dios Padre. Felipe II no ordenó construir *ex professo* una capilla de reliquias en la basílica de El Escorial, pues toda ella parece destinada a contenerlas. En los testeros, a ambos lados del presbiterio, hay dos enormes relicarios a modo de altares, con puertas abrideras decoradas con pinturas, donde se custodiaban las 7.422 que el rey alcanzó a reunir. Su colocación y disposición concuerda con la prescrita por San Carlos Borromeo, que, en su instrucción sobre las iglesias y el mobiliario eclesiástico, dedica una gran atención a este punto. Los jesuitas, particularmente, construyeron en sus iglesias capillas-relicario normalmente a un lado del presbiterio y en comunicación con el mismo. Ejemplo primitivo del siglo XVI, que aún se conserva, es el de la capilla de las reliquias del noviciado de Medina del Campo, hoy parroquia de Santiago.

Anexos tradicionales del templo son las sacristías, dedicadas a la custodia del vestuario y del mobiliario litúrgico, que desde el concilio de Trento también sirven para archivar los libros parroquiales. Durante el Renacimiento se construyen algunas que destacan por su magnificencia arquitectónica. La de la catedral de Sevilla, de planta cruciforme, es de tan atrevida estructura, comparable con la de la catedral de Granada, que ha sido atribuida a Diego de Siloé. De carácter más práctico es la sacristía de la catedral de Sigüenza, proyectada por el maestro toledano Alonso de Covarrubias. Los lados mayores del rectángulo contienen series de arcadas, articuladas a modo de arcos de triunfo, en cuyos huecos encajan las cajonerías. Este fue el tipo seguido por otras sacristías, como la de la catedral de Almería y la de la iglesia del Salvador, de

[19] S. SEBASTIÁN LÓPEZ, *El programa de la capilla funeraria de los Benavente de Medina de Rioseco:* Traza y Baza n.3 (1973) 17-25.

[20] Los aspectos iconográficos y constructivos han sido estudiados recientemente por ALFREDO J. MORALES, *La Capilla Real de Sevilla* (Sevilla 1979).

Ubeda. Esta última presenta un programa decorativo excepcional, pues están efigiadas doce sibilas en las enjutas de los arcos, haciendo juego con atlantes, cariátides y medallones de personajes de la antigüedad clásica. Las sibilas precisamente, en número de doce, aparecen ya en el tratado que les dedicó, en 1481, D. Barbieri, considerándolas como videntes del mundo pagano, equiparables con los profetas del Antiguo Testamento, cuyas revelaciones se trató de compaginar con pasajes concretos de la vida de Cristo. Más arriba señalamos cómo una de las tareas del Renacimiento fue la de recristianizar el paganismo. Si los personajes representados en los medallones son, como se supone, hombres y mujeres sabios y virtuosos de la antigüedad clásica, entonces la sacristía entera del Salvador, de Ubeda, simbolizaría una suerte de templo de la ciencia y de la virtud aún no plenamente iluminado por la revelación cristiana, pero en relación con ella. El intento de conciliar ciencia pagana y revelación cristiana fue la meta más importante de las diversas teologías platónicas de la época. El autor de esta sacristía, Andrés de Vandelriva, construyó igualmente la de la catedral de Jaén. A diferencia de aquélla, no posee ningún tipo de ornamentación figurativa; se trata de una composición puramente arquitectónica, seguramente la más inspirada de su autor y una de las más conseguidas de todo el Renacimiento español.

La sala capitular es privativa de los monasterios y de las catedrales. Entre las varias que se levantaron en este siglo descuella, por su originalidad y adaptación a su función específica, la sala capitular nueva de la catedral de Sevilla. Su forma ovalada, como la prevista por Vignola para la sala del conclave en el palacio del Vaticano, arguye a favor de un arquitecto conocedor de esta típica estructura del manierismo italiano tardío. Por eso, se ha pensado que su autor fue Francisco Castillo, quien trabajó directamente en Italia a las órdenes del mencionado Vignola.

Otros tipos de arquitectura religiosa

La arquitectura religiosa no se agota con el templo. Monumentos religiosos son también otros muchos edificios cuyo destino tiene que ver con alguna de las múltiples funciones a que, además del culto divino, se dedica la Iglesia. En primer lugar, los monasterios y conventos. El Renacimiento no varió en lo esencial su tipología inventada a lo largo de la Edad Media. El núcleo siguió siendo el claustro, en torno al cual se disponen en la planta baja los lugares de la vida común, como son, además de la iglesia y sacristía, la sala capitular, el refectorio, la portería y los locutorios; y en la planta alta, los de la vida privada, como las celdas, biblioteca, etc. De todas maneras es difícil establecer un esquema común, pues cada orden o instituto religioso tiene unas finalidades específicas a las que se acomodan las partes del edificio. Concretamente en el siglo XVI se fundaron nuevas instituciones religiosas que, al dedicarse primordialmente a actividades como la enseñanza o la beneficencia, hubieron de modificar radicalmente el tipo de edificio descrito, ideado básicamente para religiosos de vida contemplativa.

Desde un punto de vista estrictamente arquitectónico, así como, por lo general, pierden monumentalidad las salas capitulares y los refectorios, creaciones típicas de la Edad Media, la siguen manteniendo los claustros. Por inercia, su estructura sigue siendo gótica en muchos casos, salpicada de detalles decorativos platerescos. Así, por ejemplo, el claustro del entonces monasterio benedictino de San Zoilo, en Carrión de los Condes (Palencia), lleva en las arandelas de las bóvedas de crucería una serie completísima de medallones dedicada a exaltar, a la manera heroica y triunfal propia del Humanismo, la descendencia espiritual de San Benito. Todas las glorias de la orden tienen allí su representación figurativa, santos, sabios, emperadores, monarcas, reinas y emperatrices, además de los condes fundadores y de los santos cuyas reliquias se conservan en la iglesia. Autor de buena parte de los medallones desde 1537 fue el excelente escultor y tallista Miguel de Espinosa.

Claustro relacionable con el anterior, aunque de estructura más plateresca, es el del convento de San Marcos, de León. Fue este convento primeramente de canónigos regulares de San Agustín, pasando luego a la orden militar de Santiago, que lo constituyó casa mayor en el reino de León, rivalizando en primacía con el de Uclés. En el siglo XVI, los caballeros santiaguistas levantaron la nueva fábrica y el claustro. Sin embargo, más importancia que el claustro tiene la fastuosa fachada plateresca de este convento, realizada por Martín de Villarreal a partir de 1539, según planos de Pedro de Larrea. El carácter caballeresco del edificio, concebido ya en tonos heroicos a la antigua, a tenor de la finalidad religioso-militar de sus propietarios, queda expresada en el ciclo de medallones del cuerpo bajo de la fachada, debidos a Juan de Juni y su taller. Como predecesores de los reyes y de los héroes hispanos están efigiados no sólo Josué, David, Judit y Judas Macabeo, sino los griegos Hércules, Héctor, Príamo, Paris, Alejandro Magno, el cartaginés Aníbal, los romanos Julio César, Augusto y Trajano, y el emperador Carlomagno. Significativamente se coloca la efigie del césar Carlos V, maestre entonces de la orden militar de Santiago, entre Trajano y Augusto, con la inscripción: «Melior Traiano, felicior Augusto» [21].

Como jalones en la evolución del claustro monacal del Renacimiento español hay que colocar los del foco toledano, relacionados con el estilo del maestro Alonso de Covarrubias. Los claustros del monasterio jerónimo de San Bartolomé, de Lupiana (Guadalajara), y del convento dominicano de San Pedro Mártir, en Toledo, son dos joyas del Plateresco castizo. Inhabitualmente, ambos tienen tres pisos, algunos de ellos de estructura adintelada, soportada por columnas calzadas con zapatas, expediente este último de procedencia castiza y popular. Covarrubias repitió una vez más este motivo en el desaparecido patio del palacio de los

[21] Véase J. J. MARTÍN GONZÁLEZ, *Juan de Juni, vida y obra* (Madrid 1974) p.81-88.

arzobispos toledanos, de Alcalá de Henares. De todas las maneras, lo más importante de este edificio era la escalera claustral. El monasterio fue en buena parte responsable de la aparatosa evolución que en España experimentó esta pieza, la cual había pasado casi inadvertida en la arquitectura palaciega del Renacimiento italiano. El claustro tiene en la vida monástica carácter litúrgico-procesional, y la escalera, que salvaba los distintos niveles del mismo, camino de la iglesia, al ser utilizada en sentido ritual por comunidades integradas por numerosos individuos, fue ganando paulatinamente en amplitud y monumentalidad. Covarrubias fue quien más se empleó en la monumentalización de la escalera claustral española, como lo demuestra ésta del palacio de Alcalá, la del convento de carmelitas de la Imagen, también en Alcalá de Henares, y la del hospital de Santa Cruz, de Toledo. El traspaso de la ritualidad monástica al ceremonial cortesano le condujo a la creación de la llamada *escalera imperial*, caracterizada por su complejidad estructural y espacial. La empleó por primera vez en los alcázares de Madrid y Toledo, pero también la había previsto para el claustro del monasterio jerónimo de San Miguel de los Reyes, en Valencia. Otra escalera claustral magnífica por su atrevida estructura es la del convento dominicano de San Esteban, de Salamanca. Los tiros están dispuestos en voladizo y apoyados únicamente en la caja de muros. Se considera obra del maestro Rodrigo Gil de Hontañón.

La construcción conventual del siglo XVI alcanza su momento culminante en el monasterio jerónimo de San Lorenzo de El Escorial. Tipológicamente no añade nada radicalmente nuevo al esquema habitual de monasterio. El patio de los Evangelistas corresponde al claustro monástico, en torno al cual se disponen las piezas tradicionales de salas capitulares, refectorio, etc. La escalera claustral es en este caso del tipo imperial comentado. Delante del monasterio se sitúan la hospedería y la enfermería, y entre éstas y la iglesia hay un patio o compás, el patio llamado de los Reyes. En una palabra, se reproduce el esquema medieval de monasterio, como ha advertido F. Chueca [22]. Sin embargo, la totalidad del edificio tiene una complejidad inusitada, en cuanto que, además del monasterio propiamente dicho, integra el panteón y el palacio real, un colegio público y una biblioteca. Todo se amalgama en un dispositivo donde la coordinación y simetría de las partes obedecen íntegramente, eso sí, a las ideas cardinales del Renacimiento. El inmenso monasterio escurialense, concebido audazmente por Felipe II *à grand programme* para reunir un conjunto heterogéneo de funciones, se convertirá en prototipo y modelo, no sólo de palacios, como el de Versalles, sino de las grandes abadías y monasterios del barroco germánico.

La Iglesia contribuyó decisivamente a la enseñanza durante el siglo XVI, de tal suerte que las instituciones destinadas a este noble menester fueron fundadas casi sin excepción por eclesiásticos, en su mayoría prelados. Así, el cardenal Cisneros fue el creador del colegio trilingüe de

---

[22] *Casas Reales en monasterios y conventos españoles* (Madrid 1966) p.201ss.

San Ildefonso, de Alcalá; el cardenal González de Mendoza, del colegio de Santa Cruz, de Valladolid; el arzobispo Alonso de Fonseca, de los colegios de Santiago Alfeo, en Santiago de Compostela, y Santiago el Zebedeo, en Salamanca; el arzobispo San Juan de Ribera, del colegio de Corpus Christi, de Valencia; el obispo Rodrigo Sánchez de Mercado, de la universidad de Sancti Spiritus, de Oñate (Guipúzcoa); el obispo Iñigo López de Mendoza, del colegio de San Nicolás, de Burgos; el obispo Fernando de Luaces, del colegio de Santo Domingo, de Orihuela; el arcediano López de Medina, del colegio de San Antonio de Portaceli, en Sigüenza, etc. Los respectivos edificios son, en su mayor parte, monumentos capitales del Renacimiento español y deben ser mencionados entre los pertenecientes a la arquitectura religiosa, no sólo en razón de haber sido costeados y dotados por eclesiásticos, sino principalmente porque sus constituciones los destinaban básicamente a la enseñanza de disciplinas eclesiásticas, como la teología y el derecho canónico; la educación que en ellos se impartía estaba imbuida de principios rígidamente religiosos, y el régimen de vida y la disciplina a que se encontraban sometidos sus alumnos y becarios se asemejaba estrechamente a la que se practicaba en monasterios y conventos. Por ello, su tipología arquitectónica es fundamentalmente conventual. El edificio se desarrolla en torno a un patio o claustro; la iglesia o capilla, las aulas y el general, destinado a las lecciones solemnes y las disputas públicas, se disponen en la planta baja, mientras por la alta se distribuyen la biblioteca, la rectoral, las habitaciones de los residentes, el refectorio y otros servicios. Además del lugar destacado concedido a la iglesia o capilla, que recalca el carácter religioso de la institución, su peculiaridad docente suele quedar reflejada en los relieves figurativos que adornan la fachada y el patio. Los ciclos iconográficos señalan simbólicamente al edificio como templo de la virtud y la sabiduría, manifestadas en una galería de retratos y medallones de hombres famosos que acertaron a aunar ambas virtudes. Al encontrarnos inmersos en el mundo del Humanismo, con los santos y los sabios del Antiguo y Nuevo Testamento se mezclan sin distinción los sabios y los héroes de la antigüedad greco-latina. A este respecto es bien significativo el ejemplo del colegio salmantino de Santiago el Zebedeo, en cuyo claustro hay 64 medallones de *uomini famosi,* alternándose los bustos masculinos con los femeninos [23]. En cambio, en el colegio de San Matías, de Tortosa, fundado por Carlos V para la educación de jóvenes moriscos, por tratarse de una fundación real, el programa de los medallones del patio es básicamente histórico. Se encuentran efigiados los reyes de Aragón hasta entroncar con la rama austríaca, entonces reinante, siendo los últimos monarcas representados Felipe II y su cuarta esposa, Ana de Austria [24].

La Compañía de Jesús, según señalamos más arriba, cimentó su éxito en la fundación de establecimientos docentes. Al finalizar el si-

---

[23] Véase M. SENDIN CALABUIG, *El Colegio Mayor del Arzobispo Fonseca en Salamanca* (Salamanca 1977) p.115-22.

[24] S. SEBASTIÁN LÓPEZ, *Arte y Humanismo* p.178-80.

glo XVI había erigido cerca de cuarenta colegios dispersos por toda la geografía española, la mayoría de los cuales estaban localizados en pequeñas poblaciones rurales. Pocos se conservan intactos entre estos colegios primitivos, modificados unos posteriormente y la mayoría desaparecidos o totalmente transformados a raíz de la expulsión de los jesuitas por Carlos III. La Compañía se atuvo para su construcción a normas de funcionalidad práctica y sencilla, rehuyendo la monumentalidad, que en todo caso reservó para las iglesias. No inventó ninguna tipología original, sino adaptó el esquema conventual a la tarea didáctica. Para ello redujo al mínimo la vivienda claustral, suprimiendo piezas tradicionales como la sala capitular; en cambio, hipertrofió la zona pública, añadiendo uno o dos patios en torno a los cuales se colocaban la biblioteca, las aulas, la portería, las salas de visitas y las destinadas a las confesiones y a la dirección de conciencia. También se instalaron en esta área las dependencias de las congregaciones de caballeros, jóvenes y menestrales, donde se impartía la enseñanza del catecismo. Donde mejor se refleja la forma de estos colegios es en los planos conservados en el archivo central de la Compañía en Roma; por ejemplo, el de Trigueros (Huelva), comenzado por el P. Bartolomé de Bustamante y rediseñado por el hermano Giuseppe Valeriani, ofrece una suerte de esquema ideal compuesto por cuatro patios cuadrados, colocados simétricamente a ambos lados de la iglesia, que ocupa el centro [25].

También los hospitales han de considerarse en esta época más edificios religiosos que civiles. La asistencia a los enfermos, además de estimarse como la mayor obra de misericordia, comportaba, en tanto o mayor grado que la cura de los cuerpos, el remedio espiritual de las almas, pues se pensaba que la enfermedad era castigo del pecado o secuela de una vida licenciosa. De ahí la importancia concedida en los hospitales a la iglesia o capilla y a la creación de un cuerpo numeroso de capellanes. Por otro lado, los principales hospitales, como pasaba con los colegios, fueron fundados y dotados por eclesiásticos. El más antiguo es el de Santa Cruz, de Toledo, costeado por don Pedro González de Mendoza, el gran cardenal de España, quien a su muerte, en 1494, lo dejó por universal heredero de todos sus bienes. Fue trazado en 1504 por Enrique de Egas, maestro mayor de la catedral primada. Aunque el edificio sea, en su núcleo más primitivo, una mezcla de formas góticas y mudéjares, como cumplía, por su época, al estilo llamado de los Reyes Católicos, la planta se despega de todo arcaísmo, acomodándose al esquema hospitalario más moderno, el encontrado por A. Averlino Filarete para el hospital Mayor de Milán. Se compone, por consiguiente, de dos crujías, de dos pisos cada una, que se enlazan en forma de cruz griega, donde se situaban las camas.

Entre los brazos de la cruz se preveían cuatro patios de aireación, de los cuales sólo uno se edificó completo. La iluminación de las salas de los enfermos procede del cimborrio, situado en el cruce de los brazos,

[25] A. RODRÍGUEZ G. DE CEBALLOS, *Bartolomé Bustamante y los orígenes de la arquitectura jesuítica en España* fig. 46.

al fondo de uno de los cuales estaba la capilla. La misma tipología fue seguida fundamentalmente en los hospitales de Santiago de Compostela y Granada, fundados por los Reyes Católicos, y en el hospital general de Valencia. El hospital de las Cinco Llagas, de Sevilla, fue fundado en 1500, por doña Catalina de Rivera, pero no se comenzó hasta 1546, según traza de Martín de Gainza. El diseño es igualmente de planta de cruz griega con patios intermedios, pero la iglesia, edificada aún más tarde por Hernán Ruiz el Joven, según señalamos en su lugar oportuno, ocupa un lugar excéntrico al hallarse situada en uno de los patios delanteros.

Este esquema tradicional fue sustituido por otro más moderno en el hospital de San Juan Bautista, de Toledo, fabricado a expensas del cardenal Juan Pardo Tavera a partir de 1542. La planta debió de ser ideada por Bartolomé de Bustamante, clérigo muy versado en arquitectura y veedor de la obra, aunque la dirección artística le fuese confiada al maestro Alonso de Covarrubias. Las salas de los enfermos, aireadas directamente desde el exterior y orientadas hacia los vientos más favorables, forman un rectángulo en torno a dos patios interiores. Estos se comunican entre sí mediante una crujía común que desemboca en la iglesia, cuya situación preeminente queda marcada nítidamente en el plano. El dispositivo acusa una gran inventiva, pues no se encuentran precedentes en Italia. Por otro lado, los patios son de una gran pureza clásica y ofrecen un sorprendente juego de perspectivas. El nuevo esquema fue utilizado en el hospital de Santiago, de Ubeda, fundación del obispo de Jaén don Diego de los Cobos, en 1562. La obra corrió a cargo del arquitecto Andrés de Vandelriva. Aquí la iglesia y la sacristía se colocan al fondo del único patio cuadrado, en eje con el zaguán de ingreso, y, por lo tanto, conservando un lugar destacado. Las salas de los enfermos se vertebran alrededor del patio y en los dos alargadísimos brazos de la fachada, que termina en sendos torreones. Esta fachada es de una severidad casi escurialense, sólo rota por el colorismo de las incrustaciones de cerámica vidriada de la cornisa. El patio, en cambio, resulta muy alegre gracias al uso de columnas muy espigadas, de módulo andaluz o nazarita; en una de sus esquinas hay una escalera claustral de amplio desarrollo, conforme a la idiosincrasia hispánica, señalada más arriba. La iglesia se cubre con las características bóvedas vaídas del maestro Vandelriva.

5. LOS PROBLEMAS DE LA IMAGEN RELIGIOSA EN EL RENACIMIENTO

La Iglesia católica había sido no sólo tolerante, sino hasta condescendiente con las artes plásticas del Renacimiento, sin constreñir con trabas de carácter dogmático o moral la libertad creadora de los artistas, pese a algunos casos esporádicos de intransigencia, como el de fray Jerónimo Savonarola, a finales del siglo XV, en Florencia. Sin embargo, la mundanización de la pintura y escultura merced a la incorporación de temas mitológicos paganos y a la exhibición del desnudo era causa de creciente escándalo entre los pueblos nórdicos, que, aferrados fuertemente al espíritu medieval, no acababan de comprender el cambio cultural operado por el Renacimiento. Les indignaba, sobre todo, la ostentación de tales obras de arte en las casas de los eclesiásticos, en la corte papal y aun en las mismas iglesias, y fue esta actitud una de las razones ventiladas para proclamar la incurable corrupción de la Iglesia de Roma. Seguramente ésta no hubiera reaccionado de una manera oficial si la contienda no hubiera sido elevada a la esfera dogmática por luteranos y calvinistas, quienes llegaron a condenar no sólo la indecencia e inmoralidad de las imágenes sagradas, sino su existencia misma, tachándolas de objeto de culto idolátrico y suprimiéndolas de raíz.

El concilio de Trento, en la sesión 25, celebrada en diciembre de 1563, remachó la vieja doctrina del concilio de Nicea, ahondando en las raíces dogmáticas que legitimaban la existencia y el culto tradicional tributado a las imágenes sagradas, y, de paso, estableció las normas que en adelante debían regular su realización y exhibición. Se reducían básicamente a tres: no debían inducir a error ni fundarse en creencias supersticiosas y apócrifas; habían de guardar el decoro moral, evitando la deshonestidad y lascivia y provocando a devoción; dada su finalidad didáctica y ejemplar, habían de acomodarse a la historia verídica, tanto sagrada como hagiográfica, cercenando las digresiones profanas y las alegorías demasiado abstrusas, ininteligibles para el pueblo fiel. En el terreno de la práctica se confiaba a los obispos el cumplimiento de estas normas en sus respectivas diócesis, cifrando su intervención, por una parte, en la autorización previa de las imágenes que se exhibiesen en los lugares de culto, y por otra, en la supresión de los abusos cuando éstos se produjesen [26].

El decreto conciliar fue recogido inmediatamente en las disposiciones de los concilios provinciales y de los sínodos diocesanos. Así, por ejemplo, el concilio de Malinas de 1570 mandó retirar de los templos las pinturas, estatuas y tapices que contuviesen relatos de gentiles o fábulas mentirosas de sátiros, faunos, sirenas y cosas semejantes. El de Milán de 1573, presidido por San Carlos Borromeo, fue más allá de las fábulas y mitologías, prohibiendo la figuración de jumentos, perros y animales, por considerarla indecorosa e indigna de las representaciones religiosas. Sobre todo se cargó la mano sobre el desnudo, proscribiéndolo taxativamente de la pintura y escultura religiosa. De todos es sabido cómo los desnudos del *Juicio Final,* pintados por Miguel Angel en la capilla Sixtina del Vaticano, provocaron a este respecto una ácida polémica. A raíz del decreto de Trento y una vez muerto el genial artista, se procedió a cubrirlos parcialmente, y papas tan intolerantes

[26] J. D. MANSI, *Sacrorum Conciliorum nova et amplissima collectio,* vol. 33 p.171; H. JEDIN, *Entstehung und Tragweite des Trienter Dekrets über die Bilderverehrung:* Theologische Quartalschrift (1935) 143-88 y 404-29.

como San Pío V y Gregorio XIII pensaron muy seriamente en hacer arrasar el fresco entero.

El decreto conciliar provocó igualmente una avalancha de literatura sobre el problema de las imágenes. Abrió el fuego, en 1565, G. A. Gilio de Fabriano, con su *Dialogo nel quale se ragiona degli errori e degli abusi de'pittori circa l'istorie,* donde no falta una grave censura contra los desnudos de Miguel Angel en la Sixtina. En 1570, Jan Ver Meulen (Molanus), profesor de teología en Lovaina, escribió en latín un grueso tratado titulado *De historia imaginum et picturarum pro vero earum usu contra abusus.* Después de legitimar el uso de las imágenes sagradas con argumentos tomados de la historia y de la tradición eclesiástica, dedica los dos últimos libros, de los cuatro de que se compone el tratado, a fijar la auténtica iconografía de los santos y de los misterios de Cristo y de la Virgen. San Carlos Borromeo dedicó uno de los capítulos de su *Instructiones Fabricae et Supellectilis Ecclesiasticae,* de 1577, a glosar el contenido del decreto conciliar, en el que, con su acostumbrado rigorismo, prohíbe en las pinturas de las iglesias la representación no sólo de lo profano y voluptuoso, sino incluso de lo meramente decorativo, como son el grutesco, los pajarillos, mares, praderas y cosas semejantes, que se introducen solamente para conseguir un aspecto más agradable. Cerró este aluvión de literatura moralista el cardenal de Bolonia Gabriel Paleotti, quien redactó en 1582 el tratado más copioso e influyente de todos, el *Discorso intorno alle immagini sacre e profane,* dividido en cinco libros. Para Paleotti, solamente es sagrada la pintura que persiga un objetivo cerradamente didáctico y edificante, debiéndose excluir los cuadros e imágenes de contenido no sólo erótico, supersticioso y apócrifo, sino simplemente indecoroso, ocioso, ridículo o insólito, categorías estas últimas en que se incluyen, además de los grutescos aludidos ya por San Carlos Borromeo, las alegorías, jeroglíficos y metáforas oscuras y difíciles de entender que habían hecho las delicias del manierismo. Por otra parte, exhortaba a los príncipes y señores cristianos, y no digamos a los prelados y eclesiásticos, a desprenderse de las imágenes paganas o, al menos, a recluirlas al interior de sus casas y palacios, en lugar de exhibirlas en jardines, pórticos, aulas y bibliotecas [27].

La incidencia del decreto conciliar, de las disposiciones de los sínodos provinciales y diocesanos y de la literatura moralista en el mundo de las artes plásticas ha de ser considerada en sus aspectos tanto negativos como positivos. Cuanto a los primeros es cierto que quedaron bastante coartadas la libertad creativa y la potencia imaginativa de los artistas, temerosos de provocar la intervención del Santo Oficio, encargado de velar por el cumplimiento de las normas expresadas. La insistencia en la función estrictamente didáctica y devocional de las imágenes hizo

---

[27] Sobre la literatura surgida en torno al decreto del concilio de Trento sobre las imágenes, véase P. BAROCCHI, *Tratatti d'Arte del Cinquecento fra Manierismo e Controriforma,* 3 vols. (Bari 1961); E. SPINA BARELLI, *Teorici e scrittori d'arte tra Manierismo e Baroco* (Milán 1966); P. PRODI, *Ricerche sulla teoria delle arti figurative nella Riforma Cattolica,* tomo IV de *Archivio Italiano per la storia della pietà* (Roma 1965) p.121-212; A. BLUNT, *La teoría de las artes en Italia del 1450 a 1600* c.8 (Madrid 1979).

que el arte religioso cayera en una cierta momificación fría e intemporal, en la que incurrieron muchas pinturas del manierismo reformado a fuerza de insistir en aspectos de un pietismo descarnado y abstracto. Es más, la proscripción de todo un mundo de figuras apócrifas, legendarias e históricamente falsas, pero enormemente atractivas por lo ingenuas y pintorescas, procedentes de la incontrolada tradición medieval, produjo el efecto de una importante mutilación iconográfica. Sin embargo, frente a estas consecuencias negativas hay que valorar también los efectos positivos. Al estimular el carácter pedagógico de la imagen para que fuera fácilmente comprendida y sentida por el pueblo, se devolvió al arte el protagonismo popular, ya que el Renacimiento, tanto clásico como manierista, había incurrido en un elitismo y en un intelectualismo que habían alejado a las masas del disfrute de la obra artística. La concreción histórica de la imagen, ajustándola a expresar exclusivamente lo concreto, lo real y lo verosímil, impulsó al arte por los derroteros del naturalismo barroco, disipando las divagaciones y las sutilezas alegóricas del manierismo. Si, por una parte, la iconografía fue purificada de ciertos medievalismos incongruentes, por otra, el propio campo iconográfico se vio considerablemente incrementado con la inclusión de nuevos temas surgidos de la polémica dogmática con los protestantes y de la defensa, frente a los mismos, de todos los valores que formaban parte de la tradición eclesiástica. Finalmente, el potencial propagandístico que se intuyó en la imagen esculpida, pintada o impresa, concebida como incipiente medio de difusión de masas, contribuyó a una revalorización insospechada de la cultura visual de la época, que culminará en el arte retórico y triunfalista del Barroco.

Por lo que hace concretamente a España, el problema de las imágenes se hizo sentir menos agudamente que en Italia y otros países. El talante intensamente cristiano del Renacimiento español hizo que los contenidos medievales de la pintura y escultura se mantuvieran intactos, revestidos, eso sí, con el lenguaje formal del arte italiano. En consecuencia, no se tomaron en préstamo las mitologías paganas, los desnudos y las alegorías abstractas censuradas en Trento. Unicamente los reyes, los cortesanos, los nobles y algunos eruditos y diletantes importaron, generalmente de Italia, cuadros y estatuas de aquella significación. Tales pinturas y esculturas estaban firmadas por artistas extranjeros y se hallaban destinadas para ser gozadas en privado por sus propietarios y sus clientes en lo recóndito de los palacios y de los jardines. Los artistas españoles se dedicaron masivamente al género religioso y sólo por excepción decoraron los alcázares reales y algunos contados palacios de la nobleza con frescos de temas mitológicos, alegóricos o de la historia profana. Es más, el arte religioso español ni siquiera sirvió de subterfugio, al igual que en Italia, para la expresión de aspectos y valores ajenos al mismo, como la belleza ideal e intelectual, o para el despliegue de la magnificencia cortesana y burguesa; tampoco sirvió de pretexto al puro ejercicio del virtuosismo técnico. No sólo el desnudo, pero ni siquiera la belleza formal transparentada a través de los ritmos lineales o de las calibradas proporciones interesaron excesivamente al artista plástico español, más atento a la expresión de la belleza invisible y de la emoción espiritual, a las que no dudaron en sacrificar, cuando convenía, las recetas artísticas y los credos estéticos del Renacimiento italiano.

Con todo, también en España se hicieron sentir las prescripciones del concilio de Trento relativas al arte religioso, al menos en un sentido precautorio. Por otro lado, si no las que atañían a la profanidad de la pintura y al abuso del desnudo, también aquí podían ser objeto de aplicación práctica las pertinentes a la propiedad dogmática e histórica de las imágenes y al destierro de las tradiciones iconográficas no suficientemente probadas. Por lo pronto, adelantándose a Trento, ya la Inquisición española había venido insistiendo en sus *Indices,* desde 1551, contra la propaganda protestante en estampas, medallas, empresas y otras invenciones en desacato de los santos y de la jerarquía eclesiástica. Tardíamente, durante el siglo XVII, en 1640, publicó un edicto que prohibía la introducción de imágenes lascivas y su exhibición en lugares públicos y aposentos comunes de las casas, bajo pena de excomunión mayor y 500 ducados de multa, y condenaba a un año de destierro a los pintores y personas particulares que contravinieran en algo de lo referido. A parte del conocido episodio del Greco con los canónigos de Toledo, a propósito de la impropiedad iconográfica del lienzo de *El Expolio,* hubo delaciones más graves e intervenciones del Santo Oficio que mandaban retocar algunas imágenes y estampas incorrectas o de dudosa ortodoxia, pero referidas también al siglo XVII; en todo caso faltan hasta ahora estudios monográficos sobre este punto [28].

También los sínodos diocesanos se ocuparon de la cuestión de las imágenes. Por ejemplo, las constituciones sinodales de Pamplona, publicadas en 1591 por el obispo don Bernardo de Rojas y Sandoval, además de ordenar la destrucción de las imágenes e historias indecorosas e irreverentes y de prescribir que no se pudiesen pintar otras nuevas sin el examen y aprobación previos por parte del obispado, insistía en un punto muy particular de la devoción española: el de las imágenes de vestir. Puesto que el concilio de Trento había ordenado que no se vistiesen las esculturas de Cristo, de la Virgen y de los santos con adornos provocativos, don Bernardo de Rojas glosaba este precepto diciendo que las imágenes de bulto, tanto las de altar como las procesionales, se aderezasen con propias vestiduras y no con vestiduras profanas que sirven a mujeres, evitando también tocados y rizos del mismo jaez. En el mismo sentido se expresaban las sinodales de Orihuela, ordenadas en 1600 por don José Estéfano, e incluso las de Granada de 1573, promulgadas por el célebre arzobispo don Pedro Guerrero, asistente al concilio de Trento, pese a la popularidad de las imágenes de vestir en Andalucía. Desconfiando de poder conseguir la moderación en este asunto, aconsejaba que las esculturas fueran de talla dorada y policromada.

Finalmente, la literatura de tipo moralizante sobre las imágenes

---

[28] Son muy estimables los datos recogidos por R. M. DE HORNEDO, *El Arte en Trento:* Razón y Fe (1945) 203-232 y *Arte Tridentino:* Revista de Ideas Estéticas (1945) 444-72.

también floreció en España, lo mismo que en Italia y en Flandes, con la salvedad de que su aparición se retrasó considerablemente respecto a la de aquellos países, pues se produjo en el siglo XVII, pero poniendo en circulación conceptos y criterios que se corresponden con los de la última fase del Renacimiento. Ya el P. José de Sigüenza, conocido cronista de El Escorial, al comentar las pinturas contratadas con Fernández de Navarrete «el Mudo», insistía en que «provocan a devoción» y «guardan mejor el decoro sin que la excelencia del arte padezca» que las traídas por Felipe II de Italia, y añadía que «son imágenes de devoción donde se puede y aun dan ganas de rezar». Comentando el fracaso del Greco con su cuadro del *Martirio de San Mauricio,* argumentaba que «los santos han de pintarse de manera que no quiten la gana de rezar ante ellos, antes pongan devoción, pues el principal efecto y fin de su pintura ha de ser éste» [29].

El pintor italiano recriado en España Vicente Carducho dedicó el capítulo séptimo de sus *Diálogos de la Pintura,* publicados en Madrid en 1633, a «las diferencias y modos de pintar los sucesos e historias sagradas con la decencia que se deve». En él incluía unos versos de Lupercio Leonardo de Argensola que son una velada censura a las pinturas mitológicas y lascivas importadas por los propios monarcas para adorno de los reales alcázares, que, «si en la ley del Arte valen un tesoro, en la de Dios El sabe lo que cuesta». Carducho llega a posponer y subordinar el arte a la moral, «pues es mejor errar en ella que no en la virtud, porque el yerro del artífice no quita que sea artífice, mas el errar en la virtud quita que no sea virtuoso», planteándose la cuestión de si pintar cosas deshonestas y lascivas y tenerlas con publicidad en las casas es pecado mortal, e inclinándose por la afirmativa en virtud de los pareceres de una serie de catedráticos de las universidades de Salamanca y Alcalá consultados al efecto [30].

Pero el tratadista español más completo sobre el problema de las imágenes fue el sevillano Francisco Pacheco, quien, por su triple condición de humanista erudito, pintor en activo y veedor de imágenes del Santo Oficio, podía representar como ninguno el parecer oficial eclesiástico en la interpretación de la doctrina conciliar. En las páginas de su *Arte de la Pintura,* publicado en Sevilla en 1641, aunque ultimado bastante antes, aparece constantemente el concepto de decoro. Pacheco hace suyas las críticas de los desnudos de la Sixtina, pese a su profunda veneración por Miguel Angel, pues el desnudo no sólo es gravemente peligroso para quien lo contempla, sino para quien lo pinta. Sin embargo, siendo indispensable su representación en ciertas historias bíblicas y de martirios de santos, aconseja que se haga con el mayor recato y honestidad posibles, no copiándolo directamente del natural, y menos

---

[29] Fr. José de Sigüenza, *Historia de la Orden Jerónima,* p.2.: *Fundación del Monasterio de San Lorenzo el Real,* discurso XVIII.
[30] *Diálogos de la Pintura,* diálogo VII: *«De las diferencias y modos de pintar los sucesos e historias sagradas con la decencia que se deve»,* ed. de F. Calvo Serraller (Madrid 1979) p.326ss.

tratándose de mujeres, a no ser las manos y la cabeza, sino tomando el modelo de pinturas y esculturas antiguas y modernas y de estampas y perfiles de buenos maestros. Con todo, proscribe tajantemente y sin atenuantes el desnudo en las historias paganas, aun reconociendo la fama alcanzada en este género por algunos pintores «que yo, séame lícito hablar así, en ninguna manera les envidio tal honra y aprovechamiento»[31]. De todas maneras, el sector más importante y significativo del tratado de Pacheco lo constituyen los últimos capítulos del libro tercero, donde establece las normas que se han de seguir para representar con toda propiedad las historias bíblicas y las de algunos santos más conocidos. Para ello apela a la autoridad de la tradición eclesiástica más segura y, no contento con ello, invoca los dictámenes de teólogos, escrituristas e historiadores contemporáneos de los que previamente se ha asesorado. Queda así definitivamente fijada la iconografía sagrada, no dejándola al arbitrio de la fantasía de los artistas, sino sometiéndola a criterios de la más rigurosa seguridad doctrinal, a fin de evitar los errores sobre los que prevenía el concilio de Trento. Ni que decir tiene que la iconografía establecida por Pacheco para algunos temas, como la Inmaculada Concepción o el Crucifijo de cuatro clavos, fue seguida en adelante por casi todos los artistas españoles.

6. La escultura religiosa del siglo XVI

Caracteres generales

Por lo acabado de decir a propósito de las imágenes se comprenderá que la escultura española del siglo XVI mantuvo un tono genuinamente cristiano, no dejándose contaminar por el espíritu paganizante o simplemente profano de algunas manifestaciones del Renacimiento italiano. Aún más, con excepción de algunos retratos del círculo cortesano y de algunas raras estatuas de divinidades mitológicas, realizadas para adorno de palacios y jardines, la escultura española se mantuvo íntegramente al servicio de la Iglesia, aunque sólo fuera porque catedrales, parroquias, conventos, capillas, fundaciones piadosas y cofradías siguieron siendo los clientes habituales de los artistas, quienes únicamente en el campo de lo religioso encontraban encargos en que trabajar. De todas maneras, algunos temas alegóricos tomados de la mitología, de la ciencia y de la historia antiguas se sumaron a las representaciones cristianas tradicionales, para producir en algunas ocasiones ciclos iconográficos más complejos y profundos, en los que se maridaban el pensamiento religioso y la visión humanística del mundo. Algunos de ellos han sido ya comentados a propósito de algunas tipologías arquitectónicas que los justificaban. De una manera más general, en los retablos de

[31] *Arte de la Pintura* libro II c.2,3,y4; ed. de F. J. Sánchez Cantón (Madrid 1956) tomo I p.275ss. Véase, además, Cristina Cañedo Argüelles, *La influencia de las normas artísticas de Tento en los tratadistas españoles del siglo XVII*: Revista de Ideas Estéticas (1974) p.223-42.

los dos primeros tercios del siglo, al igual que en las fachadas arquitectónicas a ellos equiparables, se emplearon los *grutescos* como complemento decorativo, más porque se consideraban un puro ornamento a la moda, a pesar de sus componentes figurativos, que porque se sospechase de su contenido religioso pagano, que sólo habían conjeturado algunos arqueólogos eruditos, como Pirro Ligorio. En el último tercio del siglo fueron desapareciendo paulatinamente los *grutescos,* en parte porque los retablos se hicieron más arquitectónicos o acaso porque la literatura eclesiástica moralizante desterró su uso de los templos, como dijimos.

La iconografía sagrada no varió excesivamente respecto de la inventada a finales de la Edad Media, a excepción de la que se fue creando en el último período de siglo para combatir los errores dogmáticos en que habían incurrido los reformadores protestantes. Sin embargo, la nueva iconografía se desarrolló en plenitud durante el siglo XVII, en razón de las guerras de religión y de la postura de contraataque que adoptó en el Barroco la Contrarreforma católica [32]. Se mantuvo, por consiguiente, como en las postrimerías del gótico, la predilección por los temas cristológicos y marianos, tanto en sus aspectos más desgarradores y patéticos, v. gr., los de la pasión, la *Piedad,* el *Santo Entierro,* como en los más suaves, tiernos y amables de la infancia del Señor y de la Virgen. En ambos casos, la elección temática estaba motivada por la búsqueda de la devoción y el deseo de conmover, sentimientos típicamente medievales, resucitados luego por el concilio de Trento. También se conservaron los temas hagiográficos, especialmente los de los santos patronos de ciudades, iglesias, cofradías y hermandades piadosas.

Los géneros preferentemente cultivados fueron igualmente los de la tradición hispano-flamenca. Se llevan la palma por su peculiar hispanismo las fachadas escultóricas y los retablos, géneros equiparables, en cuanto que, como ya antes señalábamos, las fachadas vienen a ser una suerte de retablos sacados a la calle. El retablo condensaba y cristalizaba plásticamente la consideración del templo como una visión celeste. Toda la iglesia estaba en función del altar de la capilla mayor, donde culmina el culto eucarístico, y en el altar, éste se polarizaba en torno al sagrario y al manifestador, que en el retablo se conciben como un trono de gloria alrededor del cual se desarrollan las escenas laterales. Aproximadamente hasta mediados de siglo, los tableros esculpidos de los retablos son muy numerosos; los relieves y las estatuas, menudos y de pequeño tamaño, y el dispositivo arquitectónico, de carácter muy decorativo, cuajado de columnas abalaustradas, pilastras y entablamientos colmados de *grutescos.* A medida que va desapareciendo el estilo Plateresco, coincidiendo con la fase purista de la arquitectura, los relieves y esculturas se van espaciando y ganando en monumentalidad, a la par que el marco arquitectónico se hace más severo y disciplinado, descargándose de decoración. Finalmente, en el último período trentino, la

---

[32] Clásico es a este respecto el libro de E. MÂLE, *L'art religieux de la fin du siècle XVI... Étude sur l'iconographie après le Concile de Trente* (París ²1959).

arquitectura del retablo se equilibra cuando no adquiere tanta importancia como la escultura, pero, en cambio, ésta —o, en su caso, la pintura— son de tanto tamaño, que su visibilidad es perfecta, con lo que se cumple a la perfección la función didáctica de la imagen deseada por el concilio. La misma evolución experimenta la fachada-retablo en cuanto lugar de exhibición escultórica.

Fuera del retablo y de su contexto iconográfico, la estatua exenta es más bien rara y excepcional. Las que estamos hoy acostumbrados a contemplar en los museos pertenecieron, por regla general, a algún conjunto retablístico. De todas formas no se pueden excluir las procesionales, y especialmente aquellas que se hicieron *ex professo* para las cofradías penitenciales de semana santa. Aunque el objetivo de dichas cofradías fuese inicialmente el de atender a los enfermos y apestados en los hospitales y el de enterrar a ajusticiados y pobres de solemnidad, pronto se agregó el de acompañar, en hábito de penitencia y con hachas encendidas, por las calles, las imágenes de la pasión, montadas sobre los «pasos» durante la semana santa. Las imágenes primitivas, llamadas «de papelón», se fabricaban de cartón y lino, o, a lo sumo, se hacían el rostro y las manos de talla, revistiéndose el resto con telas y brocados naturales. El mandato del concilio de Trento contrario a semejante uso, según vimos, por el peligro de profanidad en los vestidos, contribuyó seguramente a que fuesen sustituidas por tallas enteras de madera estofada y policromada. Si bien se han conservado bastantes imágenes procesionales de finales del siglo XVI, su época de oro corresponde al Barroco, durante la centuria siguiente.

Otro género predilecto del Renacimiento fueron las sillerías de coro. Su finalidad pedagógica es menor que la del retablo, pues su visión directa no es accesible a los fieles. En compensación, los temas figurativos de las sillerías del coro se prolongaban, a veces, a los trascoros y a las paredes envolventes. Su ordenación iconográfica es equivalente a las de las sillerías de la alta Edad Media, aunque su marco arquitectónico varíe a tenor de los estilos y corrientes de gusto del Renacimiento. Los relieves figurativos se sitúan, por consiguiente, en los respaldos de las sillas altas y bajas, y en los áticos y guardapolvos, pero suelen fallar o decrecen en importancia los que antes adornaban misericordias y brazales. El enmarcamiento arquitectónico sigue, *mutatis mutandis,* la misma evolución que observamos en los retablos. En la última fase del siglo XVI desaparecen los temas figurativos, reduciéndose la sillería, con lógica justificadamente funcional, a un mero mueble litúrgico.

La tumba sigue teniendo en este período la misma importancia que en las postrimerías del gótico. Las hay exentas, como entonces, pero predomina el tipo renacentista de sepulcro, empotrado en un nicho, bajo un arco triunfal. El arco de triunfo es connotativo de la idea humanista de inmortalidad, que no se verifica tanto en la otra vida cuanto en ésta, gracias a la fama y a la pervivencia del difunto en la memoria de las futuras generaciones. Por eso, se representa a éste con frecuencia vivo, en actitud orante, rodeado de sus familiares y criados. Sin embargo, esta concepción paganizante de la tumba se dulcifica mediante la adición de una abundante iconografía de carácter netamente religioso. Además, el difunto aparece idealizado, en actitud piadosa y tranquila del que espera confiadamente la resurrección. Los epitafios y letreros suelen corroborar esta idea.

El material utilizado es preferentemente la madera. El mármol, el alabastro y el bronce, materiales clásicos por excelencia, tienen mucha menos cabida. Los dos primeros se reservan para las tumbas en razón de su dureza y mejor posibilidad de conservación, aunque en la región aragonesa se encuentran bastantes retablos hechos de alabastro. El bronce apenas tiene uso en la escultura española, excepto en obras del círculo cortesano, fabricadas, generalmente, por artistas italianos. Las esculturas y relieves de madera, con la excepción de las sillerías de coro, van siempre policromadas. Las vestiduras se doran primeramente y luego se estofan, imitando con el pincel ricas telas, brocados, damascos y brocateles. Rasguñando la capa de pintura aparece por debajo el fondo de oro, como si se tratase de los hilos del brocado. El rostro, brazos, piernas y partes descubiertas se encarnan simulando el color de la piel según el sexo y edad. Con todo ello se pretende influir en el espectador mediante el realismo de las imágenes, que parecen de carne y hueso, y vestidas con los ropajes contemporáneos. De todas maneras, la acumulación de riqueza y colorido, como signos metafóricos de lo sagrado y lo numinoso, sobrepujan la pretendida intencionalidad realista de las imágenes religiosas.

Evolución, artistas y escuelas de la escultura

El avance del italianismo

La introducción de las formas renacentistas, que pugnaban en el primer tercio del XVI por abrirse camino frente a la resistencia opuesta por el estilo flamenco, se vio acelerada por la importación de obras italianas y por la presencia de escultores italianos en la Península. Fueron éstos ahora los preferidos, como antes lo había sido los flamencos, los borgoñones y los renanos.

Al florentino Andrea Sansovino, de paso para Portugal, se le ha atribuido el sepulcro del cardenal González de Mendoza, en el presbiterio de la catedral de Toledo. Es del tipo de arco de triunfo, pero la abundante decoración escultórica se debe al taller local de escultores que habían fabricado el contiguo retablo gótico. Domenico Fancelli, natural de Settignano, fue traído de Toscana por el conde de Tendilla para que hiciera el sepulcro de su hermano, el cardenal Hurtado de Mendoza, en la catedral de Sevilla, también cobijado por un arco triunfal a la manera del de Paulo III en el Vaticano. Obtuvo tanto éxito, que la propia Isabel la Católica le encomendó el del príncipe don Juan en el presbiterio de la iglesia abulense de Santo Tomás. Este es de tipo exento, con cama de paredes en talud, a la manera del del papa Sixto IV en Roma; el yacente está representado como caballero sumido en un plácido sueño. El mismo esquema, aunque más complejo, al modo de una pira romana, fue utilizado por el mismo Fancelli en la tumba de los Reyes Católicos erigida por su nieto el Emperador en la capilla Real de Granada. Cuando el artista italiano se encaminaba a Carrara para adquirir los mármoles necesarios para el sepulcro del cardenal Cisneros, falleció en Zaragoza en 1519.

Los sepulcros de mármol italiano se pusieron tan de moda, que magnates civiles y eclesiásticos multiplicaron los encargos a un taller, situado en la costa ligur cerca de las famosas canteras, que los fabricaba casi en serie. Estaba regentado por artífices lombardos educados en el *cantiere* de la cartuja de Pavía, que conjugaban perfectamente el tipo arquitectónico de tumba humanista con la abundancia decorativa y escultórica propia de aquella singular obra. Eran parientes o trabajaban en régimen asociado, tales como Antonio y Giovanni Aprile, Pace Gagini, Giovanni y Pier Angelo della Scala. Las piezas eran labradas en Carrara, embarcadas a través del puerto de Génova hasta los de Cartagena y Alicante, y montadas en España *in situ*. Así, don Fadrique Enríquez, marqués de Tarifa, de vuelta de una peregrinación a Tierra Santa, encargó los de sus padres, que fueron montados en la cartuja sevillana de Las Cuevas. El obispo de Avila don Francisco Ruiz, colaborador de Cisneros, con motivo de su estancia en Roma para asistir a la coronación de Adriano VI, contrató el suyo para instalarlo en la iglesia del convento toledano de San Juan de la Penitencia (hoy desaparecido). Los marqueses de Ayamonte encargaron un retablo marmóreo y sus estatuas orantes, vueltas hacia el mismo, para el también desaparecido convento de San Francisco de Sevilla (hoy instalado el conjunto en la iglesia de San Lorenzo, de Santiago de Compostela). Todos estos sepulcros repiten básicamente el motivo de arco de triunfo con iconografía, en que, junto a temas funerarios específicamente cristianos, se mezclan otros paganos, como victorias, genios de la muerte apagando la antorcha de la vida *(Hypnos y Thánatos)*, atributos del culto dionisíaco, etc. [33]

El más bello de todos, pero también el más paganizante, es el sepulcro del virrey de Nápoles don Ramón Folch de Cardona, en la iglesia de Bellpuig (Lérida), labrado por el escultor napolitano Giovanni de Nola. El frente del sarcófago desarrolla un friso con Neptuno y Anfitrite, rodeados de tritones y nereidas, alusivo sin duda al cargo de almirante ostentado por el difunto; hay arpías, atlantes, cariátides, alegorías de la victoria y de la paz, trofeos militares, representaciones de batallas terrestres y marítimas, y sólo el tímpano del arco nos recuerda la tumba cristiana con un precioso relieve de *La Piedad*.

Los italianos presentes en España no sólo se especializaron en la factura de sepulcros. Pietro Torrigiano, condiscípulo de Miguel Angel y artista aventurero que recorrió varios países europeos, recaló por fin en

---

[33] Véase V. LLEÓ CAÑAL, *Nueva Roma: mitología y humanismo en el Renacimiento sevillano* (Sevilla 1979) p.95ss.

Andalucía. En Sevilla se acomodó a la tradición local del barro policromado, y en él hizo dos esculturas, la de San Jerónimo penitente, tan admirada y copiada posteriormente, y la Virgen con el Niño, hoy en el museo de Bellas Artes. El duque de Arcos quiso tener otra imagen de la Virgen semejante, y como satisficiese por ella una cantidad que el artista estimó inadecuada a sus méritos, éste, en un arrebato de orgullo, la deshizo en pedazos, siendo prendido por el Santo Oficio y acabando sus días en la cárcel. A Jacobo Torni *el Indaco,* cuya presencia en Murcia y Granada como arquitecto ya hemos constatado, se le atribuye, entre otras cosas, el magnífico grupo del *Entierro de Cristo,* del museo de Granada. En Murcia dejó como discípulo al montañés Jerónimo Quijano.

Asimilables a los italianos son dos escultores españoles del primer tercio del siglo XVI: Vasco de la Zarza y Bartolomé Ordóñez. El primero debió de formarse junto a Domenico Fancelli, especializándose en la hechura de sepulcros. No fue un gran escultor, pero sí, como su maestro, un decorador exquisito. Su obra más personal es la tumba de don Alonso de Madrigal «el Tostado» en la girola de la catedral de Avila, donde el difunto se halla representado en su ocupación favorita, la de escribir, con el siguiente epitafio: «Hic stupor est mundi, qui scibile discutit omne...» Vasco de la Zarza dejó una importante escuela que desde Avila irradió hacia Medina del Campo, Segovia y Toledo.

Bartolomé Ordóñez, nacido en Burgos y fallecido muy joven en Carrara, no encaja en ninguna escuela regional. Se formó directamente en Italia, donde transcurrió la mayor parte de su breve vida, y es, por ello, el escultor más italianizante entre los españoles. Su obra representa el momento más puramente clásico de toda la plástica hispana, encarnando magistralmente el ideal heroico del Renacimiento y la expresión de la belleza ideal a que aspiraba el Humanismo. Triunfó especialmente en el relieve, de una tersura y unos valores técnicos equiparables a los de los mejores discípulos de Donatello, pero su concepto expresivo es de una hondura y de un aliento épico que lo acercan a Miguel Angel. Prescindiendo de la labor realizada en Nápoles, entre 1515 y 1519 lo encontramos en Barcelona tallando los testeros y cabeceras de la sillería de nogal del coro de la catedral, con motivo de haberse de celebrar el capítulo de la Orden del Toisón de Oro convocado por Carlos V. Las escenas representadas corresponden a la habitual lectura comparada entre hechos del Antiguo y del Nuevo Testamento. En el trascoro realizó en mármol de Carrara algunos de los relieves dedicados a Santa Eulalia, mártir local sepultada allí mismo. Fruto de esta actividad fue el encargo, por parte del Emperador, del sepulcro de sus padres, Felipe el Hermoso y Juana la Loca, que había de hacer juego con el de sus abuelos en la capilla Real de Granada. Dejó también comenzada la tumba del cardenal Cisneros, que se conserva hoy muy deteriorada en la capilla de San Ildefonso, en Alcalá.

Levante y Aragón

La región valenciana mantuvo contactos más tempranos que Castilla con Italia, y así como fue uno de los primeros focos de italianismo en la pintura, lo fue igualmente en la escultura, pues el trascoro de la catedral de Valencia, realizado en 1524, es obra del italiano Julián Florentino. Desmontado de su primitivo emplazamiento, los relieves se encuentran instalados en la capilla del Santo Cáliz. Sin embargo, el paso decisivo hacia el Renacimiento lo da un artista local, Damián Forment. Es posible que, al haber fabricado en 1507 un retablo desaparecido para el gremio de plateros de Valencia según diseño, «a lo romano», de los pintores Llanos y Yáñez de la Almedina, la influencia de estos artistas le hubieran inclinado definitivamente al Renacimiento. Se traslada luego a Zaragoza, donde, a partir de 1509, labra el magnífico retablo del Pilar de Zaragoza. El uso del alabastro en el retablo de la Seo, obra del siglo XV, determinó la utilización preferente de este rico material no sólo en Forment, sino en la escuela escultórica aragonesa. Además, el retablo de la Seo condicionó el esquema compositivo seguido ordinariamente en la región. Se trata de retablos concebidos a manera de trípticos colosales, con tres calles de relieves de gran tamaño dispuestos sobre un banco, donde los encasamentos son, por el contrario, de talla muy menuda. El marco arquitectónico se aferra a las formas decorativas del gótico, pero en la escultura triunfa plenamente el concepto renacentista. En lo alto de la calle central se abre un óculo que, según tradición peculiar aragonesa, sirve para la reserva y manifestación del Santísimo Sacramento. Los grandes relieves del retablo del Pilar ofrecen iconografía mariana, representando, el del centro, la escena de la Asunción, a la que asiste destacado Santiago Apóstol, vestido de peregrino. En la zona del banco, Forment nos dejó su retrato y el de su mujer como prueba inequívoca de la exacerbación de la individualidad que se apoderó de los artistas del Renacimiento. Lo mismo hizo en el retablo de la catedral de Huesca, sustituyendo el retrato de su mujer, ya fallecida, por el de una de sus hijas. En su última obra, el retablo de la catedral de Santo Domingo de la Calzada, abandona el alabastro y, siguiendo la tradición castellana, utiliza la madera policromada con profusión de oro. Además, imitando a Berruguete, introduce frisos de grutescos figurativos, de temas paganos, sin otra pretensión que la de atenerse a la moda.

Entre sus continuadores destacan Gil Morlanes el Joven, Juan de Salas, el francés Esteban de Obray y el florentino Juan de Moreto. Con frecuencia trabajaron asociados, sin que sea fácil separar lo correspondiente a cada uno. Además de retablos, Gil Morlanes labró la fachada de Santa Engracia, de Zaragoza; Obray, la de Santa María, de Calatayud, y éste y Moreto, la sillería del coro de la Seo, de Zaragoza. A mediados de siglo se añadió el trascoro, cuya parte decorativa pertenece a Martín de Tudela y cuyos relieves son obra de Arnao de Bruselas.

Como se habrá visto, además del italiano Moreto, en la región aragonesa continúan avecindados artistas procedentes de Francia y Flandes, siguiendo la tradición iniciada en el siglo XV. Escultor de gran personalidad entre los de este grupo fue el picardo Gabriel Yoly, quien rivalizó en fama y prestigio con el propio Forment. Durante bastantes años trabajó asociado, como era la costumbre, con los mencionados Gil Morlanes y Juan de Salas. Al final de su vida se estableció en Teruel, donde falleció en 1538 después de haber ejecutado los retablos de la Iglesia de San Pedro y, sobre todo, el mayor de la catedral. Estos son de madera, y el último quedó sin policromar. Su estilo, de gran corrección técnica y exquisita pureza clásica, se contagia en estas últimas obras de la fogosidad y el espiritualismo expresivo de la escuela castellana, acaso en virtud del impacto producido por Berruguete durante su estancia en Zaragoza en 1519.

Cataluña, fiel a su tradición gótica, acusó escasamente la penetración del estilo renacentista. Forment contrató en 1527 el retablo alabastrino de la iglesia del monasterio de Poblet, que se sale de su esquema compositivo habitual merced a la multiplicación de pisos y calles, con menudas hornacinas, y a la utilización de una ornamentación enteramente plateresca. Encontró la encarnizada rivalidad de Martín Díez de Liatzasolo, artista de origen vasco, pero avecindado en Barcelona, y el mejor escultor renacentista de Cataluña. Es mayor su obra documentada, que irradió hasta Cerdeña, que la actualmente conservada. Dos de sus composiciones, el *Santo Entierro,* de la parroquial de Tarrasa, y la *Dormición de la Virgen,* del museo de Barcelona, se salen de lo corriente al estar concebidas como *tableaux vivants,* o grupos de figuras que acusan la influencia de los misterios teatrales, tan comunes en la región.

La escuela burgalesa

Burgos había protagonizado una importante escuela de escultura a finales del siglo XV. La tradición del goticismo continuó viva durante los primeros decenios del XVI, pero transformada por el lenguaje renovador del Renacimiento italiano. Se sospecha hoy el gran papel desempeñado en este proceso renovador por Andrés de Nájera; sin embargo, las dos grandes figuras de la escuela burgalesa son Felipe Bigarny y Diego de Siloé. El primero era francés, de la diócesis de Langres, en la Champaña, y se presentó en Burgos de paso en 1498, peregrinando a Santiago de Compostela. Habiendo recibido el encargo de hacer los relieves del trasaltar de la catedral, se quedó a vivir en la ciudad castellana, fundando en ella su hogar. Trajo un estilo italianizante de segunda mano, aprendido en su tierra, que fue mejorando y perfeccionando paulatinamente, sobre todo en contacto con Siloé. Asimiló el sentido del ritmo, de la medida, de la serenidad, hasta enfriar a veces el contenido espiritual de las imágenes. Siempre hizo gala de gran corrección técnica y de ejecución primorosa, lo que le valió el gran prestigio que tuvo por toda Castilla. Murió en Toledo en 1542, y su epitafio subrayaba su hombría de bien, pues «lo mismo que con su mano expresaba las efigies de los santos, procuraba imitarlos en sus costumbres». Su obra es muy vasta y comprende todos los géneros: relieves pétreos, retablos, sillerías de coro, sepulcros y hasta retratos, destacando entre estos últimos el que hizo en relieve del cardenal Cisneros. Los relieves del trasaltar de la catedral de Burgos son todavía obra muy lastrada de goticismo, pero ofrecen fondos arquitectónicos renacientes. La puerta de Jerusalén representada en el *Camino del Calvario* lleva relieves de los trabajos de Hércules, estableciendo así una comparación entre éstos y los de Cristo, a los que, de esta manera, confiere un tono heroico a la antigua. Después de intervenir en el retablo de la catedral de Toledo y de labrar los de la catedral de Palencia y capilla de la Universidad de Salamanca, cuando en 1521 contrata el de la capilla Real de Granada, su estilo cambia tan radicalmente, que se sospecha la colaboración de Berruguete o del florentino Jacobo Torni. Los paneles del banco no son lo más acertado, pero sí lo más interesante desde el punto de vista iconográfico; las escenas describen la conquista de Granada por los Reyes Católicos, el abandono de la Alhambra por Boabdil y el bautizo forzado de los moriscos de mano de fray Hernando de Talavera. A su regreso a Burgos se reparte con Siloé la hechura del retablo de la capilla del Condestable, pero no se deja influir por él. Sí, en cambio, es plenamente siloesco el retablo de alabastro que erige en Toledo en el sitio de la catedral donde, según la tradición, tuvo lugar la *Descensión de la Virgen* y la *Imposición de la casulla a San Ildefonso,* tema que desarrolla el encasamento central. En los sepulcros del canónigo Díez de Lerma, de fray Alonso de Burgos, fundador del colegio vallisoletano de San Gregorio, y del obispo Pedro Manso, siguió el tipo, inaugurado por Fancelli, de cama con estatua yacente; pero en el del obispo de Tuy don Diego de Avellaneda, instalado hoy en el museo de Escultura de Valladolid, emplea la composición de arco triunfal y representa al difunto vivo, en actitud orante, acompañado de los santos de su devoción. Su obra póstuma es la sillería alta del coro de la catedral de Toledo, encargada por el cardenal Tavera, que se reparte con Berruguete, labrando él los 35 asientos del lado de la epístola.

Diego de Siloé, la máxima figura de la escuela burgalesa, era hijo del escultor gótico Gil de Amberes. Se formó en Nápoles, asociado al también burgalés Bartolomé Ordóñez. Su lenguaje es, por lo tanto, precozmente renacentista, pero, bajo este ropaje refinadamente clásico, aflora una sensibilidad gótica y tradicional que confiere al tratamiento de los temas una honda espiritualidad. A fin de excitar el sentimiento devoto del espectador, elige las escenas del más delicado y tierno intimismo o, por el contrario, del patetismo más desgarrador, sólo contenido por el exquisito sentido de la forma. Sus tipos humanos, sobre todo los femeninos, están idealizados, pero no con un idealismo platónico y abstracto, sino vivo y humano. Su producción escultórica es muy prolífica, pese a que, como hombre genuino del Renacimiento, dedícase buena parte de su tiempo a la arquitectura. En Burgos acabó el retablo de Santa Ana en la capilla del Condestable, comenzado por su padre, e hizo el de San Pedro, destacando en este último el estupendo relieve de San Jerónimo penitente. Además se repartió con Bigarny la hechura del retablo principal, donde contrasta su sentido de la gracia, delicada y sencilla, frente al brío realista de su compañero. También en colaboración con Bigarny ejecuta el retablo de la capilla del licenciado Gómez de Santiago, en la parroquia de Santiago de la Puebla (Salamanca); el relieve central de *La Piedad* conserva todo el patetismo de la Edad Media, sólo mesurado por la exquisita delicadeza de la forma. El mismo patetismo, íntimo y reconcentrado, ostenta el *Cristo atado a la columna,* de la catedral de Burgos; por el contrario, el *San Sebastián,* de Barbadillo de Herreros (Burgos), realizado en mármol, es su obra más íntegramente clásica, por la belleza anatómica del desnudo y por la cerrada composición de la silueta. Para el coro de San Benito de Valladolid labró una de las sillas con representaciones de la vida y martirio de San Juan Bautista. Trasladado definitivamente a Granada, hizo igualmente la sillería del monasterio de San Jerónimo, donde sólo la silla prioral ofrece un relieve de la Virgen con el Niño en los brazos, de melancólica e interiorizada expresión, digna de un Donatello o de un Miguel Angel. En una breve visita a Toledo contrató con el arzobispo don Alonso de Fonseca el sepulcro de su padre, el patriarca de Alejandría, instalado en la iglesia de Santa Ursula, de Salamanca. Es del tipo corriente de lecho funerario exento. Se pensó en hacerlo excepcionalmente en bronce, pero ante el peligro de que fuera fundido en algún tiempo para usos bélicos, acabó realizándolo en mármol. Por el contrario, en la tumba del obispo don Rodrigo de Mercado, presidente de la chancillería de Granada, sepultado en Oñate (Guipúzcoa), utilizó el esquema de arco de triunfo, pero quitándole el sabor humanista y profano para convertirlo en un genuino retablo religioso.

Prolongación de la escuela burgalesa es la palentina durante la primera mitad del siglo. Su mejor maestro, Juan de Valmaseda, acentúa el expresivismo gótico hasta convertirse en el inmediato antecedente de Berruguete. El magnífico *Calvario* del retablo de la catedral de Palencia, con sus figuras angustiosamente retorcidas, carentes del sentido idealizante de la forma física, es buena prueba de ello.

La escuela vallisoletana

Durante el segundo tercio del siglo decae la escuela burgalesa, adquiriendo Valladolid la primacía de la escultura castellana. En Italia se ha producido ya la crisis del primer manierismo como opción frente al clasicismo, y en España, donde interesa más la expresión intensa del sentimiento religioso que la pura belleza de la forma física, se aprovechan las distorsiones y extravagancias manieristas como vehículo lingüístico de nuevos contenidos espirituales. Alonso Berruguete y Juan de Juni se encaminan en esta dirección, y con ellos alcanza la plástica renacentista española su cota de madurez.

Alonso Berruguete era hijo del pintor gótico Pedro Berruguete y, como su padre, se educó en Italia. Entre 1508 y 1517 se documenta su estancia en Roma y Florencia. Su vocación primitiva fue la de la pintura, y en Italia, efectivamente, las muestras que dejó fueron exclusivamente de este arte, incorporándose decididamente al primer manierismo florentino. Vuelto a España, intentó triunfar como pintor cortesano al servicio de Carlos V, pero fracasó en este intento, si bien consiguió algún puesto en la administración y gajes económicos y nobiliarios. Instalado en Valladolid desde 1523, le llovieron encargos de escultura, aunque en sus retablos introdujo casi siempre pinturas hechas de su mano. Falleció en Toledo en 1561. En su obra, el espíritu subyuga a la materia, y el contenido que informa a la imagen desborda a la forma externa de que está revestida. Berruguete trabaja de prisa, sin poner atención en el acabado y en los primores técnicos. No le duele cometer incorrecciones anatómicas o defectos de talla, o suplir ésta con el abuso de telas encoladas. Como a genuino manierista, lo que le interesa es trasladar velozmente a la madera la idea que fulgura en su mente, que ha de impresionar más por lo atrevido del concepto que por lo apurado de la ejecución. Tampoco se detiene en la reproducción minuciosa de los brocados y de las telas decorativas; los vestidos están pintados con oro abundante, a fin de que las siluetas de las imágenes resalten sobre el fondo oscuro, y el fulgor de su brillo haga destacar el conjunto por encima de la nitidez de los detalles. En su prurito de trascendentalizar las formas, no duda en descoyuntarlas y estirarlas, introduciendo en España el canon de diez cabezas como altura total de la imagen. Otro recurso es el de inestabilizar las figuras haciéndoles adoptar posturas forzadas o realizar movimientos violentos y aparentemente carentes de sentido, con el propósito, sin embargo, de expresar por este medio el desasosiego del espíritu, que no deja reposar un instante al cuerpo. Aunque sus incorrecciones y extravagancias le ocasionaron algún disgusto, su insólito estilo obtuvo, por lo general, una enorme aceptación, síntoma de que Berruguete acertó a conectar con la tensión espiritual de la sociedad castellana de su tiempo.

Los retablos del monasterio jerónimo de La Mejorada, en Olmedo, y de San Benito, de Valladolid, se exponen hoy en el Museo Nacional de Escultura. Las figuras de patriarcas, profetas y santos de este último, como Abrahán, San Sebastián y San Jerónimo, percibidas aisladamente y de cerca, manifiestan, junto a los graves defectos antes apuntados, el fuego interior que las consume. El retablo de la capilla del colegio del arzobispo Fonseca, en Salamanca, se conserva *in situ,* pero le faltan algunas imágenes. También se halla en su sitio el retablo de la Epifanía, en la parroquia vallisoletana de Santiago. El panel central muestra bien a las claras el profundo sentido de la representación, pues ante la manifestación de la divinidad de Cristo, no sólo los magos, sino su séquito se agitan y avalanzan presos de la embriaguez divina. En 1539 contrata la mitad de la sillería alta del coro de la catedral de Toledo, en competencia con Bigarny. La balanza se inclina claramente por Berruguete, que aquí realizó su obra maestra, incluso más cuidada en pormenores técnicos que en otras ocasiones. Completó la sillería con un magnífico grupo de alabastro que efigia la Transfiguración, colocado sobre la silla episcopal, a la que añadió también pequeños relieves alabastrinos del juicio final, el paso del mar Rojo y la serpiente en el desierto. Berruguete, que era hombre desprovisto de cualquier clase de prejuicios, representó en ellos una galería de atrevidos desnudos, aunque es verdad que pasan inadvertidos por lo oculto del sitio. Por la misma época ensambló el retablo de la Visitación, en el convento de Santa Ursula, hoy en el museo de Toledo, en que predominan los lienzos de pintura. En 1542 contrató el sepulcro de su ferviente admirador, el cardenal Tavera, en la iglesia del hospital de San Juan Bautista, por él fundado; la trágica cabeza del yacente está inspirada en la mascarilla mortuoria del difunto. Su obra póstuma fue el retablo mayor de la iglesia de Santiago, de Cáceres, acabado por sus discípulos. Entre éstos se encuentran Isidoro Villoldo, Francisco Giralte, Manuel Alvarez y su sobrino Inocencio Berruguete; por desgracia, su consideración particularizada no encuentra cabida en esta apretada síntesis.

Juan de Juni es el mejor escultor castellano después de Berruguete, y así lo reconoció éste en testificación con motivo del pleito suscitado por el retablo de la iglesia de La Antigua. Nació en Joigny (Francia), de donde deriva, castellanizado, su apellido. Antes de venir a España viajó por Italia, percibiendo influjos no sólo de maestros muy conocidos, sino de otros más ignorados, como N. dell'Arca, G. Manzoni, Begarelli y Rustici. Después de peregrinar por tierras de León y Salamanca, afincó en Valladolid, a cuya escuela añadió nuevo lustre. Fue hombre de temperamento manso y pacífico, contra lo que podían hacer parecer sus esculturas; excelente profesional, dedicado exclusivamente a su trabajo y devoto cristiano, que perteneció a varias cofradías, entre ellas la penitencial de Las Angustias, fundada en 1561, para la que realizó el célebre paso procesional. Falleció en 1577. Aunque extranjero, lo mismo que el Greco, se identificó con el alma castellana, a la vez mística y trágica, cuyos impulsos acertó a expresar con pleno acierto. Su arte coincidió ya en buena parte con la ardiente espiritualidad impulsada por el concilio de Trento, que en España alcanzó una intensidad y una crispación auténticamente mesiánicas. El estilo de Juni se pone, como el de Berruguete, al servicio del espíritu religioso, pero el camino seguido por uno y otro artista es diferente. Juni no descuida la técnica, sino que la mima; no busca la visión rápida y fulgurante, sino la elaboración lenta y premiosa; no hace al desgaire las vestiduras, sino que convierte su retórica ampulosidad en vehículo de expresión emotiva; no agita alocadamente a sus figuras, sino que las contorsiona sobre sí mismas buscando el perfil ondulante de la llama —la «figura serpentinata» que Lomazzo alaba tanto en Miguel Angel—, no hace magros y consumidos a sus personajes, sino hercúleos, heroicos y apabullantes. Finalmente, el arte de Berruguete aparece más sofisticado, como producto de una elaboración intelectual, mientras que el de Juni es más directo, conectando inmediatamente con la vena devocional del pueblo. En este sentido, es ya plenamente contrarreformista, y por eso en él es donde hay que buscar las raíces estéticas y estilísticas del futuro Barroco.

En León realizó los medallones que ilustran los muros del convento de San Marcos y parte de la sillería del coro de la iglesia. En Medina de Rioseco, el *Martirio de San Sebastián* y *San Jerónimo penitente,* grupos de barro cocido y policromado. Estando en Salamanca, el sepulcro del arcediano Gutiérrez de Castro, donde inicia uno de sus temas predilectos, el *Santo Entierro.* Para la capilla sepulcral de don Antonio de Guevara, en el claustro del convento de San Francisco, contrata en 1539 otro *Santo Entierro,* hoy en el museo de Escultura, que había de ser su obra maestra. El dramático tema es de procedencia teatral en Francia, su tierra, donde conoció muchos grupos parecidos. En Italia también se cultivó esta temática, y en ella aprendería el rigor de la composición, perceptible en la simetría de las figuras que se cierran en torno al cadáver de Cristo; para conmover más al espectador, le muestran algunos de los instrumentos de la pasión. El sentido trágico de la gótica *Compassio Mariae* aflora igualmente en la *Virgen de las Angustias,* imagen que abre los grandes pasos procesionales del Barroco; su novedad radica en haber representado sola a la Virgen, sin el cuerpo de su Hijo en el regazo, retorciéndose de dolor y clavada la mirada en el cielo. Hizo los retablos de La Antigua, hoy en la catedral de Valladolid; de la de Burgo de Osma, en colaboración con Juan Picardo, y de la capilla de los Benavente, en Medina de Rioseco. En este último aunó la representación tradicional de la Inmaculada, mediante el *Abrazo de San Joaquín y Santa Ana,* y la nueva, en que aparece la Virgen como la bellísima doncella del Apocalipsis hollando al dragón infernal [34]. La serie de santos entierros se cierra con el más apaciguado de la catedral de Segovia, de 1571. En mármol esculpió la imagen de San Segundo en su iglesia de Avila, llena de reposo y de unción devota. Colaborador de Juni, a más del mencionado Picardo, fue Juan de Angers, que trabajó en la comarca leonesa; su hijo, Juan de Angers el Mozo, se trasladó a Galicia, donde propagó el estilo juniano.

El manierismo romanista o trentino

Esta fase de la evolución de la escultura, que abarca aproximadamente el último tercio del siglo, coincide con el segundo manierismo, el de los herederos romanos de Miguel Angel, traído a Castilla por Gaspar Becerra. Es un manierismo de receta, frío y sin nervio, que no hace más que repetir modismos y fórmulas epidérmicas del genial florentino,

---

[34] Véase M. GÓMEZ-MORENO, *La Inmaculada en la escultura española* (Universidad Pontificia de Comillas 1955); J. J. MARTÍN GONZÁLEZ, *Juan de Juni, vida y obra* (Madrid 1974) p.219-31.

sin calar en el contenido. Se reiteran las exuberantes anatomías, los corpachones gigantescos, los forzados escorzos, y las figuras ocupan agobiantemente todo espacio disponible. Por otra parte, la insistencia del concilio de Trento en el didactismo y la propiedad de la imagen hace caer a muchos artistas en composiciones de gran corrección temática y de creciente naturalismo, pero desangeladas y faltas de emoción. El panorama mejora a veces con la repentina reviviscencia de las genialidades de Berruguete y Juni, como en el caso de Juan de Anchieta, pero aun esto acaba degenerando en plagio mecánico y en eclecticismo de escasa envergadura.

Gaspar Becerra nace en Baeza, pero se educa en Roma, con Vasari, Salviati y Daniele da Volterra. En 1557, dominando las tres artes, retorna a España, estableciéndose en Valladolid, quizás porque su mujer era de Tordesillas. Su obra escultórica es escasa, pero llamada a tener gran influencia. Al año siguiente obtiene el contrato del retablo de la catedral de Astorga. Es una gigantesca máquina de madera, de tres pisos y cinco calles, con escenas en relieve de gran tamaño para que sean fácilmente perceptibles aun vistas de lejos. Desarrollan una síntesis muy coherente de la *Historia salutis,* que culmina en la asunción y coronación de la Virgen. El estilo, como arriba comentamos, es de gran corrección técnica y eficacia didáctica, pero frío, envarado y carente de auténtica emoción. Poco después, Becerra entró al servicio de Felipe II como pintor de corte. En Madrid entabló el desaparecido retablo del convento de las Descalzas Reales y esculpió una *Virgen de la Soledad,* encargo de la reina Isabel de Valois, tema iconográfico nuevo llamado a tener gran repercusión. También se le atribuye el *Cristo yacente* de las mencionadas Descalzas Reales, con curioso ostensorio en el costado para la reserva del Santísimo durante los ejercicios de las Cuarenta Horas, devoción que se introduce precisamente por estas fechas.

Continuador de las maneras de Becerra, incluida su inexpresividad, y acaso colaborador suyo en el retablo de Astorga, fue Esteban Jordán, quien establece igualmente su taller en Valladolid. A esta fecunda escuela pertenecen asimismo Francisco de la Maza, que emula a Juni, como Manuel Alvarez a Berruguete. A finales del siglo surge renovadoramente Francisco del Rincón, quien practica un realismo más vigoroso, preparando el camino a la generación de Gregorio Fernández.

Burgos, que había quedado rezagada, vuelve a asomarse al panorama escultórico del último tercio del siglo gracias a Pedro López de Gámiz, vecino de Miranda de Ebro. En sus obras más primitivas se muestra anticuado, pero en el retablo de Santa Clara de Briviesca, terminado en 1569, renueva su estilo en contacto con Juni y Becerra, realizando uno de los mejores conjuntos del manierismo romanista. Su influjo se extiende por la comarca de La Bureba y por la provincia de Alava [35]. Con todo, el mejor escultor del norte de España es el vasco

---

[35] Sobre López de Gámiz, atribuyéndole la paternidad exclusiva del retablo de Briviesca, que antes se asignaba a Anchieta, y estudiando otras obras inéditas, véase S. ANDRÉS ORDAX, *El escultor Pedro López de Gámiz:* Goya n.129 (1975) 156-67.

Juan de Anchieta, nacido en Azpeitia (Guipúzcoa), aunque formado en Valladolid. Es, sin duda, el mejor intérprete de Juni, pero con una personalidad más recia y viril. Colaboró seguramente en el mencionado retablo de Briviesca e hizo dos relieves de la asunción y coronación de la Virgen —temas iconográficos muy recurrentes en este período— en el de la catedral de Burgos. Luego se estableció en el país vasconavarro, residiendo en Pamplona. Labra los retablos de San Pedro de Zumaya, de Aoíz, y de Santa María de Tafalla, este último su obra póstuma, terminada por su discípulo González de San Pedro. Su arte irradia también a Aragón; además del retablo de San Miguel, de la Seo de Urgel, hace el de la Trinidad, de la catedral de Jaca, donde la figura del Padre Eterno es interpretada como el *Moisés* de Miguel Angel.

Andalucía, que no formó escuela en el promedio del siglo, brillando en solitario Roque Bolduque, a fines del mismo la encuentra, y muy numerosa, gracias al traslado de maestros castellanos, como los abulenses Bautista Vázquez, Jerónimo Hernández y Gaspar del Aguila, quienes introducen en Sevilla el estilo del círculo toledano formado en torno a Berruguete y sus discípulos. En Granada se establece Diego Pesquera, que allí se contagia del refinado estilo de Diego de Siloé. El tránsito del manierismo al naciente realismo se verifica mediante una visión más sencilla de las cosas y una observación más atenta del original. Influyó en ello tanto el cansancio de las formas, a fuerza de repetir las mismas fórmulas estereotipadas, como el espíritu religioso avivado por la Contrarreforma, que requería, con el didactismo y propiedad de las imágenes, el abandono de una estética artificiosa por una inspiración más popular. Se preparaba así el terreno abonado para la floración de los imagineros del Barroco. El tránsito se realizó simultáneamente en Granada y Sevilla de mano de Pablo de Rojas, Bautista Vázquez el Mozo, Gaspar Núñez Delgado y Andrés de Ocampo.

El círculo cortesano y el retorno al clasicismo

En torno a Carlos V y Felipe II se forma un círculo de artistas, como en el resto de las cortes absolutas de Europa, que profesan un arte cosmopolita y adulatorio. Cultivan el retrato de aparato y de tono heroico, eligiendo, dentro del gusto manierista dominante, la opción más clasicista. El emperador y su hijo se sirvieron especialmente de los escultores de Arezzo, Leone y Pompeo Leoni. Cuando Felipe II hubo de erigir el retablo mayor de la basílica de El Escorial, también se sirvió de estos artistas, ayudados por una legión de colaboradores del mismo país y algún que otro nativo. La traza del retablo, severa y académica, la dio Juan de Herrera, inaugurando un tipo puramente arquitectónico que había de ejercer por mucho tiempo una férrea dictadura, incluso fuera del ámbito de las obras reales. Se eligieron como materiales, frente a la madera y la policromía castizas, el mármol y el bronce clásicos. Las estatuas de evangelistas, doctores, apóstoles y un calvario fueron fundidas en bronce dorado en Milán. Dentro de la modalidad cortesana, no se trata, sin embargo, de una obra profanizante; al contrario, la majestad imponente del retablo presencializa la propia majestad de Dios. Como partícipes del poder divino en la tierra, Carlos V y Felipe II, rodeados de sus respectivas familias, se encuentran representados con la misma imponente majestad en los mausoleos que flanquean el presbiterio. Sus estatuas orantes, vueltas hacia el altar mayor, son igualmente de bronce dorado con incrustaciones de esmaltes en los mantos, y están enmarcadas por una arquitectura de sobrehumana grandeza.

Pompeo Leoni se encargó de los sepulcros de otros personajes del círculo cortesano: por ejemplo, de la princesa doña Juana, en las Descalzas Reales de Madrid; del cardenal Espinosa, en la iglesia de Martín Muñoz de las Posadas (Segovia), y del arzobispo de Sevilla y gran inquisidor don Fernando Valdés, en la iglesia de Salas (Asturias). Este último es el más conseguido, en razón de la unción religiosa del rostro del prelado; le rodean alegorías de las virtudes presididas por la fe pisoteando a la herejía. Leoni diseñó también las estatuas orantes, muy envaradas, de los duques de Lerma (museo de Escultura de Valladolid), fundidas en bronce para emular a las de El Escorial. Fueron terminadas por Juan de Arfe.

De alguna manera se puede poner en relación con el clasicismo del círculo cortesano a Juan Bautista Monegro, arquitecto y escultor de Toledo, sobre todo cuando esculpió con destino a El Escorial las estatuas de San Lorenzo, de los reyes de Israel y de los cuatro evangelistas; en cambio, cuando colaboró con el Greco, se dejó influir por el personalísimo estilo de éste.

El hermano jesuita Domingo Beltrán, natural de Vitoria, estuvo en Italia, y allí le sedujo el formulario del manierismo romanista, pero lo utilizó con un sentido muy moderado y casi clásico de la forma. Trabajó para las iglesias de su orden en Medina del Campo, Murcia, Madrid, Toledo y Alcalá de Henares, y, al fin de su vida, mantuvo contactos con el taller de El Escorial.

7. LA PINTURA RELIGIOSA DEL SIGLO XVI

En realidad, toda la pintura del Renacimiento español es de carácter monótonamente religioso. Sólo, como ya indicamos, en ambientes cortesanos y de la alta nobleza, y, desde luego, en las colecciones reales se encuentra pintura mitológica, y casi siempre por obra de artistas italianos. Excepcionalmente se introduce en cuadros religiosos alguna ilustración pagana como dato de erudición humanista, que trata, por esa vía, de desvelar el contenido de la composición; por ejemplo, las historias de San Pelayo, pintadas por el maestro de Becerril (hoy en la catedral de Málaga), se ilustran con las de Pasifae, aludiendo veladamente a las solicitaciones deshonestas hechas al joven mártir por el califa Abderramán III. Mucho menos se cultiva el desnudo, a no ser que lo requieran los correspondientes pasajes bíblicos o el martirio de algún santo, como advertía Pacheco, y siempre tratado con honestidad y sin el más mínimo recreo sensual. Por eso, en España carecieron de aplicación las prescripciones de Trento sobre el decoro; en cambio, agudizaron el sentido devocional, que cayó en la empalagosidad, como es el caso de Juan de Juanes, o lo crisparon en patológica melancolía, como en Luis de Morales. En el último tercio del siglo, durante el llamado «manierismo reformado», se insistió en los aspectos de propiedad temática y ejemplaridad moral, cultivándose mucho menos la alegoría religiosa, salvo en algunos círculos eclesiásticos eruditos.

Raros fueron los pintores españoles que bebieron directamente el Renacimiento en fuentes italianas: lo hicieron por regla general indirectamente, a través de estampas y grabados. Tampoco se desplazaron a la Península artistas italianos de talla excepcional, excepto el Greco y algunos de los que Felipe II contrató a finales de la centuria para decorar el monasterio de El Escorial. Más bien se produjo la tradicional corriente inmigratoria procedente de los países nórdicos europeos. Todo ello produjo la lenta asimilación del pleno Renacimiento y un tono de cierta mediocridad, sobre todo si se compara la pintura del XVI español con la brillantísima ejecutoria y la calidad internacional de la pintura del siglo siguiente. Durante las primeras décadas se funde la técnica y el gusto por lo minucioso y lo concreto, con ciertos elementos decorativos y fondos arquitectónicos italianos; en todo caso, los modelos seguidos son todavía los de las diversas escuelas del _Quattrocento_. Hacia la mitad del siglo se difunden ampliamente las formas del clasicismo rafaelesco y del primer manierismo toscano, aunque se siguen manteniendo contactos con Flandes, si bien no ya con el mundo de los primitivos, sino con el de los romanistas y manieristas nórdicos. En el último tercio hace su aparición el colosalismo miguelangelesco, a la vez que se propaga el conocimiento de la pintura veneciana y la devoción por el color y los efectos lumínicos.

La pintura se destina masivamente a llenar los retablos de iglesias y capillas, y en menor grado a decorar algunos ámbitos eclesiásticos, como claustros, sacristías y salas capitulares. El formato de los cuadros es pequeño al principio, acomodado al menudo tablero del retablo plateresco; la técnica es la de pintura al óleo realizada sobre tabla. A medida que el retablo se hace menos decorativo y más arquitectónico, las pinturas aparecen más espaciadas y adquieren gran tamaño, prefiriéndose entonces pintar sobre lienzo. Olvidada la técnica del fresco después de muchos años de abandono, prácticamente desde que en la Edad Media se popularizó el uso del retablo, apenas si existe pintura de este género durante el siglo XVI; cuando Felipe II deseó decorar al fresco la iglesia y el claustro de El Escorial, hubo de acudir a artistas italianos.

Evolución regional. El primer tercio del siglo

Valencia, que había conocido ya a finales del siglo XV la introducción de distintas formas del «quattrocentismo» italiano de mano de los Osona y Pablo de San Leocadio, se adelanta precozmente a otras regiones en la asimilación del primer *Cinquecento*. En 1506 surgen en escena Fernando Llanos y Fernando Yáñez de la Almedina, contratando el retablo catedralicio de San Cosme y San Damián (destruido). El primero puede ser originario de Santa María de los Llanos (Cuenca), y el segundo, de Almedina (Ciudad Real), y, aunque al comienzo trabajan asociados, tienen distinta personalidad. Llanos quizás sea el «Ferrando spagnuolo dipintore» que en 1505 es citado como discípulo de Leonardo da Vinci en Florencia. Su estilo es, en efecto, servilmente leonardesco en tipos, composiciones y en un cierto amaneramiento que no le abandonará nunca. Yáñez, aun teniendo también una fuerte base leonardesca y florentina, la enriquece con una segunda formación en Venecia al lado de Giorgione, lo que le permite dominar más recursos y elaborar una manera más personal. Ambos realizan en 1507 su obra maestra, las puertas del retablo mayor de la catedral de Valencia, compuestas por doce tablas en que se narran los episodios básicos de la vida de la Virgen. De la etapa valenciana se conservan otras muchas composiciones de ambos, unas *in situ* y otras en museos y colecciones particulares, todas ellas de carácter religioso. Luego se separan, yendo Llanos a trabajar a Murcia, y Yáñez a Cuenca; mientras el primero sigue aferrado al leonardismo, en el segundo apunta un cierto influjo de Rafael, mientras se disipa el de Giorgione.

En Castilla hay una provincia artística de gran vitalidad entre finales del siglo XV y comienzo del XVI; se extiende por León y Burgos y tiene por capital a Palencia. Los dos maestros que influyen en esta escuela son Pedro Berruguete y Juan de Flandes, estudiados ya por encontrarse su trayectoria humana encuadrada principalmente en el siglo XV. Al círculo de Berruguete pertenecen algunos maestros anónimos interesantes, como el mencionado de Becerril y el de Astorga.

En Toledo, el protagonista de este primer tercio de siglo es Juan de Borgoña. De su origen no se conoce nada seguro, pues bien pudiera haber nacido en España de padres borgoñones. Tampoco se ha podido probar su parentesco con el escultor Felipe Bigarny. A juzgar por su estilo, debe conjeturarse que estudió en Toscana la obra de D. Ghirlandaio, aunque también se resiente de ciertos detalles de la escuela de Umbría, particularmente en su amplia concepción del espacio. Introdujo precozmente la técnica de la pintura al fresco, abandonada, como señalamos, desde hacía tiempo en España. Con ella realizó su obra maestra, las pinturas que llenan el testero y las paredes de la sala capitular de la catedral de Toledo (1509-1511). Son muy ricas en detalles pintorescos, pero la vena narrativa con que se cuenta la vida de la Virgen no se ve nunca empañada por aglomeraciones innecesarias; todo se dispone con estudiada sencillez y notable claridad compositiva, buscando afanosamente la ponderación y el equilibrio, la elegancia de las actitudes y la idealización de los rostros. Las escenas están enmarcadas generalmente por solemnes arquitecturas clásicas, pero a veces, como Pedro Berruguete, cede al tipismo hispánico de utilizar escenarios moriscos de techumbres de lazo y fondos de brocado de oro. Compuso numerosos retablos con abundante colaboración de taller. En cambio, son de su mano los frescos de la capilla mozárabe de la catedral primada, doblemente interesantes por mostrar la conquista de Orán por el cardenal Cisneros. A la muerte de Berruguete terminó el retablo mayor de la catedral de Avila, ejecutando cinco de sus tablas mientras Diego de Santa Cruz pintaba las restantes. El estilo de Juan de Borgoña fue difundido por su hijo, del mismo nombre, activo por tierras de Zamora y Salamanca, y, sobre todo, por Antonio de Comontes.

Lo mismo que en Toledo, hay un artista que ejerce una verdadera tiranía durante veinticinco años en Andalucía. Se trata de Alejo Fernández: su apellido lo tomó del padre de su mujer, con quien casó en Córdoba, pues era de origen extranjero, aunque no precisamente alemán, como se ha creído. En Córdoba tiene buena clientela, pero en 1508 es llamado a Sevilla por el cabildo, pues urgía el trabajo no sólo para la rica ciudad, sino para las Indias. Su estilo funde lo italiano, particularmente de influencia umbra, perceptible en los escenarios de cuidada perspectiva, con un interés por el pormenor flamenco y por la acentuación enérgica de los personajes, que rayan casi en la caricatura, a la manera de los de Q. Metsys. En la capilla del colegio de Santa María de Jesús, origen de la Universidad de Sevilla, el retablo tiene como tabla central una copia de la Virgen de la Antigua, de la catedral, a cuyos pies ofrece el edificio de los estudios el fundador don Rodrigo Fernández de Santaella. En la iglesia de Santa Ana de Triana es suya la pintura de la Virgen de la Rosa, advocación debida a Alfonso X el Sabio. Muy interesante iconográficamente es también la Virgen de los Navegantes, que pintó para la capilla de la Casa de Contratación. Recogiendo el tema medieval de Nuestra Señora que acoge bajo su manto a determinados sujetos, los que aquí se representan son los viajeros de América, entre los que se cree reconocer los retratos de Colón y Hernán Cortés; el fondo es un paisaje marítimo con embarcaciones de época.

Segundo tercio. Rafaelismo y manierismo

El segundo tercio del siglo se distingue frente al primero por la irrupción del rafaelismo, toda vez que se considera al estilo del pintor de Urbino como la más genuina expresión de la plenitud del clasicismo. Sin embargo, la fase clásica de la pintura italiana ha decaído ya para estas fechas, sustituida por las distintas opciones del manierismo en su empeño por encontrar una alternativa válida que evitase el estancamiento. Esta inestabilidad se refleja también en la pintura española, donde rara vez se llega a una expresión nítida de los valores modélicos del clasicismo renacentista. Por otra parte, se hacen sentir, como factores de desequilibrio, los incipientes impulsos devocionales de la Contrarreforma y ciertas pervivencias no eliminadas del espíritu gótico.

El rafaelismo, que apunta en la obra de Yáñez, es desarrollado en Valencia por los Macip. Hasta hace no mucho tiempo se confundían las obras de Vicente (1475-1550) con las de su hijo Juan Macip (1536-1579), más conocido por Juan de Juanes. El primero es el auténtico creador del estilo, e incluso de algunos de los temas y de los tipos característicos del segundo, quien no hizo más que dulcificarlos y amanerarlos. Vicente introduce el rafaelismo en Valencia, pero un rafaelismo genérico, no específico, ya que a él se suman rasgos de otros clasicistas florentinos, como fray Bartolomeo della Porta, y préstamos del norte de Italia, teniendo como base el leonardismo de Yáñez, bien perceptible en sus ordenadas aunque más inquietas composiciones. Su obra maestra son las tablas del retablo de la catedral de Segorbe, pintado en 1530, pero en *La Santa Cena,* del museo de Valencia, y en *La Inmaculada,* del Banco Urquijo (Madrid), crea ya dos temas continuamente repetidos por su hijo. Este, famosísimo en su tiempo y bastante menos en el nuestro, es el divulgador del estilo de su padre, al que despoja de su severa monumentalidad para insistir en aspectos de devoción sentimental, acorde ya con el rumbo que va a imprimir a la pintura religiosa el concilio de Trento. Sus tipos y composiciones, estereotipados y repetidos hasta la saciedad ante la creciente demanda de una clientela que buscaba afanosamente el cuadro de devoción, adolecen con frecuencia de amanerada languidez y de empalagosa dulzura. En su sagradas cenas —versiones libres de la famosa de Leonardo— y en sus Cristos eucarísticos introduce siempre el cáliz que se conserva en la catedral de Valencia como preciada reliquia. Juan de Juanes es el precursor de la representación del tema de la Inmaculada según la tipología iconográfica que habrá de triunfar en el Barroco. De entre las varias que compuso sobresale la de la casa profesa de los jesuitas, en Valencia. Se dice que la pintó conforme a una visión del P. Martín Alberro, pero, en todo caso, debió de inspirarse, como ya lo había hecho su padre, en una estampa grabada en París por Thilman Kerver en 1505 [36].

En Castilla, el avance de la pintura en el segundo tercio del siglo está protagonizado por Alonso Berruguete. Como ya se señaló anteriormente, hubo de dedicarse, por fuerza de las circunstancias, a la escultura, pero nunca olvidó su vocación primera de pintor. Durante su formación en Italia tomó parte importante en el primer manierismo florentino de la segunda década del siglo. La media docena de cuadros que se le han atribuido —Madonas con el Niño, Salomé, etc.— muestran su sensibilidad anticlasicista, por la que, partiendo de Leonardo, se aproxima a Rosso y Pontorno, y a Beccafumi en el color. Vuelto a España, ilustró sus retablos escultóricos de La Mejorada, San Benito, cole-

[36] E. TORMO, *La Inmaculada y el arte español* (Madrid 1915) p.27-30; J. ALBI FITA, *Joan de Joanes y su círculo* II (Valencia 1979) p.228-29.

gio Fonseca de Salamanca y Santa Ursula de Toledo con pinturas donde las figuras alargadas y retorcidas, las actitudes rebuscadas e inestables, y el color frío y de aspecto misterioso y lunar debieron de causar extrañeza. Su principal discípulo fue Juan de Villoldo.

En Toledo, el tránsito del «quattrocentismo» de Juan de Borgoña hacia el tópico rafaelismo lo efectúa Francisco de Comontes, hijo del Antonio de Comontes arriba mencionado, cuya obra principal es el retablo de la historia de la Santa Cruz, destinado al hospital de esta advocación y hoy en la iglesia de San Juan de los Reyes. Al foco toledano se adscribe el maestro del retablo de Santa Liberada, en la catedral de Sigüenza; su rafaelismo se acusa en algún detalle copiado de estampas, pues su estilo se relaciona mayormente con el de G. Bugiardini, secuaz de Albertinelli y fray Bartolomeo. Cierra el ciclo toledano Juan Correa de Vivar, ya francamente manierista, pues su conocimiento del clasicismo rafaelesco se doblega ante su admiración por Berruguete, a quien debió de conocer mientras trabajaba en la catedral toledana; sus pinturas más conocidas se encuentran en el Museo del Prado y proceden, al parecer, de los monasterios de Guisando y San Martín de Valdeiglesias.

El toledano Pedro Machuca, más conocido como arquitecto, estuvo en Italia, donde, al igual que Berruguete, participó en la creación del primer manierismo italiano. Como pintor trabajó principalmente en la capilla Real de Granada y en la catedral de Jaén. De su época italiana es la *Madona del Sufragio,* hoy en el Prado, curioso tema iconográfico en que la Virgen alivia con la leche de sus pechos las penas de las almas del purgatorio; estilísticamente, el cuadro se emparenta con la «manera» juvenil de Miguel Angel. En cambio, en *El Descendimiento,* del mismo museo, lo que cautiva son los efectos de luz nocturna, al modo del sienés Beccafumi.

Sevilla, emporio del comercio con las Indias, sigue atrayendo artistas extranjeros, que encuentran fácilmente clientela en la opulenta ciudad y perspectivas de trabajo en las colonias americanas. Uno de ellos es Pedro de Campaña, flamenco, cuyo verdadero nombre era Peter Kempeneer. Consta que estuvo en Italia y, según Pacheco, estudió directamente con Rafael. Sin embargo, lo que trajo a Sevilla en 1537 no fue el rafaelismo puro, sino el de los manieristas romanos, con más pasión, opulencia de formas, efectos violentos de luz y realismo en la interpretación, que delatan su sangre nórdica. Las envidias de sus compañeros de oficio le obligaron en 1563 a retornar a Bruselas, donde había nacido. Su *Descendimiento,* de la catedral sevillana, tan admirado por Murillo, que se pasaba las horas contemplándolo, funde la orquestación compositiva propia de Rafael con un sentido dramático enteramente flamenco, perceptible sobre todo en la mímica gestual, en lo desencajado de los rostros y en el extravío de las miradas del grupo de la Virgen y las Marías que asisten a la escena. La *Purificación,* de la misma catedral, demuestra la misma maestría compositiva y una mezcla de realismo en los detalles, con un tono alegórico general, pues la Virgen se halla acompañada por la representación de las virtudes. Su última obra son los cuadros del retablo de la iglesia de Santa Ana, en el barrio de Triana, donde cultiva profundos contrastes de luz, contemporáneos de los que por entonces se iniciaban en la escuela veneciana. Otro extranjero que aparece trabajando en Sevilla por estos años es el holandés Fernando Sturm, autor del retablo de los *Cuatro Evangelistas,* en la catedral.

Sevillano de nacimiento fue Luis de Vargas, si bien pasó casi toda su vida en Italia. Debió de estudiar con Pierino del Vaga y Vasari, en Roma, aunque también tiene delicadezas a lo Correggio y una temprana inclinación al naturalismo en los detalles pintorescos de sus grandes composiciones, como lo demuestra el retablo del *Nacimiento,* en la catedral. Era sumamente humilde y piadoso, y Pacheco lo retrata con cierto halo de santidad. Su obra más conocida es del tipo de alegoría religiosa, tan cultivada por el «manierismo reformado», pero difícilmente digerible por el pueblo. Se trata del cuadro titulado *La Generación Temporal* de Cristo, cuyo precedente es una composición de Vasari grabada por el francés Felipe Thomassin. Sin embargo, lo que impresionó más al público no fueron las reconditeces teológico-bíblicas del tema, sino el perfecto escorzo de la pierna derecha de Adán, por lo que se denominó al lienzo el cuadro de la *Gamba* (pierna en italiano). Otros pintores sevillanos de este segundo tercio del siglo fueron Pedro Villegas Marmolejo y Luis de Valdivieso, autor este último del gran fresco del *Juicio Final,* en el hospital de la Misericordia. Como era de esperar, se inspiró en el de la capilla Sixtina, de Miguel Angel, pero evitando los desnudos y dándole el sentido devocional y moralizante requerido por Trento, pues se pintó pocos años después del comentado decreto conciliar. No en vano contaba Pacheco cómo un obispo agustino que celebraba misa ante el *Juicio Final,* de Martín de Vos, entonces en el convento de su orden, en Sevilla, estuvo a punto de perderse al contemplar sus desnudos femeninos.

Cierra este período la figura más interesante del mismo, la del extremeño Luis de Morales, nacido en Badajoz hacia 1520 y muerto en 1584. Seguramente se formó en Sevilla, junto a Campaña y Sturm, captando más lo que de flamenco conservaban estos artistas que su rafaelismo; en todo caso, el italianismo de Morales parece estancado en la escuela lombarda de comienzos del XVI, en torno a Leonardo, más que en el manierismo romanista de su generación. Su pincelada es apretada y minuciosa, recreándose en pormenores de cejas, barbas y cabellos, casi como un primitivo flamenco; sus colores fríos y esmaltados, y sus carnaciones pálidas como la cera, misteriosamente difuminadas por el *sfumato* leonardesco. Prefiere los cuadros de pequeño formato y pocas figuras, encargados por una clientela devota que gusta tenerlos a mano para excitar la devoción, y aun en las composiciones más vastas, destinadas a los retablos, no abandona el tono de intimidad y casi morbosa introversión. Sus figuras se alargan, se demacran y languidecen como vistas a través de un concepto religioso basado únicamente en el maceramiento ascético y en la renuncia dolorosa a todo lo sensual y placen-

tero. Morales es el creador de un género de pintura que gustó extraordinariamente a un público enfervorizado y religiosamente crispado, a
punto ya de encerrarse en sí mismo y de volver la espalda a una Europa
cada vez más extraña y hostil. No en vano le llamaron «el Divino». Por
eso, asombra el que no le cayera bien a Felipe II, aunque no se sabe si
por falta de refinamiento o por exceso de estridencia. Sus *Piedades, Dolorosas, Cristos a la columna* y *con la cruz a cuestas, Ecce-Homos, Vírgenes de
la Leche*, etc., se repiten estereotipadamente, copiados muchas veces en
su taller o falseados por imitadores. Entre sus retablos descuella el de
Arroyo de la Luz (Cáceres).

La pintura final de siglo. El Greco

El último tercio del siglo se caracteriza por la formación de un importante núcleo pictórico en torno a la empresa artística del momento,
la construcción y decoración de El Escorial. El resto de España presenta
un panorama bastante empobrecido, acentuándose la obsesión por lo
religioso, encauzado ahora definitivamente por los descarnados esquemas didácticos y piadosos impuestos por la Contrarreforma. En este
ambiente de mediocridad era natural que triunfase el Greco, con su
acento fuertemente personal y su fulgurante colorido.

La etapa se abre con el regreso desde Roma de dos artistas andaluces, Gaspar Becerra y Pablo de Céspedes, que cada uno a su manera
traen como novedad las formas grandiosas de Miguel Angel. El primero, tras la etapa de escultor ya comentada, pasa al servicio de Felipe II como pintor áulico; sus composiciones del palacio de El Pardo son
de carácter mitológico y profano. El segundo, racionero de la catedral de
Córdoba, gracias a su profunda formación humanista, fue uno de los
pocos que se preocupó de los aspectos teóricos de la pintura, redactando
algunos tratados conservados sólo en fragmentos: el principal, el *Poema
de la Pintura*, escrito en verso, figura entre las mejores obras de la poesía didáctica española. Como pintor, Céspedes, pese a su amistad y admiración por los Zuccaro, siguió el manierismo miguelangelesco de D.
Volterra, con quien colaboró en la decoración de la iglesia romana de la
Trinidad de los Montes. Su *Sagrada Cena*, de la catedral cordobesa,
también lo patentiza.

En Sevilla, Francisco Pacheco, también clérigo eruditísimo, estrechamente relacionado con los cenáculos artísticos y literarios de la ciudad, se distinguió por la reflexión teórica sobre la técnica y práctica de
la pintura, fruto de la cual fue el tratado titulado *El Arte de la Pintura*
que ya hemos comentado más arriba. Su producción artística se caracteriza por la sequedad del dibujo y el color, que sacrifica al riguroso didactismo y a la propiedad temática, a tenor de lo dispuesto por el concilio de Trento y a lo por él mismo desarrollado en los últimos capítulos
de su tratado. En este sentido, contribuyó decisivamente a fijar muchos
temas iconográficos, como el de la Inmaculada, preferido de la devo-

ción contrarreformista. Pese a su horror por la mitología y el desnudo, pintó un complicado ciclo alegórico, poblado de fábulas paganas, en el techo de uno de los salones de la Casa de Pilato, donde se reunía un cenáculo humanista patrocinado por los duques de Alcalá, cenáculo al que pertenecía Pacheco. Casi como réplica al mismo, el cardenal Niño de Guevara ordenó pintar en el salón principal del palacio arzobispal otro programa simbólico, pero de carácter didáctico-religioso, repleto de aquellas alegorías, emblemas y jeroglíficos que hacían las delicias del manierismo sofisticado y erudito [37]. Todo este alambicamiento cerebral cedería el paso al incipiente naturalismo, del que a su modo participa Pacheco, en cuanto una buena parte de su vida transcurre ya en el siglo XVII.

Dentro del círculo escurialense, Felipe II otorga toda su confianza al pintor riojano Juan Fernández Navarrete, «el Mudo», quien, formado en Italia y partiendo del manierismo romanista, evoluciona rápidamente hacia una pintura influida por la mancha y el color venecianos. A esto se une una nueva valoración de la realidad y una creciente preocupación por los efectos de luz, que lo convierten en uno de los precursores del Barroco. Pero lo que nos interesa aquí es el contenido religioso y sinceramente devoto de sus pinturas, continuamente subrayado por el P. Sigüenza, y que debió de satisfacer plenamente a Felipe II precisamente a causa de su carácter directamente aprehensible y exento de estridencias, lo contrario de lo que sucedía con Morales y el Greco. Aun así, el grave decoro exigido por Trento le fue recordado al pintor cuando se le prohibió introducir perros y gatos junto a las parejas de santos encargadas para los retablos de la basílica, como había hecho en un cuadro de la Sagrada Familia [38].

Muerto Navarrete en 1579, no había en la corte ningún pintor español de calidad o que, al menos, al exigente monarca así le pareciese, por lo que llamó de Italia a una serie de artistas, famosos en su tiempo, pero de segunda fila, para que continuasen la decoración del monasterio. Lo hicieron en un estilo frío, correcto y narrativo, conforme a los cauces del «manierismo reformado». Lucas Cambiasso fracasó en la pintura al fresco de las bóvedas de la basílica, realizando sólo dos, la *Coronación de la Virgen* y la *Gloria* presidida por la Trinidad. Federico Zuccaro comenzó los lienzos del gran retablo mayor, acabándolos Peregrino Tibaldi, quien hizo también el ciclo de pinturas del claustro de los evangelistas. En los retablos laterales de santos emparejados intervinieron algunos españoles, como Luis de Carvajal y Alonso Sánchez Coello, este último más conocido como retratista cortesano que como pintor religioso.

---

[37] Este ciclo de pinturas es de autor anónimo y pertenece ya a 1605; su compleja interpretación iconográfica alusiva, al parecer, a la misión pastoral de los obispos, aparece esbozada en E. VALDIVIESO-J. M. SERRERA, *Catálogo de las pinturas del Palacio Arzobispal de Sevilla* (Sevilla 1978) p.15-40.
[38] Véase J. YARZA LUACES, *Aspectos iconográficos de la pintura de Juan Fernández Navarrete, «el Mudo», y relaciones con la Contrarreforma:* Boletín del Seminario de Estudios de Arte y Arqueología (Universidad de Valladolid 1970) p.43-68.

Doménico Theothocópulos, el Greco, nacido en Creta en 1541, se trasladó a España en 1579, atraído seguramente por la empresa de El Escorial. Fracasó en este empeño particular, porque su lienzo de *San Mauricio*, pensado para colocarlo en uno de los altares laterales de la iglesia, no gustó a Felipe II, por la dificultad de ser comprendido como imagen de devoción. La consideración del artista cretense como pintor religioso por excelencia ha de tomarse, en efecto, con cierta cautela. Lo fue indudablemente, porque ya su primera educación bizantina le saturó de un sentido casi abstracto, ritual y simbólico de la imagen religiosa oriental, derivado de los iconos y perceptible luego en la casi fijación eidética de muchos de sus rostros y modelos. Más tarde, la técnica suelta y aborronada, el colorido suntuoso, aunque de gamas frías, los fantasmagóricos efectos de luz, las recetas manieristas del alargamiento y el descoyuntamiento de las formas aprendidas en Venecia de unos y otros maestros (Tiziano, Tintoretto, los Bassano), le proporcionaron los medios para configurar su visión personalísima de la pintura, exacerbando el contenido transcendente y metafísico de la imagen a base de forzar los estímulos sensoriales hasta límites casi insostenibles. Pero todo ello, como producto de una lucubración intelectual típicamente manierista, y no por motivaciones estrictamente religiosas, a nuestro entender, hizo que su pintura no llegase fácilmente al pueblo llano. Efectivamente, la pintura del Greco, casi toda religiosa, porque no le cabía otra opción, estaba ideada para una «élite» de personas de gran refinamiento intelectual y espiritual, incluidos bastantes eclesiásticos, pero todos ellos pertenecientes a profesiones liberales. Sus amigos fueron artistas, poetas, oradores, canonistas, historiadores, juristas, médicos que formaban el cogollo intelectual de Toledo, ciudad todavía muy cosmopolita y donde imperaba una fuerte tradición cultural. El cretense frecuentaba las academias toledanas y participaba en sus justas poéticas. Fuera de estas salidas, vivía recluido en su cómoda casa, donde, aparte de ejercer su profesión de pintor, completaba el cultivo de su espíritu con la lectura y la audición de música. Su biblioteca fue copiosa en libros escritos en griego, latín, italiano y romance, y, aunque no faltasen los religiosos, eran más abundantes los libros humanísticos y de materias técnicas. Se las daba de entendido en arquitectura, sobre la que preparó un tratado, por desgracia, desaparecido, donde se independizaba nada menos que del axioma, común en el Renacimiento, de hacer estribar la belleza en las proporciones deducidas por vía matemática y geométrica. En este punto, como en pintura y escultura, de las que también escribió, se mostraba fieramente independiente contra los tópicos de la época, poniendo peros a Aristóteles, porque señalaba reglas al arte, y a Miguel Angel, de quien, según Pacheco, afirmaba que «fue un buen hombre que no supo pintar». En una palabra, el Greco fue un pintor religioso, sí, pero no precisamente un «místico» —nada más incompatible con su fiero orgullo—; y si hoy sus creaciones suelen compararse y aun emparentarse con las visiones de los místicos, tal parecido no se produjo porque el artista sintiese estímulos espirituales superiores a los de un cristiano corriente de su época, y acaso ni siquiera porque experimentase la necesidad de conectar con el ambiente espiritualmente crispado que le rodeaba, sino en virtud de presupuestos estéticos radicales concretados en su afán de ser original a toda costa, de sorprender, de «afectar valentía». Ya lo intuyeron sus contemporáneos como Pacheco, quien comentaba muy atinadamente cómo «se apartaba del sentimiento común de los demás artífices por ser en todo muy singular». Así no resulta extraño que su pintura —casi desconocida en su época fuera de Toledo y Madrid— cayese pronto en el olvido, cosa que no hubiera sucedido en el Barroco si se la hubiese considerado como la quintaesencia del espíritu religioso nacional. Este tópico fue inventado por el romanticismo y corroborado por las corrientes expresionistas de comienzos de nuestro siglo, que trataron de adivinar en el Greco la solución a su particular crisis espiritual. Dicho sea esto sin quitar un ápice a la genialidad artística y estética del cretense, pues de lo único de que se ha tratado es de matizar el aspecto religioso de su pintura.

La producción pictórica del cretense en España es de sobra conocida y no hay espacio para comentarla en profundidad. En sus primeros años toledanos utiliza todavía figuras relativamente corpulentas y de proporciones casi normales; los colores son saturados y armónicos, y frecuentes los fondos arquitectónicos, todo ello como recuerdo aún muy vivo de lo veneciano; así, en los lienzos del retablo de Santo Domingo el Antiguo y en *El Expolio,* de la catedral. *El Entierro del Conde de Orgaz* es una traducción pictórica de la iconografía de los sepulcros medievales: en la zona alta, el alma del difunto es transportada al cielo mientras en la baja se desarrollan las ceremonias del entierro, habiendo incrustado aquí el peculiar prodigio objeto del lienzo. Es en esa zona alta donde el Greco comienza a desarrollar su visión alucinada de lo espiritual e incorpóreo. Desde entonces y a medida que pasan los años, mientras el resto de los pintores, obedientes a las normas conciliares de Trento, difunden una pintura cada vez más realista en función del adoctrinamiento del pueblo, el Greco, en sus grandes lienzos religiosos *(Anunciación, Nacimiento, Bautismo, Calvario, Resurrección, Pentecostés, Asunción de la Virgen),* extrema el carácter irreal de sus representaciones a base de las más provocativas distorsiones de la forma y estridencias del color. A la vez, en los cuadros de mediano tamaño, con tipos fijos a manera de iconos y repetidos obsesivamente (Apostolados, San Franciscos, Magdalenas, Verónicas, etc.), mientras las miradas se extravían erráticas y alucinadas, la mímica y los gestos se convierten en símbolos comunicativos del ardor interior. Sus retratos de personajes eclesiásticos (el predicador y poeta fray Hortensio de Paravicino, don Antonio y don Diego de Covarrubias, los cardenales Niño de Guevara, Tavera y Quiroga) son ejemplos de captación de la psicología del personaje sin recatar sus fobias y sus filias.

APENDICES

BULA DE PATRONATO Y DE PRESENTACION CONCEDIDA POR ADRIANO VI A CARLOS I

La bula «Eximiae devotionis», Roma 6 de septiembre de 1523, ofrece el siguiente contenido: Narra el afecto del rey a la Iglesia romana y los gastos padecidos para defenderla. Aprueba y confirma cualquier concesión pontificia anterior en materia de patronato. Concede a Carlos y a sus sucesores en las coronas de Castilla y de Aragón y dominios en España el derecho de patronato y de presentar personas idóneas para las iglesias catedrales y monasterios consistoriales. Declara que este derecho es de la misma naturaleza que el proveniente de fundación y dotación. Manda que la bula sea guardada como si hubiera sido concedida en consistorio con la aprobación de los cardenales.

El texto que sigue ha sido transcrito por T. de Azcona del pergamino original que se conserva bajo la siguiente signatura: AGSimancas PR 38-36.

Adrianus Episcopus Seruus seruorum dei, carissimo in xristo filio Carolo Regi et carissima in xristo filie Joanne Regine Castelle et Legionis ac Aragonum Catholicis, salutem et apostolicam benedictionem.

Eximie deuotonionis affectus, quem ad nos et Romanam ecclesiam geritis ac vestri predecessores geserunt indefessique labores et quasi intollerabiles expense quos pro expugnatione infidelium et propagatione xristi fidei indessinenter sustinetis vestrique predecessores sustinuerunt, promerentur ut vestro successorumque vestrorum honori consulamus. Hinc est quod nos quascumque concessiones iuris patronatus et presentandi personas ydoneas ad ecclesias Metropolitanas et alias cathedrales ac Monasteria quecumque consistorialia vobis vestrisque successoribus quomodolibet factas et quarumcunque litterarum apostolicarum desuper quomodolibet confectarum tenores nec non alia quecunque ad validitatem et eficatiam presentium quomodilibet necessaria et opportuna presentibus pro sufficienter expressis ac de verbo ad verbum insertis habentes, Motu proprio et ex certa nostra scientia ac de apostolice potestatis plenitudine, autorite apostolica tenore presentium concessiones ac litteras predictas et in eis contenta quecunque approbamus et confirmamus ac de nouo facimus, supplemusque omnes et singulos tam iuris quam facto defectus, si qui forsan interuenerint in eisdem, illaque perpetue firmitatis robur obtinere et inuiolabiliter obseruari debere decernimus.

Ac vobis vestrisque successoribus Castelle et Legionis ac Aragonum Regibus pro tempore existentibus, etiam ubi vobis ius presentandi vel nominandi non competit, in perpetuum ius patronatus et presentandi personas ydoneas ad omnes et singulas Metropolitanas et alias Cathedrales ecclesias nec non Monasteria quecunque Consistorialia in Castelle et Legionis ac Aragonum et Valentie nec non Cathalonie ceterisque Hispaniarum Regnis et dominiis consistentes et consistencia, dum illas et illa deinceps perpetuis futuris temporibus per cessum vel decessum modernorum et pro tempore existentium illorum vel illorum Archiepiscoporum, episcoporum et abbatum, etiam si sancte Romane ecclesie Cardinales fuerint, seu ecclesiarum vel Monasteriorum huiusmodi administrationibus aut comendis cessantibus siue per translationem aut aliis quibusuis modis et ex quorumcunque personis, preter quam apud sedem apostolicam vacaturas et vacatura, eisdem scientia et potestatis plenitudine reseruamus et concedimus.

Decernentes ius patronatus et presentandi huiusmodi illius omnino nature et vigoris exsistere cuius ius patronatus Regum ex fundatione et dotatione existit, uniones ac dispositiones tam de vacantibus quam de vacaturis, etiam per viam accessus et repressus vel alias quomodolibet etiam de consensu illas vel illa pro tempore obtinentium de ecclesiis et Monasteriis predictis absque presentatione aut expresso consensu vestris aut dictorum successorum vestrorum per nos aut Romanos Pontifices successores nostros et sedem predictam quomodilibet de cetero faciendas aut pro tempore factas et quascunque litteras etiam quascunque derogationes quorumuis iurium presentandi seu nominandi apostolicas desuper quomodolibet pro tempore confectas etiam quascunque derogationes quorumuis iurium presentandi seu nominandi etiam cum quibusuis efficacissimis et plenissimis clausulis in se continentes nullius roboris vel momenti existere.

Vosque ac dictos successores vestros seu vestrum aliquem illis nullatenus parere debere et ob non paritionem huiusmodi aliquas etiam in eisdem litteris contentas censuras et penas nullatenus incurrere posse, ac presentes litteras et in eis contentas quecunque valere plenamque roboris firmitatem obtinere ac perpetuo inuiolabiliter obseruari debere in omnibus at per omnia, perinde ac si de unanimi omnium cardinalium consilio et consensu Consistorialiter, ut moris est, seruatis quibuscunque seruandis prestitis emanassent, et quecunque ad illorum validitatem, eficatiam et perpetuitatem quomodolibet requisita formaliter et indiuidue nichil ommisso interuenissent, ac obseruata et facta fuissent. Et sic per quoscunque tam ordinaria quam delegata et mixta autoritate fungentes iudices et personas, ubique iudicari, cognosci atque decidi debere, sublata eis et eorum cuilibet quauis aliter iudicandi, cognoscendi et decidendi facultate, necnon irritum et inane quidquid secus super hiis a quoquam, quauis autoritate, scienter vel ignoranter contigerit attemptari perpetuo decernimus.

Non obstantibus ultimi lateranensis et aliorum quorumcunque conciliorum necnon quibusuis de ecclesiis et Monasteriis predictis per nos et sedem predictam pro tempore factis reseruationibus seu affectionibus, specialibus vel generalibus, necnon Cancellarie apostolice Regulis, pro tempore editis et edentis, et quibusuis aliis apostolicis ac prouincialibus et synodalibus Constitutionibus et ordinationibus ac ecclesiarum et Monasteriorum huiusmodi, etiam juramento, confirmatione apostolica vel quauis firmitate alia, roboratis statutis et consuetudinibus, preuilegiis quoque indultis et litteris apostolicis, etiam motu proprio et ex certa scientia ac de apostolice potestatis plenitudine et Consistorialiter et cum quibusuis irritativis, anullatiuis, cassatiuis, reuocatiuis preseruatiuis, exceptiuis, restitutiuis, declaratiuis, mentis attestatiuis ac derogatoriarum derogatoriis aliisque efficatioribus, efficacissimis et insolitis clausulis per quoscumque Romanos Pontifices predecessores et successores nostros ac nos et sedem predictam quomodolibet, etiam pluries concessis et confirmatis, ac concedendis et confirmandis, quibus etiam si pro illorum sufficienti derogatione de illis eorumque totis tenoribus specialis et indiuidua ac de verbo ad verbum, non autem per clausulas generales idem importantes mentio seu queuis alia expressio habenda aut exquisita forma seruanda foret, et in eis caueatur expresse quod illis nullatenus derogari possit, illorum omnium tenores presentibus pro sufficienter expressis ac de verbo ad verbum insertis, necnon modos et formas ad id seruandos pro indiuiduo seruatis habentes hac vice duntaxat illis alias in suo robore permansuris harum serie specialiter et expresse derogamus, ceterisque contrariis quibuscunque.

Sic igitur in nostra et dicte sedis deuotione persistatis ut ad vobis fauorabiliter concedenda perque vobis et eisdem successoribus vestris honor accrescat merito induci valeamus. Nulli ergo omnino hominum liceat hanc paginam nostre approbationis, confirmationis, reseruationis, concessionis voluntatis et decreti infringere vel ei ausu temerario contraire. Si quis autem hoc attemptare presumpserit, indignationem omnipotentis Dei ac beatorum Petri et Pauli apostolorum eius se nouerit incursurum.

Datum Rome apud sanctum Petrum anno incarnationis dominice millessimo quingentessimo vigessimo tertio, Octauo Idus Septembris Pontificatus nostri Anno Secundo. Euangelista. Visa W. de Enchenvoirt. [En el pliegue:] A. del Castillo. [De otra mano:] 6 7bris.

[Verso:] Rta. apud me Euangelistam.

[De otras manos:] Bulla para su Mad. de poder presentar yglesias y otras [borró: beneficios] abbadias y dignidades de españa concedida por el papa adriano año de MDXXIII.

Bulla del papa Adriano dada el año de I U DXXIII en que concede al emperador don Carlos de españa y a sus subcesores la presentacion de yglesias metropolitanas e cathedrales e monesterios y abbadias consistoriales de los Reynos de Castilla y León, aragón, catalunia y valencia y de los demás Reynos e señoríos suyos.

Sello de plomo con hilos de seda, rojos y amarillos. Anverso: Imágenes de san Pedro y san Pablo. Reverso: ADRI/ANUS/. PP.VI.

INDICE DE LOS LIBROS PROHIBIDOS POR EL INQUISIDOR GENERAL DON FERNANDO DE VALDES, EN 1559

(Según la edic. de Fr. H. REUSCH, *Die «Indices Librorum Prohibitorum» des sechzehnten Jahrhunderts* [Tubinga 1886] 209-242).

CATHALOGUS LIBRORŪ, QUI PROHIBENTUR MANDATO ILLUSTRISSIMI ET REUEREND. D. D. FERDINANDI DE VALDES HISPALEÑ. ARCHIEPI, INQUISITORIS GENERALIS HISPANIAE. NECNON ET SUPREMI SANCTAE AC GENERALIS INQUISITIONIS SENATUS. HOC ANNO MDLIX EDITUS. QUORUM IUSSU ET LICENTIA SEBASTIANUS MARTINEZ EXCUDEBAT PINCIAE.

ESTA TASADO EN VN REAL.

AD PHILIPENSES 4

De caetero, fratres, quaecunque sunt vera, quaecunque pudica, quaecunque justa, quaecunque sancta, quaecunque amabilia, quaecunque honestae famae, si qua virtus, si qua laus disciplinae, haec cogitate: quae et didicistis et accepistis et audistis et vidistis in me, haec agite, et Deus pacis erit vobiscum.

El Illustrissimo y Reverendissimo señor Arçobispo de Sevilla y los señores del supremo consejo de la sancta General Inquisicion prohiben y mandan so graves penas y censuras, quae ninguna persona imprima ni haga imprimir ni traer de fuera destos reynos impresso este cathalogo, excepto Sebastian Martinez, vezino desta villa de Valladolid, o quien su poder oviere, al qual dan plena facultad para lo poder hazer*.

Don Fernando de Valdes, por la divina miseracion Arçobispo de Sevilla, Inquisidor Appostolico General contra la haeretica pravedad y apostasia en los reynos y señorios de la magestad del Rey don Phelippe nuestro señor etc., a todas y qualesquier personas, de qualquier estado, orden, dignidad, preeminencia y condicion que sean, vezinos, moradores y residentes en ellos. Sabed que nuestro muy santo padre Paulo Papa IIII., informado de los grandes inconvenientes y daños que en la religion christiana se han seguido y se podrian seguir de que los fieles catholicos tengan y lean libros que en sí contengan errores y doctrinas escandalosas y sospechosas y mal sonantes contra nuestra sancta fee catholica, mandó expedir un breve, por el qual manda y prohibe que ninguna persona, de qualquier estade, dignidad ni orden que sean, aunque sean Cardinales, Obispos ni Arçobispos, puedan leer ni lean ninguno de los dichos libros reprobados ni sospechosos, y revoca, cassa y annulla qualquiera licencia y facultad, que en qualquier forma y manera aya dado para tener y leer los dichos libros, segun más largo consta por el dicho breve, el qual mandamos poner en fin desta nuestra provision. Y haviendo venido a nuestra noticia que algunas personas no guardan lo por su Sanctidad en el dicho breve mandado y prohibido y que leen y tienen los dichos libros y los traen de diversas partes a estos reynos, pretendiendo ignorancia, quales son sospechosos, reprobados y de authores haereticos y que no se deven tener, leer ni traer a ellos, lo qual es en grande offensa de nuestro señor y de su sancta fee catholica, y que dello resulta gran daño a los fieles christianos: platicado y conferido en el consejo de la sancta General Inquisicion que remedio se podria poner para obviar tan gran daño, parecio que los dichos libros se viesen por personas de letras y consciencia

* Diese zwei alinea stehen auf der rückseite des titelblattes.

que para ello se nombraron, y que de los libros que les paresciesse eran hereti-
cos, sospechosos y que contenian algun error o que eran de author hereje o que
podria resultar algun escandalo o inconveniente en que se tuviessen y leyessen,
se hiziesse un cathalogo de todos ellos, el qual se imprimiesse y publicasse en
todos los dichos reynos, para que cada persona supiesse de que libros y authores
se havia de guardar por contener en sí errores y cosas escandalosas y no convenir que se traten ni comuniquen entre los fieles catholicos. Por ende nos por el
tenor de la presente ordenamos, prohibimos, exhortamos y mandamos a todas y
qualesquier personas, de qualquier estade, orden y dignidad que sean, vezinos y
moradores y residentes en los dichos reynos y señorios, que ninguna tenga ni
lea libros de los contenidos en el dicho cathalogo, que se manda imprimir, ni
otro de author hereje y que se tenga relacion que contiene en sí algun error,
heregia o sospecha della, ni que algun impressor, librero, mercader ni otra persona pueda ni traer a ellos ne vender en ellos ninguno de los dichos libros
reprobados herethicos, sospechosos y escandalosos, so pena de sentencia de ex-
communion mayor latae sentenciae, ipso facto que lo contrario hizieren, y de
dozientos ducados de oro para los gastos del sancto officio a cada uno que lo
contrario hiziere, y que se procedera contra ellos como contra sospechosos contra nuestra sancta fee catholica e inobedientes a los mandamientos della. Y
mandamos so la mesma pena, que ningun impressor ni librero ni otra persona
alguna de todos estos reynos y señorios del Rey don Phelippe nuestro señor
pueda imprimir ni vender ni traer impresso fuera de los dichos reynos el dicho
cathalogo, excepto Sebastian Martinez, impressor de libros, vezino desta villa de
Valladolid, al qual damos licencia y facultad para que imprima y venda él o
quien su poder oviere, todos los cathalogos que quisiere y fueren necessarios, y
todos los dichos cathalogos vayan señalados de Pedro de Tapia, secretario del
consejo de la sancta General Inquisicion. Y porque lo suso dicho sea publico y
notorio y ninguno pueda pretender dello ignorancia, encargamos y mandamos
a los Reverendos Inquisidores Appostolicos de todas las ciudades y villas de los
dichos reynos y señorios de su magestad, que hagan luego publicar esta nuestra
provision en todos sus districtos y principalmente en las yglesias cathedrales y
en las otras yglesias y monasterios en los pulpitos por los predicadores, y que
quando visitaren los dichos sus districtos, hagan leer editos contra las personas
que tuvieren en su poder los dichos libros prohibidos o supieren que otros los
tengan o estén en algunas librerias de monasterios, universidades o collegios o
en otra parte, para que lo vengan a dezir ante ellos, so las penas y censuras que
les paresciere poner, y que procederán contra los que en lo suso dicho hallaren
culpados a execucion de las dichas penas y censuras en esta nuestra provision
contenidas, sin que en ello aya descuydo ni remission alguna, para lo qual, si
necessario es, les damos poder y facultad y cometemos nuestras vezes plenaria-
mente. En testimonio de lo qual mandamos dar la presente firmada de nuestro
nombre, refrendada del secretario infrascripto. Dada en Valladolid a XVII dias
del mes de Agosto, año del nascimiento de nuestro salvador Jesu Christo de
mill y quinientos y cincuenta y nueve.

F. HISPALENSIS.
Por mandado de su S. Illustrissima
PEDRO DE TAPIA.

VENERABILI FRATRI FERDINANDO ARCHIEPISCOPO HISPALENSI

Paulus Papa IIII. Venerabilis frater, salutem et apostolicam benedictionem.
Exponi nobis nuper fecisti, quod cum tu, qui etiam generalis haereticae pravitatis in regnis Hispaniarum Inquisitor existis, omni studio cures libros haeretico-

rum et de haeresi suspectorum seu alias reprobatos et damnatos e manibus fidelium eruere ac penitus perdere et abolere, diversi tam clerici saeculares et diversorum ordinum regulares quam laici sub praetextu, quod eis sit a sede apostolica concessa licentia et facultas libros ipsos legendi ad effectum eorum errores et falsam doctrinam refellendi et confutandi, libros hujusmodi penes se retinere contendunt, ex quo aliquo eorum studio errores et falsam doctrinam hujusmodi demonstrandi in eos quandoque prolabuntur et cadunt in animarum suarum perniciem et fidelium earum partium scandalum et confusionem. Quare nobis humiliter supplicari fecisti, ut in praemissis opportune providere de benignitate apostolica dignaremur. Nos igitur, qui superioribus diebus omnes et singulas licentias et facultates legendi libros hujusmodi revocavimus per alias nostras litteras sub hujusmodi tenore: «Paulus Papa IIII. Ad futuram rei memoriam. Quia in futurorum eventibus adeo humani fallitur incertitudo judicii, ut quod verisimili conjectura utile videbatur, progressu temporis damnosum appareat, nonnunquam Romanus Pontifex, quod consulte statutum esse videbatur, consultius revocat, prout temporis et personarum qualitate pensata in Domino conspicit salubriter expedire. Innotuit siquidem nobis, quod diversi tam clerici et diversorum ordinum regulares quam laici, qui se Lutheranis et aliis hujus saeculi haereticis resistere et eorum errores et falsas opiniones confutare posse praesumebant et ad hoc ipsorum haereticorum libros legendi facultatem sibi a sede apostolica concedi extorserant, se lectioni librorum hujusmodi ita dediderunt, ut propriae innitentes prudentiae et a recta Domini via aberrantes ipsorum haereticorum fallaciis et supersticiosis ac falsis adinventionibus irretiti remanserint, et qui alios ab erroribus revocare temere arbitrabantur, ipsi in puteum interitus prolapsi sunt. Nos considerantes, quod spiritus ubi vult spirat et quod sine ejus numine nullum bonum provenit, et propterea satius esse cum simplicitate cordis ad eum recurrere et cum ejus adjutorio orthodoxam fidem in catholicis et a sancta Romana ecclesia approbatis libris exquirere quam falsitates haereticorum per lectionem eorum librorum detegere velle, volentes praemissis inconvenientibus, quantum cum Deo possumus, occurrere et ne similia de caetero contingant opportune providere: omnes et singulas licentias et facultates legendi libros haereticorum seu de haeresi suspectorum aut a nobis seu generalibus haereticae pravitatis in singulis provinciis aut regnis deputatis Inquisitoribus damnatos et reprobatos quibuscunque tam clericis saecularibus vel ut praefertur regularibus quam laicis, cujuscunque status, gradus, ordinis, conditionis et praeeminentiae existant, etiamsi abbatiali, episcopali, archiepiscopali, patriarchali, primatiali aut alia majori ecclesiastica dignitate seu etiam cardinalatus honore, vel mundana, etiam marchionali, ducali, regia vel imperiali auctoritate seu excellentia praefulgeant, generalibus Inquisitoribus praefatis duntaxat exceptis, per quoscunque Romanos Pontifices praedecessores nostros ac nos etiam vivae vocis oraculo et sedem praedictam sive ejus Poenitentiarium majorem vel quosvis ordinarios aut dioecesanos seu alios, etiam per litteras apostolicas in forme brevis seu sub plumbo expeditas, sub quibuscunque tenoribus et formis ac cum quibusvis etiam derogatoriarum derogatoriis aliisque efficacioribus et insolitis clausulis necnon irritantibus et aliis decretis, ac ex quibuscunque causis seu praetextibus, etiam motu proprio et ex certa scientia ac de apostolicae potestatis plenitudine et alias quomodolibet concessas apostolica auctoritate tenore praesentium revocamus, cassamus, irritamus et annullamus ac viribus penitus evacuamus et pro revocatis, cassis, irritis et nullis haberi easque nemini suffragari posse aut debere decernimus. Omnibus et singulis clericis et laicis, etiam ut praefertur qualificatis, non tamen generalibus Inquisitoribus praefatis aut quibus hoc per nos specialiter injunctum fuerit sanctae Romanae ecclesiae Cardinalibus, in virtute sanctae obedientiae et sub excommunicationis latae sententiae aliisque sententiis, censuris et poenis ecclesiasticis et etiam temporalibus in legentes libros hujusmodi hactenus latis et promulgatis, a quibus nonnisi a nobis aut pro tempore existente

Romano Pontifice seu singulis Inquisitoribus praefatis praeterquam in mortis articulo absolvi possint, districtius inhibentes, ne libros hujusmodi ex quavis causa vel praetextu publice vel occulte quovis ingenio vel colore legere aut apud se tenere seu imprimere vel venales habere praesumant, ac mandantes eisdem sub sententiis, censuris et poenis praefatis, ut infra terminum eis a singulis Inquisitoribus hujusmodi per eorum edictum publicum locis affigendum publicis statuendum libros ipsos officio Inquisitionis haereticae pravitatis hujusmodi omnino consignent, et qui de eisdem libris notitiam aliquam habuerint seu personas ipsos libros legentes aut apud se tenentes vel imprimentes aut venales habentes sciverint, id quod sciverint ac nomina et cognomina ipsos libros legentium aut apud se tenentium vel imprimentium aut venales habentium et qualitatem eorundem librorum praefato officio omnino revelent et notificent. Non obstantibus constitutionibus et ordinationibus apostolicis contrariis quibuscunque, aut si aliquibus eorum communiter vel divisim ab eadem sit sede indultum, quod interdici, suspendi vel excommunicari non possint per litteras apostolicas non facientes plenam et expressam ac de verbo ad verbum de indulto hujusmodi mentionem. Ut autem praesentes litterae ad omnium quorum de Urbe et cancellariae apostolicae valvis ac acie Campi Florae per aliquos ex cursoribus nostris publicari et affigi et earum copiam inibi affixam dimitti volumus. Et nihilominus omnibus et singulis venerabilibus fratribus episcopis, archiepiscopis, patriarchis et primatibus aliisque locorum ordinariis et dioecesanis in virtute sanctae obedientiae injungimus et mandamus, ut in eorum dioecesanis civitatibus et provinciis absque alia requisitione eis desuper facienda praesentes litteras seu earum transumptum manu notarii publici subscriptum et sigillo alicujus personae in dignitate ecclesiastica constitutae aut curiae ecclesiasticae munitum publicent et publicari faciant, ad hoc ut nemo earum ignorantiam praetendere aut contra eas excusationem aliquam afferre valeat. Nos enim transumpto sic ut praefertur subscripto et sigillo munito eam prorsus fidem adhiberi volumus, quae eisdem originalibus litteris adhiberetur, si originaliter exhiberentur. Datis Romae apud sanctum Petrum sub annulo piscatoris die vigesima prima mensis Decembris MDLVIII, Pontificatus nostri anno quarto. Jo. Barengus»: hujusmodi supplicationibus inclinati Fraternitati tuae, de cujus fide, pietate, virtute et sana doctrina plurimum in Domino confidimus, per praesentes committimus et mandamus, quatenus per te vel alium seu alios ad executionem praeinsertarum litterarum nostrarum procedens non permittas aliquem, etiam ut praemittitur qualificatum et dicta dignitate seu honore vel auctoritate aut excellentia fulgentem, libros hujusmodi ex quavis causa vel praetextu publice vel occulte quovis quaesito colore apud se tenere aut legere vel imprimere seu venales habere, quinimo cogas quoscunque ad libros ipsos tuo Inquisitionis officio consignandum, et qui de eisdem libris notitiam aliquam habuerint seu aliquos in praemissis culpabiles noverint, ad eos officio praedicto juxta dictarum litterarum continentiam et tenorem revelandum et notificandum, contradictores quoslibet et rebelles ac tibi in praemissis non parentes, etiamsi ut praefertur qualificati et hujusmodi dignitate seu honore vel auctoritate aut excellentia praediti sint, per sententias, censuras et poenas praedictas et alia opportuna juris remedia juxta facultates tibi in officio hujusmodi concessas appellatione postposita compescendo ac legitimis super his habendis servatis processibus sententias, censuras et poenas praedictas etiam iteratis vicibus aggravando, invocato etiam ad hoc, si opus fuerit, auxilio brachii saecularis. Non obstantibus constitutionibus et ordinationibus apostolicis ac omnibus iis, quae in praeinsertis litteris et tibi concessis facultatibus concessum fuit non obstare, caeterisque contrariis quibuscunque. Datis Romae apud sanctum Petrum sub annulo piscatoris die IIII. Januarii MDLIX, Pontificatus nostri anno quarto.

Jo. Barengus.

Librorum prohibitorum cathalogus, et primo Latinorum

A

Absconditorum a constitutione mundi clavis, Gulielmo Postello autore.

Achillis Praemini Gassarii Epitome chronicorum mundi.

Adriani Barlandi Institutio hominis christiani.

Alberti Krantzii Hamburgensis Ecclesiastica historia sive Metropollis.

Alcoranus vel alii libri in Arabico vel alia quacunque lingua, ubi sunt errores sectae Mahometicae.

Alexandri Alesi Scoti De autoritate verbi Dei contra episcopum Lundensem.

Alcuini liber, qui est Calvini mentito titulo.

Andreae Osiandri Harmonia evangelica cum scholiis ejusdem et epistola ad Uldricum Zuinglium apologetica, qua docet, quid quam ob causam rejecerit quidque posthac ab eo in eucharistiae negotio expectandum sit.

Aphorismi Hipocratis cum commento Fuchsii.

Andreae Knopken Annotationes in epistolam Pauli ad Romanos.

— Carolostadii omnia opera, quavis lingua scripta.

— Althameri Brentii omnia opera.

— Hipperii Commentarius de honorandis magistratibus, in quo psalmus Exaudiat te Dominus enarratur.

Annotationes in Gulielmum Postellum de orbis terrae concordia, sine nomine autoris.

Antonii Corvini Zitogalli omnia opera.

— Angli Sententiae ex doctoribus collectae.

Annotomia excussa Marpurgi per Eucharium Cervicornum.

Annotationes piae et lectu dignissimae super decreta concilii Tridentini, sine nomine autoris.

Annotationes et scholia incerti autoris in Abbatem Urspergensem.

Antonii Melissae Liber sententiarum, et Facismi disertationes contra Graecos.

Arsatii Schoffer Enarrationes in evangelia dominicalia ad dialecticam methodum et rhetoricam dispositionem accomodatae. Ejusdem Loci theologici adjecte subnixis aliquot propositionibus cum indice.

Articuli a facultate theologiae Parisiensis determinati cum antidoto, sine nomine autoris.

Aretii Felinii super Psalterium, quod ajunt per Martinum Bucerum fuisse compositum.

Arcandam de nativitatibus seu fatalis dies.

Artis divinatricis encomia et patrocinia diversorum autorum, inter quos est unus Philippus Melanchthon.

Aristoteles libelli de longitudine et brevitate vitae et divinatione per somnium, translati in Latinum sermonem per Christophorum Hegendrophinum.

B

Bartholomei Westhemeri, omnia opera ejus.

— Coclitis Physiognomiae et chiromantiae compendium.

Bernardini Ochini Senensis Sermo de justificatione et ejus opera omnia.

Bibliotheca universalis librorum Conradi Gesneri.

Biblia Latina Isidori Clari.

Biblia impressa Antverpiae typis Martini Merani anno 1541. Et idem de Testamento Novo Latine et Hispanice.

Biblia Antverpiae per Joannem Batman anno 1541 cum cujusdam doctissimi declaratione brevi de evangelii et legis differencia epistolis Pauli praeposita. Et idem de Testamento Novo.

Biblia Basileae apud Joannem Operinum, Sebastiano Castalione interprete, anno 1554, et eadem quandocunque, ubicunque et a quocunque impressa.

Biblia Parisiis per Robertum Stephanum, cum duplici translatione, vulgata et nova, cum scholiis Vatabli.

Biblia Salmanticae per Andraeam de Portonariis anno 1555, cujus correctio sive recognitio falso imponitur Fratri Dominico de Soto Segobiensi theologo, Ordinis Praedicatorum.

Biblia Sebastiani Musterii, impressa Tiguri apud Christophorum Froschoverum anno 1544, cum inscriptionibus libris Bibliorum praefixis et praefatione Hen-` rici Bullingeri.

Bibliae omnes et omnia Testamenta Nova in quocunque vulgari sermone.

Bibliorum index, impressus Coloniae in aedibus Quentilianis.

Biblia impressa Parisiis anno 1558 per heredes Caroleguilard, correcta per Joannem Benedictum, theologum Parisiensem et cum annotationibus ejusdem.

Biblia impressa Lugduni per Joannem Frellon anno 1551.

Biblia impressa Lugduni anno 1556 per Antonium Vicentium.

Biblia impressa Lugduni per Joannem Frellon anno 1555.

Caeterae autem Bibliae scriptae et prohibitae sunt, prout in censura reverendissimi domini Inquisitoris generalis anno 1554 edita continetur.

Brentii vel, ut alii dicunt, Brontii libri omnes.

Bullengeri libri omnes.

Buceri libri omnes.

C

Catechismus parvus pro pueris in scholis nuper actus.

Caelii Secundi Curionis libri sequentes: Araneus sive de providentia Dei. De immortalitate animae. De liberis educandis. Paradoxa. Paraphrasis in principium evangelii Joannis. Adhortatio ad religionem. Oratio in laudem scribarum. Laudatio cujusdam, qui pro patria occubuit. Funebres orationes duae.

Christophori Hegendorphini opera sequentia: De vita instituenda et moribus corrigendis juventutis. Christiana institutio studiosae juventutis, cum expositione orationis dominicae Philippi Melanchthonis. Rhetorica legalis. Methodus conscribendi epistolas, cum locis dialecticis. Helleborum, adjunctum Querellae eloquentiae. In evangelium Marci. In Epistolam ad Hebreos. In Acta apostolica. Rudimenta grammatices Donati. Dialogi pueriles duodecim. Quae juvenibus eloquentiae cupidis in primis scribenda sunt. Oratio in liberalium artium laudes. In Philippicas Ciceronis. Paraenesis. Dragmata congesta in dialecticam Petri Hispani. Dragmata locorum tam rhetoricorum quam dialecticorum ex variis autoribus. Graecae paraphrasis Nonni poetae in evangelium Joannis traductio in Latinum sermonem, cum multis aliis tractatibus, de quibus habetur suspectus. Enarratio nonae Philipicae Ciceronis. Scholia et argumenta in epistolas familiares Ciceronis. Annotationes in aliquot orationes Ciceronis. Concio Chrysostomi de magistratibus Latine reddita. Aristotelis libelli de longitudine et brevitate vitae et de divinatione per somnium, translati in Latinum sermonem per eundem Hegendorphinum. Demosthenis orationes Philippicae quatuor per eundem. Dialectica legalis Hegendorphini. Opusculum de modo studendi in jurisprudentia. Consilium de compendiaria discendi jura civilia ratione. Exegesis in Justiniani Codicis titulos. Commentarii in sex titulos Pandectarum. Epitome tyrocinii juris. In titulum libri 3 ff. scholia. Oratio de praeclaris gestis Justiniani Imperatoris.

Christophori Hofman in epistolas Pauli ad Philippenses et ad Titum. Ejusdem de poenitentia libri tres. Epistola Philippi Melanchthonis in ejus commendatione, similiter epistola Brentii.

Christophori Corneri ex Fagis Ratio inveniendi terminum medium in syllogismo cathegorico.

Chariei Cogelii Religionis antiquae et vere christianae potissima capita.

Chronicon Joannis Carionis quacunque lingua.

Chronicon Abbatis Urspergensis.

Chronica de Germanorum origine, autore H. Mutio.

Chronographia ecclesiae christianae, impressa Basileae apud Nicolaum Brylingerum anno 1551.

Christiani hominis institutio.

Conradi Gesneri Epitome bibliothecae universalis.

— Gesneri de differentiis animalium.

— Pellicani libri omnes.

— Lagi Juris utriusque methodica traditio.

— Clauseri Tigurini omnia opera.

— Gibeli Tigurini omnia opera.

Comoediae et tragediae ex Novo et Veteri Testamento, impressae Basileae anno 1540 per Nicolaum Brylingerum.

Comoediae repraesentate Gandavi, super thema: Quaenam sit potissima consolatio hominis morientis.

Conradi, alias Gothardi libri omnes.

Consilia Hieronymi Scurff de feudis seu feudalia.

Collectio figurarum omnium sacrae Scripturae.

Compendium orationum, Venetiis per Junctam et alios.

Contemplationes Idiotae.

D

Declaratio nominum Chaldaeorum.

Demosthenis orationes Philippicae quatuor, Latine redditae per Christophorum Hegendorphinum.

Dialogus Mercurii et Charontis, quacunque lingua.

Disputatio inter clericum et militem super potestate praelatis ecclesiae ac principibus terrarum commissa, sine nomine autoris.

Didymi Faventini oratio adversus Thomam Placentinum pro Luthero. Ejusdem Reprobatio philosophiae et scholasticae theologiae. Ejusdem Disputatio, quatenus subdito liceat magistratum corripere. Ejusdem de indulgentiis. De Turcicis bellis. De poenitentiae partibus. De Romani Pontificis monarchia.

Dialectica Joannis Hospiniani.

Dialogi sacri, Sebastiano Castalione autore.

Diurnale Romanum breve, impressum Lugduni in aedibus Philiberti Roleti et Bartholomaei Fraeni anno 1548 et 1549.

Diurnale Romanum breve, Lugduni apud Petrum Fradin anno 1548 et 1549.

Diurnale Romanum breve, Lugduni apud Joannem Franciscum de Gabiano sub signo fontis anno 1548 et 1549, in cujus fine impressum est: Lugduni excudebat Petrus Fradin.

Diurnale Romanum, Lugduni apud Gulielmum de Millis anno 1548, in cujus fine impressum est: Excudebat Petrus Fradin anno Domini 1548.

Dialectica Joannis Caesarii.

Dominicae precationis explicatio, impressa Lugduni per Griphium et alios.

Decretum divi Gratiani, universi juris canonici pontificias constitutiones et canonicas brevi compendio complectens, una cum glosis et thematibus prudentum et doctorum suffragio comprobatis, et opera et censura doctissimorum hominum et prece et precio conducta, in cujus principio dicit: Lugduni MDLIIII, et in fine totius Decreti dicit: Lugduni excudebat Joannes Pydaeius MDLIII.

E

Erasmi Roterodami opera haec quae sequuntur: Moria tam Latino quam vulgari sermone. Colloquia tam Latino quam vulgari sermone. Modus orandi Deum tam Latino quam vulgari sermone. Exomologesis sive modus confitendi tam latino quam vulgari sermone. Enchiridion militis christiani tam Latino quam vulgari sermone. Lingua tam Latino quam vulgari sermone. Ecclesiastes sive de ratione concionandi. Explicatio symboli sive catechismus. Epitome colloquiorum. Prologus in Hilarii opera. De sarcienda ecclesiae concordia. Christiani matrimonii institutio. De interdicto esu carnium. Censura super tertiam regulam Augustini. Methodus compendio perveniendi ad veram theologiam. Dulcoratio amarulentiarum Erasmicae responsionis ad Apologiam Fratris Ludovici Carbajali, ab eodem Ludovico edita.

Erasmi Sarcerii omnia opera.

Eobani Hessi omnia opera.

Epistola apologetica ad sinceriores christianismi sectatores.

Epitome chronicorum et historiarum mundi velut index, primae et secundae impressionis, ubi veniunt Imperatorum imagines.

Epistolae Ciceronis cum commento Melanchthonis.

Esdrae lamentationes Petri.

Enchiridion militiae christianae Joanne Justo Lanspergio autore, impresso en Alcala.

Eucherius in Genesim.

Egesippi historiographi de rebus Judeorum cum epistola Melanchthonis, qua dempta poterit legi et circumferri.

Exemplorum variorum liber de apostolis et martyribus, sive seorsim sive conjunctus D. Hieronymi catalogo de ecclesiasticis scriptoribus.

Exempla virtutum et vitiorum, sine autore.

Expositio in epistolas Pauli ad Romanos et ad Galatas, sine nomine autoris, cujus praefatio in epistolam ad Romanos incipit: Varias narrationes etc., et in expositione primi capitis ad Romanos sic habet: Quum beatus apostolus Romanis scribere instituisset etc.

F

Fabritii Capitonis Institutio grammatica.

Fasciculus rerum expetendarum et fugiendarum.

Fabulae Laurentii Abstemii et Gilberti Cognati, quae adduntur fabulis Aesopi, vel ubicunque scriptae sint.

Francisci Vatabli annotationes in totam sacram Scripturam.

Friderici Furii Coeriolani Valentini de libris sacris in vernaculam linguam convertendis libri duo.

Francisci Balduini liber de legibus Constantini.

Firmiani Chlori praefatio et annotationes in Divum Chrysostomum de dignitate sacerdotali.

Francisci Lamberti libri omnes.

G

Gasparis Hedionis Epitome in evangelia et epistolas quae leguntur per totum annum. Ejusdem historia sive synopsis, qua Sabellici institutum persequitur.

Gasparis Megandri Commentarii in epistolam ad Ephesios et ejusdem omnia opera.

Gasparis Rodulphi Dialectica et omni ejus opera.

—Scwenckfeldii Epistola de cursu verbi Dei, Basileae excusa apud Thomam Wolphium.

Gaspar Cruciger in evangelium Joannis.

Gasparis Ubertini Homeliae catechisticae quadraginta.

Geographi universalis, per Henricum Petri Basileae.

Gerardi Lorichii Hadamarii omnia opera.

—Neomagi omnia opera.

Georgii Aemilii Mansfeldensis Historiarum seu lectionum evangelicarum explanatio.

Gortiani libri omnes.

Gregorius Nyssenus, in cujus fine est interpretatio Joannis Oecolampadii.

Gualtheri Tigurini libri omnes.

H

Henrici Bullingeri omnia opera.

—Cornelii Agrippae omnia opera. De occulta philosophia. De vanitate scientiarum. De peccato originali, cum aliis ibi contentis.

Hermanni Bodii Unio dissidentium dogmatum et omnia ejus opera.

—Bonni Farrago praecipuorum exemplorum de apostolis, martyribus, episcopis et sanctis patribus veteris ecclesiae. Ejusdem Chronica Lubeci.

Hermanni Buschii liber de singulari autoritate veteris et novi instrumenti. Ejusdem carmina addita Novo Testamento per varios autores carmine reddito.

Hermanni Hessi omnia opera.

Hebraea, Chaldaea et Latina interpretatio Bibliae cum indice Roberti Stephani.

Hippophili Melangaei Compendium theologiae.

Hieronymus Cardannus De subtilitate. De immortalitate animorum. Geniturarum et auditu mirabilia et notatu digna, atque alia multa, qua interrogationibus et lectionibus praeclare serviunt. De varietate rerum. In quadripartitum Ptolomaei.

Hortulus animae absque nomine autoris.

   Prohibentur Horae sequentes, quia continent plura curiosa et superstitiosa:

Horae Romanae Latinae, Parisiis per Gulielmum Merlin anno 1551, 1546, 1554.

Ho. Romanae Latinae, Parisiis per Tielmannum Keruer 1538.

Ho. Romanae Latinae, Parisiis per Jolandam Bonhome 1538.

Ho. Romanae Latinae, Parisiis in aedibus viduae Joannis de Brie anno 1549.

Ho. Romanae Latinae, Parisiis per Gulielmum Maillard 1541.

Ho. Romanae Latinae, Parisiis apud Hieronymum de Manerf anno 1555.

Ho. Romanae Latinae, Caesaraugustae sine nomine impressoris anno 1531.

Ho. Romanae Latinae, Lugduni per Gilbertum de Villiers 1516.

Ho. Romanae Latinae, Lugduni per Petrum Fradin 1548.

Ho. Romanae Latinae, Venetiis per Lucam Antonium Junctam anno 1517, 1538 et 1542.

Ho. Romanae Latinae, Compluti per Joannem Brocarium 1544.

Ho. Romanae Latinae, Antverpiae in aedibus Joa. Steelsii anno 1555.

Horae Beatae Mariae secundum congregationem monachorum Beati Benedicti Vallisoleti Latinae, impressae Barchinonae per Petrum Mompesat anno 1532.

Horae Beatae Mariae secundum usum Cistercien. ordinis, Parisiis apud Hieronymum et Dionysiam de Maret anno 1548.

Eaedem horae Latinae, Venetiis Junctae 1513, 1540.

I

Jani Cornarii epistola praefixa Epiphanio contra haereses recens verso.

Jacobi Fabri Stapulensis in evangelia et epistolas Pauli et canonicas commentarii.

Imagines mortis, cum Medicina animae.

Index utriusque Testamenti, pene similis indici Bibliorum Roberti Stephani.

Index utriusque Testamenti, sine autore.

Institutio religionis christianae, impressa Wittembergae anno 1536 sine nomine autoris.

Institutiones medicinae Fuchsii.

Institutio principis.

Joannis Witclef libri omnes et dogmata.

— Oecolampadii libri omnes.

— Pomerani libri omnes.

— Calvini libri omnes.

— Puperii Gochiani libri omnes.

— Brentii libri omnes.

— Hus libri omnes.

— Caesarii Dialectica.

— Pollii Westphali omnia opera.

— Atrociani omnes libri.

— Gastius, omnia eius opera.

— Spangerbii Herdessiani Margarita theologica. Ejusdem Postilla latina pro christiana juventute. Psalterium carmine elegiaco. Explanatio in catechismum majorem Martini Luth. Ejusdem epistola latina.

Joannis Loniceri Compendium in quosdam libros Aristotelis.

— Oldendorphii Progymnasmata forensia.

— Rivius, omnes libri.

— Herolt praefatio in Hugonem Eterianum de Spiritu sancto.

— Sartorii Exercitus selectissimarum orationum.

— Sturmii De demonstratione liber. Ejusdem de amissa dicendi ratione et litterarum ludis. Epistola ejusdem de dissidio Germaniae. Aliae ejusdem duae epistolae de emendatione ecclesiae et religionis controversiis, una ad Cardinales, altera ad Jacobum Sadoletum. Ejusdem et gymnasii Argentoratensis luctus, ad Joachimum Camerarium.

Joannis Sleidani Orationes duae, altera ad Carolum V. Imp., altera ad principes Germaniae. Ejusdem de statu religionis et reipub.

Joannis Rhellicani Tigurini annotationes in C. Julii Caesaris et Auli Hirtii commentaria de bello Gallico.

Joannis Draconitis omnia opera.

Joannes Aepinus de sacris concionibus formandis. Ejusdem commentarius in Psal. XV et XVI.

Joannis Agricolae annotationes in evangelium Lucae. Ejusdem annotationes in epistolam ad Titum.

Joannis Meyer commentarius in Apocalypsim.

Joachimi Vadiani Epitome topographica. Ejusdem Aphorismorum libri sex de consideratione eucharistiae. Ejusdem epistola ad Joannem Zuiccium Constantiensem, quod Jesus Christus etiam in gloria est vera creatura. Ejusdem pro veritate carnis triumphantis Christi recapitulatio. Ejusdem commentaria in Pomponium Melam. Ejusdem collectio locorum. Ejusdem epitome Africae et Europae.

Joachimi Camerarii libri omnes.

Jodocus Willichius, omnia opera eius.

Joannes Schonerus de nativitatibus.

Joannis Indagine Chiromantia.

— Soteris, omnia opera eius.

— Muslerii libellus ex captivitatis tenebris ab orco in lucem redactus.

Joannis Hospiniani Quaestiones dialecticales.

Joannes Reuchlin Phorcensis de arte cabalistica.
Justi Menii commentaria in Samuelem.
Justi Jonae libri omnes.
Jus canonicum totum, Decretales Sex. Cle. Extraba. et Decretum cum additioni-
   bus Charoli Molinei, et quae dicuntur esse cujusdam clarissimi jurisconsulti
   VV. doctoris celeberrimi et in supremo Galliae senatu patroni consultissimi.
   Impress. Lugduni apud Hugonem a Porta et Antonium Vincentium MDLIII.

K

Kalzius de sanitate.

L

Leopoldi Dickii Paraphrastica meditatio in sacrosanctam precationem domini-
   cam. Ejusdem Paraclesis ad omnes christicolas in modum concionis.
Lexicon juris civilis Jacobi Spiegelii, auctum et recognitum.
Leonharti Fuchsii, omnia opera eius.
Litania Germanorum, hoc est, supplicatio ad Deum, sine nomine autoris.
Libri scripti contra dietam imperialem Ratisbonae, sive carmine, sive prosa.
Libri de nigromantia cum invocatione demonum vel qui sapiant manifeste hae-
   resim, tam Latino quam vulgari sermone.
Liber similitudinum et dissimilitudinum, impressus Basileae anno 1542.
Libellus intitulatus: De Jesu Christo pontifice maximo et rege fidelium summo
   regnante in ecclesia sanctorum.
Loci omnium fere capitum evangeliorum.
Loci insigniores.
Libri omnes quocunque sermone ab anno 1525 hucusque impressi sine nomine
   autoris, impressoris vel scriptoris vel loci et temporis, in quibus fuerint scripti
   aut impressi.
Quae Legicon juris civilis Jacobi Spiegelii in postrema editione accessere anno
   1554, cum praefatione posita in principio totius operis per eundem Spiege-
   lium Selestadinum ad Adamum Charolum, in cujus fine ponuntur nomina
   eorum, de quorum scriptis fuit auctum et recognitum legicon praedictum.

M

Martini Lutheri libri omnes.
Martini Buceri libri omnes.
Martinus Borrhaus, omnia opera eius.
Marsilli Patavini libri omnes.
Martini Frechti annotationes in Witichindi Saxonis rerum ab Henrico et Othone
   gestarum historia.
Manipulus curatorum.
Marci Tullii Ciceronis officia cum commento Xisti Betulei Augustani.
Melchior Klinck super quatuor libros Institutionum.
Medicina animae, sine autore, adjuncta Imaginibus mortis, Latine et Gallice.
Missale Romanum, impressum Lugduni apud Magistrum Stephanum Baland
   anno 1515, quantum ad rubrum appositum ad officium missae de sanctissimo
   nomine Jesu.
Missale Romanum, impressum Lugduni apud Gulielmum Rovilium sub scuto
   Veneto anno 1550.
Missa evangelica.

Michaelis Serveti, alias de Villa nova, Tractatus contra Sanctissimam Trinitatem.
Modus orandi et confitendi, sine nomine autoris.

N

Natalis Bedae liber confessionis.
Necromantiae et superstitionum aliarum libri omnes quavis lingua sive sermone scripti.
Nicolai Borbonii Vandoperani Nugae.
Nicolai Hanapi Exempla virtutum et vitiorum.
Nicolai Leonici dialogi.
Novum Testamentum, impressum per Adrianum de Bergis, Christophorum de Remuda et Joannem Zel.
Novum Testamentum, Parisiis per Robertum Stephanum anno 1543 et 1545.
Novum Testamentum, Antverpiae typis Martini Maerani anno 1541.
Novum Testamentum, Antverpiae per Joannem Batman 154'1, cum cujusdam doctissimi declaratione brevi de evangelii et legis differentia, epistolis Pauli praeposita.
Novum Testamentum, impressum Antverpiae per Joannem Steelsium anno 1544, adjectis scholiis Isidori Clari Brixiani.
Novum Testamentum, impressum Francoforti per Lucam Losum Lunaeburgensem.
Nova et Vetera Testamenta omnia Hispano vel alio quovis vulgari sermone traducta.
Nova Testamenta alia scripta et prohibita sunt, prout continentur in censura Reverendissimi Domini Inquisitoris Generalis edita anno 1554.
Novum Testamentum, impressum Parisiis anno 1558 per heredes Carolae Guilard, correctum per Joannem Benedictum, theologum Parisiensem.
Novum Testa. impressum Lugduni per Antonium Vicentium anno 1558.
Novum Testa. impressum Lugduni per Baltasarem Arnvelt 1547.
Novum Testa. Graece et Latine, impressum Parisiis anno 1549 per Hieronymum et Dionisiam Maret.

O

Omnis pictura, figura aut effigies opprobriosa vel injuriosa sacratissimae virgini Mariae dominae nostrae aut sanctis.
Omnes libri sapientes haeresim.
Othonis Brunfelsii omnia opera.
Otto Werdmullerus, omnia opera.
Onus Ecclesiae.
Oratio dominica cum aliis quibusdam precatiunculis Graece, Latina versione e regione posita, quibus adjunctum est alphabetum Graecum.
Osvaldi Miconii interpretatio in evangelium Marci. Ejusdem ad sacerdotes Helvetiae, qui de Tigurinis male loquuntur, suasoria. Ejusdem libellus de vita et obitu Uldrici Zuinglii.

P

Pauli Constantini Phrigionis Chronicon regum et regnorum omnium. Ejusdem explanatio in Lebiticum. Commentarius in Michaeam prophetam. Commentarius in Exodum.
Pauli Fagii, omnia opera ejus.
Pauli Ricii liber de caelesti agricultura.

Pasquillus Caelii Secundi Curionis.

Pasquilli extasis.

Passagium terrae sanctae.

Paralipomenon omnium rerum memoria dignarum, Parisiis impressum.

Paralipomenon rerum memorabilium a Friderico usque ad Carolum quintum, historiae Abbatis Urspergensis per quendam studiosum annexa.

Paraphrasis Conrelii Chaldaicum in sacra Biblia.

Paradoxa medicinae Leonharti Fuchsii.

Pauli Eberi omnia opera.

✳ Petri Martyris Vermilii Florentini libri omnes, quavis lingua.

Petri Artopaei, omnia opera ejus.

Petri Mosellani Poedalogia sive dialogi.

Petri Lignaei Gravelingani lepidissima parabola.

Peregrinatio Hierusalem, Petro de Urrea autore.

Philippi Melanchthonis libri omnes.

Philotaeus Iraeneus in Aphorismos.

Precationes biblicae sanctorum patrum, Antverpiae per Joannem Crinitum et Martinum Caesarem.

Precationes christianae ad imitationem psalmorum compositae, sine nomine autoris.

Praeparatio mortis, authore F. Francisco de Evia, Latine et Hispanice.

Psalmi Davidis carmine, impressi Lovanii.

Procopius Gazaeus sopista in octoteuchum, Conrado Clausero Tigurino interprete.

✳ Polydorus Virgilius de inventoribus rerum, quacunque lingua.

Pomeranus super Psalterium.

Pomponius Mela de situ orbis cum commento Joachini Vadiani Helvetii.

Phrasis sacrae Scripturae.

Q

Querimonia Federici secundi Imperatoris, autore Petro de Vineis, chancelario ejusdem Federici.

R

Rodulphi Gualtheri Tigurini, omnia ejus opera.

Roffensis de fiducia et misericordia Dei, cui vel falso imponitur.

S

Salomonis clavicula.

Sacrae Scripturae libri omnes quacunque vulgari lingua.

Scholae christianae epigrammatum libri duo ex variis christianis poetis decerpti, sine nomine autoris.

Sebastiani Munsterii, omnia opera ejus.

Sebastiani Meyer commentarius in Apocalypsim Joannis.

Sententiae pueriles, additae Leonardo Culman de vera religione.

Simonis Hessi omnia opera.

Speculum exemplorum.

Stephani Doleti, omnia opera eius.

— Wintoniensis episcopi liber de vera obedientia.

Statera prudentum, in qua ponitur haeresis aliqua Ebionis.

Summaria incerti autoris in Smaragdum super evangelia et epistolas totius anni, tam separatim quam cum dicto autore impressa.

Summa totius sacrae Scripturae, sine nomine autoris.
Sacrae Scripturae epitome figurarum omnium.

T

Targum, hoc est, paraphrasis Conrelii Chaldaicum in sacra Biblia, Paulo Fagio autore.
Tabulae duae, quarum prima est summa totius Scripturae Veteris et Novi Testamenti, altera vero decem Dei praecepta tractat.
Theobaldus Gertachius Billicanus de libero arbitrio. Ejusdem in Michaeam scholia. Apologia ad Joannem Storfflerum. Epistola ad Urbanum Regium.
Theodori Bibliandri Exegesis in Naum Prophetam et Naum juxta veritatem Hebraicam Latine redditus, et omnia alia ejus opera.
Theologiae mysticae directorium Henrici Herpii.
Theologia mystica Henrici Herpii.
Thomae Venatorii Commentarius in epistolam priorem ad Timotheum. Ejusdem axiomata quaedam rerum christianarum. De virtute christiana. De sola fide justificante. Contra Anabaptistas pro baptismo parvulorum. Draco mysticus sive venatio, versibus hexametris.

V

Velcurionis Commentaria in physicam Aristotelis, et reliqua opera ejus.
Veteres theologi.
Vincentii Obsopaei, omnia opera ejus.
— Grunher, omnia opera ejus.
Viti Amerbachii Commentaria in Pythagorae et Phocylidis poemata.
Viti Theodori Annotationes in Psalterium Davidis carmine redditum per Eobanum Hessum.
Vitae juventutis instituendae, moribus ac studiis corrigendis, liber sine nomine autoris.
Vita juventutis cum annotationibus seu additionibus Philippi Melanchthonis. Ejusdem in libros tres Ciceronis de officiis.
Vitae patrum cum praefatione M. Lutheri.
Vitae Romanorum Pontificum, impress. Witembergae 1536.
Udalrici Zasii commentaria in rethoricam M. Tulii Ciceronis.
Uldrici Zuinglii libri omnes.
Urbani Rhegii omnia opera.
Ulderici Hutteni omnia opera.
Wolfgangi Fabricii Capitonis Responsio de missa, matrimonio et jure magistratus in religionem. Idem in Habacuc et Oseam.
Wolfgangi Musculi Dusani omnia opera.
Unio dissidentium tripartita, sine nomine autoris.

Siguese el cathalogo de los libros de Romance que se prohiben

CATHALOGO DE LOS LIBROS EN ROMANCE QUE SE PROHIBEN*

A

Alberto Pio conde Carpense contra Erasmo, en Romance y en otra qualquier lengua vulgar.

* Dieses verzeichnis ist mit einigen änderungen auch in den Antwerpener index von 1570 (s. u. nr 17) aufgenommen. Die in diesem beigefügten schriften sind hier mit*, die weggelassenen mit † bezeichnet, die beigefügten worte in ( ), die weggelassenen in [ ] eingeschlossen.

Acaescimiento o comedia llamada Orphea, dirigida al muy illustre y assi magnifico señor don Pedro de Arellano, conde de Aguilar.

Los deze ayuntamientos de los apostoles.

Los tres capitulos del Apocalypsi en Romance.

Aviso breve para recebir la comunion amenudo, traduzido de Toscano por el maestro Bernardino.

† Auto hecho nuevamente por Gil Vicente sobre los muy altos y muy dulces amores de Amadis de Gaula con la princesa Oriana, hija del rey Lisuarte.

† Aviso y reglas christianas, compuestas por el maestro Ávila, sobre aquel verso de David, Audi, filia, etc.

B

Belial procurador de Lucifer contra Moysen procurador de Jesu Christo.

† Biblia en nuestro vulgar o en otro qualquier traduzido en todo o en parte, como no este en Hebraico, Chaldeo, Griego o Latin.

Breve y compendiosa instruction de la religion christiana en nuestro vulgar Castellano, impressa en Flandes o en Alemania o en otra qualquier parte. Con otro libro intitulado: De la libertad christiana.

C

Carta embiada a nuestro augustissimo señor principe don Phelippe, Rey de España, sin nombre de autor ni impressor.

Cavalleria celestial, por otro nombre el pie de la rosa fragante, prima y segunda parte.

Catechismo compuesto por el Doctor Juan Perez, impresso en Venecia en casa de Pedro Daniel año de 1556, aunque dize falsamente, visto por los Inquisidores de España.

Catholica impugnacion del heretico libello, que en el año pasado de 1480 años fue divulgado en la ciudad de Sevilla, hecha por el licenciado fray Hernando de Talavera, obispo de Avila, prior que fue de nuestra Señora de Prado.

† Constantino, las obras siguientes: Summa de doctrina christiana. Dialogo de doctrina christiana entre el maestro y el discipulo. Confession de un peccador delante de Jesu Christo, del mismo Constantino o sin autor. Catechismo christiano del mismo. Exposicion sobre el primer psalmo de David, Beatus vir.

Commentario breve o declaracion compendiosa sobre la epistola de Sant Pablo a los Romanos, impressa en Venecia por Juan Philadelfo año de 1556, compuesta por Juan Valdes.

Commentario en Romance sobre la epistola primera de Sant Pablo ad Corinthios, traduzida de Griego en Romance, sin autor ni impressor.

Confessionario o manera de confessar, de Erasmo, en Romance.

Colloquios de Erasmo, en Romance [y en Latin] y en otra qualquier lengua vulgar.

Combite gracioso de las gracias del sancto sacramento.

Contemplaciones del Idiota, en qualquier lengua vulgar.

Comedia llamada Jacinta, compuesta e impressa con una epistola familiar.

Comedia llamada Aquilana, hecha por Bartolome de Torres Naharro.

† Comedia llamada Thesorina, hecha nuevamente por Jayme de Huete.

Comedia llamada Tidea, compuesta por Francisco de las Natas. Colloquio de damas.

Circe de Juan Baptista, en qualquier lengua vulgar.

Chronica de Joan Carrion, en Romance [y en Latin] o otra qualquier lengua vulgar.

Christiados Hieronymi Vidae, en Romance o en otra lengua vulgar.

† Comentarios del reverendissimo fray Bartolme Carrança de Miranda, arçobispo de Toledo, sobre el catechismo christiano, divididos en quatro partes.

D

Dialogo de Mercurio y Charon, en qualquier lengua.

Dialogo de doctrina christiana, compuesta nuevamente por un cierto religioso, sin nombre de autor.

Dionysio Richel Cartuxano de los quatro postrimeros trances, en Romance, traduzido por un religioso de la orden de la Carthuxa.

Dialogos de la union del anima con Dios, en Toscano y en otra qualquier lengua.

Despertador del alma.

E

Egloga nuevamente trobada por Juan del Enzina, en la qual se introduzen dos enamorados, llamados Placido y Victoriano.

El recogimiento de las figuras communes de la sagrada Escriptura.

Enquiridion del cavallero christiano de Erasmo, en Romance y en Latin o en otra qualquier lengua.

Exposicion del Pater noster de Erasmo.

Exposicion del psalmo Beatus vir, literal y moral, de Erasmo.

Exposicion sobre el psalmo Miserere mei Deus, y Cum invocarem, del mismo Erasmo.

† Exposicion del Pater noster de Savonarola.

F

Farsa llamada Custodia.

Farsa llamada Josephina.

Farsa de dos enamorados.

Fasciculus myrrhae en Romance.

Flos sanctorum, impresso en Zaragoça año de 1558.

Flores Romanas, sin nombre de autor.

† Fray Luys de Granada de la oracion y meditacion, y de la devocion, y Guia de peccadores en tres partes.

G

Gamaliel.

Genesi en Toscano, traduzido por Pietro Aretino.

Genesis Alphonsi.

Glosa nuevamente hecha por Baltasar Diaz, con el romance que dize: Retrayda esta la infanta.

H

Harpa de David en vulgar.

† Herbario de Fusio en romance.

Mandan se quitar las Horas siguientes, porque contienen muchas cosas curiosas y supersticiosas (si no estuvieren corregidas legitimamente).

Horas Romanas en Romance, impressas en Paris por Gulielmo Merlin del año de 1551 y el año de 1554.

Ho. Ro. en Romance, Paris por Joan Amaseur y Gulielmo Merlin del año de 1546.

Ho. Ro. en Romance, por Joan de Brie en Paris año de 1544 y 1547.

Ho. Ro. en Ro. en Romance, Paris por Simon año de 1509.

Ho. Ro. en Romance, en Sevilla por Joan Cromberger anno de 1528 y 1538.

Ho. Ro. en Romance, en Sevilla por Jacobo Cromberger año de 1542 y 1550.

Ho. Ro. en Romance, en Sevilla por Dominico de Robertis año de 1541 y 1550.

Ho. Ro. en Romance, en Sevilla por Joan Varela año de 1531 y 1539.

Ho. Ro. en Romance, en Sevilla por Gregorio de la Torre año de 1556.

Ho. Ro. en Romance, Zaragoça por Pedro Bernuz y Bartholome de Nagera, año de 1542, 1547, 1552, 1554, 1556.

Ho. Ro. en Romance, en Lion de Francia por Mathias Bonhomme año de 1551 de dos impressiones.

Ho. Ro. en Romance, en Lion de Francia por Joan Fradin año de 1555.

Ho. Ro. en Romance, en Burgos por Alonso de Melgar año de 1519.

Ho. Ro. en Romance, por Juan de Junta en Salamanca año de 1542 y 1551.

Ho. Ro. en Romance, en Toledo por Joan Varela anno de 1512.

Ho. Ro. en Romance, en Medina del Campo por Pedro de Castro año de 1548 y 1553.

Ho. Ro. en Romance, en Medina del Campo por Matheo y Francisco del Canto hermanos año de 1553.

Ho. Ro. en Romance, en Medina del Campo por Matheo del Canto año de 1556.

Ho. Ro. en Romance, en Medina del Campo por Jacobo de Millis año de 1557.

Ho. Ro. en Romance, en Stella por Miguel de Guia año de 1548.

Ho. Ro. en Romance, en Lisbona por Luys Rodriguez año de 1540.

Ho. Ro. en Romance sin nombre de impressor, ni donde, ni quando.

*Historia Pontifical de Gonçalo de Illescas. Que esta historia no se imprima ni admitta en estos estados.

Item todas las dichas differencias de Horas en qualquier otra lengua escriptas con todas las de mas semejantes o desemejantes, que tuvieren las dichas supersticiones o errores o occasiones para errar y engañar a los simples y personas, que no intienden las tales supersticiones y usan dellas para detrimento de sus consciencias y offensa de Dios, las mandamos quitar y que ninguno las tenga.

I

† Josepho de las antiguedades Judaicas, en Romance.

Imagen del Antechristo, compuesta primeramente en Italiano y despues traduzida en Romance por Alonso de Peña fuerte.

Institucion de la religion christiana en Romance, impressa en Wittemberg año de 1536 sin nombre del autor.

Instituciones de Thaulero, en Romance.

Justino historiador en Romance (por las malas addiciones).

Jubileo de plenissima remission de peccados, concedido antiguamente: y en el fin del dize: Dado en la corte celestial del parayso desde el origen del mundo, con previlegio eterno, firmado y sellado con la sangre del unigenito hijo de Dios, Jesu Christo, nuestro unico y verdadero redemptor y señor.

Itinerario de la oracion en Romance.

L

Las lamentationes de Pedro.

† Lazarillo de Tormes, primera y segunda parte.

Lengua de Erasmo, en Romance y en Latin y en qualquier lengua vulgar.
Lectiones de Job en metro de romance.
Leche de la fee.
Libro de la verdad de la fee, hecho por el maestro fray Joan Suarez.
† Libro de suertes en qualquier lengua.
Libro impresso en Romance, en el qual se prohibe que ninguno de consejo a otro que no se case ni sea sacerdote ni entre en religion ni se arcte a consejo de nadie, sino que sigua en ello su propia inclinacion.
Libro en Romance de mano o impresso, que comiença: En este tractadillo se tractan cinco cosas substanciales.
Libros en Romance, que no tengan titulo o que no tengan el nombre del autor o del impressor o de lugar, a donde fueron impressos.
Luzero de la vida christiana.
Libro que se intitula: Tractado en que se contienen las gracias y indulgencias concedidas a los que devotamente son acostumbrados a oyr missa.

M

Manipulus curatorum en Romance.
Manera de orar de Erasmo, en Romance y en Latin y en otra qualquier lengua vulgar.
Manual de doctrina christiana, el qual esta impresso en principio de unas Horas de nuestra señora en Romance, impressas en Medina del Campo por Matheo del Canto año de 1556, o de otra qualquier impression o en otra qualquier parte que este.
Medicina del anima, assi para sanos como para enfermos, traduzida de Latin en Romance.
Moria de Erasmo, en Romance (y en Latin) y en otra qualquier lengua.

N

Novelas de Joan Bocacio [que no fueren repurgadas].

O

Obra cuyo titulo es: Obra muy provechosa, como se alcança la gracia divina, compuesta por Hieronymo Sirtuo.
Obra impressa en Valladolid por maestro Nicolas Tierry año de 1528 en Romance.
Obras de burlas, que estan en el Cancioneiro general, en lo que toca a devocion y cosas christianas y de sagrada Escriptura.
Obras de George de Monte mayor, en lo que toca a devocion y cosas christianas.
Obras que se escrivieron contra la dieta imperial, celebrada por su Magestad en Ratisbona año de 1541, assi en verso como en prosa y en qualquier lengua vulgar.
Oracion de los angeles, por si pequeña.
Oracion de la Emparedada en Romance.
Oracion de Sant Leon Papa en Romance.
Oracion del testamento de Jesu Christo.
Oracion de Sancta Marina, por si pequeña.
Oracion de Sant Cyprian, por si pequeña.
Oracion de Sant Pedro.
Oracion del Conde.
Oracion de Sant Christoval, por si pequeña.

Oracion del justo juez, en quanto dize, despues del mundo redimido.

Obra spiritual de don Juan del Bene Verones, en qualquier lengua vulgar.

† Obras del christiano, compuestas por Don Francisco de Borja, duque de Gandia.

P

Paraclesis o exortacion de Erasmo.

Paradoxas o sentencias fuera del comun parecer, traduzidas de Italiano en Castellano.

Perla preciosa.

Peregrinacion de Hierusalem, compuesta por don Pedro de Urrea, en Romance.

Peregrino y Ginebra.

† Propaladia, hecha por Bartholome de Torres Naharro.

Predicas de Bernardino Ochino, en qualquier lengua.

Proverbios de Salomon, espejo de peccadores.

Praeparatio mortis, en Romance y en Latin, hecha por fray Francisco de Evia.

Preguntas del Emperador al infante Epitus.

Psalmos de David en Romance, con sus summarios, traduzidos por el Doctor Joan Perez, impressos en Venecia en casa de Pedro Daniel año de 1557.

Psalterio de Raynerio, en Romance.

Psalmos penitenciales y el Canticum grado y las Lamentaciones, romançadas por el maestro Jarava.

Psalmos de Roffense, en Romance.

Polydoro Virgilio de los inventores de las cosas, en Romance.

Q

Querella de paz de Erasmo, en Romance.

R

† Resurrection de Celestina.

Revelacion de Sant Pablo.

Rosa fragante, sin nombre de autor, assi el pie como las hojas, que son dos cuerpos.

Rosario de nuestra señora en Romance.

Romances sacados al pie de la letra del evangelio. El primero, la resurrection de Lazaro. El segundo, el juyzio de Salomon sobre las dos mugeres que pedian el niño. El tercero, del hijo prodigo, y un romance de la natividad de nuestro señor Jesu Christo.

S

Sacramental de Clemente Sanchez de Vercial.

† Seraphino de Fermo, en Romance y Toscano y en otra qualquier lengua vulgar.

Sermon de la misericordia de Dios, de Erasmo.

Silenos, de Erasmo.

Summario de doctrina christiana, compuesto por el Doctor Juan Perez, impresso en Venecia por Pedro Daniel.

Summa Gayetana, en Romance.

T

† Testamento nuevo en qualquier lengua vulgar, y en especial los Testamentos impressos en Venecia en casa de Joan Philadelfo año de 1556 sin nombre del traductor.

Testamentos de nuestro señor, pequeños por si.

Theologia mystica, o por otro nombre, Espejo de perfecion de Henrico Herpio, en Romance.

Thesoro de los angeles.

Tractado cuyo titulo es: Tractado utilissimo del beneficio de Jesu Christo, en qualquier lengua.

Tractado de la vida de Jesu Christo, con los mysterios del rosario, en metro, y el rosario de nuestra señora en Romance.

✱ † Todos los libros Hebraycos o en qualquier lengua escriptos, que contengan cerimonias Judaycas.

Todos [qualesquier libros scriptos en Hebraico o en otra vulgar lengua, que sean de la ley vieja, y] libros de la secta de Mahoma scriptos en Arabigo o en Romance o en otra qualquier lengua vulgar. Y libros de nigromancia o para hazer cercos e invocaciones de demonios, que sepan manifiestamente a heregia, y otros qualesquier libros de qualquier condicion o facultad que sean, fechos o traduzidos por autor herege, o que tengan proposicion o proposiciones hereticas e erroneas o escandalosas o sospechosas contra nuestra fee catholica y contra aquello que tiene y enseña nuestra madre sancta yglesia de Roma, ni otro qualquier libro de mala o sospechosa doctrina o reprovado por la madre sancta yglesia.

† Todos y qualesquier libros en Romance y en qualquier lengua vulgar que sean, que tuvieren prologos o epistolas o prohemios o prefacios o summarios o annotationes o declaraciones o recapitulaciones o interpretaciones o paraphrases o qualquier otra cosa de qualquier de los hereges contenidos en este cathalogo o de otros qualesquier hereges.

† Todos y qualesquier sermones, cartas, tractados, oraciones o otra qualquier escriptura scripta de mano, que hable o tracte de la sagrada Escriptura o de los sacramentos de la sancta madre yglesia y religion christiana.

V

Vergel de nuestra señora.

Via spiritus.

Vida de nuestra señora en prosa y en verso.

Vitas patrum en Romance.

✳ Viuda christiana de Erasmo.

Violeta del anima.

Los libros de Romance y Horas sobre dichas se prohiben, porque algunos dellos no conviene que anden en Romance, otros, porque contienen cosas vanas, curiosas y apocrifas y supersticiosas, y otros, porque tienen errores y heregias.

† Y porque ay algunos pedaços de evangelios y epistolas de Sant Pablo y otros lugares del Nuevo Testamento en vulgar Castellano, ansi impressos como de mano, de que se han seguido alcunos inconvenientes, mandamos, que los tales libros y tractados se exhiban y se entreguen al Sancto Officio, agora tengan nombre de autor o no, hasta que otra cosa se determine en el consejo de la S. Gene. Inquisicion.

Por tanto se manda so pena de excomunion a todas las personas, de qualquier estado o condicion que sean, que en viniendo a su noticia, que en algun libro de Latin o Romance o de otra qualquier lengua ay doctrinas falsas, malas o sospechosas, den luego noticia dello a los Inquisidores y sus commissarios, para que se provea lo que convenga.

Libri Teutonici

Folgt das verzeichniß s. 39, dann:
Ludi teutonici rithmice conscripti et Gandavi exhibiti, super hac questione: Quod sit homini morienti maximum solatium.

Alemanici libri

Folgen die fünf s. 41. 42 verzeichneten schriften, dann:
Vom waren erkenntnus Gottes, Gasparis Uberini, impresso Wittemberg 1541, que comiença: Den durchleuchtigen etc.
Vom zorn und der gute Gottes, Gasparis Uberini, Wittemberg 1542.
Wie man den sterbenden trosten soll, Wittemberg 1542.
Etliche sprach etc. durch Philippus Melanchthon.
Enchiridion gheystlicher liedern und psalmen von neiu ghebessert Martini Lutheri, mit einen nieu kalender schoen togerustet, Getruct zo Magdeburg.
Eine christliche vermanung an alle stonde etc. durch Doctor Jhoan Carrion.
Enchiridion de kleyne catechismus Jhoan Brentii, in fraghen ghestelet.
Evangelia und episteln, so durch das gantze jar des sondages und vornemesten festendages, mit den summarien. Getruct tho Magdeburg im jar 1549.
Historia des lidendes unde der etc. dor Doctor Joannem Bugenhagen.
Eine christliche vermanung dor Doctor Jhoan Carrion off die verstoringe. Getructet durch Hans Walter tho Magdeburg.

Gallici libri

Folgt das verzeichniß s. 42, dann:
Les jeuz que parcydevant ont este juez en la ville de Gand par les XIX chambres, sur le refrain: Quest la plus grande consolation de la personne mourante.
Exposicion du symbole y articlos de la foy, par dialogues.

Libri vulgari sermone Lusitanico

O auto de don Duardos, que non tiver censura como foy emendado y visto por mim.
O auto de Lusitania com os diabos, sem elles poderse ha emprimir.
O auto de pedreanes, por causa das matinas.
O auto do jubileu damores.
O auto da aderencia do paço.
O auto da vida do paço.
O auto dos fisicos.
Gamaliel.
A revelaçaon de Sant Paulo.
As novellas de Joan Bocacio.
O testamento de Christo em lingoajem.
Coplas de la burra.

Todos los libros suso dichos contenidos en este cathalogo se prohiben y viedan, y se manda que ninguna persona los tenga. Y porque otros muchos se estan viendo, si se hallaren en ellos otros mas libros de falsa, mala o sospechosa doctrina, se prohibiran y añadiran a los que en este cathalogo se contienen: y entre tanto mandase que se guarde todo lo aqui contenido.

Fue impresso en Valladolid. En casa de Sebastian Martinez. Año de 1559.

PEDRO DE TAPIA

CORRESPONDENCIA DE FELIPE II SOBRE REFORMA

IGNACIO DE LOYOLA A FELIPE PRÍNCIPE HEREDERO DE ESPAÑA

18 de febrero 1549, Roma.

San Ignacio tuvo siempre para el Emperador y su hijo sumo respeto y admiración. A mediados de 1548 escribió a D. Felipe, regente de España en ausencia de su padre, pidiéndole se interesase en la reforma de las monjas de Cataluña; ahora tenía que pedirle su favor y defensa con las impugnaciones que se hacían a la Compañía en España. No se le pide explícitamente, pero con seguridad era ésa la intención de Diego de Acevedo, legado de D. Felipe en Roma, quien como buen amigo se lo persuadió. Esta carta refleja la opinión que de D. Felipe tenían todos los buenos católicos. San Ignacio era por naturaleza contrario a toda adulación.

MHSI Ser. I. *Epist. et Instruct.* (Madrid 1904) p.344-45.

A SU ALTEZA EL PRÍNCIPE

Jhs. Mi señor en el Señor nuestro. La suma gratia y amor eterno de Cristo N.S. a Vuestra Alteza salude y visite con sus sanctíssimos dones y gracias espirituales. Porque siendo una ánima tan elegida, y así visitada, y esclarecida de sus inestimables gratias y dones espirituales, con mucha facilidad compone y dispone de sus potencias interiores, resignando todo su entender, saber y querer, debajo de la suma sapientia y bondad infinita; así en todo dispuesta, confiada y resignada, deseando ser regida y gobernada de su criador y señor; es muy propio de la su divina magestad tener sus continuas delicias y poner sus sanctíssimas consolaciones en ella, inchiéndola toda de sí mismo, para que haga mucho y entero fructo spiritual, y siempre en aumento a mayor gloria de la su divina bondad. Y como yo vea, y se sienta por todas partes, la mucha fama, el bueno y sancto olor que de V.A. sale, teniendo una mucha y grande esperanza que de su sentir y entender no serán frustrados, siento en aumento mayores razones en mí para desear intensamente todas las cosas de V.A. en toda prosperidad y ensalzamiento posible a mayor gloria del Señor de todos, rogando continuamente a la su divina bondad en las mis pobres y indignas oraciones, como de muchos años acá cada día siento, favor de quien todo puede, para hacerlo y llevar adelante lo restante que el Señor nuestro me diere de vida.

V.A., si el mi escribir pareciere largo o atrevido, por amor y reverentia de Dios N.S. me sea perdonado: que en visitar a D. Diego de Acevedo, y haciéndole reverentia como a persona que a V.A. representa, y por la mayor devoción que de su presencia me queda, no pude que ésta no escribiese, mostrando en mi ánima lo que dentro de ella siento, y tanto deseo en mayor servicio y gloria de nuestro criador y señor. Quien por la su infinita y suma bondad siempre quiera seer presente, ynfluyendo sus divinas gratias y dones spirituales, para en todo guiar, conservar y aumentar a V.A. en su mayor y debido servicio y alabanza. De Roma, diez y ocho de Hebrero de mil quinientos quarenta y nueve. De V.A. humíllimo y perpetuo siervo en el Señor nuestro.

IGNACIO

FELIPE II A FRANCISCO DE VARGAS, SU EMBAJADOR EN ROMA

31 de marzo 1560, Toledo.

Con la misma fecha y con idénticas ideas escribe el rey a S.S. Pío IV, recomendando a la Compañía de Jesús, fuerte brazo de la Contrarreforma; quiere especialmente se favorezca al Colegio Romano (hoy Universidad Gregoriana), en cuyas escuelas se forman los alumnos del Colegio Germánico, que concluidos sus estudios, irán a defender la fe católica en Alemania. Aquí aparece la preocupación de Felipe por la recatolización de la Europa central.

ARSI codex 38 *Epist. Princip.* n.156. Apógrafo.
MHSI *Lainii monument.* V 660-61.

+ El rey.-Embaxador, Françisco de Vargas, del nuestro consejo destado. Yo he tenido siempre tan particular affiçión a la Compañía de Jesús, que holgaré que sus cosas sean favorescidas e acresçentadas, por el hervor de caridad con que los religiosos della se emplean en las que tocan al serviçio de nuestro Señor, y el fructo que hazen con su buena vida y doctrina. Y aunque sé bien que nuestro muy santo Padre tiene entendido todo esto, y la cuenta que es razón con los de la dicha Compañía, todavía le scrivo representándoselo, y supplicando a S.Sd. encaresçidamente mande favoresçer sus cosas, como lo meresçen, señaladamente el collegio que tienen en essa çiudad, en el qual (según entendemos) se haze tan buena y sancta obra, como es criar hombres en tanta virtud y doctrina, y que tanto fructo harán después con ella en la república, priçipalmente los de Alemania, donde ay tanta neçessidad de semejantes personas; y a vos os avemos querido avisar deste officio que hazemos con S.Sd., para que lo sepáis, y encargaros mucho, que en las ocasiones que se offresçieren digáis a S. Btud, la devoçión que yo tengo a los desta Compañía, y le suppliquéis que mande hazerles, en las cosas que les tocaren, todo favor y graçia, pues será en ellos tan bien empleada, y acresçentarles el ánimo con que sirven a Dios; que de toda la buena obra que vos en esto les hiziéredes, y en lo demás que ay se les offresçiere, reçibiré yo açepto plazer y serviçio. De Toledo a último de Março MDLX.

YO EL REY
GONZALO PÉREZ

FELIPE II AL DUQUE DE ALBA (Fragmento)

7 de febrero 1559, Bruselas.

Felipe II mira con buenos ojos su proyectada boda con Isabel de Inglaterra, pero pone como condición indefectible para el casamiento, el que la reina se someta a la Iglesia Romana. Ruega D. Felipe que se le hable claro a Isabel y que el Parlamento de

Londres no dicte ley alguna contraria al matrimonio católico que se proyecta, pues eso sería deshacerlo todo.

Simancas: *Estado-Francia*, K.1492, núm.31.
A.G. DE AMEZÚA, *Isabel de Valois* III 1 (Madrid
1949) p.80-81.

... Por la carta del Conde de Feria vereis en los terminos que esta lo de Inglaterra; y es bien que aduirtais que lo que se haze en Parlamento no se puede deshazer sino en él; dígolo por lo de la religion, que en este se ha propuesto. Paresceme que assi por esto, como por la obligacion que yo tengo a la Reyna, sería bien que el Conde le hablasse claro en estas cosas de la religion, y amonestasse y rogasse de mi parte que no hiziesse en este Parlamento mudança en ella; y que si la hiziesse, que yo no podría venir en lo del casamiento, como en effecto no vendria, porque ya he dicho que no lo hare sino reduziendose antes; y tanto mas si se haze ley en el Parlamento que lo estorue, pues no se podría deshazer sino en otro, y este no se podría hazer hasta el inuierno, y mis negocios no estan en terminos que yo lo pudiesse esperar. Y assi me paresçe que cuando el Conde entendiesse que se haze ley en el Parlamento, que convendria que hablasse antes claro a la Reyna y le dixese rasamente que, aunque yo desseo mucho este negocio, y por aqui envanescella quanto pudiesse, pero que entendiesse que, si hazia mudança en la religion, yo la haria en este desseo y voluntad, porque despues no pudiesse dezir que no se le avia dicho antes; pero antes que me acabe de determinar, holgaré mucho de tener vuestro paresçer y el de Ruy Gomez y el Obispo, y luego me le embiad, porque yo despache y llegue a tiempo el correo.

CARTAS FAMILIARES DE FELIPE II

FELIPE II A SUS HIJAS (Fragmentos)

1581-1583, Portugal.

*Nos revelan un Felipe II íntimo y familiar, muy diverso del que nos pintan los historia-
dores. Nada de asuntos políticos o diplomáticos. Lenguaje sin engolamiento, lleno de
frases juguetonas y humorísticas. Fino sentimiento de la naturaleza y tierno cariño a
sus hijos.*

Orig. autógr. *Archivio di Stato* (Torino)
Public. GACHARD, *Lettres de Philippe II*
à ses filles (Paris 1844).

II. A LAS INFANTAS MIS HIJAS. Hazeislo tambien en el cuydado que teneis
d'escrivirme, que no puedo dexar de pagaroslo en lo mysmo... Por estar ya
bueno Lisboa y andar en buenos térmynos las cortes, trato ya de ir allí *(a España)*... y lo más pienso ir por el río, qu'es muy buena cosa. Y por estar más
desembaraçado para el camyno, he dado oy el Tuson al duque de Bragança, y
fué comygo a misa, y entrambos con los collares, que sobre el luto parecia muy
mal el myo, digo qu'él más galan iba... La obra de allí *(del Palacio real de Madrid)*
escriven que va muy adelante. No sé si lo aveis echado de ver desde vuestras
ventanas, pues de allí le deveis de ver hartas vezes. Creo que se hallará muy
bien vuestro hermano en corto *(el infante Don Diego),* pero no deve ser para
andar segun lo que todos tardan en esto. Mucha embidia tiene Madalena *(¿una
sirviente?)* a las fresas, y yo a los ruyseñores, aunque unos pocos se oyen algunas
vezes de una ventana mya... Acá han escrito que a vuestro hermano chico *(Felipe)* le avía salido un diente: paréceme que tardava mucho para tener ya tres
años...
De Tomar, primero de mayo 1581. Vuestro buen padre *(Rúbrica).*
IX. A LAS INFANTAS MIS HIJAS. El lúnes os escriví tan largo que tendré agora
poco que decir, porque después acá no he ido fuera, por esperar a my sobrino
(el Archiduque de Austria)... Pues decís que vuestro hermano *(D. Diego)* leería mejor si tubiese más cuydado, acordalde que le tenga, para que, quando yo baya,
placiendo a Dios, sepa ya leer bien y escrivir algo, y decilde que para quando
escriviere, yo le embiaré una escrivanía de la India...
De Lisboa, a 23 de octubre 1581. Vuestro buen padre *(Rúbrica).*
XIII. A LAS INFANTAS MIS HIJAS. Muy buenas nuevas son para my saver
que todos lo estais; y paréceme que se da mucha priesa vuestra hermanica en
salirse los colmillos: deven de ser en lugar de dos que se me andan por caer, y
bien creo que los llevaré menos quando baya ay... Es terrible el tiempo que haze
aquí y lo que llueve, y algunas vezes con muy grandes truenos y relámpagos,
que en este tiempo no les he visto. Y esto sería bueno para vos, la mayor, si no
les aveis perdido ya el miedo... Ya creo que Madalena no está tan enojada co-

mygo; pero ha dias qu'está mala, y áse purgado y quedado de muy mal humor, y ayer vino acá; y está muy parada y flaca y vieja y sorda y medio caduca, y creo qu'es todo del bever, que por eso creo que huelga d'estar sin su yerno... Ayer me dixo que no estava enojada con la que os escrivió, que llaman Mariola, y se llama Marifernandez, y así lo creo, porque ántes huelga de uirla cantar, y con razon, porque canta muy bien, sino q'es tan gorda y tan grande que casi no cabe por la puerta... Diéronme el otro dia lo que va en esa caxa, y dixéronme hera lima dulce; y aunque no creo q'es sino limon, os la he querido embiar... Y un limoncillo que va allí no es sino por henchir la caxa. Tambien van allí unas rosas y azahar... Junquillo no ay aquí... Y Dios os guarde como deseo.

De Lisboa, a XV de enero 1582. Ayer fuymos a misa á una iglesia que se llama la Conception, y es de clérigos de la orden de Christo. Vuestro buen padre *(Rúbrica)*.

XIV. A las Infantas mis hijas. Ya podréis pensar lo que havré holgado con vuestras cartas y con las buenas nuevas que me dais en ellas de my hermana y de todo lo que pasó en el Pardo... No sé qué le havrá parecido á vuestro hermano dél y de Sant Lorenço, pues creo que nunca avía estado allí... Deve ser verdad lo que my hermana m'escrive. Y segun aquello deveis de aver crecido harto, pues me dice que vos, la mayor, estávades mayor que ella con chapines, y también vos, la menor, pues estais mayor que vuestra prima, siendo de más edad que vos. Mas no os enbanezcais con esto, que más creo que lo haze ser ella muy pequeña que no vos grandes. De vuestros hermanos me excrive tambien que son bonitos, que así lo dice... Si me viésedes agora, no os pareceria my hermana más vieja que yo, sino yo mucho más que ella, como lo soy, pues le llevo trece meses. ... Por ser tarde, no tengo tiempo de deciros más, sino que ayer pedricó aquí en la capilla fray Luis de Granada, y muy bien, aunq'es muy viejo y sin dientes; y a la tarde fuymos mi sobrino y yo en la galera... y dimos una buelta por este rio abaxo hasta Belen..., y cierto estava para ver; y hizo muy buen dia, y el rio muy sosegado. Digo esto por vengarme de la embidia que os he tenido á la ida al Pardo y á Sant Lorenço, donde temo que deve aver hecho mucho frio estos dias... Y Dios os guarde como deseo.

De Lisboa, à 5 de março 1582. Vuestro buen padre *(Rúbrica)*.

XIX. A las Infantas mis hijas. Mucho holgué con vuestras cartas y con las nuevas que me dais de Aranjuez. Y de lo que más soledad he tenido es del cantar de los ruyseñores, que ogaño no les he uido, como esta casa es lexos del campo. No sé si los uyré por el camino... Y bolviendo a Aranjuez, muy grandes vallesteras creo creo que deveis estar entrambas, pues tambien matásteis los gamos y tantos conejos. Y decísme, vos la mayor, que vuestro hermano cobró mucha fama (y creo lo decis por vuestra hermana, y es así segun lo que decís adelante, sino que por la *a* pusístes *o*, y otra palabra se os olvidó). Creo que devístes d'escrivir la carta á priesa... Esta semana santa la he pasado bien y en esta casa, con las ventanas que tiene á la capilla, adónde he estado á los oficios... Dios os guarde como deseo.

De Lisboa, á 16 de abril 1582. Vuestro buen padre *(Rúbrica)*.

XX. A las Infantas mis hijas. Tres cartas de cada una de vosotras tengo á que responderos... Fuyme, el miércoles, a un monesterillo de Domínicos, bonito, aunque pequeño, que se llama Nuestra Señora de Sera... Y así m'estuve el jueves en el monesterio; y el día que vine allí se mataron cinco puercos, aunque yo no ví matar sino el uno..., digo quatro puercos y un ciervo, que me truxeron entonces, q'estava bien gordo... No entiendo qué huerta es la que decís que ay en Aranjuez cabe casa, que no sé que se haga ninguna... Y con lo que decís de la fuente y relox y capilla de Aranjuez, acabo d'entender como está lo de allí...

De Almeyrin, á 7 de mayo 1582. Vuestro buen padre *(Rúbrica)*.

XXIV. A las Infantas mis hijas. No puedo responderos agora, que tengo mucho que hazer y es tarde... En todas las *(parroquias)* de aquí van haziendo las procesiones después de Corpus Christi... Y á la de ayer no pudo dexar de ser así *(costosa)* porque cierto fue muy buena...; y cierto me ha pesado mucho de que no la viésedes, ni vuestro hermano, aunque hubo unos diablos que parecían á las pinturas de Hieronimo Bosc, de que creo que tuviera miedo... Y Dios os guarde como deseo.

De Lisboa, a tres de setiembre 1582. Vuestro buen padre *(Rúbrica)*.

A LAS INFANTAS MIS HIJAS. He holgado mucho de entender, por vuestras cartas, que todos esteis buenos, y que la calentura de vuestra hermanica no pasase adelante... Si los toros que ay mañana aquí delante son tan buenos como la procesión, no habrá más que pedir... Madalena tiene un pedaço de un terradillo que sale á la plaça en su aposento..., dice que no puede acabar consigo d'escrivir en vísperas de toros; y está tan regocijada para ellos como si hubiesen de ser muy buenos, y creo que serán ruynes. Lo mejor creo que serán folías que dicen que han de andar por la plaça... No ay mas nuevas que deciros ni otra cosa sino que os guarde Dios como deseo.

Lisboa, á 17 de setiembre 1582. Vuestro buen padre *(Rúbrica)*.

INDICE DE AUTORES

Vázquez de Segovia, Lorenzo, 2.º 623.
Vega, A. C., 2.º 262 263 445.
Vega, Andrés de, 1.º 398 399 410 411 413 414; 2.º 285 298 303.
Vega, Carlos Félix de, 2.º 537 538.
Vega, Juan de, 1.º 143 397.
Vega, Pedro de la, 1.º 244.
Vega y Carpio, Lope de, 2.º 215 447 473 474 475 488 498 534 535 536 537 538 539 540 541 549 551.
Vegil, Fernando, 1.º 34.
Velasco, Alonso de, 2.º 614.
Velasco, doctor, 1.º 325; 2.º 21.
Velasco, Juan, 1.º 398.
Vélez, doctor, 2.º 347.
Vélez, Sancho, 2.º 155.
Venegas, Alejo de, 2.º 286 287 288.
Venegas, Gonzalo, 1.º 72.
Venegas de Henestrosa, Luis, 2.º 579.
Venier, Antonio Giacomo, 1.º 124 190 194.
Veniero, Sebastián, 2.º 61.
Vera, cardenal, 1.º 127.
Vera, Diego, 2.º 195.
Vera, Francisco de, 2.º 66.
Vera, Martín de, 1.º 91 97 100.
Vera-Fajardo, G., 1.º 85; 2.º 291 307.
Veracruz, Alonso de la, 2.º 283 298 410 415 430.
Vergara, García de, 1.º 47.
Vergara, Juan de, 2.º 156 164 165 166 167 171 172 173 205 230 234 286 294 347 352.
Vergis, Adriano de, 2.º 200.
Vergós, Jaime, Pablo y Rafael, 2.º 632.
Vernet, F., 1.º 389.
Verrier, S. le, 1.º 5.
Verzosa, 2.º 11.
Vesalio, A., 2.º 88.
Vicens Vives, 2.º 412.
Vicent, B., 2.º 253 257 259.
Vicente de Santa María, 2.º 429.
Victoria, Tomás Luis de, 2.º 557 567 568 570 572 573 574 575 576 580.
Vich, Guillermo Raimundo de, 1.º 21 133.
Vich, Jerónimo de, 1.º 112 113 129; 2.º 380.
Vida, Marco Girolamo, 2.º 514.
Vidal de Noya, Francisco, 1.º 126.
Vieira, Antonio, 2.º 549.
Vielva Ramos, M., 2.º 162.
Viera y Clavijo, J., 1.º 5 6; 2.º 291.
Vignola, J. Barozzi de, 2.º 624 625 648 653.
Vilar, 1.º 283.
Vilnet, J., 2.º 305.
Villa, 2.º 565.
Villacreces, Pedro de, 1.º 47 69 240 241 242 248 253 257 259 342; 2.º 277 279 290 328 337 338.
Villadiego, Gonzalo de, 1.º 107.
Villaespesa, canciller, 2.º 611.
Villafranca, Luis de, 2.º 582.
Villagarcía, Juan de, 2.º 242.
Villagutierre Sotomayor, Juan de, 2.º 102.
Villalar, Andrés de, 2.º 568.
Villalba, Francisco, 1.º 432.
Villalba, Rubio, 2.º 554.
Villalobos, 2.º 148.
Villalón, Cristóbal de, 2.º 286 452.
Villalonga, Pablo, 2.º 568 576.
Villalpando, García de, 1.º 290.
Villalpando, Juan Bautista, 2.º 305 627 647 648.
Villamediana, 2.º 539.
Villanueva, J., 1.º 20 21 212 353 375 496; J. C., 2.º 305.
Villanueva, Martín de, 2.º 568 578.
Villarreal, Martín de, 2.º 654.
Villasante, L., 2.º 340.

Villasayas, Vasco de, 1.º 109.
Villavicencio, Lorenzo de, 1.º 369; 2.º 286 302 303.
Villegas, Alonso de, 2.º 26.
Villegas, M., 2.º 302.
Villegas Marmolejo, Pedro, 2.º 685.
Villena, marqués de, 1.º 256; 2.º 150.
Viller, M., 2.º 450.
Villmonte, A. de, 1.º 411.
Villoldo, Isidoro, 2.º 675.
Villoldo, Juan de, 2.º 684.
Vinci, J., 2.º 445.
Vinci, Leonardo da, 2.º 681 683 685.
Vincke, J., 1.º 3 4 18 26 213.
Viñas, C., 2.º 11.
Viñas Mey, 1.º 461.
Viñaza, conde de la, 2.º 365 415.
Virey, Juan de, 1.º 225.
Virgilio, 2.º 509 551.
Virués, Alonso Ruiz de, 2.º 167 170 174 206.
Virués, Jerónimo de, 2.º 167.
Viscardo, Juan Pablo, 2.º 418.
Visconti, Filippo-María, 1.º 73 94 96.
Viteleschi, 1.º 93.
Viterbo, Egidio de, 1.º 133 202.
Viterbo, Santiago de, 2.º 307 374.
Vitoria, Francisco de, 1.º 154 162 181 398 402 435; 2.º 20 170 276 280 282 283 284 285 286 296 297 298 306 308 309 314 316 317 319 340 393 400 401 402 403.
Vitoria, Juan de, 1.º 283.
Vitoria, Pedro de, 2.º 169.
Vitrubio, 2.º 623 625 626 627.
Vivanco, Sebastián de, 2.º 568 573 574 578.
Vivero, Beatriz de, 2.º 226 227.
Vivero, Francisco de, 2.º 226 235.
Vivero, Leonor de, 2.º 225 226 230 235.
Vives, J., 2.º 298.
Vives, Luis, 1.º 367 390 431; 2.º 167 170 180 276 360 452.
Vizarron y Eguiarreta, Antonio de, 2.º 425.
Voltaire, 2.º 416.
Volterra, Daniele da, 2.º 677 686.
Vorágine, Jacobo de, 2.º 604.
Vos, Martín de, 2.º 685.

Wadding, L., 1.º 6 213 256 297 299 300 327 334; 2.º 277 303.
Wagner, E., 1.º 220.
Walser, F., 2.º 128.
Walsh, 1.º 387; 2.º 111.
Walz, A., 1.º 219 220 409.
Watrigant, 2.º 338.
Watt, J. A., 2.º 371.
Weckman, 2.º 381.
Weise, G., 2.º 585 621 631 643.
Welter, H., 1.º 496.
Wendel, F., 1.º 423.
Werve, Claus de, 2.º 610.
Wethey, H. E., 2.º 585.
Wethwy, H. E., 2.º 644.
Weyden, Roger van der, 2.º 608 615 634.
Wiclef, 2.º 307.
Willen, Benjamín Barón, 2.º 108.
Winchester, Enrique de, 1.º 58.
Witte, Charles-Marcel De, 1.º 6; 2.º 365 368 373 378 379 380.
Wittkower, R., 2.º 628 647.
Witz, Conrad, 2.º 635.
Wolf, G., 1.º 451.
Wossler, K., 2.º 447.
Wrede, A., 2.º 177.
Wurtemberg, duque de, 1.º 448.